Insolventierecht

Studiereeks Burgerlijk Recht

1. A.J.M. Nuytinck, *Personen- en familierecht, huwelijksvermogensrecht en erfrecht* (Studiereeks Burgerlijk Recht, deel 1) (achtste druk), Deventer: Wolters Kluwer 2021.

2. H.J. Snijders & E.B. Rank-Berenschot, *Goederenrecht* (Studiereeks Burgerlijk Recht, deel 2) (zesde druk), Deventer: Wolters Kluwer 2017.

3. J. Hijma e.a., *Rechtshandeling en Overeenkomst* (Studiereeks Burgerlijk Recht, deel 3) (negende druk), Deventer: Wolters Kluwer 2019.

4. G.T. de Jong, H.B. Krans & M.H. Wissink, *Verbintenissenrecht algemeen* (Studiereeks Burgerlijk Recht, deel 4) (vijfde druk), Deventer: Wolters Kluwer 2018.

5. T. Hartlief e.a., *Verbintenissen uit de wet en Schadevergoeding* (Studiereeks Burgerlijk Recht, deel 5) (negende druk), Deventer: Wolters Kluwer 2021.

6. H.N. Schelhaas & A.J. Verheij (red.), *Bijzondere overeenkomsten* (Studiereeks Burgerlijk Recht, deel 6) (vijfde druk), Deventer: Wolters Kluwer 2019.

7. J.B. Huizink, *Rechtspersoon, vennootschap en onderneming* (Studiereeks Burgerlijk Recht, deel 7) (vijfde druk), Deventer: Wolters Kluwer 2019.

8. R.D. Vriesendorp, *Insolventierecht* (Studiereeks Burgerlijk Recht, deel 8) (tweede druk), Deventer: Wolters Kluwer 2021.

Prof. mr. R.D. Vriesendorp

Insolventierecht

Tweede druk

Wolters Kluwer
Deventer – 2021

Verkorte citeerwijze: Vriesendorp, *Insolventierecht* 2021/[randnr]
Volledige citeerwijze: R.D. Vriesendorp, *Insolventierecht*, Deventer: Wolters Kluwer 2021

Omslagontwerp: Hans Roenhorst, www.h2rplus.nl

ISBN 978-90-13-14141-2
NUR 827-704

Onze klantenservice kunt u bereiken via: www.wolterskluwer.nl/klantenservice.

Auteur(s) en uitgever houden zich aanbevolen voor inhoudelijke opmerkingen en suggesties. Deze kunt u sturen naar: boeken-NL@wolterskluwer.com.

FSC
www.fsc.org
MIX
Papier van verantwoorde herkomst
FSC® C004472

WOORD VOORAF

Bij de eerste druk

Het deel Insolventierecht in de Studiereeks Burgerlijk Recht boek is bedoeld als studieboek voor (aanstaande) juristen die geïnteresseerd zijn in het insolventierecht en voor degenen die zich vertrouwd willen maken met het systeem van het insolventierecht, maar ook voor hen die zich vertrouwd willen maken met de combinatie van de financieel-economische achtergrond bij insolventie en de noodzakelijke juridische regulering. Dit alles verlangt van de beoefenaar flexibiliteit, scherp analytisch vermogen, gevoel voor cijfers, praktisch inzicht en creativiteit om te onderhandelen en conflicten op te lossen. De hiervoor benodigde praktische vaardigheden behoeven echter een gedegen juridisch fundament: zij zijn weinig waard zonder grondige kennis van het systeem van het recht. Dit op zijn beurt verlangt de nodige reflectie.

Dit boek is in de eerste plaats bestemd voor studenten in de masterfase. Daarom is ernaar gestreefd om de stof zo didactisch mogelijk te presenteren. In het licht van deze opzet wordt relatief weinig aandacht besteed aan afwijkende opvattingen in literatuur en rechtspraak. Getracht is om het recht weer te geven zoals dat, naar het oordeel van de auteur, op de beschreven terreinen op dit ogenblik geldt. In een aantal gevallen bestaat daarover zo veel twijfel, dat op de uiteenlopende rechtspraak en inzichten in de doctrine moest worden ingegaan. Naast een leerboek vormt dit studieboek aldus tevens een naslagwerk voor de jurist die zich weer een helder beeld wil vormen van het insolventierecht als systeem, waarop hij kan terugvallen bij de behandeling van door hem op te lossen kwesties.

De wetenschappelijke benadering is essentieel voor een studieboek dat primair bedoeld is voor studenten in het academisch onderwijs: van hen wordt een kritisch-analytische denkhouding verlangd. Niet alleen het hoe, maar ook het waarom is van belang. Het boek geeft daarom niet alleen een beschrijving van het geldende recht, maar stelt tevens vragen waarvoor het geldende recht (nog) niet altijd passende oplossingen heeft. Bedoeld voor de academische studie van het recht verlangt het van de lezer dat deze zich geregeld de vraag stelt waarom een regel is, zoals die is geformuleerd of wordt uitgelegd en waarom een praktijk zich heeft gevormd, zoals dat nu gebeurt.

Het onderwerp van dit deel in de Studiereeks wordt gevormd door het insolventierecht in de ruime zin van het woord, dat wil zeggen meer dan alleen faillissementsrecht. Ofschoon het insolventierecht kan worden getypeerd als een functioneel rechtsgebied door zijn verbindingen met verschillende onderdelen van het recht en de financieel-economische context waarbinnen het zich afspeelt, heeft het zijn belangrijkste verbindingen met het privaatrecht in brede zin. In zijn kern gaat het insolventierecht over de consequenties van financieel-economische moeilijkheden van een rechtssubject op de civielrechtelijke verhouding met andere partijen. Doordat het insolventierecht in belangrijke mate onderdeel vormt van het burgerlijk recht is beheersing van het civielrechtelijk systeem een vereiste om het insolventierecht met succes te beoefenen, waardoor dit boek goed past in de Studiereeks Burgerlijk Recht.

De rechtsontwikkeling op een aantal in dit boek beschreven terreinen blijft in beweging en verloopt bij vlagen nog steeds stormachtig, net als de financieel-economische omstandigheden in het huidige tijdsgewricht. In het midden van dergelijke ontwikkelingen is het niet steeds mogelijk om met grote nauwkeurigheid de stand van het recht weer te geven. Te verwachten valt dat een aantal in dit boek beschreven opvattingen de komende jaren zullen veranderen.

De kopij voor deze nieuwe druk is afgesloten op 1 mei 2013. Met wetgeving en rechtspraak daarna kon slechts op zeer beperkte schaal rekening worden gehouden.

Ik houd mij aanbevolen voor opmerkingen en suggesties van lezers. Deze kunnen worden gezonden naar Tilburg University, Tilburg Law School, Postbus 90153, 5000 LE Tilburg.

Aan de totstandkoming van dit boek hebben velen een bijdrage geleverd waardoor dit boek is verschenen in de vorm zoals het nu is geworden en waarvoor ik hen allen dankbaar ben. Ik draag het op aan degenen die mij het meest dierbaar zijn en die blijven zorgen voor mijn éducation permanente.

Tilburg/Amsterdam, juni 2013
R.D. Vriesendorp

Bij de tweede druk

Het insolventierecht is in de afgelopen jaren sinds de eerste druk flink gewijzigd. Zo heeft de Nederlandse wetgever in belangrijke mate uitvoering gegeven aan het in 2012 uiteengezette wetgevingsprogramma 'Herijking faillissementsrecht' met de invoering van nieuwe wetten. In de 'fraudepijler' waren dat op 1 juli 2016 de Wet civielrechtelijk bestuursverbod en de Wet herziening strafbaarstelling faillissementsfraude en op 1 juli 2017 de Wet versterking positie curator. De 'reorganisatiepijler' heeft inmiddels ook al geleid tot daadwerkelijk per 1 januari 2021 ingevoerde wetgeving in de vorm van de Wet homologatie onderhands akkoord en een zich in een vergevorderd stadium bevindend wetsvoorstel voor de Wet continuïteit ondernemingen I dat bij het afsluiten van de kopij bij de Eerste Kamer aanhangig is. In de derde en laatste pijler, gericht op modernisering van het faillissementsrecht, is op 1 januari 2019 de Wet modernisering faillissementsprocedure in werking getreden. Enkele andere onderdelen staan nog in de steigers, maar worden wel binnen afzienbare termijn verwacht als wetsvoorstel.

Niet alleen de Nederlandse wetgever is productief geweest, ook internationaal is het insolventierecht behoorlijk in beweging. Naast de herschikking van de Europese insolventieverordening (EU/2015/848) die heeft plaatsgevonden met ingang van 26 juni 2017 is op 17 juli 2019 ook de Herstructureringsrichtlijn (EU) 2019/1023 van kracht geworden die voor het grootste deel 17 juli 2021 door de lidstaten geïmplementeerd had moeten zijn geweest, maar waarbij de meeste lidstaten gebruik hebben gemaakt van de uitstelmogelijkheid tot 17 juli 2022. Op mondiaal niveau heeft ook UNCITRAL verder gewerkt aan de ontwikkeling van vooral het grensoverschrijdende insolventierecht met een aantal projecten, zoals de UNCITRAL Model Law, de Model Law on Related Judgments en de Model Law on Group Insolvency.

De rechtspraak – in Nederland en Europa – heeft de afgelopen jaren ook verschillende ontwikkelingen laten zien die voor het insolventierecht van groot belang zijn. Op het terrein van onder meer de wederkerige overeenkomsten, boedelschulden, aansprakelijkheid, faillissementsprocesrecht, overgang van ondernemingen, internationaal insolventierecht hebben Hoge Raad en Hof van Justitie van de Europese Unie uitspraken gedaan die het insolventierecht – soms ingrijpend – hebben veranderd.

In deze tweede druk is ook gebruik gemaakt van de nuttige op- en aanmerkingen van gebruikers van de eerste druk. Naast een verbetering van fouten, hebben die er toe geleid dat het hoofdstuk over de surseance van betaling naar achteren is verplaatst, tussen het hoofdstuk over het faillissement en dat over de Wsnp. In de praktijk komt de surseance van betaling weinig voor (en meestal zonder succes), terwijl een aantal leerstukken in de surseance van betaling (gedeeltelijk) gelijk opgaat met de corresponderende leerstukken in het faillissement, waardoor de plaatsing van de surseance van betaling daaraan voorafgaand tot een enigszins gewrongen behandeling van die leerstukken aanleiding gaf. Met de herplaatsing is dit probleem verholpen.

De verplaatsing van het hoofdstuk over de surseance van betaling, de toevoeging van de nieuwe wetgeving en een aantal kleinere aanpassingen heeft er wel toe geleid dat de nummering uit de eerste druk niet meer correspondeert met die in deze druk.

De kopij voor deze nieuwe druk is afgesloten op 1 juni 2021. Met wetgeving en rechtspraak daarna kon slechts op zeer beperkte schaal rekening worden gehouden.

Ik houd mij ook nu weer aanbevolen voor opmerkingen en suggesties van lezers. Deze kunnen worden gezonden naar Universiteit Leiden, Faculteit der Rechtsgeleerdheid, Postbus 9520, 2300 RA Leiden.

Aan de totstandkoming van deze druk hebben wederom velen mij geholpen met bruikbare suggesties waardoor dit boek is verschenen in de vorm zoals het nu is geworden en waarvoor ik hen allen dankbaar ben. Naast degenen die mij het meest dierbaar zijn, mij stimuleren en die blijven zorgen voor mijn éducation permanente wil ik in dit verband (met natuurlijk het risico iemand over het hoofd te zien, waarvoor op voorhand excuus) de volgende personen met name noemen: Gert-Jan Boon, Barent Hoffschulte, Wies van Kesteren, Jessie Pool, Omar Salah, Defne Tasman en mijn helaas veel te jong overleden Leidse naaste medewerker bij het vak Insolventierecht, Yvonne Walhof, ter nagedachtenis aan wie ik deze editie opdraag.

Amersfoort, juni 2021
R.D. Vriesendorp

INHOUDSOPGAVE

AFKORTINGEN

AA	Ars Aequi
aant.	aantekening(en)
AB	Administratiefrechtelijke Beslissingen
ABRvS	Afdeling Bestuursrechtspraak van de Raad van State
A-G	advocaat-generaal
amvb	algemene maatregel van bestuur
art.	artikel(en)
a.w.	aangehaald werk
Awb	Algemene wet bestuursrecht
Awr	Algemene wet inzake rijksbelastingen
Bb	Bedrijfsjuridische berichten
BBA	Buitengewoon Besluit Arbeidsverhoudingen 1945
BNB	Beslissingen in belastingzaken/Nederlandse belastingrechtspraak
BV	besloten vennootschap
BW	Burgerlijk Wetboek (nieuw)
CBS	Centraal Bureau voor de Statistiek
CERIL	Conference on European Restructuring and Insolvency Law
CIR	Centraal Insolventieregister
CJIB	Centraal justitieel incassobureau
COMI	Center of main interests
CRvB	Centrale Raad van Beroep
diss.	dissertatie
ECLI	European Case Law Identifier
E(E)G	Europese (Economische) Gemeenschap
EHRM	Europese Hof voor de Rechten van de Mens
EK	Eerste Kamer der Staten-Generaal
ELI	European Law Institute
EU	Europese Unie
e.v.	en volgende
EVRM	Europees Verdrag voor de Rechten van de Mens
FIP	Tijdschrift Financiering Zekerheden en Insolventierechtpraktijk (voor 2009: Journaal Insolventie, Financiering & Zekerheden (JIF&Z)
Fw	Faillissementswet
GBA	Gemeentelijke Basisadministratie

Gdw	Gerechtsdeurwaarderswet
Gw	Grondwet
HR	Hoge Raad
HRL	Herstructureringsrichtlijn
HTV	Haags Trustverdrag
HvD	Hof van Discipline
HvJ-EU	Hof van Justitie van de Europese Gemeenschappen/Unie
IBA	International Bar Association
III	International Insolvency Institute
InsO	Insolvenzordnung
Insolad	Vereniging Insolventierecht Advocaten Insolad
InsVo	Verordening (EU) 2015/848 van het Europees Parlement en de Raad van 20 mei 2015 betreffende insolventieprocedures (PbEU 2015, L 141)
IW	1990 Invorderingswet 1990
JOR	Jurisprudentie Ondernemingsrecht
K	Wetboek van Koophandel
KB	Koninklijk Besluit
KG	Kort Geding
Ktg.	kantongerecht
LOVCK&T	Landelijk Overleg Vakinhoud Civiel, Kanton en Toezicht
MDW	Marktwerking, Deregulering en Wetgevingskwaliteit
m.nt.	met noot
MvA	Memorie van Antwoord
MvT	Memorie van Toelichting
NJ	Nederlandse Jurisprudentie
NJB	Nederlands Juristenblad
NJF	Nederlandse Jurisprudentie Feitenrechtspraak
NnavV	Nota naar aanleiding van het Verslag
nr.	nummer(s)
NV	naamloze vennootschap
NVRII	Nederlandse Vereniging voor Rechtsvergelijkend en Internationaal Insolventierecht
NVVK	Nederlandse Vereniging voor Volkskrediet; Vereniging voor schuldhulpverlening en sociaal bankieren
NvW	Nota van Wijzigingen
OK	Ondernemingskamer
OM	Openbaar Ministerie
Ontvanger	ontvanger van de belastingdienst
OR	ondernemingsraad
p.	pagina(s)
par.	paragraaf
Parl.	Gesch. Parlementaire geschiedenis
PbEG	Publicatieblad van de Europese Gemeenschappen
PbEU	Publicatieblad van de Europese Unie

P-G	procureur-generaal
Pres.	president
q.q.	*qualitate qua*
Rb.	rechtbank
Recofa	Rechters-commissarissen in faillissementen
r.o.	rechtsoverweging
RSV	Rechtspraak Sociale Verzekeringen
Rv	Wetboek van Burgerlijke Rechtsvordering
RvR	Raad voor Rechtsbijstand
Rvdr	Raad voor de rechtspraak
RvdW	Rechtspraak van de Week
SBR	Studiereeks Burgerlijk Recht
Sr	Wetboek van Strafrecht
SSR	Studiecentrum Rechtspleging
SSRN	Social Science Research Network (www.ssrn.com)
Stb.	Staatsblad
Stcrt.	Staatscourant
t.a.p.	ter aangehaalder plaatse
TK	Tweede Kamer der Staten-Generaal
Trb.	Tractatenblad
TvCu	Tijdschrift voor Curatoren
TvI	Tijdschrift voor Insolventierecht
TvS	Tijdschrift voor Schuldsanering
UNCITRAL	United Nations Commission on International Trade Law
UWV	Uitvoeringsinstituut Werknemersverzekeringen
VBR	Vereniging voor Burgerlijk Recht
vgl.	vergelijk
VIw	Voorontwerp Insolventiewet
Vtlb	vrij te laten bedrag
VEU	Verdrag betreffende de Europese Unie
Vzrtr	voorzieningenrechter
W	Weekblad van het Recht
Wck	Wet op het consumentenkrediet
WCO	Wet continuïteit ondernemingen
Wet RO	Wet op de rechterlijke organisatie
Wfsv	Wet financiering sociale verzekeringen
Wft	Wet op het financieel toezicht
Wgs	Wet gemeentelijke schuldhulpverlening
WHOA	Wet homologatie onderhands akkoord
WIA	Wet werk en inkomen naar arbeidsvermogen
Wmco	Wet melding collectief ontslag
Wna	Wet op het notarisambt
WOR	Wet op de ondernemingsraden
WPNR	Weekblad voor Privaatrecht, Notariaat en Registratie
Wrra	Wet rechtspositie rechterlijke ambtenaren
Wsnp	Wet schuldsanering natuurlijke personen

VERKORT AANGEHAALDE LITERATUUR EN REGELGEVING

Eindrapport MDW-werkgroep
Eindrapport van de MDW-werkgroep modernisering faillissementsrecht (tweede fase) onder voorzitterschap van M.G.J.C. Raaijmakers, Den Haag oktober 2001

Europese Insolventieverordening
Verordening (EU) 2015/848 van het Europees Parlement en de Raad van 20 mei 2015 betreffende insolventieprocedures (herschikking), PbEU L141 van 5 juni 2015

Huizink, Insolventie
J.B. Huizink, Insolventie, 10e druk, Deventer 2021

Herstructureringsrichtlijn
Richtlijn (EU) 2019/1023 van 20 juni 2019 betreffende preventieve herstructureringsstelsels, betreffende kwijtschelding van schuld en beroepsverboden, en betreffende maatregelen ter verhoging van de efficiëntie van procedures inzake herstructurering, insolventie en kwijtschelding van schuld, en tot wijziging van Richtlijn (EU) 2017/1132 (PbEU L172 van 26 juni 2019)

Insolad Praktijkregels
Praktijkregels voor curatoren (april 2021), Insolad (www.insolad.nl/praktijkregels.html)

Kamerstukken EK of TK
Parlementaire documenten Eerste of Tweede Kamer der Staten-Generaal (met aanduiding parlementair jaar) en nummer

Legislative Guide (I & II), III, IV
UNCITRAL, Legislative Guide on Insolvency Law, Introduction, Part one and Part two (https://uncitral.un.org/sites/uncitral.un.org/files/media-documents/uncitral/en/05-80722_ebook.pdf), New York 2005
UNCITRAL, Legislative Guide on Insolvency Law, Part three (https://uncitral.un.org/sites/uncitral.un.org/files/media-documents/uncitral/en/leg-guide-insol-part3-ebook-e.pdf), New York 2012
UNCITRAL, Legislative Guide on Insolvency Law, Part four (https://uncitral.un.org/sites/uncitral.un.org/files/media-documents/uncitral/en/leg-guide-insol-part4-ebook-e.pdf), New York 2013

Leuftink
A.L. Leuftink, Surséance van betaling, Serie recht en praktijk 87, Deventer 1995

Molengraaff
W.L.P.A. Molengraaff, De Faillissementswet verklaard, 2e druk, Den Haag 1914

Monitor Wsnp (nummer)
1. M. von Bergh, H. Moors, R.D. Vriesendorp & W.M.J. Keukens, Monitor Wsnp Nulmeting, (Tilburg 2005)
4. M. von Bergh, R. Timmermans, R.D. Vriesendorp & W.M.J. Keukens, Monitor Wsnp Vierde meting (Tilburg 2008)
5. M. von Bergh, V. Lalta & R.D. Vriesendorp, Monitor Wsnp Vijfde meting (Tilburg 2009)
8. L. Combrink-Kuiters en M. Vlemmings, Monitor Wsnp Achtste meting over de periode 2011 (Utrecht/Den Haag 2012)
12. L. Combrink-Kuiters, S. Peters & C. Verkleij, Monitor Wsnp Twaalfde meting over de periode 2015 (Utrecht/Den Haag 2016)
17. L. Nickel, Monitor Wsnp Zeventiende meting over het jaar 2020 (Utrecht 2021)

Parl. Gesch. Fw (Van der Feltz) I
G.W. Baron van der Feltz, Geschiedenis van de Wet op het Faillissement en de Surséance van betaling, Eerste deel, Haarlem 1896

Parl. Gesch. Fw (Van der Feltz) II
G.W. Baron van der Feltz, Geschiedenis van de Wet op het Faillissement en de Surséance van betaling, Tweede deel, Haarlem 1897

Parl. Gesch. Fw (Kortmann/Faber)
S.C.J.J. Kortmann & N.E.D. Faber (red.), Geschiedenis van de Faillissementswet, Wetswijzigingen, Serie Onderneming en Recht 2-III, Zwolle 1995

Polak-Pannevis
Mr. N.J. Polak, Insolventierecht, 14e druk, bewerkt door M. Pannevis, Deventer 2017

Polak-Polak
Mr. M. Polak's Handboek voor het Nederlandse Handels- en Faillissementsrecht, Deel I (derde gedeelte), Faillissement en surséance van betaling, 7e druk, bewerkt door N.J. Polak, Groningen 1972

Procesreglement insolventiezaken rechtbanken
Procesreglement verzoekschriftprocedures insolventiezaken rechtbanken, 5e versie januari 2021, (https://www.rechtspraak.nl/SiteCollectionDocuments/Procesreglement-verzoekschriftprocedures-insolventiezaken-rechtbanken-2021.pdf)

Procesreglement WHOA zaken rechtbanken
Landelijk procesreglement WHOA zaken rechtbanken, 1e versie november 2020, (www.rechtspraak.nl/SiteCollectionDocuments/procesreglement-whoa-p.pdf)

Rapport Virgós/Schmit
M. Virgós & E. Schmit, Ontwerprapport bij het Verdrag betreffende insolventieprocedures, (http://aei.pitt.edu/952/1/insolvency_report_schmidt_1988.pdf), tevens uitgegeven door Ars Aequi Wetseditie Insolventierecht, 6e druk, Nijmegen 2018, p. 303-364

Rapport Commissie-Mijnssen
Rapport van de Commissie ter advisering omtrent eventuele herziening van de Faillissementswet onder voorzitterschap van F.H.J. Mijnssen, Den Haag oktober 1989

Recofa-richtlijnen voor faillissementen
Recofa-richtlijnen voor faillissementen en surseances van betaling, versie 2021, (www.rechtspraak.nl/SiteCollectionDocuments/recofa-richtlijnen-voor-faillissementen-en-surseances-van-betaling-2021.pdf)

Recofa-richtlijnen voor schuldsaneringsregelingen
Recofa-richtlijnen voor schuldsaneringsregelingen, versie 2018, (www.rechtspraak.nl/SiteCollectionDocuments/recofa-richtlijnen-schuldsaneringsregelingen-2018.pdf)

Recofa-uitgangspunten
Recofa-uitgangspunten bij de benoeming van curatoren en bewindvoerders in faillissementen en surseances van betaling, versie maart 2013 (www.rechtspraak.nl/SiteCollectionDocuments/Benoemingenbeleid.pdf)

SBR deel (nummer)
1. A.J.M. Nuytinck, Personen- en familierecht, huwelijksvermogensrecht en erfrecht, Studiereeks Burgerlijk Recht (Deel 1), 8e druk, Deventer 2021
2. H.J. Snijders & E.B. Rank-Berenschot, Goederenrecht, Studiereeks Burgerlijk Recht (Deel 2), 6e druk, Deventer 2017
3. Jac. Hijma, C.C. van Dam, W.A.M. van Schendel & W.L. Valk, Rechtshandeling en Overeenkomst, Studiereeks Burgerlijk Recht (Deel 3), 9e druk, Deventer 2019
4. G.T. de Jong, H.B. Krans & M.H. Wissink, Verbintenissenrecht algemeen, Studiereeks Burgerlijk Recht (Deel 4), 5e druk, Deventer 2018
5. T. Hartlief, A.L.M. Keirse, S.D. Lindenbergh & R.D. Vriesendorp, Verbintenis uit de wet en Schadevergoeding, Studiereeks Burgerlijk Recht (Deel 5), 8e druk, Deventer 2018
6. H.N. Schelhaas & A.J. Verheij (red.), Bijzondere overeenkomsten, Studiereeks Burgerlijk Recht (Deel 6), 5e druk, Deventer 2019
7. J.B. Huizink, Rechtspersoon, vennootschap en onderneming, Studiereeks Burgerlijk Recht (Deel 7), 5e druk, Deventer 2019

Model Law
UNCITRAL, Model Law on Cross-Border Insolvency with Guide to Enactment and Interpretation (https://uncitral.un.org/sites/uncitral.un.org/files/media-documents/uncitral/en/1997-model-law-insol-2013-guide-enactment-e.pdf), New York 2014

Verstijlen, diss.
F.M.J. Verstijlen, De faillissementscurator (diss. Tilburg), Zwolle 1998

Voorontwerp Insolventiewet
Commissie insolventierecht, (www.rijksoverheid.nl), tevens uitgegeven door S.C.J.J. Kortmann & N.E.D. Faber (red.), Geschiedenis van de Faillissementswet, Voorontwerp Insolventiewet met toelichting, Serie Onderneming en Recht, deel 2-IV, Deventer 2008

Voorontwerp-Toelichting
Commissie insolventierecht, (www.rijksoverheid.nl), tevens uitgegeven door S.C.J.J. Kortmann & N.E.D. Faber (red.), Geschiedenis van de Faillissementswet, Voorontwerp Insolventiewet met toelichting, Serie Onderneming en Recht, deel 2-IV, Deventer 2008

Wessels, Insolventierecht (nummer)
I. B. Wessels, Insolventierecht, Deel I, Faillietverklaring, 5e druk, Deventer 2018
II. B. Wessels, Insolventierecht, Deel II, Gevolgen van faillietverklaring (1), 5e druk, Deventer 2019
III. B. Wessels, Insolventierecht, Deel III, Gevolgen van faillietverklaring (2), 5e druk, Deventer 2019
IV. B. Wessels, Insolventierecht, Deel IV, Bestuur en beheer na faillietverklaring, 5e druk, Deventer 2020
V. B. Wessels, Insolventierecht, Deel V, Verificatie van schuldvorderingen, 5e druk, Deventer 2020
VI. B. Wessels, Insolventierecht, Deel VI, Het akkoord, 5e druk, Deventer 2020
VII. B. Wessels, Insolventierecht, Deel VII, Vereffening van de boedel, 5e druk, Deventer 2021
VIII. B. Wessels, Insolventierecht, Deel VIII, Surseance van betaling, 5e druk, Deventer 2021
IX. B. Wessels, Insolventierecht, Deel IX, Schuldsaneringsregeling natuurlijke personen, 4e druk, Deventer 2017
X-I. B. Wessels, Insolventierecht, Deel X, International Insolvency Law Part I, 4e druk, Deventer 2015
X-II. B. Wessels, Insolventierecht, Deel X, International Insolvency Law Part II, 4e druk, Deventer 2017

HOOFDSTUK 1

Inleiding

Het eerste hoofdstuk van dit boek dient als inleiding en behandelt achtereenvolgens de plaats van het insolventierecht vanuit een civielrechtelijk perspectief (par. 1.1), enige definities en kernbegrippen die voor het insolventierecht van belang zijn (par. 1.2), enkele insolventierechtelijke beginselen (par. 1.3), de bronnen van het insolventierecht (par. 1.4) en het plan van behandeling met de verdere opbouw van het boek (par. 1.5).

1.1 Omschrijving en plaatsbepaling

Het insolventierecht bestrijkt een groot juridisch terrein waardoor het gevaar bestaat dat men al gauw het overzicht verliest. Daarom is het van belang om te beginnen met een omschrijving en plaatsbepaling van dit rechtsgebied.

1. Insolventierecht; object van studie

Het insolventierecht houdt zich bezig met de theorie en praktijk van de schuldenaar die in financiële moeilijkheden verkeert, en de gevolgen daarvan voor zijn verhoudingen met andere deelnemers aan het maatschappelijk verkeer, in het bijzonder zijn schuldeisers. Hoewel dit in de kern een financieel-economisch probleem is, heeft de samenleving behoefte aan regulering daarvan. Daarmee komt het juridische element in beeld.

Zolang een schuldenaar in goede financiële staat verkeert en de door hem jegens schuldeisers toegezegde prestaties niet onmogelijk zijn, is er voor zijn schuldeisers weinig aan de hand. Zelfs al zou de schuldenaar weigeren zijn verplichtingen jegens hen na te komen, dan biedt het (materiële en formele) burgerlijk recht de schuldeisers uiteindelijk voldoende en adequate middelen om de prestatie af te dwingen waarmee zij meestal krijgen waarop zij recht hebben (art. 3:296 BW). Reële executie is mogelijk (art. 3:299-300 BW), maar een enkele keer moet een schuldeiser genoegen nemen met een vervangende schadevergoeding als de toegezegde prestatie niet meer mogelijk is (art. 6:74 BW).

Zodra de schuldeiser echter in financiële moeilijkheden komt, wordt de situatie anders: “van een kale kip valt niet meer te plukken”! Bij dreigende insolventie gaan de schuldeisers en overige belanghebbenden zich opeens anders gedragen, soms op geoorloofde, soms op ongeoorloofde wijze. Voor deze situatie van de schuldenaar beoogt het insolventierecht partijen (en daarmee de samenleving) houvast te bieden: zowel voorafgaand aan een bepaald gedrag, in sturende vorm, als achteraf, in corrigerende vorm. In tijden van financiële malaise en daarmee samenhangende financiële problemen bij schuldenaren moet blijken of de gemaakte (financiële) afspraken daartegen juridisch bestand zijn en de schuldeiser adequate bescherming bieden. Hier toont zich de pathologie van het recht en wordt het insolventierecht ook wel als de 'lakmoesproef' van het recht gezien. Hoe financieel gezond is de schuldenaar en in hoeverre is hij of zijn onderneming financieel nog te redden en deze laatste overeind te houden; houden de door schuldenaar en schuldeiser gemaakte afspraken stand?

2. *Burgerlijk recht als uitgangspunt*

Dit boek richt zich vooral op het insolventierecht, bezien vanuit privaatrechtelijk perspectief. In de kern gaat het bij het insolventierecht immers om dat de schuldenaar niet meer in staat is om de verbintenissen jegens zijn schuldeisers na te komen. Bij insolventie verandert de uitgangssituatie van de meeste schuldeisers drastisch: waar hij voor die tijd in een een-op-eenrelatie met de schuldenaar (onder)handelde en verkeerde, wordt hij nu geconfronteerd met een samenloop (*concursus*) met andere schuldeisers die – even legitieme – aanspraken hebben jegens diezelfde schuldenaar. De schuldeiser blijkt niet alleen in een (civielrechtelijke) relatie tot zijn schuldenaar te staan, maar moet ook rekening gaan houden met de gerechtvaardigde belangen van zijn medeschuldeisers. Hiermee verschuift het perspectief van de tweepartijenverhouding (schuldenaar-schuldeiser) naar de meerpartijenverhouding (schuldenaar-schuldeiser en schuldeisers onderling).

Het insolventierecht bestrijkt door dit alles een gebied dat wordt beschouwd als een vergaarbak – oneerbiedig gezegd het 'afvalputje' – van het recht waarin veel samenkomt van het door de (aanstaande) jurist geleerde privaatrecht. Dit raakt enerzijds de inhoud van de verschillende onderdelen van het burgerlijk recht: het contractenrecht (totstandkoming van overeenkomsten; uitleg; nakoming; afstand van recht; verrekening; opschorting; ontbinding; vernietiging), het goederenrecht (eigendom; originaire wijzen van verkrijging; vervreemdingsverboden; zekerheidsrechten; eigendomsvoorbehoud; verhaal; voorrang; voorrechten; gemeenschap; huwelijks- of relatievermogensrecht; intellectuele eigendomsrechten) en aansprakelijkheidsrecht (aansprakelijkheid van bestuurders, aandeelhouders, financiers, derden die bij benadeling betrokken zijn, maar ook professionele aansprakelijkheid van de curator en de bewindvoerder; zorgvuldigheidsnormen; schadevergoedingsverplichtingen; collectieve acties). Anderzijds raakt het insolventierecht in belangrijke mate de procedurele terreinen van het civiele recht (burgerlijk procesrecht; beslag- en executierecht; voorzieningen in kort geding; faillietverklaring; surseance van betaling; schuldsanering natuurlijke personen; homologatie van akkoorden; internationaal privaatrecht).

Naast de schuldenaar en zijn schuldeisers komen bij financiële moeilijkheden en insolventie soms andere belanghebbenden in beeld, waardoor naast het privaatrecht ook het publiekrecht een rol kan spelen. Denk aan vraagstukken op het gebied van werkgelegenheid (socialeverzekeringsrecht), financiering (financieel toezicht en fiscaal recht) en fraudebestrijding (strafrecht en fiscaal recht). Bij insolventies van ondernemingen kunnen zich ook nog andere administratiefrechtelijke kwesties voordoen. Deze beperken zich tegenwoordig niet meer tot Nederland: materieel en formeel Europees recht – of daaraan ontsproten leerstukken zoals het mededingings- en aanbestedingsrecht, privacyrecht – spelen eerder en vaker een rol dan soms vermoed. Aangezien het publiekrecht echter meestal geen onderscheid maakt tussen solvente en insolvente (rechts)personen, blijven deze kwesties bij de bestudering van het insolventierecht grotendeels buiten beschouwing, behalve waar de insolventie een eigen dynamiek creëert voor de toepassing van publiekrechtelijke regels.

1.2 Definities; kernbegrippen

In dit boek komen bepaalde begrippen veelvuldig voor. Geprobeerd is om die in een min of meer vastomlijnde betekenis te gebruiken. De belangrijkste hiervan worden in de volgende nummers van deze paragraaf behandeld en waar nodig van elkaar onderscheiden. Omwille van de leesbaarheid zijn aangehaalde artikelen uit de Faillissementswet opgenomen zonder verkorte wetsaanduiding.

3. *Insolventie en insolventierecht; faillissement en faillissementsrecht*

Als overkoepelend begrip worden de termen 'insolventie' en 'insolventierecht' gebruikt. 'Insolventie' is als zodanig geen juridisch begrip maar veeleer financieel-economisch van aard. Het dient om de staat van de schuldenaar aan te geven die in serieuze financiële problemen verkeert, los van een eventuele formele procedure. Onder 'insolventierecht' wordt verstaan het geheel van regels dat in een dergelijke situatie toepassing vindt. De financiële moeilijkheden zien daarbij zowel op een liquiditeitsprobleem (betalingsonmacht, een gebrek aan geld om opeisbare schulden te voldoen) als een solvabiliteitsprobleem (negatief eigen vermogen waarbij de schulden groter zijn dan de bezittingen) en op een gegeven ogenblik vaak een combinatie van beide.

De term insolventie(recht) heeft een Angelsaksische achtergrond (*insolvency*; *insolvency law*) en wordt pas de laatste decennia als overkoepelend begrip in Nederland gebruikt; vroeger werden meestal de termen 'faillissement' en 'faillissementsrecht' gehanteerd. In dit boek zijn die termen gereserveerd voor de procedure die is geregeld in Titel I Faillissementswet. Hetzelfde geldt voor de benamingen 'surseance van betaling' respectievelijk 'schuldsanering natuurlijke personen' die zijn gereserveerd voor de procedures in Titel II respectievelijk III Faillissementswet. Als het om de specifiek wettelijke regeling van de schuldsanering natuurlijke personen gaat, wordt ook gebruikgemaakt van de verkorte aanduiding 'Wsnp'.

4. *Curator en bewindvoerder*

Op vergelijkbare wijze worden de termen 'curator' en 'bewindvoerder' gebruikt in de specifieke context van de procedure. Een 'curator' is de persoon die bij een faillissement (Titel I Faillissementswet) wordt aangesteld om voor de gezamenlijke schuldeisers het vermogen van de schuldenaar te beheren en te vereffenen (zie par. 5.3.3). Het probleem van het begrip 'bewindvoerder' is echter dat dit in de Faillissementswet een dubbele betekenis heeft, afhankelijk van de procedure die het betreft. In de schuldsanering natuurlijke personen (Titel III Faillissementswet) is de bewindvoerder de persoon die net als in faillissement het beheer en de beschikking over de boedel volledig overneemt van de schuldenaar (zie par. 7.3.1). Bij de surseance van betaling (Titel II Faillissementswet) is ook een bewindvoerder, maar deze staat – weliswaar met het oog op de belangen van de schuldeisers – de schuldenaar bij in zijn poging om uit de financiële problemen te komen, terwijl deze laatste in beginsel de handelende persoon blijft, zij het met medewerking van de bewindvoerder (zie par. 6.3.1 en 6.3.2). Uit de context zal telkens moeten blijken of het gaat om de bewindvoerder in surseance van betaling of die in schuldsanering natuurlijke personen. Ten slotte kwam het begrip 'bewindvoerder' ook voor in de context van de zogenaamde noodregeling die tot 1 januari 2019 op grond van de per die datum vervallen afdeling 3.5.5 Wft van toepassing kon worden verklaard op een bank of verzekeraar met zetel in Nederland die een door De Nederlandsche Bank verleende vergunning heeft. Net als zijn evenknie bij de surseance van betaling en de schuldsanering natuurlijke personen werd deze bewindvoerder door de rechtbank benoemd (art. 3:162d (oud) Wft).

5. *Schuldenaar en schuldeiser*

Als in dit boek gesproken wordt over 'schuldenaar' en 'schuldeiser', dan ziet dit op de personen die aan beide zijden van de verbintenis het rechtssubject zijn: de schuldenaar is tot de prestatie verplicht waartoe de schuldeiser gerechtigd is. In de praktijk kan zowel de schuldenaar als de schuldeiser meer dan één rechtssubject zijn; er is dan sprake van pluraliteit van schuldenaren (afd. 6.1.2 BW) of pluraliteit van schuldeisers (afd. 6.1.3 BW). Niettemin wordt als uitgangspunt voor dit boek een enkelvoudige schuldenaar met daartegenover een enkelvoudige schuldeiser genomen. Waar dat nodig is om eigenaardigheden van meervoudig schuldenaar- of schuldeiserschap in het insolventierecht te behandelen, volgt dat uit de context of wordt dat uitdrukkelijk vermeld.

6. *Schuldeisers; preferent, concurrent en achtergesteld*

De schuldeisers komen in verschillende varianten en indelingen in dit boek voor. Zo kunnen zij worden ingedeeld naar rangorde of naar tijdstip van ontstaan van de vordering en de daarmee corresponderende schuld.

Ingedeeld naar rangorde is een onderscheid aan te brengen tussen 'preferente', 'concurrente' en 'achtergestelde' schuldeisers. Preferente schuldeisers zijn schuldeisers die op grond van de wet een voorrang hebben boven concurrente en achtergestelde schuldeisers. Deze voorrang is gebaseerd op de wet en vloeit voort uit pand- of hypotheekrecht, wettelijk voorrecht of uit andere in de wet aangegeven gronden (art. 3:278 lid 1 BW). De pand- en hypotheekhouder worden ook wel separatisten genoemd, omdat zij de insolventieprocedure in beginsel mogen negeren en het object van hun zekerheid uit de boedel kunnen separeren (art. 57, 232 en 299). Bevoorrechte of geprivilegieerde schuldeisers zijn schuldeisers die hun voorrang ontlenen aan een wettelijk voorrecht (art. 3:278 lid 2 BW). Concurrente schuldeisers zijn alle schuldeisers die geen voorrang hebben of achtergesteld zijn. Achtergestelde schuldeisers zijn met de schuldenaar en/of een of meer andere schuldeisers overeengekomen dat hun vordering jegens alle of bepaalde andere schuldeisers een lagere rang neemt (art. 3:277 lid 2 BW).

7. *Faillissementsschuld(eisers)/insolventieschuld(eisers) en boedelschuld(eisers)*

In het insolventierecht wordt een onderscheid gemaakt tussen 'faillissementsschulden' en 'faillissementsschuldeisers' (ook wel ruimer genaamd: 'insolventieschulden' en 'insolventieschuldeisers') tegenover 'boedelschulden' en 'boedelschuldeisers'. Dit heeft in beginsel te maken met het tijdstip van het ontstaan van de schuld(eiser). De categorie van de boedelschulden ontstaat ruwweg door of na de insolventieprocedure (het faillissement), terwijl insolventieschulden (faillissementsschulden) hun grondslag vinden in gebeurtenissen voorafgaand aan de insolventieprocedure (faillissement), ook al ontstaan deze schulden pas daarna. De boedelschuldeisers hebben op grond van de wet of een (niet) handelen van de curator of bewindvoerder een rechtstreekse aanspraak op de boedel, waardoor zij hun vordering niet ter verificatie hoeven in te dienen. Anders dan de insolventieschuldeisers hoeven zij de afwikkeling van de insolventieprocedure in beginsel niet af te wachten en krijgen zij bij voldoende boedelactief eerder betaald (zie par. 5.4.5 en 5.4.6).

Bij de schuldsanering natuurlijke personen en de surseance van betaling komen eveneens boedelschuldeisers voor, die op een vergelijkbare wijze voorgaan boven de insolventieschuldeisers die hun vordering ontlenen aan gebeurtenissen voorafgaand aan de desbetreffende procedure.

8. *Sanering, herstructurering en reorganisatie*

Om de financiële problemen aan te pakken is het vaak nodig dat bij de schuldenaar een sanering, herstructurering of reorganisatie plaatsvindt. Hoewel deze begrippen niet precies hetzelfde betekenen, worden zij bij insolventies nogal eens door elkaar gebruikt. Dit zal ook in dit boek niet te vermijden zijn, maar in beginsel wordt de term 'sanering' vooral gebruikt bij het op orde krijgen van de financiële huishouding van natuurlijke personen zonder onderneming en komt het terug in het begrip 'schuldsanering' in de afkorting Wsnp. Het woord 'herstructurering' heeft meer betrekking op het aanpakken van de financiële problemen bij ondernemingen, ongeacht of deze door een rechtspersoon of een natuurlijke persoon worden gedreven. De term 'reorganisatie' wordt vooral in combinatie met de aanduiding 'informeel' of 'formeel' als overkoepelend begrip gebruikt voor de aanpak van de schuldenproblematiek van zowel de particulier als de onderneming. In de tegenstelling 'formele/informele' reorganisatie betekent 'formeel' dat een van de wettelijke insolventieprocedures door tussenkomst van een rechter in gang is gezet, terwijl met 'informeel' alle overige vormen worden geduid waarmee een schuldenaar uit zijn financiële problemen kan komen.

Een goede manier voor een schuldenaar om uit zijn financiële malaise te komen, is om op de een of andere wijze met zijn schuldeisers tot afspraken te komen. Het gaat immers om het onbetaald blijven van de prestaties waartoe zij gerechtigd zijn en het staat hen vrij om een andere prestatie (bijvoorbeeld een lager bedrag of rentepercentage en/of een langere (terug)betalingstermijn) te accepteren. Door hun instemming komt een akkoord tot stand. Een dergelijk akkoord heeft bij een informele reorganisatie de instemming van alle schuldeisers nodig. Dan is sprake van een 'informeel akkoord' of 'onderhands akkoord' (zie hoofdstuk 3). In een insolventieprocedure bestaat daarentegen de mogelijkheid van een zogenaamd 'dwangakkoord'; hiervoor is niet de instemming van alle schuldeisers nodig (zie par. 5.5.2, 6.4.2 en 7.5.1). Een tussenvariant vormt het zogenaamde 'informeel (of: onderhands) dwangakkoord' waarvoor sinds 2021 de Wet homologatie onderhands akkoord (WHOA) van kracht is (zie par. 4.2.2).

9. Onderneming en bedrijf

Insolventierecht heeft voor een belangrijk deel te maken met de juridische aspecten van economische activiteiten in het maatschappelijk verkeer. Deze worden verricht door natuurlijke personen en rechtspersonen. Bij natuurlijke personen gebeurt dit in het kader van hun beroeps- of bedrijfsuitoefening. Zij drijven hun onderneming met blootstelling van hun eigen vermogen aan aansprakelijkheden en verhaal. Rechtspersonen zorgen voor afscherming van risico's voor de feitelijk handelende natuurlijke personen en voeren die activiteiten uit in een onderneming met een afgescheiden vermogen. 'Onderneming' betekent in deze context het economische vehikel (in de juridische vorm van een of meer rechtspersonen) waarmee de economische activiteit wordt verricht. Het begrip onderneming is vaak uitwisselbaar met de term 'bedrijf', al ziet dit soms iets specifieker op het fysieke deel van de onderneming waarmee geproduceerd wordt. Het CBS hanteert meestal de term bedrijf om de economische activiteit aan te duiden, maar gebruikt soms ook de term onderneming in zijn statistieken.[1]

1.3 Insolventierechtelijke beginselen

Het insolventierecht kent enkele belangrijke beginselen die veel van de insolventierechtelijke regels en procedures verklaren: partijautonomie, contractsvrijheid, gelijkheidsbeginsel, fixatiebeginsel, publiciteitsbeginsel, proportionaliteitsbeginsel en de goede procesorde. Een aantal van deze beginselen speelt ook in het burgerlijk recht een rol, zodat voor de betekenis daarvan in het insolventierecht kan worden teruggevallen op het bredere civiele recht.

10. Partijautonomie

Partijautonomie houdt in dat iedere partij, schuldenaar en schuldeiser, bepaalt hoe, wanneer en waarom hij tot een rechtsverhouding toetreedt.[2] De structuur van dit boek wordt in zeker opzicht bepaald door de uitvoering van dit beginsel in het insolventierecht en de stappen die door de verschillende betrokkenen kunnen of moeten worden genomen om tot een oplossing van de financiële problemen te komen. Als een schuldenaar in financiële moeilijkheden belandt, merkt hij namelijk dat zijn partijautonomie feitelijk kan worden ingeperkt: financiers en andere externe partijen, zoals schuldeisers die beslag leggen, gaan zich intensief met de schuldenaar bemoeien en bepalen soms diens acties. Een verdere inperking vindt plaats bij surseance van betaling, waarbij een bewindvoerder tal van rechtshandelingen van de schuldenaar moet goedkeuren. De partijautonomie is vervolgens zo goed als verdwenen bij faillissement en schuldsanering natuurlijke personen. In deze situaties

1 Zie CBS Statline (www.cbs.nl).
2 Zie *Asser/Sieburgh 6-III* 2018, nr. 41.

moet de schuldenaar het handelen overlaten aan de curator respectievelijk bewindvoerder.

11. Contractsvrijheid

Contractsvrijheid hangt nauw samen met het beginsel van partijautonomie en betekent dat ieder rechtssubject zelf beslist of hij een contract aangaat en zo ja, hoe en met welke inhoud.[3] In beginsel kan men niet tegen zijn wil tot prestaties worden verplicht, tenzij men zich daartoe al had verplicht of die verplichting is gebaseerd op een wettelijke bepaling of voortvloeit uit een rechterlijk vonnis. In het insolventierecht wordt aan dit beginsel een groot gewicht toegekend. Dit blijkt bijvoorbeeld bij informele reorganisaties als de schuldenaar met zijn schuldeisers een regeling wil treffen (het 'onderhands akkoord'). Schuldeisers die hieraan niet willen meewerken, kunnen daartoe in beginsel ook niet worden gedwongen.[4] Dit kan echter enigszins veranderen als de schuldenaar op een formele insolventieprocedure aanstuurt. In de schuldsanering natuurlijke personen kan hij, voordat een dergelijke procedure begint, aan de rechter vragen om de weigerachtige schuldeiser te bevelen toch in te stemmen met een schuldregeling (art. 287a; zie nr. 50). Iets vergelijkbaars is mogelijk onder de WHOA. De drie 'formele' procedures (surseance van betaling, faillissement en schuldsanering natuurlijke personen) kennen daarnaast de mogelijkheid om sommige schuldeisers onder bepaalde omstandigheden, zo nodig tegen hun zin, te binden aan een akkoord dat met een meerderheid is overeengekomen (het 'dwangakkoord'; zie par. 5.5.2, 6.4.2 en 7.5.1).

12. Gelijkheidsbeginsel; paritas creditorum

Het gelijkheidsbeginsel, in het insolventierecht doorgaans aangeduid met de Latijnse benaming *paritas creditorum*, wordt wel beschouwd als het oerbeginsel van het insolventierecht. Het betekent dat schuldeisers gelijk moeten worden behandeld. 'Gelijk' betekent dat zij bij vereffening van het vermogen van de schuldenaar naar evenredigheid van de hoogte van hun vordering aanspraak kunnen maken op de opbrengst. De *paritas creditorum* ziet overigens slechts op de gelijke behandeling waarop schuldeisers recht aanspraak hebben bij de voldoening van hun vordering uit (de opbrengst van) de goederen van de schuldenaar (art. 3:277 BW); het hoeft niet te verhinderen dat in een faillissement bepaalde steunvorderingen (nr. 99) wel en andere niet door derden worden voldaan.[5]

Hoewel dit uitgangspunt in overeenstemming lijkt met het rechtsgevoel van de meeste mensen en bijvoorbeeld in lijn lijkt met artikel 1 Gw, kan met evenveel recht betoogd worden dat het daarmee juist in strijd is: waarom zou bijvoorbeeld een jonge werknemer die net aan zijn eerste baan begonnen is en door de insolventie

---

3 *Asser/Sieburgh 6-III* 2018, nr. 40 e.v.; SBR deel 3, nr. 8, 13-14, 80, 145-146; J.B.M. Vranken, 'Over partijautonomie, contractsvrijheid en de grondslag van gebondenheid in het verbintenissenrecht', in: J.M. Barendrecht e.a. (red.), *Beginselen van contractenrecht*, (Nieskens-Isphordingbundel), Deventer: Kluwer 2000, p. 146-149; C.H. Sieburgh, *Tertium non datur: de niet-uitgesloten derde in het burgerlijk recht*, p. 16.

4 HR 12 augustus 2005, *NJ* 2006/230; zie nr. 48 en 50. Zie echter HR 24 maart 2017, *NJ* 2017/466 (*Mondia/Curatoren V&D*).

5 HR 17 januari 2014, *NJ* 2014/61 (*H/Unitco*), r.o. 3.3.2.

van zijn werkgever pensioenafdracht over enkele maanden te vorderen heeft en de dienstwoning zou moeten verlaten, gelijk behandeld moeten worden met de bijna gepensioneerde werknemer die zijn hele leven in de naastgelegen dienstwoning heeft gewoond, bij nacht en ontij voor de onderneming van de schuldenaar heeft klaargestaan en bij wie blijkt dat de overeengekomen pensioenafdrachten nooit hebben plaatsgevonden?[6] Desondanks en eigenlijk bij gebrek aan beter heeft de wetgever dat beginsel tot uitgangspunt gekozen.

Op het beginsel van de *paritas creditorum*, dat in artikel 3:277 BW is gecodificeerd, maakt de wet in dezelfde bepaling overigens direct twee belangrijke uitzonderingen: schuldeisers kunnen zich aan deze gelijke behandeling onttrekken door voorrang of door achterstelling (art. 3:277 lid 1 respectievelijk 2 BW). Vooral de categorie van schuldeisers met voorrang speelt in het insolventierecht een belangrijke rol (zie hierover bij de vereffening en uitdeling; par. 5.5.3). Voorrang kan worden verkregen door een zekerheidsrecht (pand of hypotheek), door wettelijk voorrecht of uit een andere in de wet aangegeven grond (art. 3:278 BW), maar ook door de feitelijke positie waarin een schuldeiser verkeert (een dwangcrediteur, zoals bij retentierecht en verrekening; zie nr. 175 e.v., 179, 234). Door hun toedoen krijgen de resterende, concurrente, schuldeisers in de meeste insolventieprocedures uiteindelijk geen uitkering. Doordat deze uitzonderingen vaker voorkomen dan de regel heeft het beginsel beperkte waarde. Het grootste belang is erin gelegen dat als een schuldeiser niet in staat is om zijn bijzondere – van het beginsel afwijkende – positie aan te tonen, hij geacht wordt een concurrente schuldeiser te zijn en dientengevolge mee te doen in de *concursus creditorum*.[7]

13. Fixatiebeginsel

Voordat het gelijkheidsbeginsel kan worden toegepast in een insolventie, speelt het fixatiebeginsel een rol, dat een belangrijk fundament van de Faillissementswet vormt. Op grond hiervan wordt de rechtspositie van alle bij de boedel betrokkenen onveranderlijk bij het begin van het faillissement.[8] In de algemene inleiding van de Memorie van Toelichting bij de Faillissementswet aan het einde van de 19e eeuw is dit beginsel als volgt verwoord:

> "Het Ontwerp gaat uit van het beginsel dat het faillissement is een gerechtelijk beslag op het geheele vermogen des schuldenaars ten behoeve zijner gezamenlijke schuldeischers. Deze opvatting beheerscht alle voorgestelde bepalingen (...)."[9]

Op basis van dit beginsel worden vervolgens vier conclusies gebaseerd, die bij de totstandkoming van de Faillissementswet bedoeld waren om enkele blijkbaar in de

---

6 R. Mokal laat in *Priority as pathology: the pari passu myth*, (http://ssrn.com/ abstract=303739), aan de hand van dergelijke voorbeelden goed zien dat onze keuze voor de *paritas creditorum* in het insolventierecht eigenlijk nogal willekeurig is, maar door het ontbreken van een goed alternatief uitgangspunt uiteindelijk het minst schadelijk.

7 Zie HR 4 december 1998, *NJ* 1999/549, *AA* 1999/288 (*Potharst/Serrée*), r.o. 3.7 voor een mooi voorbeeld.

8 HR 18 december 1987, *NJ* 1988/340 (*OAR/ABN*), r.o. 3.3 en recent HR 23 maart 2018, *NJ* 2018/290 (*Credit Suisse/Jongepier q.q.*), r.o. 3.5.1, 3.5.4. Tot op zekere hoogte geldt hetzelfde voor de surseance van betaling en de schuldsanering natuurlijke personen.

9 Parl. Gesch. Fw (*Van der Feltz*) I, p. 7.

praktijk gerezen kwesties op te lossen. In de eerste plaats raakt een faillissement alleen het vermogen van de schuldenaar en niet ook diens persoon. Ten tweede blijft de boedel behoren tot het vermogen van de schuldenaar; hij is zowel de gerechtigde als de verplichte persoon en er vindt dus geen vermogensovergang naar de schuldeisers of de curator plaats. Ten derde heeft het faillissement in beginsel betrekking op alle goederen van de schuldenaar, diens gehele vermogen; en ten slotte eindigt het faillissement zodra het vermogen is vereffend en uitgekeerd aan de schuldeisers.[10] Zoals hierna (par. 5.4.1 en 5.4.5) aan de orde komt, heeft deze fixatie betrekking op zowel de activa (bezittingen) als de passiva (schulden) van de schuldenaar. De bezittingen van de schuldenaar kunnen door de insolventieprocedure in beginsel niet meer buiten de curator/bewindvoerder om worden vervreemd, bezwaard of uitgewonnen (zie art. 23, 33, 35, 228, 296, 301, 313) en schulden die buiten de curator/bewindvoerder om ontstaan tijdens de insolventieprocedure kunnen in beginsel niet worden verhaald op de boedel (zie art. 24, 228, 313). Deze vergaande consequenties hebben ertoe geleid dat een deel van de discussie tussen curator/bewindvoerder en schuldeisers gaat over de vraag of een rechtshandeling over een bepaald actief of passief nu vóór of ná het begin van de insolventieprocedure heeft plaatsgevonden. Een belangrijke uitzondering op het beginsel heeft te maken met de zekerheidsgerechtigden die op grond van artikel 57 hun rechten kunnen uitoefenen alsof er geen faillissement is en dus ook dit aspect mogen negeren.[11]

14. Publiciteit(sbeginsel)

Hoewel publiciteit niet altijd als een beginsel wordt aangemerkt,[12] speelt dit aspect in het insolventierecht een belangrijke rol. Bij insolventies zijn de rechtsposities van veel personen in het geding: niet alleen de schuldenaar en de schuldeisers maar ook andere belanghebbenden, zoals werknemers, afnemers, consumenten, overheden etc. Zeker in geval van faillissement, surseance van betaling of de toepassing van de schuldsaneringsregeling, is het voor hun rechtspositie van belang daarvan op de hoogte te zijn. Zo kan de schuldenaar na aanvang van de insolventieprocedure helemaal niet meer – of bij surseance van betaling alleen nog maar met medewerking van de bewindvoerder – beschikken over zijn vermogen. Iets vergelijkbaars geldt voor betalingen door de schuldenaren van de failliet, sursiet dan wel saniet: als zij aan hem betalen, geldt dat niet als een bevrijdende betaling, waardoor zij nogmaals tot betaling kunnen worden aangesproken (art. 52, 240, 313). Procedures krijgen soms een andere wending, waarbij nu eens wel en dan weer niet de curator/bewindvoerder moet worden betrokken (art. 25 e.v., 231, 313). De wetgever heeft dit belang aan publiciteit onderkend: op verschillende plaatsen wordt aan de rechtbank/griffier of de curator/bewindvoerder de opdracht gegeven om bepaalde gebeurtenissen en rechtsfeiten over de insolventieprocedure te publiceren. In dit licht moeten ook de

---

10 Parl. Gesch. Fw (*Van der Feltz*) I, p. 7.

11 Voor de schuldsanering natuurlijke personen, zie art. 299 lid 5; bij de surseance van betaling ligt dit anders, omdat schuldeisers met een voorrang, zoals de pand- en hypotheekhouder (art. 3:227 BW), daardoor niet geraakt worden (art. 232). Voor verdere uitzonderingen zie nr. 171.

12 Zie de discussies bij T.H.D. Struycken, *Numerus clausus in het goederenrecht* (diss. Nijmegen), Deventer 2007, p. 290, 305, 337, 797.

verschillende registers bij de rechtbanken en het Centraal Insolventieregister worden gezien (art. 19-19b, 222-222b, 294-294b; vgl. art. 24 e.v. InsVo).

15. Proportionaliteitsbeginsel

Het proportionaliteitsbeginsel geldt niet als een typisch insolventierechtelijk beginsel, maar heeft op dit rechtsgebied wel zijn invloed. Het houdt onder meer in dat een rechterlijke sanctionering achterwege moet blijven bij onbeduidende kwesties (*de minimis non curat praetor*). In het insolventierecht komt dit beginsel onder meer tot uiting bij de beoordeling van de faillissementsaanvraag door een schuldeiser of de schuldenaar wel verkeert in een toestand dat hij heeft opgehouden te betalen (art. 1, 6 lid 3) of de vraag of de schuldenaar natuurlijke persoon in een schuldsaneringsregeling is tekortgeschoten in de nakoming van een van zijn daaruit voortvloeiende verplichtingen (art. 354). Het onbetaald laten van een verwaarloosbare schuld blijft op grond van dit beginsel buiten beschouwing.

Verder keert dit beginsel terug bij verschillende situaties waar de rechter moet beoordelen of een partij, doorgaans een schuldeiser, misbruik van zijn bevoegdheid maakt (art. 3:13 BW). Bijvoorbeeld als hij niet wil meewerken aan een onderhands akkoord, een minnelijke schuldregeling voorafgaand aan een schuldsanering natuurlijke personen (art. 287a) of tegenstemmen over een akkoord (art. 146, 268a, 332 lid 4).

Proportionaliteit komt voorts in combinatie met het beginsel van subsidiariteit voor bij de rechterlijke beslissingen omtrent faillissementsgijzeling (art. 87 e.v.). Onder verwijzing naar de vergelijkbare regeling van de civielrechtelijke gijzeling (lijfsdwang) in artikel 587 Rv geldt dat hoe langer een gijzeling duurt, des te zwaarder de redenen moeten zijn om die bij elke 30-daagse periodieke verlengingsbeslissing (art. 87 lid 2) te laten voortduren.[13]

De praktische kant van proportionaliteit is ook terug te vinden in de speciale wettelijke regeling van de vereenvoudigde afwikkeling in de vijfde afdeling A van Titel I Faillissementswet. Deze kostenefficiënte wijze volstaat als nauwelijks opbrengsten zijn te verdelen (nr. 254).

16. Goede procesorde

De goede procesorde ten slotte is evenmin iets typisch insolventierechtelijks, maar komt op verschillende plaatsen terug. Zo zijn er regels om hoor en wederhoor te waarborgen en onnodige vertragingen in de procedures te voorkomen (zie par. 5.2.6). Op een aantal terreinen zoekt het insolventierecht de grenzen van procesrechtelijke beginselen op, althans kan het daarmee op gespannen voet staan. Denk aan het beginsel van openbaarheid van rechtspraak die juist wordt gemeden in de aanloop naar de faillietverklaring, de schuldsanering natuurlijke personen en de surseance van betaling om te voorkomen dat de procedure tot voortijdige, negatieve consequenties leidt. Verder is de motivering van rechterlijke uitspraken in insolventiezaken doorgaans summier. Ten slotte dreigt soms de noodzakelijke schijn van onpartijdigheid van de rechter mogelijk in het gedrang te komen als hij bij geschilbeslechting (art. 69 en 317) in zijn rol van rechter-commissaris (voor)overleg met

---

13 Zie HR 10 januari 2014, *NJ* 2014/116 (*Curatoren Delta Digi/J*), r.o. 5; vgl. HR 19 februari 2016, *NJ* 2016/200 (R) en HR 22 januari 2021, *NJ* 2021/179.

de curator of bewindvoerder in de schuldsanering natuurlijke personen heeft gehad (zie par. 5.3.4 respectievelijk 7.3.2).

1.4 Bronnen; positief recht als uitgangspunt

Voor de bestudering van het insolventierecht zijn tal van bronnen beschikbaar. Dit boek neemt het geldende Nederlandse insolventierecht als uitgangspunt, uiteraard zoals de auteur dit ziet en interpreteert. Dat betekent dat de tekst voornamelijk gebaseerd is op primaire bronnen (wetgeving en pseudowetgeving met bijbehorende toelichtende documenten (nr. 17), en als het over de toepassing gaat ook de rechtspraak van hogere colleges, nr. 18), die allemaal redelijk toegankelijk zijn.[14] Literatuur wordt alleen behandeld waar dat een zinvolle aanvulling, uitleg, verbetering, toelichting, of een anderszins verrassende invalshoek geeft (nr. 19).

17. Regelgeving (met toelichting) en pseudowetgeving

De wettelijke context van het insolventierecht in Nederland wordt gevormd door de bindende regels van Verordening (EU) 2015/848 van 20 mei 2015 betreffende insolventieprocedures (hierna: 'Europese Insolventieverordening' of 'InsVo')[15] die op 26 juni 2017 in werking is getreden en de Faillissementswet. Achtergronden van deze regelingen zijn te vinden in de toelichtende stukken bij de invoering daarvan. Voor de Europese Insolventieverordening – en dan vooral de oorspronkelijke verordening uit 2000 – vormt vooral het Ontwerprapport Virgós/Schmit een belangrijke informatiebron.[16] Het rapport heeft zijn oorsprong als toelichtend rapport van het uiteindelijk in het zicht van de eindstreep gesneuvelde EU-Verdrag betreffende insolventieprocedures uit 1995 en heeft geen officiële status. Toch geeft het inzicht in de gedachtegang van de ontwerpers van die verdragstekst (onder wie Miguel Virgós en Etienne Schmit) die uiteindelijk grotendeels letterlijk is overgenomen in de Europese Insolventieverordening. De parlementaire geschiedenis van de oorspronkelijke Faillissementswet is indertijd bewerkt en uitgegeven door Van der Feltz.[17] De wetswijzigingen nadien tot 1995 zijn op een vergelijkbare wijze – per artikel – uitgegeven door Kortmann en Faber en door Breeman en Hummelen tot 2018.[18] De

14 Zie de officiële websites: www.overheid.nl en www.rechtspraak.nl; voor Europese bronnen, zie www.europa.eu en http://europa.eu/eu-law/legislation/index_nl.htm.

15 Deze verordening is een herschikking van de oorspronkelijke Verordening (EG) nr. 1346/2000 van 29 mei 2000 betreffende insolventieprocedures die op 31 mei 2002 in werking was getreden.

16 Onder andere te vinden op http://aei.pitt.edu/952/1/insolvency_report_schmidt_1988.pdf; tevens gepubliceerd in *Ars Aequi Wetseditie Insolventierecht*, Nijmegen: Ars Aequi Libri 2018 (6e druk), p. 303-364.

17 G.W. Baron van der Feltz, *Geschiedenis van de Wet op het Faillissement en de Surséance van Betaling, deel I*, Haarlem: Bohn 1896 en deel II, Haarlem: Bohn 1897. Deze twee delen zijn in een facsimile uitvoering heruitgegeven door S.C.J.J. Kortmann en N.E.D. Faber onder de titel *Geschiedenis van de Faillissementswet, Heruitgave Van der Feltz I respectievelijk II, deel 2-I* respectievelijk *2-II*, Zwolle: Tjeenk Willink 1994 en gratis te downloaden op www.recht.nl/attachment.html?id=2487x44f25 33e2e2f8c8d368ce399c9607323 respectievelijk www.recht.nl/attachment.html?id=2486xfd0e61 7936eee80a5a0fa1089c530b29.

18 S.C.J.J. Kortmann, N.E.D. Faber, *Geschiedenis van de Faillissementswet, Wetswijzigingen, deel 2-III*, Zwolle: Tjeenk Willink 1995 en M.S. Breeman & J.M. Hummelen, *Parlementaire geschiedenis van de Faillissementswet 1896-2017, Deel III-III*, Den Haag: Boom juridisch 2018.

parlementaire geschiedenis van nadien verschenen wetgeving is vanaf 1995 elektronisch te vinden op www.overheid.nl.

De belangrijkste wijzigingen van de Faillissementswet van 1995 tot 2019 hebben te maken met de invoering van de Wsnp[19] en de Wet vereenvoudigde afwikkeling faillissementen[20]; het bevorderen van de effectiviteit van de surseance van betaling[21] en een grondige aanpassing van de Wsnp.[22] Voorts de wetswijzigingen die een uitvloeisel zijn van het in 2012 aangekondigde wetgevingsprogramma 'Herijking faillissementsrecht'[23]: de Wet civielrechtelijk bestuursverbod[24]; de Wet herziening strafbaarstelling faillissementsfraude[25]; de Wet versterking positie curator[26]; de Wet modernisering faillissementsprocedure[27] en de Wet homologatie onderhands akkoord (WHOA).[28] Daarnaast is in het kader hiervan nog bij de Eerste Kamer aanhangig het in 2015 ingediende voorstel voor de Wet continuïteit ondernemingen (WCO) I.[29]

Ten slotte zijn voor de financiële sector ook de aanpassingen als gevolg van Europese richtlijnen van belang[30] en de per 1 januari 2019 in werking getreden Wet herstel en afwikkeling van verzekeraars.[31]

Dat overigens niet alle wetsgeschiedenis relevant is, is voor de Faillissementswet nog eens fijntjes verwoord door Molengraaff (de *auctor intellectualis* van deze wet):

> "Het zijn deze dokumenten [*nl. vooral het Ontwerp Staatscommissie met bijbehorende Memorie van Toelichting; RDV*] die, als hulpmiddelen tot uitlegging der wet, in de eerste plaats in aanmerking komen en als zoodanig groote diensten kunnen bewijzen. Zij kunnen licht verspreiden over den zin en de beteekenis der wet, over de bedoelingen der ontwerpers en de strekking der gemaakte wijzigingen. Daarentegen hebben de beraadslagingen, in beide Kamers gehouden, voor den uitlegger minder waarde, tenzij voor zooverre zij gedurende de beraadslaging in de wet gebrachte wijzigingen toelichten.
>
> De door verschillende sprekers gegeven, somwijlen zeer eenzijdige voorstellingen omtrent geest en strekking der wet hebben geen andere beteekenis, dan aan subjectieven meeningen in het algemeen toekomt, en alleen eenige waarde voor zooverre zij op juiste waarneming berusten en door den inhoud der wet, bij onbevooroordeelde beschouwing, worden bevestigd. De gehouden redevoeringen moeten daarom niet dan met groote voorzichtigheid en vooral niet zonder critiek worden geraadpleegd. Eene geheel verkeerde opvatting omtrent de beteekenis der wet zou anders allicht kunnen post vatten."[32]

19 Kamerstukken 22969 en 25672 (Wetten van 25 juni 1998, *Stb.* 1998, 445 en 447).
20 Kamerstukken 27199 (Wet van 28 maart 2002, *Stb.* 2002, 185).
21 Kamerstukken 27244 (Wet van 24 november 2004, *Stb.* 2004, 615).
22 Kamerstukken 29942 (Wet van 24 mei 2007, *Stb.* 2007, 192).
23 Kamerstukken *TK* (2012-2013), 29911, nr. 74; de voortgang van het programma is te volgen in Kamerstukken 33695.
24 Kamerstukken 34011 (Wet van 8 april 2016, *Stb.* 2016, 153).
25 Kamerstukken 33994 (Wet van 8 april 2016, *Stb.* 2016, 154).
26 Kamerstukken 34253 (Wet van 22 maart 2017, *Stb.* 2017, 124).
27 Kamerstukken 34740 (Wet van 27 juni 2018, *Stb.* 2018, 299).
28 Kamerstukken 35249 (Wet van 7 oktober 2020, *Stb.* 2020, 414).
29 Kamerstukken 34218; laatste stand van zaken zie brief minister voor Rechtsbescherming van 29 mei 2019, Kamerstukken *EK* (2018-2019), 34218, L.
30 Finaliteitsrichtlijn (98/26/EG en 2009/44/EG) voor afdeling 11A; Liquiditeitsrichtlijn (EG/2001/17) voor afdelingen 11AA en 11B en Richtlijn financiëlezekerheidsovereenkomsten (2002/47/EG en 2009/44/EG) voor Titel 7.2 BW, alsmede de BRRD Richtlijn (2014/59/EU), zoals aangepast in Richtlijn (EU) 2017/2399. Relevante Europese regelgeving is te vinden via http://europa.eu/eu-law/legislation/index_nl.htm.
31 Kamerstukken 34843 (Wet van 28 november 2018, *Stb.* 2018, 489).
32 W.L.P.A. Molengraaff, *De Faillissementswet verklaard*, Den Haag: Belinfante 1914 (2e druk), Algemeene inleiding, p. 11.

Op basis van de Faillissementswet en andere insolventierechtelijke wetgeving zijn in de loop van de tijd de nodige uitvoeringsbesluiten opgesteld en in werking getreden.[33]

De coronapandemie in 2020-2021 heeft tot de nodige regelgevende activiteiten geleid met het oog op de verwachte nadelige economische gevolgen. Denk hierbij aan crisiswetgeving (Tijdelijke wet COVID-19 Justitie en Veiligheid en Tijdelijke wet COVID-19 SZW en JenV)[34] en daarop voortbordurende uitvoeringsbesluiten in de vorm van een amvb of ministeriële regeling.

Naast de formele wetgeving heeft de rechterlijke macht in samenspraak met betrokkenen verschillende regels en richtlijnen opgesteld voor insolventiegerelateerde procedures: Procesreglement verzoekschriftprocedures handels- en insolventiezaken gerechtshoven (2018), Procesreglement verzoekschriftprocedures insolventiezaken rechtbanken (2019), de Recofa-richtlijnen voor faillissementen (2021), Recofa-richtlijnen voor schuldsaneringsregelingen (2018), door sommige rechtbanken aangevuld met lokale gewoonten en met de invoering van de WHOA het Procesreglement WHOA zaken rechtbanken (2020). Voorts hebben de curatoren eigen regelgeving ontwikkeld in de vorm van Insolad Praktijkregels voor curatoren.[35]

18. (Inter)nationale jurisprudentie

Jurisprudentie op het terrein van het insolventierecht is in overvloed aanwezig en (elektronisch) te vinden in de algemeen bekende jurisprudentiebronnen, zoals www.rechtspraak.nl, NJ en RvdW. Daarnaast wordt specifiek aandacht besteed aan insolventierechtelijke uitspraken in gespecialiseerde tijdschriften en jurisprudentie-uitgaven, zoals JOR, TvI, TvI-Nieuwsbrief, Ars Aequi, FIP, Rechtspraak Insolventierecht, Tijdschrift voor Curatoren (TvCu), Schuldsanering, Tijdschrift voor schuldhulpverlening en wettelijke schuldsanering (TvS), Herstructurering en Recovery Online (HERO) en specialistische jurisprudentie-uitgaven op het terrein van ondernemingsrecht (Ondernemingsrecht), procesrecht (TCR), arbeidsrecht (SMA, Arbeidsrecht, JAR), fiscaal recht (Vakstudie-Nieuws). Een belangrijke bron voor de schuldsanering natuurlijke personen vormt voorts de website van de Raad voor Rechtsbijstand die via zijn vestiging in Den Bosch (Bureau Wsnp) de uitvoering van de Wsnp tot taak heeft (www.bureauwsnp.nl).

Voor het Nederlandse insolventierecht zijn verder ook de uitspraken van belang van de hoogste rechter in de Europese Unie, het Hof van Justitie van de Europese Unie te Luxemburg, en op het terrein van het Europees Verdrag voor de Rechten van

---

33 Zie bijv. Besluit ex art. 6 Fw (*Stb.* 1926, 14); Besluit ex art. 19 Fw (*Stb.* 1896, 97); Besluit register surséance van betaling (*Stb.* 1977, 129); verschillende besluiten Wsnp (*Stb.* 1998, 478 (gewijzigd *Stb.* 2017, 293); *Stb.* 2001, 80 en 81; *Stb.* 2013, 308), Garantstellingsregeling curatoren 2012, *Stcrt.* 2012, 3973 (1 maart 2012).

34 *Stb.* 2020, 124, Kamerstukken 35434 (Tijdelijke wet COVID-19 Justitie en Veiligheid) en *Stb.* 2020, 522, Kamerstukken 35557 (Tijdelijke wet COVID-19 SZW en JenV); verlengingsbesluit *Stb.* 2021, 237.

35 In 2004 opgesteld en aangenomen door de Vereniging Insolventierechtadvocaten Insolad, een specialisatievereniging van de Nederlandse Orde van Advocaten; te vinden op www.insolad.nl; na een eerdere wijziging in 2011 is per 1 april 2019 een herziene versie Insolad Praktijkregels voor curatoren in werking getreden.

de Mens, het Europese Hof voor de Rechten van de Mens te Straatsburg.[36] Ten slotte kan worden gewezen op selecties van insolventierechtelijke uitspraken in de verschillende edities van rechtspraakbundels: Arresten Insolventierecht[37] en Ars Aequi Jurisprudentie Faillissementsrecht 1953-2019.[38]

19. Literatuur en rapporten

Literatuur op het terrein van het insolventierecht vormt geen primaire bron, maar dient ter verheldering en verdieping. Belangrijkste handboeken op dit moment zijn het tiendelige uitvoerige commentaar van Wessels, waarvan de afzonderlijke delen met enige regelmaat in een nieuwe druk verschijnen[39] en de losbladige en digitale 'groene' Faillissementswet.[40] In kortere versies kan men terecht bij Polak-Pannevis[41], Huizink[42] en Wibier.[43] Meer vanuit de insolventiepraktijk geschreven is de Faillissementsgids.[44] Wil men zich werkelijk in het insolventierecht verdiepen, dan mogen de oude handboeken niet worden gemist, zoals de verschillende edities van de handboeken van Molengraaff[45] en M. Polak[46], de voorloper van zowel Wessels als Polak-Pannevis. Op deze plaats past voorts een verwijzing naar de uitgaven die jaarlijks plaatsvinden ter gelegenheid van het Insolad jaarcongres.[47]

Er zijn op het terrein van het insolventierecht vele dissertaties en monografieën verschenen. Bij de afzonderlijke hoofdstukken wordt voor zover nodig naar specifieke publicaties verwezen voor verdere studie. Ten slotte kan de geïnteresseerde lezer terecht bij de al in nr. 18 genoemde tijdschriften waarin insolventierechtelijke onderwerpen aan bod komen.

Hoewel geen literatuur in eigenlijke zin, kunnen hiertoe ook gerekend worden het Rapport Commissie-Mijnssen[48] en het Eindrapport MDW-werkgroep[49], die in de loop van de tijd zijn verschenen met het oog op de voorgenomen aanpassing of herziening van de Faillissementswet eind vorige eeuw, begin deze eeuw. Op basis van de aanbevelingen in het Eindrapport MDW-werkgroep heeft de regering

---

36 Te vinden via http://curia.europa.eu/nl/content/juris/index.htm en www.echr.coe.int/ECHR/EN/Header/Case-Law/HUDOC/HUDOC+database.

37 Deventer: (Wolters) Kluwer 1996, 1998, 2002, 2005, 2008, 2011, 2014, 2017, 2020.

38 D.H.F. Stein, *Jurisprudentie Faillissementsrecht* 1953-2019, Nijmegen: Ars Aequi Libri 2019 (1e druk).

39 Wessels, *Insolventierecht deel I (Faillietverklaring), II-III (Gevolgen van faillietverklaring 1-2), IV (Bestuur en beheer na faillietverklaring), V (Verificatie van schuldvorderingen), VI (Het akkoord), VII (Vereffening van de boedel), VIII (Surseance van betaling), IX (Schuldsaneringsregeling natuurlijke personen) en X (International Insolvency Law Part I - II)*, Deventer: Wolters Kluwer 2013-2021 (4e en 5e druk).

40 Losbladige Faillissementswet, onder redactie van A.J Verdaas e.a., Deventer: Wolters Kluwer.

41 N.J. Polak, bewerkt door M. Pannevis, Insolventierecht, Deventer: Wolters Kluwer 2017 (14e druk).

42 J.B. Huizink, *Insolventierecht*, Deventer: Wolters Kluwer 2021 (10e druk).

43 R.M. Wibier, *Compendium van het Nederlands faillissementsrecht*, Deventer: Wolters Kluwer 2018.

44 A. van der Schee, F.A.M. Nowee, *Faillissementsgids*, Deventer: Wolters Kluwer 2016 (8e druk).

45 W.P.L.A. Molengraaff, De Faillissementswet verklaard, Den Haag: Belinfante (1e druk 1898, 2e druk 1914, 3e druk 1936) en Zwolle: Tjeenk Willink (4e druk 1951).

46 M. Polak, *Handboek voor het Nederlandse handels- en faillissementsrecht* (vanaf 1960 (6e druk) deel 1c, Faillissement en surséance van betaling, bewerkt door N.J. Polak).

47 Insolad jaarboek, Deventer: Wolters Kluwer (jaarlijks).

48 Rapport van de Commissie ter advisering omtrent eventuele herziening van de Faillissementswet, Den Haag, oktober 1989 onder voorzitterschap van F.H.J. Mijnssen.

49 Eindrapport MDW-Werkgroep Herziening Faillissementswet tweede fase, Den Haag november 2001, onder voorzitterschap van M.J.G.C. Raaijmakers.

in 2003 de Commissie insolventierecht geïnstalleerd onder voorzitterschap van S.C.J.J. Kortmann, die in 2007 een Voorontwerp voor een Insolventiewet (VIw) met een uitvoerige toelichting heeft gepubliceerd.[50] Na een consultatieperiode waarin belanghebbenden en geïnteresseerden hun commentaar konden leveren,[51] heeft de Commissie insolventierecht in 2009 haar eindadvies aangeboden. Inmiddels heeft de regering besloten om het Voorontwerp niet uit te werken,[52] maar is in het najaar van 2012 een beperkte aanpassing van de Faillissementswet aangekondigd onder de benaming 'Herijking faillissementsrecht'.[53] Dit wetgevingsprogramma heeft inmiddels geleid tot nieuwe wetgeving en wetsvoorstellen (zie nr. 17). [54] In het voorjaar van 2019 is een nieuwe Commissie insolventierecht benoemd onder voorzitterschap van P.M. Veder.

20. Rechtspraktijk en empirische data

Veel van het insolventierecht vindt plaats in de praktijk zonder dat altijd een regelgever of rechter aan te pas komt. Deze ingang is nauwelijks gedocumenteerd en meestal slechts mondeling toegankelijk in gesprekken met de verschillende actoren (curatoren/bewindvoerders, rechters, adviseurs, schuldenaren en schuldeisers etc.) op dit terrein. Sowieso is het nuttig om een beeld te krijgen van de omvang van de insolventiepraktijk en daarvoor kennis te nemen van enig cijfermateriaal op dit gebied. Deze cijfers zijn afkomstig van (geaggregeerde) data uit de Faillissementsstatistieken van het CBS.[55] Op zaakniveau biedt daarnaast het Centraal Insolventieregister (CIR) toegang tot de nodige gegevens.[56] Zo laten de cijfers van uitgesproken faillissementen en schuldsaneringen over verschillende jaren (1981-2020 voor faillissementen en 1999-2017 voor schuldsaneringen) een fluctuerend beeld zien, al naargelang de stand van de economische conjunctuur in Nederland, waarvan de insolventiepraktijk sterk afhankelijk is. In tijden van economische voorspoed zijn de aantallen laag en bij crises (begin jaren '80, 2001, 2009-2013) hoog, zij het soms met enige jaren vertraging.

---

50 Zie www.rijksoverheid.nl [zoeken op 'Voorontwerp Insolventiewet']; tekst en toelichting van het Voorontwerp zijn onder andere te vinden in S.C.J.J. Kortmann, N.E.D. Faber, *Geschiedenis van de Faillissementswet, Voorontwerp Insolventiewet, deel 2-IV*, Deventer: Kluwer 2007.

51 Zie bijv. J.B. van de Hel, M.C.A. van den Nieuwenhuijzen, J.H. Verdonschot (red.), *Het Voorontwerp Insolventiewet nader beschouwd*, Nijmegen: Ars Aequi Libri 2008.

52 Kamerstukken *TK* (2010-2011), Handelingen 1014.

53 Kamerstukken *TK* (2012-2013), 29911, nr. 74.

54 Kamerstukken *TK* (2017-2018), 33695, nr. 15.

55 CBS Statline (geraadpleegd juni 2021). Informatie over surseance van betaling wordt vanaf 1998 niet meer door het CBS verzameld en bijgehouden en blijft daarom buiten beschouwing (ook wegens de kleine aantallen).

56 Vanaf 1 januari 2005 worden in het CIR (https://insolventies.rechtspraak.nl/#!/zoeken/index) alle insolventiegegevens gepubliceerd. Deze zijn te raadplegen tot zes maanden na beëindiging van de insolventie.

Faillissementen (zittingsdagen gecorrigeerd[57]) 1981-2020				
Jaar	Bedrijven en instellingen[58]	Natuurlijke persoon met eenmanszaak[59]	Natuurlijke persoon zonder eenmanszaak[60]	Totaal
1981	3201	2878	1209	7288
1982	3936	3253	1455	8644
1983	3306	3034	1351	7691
1984	2639	2552	1033	6224
1985	2358	2142	878	5378
1986	1918	1815	715	4448
1987	1640	1562	584	3786
1988	1675	1628	546	3849
1989	1561	1543	575	3679
1990	1527	1434	558	3519
1991	1953	1581	541	4075
1992	2501	1868	676	5045
1993	3364	2148	916	6428
1994	3160	2173	1131	6464
1995	2772	2011	1064	5847
1996	2635	1899	1043	5577
1997	2681	1728	1138	5547
1998	2470	1545	1016	5031
1999	2313	925	602	3840
2000	2621	958	919	4498
2001	3333	997	1504	5834
2002	4085	878	1808	6771
2003	5235	1151	2362	8748
2004	5267	1381	2701	9349
2005	5083	1697	3302	10082
2006	4228	1713	3238	9179
2007	3589	1013	3350	7952
2008	3842	795	2210	6847
2009	6942	1045	2484	10471

57 Bron: CBS Statline: uitgesproken faillissementen uitgesplitst naar type gefailleerde (bedrijven en instellingen, natuurlijke personen met en zonder eenmanszaak) en gecorrigeerd voor de effecten van zittingsdagen van de rechtbanken. Gewoonlijk worden faillissementen uitgesproken op een dinsdag. Hierdoor kan een kalendermaand vier of vijf zittingsdagen bevatten waardoor het aantal uitgesproken faillissementen van maand op maand kan fluctueren. De reeks uitkomsten in deze publicatie is geschoond voor het effect van zittingsdagen.

58 Rechtsvorm zonder rechtspersoonlijkheid met één natuurlijke persoon als eigenaar van het bedrijf. Deze eigenaar is volledig aansprakelijk en er is geen onderscheid tussen bedrijfs- en privébezittingen.

59 Het gaat hier om natuurlijke personen, die geen eigen zaak zonder afgescheiden vermogen bezitten en die door privéschulden failliet zijn verklaard. Daarnaast betreft het failliete vennoten van een eveneens failliet verklaarde VOF of CV, die een natuurlijke persoon zijn.

60 Tot deze categorie behoren de failliete naamloze en besloten vennootschap (NV/BV), vennootschap onder firma (vof), commanditaire vennootschap (cv), maatschap, vereniging, stichting, Engelse limited (Ltd.) en overige buitenlandse rechtsvormen.

Faillissementen (zittingsdagen gecorrigeerd) 1981-2020				
Jaar	Bedrijven en instellingen	Natuurlijke persoon met eenmanszaak	Natuurlijke persoon zonder eenmanszaak	Totaal
2010	6162	985	2344	9491
2011	6117	766	2648	9531
2012	7349	997	3002	11348
2013	8376	1055	3018	12449
2014	6645	976	2048	9669
2015	5271	735	1332	7338
2016	4399	613	940	5952
2017	3291	576	753	4620
2018	3145	488	593	4226
2019	3208	584	586	4378
2020	2684	473	454	3611

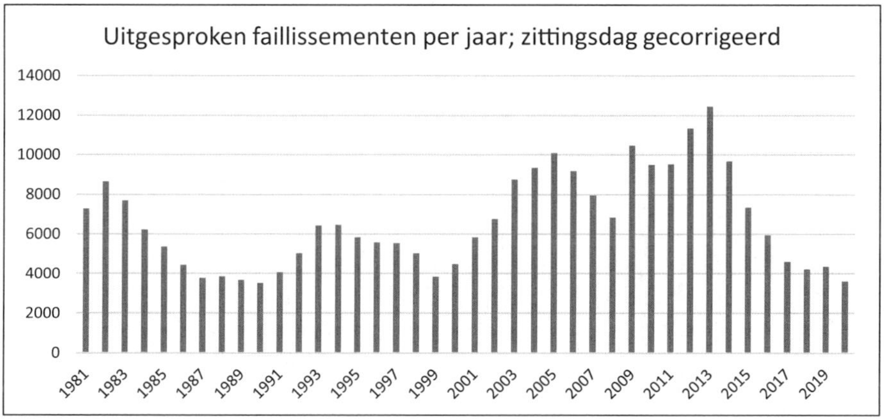

Uitgesproken schuldsaneringen 1999-2020		
Jaar	Totaal[61]	Totaal[62]
1999	6310	6465
2000	8660	8748
2001	8640	8796
2002	9500	9614
2003	10615	10758
2004	14030	14172
2005	14645	14795
2006	14940	15115
2007	14955	15138

61 CBS Statline, "Personen met uitgesproken schuldsanering; jaar uitspraak, regio" (juni 2021).

62 Monitor Wsnp 17, p. 23: "Tabel B1.5 Aantal uitgesproken schuldsaneringen naar jaar van uitspraak, 1998 tot en met 2020".

Uitgesproken schuldsaneringen 1999-2020		
2008	9205	9207
2009	8960	8967
2010	11355	11385
2011	14695	14727
2012	13745	13763
2013	12335	12361
2014	12250	12264
2015	11685	11703
2016	9780	9802
2017	8355	8363
2018	5895	5897
2019	4640	4637
2020	2995	2997

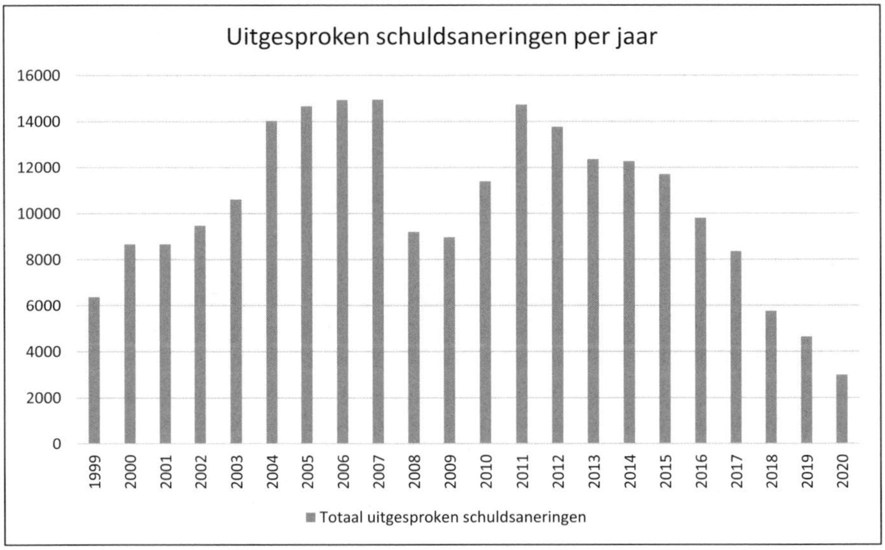

21. Rechtsvergelijking

Als gevolg van een steeds verdergaande internationalisering en globalisering van het maatschappelijk-economisch leven wordt het Nederlandse recht meer en meer door ontwikkelingen in buitenlandse rechtsstelsels en regels beïnvloed. Waar de financieel-economische gevolgen van ons handelen zich niet door landsgrenzen laat beperken, geldt dit in beginsel ook voor het insolventierecht. Hoewel de directe invloed van buitenlands recht op het Nederlandse insolventierecht evenwel nog steeds beperkt is, komt in dit boek soms enige rechtsvergelijking met enkele van de ons enigszins vertrouwde jurisdicties aan de orde waar het bij de behandeling van een specifiek onderdeel zinvol kan zijn om ter inspiratie gebruik te maken van leerstukken of constructies afkomstig uit een ander rechtsstelsel. Daarnaast is aan het slot in hoofdstuk 8 een meer algemene beschouwing opgenomen over de verschillende Europese en mondiale ontwikkelingen die bij het internationale en grensoverschrijdende insolventierecht een rol spelen.

1.5 Plan van behandeling

Aan het eind van dit inleidende hoofdstuk is een plan van behandeling opgenomen waarin de verdere opzet van dit boek wordt aangegeven. Hiertoe volgt dit boek in opzet en structuur grotendeels de ontwikkeling van de in het (financiële) moeras wegzakkende schuldenaar op zijn (lijdens)weg en zoektocht naar vaste grond en een uitweg voor zijn problemen.

22. Van financiële problemen tot rampspoed

Het startpunt is het 'normaaltype', de situatie waarin de schuldenaar zijn verplichtingen jegens zijn schuldeisers kan nakomen. In hoofdstuk 2 verschijnen echter de eerste donkere wolken aan de financiële hemel, als zich betalingsonmacht van de schuldenaar aandient in een of meer rechtsverhoudingen met zijn schuldeisers. In het volgende hoofdstuk komt de eerste fase van de financiële malaise aan bod. Dan is het insolventierecht een kwestie van verdere invulling van de rechtsverhouding tussen de schuldenaar en de schuldeiser jegens wie de schuldenaar niet nakomt; zij zullen samen een uitkomst moeten zien te vinden. Maar als dit niet lukt, kan het zinvol zijn om een derde bij deze onderhandelingen te betrekken. Deze derde neemt niet zozeer de plaats in van een van de partijen, maar probeert door enerzijds zijn afstand tot het conflict en anderzijds zijn kennis en ervaring ruimte te bieden om tot een voor iedereen zo bevredigend mogelijke en realistische oplossing te komen (zie hoofdstuk 3). Dit hoofdstuk behandelt de mogelijkheden die de schuldenaar heeft om tot een oplossing te komen door een onderhands akkoord met zijn schuldeisers, waarbij het tweepartijenperspectief verschuift in de richting van een drie- of meerpartijenverhouding. Als ook dit mislukt, kan de schuldenaar, al dan niet samen met de schuldeiser(s), tussenkomst van de rechter verlangen om een uitweg te vinden, zonder overigens de macht over zijn beheer met een ander te delen of aan deze af te staan (hoofdstuk 4).

Komen partijen er dan nog steeds niet uit, dan treedt een volgende fase in en moet het materiële privaatrechtelijke gereedschap worden aangevuld met verdergaande processuele middelen. Zo komt in de hoofdstukken 5-7 de situatie aan de orde waarin de schuldenaar geheel of gedeeltelijk het beheer en de beschikking over diens vermogen wordt ontnomen en vermogensrechtelijk aan de kant wordt gezet. Op basis van een gerechtelijke procedure die in elk van deze hoofdstukken wordt behandeld, treedt dan een onafhankelijke derde (curator respectievelijk bewindvoerder) in de plaats van de schuldenaar. Deze moet bij faillissement (hoofdstuk 5) en de schuldsanering natuurlijke personen (hoofdstuk 7) zorgen voor de vereffening van het vermogen van de schuldenaar om zo mogelijk nog iets uit te keren aan de schuldeisers. Hoewel dit lijkt te duiden op het definitieve einde van de schuldenaar in financiële moeilijkheden, kan dit onder bepaalde voorwaarden gepaard gaan met een schone lei voor de schuldenaar/natuurlijke persoon of een doorstart van (een deel van) de onderneming die door de gefailleerde schuldenaar werd gedreven. Soms gaat aan een faillissement (en een heel enkele keer de schuldsanering natuurlijke personen van een zzp'er) een surseance van betaling vooraf waarbij de schuldenaar een bewindvoerder naast zich moet dulden die zijn beheers- en beschikkingshandelingen moet goedkeuren alvorens deze rechtsgevolg hebben. Hoewel een aantal onderdelen hiervan nauwe verwantschap hebben met vergelijkbare leerstukken in faillissement, rechtvaardigt het eigen regime van de surseance van betaling een zelfstandige behandeling (hoofdstuk 6).

Ten slotte besteedt hoofdstuk 8 aandacht aan de internationale dimensie van het insolventierecht. Hierin komen zowel internationaal privaatrechtrechtelijke vragen op het terrein van het insolventierecht (rechtsmacht, toepasselijk recht en erkenning en tenuitvoerlegging) aan de orde als Europese en mondiale insolventierechtelijke ontwikkelingen op dit gebied.

HOOFDSTUK 2

De schuldenaar in financiële moeilijkheden

In dit tweede hoofdstuk vindt een verschuiving plaats: de schulden van de schuldenaar lopen op waardoor hij in de financiële problemen raakt (par. 2.1). Voor een zinvolle aanpak is een tijdige signalering van die problemen van groot belang. Dit vergt enig financieel-economisch inzicht, waarbij vooral de begrippen liquiditeit en solvabiliteit van belang zijn (par. 2.2). Als de cijfers het juiste inzicht verschaffen, kan een begin worden gemaakt met de aanpak van de problemen (par. 2.3).

2.1 Van een gewone naar een problematische schuldensituatie

23. Niet-nakoming en insolventierecht

Het burgerlijk recht regelt de rechtsverhouding tussen rechtssubjecten ('burgers') in hun privéleven (Boek 1 BW), hun institutionele organisatievorm (Boek 2 en 7 BW) en hun vermogensrecht (Boeken 3-8 BW). Dit heeft betrekking op het vermogen – het geheel van rechten (bezittingen) en verplichtingen (schulden) – dat ieder rechtssubject heeft. Door een overeenkomst aan te gaan of een (on)rechtmatige daad te plegen, ontstaan voor het ene rechtssubject (schuldenaar) verbintenissen jegens andere rechtssubjecten (schuldeisers) die hem verplichten tot een geven, een doen of een niet-doen. Als het goed is, komt de schuldenaar zijn verbintenis na en krijgt de schuldeiser de prestatie waar hij recht op heeft. De wetgever heeft voor de rechtsverhouding tussen beide en de daaruit voortvloeiende rechten verplichtingen een systeem opgezet in Boek 6 BW (afd. 6.1.6 e.v. BW) dat overigens grotendeels van regelend recht is. Het staat partijen vrij om andere afspraken te maken. Het insolventierecht komt vervolgens in beeld als een schuldenaar door financiële problemen niet meer in staat is om zijn verbintenis jegens een schuldeiser geheel of gedeeltelijk en tijdig na te komen. Hoewel dit in theorie kan gebeuren bij elke soort verbintenis, spitst dit zich in de praktijk van het insolventierecht toe op de niet-nakoming van verbintenissen tot betaling van een geldsom.

24. Betalingsonwil en betalingsonmacht

De schuldenaar kan om grofweg twee redenen tekortschieten in de nakoming van een verbintenis tot betaling van een geldsom: omdat hij niet *wil* betalen (betalingsonwil), of omdat hij niet *kan* betalen (betalingsonmacht). Het eerste geval doet zich bijvoorbeeld voor als een schuldenaar zijn schuld niet wil betalen omdat hij ontevreden is over de geleverde prestatie van de schuldeiser of een tegenvordering pretendeert, ook al zou hij de verbintenis wel kunnen nakomen; in het tweede geval is hij hiertoe niet in staat.

In geval van betalingsonwil staan de schuldeiser de reguliere incassomiddelen ten dienste, zoals aanmaning, ingebrekestelling, eventueel beslaglegging en een procedure tot nakoming en/of schadevergoeding en – bij wederkerige overeenkomsten – ontbinding. In het uiterste geval krijgt hij een veroordelend vonnis tegen de schuldenaar (art. 3:296 BW) met veroordeling in de proceskosten. Op basis van de regels van executierecht (Boek II (art. 430 e.v.) Rv) kan hij beslag laten leggen op vermogensbestanddelen van de schuldenaar en bij executoriaal beslag tot executieverkoop overgaan en zich uit de opbrengst laten voldoen. Niet alleen zijn vordering maar ook kosten, rente en eventuele schadevergoeding. Afgezien van eventuele ergernis en tijd die aan een dergelijke procedure besteed moeten worden, leert de ervaring dat een kostenveroordeling van de schuldenaar doorgaans niet volledig dekkend is om de werkelijke incasso- en proceskosten van de schuldeiser te vergoeden.[1] Afgezien hiervan krijgt de schuldeiser in beginsel dan toch grotendeels wat hem toekomt. Daarom blijven de gevallen van niet-nakoming door betalingsonwil hier verder buiten beschouwing. Alleen komt dit aspect zijdelings aan de orde bij de persoonlijke aansprakelijkheid van bestuurders van rechtspersonen die het in hun macht hebben om aan de betalingsonwil een einde te maken, maar door selectieve wanbetaling een of meer specifieke schuldeisers van de rechtspersoon onbetaald laten (nr. 207 e.v.).[2]

Dit hoofdstuk behandelt de uitgangssituatie waarbij de schuldenaar zijn verbintenis jegens de schuldeiser niet nakomt door betalingsonmacht. Van de 'gewone' schuldensituatie waarmee ieder rechtssubject te maken heeft, verschuift de aandacht naar een *problematische* schuldensituatie. Het is dan niet alleen van belang om de signalen daarvan bijtijds te herkennen, maar ook om vervolgens actie te ondernemen. Primair ligt hier een taak voor de schuldenaar; door bijtijds de juiste stappen te zetten kan hij erger voorkomen. Maar ook voor de schuldeiser is het van belang dat hij de vinger aan de pols houdt; zo voorkomt hij dat hij op een gegeven moment achter het net vist. De betalingsmoeilijkheden bij de schuldenaar kunnen uiteindelijk ook voor hem uitlopen op een probleem, omdat hij zijn vordering dan niet helemaal – of zelfs helemaal niet – voldaan krijgt. Zodra het daadwerkelijk tot een insolventieprocedure komt, is de kans namelijk groot dat de schuldeiser en de schuldenaar allebei verliezen. Wil een redding van de schuldenaar uiteindelijk beide partijen ten goede komen, dan zullen zij meestal gezamenlijk tot een oplossing moeten zien te komen.

Om te bezien of de schuldenaar en schuldeisers met de financiële moeilijkheden van de schuldenaar kunnen omgaan, moet eerst worden vastgesteld waarin die problemen zijn gelegen. Hierbij moet een onderscheid worden gemaakt tussen schuldenaren (zowel rechtspersonen als natuurlijke personen) *met* een onderneming

1 Zie art. 237 e.v. Rv. In bepaalde typen van geschillen behoort een veroordeling in de daadwerkelijk gemaakte kosten wel tot de mogelijkheden, zie bijv. art. 1019h Rv bij intellectuele eigendomsgeschillen.

2 HR 3 april 1992, *NJ* 1992/411, AA 1993/201 (*Van Waning/Van der Vliet*).

enerzijds, en particulieren *zonder* onderneming anderzijds (par. 2.2). Na een uiteenzetting over de signalering en achtergronden van de financiële moeilijkheden bij beide categorieën komt aan bod hoe de schuldenaar met zijn schuldeisers moet zien te komen tot een reorganisatie via een onderhands akkoord en welke vervolgstappen nodig en mogelijk zijn als dat niet lukt (par. 2.3).

2.2 Signalering van de financiële moeilijkheden

25. Onderscheid (rechts)personen met en zonder onderneming

Bij een onderzoek naar de beste aanpak om de schuldenaar uit zijn financiële moeilijkheden te krijgen, is het zinvol en nuttig om de schuldenaar (rechtspersoon of natuurlijke persoon) met een onderneming te onderscheiden van de particulier zonder onderneming, beroep of bedrijf. Dit onderscheid valt niet samen met het juridische verschil tussen rechtspersonen en natuurlijke personen, maar is gebaseerd op financieel-economische overwegingen. Hierbij verschillen hun mogelijkheden tot informele oplossing. Dit heeft te maken met de wijze waarop beide categorieën zijn gefinancierd en met de betrokkenheid van derden die in een financieel afhankelijke relatie tot de schuldenaar staan. Bij een onderneming die aan het maatschappelijk-economisch verkeer deelneemt, valt te denken aan de werknemers, leveranciers en afnemers, belastingdienst etc.; bij een particulier zonder onderneming gaat het meestal alleen om de directe (familie- en vrienden-)omgeving en spelen naast de financiële moeilijkheden soms ook sociaal-maatschappelijke problemen, zoals werkloosheid, echtscheiding en/of verslaving.

Het verschil in aanpak laat zich illustreren door eerst de situatie van een natuurlijke persoon zonder onderneming te behandelen (nr. 26-27). Daarna komt de ondernemer aan bod die zijn activiteiten heeft ondergebracht in een rechtspersoon (nr. 28-34).

26. Natuurlijke persoon zonder onderneming

Voor de schuldenaar zonder onderneming met financiële moeilijkheden, lijkt de juridische aanpak op het eerste gezicht niet al te ingewikkeld. Toch kunnen bij nadere beschouwing bepaalde aspecten een sanering soms flink bemoeilijken. Het verstandig omgaan met geld is niet iedereen aangeleerd of gegeven.

> Vooral waar de financiële moeilijkheden het gevolg zijn van het gedrag of de persoonlijkheid van de schuldenaar is het lastig om tot een zinvolle schuldsanering te komen. Denk aan verslaafden of anderszins psychisch gehandicapte personen: zolang aan die verslaving geen einde is gekomen of althans een manier is gevonden om daarmee of met de psychische handicap vanuit financieel oogpunt goed te kunnen omgaan, heeft een sanering van de schulden geen zin. De kans is groot dat de schuldenaar vroeg of laat weer in dezelfde (financiële) ellende belandt. In dergelijke situaties kan het beschermings- of meerderjarigenbewind (Titel 1.19 BW) een uitkomst bieden, al is er discussie of het enkele feit van een problematische schuldensituatie al aanleiding voor een meerderjarigenbewind zou moeten zijn.[3]

---

3 Vgl. WODC Eindrapport Werking Wet wijziging curatele, beschermingsbewind en mentorschap (bijlage bij Kamerstukken *TK* (2017-2023), 33054, nr. 23), p. 10-15, ter evaluatie van de invoering van problematische schulden als toelatingsgrond voor het meerderjarigenbewind (art. 1:431 lid 1 sub b BW).

Om de problematische schulden van een particulier succesvol aan te pakken, is het eerst van belang om inzicht te krijgen in diens financiële positie. Dit ontbreekt meestal, waardoor bijstand door een derde met kennis van zaken niet alleen wenselijk maar vaak ook noodzakelijk is om hem weer greep op zijn financiële positie te laten krijgen (zie nr. 44). Zoals onderstaande grafiek met de jaarlijkse instroom over de periode 1999-2020 laat zien, blijkt jaarlijks een groot aantal particulieren met bovenmatige schulden zich te melden voor een schuldsanering via het gerechtelijk traject, al is de laatste jaren een behoorlijke, continue daling te zien.[4]

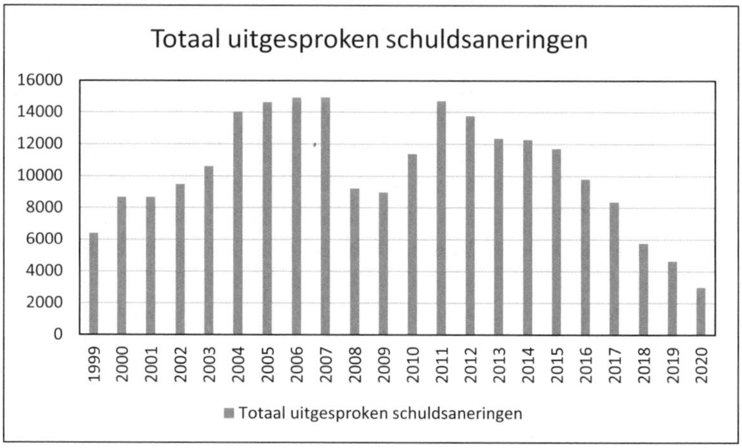

Hierdoor is deze kwestie niet alleen een financieel probleem voor de individuele schuldenaar en diens schuldeisers, maar inmiddels ook een maatschappelijk probleem geworden. Daarom heeft de rijksoverheid hier een rol voor de gemeenten bedacht. Zij moeten op grond van de Wet maatschappelijke ondersteuning (Wmo) zorgen voor een adequate maatschappelijke ondersteuning, onder meer aan mensen met een psychosociaal probleem waardoor hun zelfstandig functioneren en deelname aan het maatschappelijk verkeer in gevaar komt.[5] Bij particulieren met een problematische schuldensituatie kan zich dit voordoen. In vervolg hierop is de Wet gemeentelijke schuldhulpverlening (Wgs) in het leven geroepen.[6]

27. Huishoudboekje van de particulier

Bij particulieren kan het geen kwaad om de financiële huishouding te bekijken vanuit het perspectief van een 'huishoudboekje'. Het Nationaal Instituut voor Budgetvoorlichting (Nibud) biedt tal van hulpmiddelen met uiteindelijk het doel particuliere huishoudens in Nederland inzicht te laten krijgen in hun financiële reilen en

---

4 Bron: www.bureauwsnp.nl/bibliotheek/instroom-wsnp (januari 2021); cijfers worden maandelijks bijgehouden door Bureau Wsnp van de RvR op zijn website (www.bureauwsnp.nl); zie ook de tabel en grafieken in nr. 20.
5 Art. 1.1.1 lid 1 ('maatschappelijke ondersteuning' sub 2°) en hfdst. 2 Wmo; zie ook par. 3.3.
6 Kamerstukken 32291; in werking getreden per 1 juli 2012 (*Stb.* 2012, 78 en 132), 1 juli 2013 (*Stb.* 2013, 239) en 1 april 2017 (*Stb.* 2017, 83).

zeilen.[7] Dit vergt een inventarisatie van inkomsten en uitgaven (de 'winst- en verliesrekening') en van bezittingen en schulden (de 'balans').

Zo prijkt op de 'winst- en verliesrekening' aan de inkomstenkant het binnenkomende loon of een uitkering en soms inkomsten uit vermogen. Hiertegenover staan aan de uitgavenkant vaste lasten, eten en drinken, kleding, vakantie en uitgaan en dergelijke. In die vaste lasten zitten niet alleen de huisvestingskosten (hypotheekrente en eventueel aflossing, onderhoud, verzekeringen en OZB of huur, kosten voor energie etc.), maar ook verzekeringen (zorg, auto, inboedel en wettelijke aansprakelijkheid), terugkerende kosten als abonnementen, telefoon, internet etc. en in voorkomende gevallen alimentatiekosten.

Wat bezittingen en schulden betreft vormt bij huiseigenaren het huis vaak het grootste vermogensbestanddeel, met daartegenover een hypothecaire schuld. Bij huurders ontbreekt dit uiteraard. Verder omvat de 'balans' van een particulier soms nog wat waardevolle goederen, eventueel de leningen die hij is aangegaan om deze goederen aan te schaffen, en soms effecten en banksaldi.

Ter verduidelijking volgt hieronder een voorbeeld, het huishouden van de familie De Vries uit Amersfoort, bestaande uit een stel met drie kinderen.

Bij de familie De Vries werkt de ene partner voltijds bij de gemeente Amersfoort en verdient bruto € 3.000 per maand; de andere partner werkt drie dagen in de week bij een groothandel en verdient € 2.300 bruto per maand. Netto levert dit samen in totaal € 3.500 per maand op, exclusief het jaarlijkse vakantiegeld ter grootte van ongeveer een maand nettosalaris. Het gezin heeft drie kinderen en ontvangt hiervoor € 750 aan kinderbijslag per kwartaal. Verder heeft een van de partners uit de erfenis van zijn overleden ouders een bedrag van € 10.000 voor vijf jaar vastgezet op een spaardeposito met 3% jaarlijks uit te betalen rente (= € 300). Tien jaar geleden heeft het gezin een huis gekocht in een kindvriendelijke nieuwbouwwijk aan de rand van de stad voor € 275.000; incl. kosten hebben zij hiervoor een – toen nog mogelijke aflossingsvrije – hypothecaire lening van € 300.000 kunnen krijgen. De rentelasten (15 jaar vast tegen 5%) bedragen € 15.000 per jaar, dat wil zeggen bruto € 1.250 per maand, na fiscale aftrek komt dit op € 750 per maand. Overige woonlasten (energie, water, kabel, verzekeringen, belastingen) zijn € 550 per maand. In 2017 had het gezin met hulp van een financiering door de garage een auto gekocht voor € 21.000, waarop maandelijks € 250 wordt afgelost (naast 8% rente over het uitstaande bedrag eind 2019 (15.000 = € 1.200). Voor de kosten van de kinderen zouden zij op basis van de Nibud-norm[8] (29% van het netto-inkomen =) € 1.015 per maand moeten betalen, zodat per maand ongeveer € 1.400 resteert voor alle overige uitgaven (vaste lasten en dagelijkse behoeften). De familie De Vries kan het nog net bolwerken, maar op 31 december is er een roodstand van € 2.000 bij de bank. Verder heeft de familie nog € 5.500 aan schulden bij postorderbedrijven en de creditcardmaatschappij. Een en ander leidt tot de volgende 'winst- en verliesrekening' over 2019 en balans per 31 december 2019:

Winst- en verliesrekening familie De Vries **2019**			
Inkomsten		*Uitgaven*	
Netto gezamenlijk all-injaarsalaris	45.500	Nettohypotheek + overige lasten huis	15.600
Kinderbijslag	3.000	Kosten kinderen	12.180
Rente deposito	300	Aflossing autolening + rente	4.200
		Overige uitgaven	16.800
Totaal	48.800	Totaal	48.780
Resultaat 2019 (winst)	**20**		

7 Zie www.nibud.nl.
8 Zie www.nibud.nl/consumenten/wat-kost-uw-kind/.

Balans familie De Vries per 31 december **2019**			
Activa		*Passiva*	
Huis	275.000	Eigen vermogen	7.125
Auto	15.000	Hypotheeklening	300.000
Overige goederen	29.000	Autolening	15.000
Deposito	10.000	Schulden	5.500
Kasgeld	625	Roodstand bank	2.000
Totaal	329.625	Totaal	329.625

De balans en de winst- en verliesrekening van particulieren in een problematische schuldensituatie zien er anders uit dan die van particulieren die geen financiële problemen hebben. De balans toont bij hen nauwelijks nog bezittingen, althans de daartegenoverstaande schulden zijn aanmerkelijk hoger. De winst- en verliesrekening wordt bij deze groep schuldenaren daarnaast voor een (groot) deel in beslag genomen (soms letterlijk) voor aflossingen op dure kredieten of koop op afbetalingen, betalingsregelingen en incassokosten. Bij deze groep schuldenaren blijkt elke maand weer een liquiditeitsprobleem: de inkomsten zijn onvoldoende om de uitgaven te dekken of, zoals Loesje het al ruim een kwart eeuw geleden uitdrukte: "Aan het eind van m'n geld heb ik altijd een stuk maand over."[9] De schuldenaar kan zijn rekeningen niet meer betalen, merkt dat hij zonder cash (contant en pinnen) is en dat de bank hem niet voor een groter bedrag wil laten 'rood staan'. Kennelijk acht de bank de schuldenaar onvoldoende solvabel om een aanvullend krediet te verstrekken dat hem de ruimte zou moeten geven om de schulden te voldoen.

Dan slaat in het voorbeeld van de familie De Vries het onheil toe: de werkgever van de deeltijder gaat failliet en deze wordt door de curator begin 2020 ontslagen en krijgt nog een half jaar WW-uitkering en dan is het voorbij. Door een ongelukkige samenloop van omstandigheden en noodgedwongen verkoop is de waarde van hun huis negatief beïnvloed; in de straat gaan vergelijkbare huizen nu weg voor € 225.000. Aangezien de kosten voor de auto niet meer zijn op te brengen, wordt deze half december 2020 van de hand gedaan via internet; opbrengst € 9.000, terwijl op de autolening over 2020 in totaal € 3.000 was afgelost en € 960 rente, waardoor uiteindelijk nog een schuld van € 3.000 resteert. Door een zuiniger leven zijn de overige uitgaven met ongeveer 20% gedaald. De schulden bij de creditcardmaatschappij en het postorderbedrijf zijn alleen maar opgelopen (tot € 6.750 respectievelijk € 4.410) en de bankschuld bleef gelijk (€ 2.000), totaal kortlopende schulden dus € 13.000. Over 2020 leidt dit tot de volgende winst- en verliesrekening (waarin gemakshalve de belastingen zijn verdisconteerd en de overige posten gelijk zijn gehouden):

Winst- en verliesrekening familie De Vries **2020**			
Inkomsten		*Uitgaven*	
Netto gezamenlijk all-injaarsalaris	36.000	Nettohypotheek + overige lasten huis	15.600
Kinderbijslag	3.000	Kosten kinderen	12.180
Rente deposito	300	Aflossing autolening (12 x € 250 + € 12.000) + rente	15.960
Verkoop auto	9.000	Overige uitgaven	13.340
Totaal	48.300	Totaal	57.080
Resultaat 2020 (verlies)			**-8.880**

9 Loesje poster februari 1986 (www.loesje.nl).

Ontslag met bijbehorend verlies aan inkomsten is een van de belangrijke redenen waarom een particulier in een problematische schuldensituatie belandt.[10] Men wordt geconfronteerd met enerzijds fors teruglopende inkomsten door het ontslag en anderzijds min of meer gelijkblijvende kosten voor het huishouden, waarop maar gedeeltelijk bezuinigd kan worden.

Zou de ontslagen deeltijder immers de baan hebben behouden, dan had deze ruim € 9.000 meer aan inkomsten ontvangen en zou er geen tekort zijn geweest. Het effect van het ontslag is dat de schulden zijn opgelopen, ondanks de verkoop van de auto. Deze bleek bovendien minder op te brengen dan gedacht werd. Tot zover zou het misschien nog wel te bolwerken zijn, maar door de lagere waarde van hun huis heeft de familie De Vries ook nog eens fors op het familievermogen ingeteerd. Voor de financiële vooruitzichten van het gezin zijn deze ontwikkelingen niet gunstig, zoals blijkt als het negatieve resultaat over 2020 met de waardeverminderingen van auto en huis op een rijtje worden gezet:

Financieel resultaat 2020	
Resultaat 2020 (verlies) voor afschrijving	-8.880
Waardevermindering huis	-50.000
Extra afschrijving (verlies) auto	-3.000
Resultaat 2020 (verlies) na afschrijving	**-61.880**

De combinatie van een verlies op de gewone inkomsten en uitgaven en de waardevermindering van het huis en de auto leiden tot een forse daling van het eigen vermogen, dat daardoor eind 2020 zelfs negatief wordt:

Mutatie eigen vermogen familie De Vries	
Eigen vermogen 1-1-2020 (= 31-12-2019)	7.125
Resultaat 2020 (verlies) na afschrijving	-61.880
Eigen vermogen per 31-12-2020	**- 54.755**

Dit betekent dat de 'balans' van de familie De Vries aan het einde van het jaar er als volgt uitziet:

Balans familie De Vries per 31 december **2020**			
Activa		*Passiva*	
Huis	225.000	Eigen vermogen	-54.755
Overige goederen	26.000	Hypotheeklening	300.000
Deposito	10.000	Restant autolening	3.000
Kasgeld	405	Schulden	11.160
		Roodstand bank	2.000
Totaal	**261.405**	**Totaal**	**261.405**

Zoals het voorbeeld laat zien, leidt het verlies aan inkomsten niet alleen tot een liquiditeitsprobleem bij de schuldenaar, maar ook tot een vermindering van het eigen vermogen, dat dan nog eens versterkt wordt door de extern veroorzaakte waardevermindering van de bezittingen. Voor de schuldenaar wordt het dus hoog tijd om actie te ondernemen. Wil een sanering bij deze groep schuldenaren effect hebben, dan zal hier eerst de ernst van de situatie tot de schuldenaar moeten doordringen. Sommigen van hen zijn echter al zo achternagezeten door hun schuldeisers dat zij murw zijn en niet meer reageren op

10 Zie Monitor Wsnp 12 (2016), par. 3.3.5 (p.28-29; tabel 3.4).

aanmaningen, deurwaarders, beslagleggingen etc. Pas wanneer ontruiming en uithuiszetting dreigen, wordt actie ondernomen, maar meestal is het dan te laat en ontstaat een dreigende faillissementssituatie. Hoe zit dit nu bij een schuldenaar met onderneming?

28. Schuldenaar met een onderneming

Net als een particulier kan ook een schuldenaar met een onderneming geconfronteerd worden met financiële moeilijkheden. In dat geval moet bekeken worden hoe haar financiële positie is. Voor haar financiering maakt een onderneming doorgaans gebruik van zowel eigen vermogen (geld aangetrokken van financiers die risicodragend investeren in bijvoorbeeld het aandelenkapitaal bij vennootschappen, of eigen geld bij een eenmanszaak) als vreemd vermogen (geld aangetrokken van financiers die niet participeren in de winst en het verlies van de onderneming maar het tegen betaling (rente) ter beschikking stellen, zoals bij een geldlening of een rekening-courantkrediet, maar ook leveranciers die op krediet leveren). Ook komen soms hybride tussenvormen voor, zoals converteerbare obligaties en dergelijke.

Verschaffers van eigen vermogen dragen het risico dat de onderneming verlies lijdt en dus geen succes zal blijken te hebben. Dan is er geen rendement op het geïnvesteerde vermogen. De keerzijde is dat zij profiteren van winstgevendheid als de investering goed uitpakt. Zij zien hun risico dan beloond in de vorm van dividend en – bij verhandelbare aandelen – waardestijging hiervan, zich uitend in een hogere aandelenkoers. De financiers die vreemd vermogen ter beschikking hebben gesteld (in geld of op krediet) hebben altijd aanspraak op (terug)betaling, ongeacht het resultaat dat de onderneming behaalt: zowel bij winst als verlies moet de schuldenaar zijn verplichtingen nakomen. De keerzijde is dat de financier in beginsel niet extra profiteert van een winstgevende exploitatie. Er zijn echter allerlei tussenvarianten denkbaar waarbij de rentevergoeding bijvoorbeeld aan het resultaat gekoppeld is of met converteerbare obligaties op enig ogenblik omzetting mogelijk is in aandelenkapitaal. Voor de overzichtelijkheid blijven deze varianten echter verder buiten beschouwing.

Ondernemingen, ongeacht of zij worden gedreven door een rechtspersoon (meestal een kapitaalvennootschap), een personenvennootschap of een natuurlijke persoon (eenmanszaak), zijn gericht op winst om langs die weg zo veel mogelijk rendement op het geïnvesteerde vermogen te behalen (*rentabiliteit*). Zij genereren genoeg geld (*liquiditeit*, bestaande uit contanten (cash) en positieve banksaldi) om hun ondernemingsprocessen te kunnen uitvoeren. Als zij bovendien financieel gezond zijn, hebben zij een goede balans: de bezittingen zijn meer waard dan de schulden, waardoor de onderneming voldoende positief eigen vermogen heeft. Dit begrip ('eigen vermogen') is in wezen de sluitpost: het wordt immers bepaald door het verschil tussen alle bezittingen en alle schulden en duidt op de *solvabiliteit* van de onderneming.

Een balans vormt, samen met de winst- en verliesrekening (ook wel resultatenrekening genaamd) en de toelichting daarop, de jaarrekening van een onderneming (art. 2:361 e.v. BW). De balans is een momentopname van de waarde van een onderneming op een bepaald ogenblik. Dit is vaak aan het begin en einde van een boekjaar, maar omdat het boekjaar meestal samenvalt met het kalenderjaar is de balansdatum doorgaans 31 december van ieder jaar; deze valt praktisch samen met het begin van het volgende jaar (1 januari). De winst- en verliesrekening laat het resultaat zien over een bepaalde periode (meestal het boekjaar). In de toelichting op deze financiële stukken wordt duidelijkheid gegeven over onder meer de wijze waarop de activa (bezittingen) en passiva (verplichtingen en eigen vermogen) gewaardeerd worden, en over welke methode van afschrijving op activa gehanteerd wordt en hoe de resultatenrekening is opgezet.

Zoals het woord 'balans' al aangeeft, is deze per definitie in evenwicht: het totaal van de activa is even groot als de passiva. Dit komt omdat het eigen vermogen (bestaande uit het geplaatste kapitaal en de verschillende reserves; art. 2:373 BW) als sluitpost het verschil aangeeft tussen de bezittingen en de schulden. Binnen de balans worden tal van onderscheidingen gebruikt, maar voor het insolventierecht komt hier eenvoudigheidshalve alleen het onderscheid tussen korte en lange termijn aan de orde. Bij de bezittingen is dit terug te vinden in het onderscheid tussen 'vaste activa' (bezittingen waarin het vermogen voor langer dan één jaar is vastgelegd, zoals onroerend goed, machines, inventaris en bijvoorbeeld intellectuele eigendomsrechten als octrooi-, merk- en auteursrechten; art. 2:365 e.v. BW) en 'vlottende activa' (bezittingen die kortlopend in de bedrijfsvoering worden gebruikt en/of binnen één jaar liquide gemaakt kunnen worden, zoals onderhanden werk, voorraden, debiteuren en liquide middelen als contant geld en geld op de bank; art. 2:369 e.v. BW). Bij de schulden (art. 2:375 BW) is het onderscheid gelegen in langlopende schulden (zoals een hypothecaire lening) en kortlopende schulden (zoals handelscrediteuren en rood staan bij de bank).

Als een schuldenaar/onderneming in financiële moeilijkheden raakt, ziet men dit terug in negatieve ontwikkelingen op het terrein van rentabiliteit (winst/verlies), liquiditeit (de mogelijkheden om uit liquide middelen de opeisbare schulden te betalen) en solvabiliteit (eigen vermogen in verhouding tot het balanstotaal, of: de mate waarin alle bezittingen dekking geven voor alle bestaande schulden/verplichtingen). Deze komen dan alle onder druk te staan. Problemen op elk van deze drie terreinen zouden voor de schuldenaar waarschuwingen moeten zijn om actie te ondernemen.

Aan de hand van enkele balansen van de fictieve vennootschap Jansen BV is te zien hoe een gezonde onderneming in de loop van een aantal jaren (2014-2020) verandert in een onderneming in financiële moeilijkheden. De begrippen rentabiliteit, liquiditeit en solvabiliteit worden hierbij achtereenvolgens geïllustreerd. Als startpunt fungeert de balans van Jansen BV per 31 december 2014 (tabel 1).

Tabel 1: Balans Jansen BV per 31 december **2014** (bedragen in € 1.000)					
Activa			*Passiva*		
Bedrijfspand	200		Aandelenkapitaal	200	
Machines en inventaris	150		Reserves	150	
- *Totaal materiële vaste activa*		*350*	- *Eigen vermogen*		*350*
Onderhanden werk/ voorraden	200		Langlopende leningen	50	
Debiteuren	300		Bank	300	
Liquide middelen	150		Crediteuren	300	
- *Totaal vlottende activa*		*650*	- *Vreemd vermogen*		*650*
Totaal		1.000	Totaal		1.000

De onderneming maakt in 2015 een winst van € 50.000 die leidt tot een vermeerdering van de liquide middelen op de balans van het volgende jaar, omdat deze niet als dividend wordt uitgekeerd aan de aandeelhouders maar wordt toegevoegd aan de reserves. Dit leidt aan het begin van 2016 tot de volgende balans van Jansen BV over 2015 ten opzichte van 2014 waarin beide toenames voor hetzelfde bedrag aan actief- en passiefzijde zijn terug te vinden (tabel 2; **vetgedrukt** zijn de wijzigingen ten opzichte van tabel 1).

Tabel 2: Balans Jansen BV per 31 december 2014 en **2015** na winst van € 50.000 (vermeerdering liquide middelen) ten bate van reserves (bedragen in € 1.000)					
Activa	*2014*	*2015*	*Passiva*	*2014*	*2015*
Bedrijfspand	200	200	Aandelenkapitaal	200	200
Machines en inventaris	150	150	Reserves	150	**200**
- *Totaal materiële vaste activa*	*350*	*350*	- *Eigen vermogen*	*350*	***400***
Onderhanden werk/ voorraden	200	200	Langlopende leningen	50	50
Debiteuren	300	300	Bank	300	300
Liquide middelen	150	**200**	Crediteuren	300	300
- *Totaal vlottende activa*	*650*	***700***	- *Vreemd vermogen*	*650*	*650*
Totaal	1.000	**1.050**	Totaal	1.000	**1.050**

Vervolgens gaat het echter minder goed met de vennootschap en is het tijd om de begrippen rentabiliteit, liquiditeit en solvabiliteit aan de orde te stellen. Aan de hand van opvolgende balansen worden deze begrippen toegelicht.

29. Rentabiliteit

De rentabiliteit is de verhouding tussen de winst en het vermogen van een onderneming waarmee deze winst is behaald en duidt op de mate van winstgevendheid van die onderneming. Een eerste signaal dat het financieel niet goed gaat met een onderneming, ongeacht of deze door een rechtspersoon of een natuurlijke persoon gedreven wordt, is dat de onderneming niet of onvoldoende rendeert. De ingezette productiemiddelen, kapitaal en arbeid, leveren kort gezegd te weinig op, wellicht zelfs minder dan ze kosten. Het rendement is dan onvoldoende voor investeringen om ook in de toekomst de ondernemingsactiviteiten nog te kunnen uitvoeren. Na het winstgevende jaar 2015 doet zich bij onderneming Jansen BV in 2016 een dergelijke situatie voor. De onderneming lijdt in 2016 een verlies van € 100.000 in mindering op de liquide middelen ten laste van de reserves. De balans van Jansen BV waarin de toe- en afnames zijn opgenomen ziet eind 2016 ten opzichte van 2015 er als volgt uit (tabel 3; **vetgedrukt** zijn de wijzigingen ten opzichte van tabel 2).

Tabel 3: Balans Jansen BV per 31 december 2015 en **2016** na verlies van € 100.000 (vermindering liquide middelen) ten laste van reserves (bedragen in € 1.000)					
Activa	*2015*	*2016*	*Passiva*	*2015*	*2016*
Bedrijfspand	200	200	Aandelenkapitaal	200	200
Machines en inventaris	150	150	Reserves	200	**100**
- *Totaal materiële vaste activa*	*350*	*350*	- *Eigen vermogen*	*400*	***300***
Onderhanden werk/ voorraden	200	200	Langlopende leningen	50	50
Debiteuren	300	300	Bank	300	300
Liquide middelen	200	**100**	Crediteuren	300	300
- *Totaal vlottende activa*	*700*	***600***	- *Vreemd vermogen*	*650*	*650*
Totaal	1.050	**950**	Totaal	1.050	**950**

Het ontbreken van rendement is op zichzelf nog niet levensbedreigend voor de onderneming: onder het motto 'de kost gaat voor de baat uit' zijn de meeste startende ondernemingen niet rendabel. Er moeten de nodige kosten worden gemaakt (aantrekken van personeel, machines, voorraden, huisvesting, kosten voor marketing, distributie, organisatie etc.), terwijl de inkomsten in die fase ontbreken of minst genomen nog ongewis en beperkt zijn. Op termijn moet een onderneming echter wel winstgevend zijn, wil zij kunnen overleven. De toekomstige rentabiliteit van ondernemingen is moeilijk voorspelbaar, maar een blijvend negatieve rentabiliteit leidt op termijn onvermijdelijk tot faillissement. Bij de verwachtingen achterblijvende rentabiliteit is dan ook zoiets als een waarschuwingsvlag. Als een onderneming geen winst maakt, moet zij de tering naar de nering zetten oftewel de uitgaven aanpassen aan de inkomsten.

30. Liquiditeit

Met liquiditeit van een onderneming wordt gedoeld op de mate waarin deze in staat is haar (kort)lopende betalingsverplichtingen te voldoen. Op basis van de balans per 31 december 2016 zou Jansen BV nog net aan haar kortlopende schulden (bankkrediet van € 300.000 en overige crediteuren van € 300.000) kunnen voldoen uit het onderhanden werk (€ 200.000), de debiteuren (€ 300.000) en de liquide middelen (€ 100.000). Als de onderneming in 2017 een verder verlies van € 200.000 lijdt, teert zij € 200.000 in op haar reserves (van + € 100.000 naar – € 100.000), waardoor het eigen vermogen tot € 150.000 is gereduceerd. Dit verlies is op de balans terug te vinden in een vermindering van liquide middelen (– € 100.000) en een oplopend bankkrediet (+ € 100.000), zoals blijkt uit de balans van Jansen BV per 31 december van 2017 ten opzichte van 2016 (tabel 4; **vetgedrukt** zijn de wijzigingen ten opzichte van tabel 3).

Tabel 4: Balans Jansen BV per 31 december 2016 en **2017** na verlies van € 200.000 (vermindering liquide middelen en oplopen bankkrediet) ten laste van reserves (bedragen in € 1.000)

Activa	*2016*	*2017*	*Passiva*	*2016*	*2017*
Bedrijfspand	200	200	Aandelenkapitaal	200	200
Machines en inventaris	150	150	Reserves	100	**-100**
- *Totaal materiële vaste activa*	*350*	*350*	- *Eigen vermogen*	*300*	***100***
Onderhanden werk/ voorraden	200	200	Langlopende leningen	50	50
Debiteuren	300	300	Bank	300	**400**
Liquide middelen	100	**0**	Crediteuren	300	300
- *Totaal vlottende activa*	*600*	***500***	- *Vreemd vermogen*	*650*	***750***
Totaal	950	**850**	Totaal	950	**850**

Nu valt op dat de onderneming onvoldoende vlottende activa heeft (€ 500.000) om haar kortlopende schulden (€ 700.000) te voldoen. Als er geen geld meer op de bankrekening staat of de voorraad niet volledig kan worden verkocht en de kredietruimte volledig is benut, heeft de onderneming een liquiditeitsprobleem. In deze situatie kan zij haar rekeningen niet meer betalen, waardoor de vennootschap haar verplichtingen niet nakomt. Schuldeisers gaan dan incassomaatregelen nemen, beginnend met aanmaningen en ingebrekestellingen en uitmondend in beslagleggingen, de weigering om nog verder zaken met de onderneming te doen, rechtszaken en uiteindelijk faillissementsaanvragen. Ook dit zijn waarschuwingssignalen voor de schuldenaar dat zijn financiële positie onder druk staat en de bedrijfsvoering gevaar loopt.

Wil de schuldenaar niet in de financiële problemen komen, dan moet hij nu niet alleen de tering naar de nering zetten maar bovendien voor zijn onderneming aanvullende financiering aantrekken om over voldoende liquiditeiten te beschikken. Hij kan dit doen door aan de bank een aanvullend krediet van bijvoorbeeld € 200.000 te vragen. De bank kan dit verstrekken in de vorm van een overbruggingskrediet of een verhoging van de kredietlimiet (van € 400.000 naar € 600.000) op de rekening-courant. In beide situaties versterkt de financiering door de bank de balanspositie van de schuldenaar niet, maar vergroot de financiële injectie wel de liquiditeitsruimte van de schuldenaar, zodat hij zijn opeisbare schulden kan blijven voldoen en daarmee zijn schuldeisers – voorlopig (?) – weer tevreden kan stellen.

Met de aanvullende financiering van € 200.000 kan de schuldenaar in 2018 een deel van zijn schuldeisers betalen. Aan de actiefzijde van de balans verandert niets, maar wel aan de passiefzijde. Binnen de rubriek vreemd vermogen leidt dit tot een verschuiving van de post 'crediteuren' naar de post 'bank' die hiermee een groter risico gaat lopen. Als het door de bank verleende krediet direct wordt gebruikt om een schuld te voldoen, leidt dat er eveneens toe dat aan de actiefzijde van de balans niets verandert; ook dan wordt aan de passiefzijde de schuld aan de oude schuldeiser vervangen door een even hoge nieuwe schuld aan de bank.

Ervan uitgaande dat de verliezen in 2018 tot staan zijn gebracht, er geen winst wordt gemaakt en er overigens geen wijzigingen zijn opgetreden, leidt een verhoging van de kredietlimiet en gebruik daarvan ten gunste van de crediteuren aan het begin van 2019 tot de volgende balans van Jansen BV (tabel 5a; **vetgedrukt** zijn de wijzigingen ten opzichte van tabel 4).

Tabel 5a: Balans Jansen BV per 31 december 2017 en **2018** na omzetting gedeelte schuld aan crediteuren in verhoging bankschuld (bedragen in € 1.000)

Activa	*2017*	*2018*	*Passiva*	*2017*	*2018*
Bedrijfspand	200	200	Aandelenkapitaal	200	200
Machines en inventaris	150	150	Reserves	-100	-100
- *Totaal materiële vaste activa*	*350*	*350*	- *Eigen vermogen*	*100*	*100*
Onderhanden werk/ voorraden	200	200	Langlopende leningen	50	50
Debiteuren	300	300	Bank	400	**600**
Liquide middelen	0	0	Crediteuren	300	**100**
- *Totaal vlottende activa*	*500*	*500*	- *Vreemd vermogen*	*750*	***750***
Totaal	850	850	Totaal	850	850

Het is echter de vraag of het verstrekken van extra liquiditeiten in de vorm van een verhoging van de kortlopende bankschuld de schuldenaar ook op de iets langere termijn voldoende helpt. Een andere mogelijkheid om de schuldenaar iets meer financiële ruimte te geven is dat de bank niet haar – kortlopende – kredietruimte van € 400.000 naar € 600.000 verhoogt, maar de verhoging met € 200.000 in de vorm van een langlopende lening aan Jansen BV ter beschikking stelt. Voor het balanstotaal maakt dit nog steeds geen verschil, maar de verhouding langlopende/kortlopende schulden wordt gunstiger in de zin dat de (incasso)druk iets van de ketel af is. Dit blijkt ook uit de – alternatieve – balans van Jansen BV per 31 december 2018 (tabel 5b; let op: **vetgedrukt** zijn de wijzigingen ten opzichte van tabel 4 en niet 5a).

Tabel 5b: Balans Jansen BV per 31 december 2017 en **2018** na omzetting gedeelte kortlopende schuld aan crediteuren in langlopende lening (bedragen in € 1.000)

Activa	*2017*	*2018*	*Passiva*	*2017*	*2018*
Bedrijfspand	200	200	Aandelenkapitaal	200	200
Machines en inventaris	150	150	Reserves	-100	-100
- *Totaal materiële vaste activa*	*350*	*350*	- *Eigen vermogen*	*100*	*100*
Onderhanden werk/ voorraden	200	200	Langlopende leningen	50	**250**
Debiteuren	300	300	Bank	400	400
Liquide middelen	0	0	Crediteuren	300	**100**
- *Totaal vlottende activa*	*500*	*500*	- *Vreemd vermogen*	*750*	*750*
Totaal	850	850	Totaal	850	850

In de praktijk zal een onderneming als Jansen BV niet alleen proberen extra bankfaciliteiten te verwerven of kortlopende schuld om te zetten in langlopend krediet, maar ook trachten liquide middelen vrij te krijgen. Hiertoe gaat zij bijvoorbeeld (vervangings) investeringen in het vast actief (bedrijfspand, machines en inventaris) uitstellen, eventueel een sale-and-lease-backconstructie opzetten en haar werkkapitaal terugbrengen. Dit leidt ertoe dat zij kleinere voorraden aanhoudt, debiteuren versneld incasseert en vertraagde betalingen aan schuldeisers doet. In bovenstaande cijfervoorbeelden is met deze complicaties evenwel geen rekening gehouden om die niet te ingewikkeld te maken.

31. Solvabiliteit

Het is overigens de vraag of de hiervoor geschetste oplossing van extra liquiditeiten in de vorm van vreemd vermogen blijvend soelaas biedt en – in de praktijk belangrijker nog – of een bank daartoe nog wel bereid zou zijn nu de solvabiliteit onvoldoende is en door mogelijk nieuwe verliezen verder afneemt. Aanhoudende verliezen in de bedrijfsvoering openbaren zich immers niet alleen in de vorm van liquiditeitskrapte en zijn niet alleen terug te vinden in de jaarlijkse winst- en verliesrekening, maar uiteindelijk ook op de balans. Bij solvabiliteit wordt gekeken naar de verhouding van het eigen vermogen ten opzichte van het totale vermogen (balanstotaal). Zolang er reserves zijn ten laste waarvan het verlies kan worden aangewend, zal de balans door de inkrimping van die reserves een teruglopend eigen vermogen laten zien (zie tabel 3 en 4). Hierdoor komt de solvabiliteit onder druk te staan. De solvabiliteitsratio geeft de (relatieve) (over/onder)dekking weer van alle schulden, door het eigen vermogen af te zetten tegen het balanstotaal. Als deze ratio nul is, zijn de bezittingen precies even groot als de schulden; bij een positieve solvabiliteitsratio zijn de bezittingen groter dan de schulden en bij een negatieve solvabiliteitsratio is dit omgekeerd. Ondernemingen hebben – afhankelijk van de branche waarin de onderneming opereert – een gemiddelde solvabiliteitsratio van 33% of meer waarbij

25% als minimum wordt gezien.[11] Als de solvabiliteitsratio minder bedraagt en zich tussen 10-25% begeeft, wordt zij door de banken als onvoldoende bestempeld.[12]

Als onderneming Jansen BV na de nullijn in 2018 in 2019 wederom verlies lijdt (€ 250.000), waardoor zij haar schuldeisers voor dit bedrag niet kan voldoen, dreigt zelfs een negatief eigen vermogen te ontstaan. Dan komt de onderneming echt in zwaar weer en zullen externe financiers niet meer bereid zijn om een tijdelijk liquiditeitsprobleem op te lossen (tabel 6; let op: **vetgedrukt** zijn de wijzigingen ten opzichte van tabel 5a en niet 5b).

Tabel 6: Balans Jansen BV per 31 december 2018 en **2019** na verlies van € 250.000 (oplopen crediteuren) ten laste van eigen vermogen (bedragen in € 1.000)

Activa	*2018*	*2019*	*Passiva*	*2018*	*2019*
Bedrijfspand	200	200	Aandelenkapitaal	200	200
Machines en inventaris	150	150	Reserves	-100	**-350**
- *Totaal materiële vaste activa*	*350*	*350*	- *Eigen vermogen*	*100*	***-150***
Onderhanden werk/ voorraden	200	200	Langlopende leningen	50	50
Debiteuren	300	300	Bank	600	600
Liquide middelen	0	0	Crediteuren	100	**350**
- *Totaal vlottende activa*	*500*	*500*	- *Vreemd vermogen*	*750*	***1.000***
Totaal	850	850	Totaal	850	850

Wil de schuldenaar in dat geval nog uit het financiële dal kruipen, dan is in 2020 een versterking van het eigen vermogen nodig. Jansen BV kan dit bereiken door nieuwe aandelen uit te geven. Ook kan de aandeelhouder een storting van agio (het bedrag boven de nominale waarde van het aandeel) doen of een achtergestelde lening verstrekken. De betrokken partijen moeten hiermee niet te lang wachten, omdat de aandeelhouder weet dat zijn aanvullende investering niet zozeer meer zal dienen om toekomstig rendement te genereren (hij is *out-of-the-money*), maar veeleer om de al gerealiseerde risico's van de schuldeisers weg te nemen. Dan is het voor de aandeelhouder minder aantrekkelijk om bij te storten. Als deze partij echter nog wel een toekomst voor de onderneming ziet, ondanks het verlies van € 250.000 over 2019 en het afhaken van externe financiers, dan zou hij bijvoorbeeld voor € 500.000 nieuwe aandelen kunnen verwerven of als agio op de bestaande aandelen kunnen bijstorten. Hoewel 2020 nog steeds een verlies laat zien van € 100.000, kan dit worden gedekt door een deel van de bijstorting. Het restant hiervan (€ 500.000 – € 100.00 = € 400.000) leidt dan tot een versterking van het eigen vermogen door gedeeltelijke betaling van crediteuren (€ 150.000), een terugdringing van het bankkrediet (€ 100.000) en een verbetering van de liquide middelen met € 150.000, zoals blijkt uit de volgende balans van Jansen BV per 31 december 2020 (tabel 7a; **vetgedrukt** zijn de wijzigingen ten opzichte van tabel 6).

11 L.J. van Eeghen, *Het schemergebied voor faillissement* (diss. Tilburg), Den Haag 2006, p. 72.

12 Van Eeghen, diss., p. 72. Opmerkelijk is dat voor financiële instellingen veel lagere percentages gelden; in het zogenaamde Basel III-akkoord uit 2010 wordt een minimum van 8% eigen vermogen geëist dat door Basel IV verder is opgeschroefd tot variërend van 8-13%.

Tabel 7a: Balans Jansen BV per 31 december 2019 en **2020** na bijstorting € 500.000 (dekking verlies (€ 100.000), deel aflossing schulden (€ 250.000) en toename liquide middelen met € 150.000) tegen uitgifte nieuwe aandelen dan wel agiostorting (bedragen in € 1.000)					
Activa	*2019*	*2020*	*Passiva*	*2019*	*2020*
Bedrijfspand	200	200	Aandelenkapitaal	200	**700*)**
Machines en inventaris	150	150	Reserves	-350	**-450*)**
- Totaal materiële vaste activa	*350*	*350*	*- Eigen vermogen*	*-150*	***250***
Onderhanden werk/ voorraden	200	200	Langlopende leningen	50	50
Debiteuren	300	300	Bank	600	**500**
Liquide middelen	0	**150**	Crediteuren	350	**200**
- Totaal vlottende activa	*500*	***650***	*- Vreemd vermogen*	*1.000*	***750***
Totaal	850	**1.000**	Totaal	850	**1.000**
*) In geval van een agiostorting hebben deze posten een andere samenstelling (aandelenkapitaal € 200.000 en reserves € 50.000), maar blijft het eigen vermogen per saldo gelijk (€ 250.000).					

Als echter ook de aandeelhouder geen heil meer ziet in versterking van het eigen vermogen van Jansen BV, dan ontstaat een penibele situatie voor de schuldenaar door het verlies van € 250.000 over 2019 en een dreigend verlies van € 100.000 over 2020, zoals blijkt uit de volgende balans van Jansen BV per 31 december 2020 (tabel 7b; let op: **vetgedrukt** zijn de wijzigingen ten opzichte van tabel 6 en niet 7a).

Tabel 7b: Balans Jansen BV per 31 december 2019 en **2020** na verlies van € 100.000 ten laste van het eigen vermogen (bedragen in € 1.000)					
Activa	*2019*	*2020*	*Passiva*	*2019*	*2020*
Bedrijfspand	200	200	Aandelenkapitaal	200	200
Machines en inventaris	150	150	Reserves	-350	**-450**
- Totaal materiële vaste activa	*350*	*350*	*- Eigen vermogen*	*-150*	***-250***
Onderhanden werk/ voorraden	200	200	Langlopende leningen	50	50
Debiteuren	300	300	Bank	600	600
Liquide middelen	0	0	Crediteuren	350	**450**
- Totaal vlottende activa	*500*	*500*	*- Vreemd vermogen*	*1.000*	***1.100***
Totaal	850	850	Totaal	850	850

Het maakt uiteindelijk overigens geen verschil als Jansen BV zou hebben geprobeerd haar financiële problemen het hoofd te bieden door in 2020 een aantal noodmaatregelen te treffen en haar verlies over 2019 te bestrijden door verkoop van een deel van haar voorraad voor € 50.000 en een (versnelde) incasso van vorderingen op haar afnemers (debiteuren) tot een bedrag van € 50.000. Hierdoor verminderen de bezittingen in waarde (– € 100.000) en loopt het verschil met de schulden verder op ten laste van de reserves. Zonder bijstorting door de aandeelhouder leidt dat ook hier net als in tabel 7b per definitie weer tot een groter negatief eigen vermogen eind

2020 (tabel 7c; let op: **vetgedrukt** zijn de wijzigingen ten opzichte van tabel 6 en niet 7a/b).

Tabel 7c: Balans Jansen BV per 31 december 2019 en **2020** na intering voorraden en versnelde incasso debiteuren ter dekking van het verlies van € 100.000 (bedragen in € 1.000)					
Activa	*2019*	*2020*	*Passiva*	*2019*	*2020*
Bedrijfspand	200	200	Aandelenkapitaal	200	200
Machines en inventaris	150	150	Reserves	-350	**-450**
- *Totaal materiële vaste activa*	*350*	*350*	- *Eigen vermogen*	*-150*	***-250***
Onderhanden werk/ voorraden	200	**150**	Langlopende leningen	50	50
Debiteuren	300	**250**	Bank	600	600
Liquide middelen	0	0	Crediteuren	350	350
- *Totaal vlottende activa*	*500*	***400***	- *Vreemd vermogen*	*1.000*	*1.000*
Totaal	850	**750**	Totaal	850	**750**

In deze situaties (tabel 7b/c) zijn incassomaatregelen van crediteuren of kredietopzegging door de bank te verwachten wegens het gebrek aan adequate zekerheden, onvoldoende solvabiliteit en liquiditeit van de onderneming, met alle gevolgen van dien. Net als voor de particulier in financiële moeilijkheden ontstaat dan voor de schuldenaar met een onderneming een dreigende faillissementssituatie. Wat staat hem te doen?

32. Faillissementsdreiging

Hoewel uit het voorgaande valt af te leiden dat rentabiliteit, liquiditeit en solvabiliteit met elkaar verband houden en elkaar beïnvloeden, zijn zij vanuit insolventieperspectief verschillend te waarderen. Het ontbreken van rendement of zelfs met verlies draaien maakt, als het goed is, het management en de risicodragende kapitaalverstrekkers zenuwachtig, maar hoeft op zichzelf nog geen insolventiedreiging te betekenen. Zolang er voor de toekomst een reëel winstperspectief voor Jansen BV is en partijen nog bereid zijn om krediet te verschaffen (tabel 5a/b) of risicodragend kapitaal te investeren (tabel 7a), zijn liquiditeitsproblemen op te lossen. Liquiditeitsproblemen zijn echter wel een harde indicator voor bestaande financiële problemen, omdat de liquiditeit veel objectiever meetbaar is dan de rentabiliteit waarin verwachtingen over nog in de toekomst te realiseren opbrengsten besloten liggen. Liquiditeitsproblemen en bijbehorende betalingsonmacht kunnen de opmaat vormen voor een faillissementsaanvraag. Dit geldt overigens ook voor de solvabiliteit, omdat deze wordt bepaald aan de hand van waardering van activa en passiva. Die waardering verschilt naargelang de toekomstverwachting: zolang Jansen BV haar bedrijf blijft uitoefenen kan de waarde van de activa worden gesteld op basis van continuïteit van de onderneming (*going concern*). Dreigt daarentegen staking van de bedrijfsactiviteiten en is sprake van een discontinuïteit, dan blijken de bezittingen opeens veel minder waard.

Zo zullen voorraden en inventaris doorgaans minder waard zijn dan waarvoor zij op de balans zijn opgenomen (boekwaarde), omdat ze bij een staking van de bedrijfsactiviteiten voor een habbekrats verkocht worden. Denk aan de zogenaamde faillissementsverkopen die in de krant of op internet worden aangekondigd, waarbij goederen voor dumpprijzen worden aangeboden.

Juist omdat rentabiliteit, liquiditeit en solvabiliteit elkaar beïnvloeden, loopt een onderneming bij wie de liquiditeiten zijn opgedroogd op een gegeven moment een faillissementsrisico als niemand meer bereid is om nieuw geld te verstrekken (tabel 7b). Deze situatie doet zich voor als uitblijvende rentabiliteit het eigen vermogen van de onderneming uitholt en de liquiditeit en solvabiliteit verslechtert. Dan komt de schuldenaar op termijn niet meer uit de positie dat hij 'verkeert in een toestand dat hij heeft opgehouden te betalen', wat voldoende is om hem in staat van faillissement te verklaren (art. 1, 6 lid 3; zie hoofdstuk 5). Als de schuldenaar met een onderneming, zoals Jansen BV, dit faillissementsscenario wil voorkomen, moet hij zijn financiële administratie op orde hebben en de signalen van neerwaartse rentabiliteit, liquiditeit en solvabiliteit bijtijds oppakken en ter harte nemen. Hij zal bijtijds actie moeten ondernemen om te voorkomen dat hij in de neerwaartse spiraal belandt waaruit niet meer te ontsnappen valt.

33. *Plannen en aanpak van de financiële moeilijkheden*

Om de financiële huishouding van een onderneming op orde te krijgen, moet Jansen BV doortastend optreden en een plan van aanpak opstellen. Hij kan zich hierbij eventueel laten bijstaan door zijn financiële en juridische adviseurs. Aangezien de meeste plannen in de eerste fase vooral geld kosten, zal de ondernemer dat op de een of andere manier beschikbaar moeten hebben of anders iemand bereid moeten vinden om dat voor te schieten. Hier blijkt wederom het belang om niet te wachten tot het water aan de lippen staat.[13]

In de kern gaat het hier om het probleem hoe lang een schuldenaar mag aanmodderen of dat anderen (en zo ja, wie?) moeten ingrijpen. Dit vraagstuk komt breder voor in het recht (denk aan ingrijpen door de overheid in gezinssituaties, gedwongen opname van psychiatrische patiënten en het onder toezicht plaatsen van (semi)publieke instellingen op het gebied van zorg, huisvesting en onderwijs, maar ook bij banken en verzekeraars); ligt hier een taak van de overheid als 'broeders hoeder'? In hoeverre zijn schuldeisers te beschouwen als zwakkeren die bescherming verdienen (denk aan slachtoffers)? Speelt hier een publiek belang en zo ja, welk?

Naast het maken van een gedegen analyse van de oorzaken en een plan van aanpak voor de toekomst moet Jansen BV in staat zijn om van zijn schuldeisers en financiers (aandeelhouders, banken en crediteuren) het vertrouwen (het immateriële 'krediet'[14]) te krijgen om de plannen uit te voeren. Om dit vertrouwen te bewerkstelligen is heldere en open communicatie van belang; de schuldenaar moet open kaart spelen en transparantie bieden. De schuldeisers moeten het gevoel krijgen dat de schuldenaar

13 Zie Rapport Commissie-Mijnssen par. 1.1.1, aanbeveling 3; Eindrapport MDW-werkgroep, Samenvatting (nr. 9, 18); Voorontwerp-Toelichting, Algemeen, nr. 8, p. 7 (t).

14 Het woord kent zijn oorsprong in het Latijnse *credere*, dat 'vertrouwen' en 'geloven' betekent in de zin dat de ander zal doen wat hij heeft toegezegd.

de crisis weer onder controle heeft, al dan niet met hulp van anderen. Het is funest als schuldeisers achterdochtig worden. Als zij het gevoel krijgen dat ze belazerd worden of er op een andere manier sprake lijkt te zijn van kwade trouw bij de schuldenaar, is een reddingspoging gedoemd te mislukken. Iets anders lijkt te zijn als partijen 'op elkaar uitgekeken zijn'; denk aan een vastgelopen verhouding tussen (het bestuur van) de schuldenaar en diens financier. Ook al is hierbij geen boos opzet aan de kant van de schuldenaar in het spel, toch is ook dan sprake van een vertrouwensbreuk: de financier heeft dan niet meer het vertrouwen dat het nog wel goed zal komen.

Als het vertrouwen bij de schuldeisers ontbreekt, is redding alleen nog mogelijk door de ondernemer te vervangen door een (interim)ondernemer in wie dat vertrouwen wel wordt gesteld. De aanpak van de financiële problemen hangt af van het uiteindelijke doel dat gesteld wordt: staking van de activiteiten, maar dan wel zodanig dat zo min mogelijk verlies wordt geleden (liquidatie), voortzetting van de bestaande activiteiten, maar dan efficiënter, zodat de kosten in de hand kunnen worden gehouden (continuering), of afslanking van de activiteiten en het afstoten van een deel daarvan (reorganisatie).

34. Liquidatie, continuering of reorganisatie van de onderneming

Liquidatie moet zo veel mogelijk in stilte gebeuren, omdat anders de waarde van de activa onder druk komt te staan: die dreigen dan in plaats van voor *going concern*-waarde nog slechts tegen liquidatiewaarde verkocht te kunnen worden. Opkopers zitten op het vinkentouw. Bij liquidatie wordt de onderneming gestaakt en heeft de schuldenaar vooral behoefte aan een goede verkoper van de activa. Voor de eenmanszaak waarbij een natuurlijke persoon de onderneming drijft, is dit de enige mogelijkheid. Wordt de onderneming gedreven door een rechtspersoon (meestal vennootschap) dan kan degene die de zeggenschap uitoefent (aandeelhouder) ook besluiten om zijn (aandelen)belang te liquideren door de rechtspersoon te ontbinden of zijn aandelen te verkopen, al zal de opbrengst hiervan dan doorgaans beperkt zijn.

Bij een continuering zal in overleg met de betrokkenen (financiers, adviseurs) de bedrijfsorganisatie en het bedrijfsproces tegen het licht moeten worden gehouden, kostenbesparingen doorgevoerd en andere maatregelen getroffen, om liquiditeit en uiteindelijk de solvabiliteit en rentabiliteit te verbeteren. Om zo min mogelijk onrust onder de schuldeisers te veroorzaken zal de ondernemer naast extra eigen vermogen zo nodig een overbruggingskrediet van een financier moeten krijgen om aan zijn lopende verplichtingen te kunnen blijven voldoen.

In de meeste gevallen zal sprake zijn van een combinatie van liquidatie en continuering. In deze situatie is een reorganisatie onontkoombaar, gericht op afslanking van de organisatie, waarbij het onrendabele deel van de activiteiten wordt afgestoten en het levensvatbare gedeelte kritisch wordt doorgelicht om tot een succesvolle reorganisatie te komen. Dan moeten plannen worden gemaakt om de financiering op korte termijn veilig te stellen voor zowel de voortzetting van de gewenste activiteiten als voor de verkoop van het overbodige gedeelte en daarmee samenhangend de afvloeiing van het bijbehorende personeel. In de volgende hoofdstukken komt dit verder aan de orde.

2.3 Aanpak van de problemen

35. Drie fasen met verschillende actoren

Na bovenstaande schets van de financiële moeilijkheden waarin een schuldenaar (met onderneming of particulier zonder beroep of bedrijf) kan komen te verkeren, is het zaak om die problemen op een adequate wijze aan te pakken. Het is van groot belang dat de ernst van die situatie snel ten volle tot de schuldenaar doordringt.

Hier ligt in de praktijk evenwel een belangrijk knelpunt. Menig schuldenaar die in financiële moeilijkheden verkeert, onderkent dat niet of onvoldoende en in ieder geval vaak te laat, waardoor de speelruimte voor reddingspogingen beperkt is. De schuldenaar is al te ver in de fuik gezwommen, waaruit het lastig terugkeren is. Zolang de schuldenaar zich echter niet of onvoldoende bewust is van de slechte financiële situatie, is de bereidheid tot het nemen van ingrijpende maatregelen – en daarmee de kans op succes – niet erg groot. Het ontbreken van een tijdig besef van de problemen wordt in alle studies over verbetering van de aanpak van financiële moeilijkheden en aanpassing van insolventieregelgeving als een van de belangrijkste knelpunten gezien, waardoor in de kern levensvatbare ondernemingen ten onder gaan.[15]

Om tot de juiste maatregelen te komen is voorts een gedegen analyse noodzakelijk en moet op korte termijn een noodverband worden aangelegd om liquiditeitsverliezen zo veel mogelijk te beperken. Er kunnen allerlei redenen zijn waarom men kennelijk op te grote voet heeft geleefd, maar daaraan zal een einde moeten worden gemaakt. Er moet dus ook een plan van aanpak voor de langere termijn worden opgesteld. Dit alles kost echter tijd en geld, reden temeer om bijtijds aan de slag te gaan. Niet onbelangrijk ten slotte is dat al te opdringerige schuldeisers intussen van het lijf moeten worden gehouden. In de kern maakt het hierbij geen verschil of de schuldenaar (rechtspersoon of natuurlijke persoon) een onderneming drijft of dat hij een particulier is.

Vanaf het moment dat een schuldenaar in moeilijkheden komt, zijn verschillende fasen te onderscheiden. In elke fase zijn er mogelijkheden en beperkingen om de gerezen problemen op te lossen. Hoe lastiger de situatie wordt, des te ingrijpender worden de maatregelen die moeten worden getroffen. Het blijkt dan dat bij elke opvolgende fase de oorspronkelijke partijen steeds meer naar de achtergrond worden verdrongen (allereerst de schuldenaar en daarna de schuldeisers). Hierna worden alle fasen kort behandeld; deze worden in de volgende hoofdstukken (3, 4, 5, 6 en 7) verder uitgewerkt.

36. Fase 1: schuldenaar en schuldeisers lossen het samen (zonder overheidsinmenging) vrijwillig op

De eerste stap die een schuldenaar hierbij moet nemen, nadat hij van de ernst van de situatie is doordrongen, gaat richting schuldeisers. Meestal beseft de schuldenaar

15 Zie Rapport Commissie-Mijnssen par. 1.1.1, aanbeveling 3; Eindrapport MDW-werkgroep, Samenvatting nr. 9, 18; J.A.A. Adriaanse, Restructuring in the Shadow of the Law (diss. Leiden), Deventer 2005, p. 150; Voorontwerp-Toelichting, Algemeen, nr. 8, p. 7 (t). Specifiek voor particulieren zie Leidraad Vroegsignalering schulden 2018 (www.nvvk.eu/l/library/download/urn:uuid:a46f8056-de71-405a-8f24-6f038bee5539/2018+leidraad+vroegsignalering+schulden.pdf?format=save_to_disk&ext=.pdf).

zijn financiële problemen voor het eerst als hij daadwerkelijke betalingsproblemen met een van zijn schuldeisers heeft. In deze tweepartijenverhouding neemt die schuldeiser zijn toevlucht tot de middelen die het burgerlijk (proces)recht hem bieden: van ingebrekestelling tot executoriaal beslag, waarna hij uit de opbrengst voldaan wordt. Bij serieuze financiële problemen verandert de één-op-één verhouding snel in een veelheid aan tweepartijenverhoudingen waarbij de schuldenaar zich als aangeschoten wild in het midden bevindt: steeds meer schuldeisers willen hun positie veiligstellen en richten hun pijlen op de schuldenaar. Deze zal dan met hen in overleg moeten treden om op zoek te gaan naar oplossingen, waarbij diverse leerstukken van burgerlijk recht de revue passeren, zoals contractsvrijheid, (afgebroken) onderhandelingen, afstand van recht en (vaststellings)overeenkomst.

Een variant van de eerste fase doet zich voor als de schuldenaar er met zijn schuldeisers niet uitkomt. Zeker als het vertrouwen tussen de schuldeisers en de schuldenaar onvoldoende is, of tussen de schuldeisers onderling onvoldoende vertrouwen is of dit zelfs volledig ontbreekt, kan de tussenkomst van een of meer derden misschien uitkomst bieden. Alle partijen (schuldenaar én schuldeisers) hebben immers meestal wel iets te verliezen als het tot een volledige liquidatie komt. De derde (advocaat, notaris, accountant, schuldbemiddelaar, mediator) is in beginsel niet belast met de voorgeschiedenis en kan door zijn kennis van zaken en creativiteit wellicht weer openingen bieden. Overigens behoudt de schuldenaar in deze stap het volledige beheer en de beschikking over zijn vermogen; de derde vervult slechts de rol van adviseur of intermediair. In hoofdstuk 3 komt deze fase aan de orde, evenals de rechtsfiguren van de opdracht, lastgeving en vertegenwoordiging, waarmee de relatie met de derde kan worden gekwalificeerd.

37. *Fase 2: schuldenaar en schuldeisers lossen het met incidentele rechterlijke interventie samen op*

Als partijen, al dan niet met behulp van een derde, toch niet tot een oplossing komen, belandt de schuldenaar in de volgende fase. In deze fase is sprake van incidentele rechterlijke interventie. De rechter wordt aangezocht om partijen tot een succesvolle reorganisatie van het vermogen van de schuldenaar te brengen, waardoor misschien wel een bevredigende oplossing wordt bereikt. Hierbij komen de invloed en (on)mogelijkheden van het burgerlijk procesrecht op eerdergenoemde materieelrechtelijke leerstukken in beeld. Sinds 2021 heeft de herstructureringspraktijk met invoering van de WHOA een belangrijk wettelijk instrument beschikbaar gekregen. Dan blijkt eveneens het belang voor schuldeisers om bijtijds hun positie te versterken met gebruikmaking van zekerheden of op een andere manier voorrang te creëren. Tot op zekere hoogte kan een dergelijke schuldeiser zich daardoor aan de gevolgen van een rechterlijke interventie onttrekken. Net als in de eerste fase houdt de schuldenaar in deze tweede fase overigens wel zeggenschap over het beheer en de beschikking over zijn vermogen. Deze fase wordt besproken in hoofdstuk 4.

38. *Fase 3: schuldenaar en schuldeisers aan de zijlijn of volledig op de achtergrond; na rechterlijke interventie bemoeit een derde zich structureel met de boedel*

Pas wanneer de rechterlijke interventie de schuldenaar en de schuldeisers niet tot overeenstemming voor een oplossing kan brengen, komt de derde en laatste fase in beeld, die het grootste deel van dit boek bestrijkt. In hoofdstukken 5 tot en met 7 gaat de beknotting van de rechten van de schuldenaar en de schuldeisers een stap verder. Twee belangrijke kernwaarden van het burgerlijk recht, partijautonomie en contractsvrijheid, blijken onder druk van financiële omstandigheden sterk te kunnen worden ingeperkt. Zo wordt de schuldenaar niet of nauwelijks ruimte gelaten zijn vermogen te beheren en hierover te beschikken. Ook de schuldeisers merken dan ver(der)gaande beperkingen in de uitoefening van hun rechten. Op basis van de gerechtelijke procedures die in deze hoofdstukken worden behandeld (faillissement respectievelijk schuldsanering natuurlijke personen), treedt dan een onafhankelijke derde in de plaats van de schuldenaar, die zich verder met dat vermogen gaat bemoeien. Deze derde (curator in faillissement en bewindvoerder in schuldsanering natuurlijke personen) moet zich richten op de vereffening van het vermogen van de schuldenaar om op die manier hopelijk nog iets uit te keren aan de schuldeisers.

De derde fase vormt de laatste stap in het tot dan toe blijkbaar mislukte proces om schuldenaar en schuldeisers vrijwillig tot overeenstemming te laten komen. De gevolgen zijn vergaand. Bij rechtspersonen betekent het faillissement het einde van de schuldenaar en bij natuurlijke personen blijft deze na een faillissement afgezien van een levenslange schuld, met lege handen achter. Onder bepaalde voorwaarden kan het trieste einde evenwel leiden tot een uit de as herrezen feniks, als sprake is van ofwel een doorstart uit faillissement van (een deel van) de onderneming die door de gefailleerde schuldenaar werd gedreven, ofwel een schone lei voor de schuldenaar/natuurlijke persoon op wie de schuldsanering natuurlijke personen van toepassing is verklaard.

In deze laatste fase komen naast de procesrechtelijke verwikkelingen voor de verschillende procedures nog de nodige materieelrechtelijke kwesties bij, zoals op het terrein van het goederenrecht (eigendom; originaire wijzen van verkrijging; zekerheidsrechten; verhaal; voorrang; gemeenschap; huwelijks- of relatievermogensrecht) en het aansprakelijkheidsrecht (bestuurders/commissarissen, aandeelhouders, financiers die bij benadeling betrokken zijn, maar ook professionele aansprakelijkheid van de curator en de bewindvoerder).

39. *Surseance van betaling als minder ingrijpende (tussen)fase*

Waar het faillissement en de schuldsanering natuurlijke personen de schuldenaar vermogensrechtelijk helemaal buiten spel zetten, wordt dit bij een ondernemer (rechtspersoon of eenmanszaak) soms geprobeerd te voorkomen met een surseance van betaling. Deze procedure die in hoofdstuk 6 aan bod komt is ingrijpender en vergaander dan de incidentele rechterlijke interventie in Fase 2, maar zet de schuldenaar nog niet helemaal terzijde. In een surseance van betaling komt naast de rechter met een verdergaande rol tevens een door de rechter benoemde bewindvoerder in beeld. Nadat de rechter de schuldenaar door de surseance van betaling een (voorlopig) uitstel van betaling heeft verleend, blijft de schuldenaar juridisch weliswaar nog degene die het initiatief neemt om beheers- en beschikkingsdaden over zijn vermogen te verrichten. Hij kan dit echter niet doen zonder de medewerking, machtiging of bijstand van een bewindvoerder (art. 228). De concurrente schuldeisers kunnen hun rechten voorlopig niet geldend maken.

HOOFDSTUK 3

Informele reorganisatie en vrijwillig onderhands akkoord

40. Inleiding

In het vorige hoofdstuk is besproken hoe een schuldenaar de financiële moeilijkheden met een plan van aanpak te lijf moet gaan. Naast het binnenhalen van 'vers' geld – in de vorm van het aantrekken van eigen of vreemd vermogen – moet in de meeste gevallen ook de schuldenlast, de passiefzijde van de balans, worden aangepakt. Het zijn immers deze verplichtingen die de schuldenaar dreigt niet meer te kunnen nakomen. Dit hoofdstuk behandelt de eerste fase waarbij de schuldenaar en de schuldeisers – al dan niet met bijstand of tussenkomst van een derde – samen vrijwillig tot een oplossing proberen te komen met een onderhands akkoord, ook wel aangeduid als 'informeel' akkoord. 'Informeel' betekent dat geen formele insolventieprocedure doorlopen hoeft te worden om tot dit resultaat te komen.

Na een uiteenzetting van het doel en de inhoud van een onderhands akkoord (par. 3.1) en de totstandkoming daarvan (par. 3.2) komen aan het eind van dit hoofdstuk de gevolgen van een onderhands akkoord aan bod (par. 3.3). Hierbij worden ook enkele complicaties besproken die zich kunnen voordoen in de aanloop naar een onderhands akkoord en die een succesvolle aanpak van de reorganisatie van de schulden op deze wijze in de weg kunnen staan.

3.1 Informele reorganisatie

41. Doel en inhoud van het onderhands akkoord

Als de schuldeisers bereid zijn met de schuldenaar over de bestaande schulden te spreken, dan streven zij naar een voor ieder aanvaardbare oplossing. Dit lukt niet als de schuldenaar met één enkele schuldeiser afspraken maakt; hij zal met meer partijen om de tafel moeten gaan zitten. Dit moet ertoe leiden dat de schuldenaar met zijn schuldeisers tot overeenstemming komt hoe de aanpassing van hun vorderingen vorm moet krijgen.

Het meest vergaande resultaat, maar daarmee ook het minst waarschijnlijk en dus weinig kansrijk, is dat de schuldeisers bereid zijn hun vorderingen volledig prijs te geven. Dan hoeven geen liquiditeiten te worden vrijgemaakt en wordt de solvabiliteit verbeterd.

Kansrijker – zij het van volledig andere orde – is de regeling waarbij de ondernemer/rechtspersoon met zijn schuldeisers overeenkomt dat deze hun vorderingen omzetten in aandelenkapitaal: dit wordt ook wel een *debt for equity swap* genoemd. Op deze wijze verbetert zowel de liquiditeits- als de solvabiliteitspositie en bovendien kunnen de schuldeisers door die omzetting profiteren van toekomstige koersstijgingen als de herstructurering tot een succes leidt. Deze stap vereist wel de medewerking van de bestaande aandeelhouders, omdat hun belang verwatert door de omzetting waardoor het aantal aandelen immers toeneemt. Om deze reden is redding langs deze weg niet altijd mogelijk als zittende aandeelhouders hun medewerking weigeren. Voor de ondernemer/natuurlijke persoon is deze reddingsmogelijkheid geen optie en kan dit doel alleen bereikt worden door de eerdergenoemde kwijtschelding, die zou kunnen worden gezien als een 'inbreng' van dat bedrag in (het vermogen van) de persoon van de ondernemer.

Waar een volledige kwijtschelding door een of meer schuldeisers van hun vorderingen zelden gebeurt, bestaat een grotere kans dat sommigen van hen wel akkoord willen gaan met een door de schuldenaar voorgestelde partiële kwijtschelding. Hoe groot het gedeelte is dat hij zou moeten kwijtschelden hangt van allerlei factoren af. Naast het vertrouwen in de schuldenaar speelt hierbij een belangrijke rol hoe de schuldeiser de vooruitzichten op financieel herstel van de schuldenaar en de kansen op volledige betaling inschat. Als hij deze laag inschat, is een schuldeiser eerder geneigd tot kwijtschelding. Deze methode van schuldsanering kan zich in verschillende gedaanten voordoen (nr. 46).

Als de schuldeiser zijn vordering niet wil kwijtschelden of omzetten in aandelenkapitaal, dan kan de ondernemer proberen om de schuldeiser bereid te krijgen om de inning van zijn vordering een tijdje op te schorten. Dit heeft geen gevolgen voor de solvabiliteit van de schuldenaar, maar wel voor diens liquiditeitspositie, waarmee in ieder geval een adempauze wordt gecreëerd. Een alternatief is om de voorwaarden voor de terugbetaling in overleg aan te passen, zodat de schuld bijvoorbeeld over een langere termijn wordt uitgesmeerd en de deelbetalingen kleinere bedragen vormen, of een lager rentepercentage, terwijl de hoofdsom intact blijft.

Welke oplossing ook wordt gekozen, in alle gevallen ligt het voordeel voor de schuldenaar voor de hand. Vermindering van de schuldenlast of uitstel van de betalingen strekt hem direct tot voordeel. Op het eerste gezicht lijken bovenstaande alternatieven echter niet in het belang van de schuldeisers. Voor hen lijkt weinig te winnen, eerder veel te verliezen: hun vorderingen worden later of niet (helemaal) voldaan. Waarom zouden zij dan op de voorstellen van de schuldenaar ingaan? Het antwoord vinden wij terug in menig spreekwoord en gezegde, want hoewel een schuldeiser in beginsel natuurlijk zo veel mogelijk van zijn vordering daadwerkelijk voldaan wil zien worden, weet hij ook dat 'van een kale kip niets te plukken valt' en dat 'waar niets is, zelfs de keizer zijn recht verliest'. Een vordering met een nominale waarde van 100 kan in werkelijkheid nog maar een fractie daarvan of zelfs helemaal niets waard zijn als de schuldenaar in feite failliet is. De schuldeiser is er dan ook bij gebaat dat de daadwerkelijke betaling van althans een deel van zijn vordering gewaarborgd blijft. Indachtig de uitdrukking 'beter één vogel in de hand dan tien in de lucht' is het voor een schuldeiser raadzaam om te onderzoeken of hij via een minnelijke regeling meer gaat krijgen dan als hij daaraan niet zou meewerken, waardoor de volgende fase aanbreekt en rechterlijke interventie nodig is (hfdst. 4).

Het vooruitzicht van een dreigende insolventieprocedure kan voor een schuldeiser dus reden zijn om toch aan te schuiven bij de onderhandelingen. Aangezien een insolventieprocedure voor de meeste schuldeisers ook het einde van door hen ingezette incasso- en executiemaatregelen betekent, moeten zij niet te hoge eisen stellen. Dit geldt soms zelfs voor schuldeisers met een sterke positie, zoals separatisten en preferente schuldeisers, ook al hebben de eersten in beginsel geen last van enigerlei insolventieprocedure (art. 57, 232 en 299 lid 3) en de tweede groep niet van de surseance van betaling (art. 232 sub 1°). In iedere insolventieprocedure kunnen zij immers gedurende enige tijd geconfronteerd worden met een afkoelingsperiode waarin zij hun rechten niet kunnen uitoefenen (art. 63a, 241a en 313 lid 2; zie nr. 173). Dit alles nog los van het risico dat hun onderpand sterk in waarde kan dalen door het uitspreken van een insolventieprocedure, omdat verkoop dan doorgaans gebeurt tegen liquidatiewaarde in plaats van een hogere *going concern*-waarde.

3.2 Totstandkoming van een onderhands akkoord

42. Gang van zaken

In beginsel is de wijze waarop de schuldenaar met zijn schuldeisers in gesprek gaat en tot overeenstemming komt vormvrij, al ligt het voor de hand dat deze afspraken op schrift worden gesteld als de gesprekken succesvol worden afgerond. Als het aantal schuldeisers groot is, is het praktisch doorgaans ondoenlijk voor de schuldenaar om met al zijn schuldeisers tegelijk om tafel te gaan zitten. Afgezien van de vraag of hij een volledig overzicht heeft van zijn schuldeisers (een ondernemer zou dat wel moeten, maar bij een particulier is dit anders), valt te vrezen dat een dergelijke bijeenkomst uitdraait op een 'Poolse landdag', een wanordelijke vergadering zonder resultaat. Afhankelijk van de aard en omvang van de schulden en het type schuldeiser, zal de schuldenaar met enkele – doorgaans grote, invloedrijke en bepalende – schuldeisers om de tafel gaan zitten om de mogelijkheden van een schuldreductie te onderzoeken.

In theorie kan de schuldenaar met iedere schuldeiser afzonderlijk verschillende afspraken maken. Uitgaande van het algemene privaatrechtelijke beginsel van contractsvrijheid staat het iedereen vrij om in te stemmen met een regeling die hij aanvaardbaar vindt, ook al is die minder of beter dan de regeling die de schuldenaar met een andere schuldeiser heeft getroffen. Het insolventierechtelijke beginsel van de gelijkheid van schuldeisers (*paritas creditorum*; zie nr. 12) speelt in deze fase formeel geen rol. In de praktijk zal de schuldenaar echter om verschillende redenen toch één lijn willen trekken, in ieder geval jegens dezelfde soorten schuldeisers. Niet alleen kan het voor hemzelf verwarrend zijn als hij tot verschillende afspraken komt, maar als hij deze geheim houdt, loopt hij het risico dat schuldeisers die er later achter komen hun instemming met bijvoorbeeld kwijtschelding herroepen of vernietigen wegens dwaling of bedrog (art. 6:160 jo. 6:228, 3:44 BW). Speelt de schuldenaar daarentegen open kaart, dan is de kans groot dat alle schuldeisers de meest gunstige regeling willen en dus niet instemmen met een slechter bod, zodat de financiële problemen niet werkelijk worden opgelost. De schuldenaar moet dus inschatten hoe hij denkt zijn schuldeisers het beste te kunnen benaderen. In dit verband is het in de praktijk gangbaar dat de schuldeisers met wie de schuldenaar overeenstemming bereikt, hun akkoord afhankelijk maken van de instemming van alle andere schuldeisers. Door een dergelijke voorwaarde op te nemen (vgl. art. 6:21-22 BW) voorkomt de schuldeiser dat hij zijn vordering al (deels) heeft kwijtgescholden, ook als er uiteindelijk geen akkoord komt.

De schuldenaar hoeft niet met iedere schuldeiser persoonlijk te onderhandelen. Ieder van hen kan zich laten vertegenwoordigen en met een volmacht aan de schuldenaar of een medeschuldeiser zijn bemoeienis uitbesteden.

Tijdens het onderhandelingsproces over de nadere afspraak tussen de schuldenaar en zijn schuldeisers staat het partijen vrij om met inachtneming van de daarvoor geldende regels van de onderhandelingen weg te lopen. Het algemeen civielrechtelijke leerstuk van de afgebroken onderhandelingen is hier van toepassing.[1]

Als de schuldenaar erin slaagt om de schuldeisers over de streep te trekken en hen uiteindelijk (een deel van) hun vordering te laten intrekken of kwijtschelden, is sprake van een – onderhands – akkoord. Aan de vaststellingsovereenkomst die hier tot stand moet komen tussen de schuldenaar en de – relevante – schuldeisers worden nauwelijks eisen gesteld.[2] Civielrechtelijk is dit een meerpartijenovereenkomst waarop de bepalingen van Boek 6 BW, afdeling 6.5.5 in het bijzonder, en Titel 7.15 BW van toepassing zijn en tevens de toepasselijke bepalingen van Titel 3.2 BW. Zolang de schuldenaar en de schuldeisers het maar over de inhoud eens worden, zijn zij – binnen de grenzen van de wet (vgl. art. 3:40 BW) – vrij daarvan af te wijken en de overeenkomst volledig naar eigen inzicht in te vullen en vorm te geven.[3]

Derden kunnen een belangrijke rol spelen in de procedure om tot een onderhands akkoord te komen. In de eerste plaats kunnen zij optreden als adviseur van een van de partijen (nr. 43). De derde kan in de tweede plaats ook de rol van bemiddelaar/mediator die het akkoord tot stand brengt op zich nemen (nr. 44). In de laatste plaats kan de derde de totstandkoming van het akkoord faciliteren zonder direct zelf aan tafel te zitten (nr. 45).

43. Adviseurs

Een schuldenaar in financiële moeilijkheden zal misschien in het begin proberen om zelfstandig tot een oplossing te komen. Als hij echter merkt dat hij daarvoor de kennis en middelen ontbeert, is het raadzaam advies in te winnen. Als hij dat niet aanvoelt kan zijn omgeving of een of meer van zijn schuldeisers hem alsnog daartoe aanzetten. Deze advisering kan op tal van terreinen liggen: financieel, organisatorisch, juridisch etc. In al deze gevallen gaat de schuldenaar direct of indirect een rechtsbetrekking met die adviseur aan, meestal in de vorm van een overeenkomst

---

1 Vgl. HR 18 juni 1982, *NJ* 1983/723 (*Plas/Valburg*); HR 31 mei 1991, *NJ* 1991/647 (*Vogelaar/Skil*); HR 12 augustus 2005, *NJ* 2005/467 (CBB/JPO); HR 1 maart 2013, *NJ* 2013/142 (*Greenib Car/X*); zie SBR deel 3, nr. 77 e.v. en 80a.

2 Zie SBR deel 3, par. 2.3 (nr. 52-80d).

3 Zie SBR deel 3, hfdst. 7 (nr. 259 e.v.). Dit neemt niet weg dat als de schuldenaar om welke reden dan ook later toch failleert, het diens curator vrijstaat om de overeenkomst te toetsen aan de vereisten voor de faillissementspauliana als aan het akkoord benadelende voorwaarden zijn verbonden (art. 42 e.v.; zie par. 5.4.2.1).

van opdracht (Titel 7.7 BW). In wezen is hier geen verschil tussen schuldenaren die een onderneming drijven en particulieren, zij het dat de omvang van de financiële problemen tot een verschillend type adviseur kan dwingen. De resultaten van de advisering zijn juridisch gezien niet bindend voor de schuldenaar, maar bij rechtspersonen kan het ongemotiveerd afwijken door de bestuurder van een gedegen en juist advies een aanknopingspunt zijn voor persoonlijke aansprakelijkheid (zie nr. 198 e.v.).

Los van de uitkomsten van de adviezen en de vraag in hoeverre de schuldenaar die adviezen opvolgt, is het een interessante kwestie hoe de adviseur beloond gaat worden als is afgesproken dat voor de advisering betaald zal worden. De schuldenaar heeft het immers financieel moeilijk, terwijl de adviseur zijn inspanningen graag beloond wenst te zien. Door de adviseur te zien als een 'verkoper' van diensten (dienstverlener), waarbij de rechtsverhouding wordt beheerst door de regels van opdracht (Titel 7.7 BW), bij gebreke van afwijkende afspraken, is deze kwestie op verschillende wijzen op te lossen. Het loon voor de adviseur (opdrachtnemer) kan dan in de vorm van een voorschot vooruitbetaald worden of door een derde worden betaald. Zo nodig kan de adviseur zekerheidstelling verlangen. Zijn grootste risico loopt hij als de schuldenaar uiteindelijk toch failleert en een curator de betalingen door de schuldenaar aan de adviseur vlak voor het faillissement kritisch gaat onderzoeken. Als hij vindt dat hierdoor de gezamenlijke schuldeisers zijn benadeeld kan hij de betaling toetsen aan het leerstuk van de faillissementspauliana waarmee hij dergelijke betalingen kan terugdraaien (zie nr. 181 e.v.). Zolang echter niet aan de daarvoor geldende criteria is voldaan, hoeft de adviseur niet te vrezen voor een terugbetalingsverplichting.

44. Schuldhulpverlening en -bemiddeling bij particulieren

Een particulier met financiële problemen kan in beginsel bij iedereen terecht voor bijstand. Zodra het echter op schuldbemiddeling aankomt, heeft de wetgever de consument willen beschermen. Onder schuldbemiddeling wordt verstaan het beroeps- of bedrijfsmatig verrichten van diensten gericht op de totstandkoming van een regeling van de schuldenlast mede voortkomend uit kredíettransacties (art. 47 lid 2 jo. art. 1 sub a Wck). Dit is alleen toegelaten als de schuldbemiddeling gratis is (art. 48 lid 1 sub a Wck) of wordt uitgevoerd door gespecialiseerde partijen, waarbij de wetgever een beperkte en gedefinieerde groep schuldbemiddelaars heeft toegestaan: gemeenten, gemeentelijke kredietbanken of instellingen, die zich in opdracht en voor rekening van gemeenten met schuldbemiddeling bezighouden (art. 48 lid 1 sub b Wck); advocaten, faillissementscuratoren en -bewindvoerders, notarissen, deurwaarders, registeraccountants en accountants-administratieconsulenten (art. 48 lid 1 sub c Wck). Daarnaast heeft de wetgever de mogelijkheid om bij amvb nog andere (categorieën) natuurlijke personen of rechtspersonen aan te wijzen als bevoegde schuldbemiddelaars, maar tot nog toe is dit niet gebeurd (art. 48 lid 1 sub d Wck). In de praktijk zijn het vooral de gemeentelijke instanties of daarvan afgeleide instellingen (art. 48 lid 1 sub b Wck) die zich met de particuliere schuldbemiddeling en meer in het algemeen met de schuldhulpverlening bezighouden. Sinds juli 2012 is schuldhulpverlening voor gemeenten een wettelijke taak geworden op grond van de Wet gemeentelijke schuldhulpverlening (art. 2 Wgs).

Deze instellingen zijn voor het merendeel werkzaam onder de koepel van NVVK[4], die voor haar leden afspraken en convenanten sluit met belangrijke (categorieën) schuldeisers, zoals de zorgverzekeraars met het oog op de premiebetaling van de zorgverzekering en het CJIB dat de incasso van alle strafrechtelijke geldvorderingen en vooral boetes wegens verkeersovertredingen verzorgt. Verder voert zij overleg met de Raad voor Rechtsbijstand, als bestuursorgaan aangewezen voor de uitvoering van de Wsnp, over tal van aangelegenheden die betrekking hebben op het minnelijke en het wettelijke traject van de schuldsanering van natuurlijke personen (zie hoofdstuk 7).

Samen met de schuldhulpverlening gaat de schuldenaar op zoek naar een oplossing voor zijn financiële problemen. Dit is vooral financieel en maatschappelijk werk waarbij de schuldenaar wordt geleerd inzicht te krijgen in zijn financiële doen en laten, zodat hij in de toekomst verantwoord zal omgaan met geld. Hieraan voorafgaand wordt geregeld gebruikgemaakt van budgetbeheer ter voorkoming van nog meer problemen, waarbij de gemeente de vaste lasten van de schuldenaar die een bijstandsuitkering ontvangt rechtstreeks betaalt aan de schuldeiser (verhuurder, energiemaatschappij etc.) en dat vervolgens op diens uitkering inhoudt.[5]

Voor de sanering van de bestaande schulden van particulieren zijn in de praktijk ruwweg twee wegen te bewandelen. Bij de ene mogelijkheid bemiddelt de schuldbemiddelaar met de verschillende schuldeisers, waarbij hij probeert tot afspraken en betalingsregelingen te komen. Bij de andere mogelijkheid zijn deze schuldhulpverleningsinstellingen actief met het aanbieden van een saneringskrediet. Hierbij vindt een ‘inwisseling’ van de verschillende schuldeisers plaats door de schuldenaar tegen de gemeente die hem het krediet verstrekt om een deel van de schulden aan zijn schuldeisers te betalen. Voor de schuldeisers kan het aantrekkelijker zijn om zo een deel van hun vordering direct voldaan te krijgen en de rest af te schrijven. Anders moet men lange tijd nog maar afwachten of de schuldenaar zijn betalingsregeling nakomt, met alle bijkomende administratie- en incassokosten.[6]

45. Facilitering van een onderhands akkoord

Ten slotte kan een derde betrokken zijn bij de totstandkoming van een onderhands akkoord zonder dat hij bij de onderhandelingen aan tafel zit. Het meest voor de hand liggende voorbeeld hiervan is de derde die als financier optreedt. Bij particulieren valt te denken aan de ‘suikeroom’, een betrokkene (vriend of familielid), die bereid is om extra geld ter beschikking te stellen om het akkoord (mede) te financieren. Bij bedrijven kan deze rol worden vervuld door de (bestaande of nieuwe) financiers die kapitaal in de vorm van eigen of vreemd vermogen willen toevoegen. In al deze gevallen kan het voor de schuldeisers aantrekkelijker zijn om tot het onderhands akkoord toe te treden in plaats van het faillissement van de schuldenaar na te streven, omdat dat extra geld dan niet beschikbaar zal zijn.

4 Nederlandse Vereniging voor Volkskrediet, tegenwoordig aangeduid als Vereniging voor schuldhulpverlening en sociaal bankieren; zie www.nvvk.eu.
5 Zie Monitor Wsnp 5, p. 51; Monitor Wsnp 8, p. 21-22 (tabel 3.7).
6 Zie Monitor Wsnp 5, p. 50.

46. *Verschijningsvormen van het akkoord*
In de praktijk kan het zijn dat iedere schuldeiser een bepaald percentage van zijn vordering op de schuldenaar kwijtscheldt. Een andere mogelijkheid is dat per categorie schuldeisers verschillende percentages worden gehanteerd. Zo zullen de schuldeisers die bij een eventueel faillissement van de schuldenaar voorrang hebben (separatisten, preferente schuldeisers) doorgaans een hoger percentage op hun vordering ontvangen dan de concurrente schuldeisers. Een derde optie is dat gewerkt wordt met een gestaffelde voldoening in de zin dat iedere schuldeiser het eerste gedeelte van zijn vordering (als bedrag of als percentage) volledig krijgt uitbetaald en vervolgens een gedeelte dat procentueel afneemt hoe hoger de vordering is.

Zo kan bijvoorbeeld in het akkoord worden voorgesteld om van alle vorderingen de eerste € 1.000 volledig te voldoen; van het gedeelte daarboven tot bijvoorbeeld € 10.000 bijvoorbeeld 75%; van € 10.000 tot € 50.000 10% en daarboven 2%.

Hierbij wordt een onderscheid gemaakt tussen de kleine schuldeisers en de grote(re), waarbij de eerste groep hun vordering volledig voldaan krijgt en de grote(re) schuldeisers tot gedeeltelijke kwijtschelding overgaan. Hiermee wordt het onderhandelingsproces overzichtelijker gemaakt. Er hoeft dan maar met een klein(er) aantal – weliswaar belangrijke – schuldeisers worden onderhandeld waardoor de kans op een akkoord groter is als deze meedoen.

3.3 Gevolgen van het onderhands akkoord

Door de totstandkoming van het onderhands akkoord wordt de rechtsverhouding tussen de schuldenaar en de schuldeisers die daaraan deelnemen ingekleurd door de nadere afspraken die partijen hebben gemaakt. Welke dit zijn moet aan de hand van de normale civielrechtelijke uitlegregels worden bepaald.[7] Het gaat hier bijvoorbeeld om de vraag of de vordering van de schuldeisers volledig teniet is gegaan door afstand van recht (art. 6:160 BW) of dat die slechts is omgezet in een natuurlijke verbintenis (art. 6:3 e.v. BW). In dit laatste geval staat het de schuldenaar vrij om de schuld later alsnog te voldoen als hij zich daartoe om de een of andere reden geroepen voelt.

Het onderhands akkoord bindt slechts de schuldeisers die daarbij – al dan niet via volmacht – partij zijn. Schuldeisers die om welke reden dan ook niet aan het akkoord hebben meegedaan, zijn er niet aan gebonden. Zij kunnen nog steeds volledige betaling van hun vordering door de schuldenaar verlangen en daartoe zo nodig incasso- en executiemaatregelen treffen. Als de meewerkende schuldeisers dit resultaat niet wensen wanneer zij wel met het akkoord hebben ingestemd, moeten zij hieraan de opschortende voorwaarde verbinden van instemming met akkoord door alle (relevante) schuldeisers.

Aangezien het akkoord de normale regels van overeenkomstenrecht volgt, kan het op dezelfde wijze als iedere andere overeenkomst worden vernietigd wegens

7 HR 13 maart 1981, *NJ* 1981/635, *AA* 1981/355 (*Haviltex*); vgl. HR 20 februari 2004, *NJ* 2005/493 (*Shell Pensioenfonds/Fox*); HR 5 april 2013, *NJ* 2013/214 (*Lundiform/Mexx*); zie SBR deel 3, par. 7.2 (nr. 260 e.v.).

wilsgebreken en ontbonden door een tekortkoming in de nakoming, behoudens voor zover partijen een en ander contractueel hebben uitgesloten (art. 3:44, 6:265 BW).

47. Voordelen van een onderhands akkoord

Het voordeel van een onderhands akkoord is dat er door het beginsel van contractsvrijheid een grote mate van flexibiliteit is. Zowel de wijze van totstandkoming als de inhoud en de vormgeving van het akkoord zijn door partijen vrij in te vullen. Het biedt hun daarom alle mogelijkheden om de financiële problemen van de schuldenaar met maatwerk te lijf te gaan en tegelijk de belangen van de schuldeisers zo veel mogelijk in acht te nemen. Het voorkomt immers een gang naar de rechter en een insolventieprocedure die ook weer voor de nodige kosten zorgen.

Door het ontbreken van een insolventieprocedure voorkomen partijen bovendien publiciteit over de financieel penibele situatie waarin de schuldenaar verkeert. Als daarover adequate afspraken worden gemaakt in de overeenkomst, hoeft vooral de schuldenaar met een onderneming niet bang te zijn dat zijn financieel wankele positie naar buiten komt en hierdoor een ongunstige *selffulfilling prophecy* wordt gecreëerd (zie nr. 53). Bij particulieren speelt vooral de schaamte om met de financiële malaise te koop te lopen een rol. Wel leert de ervaring dat als de meeste direct betrokkenen – en dat zijn de schuldeisers – van de financiële problemen op de hoogte zijn, de rest van de buitenwereld dat ook wel snel raakt (tenzij men daarin niet geïnteresseerd is).

Aangezien partijen weten dat zij snel tot een oplossing moeten komen, omdat anders een formele insolventieprocedure onontkoombaar kan blijken te zijn, levert de tijdsdruk voor alle partijen snel duidelijkheid op. Men weet gauw waar men aan toe is en vooral professionele partijen geven daaraan de voorkeur boven eindeloze procedures met onzekere uitkomst. Het tijdsaspect vormt daarmee naast flexibiliteit en ontbreken van publiciteit een derde voordeel van de keuze voor een informele oplossing.

Ten slotte biedt een onderhands akkoord ook het voordeel dat bestaande overeenkomsten niet komen te vervallen als het bestaan daarvan gekoppeld is aan een insolventieprocedure. Hoewel overeenkomsten hierdoor in beginsel niet automatisch eindigen (zie nr. 208 e.v.) kunnen partijen deze gebeurtenis zo belangrijk vinden dat zij voor deze situatie in de overeenkomst een automatische beëindiging opnemen of de wederpartij de bevoegdheid toekennen om de overeenkomst op te zeggen. Het voordeel van het onderhands akkoord geldt ook voor vergunningen en licenties die door een surseance van betaling, faillissement of schuldsanering natuurlijke personen automatisch eindigen of de vergunninghouder of licentiegever een eenzijdige beëindigingsbevoegdheid verlenen.

48. Mogelijke complicaties en nadelen van een onderhands akkoord

Streven naar een onderhands akkoord door middel van een overeenkomst tussen de schuldenaar en zijn schuldeisers heeft echter niet alleen voordelen, de noodzaak om de medewerking van alle schuldeisers te krijgen vormt tegelijkertijd de grootste hindernis voor een succesvolle herstructurering van de schuldpositie van de schuldenaar. Een van de kernbeginselen van het contractenrecht is immers de contractsvrijheid op grond waarvan een partij – i.c. een schuldeiser – zelf bepaalt of hij tot een bepaalde overeenkomst toetreedt of niet (zie nr. 11). Dit biedt iedere schuldeiser dus de ruimte om ervoor te kiezen niet mee te doen aan de onderhandelingen om tot een oplossing van de financiële problemen van de schuldenaar te komen.

Bij een onderneming in financiële moeilijkheden cirkelt een diversiteit aan schuldeisers om de schuldenaar heen, waarbij zij hun eigen belang niet alleen tegenover de schuldenaar moeten verdedigen, maar ook jegens de andere schuldeisers. Een basaal (on)gelijkheidsgevoel en vooral de angst dat een andere schuldeiser er wellicht toch beter uitspringt, kan een schuldeiser ervan weerhouden om snel een deel van zijn positie prijs te geven. Strategische en tactische overwegingen kunnen met zich brengen dat een schuldeiser in het begin niet het achterste van zijn tong wil laten zien in onderhandelingen over schuldenreductie. Alles wat je hierin hebt prijsgegeven krijg je immers niet meer terug.

Het zijn vooral de schuldeisers met een sterke positie, bijvoorbeeld omdat zij een zekerheidsrecht hebben of omdat hun vordering bevoorrecht is, die niet aanschuiven aan de onderhandelingstafel voor een onderhands akkoord. Zij weten immers dat zij in een insolventieprocedure (grote) kans hebben toch wel aan hun trekken te komen. In een dergelijke situatie zal hun bereidheid om aan een onderhands akkoord mee te werken minder zijn dan die van de concurrente schuldeisers. Deze lopen immers de kans bij een insolventieprocedure achter het net te vissen en met lege handen achter te blijven. Alleen als zij unieke en noodzakelijke producten verkopen of diensten verlenen (zogenaamde 'dwangcrediteuren') hebben zij een middel daaraan te ontkomen. Wil een schuldenaar succes hebben met een informele reorganisatie, dan moet hij in ieder geval met de schuldeisers met een sterke positie een oplossing hebben bereikt die voor hen acceptabel is. Dit kan bijvoorbeeld de voortzetting van de (profijtelijke) relatie zijn of een eerdere uitkering van of een hoger percentage op de uitstaande vorderingen.

Naast deze complicatie, die kan leiden tot een ongelijke behandeling van de verschillende categorieën schuldeisers, moet de schuldenaar zijn voorstel goed voorbereiden om een gelijke behandeling na te streven van schuldeisers die in dezelfde positie zitten. Voor het welslagen van de reorganisatie moet hij in beginsel iedere schuldeiser van dezelfde categorie een vergelijkbaar voorstel doen, zodat deze niet bang hoeft te zijn voor een verschil in behandeling, waardoor hij slechter af is dan andere partijen bij het akkoord. Dit vergt transparantie en een gelijkwaardige behandeling door de schuldenaar van zijn schuldeisers die in dezelfde categorie vallen.

Verder is het voor een succesvolle reorganisatie door een onderhands akkoord voor de schuldenaar van belang dat alle, althans zo veel mogelijk, schuldeisers meedoen en (een deel van) hun vorderingen prijsgeven. Gebeurt dit niet, dan loopt de schuldenaar het risico dat een schuldeiser die niet tot het onderhands akkoord is toegetreden alle (buiten)gerechtelijke paden bewandelt om te proberen zijn vordering alsnog volledig voldaan te krijgen. Dit kan misschien ten koste gaan van de schuldeisers die wel hebben meegedaan aan het akkoord, met als gevolg dat de schuldenaar niet meer in staat zal zijn om de afspraken jegens deze schuldeisers na te komen. Aangezien het in de praktijk lastig blijkt om inderdaad alle schuldeisers te bereiken – en zelfs als dat zou lukken om hen dan allemaal akkoord te laten gaan – probeert de schuldenaar vooral om alle grote en belangrijke schuldeisers bij de overeenkomst te betrekken. Bij de reorganisatie van ondernemingen willen deze nog wel eens akkoord gaan met volledige bevrediging van de kleine schuldeisers om zodoende zo veel mogelijk schuldeisers achter de reorganisatieplannen te krijgen, zeker als die kleinere schuldeisers nodig zijn bij de voortzetting van de activiteiten en hun dwarsliggen dat in gevaar kan brengen. Overigens komt een dergelijke gestaffelde aanpak ook voor bij de akkoordpogingen bij de formele insolventieprocedures (nr. 247).

De totstandkoming van een akkoord kan nog langs andere wegen bedreigd worden. Vooral de concurrente schuldeisers die het meeste van een insolventieprocedure te duchten hebben, willen juist voor die tijd voldaan worden. Hiertoe proberen zij de schuldenaar langs allerlei wegen te 'verleiden'. Vooral door het inzetten van incasso- en executiemaatregelen kunnen zij de druk op de schuldenaar zo hoog opvoeren dat hij zwicht en hen alsnog volledig betaalt. Ongeacht een onderhandelingsproces voor een onderhands akkoord staat het een dergelijke schuldeiser vrij om die middelen in te zetten. Alleen als partijen tevoren een pauze zijn overeengekomen mist hij die vrijheid. De mogelijkheid voor een schuldeiser om incasso- en executiemaatregelen te treffen kan onder omstandigheden worden begrensd door tussenkomst van de rechter (hfdst. 4). De schuldenaar kan hiervoor verschillende routes bewandelen. Specifiek gerelateerd aan de gevolgen van de coronapandemie biedt de zogenaamde 'betalingsuitstelwet' een mogelijkheid om tijdelijke schorsing van die die maatregelen te krijgen.[8] Daarnaast heeft de invoering van de WHOA een dergelijke mogelijkheid geopend met het verzoeken om aanwijzing van een herstructureringsdeskundige (art. 371 jo. art. 3d) of de afkondiging van een afkoelingsperiode (art. 376). Uiteindelijk kan een al te opdringerige schuldeiser slechts worden tegengehouden met het leerstuk van misbruik van (beslag)recht dat echter alleen in uitzonderlijke gevallen door een voorzieningenrechter wordt erkend.[9] Reden voor ingrijpen door de rechter is dat dergelijke incasso- en executiemaatregelen de activiteiten van de schuldenaar danig kunnen ontregelen waardoor een redding door een onderhands akkoord ernstig bemoeilijkt of zelfs onmogelijk wordt.

Een succesvolle informele reorganisatie heeft dus een aantal belangrijke elementen: alle (belangrijke) schuldeisers moeten aan tafel zitten, zij moeten allemaal transparant en gelijkwaardig behandeld worden en uiteindelijk ook allemaal instemmen met het akkoord. Ook moeten tussentijdse executiemaatregelen door individuele schuldeisers uitblijven. Maar hierin schuilt tegelijkertijd ook het grootste risico. In beginsel kan immers iedere schuldeiser de onderhandelingen over het akkoord frustreren door niet aan de onderhandelingstafel aan te schuiven en eventueel executiemaatregelen te treffen. Of door juist wel mee te doen met de onderhandelingen maar tussentijds met weer nieuwe of zwaardere eisen te komen, of zelfs van de besprekingen weg te lopen. Juist door het principe van contractsvrijheid mag hij dat in beginsel doen. Zijn gedrag wordt alleen beperkt door de grenzen die zijn ontleend aan de leerstukken van misbruik van bevoegdheid (art. 3:13 BW) dan wel

8 Hoofdstuk 2 Tijdelijke wet COVID-19 SZW en JenV (*Stb.* 2020, 522 jo. 2021, 237 (geldend tot 1 augustus 2021)).

9 Dan kan het beslag als vexatoir of misbruik worden getypeerd; zie bijv. Hof Arnhem 11 januari 2005, *JOR* 2005/158; Vzrtr. Rb. Arnhem 7 september 2005, ECLI:NL:RBARN:2005:AU4911; Vzrtr. Rb. Groningen 20 januari 2006, ECLI:NL:RBGRO:2006:AV1689; Vrzrtr. Rb. Leeuwarden 2 maart 2012, ECLI:NL:RBLEE:2012:BV8311; zie ook nr. 50.

redelijkheid en billijkheid (art. 6:2, 248 BW) en in uitzonderlijke gevallen onrechtmatige daad (art. 6:162 BW). In geval van afgebroken onderhandelingen gelden ook grenzen aan de vrijheid om van de akkoordbesprekingen weg te lopen; zo mag een schuldeiser niet weglopen van de onderhandelingen over een onderhands akkoord als zijn gedrag toerekenbaar de indruk had gewekt dat hij al had ingestemd.[10] Deze begrenzing is volgens de Hoge Raad slechts onder zeer bijzondere omstandigheden aanwezig, mede omdat een schuldeiser bij het onderhands akkoord niet de waarborgen heeft die hem wel toekomen bij de formele insolventieprocedures, zoals de betrokkenheid van een curator of bewindvoerder en het rechterlijk toezicht.[11]

Al met al vergt een onderhands akkoord de nodige stuurmanskunst, creativiteit en improvisatievermogen van de schuldenaar en zijn adviseurs. Als de schuldenaar, al dan niet met behulp van professionele adviseurs, er niet in slaagt om zijn financiële huishouding op orde te krijgen door vers geld aan te trekken (als risicodragend eigen vermogen of als vreemd vermogen) of in minnelijk overleg met zijn schuldeisers tot een oplossing te komen voor de bestaande schulden, dan is de informele reorganisatie kennelijk mislukt. Dan resteert slechts de gang naar de rechter om een insolventieprocedure te starten. Hiertoe kan de schuldenaar het initiatief nemen. Hij heeft deze bevoegdheid exclusief bij surseance van betaling en schuldsanering natuurlijke personen. Bij faillissement komt deze bevoegdheid niet alleen de schuldenaar maar ook een schuldeiser toe, zodat deze altijd de faillissementsaanvraag als stok achter de deur heeft. De WHOA ligt hier tussenin waar het uitgangspunt is dat de schuldenaar dat traject ingaat. Onder omstandigheden kunnen schuldeisers, aandeelhouders en personeelsvertegenwoordiging/OR via tussenkomst van een herstructureringsdeskundige het proces in gang zetten (art. 371).

Bij de informele reorganisatie is het uiteindelijk de bedoeling om alle schuldeisers op de een of andere manier tot de overeenkomst te laten toetreden. De schuldenaar kan onder omstandigheden dreigen met de formele insolventieprocedure. Als de schuldeisers weten dat die route door de schuldenaar als alternatief wordt overwogen, moeten ook zij een afweging maken omdat die procedure voor veel schuldeisers een niet al te aantrekkelijk perspectief vormt. Dit speelt vooral voor de kleine dwarsliggende concurrente schuldeisers (ook wel *'hold-out'* schuldeisers genoemd) die dan immers soms zelfs tegen hun zin aan een dwangakkoord kunnen worden gebonden (par. 248). Als het in die procedure dan niet tot een (dwang)akkoord komt, valt er meestal niet veel te verdelen en is de kans op enigerlei, laat staan substantiële, uitkering gering. Voor de preferente schuldeisers is de uitkomst vaak niet veel beter.

Als uiteindelijk toch geen onderhands akkoord mogelijk lijkt of een of meer schuldeisers daar niet aan willen meedoen, bestaan soms nog enkele andere middelen om een formele insolventieprocedure te voorkomen. Dan is echter wel rechterlijke interventie nodig door een voorzieningenrechter in kort geding of een gespecialiseerde insolventierechter, zoals in het volgende hoofdstuk wordt behandeld.

10 De zogenaamde derde fase in de Plas/Valburg-doctrine (HR 18 juni 1982, *NJ* 1983/723) die echter meer en meer afbrokkelt; zie SBR deel 3, nr. 80-80a.

11 Vgl. HR 12 augustus 2005, *NJ* 2006/230 (*Groenemeijer/Payroll*), r.o. 3.5.2-4.

HOOFDSTUK 4

Rechterlijke interventie bij onderhands akkoord

49. Inleiding

In de vorige paragrafen zijn de mogelijkheden beschreven die een schuldenaar heeft om met zijn schuldeisers tot een oplossing van zijn schuldenproblematiek te komen. Al dan niet met hulp van adviseurs en schuldbemiddelaars kan hij met een onderhands akkoord proberen een einde te maken aan die financiële problemen, of althans zijn schulden deels te saneren. Een van de zwakke kanten van het onderhands akkoord is echter dat het alleen de schuldeisers bindt die tot die overeenkomst zijn toegetreden en dat het iedere schuldeiser in beginsel vrijstaat om dat niet te doen. Zolang geen formele insolventieprocedure aanhangig is, heeft de schuldeiser immers alle ruimte om zijn rechten jegens de schuldenaar uit te oefenen, inclusief de mogelijkheid betaling op zijn vordering te ontvangen op alle manieren die het recht toelaat. Zo nodig kan de schuldenaar op verlangen van de schuldeiser door de rechter tot betaling worden veroordeeld als hij daarin nalatig is (art. 3:296 BW) en staat de schuldenaar met zijn hele vermogen in voor het verhaal door de schuldeiser (art. 3:276 BW). Hoe dit gebeurt, is aan de schuldeiser overgelaten. Hij hoeft in beginsel geen genoegen te nemen met minder dan waarop hij aanspraak kan maken. De schuldenaar is in dit opzicht volledig afhankelijk van de aanpak die de schuldeiser kiest.

Toch is de schuldeiser niet helemaal vrij in de wijze waarop hij zijn rechten uitoefent. Het recht biedt de schuldenaar een aantal mogelijkheden om een schuldeiser onder omstandigheden te verhinderen tot incasso of executie over te gaan en hem zelfs te binden aan een onderhands akkoord. Hiervoor is wel rechterlijke interventie vereist, waarmee deze mogelijkheden een stap verder gaan dan het onderhands akkoord dat in het vorige hoofdstuk is behandeld. Dit is in feite een volgende fase in het reorganisatieproces.

Hiertoe komen in dit hoofdstuk eerst de al wat langer bestaande en in de praktijk beproefde mogelijkheden aan bod (par. 4.1). Na uiteenzetting van de grondslag voor deze rechterlijke tussenkomst (nr. 50) komen twee specifieke interventiemogelijkheden aan bod waarbij de schuldenaar nog de volledige zeggenschap over zijn vermogen heeft behouden. De eerste mogelijkheid staat voor ieder type schuldenaar open: een verbod of bevel van de voorzieningenrechter in kort geding (nr. 51). De tweede mogelijkheid is beperkt tot de schuldenaar/natuurlijke persoon en heeft haar grondslag in de schuldsanering natuurlijke personen: een verzoek om een gedwongen schuldregeling (nr. 52).

Door de complicaties die bij deze verschillende mogelijkheden opdoemen bestond behoefte aan verdergaande regelgeving om de schuldenaar te hulp te schieten als een of meer schuldeisers (en eventueel ook aandeelhouders) niet willen meewerken en dwarsliggen (par. 4.2). Een dergelijke regeling is recent tot stand gekomen en gericht op een verdergaande formalisering van de informele reorganisatie (par. 4.2.1). Mede aansluitend op Europese ontwikkelingen op dit vlak (Herstructureringsrichtlijn; par. 8.2.2) heeft dit vorm gekregen door toevoeging van een afzonderlijke (tweede) afdeling in een nieuwe (vierde) titel van de Faillissementswet: Wet homologatie onderhands akkoord (WHOA; par. 4.2.2).

Hoewel de nieuwe regeling een belangrijk hulpmiddel kan bieden aan de schuldenaar om zijn financiële crisis achter zich te laten, is die geen garantie voor succes. Nog steeds kan een kink in de kabel komen waardoor een onderhands akkoord mislukt. Dan rest de schuldenaar geen andere uitweg meer (nr. 72) en komen de 'echte' insolventieprocedures in beeld: faillissement (hoofdstuk 5) en schuldsanering natuurlijke personen (hoofdstuk 7), waarbij de schuldenaar volledig de controle over zijn vermogen verliest. De schuldenaar/rechtspersoon of natuurlijke persoon met een onderneming heeft daarnaast soms de mogelijkheid om dit (tijdelijk) af te wenden en nog een beetje invloed te houden. In een gezamenlijk beheer met een bewindvoerder kan hij in een surseance van betaling proberen om alsnog tot een (dwang)akkoord met zijn schuldeisers te komen en de financiële ellende te ontstijgen (hoofdstuk 6).

4.1 Beproefde mogelijkheden

50. Grondslag voor rechterlijke interventie

De vrijheid van de schuldeiser om helemaal naar eigen believen om te gaan met een verzoek van de schuldenaar om tot een akkoord toe te treden en (een deel van) zijn vordering kwijt te schelden of anderszins aan te passen, is begrensd. Hiertoe zijn verschillende grondslagen aan te dragen.

Twee formeel naast elkaar staande grondslagen, maar in wezen voortvloeiend uit hetzelfde beginsel, zijn de leerstukken van redelijkheid en billijkheid en misbruik van bevoegdheid. Op basis van het eerste leerstuk zijn schuldeiser en schuldenaar verplicht zich jegens elkaar overeenkomstig de eisen van redelijkheid en billijkheid te gedragen (art. 6:2 BW). Vloeit de vordering van de schuldeiser voort uit een overeenkomst met de schuldenaar, dan kunnen de eisen van redelijkheid en billijkheid tot gevolg hebben dat een schuldeiser zijn vordering niet ten koste van alles kan doorzetten (art. 6:248 BW). De andere grondslag heeft te maken met de begrenzing in de uitoefening van iedere bevoegdheid: zo mag de schuldeiser nakoming van zijn vordering op de schuldenaar niet afdwingen met uitsluitend het doel de schuldenaar te schaden. Voorts mag hij de daarop gebaseerde rechten niet aanwenden voor een ander doel dan waarvoor zij zijn verleend of met de uitoefening van die rechten de belangen van de schuldenaar onevenredig schaden in verhouding tot zijn eigen belang (art. 3:13 BW).

Naast deze twee leerstukken, die door de schuldenaar als verweer kunnen worden gebruikt om een schuldeiser in een specifiek geval tot terughoudendheid in de uitoefening van zijn rechten te dwingen, kan de schuldenaar onder omstandigheden als eisende partij gebruikmaken van een derde leerstuk. Dit ziet op onrechtmatig handelen door de schuldeiser als hij volstrekt onredelijk weigert mee te werken aan een onderhands akkoord (art. 6:162 BW). Aldus vormt dit leerstuk een spiegelbeeld van de vorige twee.[1]

Van misbruik van bevoegdheid of strijd met redelijkheid en billijkheid is niet gauw sprake, laat staan dat de schuldenaar spoedig onrechtmatig zou handelen door inning van zijn volledige vordering na te streven. Zelfs als de schuldenaar met succes een van deze leerstukken kan inroepen tegen incasso- en executiemaatregelen van een schuldeiser, bijvoorbeeld een onnodig (vexatoir) beslag (art. 705 lid 2 Rv), betekent dat nog niet automatisch dat de schuldeiser vervolgens ook zou moeten meewerken aan een onderhands akkoord. Dan komt niet zozeer een leerstuk in beeld als wel een kernbeginsel van contractenrecht, namelijk dat ieder rechtssubject zelf mag beslissen of het wel of niet tot een overeenkomst toetreedt. Een gedwongen deelname aan een onderhands akkoord staat op gespannen voet met dit beginsel van de contractsvrijheid. Het feit dat de schuldeiser op de hoogte is van de slechte financiële positie van zijn schuldenaar is onvoldoende om hem te dwingen in te stemmen met een onderhands akkoord. Dit geldt ook voor het feit dat de schuldenaar sneller van zijn schuldenlast bevrijd is als alle schuldeisers meedoen aan een onderhands akkoord. Het maakt dan ook niet uit dat een dergelijk akkoord een faillissement zou kunnen voorkomen.[2] Hoe kan de schuldenaar nu toch bereiken dat de weigerachtige of dwarsliggende schuldeiser meedoet, althans aan een onderhands akkoord gebonden is?

Bij de beoordeling van de (on)redelijkheid van het gedrag van de schuldeiser om niet mee te werken aan een onderhands akkoord speelt nog iets anders. Bij de totstandkoming van dergelijke overeenkomsten buiten de bestaande insolventieprocedures (faillissement, surseance van betaling en schuldsanering natuurlijke personen) ontbreken namelijk de waarborgen die de wet wel biedt bij een akkoord in een van die procedures voor het vaststellen van, en het toezicht op, de vermogenspositie van de schuldenaar. Deze waarborgen liggen in de aanwezigheid van een curator of bewindvoerder en het toezicht daarop door de rechter-commissaris in die procedures. Het kan immers niet van de schuldeiser gevergd worden dat hij uitsluitend vertrouwt op de 'blauwe ogen' van de schuldenaar om hem tot medewerking te dwingen. Een inbreuk op diens rechten verlangt daarom niet alleen een van de hiervoor genoemde wettelijke grondslagen, maar ook een structuur waarbinnen de schuldeiser afdoende waarborgen worden geboden die de contractsdwang rechtvaardigen en binnen redelijke grenzen houden. In de situatie die in dit hoofdstuk wordt behandeld, waarin de schuldenaar nog volledig zelfstandig bevoegd is om zijn vermogen te beheren en daarover te beschikken, kon die inbreuk tot voor kort slechts langs twee wegen worden bereikt. Enerzijds kan de voorzieningenrechter worden gevraagd om in te grijpen om op die manier toch een door de schuldenaar (eventueel met zijn adviseurs) opgesteld onderhands akkoord tot stand te brengen (nr. 51). Anderzijds

1 Zie over deze indeling Wessels, Insolventierecht VI, nr. 6212 e.v.
2 HR 12 augustus 2005, *NJ* 2006/230 (*Groenemeijer/Payroll*), r.o. 3.5.3.

bestaat bij een verzoek tot toepassing van de schuldsanering natuurlijke personen sinds 2008 de mogelijkheid om de rechter op grond van artikel 287a oplegging van een gedwongen schuldregeling te vragen (nr. 52).

51. Voorziening in kort geding

De schuldenaar die met zijn schuldeisers tot een onderhands akkoord wil komen kan op twee manieren last hebben van een enkele schuldeiser die daaraan niet wil meedoen. In de eerste plaats kan deze schuldeiser de onderhandelingen voor een oplossing frustreren door intussen incasso- en executiemaatregelen te treffen, waardoor de continuïteit van de activiteiten van de schuldenaar in gevaar komt en een onderhands akkoord om die reden weinig zinvol of kansrijk is. In de tweede plaats kan een dergelijke weigering tot gevolg hebben dat ook andere schuldeisers niet aan een onderhands akkoord willen meedoen, of de medewerking van de dwarsliggende schuldeiser is cruciaal, zodat een oplossing van de financiële problemen op deze manier onmogelijk blijkt.

De schuldenaar die met een van deze situaties geconfronteerd wordt, kan in beide gevallen overwegen om naar de voorzieningenrechter te stappen en in kort geding een verbod (op incasso- en executiemaatregelen) of bevel (tot medewerking aan het onderhands akkoord) vorderen. Niet uitgesloten is dat een of meer schuldeisers die belang hebben bij de reorganisatie als mede-eiser(s) naast de schuldenaar meedoen in de procedure. De ruimte voor de voorzieningenrechter om de vordering toe te wijzen is echter zeer beperkt. Als de schuldenaar in een poging zijn financiën te saneren de hulp van zijn schuldeisers nodig heeft, mogen zij hun eigen belang daarbij vooropstellen en in beginsel weigeren daaraan mee te werken.

De Hoge Raad heeft zich deze eeuw tweemaal nadrukkelijk over deze kwestie moeten buigen.[3] In het standaardarrest Groenemeijer/Payroll uit 2005 zag de casus op een conflict tussen een onbetaalde schuldeiser (Payroll) met een vordering van € 971,04 op de eenmanszaak Hectic Illusions van Groenemeijer. Nadat Groenemeijer geprobeerd had om een onderhands akkoord aan te bieden waarin hij alle 66 schuldeisers (met een totaalbedrag aan vorderingen van € 464.736,81) ieder 6,99% van de hoofdsom had aangeboden, weigerde Payroll hieraan mee te werken; het zou hem slechts € 67,88 opleveren. Vervolgens had Payroll de faillietverklaring van Groenemeijer uitgelokt (en in eerste instantie ook gekregen). Nadat het hof het faillissement in appel had vernietigd (later in cassatie door de Hoge Raad bevestigd), vorderde Groenemeijer in kort geding op straffe van een dwangsom een bevel om in te stemmen met het akkoord(bedrag) omdat Payroll dit weigerde. Groenemeijer vond dat Payroll misbruik van haar bevoegdheid maakte, maar de voorzieningenrechter, hof en Hoge Raad wezen deze vordering af. Als uitgangspunt geldt volgens de Hoge Raad dat een schuldeiser in beginsel vrij is om medewerking aan een akkoord te weigeren, tenzij hij daarmee misbruik van zijn bevoegdheid zou maken en de schuldeiser de hiervoor noodzakelijke onevenredigheid van belangen kent dan wel behoort te kennen. Het feit dat de schuldeiser op de hoogte is van de slechte financiële positie maakt dit niet anders. In ieder geval weegt het feit dat door een onderhands akkoord een faillissement wordt voorkomen niet zwaar genoeg, temeer omdat hierbij de waarborgen ontbreken die de Faillissementswet bij een formele insolventieprocedure biedt.

In de tweede uitspraak (Mondia/Curatoren V&D) uit 2017 speelde een omgekeerde situatie. Hier was het niet de schuldenaar die in kort geding verzocht om van zijn verplichtingen te worden bevrijd overeenkomstig het onderhandse akkoord. Het was integendeel de onwillige schuldeiser

3 HR 12 augustus 2005, *NJ* 2006/230 (*Groenemeijer/Payroll*) en HR 24 maart 2017, *NJ* 2017/466 (*Mondia/Curatoren V&D*).

Mondia, huurbaas van het V&D-pand in Hengelo, die de voorzieningenrechter had benaderd. Begin februari 2015 was V&D wegens haar slechte financiële positie met het merendeel (ongeveer 30) van haar andere verhuurders van haar winkelpanden een tijdelijke huurkorting van 50% overeengekomen waarbij van de andere helft van de maandelijkse huurtermijn nog een gedeelte op een escrow-rekening van een notaris werd gestort. Als na enkele maanden niet voldaan zou zijn aan uitvoering van de afspraken met financiers (de banken zouden krediet verstrekken van ongeveer € 50 miljoen en de aandeelhouder zou € 30 miljoen extra kapitaal inbrengen met een aanvullende lening) of V&D zou op 1 juli 2015 failliet zijn of in surseance van betaling verkeren, zou het bedrag op de escrow-rekening alsnog aan de verhuurders worden uitbetaald. Mondia was het met deze gang van zaken niet eens en vorderde veroordeling van V&D tot volledige betaling van haar achterstallige huurschuld en tevens volledige betaling zonder verdere huurkorting in de toekomst. Bij de kantonrechter kreeg Mondia gelijk maar in hoger beroep vernietigde het hof deze uitspraak en wees de vordering van Mondia af. Onder verwijzing naar het Groenemeijer/Payroll-arrest constateerde het hof dat zich hier een andere situatie voordeed: er werd niet zozeer van Mondia verlangd dat zij zich zou aansluiten bij het onderhands akkoord, maar Mondia zelf vorderde in kort geding nakoming van een geldvordering. Hiervoor is vereist dat het bestaan van deze vordering voldoende aannemelijk is om toewijzing bij voorraad te kunnen rechtvaardigen. Volgens het hof kon echter niet worden uitgesloten dat het door V&D – en het overgrote deel van de andere verhuurders van de winkelpanden die zich in de procedure aan de zijde van V&D hadden gevoegd – gedane beroep op misbruik van bevoegdheid door Mondia op voorhand kansloos was. Hiertoe gaf het hof de doorslag aan het argument van V&D c.s. dat zij zonder het offer van alle verhuurders failliet zou gaan en alleen op deze wijze gered zou kunnen worden. Bovendien zouden bij een faillissement alle verhuurders (inclusief Mondia) groot nadeel oplopen door de toenmalige slechte stand van de huurmarkt voor grote winkelpanden, welk risico zij door het reddingsplan hebben kunnen ontlopen. Daarom maakte Mondia misbruik van haar bevoegdheid door vast te houden aan betaling van de volledige huurprijs, terwijl de positie van Mondia niet meer in gevaar was dankzij door anderen gebrachte offers. Opmerkelijk is dat kort na de uitspraak van het hof op 22 december 2016 V&D alsnog failliet ging, zodat de cassatieprocedure tegen de – overigens niet-verschenen – curatoren van V&D werd voortgezet. De Hoge Raad verwerpt het cassatieberoep omdat het hof de juiste (Groenemeijer/Payroll) maatstaf had aangelegd, ook al was de procespositie van partijen anders. Net als het feit dat niet alle schuldeisers van V&D bij de regeling betrokken waren – zo waren leveranciers en werknemers buiten beeld gebleven – maakte die andere procespositie de beoordeling niet anders.

Zoals de Hoge Raad in beide uitspraken aangaf, kan slechts onder zeer bijzondere omstandigheden plaats zijn voor een bevel aan de schuldeiser om aan een onderhands akkoord mee te werken en dus deels van zijn rechten af te zien.[4] De schuldenaar moet dan wel feiten en omstandigheden stellen en zo nodig bewijzen op grond waarvan blijkt dat de schuldeiser in redelijkheid niet tot zijn weigering om mee te werken had kunnen komen.[5] Uit lagere jurisprudentie kunnen verschillende factoren gedestilleerd worden die voor de beoordeling van het gedrag van de schuldeiser van belang kunnen zijn.[6]

- Is het schikkingsvoorstel door een onafhankelijke en deskundige partij getoetst (bijvoorbeeld een gemeentelijke kredietbank)?
- Is het schikkingsvoorstel goed en betrouwbaar gedocumenteerd?

---

4 HR 12 augustus 2005, *NJ* 2006/230 (*Groenemeijer/Payroll*), r.o. 3.5.4; HR 24 maart 2017, *NJ* 2017/466 (*Mondia/Curatoren V&D*), r.o. 3.4.2.

5 HR 12 augustus 2005, *NJ* 2006/230 (*Groenemeijer/Payroll*), r.o. 3.5.4.

6 Deze opsomming in de MvT bij art. 287a is ontleend aan een tweetal vonnissen op grond waarvan beoordeeld zou moeten worden of een schuldeiser aan een minnelijk akkoord moet meewerken: Rb. Almelo 4 februari 1998, *JOR* 1998/66 en Pres. Rb. Zwolle 2 februari 2001, *KG* 2001, 136; zie Kamerstukken TK (2004-2005), 29942, nr. 3.

- Is voldoende duidelijk gemaakt dat het aanbod het uiterste is waartoe de schuldenaar financieel in staat moet worden geacht?
- Biedt het alternatief van faillissement of schuldsanering enig uitzicht voor de schuldenaar?
- Biedt het alternatief van faillissement of schuldsanering enig uitzicht voor de schuldeiser: hoe groot is de kans dat de weigerende schuldeiser dan evenveel of meer zal ontvangen?
- Is aannemelijk dat gedwongen medewerking aan een schuldregeling voor de schuldeiser concurrentieverstorend werkt?
- Bestaat precedentwerking voor vergelijkbare gevallen?
- Wat is de zwaarte van het financiële belang dat de schuldeiser heeft bij volledige nakoming?
- Hoe groot is het aandeel van de weigerende schuldeiser in de totale schuldenlast?
- Staat de weigerende schuldeiser alleen, naast de overige met de schuldregeling instemmende schuldeisers?
- Is eerder een minnelijke of een gedwongen schuldregeling geweest die niet naar behoren is nagekomen?

Aan de hand van deze factoren kan een schuldenaar (eventueel met zijn adviseurs) zich voorbereiden op zijn poging om met zijn schuldeisers tot een onderhands akkoord te komen.

52. Gedwongen schuldregeling (art. 287a)

Voor de natuurlijke persoon die zijn schulden wil saneren bestaat een alternatief in plaats van de hiervoor beschreven gang naar de voorzieningenrechter. Voor het geval een of meer schuldeisers niet willen meewerken aan de totstandkoming van een onderhands akkoord, heeft de wetgever in 2008 een andere interventiemogelijkheid door de rechter gecreëerd: de gedwongen schuldregeling (art. 287a). In het systeem van de Wsnp is het namelijk de bedoeling dat de schuldenproblematiek zo veel mogelijk in het minnelijk traject wordt opgelost en het wettelijk traject van Titel III Faillissementswet slechts voor de uitzonderingen wordt bewaard. Van de gedwongen schuldregeling kan overigens alleen gebruik worden gemaakt als de schuldenaar ook het 'gewone' verzoek tot toepassing van de schuldsaneringsregeling heeft ingediend op grond van artikel 284 (zie par. 7.2.1). Dit lijkt tegenstrijdig, omdat een succesvol verzoek voor een gedwongen schuldregeling meestal zal leiden tot een oplossing – in ieder geval voorlopig – van de liquiditeitsproblemen van de schuldenaar, waardoor een toepassing van de schuldsaneringsregeling verder niet meer nodig is. Toch heeft de wetgever voor deze koppeling aan de wettelijke schuldsaneringsregeling gekozen om de schuldenaar te dwingen zijn verzoek grondig voor te bereiden. Voor toelating tot de wettelijke schuldsaneringsregeling moet hij immers het minnelijk traject hebben doorlopen, zodat hij bij de rechter – zo nodig met behulp van schuldbemiddeling – goed beslagen ten ijs komt, waardoor de rechter een goed inzicht in de financiële situatie van de schuldenaar kan krijgen. Toch hoeft een eventuele niet-ontvankelijkheid van het verzoek tot toepassing van de schuldsaneringsregeling wegens het ontbreken van dat minnelijk traject op zichzelf niet te leiden tot afwijzing van het verzoek voor een gedwongen schuldregeling.[7]

In het verzoek om toepassing van artikel 287a moeten onder meer de naam van de weigerachtige schuldeiser(s) en de aangevoerde reden(en) etc. worden opgenomen.[8] Vervolgens bepaalt de rechtbank 'terstond' dag, uur en plaats waarop het verzoek wordt behandeld. Aan te nemen valt dat dit op korte termijn gebeurt, ook al ontbreekt een wettelijk voorgeschreven termijn. Indien de schuldenaar geconfronteerd wordt met een bedreigende situatie als bedoeld in artikel 287b, kan hij bij zijn verzoek om een gedwongen schuldregeling tevens vragen om een voorlopige voorziening op grond van deze bepaling of op grond van artikel 287 lid 4.

Ter zitting onderzoekt de rechter of er redenen zijn om de schuldeiser tot instemming met het aangeboden onderhands akkoord te dwingen. De rechter heeft van de wetgever een criterium meegekregen waaraan hij het verzoek van de schuldenaar moet toetsen: heeft de schuldeiser in redelijkheid tot weigering van instemming met het onderhands akkoord kunnen komen? Hierbij wordt de redelijkheid beoordeeld door enerzijds het belang van de schuldeiser om zijn medewerking te weigeren af te zetten tegen anderzijds de belangen van de schuldenaar of van de overige schuldeisers die door die weigering worden geschaad. Het is aan de schuldenaar om de hiervoor noodzakelijke feiten en omstandigheden aan de rechter voor te leggen. Op basis van deze belangenafweging moet de rechter de (on)redelijkheid van de weigering met de schuldregeling in te stemmen beoordelen. Bij zijn oordeelsvorming zal hij alle concrete omstandigheden van het geval laten meespelen. Het staat de rechter niet vrij om de aangeboden schuldregeling te wijzigen zonder instemming van de schuldenaar: hij kan het slechts toe- of afwijzen.[9] Een belangrijk aspect hierbij is dat de schuldeisers met een door de rechter gedwongen schuldregeling ex artikel 287a (met een redelijke mate van zekerheid) een hogere of snellere aflossing krijgen dan te verwachten is bij toepassing van de schuldsaneringsregeling.[10]

Contra-indicaties kunnen door de verwerende schuldeiser(s) worden ingebracht. Deze kunnen liggen op het terrein van de moraliteit en goede trouw van de schuldenaar, zoals die is ingevuld in de gronden waarop de rechter de homologatie van een dwangakkoord kan weigeren: het akkoord gaat niet tot het uiterste (art. 338 lid 2 jo. 153 lid 2 sub 1), uitvoering van het akkoord is onzeker (art. 338 lid 2 jo. 153 lid 2 sub 2) of de totstandkoming van het akkoord is niet eerlijk verlopen (art. 338 lid 2 jo. 153 lid 2 sub 3).[11]

De rechter doet zo mogelijk uitspraak op de dag van de zitting, maar als dat niet lukt uiterlijk na acht dagen (art. 287a lid 4). Het belangrijkste gevolg van toewijzing van het verzoek is dat de uitspraak van de rechter heeft te gelden als de instemming van de weigerachtige schuldeiser, zodat een nadere actie van die kant niet meer nodig is (art. 287a lid 5 jo. 3:300 lid 1 BW). Toewijzing gaat gepaard met een

7 HR 14 december 2012, *NJ* 2013/43 (*X/DWS c.s.*), r.o. 3.5.1 e.v.; vgl. nr. 327).
8 Zie voor de formaliteiten art. 3.2.3 in combinatie met art. 3.1.2 Procesreglement insolventiezaken rechtbanken.
9 HR 4 december 2020, *NJ* 2021/125, r.o. 3.3.3.
10 MvT bij art. 287a, Kamerstukken TK (2004-2005), 29942, nr. 3; vgl. HR 9 juli 2010, *NJ* 2010/648, r.o. 3.5.2.
11 Zie nr. 369 jo. nr. 245, 300.

proceskostenveroordeling van de weigerachtige schuldeiser (art. 287a lid 6). Voor de rechtsmiddelen die schuldenaar of schuldeiser kan instellen, zie hieronder nr. 328.

4.2 Recente ontwikkelingen

4.2.1 Formalisering van de informele reorganisatie

53. Selffulfilling prophecy; kwadratuur van de cirkel

Als een onderneming of particulier in financiële moeilijkheden verkeert en men tot een oplossing wil komen, blijkt de schuldenaar twee behoeften te hebben die elkaar eigenlijk uitsluiten. Aan de ene kant wil hij graag zo min mogelijk ruchtbaarheid geven aan zijn problemen, om te voorkomen dat een *selffulfilling prophecy* ontstaat. Als schuldeisers, afnemers en werknemers – al is het maar door geruchten – het idee krijgen dat hun positie gevaar loopt, dan roept dat ongewenste reacties op. Schuldeisers gaan hun vorderingen versneld incasseren, nemen incasso- en executiemaatregelen, verlenen geen betalingsuitstel meer en worden terughoudend om nieuw krediet te verstrekken, zowel in geld als in het leveren van goederen en diensten. Afnemers gaan langzamer of helemaal niet meer betalen en (goede) werknemers vertrekken etc. In dit verband heeft de schuldenaar tijd en rust nodig om zijn herstructureringsplannen goed te kunnen uitwerken en het daarvoor benodigde geld bijeen te halen. Hierbij moet hij niet gestoord worden door al te opdringerige schuldeisers.

Aan de andere kant heeft de schuldenaar voor een werkelijke oplossing van zijn financiële problemen de medewerking nodig van zo veel mogelijk – althans de meest belangrijke – schuldeisers en dit vergt een zekere ruchtbaarheid en openheid. De schuldenaar wil daarom zoveel mogelijk schuldeisers bij het proces betrekken en later niet verrast worden door onbekende of vergeten schuldeisers die zich opeens melden en die niet hebben meegedaan aan de schuldsanering.

De eerste behoefte wordt het meest gediend met zo veel mogelijk stilte rondom de reorganisatie; de schuldenaar – en misschien ook de grote schuldeisers die niet om een faillissement verlegen zitten omdat zij dan een groot verlies moeten nemen – willen geen slapende honden wakker maken. Naast de flexibiliteit die het mogelijk maakt dat partijen maatwerk leveren, ligt hierin de populariteit van de informele reorganisatie (zie nr. 47). Hoewel in theorie ook de tweede behoefte aan ruchtbaarheid in relatieve stilte vervuld kan worden, door telkens met alleen de aandringende schuldeiser om de tafel te gaan zitten, hem de situatie uit te leggen en gerust te stellen, kost dit de schuldenaar veel tijd en energie die hij beter zou kunnen en moeten steken in de onderneming en zijn pogingen om haar weer winstgevend te maken. Bovendien ontbreekt het de schuldenaar aan een machtsmiddel om te voorkomen dat zijn schuldeisers incasso- en executiemaatregelen gaan treffen. De schuldenaar ziet het liefst dat een schuldeiser dat achterwege laat. De enige manier waarop de schuldenaar dit tot voor kort gedaan kon krijgen en tijd en rust creëren, was door een formele insolventieprocedure (faillissement, surseance van betaling of schuldsanering natuurlijke personen) te starten. Dan wordt het voor de meeste schuldeisers moeilijker om incasso- en executiemaatregelen te treffen, al verschilt dit enigszins, afhankelijk van de procedure. Bij de surseance van betaling zijn dit de meeste concurrente schuldeisers en bij faillissement alle preferente en concurrente schuldeisers; bij de schuldsanering natuurlijke personen de meeste preferente en concurrente schuldeisers. Separatisten kunnen zo nodig tijdelijk worden afgeremd met behulp van een afkoelingsperiode (art. 63a, 241a, 313; nr. 173, 277).

54. Beslotenheid versus transparantie en publiciteit

Daar waar de schuldenaar en sommige schuldeisers stilte verlangen, zullen (andere) schuldeisers hun incassomaatregelen pas staken als hun de mogelijkheid daartoe door de wet of rechter ontnomen wordt. Zoiets veronderstelt ruchtbaarheid en dus enige vorm van publiciteit. Maar 'you can't have your cake and eat it too', zoals de Engelsen stellen; wij zeggen dat je niet van twee walletjes kunt eten. Het is of het een, of het ander.[12] Wil je stilte rondom je informele reorganisatie, dan moet je accepteren dat van niets wetende schuldeisers hun incasso- en executiemaatregelen treffen en dus misschien met beslaglegging of ontruimingsvonnissen de saneringsoperatie dwarsbomen. Wil je hen daarentegen van het lijf houden, dan heb je iets van een rechterlijke tussenkomst nodig. Je ontneemt immers de schuldeiser in zeker opzicht diens bevoegdheid om zijn 'eigendomsrecht' in de zin van artikel 1 Eerste Protocol EVRM onbekommerd uit te oefenen. Bovendien zul je ruchtbaarheid moeten geven aan de beperking van de incasso- en executiemaatregelen, wil je de schuldeisers effectief rustig houden. Zodra dit gebeurt, rijst evenwel de vraag of er dan niet een formele 'voorprocedure' is gecreëerd die aan de formele insolventieprocedure voorafgaat. Ontstaat dan niet toch weer de behoefte om daaraan voorafgaand weer een informele fase te introduceren, waarin men eigenlijk wel behoefte heeft aan stilte enerzijds en maatregelen om de schuldeiser tijdelijk op afstand te houden anderzijds?

Kortom, er dreigt een 'Droste'-effect waarbij de balans steeds verder opschuift in de richting van bescherming van de schuldenaar. De ervaring leert dat dan op een gegeven ogenblik de wal het schip gaat keren en schuldeisers – wetende dat hen een moratorium boven het hoofd hangt als de financiële problemen de schuldenaar boven het hoofd groeien – hun maatregelen steeds eerder treffen. Deze mogelijkheid hebben contractuele schuldeisers, die hun overeenkomst met de schuldenaar immers hebben onderhandeld door vooraf (extra) zekerheden te bedingen in de vorm van zakelijke of persoonlijke zekerheden. Voor schuldeisers op grond van de wet, zoals slachtoffers van een onrechtmatige daad of bij onverschuldigde betaling dan wel ongerechtvaardigde verrijking, ontbreekt die mogelijkheid, zodat zij uiteindelijk het gelag betalen. Het is niet moeilijk te voorspellen dat als dit doorslaat, de slinger teruggaat en de belangen van de schuldenaar ondergeschikt worden gemaakt aan die van het slachtoffer, de schuldeiser.

De schuldeiser mag binnen de grenzen zoals hierboven (nr. 50-52) beschreven, zijn eigen belang ten koste van de schuldenaar nastreven. Het risico is dan wel dat de schuldenaar door het gedrag van de schuldeiser ten onder gaat, terwijl dit mogelijk te voorkomen was geweest. Als de schuldenaar bij zijn reddingspoging te veel weerstand ervaart, de noodzakelijke medewerking van de schuldeisers ontbeert of

12 Een illustratie van dit dilemma in de context van een reddingspoging door de bank is te vinden in HR 17 februari 2012, *NJ* 2012/605 (*Rabobank Maashorst/Kézér q.q.*), r.o. 3.8.

eenvoudigweg onvoldoende (financiële) middelen heeft, al dan niet door individuele verhaalsacties door schuldeisers, kan de schuldenaar besluiten om de handdoek in de ring te gooien. Dan worden de schuldeisers geconfronteerd met formele insolventieprocedures zoals faillissement, surseance van betaling of schuldsanering natuurlijke personen of met alle gevolgen van dien. Zij moeten dan maar afwachten of en zo ja wat zij nog aan uitkering op hun vorderingen zullen ontvangen. Zodoende balanceert de schuldeiser op een slap en dun koord: zowel te weinig als te veel druk op de schuldenaar kan ertoe leiden dat hij met lege handen achterblijft.

55. Hybride procedures tussen informeel en formeel: Herstructureringsrichtlijn en WHOA

Het voorgaande illustreert de delicate afweging die in de fase van een informele reorganisatie door alle betrokkenen moet worden gemaakt. Iedereen, zowel schuldenaar als schuldeisers, moet zijn knopen tellen en bedenken hoe ver hij kan gaan zonder te worden teruggefloten door de rechter. Het vooruitzicht van een formele insolventieprocedure zoals faillissement voor het geval er geen minnelijke oplossing komt, kan soms als een katalysator werken om toch de benodigde medewerking van de betrokkenen te krijgen, maar dit is niet altijd het geval. Tot voor kort kon een schuldeiser bij een onderhands akkoord ver gaan door daaraan niet te willen meewerken.[13] Dit was slechts anders voor de schuldeiser van een natuurlijke persoon, omdat de schuldenaar in dat geval de mogelijkheid heeft om de rechter om een bevel tot instemming met een gedwongen schuldregeling te vragen (art. 287a).

Los hiervan kunnen zich bij een informele reorganisatie van een rechtspersoon of van een natuurlijke persoon met een onderneming omstandigheden voordoen waardoor het niet lukt om de medewerking van alle schuldeisers aan een onderhands akkoord te bewerkstelligen. Dit komt bijvoorbeeld ook omdat naast mogelijke dwarsliggers niet alle schuldeisers bekend zijn of alleen met onevenredig veel moeite benaderd kunnen worden.

> Van een dergelijke situatie is bijvoorbeeld sprake als veel schuldeisers zich in het buitenland bevinden of veelvuldig van identiteit veranderen, zoals bij grote obligatieleningen, maar het kan ook zijn dat de schuldenaar een onderneming heeft die bijvoorbeeld uit hoofde van productaansprakelijkheid – misschien zelfs wereldwijd – een groot aantal schuldeisers heeft die hun claim nog niet allemaal hebben bekendgemaakt. Misschien weten sommige schuldeisers nog niet eens dat zij een vordering hebben, zoals bij sluipende milieu- of gezondheidsschade.[14]

In deze gevallen zal een onderhands akkoord de schuldenaar maar ten dele helpen: de ontbrekende, tegenstemmende of onbekende, schuldeisers zijn daar immers niet aan gebonden. Telkens zullen weer schuldeisers kunnen opduiken die hun volledige vordering voldaan willen zien en niet aan dat akkoord gebonden zijn omdat hun vorderingen daarin niet zijn meegenomen. De beoogde sanering van de financiële positie van de schuldenaar kan dan in gevaar komen, waardoor een reorganisatie op

13 HR 12 augustus 2005, *NJ* 2006/230 (*Groenemeijer/Payroll*), r.o. 3.5.4; HR 24 maart 2017, *NJ* 2017/466 (*Mondia/Curatoren V&D*), r.o. 3.4.2.

14 Vgl. HR 31 oktober 1997, *NJ* 1998/258 (*Andeweg*).

louter vrijwillige, informele wijze minder geschikt is om de financiële problemen van de schuldenaar grondig aan te pakken.

Naast een louter informeel onderhands akkoord bestaat derhalve behoefte aan een tussenvorm, een hybride variant tussen informeel en formeel saneren, dat verbindend en afdwingbaar is voor alle daarin opgenomen partijen. Dit vergt dan wel dat daarin de belangen van de schuldenaar en de schuldeisers en ook die van de verschillende schuldeisers onderling op rechtvaardige en evenwichtige wijze kunnen worden afgewogen.

Op aandringen vanuit de praktijk heeft de regering in het kader van het in 2012 aangekondigde wetgevingsprogramma 'Herijking faillissementsrecht'[15] in de zomer van 2019 een voorstel aan de Tweede Kamer gestuurd voor de Wet homologatie onderhands akkoord (WHOA). Min of meer gedurende dezelfde periode hebben vergelijkbare ontwikkelingen plaatsgevonden op mondiaal gebied (in UNCITRAL verband) en specifiek in Europa (zie hierover ook hoofdstuk 8, par. 8.2.2). In de Europese Unie heeft dit geleid tot de Herstructureringsrichtlijn, waarin de lidstaten wordt opgedragen om onder meer wetgeving te implementeren waarmee het informele onderhandse akkoord bij ondernemingen wordt ingebed in een formele procedure.[16] Hoewel de WHOA separaat in Nederland was ontwikkeld, heeft Nederland met dit instrument voor een deel aan haar communautaire verplichtingen uit de Herstructureringsrichtlijn voldaan. Daarom is geprobeerd om met de WHOA waar nodig zo veel mogelijk aan te sluiten bij het desbetreffende onderdeel van de Herstructureringsrichtlijn.[17] Het is de bedoeling om bij de implementatiewet van de Herstructureringsrichtlijn de WHOA nog verder te laten aansluiten.[18] In ieder geval wordt met de Herstructureringsrichtlijn en de WHOA geprobeerd om de verschillende belangen van alle betrokkenen bij een informele reorganisatie in balans te brengen zonder dat een ingrijpende insolventieprocedure nodig is.

4.2.2 Wet homologatie onderhands akkoord (WHOA)

56. Partiële implementatie van de Herstructureringsrichtlijn

Met de totstandkoming van de Herstructureringsrichtlijn rust op Nederland de verplichting om de bepalingen daarvan in haar wetgeving te incorporeren. Door de samenloop met de ontwikkelingen van de WHOA is het deel van die opdracht dat betrekking heeft op het onderhands akkoord al grotendeels uitgevoerd. In deze subparagraaf is daarom de structuur en inhoud van de WHOA tot uitgangspunt genomen

15 Kamerstukken TK (2012-2013), 29911 nr. 74. Na de aankondiging door de regering in het wetgevingsprogramma Herijking faillissementsrecht van een wetsvoorstel continuïteit ondernemingen (WCO II) ter versterking van het onderhands akkoord in november 2013 (Kamerstukken TK (2013-2014), 33695, nr. 3) is een eerste aanzet (met concept wettekst) daartoe gegeven door R.D. Vriesendorp, R.M. Hermans en K.A.J. de Vries in TvI 2013/12 en 20.

16 Richtlijn (EU) 2019/1023 van 20 juni 2019 betreffende preventieve herstructureringskaders, betreffende kwijtschelding van schuld en beroepsverboden, en betreffende maatregelen ter verhoging van de efficiëntie van procedures inzake herstructurering, insolventie en kwijtschelding van schuld, en tot wijziging van Richtlijn (EU) 2017/1132 (Richtlijn betreffende herstructurering en insolventie), PbEU L 172 van 26 juni 2019; zie over deze richtlijn subparagraaf 8.2.2.

17 Kamerstukken TK (2019-2020), 35249, nr. 6, p. 2.

18 Ontwerp MvT bij ontwerp Implementatiewet richtlijn herstructurering en insolventie, par. I.1 (Algemeen deel) (internetconsultatie.nl/herstructurering).

en wordt de Herstructureringsrichtlijn als referentiepunt gebruikt. De Herstructureringsrichtlijn als zodanig komt in hoofdstuk 8 (par. 8.2.2) aan bod.

Na een korte schets van de totstandkomingsgeschiedenis en ontwikkeling van de WHOA (nr. 57) en de inhoud van hierdoor bestreken akkoorden (nr. 58), komen achtereenvolgens aan bod de keuzemogelijkheid tussen een openbare en besloten variant (nr. 59), de procedure voor het aannemen van het akkoord (nr. 60), de klassenindeling (nr. 62), tussentijdse maatregelen (nr. 63-66) en de vereisten voor het aannemen van het akkoord (nr. 67), de procedure voor homologatie van het akkoord (nr. 68) en de vereisten voor de homologatie van het akkoord (nr. 69) en tot slot de gevolgen daarvan voor de schuldenaar (nr. 70) en de schuldeisers en aandeelhouders (nr. 71).

57. Totstandkomingsgeschiedenis en toepassingsbereik van de WHOA

Het idee voor een niet al te zwaar opgetuigde procedure om de totstandkoming van een afdwingbaar informeel of onderhands akkoord voor ondernemingen te stimuleren en te vergemakkelijken vindt zijn oorsprong in de herstructureringspraktijk. De overwegingen van de Hoge Raad in het Groenemeijer/Payroll-arrest boden maar een heel kleine opening om onwillige schuldeisers toch tot medewerking te bewegen.[19] Zolang hun gedrag geen misbruik van bevoegdheid (art. 3:13 BW) zou opleveren bleken die schuldeisers in de praktijk door dwars te liggen een zogenaamde *nuisance value* te kunnen creëren om zodoende hun eigen positie ten nadele van andere betrokkenen te verbeteren in een herstructureringspoging. Mede ter bestrijding hiervan maar vooral ter stimulering van onderhandse akkoorden is in 2014 een voorstel voor een wettelijke regeling ontwikkeld: onder de naam Wet continuïteit ondernemingen (WCO) II heeft de regering toen een conceptwetsvoorstel via internet ter consultatie voorgelegd.[20] Vanuit alle hoeken van de praktijk[21] is op dit voorstel gereageerd waarna de regering in 2017 met een sterk gewijzigd en verbeterd voorstel kwam. Mede door de vele aanpassingen ten opzichte van het oorspronkelijke voorstel is dit met een gewijzigde naam – Wet homologatie onderhands akkoord ter voorkoming van faillissement (WHOA) – nogmaals via internet ter consultatie voorgelegd met ook nu weer veel reacties uit de praktijk.[22] In de tussentijd heeft het onderwerp ook geleid tot drie dissertaties en tal van artikelen in de literatuur.[23] Uiteindelijk heeft de regering in juli 2019 een wederom behoorlijk gewijzigd en nog weer verbeterd voorstel aan de Tweede Kamer aangeboden onder de huidige benaming Wet homologatie onderhands akkoord, met wel dezelfde afkorting WHOA.[24]

19 HR 12 augustus 2005, *NJ* 2006/230 (*Groenemeijer/Payroll*) en HR 24 maart 2017, *NJ* 2017/466 (*Mondia/Curatoren V&D*).

20 Zie www.internetconsultatie.nl/wco2/details met reacties.

21 Te vinden op www.internetconsultatie.nl/wco2/reacties.

22 Zie www.internetconsultatie.nl/wethomologatie met reacties.

23 Zie N.W.A. Tollenaar, Het pre-insolventieakkoord (diss. Groningen 2016), A.M. Mennens, Het dwangakkoord buiten surseance en faillissement (diss. Nijmegen 2020) en S.C.E.F. Moulen Janssen, De positie van aandeelhouders bij preventieve herstructureringen (diss. Nijmegen 2020); voorts N.W.A. Tollenaar en A. Nieuwenhuis, *TvI* 2019/8; C. Spierings en J.V. Kolthof, *TvI* 2017/40; S.W. van den Berg, *TvI* 2017/41 en (met W.G.M. Holtermans en H.T. Haanappel) *TvI* 2019/10; G.Á.C. Orbán, *TvI* 2018/36; C.M. Harmsen & M.L.H. Reumers (red.), De WHOA van wet naar recht, Deventer: Wolters Kluwer 2021.

24 Kamerstukken TK (2018-2019), 35249, nr. 1-4. Aan dit wetsvoorstel is direct na indiening uitgebreid aandacht besteed in twee zogenaamde "WHOA specials" van TvI (jaargang 25/5) en FIP (jaargang 11/6).

Tijdens de parlementaire behandeling in de Tweede Kamer is het voorstel nog enigszins aangepast. De (geamendeerde) wet is met ingang van 1 januari 2021 in werking getreden.[25]

Doel van het akkoord onder de WHOA is tweeledig: vooral om een dreigend faillissement af te wenden van een onderneming die na herstructurering weer financieel gezond is maar ook om de afwikkeling van een financieel ongezonde onderneming zodanig voor te bereiden en uit te voeren dat voor de schuldeisers een beter resultaat komt dan bij een afwikkeling in faillissement.[26]

In de kern is het WHOA-traject tamelijk eenvoudig: een schuldenaar die voorziet dat hij voor de oplossing van de financiële problemen niet met alle of een deel van de schuldeisers tot overeenstemming kan komen of die medewerking van zijn aandeelhouder(s) behoeft, volgt de regeling zoals die is opgenomen in de nieuwe tweede afdeling ("Homologatie van een onderhands akkoord") van Titel IV ("Buiten faillissementen surseance van betaling") in artikel 369-387. Materieel is slechts vereist dat de schuldenaar in een toestand verkeert waarin het redelijkerwijs aannemelijk is dat hij met het betalen van zijn schulden niet zal kunnen doorgaan (art. 370 lid 1).

Het toepassingsbereik van de WHOA is ruim en kent maar een paar beperkingen wat het type schuldenaar betreft: alleen natuurlijke personen die geen zelfstandig beroep of bedrijf uitoefenen (de particulier) en banken en verzekeraars die als zodanig in de Faillissementswet zijn aangewezen (art. 212g sub a resp. 213 sub a) kunnen geen gebruik maken van de WHOA (art. 369 lid 1). Een andere belangrijke inperking is dat de WHOA geen effect heeft op rechten van werknemers in dienst van de schuldenaar die voortvloeien uit arbeidsovereenkomsten in de zin van artikel 7:610 BW (art. 369 lid 4). Ten slotte staat de WHOA niet open voor een schuldenaar die in de voorafgaande drie jaren een akkoord had aangeboden dat door alle klassen van schuldeisers was verworpen of niet door de rechtbank was gehomologeerd (art. 369 lid 5).

58. Inhoud van het akkoord onder de WHOA

De schuldenaar die onder de werking van de WHOA een akkoord wil voorleggen is net als bij het onderhands akkoord (nr. 41) geheel vrij om de inhoud daarvan te bepalen en aan te geven wie daardoor gebonden moet worden.[27] Het verschil met het onderhands akkoord dat in het vorige hoofdstuk is behandeld, is dat met de WHOA de schuldenaar – bij voldoende steun en inachtneming van de wettelijke vereisten – ook afwezigen en tegenstanders kan binden, als de rechter daaraan zijn zegen geeft (art. 385). Het akkoord is erop gericht om wijziging aan te brengen in de rechten van schuldeisers (hoogte van het bedrag, tijdstip van opeisbaarheid) of een deel van hen, naar keuze van degene die het akkoord aanbiedt (art. 370 lid 1). Daarnaast biedt de WHOA de mogelijkheid om ook aandeelhouders (economische rechten en zeggenschapsrechten) in het proces te betrekken. Deze kunnen soms nodig zijn om schuldeisers hun vordering te laten omzetten in eigen vermogen (aandelen) via een zogenaamde *debt for equity swap*. Hierbij wordt (een deel van) de schuld (vreemd

25 *Stb.* 2020, 414 en 415.
26 Kamerstukken TK (2018-2019), 35249, nr. 3, p.1 e.v.
27 Kamerstukken TK (2018-2019), 35249, nr. 3, p. 12.

vermogen) ingebracht als storting op nieuwe door de schuldenaar uit te geven aandelen (eigen vermogen) waarvoor een aandeelhoudersbesluit nodig is waarbij de zittende aandeelhouders doorgaans een voorkeursrecht hebben (art. 2:96a/206a BW). Ten slotte kunnen ook overeenkomsten waarbij de schuldenaar partij is tussentijds worden opgezegd en de gevolgen daarvan in het akkoord worden meegenomen (art. 373 en 384 lid 5).

Op dezelfde wijze als in faillissement (art. 160; zie nr. 247) heeft het akkoord in beginsel geen betrekking op de aanspraak van schuldeisers jegens een derde uit hoofde van bijvoorbeeld borgtocht, hoofdelijke aansprakelijkheid of anderszins garantie, al dan niet versterkt met zekerheid (art. 370 lid 2): deze verhaalsmogelijkheden worden niet geraakt. Dit is alleen anders als die derden maatschappijen zijn die samen met de schuldenaar een groep vormen, dat wil zeggen een economische eenheid waarin rechtspersonen en vennootschappen organisatorisch zijn verbonden (art. 2:24b BW). Door deze uitbreiding kan het akkoord ook voorzien in de wijziging van de rechten van schuldeisers tegen een derde als zijn verplichtingen bestaan uit het voldoen van of stellen van zekerheid voor de verbintenissen van de schuldenaar (art. 372). Het is dan wel vereist dat de derde, net als de schuldenaar, verkeert in een toestand waarin het redelijkerwijs aannemelijk is dat hij met het betalen van zijn schulden niet zal kunnen voortgaan (vgl. art. 370 lid 1), hij met de inhoud van het akkoord heeft ingestemd en de rechtbank rechtsmacht heeft over deze groepsmaatschappij onder de WHOA (zie nr. 59). De bedoeling van de uitbreiding van de betrokken partijen bij het akkoord in artikel 372 is om herstructureringen van groepen van vennootschappen (concerns) mogelijk te maken in het geval onderlinge aansprakelijkheden of zekerheden zijn gesteld en in voorkomend geval te voorkomen dat de schuldeiser een dubbele uitkering ontvangt.[28] Door dergelijke kruisverbanden binnen de groep zou een reddingspoging van een enkele groepsmaatschappij weinig effectief zijn en zouden anders tal van afzonderlijke WHOA-trajecten gevolgd moeten worden.

Het akkoord onder de WHOA ziet niet alleen op de mogelijkheid om de rechten van schuldeisers en aandeelhouders aan te passen. In het kader van de homologatie daarvan kunnen ook bestaande wederkerige overeenkomsten die de schuldenaar als een financiële molensteen om de nek hangen worden gewijzigd of zelfs beëindigd (art. 373). Deze mogelijkheid moet de schuldenaar helpen om van onnodig belastende overeenkomsten af te komen of de effecten daarvan te verlichten, bijvoorbeeld langlopende en moeilijk te wijzigen/beëindigen huurovereenkomsten, servicecontracten of licentieovereenkomsten. Alleen arbeidsovereenkomsten zijn uitgezonderd (art. 369 lid 4). Wanneer de schuldenaar een overeenkomst wil wijzigen of beëindigen, moet hij zijn wederpartij een voorstel daartoe doen. Als deze daar mee instemt, vindt die wijziging of beëindiging plaats op de wijze en het tijdstip zoals dan door partijen wordt overeengekomen. De schuldenaar kan zijn wederpartij echter niet dwingen om de voorgestelde wijziging te accepteren. In dat geval

28 Een zogenaamde 'double dip', zie Kamerstukken TK (2018-2019), 35249, nr. 3, p. 10, 36, 43-44. Dit speelde onder meer een rol bij het faillissement van de Nederlandse financieringsentiteiten van het Braziliaanse Oi S.A., zie HR 7 juli 2017, *NJ* 2018/363 (*Oi Coöp/Citadel*) en HR 7 juli 2017, *NJ* 2018/364 (*PTIF/Citicorp*).

heeft de schuldenaar toch de mogelijkheid om daarop aan te sturen in de vorm van een tussentijdse opzegging van de overeenkomst. Hij moet dan hiervoor toestemming vragen aan de rechtbank, die daarop tegelijkertijd met een toewijzing van de homologatie van het akkoord beslist (art. 384). In beginsel is de overeenkomst dan door opzegging geëindigd tegen de door de schuldenaar gestelde termijn die begint te lopen vanaf de dag van de homologatie, tenzij de rechtbank uit redelijkheidsoverwegingen een latere datum (niet meer dan drie maanden in de toekomst) vaststelt. De tussentijdse beëindiging ontneemt de wederpartij overigens niet de mogelijkheid om vergoeding van de daardoor ontstane schade te claimen (afdeling 6.1.10 BW). Deze schuld van de schuldenaar kan overigens in het akkoord worden meegenomen (art. 373 lid 2).

Om te voorkomen dat partijen in hun overeenkomsten standaard automatische wijzigings- of beëindigingsgronden opnemen voor het geval een onderhands akkoord via de WHOA wordt voorbereid of opgelegd,[29] zijn daartoe strekkende bepalingen zonder effect (art. 373 lid 3). Verzuim door de schuldenaar in de nakoming van zijn verbintenissen, geeft ook geen wijzigings-, opschortings- of ontbindingsrechten aan een wederpartij als de rechtbank in het kader van het WHOA-traject een afkoelingsperiode heeft gelast (art. 376; zie nr. 63). Wel moet de schuldenaar dan zekerheid hebben gesteld voor de nakoming van nieuwe verplichtingen die ontstaan tijdens die afkoelingsperiode (art. 373 lid 4).

59. Start van de WHOA: keuze tussen besloten en openbare akkoordprocedure

Aangezien de WHOA niets anders is dan een hulpmiddel voor ondernemingen om een informeel akkoord succesvol af te ronden, is het voortraject hetzelfde als dat bij een onderhands akkoord zoals hiervoor (hfdst. 3) is behandeld: een vormvrij (onderhandelings)proces waarin de schuldenaar met zijn (belangrijkste) schuldeisers om tafel gaat om tot bepaalde afspraken te komen (zie nr. 42). Er komt pas verschil als de schuldenaar niet met iedereen tot een oplossing komt of er onbekende schuldeisers zijn die niet bereikt (kunnen) worden. Wanneer de schuldenaar en de bereidwillige schuldeisers en aandeelhouders merken dat niet alle benodigde partijen (willen) meedoen, kan de WHOA uitkomst bieden. Deze kent twee varianten waaruit aan het begin van de procedure gekozen moet worden: een besloten en een openbare akkoordprocedure (art. 369 lid 6; zie ook art. 371 lid 2, 376 lid 3, 378 lid 2, 379 lid 2 en 383 lid 3). Als eenmaal een keuze is gemaakt kan deze in het verdere verloop niet meer gewijzigd worden.[30]

De keuze voor de ene of de andere variant heeft op verschillende gebieden gevolgen. Zij is vooral van belang voor de mate van publiciteit waarmee de procedure omgeven is, omdat gerechtelijke verzoeken in de besloten procedure door de rechtbank in raadkamer worden behandeld, terwijl dat niet gebeurt als het een openbare procedure betreft; deze komen op een openbare zitting aan de orde (art. 369 lid 9). Voorts wordt alleen de openbare procedure in het Centraal Insolventieregister gepubliceerd (art. 370 lid 4). Uitspraken van de rechtbank worden in beide varianten echter wel gepubliceerd op rechtspraak.nl, uiteraard met inachtneming van de

29 Zogenaamde *ipso facto* clausules, zie Kamerstukken TK (2018-2019), 35249, nr. 3, p. 44, 46.
30 Kamerstukken TK (2018-2019), 35249, nr. 3, p. 7.

anonimiseringsrichtlijnen.[31] Een ander verschil tussen beide varianten is gelegen in de erkenning van de akkoordprocedure buiten Nederland: na plaatsing op Bijlage A van de Europese Insolventieverordening wordt de openbare procedure automatisch erkend in de andere EU-lidstaten Europese Insolventieverordening (art. 19 e.v. InsVo), terwijl de besloten procedure mogelijk wordt erkend op basis van de EEX-Verordening en anders in ieder geval de gewone i.p.r. regels volgt (zie par. 8.2 en nr. 390, 395).

De besloten akkoordprocedure staat open indien de Nederlandse rechter rechtsmacht heeft op grond van artikel 3 Rv. Deze variant sluit aan bij de behoefte van een schuldenaar om zoveel mogelijk in stilte de herstructurering uit te voeren en zo min mogelijk ruchtbaarheid daaraan te geven. De rechtsmacht van de Nederlandse rechter is er niet alleen als de schuldenaar zijn woonplaats of gewone verblijfplaats in Nederland heeft (art. 3 sub a Rv), maar ook als al een Nederlandse procedure aanhangig is of is aangekondigd (art. 3 sub b Rv) of de procedure anderszins voldoende aanknopingspunt met de Nederlandse rechtssfeer heeft (art. 3 sub c Rv). Voorbeelden hiervan zijn de omstandigheden dat de schuldenaar die het akkoord aanbiedt, zijn 'centrum van de voornaamste belangen', ook wel aangeduid als de COMI, naar de Engelse vertaling van dat begrip (*centre of main interests*) of een vestiging of (substantiële) activa in Nederland heeft, dan wel dat het akkoord betrekking heeft op schulden die (grotendeels) voortvloeien uit verbintenissen die zijn onderworpen aan Nederlands recht of een forumkeuze voor de Nederlandse rechter bevatten. Rechtsmacht kan er ook zijn als een (substantieel) deel van de groep waarvan de schuldenaar deel uitmaakt, bestaat uit in Nederland gevestigde vennootschappen of als de schuldenaar aansprakelijk is voor schulden van een andere schuldenaar ten aanzien waarvan de Nederlandse rechter rechtsmacht heeft.[32]

Voor de openbare variant is vereist dat de Nederlandse rechter rechtsmacht heeft op grond van de Europese Insolventieverordening. Dit is het geval als deze procedure valt binnen de materiële reikwijdte van deze verordening en voorkomt op Bijlage A daarvan (art. 1 lid 1 InsVo). In dat geval is er rechtsmacht als de schuldenaar zijn 'centrum van de voornaamste belangen', ook wel aangeduid als de COMI, naar de Engelse vertaling van dat begrip (*centre of main interests*) in Nederland heeft (art. 3 InsVo; zie nr. 393).

60. Procedure voor het aannemen van het akkoord; herstructureringsdeskundige

Voor de toepassing van de WHOA is vereist dat de schuldenaar in een toestand verkeert waarin het redelijkerwijs aannemelijk is dat hij met het betalen van zijn schulden niet zal kunnen doorgaan. Het traject begint net als bij het informele akkoord

31 Dit met het oog op het creëren van jurisprudentie voor de praktijk; zo waren in de eerste maand al acht uitspraken gewezen, voornamelijk over de herstructureringsdeskundige (art. 371) en de afkoelingsperiode (art. 376): Rb. Den Haag 15 januari 2021, ECLI:NL:RBDHA:2021:198; Rb. Amsterdam 15 januari 2021, ECLI:NL:RBAMS:2021:84; Rb. Noord-Nederland 19 januari 2021, ECLI:NL:RBNNE:2021:111; Rb. Gelderland, 21 januari 2021, ECLI:NL:RBGEL:2021:363; Rb. Noord-Nederland 26 januari 2021, ECLI:NL:RBNNE:2021:244; Rb. Noord Holland 27 januari 2021, ECLI:NL:RBNHO:2021:708; Rb. Noord-Nederland 29 januari 2021, ECLI:NL:RBNNE:2021:285; Rb. Noord-Nederland 29 januari 2021, ECLI:NL:RBNNE:2021:509.

32 Kamerstukken TK (2018-2019), 35249, nr. 3, p. 32.

met het voorbereiden van een akkoord dat voorziet in een wijziging van bestaande rechten van schuldeisers en/of aandeelhouders), al dan niet gepaard gaande met het deponeren van de startverklaring (art. 370 lid 1; nr. 61). Het staat de schuldenaar vrij om te bepalen wie hiervoor benaderd moeten worden, omdat hij degene is die de omvang bepaalt van de partijen die door het akkoord worden geraakt.

Voor het aanbieden van een akkoord en de uitvoering daarvan na homologatie door een rechtspersoon, zou het bestuur onder omstandigheden op grond van de wet of statuten de goedkeuring van de algemene vergadering van aandeelhouders nodig hebben.[33] Ondernemingen waarbij de aandelen via de beurs verhandeld worden, zijn in beginsel verplicht om ten minste zes weken voorafgaand aan de vergadering de oproep daartoe te publiceren, vergezeld van de benodigde documenten (art. 5:25ka Wft). Omdat de medewerking van aandeelhouders bij een herstructurering wel eens lastig kan zijn, zeker als hun rechten door het akkoord worden gewijzigd, en een wachttijd van zes weken nodeloos vertragend kan werken, zijn die bepalingen buiten toepassing verklaard (art. 370 lid 5). Eventueel benodigde goedkeuring van de algemene vergadering van aandeelhouders wordt vervangen door het gehomologeerde akkoord.

Naast de schuldenaar zelf die het initiatief neemt, kan in beginsel ook iedere schuldeiser of aandeelhouder de procedure in gang zetten door de rechtbank om aanwijzing van een herstructureringsdeskundige te verzoeken (art. 371). Dit verzoek is overigens iets dat ook de ondernemingsraad of personeelsvertegenwoordiging van de schuldenaar kan doen, net als de schuldenaar zelf, bijvoorbeeld als hij denkt dat een herstructureringsdeskundige wegens diens onafhankelijkheid bij de schuldeisers meer vertrouwen kan wekken. Deze herstructureringsdeskundige is echter geen curator of bewindvoerder die geheel of ten dele de beschikking en het beheer over het vermogen van de schuldenaar overneemt zoals bij faillissement of surseance van betaling. De schuldenaar blijft gedurende het gehele traject volledig beheers- en beschikkingsbevoegd.[34]

Als het verzoek tot aanwijzing wordt gedaan door de schuldenaar, moet de rechtbank dat verzoek in beginsel toewijzen (art. 371 lid 3), tenzij de schuldenaar niet verkeerd in een toestand van dreigende insolventie die vereist is om een WHOA-traject succesvol te kunnen afronden (art. 370 lid 1 jo. 384 lid 2 sub b).[35] Toewijzing is ook verplicht als het verzoek gebeurt door de meerderheid van de schuldeisers (art. 371 lid 3), al is het niet altijd eenvoudig hoe dat moet worden vastgesteld. In de andere gevallen waarin de dreigende insolventietoestand aanwezig is moet de rechter het

---

33 Zie bijv. art. 2:107a BW.

34 Dit wordt naar Anglo-Amerikaansrechtelijk gebruik ook wel aangeduid met *debtor-in-possession* (DIP); vgl. art. 5 HRL.

35 Direct na invoering van de WHOA zijn verschillende verzoeken tot aanwijzing van een herstructureringsdeskundige aan de rechter voorgelegd waarvan de meeste zijn toegewezen: Rb. Noord-Nederland 19 januari 2021, ECLI:NL:RBNNE:2021:111; Rb. Noord-Nederland 26 januari 2021, ECLI:NL:RBNNE:2021:244; Rb. Noord-Nederland 17 februari 2021, ECLI:NL:RBNNE:2021:602; Rb. Den Haag 1 april 2021, ECLI:NL:RBDHA:2021:3228; Rb. Midden-Nederland 19 maart 2021, ECLI:NL:RBMNE:2021:1113. Enkele werden afgewezen (Rb. Den Haag 5 maart 2021, ECLI:NL:RBDHA:2021:2033 en Rb. Midden-Nederland 14 mei 2021, ECLI:NL:RBMNE:2021:2294 wegens niet in staat zijn lopende verplichtingen te voldoen) of niet-ontvankelijk verklaard (Rb. Midden-Nederland 26 maart 2021, ECLI:NL:RBMNE:2021:1255 wegens ontbreken van herstructurering van schulden of van een gecontroleerde afwikkeling van een onderneming).

verzoek afwegen tegen de belangen van de gezamenlijke schuldeisers. Als summierlijk blijkt dat die niet zijn gediend met de aanwijzing van een herstructureringsdeskundige, moet de rechter het verzoek afwijzen (art. 371 lid 4). Dit zal zich voordoen als het herstructureringsproces in een vergevorderd stadium is beland en de aanwijzing van een herstructureringsdeskundige tot ongewenste vertraging zal leiden en een voortvarende afronding van een ingezet akkoordtraject belemmeren.[36]

De rol van de herstructureringsdeskundige is nog niet geheel duidelijk. Van hem wordt veel verwacht, maar de wet biedt maar beperkt houvast. De juridische grondslag is niet een opdrachtrelatie met de schuldenaar. Ook al wordt hij in beginsel betaald door de schuldenaar, tenzij de meerderheid van de schuldeisers daarom heeft gevraagd (art. 371 lid 10), hij is geen adviseur, noch van de schuldenaar, noch van de schuldeisers of andere stakeholders. Hij is door de rechtbank aangewezen en ontleent daaraan zijn bijzondere positie die net als bij faillissement (nr. 123, 126) en surseance van betaling (nr. 285) als een *sui generis* rechtsverhouding is te kwalificeren. Hij moet zijn werk doeltreffend, onpartijdig en onafhankelijk[37] doen (art. 371 lid 6), maar hem staan weinig middelen ten dienste. Zijn rol is vooral het faciliteren van het overleg tussen alle stakeholders om tot een breed gedragen akkoord te komen. Hiertoe heeft hij toegang tot alle informatie die hij nodig denkt te hebben voor zijn taak (art. 371 lid 7). Voorts zijn de schuldenaar en zijn bestuurders, commissarissen, aandeelhouders en werknemers verplicht om de herstructureringsdeskundige gevraagd en ongevraagd alle informatie te verstrekken die deze nodig heeft (art. 371 lid 8). Tegenover deze vergaande informatievergaringsbevoegdheid staat een geheimhoudingsplicht voor de herstructureringsdeskundige (art. 371 lid 9). Zijn aansprakelijkheid – per definitie *pro se* omdat hij in zijn hoedanigheid geen rechtshandelingen verricht waarmee hij het vermogen van de schuldenaar kan binden – voor eventuele schade die het gevolg is van zijn poging om een akkoord tot stand te brengen, is beperkt. Hij loopt hier alleen risico als hij niet handelt zoals in redelijkheid verwacht mag worden van een over voldoende inzicht en ervaring beschikkende herstructureringsdeskundige die zijn taak met nauwgezetheid en inzet verricht, terwijl hem daarvan een persoonlijk ernstig verwijt kan worden gemaakt.[38]

De herstructureringsdeskundige heeft jegens de rechtbank nagenoeg dezelfde bevoegdheden die de schuldenaar in het kader van de WHOA heeft: in de meeste bepalingen zijn zij gelijkgeschakeld als het gaat om verzoeken of mededelingen aan de rechtbank of anderszins.[39] De enige uitzondering is het verzoek aan de rechter om een machtiging als bedoeld in artikel 42a om bepaalde rechtshandelingen paulianabestendig te maken; dit kan alleen door de schuldenaar worden gedaan en niet door

36 Kamerstukken TK (2018-2019), 35249, nr. 3, p. 41.

37 Zie over een situatie waarin de rechter het verzoek tot aanwijzing van een herstructureringsdeskundige afwees wegens twijfel aan de onafhankelijkheid Rb. Den Haag 5 maart 2021, ECLI:NL:RBDHA:2021:2033 en Rb. Midden-Nederland, 26 maart 2021, ECLI:NL:RBMNE:2021:1255.

38 Dit sluit aan bij de aansprakelijkheidsnorm voor curatoren (nr. 130), zie HR 19 april 1996, *NJ* 1996/727 (*Maclou/Curatoren Van Schuppen*), aangevuld met de 'persoonlijk ernstig verwijt'-doctrine uit het bestuurdersaansprakelijkheidsrecht (par. 5.4.2.3).

39 Zie art. 373 lid 1, 376 lid 1, 2 sub b, lid 5 en 11, 378 lid 1 en 7, 379, 381 lid 1, lid 4 en 5, 382 lid 1 sub c en lid 2, 383, lid 1, 5, 7 en 9 en art. 384 lid 2 sub b.

de herstructureringsdeskundige omdat deze niet de controle over het vermogen van de schuldenaar overneemt.[40]

De taak van de herstructureringsdeskundige eindigt door de homologatie, behoudens verlenging door de rechtbank, of door ontslag. Dit kan op eigen verzoek, op verzoek van één of meer schuldeisers dan wel ambtshalve (art. 371 lid 13). Een van de redenen voor de herstructureringsdeskundige om intrekking van zijn aanwijzing – en daarmee zelf ontslag – te vragen kan zijn dat hij constateert dat een akkoord niet tot stand gebracht kan worden (art. 371 lid 12).

61. Procedure voor het aannemen van het akkoord; formaliteiten

Zodra besloten is het WHOA-traject te bewandelen, krijgt de schuldenaar te maken met een aantal formaliteiten waaraan hij in bepaalde situaties moet voldoen. Hij kan een startverklaring deponeren bij de griffie van de rechtbank, waarin hij het begin van de voorbereiding van een akkoord aankondigt (art. 370 lid 3). Deze is bijvoorbeeld vereist als de schuldenaar een afkoelingsperiode wenst (art. 376 lid 1) of de rechtbank maatregelen wil laten treffen ter beveiliging van de belangen van schuldeisers of aandeelhouders (art. 379 lid 1). Bij de openbare akkoordprocedure (zie nr. 59) moet de schuldenaar de griffier van de rechtbank Den Haag verzoeken in het insolventieregister melding te maken van de gegevens die op grond van artikel 24 InsVo daarin moeten worden opgenomen (art. 370 lid 4). Denk hierbij aan voor de hand liggende informatie als de naam, registratienummer en statutaire zetel van de schuldenaar-rechtspersoon, datum en de rechter die als eerste in het WHOA-traject een beslissing heeft gegeven etc.

Het akkoord moet de nodige informatie bevatten over de inhoud en inrichting daarvan, zoals bepaald in artikel 375. Als dat ontbreekt, loopt de schuldenaar het risico dat in een latere fase bij de homologatie, de rechter om deze reden het akkoord weigert te homologeren (art. 384 lid 2 sub c), zodat het ook effect mist jegens niet-verschenen, zich van stemming onthoudende of tegenstemmende schuldeisers/aandeelhouders (nr. 68). Dit is alle informatie die de stemgerechtigde schuldeisers en aandeelhouders nodig hebben om zich voor de stemming een geïnformeerd oordeel te kunnen vormen over het akkoord. Dit betekent dat zij bovendien enige tijd moeten hebben om die informatie te verwerken. Daarom moet een akkoord gedurende een redelijke termijn (ten minste acht dagen) voorafgaand aan de stemming aan hen zijn voorgelegd (art. 381 lid 1). Stemgerechtigd – en dus bij uitsluiting gerechtigd tot die informatie – zijn alleen schuldeisers en aandeelhouders van wie de rechten door het akkoord worden gewijzigd (art. 381 lid 3; nr. 67).

Artikel 375 somt – niet-limitatief – de vereiste informatie op. Naast de naam van de schuldenaar en, voor zover van toepassing, de herstructureringsdeskundige (art. 375 lid 1 sub a en b) betreft dit in ieder geval informatie over de verschillende klassen schuldeisers en aandeelhouders, voor zover van toepassing, en de criteria op basis waarvan zij in een of meer klassen zijn ingedeeld (art. 374 en 375 lid 1 sub c; nr. 62). Verder moeten de financiële gevolgen van het akkoord per klasse van schuldeisers en aandeelhouders worden duidelijk gemaakt (art. 375 lid 1 sub d), en moet de waarde die naar verwachting gerealiseerd kan worden als het akkoord tot stand komt (art. 375

40 Kamerstukken TK (2018-2019), 35249, nr. 3, p. 26-27.

lid 1 sub e) worden afgezet tegen de opbrengst die naar verwachting gerealiseerd wordt bij een vereffening van het vermogen van de schuldenaar in faillissement (art. 375 lid 1 sub f). Dit vergt inzicht in de bij de berekening van deze waardes gehanteerde grondslagen, uitgangspunten en aannames (art. 375 lid 1 sub g). Bij een toedeling van rechten aan de schuldeisers en aandeelhouders moet die informatie aangeven op welk(e) moment(en) dat gaat gebeuren (art. 375 lid 1 h). Als de schuldenaar nieuwe financiering wil aangaan om het akkoord te kunnen uitvoeren, moet dit worden toegelicht (art. 375 lid 1 sub i). Verder moet het aangeboden akkoord uitsluitsel geven over de wijze waarop de schuldeisers en aandeelhouders nadere informatie kunnen verkrijgen (art. 375 lid 1 sub j) en over de procedure voor de stemming over het akkoord en het moment waarop deze plaatsvindt dan wel waarop de stem uiterlijk moet zijn uitgebracht (art. 375 lid 1 sub k). In voorkomend geval bevat het akkoord ten slotte informatie over de wijze waarop advies is of zal worden gevraagd conform artikel 25 WOR (art. 375 lid 1 sub l). Het aangeboden akkoord moet ten slotte in bijlagen tamelijk veel (gedetailleerde) informatie verschaffen.

Denk bijvoorbeeld aan een overzicht van bezittingen (activa) en schulden (passiva); een lijst van schuldeisers (en voor zover van toepassing van aandeelhouders) met naam (of categorie), bedrag van de vordering (en aandeel) en eventuele betwisting daarvan alsmede voor welk bedrag die is toegelaten tot de stemming, ingedeeld naar klasse; een overzicht van schuldeisers of aandeelhouders die niet onder het akkoord vallen met toelichting waarom dat zo is; een liquiditeitsprognose en een beschrijving van de aard, omvang en oorzaak van de financiële problemen, welke pogingen zijn ondernomen om deze problemen op te lossen en op welke wijze het akkoord bijdraagt aan een oplossing; voor zover van toepassing een schriftelijke verklaring over de zwaarwegende grond waarom concurrente schuldeisers minder dan 20% (in geld of vervangende waarde) van hun vordering in het akkoord krijgen aangeboden (art. 375 lid 2). Eventueel kunnen nog nadere eisen bij algemene maatregel van bestuur worden opgesteld of van overheidswege voor een en ander een standaardformulier worden gemaakt (art. 375 lid 3).

62. *Indeling in klassen*

Een bijzonderheid van de WHOA is de mogelijkheid voor de schuldenaar om zelf de omvang van de groep van betrokkenen te bepalen. Anders dan bijvoorbeeld de akkoorden in faillissement, surseance van betaling en schuldsanering natuurlijke personen, die beperkt zijn tot alle concurrente schuldeisers (zie par. 5.5.2, 6.4.2 en 7.5.1), mag de schuldenaar die omvang bij de WHOA zelf uitbreiden of beperken. Zo is uitbreiding mogelijk door in een WHOA-akkoord ook hoger gerangschikte partijen (preferente schuldeisers, separatisten zoals pand- en hypotheekhouders, en schuldeisers met een eigendomsvoorbehoud) te betrekken. Hetzelfde geldt voor lager gerangschikte partijen zoals achtergestelde schuldeisers en aandeelhouders. Ook zij kunnen in de procedure betrokken worden. Een beperking vindt plaats als binnen de groep van concurrente schuldeisers een selectie wordt gemaakt: leveranciers, dienstverleners, schuldeisers met bijvoorbeeld een kleine vordering en met een grote vordering, financiële schuldeisers die werkkapitaal verschaffen en bijvoorbeeld obligatiehouders. Hetzelfde geldt voor de indeling van aandeelhouders in klassen. Niet alleen het onderscheid tussen gewone en preferente aandeelhouders kan worden gemaakt, maar ook binnen de categorie gewone aandeelhouders is een onderscheid denkbaar tussen bijvoorbeeld kleine aandeelhouders (minder dan 1%) en aandeelhouders die ten minste 5% aandelen bezitten.

Toch is de schuldenaar niet helemaal vrij in de klassenindeling. Schuldeisers en aandeelhouders moeten in verschillende klassen worden ingedeeld als zij bij een vereffening van het vermogen van de schuldenaar in faillissement of op basis van het aangeboden akkoord zodanig verschillende rechten hebben of krijgen dat van een gelijkwaardige positie geen sprake is (art. 374). Is dat wel het geval, dan moeten zij in dezelfde klasse worden ingedeeld. De reden is dat wanneer de schuldeisers en aandeelhouders geen vergelijkbare positie hebben in het aangeboden akkoord, zij dat doorgaans anders zullen beoordelen.[41]

Van een onvergelijkbare positie is in ieder geval sprake als een schuldeiser of een aandeelhouder op grond van de wet of een overeenkomst een andere (hogere of lagere) rang heeft dan een andere schuldeiser of aandeelhouder, zodat zij in verschillende klassen moeten worden ingedeeld.

Voorts is ter bescherming van bepaalde schuldeisers en om duidelijkheid te creëren over de plaats van andere schuldeisers met een pand- of hypotheekrecht, op verzoek van de Tweede Kamer artikel 374 nader gepreciseerd.[42] Zo moeten de concurrente vorderingen van bepaalde kleine MKB-schuldeisers[43] voor geleverde goederen of diensten of uit onrechtmatige daad soms in één of meer aparte klassen worden ingedeeld. Dit is het geval als die schuldeisers op grond van het akkoord een bedrag van minder dan 20% van die vordering aangeboden krijgen. Hetzelfde geldt als zij onder het akkoord geen geld aangeboden krijgen maar een alternatief recht dat minder waard is dan 20% van hun vordering (art. 374 lid 2). In deze beide gevallen is daarvoor namelijk een rechtvaardiging ('zwaarwegende grond'; art. 384 lid 4 sub a) vereist, zeker als andere schuldeisers meer zouden ontvangen.

Daarnaast worden separatisten voor hun vordering in beginsel in twee verschillende klassen ingedeeld: het deel dat gedekt wordt door de te verwachten opbrengst bij uitwinning van het pand- of hypotheekrecht in een faillissement wordt in de ene klasse ondergebracht, terwijl het – ongesecureerde – surplus in de andere klasse valt, eventueel samen met de overige concurrente schuldeisers (art. 374 lid 3). Door de voorrang van de separatist te beperken tot de liquidatiewaarde van het onderpand wordt voorkomen dat een eventueel *going concern* surplus bij een succesvolle reorganisatie geheel ten goede komt aan de separatist ten koste van de concurrente schuldeisers.[44]

De klassenindeling beoogt de schuldenaar dan wel de herstructureringsdeskundige als die op grond van artikel 371 is aangewezen, te helpen om een goed herstructureringsplan op te stellen. Tegelijkertijd biedt de indeling de stemgerechtigde schuldeisers en aandeelhouders de mogelijkheid om binnen de klasse te onderzoeken in hoeverre daar steun voor het akkoord is.[45] Het gedeponeerde plan moet immers vergezeld gaan van een lijst waarop informatie wordt gegeven over de naam dan wel categorie schuldeisers en aandeelhouders voor wie het akkoord bedoeld is, het bedrag van ieders vordering of aandeel) en eventuele betwisting daarvan alsmede

41 Kamerstukken TK (2018-2019), 35249, nr. 3, p. 47.

42 Kamerstukken TK (2019-2020), 35249, nr. 14 en 25.

43 Dit zijn schuldeisers met een micro- of kleinbedrijf die onder de jaarrekening- en publicatievrijstellingen vallen van artikel 2:395a en 396 BW. Deze moeten op twee opeenvolgende balansdata voldoen aan twee of drie van de daar genoemde vereisten: activa ter waarde van maximaal € 6 miljoen, netto-omzet niet meer dan € 12 miljoen en gemiddeld minder dan 50 werknemers; zie hierover Kamerstukken TK (2019-2020), 35249, nr. 25, p. 2. In het ontwerp Implementatiewet richtlijn herstructurering en insolventie (internetconsultatie.nl/herstructurering) wordt voorgesteld deze grenzen in art. 369 lid 1 te verhogen naar € 43 miljoen balanstotaal, € 50 miljoen netto-jaaromzet en 250 werknemers.

44 Kamerstukken TK (2019-2020), 35249, nr. 14, p. 2. Zie bijv. Rb. Rotterdam 3 maart 2021, ECLI:NL:RBROT:2021:1769 en Rb. Den Haag 23 juli 2021, ECLI:NL:RBDHA:2021:8121.

45 Kamerstukken TK (2018-2019), 35249, nr. 3, p. 48.

voor welk bedrag die is toegelaten tot de stemming en in welke klasse(n) men is ingedeeld (art. 375 lid 2 sub b). Ten slotte biedt de klassenindeling aan de rechter, die zich over de homologatie moet buigen, houvast om te beoordelen of het akkoord op de juiste manier tot stand is gekomen en redelijk is. Als alle klassen hebben ingestemd wordt dit laatste vermoed het geval te zijn.

63. *Tussentijdse maatregelen: afkoelingsperiode*

De aanloop naar een akkoord kan een hectische periode zijn, zowel in besloten procedure en de buitenwacht niet echt op de hoogte is van de reddingspogingen die door de schuldenaar met een aantal schuldeisers (en soms aandeelhouders) worden ondernomen, als in een openbare procedure waardoor iedereen van de penibele situatie op de hoogte is. Tot dan toe onwetende schuldeisers die hun positie willen veiligstellen en hun rechten willen uitoefenen kunnen dan het herstructureringsproces nodeloos frustreren. Zij kunnen beslag laten leggen of een faillissementsverzoek indienen waardoor acute liquiditeitsproblemen kunnen ontstaan. Voor een dergelijke situatie kan de schuldenaar de rechtbank verzoeken om een afkoelingsperiode af te kondigen voor een termijn van maximaal vier maanden (art. 376 lid 1 en 2); onder omstandigheden te verlengen tot maximaal acht maanden (art. 376 lid 5). Voor een verzoek om een afkoelingsperiode moet de schuldenaar de zogenaamde startverklaring als bedoeld in artikel 370 lid 3 hebben gedeponeerd en een akkoord hebben aangeboden of toezeggen dit uiterlijk binnen twee maanden te zullen doen.

Voor een verlengingsverzoek is vereist dat op dat ogenblik belangrijke vooruitgang is geboekt. Dit wordt vermoed als inmiddels een verzoek tot homologatie is ingediend (art. 376 lid 5). Als een herstructureringsdeskundige is aangewezen door de rechtbank op grond van artikel 371, is ook deze bevoegd een afkoelingsperiode te verzoeken.

De rechtbank wijst het verzoek om een afkoelingsperiode toe als summierlijk blijkt dat de belangen van de gezamenlijke schuldeisers daarbij gediend zijn en de belangen van de derden die daardoor worden geraakt, voldoende gewaarborgd zijn (art. 376 lid 4).[46] Als dit niet meer het geval is kan de rechtbank de afkoelingsperiode ambtshalve of op verzoek van de schuldenaar, herstructureringsdeskundige (indien aanwezig) of derden opheffen (art. 376 lid 10).

Tijdens de afkoelingsperiode mogen derden op geen enkele wijze verhaal nemen op goederen van de schuldenaar en evenmin goederen die zich in de macht van de schuldenaar bevinden opeisen, tenzij zij daarvoor machtiging van de rechtbank hebben (art. 376 lid 2 sub a). De schuldenaar of herstructureringsdeskundige kan in deze

46 (Gedeeltelijk) toegewezen in Rb. Den Haag 15 januari 2021, ECLI:NL:RBDHA:2021:198; Rb. Amsterdam 15 januari 2021, ECLI:NL:RBAMS:2021:84; Rb. Gelderland 4 maart 2021, ECLI:NL:RBGEL:2021:1126; Rb. Amsterdam 11 maart 2021, ECLI:NL:RBAMS:2021:3331; Rb. Den Haag 2 april 2021, ECLI:NL:RBDHA:2021:3227; Rb. Midden-Nederland 6 april 2021, ECLI:NL:RBMNE:2021:1901; Rb. Den Haag 25 mei 2021, ECLI:NL:RBDHA:2021:5316 (*ADO*); Rb. Amsterdam 26 mei 2021, ECLI:NL:RBAMS:2021:2815; Rb. Den Haag 9 juli 2021, ECLI:NL:RBDHA:2021:7143; niet-ontvankelijk in Rb. Noord-Nederland 29 januari 2021, ECLI:NL:RBNNE:2021:509 en afgewezen in Rb. Rotterdam 8 maart 2021, ECLI:NL:RBROT:2021:1887; Rb. Overijssel 16 juli 2021, ECLI:NL:RBOVE:2021:2907. Een verlenging van de afkoelingsperiode is gegeven door Rb. Den Haag 23 juli 2021, ECLI:NL:RBDHA:2021:8121 maar afgewezen door Rb. Amsterdam 23 maart 2021, ECLI:NL:RBAMS:2021:1874.

periode de rechtbank ook verzoeken om beslagen op te heffen (art. 376 lid 2 sub b). Verder wordt tijdens de afkoelingsperiode de behandeling van een surseance- of faillissementsverzoek geschorst (art. 376 lid 2 sub c). Dit is ook het geval als al een faillissementsverzoek aanhangig was dat tijdens de behandeling van het verzoek om een herstructureringsdeskundige aan te wijzen geschorst is (art. 3d lid 2 en 376 lid 2 sub c). De stil pandhouder van een vordering is ook niet bevoegd om de mededeling daarvan op grond van artikel 3:239 lid 3 BW te doen, betaling in ontvangst te nemen of te verrekenen met een schuld aan de schuldenaar, mits hij toereikende vervangende zekerheid verkrijgt (art. 376 lid 7). Ter bescherming kunnen de derden zowel bij de afkondiging als tijdens de afkoelingsperiode de rechtbank verzoeken om zodanige bepalingen te maken en voorzieningen te treffen als zij nodig acht ter beveiliging van de belangen van de schuldeisers of aandeelhouders (art. 376 lid 9 jo. 379 en 380).

Als leveranciers met een eigendomsvoorbehoud of pand- en hypotheekhouders de schuldenaar de bevoegdheid hadden gegeven om de aan het zekerheidsrecht onderworpen goederen te gebruiken, verbruiken of te vervreemden en stil verpande vorderingen te innen, dan mag de schuldenaar die bevoegdheid tijdens de afkoelingsperiode blijven uitoefenen (art. 377). Het is wel vereist dat dit gebeurt in het kader van de normale voortzetting van het bedrijf (art. 377 lid 1) en dat de belangen van de betrokken zekerheidsgerechtigde voldoende gewaarborgd zijn (art. 377 lid 2). In de praktijk betekent dit dat de schuldenaar de derde voldoende zekerheid moet verschaffen dat de oorspronkelijke zekerheid op adequate wijze wordt vervangen, omdat die door het gebruik, verbruik, vervreemding of de inning doorgaans komt te vervallen. Bij vervreemding valt te denken aan een zekerheidsrecht op de opbrengst of bijvoorbeeld het rechtstreeks laten overmaken van die opbrengst naar de zekerheidsgerechtigde.[47]

64. Tussentijdse gang naar de rechter voor deal certainty

Omdat het akkoord en nevenmaatregelen zoals de afkoelingsperiode (nr. 63) een behoorlijke inbreuk kunnen maken op de positie en rechten van (een deel van) de schuldeisers en aandeelhouders, kent de WHOA hen - indirect - bescherming toe in de vorm van rechterlijke toetsing, zij het alleen op verzoek van de schuldenaar, een eventuele herstructureringsdeskundige of ambtshalve (art. 379 en 380).[48] De gang naar de rechter kost echter alle betrokkenen tijd en geld en leidt tot onzekerheid, terwijl juist een van de grondslagen van de WHOA is dat zo snel mogelijk duidelijkheid voor alle partijen bestaat, ook wel aangeduid als *deal certainty*.[49] Daarom kent de WHOA de mogelijkheid voor de rechtbank om in een vroeg stadium op verzoek van de schuldenaar – en in geval een herstructureringsdeskundige is aangewezen,

47 Kamerstukken TK (2018-2019), 35249, nr. 3, p. 56.

48 De mogelijkheid voor de rechtbank om ambtshalve maatregelen te treffen ter beveiliging van de belangen van de schuldeisers bestond voor de invoering van de WHOA al in artikel 225 bij de surseance van betaling en wordt ook bij faillissement wenselijk geacht (Lehman Brothers, Oi), zie bijv. art. 2.2.10 VIw; Voorstellen wijzigingen Faillissementswet Commissie INSOLAD, 13 december 2012, p. 21 en Advies Insolad over Wetsvoorstel voor Modernisering faillissementsprocedure, 26 februari 2016, p. 4 (http://static.basenet.nl/cms/105928/website/2016-02-26-brief-aan-min-v-venj-inzake-wetsvoorstel-modernisering-faillissementsprocedure.pdf).

49 Kamerstukken TK (2018-2019), 35249, nr. 3, p. 6, 57.

ook op verzoek van deze – of ambtshalve duidelijkheid te geven over verschillende aspecten die voor de totstandbrenging van het akkoord van belang kunnen zijn (art. 378). Met het oog op de gewenste *deal certainty* is het immers beter om dit debat zo vroeg mogelijk te voeren en niet pas aan het einde van het traject bij de homologatie. Langs deze weg kan de rechtbank in voorkomend geval de bepalingen uit de onderhavige tweede afdeling van Titel IV over de totstandkoming van een akkoord opzijzetten of waar nodig beter op de situatie afstemmen waarmee uiteindelijk ook de schuldeisers en eventuele aandeelhouders gediend zijn.[50]

Dit betreft onder meer de informatie die in de documenten bij het akkoord is opgenomen, zoals de gehanteerde waardes, waarderingsgrondslagen, uitgangspunten en aannames (art. 375 lid 1). Het geldt ook voor de stemprocedure en de wijze waarop en de termijn waarbinnen schuldeisers en aandeelhouders moeten reageren. Tevens kan de klassenindeling (en de daarbij gehanteerde criteria) aan de rechter worden voorgelegd en de vraag of een bepaalde schuldeiser of aandeelhouder tot de stemming moet worden toegelaten.

Verder kan langs deze weg al vroeg in het traject een rechterlijke uitspraak ontlokt worden of bij aanvaarding van het akkoord door een, meer of alle klassen, er toch niet een afwijzingsgrond als bedoeld in artikel 384 bestaat waardoor geen homologatie zal kunnen plaatsvinden en het akkoord niet iedere betrokkene zal binden (art. 378).

Zodra een of meer van de genoemde kwesties aan de rechtbank wordt voorgelegd moet deze alle betrokkenen in de gelegenheid stellen daarover hun zienswijze te geven. Dit zijn allereerst de schuldenaar en de herstructureringsdeskundige of de observator (zie nr. 66), zo die er zijn. Een betrokkene in de zin van deze bepaling is daarnaast elke schuldeiser en aandeelhouder van wie de belangen rechtstreeks door de beslissing van de rechtbank worden geraakt (art. 378 lid 7). Als een dergelijke schuldeiser of aandeelhouder deze mogelijkheid ongebruikt laat passeren, kan hij daarover later bij de homologatie echter niet meer klagen: dan is hij te laat, er geldt hier een klachtplicht (art. 383 lid 9). Net als wanneer een eerder verzoek door die schuldeiser of aandeelhouder aan de rechtbank werd afgewezen, zal de latere homologatie door de rechtbank jegens hem bindend zijn en gezag van gewijsde hebben (art. 378 lid 8 jo. 383 lid 9 jo. 369 lid 10).[51]

De schuldenaar kan het verzoek om voorzieningen te treffen aan het begin van het traject doen, tegelijk met het deponeren van de startverklaring bij de rechtbank (art. 379 lid 1 jo. 370 lid 3), maar ook elk moment later.

Bijvoorbeeld in de procedure waarin om een aanwijzing van een herstructureringsdeskundige wordt verzocht (art. 371) of een afkoelingsperiode (art. 376), al dan niet met een schorsing van een ingediende faillissementsaanvraag (art. 3d) of als een dag voor de homologatiezitting moet worden bepaald (art. 383 lid 4).

Een ander verzoek gericht op *deal certainty* is de mogelijkheid om bepaalde rechtshandelingen 'pauliana-*proof*' te krijgen (art. 42a). Hiermee kan de schuldenaar bereiken dat die rechtshandelingen later in een onverhoopt faillissement niet succesvol door de curator met een beroep op de faillissementspauliana vernietigd kunnen

50 Kamerstukken TK (2018-2019), 35249, nr. 3, p. 60.
51 Kamerstukken TK (2018-2019), 35249, nr. 3, p. 6, 15, 19, 67.

worden. Hieraan kan bijvoorbeeld behoefte bestaan als de schuldenaar financiering nodig heeft die noodzakelijk is om de onderneming voort te zetten gedurende de totstandkoming van het akkoord, los van de vraag of daarvoor zekerheden gesteld moeten worden.[52] Deze mogelijkheid komt alleen toe aan de schuldenaar en niet de herstructureringsdeskundige, omdat deze geen bevoegdheid heeft om rechtshandelingen te verrichten voor de schuldenaar.[53] Wel is hiervoor voorafgaande machtiging door de rechter vereist. Deze moet in zijn afweging betrekken dat die rechtshandeling enerzijds voor de voortzetting van de onderneming tijdens de voorbereiding van het akkoord noodzakelijk is en dat de gezamenlijke schuldeisers daarmee gediend zijn en anderzijds de belangen van geen enkele individuele schuldeiser schaadt (art. 42a lid 3).[54]

65. *Tussentijdse maatregelen: bescherming van de belangen van de schuldeisers*

De rechtbank kan ook bepalingen maken en voorzieningen treffen om de belangen van de schuldeisers of de aandeelhouders veilig te stellen (art. 379). Om te voorkomen dat een rechtsgang door een betrokkene wordt gebruikt of misbruikt en ongewenste vertraging veroorzaakt, is echter de gang naar de rechter op verschillende manieren ingeperkt.[55] Zo kunnen de schuldeisers en aandeelhouders de rechtbank in beginsel niet zelf verzoeken om maatregelen te treffen. Aangezien de rechtbank deze maatregelen echter ook ambtshalve kan treffen, zouden schuldeisers en aandeelhouders die toch kunnen uitlokken door de rechtbank informeel te attenderen op omstandigheden die dergelijke maatregelen rechtvaardigen. Door het ontbreken van een formele rechtsingang hoeft de rechter niet op dergelijke informele verzoeken te reageren. Dit is alleen anders bij schuldeisers die door een afkoelingsperiode worden belet hun rechten uit te oefenen, want zij hebben wel een wettelijk recht om de rechtbank om maatregelen te verzoeken (art. 376 lid 9).

Qua tijd is de beperking erin gelegen dat in beginsel geen rechtsmiddel kan worden ingesteld tegen een beslissing van de rechtbank: hoger beroep en cassatie zijn uitgesloten (art. 369 lid 10). Afgezien van de mogelijkheid van cassatie in het belang der wet, waarvan de uitspraak voor partijen geen gevolgen heeft, doet de rechtbank dus in eerste en enige instantie uitspraak. Als de rechtbank haar oordeel toch zou willen voorleggen aan een hogere instantie, moet zij gebruik maken van de mogelijkheid om een prejudiciële vraag aan de Hoge Raad te stellen (art. 81a RO en 392-395 Rv).[56]

Voorzieningen die de rechtbank verder kan treffen zijn dat de schuldenaar de schuldeisers en de rechtbank regelmatig informeert over de gang van zaken of dat binnen een bepaalde termijn over het akkoord moet worden gestemd.[57] Een

52 Zie bijv. machtiging voor een krediet Rb. Rotterdam 3 maart 2021, ECLI:NL:RBROT:2021:1768 en een krediet met hypothecaire zekerheid Rb. Noord-Nederland 26 maart 2021, ECLI:NL:RBNNE:2021:1100.

53 Kamerstukken TK (2018-2019), 35249, nr. 3, p. 27.

54 Zie ook art. 17 HRL; nr. 401.

55 Dit is in lijn met de beoogde beperkte betrokkenheid van de rechter bij de WHOA, zie Kamerstukken TK (2018-2019), 35249, nr. 3, p. 18-20.

56 Kamerstukken TK (2018-2019), 35249, nr. 3, p. 17-18, 29, 33.

57 Kamerstukken TK (2018-2019), 35249, nr. 3, p. 59.

bijzondere voorziening die de rechtbank op grond van artikel 379 kan treffen is ten slotte de aanstelling van een zogenaamde observator (art. 380).

66. *Tussentijdse maatregelen: aanstelling observator*

Voorafgaand aan een eventuele aanwijzing van een herstructureringsdeskundige kan de schuldenaar bij de voorbereiding van het akkoord vragen om een zogenaamde 'observator' (art. 380). Dit is een voorziening als bedoeld in artikel 379. Daarnaast kan de rechtbank op grond van artikel 379 ook ambtshalve een observator aanstellen zolang er geen herstructureringsdeskundige is of als de rechtbank een algemene afkoelingsperiode afkondigt en zij dit ter beveiliging van de belangen van de schuldeisers of de aandeelhouders nodig oordeelt (art. 376 lid 9).[58] Ten slotte moet de rechtbank in lijn met artikel 5 lid 3 sub b Herstructureringsrichtlijn een observator aanstellen als een homologatie wordt verzocht van een akkoord waarmee niet alle klassen hebben ingestemd (art. 383 lid 4).[59]

De observator heeft tot taak om met inachtneming van de belangen van de gezamenlijke schuldeisers toezicht te houden op de totstandkoming van het akkoord (art. 380 lid 1). Hij doet dit net als de herstructureringsdeskundige doeltreffend, onpartijdig en onafhankelijk (art. 380 lid 4 jo. 371 lid 6). Hoewel de wet dit niet met zoveel woorden bepaalt, valt aan te nemen dat de observator door de schuldenaar moet worden betaald.

De observator is echter niet te verwarren met een herstructureringsdeskundige als bedoeld in artikel 371 (zie nr. 60), maar kan daaraan voorafgaan. Zodra blijkt dat er geen akkoord gaat komen of dat de belangen van de gezamenlijke schuldeisers worden geschaad, moet de observator de rechtbank daarover informeren. Deze moet dan de observator en de schuldenaar vragen om hun zienswijze over deze situatie, waarna zij een beslissing neemt die haar goeddunkt (art. 380 lid 2). Hoewel dit in theorie iedere beslissing kan zijn, lijkt de wetgever voor te sorteren op de mogelijkheid om in dat geval een herstructureringsdeskundige aan te wijzen; dit impliceert een intrekking van de aanstelling van de observator (art. 380 lid 3). Een observator en een herstructureringsdeskundige kunnen immers niet naast elkaar bestaan, maar de rechtbank kan – maar hoeft niet – de observator tot herstructureringsdeskundige aanwijzen.[60]

67. *Vereisten voor het aannemen van het akkoord; het stemproces*

De WHOA kent een eenvoudig systeem om vast te stellen of een aangeboden akkoord is aangenomen. Vereist is dat stemgerechtigde schuldeisers en aandeelhouders in staat worden gesteld om kennis te nemen van het akkoord en zich daarover een geïnformeerd oordeel kunnen vormen (art. 381 lid 1). Met dit laatste wordt bedoeld dat een stemgerechtigde partij de gelegenheid moet hebben gehad om over het akkoord en de gevolgen daarvan te kunnen nadenken (en zich zo nodig daarover

58 Vgl. art. 5 lid 3 sub b Herstructureringsrichtlijn.
59 Kamerstukken TK (2018-2019), 35249, nr. 3, p. 67. Zie bijv. Rb. Amsterdam 15 januari 2021, ECLI:NL:RBAMS:2021:84; Rb. Gelderland 4 maart 2021, ECLI:NL:RBGEL:2021:2343; Rb. Den Haag 2 april 2021, ECLI:NL:RBDHA:2021:3227; Rb. Amsterdam 26 mei 2021, ECLI:NL:RBAMS:2021:2815 en Rb. Den Haag 23 juli 2021, ECLI:NL:RBDHA:2021:8121.
60 Kamerstukken TK (2018-2019), 35249, nr. 3, p. 59-60.

heeft kunnen laten adviseren). Het akkoord hoeft alleen voorgelegd te worden aan de schuldeisers en aandeelhouders die door het akkoord worden geraakt: alleen zij zijn stemgerechtigd. De informatieverplichtingen van de schuldenaar gelden ook uitsluitend tegenover deze groepschuldeisers en aandeelhouders. Het enkele feit dat men van het akkoord feitelijk last (omdat men bijvoorbeeld allerlei procedures moet doorlopen met de nodige administratieve handelingen) of profijt (bijvoorbeeld toeleveranciers die hun afnemer behouden omdat de onderneming van de schuldenaar in stand kan blijven) heeft, is op zichzelf onvoldoende om als stemgerechtigd te worden aangemerkt.

Om te kunnen stemmen moet de schuldeiser of aandeelhouder als zodanig erkend zijn door de schuldenaar. Voor zover de aanspraak door de schuldenaar wordt betwist, kan de schuldenaar dit voorleggen aan de rechter om daarover een beslissing te geven (art. 378 lid 1 sub c); er is geen verificatieproces en renvooiprocedure zoals in faillissement (nr. 232. 233). De schuldenaar kan hetzelfde doen als de schuldeiser het oneens is over zijn indeling in een bepaalde klasse (art. 378 lid 1 sub b).

Een stemgerechtigde schuldeiser is in de eerste plaats degene die civielrechtelijk als schuldeiser moet worden aangemerkt. Als het economisch belang van het vorderingsrecht niet bij de civielrechtelijke schuldeiser ligt maar bij iemand anders, dan kan de schuldenaar deze laatste over het akkoord informeren en uitnodigen daarover naar eigen inzicht te stemmen (art. 381 lid 4).[61] Hierbij valt te denken aan obligatiehouders (als economisch belanghebbenden) waarbij de juridische gerechtigdheid tot de vordering bij een zogenaamde trustee of agent is ondergebracht. Het is aan degene die het akkoord aanbiedt (de schuldenaar dan wel de herstructureringsdeskundige) om hier naargelang de omstandigheden een keuze te maken.

Als de schuldeiser de vordering stil verpand heeft, is na de mededeling van de verpanding uitsluitend nog de pandhouder bevoegd om de vordering te innen en hiertoe over het akkoord te stemmen (art. 3:246 BW).

Dit standpunt is niet onomstreden in het licht van de uitdrukkelijke bewoordingen van de Hoge Raad in 2014 dat de pandgever ook na mededeling van de verpanding bevoegd blijft handelingen te verrichten zoals het verlenen van kwijtschelding.[62] In aanvulling hierop oordeelde hij echter in 2016 dat het begrip schuldeiser in de zin van de Faillissementswet een ruime invulling heeft.[63] Bij verpanding van een vordering is na de mededeling daarvan aan de schuldenaar de pandhouder degene die exclusief bevoegd is het faillissement van die schuldenaar aan te vragen en derhalve moet worden aangemerkt als schuldeiser in de zin van artikel 1 lid 1. Hoewel de stemming over een akkoord in de WHOA op zichzelf nog geen verhaalsuitoefening is, zou het toekennen van die bevoegdheid aan de pandgever tot een ongerijmde patstelling leiden. Zoals A-G Timmerman in zijn conclusie voor het arrest aangeeft, zou dan een splitsing worden aangebracht tussen het materiële recht dat bij de pandgever als schuldeiser zou achterblijven en het vorderingsrecht dat na de mededeling alleen nog door de pandhouder kan worden uitgeoefend, met als gevolg dat geen van

61 Kamerstukken TK (2018-2019), 35249, nr. 3, p. 62.
62 HR 21 februari 2014, *NJ* 2015/82 (*Immum'Âge Europe/Neo-River*), r.o. 3.5.1.
63 HR 9 december 2016, *NJ* 2017/2 (*Megalim/De Veenbloem*), r.o. 3.3-4.

beiden zouden mogen stemmen.[64] Daarom acht hij een ruime invulling van het begrip schuldeiser in de zin van de Faillissementswet gewenst, zodat na mededeling van de verpanding ook de pandhouder daaronder valt.[65] Aangezien de pandhouder dan degene is die bij uitsluiting van ieder ander de gevolgen ondervindt van de wijziging van de vordering in de zin van artikel 381 lid 3 en hij exclusief inningsbevoegd is, hoort hij ook het stemrecht uit te oefenen. Om ieder misverstand uit te sluiten doet de pandhouder er goed aan om deze bevoegdheid op de voet van artikel 3:247 BW aan zich toe te laten vallen, al kan betoogd worden dat de daarin bedoelde 'stemming' niet zozeer ziet op de stemming over een WHOA-akkoord.

Met dezelfde redenering als bij pand liggen de schuldeisersbevoegdheden onder de WHOA bij vruchtgebruik van een vordering in beginsel bij de vruchtgebruiker (art. 3:210 BW).[66]

Ten aanzien van de stemgerechtigde aandeelhouder geldt iets vergelijkbaars, indien voor de aandelen certificaten zijn uitgegeven en daarmee de zeggenschap en controle is afgescheiden van de gerechtigdheid tot de opbrengsten. Dan kan de schuldenaar of in voorkomend geval de herstructureringsdeskundige ervoor kiezen om de certificaathouders over het akkoord te informeren en hen daarover te laten stemmen (art. 381 lid 5).

Als het goed is heeft de schuldenaar in het akkoord de informatie opgenomen over de procedure voor de stemming daarover en het tijdstip waarop dit gebeurt (art. 375 lid 1 sub k). Zo kan de stemming plaatsvinden in een fysieke vergadering, door middel van een elektronisch communicatiemiddel of schriftelijk (art. 381 lid 6). De stemming geschiedt per klasse, waarbij sprake is van instemming met het akkoord als ten minste twee derde van het totale bedrag aan vorderingen behorend tot de schuldeisers die ter vergadering binnen die klasse hun stem hebben uitgebracht, met het akkoord heeft ingestemd (art. 381 lid 7). Bij aandeelhouders is het criterium dat ten minste twee derde van het totale bedrag aan geplaatst kapitaal behorend tot de aandeelhouders die ter vergadering binnen die klasse hun stem hebben uitgebracht met het akkoord heeft ingestemd (art. 381 lid 8). In tegenstelling tot faillissement (art. 145), surseance van betaling (art. 268) en schuldsanering natuurlijke personen (art. 332), is in de WHOA naast bovenstaand 'bedragcriterium' voor homologatie geen meerderheid vereist van het aantal schuldeisers of aandeelhouders in de desbetreffende klasse ('getalscriterium').

De schuldenaar of de herstructureringsdeskundige, zo die is aangewezen, moet uiterlijk binnen zeven dagen na de stemming over het akkoord een verslag opstellen en aan de stemgerechtigde schuldeisers en aandeelhouders ter kennis brengen (art. 382 lid 2). Dit verslag vermeldt de namen (of categorieën) van de schuldeisers en aandeelhouders die hun stem hebben uitgebracht, hun stemgedrag en het bedrag van hun vorderingen of de nominale waarde van hun aandelen. Verder bevat het verslag

64 Zie Conclusie A-G Timmerman bij HR 9 december 2016, *NJ* 2017/2 (*Megalim/De Veenbloem*), nr. 3.11. Zie ook Faber in zijn JOR-noot bij HR 9 december 2016 (*Megalim/De Veenbloem*), *JOR* 2017/25, nr. 3.

65 Anders A.M. Mennens, Het dwangakkoord buiten surseance en faillissement, nr. 444, die het WHOA-akkoord echter wel typeert als verhaalsinstrument (nr. 156 en 517) waardoor volgens de Hoge Raad het stemrecht juist wel aan de pandhouder zou moeten toevallen.

66 Art. 3:219 BW is dan op een vergelijkbare manier als art. 3:247 BW niet van toepassing op de stemming in de WHOA, maar anders kan ook hier in de afspraak tussen hoofdgerechtigde en vruchtgebruiker die bevoegdheid exclusief aan de vruchtgebruiker worden toegekend.

de uitslag van de stemming en het eventuele voornemen voor een homologatieverzoek. In het laatste geval moet in het verslag ook relevante informatie worden gegeven over wat er rond de stemming en verder ter vergadering heeft plaatsgevonden. Het verslag moet bij de griffie van de rechtbank worden gedeponeerd ter kosteloze inzage van de stemgerechtigde schuldeisers en aandeelhouders (art. 382 lid 2).

68. Procedure voor homologatie van het akkoord

De instemming van de vereiste meerderheid van uitgebrachte stemmen van stemgerechtigde schuldeisers en aandeelhouders leidt op zichzelf nog niet tot binding van tegenstemmende, zich onthoudende of afwezige schuldeisers en aandeelhouders. Hiervoor is nodig dat het akkoord door de rechter wordt goedgekeurd. Dit gebeurt door homologatie van het akkoord door de rechtbank (art. 383).

Een homologatieverzoek kan alleen worden ingediend als ten minste één klasse van schuldeisers met het akkoord heeft ingestemd overeenkomstig artikel 381 lid 7. Bovendien moet deze klasse een rechtens te respecteren belang hebben bij het homologatieverzoek. Als het akkoord een wijziging bevat van de rechten van schuldeisers die bij een faillissementsvereffening (zie par. 5.5.3) naar verwachting geheel of tenminste gedeeltelijk kunnen worden voldaan, moet de voorstemmende klasse deze schuldeisers omvatten, de zogenaamde *in-the-money* schuldeisers (art. 383 lid 1). Ziet het akkoord alleen op schuldeisers of aandeelhouders die bij de faillissementsvereffening geen enkele uitkering tegemoet kunnen zien, dan geldt die eis niet.[67]

Als de rechtbank bevoegd is zich over het homologatieverzoek uit te laten, bepaalt zij een zittingsdatum voor de behandeling van het verzoek. Dit gebeurt op korte termijn: tussen acht en veertien dagen nadat het verzoek is ingediend en het verslag ex artikel 382 bij de griffie is gedeponeerd (art. 383 lid 4 en 6). Tot die datum kunnen belanghebbenden (stemgerechtigde schuldeisers, aandeelhouders of wederpartijen van wie de overeenkomst ex artikel 373 wordt opgezegd) een gemotiveerd verzoek tot afwijzing van de homologatie of opzegging van de overeenkomst indienen op grond van een of meer gronden als bedoeld in artikel 384 lid 2-4 (nr. 69). Wel is vereist dat de verzoeker hierbij snel handelt. Als niet snel gereageerd is richting de schuldenaar nadat de eventuele afwijzingsgrond was ontdekt of dit redelijkerwijze had moeten zijn gebeurd, verliest de verzoeker het recht daartoe (art. 383 lid 9). Doel hiervan is om schuldeisers te stimuleren hun eventuele bezwaren zo spoedig mogelijk in het traject – bij voorkeur nog vóór de stemming – aan de schuldenaar kenbaar te maken om te voorkomen dat onnodig veel tijd en energie wordt gestoken in een mogelijk op voorhand al kansloze procedure.[68]

Gedurende de homologatieprocedure kan de rechtbank behoefte hebben aan een (nadere) voorlichting door deskundigen (art. 384 lid 6 jo. 378 lid 5). Los hiervan is de rechtbank verplicht om alle betrokkenen in staat te stellen hun zienswijze te geven over het wel of niet homologeren van het akkoord (art. 384 lid 7). Dit betekent dat in de eerste plaats de schuldenaar, een herstructureringsdeskundige zo die op grond van artikel 371 is aangewezen of een observator die op grond van artikel 380 is aangesteld, in staat moeten zijn gesteld zich daarover uit te laten. In de tweede

67 Kamerstukken TK (2018-2019), 35249, nr. 3, p. 66.
68 Kamerstukken TK (2018-2019), 35249, nr. 3, p. 67.

plaats komt dezelfde bevoegdheid toe aan de stemgerechtigde schuldeisers en aandeelhouders en de wederpartij van een wederkerige overeenkomst die ontvankelijk zijn in hun verzoek tegen homologatie respectievelijk de opzegging van die overeenkomst (art. 384 lid 7 jo. 383 lid 8 en 9).

Net als andere rechterlijke beslissingen onder de WHOA is het vonnis van de rechtbank waarin zij het verzoek tot homologatie of het verzoek om toestemming tot opzegging van een overeenkomst toewijst (art. 384 lid 1) of afwijst (art. 384 lid 2-5) niet vatbaar voor hoger beroep of cassatie (art. 369 lid 10).

69. *Vereisten voor homologatie van het akkoord; (cross-class) cram-down*

Nadat op de zitting de behandeling van het akkoord en van een eventuele opzegging van een overeenkomst op grond van artikel 373 hebben plaatsgevonden, spreekt de rechtbank zo spoedig mogelijk haar vonnis uit. Hierbij geldt als uitgangspunt dat de rechtbank het akkoord homologeert en in voorkomend geval toestemming tot opzegging van de overeenkomst verleent. Zij weigert echter een en ander als zich een daarop betrekking hebbende afwijzingsgrond voordoet (art. 384 lid 1). Voor de homologatie is hierbij te onderscheiden tussen *algemene* afwijzingsgronden (art. 384 lid 2) en *aanvullende* afwijzingsgronden (art. 384 lid 3 en 4). De afwijzing van het verzoek om toestemming voor de opzegging van een overeenkomst ex artikel 383 lid 5 kan alleen worden gebaseerd op het ontbreken van de ingangsvoorwaarde voor het WHOA-traject: een toestand waarin het redelijkerwijs aannemelijk is dat de schuldenaar met het betalen van zijn schulden niet zal kunnen voortgaan (art. 384 lid 5 jo. lid 2 sub a jo. 370 lid 1).

Algemene afwijzingsgronden voor de homologatie kunnen door iedere schuldeiser worden aangevoerd en ook door de rechtbank ambtshalve worden toegepast. De opsomming van deze gronden in artikel 384 lid 2 sub a-i laat zien dat het vooral gaat om procedurele fouten waardoor de uitkomst van de stemming mogelijk ondeugdelijk is. Deze gronden zijn deels gelijk aan de bestaande afwijzingsgronden bij homologatie in faillissement of surseance van betaling (art. 384 lid 2 sub e, g, h en i jo. art. 153 lid 2, zie nr. 245 en art. 272 lid 2, zie nr. 246 en 301). Zij moeten vooral de zuiverheid van de besluitvormings- en stemprocedure bewaken. Dit is van groot belang omdat de rechtvaardiging voor het opleggen van een akkoord tegen de wil van een schuldeiser of aandeelhouder is gelegen in de mate van steun voor het akkoord.[69] De laatste afwijzingsgrond in artikel 384 lid 2 sub i (dat 'er andere redenen zijn die zich tegen de homologatie verzetten') is in dit verband een vangnetbepaling waarmee de rechter de homologatie kan afwijzen, ook al is geen specifieke afwijzingsgrond aan te wijzen, maar de rechter de – mogelijk vergaande – gevolgen van de homologatie in de gegeven omstandigheden onrechtvaardig en onverdedigbaar acht tegenover de schuldeisers van wie de vorderingen worden aangetast.[70]

De *aanvullende* afwijzingsgronden kunnen alleen worden ingeroepen door schuldeisers en aandeelhouders die niet met het akkoord hebben ingestemd of ten onrechte niet tot de stemming waren toegelaten, en zelf in een aanmerkelijk slechtere positie zouden komen dan bij faillissement. Die afwijzingsgronden hebben vooral ten doel te

---

69 Kamerstukken TK (2018-2019), 35249, nr. 3, p. 68. Zie bijv. Rb. Den Haag 2 maart 2021, ECLI:NL:RBDHA:2021:1798 (o.g.v. art. 384 lid 2 sub b en c).

70 Vgl. A.M. Mennens, Het dwangakkoord buiten surseance en faillissement, par. 9.4.9.

voorkomen dat een akkoord zou worden gehomologeerd dat niet redelijk zou zijn.[71] Ook al hebben alle klassen als zodanig met het akkoord ingestemd, dan kunnen er toch – tegenstemmende – schuldeisers of aandeelhouders zijn die op basis van het akkoord in een aanmerkelijk slechtere positie zouden komen dan bij een vereffening in faillissement.[72] Dit is te verwachten als de verdeling afwijkt van de wettelijke verdeling en rangorde op basis van Titel 3.10 BW en hiervoor geen rechtvaardiging is en ook niet kan worden aangetoond dat de bezwaar makende schuldeisers en aandeelhouders niet in hun belangen worden geschaad. Zij moeten summierlijk aantonen dat de rechten die zij op basis van het akkoord ontvangen een aanmerkelijk lagere waarde hebben dan de betaling die zij mogen verwachten bij een faillissementsvereffening (art. 384 lid 3). Het gaat hier om de liquidatiewaarde die de schuldeiser bij een dergelijke vereffening ten minste mag verwachten. Men spreekt hier over de zogenaamde *best interest of creditors test* of het *no creditor worse off* beginsel.[73]

De WHOA biedt niet alleen de mogelijkheid tot homologatie als alle klassen met het akkoord hebben ingestemd (ook al was niet iedereen binnen die klassen een voorstander), maar ook als een of meer klassen als zodanig hebben tegengestemd en door de homologatie toch aan het akkoord gebonden worden (art. 385; nr. 71). Dit effect wordt ook wel *cross-class cram-down* of kortweg *cram-down* genoemd). In theorie biedt de regeling van artikel 384 de mogelijkheid dat een akkoord met slechts één voorstemmende klasse wordt gehomologeerd. Aangezien hierdoor het risico bestaat dat een vergaande inbreuk op het beginsel van contractsvrijheid en het onbezwaarde genot van eigendom (art. 1 Eerste Protocol EVRM) wordt gemaakt, gelden voor deze situatie strenge criteria. Deze beogen de tegenstemmers te beschermen tegen lichtvaardige wijziging of zelfs ontneming van hun rechten. Zodra een of meer klassen als zodanig niet hebben ingestemd met het akkoord, omdat geen twee derde meerderheid was van het totale bedrag aan vorderingen behorend tot de schuldeisers die ter vergadering binnen die klasse hun stem hebben uitgebracht (art. 381 lid 7) respectievelijk geplaatst kapitaal behorend tot de aandeelhouders die ter vergadering binnen die klasse hun stem hebben uitgebracht (art. 381 lid 8), kunnen tegenstemmende schuldeisers en aandeelhouders de homologatie ook nog om drie andere redenen tegenhouden (art. 384 lid 4).

Allereerst moet de rechtbank het homologatieverzoek afwijzen als de kleine MKB-schuldeisers als bedoeld in artikel 374 lid 2 minder dan 20% (in geld of in waarde) van hun vordering ontvangen en hiervoor geen zwaarwegende grond is aangetoond (art. 384 lid 4 sub a). Deze afwijzingsgrond is het sluitstuk van een drieluik waarmee de bescherming van deze kleine MKB-schuldeisers is vorm gegeven.[74] Na de afbakening van deze groep in artikel 374 lid 2 (nr. 62) en de verplichting voor de schuldenaar om een eventuele zwaarwegende grond voor afwijking van het minimumpercentage

71 Kamerstukken TK (2018-2019), 35249, nr. 3, p. 5-6, 15-17, 20, 47-48, 50, 67, 69. Dit was bijv. niet het geval in Rb. Gelderland 10 maart 2021, ECLI:NL:RBGEL:2021:1128, ook al was niet aan alle vereisten voldaan.

72 Kamerstukken TK (2018-2019), 35249, nr. 3, p. 5-6, 17, 48, 69.

73 Kamerstukken TK (2018-2019), 35249, nr. 3, p. 17, 65. Het *no creditor worse off* beginsel is een begrip dat vooral wordt gebruikt bij de herstructurering van financiële instellingen op grond van daarvoor specifiek opgestelde resolutieregels; vgl. art 74 BRRD Richtlijn (2014/59/EU).

74 Kamerstukken TK (2019-2020), 35249, nr. 25, p. 3-4.

van 20 bij de voorgeschreven informatie op te nemen (art. 375 lid 2 sub f; nr. 60) bevat artikel 384 lid 4 sub a de toets door de rechter van de door de schuldenaar gegeven verklaring. De rechter moet dan beoordelen of voldoende vaststaat dat de verdeling van de reorganisatiewaarde geen ruimte biedt om ten minste die 20% aan deze groep schuldeisers aan te bieden.

In de tweede plaats wijst de rechtbank het homologatieverzoek af als zou blijken dat een schuldeiser of aandeelhouder door het akkoord minder gaat ontvangen dan waartoe hij bij een verdeling overeenkomstig de rangorde volgens Titel 3.10 BW, een andere wettelijke of daarop gebaseerde regeling, dan wel contractuele afspraken gerechtigd is (art. 384 lid 4 sub b).

Dit vereiste kent zijn oorsprong in Chapter 11 van de US Bankruptcy Code en wordt om deze reden ook wel aangeduid met de Engelse term *absolute priority rule* (soms afgekort tot 'APR'). De Herstructureringsrichtlijn biedt de lidstaten de mogelijkheid om de tegenhanger van de APR, de *relative priority rule* ('RPR'), op te nemen (art. 11 lid 2) waarbij het onder omstandigheden mogelijk is een lager gerangschikte partij (schuldeiser of aandeelhouder) iets onder het akkoord toe te delen, zelfs als de hoger gerangschikte partij niet volledig (absoluut) is voldaan. De noodzaak voor afwijking kan gelegen zijn in het betrokken houden bij de onderneming van bijvoorbeeld aandeelhouders die voor een succesvolle herstructurering cruciaal zijn. Dit kan zich vooral voordoen bij kleinere ondernemingen waar de directeur/enig aandeelhouder de drijvende kracht is en ontneming van ieder belang in de onderneming dusdanig demotiverend kan werken dat hij zich daar niet meer voor wil inzetten. Hoewel de Nederlandse regeling in artikel 384 lid 4 uitgaat van de APR,[75] kent zij toch ook een relativering. Het beroep op doorbreking van de wettelijke of contractuele rangorde door een tegenstemmende schuldeiser of aandeelhouder uit een klasse die niet had ingestemd hoeft ondanks de APR soms toch geen reden te zijn voor weigering van de homologatie. Als voor die afwijking een *redelijke grond* bestaat en de bezwaar makende schuldeiser of aandeelhouder daardoor niet in zijn belang wordt geschaad, vormt dat geen afwijzingsgrond (art. 384 lid 4 sub b, slot).[76]

Ten slotte kan een bezwaar makende schuldeiser in de derde plaats de homologatie tegenhouden als het akkoord niet de mogelijkheid biedt om in geld te worden uitbetaald. Denk hierbij aan een akkoord waarbij aan de schuldeisers in ruil voor hun vorderingen aandelen of certificaten daarvan worden aangeboden (*debt for equity swap*). Als zij zich aan deze wijze van waardetoedeling niet kunnen onttrekken door alsnog te mogen kiezen voor een uitkering in geld ter grootte van het bedrag dat zij vermoedelijk in een faillissementsvereffening zullen ontvangen, kan de tegenstemmende schuldeiser om deze reden afwijzing van het homologatieverzoek bepleiten (art. 384 lid 4 sub c).[77] Deze mogelijkheid bestaat echter niet voor separatisten die hun pand- of hypotheekrecht hebben verkregen als zekerheid voor de terugbetaling van bedrijfsmatig verstrekte financiering. Als zij namelijk wel de mogelijkheid zouden hebben om een uitbetaling in geld te verlangen, zou de liquiditeitsbehoefte van de schuldenaar zo groot kunnen zijn, dat daardoor de financiële herstructurering geen kans van slagen heeft.[78] Toch kan ook deze groep schuldeisers bezwaar maken tegen de homologatie als zij geen enkel alternatief voor hun aandelen of certificaten daarvan krijgen aangeboden, zolang het maar geen uitkering in geld is (art. 384 lid 4 sub d).

75 Kamerstukken TK (2018-2019), 35249, nr. 3, p. 17, 65.
76 Kamerstukken TK (2018-2019), 35249, nr. 3, p. 69.
77 Kamerstukken TK (2018-2019), 35249, nr. 3, p. 69.
78 Kamerstukken TK (2019-2020), 35249, nr. 24, p. 1-2.

Te denken valt dan aan een uitstel van betaling of het voortzetten van de financiering tegen dan geldende marktconforme voorwaarden (rente en zekerheden).

70. Gevolgen van de homologatie voor de schuldenaar

Als de rechter het akkoord heeft gehomologeerd, is dit verbindend voor de schuldenaar en alle stemgerechtigde schuldeisers en aandeelhouders (art. 385). Dit zijn alle (rechts)personen van wie de rechten door het akkoord worden gewijzigd (art. 381 lid 3). Hoger beroep of cassatie is niet mogelijk (art. 369 lid 10).

Het verbindend zijn voor de schuldenaar betekent dat het homologatievonnis een executoriale titel oplevert voor de stemgerechtigde schuldeisers voor hun vorderingen als de schuldenaar die niet had betwist (art. 386).

Aangezien de WHOA net als de surseance van betaling geen verificatievergadering kent zoals in faillissement (nr. 232, 298), is er geen formeel tijdstip waarop de betwisting moet gebeuren. Als het goed is raakt een schuldeiser van wie de vordering (geheel of gedeeltelijk) wordt betwist daarvan op de hoogte door een daartoe strekkende vermelding op de lijst die de schuldenaar op grond van art. 375 lid 2 sub b onder 2 aan het akkoord moet hechten en voorafgaand aan de stemming aan de schuldeisers moet voorleggen (art. 381 lid 1).[79] Hij kan de schuldenaar dan uitnodigen om dit geschil zo vroeg mogelijk in het proces aan de rechter voor te leggen op grond van artikel 378 lid 1 sub c. Als de schuldenaar een dergelijke vermelding echter achterwege laat en pas bij de stemming betwist, loopt hij het risico dat de rechter dit bij zijn beoordeling van het homologatieverzoek als algemene afwijzingsgrond meeweegt (art. 384 lid 2 sub c en d).

Hetzelfde gevolg heeft het vonnis ten opzichte van degenen die borg staan voor de nakoming van het akkoord (art. 386). De homologatie betekent voorts dat de schuldenaar bij iedere tekortkoming in de nakoming van het akkoord zonder verdere ingebrekestelling direct in verzuim is.[80] Op grond van artikel 6:74 BW leidt dit in beginsel tot schadeplichtigheid jegens de stemgerechtigde schuldeisers en aandeelhouders en afdeling 6.1.10 BW is van overeenkomstige toepassing (art. 387). Dit is alleen anders als sprake is van overmacht of de tekortkoming anderszins niet aan de schuldenaar kan worden toegerekend.

Omdat het gehomologeerde akkoord in wezen niets anders is dan een (meerzijdige) overeenkomst, staat een gedupeerde schuldeiser of aandeelhouder in beginsel ook de mogelijkheid ten dienste om ontbinding van het akkoord te vorderen (art. 6:265 jo. 6:261 lid 2 BW), tenzij dat in het akkoord is uitgesloten (art. 387 lid 2). Gezien de aard van het akkoord als meerzijdige overeenkomst, ligt een ontbinding door een buitengerechtelijke verklaring (art. 6:267 lid 1 BW) gezien de verstrekkende gevolgen voor alle door het akkoord gebonden partijen niet voor de hand. Net als bij de formele insolventieprocedures – faillissement (art. 165 e.v.), surseance van betaling (art. 280) en schuldsanering natuurlijke personen (art. 340) – zal de ontbinding dan door de rechter moeten worden uitgesproken. De gevolgen van de ontbinding zijn onduidelijk behoudens voor zover het akkoord de betrokken partijen verbintenissen had opgelegd. Door het ontbreken van terugwerkende kracht aan de ontbinding (art. 6:269 BW) blijven reeds uitgevoerde verbintenissen intact maar moeten ongedaan worden gemaakt; voor de nog uit te voeren verbintenissen is men

79 Kamerstukken TK (2019-2020), 35249, nr. 7, p. 1 en 4-5.
80 Kamerstukken TK (2018-2019), 35249, nr. 3, p. 71.

bevrijd (art. 6:271 BW). Waar een akkoord doorgaans gericht is op vermindering van de uitstaande schuld of soms zelfs volledige kwijtschelding, valt er wat voor te zeggen dat door ontbinding die (gedeeltelijke) kwijtschelding ongedaan wordt gemaakt door de rechten van de betrokken schuldeisers te laten herleven. Praktisch gezien komt dit neer op toekenning van terugwerkende kracht aan de ontbinding. Als het akkoord een andere strekking had dan het verkleinen van de schuldenlast door (gedeeltelijke) kwijtschelding, maar bijvoorbeeld een omzetting van schuld in eigen vermogen (*debt for equity swap*) bepaalde, zou ontbinding tot ongedaanmaking daarvan moeten leiden. Dit kan echter ongewenst zijn omdat op basis van de gewijzigde zeggenschapsverhouding wellicht al tal van vennootschappelijke besluiten zijn genomen die lastig teruggedraaid kunnen worden. Voor een dergelijke situatie kan in het akkoord de mogelijkheid tot ontbinding worden uitgesloten (art. 387 lid 2).[81]

71. Gevolgen van de homologatie voor de schuldeisers, aandeelhouders en wederpartijen bij overeenkomsten

Het verbindend zijn van het akkoord voor alle stemgerechtigde schuldeisers en aandeelhouders betekent dat zij hun oorspronkelijke rechten zijn kwijtgeraakt voor zover die door het akkoord zijn gewijzigd. Als bijvoorbeeld is afgesproken dat alle in het akkoord betrokken schulden gedurende een zekere tijd niet opeisbaar zijn of gekort zijn met een bepaald percentage, dan kunnen die schuldeisers hun oorspronkelijke rechten niet meer uitoefenen.[82] Door de homologatie geldt dit niet alleen voor schuldeisers die met deze bepalingen hadden ingestemd, maar voor iedereen van wie de rechten door het akkoord zijn gewijzigd. Dus ook degenen die niet hadden ingestemd of niet aan de stemming hadden deelgenomen en zelfs als de klasse waarin men is ingedeeld als zodanig niet had ingestemd (*cross-class cram-down*, zie nr. 69). Voor aandeelhouders geldt in voorkomend geval hetzelfde. Als het akkoord bijvoorbeeld een *debt for equity swap* behelst, kan dat een uitgifte van aandelen betekenen waarvoor normaliter een besluit van de algemene vergadering van aandeelhouders vereist is (art. 2:96 en 2:206 BW). Op grond van artikel 370 lid 5 zijn de aandeelhouders verplicht daaraan mee te werken. Voor zover nadere besluitvorming door de algemene vergadering van aandeelhouders of een vergadering van een bepaalde klasse aandeelhouders voor de uitvoering van het akkoord nodig is, komt het gehomologeerde akkoord daarvoor in de plaats.[83] Voor de gevallen waarin deze bepaling geen uitkomst biedt, zal zo nodig via een procedure een rechterlijke uitspraak uitgelokt kunnen worden die in de plaats komt en hetzij rechtstreeks, hetzij door aanwijzing van een dwangvertegenwoordiger, het beoogde doel bereikt (art. 3:300 BW).

Als de rechtbank bij de homologatie haar toestemming heeft gegeven voor de eenzijdige opzegging van een overeenkomst als bedoeld in artikel 373, geldt die opzegging van rechtswege per datum van de homologatiebeslissing met een termijn zoals door de schuldenaar of de herstructureringsdeskundige is gesteld (art. 373

81 Kamerstukken TK (2018-2019), 35249, nr. 3, p. 71.
82 Rb. Noord-Holland 19 februari 2021, ECLI:NL:RBNHO:2021:1398 en 10 maart 2021, ECLI:NL:RBNHO:2021:1996 (*FRC/Jurlights*).
83 Art. 370 lid 5, slot; vgl. Kamerstukken TK (2018-2019), 35249, nr. 3, p. 11.

lid 1). Er hoeven geen nadere handelingen te worden verricht. De wet maakt echter niet duidelijk wat de gevolgen van opzegging zijn. Dit betekent dat de normale regels voor beëindiging van overeenkomsten gelden. Door uitleg zal zo nodig bepaald moeten worden welke onderdelen, al dan niet met terugwerkende kracht, eindigen en welke onderdelen de opzegging 'overleven'. Bij dit laatste denke men aan bepalingen in de overeenkomst omtrent geheimhouding, toepasselijk recht en toepasselijke rechter. Bij huurovereenkomsten zijn doorgaans afspraken gemaakt wie voor welke kosten aansprakelijk is en dergelijke en dan ligt het voor de hand om die tot uitgangspunt te nemen.

In het licht van de strekking van de WHOA als herstructureringsinstrument kan betwijfeld worden of clausules waarbij de huurder bij voortijdige beëindiging door opzegging gehouden is de leegstandsschade voor de resterende oorspronkelijke contractduur aan de verhuurder te vergoeden kunnen worden ingeroepen. Net als bij de huuropzegging in faillissement (art. 39; nr. 212) en surseance van betaling (art. 238; nr. 279) zou men kunnen betogen dat ook de opzegging per datum van de homologatiebeslissing heeft te gelden als een recht- en regelmatige beëindiging die niet tot verdere schadevergoeding verplicht. Hiertegenover staat de bepaling van artikel 373 lid 2 dat de wederpartij uitdrukkelijk recht geeft op vergoeding van de schade die hij vanwege de beëindiging van de overeenkomst lijdt, zonder enige beperking.

72. *Het vervolg op het uitblijven van homologatie van het onderhands akkoord*

Als het aangeboden onderhands akkoord niet wordt aangenomen omdat het door alle klassen is verworpen of niet gehomologeerd, dan zijn de informele mogelijkheden voor de schuldenaar uitgeput. Een nieuwe poging door de schuldenaar is dan drie jaar uitgesloten; voor die tijd kan het WHOA-traject alleen nog door inschakeling van een herstructureringsdeskundige worden doorlopen (art. 369 lid 5). Als dit echter niet gebeurt en een of meer schuldeisers dan incasso-activiteiten blijven verrichten (aanmanen, dagvaarden, beslag leggen of faillissement aanvragen), heeft de schuldenaar daartegen in beginsel geen verweer. Alleen als het gedrag van de schuldeiser valt te kwalificeren als misbruik van bevoegdheid (art. 3:13 BW), bestaat nog een kleine kans dat de rechter hem terugfluit (zie nr. 50-52). Wil de schuldenaar dan toch enige rust krijgen, dan zal hij een formele insolventieprocedure moeten beginnen die voor hem openstaat. Waar het faillissement en de schuldsanering natuurlijke personen de beheers- en beschikkingsbevoegdheid van de schuldenaar en de uitwinningsbevoegdheden van bepaalde schuldeisers geheel terzijde schuift, is dat bij de surseance van betaling in mindere mate het geval. Deze staat echter alleen open voor rechtspersonen en natuurlijke personen die zelfstandig een beroep of bedrijf uitoefenen (art. 214). In de praktijk komt de surseance van betaling maar weinig voor. Daarom komt nu eerst in hoofdstuk 5 het faillissement aan de orde als meest omvattende insolventieprocedure in Nederland: afgezien van enkele zeer specifieke uitzonderingen, zoals financiële instellingen, kan nagenoeg iedere schuldenaar zijn eigen faillissement aanvragen of geconfronteerd worden met een faillissementsverzoek van zijn schuldeisers. Daarna komt de surseance van betaling in hoofdstuk 6 aan bod, die alleen door de schuldenaar zelf kan worden verzocht en niet door diens schuldeisers. Dit geldt overigens ook voor de schuldsanering natuurlijke personen die daarna in hoofdstuk 7 wordt besproken.

HOOFDSTUK 5

Faillissement

5.1 Inleiding

5.1.1 Plan van behandeling

Zoals in het vorige hoofdstuk is opgemerkt, kunnen met gebruikmaking van de WHOA eventueel dwarsliggende concurrente schuldeisers met een onderhands dwangakkoord worden gedwongen mee te werken aan een sanering van het passief. Langs deze weg kan de schuldenaar dan zijn financiële problemen het hoofd proberen te bieden. Hoewel de wetgever hiervoor oorspronkelijk ook de surseance van betaling op het oog had, blijkt deze meestal niet effectief (zie hoofdstuk 6). Als het dan niet lukt om met de schuldeisers tot een oplossing te komen, resteert de schuldenaar niets anders dan het faillissement, dat in dit hoofdstuk wordt behandeld. De schuldenaar/natuurlijke persoon kan daarnaast onder bepaalde omstandigheden gebruikmaken van de schuldsanering natuurlijke personen, die hierna in hoofdstuk 7 aan de orde komt. Bij deze procedures is sprake van Fase 3 (nr. 38) en wordt de schuldenaar vermogensrechtelijk volledig terzijde gesteld en grotendeels vervangen door de curator respectievelijk bewindvoerder.

Dit hoofdstuk begint met de procedure waarmee een schuldenaar failliet wordt verklaard (par. 5.2). Hierbij is de eerste vraag welke rechter zich over de faillietverklaring moet buigen en hoe de procedure in gang wordt gezet. Vervolgens wordt aandacht besteed aan de zitting, de mogelijke uitkomsten van de procedure en de rechtsmiddelen.

Paragraaf 5.3 gaat daarna in op de rol en positie van de verschillende bij het faillissement betrokken personen. De faillietverklaring raakt in de eerste plaats de schuldenaar: hij verliest daardoor het beheer en de beschikking over zijn eigen vermogen. Maar het faillissement raakt ook de schuldeisers: zij raken in beginsel hun verhaalsrechten kwijt (met uitzondering van de separatisten) en moeten maar afwachten wat zij uitgedeeld krijgen overeenkomstig hun rang. Daarnaast kent het faillissement enkele specifieke functionarissen, organen en instanties die zich met het bestuur over het vermogen van de schuldenaar en het toezicht daarop bemoeien. Door de faillietverklaring komt de curator aan het roer te staan: hij beheert en beschikt over het vermogen van de schuldenaar. Dit gebeurt onder toezicht van de rechter-commissaris en de rechtbank en soms is er ook een commissie van schuldeisers.

In paragraaf 5.4 komt het verloop van het faillissement aan bod. Hierbij wordt de wijze waarop de curator het vermogen van de schuldenaar bestuurt onder de loep genomen. Dit heeft betrekking op zowel de activa als de passiva van het vermogen van de schuldenaar, die beide door de faillietverklaring worden gefixeerd. In deze paragraaf komen verschillende materieelrechtelijke kernleerstukken aan bod, zoals verrekening, pauliana, Peeters/Gatzen-vordering en bestuurdersaansprakelijkheid. Het faillissement is voorts van invloed op de uitvoering van wederkerige overeenkomsten waarbij de schuldenaar partij is en het kan ook doorwerken in rechtsverhoudingen van de schuldenaar met andere betrokkenen. Dit geldt tevens voor de aanhangige gerechtelijke procedures. Met het oog op de verdeling van het actief moet verder over de passiva duidelijkheid komen. Dit gebeurt door de verificatie daarvan, eventueel uitmondend in renvooiprocedures. Aangezien het bestuur van de boedel en de afwikkeling van het faillissement gepaard gaan met de nodige kosten en schulden, is het van belang de status van deze boedelkosten en -schulden vast te stellen.

De verschillende wijzen waarop het faillissement eindigt passeren vervolgens in paragraaf 5.5 de revue. In de praktijk wordt het merendeel van de faillissementen opgeheven wegens gebrek aan baten. Een meer bevredigend slot voor zowel de schuldeisers als de schuldenaar is de beëindiging door het akkoord en – iets minder bevredigend – door uitdeling van het vereffende vermogen van de schuldenaar. Bij natuurlijke personen kan het faillissement ook eindigen doordat het wordt omgezet in de schuldsaneringsregeling. In deze slotparagraaf van dit hoofdstuk worden voorts de kwesties besproken die zich na afloop van een faillissement kunnen voordoen.

5.1.2 *Afbakening tot andere procedures*

Een faillissement komt zelden uit de lucht vallen. Voorafgaand aan een faillietverklaring is de schuldenaar meestal al achtervolgd met ingebrekestellingen, aanmaningen, deurwaarders, beslagleggers en incassoprocedures. Ook al is een enkele keer sprake van *onwil* om te betalen, vaak is het *onmacht*. De schuldenaar heeft eenvoudigweg niet de (liquide) middelen om zijn schuldeiser(s) te voldoen. In deze fase hebben sommige schuldeisers al rechtsmaatregelen getroffen. Niet alleen voor de schuldenaar maar ook voor de schuldeisers kan het faillissement op een gegeven ogenblik de onontkoombare stap worden om nog enige betaling op hun vordering te kunnen ontvangen. Aangezien dit in de praktijk meestal weinig tot niets oplevert, kunnen zij alternatieve wegen bewandelen en (rechts)maatregelen treffen. Voordat de procedure tot faillietverklaring in kaart wordt gebracht, is het daarom nuttig om deze procedure kort af te bakenen ten opzichte van die andere rechtsmaatregelen. Te denken valt aan incassoprocedures, al dan niet in combinatie met beslaglegging, een kort geding bij de voorzieningenrechter of (bij rechtspersonen) een enquêteprocedure bij de Ondernemingskamer van het gerechtshof in Amsterdam. Een bijzondere vorm van incasso is uiteindelijk de faillissementsaanvraag door de schuldeiser. In deze subparagraaf komen deze verschillende mogelijkheden voor de schuldeiser(s) aan bod.

73. *Faillissement ten opzichte van de incassoprocedure en beslag*

Bij een eenvoudige geldvordering zal de schuldeiser na aanmaningen en ingebrekestellingen een executoriale titel willen bemachtigen om zich via executoriaal beslag, zonder medewerking van de schuldenaar, te kunnen verhalen op diens vermogensbestanddelen. Afhankelijk van de hoogte van het te vorderen bedrag – sinds 1 juli 2011 boven € 25.000 of daaronder (art. 93 Rv) – wordt deze procedure gevoerd bij de handelskamer van de rechtbank of de sector kanton.

Ervan uitgaande dat de wanbetaling niet het gevolg is van onwil, bijvoorbeeld omdat de schuldenaar de vordering betwist, maar van betalingsonmacht, wordt de vordering waarschijnlijk toegewezen. Met het veroordelend vonnis heeft de schuldeiser een titel waarmee hij de deurwaarder executoriaal beslag kan laten leggen op vermogensbestanddelen van de schuldenaar. Na de executoriale verkoop kan de schuldeiser geheel of gedeeltelijk uit de opbrengst daarvan worden voldaan. Als de schuldeiser voorafgaand aan of tijdens de procedure beducht was dat de schuldenaar vermogensbestanddelen zou vervreemden of anderszins aan het zicht onttrekken, heeft hij waarschijnlijk toen al conservatoir beslag laten leggen, dat door de executoriale titel na betekening van rechtswege in een executoriaal beslag overgaat (art. 704 Rv).

Hoewel de schuldeiser met behulp van een incassoprocedure, eventueel in combinatie met beslag, uiteindelijk voldoening van zijn vordering zou moeten krijgen, kleven daaraan enkele belangrijke nadelen. De eerste is de tijd die met een procedure en de daaropvolgende executie gemoeid is. Zelfs bij een eenvoudige verstekzaak neemt dit enkele maanden in beslag. In die tijd kan het met de schuldenaar financieel bergafwaarts zijn gegaan of kan hij vermogen hebben zoekgemaakt. Zelfs als de schuldeiser dit gevaar heeft weten te voorkomen door conservatoire beslaglegging, loopt hij tegen een tweede belangrijk nadeel aan: beslag schept geen voorrang. Dit betekent dat hij de opbrengst van de geëxecuteerde goederen moet delen met eventuele andere beslagleggers. Als zijn vordering lager in rang is komt hij zelfs achter te staan bij andere beslagleggers, al kan beslaglegging in de praktijk soms toch tot – feitelijke – voorrang leiden.[1] Dit alles nog los van het gevaar dat de opbrengst sowieso onvoldoende is om zijn vordering volledig te voldoen. Hier komt ook het laatste nadeel om de hoek kijken, namelijk dat de schuldeiser nog maar moet afwachten of hij iets terugziet van de extra kosten die hij met de incassoprocedure heeft gemaakt (deurwaarder, advocaat). Ten slotte loopt hij het risico dat een gunstig resultaat van de procedure op de valreep wordt belemmerd als de schuldenaar tussentijds failleert. Niet alleen wordt de procedure hierdoor geschorst (art. 29), maar ook het gelegde beslag komt daardoor te vervallen (art. 33).

74. *Faillissement ten opzichte van het kort geding*

Het nadeel van de tijdsfactor kan een schuldeiser in bepaalde omstandigheden ondervangen door niet een gewone procedure te voeren, maar de betaling in kort geding te vorderen. Tegenwoordig kan de gang naar de voorzieningenrechter in sommige gevallen ook voor betaling van een geldsom worden gemaakt, waarmee

1 Zie HR 29 april 2011, *NJ* 2011/372 (*Ontvanger/Eijking q.q.*) en vooral de conclusie van A-G Huydecoper.

het incassotraject aanzienlijk kan worden verkort. Nadat deze mogelijkheid in de jaren '80 van de vorige eeuw door de Hoge Raad was toegestaan, zijn de eisen in de afgelopen decennia dusdanig versoepeld dat het kort geding steeds meer een snelle en informele manier is geworden voor de incasso van geldvorderingen die in redelijkheid niet te betwisten zijn.[2] Wel is dan vereist dat de schuldeiser zijn spoedeisend belang kan aantonen en rust een verzwaarde motiveringseis op de rechter bij toewijzing. Verder mag de schuldenaar geen wezenlijk restitutierisico hebben, als later zou blijken dat de vordering van de schuldeiser niet bestaat. Uiteindelijk komt de voorzieningenrechter tot zijn oordeel door de wederzijdse belangen af te wegen, waardoor de uitkomst van een incassokortgeding ongewis is. Maar zelfs als de schuldeiser in kort geding succes heeft, waardoor maar een beperkte tijd verloren gaat, kan dat niet het tweede en derde nadeel van de gewone incassoprocedure voorkomen. Na een veroordelend kortgedingvonnis loopt de schuldeiser net als bij de gewone incassoprocedure het risico dat hij niet de enige is die geld van de schuldenaar te vorderen heeft, met alle samenlooprisico's van dien.

75. Faillissement ten opzichte van de enquêteprocedure bij de Ondernemingskamer

Van een iets andere orde is de enquêteprocedure die op grond van Titel 2.8 BW bij de Ondernemingskamer van het gerechtshof te Amsterdam kan worden gevoerd om te laten onderzoeken of sprake is geweest van wanbeleid. Met een dergelijke procedure kan een schuldeiser op zichzelf geen betaling afdwingen van zijn schuldenaar. Wel kan een vaststelling van wanbeleid door een of meer bestuurders of commissarissen de weg openen naar persoonlijke aansprakelijkheid als zou blijken dat de schuldenaar/rechtspersoon zijn verplichtingen jegens de schuldeiser door dat wanbeleid niet kan nakomen. Voor het overige is deze procedure geen alternatief voor een schuldeiser die betaling van zijn vordering wenst. Niet alleen is de toegang tot deze procedure slechts beperkt tot de in de wet genoemde partijen (art. 2:346 en 347 BW), maar ook is deze procedure tijdrovend en kostbaar voor de rechtspersoon die al in financiële problemen verkeert (art. 2:350 lid 3 BW).

76. Faillissementsaanvraag als incassomiddel

Aangezien aan de gewone (incasso)procedure gebreken kleven, en de enquêteprocedure niet echt een alternatief vormt, verrast het niet dat schuldeisers andere wegen hebben gezocht en gevonden om hun – doorgaans onbetwiste – vorderingen snel te kunnen incasseren. Het verzoek tot faillietverklaring bleek hiertoe een effectief middel. Dit is overigens niet iets van de laatste tijd; bij de totstandkoming van de Faillissementswet is al menigmaal geopperd dat het dreigen met een faillietverklaring door schuldeisers als incassomiddel zou worden ingezet.[3] Een faillissementsverzoek dwingt een schuldenaar tot actie, omdat anders de kans groot is dat hij failliet wordt verklaard. De bereidheid om de uitstaande vordering geheel of gedeeltelijk te betalen (al dan niet met behulp van gelden van derden) of om betalingsregelingen te treffen, blijkt onder dreiging van een faillietverklaring sterk toe te nemen. Menig

2 HR 22 januari 1982, *NJ* 1982/505; vgl. HR 15 juni 2007, *NJ* 2008/153.
3 Zie bijv. Parl. Gesch. Fw (*Van der Feltz*) I, p. 38-39.

faillissementsverzoek door een schuldeiser wordt dan ook ingetrokken zonder dat het tot een uitspraak komt; aan deze intrekking ligt dan meestal een gehele of gedeeltelijke voldoening of een betalingsregeling ten grondslag. Overigens is dit is niet een weg waarmee eindeloos de druk op de ketel kan worden gezet. De rechtbanken hebben namelijk het beleid om hooguit viermaal aanhouding van de behandeling van het faillissementsverzoek toe te staan, waarbij tevens een maximumperiode van acht aaneengesloten weken in totaal geldt.[4] Daarna moet de schuldeiser opnieuw een faillissementsrekest indienen en griffierecht betalen.

In verband met de coronapandemie en de daaruit voortvloeiende liquiditeitsmoeilijkheden van menige onderneming die haar deuren tijdelijk moest sluiten, voorzagen de rechtbanken een toevloed aan faillissementen. Hoewel dit in 2020 uiteindelijk is meegevallen – er was zelfs sprake van een laagterecord aan faillissementen (zie nr. 20) – hebben zij een tijdelijke aanscherping voor de behandeling van faillissementsverzoeken opgesteld: Tijdelijke regeling insolventiezaken rechtbanken (TARIC).[5] Artikel 1.7 bepaalt dat de rechtbank "bij de behandeling van de verzoeken tot faillietverklaring [...] [meeweegt] dat rechtsbescherming en bescherming tegen misbruik van de situatie van groot belang is" en dat bij de noodzakelijke rechterlijke toetsing de rechter "naar alle relevante omstandigheden [zal] kijken, waaronder ook de huidige pandemie en de daarmee samenhangende (economische) situatie." In dit verband zijn de rechtbanken extra alert op faillissementsverzoeken die vooral als incassomiddel worden ingediend.

Overigens staat de schuldenaar niet helemaal met lege handen tegenover een faillissementsaanvraag door een schuldeiser. De schuldenaar kan die aanvraag namelijk pareren door zelf bij de rechtbank surseance van betaling of de schuldsanering natuurlijke personen te verzoeken. Zoals ook in de volgende hoofdstukken aan de orde komt, kunnen deze procedures niet door een schuldeiser worden gestart, maar alleen door de schuldenaar zelf. Ook een WHOA-procedure kan de eigen aangifte of een verzoek tot faillietverklaring dwarsbomen en in ieder geval tijdelijk schorsen bij een verzoek tot aanwijzing van een herstructureringsdeskundige. Bovendien snijden deze procedures de weg van een faillissement af, dat wil zeggen dat bij samenloop de faillissementsaanvraag als laatste wordt behandeld (art. 3a lid 1, 3d en 218 lid 6). Zolang het verzoek om toepassing van de schuldsaneringsregeling in behandeling is, wordt een eventueel gestarte faillissementsprocedure dan ook geschorst (art. 3a lid 2 jo. 3 en 3d). Ten slotte leiden de surseance van betaling en de toepassing van de schuldsaneringsregeling ertoe dat de (concurrente) schuldeiser voorlopig geen executiemaatregelen kan treffen. Dit geldt ook bij de WHOA als een afkoelingsperiode is afgekondigd (art. 376 lid 2).

5.1.3 Doel en oogmerk van de faillissementsprocedure

77. Van individuele naar collectieve invalshoek

In de oorspronkelijke opzet van de wet is het faillissement erop gericht om het vermogen van de schuldenaar te gelde te maken met als doel de netto-opbrengst daarvan

4 Zie art. 1.1.4.10 Procesreglement insolventiezaken rechtbanken.

5 Versie 26 juni 2020; zie www.rechtspraak.nl/SiteCollectionDocuments/tijdelijke-regeling-Insolventies-rechtbanken.pdf#search=TARIC), gebaseerd op art. 4.3 Procesreglement insolventiezaken rechtbanken.

te verdelen onder de gezamenlijke schuldeisers overeenkomstig ieders rang (liquideren (= liquide maken, vereffenen)). Met de faillietverklaring van de schuldenaar vindt een belangrijke transformatie in het verhaalsrecht plaats: de individuele verhaalsacties van de schuldeisers worden gekanaliseerd in één enkele collectieve actie. Dit aspect is terug te vinden in de achtergronden van de Faillissementswet, zoals verwoord in de algemene beschouwingen ter inleiding van de Memorie van Toelichting bij het ontwerp: "het faillissement is een gerechtelijk beslag op het geheele vermogen des schuldenaars ten behoeve zijner gezamenlijke schuldeischers."[6] De collectieve aanpak is een element dat nog steeds wordt gezien als de kern van een insolventieprocedure, zoals blijkt uit artikel 1 lid 1 InsVo.[7] Vanuit rechtseconomisch perspectief valt er ook wat voor te zeggen om de beschikbare middelen zo nuttig mogelijk in te zetten; met een collectivering van de procedure kan een veelheid aan procedures worden voorkomen. Dit heeft zeker voordelen als de verhaalsacties bij een insolvente debiteur gedoemd zijn te mislukken. Dit bespaart niet alleen tijd en kosten bij de partijen (goed geld naar kwaad geld gooien wordt voorkomen), maar ook bij het gerechtelijk apparaat dat zich over al die acties moet buigen.

78. *Gevolgen van perspectiefverandering*

Het collectiveren van alle verhaalsprocedures in één faillissementsprocedure heeft gevolgen voor alle betrokkenen en dit komt op verschillende manieren tot uiting. Zo worden andere gerechtelijke procedures en individuele verhaalsacties geschorst of komen deze te vervallen (art. 27 e.v., 33) en kunnen paulianeuze transacties alleen voor de boedel worden teruggedraaid (art. 42 e.v., 49). De concurrente en preferente schuldeisers (met uitzondering van de separatisten) kunnen niet meer zelfstandig acties ondernemen maar moeten hun vorderingen indienen bij de curator, waarbij overigens geldt dat deze vorderingen vervolgens niet alleen door hem of de schuldenaar betwist kunnen worden, maar ook door medeschuldeisers (art. 119). Verder kunnen individuele schuldeisers tegen hun zin gebonden worden aan een akkoord (art. 157) en wordt het actief naar evenredigheid overeenkomstig ieders rang verdeeld (art. 3:277 BW en 180 e.v.)

In Nederland heeft de wetgever ervoor gekozen om de collectieve actie te centreren rondom één functionaris, de curator. Deze krijgt door de faillietverklaring het – uitsluitende – beheer en bestuur over het vermogen van de schuldenaar, terwijl de schuldenaar dat gelijktijdig verliest. Dit is een belangrijk verschil met de surseance van betaling. Hier blijft immers de schuldenaar de handelende en bevoegde persoon, zij het dat hij daarbij de medewerking van de bewindvoerder nodig heeft. Het buitenspel plaatsen van zowel de schuldenaar als de schuldeisers en de aanstelling van een curator betekent wel dat een adequaat toezicht- en controlemechanisme nodig is. De curator bemoeit zich immers met 'andermans' geld. In Nederland is ervoor gekozen om dit toezicht primair te laten uitoefenen door de rechter-commissaris,

---

6 Parl. Gesch. Fw (*Van der Feltz*) I, p. 7 en Parl. Gesch. Fw (*Van der Feltz*) II, p. 328. Zie ook de discussie over de uitbreiding van het faillissement naar niet-kooplieden; Parl. Gesch. Fw (*Van der Feltz*) I, p. 27 e.v.

7 Vgl. Rapport Virgós/Schmit, nr. 8, 48-49.

soms gevolgd of gesubstitueerd door de rechtbank, en eventueel door de commissie van schuldeisers (zie par. 5.3.4-5.3.6).

79. Veranderende rol van het faillissement: reorganisatie naast liquidatie

In de loop der tijd is de rol van het faillissement in Nederland gewijzigd. Niet alleen dient het louter tot liquidatie van het vermogen van de schuldenaar, zoals het oorspronkelijk bedoeld was, maar in de laatste decennia is het faillissement ook ingezet om ondernemingen te saneren, reorganiseren en herstructureren (zie nr. 8). Hoewel hiervoor eigenlijk de surseance van betaling in de Faillissementswet was opgenomen, blijkt dit instrument in de praktijk – ondanks steeds verdergaande versoepelingen (zie nr. 262) – onvoldoende toegesneden om dat doel te bereiken. Zoals nader uitgewerkt in paragraaf 6.7 heeft dit onder meer te maken met het feit dat de surseance van betaling is beperkt tot louter concurrente schuldeisers, waardoor preferente schuldeisers en separatisten niet in hun acties worden beperkt. Verder biedt de surseance van betaling nauwelijks voordelen voor een noodzakelijke personeelsafslanking. In deze situatie wordt de liquidatie van de schuldenaar (als 'juridische huls' van de onderneming als 'economische activiteit') ingezet om de economische activiteit geheel of gedeeltelijk in een andere juridische entiteit voort te zetten, die – onbelast met de schulden uit het verleden – weer met een 'schone lei' aan het maatschappelijk-economisch verkeer kan deelnemen. Een geslaagd voorbeeld van het behoud van het levensvatbare deel van de ondernemingsactiviteit vormde indertijd in 1992 het faillissement van het DAF-concern en tal van latere zogenaamde 'doorstarts' (zie par. 5.2.7 en nr. 115). Vanuit faillissement worden die activiteiten na korte tijd met een sterfhuisconstructie voortgezet binnen nieuwe juridische entiteiten. Het afgelopen decennium heeft vooral in de winkelmarkt de nodige spraakmakende faillissementen gezien die soms wel (Schoenenreus, MS Mode, CoolCat) en soms niet (V&D) tot een doorstart hebben geleid, die op termijn echter niet alle even succesvol bleken.

De tendens om het faillissement in te zetten voor reorganisatie in plaats van voor liquidatie is voortgekomen uit de grote faillissementen in de jaren '70 en '80 van de vorige eeuw bij Nederhorst Bouwbedrijven, Vereenigde Bouwbedrijven Bredero, Rijn-Schelde-Verolme en OGEM. Deze hadden betrekking op omvangrijke industriële conglomeraten, waarbij het wenselijk was om de levensvatbare onderdelen overeind te houden. Wel bleek toen dat redding gepaard ging met kapitaalvernietiging en verlies aan werkgelegenheid. Vanuit verschillende hoeken heeft dit geleid tot aanbevelingen om wetgeving op te zetten die erop gericht moet zijn om in een eerder stadium de noodzaak tot reorganisatie te signaleren en daarop actie te ondernemen (*early warning*).

Zie al de Nota EZ (Kamerstukken TK (1976-1977), 14100, hfdst. XIII, nr. 33). Vanuit 'particulier' initiatief van de Vereeniging 'Handelsrecht' zijn in 1983 preadviezen uitgebracht door P.C. Maas, J. van Schaik en T. Blokland (De in haar continuïteit bedreigde onderneming), met daarna het rapport van de Commissie-Maas (Commissie Insolventierecht) houdende een voorstel voor een Wet herstel en Reorganisatie Ondernemingen (Zwolle, 1985). De regering heeft toen de Commissie ter advisering omtrent eventuele herziening van de Faillissementswet (Commissie-Mijnssen) ingesteld, die in oktober 1989 het Rapport Commissie-Mijnssen heeft geopenbaard, gevolgd door de interdepartementale MDW-werkgroep Herziening faillissementsrecht (tweede fase) onder voorzitterschap van prof. mr. M.G.J.C. Raaijmakers. Deze heeft in oktober 2001 het Eindrapport MDW-werkgroep uitgebracht. Inmiddels heeft de Europese regelgever in art. 3 lid 1 HRL de lidstaten opgedragen om schuldenaren toegang te bieden tot "één of meer duidelijke en transparante instrumenten voor vroegtijdige waarschuwing waarmee omstandigheden kunnen worden opgespoord die kunnen leiden tot dreigende insolventie en waarmee hen kan worden gesignaleerd dat onverwijld actie moet worden ondernomen".

Al deze plannen en gedachten hebben uiteindelijk geleid tot de instelling van een regeringscommissie in 2003 om met die plannen en adviezen aan de slag te gaan.[8] Deze commissie heeft de verschillende aanbevelingen in een ontwerp voor een wetsvoorstel met toelichting gegoten, dat in 2007 is verschenen.[9] Na een consultatieronde waarin tal van belanghebbenden in staat zijn geweest om op het Voorontwerp te reageren heeft de Commissie insolventierecht in juli 2009 haar eindadvies gepubliceerd.[10] Omdat invoering van het Voorontwerp een te omvangrijke wetgevingsoperatie zou meebrengen is besloten die weg niet te bewandelen en in feite weer bij af te beginnen.[11] In het najaar van 2012 is een beperkte aanpassing van de Faillissementswet ('herijking') aangekondigd.[12] Dit wetgevingsprogramma heeft inmiddels geleid tot de nodige nieuwe wetgeving (Wet civielrechtelijk bestuursverbod; de Wet herziening strafbaarstelling faillissementsfraude; de Wet versterking positie curator, de Wet modernisering faillissementsprocedure en de Wet homologatie onderhands akkoord) en wetsvoorstellen (thans is hiervan alleen nog WCO I bij de Eerste Kamer aanhangig; zie nr. 17).[13]

80. *Cijfermatige trends*

Het maatschappelijk belang van het faillissement valt af te leiden uit de cijfers die daarover bekend zijn. De belangrijkste bronnen hiervoor zijn de Faillissementsstatistiek van het CBS in CBS Statline (www.cbs.nl) en sinds 2005 het Centraal Insolventieregister (CIR; te raadplegen via www.rechtspraak.nl). Hierin worden de cijfers verzameld op basis van de gegevens die de rechtbanken via hun digitale informatiesystemen automatisch aanleveren. Daarnaast voert het CBS tweejaarlijks een integraal dossieronderzoek uit bij de rechtbanken waarin zij alle in het voorgaande jaar beëindigde faillissementen in de statistiek verwerkt. Weinig verrassend is dat de cijfers een – vertraagde – weergave vormen van het economisch klimaat in Nederland: in tijden van laagconjunctuur neemt het aantal faillissementen toe en in een hoogconjunctuur af. De gevolgen van de coronapandemie zijn paradoxaal genoeg tot

8 Commissie-Insolventierecht onder leiding van prof. mr. S.C.J.J. Kortmann. Schrijver dezes was lid van deze commissie.

9 www.rijksoverheid.nl (zoeken op 'Voorontwerp Insolventiewet', 'Voorstel commissie Kortmann Voorontwerp Insolventiewet'); tekst en toelichting zijn ook uitgegeven door S.C.J.J. Kortmann, N.E.D. Faber (red.), *Geschiedenis van de Faillissementswet, Voorontwerp Insolventiewet met toelichting, Serie Onderneming en Recht, deel 2-IV*, Deventer: Kluwer 2008. Vgl. J.B. van de Hel, M.C.A. van den Nieuwenhuijzen, J.H. Verdonschot (red.), *Het Voorontwerp Insolventiewet nader beschouwd*, Nijmegen: Ars Aequi Libri 2008).

10 www.rijksoverheid.nl (zoeken op 'Voorontwerp Insolventiewet', 'Slotbrief Commissie insolventierecht 23-7-09: reacties op het Voorontwerp voor een Insolventiewet').

11 Kamerstukken TK (2010-2011), Handelingen 1014.

12 Kamerstukken TK (2012-2013), 29911, nr. 74.

13 Kamerstukken TK (2018-2019), 33695, nr. 18.

nog toe niet terug te vinden in de statistieken. In 2020 is het aantal faillissementen ondanks de economische tegenslag gedaald.

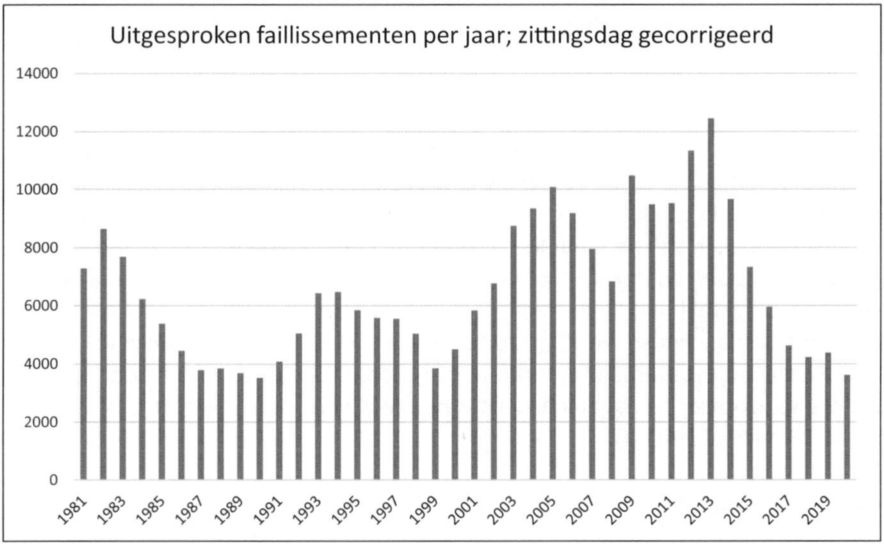

5.2 De procedure tot faillietverklaring

Voordat we het faillissement inhoudelijk kunnen bespreken moeten wij weten hoe een schuldenaar in staat van faillissement kan worden verklaard. Welke rechter gaat zich hierover buigen en hoe moet dat worden vastgesteld? Het gaat in subparagraaf 5.2.1 om rechtsmacht, zowel internationaal (de rechter in welk land is bevoegd?) als nationaal (welke rechter in Nederland is bevoegd?). Voor zover de Nederlandse rechter bevoegd is zullen partijen ter zitting moeten worden opgeroepen; in subparagraaf 5.2.2 komt aan de orde wie partij of anderszins betrokkenen in deze procedure zijn. Daarna komt aan bod wat op die zitting ter sprake moet worden gebracht (par. 5.2.3) en welke uitspraak die rechter kan doen (par. 5.2.4). Voor het geval een van de betrokkenen zich niet met de uitspraak kan verenigen, worden in subparagraaf 5.2.5 de gewone rechtsmiddelen van verzet, hoger beroep en cassatie behandeld. Aangezien een faillietverklaring rechtstreeks gevolgen heeft voor een schuldenaar en de schuldeisers om hun rechten uit te oefenen, komt ook het EVRM in beeld waar het zijn stempel op de faillissementsprocedure drukt (par. 5.2.6). Ten slotte komen de procedurele aspecten van de prepack en het wetsvoorstel WCO I in beeld in subparagraaf 5.2.7.

5.2.1 Rechtsmacht

Als een schuldeiser besloten heeft om het faillissement van zijn schuldenaar aan te vragen of de schuldenaar wil dit zelf doen, dan moeten zij weten bij welke rechter zij terecht moeten kunnen, dat wil zeggen welke rechter bevoegd is en hoe dat moet worden vastgesteld. Het gaat in deze subparagraaf allereerst om rechtsmacht, bezien vanuit internationaal privaatrechtelijk perspectief: de rechter in welk land is bevoegd (zie hierover ook hoofdstuk 8, nr. 393)? Als dit Nederland blijkt te zijn, is de volgende vraag: welke Nederlandse rechter is – absoluut en relatief – bevoegd?

81. Europese Insolventieverordening

De vraag welke rechter bevoegd is om over een verzoek tot faillietverklaring te oordelen wordt om te beginnen beantwoord aan de hand van de Europese Insolventieverordening. Artikel 3 en volgende InsVo regelen de bevoegdheid en artikel 3 InsVo bepaalt dat voor de opening van een insolventieprocedure onder deze verordening (zoals bepaald in art. 1 lid 1 jo. Bijlage A InsVo waarin het faillissement als zodanig is opgenomen) bevoegd is de rechter in de lidstaat waar het centrum van de voornaamste belangen van de schuldenaar is gelegen (art. 3 lid 1 InsVo). Alleen hier kan een zogenaamde hoofdprocedure worden geopend. De rechter van een andere lidstaat is in dit geval hooguit bevoegd tot het openen van een territoriale of secundaire procedure, mits voldaan wordt aan de daarvoor gestelde vereisten. De gevolgen van deze laatste procedures zijn beperkt tot de goederen van de schuldenaar die zich op dat ogenblik op het grondgebied van die andere lidstaat bevinden (art. 3 lid 2 InsVo; zie nr. 83 en hoofdstuk 8).

82. Hoofdprocedure onder de insolventieverordening

Cruciaal voor het bepalen van de rechtsmacht in faillissementszaken is de vaststelling van het 'centrum van de voornaamste belangen', ook wel aangeduid als de COMI, naar de Engelse vertaling van dat begrip (*centre of main interests*). Door het gebruik van het woord 'voornaamste' is tot uitdrukking gebracht dat slechts op één plaats een hoofdinsolventieprocedure als bedoeld in artikel 3 lid 1 InsVo kan worden geopend.[14]

De Europese Insolventieverordening zelf bevat geen definitie van het COMI-begrip, maar uit de preambule van de verordening valt enigszins een nadere invulling af te leiden: het gaat hier om de plaats waar de schuldenaar gewoonlijk het beheer over zijn belangen voert en die daardoor als zodanig voor derde herkenbaar is.[15] Het toelichtende rapport Virgós/Schmit biedt niet veel meer duidelijkheid dan dat de keuze voor dit criterium voortkomt uit de gedachte dat insolventie een voorzienbaar risico is.[16] De bedoeling is dan ook om schuldeisers in staat te stellen om voorafgaand een afweging te maken van de juridische risico's die aan insolventie kleven en vooral op welke plaats hun juridische positie daaromtrent wordt vastgesteld. Sinds de inwerkingtreding van de Europese Insolventieverordening heeft het Hof van Justitie van de Europese Unie het COMI-begrip nader geduid.[17]

Voor een particulier zonder beroeps- of bedrijfsactiviteit is het centrum van de voornaamste belangen de normale woon- of verblijfplaats. Als een natuurlijke persoon een beroeps- of bedrijfsactiviteit uitoefent, zal dat centrum doorgaans de

14 Rapport Virgós/Schmit, nr. 73.
15 Considerans nr. 23 e.v. InsVo.
16 Rapport Virgós/Schmit, nr. 15, 73 e.v.
17 Zie HvJ-EU 2 mei 2006, C-341/04, *NJ* 2010/93 (*Eurofood*) en HvJ-EU 20 oktober 2011, C-369/09, *NJ* 2012/56 (*Interedil*) en verder hoofdstuk 8 (nr. 393).

plaats zijn waar hij dat doet.[18] Op basis van de oorspronkelijke Europese Insolventieverordening heeft het Hof van Justitie van de Europese Unie geoordeeld dat het dan gaat om de verblijfplaats ten tijde van de indiening van het verzoek om een procedure te openen; latere verhuizingen zijn niet van invloed.[19] Voorafgaande verhuizingen daarentegen wel, waarbij de intenties soms lijken te grenzen aan zogenaamd 'faillissementstoerisme'. Hierbij is sprake van (tijdelijke) emigratie door een natuurlijke persoon naar een land met een voor hem gunstiger regeling om van zijn schulden bevrijd te worden, terwijl dat in hun eigen land niet mogelijk was of veel bezwaarlijker. In de praktijk zijn dit vooral Frankrijk en het Verenigd Koninkrijk die vooral voor Duitse en Ierse natuurlijke personen aantrekkelijk blijken. Voor de evaluatie van de oorspronkelijke Europese Insolventieverordening is dit een aandachtspunt geweest.[20] Dit heeft ertoe geleid dat in de nu geldende (herschikte) Europese Insolventieverordening het vermoeden dat bij een natuurlijke persoon die als zelfstandige een bedrijfs- of beroepsactiviteit uitoefent (denk aan een vrije beroepsbeoefenaar zoals (tand)arts, advocaat of ZZP-er), de plaats van de hoofdvestiging de COMI is, niet geldt als die hoofdvestiging in de drie maanden voorafgaand aan het verzoek naar een andere lidstaat was verplaatst (art. 3 lid 1 InsVo). Voor alle andere natuurlijke personen geldt een termijn van zes maanden.

Voor een rechtspersoon gaat de Europese Insolventieverordening uit van het vermoeden van de plaats van de statutaire zetel als centrum van de voornaamste belangen (art. 3 lid 1 InsVo). Dit vermoeden kan slechts bij hoge uitzondering weerlegd worden.[21] Sinds de inwerkingtreding van de Europese Insolventieverordening is de invulling van het centrum van de voornaamste belangen door het Hof van Justitie van de Europese Unie verder vormgegeven: het centrum van de voornaamste belangen van de schuldenaar wordt vastgesteld door voorrang te geven aan de plaats van het hoofdbestuur van deze vennootschap zoals die aan de hand van objectieve en voor derden verifieerbare gegevens kan worden bepaald om de rechtszekerheid en de voorspelbaarheid van de bepaling van de voor de opening van de hoofdinsolventieprocedure bevoegde rechter te garanderen.[22] Als de bestuurs- en toezichtorganen zich op de plaats van haar statutaire zetel bevinden en de bestuursbesluiten van deze vennootschap op voor derden verifieerbare wijze op die plaats worden genomen, kan het vermoeden niet worden weerlegd. Als die organen zich elders bevinden moet de COMI worden vastgesteld door een integrale beoordeling van alle relevante omstandigheden van het geval aan de hand van criteria die zowel objectief als voor derden verifieerbaar zijn. Dan wordt het vermoeden weerlegd als blijkt dat het werkelijke centrum van bestuur en toezicht van de vennootschap en van het beheer over haar belangen zich in een andere lidstaat bevindt. Net als bij bedrijfs- of beroepsmatige natuurlijke personen geldt ook bij rechtspersonen dat het vermoeden

18 Rapport Virgós/Schmit, nr. 75.
19 HvJ-EU 17 januari 2006, C-1/04, *NJ* 2006/307 (*Staubitz-Schreiber*); zie ook HvJ-EU 20 oktober 2011, C-369/09, *NJ* 2012/56 (*Interedil*).
20 Zie art. 46 InsVo (oud) en het EU-Commissie evaluatierapport van 12 december 2012 (COM (2012) 743).
21 HvJ-EU 2 mei 2006, C-341/04, *NJ* 2010/93, *AA* 2006/907 (*Eurofood*) en HvJ-EU 20 oktober 2011, C-396/09, *NJ* 2012/256 (*Interedil*).
22 HvJ-EU 20 oktober 2011, C-396/09, *NJ* 2012/256 (*Interedil*), nr. 49. Zie verder hierna par. 8.2.1.

van de statutaire zetel als COMI niet geldt in de periode van drie maanden na een zetelverplaatsing (art. 3 lid 1 InsVo).

De rechter is op grond van artikel 4 InsVo verplicht om ambtshalve te onderzoeken of hij internationaal bevoegd is.[23] Hij moet bij twijfel over mogelijke forumshopping de schuldenaar tot aanvullend bewijs verplichten.[24] Als een rechter in een bepaalde lidstaat zich ten onrechte bevoegd zou hebben verklaard, kan daartegen uitsluitend worden opgekomen met de nationale rechtsmiddelen uit die lidstaat (art. 5 InsVo). Wanneer geen rechtsmiddel meer openstaat, is de rechter die zich bevoegd heeft verklaard ook daadwerkelijk bevoegd en moet zijn beslissing waarbij de insolventieprocedure geopend is in alle andere lidstaten worden erkend.[25] Dit betekent dat de hoofdprocedure van artikel 3 lid 1 InsVo in alle andere lidstaten wordt erkend (art. 19 InsVo) en daar in beginsel zonder verdere formaliteiten de gevolgen heeft die aan die procedure zijn verbonden door het recht van de lidstaat waar zij is geopend (art. 20 InsVo).

83. *Secundaire en territoriale procedures*

In andere lidstaten van de Europese Unie dan die waar zich het centrum van de voornaamste belangen van de schuldenaar bevindt, kan alleen een insolventieprocedure worden geopend, als de schuldenaar daar een 'vestiging' heeft (art. 3 lid 2 InsVo).[26] Een vestiging is elke plaats van handeling waar de schuldenaar met behulp van mensen en goederen een economische activiteit uitoefent die niet van tijdelijke aard is (art. 2 sub 10 InsVo). Het werkingsgebied van deze insolventieprocedures is beperkt tot de lidstaat waar de procedure is uitgesproken. Doel is in de eerste plaats de bescherming van plaatselijke belangen, zoals afwijkende voorrangsregels, maar deze regeling kan ook dienen om een efficiënt beheer van de boedel mogelijk te maken.[27] Als in de lidstaat waar zich het centrum van de voornaamste belangen van de schuldenaar bevindt een hoofdprocedure is uitgesproken, worden de daarna geopende insolventieprocedures in andere lidstaten zogenaamde 'secundaire procedures' genoemd (art. 3 lid 3 InsVo). Hierop is hoofdstuk III van de verordening van toepassing (art. 34-52 InsVo). Een lokale procedure die is geopend vóór een hoofdprocedure kan natuurlijk nog geen secundaire procedure worden genoemd, maar wordt aangeduid als een 'territoriale insolventieprocedure' (art. 3 lid 4 InsVo). Na opening van de hoofdprocedure wordt deze dan alsnog een secundaire procedure.

84. *Absolute en relatieve bevoegdheid volgens de Faillissementswet*

De regel van artikel 3 InsVo geldt voor alle procedures tot faillietverklaring in Nederland. Ook bij volledig Nederlandse procedures ontleent de rechter zijn rechtsmacht aan de Europese Insolventieverordening.[28] Als op basis van deze regeling het centrum van de voornaamste belangen van een schuldenaar in Nederland is gelokaliseerd,

23 Zie ook art. 6 lid 4 en 1.1.2.4/1.2.2.5 Procesreglement insolventiezaken rechtbanken.

24 Considerans 32 InsVo.

25 Met uitzondering van Denemarken, ingevolge art. 1, 2 Protocol betreffende de positie van Denemarken bij het Verdrag van Amsterdam gehecht aan het EU-Verdrag; vgl. considerans 88 InsVo.

26 Vgl. considerans 23 InsVo.

27 Considerans 40 en 48 InsVo; vgl. Rapport Virgós/Schmit, nr. 24 e.v., 32 e.v.

28 Vgl. in dit verband ook art. 4 lid 4, 1.1.2.4/1.2.2.5 Procesreglement insolventiezaken rechtbanken.

zijn de Nederlandse regels daarop van toepassing. Hetzelfde geldt als een territoriale of secundaire procedure in Nederland wordt uitgesproken.

De Nederlandse bevoegdheidsregels zijn te vinden in de Faillissementswet, artikel 2 in het bijzonder. De absoluut bevoegde rechter is de rechtbank. Voor de relatieve bevoegdheid is aansluiting gezocht bij de woonplaats van de schuldenaar. Artikel 1:10 BW bepaalt deze ter 'woonstede' van een natuurlijke persoon. Uit artikel 1:11 BW kan worden afgeleid dat dit de plaats is waar de schuldenaar in de gemeentelijke basisadministratie (GBA) staat ingeschreven. Ontbreekt een dergelijke plaats, dan heeft de natuurlijke persoon zijn woonplaats ter plekke van zijn werkelijk verblijf (art. 1:10 lid 1 BW). Voor rechtspersonen wordt uitgegaan van de statutaire zetel als woonplaats (art. 1:10 lid 2 BW). Bij vennootschappen onder firma kan gekozen worden: niet alleen is de rechtbank bevoegd waar een van de vennoten zijn woonplaats heeft, maar ook die waar het kantoor van de vennootschap zich bevindt (art. 2 lid 3).

Als het centrum van voornaamste belangen van de schuldenaar zich buiten de Europese Unie bevindt, is de Nederlandse rechter in beginsel niet bevoegd om een hoofdprocedure uit te spreken.[29] Hierop zijn twee uitzonderingen. Allereerst kunnen schuldenaren die Nederland hebben verlaten hier nog steeds in een faillissementsprocedure worden betrokken. Voor zover zij inmiddels niet elders in de Europese Unie een centrum van de voornaamste belangen hebben, geldt de rechtbank van de laatste woonplaats van de schuldenaar in Nederland als de bevoegde rechter (art. 2 lid 2). Daarnaast is de Nederlandse rechter ook bevoegd als de schuldenaar geen woonplaats in Nederland heeft, maar wel een kantoor van waaruit hij zijn beroep of bedrijf in Nederland uitoefent. In dit geval is de rechtbank bevoegd van het arrondissement waarbinnen dat kantoor gelegen is (art. 2 lid 4).[30]

Ingeval meer dan één rechtbank op grond van deze regels bevoegd zou zijn om de faillietverklaring uit te spreken, dan heeft alleen de eerst gedane uitspraak rechtsgevolgen. Een vergelijkbare regel geldt overigens voor de afbakening binnen de Europese Unie als sprake is van concurrerende procedures tot opening van een insolventieprocedure op grond van de InsVo.[31] Ofschoon de opening van een faillissement ingevolge artikel 14 lid 1, slot, tot op de minuut nauwkeurig kan worden vastgesteld, geldt bij faillietverklaring door twee verschillende bevoegde rechtbanken op dezelfde dag geen temporele prioriteitsregel. De doorslag wordt in dat geval gegeven door de plaats die de concurrerende rechtbanken jegens elkaar innemen op de lijst van de Wet op de rechterlijke indeling, waarbij de eerste dan voorgaat.[32]

85. Immuniteit

Ondanks de mogelijkheid om op grond van artikel 2 een woonplaats van de schuldenaar te bepalen, geldt in sommige gevallen dat de Nederlandse rechter geen

29 Considerans 25 InsVo.

30 Zie bijv. de faillietverklaring van de eennagrootstse Indiase luchtvaartmaatschappij Jet Airways door Rb. Noord-Holland 21 mei 2019, ECLI:NL:RBNHO:2019:5425.

31 HvJ-EU 2 mei 2006, C-341/04, *NJ* 2010/93, *AA* 2006/907 (*Eurofood*), r.o. 38 e.v. en 45 e.v. en HvJ-EU 20 oktober 2011, C-396/09, *NJ* 2012/256 (*Interedil*).

32 Art. 2 lid 5; in dat geval is de volgorde op grond van art. 1 Wet op de gerechtelijke indeling (*Stb.* 1951, 347; gewijzigd *Stb.* 2012, 313, 314, 666 en 667): Amsterdam, Den Haag, Gelderland, Limburg, Midden-Nederland, Noord-Holland, Noord-Nederland, Oost-Brabant, Overijssel, Rotterdam en Zeeland-West-Brabant.

rechtsmacht heeft. In dit geval geniet de schuldenaar immuniteit. Hiervan is sprake bij vreemde mogendheden, omdat een faillietverklaring tot een volkenrechtelijk ontoelaatbare inbreuk op de soevereiniteit van die staat zou leiden.[33] De curator zou in een dergelijk geval immers met vergaande bevoegdheden het beheer en de vereffening van het vermogen van een soevereine staat onder toezicht van een Nederlandse publieke functionaris (de rechter-commissaris) ter hand nemen.[34] Iets vergelijkbaars doet zich voor bij internationale organisaties, zoals de Verenigde Naties en daaraan gelieerde organisaties, de Europese Unie, de NAVO etc.

5.2.2 Partijen in de procedure; aanloop naar de zitting

Als bekend is welke rechter bevoegd is om van het verzoek tot faillietverklaring kennis te nemen, kan de procedure bij hem worden aangebracht. Deze verzoekschriftprocedure kent haar eigen regime; de algemene regeling van de verzoekschriftprocedure in de derde titel van het Boek I Rv is uitdrukkelijk uitgesloten (art. 362 lid 2). De procedure tot faillietverklaring verschilt afhankelijk van wie het initiatief neemt: enerzijds de schuldenaar die zijn eigen faillissement aanvraagt of anderzijds een schuldeiser of het Openbaar Ministerie als verzoekende partij. In deze laatste gevallen is de verweerder altijd de 'schuldenaar' zonder dat de Faillissementswet dit begrip verder definieert. Hieruit zou men kunnen afleiden dat ieder rechtssubject in een faillissementsprocedure zou kunnen worden betrokken, maar dat is niet het geval. De schuldenaar is een natuurlijke persoon of een rechtspersoon en een rechtspersoon op zijn beurt kan een privaatrechtelijke rechtspersoon zijn, een publiekrechtelijke rechtspersoon of een kerkgenootschap (art. 2:1-3 BW). Financiële ondernemingen hebben weer een enigszins aparte positie als gevolg van de specifieke wetgeving voor het geval zij in financiële problemen verkeren. Ten slotte vallen afgescheiden vermogens die geen rechtspersoonlijkheid bezitten buiten al deze categorieën.

86. Natuurlijke personen, privaatrechtelijke rechtspersonen en kerkgenootschappen

Het archetype van de schuldenaar is de natuurlijke persoon. Deze kan failliet verklaard worden, ongeacht of hij optreedt als particulier, een beroep uitoefent of een eenmanszaak als onderneming drijft. Naast natuurlijke personen vormen privaatrechtelijke rechtspersonen, zoals naamloze en besloten vennootschappen, stichtingen, (coöperatieve) verenigingen en onderlinge waarborgmaatschappijen (art. 2:3 BW), de hoofdmoot van schuldenaren die kunnen failleren. Het maakt niet uit welk doel – profit of non-profit, materieel of ideëel, privaat of publiek – deze rechtspersonen nastreven of in hun statuten hebben opgenomen. Hetzelfde geldt voor kerkgenootschappen; zij bezitten eveneens rechtspersoonlijkheid (art. 2:2 BW) met als gevolg dat ook zij wat het vermogensrecht betreft op grond van artikel 2:5 BW met een natuurlijke persoon gelijkstaan.

33 HR 28 september 1990, *NJ* 1991/247 (faillissement Suriname); vgl. Hof Den Haag 18 februari 1988, *NJ* 1989/602 (faillissement Zaïre).

34 HR 28 september 1990, *NJ* 1991/247 (Suriname), r.o. 3.2.

In de statistieken van het CBS worden slechts sommige van deze onderscheidingen aangebracht: bij natuurlijke personen is een verschil te zien tussen particulieren en eenmanszaken en daarnaast afzonderlijk de vennootschap onder firma, maar bij rechtspersonen worden alleen de faillissementen van besloten vennootschappen afzonderlijk geregistreerd. Naamloze vennootschappen, commanditaire vennootschappen, stichtingen en verenigingen vallen samen met buitenlandse rechtspersonen in de categorie 'overige rechtsvormen'.

Uitgesproken faillissementen naar type schuldenaar (2012-2020)[35]

Jaar	2012	2013	2014	2015	2016	2017	2018	2019	2020
Totaal rechtsvormen Nederland/buitenland	11348	12449	9669	7338	5952	4620	4226	4378	3632
- natuurlijke persoon zonder eenmanszaak (particulier)	3002	3018	2048	1332	940	753	593	586	454
- natuurlijke persoon met eenmanszaak	997	1055	976	735	613	576	488	583	474
- bedrijven en instellingen[36]	7349	8376	6645	5271	4399	3291	3145	3209	2703

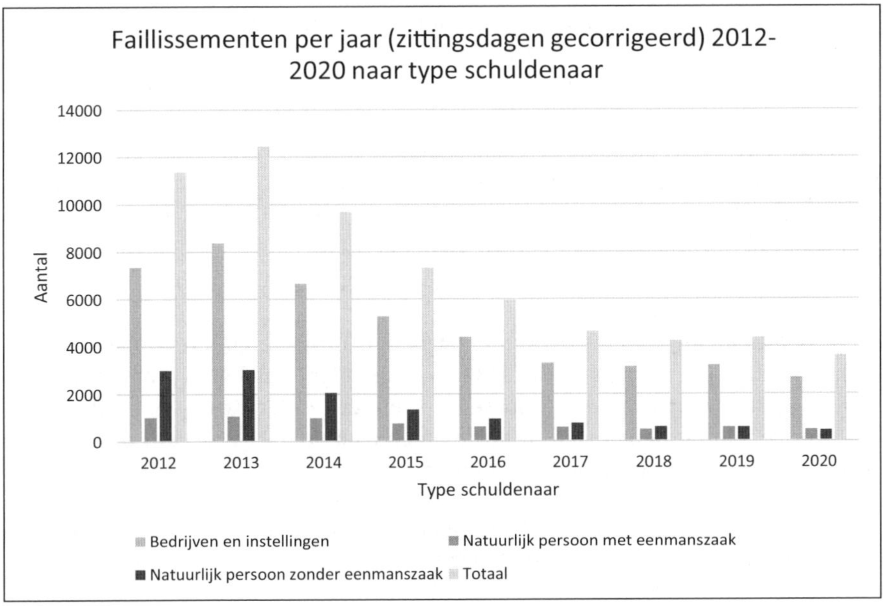

35 Bron: CBS Statline (juni 2021; 'Faillissementen, zittingsdag gecorrigeerd', periode 2012-2020).

36 Tot deze categorie behoren de failliete naamloze en besloten vennootschap (NV/BV), vennootschap onder firma (vof), commanditaire vennootschap (cv), maatschap, vereniging, stichting, Engelse limited (Ltd.) en overige buitenlandse rechtsvormen.

87. *Financiële ondernemingen*

Een enigszins bijzondere positie is weggelegd voor financiële ondernemingen als bedoeld in artikel 1:1 Wft: een bank, beheerder, beleggingsinstelling of -onderneming, betaaldienstverlener, bewaarder, clearinginstelling, entiteit voor risicoacceptatie, financiële dienstverlener, financiële instelling, pensioenbewaarder, verzekeraar of een wisselinstelling. Deze partijen kennen een eigen insolventieregime als zij in financiële problemen dreigen te komen (nr. 107, 120, 315 en 404). Wanneer die aanleiding vormen om de financiële onderneming te laten failleren, kent de Faillissementswet een eigen regime in afdeling 11AA, 11AB[37] respectievelijk 11B voor een faillissement van een bank, een beleggingsonderneming respectievelijk een verzekeraar. Deze speciale regimes vertonen sterke gelijkenis met elkaar maar wijken op belangrijke onderdelen af van de faillissementsprocedure voor niet-financiële schuldenaren.

Zo is in afwijking van artikel 2 (zie nr. 84) de Rechtbank Amsterdam exclusief bevoegd om een faillissementsaanvraag van een in Nederland gevestigde bank, beleggingsonderneming respectievelijk verzekeraar te behandelen (art. 212h lid 1 respectievelijk 213a lid 1). Verder kan het faillissement alleen maar worden aangevraagd door De Nederlandsche Bank en niet door anderen (zoals schuldeisers en zelfs de schuldenaar; art. 212ha lid 2 respectievelijk 213a bis lid 3) en moet de rechtbank een ander criterium hanteren om tot faillietverklaring te oordelen. Zij mag slechts summierlijk toetsen of a) de bank, beleggingsonderneming respectievelijk verzekeraar faalt of waarschijnlijk zal falen of b) het redelijkerwijze niet te verwachten valt dat de met betrekking tot de entiteit te nemen alternatieve maatregelen binnen een redelijk tijdsbestek het falen van de entiteit zouden voorkomen en c) afwikkeling in het algemeen belang is (art. 212hg jo. 212ha lid 1 jo. art. 18 lid 1 sub a en b Verordening EU/806/2014 respectievelijk 213ag lid 1 jo. 213a bis lid 1 jo. art. 3A:85 lid 1 Wft). Als de bank, beleggingsonderneming of verzekeraar zich tegen de faillissementsaanvraag verweert en het oordeel van De Nederlandsche Bank dat aan de voorwaarden voor faillietverklaring is voldaan bestrijdt, volstaat een marginale toets door de rechtbank: alleen als De Nederlandsche Bank in redelijkheid niet tot dat oordeel heeft kunnen komen zal zij de aanvraag mogen afwijzen (art. 212hf lid 2 respectievelijk 213af lid 2).

De beide afdelingen bevatten verder bijzondere regels van internationaal privaatrecht (art. 212s e.v. respectievelijk 213n e.v.) die op onderdelen in grote lijnen aansluiten bij de regeling van de Europese Insolventieverordening (zie par. 8.2.1). Voor het overige zijn de bepalingen in beide afdelingen vooral gebaseerd op Europese regelgeving voor financiële ondernemingen.

Zie vooral de Richtlijnen 2001/24/EG van 4 april 2001 betreffende de sanering en de liquidatie van kredietinstellingen (PbEG L 125) en 2009/138/EG van 25 november 2009 betreffende de toegang tot en uitoefening van het verzekerings- en het herverzekeringsbedrijf (Solvabiliteit II; PbEU L 335). Voorts Richtlijn 2014/59/EU van het Europees Parlement en de Raad van 15 mei 2014

37 Afd. 11AB bestaat uit slechts één schakelbepaling (art. 212oo), die vrijwel alle relevante bepalingen met betrekking tot insolventie van banken van overeenkomstige toepassing verklaart op beleggingsondernemingen. Omwille van de leesbaarheid van deze paragraaf zal niet steeds deze schakelbepaling met de bepalingen waarnaar wordt verwezen worden opgenomen. Uitsluitend een afwijking wordt vermeld.

betreffende de totstandbrenging van een kader voor het herstel en de afwikkeling van kredietinstellingen en beleggingsondernemingen en tot wijziging van Richtlijn 82/891/EEG van de Raad en de Richtlijnen 2001/24/EG, 2002/47/EG, 2004/25/EG, 2005/56/EG, 2007/36/EG, 2011/35/EU, 2012/30/EU en 2013/36/EU en de Verordeningen (EU) nr. 1093/2010 en (EU) nr. 648/2012 (PbEU L 173) en Verordening (EU) 806/2014 van het Europees Parlement en de Raad van 15 juli 2014 tot vaststelling van eenvormige regels en een eenvormige procedure voor de afwikkeling van kredietinstellingen en bepaalde beleggingsondernemingen in het kader van een gemeenschappelijk afwikkelingsmechanisme en een gemeenschappelijk afwikkelingsfonds en tot wijziging van Verordening (EU) nr. 1093/2010 (PbEU L 225).

Aangezien het hier tamelijk (juridisch-)technische regelgeving betreft die slechts op een specifiek type schuldenaar van toepassing is, wordt hier volstaan met een verwijzing naar een uitgebreide behandeling daarvan in Wessels, Insolventierecht.[38]

88. Publiekrechtelijke lichamen

Voor publiekrechtelijke lichamen ligt faillietverklaring ingewikkelder. Ook zij opereren in het maatschappelijk verkeer en hebben daarin de rol van schuldenaar. Hiervoor is al vastgesteld dat vreemde mogendheden, die op zichzelf als rechtssubject aan het rechtsverkeer deelnemen, niet in staat van faillissement kunnen worden verklaard omdat zij volkenrechtelijke immuniteit genieten (zie nr. 85). Maar hoe zit het dan met de Nederlandse Staat? Het is de vraag of deze rechtspersoon, haar lagere overheden en andere Nederlandse publieke lichamen immuniteit genieten op vergelijkbare gronden als voor buitenlandse soevereine staten is aangenomen. Omdat de Nederlandse Staat vermogensrechtelijk bezien altijd wel verhaal biedt in Nederland, lijkt er geen principieel bezwaar tegen faillietverklaring te bestaan. Juridisch bezien wordt de Nederlandse Staat immers geregeld in civiele procedures betrokken, geconfronteerd met beslagleggingen en soms zelfs met dwangsommen. In de praktijk zal het nooit tot een faillissement komen omdat de Nederlandse Staat een eventueel liquiditeitsprobleem te allen tijde kan afwenden door belasting te heffen. Dit staat los van de vraag in hoeverre Nederland in economische betekenis zou kunnen failleren, zoals de afgelopen decennia met tal van landen (Rusland, Italië, Griekenland, Ierland, Cyprus, Mexico, Maleisië, Argentinië, Venezuela etc.) is gebeurd of dreigde te gebeuren. Faillietverklaring zou bovendien praktisch onuitvoerbare taken met zich brengen, zoals de controle van alle inkomende post door een curator. Principieel bezwaarlijker is echter dat de toezichthoudende rechter-commissaris zelf deel uitmaakt van een van de organen van de Nederlandse Staat en dat een curator zo op de stoel komt te zitten van het bestuur en zich daarbij met tal van politieke afwegingen geconfronteerd ziet.

Hoe zit het bij lagere overheden (provincies, gemeenten en waterschappen)? In hoeverre kunnen zij bij financiële moeilijkheden betrokken raken in faillissementsprocedures? In de praktijk wordt dit voorkomen door een publieke schuldenaar gebruik te laten maken van bepaalde financiële faciliteiten van een hogere overheid, waarmee hij 'onder curatele' komt te staan van die instantie.[39] Deze aanpak bestaat

38 Wessels, Insolventierecht I, hfdst. VII.
39 Zie bijv. art. 212 Provinciewet en art. 208 Gemeentewet.

in beginsel ook voor verschillende andere publieke rechtspersonen op het terrein van de zorg, huisvesting en onderwijs. Met de financiële ondersteuning door een andere overheid of publieke instelling wordt voorkomen dat die rechtspersoon zijn opeisbare schulden niet meer kan voldoen en er dus voor faillietverklaring geen aanleiding is.[40] Dit lijkt overigens beperkt te worden tot publieke rechtspersonen die taken verrichten die aan de overheid zijn voorbehouden (zoals politie of een uitvoeringsinstantie voor de sociale zekerheid). Als het gaat om taken die ook door private partijen kunnen worden uitgevoerd (zoals afvalinzameling en -verwerking of een onderwijsinstelling), is een faillissement wel denkbaar.[41] Een vergelijkbare ontwikkeling doet zich voor bij private partijen die een (semi-)publieke taak vervullen, zoals de gezondheidszorg. Hier lijkt de overheid de laatste tijd minder geneigd om financieel zwakke instellingen in leven te houden waardoor faillissementen in deze sectoren inmiddels niet meer zijn uitgesloten.[42]

89. Vennootschap onder firma en commanditaire vennootschap; afgescheiden vermogen

De vennootschap onder firma (vof; art. 15 e.v. WvK) en de commanditaire vennootschap als bijzondere vorm daarvan (cv; art. 19 e.v. WvK) kennen een zogenaamd afgescheiden vermogen.[43] Deze vennootschappen hebben geen rechtspersoonlijkheid maar worden wel gezien als afzonderlijk rechtssubjecten die zelfstandig aan het rechtsverkeer kunnen deelnemen. Hoewel de vennoten hoofdelijk verbonden zijn voor verbintenissen van de vof en de cv (art. 18 WvK), kan ook het afgescheiden vermogen van de vof en cv als verhaalsobject dienen voor de (zaaks)schuldeisers van de vof en cv. Hierop hebben deze zelfs voorrang boven de privéschuldeisers van de vennoten. Een en ander betekent dat de vof en cv zelfstandig failliet kunnen worden verklaard. Vroeger bracht dit van rechtswege het faillissement van de vennoten teweeg, maar sinds 2015 is dat niet meer het geval. Toen is de Hoge Raad omgegaan en sindsdien is dat automatisme komen te vervallen.[44] Hij baseerde zich op de ontwikkelingen in het recht, vooral de invoering van de Wsnp, de Europese Insolventieverordening en de daarop gebaseerde rechtspraak van het Hof van Justitie van de Europese Unie en artikel 6 EVRM. Het gevolg hiervan is dat als een schuldeiser nu niet alleen de vof of de cv failliet wil laten verklaren, maar ook de vennoten, hij tevens het faillissement van die vennoten afzonderlijk moet aanvragen. Als de vennoot een natuurlijke persoon is, biedt hem dat de mogelijkheid om eventueel toelating tot de Wsnp te verzoeken (art. 3; nr. 330).

40 Voorbeelden in 2012 zijn de woningbouwcorporatie Vestia door het Waarborgfonds Sociale Woningbouw (WSW) en het onderwijsconglomeraat Amarantis door overname van onderdelen.
41 Vgl. R.D. Vriesendorp, J.A.F. Peters, 'Insolventie van overheden', *TvI* 2002, 4.
42 Voorbeelden zijn de faillissementen van zorginstellingen als Meavita, Ruwaard van Putten, Slotervaart en IJsselmeerziekenhuizen.
43 Zie hierover SBR deel 7, nr. 3, 20, 26, 64, 156a.
44 HR 6 februari 2015, *NJ* 2017/8 (*V/Bepro*).

90. *Andere afgescheiden vermogens, doelvermogens en trustverhoudingen*

De vraag of andere vormen van afgescheiden vermogens die niet als rechtspersoon zijn te kwalificeren failliet verklaard kunnen worden, is lastiger te beantwoorden. Denk hierbij aan kwaliteitsrekeningen (van notarissen en deurwaarders), fiscale doelvermogens en vermogens in trustverband. Weliswaar bestaat er geen Nederlandse trust, maar op grond van het Haags Trustverdrag[45] is Nederland sinds 1 februari 1996 wel verplicht om bepaalde geldige buitenlandse trusts in de Nederlandse rechtssfeer te erkennen, met alle gevolgen van dien. Omdat die afgescheiden vermogens geen rechtspersoonlijkheid hebben, zijn die geen dragers van rechten en verplichtingen en nemen zij als zodanig niet deel aan het rechtsverkeer. Daarom lijken zij als zodanig niet in staat van faillissement te kunnen worden verklaard. Niettemin zijn zij vermogensrechtelijk – en daarmee verhaalsrechtelijk – wel interessant. De eigenaardigheid is echter dat dergelijke vermogens louter positief kunnen zijn, zodat om deze reden al een faillietverklaring daarvan niet in beeld komt. Aan het beheer van dergelijke vermogens kunnen weliswaar beheer- of onderhoudskosten verbonden zijn waarvoor schulden moeten worden aangegaan, maar deze worden in beginsel verhaald op het desbetreffende vermogen. Zodra de schulden de omvang van het vermogen te boven gaan is er geen verhaalsobject meer. De schuldeiser zal zich dan richten tot degene met wie hij gehandeld heeft. Door het ontbreken van rechtspersoonlijkheid van het doel- of trustvermogen staat in beginsel die persoon als partij met zijn eigen vermogen in voor de nakoming van die verplichtingen.

91. *Schuldeiser als verzoeker tot faillietverklaring*

De schuldeiser is een van de centrale personen in het insolventierecht. Het zijn meestal schuldeisers die het verzoek tot faillietverklaring doen. Onder schuldeiser moet iedereen worden verstaan die aan de actiefzijde van de verbintenis gerechtigd is tot de prestatie die de schuldenaar aan de passiefzijde van de verbintenis als verplichting op zich heeft genomen. De grondslag kan zijn een overeenkomst of een (on)rechtmatige daad. Daarnaast – en soms in de plaats van – deze rechtssubjecten kunnen ook anderen het verzoek tot faillietverklaring indienen omdat zij bevoegd zijn tot incasso daarvan. Bij een cessie ter incasso wordt een incassobureau, deurwaarder of factormaatschappij als cessionaris de volledige schuldeisersbevoegdheid overgedragen, maar dan is het nog steeds de (nieuwe) schuldeiser die het verzoek indient. Soms wordt de incasso vormgegeven met behulp van lastgeving (afdeling 7.7.2 BW) en blijft de lastgever formeel schuldeiser. De lasthebber heeft echter een – soms onherroepelijke (art. 7:422 lid 2 BW) of privatieve (art. 7:423 BW) – inningsbevoegdheid gekregen. Aan te nemen valt dat deze lasthebber dan ook executiemaatregelen (beslagleggen, procederen en al dan niet ter incasso (nr. 76) het faillissement aanvragen) mag treffen. Dezelfde redenering geldt dan de beslaglegger die derdenbeslag heeft gelegd en voor de pandhouder van een vordering: als deze laatste na mededeling van de verpanding aan de schuldenaar daarvan bij uitsluiting inningsbevoegd is geworden (art. 3:246 lid 1 BW), is hij ook bevoegd het faillissement aan

45 Verdrag van 1 juli 1985 inzake het recht dat toepasselijk is op trusts en inzake de erkenning van trusts; *Trb.* 1985, 141.

te vragen.[46] De pandgever kan dit na de mededeling alleen nog maar doen met toestemming van de pandhouder of machtiging van de kantonrechter (art. 3:246 lid 4 BW).

De schuldeiser die het faillissement van zijn schuldenaar verzoekt, moet bij de griffie van het bevoegde gerecht een aantal documenten indienen.[47] Allereerst het verzoekschrift (ten minste in viervoud), vergezeld van een recent uittreksel uit de GBA bij natuurlijke personen; bij natuurlijke personen met onderneming moet daarbij tevens een uittreksel uit het handelsregister worden gevoegd. Bij rechtspersonen volstaat het uittreksel uit het handelsregister. De verzoekende schuldeiser moet aangeven dat de rechtbank rechtsmacht heeft op grond van artikel 3 InsVo en bij een beroep op artikel 3 lid 2 InsVo dat de schuldenaar een vestiging in Nederland heeft in de zin van artikel 2 sub 10 InsVo.[48] Het verzoekschrift moet worden ingediend door een advocaat (art. 5). Voor een faillissementsrekest is griffierecht verschuldigd.[49]

92. *Schuldenaar als aanvrager van het eigen faillissement*

De schuldenaar die zijn eigen faillissement aanvraagt, moet naast bovenstaande documenten nog een paar extra gegevens aan de rechtbank verschaffen, zoals een overzicht van baten en lasten. Bij een gemeenschap van goederen is voorts de in gemeenschap van goederen gehuwde of geregistreerde partner verplicht een volmacht af te geven of ter zitting te verschijnen (art. 4 lid 2).[50] Als geen enkele gemeenschap van goederen bestaat en huwelijkse voorwaarden zijn opgemaakt, is een kopie van de akte daarvan verplicht. Bij een vennootschap onder firma of commanditaire vennootschap moet tevens een volmacht van de beherende vennoten worden aangeleverd, die ook weer kan worden vervangen door een verschijning ter zitting.[51] Bij rechtspersonen moeten worden overgelegd de statuten, en bij naamloze en besloten vennootschappen het aandeelhoudersregister en een uittreksel uit de notulen waaruit blijkt dat het daartoe bevoegde orgaan opdracht heeft gegeven tot de faillissementsaanvraag met aanwijzing van de daartoe bevoegde persoon (doorgaans de algemene vergadering van aandeelhouders; art. 2:136/246, 2:164/274 lid 1 sub i BW). Net als een schuldeiser moet ook de schuldenaar bij zijn aangifte aantonen dat de rechtbank rechtsmacht heeft op grond van artikel 3 InsVo en bij een beroep op artikel 3 lid 2 InsVo dat de schuldenaar een vestiging in Nederland heeft in de zin van artikel 2 sub 10 InsVo.[52] Een schuldenaar hoeft voor zijn eigen faillissementsaanvraag geen griffierecht te betalen (art. 4 lid 2 sub h Wet griffierechten burgerlijke zaken).

---

46 HR 9 december 2016, *NJ* 2017/2 (*Megalim/De Veenbloem*), r.o. 3.3.4, waarmee de onduidelijkheid hierover als gevolg van HR 21 februari 2014, *NJ* 2015/82 (*Immum'Âge Europe/Neo-River*) werd weggenomen; vgl. HR 11 maart 2005, *NJ* 2006/362 (*Rabobank/Stormpolder*) en HR 18 december 2015, *NJ* 2016/34 (*ABN Amro/Marell*).

47 Zie over deze formaliteiten: par. 1.1.2 Procesreglement insolventiezaken rechtbanken.

48 Art. 1.1.2.4 Procesreglement insolventiezaken rechtbanken.

49 In 2021 bedraagt dit € 667 (rechtspersoon) of € 309 (natuurlijke persoon); zie bijlage bij art. 2 Wet griffierechten burgerlijke zaken.

50 Vgl. par. 1.2.2.2 Procesreglement insolventiezaken rechtbanken.

51 Zie art. 1.2.2.2 Procesreglement insolventiezaken rechtbanken.

52 Art. 1.2.2.5 Procesreglement insolventiezaken rechtbanken.

93. *Openbaar Ministerie als verzoeker tot faillietverklaring*

Om redenen van openbaar belang kan ook het Openbaar Ministerie het faillissement van een rechtssubject verzoeken (art. 1 lid 2). Voor een dergelijk verzoek bevat het Procesreglement insolventiezaken rechtbanken geen afzonderlijke regels, vermoedelijk omdat dit in de praktijk de afgelopen jaren niet meer is voorgekomen. Aan te nemen valt dat hiervoor dezelfde eisen gelden als bij een aanvraag door een schuldeiser. Het verzoekschrift van het Openbaar Ministerie hoeft evenwel niet door een advocaat te worden ingediend.[53] Betaling van griffierecht is evenmin nodig (art. 4 lid 1 sub a Wet griffierechten burgerlijke zaken).

94. *Buitenlandse insolventiefunctionaris in een hoofdprocedure ingevolge de Europese Insolventieverordening*

Hoewel de Faillissementswet dit niet als zodanig noemt, kan het faillissement van een schuldenaar ook worden aangevraagd door de insolventiefunctionaris in de hoofdprocedure bij wijze van secundaire procedure onder de Europese Insolventieverordening (art. 37 sub a InsVo). Vereist is slechts dat de schuldenaar een vestiging in Nederland heeft als bedoeld in artikel 2 sub 10 InsVo. Het Procesreglement insolventiezaken rechtbanken bevat geen afzonderlijke bepalingen voor de aanvraag van een secundaire procedure door de buitenlandse insolventiefunctionaris. Wel moet de aanvrager van een faillissement in Nederland aangeven dat de rechtbank rechtsmacht heeft op grond van artikel 3 InsVo en bij een beroep op artikel 3 lid 2 InsVo dat de schuldenaar een vestiging in Nederland heeft in de zin van artikel 2 sub 10 InsVo.[54] Aan te nemen valt dat de regels voor een eigen aangifte moeten worden gevolgd, nu de insolventiefunctionaris in de hoofdprocedure de rechtspositie van de schuldenaar heeft overgenomen. Dientengevolge is geen griffierecht verschuldigd (art. 4 lid 2 sub h Wet griffierechten burgerlijke zaken).

95. *Vervolgstappen door de griffie van de rechtbank*

Na indiening van het faillissementsverzoek door een schuldeiser, de schuldenaar, het Openbaar Ministerie of de insolventiefunctionaris in een hoofdprocedure elders in de Europese Unie beoordeelt de griffie van de rechtbank of zij alle benodigde documenten heeft ontvangen. Zo niet, dan brengt zij de aanvrager daarvan op de hoogte en stelt zij deze in de gelegenheid om de ontbrekende stukken alsnog bij te voegen. Als dit achterwege blijft, wordt de aanvraag niet in behandeling genomen.

Een bijzondere situatie doet zich voor bij de schuldenaar/natuurlijke persoon van wie de faillietverklaring wordt verzocht en op wie nog geen schuldsanering natuurlijke personen van toepassing is (art. 3b). Op grond van artikel 3 lid 1 wordt hij direct geïnformeerd over de mogelijkheid om toepassing van de schuldsanering natuurlijke personen te verzoeken.[55] De schuldenaar heeft hiervoor veertien dagen de tijd en gedurende die periode wordt het verzoek tot faillietverklaring niet behandeld (art. 3 lid 2). Dit is overigens geen fatale termijn: zolang de behandeling van

---

53 HR 14 april 1944, *NJ* 1944/37 en HR 12 mei 1944, *NJ* 1944/392; vgl. Wessels, Insolventierecht I, nr. 1396.

54 Art. 1.2.2.5 Procesreglement insolventiezaken rechtbanken.

55 Art. 1.1.4.3 Procesreglement insolventiezaken rechtbanken.

het faillissementsverzoek nog niet is gesloten kan het verzoek tot toepassing van de schuldsanering natuurlijke personen worden ingediend.[56] Wanneer gelijktijdig met het verzoek tot faillietverklaring een verzoek om toepassing van de schuldsanering natuurlijke personen aanhangig is, wordt dit laatste verzoek als eerste behandeld (art. 3a lid 1).

Als de schuldenaar niet is verschenen en in staat van faillissement is verklaard, kan hij gelijktijdig met zijn verzet (art. 8 lid 2) een verzoek tot toepassing van de schuldsanering natuurlijke personen indienen. Dit heeft dan eveneens de in artikel 3a genoemde gevolgen; artikel 15b is dan niet aan de orde.[57]

Wanneer de schuldenaar/natuurlijke persoon zelf zijn faillietverklaring komt aanvragen, wordt hij er door de griffier op gewezen dat hij de mogelijkheid heeft om toepassing van de schuldsanering natuurlijke personen te verzoeken (art. 4 lid 1). Leidt een en ander tot een toepassing van de schuldsanering natuurlijke personen, dan vervalt het verzoek tot faillietverklaring van rechtswege (art. 3a lid 3).

Als een ander dan de schuldenaar het verzoek tot faillietverklaring heeft ingediend, moet de schuldenaar daarvan op de hoogte worden gebracht. Hij moet zich immers kunnen verweren. Hiertoe roept de griffier de schuldenaar op voor de behandeling van het verzoek ter zitting (art. 6 lid 1 en 2 jo. Eenig artikel Besluit ex artikel 6 Faillissementswet). Dit gebeurt per gewone brief en per aangetekende brief met bericht van ontvangst. Als dit bericht niet retour komt en de schuldenaar niet op de vastgestelde zitting verschijnt, mist de gewone brief betekenis. Als een schuldeiser de schuldenaar van wie het bericht retour is gekomen dat hij de aangetekende brief – om welke reden dan ook – niet in ontvangst heeft willen nemen, toch van de aanvraag op de hoogte wil stellen, kan hij dat via een deurwaardersexploot doen.

5.2.3 *Zitting en behandeling van het faillissementsverzoek*

Sinds enige tijd worden de faillissementszittingen in heel Nederland in beginsel op dinsdag gehouden.[58] Na het uitroepen van de zaak behandelt de rechtbank in enkelvoudige samenstelling het faillissementsverzoek in een niet-openbare raadkamerzitting (art. 4). Ofschoon de wet hierbij voorschrijft dat het Openbaar Ministerie wordt gehoord op de aangifte tot faillietverklaring, vindt dat in de praktijk niet meer plaats.[59] Bij de totstandkoming van de Faillissementswet werd nog nadrukkelijk vastgehouden aan de toen bestaande hoorplicht van het Openbaar Ministerie, omdat de faillietverklaring een gewichtige beslissing was waarbij de schuldenaar de beschikking en het beheer over zijn vermogen verliest en de rechten van derden betrokken

56 HR 29 januari 2010, *NJ* 2010/69, r.o. 3.4; HR 9 juni 2017, *NJ* 2017/257, r.o. 3.4.1; HR 26 maart 2021, *NJ* 2021/128 (*D/C*), r.o. 3.2.2.
57 HR 26 maart 2021, *NJ* 2021/128 (*D/C*), r.o. 3.3.2-4.
58 Art. 1.1.4.2/1.2.3.2 Procesreglement insolventiezaken rechtbanken (behalve in zittingsplaats Almelo waar dit op woensdagen gebeurt).
59 Vgl. art. 44 Rv op grond waarvan het OM slechts wordt gehoord als het daartoe de wens te kennen geeft.

zijn.[60] Hoewel dit nog steeds het geval is, wordt hieraan tegenwoordig kennelijk minder gewicht toegekend.

Het verzoek tot faillietverklaring wordt buiten de openbaarheid behandeld met het oog op de privacy van procespartijen, de schuldenaar in het bijzonder.[61] Wanneer het verzoek tot faillietverklaring geen resultaat heeft, zou immers het enkele feit dat een bepaalde schuldenaar zich tegenover de rechtbank heeft moeten verantwoorden en verweren al als een *selffulfilling prophecy* kunnen werken. Onder het motto 'waar rook is, is vuur' zou de schuldenaar in een neerwaartse financiële positie kunnen belanden doordat de markt de schuldenaar minder kredietwaardig gaat beschouwen.

96. Niet-verschenen schuldenaar

Als de schuldenaar niet verschijnt en de griffie heeft geen bewijs van ontvangst retour ontvangen, dan wordt het verzoek in beginsel ten minste twee weken aangehouden. Bij verblijf van de schuldenaar buiten Nederland is deze termijn ten minste vier weken. Wel wordt de aanvrager dan gelast om de schuldenaar naar behoren op te roepen.[62] In de praktijk gebeurt dit doorgaans bij deurwaardersexploot waarop de regels van artikel 45 e.v. Rv van toepassing zijn. Het exploot wordt betekend aan degene voor wie het is bestemd of diens huisgenoot. Bij afwezigheid laat de deurwaarder ter plekke een afschrift achter en als dat niet lukt, verstuurt hij het exploot per post (art. 46-47 Rv). Als de schuldenaar geen bekende woonplaats in Nederland heeft, wordt het exploot betekend op de plaats van zijn werkelijk verblijf (art. 54 Rv). Ontbreekt ook dit, dan wordt het exploot betekend aan het Openbaar Ministerie en wordt een uittreksel daarvan gepubliceerd in een landelijk dagblad of een regionaal dagblad.

97. Verschenen schuldenaar; toetsing formaliteiten

De schuldenaar heeft op de zitting geen advocaat nodig, maar hij mag zich op de zitting door een gevolmachtigde laten bijstaan. Als een schuldeiser de aanvrager/verzoeker is en de verweerder is wel verschenen, dan wordt de identiteit van de verschenen persoon vastgesteld. Is hij inderdaad de schuldenaar (bij een faillissementsaanvraag van een natuurlijke persoon) of de bevoegde vertegenwoordiger (bij een rechtspersoon), dan krijgt de (advocaat van de) schuldeiser de gelegenheid om het verzoekschrift zo nodig toe te lichten. Als partijen in overleg zijn over een betalingsregeling kan hij verzoeken om de zaak aan te houden. Hierdoor houdt de schuldeiser druk op de ketel. De faillissementsaanvraag fungeert dan als een incassomiddel. Dit is op zichzelf niet ongeoorloofd, maar rechtbanken zijn terughoudend om aan een langdurige of veelvuldige aanhouding mee te werken: in beginsel houdt zij de zaak niet vaker dan vier keer en niet langer dan in totaal acht weken aan.[63] Daarna wordt de zaak van de rol geschrapt en moet de schuldeiser zo nodig een nieuw verzoek indienen, waarvoor hij opnieuw griffierecht moet betalen.

60 Parl. Gesch. Fw (*Van der Feltz*) I, p. 265.
61 Art. 1.1.4.6 Procesreglement insolventiezaken rechtbanken.
62 Art. 1.1.4.11 Procesreglement insolventiezaken rechtbanken.
63 Art. 1.1.4.10 Procesreglement insolventiezaken rechtbanken.

Als de schuldenaar zijn eigen faillissement heeft aangevraagd, toetst de rechter of de hiervoor benodigde formaliteiten zijn vervuld. Bij een natuurlijke persoon onderzoekt hij of de verzoeker in – geheel of gedeeltelijke – gemeenschap van goederen is gehuwd of als partner is geregistreerd. In dat geval moet namelijk de noodzakelijke medewerking van de echtgenoot/partner blijken (art. 4 lid 2).[64] Hierbij komt in voorkomend geval ook een eventueel verzoek tot toelating tot de schuldsanering natuurlijke personen aan de orde.

Bij eigen aangifte door een kapitaalvennootschap onderzoekt de rechter of daaraan wel een geldige opdracht van de algemene vergadering van aandeelhouders ten grondslag ligt (art. 2:136/246 BW).[65] Ofschoon bij structuurvennootschappen (art. 2:152/262 e.v. BW) het bestuur de goedkeuring van de raad van commissarissen nodig heeft om het eigen faillissement aan te vragen (art. 2:164/274 lid sub i BW), tast het ontbreken van die goedkeuring de vertegenwoordigingsbevoegdheid van het bestuur niet aan (art. 2:164/274 lid 2 BW).

De schuldenaar die een onderneming drijft waarin een ondernemingsraad is ingesteld, heeft voorts te maken met het adviesrecht van deze raad. Bij een onderneming in financiële moeilijkheden ligt tijdige betrokkenheid van de ondernemingsraad voor de hand. Op grond van artikel 25 lid 1 sub a, c, d, e en n WOR is dit voor de daarin genoemde kwesties zelfs vereist. In deze situaties geldt voor de ondernemer een verbod om het adviesplichtige besluit te nemen en uit te voeren zonder raadpleging van de ondernemingsraad. Als van het advies wordt afgeweken kan de ondernemingsraad daartegen beroep instellen bij de Ondernemingskamer van het gerechtshof te Amsterdam en is de ondernemer in beginsel gehouden om de uitvoering van het besluit een maand op te schorten (art. 25 lid 5, 6 jo. 26 WOR). Hoewel vrij algemeen wordt aangenomen dat het besluit tot indiening van de eigen faillissementsaanvraag niet adviesplichtig is, zijn de daarvoor aangevoerde argumenten weinig overtuigend.[66] In de kern lijkt vooral de tijdsdruk voor de ondernemer een argument te zijn om voortvarend te werk te kunnen gaan, waarbij oponthoud door raadpleging van de ondernemingsraad en eventueel beroep bij de Ondernemingskamer onwenselijk of zelfs onrealistisch wordt geacht. Dit hoeft in de praktijk echter niet lang te duren als de ondernemer in staat is de ondernemingsraad van de ernst van de situatie te doordringen. Bovendien hoeft de eventuele daardoor veroorzaakte vertraging een faillietverklaring niet tegen te houden, want het staat de schuldeisers vrij om van hun kant faillietverklaring te verzoeken.

98. *Materiële toetsingsgronden*

Zijn schuldeiser en schuldenaar niet met elkaar in overleg en wenst de schuldeiser behandeling van zijn verzoek, dan gaat de rechter over tot inhoudelijke beoordeling

---

64 Vgl. art. 1.2.2.2 Procesreglement insolventiezaken rechtbanken.

65 Art. 1.2.2.6 Procesreglement insolventiezaken rechtbanken.

66 Vgl. Wessels, Insolventierecht I, nr. 1230-1232. Afwezigheid van een adviesplicht wordt aangenomen naar aanleiding van Rb. Den Bosch 9 april 1980, *NJ* 1980/546; vgl. HR 6 juni 2001, *NJ* 2001/477 (YVC IJsselwerf) over de aanvraag tot surseance van betaling. Aangezien faillietverklaring veel ingrijpender is in haar gevolgen voor de bevoegdheidsverdeling binnen de onderneming, valt aan deze uitspraak echter weinig steun te ontlenen. In faillissement behoudt de ondernemingsraad zijn bevoegdheden, zie HR 2 juni 2017, *NJ* 2017/453 (*OR DA Retail Groep/DA Retail Groep en Lensink q.q.*).

van de gronden van het verzoek: hij moet de overtuiging krijgen dat de schuldenaar in een toestand is komen te verkeren dat hij heeft opgehouden te betalen (art. 1 jo. 6 lid 3). Als een schuldeiser het verzoek doet, moet bovendien summierlijk van zijn vorderingsrecht blijken (art. 6 lid 3). Naast deze in de wet genoemde gronden, geldt de meer algemene regel van rechtsvordering, dat de aanvrager een rechtens te respecteren belang heeft bij de faillietverklaring (art. 3:303 BW). Dit zal meestal het geval zijn, maar een enkele keer is het ontbreken daarvan reden om het verzoek af te wijzen wegens misbruik van bevoegdheid (art. 3:13 BW).[67]

Het is aan de verzoeker om in het verzoekschrift voldoende en waar nodig door bewijs ondersteunde feiten en omstandigheden op te nemen op basis waarvan de rechter de overtuiging kan krijgen dat de schuldenaar verkeert in de toestand dat hij heeft opgehouden te betalen. Aangezien het om een summiere toets gaat, is er geen ruimte voor uitvoerige debatten en moeten de posities van de betrokkenen en genoemde toestand snel helder te krijgen zijn. In geval van een eigen aangifte wordt de schuldenaar doorgaans gevolgd in zijn stelling dat hij in een faillissementstoestand verkeert, behoudens de genoemde situatie waarbij sprake is van misbruik van omstandigheden. Maar ook als de aanvraag is gedaan door een schuldeiser wordt in de praktijk snel aangenomen dat een schuldenaar verkeert in een toestand dat hij heeft opgehouden te betalen. In dit verband toetst de rechter aan het zogenaamde pluraliteitsvereiste (nr. 99) en het vereiste van het ook overigens verkeren in een toestand te hebben opgehouden te betalen (nr. 100). De hierin gelegen dubbele onderzoeksopdracht – zowel de pluraliteit vaststellen als het bestaan van een toestand dat de schuldenaar heeft opgehouden te betalen – vloeit voort uit het ingrijpende karakter van de faillietverklaring.[68] Bij een faillissementsverzoek door een schuldeiser geldt als derde en laatste vereiste dat ook de eigen vordering van de verzoeker summierlijk moet vaststaan (nr. 101).

99. *Pluraliteitsvereiste*

Het faillissement is een collectieve procedure, wat betekent dat zij niet is bedoeld voor een enkele schuldeiser die als enige een onbetaalde vordering op de schuldenaar heeft. Voor deze schuldeiser staat immers het middel van beslag open, uiteindelijk op basis van een executoriale titel. Deze situatie rechtvaardigt niet het instellen van een faillissementsprocedure met alle bijbehorende extra kosten. Het bestaan van één enkele onbetaald gebleven schuldeiser is daarom onvoldoende om

67 HR 20 september 1996, *NJ* 1997/640 (*Verhees/Octrooibureau Zuid*); HR 10 november 2000, *NJ* 2001/249 (*Gem. Dantumadeel*) en HR 3 september 2010, *RvdW* 2010/982 (*X/RWE*); vgl. Wessels, Insolventierecht I, nr. 1333-35. Dit gebeurt soms ook als er geen noemenswaardige bezittingen lijken te zijn en de met het faillissement gemoeide kosten niet gedekt zullen worden; zie HR 18 december 2015, *NJ* 2016/172 (*Hoeksma q.q./RM Trade*) en HR 22 december 2017, *NJ* 2018/154 (*Boersen pro se en q.q./Pensioenfonds Levensmiddelenbedrijf*).

68 HR 31 augustus 1976, *NJ* 1977/173 (*Wellman & Vordriede/Steenkist*); HR 4 juni 1993, *NJ* 1993/659; HR 7 april 1995, *NJ* 1997/21; HR 3 september 2010, *RvdW* 2010/982 (X/RWE). Vgl. EHRM 9 december 1994, (Serie A no. 303-A), *NJ* 1997/20; Wessels, Insolventierecht I, nr. 1295-1296.

tot faillietverklaring te komen; er moet, kortom, sprake zijn van een pluraliteit van schuldeisers.[69]

Omdat sommige schuldenaren een faillietverklaring proberen te voorkomen door met al hun schuldeisers (op één na) een regeling te treffen en een curator meer mogelijkheden heeft dan een beslaglegger, is een strikte toepassing van het pluraliteitsvereiste wel bekritiseerd. Temeer waar het pluraliteitsvereiste als zodanig niet in de wet is opgenomen. Een poging om de Hoge Raad tot andere gedachten te brengen is echter niet gelukt. In 2017 heeft hij zijn volhardende standpunt in dezen gehandhaafd.[70]

De verzoekende schuldeiser moet daarom met meer dan zijn eigen vordering aankomen; hij heeft een zogenaamde 'steunvordering' nodig. Hij zal (summier) bewijs moeten aandragen dat de schuldenaar ook bij andere personen in het krijt staat. De steunvordering hoeft niet gericht te zijn op betaling van een geldsom, als het maar een vordering is die in het faillissement ter verificatie (nr. 232) kan worden ingediend.[71] De aanwezigheid hiervan wordt overigens snel aangenomen. Een steunvordering hoeft namelijk op zichzelf niet opeisbaar te zijn, terwijl evenmin haar omvang hoeft vast te staan.[72] Dat het irrelevant is dat een steunvordering niet-opeisbaar is, blijkt bijvoorbeeld als de schuldenaar met een schuldeiser een betalingsregeling heeft getroffen om te voorkomen dat zijn faillissement wordt uitgesproken. Ondanks de betalingsregeling blijft er een tweede schuldeiser die – naast de verzoeker – meetelt, zodat een betalingsregeling in beginsel niet verhindert dat aan het pluraliteitsvereiste is voldaan.[73] Een toekomstige vordering kan echter niet als steunvordering dienen, omdat het onvoldoende zeker is dat een dergelijke vordering daadwerkelijk zal ontstaan.[74] Omdat een achtergestelde vordering een lagere rang heeft (vgl. art. 3:277 lid 2 BW) kan ook deze in beginsel niet snel dienst doen als steunvordering, ook al is het niet per definitie uitgesloten, maar afhankelijk van de formulering.[75] Van pluraliteit is evenmin sprake als allerlei vorderingen afkomstig zijn van verschillende organen van de overheid.[76] In hoger beroep mag het bestaan van steunvorderingen niet reeds worden afgeleid uit het enkele bestaan van het faillissement; ook dan moeten die – weliswaar summierlijk – zijn gebleken.[77]

---

69 HR 22 maart 1985, *NJ* 1985/548; HR 24 maart 2017, *NJ* 2018/225 (*Säkaphen/Carrecon-Piguillet*); HR 11 juli 2014, *NJ* 2014/407 (*ABN Amro/Berzona*); HR 25 mei 2018, *NJ* 2019/393 (*Rabobank/Winters*). Vgl. A-G Strikwerda in zijn conclusie (nr. 13) voor HR 15 oktober 2004, *JOR* 2004/337 (*Tech Data Nederland/Partner Lease*).

70 HR 24 maart 2017, *NJ* 2018/225 (*Säkaphen/Carrecon-Piguillet*).

71 HR 11 juli 2014, *NJ* 2014/407 (*ABN Amro/Berzona*), r.o. 3.4.2.

72 Zie Wessels, Insolventierecht I, nr. 1198. Vgl. HR 19 januari 1961, *NJ* 1961/92 (*Hoeksma en Niewijk/Kramer*); HR 7 december 1990, *NJ* 1991/216 en HR 20 september 1996, *NJ* 1997/640 (*Verhees/Octrooibureau Zuid*); HR 25 mei 2018, *NJ* 2019/393 (*Rabobank/Winters*).

73 HR 18 maart 1983, *NJ* 1983/568; HR 10 mei 1996, *NJ* 1996/524. Vgl. A-G Strikwerda in zijn conclusie (nr. 11) voor HR 14 april 2006, *RvdW* 2006/396 (*Net Effect/UWV & CZ*). HR 25 mei 2018, *NJ* 2019/393 (*Rabobank/Winters*), r.o. 3.4.3.

74 HR 11 juli 2014, *NJ* 2014/407 (*ABN Amro/Berzona*), r.o. 3.4.3.

75 HR 24 oktober 1997, *NJ* 1998/68, HR 27 juni 2008, *NJ* 2008/371 (*Dairex/Armaghdown*), HR 12 juli 2013, *NJ* 2013/397 (*Jemnice en ESPF/ERED*).

76 Bijvoorbeeld de belastingdienst en een ministerie (SZW), want uiteindelijk gaat het om een en dezelfde rechtspersoon (Staat der Nederlanden), zie HR 26 oktober 2018, *NJ* 2018/32 (*Staat/X*).

77 HR 17 januari 2014, *NJ* 2014/61 (*H/Unitco*).

100. In een toestand verkeren van opgehouden hebben te betalen

De aanwezigheid van een pluraliteit aan schuldeisers is een eerste vereiste maar leidt niet per definitie tot faillietverklaring van de schuldenaar. Het bestaan van verscheidene schulden van de schuldenaar is hiervoor weliswaar een noodzakelijke, maar op zichzelf nog niet een voldoende voorwaarde: ook als aan het pluraliteitsvereiste is voldaan, moet nog worden onderzocht of de schuldenaar in de toestand verkeert dat hij heeft opgehouden te betalen; er moet sprake zijn van een zekere mate van duurzaamheid van het uitblijven van betalingen.[78] Anders dan bij het pluraliteitsvereiste kan de verzoeker door deze eis wel last hebben van schuldeisers met wie een betalingsregeling is getroffen of van wie de vordering achtergesteld is. Of de schuldenaar ondanks de betalingsregeling verkeert in een toestand dat hij heeft opgehouden te betalen, hangt namelijk af van de inhoud van die regeling. Als deze regeling er – in een uitzonderlijke situatie – op neerkomt dat de schuldenaar voorlopig niets verschuldigd is, zou betoogd kunnen worden dat deze schuld geen rol kan spelen bij de beoordeling van de toestand; in alle andere situaties maakt het echter geen wezenlijk verschil. Het karakter van de achterstelling kan de verzoeker parten spelen als die zo is vormgegeven dat de achtergestelde leningen pas bij liquidatie hoeven te worden terugbetaald.[79]

Ondanks het bestaan van bovenstaande dubbele onderzoeksopdracht voor de rechter worden aan de invulling daarvan geen zware eisen gesteld: zowel de pluraliteit als het verkeren in de toestand dat de schuldenaar heeft opgehouden te betalen hoeft slechts summierlijk te worden geconstateerd. Deze eis gaat dan ook niet zover dat als de schuldenaar betwist dat hij zich in een dergelijke toestand bevindt, de verzoeker aannemelijk moet maken dat die betwisting ongegrond is.[80] Omgekeerd geldt ook voor het verweer door de schuldenaar dat geen sprake is van pluraliteit of de bewuste toestand, hij dit slechts summierlijk aannemelijk hoeft te maken.

101. Eigen vordering van verzoekende schuldeiser

Artikel 6 lid 3 verlangt niet alleen dat summierlijk blijkt dat de schuldenaar verkeert in een toestand dat hij heeft opgehouden te betalen, maar tevens dat de vordering van de schuldeiser die het verzoek tot faillietverklaring doet summierlijk blijkt.[81] Zou dit niet het geval zijn, dan ontbreekt bovendien het belang bij de aanvrager en is er om deze reden geen noodzaak om tot faillietverklaring over te gaan (art. 3:303 BW). Het is dan aan andere schuldeisers om zo nodig het faillissement uit te lokken. Deze eis van het bestaan van een eigen vordering van de schuldeiser gaat overigens niet

78 HR 7 september 2001, *NJ* 2001/550; HR 18 januari 2002, *NJ* 2002/146; HR 12 maart 2004, *NJ* 2004/321 (*De Bok q.q./Gunnewijk*); HR 15 oktober 2004, *JOR* 2004/337 (*Tech Data Nederland/Partner Lease*); HR 11 juli 2008, *NJ* 2008/404; HR 3 september 2010, *RvdW* 2010/982 (*X/RWE*); HR 11 juli 2014, *NJ* 2014/407 (*ABN Amro/Berzona*), r.o. 3.4.3; HR 25 mei 2018, *NJ* 2019/393 (*Rabobank/Winters*), r.o. 3.4.4.

79 HR 24 oktober 1997, *NJ* 1998/68, HR 27 juni 2008, *NJ* 2008/371 (*Dairex/Armaghdown*), HR 12 juli 2013. *NJ* 2013/397 (*Jemnice en ESPF/ERED*).

80 HR 30 augustus 1991, *NJ* 1991/781; HR 24 juli 1995, *NJ* 1995/733; HR 5 maart 2004, *JOR* 2004/155, r.o. 3.6.3.

81 Voor een geval waarin dit niet was komen vast te staan, zie HR 11 juli 2008, *NJ* 2008/404 (*Van den Akker c.s./In de Veste*).

zover dat de vordering van de schuldeiser door de schuldenaar is erkend of in rechte moet zijn vastgesteld.[82]

102. Beoordeling naar tijdstip van de uitspraak

De rechter moet tot een oordeel komen op basis van wat in het verzoekschrift is gesteld en ter zitting aan de orde is gekomen. Omdat dit meestal een summier onderzoek is, zal hij in de regel op diezelfde zitting uitspraak kunnen doen.[83] Slechts wanneer het om een ingewikkelde kwestie gaat zal hij de uitspraak later doen en dit vervolgens zo spoedig mogelijk aan de betrokkenen kenbaar laten maken. Hiertoe krijgt de schuldenaar ter zitting te horen hoe hij (meestal telefonisch bij de griffie) op een later tijdstip contact kan opnemen.[84] In een dergelijk geval kunnen zich tussen de zitting en de uitspraak ontwikkelingen voordoen die de rechter bij zijn uitspraak moet betrekken. Uitgangspunt in een geding tot faillietverklaring is immers dat de rechter zijn beslissing baseert op de toestand *ten tijde van zijn uitspraak*.[85] Uit een oogpunt van proceseconomie mag de rechter echter na de zitting ontvangen informatie buiten beschouwing laten en hoeft hij niet tot heropening te besluiten. Dit komt neer op een afwijzing van het verzoek om die informatie te gebruiken. Wegens de ingrijpende gevolgen die een faillietverklaring kan hebben moet de rechter zijn afwijzing van een verzoek om die informatie in zijn oordeel te betrekken wel deugdelijk motiveren.[86]

5.2.4 Uitspraak

In de uitspraak kan de rechter het verzoek tot faillietverklaring alleen volledig toe- of afwijzen, meer keuze heeft hij niet (behoudens eventuele aanhouding). Een afwijzing van het verzoek geschiedt bij beschikking.[87] Een toewijzing van het verzoek gebeurt daarentegen bij vonnis ter openbare zitting, ook al benadert de aanvrager de rechtbank met een verzoekschrift tot faillietverklaring (art. 4 lid 5).

103. Openbaarheid van de uitspraak

De uitspraak moet in het openbaar geschieden. Dit vloeit niet alleen uit de Faillissementswet voort, maar ook uit de artikelen 5 Wet RO, 29 Rv en 6 EVRM. Dit knelt als de uitspraak direct na afloop van de behandeling achter gesloten deuren in de raadkamer wordt gedaan. In de opzet van de Faillissementswet zou ook dan nog – aansluitend – een buitengewone zitting van de rechtbank moeten volgen om in

---

82 Vgl. A-G Strikwerda in zijn conclusie (nr. 9) voor HR 21 december 2007, *RvdW* 2008/64.
83 Art. 1.1.5.1, 1.2.4.1 Procesreglement insolventiezaken rechtbanken.
84 Bijlage V (art. 5.5) Procesreglement insolventiezaken rechtbanken.
85 HR 3 mei 2013, *NJ* 2013, 275; HR 17 januari 2014, *NJ* 2014/61 (*H/Unitco*); HR 5 juni 2015, *NJ* 2015/320 (*HSK/Bosma*); zie voor het vervolg HR 11 december 2020, NJ 2021/232.
86 HR 3 mei 2013, *NJ* 2013/275.
87 Vgl. Wessels, Insolventierecht I, nr. 1387, 1407; in de lagere rechtspraak is wel eens verwarring, waarbij de afwijzing van het faillissementsverzoek nu eens een beschikking wordt genoemd (bijv. Rb. Utrecht 5 april 2011, ECLI:NL:RBUTR:2011:BQ0682), dan weer een vonnis en beschikking tegelijk (Rb. Arnhem 4 januari 2006, ECLI:NL:RBARN:2006:AU9189). Soms laat de rechtbank het in het midden door het woord 'uitspraak' te gebruiken (bijv. Rb. Den Haag 4 november 2010, ECLI:NL:RBSGR:2010:BO3684).

het openbaar uitspraak te doen.[88] Zeker nu de Nederlandse wetgever in de artikelen 4 lid 5, 29 Rv en 5 Wet RO uitdrukkelijk heeft verordonneerd dat de uitspraak in het openbaar moet gebeuren, is het de vraag of de ontsnappingsmogelijkheden van artikel 6 EVRM daarop van toepassing zijn. Volgens deze bepaling mag openbaarheid van de behandeling en de uitspraak door de rechter alleen maar worden beperkt, als dit nodig is in het belang van de goede zeden, van de openbare orde of nationale veiligheid in een democratische samenleving, wanneer de belangen van minderjarigen of de bescherming van het privéleven van procespartijen dit eisen of in geval van bijzondere omstandigheden waardoor anders de behoorlijke rechtspleging zou worden geschaad. Los van dit laatste voor bijzondere gevallen geschreven argument kan het onttrekken aan de openbaarheid van de procedure tot faillietverklaring alleen gebaseerd worden op de bescherming van de privacy van procespartijen. De andere gronden komen daarvoor doorgaans niet in aanmerking.

Als het verzoek wordt afgewezen, kan de beslotenheid van de raadkamer nog worden gezien als een bescherming van de schuldenaar tegen een mogelijke *self-fulfilling prophecy*. Bij toewijzing van het faillissementsverzoek is voor terughoudendheid op dat vlak echter geen noodzaak meer. Als de uitspraak niet ter openbare zitting geschiedt, heeft dat verstrekkende gevolgen, omdat het vonnis dan nietig is (art. 5 Wet RO). De rechtbanken doen er daarom goed aan om hun gangbare praktijken waarbij de uitspraak direct aan het slot van de besloten zitting plaatsvindt, aan te passen. Overigens worden de uitspraken zo snel mogelijk daarna gepubliceerd via de geëigende kanalen in het Centraal Insolventieregister (art. 19-19a), dat via www.rechtspraak.nl is te raadplegen (nr. 108), en de Staatscourant (art. 14; nr. 109).

103a. Inhoud vonnis

Bij een eigen aangifte die niet is omgezet in een verzoek tot toepassing schuldsanering natuurlijke personen, behelst de uitspraak doorgaans een toewijzing van het verzoek. Afwijzing vindt meestal alleen plaats als al een eerder faillissement is geweest en onvoldoende baten zijn om de kosten van het nieuwe faillissement te bestrijden (art. 18). Ook zonder voorafgaand faillissement kan het gebrek aan financieel perspectief reden voor de rechtbank zijn om de vordering af te wijzen; zij beroept zich dan op gebrek aan belang of zelfs misbruik van bevoegdheid (art. 3:303, 3:13 BW). Dit gebeurt bijvoorbeeld als er geen noemenswaardige bezittingen lijken te zijn en de met het faillissement gemoeide kosten niet gedekt zullen worden.[89]

Bij een aanvraag door een schuldeiser hangt het af van de verweren van de schuldenaar of het verzoek wordt toe- of afgewezen. Slaagt de schuldenaar erin om de gestelde vordering van de aanvrager of de steunvordering(en) te ontkrachten, waardoor duidelijk wordt dat hij niet in de vereiste toestand verkeert, dan zal de rechter het verzoek moeten afwijzen.

Wat zijn beslissing ook is, de rechter moet daarvan in zijn vonnis rekenschap geven door haar adequaat en dragend te motiveren. Aan deze motivering mag in het

88 Parl. Gesch. Fw (*Van der Feltz*) I, p. 267.
89 HR 20 september 1996, *NJ* 1997/640 (*Verhees/Octrooibureau Zuid*); HR 10 november 2000, *NJ* 2001/249 (Gem. Dantumadeel) en HR 3 september 2010, *RvdW* 2010/982 (*X/RWE*); vgl. Wessels, Insolventierecht I, nr. 1333-35. Zie voorts HR 18 december 2015, *NJ* 2016/172 (*Hoeksma q.q./RM Trade*) en HR 22 december 2017, *NJ* 2018/154 (*Boersen pro se en q.q./Pensioenfonds Levensmiddelenbedrijf*).

algemeen de eis worden gesteld dat zij voldoende inzicht geeft in de gedachtegang die daaraan ten grondslag ligt, opdat zij zowel voor partijen als voor derden – ingeval een hogere voorziening openstaat: de hogere rechter daaronder begrepen – controleerbaar en aanvaardbaar is.[90] In het geval van de faillissementsprocedure wringt deze eis enigszins. Enerzijds is deze procedure gericht op een spoedige beslissing waarin slechts summierlijk hoeft te blijken dat de wettelijke vereisten voor faillietverklaring vervuld zijn; aan de uitspraak hoeven dus geen al te strenge motiveringseisen te worden gesteld.[91] Anderzijds moet de motivering de beslissing wel kunnen dragen, aangezien een faillietverklaring zeer ingrijpend is voor betrokkenen en voor hen vergaande gevolgen heeft. Dit laatste brengt mee dat wanneer de schuldenaar bijvoorbeeld verweer heeft gevoerd, uit het vonnis moet kunnen worden afgeleid dat de rechter dat verweer bij zijn beslissing heeft meegewogen en waarom hij het heeft verworpen.[92]

104. Aanvullende beslissingen bij toewijzend vonnis

Als het verzoek wordt toegewezen, bevat het vonnis – waarin sinds 20 januari 2006 tot op de minuut nauwkeurig het tijdstip van de faillietverklaring moet worden vermeld[93] – voorts de benoeming van een of meer leden van de rechtbank tot rechter-commissaris en de aanstelling van een curator (art. 14).

Met de benoeming van een van de leden van de rechtbank tot rechter-commissaris komt het rechterlijk toezicht tot stand waaraan de curator is onderworpen (art. 64 e.v.). Dit toezicht is verder uitgewerkt in par. 5.3.4 hierna. In de praktijk benoemt de enkelvoudige kamer die het verzoek tot faillietverklaring heeft behandeld een van de collega-rechters uit het insolventieteam van de rechtbank. Als slechts één andere rechter – bij toerbeurt – de faillissementsrolzitting behandelt, benoemen zij elkaar; bij meer rechters wordt een benoemingsschema gehanteerd, mede gebaseerd op de bestaande werklast.

Een enkele keer wordt een rechter van buiten de rechtbank benoemd tot rechter-commissaris, als de failliete schuldenaar nauwere betrokkenheid met een ander arrondissement heeft. Rechters zijn immers van rechtswege rechter-plaatsvervanger in andere arrondissementsrechtbanken en kunnen als zodanig daar ook werkzaam zijn (art. 40 lid 2 jo. lid 1 sub d Wet RO). Dergelijke uitzonderingen doen zich vooral voor bij rechtspersonen waarvan de statutaire zetel zich in een ander arrondissement bevindt dan de feitelijke vestiging (nr. 84).

90 Zie bijv. conclusies A-G Keus voor HR 18 januari 2002, *NJ* 2002/146 en A-G Langemeijer voor HR 5 maart 2004, *JOR* 2004/150 (*Van Galen q.q./X*), waarin zij verwijzen naar vaste rechtspraak op dit punt, o.m. HR 4 juni 1993, *NJ* 1993/659; HR 7 april 1995, *NJ* 1997/21 en EHRM 9 december 1994 (Serie A no. 303-A), *NJ* 1997/20.

91 HR 5 maart 2004, *JOR* 2004/150 (*Van Galen q.q./X*), r.o. 3.3 waarin de Hoge Raad verwijst naar HR 7 september 2001, *NJ* 2001/550.

92 HR 7 april 1995, *NJ* 1997/21. Vgl. EHRM 9 december 1994 (Serie A no. 303-A), *NJ* 1997/20; HR 4 juni 1993, *NJ* 1993/659; Wessels, Insolventierecht I, nr. 1295-1296 en conclusie A-G Keus (nr. 2.14) voor HR 18 januari 2002, *NJ* 2002/146.

93 In verband met de invoering van de regeling van bancaire betalingstransacties bij deconfiture van kredietinstellingen (art. 3:174 Wft, 212b lid 1) en de financiëlezekerheidsovereenkomst in Boek 7.2 BW (art. 63e), waarbij is afgeweken van de hoofdregel van art. 23 dat het faillissement geldt vanaf 00.00 uur van de dag der faillietverklaring; zie Kamerstukken TK (2004-2005), 30138, nr. 3, p. 21 e.v.

Wanneer de rechter-commissaris uit het insolventieteam vertrekt, omdat hij bijvoorbeeld binnen de rechtbank rouleert naar een andere sectie of overstapt naar een ander college, vindt meestal vervanging van de rechter-commissaris plaats.[94]

Naast de benoeming van de rechter-commissaris en de aanstelling van een curator wordt in het vonnis van faillietverklaring tevens aan de curator de last gegeven tot het openen van aan de gefailleerde gerichte brieven en telegrammen (art. 14 lid 1). Dit is nodig met het oog op de in artikel 13 Grondwet gewaarborgde bescherming van het briefgeheim. Het is onduidelijk in hoeverre deze last zich mede uitstrekt tot het elektronische berichtenverkeer via e-mail, sms of op een andere manier, al lijkt dit (los van de praktische bezwaren) wel verdedigbaar (nr. 107).

105. Kostenveroordeling

Voor een kostenveroordeling is in de faillissementsprocedure in beginsel geen plaats als het verzoek wordt toegewezen. De schuldenaar die zijn eigen faillissement heeft aangevraagd, hoefde al geen griffierecht te betalen. De onbetaalde vordering van een eventuele rechtsbijstandsverlener bij de aanvraag zal de curator meenemen in het faillissement.[95] Is de faillietverklaring uitgesproken op basis van een verzoek van een schuldeiser – die wel griffierecht verschuldigd is – dan is evenmin plaats voor een kostenveroordeling, omdat ook deze kosten in het faillissement door de curator zullen moeten worden meegenomen. Deze vordering is overigens wel hoog bevoorrecht op alle goederen van de schuldenaar (art. 3:288 sub a BW). Bij afwijzing van het faillissementsverzoek door een schuldeiser is in beginsel evenmin plaats voor een kostenveroordeling van de aanvragende schuldeiser. Alleen als hij geen enkel redelijk belang bij de aanvraag heeft gehad (art. 3:13, 3:303 BW), wil wel eens een kostenveroordeling volgen.[96]

106. Publiciteit omtrent de uitspraak

Een faillietverklaring raakt allereerst de schuldenaar en – ingeval een schuldeiser het verzoek daartoe had gedaan – die schuldeiser. Zo is de schuldenaar vanaf middernacht (00.00 uur) van de dag van de faillietverklaring beschikkingsonbevoegd (art. 23)[97] en kan de schuldeiser geen executiemaatregelen meer treffen. De faillietverklaring is daarnaast echter ook van invloed op de rechtspositie van tal van andere betrokkenen bij die schuldenaar. Zoals hierna (par. 5.4.1) aan de orde komt heeft de faillietverklaring consequenties voor derden, zoals de fixatie van het actief (art. 20) en passief (art. 24), staking van executiemaatregelen (art. 33), bevrijdende betaling aan de schuldenaar (art. 52) en verrekening (art. 53-55). Om deze redenen is het

94 Vgl. R.D. Vriesendorp, 'De R-C als trendvolger?', *TvI* 1995, 5, p. 97 e.v. Anno 2020 is dit niet wezenlijk anders.

95 Ingevolge art. 7 Besluit rechtsbijstand- en toevoegcriteria wordt de eigen aangifte niet gefinancierd op basis van een toevoeging. In de praktijk zal de rechtsbijstandsverlener zijn vordering doorgaans al langs andere wegen hebben veiliggesteld (betaling van een voorschot, dat een curator met het oog op mogelijk paulianeus gedrag (art. 47) kritisch tegen het licht houdt, of betaling door een derde).

96 Zie bijv. Hof Den Haag 17 augustus 2010, ECLI:NL:GHSGR:2010:BO4610.

97 Met uitzondering van beschikkingsdaden verband houdende met financiëlezekerheidsovereenkomsten (art. 63e) en bij faillissement van financiële instellingen de door hen uitgevoerde bancaire transacties (art. 212b).

van groot belang dat de buitenwereld zo spoedig mogelijk over de faillietverklaring wordt geïnformeerd. Hiervoor bestaan verschillende instrumenten.

In de eerste plaats zouden derden van de faillietverklaring op de hoogte kunnen komen door bij de uitspraak aanwezig te zijn. De wet vereist immers dat die in het openbaar geschiedt (art. 14 lid 5; vgl. art. 6 EVRM, 5 Wet RO, 29 Rv; zie nr. 103). Probleem hierbij is alleen dat de faillissementsrol niet tevoren bekend wordt gemaakt en de rest van de zitting achter gesloten deuren plaatsvindt. Hierdoor is het – behoudens specifieke voorkennis – louter toeval als een buitenstaander langs deze weg van de faillietverklaring op de hoogte raakt.

107. Informatie aan posterijen; postblokkade

In de tweede plaats wordt de faillietverklaring geopenbaard doordat de griffie zowel de postvervoerbedrijven die zijn aangewezen als verlener van de universele postdienst als de andere geregistreerde postvervoerbedrijven in de zin van de Postwet 2009 'onverwijld' van de faillietverklaring in kennis moet stellen (art. 14 lid 2). Hierbij maakt de griffie tevens melding van de last aan de curator die in het vonnis van faillietverklaring is opgenomen; hij moet de brieven en telegrammen die aan de gefailleerde zijn gericht, openen. In de praktijk gebeurt dit door de post aan de gefailleerde te verzamelen en aan de curator te sturen. Brieven die de curator zelf aan de gefailleerde wil verzenden, voorziet de curator van de mededeling "van curator aan gefailleerde" of een andere mededeling van gelijke strekking en zijn handtekening.

Doel van deze maatregel is dat de curator relevante informatie via het berichtenverkeer via de post kan vergaren, zoals het bestaan van (buitenlandse) bankrekeningen en namen van schuldeisers. Verder valt te denken aan waardevolle goederen die per post verzonden worden, zoals vroeger waardepapieren als cheques en wissels. Dankzij de onderschepping via de post kan de curator deze voor de boedel in ontvangst nemen.

Het vroeger door curatoren als nuttig ervaren instrument van de 'postblokkade' is tegenwoordig minder belangrijk doordat de fysieke post steeds meer wordt verdrongen door elektronische post via e-mail, sms en andere digitale hulpmiddelen.

Aangezien tegenwoordig ook financiële berichtgeving, zoals bankmutaties en facturen, meer en meer alleen nog maar elektronisch worden verzonden, zal de informatiestroom via de post minder relevant worden. Het is de vraag in hoeverre die berichten in elektronische vorm ook onder de werking van de last van artikel 14 lid 1 vallen. Dit gaat in de richting van het 'afluisteren' van – grondwettelijk beschermde (art. 13 lid 2 Gw) – telefoongesprekken. Anders dan het – eveneens grondwettelijke beschermde – brief- en telegraafgeheim is daarover niets in de Faillissementswet opgenomen, zodat daarover twijfel kan bestaan. Gezien het doel van de regeling is aannemelijk dat de curator bevoegd is tot het opvragen en bekijken van e-mail en sms-berichten die aan de gefailleerde zijn verzonden.[98] Ten tijde van de totstandkoming van de Faillissementswet waren de technische mogelijkheden voor onderschepping van het – geringe – telefoonverkeer beperkt. Tegenwoordig is dit weliswaar technisch eenvoudiger, maar wordt de curator nu met een nieuw probleem geconfronteerd: de gefailleerde kan op zeer korte termijn een nieuwe e-mailaccount en

98 Vgl. art. 1.1.5 VIw. Dit is overigens iets anders dan het inmiddels gangbare praktijk geworden onmiddellijk veiligstellen door de curator van alle elektronische data van de schuldenaar op servers of in de cloud; vgl. art. 105a en 105b op basis waarvan de curator medewerking kan afdwingen om de administratie (fysiek dan wel elektronisch) beschikbaar en toegankelijk te maken.

mobiel telefoonnummer regelen en dan hangt het van de inventiviteit, speurzin en vooral de middelen van de curator af of hij deze nieuwe informatiebronnen heeft achterhaald en onderschept.

108. Centraal Insolventieregister

Een derde weg waarlangs iemands faillietverklaring valt te achterhalen is het Centraal Insolventieregister dat door de Raad voor de rechtspraak wordt bijgehouden op www.rechtspraak.nl (art. 19-19a).[99] Dit register wordt gevoed door de griffiers van de rechtbanken die de nodige gegevens moeten bijhouden.[100] Het register is voor iedereen kosteloos ter inzage, terwijl uittreksels tegen kostprijs verstrekt kunnen worden (art. 19 lid 3). Het Centraal Insolventieregister bevat onder meer de gegevens van faillissementen die in de lokale registers bij de verschillende rechtbanken worden bijgehouden. Alle insolventiegegevens gepubliceerd ná 1 januari 2005 zijn raadpleegbaar tot zes maanden na beëindiging van de insolventie. In dit register is over een specifiek faillissement de volgende informatie te vinden (voor zover van toepassing).

- Uittreksel van de rechterlijke beslissingen waarbij de faillietverklaring is uitgesproken en de eventuele ongedaanmaking daarvan (art. 19 lid 1 sub 1° jo. 14 lid 3): jaar en volgnummer gedurende het jaar; datum faillietverklaring; rechterlijke instantie die de faillietverklaring heeft uitgesproken; naam, woonplaats of kantoor en beroep gefailleerde (en bij een vennootschap onder firma ook deze gegevens van de vennoten); naam rechter-commissaris; naam en woonplaats of kantoor curator; naam, woonplaats of kantoor en beroep van ieder lid van (voorlopige of definitieve) commissie uit de schuldeisers; datum kracht van gewijsde opheffing faillissement op verzet, hoger beroep of cassatie.[101]
- Summiere inhoud en homologatie van het akkoord (art. 19 lid 1 sub 2° jo. 161).
- Ontbinding van het akkoord (art. 19 lid 1 sub 3° jo. 167 lid 3): datum ontbinding van akkoord; naam rechter-commissaris; naam en woonplaats of kantoor curator; naam, woonplaats of kantoor en beroep van ieder lid van commissie uit de schuldeisers in heropend faillissement; datum kracht van gewijsde vernietiging ontbinding van akkoord.[102]
- Bedrag van de uitdelingen bij vereffening (art. 19 lid 1 sub 4° jo. 193 lid 1).
- Opheffing van het faillissement door omzetting in schuldsanering natuurlijke personen of wegens gebrek aan baten (art. 19 lid 1 sub 5° jo. 15b respectievelijk 16).
- Rehabilitatie (art. 19 lid 1 sub 6° jo. 212).
- De vereisten vermeld in artikel 24 lid 2 InsVo (art. 19 lid 1 sub 7). Deze vallen grotendeels samen met de hiervoor genoemde gegevens:

---

99 Zie over de aanwijzing van de Raad voor de rechtspraak het Besluit van 24 november 2005, houdende de aanwijzing van de Raad voor de rechtspraak als het orgaan waaraan de gegevens ten behoeve van het register als bedoeld in artikel 19a, eerste lid, en het register als bedoeld in artikel 222b, eerste lid, van de Faillissementswet dienen te worden doorgegeven (*Stb.* 2005, 599).

100 Zie het Besluit ex artikel 19 Faillissementswet van 17 juni 1896 (*Stb.* 1896, 97) dat strikt genomen overigens niet meer voldoet aan de wettelijke grondslag in artikel 19 lid 2. Deze bepaling gaat sinds 2019 over de vorm en inhoud van het *centrale* register (CIR).

101 Zie Modelregister bedoeld in art. 19 der Faillissementswet (bijlage bij Besluit ex artikel 19 Faillissementswet).

102 Zie het Modelregister als bedoeld in art. 19 der Faillissementswet.

a) de datum van de opening van de insolventieprocedure;
b) de rechter die de insolventieprocedure opent en, in voorkomend geval, het nummer van de zaak;
c) het type insolventieprocedure, als vermeld in Bijlage A InsVo, dat werd geopend en, indien van toepassing, enig relevant subtype van die procedure dat overeenkomstig het nationaal recht is geopend;
d) of de bevoegdheid tot opening van de procedure is gebaseerd op lid 1, lid 2 of lid 4 van artikel 3 InsVo;
e) in het geval dat de schuldenaar een vennootschap of een rechtspersoon is, de naam, het registratienummer, de statutaire zetel of, indien verschillend, het postadres van de schuldenaar;
f) in het geval dat de schuldenaar een natuurlijke persoon is die al dan niet als zelfstandige een bedrijfs- of beroepsactiviteit uitoefent, zijn naam, eventuele registratienummer en postadres of, indien het adres beschermd is, zijn plaats en datum van geboorte;
g) de naam en het post- of e-mailadres van de insolventiefunctionaris die in de procedure is aangewezen, indien van toepassing;
h) de uiterste termijn voor het indienen van schuldvorderingen, of een verwijzing naar de criteria voor de berekening van die termijn, indien van toepassing;[103]
i) de datum van de beëindiging van de hoofdinsolventieprocedure, indien van toepassing;
j) de rechter bij wie en, indien van toepassing, de termijn waarbinnen de beslissing tot opening van de insolventieprocedure moet worden aangevochten overeenkomstig artikel 5 InsVo, of een verwijzing naar de criteria voor de berekening van die termijn. De zoekmogelijkheid voor faillissementen van natuurlijke personen is met het oog op privacy wel gebonden aan een combinatie van drie verplichte zoekvelden, zoals het invullen van de juiste achternaam (met voorvoegsels) en geboortedatum dan wel adres (postcode en huisnummer) of geboortedatum en adres.[104]

109. Uittreksel in Staatscourant

Ten slotte moet de faillietverklaring worden gepubliceerd in de media. Vroeger moest de curator direct een uittreksel van de faillietverklaring met de informatie uit het faillissementsregister van de rechtbank als bedoeld in het Besluit ex artikel 19 plaatsen in lokale dagbladen en de Staatscourant. Sinds de invoering van het Centraal Insolventieregister in 2005, is die verplichting eigenlijk overbodig geworden: plaatsing in de lokale media hoeft daarom tegenwoordig niet meer, maar die in de Staatscourant is voorlopig gehandhaafd (art. 14 lid 3). Sinds de Staatscourant alleen nog maar digitaal verschijnt kunnen derden zonder toegang tot internet alleen nog maar kennisnemen van een faillietverklaring door bij de rechtbank te informeren.

103 Vgl. art. 127 lid 4, ingevoerd bij de Wet modernisering faillissementsprocedure (*Stb.* 2018, 299).
104 Vgl. art. 24 lid 4 InsVo.

5.2.5 *Rechtsmiddelen*

Tot nog toe is de procedure in eerste instantie bij de rechtbank behandeld. Als de verzoeker zijn verzoek niet intrekt, kan de rechter het uiteindelijk inwilligen of afwijzen. In het eerste geval is de schuldenaar in staat van faillissement verklaard; in het tweede geval staat de verzoeker met lege handen en is het faillissement niet uitgesproken. Het is dan denkbaar dat een van de betrokkenen niet gelukkig is met de uitkomst en de kwestie opnieuw aan een rechterlijk oordeel wil voorleggen. Afhankelijk van de situatie in de eerste procedure (aanvraag door een schuldeiser of de schuldenaar) en de persoon van degene die de zaak opnieuw wil voorleggen (niet of wel verschenen schuldenaar of schuldeiser) kan dat door middel van verzet bij dezelfde rechtbank of hoger beroep bij het gerechtshof (eventueel ook na verzet). Onder omstandigheden kunnen ook derden in verzet komen. Na hoger beroep staat beroep in cassatie bij de Hoge Raad open. Met dit systeem kent de Faillissementswet een uitputtende regeling van rechtsmiddelen. Het bijzondere rechtsmiddel van herroeping voor het geval het vonnis op bedrog berust (art. 382 e.v. Rv) is in faillissementszaken niet mogelijk.[105]

Als de rechtbank de faillietverklaring heeft uitgesproken en een curator heeft aangesteld, heeft het instellen van een rechtsmiddel gevolgen voor diens handelen. Zo mag hangende die procedure geen raadpleging over een akkoord plaatshebben en evenmin mag de curator tot vereffening van de boedel overgaan tegen de zin van de schuldenaar (art. 13 lid 2).[106] Achterliggende gedachte hierbij is dat partijen rekening moeten houden met de mogelijkheid dat de faillietverklaring vernietigd wordt, waardoor er geen reden voor de betrokkenheid van de curator meer is (of misschien zelfs nooit geweest is). Een goede curator zal in deze periode terughoudend opereren en alleen datgene doen dat in het belang van de boedel dringend nodig of gewenst is. Het instellen van een rechtsmiddel heeft echter geen schorsende werking: de schuldenaar blijft gedurende die periode failliet.

110. Termijnen

Rechtsmiddelen in de faillissementsprocedure zijn net als bij gewone civiele procedures gebonden aan strikte termijnen. Aangezien niet te lang onduidelijkheid mag bestaan of een schuldenaar in staat van faillissement verkeert, heeft de wetgever ervoor gekozen om met korte termijnen te werken. Het rechtsmiddel staat in beginsel slechts gedurende acht dagen na de dag van de uitspraak open, waarbij geen onderscheid wordt gemaakt tussen verzet, hoger beroep en cassatie (art. 8, 9, 10 en 12). Alleen bij verzet door de schuldenaar die niet is gehoord op de faillissementszitting heeft de wetgever de schuldenaar een iets ruimere termijn gegund: hij kan gedurende veertien dagen – of een maand bij verblijf buiten Nederland op de dag van de uitspraak – na de uitspraak in verzet komen. De Algemene termijnenwet is van toepassing op de berekening van de laatste dag waarop een rechtsmiddel kan

105 HR 9 december 1982, *NJ* 1984/384 voor de voorloper van herroeping, het rekest-civiel; Wessels, Insolventierecht I, nr. 1390.

106 Vgl. de situatie waarin een faillietverklaring is vernietigd maar nog niet onherroepelijk is geworden of de in art. 15 bedoelde aankondiging heeft plaatsgevonden; zie HR 10 november 2016, *NJ* 2017/87 (*Binderij Letterboer/Letterboer c.s.*).

worden ingesteld. De uitzondering van de Algemene Termijnenwet in artikel 362 ziet immers niet op de termijnen van de rechtsmiddelen.

111. Verzet

Verzet staat open voor de schuldenaar die in staat van faillissement is verklaard, maar niet in de procedure was verschenen en dus niet zijn zienswijze op het verzoek heeft kunnen geven (art. 8 lid 2). Verzet is ook mogelijk als de faillietverklaring pas in hoger beroep tegen een afwijzing van de faillissementsaanvraag door het gerechtshof wordt uitgesproken.[107] Daarnaast is op dezelfde wijze verzet tegen de faillietverklaring mogelijk door iedere schuldeiser, behoudens degene die het faillissement had verzocht, en elke andere belanghebbende (art. 10 lid 1). Voor deze schuldeisers/belanghebbenden is het niet relevant of zij bij de faillietverklaring zijn gehoord of niet; in beide gevallen staat geen hoger beroep maar alleen verzet open.[108] Tot de categorie belanghebbenden behoren degenen die anders dan als schuldeiser in een rechtsbetrekking tot de schuldenaar staan. Denk aan de echtgenoot/partner en aan wederpartijen bij overeenkomsten, zoals een verhuurder of werknemers. Vroeger was omstreden of de curator een belanghebbende kon zijn die tegen de faillietverklaring – en daarmee zijn eigen aanstelling – in verzet kan komen, bijvoorbeeld omdat de boedel leeg is en de curator daarom niet voor zijn werkzaamheden betaald kan worden. Na een prejudiciële procedure is deze kwestie in 2015 ten gunste van de curator bij een faillissement op eigen aangifte beslist, al zijn niet alle vragen beantwoord.[109]

De curator kan het verzet alleen *pro se* instellen, dus niet in zijn hoedanigheid van curator; het gaat immers om een persoonlijk belang en niet een belang van de boedel.[110] Toch is het feit dat de boedel leeg is op zichzelf onvoldoende om een faillietverklaring op deze grond te vernietigen. Er moet sprake zijn van misbruik van bevoegdheid (art. 3:13 BW). Dit kan zich voordoen als iemand het faillissement aanvraagt (schuldenaar dan wel schuldeiser) terwijl hij weet of behoort te weten dat de boedel leeg is en een minder bezwarend alternatief beschikbaar is.[111]

Wanneer een schuldeiser/belanghebbende verzet aantekent op de voet van artikel 10 en de schuldenaar tegelijkertijd in hoger beroep is gegaan, zou de faillietverklaring in theorie door twee verschillende gerechten opnieuw worden behandeld. De wet geeft voor deze samenloop geen regeling, maar uit het systeem van rechtsmiddelen vloeit voort dat in dat geval het verzet door de schuldeiser/belanghebbende ook door de hogere rechter wordt behandeld.

De verzetprocedure wordt op dezelfde wijze gevoerd als de procedure waartegen het verzet is ingesteld (art. 8 lid 6, 10 lid 5; zie par. 5.2.3). Door in verzet te gaan heeft de schuldenaar respectievelijk de schuldeiser/belanghebbende de mogelijkheid om het verzoek tot faillietverklaring opnieuw te laten beoordelen door het gerecht dat

107 Wessels, Insolventierecht I, nr. 1428; HR 29 oktober 1982, *NJ* 1983/196.
108 HR 27 februari 1959, *NJ* 1959/556 en HR 7 december 1984, *NJ* 1985/268; vgl. Wessels, Insolventierecht I, nr. 1422.
109 HR 18 december 2015, *NJ* 2016/172 (*Hoeksma q.q./R.M. Trade*).
110 HR 18 december 2015, *NJ* 2016/172 (*Hoeksma q.q./R.M. Trade*) en HR 22 december 2017, *NJ* 2018/154 (*Boersen pro se en q.q./Pensioenfonds Levensmiddelenbedrijf*).
111 HR 22 december 2017, *NJ* 2018/154 (*Boersen pro se en q.q./Pensioenfonds Levensmiddelenbedrijf*).

de faillietverklaring heeft uitgesproken (art. 8 lid 4, 10 lid 2). Hij moet aantonen dat de schuldeiser die het faillissement heeft verzocht ten tijde van de faillietverklaring geen vordering (meer) heeft of dat de schuldenaar niet (meer) verkeert in een toestand dat hij heeft opgehouden te betalen; de toetsing geschiedt *ex nunc*, dat wil zeggen op het tijdstip waarop de rechter op het verzet uitspraak doet. Er wordt dus niet alleen maar onderzocht of de eerdere rechter een juiste beslissing heeft genomen op basis van de hem toen ter beschikking staande gegevens. Later opgetreden feiten en omstandigheden tot aan de uitspraak op het verzet[112] – zoals een nieuwe kredietlijn waardoor de schuldenaar alsnog in staat is zijn lopende verplichtingen na te komen of een voldoening van de schuldeiser die het faillissement heeft aangevraagd[113] – moeten bij de nieuwe beoordeling worden meegewogen.

Slaagt de schuldenaar respectievelijk schuldeiser/belanghebbende in het verzet, dan vernietigt de rechtbank het eerder uitgesproken faillissement met alle gevolgen van dien (zie par. 5.5.1). Als de vernietiging het gevolg is van het verzet door de schuldenaar, dan kan de schuldeiser die de faillietverklaring verzocht had in hoger beroep komen (art. 9 lid 2). Hetzelfde geldt als de vernietiging het gevolg is van verzet door een andere schuldeiser respectievelijk belanghebbende op de voet van artikel 10. Dan kunnen verschillende partijen in hoger beroep gaan: niet alleen de schuldeiser die de faillietverklaring heeft verzocht maar door het geslaagde verzet uiteindelijk niet heeft bereikt wat hij wilde, maar ook de schuldenaar en het Openbaar Ministerie (art. 11 lid 2).

Blijft het verzet daarentegen zonder gevolgen, dan kan zowel de schuldenaar als de schuldeiser/belanghebbende die het verzet vergeefs had ingesteld hoger beroep aantekenen (art. 11 lid 1).

Als het verzet pas gedaan is bij het gerechtshof (bijvoorbeeld omdat de rechtbank het verzoek tot faillietverklaring had afgewezen en pas in hoger beroep door het gerechtshof de faillietverklaring is uitgesproken zonder dat de schuldenaar was gehoord), kan geen hoger beroep meer worden ingesteld (art. 11 lid 4). Dan staat alleen nog cassatie open (art. 12).

112. Hoger beroep

Hoger beroep staat alleen open voor de partij die in de procedure voor de rechtbank verschenen was en in het ongelijk is gesteld. Anderen hebben deze mogelijkheid niet. Dit betekent dat de schuldenaar die ondanks verweer in staat van faillissement is verklaard, daartegen bij het gerechtshof in appel kan komen (art. 8 lid 1). Hetzelfde geldt voor de schuldenaar van wie het faillissement in een verzetprocedure bij de rechtbank op voet van artikel 8 lid 2 in stand is gebleven (art. 8 lid 3). Als daarentegen het verzoek tot faillietverklaring is afgewezen, staat hoger beroep slechts open voor de schuldeiser of het Openbaar Ministerie als dat de faillietverklaring vergeefs had verzocht (art. 9 lid 1). Hetzelfde geldt voor de schuldeiser die het faillissement had verzocht en ook had verkregen, maar waarbij dit na verzet is vernietigd (art. 9 lid 2), tenzij dit verzet pas bij het gerechtshof aanhangig was gemaakt (art. 11 lid 4).

112 Net als bij de eerste uitspraak (nr. 102; vgl. HR 3 mei 2013, *NJ* 2013/275).
113 HR 5 juni 2015, *NJ* 2015/320 (*HSK/Bosma*); zie voor het vervolg HR 11 december 2020, *NJ* 2021/232.

De afwijzing door de rechtbank van een eigen aangifte kan eveneens in hoger beroep door de schuldenaar aan het gerechtshof worden voorgelegd (art. 9 lid 1).

Voor de andere schuldeisers en belanghebbenden staat hoger beroep alleen open tegen een afwijzing van hun op artikel 10 lid 1 gebaseerd verzet (art. 11 lid 1). Als het verzet gehonoreerd wordt, kan zowel de aanvragende schuldeiser als de schuldenaar (bij een eigen aangifte) in hoger beroep komen (art. 11 lid 2). Ook in deze gevallen geldt dat hoger beroep niet mogelijk is als dat verzet pas bij het gerechtshof is gebeurd (art. 11 lid 4).

Net als bij het verzet gebeurt de procedure in hoger beroep op dezelfde wijze als de procedure zoals die in eerste aanleg is gevoerd en heeft de appellant de mogelijkheid om de faillietverklaring opnieuw te laten beoordelen (art. 8 lid 6, 11 lid 3; zie par. 5.2.3). Bij hoger beroep gebeurt dit echter alleen niet meer door dezelfde maar door een hogere instantie (art. 8 lid 4, 11 lid 3). Als de schuldenaar in hoger beroep is gekomen, of een andere schuldeiser dan de aanvrager van het faillissement of een belanghebbende in de zin van artikel 10 lid 1 die zonder resultaat tegen de faillietverklaring in verzet was gekomen, dan is dit succesvol als wordt aangetoond dat de schuldenaar niet (meer) verkeert in een toestand dat hij heeft opgehouden te betalen; net als bij het verzet is ook hier de toetsing *ex nunc*.[114] Het enkele feit dat de schuldenaar stelt – en de aanvragende schuldeiser erkent – dat hij ten tijde van het faillissement geen schuld had, leidt overigens niet noodzakelijkerwijze tot een vernietiging. Het uitgesproken faillissement bepaalt immers de rechtspositie van alle schuldeisers, zodat de appelrechter een en ander zelfstandig moet beoordelen.[115] Als dan blijkt dat de aanvrager inderdaad geen vordering op de schuldenaar had, dan moet het faillissement worden vernietigd, ook al zou de schuldenaar wel verkeerd hebben in een toestand dat hij had opgehouden te betalen.[116] Dit geldt ook als de schuldenaar respectievelijk schuldeiser/belanghebbende erin slaagt aan te tonen dat een dergelijke toestand ontbrak; ook dan vernietigt het gerechtshof bij arrest het eerder uitgesproken faillissement met alle gevolgen van dien (zie par. 5.5.1).[117] In alle andere gevallen bekrachtigt het gerechtshof – eveneens bij arrest – de uitspraak van de rechtbank. Een kostenveroordeling is dan net als in eerste instantie niet aan de orde.

113. Cassatie

Nadat het gerechtshof zich over een hoger beroep (art. 8 lid 1 of 3, 9 lid 1 of 2 of 11 lid 1 of 2) of verzet (art. 8 lid 2 of 10 lid 1) heeft gebogen, resteert de teleurgestelde partij alleen nog beroep in cassatie bij de Hoge Raad (art. 398 Rv). Net als in andere civiele zaken onderzoekt de Hoge Raad de kwestie niet opnieuw, maar beperkt hij zich tot de vraag of het gerechtshof het recht op juiste wijze heeft toegepast en of het zijn oordeel niet onbegrijpelijk heeft gemotiveerd (art. 79 Wet RO). Anders dan bij de gewone dagvaardings- of verzoekschriftprocedure in cassatie (art. 407

114 HR 17 januari 2014, *NJ* 2014/61 (*H/Unitco*).

115 HR 4 november 1949, *NJ* 1950/17; HR 27 januari 1950, *NJ* 1950/267; HR 7 februari 1958, *NJ* 1958/202 (*Jennissen/Thebrath*); HR 10 november 2006, *NJ* 2006/610 (*Hesco c.s./Freudenberg c.s.*), r.o. 3.5; HR 11 juli 2008, *NJ* 2008/404 (*Van den Akker c.s./In de Veste*).

116 HR 10 december 1954, *NJ* 1955/538. Vgl. HR 11 juli 2008, *NJ* 2008/404 (*Van den Akker c.s./In de Veste*).

117 Vgl. de casus die ten grondslag lag aan HR 30 maart 2018, *NJ* 2018/181 (*De Jong q.q./Roeleveld en Bos*).

respectievelijk 426 e.v. Rv) gelden in een faillissementscassatie korte termijnen. Zo moet het cassatieberoep uiterlijk acht dagen na de bestreden uitspraak worden ingesteld (art. 12 lid 1) en wordt nog daadwerkelijk mondeling gepleit in plaats van de gebruikelijke schriftelijke toelichting. Nadat ook de procureur-generaal of de advocaat-generaal namens het Openbaar Ministerie met voortvarendheid zijn conclusie zal hebben genomen (art. 418/429 Rv), eventueel gevolgd door een reactie ('Borgersbrief'; art. 44 lid 3 Rv) van partijen, wijst de Hoge Raad eveneens binnen enkele weken arrest.[118]

Als de Hoge Raad van oordeel is dat de aangevoerde klachten geen behandeling in cassatie rechtvaardigen kan hij het cassatieberoep niet-ontvankelijk verklaren (art. 80a Wet RO). Hij zal het cassatieberoep verwerpen als hij het ongegrond acht, al dan niet met de korte motivering op basis van artikel 81 Wet RO. Als hij daarentegen een of meer van de klachten in het cassatiemiddel gegrond vindt, kan hij de zaak zelf afdoen (art. 420/429 Rv), terugwijzen of verwijzen naar het gerechtshof waarvan de uitspraak vernietigd is respectievelijk een ander gerechtshof (art. 421 e.v./429 Rv).

114. Vernietiging na faillietverklaring

Als een faillietverklaring na instelling van een rechtsmiddel vernietigd wordt, heeft dat verschillende – soms ingrijpende – gevolgen. In de tussentijd is immers al een curator aan het werk en zijn maatregelen getroffen ter bescherming van het vermogen van de schuldenaar.

Voor de gevolgen van een vernietiging hangt het in de eerste plaats ervan af welke rechter de faillietverklaring heeft uitgesproken: is dit de hoogste rechter, dan staat de vernietiging direct vast en treden de gevolgen daarvan onmiddellijk in. Staat tegen een uitspraak echter nog een gewoon rechtsmiddel open, dan moet eerst de termijn voor het instellen daarvan worden afgewacht en in voorkomend geval de uitkomst van die procedure. Pas dan geeft de griffier van het rechtscollege dat de vernietiging heeft uitgesproken daarvan kennis aan de curator (art. 15). Tegelijkertijd geeft de griffier daarvan kennis aan het postvervoerbedrijf of de postvervoerbedrijven die zijn aangewezen als verlener van de universele postdienst, en de andere geregistreerde postvervoerbedrijven, bedoeld in de Postwet 2009 (art. 15 lid 1, slot). Dit heeft ten doel de postblokkade te beëindigen (zie nr. 107). Is de vernietiging van de faillietverklaring in hoger beroep of cassatie gebeurd, dan doet de griffier zijn kennisgeving ook aan de rechtbank die de faillietverklaring had uitgesproken (art. 15 lid 2). Dit met het oog op het bijhouden door de griffier van die rechtbank van het centraal insolventieregister (art. 19 lid 1 sub 1).

In de tweede plaats leidt een – definitieve – vernietiging van de faillietverklaring tot het wegvallen van de grondslag voor de aanstelling van de curator. Hij is door de vernietiging gedefungeerd. De inmiddels door hem in het faillissement gemaakte uren en kosten moeten echter wel betaald worden. Toerekening hiervan hangt af van de reden voor de vernietiging en een eventueel daarover door de schuldenaar gevoerd verweer. Heeft de eerdere rechter een verkeerde beslissing genomen, waarbij de schuldenaar – ook achteraf bezien – ten onrechte in staat van faillissement

---

118 Vgl. art. 3.5.1.2 en 3.5.16.2 Procesreglement Hoge Raad der Nederlanden (*Stcrt.* 2017, 5928 (31 januari 2017), in werking per 1 maart 2017).

was verklaard, dan is er aanleiding om de aanvrager in die kosten te veroordelen (art. 15 lid 3). Is de vernietiging daarentegen het gevolg van de *ex nunc*-toetsing door de latere rechter omdat inmiddels de toestand van hebben opgehouden te betalen tot een einde is gekomen, dan ligt het voor de hand dat de schuldenaar deze kosten moet betalen, evenals de kosten van de aanvrager (art. 15 lid 3).[119]

In de derde plaats zou het wegvallen van de curator als gevolg van de vernietiging aanleiding kunnen zijn om aan zijn (rechts)handelingen met terugwerkende kracht effect te ontnemen, want zijn aanstelling had nooit mogen plaatsvinden. De wetgever heeft dit echter niet gewild. Aangezien de vernietiging is gebaseerd op een toetsing *ex nunc* wil dat nog niet zeggen dat de eerdere rechter een verkeerde beslissing had genomen; denk aan de situatie waarin de schuldenaar hangende verzet, hoger beroep of cassatie tot een regeling is gekomen met de aanvrager of zijn overige schuldeisers. Zelfs als de beslissing van de rechter achteraf onjuist was gebleken moet het rechtsverkeer worden beschermd en zou men zich niet voor elke handeling met een curator moeten verdiepen in de vraag of wellicht nog een rechtsmiddel tegen de faillietverklaring aanhangig is of openstaat. In beginsel blijven daarom alle handelingen die de curator tot aan de dag waarop de curator op de voet van artikel 15 over de vernietiging is geïnformeerd heeft gedaan, geldig en verbindend (art. 13 lid 1).

Sinds 2002 is hierop een uitzondering gemaakt voor de opzegging van arbeidsovereenkomsten door de curator. Na de vernietiging van het faillissement gelden hiervoor de wettelijke of – in een individuele of (verbindend verklaarde) collectieve arbeidsovereenkomst – overeengekomen regels voor het opzeggen van de arbeidsovereenkomst (art. 13a). De hiervoor geldende termijnen van artikel 7:686a lid 4 BW beginnen te lopen vanaf het tijdstip waarop het faillissement wordt vernietigd. In samenhang met het slot van artikel 13 is aan te nemen dat dit het tijdstip is waarop de vernietiging aan de curator en de postbedrijven op de voet van artikel 15 lid 1 is medegedeeld. De uitzondering van artikel 13a beoogt werknemers te beschermen tegen een vooropgezet plan waarbij de faillissementsprocedure wordt gebruikt om de reguliere ontslagbescherming op grond van Titel 7.10 BW te ontlopen, omdat ontslag van werknemers door de curator in faillissement aanmerkelijk sneller, eenvoudiger en minder kostbaar is dan daarbuiten. Dit speelt bij een vernietiging door een belanghebbende, zoals een werknemer of diens vertegenwoordiging (vakbond) die in het geweer komt tegen een eigen aangifte door de schuldenaar, omdat dit misbruik van faillissement zou zijn als daarmee bijvoorbeeld door een prepack met een beroep op artikel 7:666 BW werknemersbescherming wordt ontlopen. Een vernietiging van de faillietverklaring brengt dan met zich mee dat de door de curator ontslagen werknemers vernietiging van de opzegging door de curator kunnen verlangen met een vordering tot loondoorbetaling al dan niet met veroordeling tot herstel (art. 7:677 lid 2, 4 jo. 7:681, 7:682 BW). De verjaringstermijnen die voor deze vorderingen gelden, beginnen te lopen vanaf de dag van de vernietiging van de faillietverklaring (art. 7:686a BW jo. 13a). Deze regeling is een uitvloeisel van Europese regelgeving.[120]

---

119 Aldus art. 7d Recofa-richtlijnen voor faillissementen versie 2005 (in de huidige versie van de Recofa-richtlijnen voor faillissementen is hierover niets meer vermeld). Zie over het salaris van de curator art. 71 en nr. 124 en 160.

120 Art. 5 lid 4 Richtlijn 2001/23/EG.

Zij speelt in de praktijk nauwelijks een rol, omdat de rechtshandelingen waarbij de ondernemingsactiviteiten door de curator aan een derde zijn overgedragen op grond van artikel 13 wel in stand blijven. Een werknemer die zich onder verwijzing naar artikel 13a beroept op de nietigheid van het ontslag door de curator blijkt daardoor dan in dienst te zijn van een lege vennootschap zonder onderneming. Deze biedt geen verhaal, zodat de werknemer dan achter de bestuurder/aandeelhouder aan moet gaan om zijn schade vergoed te krijgen. In overduidelijke gevallen is er soms kans op succes.[121]

Naast misbruik van faillissementsrecht door het faillissement aan te vragen om onder de arbeidsrechtelijke bescherming van de werknemer(s) uit te komen biedt dit leerstuk soms ook uitkomst bij andere vormen van misbruik, vooral als op voorhand al vaststaat dat de afwikkeling van de boedel niets gaat opleveren voor de aanvrager van het faillissement of dat zelfs de curator geen salaris zal kunnen verwachten.[122]

Ten slotte leidt de vernietiging tot het herleven van eerdere beslagen die op grond van artikel 33 door de faillietverklaring waren komen te vervallen (art. 33 lid 2). Als het beslag in een openbaar register was aangetekend en na de faillietverklaring op grond van de verklaring van de rechter-commissaris was doorgehaald, vervalt de herleving van het beslag als niet binnen veertien dagen een exploot is ingeschreven dat van de herleving mededeling was gedaan aan de schuldenaar.

5.2.6 Invloed EVRM

Geregeld is de vraag opgeworpen welke invloed het EVRM op de faillissementsprocedure heeft, en of deze procedure wel met het verdrag in overeenstemming is.[123] Een faillissement, dat immers diep ingrijpt in het leven van de betrokkenen (zowel schuldenaar als schuldeisers), staat soms op gespannen voet met een aantal door het EVRM gewaarborgde grondrechten.[124] Het gaat dan in het bijzonder om de grondrechten van artikel 5 EVRM (recht op vrijheid en veiligheid), artikel 6 EVRM (recht op eerlijk proces), artikel 8 EVRM (respect voor privéleven) en artikel 1 Eerste Protocol (bescherming van eigendom) EVRM, in samenhang met artikel 13 EVRM (aanspraak op daadwerkelijk rechtsmiddel tegen schendingen).

Bij de procedure tot faillietverklaring is vooral de vraag naar de toepasselijkheid en reikwijdte van artikel 6 EVRM aan de orde. Van een tegen de schuldenaar

121 Zie HR 29 juni 2001, *JOR* 2001/169, *AA* 2002/260 (MTW/FNV & Vermaat); HR 28 mei 2004, *NJ* 2006/4 (*De Boek/Van Gorp; Digicolor*).

122 Met meer of minder succes is aan de Hoge Raad voorgelegd: HR 20 september 1996, *NJ* 1997/640 (*Verhees/Octrooibureau Zuid*); HR 10 november 2000, *NJ* 2001/249 (*Gem. Dantumadeel*); HR 3 september 2010, *RvdW* 2010/982 (*X/RWE*); HR 18 december 2015, *NJ* 2016/172 (*Hoeksma q.q./RM Trade*) en HR 22 december 2017, *NJ* 2018/154 (*Boersen pro se en q.q./Pensioenfonds Levensmiddelenbedrijf*).

123 Zie hierover uitvoerig J.C. van Apeldoorn, Insolventieprocedures en grondrechten (diss. Tilburg), Den Haag 2009.

124 Vgl. art. 6 lid 3 VEU waarin deze grondrechten tot algemeen beginselen van het EU-recht zijn verklaard.

ingestelde vervolging is geen sprake[125] en het is nog maar de vraag of in de procedure tot faillietverklaring burgerlijke rechten en verplichtingen worden vastgesteld. Wat hiervan ook zij, de procesgang om tot toe- of afwijzing van een verzoek tot faillietverklaring te komen, houdt wel verband met de vaststelling – al is het summierlijk – of al dan niet een vorderingsrecht van de schuldeiser bestaat. Als de schuldenaar erin slaagt dat te bestrijden, dan moet het verzoek worden afgewezen. Slaagt hij hier niet in, dan moet vooralsnog – summierlijk – ervan worden uitgegaan dat een verplichting van de schuldenaar bestaat. Voor deze vaststellingen zullen de proceswaarborgen van artikel 6 lid 1 EVRM in acht moeten worden genomen. Het ontbreken van een openbare behandeling in eerste instantie is geen reden om deze procedure in strijd te achten met artikel 6 EVRM.[126] De onafhankelijkheid en onpartijdigheid van de faillissementsrechter wordt verondersteld, maar lijkt soms te ontbreken.[127] Zowel het fundamentele beginsel van hoor en wederhoor als dat van de processuele gelijkwaardigheid van partijen (*equality of arms*) is terug te vinden in de Faillissementswet en de faillissementsprocedure. Ook al wordt het faillissementsverzoek met de nodige spoed behandeld, dit neemt niet weg dat de schuldenaar in de gelegenheid moet worden gesteld om zijn standpunten over het voetlicht te brengen en door de rechter te worden gehoord. Ten slotte is ook sprake van een gelijkwaardigheid van partijen: de schuldeiser kan volstaan met het summierlijk aantonen van zijn eigen vorderingsrecht en van het feit dat de schuldenaar verkeert in een toestand dat hij heeft opgehouden te betalen, de schuldenaar hoeft een en ander slechts summierlijk te betwisten.[128]

5.2.7 Prepack en doorstart (WCO I)

In deze subparagraaf over de faillissementsprocedure is ten slotte plaats voor de behandeling van de daarop betrekking hebbende aspecten van de zogenaamde doorstart of prepack. Deze laatste, uit het Anglo-Amerikaanse recht overgewaaide, term duidt op het instrumentarium waarmee door partijen voorafgaand aan de faillietverklaring een vooropgezette herstructurering via de activa-zijde wordt opgetuigd (*prepackaged*) die na de faillietverklaring wordt uitgevoerd. De termen prepack en doorstart verschillen wel van elkaar, ook al worden zij in de praktijk geregeld door elkaar gebruikt. In de recente literatuur lijkt de term prepack vaker voor te komen dan doorstart. In dit boek wordt het begrip prepack vooral gebruikt voor de procedurele aspecten die aan deze vorm van herstructurering van de activa zijn verbonden

125 Zie conclusie A-G Strikwerda, nr. 11 voor HR 21 december 2007, *RvdW* 2008/64: "Een verzoek tot faillietverklaring kan niet worden aangemerkt als een 'criminal charge' in de zin van art. 6 EVRM, reeds omdat een verzoek tot faillietverklaring niet kan worden aangemerkt als 'the official notification given to an individual by the competent authority of an allegation that he has committed a criminal offence'", met een verwijzing naar Pieter van Dijk e.a. (red.), *Theory and Practice of the European Convention on Human Rights*, 4th ed. 2006, p. 540 en de aldaar vermelde rechtspraak van het EHRM.

126 Het partijen overigens vrij de rechtbank om een openbare behadeling te verzoeken; iets dat in verzet of hoger beroep als uitgangspunt heeft te gelden, zij het niet op straffe van nietigheid; vgl. HR 20 mei 1988, *NJ* 1989/676 (*Koster/Kobo*), r.o. 3.1.

127 Zie bijv. EHRM 21 december 2010, appl. no. 27225/05 (*Gajewski/Polen*).

128 Zie bijv. conclusie A-G Wuisman nr. 2.7 voor HR 21 januari 2011, *RvdW* 2011/143.

en het begrip doorstart meer voor de materiële aspecten bij de overgang van ondernemingen. Dit betreft vooral de arbeidsrechtelijke verwikkelingen bij de doorstart (zie nr. 215).

115. Doel prepack

De doorstart of prepack heeft ten doel de bedrijfseconomisch levensvatbare onderdelen van een rechtspersoon in een nieuwe entiteit voort te zetten met achterlating van de verlieslatende onderdelen en bijbehorende verplichtingen in de failliete oude entiteit. Met een prepack moet worden voorkomen dat een faillissement als donderslag bij heldere hemel uit de lucht komt vallen waarbij deze plotselinge faillietverklaring tot ernstige en schadelijke gevolgen leidt die te voorzien waren.

Hoewel iedere faillietverklaring tot bepaalde schadelijke gevolgen leidt, verschilt dit per type schuldenaar. Het persoonlijk drama voor een natuurlijke persoon of kleine onderneming mag niet gebagatelliseerd worden, maar voor de maatschappij als zodanig is dat een onderdeel van de economische cyclus. Als men zijn verplichtingen niet nakomt of geen toegevoegde economische waarde meer heeft voor de samenleving, is een ordelijke herschikking van kapitaal – voor zover nog aanwezig – vereist. Als een faillissement echter leidt tot een abrupte staking van activiteiten kan dit bij grotere organisaties of organisaties die cruciaal zijn voor het functioneren van de samenleving een ernstige ontwrichting teweegbrengen. Eind vorige eeuw speelde dit bij grote faillissement als DAF en Fokker waarbij veel werkgelegenheid in het geding was. De afgelopen jaren kwam de maatschappelijke impact bijvoorbeeld in beeld bij deconfitures (soms leidend tot faillissement) van financiële instellingen (DSB), woningcorporaties (Woonbron, Rochdale, Vestia), zorginstellingen (Meavita), onderwijs (ROC Leiden), ziekenhuizen (Ruwaard van Putten, Slotervaart en IJsselmeerziekenhuizen). Denk ook aan ondernemingen die cruciale diensten verlenen in de water- en energievoorziening, telecom en geldtransport (SecurCash), waarbij een plotselinge staking van de werkzaamheden vergaande gevolgen heeft.

Als een en ander kan worden voorkomen of beperkt door een gecontroleerde faillietverklaring, is het in het belang van de samenleving dat het recht daarvoor middelen aanreikt. Juist wegens die voorzienbare consequenties (zie par. 5.4) proberen de meest betrokken partijen die zoveel mogelijk te voorkomen of althans te verzachten. In de praktijk was hiertoe bij een aantal rechtbanken de mogelijkheid ontwikkeld om voorafgaand aan de formele faillietverklaring al gedurende enige tijd (enkele dagen tot een paar weken) een persoon binnen de organisatie te laten meelopen die bij de faillietverklaring tot curator zal worden aangesteld. Deze persoon, aangeduid als 'stille bewindvoerder', 'aanstaande' of 'beoogde' curator, heeft geen formele bevoegdheden, maar kan deze 'stille' periode gebruiken om zich in te werken en samen met de schuldenaar met cruciale partijen overleg te voeren over een gecontroleerde faillietverklaring. Het is vooral om te voorkomen dat noodzakelijke overeenkomsten voor levering van goederen en diensten abrupt worden stopgezet.

Denk aan energie om gebouwen te verwarmen en apparatuur te laten doorwerken en cruciale goederen te leveren (ziekenhuizen; kassa-apparatuur; liften), software en cloudservice (administratie), beveiliging en verzekering, personeel (zorg), etc. Het van het ene op het andere moment wegvallen van deze goederen en diensten kan dramatische gevolgen hebben. Het faillissement van MC Slotervaart in 2018 leverde een chaotisch beeld toen het ziekenhuis in enkele dagen ontruimd moest worden. Vooral dankzij de inzet van velen heeft dat uiteindelijk geen dramatische gevolgen gehad, maar het had ook anders kunnen aflopen, zoals diverse rapporten hebben laten zien.[129]

116. Ontbreken wettelijke grondslag; WCO I

Omdat de stille bewindvoerder geen wettelijke grondslag kent,[130] was het aan de afzonderlijke rechtbanken overgelaten of zij wel of niet bereid waren om op informele basis aan prepacks mee te werken. Na de gerechtelijke herindeling tot elf arrondissementen in 2013 bleek dat hiervan acht bereid waren om de prepack te faciliteren en drie niet. Ondanks een indringend beroep op de rechter[131] willen de rechtbanken Midden-Nederland, Limburg en Overijssel hier niet aan meewerken. Na de Estro of Smallsteps-uitspraak[132] van het Hof van Justitie van de Europese Unie zijn ook de andere rechtbanken terughoudender geworden bij verzoeken om een stille bewindvoerder.

HvJ-EU. Bij het faillissement van MC IJsselmeerziekenhuizen (arrondissement Midden-Nederland) bleek de uitwerking hiervan dat pas daags voor de faillietverklaring met een surseance van betaling vergeefs geprobeerd is om het faillissement ordentelijk in te leiden. Zoals hierboven opgemerkt had dit hierdoor ook slecht kunnen aflopen.

Mede om het ontbreken van een wettelijke grondslag voor de prepack aan te pakken heeft de regering in 2015 als onderdeel van de reorganisatiepijler van het wetgevingsprogramma ‘Herijking faillissementsrecht’ een voorstel voor de Wet continuïteit ondernemingen (WCO) I aan het parlement voorgelegd.[133] Na een voortvarende behandeling in de Tweede Kamer is de behandeling van dit wetsvoorstel vlak voor de eindstreep in de Eerste Kamer in 2017 opgeschort totdat de arbeidsrechtelijke problematiek bij de doorstart wettelijk geregeld is. Aanleiding vormde de genoemde Smallsteps-uitspraak van het Hof van Justitie van de Europese Unie.[134] Op basis van een internetconsultatie in 2019 over een voorstel voor de Wet overgang van onderneming in faillissement wordt nu gewerkt aan een afzonderlijke regeling van de arbeidsrechtelijke aspecten bij een doorstart vanuit faillissement. Het lijkt erop dat hierbij wederom een uitspraak van het Hof van Justitie van de Europese Unie, nu in de Heiploeg-zaak[135], van invloed zal zijn op het uiteindelijke resultaat.

129 *Faillissement MC Slotervaart en MC IJsselmeerziekenhuizen; Risico's voor patiëntveiligheid*, Rapport Onderzoeksraad voor Veiligheid, bijlage bij Kamerstukken II 2019, 31 016, 269; *De aangekondigde ondergang Onderzoek naar de faillissementen van het MC Slotervaart en de MC IJsselmeerziekenhuizen*, Rapport Commissie onderzoek faillissementen ziekenhuizen (Commissie Van Manen), bijlage bij Kamerstukken II 2019, 31 016, 282 en *Gevolgen faillissement MC Slotervaart vooraf onderschat*, Rapport Inspectie Gezondheidszorg en Jeugd, bijlage bij Kamerstukken II 2019, 31 016, 256.
130 In het Voorontwerp Insolventiewet was al wel een regeling voor de stille bewindvoerder opgenomen in afdeling 7.2 VIw.
131 N.W.A. Tollenaar, ‘Faillissementsrechters van Nederland: geef ons de pre-pack!’, *TvI* 2011/23.
132 HvJ-EU 22 juni 2017, C-126/16, *NJ* 2017/369 (*FNV/Smallsteps*).
133 Kamerstukken 34218. HvJ-EU
134 HvJ-EU 22 juni 2017, *NJ* 2017/369 (*FNV/Smallsteps*); zie nr. 215.
135 Zaak C-237/20 naar aanleiding van HR 17 april 2020, *NJ* 2020/234 (*FNV/Heiploeg I*) en HR 29 mei 2020, *NJ* 2020/235 (*FNV/Heiploeg II*).

5.3 Betrokkenen bij het faillissement

In de vorige paragraaf is de procedure tot faillietverklaring besproken. Als de faillietverklaring is uitgesproken komen naast de schuldenaar en de schuldeisers (par. 5.3.1-5.3.2) nog enkele andere specifieke actoren in beeld: de curator, die door de rechtbank bij het uitspreken van de faillietverklaring is aangesteld (par. 5.3.3), de rechter-commissaris, die tegelijkertijd door de rechtbank is benoemd en die toezicht moet houden op de curator (par. 5.3.4), de (voorlopige) schuldeiserscommissie, die soms (in vooral grote) faillissementen wordt ingesteld (par. 5.3.5) en de rechtbank zelf (par. 5.3.6). Voor elk van deze actoren komen de taken en bevoegdheden aan bod en voor zover deze bij verschillende actoren onderling met elkaar verband houden, worden ze besproken bij degene die daarbij de meest actieve rol vervult.

5.3.1 Schuldenaar

De schuldenaar merkt op verscheidene manieren dat het faillissement is ingetreden. Hierbij maakt het voor de meeste directe gevolgen van de faillietverklaring meestal geen verschil of de schuldenaar een natuurlijke persoon is of een rechtspersoon. Zo geldt voor alle schuldenaren dat zij door het faillissement van rechtswege de beschikking en het beheer verliezen over hun tot het faillissement behorend vermogen (art. 23; zie par. 5.4.1). Hiermee samenhangend moet iedere gefailleerde schuldenaar dulden dat de door de rechtbank aangestelde curator de bevoegdheid daartoe heeft overgenomen (art. 68).

Interessant is dat in het stelsel van de wet gedurende korte tijd een bevoegdheidsvacuüm bestaat: de schuldenaar is zijn beheers- en beschikkingsbevoegdheid kwijt vanaf 00.00 uur van de dag waarop hij in staat van faillissement is verklaard, terwijl de curator zijn bevoegdheid feitelijk op zijn vroegst verwerft als hij de aanstelling heeft aanvaard. Dit is per definitie pas na de zitting op die dag waarop het faillissement is uitgesproken.

Iedere gefailleerde schuldenaar moet verder toestaan dat zijn post voortaan via de curator gaat en dat deze de post ook opent (art. 14 en 99). Procedures die tegen de schuldenaar zijn aangespannen, worden van rechtswege geschorst (art. 29), terwijl executiemaatregelen, zoals beslaglegging (art. 33 lid 2) en verbeurte van dwangsommen (art. 611e lid 1 Rv), een einde nemen. Mocht het faillissement worden vernietigd of worden opgeheven, dan kan het beslag herleven (art. 33 lid 2). Zie ook de mogelijkheid dat de curator de executieverkoop overneemt (art. 34). Lijfsdwang eindigt pas met het in kracht van gewijsde gaan van het faillissementsvonnis (art. 33 lid 3), tenzij de lijfsdwang is bevolen omdat alimentatieverplichtingen en de regresvordering daarvoor van de gemeente niet worden nagekomen. Dan eindigt de lijfsdwang niet door het faillissement (art. 33 lid 4 jo. par. 6.5 Participatiewet).

De faillietverklaring betekent voor de schuldenaar dat hij verplicht is de curator, de schuldeiserscommissie en de rechter-commissaris alle verlangde medewerking te verlenen. Dit omvat het verstrekken van alle gewenste inlichtingen. Bovendien is hij verplicht de curator spontaan ('eigener beweging') in te lichten over feiten en omstandigheden waarvan hij weet of behoort te weten dat deze van belang zijn voor de omvang, het beheer of de vereffening van de boedel (art. 105 lid 1). Voor buitenlandse vermogensbestanddelen van de schuldenaar zoals banktegoeden en onroerend goed, is dit nader geconcretiseerd in artikel 105 lid 2. Deze verplichtingen gelden ook voor de partner van de schuldenaar die in enige gemeenschap van goederen is gehuwd of een geregistreerd partnerschap is aangegaan voor zover het faillissement de gemeenschap betreft (art. 105 lid 3). Bij rechtspersonen rusten deze verplichtingen op de bestuurders en commissarissen, incusief degenen die die functies vervuld hebben in de periode van drie jaren voorafgaande aan het faillissement (art. 106 lid 1). Net als bij de vordering van de curator uit hoofde van artikel 2:138/248 lid 7 BW (nr. 203) geldt dit ook voor de persoon die het beleid van de rechtspersoon (mede) heeft bepaald als ware hij bestuurder (art. 106 lid 2). Als de (gewezen) bestuurder die informatie- en medewerkingsverplichtingen jegens de curator niet nakomt en daarin in ernstige mate tekortschiet, kan hem door de rechter op vordering van de curator of op verzoek van het OM een bestuursverbod worden opgelegd (art. 106 a lid 1 sub c; nr. 207b).

117. Natuurlijke persoon als gefailleerde

Op enkele punten maakt het onderscheid tussen een schuldenaar natuurlijke persoon of rechtspersoon wel verschil. Zo wordt een gefailleerde natuurlijke persoon nog geconfronteerd met een paar specifieke consequenties. Hij mag bijvoorbeeld wettelijk gezien zijn woonplaats niet verlaten zonder toestemming van de rechter-commissaris (art. 91), hoewel in de praktijk aan deze regel niet zwaar wordt getild.

Als de schuldenaar in enige gemeenschap van goederen is gehuwd of een geregistreerd partnerschap is aangegaan, leidt de faillietverklaring tot een faillissement van die gemeenschap (art. 63), maar ook zonder gemeenschap heeft de faillietverklaring van een natuurlijke persoon gevolgen voor de echtgenoot of geregistreerde partner (art. 61; zie nr. 164).

De natuurlijke persoon die op eigen verzoek in staat van faillissement is verklaard, kan de rechtbank tot aan de verificatievergadering verzoeken om het faillissement op te heffen onder gelijktijdig uitspreken van de schuldsanering natuurlijke personen (art. 3 jo. 284). Dit geldt ook als de schuldenaar op verzoek van een schuldeiser in staat van faillissement is verklaard, terwijl het hem niet is toe te rekenen dat hij binnen de daarvoor gestelde termijn van artikel 3 jo. 284 geen omzettingsverzoek heeft gedaan (art. 15b; zie nr. 256).

118. Rechtspersoon als gefailleerde

Is de gefailleerde schuldenaar een rechtspersoon, dan brengt de faillietverklaring op zichzelf geen verandering in de rechtspersoonlijke verhoudingen; zo wordt de curator geen bestuurder of ander orgaan van de vennootschap. De vennootschappelijke taken blijven op basis van de wet en de statuten rusten bij het bestuur, de raad van commissarissen en de algemene vergadering van aandeelhouders. Toch heeft de faillietverklaring wel direct gevolgen voor het functioneren van de verschillende organen (bestuur, raad van commissarissen, aandeelhouders- of ledenvergaderingen) of hun leden. Weliswaar verliest het bestuur van de rechtspersoon door de faillietverklaring niet zijn vertegenwoordigingsbevoegdheid, maar het kan de rechtspersoon niet meer binden ten nadele van de boedel (art. 24). Evenmin kan het bestuur nadien nog vermogensbestanddelen bezwaren of vervreemden (art. 23).

119. Groep van rechtspersonen; consolidatie

In het bedrijfsleven maken ondernemingen om diverse redenen, waarvan fiscale, jaarrekeningtechnische en aansprakelijkheidsbeperkende de belangrijkste zijn, in het maatschappelijk verkeer gebruik van verschillende rechtspersonen. Als sprake is van een economische eenheid waarin rechtspersonen en vennootschappen organisatorisch verbonden zijn, is dat een groep (art. 2:24b BW). In een groep, ook wel concern genaamd, vormen rechtspersonen en vennootschappen die organisatorisch met elkaar verbonden zijn de groepsmaatschappijen. Dit kan zich al voordoen met ten minste twee rechtspersonen, maar vaker omvat een groep meer entiteiten, waarbij soms hele 'kerstbomen' van rechtspersonen en vennootschappen worden opgetuigd. Meestal zijn deze vennootschappelijke verhoudingen op een zodanige manier ingericht dat de topholding of beheermaatschappij (moedervennootschap) door een 100% aandelenbezit, al dan niet via een of meer tussenlagen van subholdings, en de rol van bestuurder in onderliggende werkmaatschappijen (dochtervennootschappen) de koers uitzet en het beleid bepaalt. Door het opnemen van een aanwijzingsbevoegdheid in de statuten (art. 2:239 lid 4 BW) kan de moedervennootschap haar feitelijke instructiemacht (door bestuurders te ontslaan en andere te benoemen) versterken met een juridische grondslag.[136] Hiertegenover mag een bestuurder van een dochtervennootschap bij zijn taakvervulling rekening houden met de belangen van het concern als geheel, mits dat niet het voortbestaan van de dochter op het spel zet. Hij is primair gehouden het belang van de eigen vennootschap en de met haar verbonden onderneming als richtsnoer te hanteren (art. 2:239 lid 5 BW). In faillissement kan de curator van een groepsmaatschappij bij zijn beleid weliswaar mede rekening houden met de belangen van de groep als geheel en van de schuldeiseres van de groep als geheel, maar als uitgangspunt geldt ook in insolventieprocedures de afzonderlijke rechtspersoonlijkheid van de leden van een groep.[137]

Bij financiering van het concern of onderdelen daarvan met vreemd vermogen verlangt de geldschieter doorgaans over en weer garanties, borgstelling (Titel 7.14 BW) of hoofdelijke verbondenheid (art. 6:6 e.v. BW) van de verschillende groepsmaatschappijen. Dit betekent dat als onderdelen van de onderneming in financiële moeilijkheden komen te verkeren, dit effecten kan hebben op gezonde onderdelen. Bij verdere verslechtering loopt de hele groep gevaar, waardoor een faillissement van een van de groepsmaatschappijen andere met zich meesleept en eveneens een faillissement bezorgt. Met behulp van 'sterfhuisconstructies' en doorstarts (nr. 79 en par. 5.2.7) wordt wel geprobeerd die levensvatbare onderdelen van de groep te redden.

Bij een faillissement van verschillende groepsmaatschappijen kan de onderlinge bedrijfsmatige verwevenheid soms dusdanig sterk zijn dat het voor de curator niet eenvoudig is om de verschillende boedels uit elkaar te houden. Dit kan verschillende oorzaken hebben: het meest duidelijk doet zich dit voor als sprake is van volledige vermogensvermenging, die ook niet op basis van de administratie kan worden ontrafeld. Een sterke onderlinge verbondenheid (financieel, economisch, organisatorisch en qua personeel) kan er ook toe leiden dat de economische realiteit zich dan slecht verhoudt met de juridische noodzaak om het faillissement van elke rechtspersoon afzonderlijk af te handelen en de verschillende boedels apart af te wikkelen. Dan kan er behoefte zijn om de faillissementen van de verschillende rechtspersonen

136 Vgl. HR 4 april 2014, *NJ* 2014/286 (*Cancun*).

137 HR 7 juli 2017, *NJ* 2018/363 (*Oi Coöp/Citadel*) en HR 7 juli 2017, *NJ* 2018/364 (*PTIF/Citicorp*) in een internationale herstructurering van het Braziliaanse telecomconcern Oi S.A. met Nederlandse financieringsdochtermaatschappijen. In de internationale context is de geconsolideerde afwikkeling een actueel thema bij grensoverschrijdende faillissementen, vooral bij vragen over rechtsmacht, zie hierna nr. 392 en 393.

geconsolideerd af te wikkelen, net zoals consolidatie van de jaarstukken plaatsvindt (art. 2:402 e.v. BW). Dit heeft voor- en nadelen.[138]

Het voordeel van consolidatie van de verschillende faillissementen waarbij die als één failliete boedel worden afgewikkeld is dat de curator zich niet hoeft te verdiepen in de onderlinge schulden en vorderingen. Deze 'intercompany-vorderingen' kunnen eenvoudig tegen elkaar worden weggestreept. Verder hoeft de curator zich niet af te vragen van wie welke activa zijn: welke groepsvennootschap is eigenaar van welke zaken en wie rechthebbende is van welke rechten? Hetzelfde geldt voor de schulden: als het faillissement geconsolideerd wordt afgewikkeld doet het er niet toe welke rechtspersoon als schuldenaar moet worden aangewezen. Er is eenvoudigweg sprake van één boedel. Een ander voordeel geldt de curator. Bij een geconsolideerde afwikkeling kan worden volstaan met één curator met één faillissementsadministratie, waarmee de werklast belangrijk beperkt kan worden. Dit drukt de faillissementskosten waardoor meer voor de schuldeisers ter uitdeling overblijft. Bij de 'negatieve boedels' (zie nr. 238 hierna) waarbij geregeld te weinig vermogen in de boedel zit om zelfs maar de curator volledig te voldoen, kan consolidatie er verder toe leiden dat de curator daarvan toch volledig betaald wordt als hij zijn kosten ook in rekening kan brengen ten laste van alle boedels bij elkaar.

Tegenover deze voordelen staan ook nadelen. Het belangrijkste is dat wederpartijen van de verschillende groepsmaatschappijen in een rechtsverhouding staan tot een specifieke rechtspersoon. Het is deze entiteit die met haar volledige vermogen instaat voor de nakoming van de verplichtingen jegens de wederpartij (art. 3:276 BW). Een wederpartij van een 'gezonde' groepsmaatschappij kan door consolidatie geconfronteerd worden met een verdamping van zijn verhaalsvermogen als dat wordt vermengd met de activa en – vooral – passiva van de andere rechtspersonen. Vooral als een wederpartij met een bepaalde groepsmaatschappij had gecontracteerd omdat deze solide was, is een dergelijke vermenging waarvan schuldeisers van zwakke groepsmaatschappijen profiteren, niet te rechtvaardigen.

Het is vooral het laatste aspect dat tot terughoudendheid noopt. Zelfs bij verregaande vervlechting van groepsmaatschappijen behoort niet-consolidatie de regel te zijn.[139] Alleen als de vermogens van de verschillende groepsmaatschappijen niet of alleen met veel kosten te scheiden zijn, ligt een geconsolideerde afwikkeling van het faillissement in de rede.[140]

120. Financiële onderneming als schuldenaar

In faillissement valt een bijzondere categorie schuldenaren/rechtspersonen aan te wijzen die wordt gevormd door financiële ondernemingen, als bedoeld in artikel 1:1 Wft. Dit zijn ruwweg de verzekeringsondernemingen, kredietinstellingen, zoals banken, beleggingsondernemingen en instellingen voor collectieve belegging (vgl. art. 1 lid 2 InsVo). Voor zover deze schuldenaren onder de definities van artikel 1:1 Wft vallen, wordt hun faillissement beheerst door bijzondere eigen regelingen in de Faillissementswet (nr. 87).

138 Zie over consolidatie in relatie tot het faillissement, M. Reumers, *Samengevoegde afwikkeling van faillissementen* (diss. Rotterdam), Deventer 2007.

139 Zie ook de overwegingen bij de specifiek aan consolidatie gewijde Titel 9 Vlw (Voorontwerp-Toelichting, p. 181 e.v.).

140 HR 25 september 1987, *NJ* 1988/136, *AA* 1988/107 (*Van Kempen en Begeer/Zilfa en DCW*).

Afdeling 11AA (art. 212g-212nna) is van toepassing op het faillissement van een bank, zijnde een onderneming waarvan de werkzaamheden bestaan in het bij het publiek aantrekken van deposito's of van andere terugbetaalbare gelden en het verlenen van kredieten voor eigen rekening (art. 212g lid 1 onder a jo. art. 1:1 Wft jo. art. 4 lid 1, onderdeel 1 van Verordening (EU) 575/2013 betreffende prudentiële vereisten voor kredietinstellingen en beleggingsondernemingen (PbEU L 176)).

Afdeling 11AB (art. 212oo) is van toepassing op het faillissement van een beleggingsonderneming, dat wil zeggen iedere rechtspersoon waarvan het gewone beroep of bedrijf bestaat in het beroepsmatig verlenen van een of meer beleggingsdiensten voor derden en/of het beroepsmatig verrichten van een of meer beleggingsactiviteiten (art. 212oo jo. art. 4 lid 1, onderdeel 2 Verordening (EU) 575/2013 betreffende prudentiële vereisten voor kredietinstellingen en beleggingsondernemingen (PbEU L 176) jo. art. 4 lid 1, onderdeel 1 Richtlijn 2014/65/EU betreffende markten voor financiële instrumenten (PbEU L 173/349)).

Afdeling 11B (art. 213-213kk) bevat tot slot specifieke bepalingen voor het faillissement van een verzekeraar (art. 213 onder a jo., onder d en e jo. art. 1:1 Wft), zijnde (i) degene die zijn bedrijf maakt van het sluiten van schadeverzekeringen voor eigen rekening en het afwikkelen van die schadeverzekeringen (een schadeverzekeraar) en (ii) degene die zijn bedrijf maakt van het sluiten van levensverzekeringen voor eigen rekening en het afwikkelen van die levensverzekeringen (een levensverzekeraar).

Deze bijzondere regelingen zijn gebaseerd op Europese besluitvorming gericht op harmonisatie van de financiële markten in Europa. Sinds de krediet- en bankencrisis in 2007/2008 en later is het toezichtinstrumentarium en regelkader verder aangescherpt, waarbij de lidstaten steeds minder ruimte krijgen voor eigen beleid en regelgeving. In het licht van de verdergaande specialisatie op dit terrein blijft het faillissement van dit type schuldenaren in dit boek in beginsel verder buiten beschouwing.[141]

5.3.2 *Schuldeisers en separatisten*

De faillietverklaring heeft niet alleen directe gevolgen voor de schuldenaar. Nadat de schuldenaar in staat van faillissement is verklaard, komen ook de schuldeisers onmiddellijk in een andere positie te verkeren. Net als de schuldenaar hebben ook zij direct vanaf de faillietverklaring te maken met de door de rechtbank aangestelde curator in plaats van met hun schuldenaar. Betalingen door de schuldenaar aan schuldeisers zijn in beginsel nietig en afspraken kunnen alleen nog maar met de curator worden gemaakt. Aanhangige procedures komen stil te liggen, worden geschorst of kunnen slechts door en tegen de curator worden voortgezet als men de uitkomst daarvan tegen de boedel wil kunnen tegenwerpen (art. 25-29; nr. 220). De gewone – concurrente

141 Zie voor een korte beschrijving van de belangrijkste afwijkingen van de bijzondere bepalingen ten opzichte van de bepalingen met betrekking tot het faillissement van niet-financiële ondernemingen par. 87. Een uitgebreide behandeling is te vinden bij Wessels, Insolventierecht I, hfdst. VII (nr. 1537-1604).

en preferente – schuldeisers kunnen hun rechten niet meer zelfstandig uitoefenen: alle lopende gerechtelijke tenuitvoerleggingen worden onmiddellijk door de faillietverklaring geschorst, terwijl nieuwe tenuitvoerleggingen niet meer kunnen plaatsvinden (art. 33; nr. 170). Hetzelfde geldt in versterkte mate ook voor achtergestelde schuldeisers. Dit zijn schuldeisers die met hun schuldenaar hebben afgesproken dat hun vordering jegens alle of bepaalde andere schuldeisers een lagere rang neemt dan volgens de wet aan hen zou toekomen (art. 3:277 lid 2 BW). Zij zijn pas aan bod als die andere hoger gerangschikte schuldeisers zijn voldaan.[142]

Een belangrijk afwijkende positie wordt ingenomen door een bijzondere groep schuldeisers, de zogenaamde separatisten. Dit zijn schuldeisers die, zoals de naam al aangeeft, bepaalde goederen uit de boedel kunnen separeren om zodoende op de een of andere manier aan hun trekken te komen.

Het begrip separatist kent geen wettelijke definitie of ondubbelzinnige afbakening tegenover andere categorieën en wordt op verschillende manieren gebruikt. Maar welke afbakening men ook hanteert, in ieder geval omvat deze groep schuldeisers de pand- en hypotheekhouders die het faillissement simpelweg mogen negeren (art. 57). Als separatist gelden daarnaast de leveranciers of financiers die hun positie versterkt hebben met een eigendomsrecht (bijvoorbeeld met het eigendomsvoorbehoud krachtens art. 3:92 BW of een financiëlezekerheidsovereenkomst tot overdracht krachtens art. 7:51 e.v. BW). Ook derden die hun eigendomsrechten om andere redenen dan zekerheid willen uitoefenen omdat het desbetreffende goed hun toebehoort en niet de schuldenaar, zijn separatist. Deze derden zullen hun rechten moeten aantonen. Separatist zijn voorts derden met nog weer andersoortige (beperkt) goederenrechtelijke aanspraken (vruchtgebruik, erfpacht en opstal) of andersoortige aanspraken die niet door de faillietverklaring worden getroffen. Bij deze laatste groep kan men denken aan gerechtigden tegenover de gefailleerde op wie een kwalitatieve verplichting rust (art. 6:252 BW), de kopers van registergoederen waarbij een inschrijving als bedoeld in artikel 7:3 BW ('Vormerkung') heeft plaatsgevonden en de begunstigden van buitenlandse trustfiguren die op grond van het Haags Trustverdrag in Nederland moeten worden erkend.[143] In zeker opzicht kunnen bij deze groep ook de begunstigden van zogenaamde kwaliteitsrekeningen worden genoemd (art. 25 Wna, 13 Gdw): ook hun aanspraken vallen niet in de boedel van de notaris of deurwaarder die de rekening aanhoudt.

Als deze separatisten zich willen verhalen op tot de boedel behorende goederen of aanspraak willen maken op goederen die zich in de macht van de gefailleerde of de curator bevinden, kunnen zij daarin worden belemmerd als de rechtbank in het vonnis tot faillietverklaring tevens een zogenaamde afkoelingsperiode gelast (art. 63a e.v.; zie nr. 173). Daarna kan iedere belanghebbende, onder wie de curator, de rechter-commissaris verzoeken een dergelijke afkoelingsperiode af te kondigen. In deze periode is de separatist behoudens machtiging van de rechter-commissaris niet gerechtigd tot uitwinning of opeising van het goed waarop hij aanspraak maakt.

5.3.3 *Curator*

Waar de schuldenaar en de schuldeisers (al dan niet separatist) al bestonden, zorgt de faillietverklaring voor enkele nieuwe spelers in het veld. Hiervan is de curator

142 Vgl. HR 27 juni 2008, *NJ* 2008/371 (*Dairex/Armaghdown*) en HR 12 juli 2013, *NJ* 2013/397 (*Jemnice en ESPF/ERED*) waarin een achtergestelde lening niet meetelde bij de pluraliteitsvraag.

143 Verdrag van 1 juli 1985 inzake het recht dat toepasselijk is op trusts en inzake de erkenning van trusts (*Trb.* 1985, 141), sinds 1 februari 1996 voor Nederland in werking; vgl. art. 4 Wet conflictenrecht trusts.

veruit de belangrijkste, ook al besteedt de Faillissementswet eerst aandacht aan de rechter-commissaris. De curator heeft zijn wettelijke grondslag in de tweede paragraaf van de derde afdeling van Titel I Faillissementswet, artikel 68-73a in het bijzonder.[144] Verder is zijn rol enigszins nader bepaald door de Europese insolventieverordening, waarbij vooral de verdeling over hoofdprocedures en secundaire of territoriale procedures voor de rol van insolventiefunctionaris van belang is (art. 21-22, 34 e.v., 41 en 43 InsVo).[145] Andere formele regelgeving in Nederland over de taken en bevoegdheden van de curator is er nauwelijks. Verwijzingen naar de curator zijn nog te vinden in strafrechtelijke, fiscale en toezichtwetgeving, maar bevatten hooguit detailregels. Informele regelgeving over de rol van de curator is te vinden in de Recofa-richtlijnen voor faillissementen en de Insolad Praktijkregels (zie nr. 17).

De curator is degene die verantwoordelijk is voor de behandeling en afwikkeling van het faillissement, de koers daarvoor uitzet en die uiteindelijk ook aansprakelijk is als daarbij toerekenbare fouten worden begaan. Niet voor niets wordt hij daarom wel gezien als de 'kapitein op het schip'. Om een goed beeld van de curator te krijgen, is het belangrijk te weten wie voor een dergelijke functie in aanmerking komt en hoe die persoon vervolgens in een specifiek faillissement wordt aangesteld (nr. 121 e.v.). Verder is het nuttig om de rechtspositie van de curator jegens de schuldenaar, schuldeisers, rechtbank en derden te bepalen (nr. 122-125). Vervolgens worden zijn taken en bevoegdheden uitgediept (nr. 126-129). Dit alles geeft aanknopingspunten voor eventuele aansprakelijkheid van de curator (zowel in hoedanigheid als privé (pro se)) (nr. 130) en voor de wijze waarop een einde aan de aanstelling komt (nr. 131).

121. Aanstelling

Bij de aanstelling tot curator in een faillissement zijn twee aspecten van belang. Eerst moet een rechtbank in algemene zin de kwaliteiten van een persoon in beeld hebben om te kunnen beoordelen of hij/zij geschikt is voor het curatorschap. Dit gebeurt als de potentiële curator zich aanmeldt bij de rechtbank met het verzoek om op de curatorenlijst te worden geplaatst. Vervolgens moet de rechtbank zich bij het uitspreken van een concreet faillissement buigen over de vraag welke specifieke curator daarin moet worden aangesteld.

Of iemand in aanmerking komt om op de lijst van curatoren van een bepaalde rechtbank te worden geplaatst, is niet eenvoudig te beantwoorden en blijkt in de praktijk tamelijk ondoorzichtig. Om te beginnen kent het Nederlandse recht geen wettelijke vereisten voor faillissementscuratoren. In theorie kan iedereen – zelfs een minderjarige – tot curator worden aangesteld. In de praktijk worden curatoren sinds jaar en dag echter bijna uitsluitend betrokken uit de beroepsgroep van advocaten die met toepassing van artikel 8 Advocatenwet in het arrondissement op het 'tableau' zijn ingeschreven. Via deze omweg wordt een zekere selectie bereikt; niet iedereen kan immers advocaat worden.

144 Toegelicht in de wetsgeschiedenis, Parl. Gesch. Fw (*Van der Feltz*) II, p. 8-20; Parl. Gesch. Fw (*Kortmann/Faber*), p. 210-214.
145 Vgl. Rapport Virgós/Schmit, nr. 158-170, 229 e.v.

Deze gewoonte brengt met zich mee dat curatoren in ieder geval moeten voldoen aan de benoembaarheidsvereisten voor advocaten: een afgeronde studie rechten (art. 2 Advocatenwet) en bepaalde aanvullende opleidingsvereisten (voldoen aan stageverplichtingen en permanente opleiding). Deze vereisten zien vooral op de kennis en kunde van de advocaat; zo moet men ten minste de volgende vakken met succes hebben afgelegd: het privaatrecht, met inbegrip van het burgerlijk procesrecht; het strafrecht, met inbegrip van het strafprocesrecht, en één van de volgende drie vakken: staatsrecht; bestuursrecht met inbegrip van het administratief procesrecht, of belastingrecht. Daarnaast is een verklaring van goed gedrag vereist.[146]

Vroeger werd iedere advocaat meestal zelfs kort na beëdiging tot advocaat met een eerste faillissement belast. Dit beleid is echter aan het einde van de vorige eeuw aangepast. Afhandeling van faillissementen wordt sindsdien aangemerkt als een specialisme waartoe advocaten die zich bezighouden met insolventies bepaalde kwalificaties dienen te bezitten. Mede onder invloed van specialisatieopleidingen en het ontstaan van *Insolad*, de specialisatievereniging van insolventierechtadvocaten in Nederland, zijn de rechtbanken kritischer geworden in hun aanstellingsbeleid.

Geruime tijd gold als eis dat men tijdens de advocatenstage met goed gevolg een cursus faillissementsrecht had afgelegd. Nadat begin jaren '90 van de vorige eeuw de Insolad/Grotius- specialisatiecursus Insolventierecht was geïntroduceerd, wordt succesvolle afronding van deze cursus – of hiermee gelijk te stellen opleiding of ervaring – over het algemeen verlangd als meetbare startkwalificatie.

Deze tendens heeft zich in het eerste decennium van de huidige eeuw doorgezet. Rechtbanken hebben sindsdien hun lijsten met potentiële curatoren ingeperkt tot een overzienbaar aantal personen in wie zij het vertrouwen hebben dat die tot een goede, adequate en voortvarende afhandeling van faillissementen in staat zijn.[147]

Per arrondissement worden deze lijsten op verschillende wijzen samengesteld. Hierbij was het – in ieder geval voor buitenstaanders (inclusief gegadigden voor het curatorschap) – lange tijd niet steeds duidelijk op basis van welke criteria men op de curatorenlijst wordt geplaatst. Begin 2013 heeft Recofa, na overleg met onder meer Insolad, een aantal uitgangspunten geformuleerd en gepubliceerd. Hierin is onder meer voltooiing van de VSO-cursus Insolventierecht Voortgezet (dan wel een vergelijkbare opleiding) als minimumeis gesteld.[148] Met de in 2013 gepubliceerde Recofa-uitgangspunten is deze onduidelijkheid voor een deel weggenomen. De Recofa-uitgangspunten zijn echter niet bindend en deze regeling laat de afzonderlijke rechtbanken de ruimte om specifieke afspraken te maken.[149]

Door iemand op de lijst van voor aanstelling vatbare curatoren te plaatsen, heeft de rechtbank een eerste selectie gemaakt. Vervolgens moet de rechtbank een specifieke curator kiezen om in een door haar uitgesproken faillissement als zodanig te worden aangesteld (art. 14). Welke specifieke curator in het desbetreffende faillissement wordt aangesteld, is in beginsel een volledig discretionaire bevoegdheid van de rechtbank, waarvoor zij geen (externe) verantwoording verschuldigd is. Zij zal

146 Art. 2 lid 1 Advocatenwet jo. art. 1 Besluit beroepsvereisten advocatuur (*St.* 2005, 48; laatstelijk gewijzigd *Stb.* 2008, 383) en art. 2 lid 6 Advocatenwet.

147 Dat dit niet altijd zonder kleerscheuren is gegaan, blijkt uit daarover gevoerde rechtszaken in kort geding (Vzrtr. Rb. Den Haag 18 maart 2010, *JOR* 2011/156 en 20 januari 2011, *JOR* 2011/202, Vzrtr. Rb Den Haag 11 oktober 2012, ECLI:NL:RBSGR:2012:BY5154).

148 Art. 1.1.2 sub a Recofa-uitgangspunten.

149 Zie Recofa-uitgangspunten, voorwoord.

hiertoe een inschatting maken van de schuldenaar en de te verwachten werkzaamheden, zowel naar aard als omvang.

Het is voor de rechter/griffie vooraf echter niet altijd duidelijk of een faillissement eenvoudig of complex zal blijken te zijn. Bij eigen aangiftes kan ter zitting wel de nodige informatie worden vergaard over de schuldenaar en diens activiteiten, maar bij een verzoek tot faillietverklaring door een schuldeiser ligt dat meestal anders. Zeker wanneer de schuldenaar verstek laat gaan en dus niet op de zitting verschijnt en de schuldeiser verder weinig informatie heeft, kan het voor de rechter gissen zijn welke curator het beste zal passen.[150] Het – verplicht[151] – over te leggen uittreksel uit het handelsregister van de Kamer van Koophandel biedt hooguit beperkt inzicht omtrent de activiteiten en omvang van de rechtspersoon.

De rechter zoekt op basis van informatie die hij verkrijgt van zijn eigen ondersteuning (insolventiegriffie/-eenheid/unit) de meest geschikte curator. Naast de omvang van het faillissement spelen hierbij verschillende andere aspecten een rol. Zo wordt nagegaan hoeveel tijd de potentiële curatoren beschikbaar hebben. Ook de omvang en faciliteiten van hun kantoororganisaties om het faillissement effectief en efficiënt aan te pakken zijn hierbij relevant. Verder worden de eerdere ervaringen met potentiële curatoren in aanmerking genomen (zowel in de procedurele afwikkeling als in de inhoudelijke behandeling daarvan) en de waardering of klachten over een eerder optreden. Daarnaast laten rechters soms ook meespelen of iemand de afgelopen periode al vaker is aangesteld, of iemand van zijn kantoor, en een enkele keer komen ook persoonlijke voorkeuren om de hoek kijken.[152] Dit alles vanuit het oogpunt van een adequate, voortvarende en zo probleemloos mogelijke afwikkeling van het toe te bedelen faillissement. In dit verband kan dus soms ook een curator buiten de lijst om worden benoemd, al komt dit in de praktijk zelden voor. Dit gebeurt bijvoorbeeld als de feitelijke activiteiten van de schuldenaar in een ander arrondissement zijn gelegen of een bijzonder gespecialiseerde curator verlangen.[153]

Als de rechtbank een curator heeft uitgekozen, neemt de griffie diezelfde dag contact met hem/haar op. Dit is bedoeld om de potentiële curator over de voorgenomen aanstelling te informeren, maar ook om na te gaan of er misschien een conflicterend belang is. Dit kan het geval zijn als de potentiële curator bijvoorbeeld op de een of andere manier zelf – of via zijn kantoor – bij een van de partijen in het faillissement (schuldenaar, schuldeiser) betrokken is (geweest), waardoor hij in zijn handelen niet volledig vrijstaat.[154] Is hiervan geen sprake en staat de curator vrij,

150 Dit probleem is al langer aan de orde; zie discussie over art. 5 oorspronkelijk Regeringsontwerp; Parl. Gesch. Fw (*Van der Feltz*) I, p. 263-264 en 265-266.

151 Art. 1.1.2.5 Procesreglement insolventiezaken rechtbanken.

152 Het gevaar dat hierdoor de aanstelling niet onpartijdig zou gebeuren werd overigens al gesignaleerd bij de totstandkoming van de Faillissementswet met evenwel de – terechte – verzuchting dat wettelijke bepalingen dit niet zouden kunnen bestrijden; zie Parl. Gesch. Fw (*Van der Feltz*) I, p. 324-325. Vgl. Recofa-uitgangspunten, par. 4.

153 Voor dit laatste zie bijv. het faillissement van de Tilburgsche Hypotheekbank (jaren '80) met een makelaar als medecurator in verband met de omvangrijke vastgoedportefeuille van de bank of HCS/Bredero (jaren '90) met een accountant; DSB (2009) met een bankier.

154 In tegenstelling tot de hierboven genoemde herstructureringsdeskundige en observator bij de WHOA (nr. 60 en 66) voor wie in de wet is vastgelegd dat zij hun taak onpartijdig en onafhankelijk uitvoeren (art. 371 lid 6 en 380 lid 4), is in de wet hierover voor de curator niets bepaald.

"dan wordt hij aangesteld".[155] Hoewel deze formulering in theorie de mogelijkheid opent dat de curator ook tegen zijn zin kan worden aangesteld – er wordt nergens gerept van een instemming door de curator met zijn aanstelling – zal dit in de praktijk niet voorkomen. Niemand is gebaat met een curator die bijvoorbeeld geen tijd of zin heeft om het faillissement adequaat te behandelen.

122. Rechtsverhouding van de curator jegens de betrokkenen

Zodra de curator door de rechtbank is aangesteld en hij deze aanstelling – al dan niet stilzwijgend – heeft aanvaard, ontstaat een rechtsverhouding tussen de curator enerzijds en diverse andere partijen anderzijds. Wat is dit voor rechtsverhouding en welke positie neemt de curator hierbij in? Hierover is in de Faillissementswet noch in andere insolventierechtelijke regelingen veel te vinden, terwijl duidelijkheid daarover kan helpen om het samenstel van rechtsverhoudingen binnen faillissement inzichtelijk te maken.[156] Het probleem is echter dat de wet naar hiervoor bleek geen enkele eis stelt aan het curatorschap. Elders wordt over de curator wel gesproken in metaforen uit het dierenrijk (octopus[157], kameleon[158]) of de parallel getrokken met een verkeersagent[159] om de veelzijdigheid – en daarmee misschien ook de ongrijpbaarheid – van de curator te demonstreren. Hieruit valt echter geen ondubbelzinnige typering van de rechtspositie van de curator af te leiden. Dit vergt inzicht in de rechtsverhouding met de verschillende betrokkenen, te weten de schuldenaar en de schuldeisers (nr. 123), de rechtbank en de rechter-commissaris (nr. 124) en derden (nr. 125).

123. Curator jegens schuldenaar en schuldeisers

Blijkens de Memorie van Toelichting bij de Faillissementswet gaat de wet uit van de gedachte dat de curator zowel de schuldenaar als de schuldeisers vertegenwoordigt.[160] Dit zou wijzen op een rechtsverhouding tussen de curator enerzijds en de schuldenaar en/of de schuldeisers anderzijds. Met de schuldenaar omdat de curator het beheer voert en de beschikking heeft over vermogensbestanddelen die toebehoren aan de schuldenaar; met de schuldeisers omdat hij dat beheer uitoefent voor die schuldeisers, die hun verhaals- en executierechten juist door de faillietverklaring beknot zien. Vanuit deze optiek moet het handelen van de curator getoetst worden aan de regeling van de volmacht (Titel 3.3. BW) en het daarmee samenhangende leerstuk van de lastgeving (Afdeling 7.7.2 BW).[161] Het is echter de vraag of het leerstuk van de vertegenwoordiging veel verheldert. Aangezien de curator zowel de

155 Aldus het – dwingend geformuleerde – slot van art. 1.2a Recofa-richtlijnen voor faillissementen, dat ervan uitgaat dat dit het enige criterium is voor aanstelling.

156 Verstijlen, diss., hfdst. XII (p. 201); zie ook hfdst. VI.

157 Treffend geïllustreerd in de titel van de eerste lustrumbundel van Insolad: De curator, een octopus, Deventer 1996.

158 Zie A.T.J.M. Jacobs, R.D. Vriesendorp, 'Fokker-curatoren in de rechtszaal; meer kameleon dan octopus', *TvI* 2000, 1; en S.H. de Ranitz, 'Perverse prikkels, curatoren en de goede procesorde', *TvI* 2008, 42.

159 Zie A.T.J.M. Jacobs, R.D. Vriesendorp, t.a.p., W. Aerts, 'De rol van de curator bij de bestrijding van faillissementsfraude', *TvI* 2005, 3 en A.J. Verdaas, 'Beloning van curatoren en bonuscultuur', *TvI* 2009, 30.

160 Parl. Gesch. Fw (*Van der Feltz*) I, p. 371. Vgl. annotatie BW onder HR 14 januari 1983, *NJ* 1983/597, *AA* 1984/220 (*Peeters q.q./Gatzen*).

161 Art. 3:78-79 BW verbreden het toepassingsgebied.

schuldenaar als de – gezamenlijke – schuldeisers vertegenwoordigt, dient hij in feite twee heren (vgl. art. 7:417 BW). Als men de curator zou beschouwen als vertegenwoordiger van de schuldenaar, zou hantering van dit leerstuk ertoe leiden dat een schuldeiser die bijvoorbeeld een goed uit de boedel koopt van de curator, de koopprijs zou kunnen verrekenen met zijn uitstaande vordering op de schuldenaar.[162]

In de literatuur wordt ter verklaring van de rechtspositie van de curator in verband met het door hem beheerde afgescheiden faillissementsvermogen door sommigen een parallel gelegd met de rechtspersoon waarvan hij dan een orgaan zou zijn; door anderen wordt gewicht toegekend aan het staatsgezag dat de curator met zijn functie uitoefent.[163]

Zuiverder lijkt het te zijn om de uitoefening van bevoegdheden door de curator te baseren op zijn eigen recht, dat hem door artikel 68 is toegekend. Het is een bevoegdheid *sui generis* om het beheer te voeren en te beschikken over het vermogen van de schuldenaar, hem toegekend met het oog op de belangenbehartiging van de gezamenlijke schuldeisers met inachtneming van de gerechtvaardigde belangen van de schuldenaar. Het probleem met deze typering is echter dat zij weinigzeggend is en nauwelijks richting geeft om kwesties op te lossen als de Faillissementswet daarvoor geen antwoord biedt. Bij gebrek aan beter betekent dit dat het faillissement als algeheel beslag op het vermogen van de schuldenaar de curator dan enerzijds de bevoegdheid geeft – vergelijkbaar aan die van een beslaglegger – om de activa van de schuldenaar te gelde te maken en aldus over diens vermogen te beschikken. Anderzijds kan hij als belangenbehartiger van de gezamenlijke schuldeisers derden aanspreken, bijvoorbeeld uit hoofde van de faillissementspauliana of met een zogenaamde Peeters/Gatzen-vordering, terwijl de schuldenaar dat zelf niet kan.[164]

124. Curator jegens rechtbank en rechter-commissaris

De curator staat niet alleen in een bepaalde rechtsverhouding tot de schuldenaar. Als privépersoon staat hij in een rechtsbetrekking met de rechtbank (en via haar met de Staat). De rechtbank heeft de curator immers aangesteld en kan hem ontslaan (art. 73). De rechtbank bepaalt zijn salaris, dat overigens uit de boedel moet worden voldaan (art. 71). Daarentegen moet de curator rekening en verantwoording afleggen aan de rechter-commissaris, die de door de rechtbank benoemde toezichthouder op de curator is (art. 193 lid 2). De rechter-commissaris heeft voorts een aantal bevoegdheden om de curator te beïnvloeden en zelfs te corrigeren.[165] Voor de precieze gevolgen is het daarom van belang om de rechtsverhouding van de curator –

162 Dat dit uiteindelijk niet mogelijk is op grond van art. 53 e.v. (vgl. HR 14 januari 1983, *NJ* 1983/597, *AA* 1984/220 (*Peeters q.q./Gatzen*)), doet aan het beginsel niet af.

163 Zie over de verschillende invalshoeken o.m. Verstijlen, diss., hfdst. VI.2 en Wessels, Insolventierecht IV, § III.4; vgl. over het staatsgezag J.C. van Apeldoorn, Insolventieprocedures en grondrechten (diss. Tilburg), Den Haag 2009, § 7.6.2; vgl. EHRM 14 januari 2010 en het vervolg 3 april 2012, appl. no. 54522/00, *NJB* 2012/1270 (Kotov/Rusland).

164 Zie over deze vordering – genaamd naar HR 14 januari 1983, *NJ* 1983/597, *AA* 1984/220 (*Peeters q.q./ Gatzen*) – hierna nr. 195 e.v. Deze dualiteit speelt ook bij vorderingen van de curator uit hoofde van art. 2:138/248 BW.

165 Denk aan de machtigings-, goedkeurings- en toestemmingsbevoegdheden van de rechter-commissaris en de procedure van art. 69; zie hierna nr. 135-137.

als privépersoon – tegenover de rechter-commissaris dan wel de rechtbank – eventueel als onderdeel van de Nederlandse Staat – vast te stellen.

Over de rechtsverhouding tussen de curator als privéprofessional en de rechtbank is weinig bekend. Aan zijn aanstelling zijn elementen van aanbestedingsrecht door een overheidsorgaan verbonden, zeker wanneer het gaat om de aanstelling in een groot en omvangrijk faillissement, maar Recofa acht de Recofa-uitgangspunten niet in strijd met (Europese) aanbestedingsregels.[166] Voor zover bekend is deze kwestie nog niet aan de rechter voorgelegd, want men kan hierover twijfelen. De rechtbank treedt hierbij in haar overheidsrol op als monopolist en de financiële belangen – ook voor de curator als privépartij – kunnen groot zijn. Net als de relatie met de schuldenaar en de schuldeisers heeft ook de verhouding met de rechtbank trekken van de overeenkomst van opdracht (art. 7:400 e.v. BW). Typering van de relatie rechtbank-curator als een van opdrachtgever en opdrachtnemer zou meebrengen dat de regeling van Titel 7.7 BW die rechtsverhouding nader inkleurt. De beleidsregels van de lokale rechtbank kunnen dan voor een 'couleur locale' zorgen, mits stilzwijgend of uitdrukkelijk door de curator aanvaard. Nog verder gaat het om voor typering van de rechtsverhouding tussen de curator en de rechtbank een gedeeltelijke parallel te trekken met de flexibele oproepkracht (arbeidsovereenkomst met uitgestelde prestatieplicht).[167] In zijn verhouding tot de rechtbank en de rechter-commissaris lijkt aansluiting bij bestaande privaatrechtelijke rechtsfiguren dus eveneens maar beperkt nut te hebben.

125. Curator jegens derden; functioneel en privé

De curator heeft niet alleen een – functionele – rechtsverhouding tot de schuldenaar en de schuldeisers enerzijds en een – privé – rechtsverhouding tot de rechtbank en rechter-commissaris anderzijds. Tijdens het faillissement ontstaan ook rechtsbetrekkingen met andere partijen. Zo komt de curator – in zijn functie/hoedanigheid – na zijn aanstelling ook in contact met andere deelnemers aan het rechtsverkeer. Materieel bindt hij dan de boedel, dat wil zeggen het vermogen van de schuldenaar, maar in conflicten treedt hij formeel in zijn hoedanigheid op als de procespartij jegens wie geprocedeerd moet worden.

De privérol van de curator (*pro se*) komt verder in beeld als hij zich niet heeft gedragen zoals een bekwaam en nauwlettend optredend curator betaamt.[168] Wanneer dit gedrag schade ten gevolge heeft, kan de curator in privé aansprakelijk zijn en zal hij die schade dan uit zijn eigen portemonnee moeten vergoeden. Deze aansprakelijkheid is overigens niet beperkt in de richting van derden, maar strekt zich ook uit tot de schuldenaar of de schuldeisers als hij zijn taken jegens hen niet naar behoren uitvoert.

---

166 Recofa-uitgangspunten, voorwoord.

167 R.D. Vriesendorp, 'Vernieuwing in de vage relatie curator-rechtbank: van onduidelijke opdrachtnemer tot flexibele oproepkracht?', in: W. Plessen, H. van Drongelen, F. Hendrickx (red.), *Sociaal Recht: tussen behoud en vernieuwing, Liber Amicorum voor Antoine Jacobs* (p. 303-315), Zutphen 2011.

168 De zogenaamde Maclou-norm op basis van HR 19 april 1996, *NJ* 1996/727 (*Maclou/Curatoren Van Schuppen*), later vaak herhaald; zie over de privéaansprakelijkheid van de curator nr. 130.

126. Conclusie over rechtspositie van de curator

Zoals uit het voorgaande voortvloeit is de rechtsfiguur van het faillissement zo uniek, dat voor typering van de rechtspositie van de curator aansluiting bij andere rechtsfiguren en leerstukken onmogelijk lijkt en dus minder zinvol is. In deze benadering moet de verhouding van de curator jegens de andere betrokkenen inderdaad weinigzeggend als *sui generis* gekenmerkt worden. Dientengevolge wordt de rechtspositie van de curator vooral bepaald door de Faillissementswet en eventuele andere relevante regelgeving. In aanvulling hierop moet het gedrag van de curator in deze benadering voor het overige getoetst worden aan wat zich in de beroepsgroep van curatoren als gangbare praktijk heeft ontwikkeld. Hier zijn regels en normen gevormd – meestal aanvullend op, maar soms ook afwijkend van de wettelijke regels – die het gedrag van de curator beïnvloeden of dat althans beogen te doen. In dit verband valt te denken aan de Insolad Praktijkregels en de Recofa-richtlijnen voor faillissementen. Deze zijn soms weer – verschillend – uitgewerkt in lokale richtlijnen van de afzonderlijke rechtbanken.[169] Ten slotte wordt het gedrag van de curator beïnvloed door de opvattingen over de invulling van het toezicht door de individuele rechters-commissarissen die elkaar echter met regelmaat opvolgen en verschillende invulling aan de lokale gebruiken geven.

127. Taken en bevoegdheden van de curator

Hoewel ieder faillissement zijn eigenaardigheden heeft en zijn eigen dynamiek kent, vallen wel enkele gemeenschappelijke grote lijnen te schetsen. In min of meer chronologische volgorde moet de curator zich in de meeste faillissementen bezighouden met de volgende aspecten: het veiligstellen, bewaren en beheren van de activa; het onderzoeken naar de oorzaken van het faillissement en het eventueel reconstrueren van de boedel; daarnaast de vereffening en tegeldemaking van de activa voor zover aanwezig met het oog op een uitdeling aan de schuldeisers; ten slotte het afronden van het faillissement en daarover verantwoording afleggen. Deze aspecten vormen een uitvloeisel van de hoofdtaak van de curator: het beheer en de vereffening van de boedel om uiteindelijk de gezamenlijke schuldeisers zo veel mogelijk te bevredigen (art. 68). Alle in de Faillissementswet genoemde bijzondere taken staan in beginsel ten dienste van die hoofdtaak. Ter uitvoering van deze taken heeft de wetgever de curator in de Faillissementswet een aantal bevoegdheden toegekend die hem daarbij van dienst moeten zijn, waarbij te onderscheiden valt tussen het beheer (nr. 128) en de vereffening (nr. 129). Sinds 1 juli 2017 heeft de wetgever dit op onderdelen nog een specifieke invulling gegeven.[170] De curator moet nu bij het beheer en de vereffening van de failliete boedel uitdrukkelijk bezien of sprake is van onregelmatigheden (art. 68 lid 2 sub a), daarover de rechter-commissaris vertrouwelijk informeren (art. 68 lid 2 sub b) en zo nodig melding of aangifte daarvan doen bij de bevoegde instanties (art. 68 lid 2 sub c). Deze onregelmatigheden moeten het faillissement hebben veroorzaakt, de vereffening van de boedel hebben bemoeilijkt of het tekort in het

169 Te vinden op www.rechtspraak.nl bij sommige van de afzonderlijke rechtbanken onder de rubriek 'voor juristen' en 'regelingen'.

170 Wet van 22 maart 2017 tot wijziging van de Faillissementswet in verband met de versterking van de positie van de curator (Wet versterking positie curator), *Stb.* 2017, 124 , waarin ook verplichtingen tot actieve medewerking door de gefailleerde (art. 105a) en bepaalde derden (art. 105b) zijn neergelegd.

faillissement hebben vergroot. Met de term 'onregelmatigheden' heeft de wetgever gekozen voor een neutraal begrip waarmee vooral gedoeld wordt op de afwezigheid of onvolledigheid van de administratie en onttrekkingen ten nadele van de schuldeisers in het zicht van of tijdens het faillissement en meer in het algemeen ook fraude.[171] De minister heeft bij de totstandkoming van deze wet benadrukt dat deze nader gespecificeerde taken van de curator in wezen inherent zijn aan en in het verlengde liggen van zijn primaire taak om de belangen van de gezamenlijke crediteuren te behartigen, te weten boedelmaximalisatie ten bate van de schuldeisers. De curator heeft hier volgens de minister een fraudesignalerende rol die een bredere maatschappelijke verantwoordelijkheid reflecteert.[172] In de praktijk wordt dit bezwaarlijk gevonden als de curator geen geld in de boedel aantreft en ook geen reëel vooruitzicht heeft dat deze taakuitoefening de gezamenlijke schuldeisers ten goede gaat komen. Dan rijst de vraag hoe de curator in dat spanningsveld moet opereren.[173]

128. Beheer van het vermogen van de schuldenaar

Het beheer van de boedel door de curator bestaat uit een aantal activiteiten. Hij moet veiligstellen wat in de boedel aanwezig is, binnenhalen wat in de boedel behoort te zitten en afstaan wat niet in de boedel hoort (zie par. 5.4.1). Hiertoe moet een curator snel en daadkrachtig optreden, want anders vist hij achter het net en krijgt hij te maken met een nog even gauw leeggehaalde boedel. De aanwezige registergoederen, voorraden, inventaris, machines en andere roerende zaken moet hij veiligstellen en zo nodig verzekeren en in bewaring nemen (art. 92, 93). Voortvarend en actief handelen van de curator is voorts vereist bij zaken die aan bederf onderhevig zijn, die hij zo snel mogelijk zal moeten vervreemden (art. 101). In combinatie met een voortzetting van het bedrijf van de gefailleerde (art. 98) wordt deze vervreemdingsbevoegdheid van de curator opgerekt om ook de daarbij geproduceerde goederen te gelde te kunnen maken. Met enige goede wil kan dat worden gezien als een vervreemding met het oog op de bestrijding van de kosten van het faillissement, die immers moeten worden gemaakt voor het voorzetten van de bedrijfsactiviteiten. Hoewel niet direct tastbaar, moet hij ook niet-stoffelijke objecten, zoals vorderingen en andere vermogensrechten veiligstellen. Voor vorderingen betekent dit bijvoorbeeld dat hij die snel moet (laten) incasseren. Ontvangen gelden moet hij op een veilige, rentedragende bankrekening onderbrengen (art. 102) en andere vermogenswaarden (zoals effecten of andere beleggingsobjecten) moet hij op verantwoorde wijze onderbrengen en beheren in overleg met de rechter-commissaris (art. 103). Andere vermogensrechten zijn onder meer intellectuele eigendomsrechten, zoals auteurs-, octrooi- en merkrechten, die de curator moet handhaven tegen inbreukmakers als dat voor het behoud van de waarde van die rechten nodig is. Hiertoe is hij

171 Kamerstukken TK (2014-2015), 34253, nr. 3, p. 13.

172 Zie Kamerstukken TK (2014-2015), 34253, nr. 3, p. 3; vgl. Kamerstukken TK (2015-2016), 34253, nr. 6, p. 3.

173 Zie bijv. C.M. Harmsen, 'De curator en de bestrijding van fraude', *Ondernemingsrecht* 2014/78, R.D. Vriesendorp, [**]it happens; then and now, *TvI* 2017/23 en E.J. Oppendijk van Veen en V.G.M. Leferink, 'De Curator en de Failliet – Diverse aspecten van het Oorzakenonderzoek, De Curator en de Failliet', *Insolad Jaarboek 2019*, p. 191-211. Vgl. HR 5 juni 2020, *NJ* 2020/237 (*A c.s./Geelen q.q.*) waar de Hoge Raad de tegengestelde conclusie OM niet volgt.

bevoegd te procederen, mits de rechter-commissaris hem machtigt (art. 68 lid 3). Als het voor het behoud van deze rechten van belang is deze te registreren, is de curator gehouden om dat bijtijds te doen of bestaande registraties te verlengen, mits dat in het belang van de boedel is.

De curator moet zich op grond van artikel 68 lid 2 ook een beeld vormen van hoe het tot een faillissement heeft kunnen komen. Dit is van belang om te bezien of nog redding van (een deel van) de activiteiten mogelijk is met een akkoord of een doorstart. Ook moet het onderzoek uitsluitsel geven of zich in de voorfase onoirbare gebeurtenissen hebben voorgedaan, waardoor in die periode ten onrechte activa aan de boedel zijn onttrokken. In die gevallen moet de curator proberen om die goederen of een adequate schadevergoeding in de boedel (terug) te krijgen. Voor dat onderzoek staan de curator verschillende middelen met bijbehorende bevoegdheden ten dienste, zoals inzage in de post van de gefailleerde (art. 14, 99), toegang tot elke locatie die voor zijn taakvervulling van belang is (art. 93a), inlichtingen vragen aan – en zo nodig gijzelen van – de gefailleerde of diens bestuurders en commissarissen (art. 105, 106 jo. 87-91) en het via de rechter-commissaris laten oproepen van getuigen of deskundigen (art. 66).

Als de curator erachter komt dat in de fase voorafgaand aan de faillietverklaring onoirbare handelingen hebben plaatsgevonden waardoor activa aan de boedel zijn onttrokken, dan heeft hij verschillende bevoegdheden om die ongedaan te maken. Men spreekt over reconstructie van de boedel, waartoe hij verschillende mogelijkheden met bijbehorende – soms exclusieve – bevoegdheden heeft: de faillissementspauliana (art. 42-51), de zogenaamde Peeters/Gatzen-vordering (art. 6:162 BW) en bij rechtspersonen de bestuurders- of commissarissenaansprakelijkheid wat kan leiden tot schadevergoeding of het afdekken van het faillissementstekort (art. 2:9, 138/248, 149/259 BW; zie nr. 180 e.v.).

De curator beheert uitsluitend de goederen van de gefailleerde schuldenaar. Dit betekent dat hij goederen van derden ongemoeid moet laten en desgevraagd moet afgeven. Dit moet hij in beginsel overigens ook doen met goederen die wel van de gefailleerde schuldenaar zijn, maar waarop derden een zekerheidsrecht (pand of hypotheek) hebben en zij dat willen uitoefenen (art. 57). In dit laatste geval heeft de curator overigens de bevoegdheid korte tijd een afkoelingsperiode te laten gelasten om dit niet te hoeven doen. Dit komt van pas als twijfel bestaat wie tot die goederen gerechtigd is of als de curator die tijd nodig heeft om een doorstart te onderzoeken (art. 63a e.v.).[174] In de tegenovergestelde situatie dat een separatist onnodig talmt met de uitoefening van zijn rechten kan de curator hem een – overigens verlengbare – termijn stellen waarbinnen de separatist zijn rechten moet hebben uitgeoefend (art. 58 lid 1).[175]

129. Vereffening van het vermogen van de schuldenaar

Als duidelijk wordt dat de schuldenaar niet tot een akkoord kan komen met zijn schuldeisers, verkeert de boedel vanaf de verificatievergadering in staat van

174 Parl. Gesch. Fw (*Kortmann/Faber*), p. 203-204. M.J. van der Aa, *De afkoelingsperiode in faillissement* (diss. Groningen) Deventer 2007; zie hierna nr. 173.

175 Dat dit niet altijd probleemloos gaat blijkt bijv. in HR 20 december 2013, *NJ* 2014/151 (*Glencore/Curatoren Zalco c.s.*; zie ook het vervolg in HR 13 november 2020, *RvdW* 2020/1200), HR 16 januari 2015, *NJ* 2015/58 (*T/Van der Molen q.q.*) en HR 6 februari 2015, *NJ* 2015/294 (*Welage q.q./Rabobank*).

insolventie (art. 173). Vanaf dan is het handelen van de curator er uitsluitend op gericht om de boedel te 'liquideren', een ander woord voor het te gelde maken of vereffenen van de activa van de schuldenaar. Met de daardoor verkregen opbrengst kan hij dan eventueel overgaan tot uitdeling aan de schuldeisers. In dit verband heeft de curator twee verschillende taken. Hij moet enerzijds vaststellen aan wie hij de opbrengst van alle activa moet uitdelen en anderzijds die opbrengst realiseren door alle activa om te zetten in geld. Dit laatste is gebaseerd op de algemene bevoegdheid van de curator tot vervreemden en beschikken (art. 68 jo. 101, 176). Het eerste gebeurt door de verificatie van vorderingen (art. 108-137; zie par. 5.4.5), waartoe de curator dezelfde positie inneemt als de gefailleerde schuldenaar jegens diens schuldeisers (art. 123).

Nadat alle aanspraken zijn vastgesteld keert de curator direct uit aan de schuldeisers (zie par. 5.5.3). De curator is dan echter nog niet klaar met zijn taken, omdat hij dan nog rekening en verantwoording moet afleggen ten overstaan van de rechter-commissaris en de administratie van de failliet aan deze moet teruggeven (art. 193 lid 2-3; zie par. 5.5.5). Bij rechtspersonen die als gevolg van het faillissement zijn ontbonden (art. 2:19 lid 1 sub c BW) wordt die administratie bewaard overeenkomstig artikel 2:24 BW.

130. Aansprakelijkheid curator (q.q. en pro se)

Zoals hiervoor gesteld heeft de curator in de wijze van uitoefening van zijn taak een betrekkelijk grote mate van vrijheid hoe hij het faillissement afwikkelt. Door zijn rol en positie temidden van tal van tegenstrijdige belangen belandt de curator snel in conflictueuze situaties. De kans dat een partij hierbij schade oploopt is geenszins denkbeeldig. Dit betekent echter nog niet dat de curator voor die schade aansprakelijk is. Dit is slechts het geval als aan de vereisten voor een succesvolle onrechtmatige-daadsvordering is voldaan (art. 6:162 BW). In dit verband moet worden onderscheiden tussen de aansprakelijkheid van de curator als functionaris (beheerder van de boedel) en zijn aansprakelijkheid als privépersoon.

In het ene geval neemt de curator in zijn hoedanigheid (*qualitate qua*; q.q.) deel aan het maatschappelijk verkeer en is als zodanig – net als ieder ander – aansprakelijk voor gepleegde onrechtmatige daden. Voor aansprakelijkheid van de curator in zijn hoedanigheid gelden dezelfde zorgvuldigheidsnormen als voor iedere andere deelnemer aan het maatschappelijk verkeer. Wanneer bijvoorbeeld het bedrijf van de gefailleerde schuldenaar door de curator wordt voortgezet en daarbij een arbeidsongeval plaatsvindt, dan is de curator als werkgever aansprakelijk voor de door de werknemer geleden schade. Deze zal in dit geval de curator in zijn hoedanigheid moeten aanspreken. Bij toewijzing van de vordering betaalt de curator de schadevergoeding uit de faillissementsboedel. Als deze onvoldoende vermogen bevat, heeft de werknemer helaas pech. In beginsel kan hij zich niet verhalen op het privévermogen van de curator.[176]

In het andere geval, waarin de curator zijn taak als zodanig niet naar behoren vervult en een derde daardoor schade leidt, ontstaat een andere situatie. Dan valt niet zozeer de boedel iets te verwijten, maar de persoon van de curator in privé (*pro se*).

176 Vgl. HR 10 januari 2003, *NJ* 2003/196 (*Van Bentum/Bos*), r.o. 3.6.

Denk bijvoorbeeld aan de situatie dat de curator goederen vervreemdt die niet tot de boedel behoren maar aan een derde, bijvoorbeeld bij geleasede of onder eigendomsvoorbehoud geleverde zaken.[177] Hem kan ook worden verweten dat hij in de uitoefening van zijn functie boedelactief voor een te laag bedrag heeft verkocht of misbruik maakt van zijn bevoegdheid om een separatist een termijn te stellen voor uitwinning op grond van artikel 58.[178] Als hij daarbij toerekenbaar inbreuk maakt op hun rechten waardoor zij schade hebben geleden, dan is dat de curator persoonlijk te verwijten en is hij daarvoor met zijn privévermogen aansprakelijk. Aansprakelijkheid voor de curator privé doemt ook op als hij gebonden is aan wettelijke of jurisprudentiële regels en zich daar onvoldoende van aantrekt, bijvoorbeeld bij de inning van stil verpande vorderingen waarvan nog geen mededeling is gedaan aan de schuldenaren van die verpande vorderingen.[179] Of als de curator in strijd met de huurovereenkomst toch tot onderverhuur overgaat.[180] Een ander voorbeeld is wanneer een curator in het kader van een hoger beroep tegen een faillietverklaring waarbij het faillissement wordt vernietigd jegens schuldeisers bepaalde toezeggingen zou doen of toerekenbaar verwachtingen zou wekken en die niet uitkomen.[181]

In 1996 heeft de Hoge Raad voor een dergelijke privéaansprakelijkheid de volgende zorgvuldigheidsnorm geformuleerd: "een curator behoort te handelen zoals in redelijkheid mag worden verlangd van een over voldoende inzicht en ervaring beschikkende curator die zijn taak met nauwgezetheid en inzet verricht".[182] Hierbij liet hij nadrukkelijk meewegen dat een curator, in tegenstelling tot bijvoorbeeld een advocaat, niet in een contractuele betrekking staat tot degenen wier belangen aan hem in zijn hoedanigheid zijn toevertrouwd. Bovendien moet een curator volgens de Hoge Raad bij de uitoefening van zijn taak uiteenlopende en soms tegenstrijdige belangen behartigen en behoort hij bij het nemen van zijn beslissingen – die vaak geen uitstel kunnen lijden – óók rekening te houden met belangen van maatschappelijke aard.[183] Dezelfde norm geldt voor curatoren die voorafgaand aan het faillissement zijn opgetreden als beoogd curatoren in het kader van een prepack (par. 5.2.7).[184] Zelfs met deze strenge toets hebben zich in de rechtspraak gevallen voorgedaan waarbij curatoren tot schadevergoeding kunnen worden verplicht op basis van een persoonlijke aansprakelijkheid.[185] Tegen dit soort risico's kunnen – en moeten[186] – zij zich overigens verzekeren.

Een opmaat voor een vordering uit onrechtmatige daad in privé wordt wel gezocht in het tuchtrecht. Hiermee handhaaft een bepaalde beroepsgroep de eigen normen en waarden en standaarden waaraan het gedrag van de leden van die groep moet worden getoetst. Aangezien bijna alle curatoren advocaat zijn, geldt voor hen

177 Zoals in HR 19 april 1996, *NJ* 1996/727 (*Maclou/Curatoren Van Schuppen*), 3.6.

178 HR 16 december 2011, *NJ* 2012/515 (*Prakke/Gips*), r.o. 3.2; HR 16 januari 2015, *NJ* 2015/58 (*T/Van der Molen q.q.*); HR 6 februari 2015, *NJ* 2015/294 (*Welage q.q./Rabobank*).

179 Zoals vastgesteld door de Hoge Raad in zijn uitspraak van 22 juni 2007, *NJ* 2007/520 (*ING/Verdonk q.q.*) en later verder vormgegeven in HR 30 oktober 2009, *NJ* 2010/96 (*Hamm q.q./ABN Amro*) en HR 5 februari 2016, *NJ* 2016/187 (*Rabobank/Verdonk q.q.*).

180 HR 9 november 2018, *NJ* 2018/464 (*De Klerk c.s./X*).

181 Zie HR 30 maart 2018, *NJ* 2018, 181 (*De Jong q.q./Roeleveld en Bos*).

182 HR 19 april 1996, *NJ* 1996/727 (*Maclou/Curatoren Van Schuppen*), r.o. 3.6, 4e al.

183 HR 19 april 1996, *NJ* 1996/727 (*Maclou/Curatoren Van Schuppen*), r.o. 3.6, 3e al.

184 HR 14 oktober 2019, *NJ* 2019/461 (*X/Curatoren Ruwaard van Puttenziekenhuis*), r.o. 3.2.3.

185 Zie de casus van HR 6 februari 2015, *NJ* 2015/294 (*Welage q.q./Rabobank*); HR 5 februari 2016, *NJ* 2016/187 (*Rabobank/Verdonk q.q.*), r.o. 3.3.5, waarin de privéaansprakelijkheid in hoger beroep en cassatie overigens buiten de rechtsstrijd was beland; voorts HR 9 november 2018, *NJ* 2018/464 (*De Klerk c.s./X*), r.o. 3.5.4-5.

186 Zie par. 7 Recofa-richtlijnen voor faillissementen.

het advocatentuchtrecht. Ook al handelt een advocaat als curator, dit vrijwaart hem niet tegen tuchtrechtelijke aansprakelijkheid als advocaat, wanneer hij zich bij de vervulling van het curatorschap zodanig gedraagt dat daardoor het vertrouwen in de advocatuur wordt geschaad.[187] Voor faillissementscuratoren bestaat echter geen officieel tuchtrecht. De specialisatievereniging Insolad kent alleen een klachtenregeling over haar leden en aspirant-leden: slechts hun gedragingen in de hoedanigheid van curator zijn toetsbaar door een toetsingscommissie.[188]

131. Ontslag curator

De curator wordt door de rechtbank benoemd en kan ook door diezelfde rechtbank worden ontslagen (art. 73). Ontslag kan worden verleend op voordracht van de rechter-commissaris of een met redenen omkleed verzoek van een of meer schuldeisers, de schuldeiserscommissie of de schuldenaar. Hoewel deze bepaling de mogelijkheid van ontslag op eigen verzoek niet noemt – in tegenstelling tot de vergelijkbare bepaling bij de schuldsanering natuurlijke personen (art. 319) – kunnen verschillende redenen voor een curator bestaan om aan de rechtbank zijn ontslag aan te bieden zonder dat op zijn functioneren iets valt aan te merken, bijvoorbeeld door verandering van praktijkgebied, staking van praktijk of verhuizing.

Ook al noemt de Faillissementswet niet de gronden waarop de curator kan worden ontslagen, dit is – behoudens bij ontslag op eigen verzoek – alleen gerechtvaardigd als de curator niet goed functioneert. Voor ontslag tegen de wens van de curator zal moeten worden getoetst of hij op de juiste wijze uitvoering heeft gegeven aan zijn hiervoor behandelde taken met gebruikmaking van de daarvoor gegeven bevoegdheden of dat zijn gedrag daartoe op een andere manier aanleiding geeft. Het verzoek om ontslag van de curator moet dan ook gebaseerd zijn op de stelling dat hij de beschikking en het beheer over het vermogen van de schuldenaar onjuist of onvoldoende heeft uitgevoerd of dat hij de boedel – of derden die vervolgens regres nemen op de boedel – onnodig schade heeft berokkend of dreigt te berokkenen.[189] Ontslag is op zijn plaats als de curator met zijn handelen (een schijn van) belangenverstrengeling oproept[190] of als hij zijn verplichtingen niet adequaat is nagekomen en dienaangaande onvoldoende activiteit aan de dag heeft gelegd.

In dit verband valt te denken aan het onvoldoende maatregelen treffen om de boedel veilig te stellen en te inventariseren (art. 92 e.v.), maar ook aan de gevallen waarin de curator het faillissement onnodig lang heeft laten voortduren.[191] Verder aan alle gevallen waarin de curator de machtiging, goedkeuring, toestemming of medewerking van de rechter-commissaris behoeft, maar die niet krijgt of zelfs nalaat te vragen (vgl. art. 72). Hetzelfde geldt voor de verplichte adviesaanvragen aan de schuldeiserscommissie als deze is ingesteld (art. 78). Daarnaast kan het niet-nakomen van specifieke wettelijke verplichtingen de curator op ontslag komen te staan, zoals de verplichting om

---

187 Zie recent HvD 18 oktober 2019, ECLI:NL:TAHVD:2019:186, r.o. 5.4 en HvD 18 oktober 2019, ECLI:NL:TAHVD:2019:187, r.o. 5.5.

188 www.insolad.nl/klachtenregeling. Zie hierover H. Dulack, 'Toetsingscommissie Insolad: zo mak als een lammetje of een wolf in schaapskleren?', *TvI* 2017/11.

189 Zie bijv. Rb. Noord-Holland 12 april 2019, ECLI:NL:RBNHO:2019:3177.

190 Vgl. Rb. Rotterdam 21 juni 2007, ECLI:NL:RBROT:2007:BA7841. Zie ook Rb. Overijssel 15 januari 2014, ECLI:NL:RBOVE:2014:158, waarin de curator omwille van dit aspect zelf ontslag vroeg.

191 Vgl. de casus die ten grondslag lag aan HR 8 mei 2009, LJN BH5459/BH5461/BH5462, *RvdW* 2009/610-612.

zekerheid te stellen als hij besluit een overeenkomst gestand te doen (art. 37 lid 2), het beneficiair aanvaarden van een nalatenschap (art. 41), het teruggeven van wat de schuldenaar had ontvangen uit een paulianeuze handeling die door de curator vernietigd is maar waardoor de boedel gebaat was (art. 51 lid 3), het opkomen voor de belangen van preferente schuldeisers die boven een pand- of hypotheekhouder zijn gerangschikt (art. 57 lid 3), het opeisen van onder bewind staande goederen van de bewindvoerder met het oog op uitwinning (art. 60a lid 1), de tijdige periodieke rapportage (art. 73a), het desgevraagd inlichtingen verstrekken aan de schuldeiserscommissie en deze toegang tot de administratie geven (art. 76), het bijwonen van vergaderingen van schuldeisers (art. 80), het informeren van de bekende schuldeisers over de verificatievergadering en de uiterste termijn voor het indienen van vorderingen (art. 109) en het opstellen en deponeren van de lijsten van (voorlopig) erkende en betwiste vorderingen en de kennisgeving daarvan (art. 112-115, 137). Op de curator rusten voorts verplichtingen in het kader van de vereenvoudigde afwikkeling van het faillissement (art. 137a-g), de akkoordprocedure (art. 142, 150, 161, 167, 170), de vereffening (art. 173a e.v.) en de uitdeling (art. 180 e.v.). Ten slotte rust op hem de verplichting tot het afleggen van rekening en verantwoording (art. 162, 193).

Hierbij kan blijken dat een gebrekkige communicatie met de direct betrokkenen (rechter-commissaris, rechtbank, schuldeisers en schuldenaar) de waardering van het functioneren van de curator in belangrijke mate beïnvloedt.[192]

Een verzoek tot ontslag door de schuldenaar wegens onwerkzame verhoudingen tussen hem en de curator wordt niet snel toegewezen, omdat hier per definitie een spanningsveld ligt.[193] De curator neemt immers de beschikking en het beheer over het vermogen van de schuldenaar over en zal daarbij allicht anders handelen dan de schuldenaar zelf zou hebben gedaan of wil doen. Meer in het algemeen moet worden bedacht dat de curator in de uitoefening van zijn taken een betrekkelijk grote mate van vrijheid heeft.[194] Ieder heeft daarin zijn eigen stijl, al vindt door een toenemende mate van specialisatie wel enige uniformering en protocollering plaats. Hierbij spelen Recofa, de afzonderlijke rechtbanken en hun rechters-commissarissen enerzijds en Insolad anderzijds een belangrijke rol.

Door uitwisseling van ervaringen binnen de beroepsgroep ontstaan bepaalde *best practices*, deels neergelegd in de Recofa-richtlijnen voor faillissementen en de Insolad Praktijkregels. Deze vormen een richtsnoer voor het gedrag van curatoren en de beoordeling daarvan, al blijven zij in een individueel geval de mogelijkheid houden om daarvan af te wijken als zij dat maar kunnen verantwoorden.

Als het handelen of nalaten van de curator wordt beoordeeld, moet op grond van het proportionaliteitsbeginsel de ernst van de geconstateerde schending worden meegewogen bij de beoordeling of de ingrijpende maatregel van ontslag geboden is. Dit neemt niet weg dat ook een minder ernstige schending voor de rechtbank aanleiding kan vormen die persoon in het vervolg niet meer als curator aan te stellen of als bewindvoerder te benoemen.

---

192 Vgl. de kwestie die aan HR 21 januari 2011, *RvdW* 2011/139 (*Curatoren Mansur IDCC*) ten grondslag lag.

193 Vgl. de kwestie die ten grondslag lag aan HR 22 september 2006, *RvdW* 2006/881; zie voorts Rb. Utrecht 31 maart 2011, ECLI:NL:RBUTR:2011:BQ1122, Rb. Rotterdam 27 juli 2017, ECLI:NL:RBROT:2017:5905 en Rb. Gelderland 17 juni 2019, ECLI:NL:RBGEL:2019:2692.

194 Vgl. artikel 81 RO uitspraken: HR 8 juli 2011, ECLI:NL:HR:2011:BQ7308 en HR 21 juni 2013, ECLI:NL:HR:2013:CA1268.

Zo valt bijvoorbeeld te betwijfelen of het achterwege laten van een schriftelijk advies over het door de schuldenaar voorgelegde akkoord (art. 140) een reden tot ontslag zou zijn (aannemende dat het akkoord niet wordt aangenomen of gehomologeerd). Voor bepaalde andere verplichtingen blijkt de praktijk daaraan inmiddels een andere invulling te hebben gegeven, zoals de verplichting van de curator om onmiddellijk na het opmaken van de boedelbeschrijving (art. 94) over te gaan tot het beschrijven van het actief en passief (art. 96). Gezien het grote aantal lege boedels waarin het nooit tot enige uitkering aan de concurrente schuldeisers komt (zie nr. 238) en inventarisatie daarvan dus louter tijds- en kostenverspilling is, onderzoeken curatoren – met instemming van de rechter-commissaris – eerst of het realistisch is dit te verwachten.

De procedure tot ontslag van de curator vangt aan met een verzoekschrift. Voor de mondelinge behandeling van het ontslag wordt de curator opgeroepen om in de raadkamer gehoord te worden. Verder is de rechtbank verplicht om het oordeel van de rechter-commissaris over het verzoek mee te wegen, waartoe zij hem voorafgaand aan haar beslissing op straffe van nietigheid moet horen (art. 65).[195] De rechtbank doet bij beschikking uitspraak. Bij afwijzing kan zij met een sobere motivering volstaan, omdat het hier om een discretionaire bevoegdheid gaat.[196] Tegen deze uitspraak van de rechtbank kunnen belanghebbenden geen hoger beroep instellen, maar alleen cassatie (art. 85 jo. 426 Rv).

132. Regulering en organisatie van curatoren

Hoe de curator een faillissement behandelt en afwikkelt is grotendeels aan hemzelf overgelaten. Behoudens het toezicht door de rechter-commissaris en de rechtbank is het curatorschap en de organisatie daarvan niet wettelijk gereguleerd, zoals de advocatuur of het notariaat. In de praktijk zijn curatoren bijna altijd advocaat, maar de Nederlandse Orde van Advocaten bemoeit zich niet met de curatorenpraktijk als zodanig of de wijze waarop een curator zijn functie uitoefent.

Het is vaste rechtspraak van het Hof van Discipline dat ook voor een curator het advocatentuchtrecht geldt als de advocaat zich in deze hoedanigheid zodanig gedraagt dat daardoor het vertrouwen in de advocatuur wordt geschaad. Dan zal in het algemeen sprake zijn van handelen of nalaten in strijd met hetgeen een behoorlijk advocaat betaamt waarvan hem een tuchtrechtelijk verwijt kan worden gemaakt. Deze maatstaf betekent volgens het Hof van Discipline overigens dat niet snel van tuchtrechtelijk verwijtbaar handelen sprake zal zijn "omdat een curator bij de uitoefening van zijn taak rekening dient te houden met uiteenlopende belangen, nu hij de boedel vertegenwoordigt en het belang van de schuldeisers van de gefailleerde. Ook speelt een rol dat de curator zijn taak uitoefent onder toezicht van de rechter-commissaris en dat het in de eerste plaats aan de rechter-commissaris is te beslissen of het handelen van de curatoren zich binnen de wettelijke kaders afspeelt." [197]

De Vereniging Insolventierecht Advocaten, Insolad, beoogt enigszins in deze leemte te voorzien, maar zij heeft geen wettelijke status. Deze vereniging heeft eigen regels (de

195 HR 16 oktober 2009, *NJ* 2009/517 r.o. 3.4 en HR 4 mei 2018, *JOR* 2018/229 (*X/Warnink q.q.*).
196 HR 23 september 1983, *NJ* 1984/202; HR 28 juni 1985, *NJ* 1985/870, r.o. 3; vgl. conclusie A-G Timmerman, nr. 1.3 voor HR 22 september 2006, *RvdW* 2008/881; conclusie A-G Verkade, nr. 3b voor HR 20 juni 2008, *RvdW* 2008/653 en conclusie A-G Wuisman, nr. 2.17 voor HR 16 oktober 2009, *NJ* 2009/517.
197 HvD 18 oktober 2019, ECLI:NL:TAHVD:2019:186, r.o. 5.4 en HvD 18 oktober 2019, ECLI:NL:TAHVD:2019:187, r.o. 5.5; dit is vaste rechtspraak, vgl. HvD 19 april 2010, ECLI:NL:TAHVD:2010:YA0575 en HvD 8 januari 2016, ECLI:NL:TAHVD:2016:113.

'Insolad Praktijkregels') opgesteld zowel voor curatoren als voor beoogd curatoren.[198] Deze regels zijn bedoeld als gedragsnormen voor haar leden. Hoewel deze regels in de rechtspraak niet als bindend beschouwd worden, komt daaraan wel enige betekenis toe als een richtsnoer.[199] Zij geven echter geen vorm aan een organisatiestructuur voor de faillissementspraktijk. Daarnaast bevatten de Recofa-richtlijnen voor faillissementen enige aanwijzingen voor de praktijkvoering, maar ook deze laten de individuele curator een grote vrijheid hoe hij een faillissement behandelt en afwikkelt.

Hoewel curatoren als advocaat meestal binnen kantoorverband werkzaam zijn, is het tot nu toe gebruikelijk dat de rechtbank een persoon tot curator aanstelt en niet diens kantoor, hoewel de Faillissementswet dit niet verbiedt. Advocaten die niet in kantoorverband werkzaam zijn, kunnen ook tot curator worden aangesteld, maar dit wordt de laatste jaren met het oog op de continuïteit van de faillissementsafwikkeling door de rechtbanken ontmoedigd.[200] De afgelopen jaren is zelfs sprake van een concentratietendens van curatoren in de verschillende arrondissementen.

Voor hun scholing volgen curatoren die lid willen worden en blijven van Insolad verschillende cursussen, op zowel juridisch als financieel-economisch gebied. Zij zijn tevens verplicht om een minimaal aantal uren per jaar aan de insolventiepraktijk te besteden.[201] Verder organiseert Insolad – soms samen met Recofa – jaarlijks de nodige workshops en een jaarcongres. In internationaal verband zijn tal van bijeenkomsten onder auspiciën van de Europese en mondiale beroepsverenigingen van insolventierechtspecialisten (INSOL Europe respectievelijk INSOL International, III en CERIL; nr. 412).

5.3.4 *Rechter-commissaris*

Blijkens de opbouw van de Faillissementswet en volgorde van behandeling zou men denken dat de rechter-commissaris de belangrijkste persoon is voor het bestuur van de failliete boedel, zoals het opschrift van de derde afdeling van Titel I luidt. Hoewel men hierover kan twijfelen omdat het juist de curator is die de koers uitzet en het faillissement afwikkelt, heeft de rechter-commissaris – met op de achtergrond de rechtbank – wel een belangrijke stem in het kapittel. Hij is degene die toezicht moet houden op het beheer en de vereffening van de failliete boedel door de curator. Als de curator niet goed functioneert, behoort de rechter-commissaris in te grijpen. De rechter-commissaris heeft zijn wettelijke grondslag in de eerste paragraaf van de derde afdeling van Titel I Faillissementswet, artikel 64-67 in het bijzonder.[202] Informele regelgeving over de rol van de rechter-commissaris is te vinden in de Recofa-richtlijnen voor faillissementen (nr. 17). Net als hiervoor bij de curator heeft de rechter-commissaris een aantal instrumenten en bevoegdheden tot zijn beschikking, zij

198 Zie www.insolad.nl/regelgeving/praktijkregels/ (april 2019) en www.insolad.nl/regelgeving/praktijkregels-beoogd-curator/ (september 2015).

199 Zie HR 22 juni 2007, *NJ* 2007/520, *AA* 2007/972 (*ING/Verdonk q.q.*) en HR 14 oktober 2019, *NJ* 2019/461 (*X/Curatoren Ruwaard van Puttenziekenhuis*), r.o. 3.2.2, waarbij *NJ*-annotator Verstijlen (nr. 6) deze regels zelfs het karakter van *best practices* toedicht.

200 Zie art. 1.1.2 sub f Recofa-uitgangspunten.

201 Zie voor de lidmaatschapsvereisten www.insolad.nl/lidmaatschap.

202 Toelichting hierop is te vinden in de wetsgeschiedenis bij Parl. Gesch. Fw (*Van der Feltz*) II, p. 1-8 en Parl. Gesch. Fw (*Kortmann/Faber*), p. 206-210.

het dat deze hem helpen om zijn toezichttaak goed uit te oefenen (nr. 134-145). De aansprakelijkheidsvraag speelt bij de rechter-commissaris nauwelijks een rol (nr. 146). Aan het slot komt net als bij de curator de organisatie van het rechter-commissariaat aan de orde (nr. 147). Allereerst echter de benoeming: hoe komt een rechter-commissaris bij een bepaald faillissement in beeld (nr. 133)?

133. Benoeming

De rechter-commissaris wordt door de rechtbank benoemd in het vonnis van faillietverklaring (art. 14). Vereiste is dat de rechter-commissaris lid is van de rechtbank. Dit ligt voor de hand omdat het faillissement administratief wordt bijgehouden door de griffie die op dit punt wordt aangestuurd door de rechtbank en de rechter-commissaris. Tegenwoordig wordt soms ook wel tevens een rechter-commissaris uit een andere rechtbank benoemd, bijvoorbeeld omdat de schuldenaar feitelijk elders gevestigd is of de expertise in een ander arrondissement aanwezig is.[203] Dit is mogelijk omdat iedere rechter in Nederland van rechtswege rechter-plaatsvervanger is in alle andere rechtbanken (art. 40 lid 2 Wet RO). In dat geval is iedere rechter-commissaris zowel afzonderlijk als gezamenlijk bevoegd om de wettelijke bevoegdheden uit te oefenen (art. 14b).

Verzet of beroep tegen de benoeming van een bepaalde rechter-commissaris heeft zich voor zover bekend nooit voorgedaan, maar lijkt in theorie niet onmogelijk. Een reden zou kunnen zijn dat getwijfeld wordt aan de onafhankelijkheid en onpartijdigheid, net als bij wraking.

Voor het overige lijkt de benoeming van een rechter-commissaris een formaliteit die op basis van interne roulatieschema's plaatsvindt.

134. Taken en bevoegdheden van de rechter-commissaris

De hoofdtaak van de rechter-commissaris is om toezicht te houden op het beheer en de vereffening van de failliete boedel door de curator. Verschillende in de wet genoemde neventaken houden hiermee verband. Voor zijn toezichtfunctie heeft de rechter-commissaris een aantal instrumenten tot zijn beschikking met bijbehorende bevoegdheden. Sommige hiervan zijn expliciet in de wet geregeld; andere vloeien voort uit zijn algemene toezichtrol en zijn in de loop der tijd gegroeid. Het begint er al mee dat de rechter-commissaris binnen de rechtbank een rol speelt bij het uitzoeken van de geschikte curator voor een bepaald faillissement. Als lid van de rechtbank heeft de rechter-commissaris een bepaald oordeel over de aan te stellen curator in een bepaald faillissement en binnen de insolventieafdeling van de rechtbank weegt zijn stem mee bij de uiteindelijke keuze voor een bepaalde curator. Hierbij spelen ervaringen uit het verleden een rol evenals het type faillissement dat de rechtbank verwacht. Verder moet de rechter-commissaris voor een groot aantal beslissingen van de curator zijn toestemming, goedkeuring of machtiging verlenen, waarmee hij in zekere zin preventief toezicht uitoefent (nr. 135-137). In deze rol

203 Een voorbeeld is het faillissement van de verschillende vennootschappen in de groep van de DSB Bank die onder toezicht staan van de rechtbank en rechter-commissaris te Amsterdam; zie Rb. Alkmaar 21 oktober 2009, ECLI:NL:RBALK:2009:BK0893 en Rb. Alkmaar 3 juni 2010, ECLI:NL:RBALK:2010:BM6732. De reden voor benoeming van een bepaalde rechter-commissaris in een ander arrondissement kan ook zijn gelegen in diens bijzondere expertise.

kan de rechter-commissaris voorts initiatieven nemen in de richting van zowel de schuldenaar als de curator (nr. 138-139). Bij de uitoefening van zijn toezicht treedt hij soms op in zijn eigenlijke rol van rechter bij conflicten over het door de curator gevoerde beheer over de boedel. Als hij hiertoe door de schuldenaar, de schuldeisers of de schuldeiserscommissie wordt benaderd oefent hij ook repressief toezicht uit (nr. 140-141). Als de omvang van de boedel het toelaat en de schuldeisers een uitkering mogen verwachten, is de rechter-commissaris verder organisator en voorzitter van de verschillende vergaderingen van de schuldeisers, waaronder de verificatievergadering (nr. 142). In de rol van toezichthouder vraagt hij de curator rekening en verantwoording af te leggen en adviseert hij de rechtbank over de salarisvaststelling (nr. 143). Hij moet ook gehoord worden bij een verzoek tot ontslag van de curator (nr. 131).[204] Voor al deze taken is een open communicatie tussen rechter-commissaris en curator van belang. Hij houdt de curator in dit verband ook met behulp van diens verslaglegging in de gaten (nr. 144). De rechter-commissaris is kortom een spil tussen curator en de andere betrokkenen bij het faillissement, waarbij gebruik kan worden gemaakt van snelle en laagdrempelige procedures (nr. 145).

135. Toezicht door verlening machtiging aan de curator

In de Faillissementswet wordt de rechter-commissaris op tal van plaatsen de bevoegdheid gegeven om de curator te machtigen tot het verrichten van bepaalde rechtshandelingen. In algemene zin is dit vereiste opgenomen in het tweede lid van artikel 68 waarin de hoofdtaak van de curator is neergelegd. De curator heeft een machtiging nodig voor rechtshandelingen die hij verricht met betrekking tot vermogensbestanddelen van de schuldenaar. De wetgever heeft hierbij het oog gehad op de volgende rechtshandelingen:

- voortzetting executieverkoop (art. 34);
- verwerping nalatenschap (art. 41);
- procederen (art. 68 lid 3);
- gestanddoening wederkerige overeenkomsten (art. 68 lid 3 jo. 37);
- opzegging huurovereenkomst (art. 68 lid 3 jo. 39);
- opzegging arbeidsovereenkomst (art. 68 lid 3 jo. 40);
- lossing pand/hypotheek (art. 68 lid 3 jo. 58 lid 2);
- lossing en executie retentiezaak (art. 68 lid 3 jo. 60 lid 2, 3);
- opeising bewindgoederen (art. 68 lid 3 jo. 60a lid 1);
- binnentreden plaatsen door curator (art. 93a);
- voortzetting bedrijf (art. 98).

In de meeste van deze gevallen heeft de curator een van de schuldenaar afgeleide bevoegdheid. Dit is echter geen volmacht (Titel 3.3 BW) of opdracht/lastgeving (Titel 7.7 BW) om namens de schuldenaar te handelen. Door tussenkomst van de rechter-commissaris krijgt de curator de specifieke bevoegdheid om deze handelingen te verrichten.

Doordat hij de machtiging moet geven, heeft de rechter-commissaris een beoordelingsmoment waarmee hij preventief invulling kan geven aan zijn toezichttaak.

204 HR 16 oktober 2009, *NJ* 2009/517 r.o. 3.4 en HR 4 mei 2018, *JOR* 2018/229 (*X/Warnink q.q.*).

Als hij van oordeel is dat deze handeling niet in het belang is van een goede afwikkeling van het faillissement, zal hij zijn machtiging niet geven. Als een machtiging ontbreekt leidt dat in beginsel niet tot ongeldigheid van de door de curator verrichte rechtshandeling (art. 72 lid 1). Maar tegelijkertijd kan dit het verstrekkende gevolg hebben dat de curator aansprakelijk is voor eventuele daaruit voortvloeiende schade van de schuldenaar of de schuldeisers. Daarnaast loopt hij het risico dat de rechter-commissaris hem voor ontslag voordraagt (art. 73), omdat de curator geen gehoor heeft gegeven aan zijn (impliciete) boodschap; en voorts dat de rechtbank hem niet meer zal aanstellen in nieuwe faillissementen.

Aparte aandacht verdient de machtiging die de curator nodig heeft voor het opzeggen van arbeidsovereenkomsten op grond van artikel 40. Begin deze eeuw zijn enkele bepalingen en instrumenten in de Faillissementswet opgenomen die tot doel hebben te voorkomen dat door faillissement op een relatief eenvoudige en goedkope manier werknemers worden ontslagen.[205] Hoewel het praktisch effect van deze aanpassing van de Faillissementswet nauwelijks is gebleken, leidt het ontbreken van de machtiging van de rechter-commissaris in dit specifieke geval tot andere gevolgen dan bij de overige machtigingen. In tegenstelling tot deze gevallen is een door de curator verrichte opzegging van een arbeidsovereenkomst zonder machtiging van de rechter-commissaris namelijk niet onaantastbaar: gedurende vijf dagen na de opzegging is deze vernietigbaar (art. 72 lid 2).

136. Toezicht door goedkeuring gedrag/handelwijze van de curator

Voor bepaalde handelingen heeft de curator goedkeuring van de rechter-commissaris nodig. Dit zijn taken die aan de curator als zodanig zijn opgedragen – waarmee hij dus in zijn hoedanigheid aan het (rechts)verkeer deelneemt – en waarbij het aan hem wordt overgelaten hoe hij daaraan de precieze invulling geeft. Door het goedkeuringsvereiste kan de rechter-commissaris echter toch toezicht uitoefenen. Het gaat hierbij dus niet zozeer om een van de schuldenaar afgeleide bevoegdheid, waarvoor de curator een machtiging nodig heeft, zoals hiervoor behandeld (nr. 135).

De wetgever heeft het goedkeuringsinstrument gekozen bij de volgende gedragingen of voorstellen van de curator.

- Beschrijving van de boedel (art. 94).
- Beheer van liquide middelen (art. 102 lid 2).
- Aangaan van vaststellingsovereenkomsten of schikkingen in geschillen waarin de curator in hoedanigheid partij is (art. 104).
- Uitdelingslijst(en) (art. 137d en 180).
- Beschikking over niet voor vereffening vatbare goederen (art. 176 lid 2).

In de Recofa-richtlijnen voor faillissementen zijn daarenboven de volgende kwesties aan de goedkeuring door de rechter-commissaris onderworpen:

- Afspraken van de curator met separatisten over de boedelbijdrage (art. 3.4b Recofa-richtlijnen voor faillissementen).

205 Wet van 18 april 2002 (*Stb.* 2002, 215) ter uitvoering van art. 5 lid 4 Richtlijnen 77/187/EG en 98/50/EG (inmiddels weer aangepast in richtlijn 2001/23/EG), waarbij art. 13a, 67 lid 2 en 72 lid 2 werden ingevoerd of aangepast; zie hiervoor nr. 114 en hierna nr. 213 e.v.

- Goedkeuring bankbescheiden na einde faillissement (art. 3.5 Recofa-richtlijnen voor faillissementen).
- Inzet en hoogte van de beloning van faillissementsmedewerkers (art. 6.4e Recofa-richtlijnen voor faillissementen).

137. Toezicht door toestemming daden van de curator

Daarnaast noemt de wet een aantal gevallen waarbij de rechter-commissaris noodzakelijke toestemming moet geven aan de curator. Het gaat hierbij om gedragingen van de curator waarbij hij over de boedel het beheer voert of beschikt op een wijze die de schuldenaar niet zou hebben gekund, zoals de afkoop van een levensverzekering (art. 22a).[206]

Toestemming komt echter ook in beeld als de schuldenaar zonder faillissement zelf wel tot handelen gerechtigd zou zijn geweest, zoals bij de vervreemding van eigen goederen. Als de curator tot verkoop overgaat, maakt hij gebruik van zijn wettelijke executiebevoegdheid die is gericht op de vereffening van het vermogen van de gefailleerde schuldenaar (art. 68). Dit raakt de kern van de faillissementsafwikkeling. Voor een openbare verkoop van die goederen heeft de curator niemands toestemming nodig, omdat de openbaarheid tot een reële marktwaarde en prijs zou moeten leiden. Een onderhandse verkoop behoeft daarentegen wel een toets die uitdrukkelijk niet bij de schuldeisers of de schuldenaar is neergelegd, maar bij de rechter-commissaris (art. 176).[207]

In aanvulling hierop kennen de Recofa-richtlijnen voor faillissementen nog enkele andere beslissingen van de curator die de toestemming van de rechter-commissaris behoeven. Het gaat dan om de mogelijkheid om faillissementen van verschillende, nauw gelieerde partijen geconsolideerd af te wikkelen, dat wil zeggen alsof het één gezamenlijke boedel is.[208] Voor een aantal meer praktische beslissingen, zoals het inschakelen van deskundigen en hulpkrachten en het aangaan van eventuele aanvullende (aansprakelijkheids)verzekeringen, vereisen de Recofa-richtlijnen voor faillissementen eveneens toestemming van de rechter-commissaris.[209]

Een bijzondere vorm van toestemming, hoewel niet als zodanig benoemd, is de vereiste medewerking van de rechter-commissaris bij de beschikking over waardevolle roerende zaken ('gelden, kleinodiën, effecten en andere papieren van waarde') die op instigatie van de rechter-commissaris door een ander dan de curator worden bewaard, en belegde gelden. De curator kan over deze goederen slechts beschikken nadat de rechter-commissaris dat 'voor gezien' heeft getekend (art. 103). Dit impliceert dat de rechter-commissaris met die beschikking akkoord moet zijn en de curator dus diens toestemming daarvoor behoeft.

---

206 HR 6 oktober 2017, *NJ* 2018/42 (*Looyen q.q./X en Y*).

207 Zie Parl. Gesch. Fw (*Van der Feltz*) II, p. 231 e.v.; in het Voorontwerp Insolventiewet was dit juist uitdrukkelijk wel bij de schuldeisers neergelegd, met een vangnet bij de rechter-commissaris (art. 4.2.3a VIw). Inmiddels is in de wet vastgelegd dat de toestemming achterwege kan blijven als de totale waarde volgens de boedelbeschrijving (art. 94) niet meer bedraagt dan € 2.000.

208 Art. 3.2f Recofa-richtlijnen voor faillissementen. Deze materie is in de Faillissementswet niet geregeld, maar wel in het Voorontwerp Insolventiewet (Titel 9) dat de beslissing daartoe niet bij de rechter-commissaris legde, maar bij de rechtbank.

209 Art. 6.7c, 7.2b Recofa-richtlijnen voor faillissementen.

138. Rechter-commissaris als partner van de curator

Hoewel de Faillissementswet de rechter-commissaris opdraagt om toezicht te houden op de curator, bevat deze wet de nodige bepalingen waaruit eerder een rol van een meedenker en gesprekspartner valt af te leiden of zelfs een 'facilitator' die de curator behulpzaam is om zijn werk uit te voeren.

Deze rol is in zekere zin overigens nog wel met het toezicht in verband te brengen, als men een parallel trekt tussen de rechter-commissaris en de raad van commissarissen bij vennootschappen.[210] Dit orgaan heeft immers ook een toezichthoudende functie op het bestuur van de vennootschap, maar anders dan bij de rechter-commissaris kent deze wettelijke bepaling de raad van commissarissen daarnaast uitdrukkelijk een adviesfunctie toe (art. 2:140/250 lid 2 BW).

Zo kan de curator door inschrijving van een daartoe strekkende verklaring van de rechter-commissaris de bewaarder van de openbare registers machtigen de door de faillietverklaring vervallen beslagen door te halen (art. 33). De curator kan voorts de hulp inroepen van de rechter-commissaris als de stemmen bij meerhoofdig curatorschap staken (art. 70) of als hij zich wil laten vervangen bij een vergadering van schuldeisers (art. 80 lid 2). Als de curator wil overgaan tot een vereenvoudigde afwikkeling van het faillissement (art. 137a[211]) of staking van de voortzetting van het bedrijf van de gefailleerde (art. 174), kan hij dat eveneens aan de rechter-commissaris verzoeken. Ten slotte stelt de rechter-commissaris de vergoeding vast die de curator de gefailleerde moet betalen als hij van zijn diensten gebruik wil maken bij de vereffening van diens vermogen (art. 177).

139. Reactief toezicht

Met de hiervoor beschreven instrumenten houdt de rechter-commissaris toezicht naar aanleiding van specifieke verzoeken van de curator. Hij kan echter ook reactief in zijn toezichtrol worden geplaatst door vragen, opmerkingen en verzoeken van andere betrokkenen bij het faillissement, zoals de schuldenaar, individuele schuldeisers, schuldeiserscommissie, rechtbank, werknemers. Deze verzoeken zijn meestal vormvrij en kunnen ook mondeling, telefonisch, per brief of e-mail worden gedaan.

Verder bevat de Faillissementswet een aantal bepalingen waarbij specifiek de schuldenaar zich tot de rechter-commissaris kan wenden om bepaalde resultaten te bereiken. In de kern zien deze bepalingen op de mate van autonomie van de schuldenaar jegens de curator. Zo kan hij de rechter-commissaris vragen om te bepalen welk deel van de inkomsten die hij gedurende het faillissement verkrijgt hij mag behouden, waardoor dat in weerwil van artikel 20 buiten de failliete boedel valt (art. 21 sub 2). Hetzelfde geldt voor de vaststelling van het bedrag uit het wettelijk vruchtgenot dat een ouder krachtens artikel 1:253l BW uitoefent over het vermogen van zijn kinderen (art. 21 sub 4) en dat noodzakelijk is ter bestrijding van de kosten. Voorts oefent de rechter-commissaris op grond van artikel 100 toezicht op de curator uit door een bedrag vast te stellen voor het levensonderhoud van de schuldenaar

210 Zie bijv. R.J. Schimmelpenninck, 'De rol van de rechter c.q. rechter-commissaris', in: *Privaatrecht in de 21e eeuw*, Deventer: Kluwer 1999 en R.D. Vriesendorp, 'De rechter-commissaris bij insolventies: onpartijdige rechter of betrokken commissaris?', in: *Justitiële verkenningen* 2000/2, 55-64.

211 Zie ook art. 5.2a/d Recofa-richtlijnen voor faillissementen.

en zijn gezin. Ten slotte heeft de rechter-commissaris een vergelijkbare rol bij de vaststelling van 'enig huisraad' dat aan de gefailleerde kan worden gelaten wanneer de curator tot de algehele vereffening van diens vermogen overgaat (art. 175 lid 2).

Schuldeisers kunnen – al dan niet door tussenkomst van de schuldeiserscommissie – eveneens de rechter-commissaris benaderen met het oog op diens toezichtuitoefening op de curator. Allereerst hebben zij de algemene bevoegdheid op grond van artikel 69 om de rechter-commissaris te benaderen.[212] Als de curator een vordering (of hun aan een vordering verbonden voorrang) betwist, kunnen zij ook de rechter-commissaris vragen om hun vorderingen voorwaardelijk (tot een bepaald bedrag) toe te laten of hun voorrang voorwaardelijk te erkennen (art. 125). Als een akkoord is aangenomen en aan de rechtbank ter homologatie is voorgelegd, kunnen schuldeisers de rechter-commissaris schriftelijk informeren waarom de rechtbank die homologatie zou moeten weigeren (art. 151). Bij een bedrijfsvoortzetting door de curator op de voet van artikel 173a e.v. kan een schuldeiser de rechter-commissaris verzoeken dat die voortzetting wordt gestaakt (art. 174).

Een bijzondere categorie schuldeisers vormen de separatisten (pand- en hypotheekhouders) die op grond van artikel 57 het faillissement mogen negeren. De curator heeft echter twee bevoegdheden waarmee hij hen toch bepaalde gevolgen van de faillietverklaring kan laten ondervinden.

Als de curator vindt dat de separatist te lang draalt met de uitwinning van de verpande of verhypothekeerde goederen, kan hij allereerst de separatist een redelijke termijn stellen om zijn rechten uit te oefenen (art. 58). Doet hij dat niet binnen die termijn, dan is de curator tot uitwinning bevoegd. Weliswaar behoudt de separatist dan zijn voorrang op de opbrengst, maar hij moet meedelen in de faillissementskosten en wachten tot de afronding van het faillissement om zijn deel in de opbrengst te ontvangen.[213] Om dit te voorkomen kan de separatist de rechter-commissaris overigens verzoeken om de termijn een of meer malen te verlengen (art. 58 lid 1, 59a lid 3).

Een tweede situatie waarin de curator een inbreuk kan maken op de bijzondere positie van de separatisten vormt de afkoelingsperiode (art. 63a e.v.; nr. 173). Gedurende deze periode kunnen zij, net als bijvoorbeeld derden met een eigendomsrecht zoals leveranciers onder eigendomsvoorbehoud, huurverkopers en lessors, hun goederen niet zomaar wegnemen of uitwinnen. Willen zij dat toch, dan kunnen zij ook in dat geval de rechter-commissaris benaderen met het verzoek de afkoelingsperiode niet voor hen te laten gelden door hen machtiging te verlenen tot weghalen of uitwinnen of daaraan voorwaarden te stellen (art. 63a). Iets min of meer vergelijkbaars geldt voor de belastingdienst die tijdens het faillissement beslag legt op zaken van derden die zich onder de curator bevinden en tot uitwinning daarvan wil overgaan; ook hier kan de rechter-commissaris de Ontvanger te hulp schieten (art. 63c).

---

212 Zie hierna nr. 140; vgl. art. 79 dat een schuldeiserscommissie de tijd biedt om de procedure van art. 69 in gang te zetten ingeval de curator haar advies niet wil opvolgen; zie Parl. Gesch. Fw (*Van der Feltz*) II, p. 35.

213 Een voorbeeld waaruit blijkt dat dit voor de separatist behoorlijk nadelig kan uitpakken is te vinden in HR 30 juni 1995, *NJ* 1996/554 (*MeesPierson/Mentink q.q.*). De curator mag hierbij geen misbruik van zijn bevoegdheid om een termijn te stellen maken (art. 3:13 BW); zie HR 20 december 2013, *NJ* 2014/151 (*Glencore/Curatoren Zalco c.s.*; alsmede het vervolg in HR 13 november 2020, *RvdW* 2020/1200), HR 16 januari 2015, *NJ* 2015/58 (*T/Van der Molen q.q.*) en HR 6 februari 2015, *NJ* 2015/294 (*Welage q.q./Rabobank*).

Tot slot kan de rechter-commissaris worden benaderd door iemand die van de curator een tot de boedel behorend registergoed heeft gekocht en geleverd gekregen en die doorhaling wenst van daarop rustende hypotheekrechten en andere beperkte rechten die niet tegen de schuldeisers kunnen worden ingeroepen. Door de verkoop en levering gaan die rechten immers teniet en de koper kan dan aan de rechter-commissaris een daartoe strekkende verklaring vragen die hij aan de bewaarder van de registers kan afgeven om daadwerkelijk tot die doorhaling over te gaan (art. 188).

Los van de hiervoor genoemde interventies door de rechter-commissaris vanuit zijn rol als toezichthouder in specifieke gevallen kent de Faillissementswet hem geen generieke aanwijzingsbevoegdheid toe om de curator in algemene zin te instrueren.[214] De keuze hoe een failliete boedel wordt beheerd en het faillissement wordt afgewikkeld ligt volledig bij de curator. In tegenstelling tot artikel 4.3.4 VIw heeft de rechter-commissaris niet de bevoegdheid om de curator aanwijzingen te geven over de algemene gang van zaken bij het bestuur van de boedel. Wel kan hij op grond van artikel 68 lid 2 sub c de curator opdracht geven melding te doen van vermoedelijk gepleegde strafbare feiten op het terrein van benadeling van schuldeisers of rechthebbenden (Titel XXVI Sr) of andere onregelmatigheden bij de bevoegde instanties.

140. Rechter-commissaris als geschilbeslechter (art. 69)

Daar waar de schuldenaar en de schuldeisers als gevolg van de faillietverklaring in grote mate buitenspel zijn geplaatst, is ook behoefte aan een formele procedure om de rechter-commissaris te benaderen om tegenkracht te bieden aan de vergaande bevoegdheden van de curator. Hiertoe bevat de Faillissementswet een tamelijk eenvoudige procedure voor een aantal betrokkenen om hun punt bij de rechter-commissaris te maken (art. 69).

Zoals de Memorie van Toelichting bij artikel 68 en 69 het mooi omschrijft:

> "De betrekkelijk uitgebreide bevoegdheid, die den curator, altijd onder toezicht van den rechter-commissaris (artikel 64), in artikel 68 wordt gegeven, vindt, voor zooverre zij mocht schijnen te ver te gaan, haar correctief in artikel 69."[215]

Op grond van deze bepaling kunnen de schuldenaar, de schuldeiserscommissie, en individuele schuldeisers de rechter-commissaris verzoeken om in te grijpen. Het feit dat een gepretendeerde schuldeiser in een renvooiprocedure met de curator betrokken is, maakt hem echter nog niet noodzakelijkerwijze tot een schuldeiser in de zin van artikel 69.[216] Boedelschuldeisers kunnen naar algemeen wordt aangenomen evenmin van deze rechtsgang gebruikmaken. In tegenstelling tot de faillissementsschuldeisers kunnen zij het faillissement immers negeren en de gewone wegen voor de bescherming van hun rechten (bijvoorbeeld beslaglegging, procederen) bewandelen. Bij zogenaamde 'lege boedels' waarin onvoldoende vermogen is om zelfs maar

---

214 Vgl. de mogelijkheid bij vennootschappen dat het bestuur zich dient te gedragen naar aanwijzingen van bijv. de aandeelhoudersvergadering over het te voeren beleid op bepaalde terreinen (art. 2:129/239 lid 4 BW).

215 Parl. Gesch. Fw (*Van der Feltz*) II, p. 8-9.

216 HR 22 december 2006, *NJ* 2007/23 (*Gho/Muurmans q.q.*).

de curator volledig te betalen worden beslagen doorgaans op vordering van de curator opgeheven wegens gebrek aan belang, omdat de vordering van de boedelschuldeiser moet worden afgewezen.[217]

In het kader van artikel 69 kan de rechter-commissaris de curator in de ruimste zin instructies (bevelen) geven: niet alleen om iets ongedaan te maken dat gebeurd is of hem juist op te dragen iets te doen dat hij tot dan toe heeft nagelaten, maar ook om voorgenomen acties te voorkomen.[218]

Daar waar de schuldenaar zich niet kan verenigen met de wijze van beheer door de curator, worden de bezwaren van hem in de praktijk niet vaak gehonoreerd. De curator beschikt immers over het vermogen van de schuldenaar waarmee deze het niet altijd eens zal zijn. Verder zal de curator kritisch kijken naar al wat voorafgaand aan het faillissement is gebeurd en welke rol de schuldenaar daarbij heeft gespeeld. Paulianeus en strafrechtelijk gedrag zijn daarbij niet uit te sluiten.

De procedure van artikel 69 is een snelle en eenvoudige verzoekschriftprocedure waarop de derde titel van Boek I Rv echter niet van toepassing is (art. 362 Rv). De rechter-commissaris hoort de verzoeker en de curator en zo nodig andere relevante partijen en moet binnen drie dagen een beslissing nemen (art. 69 lid 2). Gedurende vijf dagen staat hiertegen hoger beroep open bij de rechtbank (art. 67 lid 1). Daarna kan men in cassatie gaan, welk beroep binnen tien dagen moet worden ingesteld (art. 426 lid 2 Rv jo 67 lid 1).

141. Discretionaire bevoegdheden voor het toezicht

In de uitvoering van zijn toezichttaak heeft de rechter-commissaris ook een aantal bevoegdheden die hij – al dan niet op verzoek van een van de andere bij het faillissement betrokkenen – in grote mate naar eigen inzicht kan uitoefenen.

Een dergelijk autonoom optreden is in de eerste plaats te zien in de gevallen waarin hij optreedt als verlengstuk van de rechtbank die hem heeft benoemd. Zo kan hij de rechtbank voorstellen om het faillissement kosteloos te behandelen of op te heffen (art. 16), de curator te ontslaan (art. 73) of de gefailleerde schuldenaar – bij rechtspersonen de bestuurders en commissarissen; vgl. artikel 106 – te laten gijzelen (art. 87) of daaruit weer te laten ontslaan (art. 88). Met eenzelfde autonome afweging kan hij de curator aansporen melding of aangifte te doen van onregelmatigheden bij de bevoegde instanties (art. 68 lid 2). In deze rol past ook de voordracht die de rechter-commissaris aan de rechtbank kan doen ter vervulling van vacatures in de voorlopige schuldeiserscommissie (art. 74 lid 2). Zodra een definitieve schuldeiserscommissie is benoemd krijgt de rechter-commissaris – als een echte gedelegeerde van de rechtbank – zelfs een beslissende rol bij de benoeming van een vervangend lid van de schuldeiserscommissie (art. 75 lid 3).

Van een zelfstandig optreden door de rechter-commissaris is ook in andere situaties sprake. Zo kan hij in afwijking van de hoofdregel bepalen dat alle waardevolle roerende zaken van de gefailleerde niet door de curator in bewaring worden genomen, maar op een andere manier worden veiliggesteld (art. 102 lid 1). Op een geheel ander vlak, maar nog steeds autonoom, is het besluit van de rechter-commissaris om

217 HR 31 oktober 2014, *NJ* 2014/484 (*CZ Zorgkantoor/Scholtes q.q.*), r.o. 3.4.2.
218 MvT bij art. 68, 69, Parl. Gesch. Fw (*Van der Feltz*) II, p. 9.

tussentijdse uitdelingen door de curator te gelasten (art. 179). In beide gevallen is de bevoegdheid van de rechter-commissaris te herleiden tot zijn toezichtfunctie.

Tot slot heeft de rechter-commissaris de mogelijkheid om zelfstandig te besluiten bepaalde personen te horen die voor de afwikkeling van het faillissement van belang kunnen zijn. Dit is als eerste de schuldenaar (art. 105) en als dit een rechtspersoon is, de bestuurders en commissarissen hiervan (art. 106). Een eventuele faillissementsgijzeling staat hier niet aan in de weg (art. 90). De rechter-commissaris kan de gefailleerde ook tijdens de verificatievergadering bevelen om de benodigde informatie te verstrekken, eventueel op vragen van schuldeisers (art. 116). Daarnaast kan de rechter-commissaris getuigen of deskundigen oproepen en – zo nodig onder ede – horen om opheldering te geven over omstandigheden die voor de afwikkeling van het faillissement van belang kunnen zijn (art. 66). Hoewel de rechter-commissaris hierbij – net als bij de toepassing van artikel 105 – een grote discretionaire bevoegdheid heeft en hij nauwelijks hoeft te motiveren waarom hij tot een dergelijk verhoor overgaat, is dit niet onbegrensd. Bijzondere omstandigheden, zoals de duur van het faillissement, de fase waarin de afwikkeling zich bevindt, een schikking tegen finale kwijting met de curator en een eerdere mededeling van de rechter-commissaris dat er geen verhoor zou plaatsvinden, kunnen meebrengen dat op de rechter-commissaris een verzwaarde motiveringsplicht rust.[219]

In de tweede plaats kan het optreden van de rechter-commissaris worden uitgelokt door een van de andere betrokkenen bij het faillissement. Dit neemt niet weg dat de rechter-commissaris dan nog steeds een zelfstandige afweging en beoordeling maakt of hij tot een dergelijk optreden besluit. Zo kan iedere belanghebbende (curator, schuldenaar, schuldeisers etc.) de rechter-commissaris verzoeken om een afkoelingsperiode te gelasten (art. 63a). De curator kan de rechter-commissaris verzoeken om over te gaan tot een vereenvoudigde afwikkeling van het faillissement (art. 137a).

Hoewel dit niet met zo veel woorden in de wet staat, valt aan te nemen dat de schuldenaar de rechter-commissaris om toestemming kan vragen zijn woonplaats te verlaten (art. 91) of om de postblokkade als gevolg van de faillietverklaring (art. 14 lid 2) op te heffen (art. 99). Het is immers in het belang van de schuldenaar dat de rechter-commissaris die actie onderneemt. Verder kan de schuldenaar – net als de curator overigens – de rechter-commissaris vragen om een door hem aangeboden akkoord dat niet de wettelijk vereiste meerderheid van artikel 145 had behaald toch vast te stellen als ware het aangenomen (art. 146; zie nr. 243).

Daarnaast kunnen ook de (gepretendeerde) schuldeisers de rechter-commissaris uitlokken tot actie. Dit ziet vooral op de veiligstelling en vaststelling van hun positie jegens elkaar: zo bepaalt de rechter-commissaris een afwijking van de termijn voor het indienen van vorderingen vóór de eerste verificatievergadering (art. 127) en begroot hij het gedeelte dat toekomt aan de preferente schuldeisers bij het akkoord (art. 163 lid 3). Verder bepaalt de rechter-commissaris de hoogte van de omslag in de faillissementskosten bij uitwinning van een teboekgesteld luchtvaartuig (art. 59a lid 5). Een beslissende rol heeft hij ook bij verzoeken om termijnverlengingen die de curator wenst: voor de opeising en uitwinning van zaken waarop hij het retentierecht

219 HR 23 december 2016, *NJ* 2017/27 (*K&H*), r.o. 3.4.2-3.

uitoefent (art. 60 lid 3), voor de afkoelingsperiode (art. 63a) en voor de periodieke verslaglegging (art. 73a lid 2). Voorts treedt hij op als rapporteur als een schuldeiser bezwaar maakt tegen de homologatie van een akkoord (art. 152 jo. 151) of in verzet is gekomen tegen de uitdelingslijst (art. 185 lid 2 jo. 184).

Een bijzondere positie neemt de rechter-commissaris ten slotte in ten overstaan van de rechtbank: als zij enigerlei beslissing moet nemen die het beheer of de vereffening van de boedel raakt, dan moet zij de rechter-commissaris horen (art. 65). Als dit niet gebeurt of daarvan geen blijk is gegeven in de beschikking van de rechtbank, dan kan deze niet in stand blijven.[220]

142. Rechter-commissaris als organisator en procesbegeleider

Als de boedel voldoende activa bevat om tot enigerlei uitdeling aan de schuldeisers toe te komen, krijgt de rechter-commissaris er een taak bij. Dan wordt de afwikkeling voor de schuldeisers interessant en moeten zij geraadpleegd kunnen worden. Hiertoe dient het instrument van de vergadering van de schuldeisers (art. 80 e.v.; nr. 155). De rechter-commissaris heeft hiertoe een initiatiefrecht (art. 84). In deze vergaderingen vervult de rechter-commissaris de rol van voorzitter en bewaakt hij de gang van zaken (art. 80).

Als het tot een uitdeling aan schuldeisers kan komen is de belangrijkste vergadering de verificatievergadering (art. 108 e.v.; zie nr. 232 e.v.). Hierin wordt het passief vastgesteld (geverifieerd) dat uit het actief van de boedel moet worden voldaan. De rol van de rechter-commissaris als organisator van deze vergadering en procesbegeleider van het verificatieproces komt in een aantal bepalingen tot uiting. Allereerst bepaalt hij de termijnen voor indiening van vorderingen en plaats en tijd van de vergadering (art. 108). Verder spoort hij de curator aan tot het bijtijds bij de griffie deponeren van de verschillende lijsten met daarop de voorlopig erkende en betwiste vorderingen (art. 114).[221] De rechter-commissaris zit de vergadering voor (art. 119-121 jo. 80) en probeert zo veel mogelijk plooien glad te strijken door schikkingen te beproeven en anders partijen naar de renvooiprocedure te verwijzen (art. 122; zie nr. 233). Als besloten was tot een vereenvoudigde afwikkeling van het faillissement zonder verificatievergadering, bewaakt de rechter-commissaris de gang van zaken en besluit zo nodig tot het alsnog houden van een verificatievergadering (art. 137a en 137g).

Wanneer in de verificatievergadering een voorstel voor een akkoord ter tafel ligt, heeft de rechter-commissaris daarbij ook enkele taken. Van organisatorische aard is de dagbepaling voor een uitstel van de vergadering om over het akkoord te beslissen (art. 141); zo ook de verplichting tot het ondertekenen van het proces-verbaal van de verificatievergadering waarin het akkoord is vastgelegd (art. 148) en de dagbepaling van de homologatiezitting (art. 150).

Als het niet tot een akkoord is gekomen, kan tijdens de verificatievergadering aan de orde worden gesteld of het bedrijf van de gefailleerde vooralsnog wordt

220 HR 16 oktober 2009, *NJ* 2009/517, r.o. 3.4 en HR 4 mei 2018, *JOR* 2018/229 (*X/Warnink q.q.*).

221 Zie ook art. 5.1c Recofa-richtlijnen voor faillissementen. Vgl. art. 4.2 Recofa-richtlijnen voor faillissementen op grond waarvan de rechter-commissaris kan besluiten om slechts een proformaverificatievergadering te houden.

voortgezet (art. 173a e.v.). De rechter-commissaris kan dan besluiten de behandeling van dit voorstel korte tijd uit te stellen (173a lid 3). Deze kwestie kan ook in een door de rechter-commissaris te bepalen vergadering aan de orde worden gesteld als een aangenomen akkoord uiteindelijk niet wordt gehomologeerd (art. 173c).

Een laatste organisatorische taak heeft de wetgever de rechter-commissaris toebedeeld in twee situaties nadat de boedel insolvent is geworden: de eerste ziet op een vergadering van schuldeisers om geraadpleegd te worden over de wijze waarop de vereffening van de boedel het beste kan plaatsvinden, waarvoor de rechter-commissaris wederom plaats en tijd van de vergadering bepaalt (art. 178). De tweede situatie is de dagbepaling van de zitting van de rechtbank als verzet is gedaan tegen de uitdelingslijst die de curator heeft opgemaakt (art. 185).

143. Rol van de rechter-commissaris bij het einde van het faillissement

De taak van de rechter-commissaris eindigt met de afronding van het faillissement. Het maakt hierbij geen verschil of dit gebeurt door omzetting in een schuldsanering natuurlijke personen (art. 15b), opheffing wegens gebrek aan baten (art. 16), vereenvoudigde afwikkeling van het faillissement (art. 137a e.v.), akkoord (art. 161) of het verbindend worden van de slotuitdelingslijst (art. 193). De rechter-commissaris heeft dan bijzondere bemoeienis met het salarisvoorstel en de aflegging van rekening en verantwoording door de curator.

In alle gevallen van beëindiging van het faillissement maakt de curator een financieel (eind)verslag op met een salarisvoorstel.[222] Hoewel het salaris uiteindelijk door de rechtbank wordt vastgesteld, heeft de rechter-commissaris daarbij wel een belangrijke adviserende rol.[223] De hoogte van het salaris wordt bepaald aan de hand van een aantal factoren: de hoeveelheid bestede tijd en een basisuurtarief, gecorrigeerd naar ervaring. Voor de laatste factor wordt in beginsel met vaste parameters gewerkt, terwijl het basisuurtarief regelmatig wordt aangepast.[224] In bijzondere gevallen kan de rechter-commissaris op verzoek van de curator een afwijkend uurtarief toekennen vanwege de omvang, complexiteit of maatschappelijke impact van het faillissement.[225] Voor de berekening van de aan het faillissement bestede tijd wordt de tijdsregistratie door de curator als uitgangspunt gebruikt.[226] Deze tijdsregistratie vormt voor de rechter-commissaris een belangrijk instrument om de doelmatigheid van de faillissementsafwikkeling door de curator te toetsen. De eisen hiervoor zijn in de loop der tijd aangescherpt, waarbij het toezicht door de rechter-commissaris in de praktijk aan de griffie is gedelegeerd. Als uitvloeisel van het permanente toezicht gedurende het faillissement, verlangt de rechter-commissaris bij ieder tussentijds

222 Zie o.m. art. 5.2b, 5.3b en 6.3d Recofa-richtlijnen voor faillissementen.

223 Zie voor voorbeelden uit de jurisprudentie waar over de salarisvaststelling debat was: HR 12 november 1999, *NJ* 2000/52; HR 11 februari 2000, *NJ* 2000/238; HR 25 november 2005, *NJ* 2006/518 en HR 11 september 2009, *RvdW* 2009/1002; vgl. EHRM 21 december 2010, appl. no. 27225/05 (*Gajewski/Polen*).

224 Art. 6.3-6.6 Recofa-richtlijnen voor faillissementen.

225 Art. 6.4c Recofa-richtlijnen voor faillissementen. Zie hierover R.D. Vriesendorp, 'Het onderhandelbare curatorentarief: een doos van Pandora?', *TvI* 2019/15.

226 Art. 6.1a Recofa-richtlijnen voor faillissementen.

periodiek verslag een overzicht van de door de curator in die periode aan het faillissement bestede tijd en kosten.[227]

De zojuist genoemde aspecten zijn ook van belang voor de rekening en verantwoording die de curator van zijn beheer moet afleggen ten overstaan van de rechter-commissaris.[228] In de Faillissementswet is dit uitdrukkelijk geregeld als het faillissement eindigt door een akkoord (art. 162) of door het verbindend worden van de slotuitdelingslijst (art. 193), ook al is dit gebeurd bij een vereenvoudigde afwikkeling (art. 137f). Voor de omzetting in een schuldsanering natuurlijke personen is dit alleen indirect van een wettelijke grondslag voorzien (art. 356 lid 3), zeker als de curator bij de omzetting tot bewindvoerder is benoemd. In geval van opheffing wegens gebrek aan baten ontbreekt een wettelijke grondslag. Voor het overige vloeit de verplichting tot afleggen van rekening en verantwoording voort uit de verslagleggingspraktijk.[229] Alleen als duidelijk is dat de boedel ontoereikend is om het salaris van de curator te voldoen kan rekening en verantwoording achterwege blijven.[230] Net als bij de tijdsregistratie moet de curator in ieder tussentijds verslag de saldi van de faillissementsrekening(en) vermelden en kopieën van de bankafschriften bijvoegen.[231] De rechtercommissaris kan te allen tijde een accountant inschakelen om de boeken van de curator op dit punt te laten controleren.[232]

144. Communicatie en verslaglegging

Tijdens het faillissement staan de rechter-commissaris verschillende communicatiemiddelen ten dienste waarmee hij zijn toezichtfunctie uitoefent. Met het oog op de controleerbaarheid en vastlegging van beslissingen van de rechter-commissaris voor de toekomst, heeft schriftelijke communicatie (brief, e-mail, fax) de voorkeur, maar als spoedeisende kwesties zich voordoen, vindt het contact meestal mondeling of telefonisch plaats.[233] Soms is de regelgeving tamelijk gedetailleerd. Zo moet de curator de lijsten van voorlopig erkende en betwiste vorderingen via de rechter-commissaris aan de griffie ter beschikking stellen als een ontwerp van akkoord is opgesteld om ter verificatievergadering te worden behandeld.[234] Als de curator het faillissement wegens de toestand van de boedel (art. 16) of vereenvoudigd (art. 137a e.v.) wil afwikkelen, kan hij daarvoor gebruikmaken van gestandaardiseerde formulieren.[235] Als de rechter-commissaris aan de curator een machtiging heeft verleend om te procederen (art. 68 lid 3), moet de curator hem een kopie verstrekken van ieder naar aanleiding daarvan verschenen vonnis.[236]

Het belangrijkste middel waarmee de curator publiekelijk verantwoording aflegt voor zijn handelen vormen de periodieke verslagen ex artikel 73a. Hierin

227 Art. 6.1 Recofa-richtlijnen voor faillissementen.
228 Zie ook art. 3.5 Recofa-richtlijnen voor faillissementen.
229 Art. 3.5b Recofa-richtlijnen voor faillissementen.
230 Art. 3.5b Recofa-richtlijnen voor faillissementen.
231 Art. 3.5a Recofa-richtlijnen voor faillissementen.
232 Art. 3.5c Recofa-richtlijnen voor faillissementen.
233 Art. 3.2a Recofa-richtlijnen voor faillissementen.
234 Art. 5.1a-c Recofa-richtlijnen voor faillissementen.
235 Art. 5.2, 5.3 Recofa-richtlijnen voor faillissementen met bijbehorende bijlagen.
236 Art. 3.2e Recofa-richtlijnen voor faillissementen.

legt de curator publiekelijk verantwoording af voor zijn werkzaamheden in de verslagperiode. In de Recofa-richtlijnen voor faillissementen wordt hieraan aandacht besteed.[237] In beginsel moet deze verslaglegging elke drie maanden[238] bij de griffie gedeponeerd worden; tegenwoordig is die ook te vinden via het CIR en vaak ook op de websites van de curator of zelfs specifiek daarvoor gecreëerde websites.

Naast de openbare verslagen bevat het faillissementsdossier van de griffie informatie die niet voor iedereen bestemd is. Als de curator niet wil dat bepaalde feiten en omstandigheden naar buiten komen of na het faillissement aan de schuldenaar bekend worden, moet hij zijn correspondentie met de rechter-commissaris als vertrouwelijk kwalificeren.[239]

145. Procedurele aspecten van het toezicht

Blijkens het voorgaande komt de rechter-commissaris op tal van plaatsen in beeld om de curator machtiging of toestemming voor bepaalde (rechts)handelingen te verlenen of goed te keuren. Dit geldt ook als de rechter-commissaris optreedt op verlangen van anderen, zoals de schuldenaar of de schuldeisers(commissie). Zoals beschreven zijn de procedures hiervoor laagdrempelig, meestal zonder al te veel formaliteiten en snel. Verder laat de rechter-commissaris bij zijn beoordeling de curator de nodige ruimte om te kunnen opereren, gegeven de eigenaardigheid van een faillissement met al zijn conflicterende belangen.

De wens om snel te kunnen handelen komt terug bij het hoger beroep van beschikkingen van de rechter-commissaris. Dit wordt aangebracht bij de rechtbank (art. 67 lid 1), maar staat slechts gedurende korte tijd open: gedurende vijf dagen. De beroepstermijn begint te lopen vanaf de dag waarop de beschikking is gegeven, behalve bij de machtiging tot opzegging van de arbeidsovereenkomst (art. 68 lid 3 jo. 39); dan begint de beroepstermijn te lopen vanaf de dag waarop de werknemer van de machtiging kennis had kunnen nemen (art. 67 lid 2). Het hoger beroep is mogelijk van alle beschikkingen van de rechter-commissaris behoudens die welke genoemd zijn in de slotzin van artikel 67 lid 1. In samenhang met de noodzaak om snel te kunnen optreden heeft de wetgever het hoger beroep uitgesloten bij de beschikkingen die vooral te beschouwen zijn als administratieve maatregelen over het beheer en de vereffening van het vermogen (art. 67 lid 1).[240]

Administratief van aard zijn bijvoorbeeld de vrij te laten bedragen aan salaris en opbrengsten uit het wettelijk vruchtgenot uit het vermogen van kinderen (art. 21 sub 2°, 4°), de beslissing om een vóór faillissement aangezegde executieverkoop die gepland staat na de faillietverklaring voor rekening van de boedel te laten voortgaan (art. 34), een termijnverlenging aan de pand-of hypotheekhouder om zelf de executie ter hand te nemen (art. 58 lid 1, 59a lid 3), of aan de curator tot opeising en verkoop van een met retentierecht belaste zaak (art. 60 lid 3) of het inleveren van het periodiek verslag (art. 73a lid 2). Hetzelfde geldt voor beschikkingen in het kader van het onderzoek door de curator naar onregelmatigheden (art. 68 lid 2) en voor beschikkingen over een reglement voor de

237 Par. 2 Recofa-richtlijnen voor faillissementen; zie ook de verschillende bijlagen daarbij.
238 Op grond van art. 73 lid 2 kan de rechter-commissaris een termijnverlenging toestaan; zie ook art. 2.3 Recofa-richtlijnen voor faillissementen waar deze termijn op uiterlijk één maand is gesteld voor het eerste openbare verslag.
239 Art. 2.2e Recofa-richtlijnen voor faillissementen; vgl. HR 22 september 1995, *NJ* 1997/339.
240 Zie ook Parl. Gesch. Fw (Van der Feltz) II, p. 6-8.

schuldeiserscommisie en het ontslag van een lid daarvan (art. 75a). Dit geldt voorts het oordeel van de rechter-commissaris als de curator het advies van de schuldeiserscommissie niet wil overnemen en zij daarover een beslissing van de rechter-commissaris heeft gevraagd (art. 79) of diens machtiging aan de curator om een woning binnen te treden (art. 93a) of het bedrijf van de gefailleerde voort te zetten (art. 98) of te staken (art. 174). Tot dezelfde categorie behoren de goedkeuring door de rechter-commissaris van boedelbeschrijving (art. 94) en diens vaststellingen van een bijdrage in het levensonderhoud van de gefailleerde en diens gezin (art. 100), de wijze waarop roerende zaken bewaard moeten worden en gelden belegd (art. 102), en beslissingen van de rechter-commissaris in het verificatieproces (art. 125, 127, 137a lid 1). In dezelfde orde liggen beslissingen van de rechter-commissaris over de inboedel die de gefailleerde mag houden (art. 175 lid 2) als de curator tot vereffening overgaat en daarbij goederen ondershands wil verkopen of daarover op een andere manier wil beschikken (art. 176) en de vergoeding voor de gefailleerde voor zijn hulp daarbij (art. 177). Ten slotte zijn bepaalde beslissingen van de rechter-commissaris voor een nadere verificatie (art. 178) en diens goedkeuring van de uitdelingslijst niet aan hoger beroep onderworpen (art. 180).

De uitsluiting van hoger beroep betekent overigens niet dat in deze gevallen geen enkele rechterlijke toetsing meer kan plaatsvinden, maar deze is beperkt tot cassatie bij de Hoge Raad (art. 398 Rv).[241] Bij zijn beoordeling houdt hij zich niet meer met de feiten bezig, maar toetst alleen op strijd met het recht of motiveringsgebreken (art. 79 Wet RO).

Aangezien cassatieberoep schorsende werking heeft en – bij gebreke aan specifieke termijnen – een cassatietermijn van drie maanden geldt (art. 426 lid 1 Rv), zou de uitvoering van deze administratieve taken lange tijd moeten worden opgeschort. Men kan zich afvragen of dit wel de bedoeling kan zijn.

Waar de rechtbank zich wel als hoger beroepsinstantie over beschikkingen van de rechter-commissaris heeft kunnen uitlaten in geschillen over het beheer en de vereffening van de boedel, doet zij dat in beginsel in hoogste ressort.[242] Dit betekent dat daartegen alleen nog cassatieberoep kan worden ingesteld (art. 398 Rv). Hier geldt een korte termijn: tien dagen vanaf de dag van de uitspraak (art. 402 lid 2 Rv jo. 67).

146. Aansprakelijkheid rechter-commissaris

Daar waar de rechter-commissaris belast is met bepaalde (wettelijke) taken in de faillissementsprocedure kan hij fouten maken en verkeerde beslissingen nemen. Zo kan hij onvoldoende toezicht hebben uitgeoefend waardoor een curator ongemerkt verkeerd gehandeld heeft; hij kan ten onrechte wel of geen machtiging, goedkeuring of toestemming hebben verleend aan bepaalde (rechts)handelingen van de curator. Als hieruit schade voortvloeit, rijst de vraag in hoeverre de rechter-commissaris hiervoor verantwoordelijk en aansprakelijk is. Hierbij valt dan net als bij de curator nog te onderscheiden tussen persoonlijke aansprakelijkheid en aansprakelijkheid in hoedanigheid. In het laatste geval komt ook de Staat als werkgever in beeld, die de gevolgen zou moeten ondervinden op grond van artikel 6:170 BW.

241 Vgl. Wessels, Insolventierecht IV, nr. 4080.
242 Dit is alleen anders als de wet dat uitdrukkelijk zo bepaalt (art. 85 lid 1), zoals na de homologatie van een akkoord (art. 154 e.v.).

Tot op heden is de aansprakelijkheid van de rechter-commissaris in hoedanigheid of van de Staat afgewezen.[243] Uitgangspunt hierbij vormt de gedachte dat de eventuele gedupeerden zelf actie kunnen ondernemen bij de rechter-commissaris op grond van artikel 69 en als dit nergens toe leidt tegen diens beschikking hoger beroep bij de rechtbank moeten instellen. Het gesloten stelsel van rechtsmiddelen zou de rechtzoekende genoegzaam moeten beschermen, zodat voor een afzonderlijke aansprakelijkheidsgrond geen reden is.

De kwestie van een algehele uitsluiting van aansprakelijkheid voor rechters is tegenwoordig niet meer volledig vanzelfsprekend.[244] Inmiddels is de Nederlandse Staat aansprakelijk gehouden voor het ontbreken van deugdelijk toezicht door de kantonrechter op de bewindvoerder bij het meerderjarigenbewind.[245] Dientengevolge valt niet uit te sluiten dat in de toekomst ook aperte fouten van rechters-commissarissen in de uitoefening van hun toezichttaak op curatoren aansprakelijkheid van de Staat tot gevolg kan hebben.

Privéaansprakelijkheid van de rechter-commissaris jegens een benadeelde partij is niet mogelijk op grond van artikel 42 lid 1 Wrra (Wet rechtspositie rechterlijke ambtenaren). Alleen voor zover de rechter-commissaris bij de vervulling van zijn taak aan de Staat schade toebrengt kan privéaansprakelijkheid – maar dan uitsluitend jegens diezelfde Staat – in beeld komen, zij het alleen bij opzet of bewuste roekeloosheid (art. 42 lid 2 Wrra).

147. Organisatie van het rechter-commissariaat

De rechter-commissaris is als een van de in artikel 40 Wet RO genoemde rechterlijke ambtenaren een met rechtspraak belast lid van de rechtbank. Het is aan de interne organisatie en roulatieschema's overgelaten welke rechter op een gegeven ogenblik deel uitmaakt van de insolventiekamer of -afdeling van die rechtbank. Hier hanteren de rechtbanken een nogal gevarieerd beleid, al is dit de laatste jaren wel meer naar elkaar gegroeid.[246] De rechter-commissaris zit gemiddeld ongeveer drie tot vijf jaar op zijn plaats. Er zijn momenteel ongeveer vijftig rechters-commissarissen betrokken bij de behandeling van insolventies (faillissementen, surseances van betaling en schuldsaneringen natuurlijke personen).

Voor hun scholing volgen rechters interne cursussen, SSR-cursussen en soms ook – samen met curatoren/aspirant-leden van Insolad – de Insolad/Grotius-cursus insolventierecht of equivalenten daarvan. Onder de koepel van het LOVCK&T (Landelijk Overleg Vakinhoud Civiel, Kanton en Toezicht van de rechtbanken) onder de Raad voor de rechtspraak zijn de rechters-commissarissen georganiseerd in Recofa: 'Rechters-commissarissen in faillissementen'. Recofa heeft in samenspraak met de Nederlandse Orde van Advocaten en de Vereniging Insolventierecht Advocaten,

243 HR 17 april 1959, *NJ* 1961/573 (*Bloemsma*); HR 3 december 1971, *NJ* 1972/137, *AA* 1973/156 (*Hotel Jan Luyken*); vgl. GS Faillissementswet (*Verstijlen*), art. 64, aant. 7.2-3.

244 Zie S.C.J.J. Kortmann, 'Onrechtmatige civiele rechtspraak', in: *Met hoofd en hart* (Leijten-bundel 1991), p. 269 e.v.; vgl. Wessels, Insolventierecht IV, nr. 4081 e.v.

245 Rb. 's-Gravenhage 23 mei 2007, ECLI:NL:RBSGR:2007:BA5762.

246 De in 1995 geschetste situatie (zie R.D. Vriesendorp, 'De R-C als trendvolger?', *TvI* 1995, 5, p. 97-101) is weliswaar verbeterd (ook door de vermindering van het aantal arrondissementen in 2013), maar in de kern nog steeds actueel.

Insolad, de Recofa-richtlijnen voor faillissementen opgesteld. Daarnaast zijn samen met Insolad de Recofa-uitgangspunten opgesteld.[247]

5.3.5 *Schuldeiserscommissie en vergaderingen van de schuldeisers*

Naast curator en rechter-commissaris speelt in de opbouw van de Faillissementswet de schuldeiserscommissie – in de praktijk ook wel aangeduid als de 'crediteurencommissie' – een rol in de faillissementsprocedure. Blijkens haar regeling in de artikelen 74-79 zou de schuldeiserscommissie een belangrijk orgaan in het faillissement moeten zijn: enerzijds is de curator verplicht om haar advies in te winnen over een groot aantal belangrijke kwesties (art. 78). Anderzijds heeft zij vergaande onderzoeksbevoegdheden (art. 76).[248] Daarnaast heeft de schuldeiserscommissie tot taak om de schuldeisersvergadering te adviseren over een aangeboden akkoord (art. 140-141) en kan zij de curator voor ontslag voordragen (art. 73). Als al een parallel getrokken zou mogen worden met de governance structuur bij vennootschappen, waarbij de curator de rol van het bestuur vervult, dan lijkt het alsof de taak van de raad van commissarissen (toezicht en advies; zie art. 2:140/250 lid 2 BW) is verdeeld over rechter-commissaris en schuldeiserscommissie.

De schuldeiserscommissie is in het leven geroepen vanuit de gedachte dat de schuldeisers vaak informatie hebben over de schuldenaar waarmee de curator geholpen kan zijn en zij de curator vanuit technisch of commercieel opzicht kunnen bijstaan.[249] De curator komt immers als bij toverslag door de rechter in beeld en is meestal niet goed bekend met alle ins en outs van het bedrijf van de gefailleerde en de branche waarin het werkzaam is. Een goed functionerende schuldeiserscommissie moet tot waardevermeerdering van de boedel leiden, opdat de schuldeisers een grotere uitkering op hun vorderingen tegemoet kunnen zien. Tot zover de theorie.

In de praktijk blijkt de schuldeiserscommissie een beperkte rol te spelen, omdat zij maar weinig voorkomt; slechts bij een beperkt aantal – veelal grote – faillissementen is een officiële schuldeiserscommissie benoemd.[250] Daarnaast wordt soms gewerkt met zogenaamde informele schuldeiserscommissies. In de grotere faillissementen waarin een (informele) schuldeiserscommissie in het leven is geroepen ziet de curator de schuldeiserscommissie doorgaans als een bondgenoot, waarmee hij een goede verstandhouding nastreeft. Wel is soms een spanningsveld tussen de curator en leden van de schuldeiserscommissie ingeval deze hun eigen belangen nastreven, bijvoorbeeld om langs deze weg toegang te krijgen tot geheime

---

247 Te vinden op www.rechtspraak.nl onder 'Professionals' en 'Reglementen, procedures, formulieren'; de meest recente versie van de Recofa-richtlijnen voor faillissementen dateert van 2021; de Recofa-uitgangspunten zijn van 2013.

248 Vgl. HR 21 januari 2005, *NJ* 2005/250, *AA* 2005/254 (*Funds/Curatoren Jomed II*) en HR 6 juni 2014, *NJ* 2014/299 (*SNS PF en Rabobank/X*), r.o. 3.4.5 en 3.5.2.

249 Parl. Gesch. Fw (*Van der Feltz*) II, p. 23-24. Zie over dit aspect bijv. Rb. Noord-Holland 22 april 2021, ECLI:NL:RBNHO:2021:3382 (*D-Reizen*).

250 Precieze cijfers ontbreken, maar in de gepubliceerde rechtspraak zijn schuldeiserscommissies op één hand te tellen (bijv. in het faillissement van LG Philips Displays Holding B.V., HR 30 november 2007, *JOR* 2008/59). Een schuldeiserscommissie wordt slechts zelden ingesteld en dan meestal alleen in grote faillissementen zoals Fokker, Ceteco, KPNQwest, Jomed, Van der Hoop Bankiers, DSB, Imtech, D-Reizen; vgl. Wessels, Insolventierecht IV, nr. 4273-73a.

bedrijfsgegevens voor eigen gewin of om zelf een bestuurder aan te spreken. Teneinde dit te voorkomen wordt wel gewerkt met protocollen, reglementen of geheimhoudingsverklaringen.[251]

De schuldeiserscommissie heeft haar wettelijke grondslag in de derde paragraaf van de derde afdeling van Titel I Faillissementswet (art. 74-79). Toelichting hierop is te vinden in de wetsgeschiedenis.[252] Het fenomeen van schuldeiserscommissie komt als zodanig niet voor in de Europese Insolventieverordening. Andere formele of informele regelgeving in Nederland over de taken en bevoegdheden van de schuldeiserscommissie ontbreekt. Zo bevatten de Recofa-richtlijnen voor faillissementen niets over de schuldeiserscommissie. Jurisprudentie over de rol en betrokkenheid van de schuldeiserscommissie is schaars, evenals de literatuur.[253]

Net als de curator en rechter-commissaris staat de schuldeiserscommissie een aantal instrumenten en bevoegdheden tot haar beschikking om haar taak uit te oefenen.

148. Instelling schuldeiserscommissie

De schuldeiserscommissie is niet verplicht voor een faillissement. Zij komt slechts in beeld als de belangrijkheid of de aard van de failliete boedel daartoe aanleiding geeft (art. 74). Bij de totstandkoming van deze regeling is het tweede element pas opgenomen naar aanleiding van opmerkingen tijdens de parlementaire behandeling. Men vond dat een belangrijke boedel niet noodzakelijkerwijs de instelling van een schuldeiserscommissie verlangt en omgekeerd in gevallen waarin die belangrijkheid ontbreekt, er soms aanleiding voor een schuldeiserscommissie zou kunnen zijn.[254]

Strikt genomen zou men moeten onderscheiden tussen enerzijds de instelling van de schuldeiserscommissie als zodanig en anderzijds de benoeming van haar leden.[255] In de Faillissementswet wordt dit onderscheid echter niet gemaakt. Artikel 74 en 75 behandelen slechts de benoeming van de commissie die impliciet de benoeming van haar leden omvat.

Over de schuldeiserscommissie maakt de wet onderscheid tussen een voorlopige schuldeiserscommissie en een definitieve. Dit onderscheid heeft slechts te maken met het tijdstip en de wijze waarop zij wordt samengesteld, maar heeft verder geen bijzondere betekenis.

---

251 Vgl. Wessels, Insolventierecht IV, nr. 4272-73a (met verwijzing naar Fokker, KPNQwest en Imtech); vgl. HR 30 november 2007, *JOR* 2008/59 inzake LG Philips Displays Holding; zie voorts Rb. Rotterdam 17 maart 2016, *JOR* 2016/251 (Imtech) en Rb. Rotterdam 11 december 2020, ECLI:NL:RBROT:2020:11834 (ECP).

252 Parl. Gesch. Fw (*Van der Feltz*) II, p. 20-36; Parl. Gesch. Fw (*Kortmann/Faber*), p. 215-220.

253 Illustratief is dat Wessels, Insolventierecht IV, 4266-89 in zijn omvangrijke behandeling van het insolventierecht slechts 29 nummers aan de schuldeiserscommissie (nog geen 20 bladzijden) wijdt.

254 Parl. Gesch. Fw (*Van der Feltz*) II, p. 25-26. Vgl. HR 6 juni 2014, *NJ* 2014/299 (*SNS PF en Rabobank/X*), r.o. 3.4.5 en Rb. Rotterdam, 26 april 2016, *JOR* 2016/252 (*Rabobank/Imtech*).

255 Rb. Noord-Holland 22 april 2021, ECLI:NL:RBNHO:2021:3382 (*D-Reizen*); zie ook Rb. Rotterdam 17 maart 2016, *JOR* 2016/251 (*Imtech*) met verwijzing naar haar eerdere beschikking van 18 december 2015 waarin het verzoek om instelling van een voorlopige schuldeiserscommissie toewijsbaar werd geacht.

149. Voorlopige en definitieve schuldeiserscommissie; samenstelling

De voorlopige schuldeiserscommissie kan door de rechtbank worden benoemd in het vonnis tot faillietverklaring. Dit kan echter ook bij latere beschikking gebeuren. De voorlopige schuldeiserscommissie kent geen minimum of maximum maar moet bestaan uit een oneven aantal leden (art. 74 lid 1). De leden hoeven zelf geen schuldeiser te zijn, maar moeten wel belangrijke groepen van schuldeisers vertegenwoordigen. Tot 2019 was het vereiste van schuldeiserschap overigens wel het geval, maar mede geïnspireerd door het Voorontwerp Insolventiewet is deze verruiming opgenomen om zodoende specifieke expertise in de schuldeiserscommissie op te nemen.[256]

De voorlopige schuldeiserscommissie is bedoeld voor de beginfase van het faillissement. Hoewel de wet daarover niet helemaal duidelijk is, lijkt de voorlopige schuldeiserscommissie op te houden te bestaan bij de verificatievergadering. Dan moet de rechter-commissaris immers onderzoeken of behoefte bestaat aan een definitieve schuldeiserscommissie.

De definitieve schuldeiserscommissie wordt niet door de rechtbank, maar door de rechter-commissaris benoemd ter gelegenheid van de verificatievergadering (art. 75) of bij een besluit tot voortzetting van het bedrijf van de gefailleerde na de verificatievergadering (art. 173b). Naar mag worden aangenomen gebeurt die benoeming bij beschikking. Voor de samenstelling van de definitieve schuldeiserscommissie geldt hetzelfde als bij de voorlopige schuldeiserscommissie: zij bestaat uit een oneven aantal leden waarmee de belangrijke groepen van schuldeisers worden vertegenwoordigd. Het ligt in de verwachting dat de rechter-commissaris hiervoor put uit de ter vergadering verschenen schuldeisers.

Als een door de rechtbank benoemd lid van de voorlopige schuldeiserscommissie de benoeming niet aanvaardt, tussentijds bedankt of overlijdt, is de rechtbank gehouden in deze vacature te voorzien. Dit gebeurt op basis van een dubbele voordracht door de rechter-commissaris (art. 74 lid 2).

Doet hetzelfde zich voor bij de definitieve schuldeiserscommissie, dan wordt op een vergelijkbare wijze in de vacature voorzien, zij het dat dan de rechter-commissaris in de vacature voorziet. Hij is immers degene die de definitieve schuldeiserscommissie heeft benoemd (art. 75).

150. Informele schuldeiserscommissie

Aangezien de Faillissementswet tot 1 januari 2019 uitging van een schuldeiserscommissie bestaande uit maximaal drie leden en er soms meer groepen belanghebbenden zijn, maakte men in de praktijk soms ook wel gebruik van een zogenaamde informele schuldeiserscommissie. Nog steeds kan een curator hieraan behoefte hebben om op deze manier op informele wijze enkele grote schuldeisers over voorgenomen handelingen te polsen. Deze groep fungeert dan als klankbord en kan hem van advies dienen. Een dergelijke groep schuldeisers mist de wettelijke status en dientengevolge ook de wettelijke bevoegdheden van een schuldeiserscommissie. Door de ongelijke informatieverschaffing aan de verschillende schuldeisers is een dergelijke handelwijze niet zonder risico's voor de curator.

256 Zie toelichting op art. 4.4.1 Vlw, Voorontwerp-Toelichting, p. 106.

151. Rol en plaats van de schuldeiserscommissie en haar leden

De status van de schuldeiserscommissie is vrij schimmig. De vraag rijst welke positie de schuldeiserscommissie inneemt jegens de andere direct bij het faillissement betrokkenen, curator, schuldeisers, rechter-commissaris en rechtbank. Hierbij speelt tevens de vraag welke positie de afzonderlijke leden van de schuldeiserscommissie daarbij innemen.

De schuldeiserscommissie is geen rechtspersoon noch een orgaan met zelfstandige procesbevoegdheid, behalve in geschillen met de curator (art. 69, 73). Er is ook geen contractuele verhouding van de schuldeiserscommissie met de curator, rechter-commissaris of rechtbank. De commissie, voorlopig of definitief, ontstaat door de benoeming van haar leden. Zij heeft een aantal bevoegdheden en enkele verplichtingen, maar onduidelijk is wat gebeurt als zij niet adequaat opereert. Het lijkt erop dat als op de verificatievergadering niet tot de instelling van een definitieve schuldeiserscommissie wordt besloten, de voorlopige schuldeiserscommissie eindigt.

Niet alleen de positie van de schuldeiserscommissie is onduidelijk. Dit geldt in nog sterkere mate de verhouding tot de curator en de verhouding tussen de afzonderlijke leden onderling. Wie kan bijvoorbeeld een lid dat niet functioneert aanspreken? Hoe zit het met mogelijke aansprakelijkheden? In hoeverre kan een lid die voorkomen door terug te treden als lid van de schuldeiserscommissie?

Als een schuldeiserscommissie is benoemd, moet zij allereerst met de curator samenwerken. Deze samenwerking is bij een meerhoofdige schuldeiserscommissie zelfs tweeledig: enerzijds is er de samenwerking tussen schuldeiserscommissie en curator, anderzijds die tussen de leden van de schuldeiserscommissie onderling. Van een collectieve verantwoordelijkheid van curator en schuldeisers is echter geen sprake. Er is veeleer een gecoördineerde samenwerking, al dan niet geïnitieerd door de curator. Zolang het zinvol wordt geacht[257] vindt geregeld overleg plaats tussen de curator en de schuldeiserscommissie. De vergaderingen en het bijeenroepen daarvan zijn bewust niet aan enigerlei vormvoorschriften gebonden.[258] In de praktijk vindt dit overleg ook per telefoon en e-mail plaats.[259] Beide vormen van samenwerking – met de curator en onderling – zijn noch van contractuele[260] noch van vennootschapsrechtelijke aard, maar van eigen (insolventierechtelijke) aard en slechts beperkt wettelijk geregeld (art. 75a): de rechtbank dan wel de rechter-commissaris kan bij de instelling van de voorlopige dan wel de definitieve schuldeiserscommissie een reglement vaststellen over haar werkwijze.[261]

Voor de eerste vorm van samenwerking, tussen de schuldeiserscommissie en de curator, is het wettelijk systeem erop gericht dat beide partijen het initiatief kunnen

257 Zie bijv. bij KPNQwest waar alleen een voorlopige schuldeiserscommissie heeft bestaan tot aan de verificatievergadering op 5 november 2004. Toen is geen definitieve schuldeiserscommissie ingesteld, omdat dit niet meer zinvol werd geacht; zie 7e openbare verslag ex artikel 73a d.d. 22 december 2004, par. 7.2.

258 Parl. Gesch. Fw (*Van der Feltz*) II, p. 29, 32.

259 Zie bijv. in het faillissement Jomed, 13e openbare verslag ex artikel 73a d.d. 19 oktober 2006.

260 Al wordt dit in de onderlinge verhouding binnen de schuldeiserscommissie soms wel gepoogd met geheimhoudingsovereenkomsten (KPNQwest) of reglementen (Fokker, LG Philips Displays Holding B.V; vgl. conclusie A-G Wuisman voor HR 30 november 2007, *JOR* 2008/59).

261 Zie bijv. over de vraag of een schuldeiser namens de schuldeiserscommissie mag procederen, conclusie A-G Wuisman bij HR 30 november 2007, *JOR* 2008/59 nr. 4.16.

nemen. De curator kan de commissie te allen tijde advies vragen, waartoe hij soms zelfs verplicht is (art. 78). Op haar beurt kan de schuldeiserscommissie de curator altijd om inlichtingen vragen en raadpleging eisen van de op het faillissement betrekking hebbende stukken (art. 76). Hoewel hij aan deze verzoeken gehoor moet geven en in de aangegeven gevallen advies moet vragen, neemt de curator uiteindelijk de beslissing. Hij is niet gebonden aan het advies, al moet hij zijn afwijking wel motiveren en de schuldeiserscommissie de tijd en gelegenheid geven om daartegen op te komen bij de rechter-commissaris, zo nodig met een procedure op basis van artikel 69. Dat de curator rekening moet houden met de schuldeiserscommissie kan worden afgeleid uit het feit dat zij de rechtbank kan verzoeken om hem te ontslaan (art. 73).

Bij de tweede vorm van samenwerking, tussen de leden van de schuldeiserscommissie onderling bij een meerhoofdige schuldeiserscommissie, geldt dat zij enerzijds op voet van gelijkheid met elkaar samenwerken maar anderzijds buiten de schuldeiserscommissie vrij zijn om te doen en laten wat men wenst. De onderlinge samenwerking binnen een schuldeiserscommissie hoeft niet contractueel geregeld te zijn: op grond van de wet is sprake van een rechtsverhouding tussen de leden van een meerhoofdige schuldeiserscommissie, maar de inhoud hiervan is door de wet verder niet geregeld. Zo is denkbaar dat de leden van mening verschillen over de aanpak van het advies en de verzameling van informatie. Zolang de curator daarvan geen last heeft, zal een dergelijk verschil van inzicht hem de ruimte geven om zijn eigen lijn uit te zetten. Maar een patstelling tussen de leden van de schuldeiserscommissie kan hem ook dwarszitten in de vorm van bijvoorbeeld langere en ingewikkeldere vergaderingen en dubbel werk en hem beperken in zijn slagkracht.[262] Bij gebreke van een tijdig advies heeft de curator uiteindelijk evenwel de vrije hand (art. 78 lid 2). Wil men dit voorkomen, dan zal de rechtbank dan wel de rechter-commissaris bij het instellen van de voorlopige dan wel definitieve schuldeiserscommissie een en ander in een reglement moeten vaststellen (art. 75a) of – bij gebreke aan een dergelijk reglement – zullen de leden van de schuldeiserscommissie afspraken moeten maken. Zo is toch nog sprake van een contractuele verhouding tussen de leden. Dit kan ook om andere redenen nuttig en raadzaam zijn, bijvoorbeeld in verband met geheimhouding, eventueel conflicterende belangen en zelfstandige acties tegen bijvoorbeeld bestuurders of commissarissen.

152. Taken en bevoegdheden van de schuldeiserscommissie

Blijkens het doel van de wettelijke regeling is de samenwerking van schuldeisers in een schuldeiserscommissie nodig om de curator van advies te dienen (art. 74)[263] en hem eventueel weerwoord te bieden – via tussenkomst van de rechter-commissaris – als hij van haar advies afwijkt (art. 79). Daarnaast kent de Faillissementswet de schuldeiserscommissie nog enkele specifieke taken toe die bijna allemaal nauw verband houden met de hoofdtaak van adviseur. Zoals aan het begin van deze subparagraaf al is gesteld, berust het fenomeen van de schuldeiserscommissie op de gedachte dat de schuldeisers doorgaans beter op de hoogte zijn van bepaalde technisch-commerciële kennis

262 Zie over dit aspect bijv. Rb. Noord-Holland 22 april 2021, ECLI:NL:RBNHO:2021:3382 (*D-Reizen*), r.o. 4.4.
263 Vgl. Parl. Gesch. Fw (*Van der Feltz*) II, p. 25 e.v., Wessels, Insolventierecht IV, nr. 4266 e.v.

aangaande (het bedrijf van) de schuldenaar.[264] Bovendien biedt de schuldeiserscommissie de mogelijkheid om de schuldeisers meer te betrekken bij de wijze waarop het beheer en de vereffening van het vermogen van de gefailleerde door de curator gebeurt.[265]

Ter uitvoering van de adviestaak heeft de schuldeiserscommissie een ruime informatiebevoegdheid: zij kan op grond van artikel 76 "te allen tijde raadpleging van de boeken, bescheiden en andere gegevensdragers, op het faillissement betrekking hebbende, vorderen". De curator is verplicht hieraan mee te werken en die informatie te verstrekken. Verder moet hij het advies van de schuldeiserscommissie inwinnen voor bepaalde acties die betrekking hebben op het beheer en de vereffening van de boedel. Dit zijn handelingen waar de curator ook vaak de machtiging of goedkeuring van de rechter-commissaris voor nodig heeft: het instellen of voortzetten van (aanhangige) procedures (art. 68 lid 3), het al of niet voortzetten van het bedrijf van de gefailleerde door de curator (art. 78 jo. 98, 173a-b en 174), het gestand doen van wederkerige overeenkomsten (art. 37), het opzeggen van huur-, pacht- of arbeidsovereenkomsten (art. 39, 40), het lossen van verpande of verhypothekeerde goederen om executie door de separatist te voorkomen (art. 58 lid 2), rekening en verantwoording door de ontslagen curator (art. 73 lid 2), uitkering van levensonderhoud aan de gefailleerde en diens gezin (art. 100), tussentijdse vervreemding van goederen uit de boedel (art. 101) of bij bedrijfsvoortzetting (art. 175 lid 3), het inhuren van de gefailleerde voor de vereffening van de boedel (art. 177) en verder in algemene zin over de wijze van vereffening en tegeldemaking van de boedel, en het tijdstip en het bedrag van uitdelingen (art. 78).

Aangezien de schuldeiserscommissie op al deze terreinen slechts een adviserende taak heeft, is de curator daaraan niet gebonden. Hij neemt uiteindelijk de beslissing, maar moet bij afwijking van het advies dit wel motiveren en de schuldeiserscommissie daarvan onmiddellijk op de hoogte brengen. Deze heeft dan de mogelijkheid om de tussenkomst van de rechter-commissaris in te roepen (art. 69). In dat geval moet de curator de uitvoering van zijn besluit opschorten totdat de rechter-commissaris heeft beslist.[266] Het achterwege laten van adviesinwinning door de curator leidt overigens niet tot ongeldigheid van de daarmee samenhangende transactie door de curator, maar eventueel wel tot aansprakelijkheid voor de eventuele schade die boedel en schuldeisers daardoor lijden (art. 72 jo. 78-79).

Met het oog op haar adviseringstaak heeft de schuldeiserscommissie dus vergaande bevoegdheden. De belangrijkste is dat zij te allen tijde inzage kan krijgen in de administratie van de curator voor zover deze betrekking heeft op het faillissement (art. 76). Verder is de curator verplicht om het advies van de schuldeiserscommissie in te winnen voorafgaand aan alle besluiten, genoemd in artikel 78. In al deze gevallen ligt het initiatief aan de kant van de schuldeiserscommissie. Omgekeerd kan de curator zo vaak als hij nodig acht, het advies van de schuldeiserscommissie inwinnen, waarbij hij de vergadering voorzit (art. 77).

---

264 Vgl. Parl. Gesch. Fw (*Van der Feltz*) II, p. 24. Vgl. Rb. Noord-Holland 22 april 2021, ECLI:NL:RBNHO:2021:3382 (*D-Reizen*).

265 Parl. Gesch. Fw (*Van der Feltz*) II, p. 20. Vgl. de argumenten die zijn gebruikt in het Voorontwerp Insolventiewet om meer invloed toe te kennen aan de schuldeisers bij de afwikkeling van de insolventieprocedure (Voorontwerp-Toelichting, Algemeen, par. 9).

266 Art. 79 bepaalt de termijn van opschorting op drie dagen; dit stemt overeen met de termijn die de rechter-commissaris in art. 69 is gegund om te beslissen; vgl. Parl. Gesch. Fw (*Van der Feltz*) II, p. 35.

Naast de algemene adviestaak aan de curator met bijbehorende bevoegdheden biedt de Faillissementswet de schuldeiserscommissie nog een aantal andere mogelijkheden met bijbehorende bevoegdheden jegens de andere betrokkenen bij het faillissement.

Zo kan de schuldeiserscommissie van de rechter-commissaris verlangen dat zij door hem gehoord wordt, voordat hij een voordracht aan de rechtbank doet om het faillissement wegens gebrek aan baten te laten opheffen (art. 16). Verder kan zij de rechter-commissaris verzoeken om naast de door de wet voorgeschreven vergaderingen, zoals de verificatievergadering, extra vergaderingen van schuldeisers bijeen te laten roepen. Meer in het algemeen heeft de schuldeiserscommissie op basis van artikel 69 de mogelijkheid om de rechter-commissaris te benaderen om de curator tot bepaald handelen of nalaten te bevelen. Afgezien van deze procedure kunnen de leden van de schuldeiserscommissie van de curator verlangen om aanwezig te mogen zijn als de curator de boedelbeschrijving opmaakt (art. 94 lid 3) om naast advisering daarbij een vorm van controle op hem uit te oefenen. Verder kan de schuldeiserscommissie de gefailleerde en diens bestuurder(s) en commissaris(sen) oproepen om haar de nodige inlichtingen te verschaffen (art. 105-106).

Aan de schuldeiserscommissie is voorts bij het akkoord een taak toebedeeld. Zo heeft zij recht op toezending van het ontwerp van akkoord door de schuldenaar voorafgaand aan de verificatievergadering (art. 139 lid 2). Dit heeft onder meer te maken met de verplichting van de schuldeiserscommissie om op die vergadering schriftelijk advies over het ontwerp van akkoord uit te brengen (art. 140). Als op de verificatievergadering een definitieve schuldeiserscommissie wordt benoemd die bestaat uit andere personen dan in de voorlopige schuldeiserscommissie zitting hadden, moeten de raadpleging en de beslissing over het ontwerp van akkoord worden uitgesteld tot een nieuwe vergadering (art. 141).

Tot slot heeft de schuldeiserscommissie tegenover de rechtbank de mogelijkheid om het ontslag van de curator te verzoeken (art. 73).

153. Einde van (het lidmaatschap van) de schuldeiserscommissie

De Faillissementswet kent geen bijzondere bepalingen over het einde van de schuldeiserscommissie. Hiervan is in ieder geval sprake als het faillissement eindigt, maar dat kan ook al eerder gebeuren. Zo zal de voorlopige schuldeiserscommissie eindigen als op de verificatievergadering geen definitieve schuldeiserscommissie wordt benoemd. Verder eindigt zowel de voorlopige als de definitieve schuldeiserscommissie op het ogenblik dat er geen leden meer zijn (door overlijden of bedanken) en het rechtbank of rechter-commissaris niet gelukt is om in de vacatures te voorzien.

Aan het lidmaatschap van de schuldeiserscommissie zijn geen bijzondere vereisten gesteld, behoudens dat de gezamenlijke leden belangrijke groepen van schuldeisers vertegenwoordigen (art. 74). In de praktijk betekent dit dat de leden van de schuldeiserscommissie zich met een bepaalde groep schuldeisers identificeert en mogelijk wordt geïnstrueerd. Dit suggereert dat het lidmaatschap eindigt zodra de vertegenwoordigde groep geen schuldeiser (meer) is. Dit kan zich voordoen als die 'groep' bestaat uit slechts enkele of misschien zelfs maar één – grote – schuldeiser, zoals de belastingdienst. Als die vordering(en) niet (meer) bestaan omdat die niet worden erkend, is er geen reden meer voor deelname aan de schuldeiserscommissie.

Een heikel punt is de mogelijkheid van een tegenstrijdig belang tussen een lid van de schuldeiserscommissie en de boedel, bijvoorbeeld waar het gaat om transacties tussen de curator en het desbetreffende lid. Verder ook de situatie dat een lid van de schuldeiserscommissie de informatie die hij als lid ontvangt wenst te gebruiken voor privédoeleinden.[267] Dan hoort een lid terug te treden uit de schuldeiserscommissie en van die informatie geen gebruik te maken. De wet regelt dit echter niet als zodanig, maar dit is in de praktijk op te lossen met het door de rechtbank dan wel rechter-commissaris vast te stellen reglement (art. 75a). Het potentiële tegenstrijdige belang komt overigens wel aan bod in de jurisprudentie over de instelling van een schuldeiserscommissie.[268]

154. Nut en noodzaak van de schuldeiserscommissie

Een goed functionerende schuldeiserscommissie kan de curator behulpzaam zijn bij het nemen van beslissingen over (gedeeltelijke) voortzetting of staking van de onderneming en over bijvoorbeeld het aansprakelijk stellen van bestuurders, commissarissen, adviseurs of andere betrokken derden. De curator kan zodoende sneller de relevante informatie krijgen en het faillissement effectiever en efficiënter afwikkelen, waarbij de schuldeisers gebaat zijn. Aangezien de schuldeiserscommissie belangrijke groepen van schuldeisers vertegenwoordigt, is dit daarom ook in hun belang. Desondanks blijkt de formele schuldeiserscommissie weinig populair. Dit heeft te maken met het feit dat deelname aan een schuldeiserscommissie ook tijd en geld kost, ook al wordt soms toegestaan dat de kosten die ieder lid van de voorlopige commissie van schuldeisers in de uitoefening van zijn hoedanigheid als lid van de commissie maakt ten laste van de boedel komen, voor zover deze kosten redelijk en proportioneel zijn.[269] De schuldeiser die door de faillietverklaring meestal toch al weinig van zijn vordering zal terugzien, wil daarom alleen in een dergelijke commissie zitting nemen als het voor hem per saldo geld oplevert. Tegen de achtergrond van het grote aantal lege boedels, waarin dat per definitie niet gebeurt, verbaast het dan ook niet dat er weinig animo is om in een schuldeiserscommissie zitting te nemen. Dit sluit ook aan bij de inschatting die werd gemaakt bij de totstandkoming van de Faillissementswet in 1893, reden waarom de schuldeiserscommissie niet dwingend werd voorgeschreven: in verreweg de meeste, dat wil zeggen kleine, faillissementen verwachtte men dat maar hoogst zelden behoefte aan een schuldeiserscommissie zou zijn.[270] Door zich zodoende te beperken tot faillissementen waarin zich een substantieel actief bevindt ('de belangrijkheid des boedels') en waarin de curator behoefte heeft aan advies over een paar lastige kwesties ('de aard des boedels') lijkt de schuldeiserscommissie al met al geen grote rol te spelen in het insolventierecht; de enkele grote omvang van het faillissement is op zichzelf nog niet voldoende.[271]

---

267 Zie bijv. Vzrtr. Rb. Haarlem 15 januari 2007, *JOR* 2007/59 (KPNQwest).

268 Zie bijv. Rb. Rotterdam 17 maart 2016, *JOR* 2016/251 (*Imtech*) en Rb. Noord-Holland 22 april 2021, ECLI:NL:RBNHO:2021:3382 (*D-Reizen*).

269 Zie bijv. uitdrukkelijk Rb. Rotterdam 17 maart 2016, *JOR* 2016/251 (*Imtech*).

270 Parl. Gesch. Fw (*Van der Feltz*) II, p. 22, 25.

271 Vgl. HR 6 juni 2014, *NJ* 2014/299 (*SNS PF en Rabobank/X*), r.o. 3.4.5 en Rb. Rotterdam, 26 april 2016, *JOR* 2016/252 (*Rabobank/Imtech*).

De vraag wanneer een schuldeiserscommissie tot een succesvolle samenwerking leidt, is lastig te beantwoorden. Uiteindelijk is er maar één toetssteen, namelijk of die samenwerking heeft geleid tot een hogere opbrengst van de boedel waardoor de schuldeisers een groter deel van hun vordering voldaan zien worden. In dit verband valt te denken aan een rendabele (al dan niet tijdelijke) voortzetting van de onderneming, hogere opbrengsten bij verkoop van activa, betere incasso van openstaande vorderingen, hogere schikkingsresultaten met debiteuren, bestuurders of andere derden die jegens de boedel aansprakelijk zijn.

Waar aan de ene kant het fenomeen van een schuldeiserscommissie in het belang van zowel curator als schuldeisers lijkt te zijn, maar deze aan de andere kant door het kosten- en tijdaspect niet vaak voorkomt, rijst de vraag of behoefte bestaat aan meer schuldeiserscommissies en hoe dat dan te bewerkstelligen. Inhoudelijk lijkt een samenwerking tussen curator en schuldeiserscommissie beiden van dienst te kunnen zijn ingeval de boedel maar groot genoeg is om tot een uitkering aan de schuldeisers te komen. Dit blijkt ook uit de grotere faillissementen, zoals Fokker, KPNQwest, Jomed, LG Philips Displays Holding, Van der Hoop Bankiers en Imtech. Zolang de rol van de schuldeiserscommissie echter beperkt is tot louter advisering, zal de animo daarvoor beperkt blijven. Daar waar de bedrijfs- en branchekennis van schuldeisers groter is dan die van de curator (en meestal nog veel meer van de rechter-commissaris), zoals bij het faillissement van D-Reizen[272], lijkt een betere rol voor de schuldeiserscommissie weggelegd om de curator niet alleen te adviseren, maar ook te controleren. Hiermee begeeft zij zich op het terrein van de wettelijke toezichthouder op de curator, de rechter-commissaris, iets dat de regering bij de totstandkoming van de Faillissementswet niet voor ogen stond.[273] Toch lijkt aan een zekere toezichtsrol niet te ontkomen, wil de schuldeiserscommissie haar adviserende taak serieus nemen, bijvoorbeeld ter voorbereiding van een concreet advies of als zij het ontslag van de curator verzoekt.[274]

Het is mede om deze reden dat in het Voorontwerp Insolventiewet verdergaande bevoegdheden aan de schuldeiserscommissie waren toegekend. Deze toezichtfunctie van de schuldeiserscommissie vloeide voort uit de verandering van perspectief in het Voorontwerp Insolventiewet, waarbij het toezicht op de bewindvoerder voor een deel verplaatst was van de rechter-commissaris naar de schuldeisers.[275]

155. Vergaderingen van de schuldeisers

Onder de noemer 'van het bestuur over de failliete boedel' bevat de derde afdeling van Titel I in paragraaf vier enkele bepalingen over de 'vergaderingen der schuldeisers' (art. 80-84). Dit is geen orgaan van de failliete boedel, zoals de schuldeiserscommissie, maar veeleer een procedurevoorschrift voor alle bijeenkomsten van de schuldeisers. Hiervan is de verificatievergadering de belangrijkste. Daarnaast kunnen de schuldeiserscommissie en afzonderlijke schuldeisers (ten minste vijf die 20% van het bedrag aan erkende en voorwaardelijk toegelaten vorderingen bezitten) de

272 Rb. Noord-Holland 22 april 2021, ECLI:NL:RBNHO:2021:3382 (D-Reizen); vgl. Parl. Gesch. Fw (*Van der Feltz*) II, p. 24.
273 Parl. Gesch. Fw (*Van der Feltz*) II, p. 29.
274 Wessels, Insolventierecht IV, nr. 4727.
275 Zie ook art. 4.2.3a en 3b en 4.3.1 VIw en Voorontwerp-Toelichting, Algemeen § 9.

rechter-commissaris vragen om een vergadering van schuldeisers bijeen te roepen (art. 84). Dit kan nut hebben bij beslissingen die een grote invloed kunnen hebben op de afwikkeling van het faillissement, zoals de verkoop van een groot onderdeel van de boedel of een belangrijke schikking. Weliswaar heeft de curator hiervoor advies nodig van de schuldeiserscommissie (art. 78), maar goed denkbaar is dat deze enige rugdekking van een grotere afspiegeling van de schuldeisers wil hebben.[276]

In deze vierde paragraaf van Titel I zijn ook bepalingen opgenomen over de oproeping en vergaderorde. Zo moeten de stemgerechtigde schuldeisers ten minste tien dagen voor de vergadering door de curator schriftelijk worden opgeroepen met vermelding van de agenda, nadat de rechter-commissaris tijd en plaats heeft bepaald (art. 84). Hij bepaalt hierbij tevens of de vergadering fysiek dan wel schriftelijk plaatsvindt of met gebruikmaking van een elektronisch hulpmiddel (art. 80a). Bij een fysieke vergadering kunnen schuldeisers ervoor kiezen om in persoon ter vergadering te verschijnen of zich te laten vertegenwoordigen door een advocaat of een schriftelijk gevolmachtigde (art. 83). De vergadering wordt voorgezeten door de rechter-commissaris, terwijl de curator of diens vervanger aanwezig is (art. 80). Als gestemd moet worden, zijn alleen de erkende en de voorwaardelijk toegelaten schuldeisers daartoe gerechtigd; bij toondervorderingen is dat de toonder van het desbetreffende document (art. 82). De stemmen zijn gewogen in die zin dat een schuldeiser voor iedere € 45 van zijn vordering één stem mag uitbrengen, net als voor het restant of als de vordering minder dan € 45 bedraagt (art. 81).

5.3.6 Rechtbank

De laatste 'actor' in de faillissementsprocedure naast de schuldenaar, schuldeisers en bovengenoemde partijen wordt gevormd door de rechtbank, ook al wordt de rechtbank niet als zodanig in de afdeling over 'het bestuur over de failliete boedel' behandeld. Hoewel rechter-commissaris en rechtbank in elkaars verlengde liggen wijkt de rol van de rechtbank in belangrijke mate af van die van de rechter-commissaris. Daar waar de rechter-commissaris vooral toezicht op de curator moet uitoefenen, treedt de rechtbank voornamelijk op in de rol van beslisser met gevolgen voor de schuldenaar en diens vermogen. Dit ziet zowel op de beslissing om de schuldenaar failliet te verklaren (nr. 156) als die om het faillissement te beëindigen (nr. 159) en na afloop daarvan (nr. 160). Toch komt zij ook tussentijds in beeld, zowel als het administratieve centrum van het faillissement (nr. 157) als de instantie die in die periode een aantal typische rechterstaken moet vervullen (nr. 158). In navolgende paragrafen komen de verschillende taken van de rechtbank bij faillissement achtereenvolgens aan de orde.

156. Begin faillissement; aanstelling curator en benoeming rechter-commissaris

De meest in het oog springende rol van de rechtbank is de faillietverklaring (zie par. 5.2). Bij deze beslissing neemt de rechtbank tal van nevenbeslissingen. Zo bevat ieder

276 Vgl. Parl. Gesch. Fw (*Van der Feltz*) II, p. 43.

vonnis van faillietverklaring de benoeming van de rechter-commissaris en de aanstelling van de curator (art. 14 lid 1). Met het oog op de postblokkade en het grondwettelijk beschermd recht op briefgeheim (art. 13 Gw, 8 EVRM) neemt de rechtbank in dit vonnis de last aan de curator op om brieven en telegrammen te openen (art. 14 lid 1). De voor de postblokkade noodzakelijke kennisgeving aan de postvervoerbedrijven die zijn aangewezen als verlener van de universele postdienst en andere geregistreerde postvervoerbedrijven (art. 14 lid 2) is nodig om hen te laten voldoen aan het voorschrift van artikel 99.

Het vonnis van faillietverklaring kan daarnaast nog andere beslissingen van de rechtbank bevatten, al komt dit in de praktijk minder vaak voor. Het gaat dan om de gelasting van een afkoelingsperiode bij aanvang van het faillissement (art. 63a lid 4), de benoeming van een voorlopige schuldeiserscommissie (art. 74 lid 1) of het laten gijzelen van de schuldenaar of diens bestuurders/commissarissen ingeval het een rechtspersoon is (art. 87 jo. 106).

157. Administratief centrum van het faillissement

Met het uitspreken van het faillissement neemt de rechtbank de taak op zich om het faillissement administratief door haar faillissements- of insolventiegriffie te begeleiden met drieërlei doel. In de eerste plaats gebeurt dit met het oog op de informatieverschaffing naar buiten. Faillissementsgegevens zijn gedeeltelijk openbaar en voor iedereen toegankelijk via het Centraal Insolventieregister dat door de griffie van de rechtbank wordt gevoed (art. 19-19a). In de tweede plaats vervult de griffie een belangrijk instrument voor de rechter-commissaris in diens toezichtfunctie. Zo vormen de periodieke verslagen die de curator ex artikel 73a bij de griffie deponeert niet alleen een belangrijke informatiebron voor de buitenwacht, maar worden deze ook door de rechter-commissaris – voorgelicht door de griffie – gebruikt om de voortgang en daarmee ook de kosten te bewaken.[277] Ten derde is de griffie het verzamelpunt van allerlei informatie die door de verschillende betrokkenen (curator, schuldenaar, schuldeisers) moet worden aangeleverd: door de curator het periodieke faillissementsverslag (art. 73a), diens boedelbeschrijving (art. 97), de door hem opgemaakte lijsten met voorlopig erkende en betwiste vorderingen voor de verificatievergadering (art. 114-115, 137d), het proces-verbaal van de verificatievergadering (art. 137), de goedgekeurde uitdelingslijst (art. 137d, 183) en een eventueel verzet door een schuldeiser daartegen (art. 184). De schuldenaar legt bij de griffie een eventueel ontwerpakkoord ter inzage dat hij wil aanbieden aan zijn schuldeisers (art. 139). Van de aldus verzamelde informatie is de griffie verplicht om tegen kostprijs afschriften aan belanghebbenden te verstrekken (art. 107) of inzage te verlenen (art. 148).

158. Tussentijdse rechterlijke beslissingen

Niet alleen aan het begin van het faillissement, maar ook gedurende die procedure zijn verschillende taken voor de rechtbank weggelegd. De belangrijkste is dat de rechtbank fungeert als beroepsinstantie voor een groot aantal beschikkingen van de rechter-commissaris (art. 67). Voordat de rechtbank daarover een beslissing neemt

277 Zie ook par. 2 en 3.5 Recofa-richtlijnen voor faillissementen.

is zij gehouden om de rechter-commissaris voorafgaand aan haar beslissing op straffe van nietigheid te horen (art. 65).[278] Deze hoorplicht is overigens niet beperkt tot de appelzaken van beschikkingen van die rechter-commissaris. Hij moet telkens opdraven als de rechtbank een beslissing gevraagd is die betrekking heeft op het beheer of de vereffening van de failliete boedel.

Daarnaast zijn nog enkele specifieke interventies aan de rechtbank opgedragen: als zij niet in het vonnis van faillietverklaring de gijzeling van de schuldenaar had gelast, dan kan de rechtbank dat in een later stadium alsnog doen, mocht de rechter-commissaris, curator of een of meer schuldeisers daarop aandringen (art. 87).[279] Hetzelfde geldt voor de bevoegdheid om aan die gijzeling een einde te maken (art. 88).

Verder kent de Faillissementswet aan de rechtbank in een aantal gevallen de bevoegdheid tot rectificatie toe: zo kan zij verbetering gelasten in het proces-verbaal van de verificatievergadering (art. 137 lid 2) of als de rechter-commissaris een akkoord ten onrechte als verworpen had beschouwd (art. 149 lid 2) of een voorstel tot bedrijfsvoortzetting ten onrechte als aangenomen of verworpen (art. 173d).

Een bijzondere rol heeft de rechtbank in artikel 122. Als de rechter-commissaris tijdens de verificatievergadering geen kans ziet om bij betwisting van een vordering door de curator of een of meer medeschuldeisers tot een oplossing of een schikking te komen, moet hij partijen naar de zitting van de rechtbank verwijzen voor de renvooiprocedure (nr. 233). Dit is dan een gewone procedure op tegenspraak, waarbij de verwijzing door de rechter-commissaris de plaats van de dagvaarding inneemt.

Ten slotte kan de rechtbank tussentijds in het faillissement worden betrokken als de curator niet functioneert en een verzoek tot ontslag voorligt. Dit verzoek kan worden ingediend door de gefailleerde, de schuldeiserscommissie, een of meer schuldeisers of de rechter-commissaris (art. 73). Voordat de rechtbank een beslissing neemt om wel of niet tot ontslag over te gaan, roept zij de curator op om te verschijnen. Zij kan ook besluiten om een medecurator toe te voegen die de afwikkeling van het faillissement verder mede bepaalt. Als de rechtbank besluit tot ontslag van de curator, moet zij haar beschikking afdoende motiveren. In geval van afwijzing van het verzoek tot ontslag kan de rechtbank daarentegen volstaan met een sobere motivering.[280]

159. Beslissingen in verband met beëindiging faillissement

De rechtbank heeft voorts een duidelijke taak bij het einde van het faillissement. Deze rol verschilt afhankelijk van de beëindigingswijze (zie par. 5.5).

Allereerst kan een faillissement eindigen door vernietiging van een vonnis tot faillietverklaring na verzet, hoger beroep of cassatie (art. 15; zie par. 5.5.1; vgl. tabel bij nr. 20). Hierbij is de rechtbank alleen in beeld bij verzet (zie nr. 111). In de andere gevallen vernietigt een hogere instantie (hof of Hoge Raad) het faillissement.

278 HR 16 oktober 2009, *NJ* 2009/517 r.o. 3.4 en HR 4 mei 2018, *JOR* 2018/229 (*X/Warnink q.q.*).

279 De rechter-commissaris kan geen rechtsmiddel instellen tegen een afwijzing omdat hij de voordracht daartoe verricht in de uitoefening van zijn wettelijke taak en daarbij optreedt in zijn hoedanigheid van rechter; zie HR 10 januari 2014, *NJ* 2014/116 (*Curatoren Delta Digi/J*), r.o. 4.

280 HR 23 september 1983, *NJ* 1984/202; HR 28 juni 1985, *NJ* 1985/870; vgl. HR 21 januari 2011, *RvdW* 2011/139 (*Curatoren Mansur/IDCC*).

De meest voorkomende wijze van beëindiging is die waarbij het faillissement wordt opgeheven wegens de toestand van de boedel omdat er onvoldoende baten zijn om de kosten van het faillissement te voldoen (art. 16; zie nr. 255; vgl. tabel bij nr. 20). De rechtbank neemt deze beslissing op voordracht van de rechter-commissaris. Als een schuldeiserscommissie is benoemd, moet deze zich over de voordracht uitlaten. In de praktijk neemt de curator het voortouw en verzoekt de rechter-commissaris om de opheffing in gang te zetten. Het verzoek hiertoe moet vergezeld gaan van zijn eindverslag, waarbij hij ook de vaststelling van zijn salaris verzoekt.[281] De gefailleerde moet eveneens worden gehoord, althans opgeroepen[282], voordat de rechtbank bij beschikking haar uitspraak doet.

Wanneer geen opheffing nodig is, zal in de meeste gevallen (zie par. 5.5.3; vgl. tabel bij nr. 20) tot enigerlei uitdeling worden overgegaan, hetzij alleen aan de preferente schuldeisers op basis van een vereenvoudigde afwikkeling (art. 137a e.v.), hetzij ook aan de concurrente schuldeisers (art. 179 e.v.). In deze gevallen maakt de curator een uitdelingslijst op en wordt deze – na goedkeuring door de rechter-commissaris – ter inzage gelegd bij de griffie. Gedurende de inzagetermijn kunnen belanghebbende schuldeisers tegen die uitdelingslijst verzet aantekenen en komt de rechtbank in beeld (art. 137, 184). Zij moet het verzet op korte termijn behandelen, waarna de rechtbank diezelfde dag, althans zo spoedig mogelijk bij beschikking uitspraak doet (art. 137e en 185). Hiertegen staat geen hoger beroep maar alleen cassatie open (art. 187).

In de spaarzame gevallen waarin de schuldeisers instemmen met een door de schuldenaar voorgelegd akkoord (zie par. 5.5.2; vgl. tabel bij nr. 20), komt de rechtbank weer op een andere manier in beeld. Dan moet zij het akkoord homologeren (art. 150 e.v.). Schuldeisers kunnen bezwaar maken tegen de homologatie, waarna de rechter-commissaris ter zitting schriftelijk rapporteert. De rechtbank heeft een grote mate van beleidsvrijheid om – naast de imperatieve weigeringsgronden van artikel 153 lid 2 – de homologatie al dan niet te weigeren. Dit gebeurt bij beschikking waartegen belanghebbenden hoger beroep kunnen aantekenen, eventueel gevolgd door cassatie. De categorie belanghebbenden hangt af van het oordeel van de rechtbank: als zij de homologatie toestaat zijn dat de schuldeisers die tegengestemd hebben of bij de stemming afwezig waren. Bij weigering van de homologatie staan de rechtsmiddelen open voor de schuldenaar en de schuldeisers die vóór het akkoord hebben gestemd. Als de homologatie in kracht van gewijsde is gegaan, eindigt het faillissement (art. 161).

Bij natuurlijke personen kan het faillissement ook eindigen omdat het op verzoek van de schuldenaar wordt omgezet in een schuldsanering natuurlijke personen (art. 15b e.v.; zie nr. 256; vgl. tabel bij nr. 20). Hier heeft de rechtbank tot taak het verzoek van de schuldenaar te toetsen op ontvankelijkheid en inhoud. Als de rechtbank instemt met het verzoek eindigt het faillissement en wordt tegelijkertijd de schuldsanering natuurlijke personen op de schuldenaar van toepassing verklaard.

---

281 Zie art. 5.3a/b Recofa-richtlijnen voor faillissementen.
282 Waarbij de griffier aangeeft dat de schuldenaar niet verplicht is om te verschijnen; zie art. 5.3c Recofa-richtlijnen voor faillissementen.

160. Beslissingen na afloop van het faillissement

Het einde van het faillissement betekent niet dat daarmee ook de taak van de rechtbank is geëindigd. Zo moet zij altijd een oordeel vellen over de beloning van de curator (art. 71). Het salaris van de curator is te beschouwen als een van de kosten van het faillissement. Het vormt een boedelschuld met hoge rang en moet in beginsel uit de boedel worden voldaan.[283] In het wettelijk systeem is het de rechtbank die het salaris van de curator vaststelt. Dit gebeurt op basis van het voorstel van de curator en het advies daarover van de rechter-commissaris.[284] De gefailleerde wordt hierover niet gehoord.[285] De rechtbank kan volstaan met een sobere motivering, behalve wanneer zij afwijkt van het voorstel van de curator en dan moet de curator ook worden gehoord.[286] Bij een afwijking hoeft de rechtbank echter niet te specificeren welke uren wel en welke niet worden gehonoreerd, zolang zij maar inzicht geeft in haar gedachtegang.[287] Het salaris bedraagt in beginsel nooit meer dan het beschikbare actief, waarmee in de praktijk de curator in de meeste gevallen genoegen moet nemen.[288]

Los van de beslissing over het salaris van de curator moet de rechtbank na afloop van het faillissement soms ook nog andere beslissingen nemen. Dit doet zich bijvoorbeeld voor als daarna nog baten opduiken of gereserveerde gelden voor uitdelingen niet blijken te hoeven worden uitgekeerd (art. 194). Dan moet zij de voormalige curator het bevel geven om die baten te vereffenen en de opbrengst te verdelen conform de eerdere uitdelingslijsten. De wet werkt dit verder niet uit, zodat de rechtbank bij eventuele complicaties, zoals een curator die met zijn werk is gestopt of inmiddels een tegenstrijdig belang heeft gekregen etc., naar bevind van zaken moet handelen.

Verder kan de rechtbank in beeld komen, als de schuldenaar na homologatie van het akkoord in gebreke blijft zijn daaruit voortvloeiende verplichtingen na te komen. Iedere schuldeiser die hiermee geconfronteerd wordt kan dan bij de rechtbank ontbinding van het akkoord vorderen (art. 165 e.v.). In een dergelijk geval kan de rechtbank de schuldenaar nog een termijn van maximaal één maand geven om alsnog na te komen, maar anders moet zij de ontbinding van het akkoord uitspreken. Gelijktijdig vindt dan heropening van het faillissement plaats met alle gevolgen van dien (art. 167; zie nr. 248).

Het einde van het faillissement betekent voor een rechtspersoon – behalve als het faillissement is geëindigd door vernietiging of een akkoord – het einde van haar bestaan (art. 2:19 lid 1 sub c BW). Voor een natuurlijke persoon gaat het leven gewoon door. Hij (of de erfgenamen na zijn dood) kan echter belang hebben om gezuiverd te worden van de negatieve uitstraling die een faillissement ook na afloop met zich brengt. Daarom kent de wet de mogelijkheid van rehabilitatie (zie nr. 261).

283 Art. 16 lid 2; zie ook HR 28 september 1990, *NJ* 1991/305 (*De Ranitz & De Leeuw q.q./Ontvanger*).
284 Zie hierover ook art. 2.4d, 5.2b, 5.3b, 6 Recofa-richtlijnen voor faillissementen.
285 HR 19 januari 1990, *NJ* 1991/213; HR 23 februari 2001, *JOR* 2001/76.
286 HR 25 november 2005, *NJ* 2006/518 (met verwijzing naar HR 28 juni 1985 (over art. 71 en 73), *NJ* 1985/870). Over het horen van de curator zie HR 12 november 1999, *NJ* 2000/52; HR 11 september 2009, *RvdW* 2009/1002.
287 HR 8 mei 2009, *RvdW* 2009/610-612.
288 Zo ook art. 6.3e Recofa-richtlijnen voor faillissementen; in de praktijk komt dit vaak voor, zie G. van Dijck, R.D. Vriesendorp, D.C.M.H. Vielvoye, 'Lege boedels: code rood of vals alarm?', *TvI* 2008, 33.

Het verzoek hiertoe moet bij dezelfde rechtbank worden behandeld als die welke het faillissement heeft afgewikkeld (art. 206).

Als het faillissement tot een einde is gekomen, lijkt de rol van de rechtbank en haar rechter-commissaris te zijn uitgespeeld. Er is geen curator meer op wie zij toezicht moeten houden, behoudens een eventuele heropening van het faillissement (art. 167 e.v., 194). Toch blijft ook los van een faillissement contact bestaan tussen de rechtbank en haar curatoren. Met het oog op een verbetering van het toezicht op curatoren zijn rechtbanken de afgelopen tijd zich meer structureel gaan bemoeien met de kwaliteit van hun beroepsuitoefening. Naast het regulier overleg met de lokale faillissementscommissies vinden zogenaamde audits plaats waarbij leden van de rechtbank bij (het kantoor van) de curator op bezoek komen en (steekproefsgewijs) inzage verlangen in bepaalde dossiers en meer algemeen diens praktijkvoering tegen het licht houden.

5.4 Gevolgen en verloop van het faillissement

161. Inleiding

Los van de omvang van de schulden en het aantal schuldeisers heeft ieder faillissement van een onderneming of een individu (rechtspersoon of natuurlijke persoon) direct gevolgen voor de schuldenaar, diens schuldeisers, wederpartijen en debiteuren van de schuldenaar. Bij ondernemingen van enige omvang (doorgaans rechtspersonen) valt voorts te denken aan de maatschappelijk-economische omgeving waarin die opereert. Naast de eigen werknemers raakt het faillissement van een grote onderneming, zoals eind vorige eeuw DAF of Fokker en meer recent bijvoorbeeld Imtech en V&D, ook de toeleveranciers en afnemers en daarbij betrokken personen, organisaties en gemeenschap. Deze invloed op de werkgelegenheid in de (nabije) omgeving raakt de lokale economie en kan leiden tot sociale onrust waarmee overheden te maken hebben. Een dergelijke uitstraling naar de (lokale) politiek doet zich overigens niet alleen voor bij de ondergang van dergelijke grote ondernemingen. Zij heeft zich ook voorgedaan bij de verschillende insolventies in de financiële sector, zoals bij Icesave, DSB en SNS Reaal. Daarnaast ondervinden consumenten de gevolgen van een faillissement van een producent of leverancier, ook al zijn die niet hun directe wederpartij. Het gaat dan bijvoorbeeld om service, garanties of productaansprakelijkheid. Concurrenten van de gefailleerde partij kunnen enerzijds van het faillissement profiteren maar anderzijds marktverstoring ervaren als de gefailleerde onderneming via een doorstart in afgeslankte vorm wordt voortgezet. Een faillissement van een natuurlijke persoon heeft ook gevolgen voor andere betrokkenen dan de schuldenaar en zijn schuldeisers; denk bijvoorbeeld aan de invloed daarvan op de naaste (familie-)omgeving. Door de faillietverklaring treedt kortom voor alle betrokkenen een nieuwe rechtstoestand in en moet de curator met tal van aspecten rekening houden. De wetgever heeft daarvoor een en ander geregeld in de tweede afdeling van Titel I (art. 20-63e). Deze afdeling komt aan bod in deze paragraaf waarin de gevolgen en het verloop van het faillissement nadat het is uitgesproken aan de orde komen. Dan treedt de fase in waarin de curator zich met het beheer en de vereffening van de boedel moet gaan bezighouden. Hier komen twee belangrijke beginselen van insolventierecht in beeld: het fixatiebeginsel (zie nr. 13) en het gelijkheidsbeginsel (zie nr. 12).

Het fixatiebeginsel ziet erop dat door de faillietverklaring de posities van alle bij het faillissement betrokkenen gefixeerd worden, tenzij de wet daarop een uitzondering maakt, zoals bij de separatisten (art. 57).[289] Het fixatiebeginsel ziet op zowel de bezittingen van de schuldenaar (het boedelactief) als diens schulden aan de schuldeisers (het boedelpassief). De curator moet met beide categorieën aan de slag. De curator moet enerzijds de bezittingen beheren, dat wil zeggen zowel het vermogen ten tijde van de faillietverklaring fixeren (par. 5.4.1) als gedurende het faillissement dat vermogen 'reconstrueren' om de boedel (terug) te brengen in de staat waarin deze zou hebben verkeerd als bepaalde onwenselijk geachte gedragingen niet zouden zijn gebeurd (par. 5.4.2). Bij het beheer is een aparte rol weggelegd voor de bestaande overeenkomsten en de gevolgen van het faillissement voor wederpartijen (par. 5.4.3) en rijst de vraag wat met lopende gerechtelijke procedures moet gebeuren (par. 5.4.4). Naast het beheer van de bezittingen moet de curator anderzijds de faillissementsschulden inventariseren waarbij in beginsel ook weer de situatie ten tijde van de faillietverklaring beslissend is (par. 5.4.5).

Bij de vaststelling van de faillissementsschulden komt de onderlinge rangorde in beeld om vast te stellen welke schuldeiser een uitkering mag verwachten. Hier komt het gelijkheidsbeginsel naar voren. Dit ziet op het wettelijk uitgangspunt dat alle schuldeisers voor hun verhaal gelijk moeten worden behandeld, tenzij er redenen zijn om tot een ongelijke behandeling over te gaan.[290] Deze gelijke behandeling openbaart zich het duidelijkst in de wettelijke opdracht dat alle schuldeisers een gelijk recht hebben om uit de netto-opbrengst van de goederen van hun schuldenaar te worden voldaan naar evenredigheid van ieders vordering (art. 3:277 BW). Die netto-opbrengst wordt bereikt door de executiekosten van de bruto-opbrengst af te trekken. Deze executiekosten zijn bij faillissement de faillissementskosten en de boedelschulden (par. 5.4.6). Hier blijkt dat de omvang van boedelactief en boedelpassief mede beïnvloed wordt door de al genoemde gevolgen van wederkerige overeenkomsten en lopende procedures.

5.4.1 Beheer van de boedelbezittingen (activa); fixatie

162. Eerste werkzaamheden curator

Het boedelactief vormt het werkkapitaal voor de curator en dient als basis voor de uitdeling aan de schuldeisers na de vereffening van het vermogen van de schuldenaar. Voorts moet de curator uit dit actief putten om de kosten te bestrijden die nodig zijn voor de afwikkeling van het faillissement. Ten tijde van de totstandkoming van de Faillissementswet ging de wetgever er blijkbaar nog van uit dat de curator allereerst de omvang van de schuldenlast van de gefailleerde moet vaststellen (Titel I, afd. 5) en de mogelijkheid van een akkoord moet onderzoeken (Titel I, afd. 6) om

289 HR 18 december 1987, *NJ* 1988/340 (*OAR/ABN*); HR 17 februari 1995, *NJ* 1996/471, *AA* 1995/604 (*Mulder q.q./CLBN*).

290 Vgl. art. 1 Gw. Op de uitwerking van het gelijkheidsbeginsel bij de afwikkeling van faillissementen valt overigens wel wat af te dingen; zie R. Mokal, Priority as pathology: the pari passu myth, (http://ssrn.com/abstract=303739).

dan pas tot de vereffening over te gaan (Titel I, afd. 7), maar tegenwoordig is de praktijk meestal andersom als gevolg van het grote aandeel 'negatieve boedels' (zie nr. 238). Hierbij komt het niet tot enigerlei uitkering aan de preferente of concurrente faillissementsschuldeisers, zodat het niet de moeite (en de kosten) loont om de omvang van het passief te bepalen. Daarom richt de curator zich doorgaans eerst op het actief. Enerzijds om dit te fixeren en veilig te stellen en anderzijds om het zo veel mogelijk te vergroten, zodat meer aan de schuldeisers kan worden uitgekeerd. Daarom wordt dit ook wel boedelmaximalisatie of boedeloptimalisatie genoemd.

Een van de eerste taken van de curator is de omvang van de boedel te bepalen: wat behoort wel tot de boedel en wat niet? Hiervan maakt hij zo spoedig mogelijk een boedelbeschrijving (art. 94-95). Zoals hiervoor (nr. 127) bij de taken en bevoegdheden van de curator is behandeld, omvat het veiligstellen van het op faillissementsdatum nog beschikbare actief van de schuldenaar een juridische en een feitelijke component.

163. Het juridisch gefixeerde vermogen; uitgangspunt en uitzonderingen

Juridisch geldt als uitgangspunt dat het faillissement alleen de goederen van de gefailleerde schuldenaar omvat. Dit betekent dat de curator de goederen die van derden zijn, zoals geleende, gehuurde, geleaste of onder eigendomsvoorbehoud of huurkoop verkregen goederen, aan de rechthebbenden moet afgeven. Op hem rust een zorgplicht en hij mag die goederen niet zomaar aan hun lot overlaten. Onder omstandigheden kan de curator afgifte tijdelijk voorkomen door een afkoelingsperiode te verzoeken (art. 63a e.v.; zie nr. 173).

Voor het veiligstellen van de goederen van de schuldenaar schiet de wetgever de curator te hulp met verschillende bepalingen in de Faillissementswet (art. 20, 23, 24, 35 en 52). Niet alleen het vermogen dat de schuldenaar heeft op de dag van de faillietverklaring, maar ook alles wat hij daarna verkrijgt valt in het faillissement (art. 20).[291] Hierop zijn echter verschillende uitzonderingen gemaakt.

Zo is al bij de totstandkoming van de Faillissementswet opgemerkt dat de curator aan derden behoort af te geven wat hij als tussenpersoon voor die derde heeft ontvangen.[292] Hierbij werd in het bijzonder gedacht aan goederen die een commissionair (bijvoorbeeld in effecten) had ontvangen voor zijn opdrachtgever (committent) ter uitvoering van een in die hoedanigheid gesloten overeenkomst. Later is hierover toch onduidelijkheid gerezen. Zo is bijvoorbeeld de koopprijs die door de koper van een registergoed in handen van de notaris is gestort in het faillissement van die notaris gevallen.[293] Bij de beoordeling van deze kwestie heeft de Hoge Raad echter wel de mogelijkheid geopend dat vermogensafscheiding wordt bewerkstelligd door storting van dergelijke bedragen op een zogenaamde bijzondere of algemene kwaliteitsrekening. Inmiddels heeft de wetgever deze kwaliteitsrekening wettelijk geregeld voor notarissen (art. 25 Wna) en deurwaarders (art. 19 Gdw); de advocatuur

291 Parl. Gesch. Fw (*Van der Feltz*) I, p. 340.
292 Parl. Gesch. Fw (*Van der Feltz*) I, p. 345-346, onder verwijzing naar HR 5 april 1889, Magazijn van Handelsrecht 1889, p. 258.
293 HR 3 februari 1984, *NJ* 1984/752 (*Slis-Stroom*); vgl. HR 12 januari 2001, *NJ* 2002/371 (*Koren q.q./ Tekstra q.q.*).

werkt doorgaans met een zogenaamde stichting Derdengelden. Anderen kunnen echter geen faillissementsveilige vermogensafscheiding creëren door een kwaliteitsrekening, maar zullen daartoe een aparte rechtspersoon moeten gebruiken.[294]

De praktijk heeft eveneens geworsteld met de situatie waarin iemand per ongeluk geld overmaakt naar de failliet, terwijl dat geld voor een ander bedoeld is. In deze situatie is geoordeeld dat het geld wel tot de boedel is gaan behoren, maar dat de curator verplicht is om dit geld per omgaande terug te storten.[295]

Hoewel dit resultaat appelleert aan een rechtvaardigheidsgevoel, is de Hoge Raad er niet in geslaagd om het dogmatisch goed te funderen. Het schrijnende aspect van iemand die per ongeluk geld overmaakt aan een persoon die dat niet kan terugbetalen, doet zich immers ook voor als de betaling een dag vóór de faillietverklaring wordt ontvangen. In dit geval heeft de schuldeiser uit onverschuldigde betaling echter een concurrente faillissementsvordering waarop in de meeste gevallen geen uitdeling plaatsvindt.[296] De Hoge Raad heeft zijn restrictieve standpunt in latere uitspraken niettemin gehandhaafd.[297]

Inmiddels is er wel duidelijkheid over goederen die de schuldenaar – en in diens faillissement de curator – als trustee in de zin van het Haags Trustverdrag[298] onder zich krijgt. Deze vormen een afgescheiden vermogen en vallen niet in het faillissement van de trustee (art. 11 HTV).

Weer een andere categorie uitzonderingen op artikel 20 is in de daaropvolgende bepalingen in de Faillissementswet opgenomen vanuit humanitaire en maatschappelijk-sociale overwegingen (art. 21-22a). Als men de gefailleerde zijn volledige bezit zou ontnemen en te gelde maken, dan is dat niet alleen zeer hardvochtig en streng in zijn richting, maar het is ook niet in het belang van de schuldeisers en de maatschappij als geheel om de schuldenaar met volledig lege handen achter te laten. Het komt uiteindelijk iedereen ten goede als de schuldenaar zijn eigen inkomsten kan blijven verwerven. Daarom worden bepaalde vermogensbestanddelen van de schuldenaar[299] aan het beheer door de curator onttrokken: sommige zijn zodanig persoonsgebonden, dat ze niet voor uitwinning en vervreemding vatbaar zijn.[300] In deze context moeten de uitzonderingen van artikel 21 worden gezien:

- Artikel 21 sub 1° verwijst naar artikel 447 Rv en het auteursrecht wanneer dat niet vatbaar is voor beslag, dat wil zeggen het auteursrecht dat aan de maker toekomt of aan diens erfgenamen/legatarissen als het werk nog niet openbaar

294 HR 13 juni 2003, *NJ* 2004/196, *AA* 2004/775 (*Coöperatie Beatrixziekenhuis/ProCall*).

295 HR 5 september 1997, *NJ* 1998/437, *AA* 1999/564 (*Ontvanger/Hamm q.q.*) en HR 8 juni 2007, *NJ* 2007/419, *AA* 2008/128 (*Van der Werff q.q./BLG*).

296 Zoals de Hoge Raad ook uitdrukkelijk overweegt in HR 5 september 1997, *NJ* 1998/437, *AA* 1999/564 (*Ontvanger/Hamm q.q.*), r.o. 3.4, begin; zie ook mijn noot onder dit arrest in *AA* 199/77-8. Zie ook SBR deel 5, nr. 306.

297 HR 7 juni 2002, *NJ* 2002/608 (*Komdeur q.q./NN*), HR 27 september 2002, *NJ* 2002/620 (Vereniging Piramidespelen/Ontvanger), HR 22 november 2002, *NJ* 2003/32 (*Oberdorf/Linssen q.q.*), HR 8 juni 2007, *NJ* 2007/419, *AA* 2008/128 (*Van der Werff q.q./BLG*), HR 31 oktober 2014, *NJ* 2014/484 (*CZ Zorgkantoor/Scholtes q.q.*) en HR 5 februari 2016, *NJ* 2016/187 (*Rabobank/Verdonk q.q.*).

298 Verdrag van 1 juli 1985 inzake het recht dat toepasselijk is op trusts en inzake de erkenning van trusts, *Trb.* 1985, 141; voor Nederland in werking sinds 1 februari 1996.

299 Onder schuldenaar moet in voorkomend geval ook de echtgenoot of de geregistreerde partner van de in enige gemeenschap gehuwde of als partner geregistreerde schuldenaar worden begrepen (art. 22).

300 Zie bijv. de discussie over smartengeld; HR 22 november 2002, *NJ* 2003/32 (*Oberdorf/ Linssen q.q.*).

was gemaakt (art. 2 lid 4 Auteurswet). De opsomming in artikel 447 sub a-g Rv vormt een bonte verzameling die voor een deel uit sociale overwegingen aan de gefailleerde (doorgaans een natuurlijke persoon, al kan het auteursrecht (entertainmentindustrie, software) ook voor de rechtspersoon-gefailleerde van groot belang zijn) en soms zijn huishouden worden overgelaten en voor een deel gericht is op het verwerven van inkomen:

a. zaken die behoren tot de inboedel (art. 5:3 BW) van de door de schuldenaar bewoonde woning;
b. kleding van de schuldenaar en van de tot zijn gezin behorende huisgenoten;
c. de in de woning aanwezige voorraad levensmiddelen;
d. zaken die de schuldenaar en de tot zijn gezin behorende huisgenoten redelijkerwijs nodig hebben voor de persoonlijke verzorging en de algemene dagelijkse levensbehoeften;
e. de in de woonruimte aanwezige zaken die de schuldenaar en de tot zijn gezin behorende huisgenoten redelijkerwijs nodig hebben voor de verwerving van de noodzakelijke middelen van bestaan, dan wel voor hun scholing of studie;
f. zaken van hoogstpersoonlijke aard, een en ander mits niet bovenmatig; en
g. gezelschapsdieren van de schuldenaar en van de tot zijn gezin behorende huisgenoten, alsmede de voor de verzorging van deze dieren noodzakelijke zaken), tenzij in het faillissement schuldeisers opkomen wegens vorderingen vermeld in artikel 448 Rv.

- Het inkomen (bezoldiging wegens een ambt of bediening, of als soldij, gagement, pensioen of onderstand) dat de gefailleerde op grond van artikel 21 sub 2° toevalt heeft vooral de bedoeling om de gefailleerde in zijn eigen onderhoud te laten voorzien.[301] De grens wordt gevormd door wat de rechter-commissaris redelijk acht.
- Als derden wettelijk verplicht zijn de gefailleerde te onderhouden (art. 1:81, Titel 1.17 BW), dan vallen die bijdragen niet in de boedel op grond van artikel 21 sub 3°. Het is in strijd met het wezen van de alimentatie als deze gelden worden gebruikt om de schuldeisers van de alimentatiegerechtigde daarvan te laten profiteren.[302]
- Het door de rechter-commissaris te bepalen bedrag op grond van artikel 21 sub 4° is afkomstig van het wettelijk vruchtgenot dat ouders hebben over het vermogen van de kinderen die onder hun gezag staan (art. 1:253l BW). Door het vruchtgenot kunnen de ouders de inkomsten uit dat vermogen aanwenden ter bestrijding van de kosten die aan het vruchtgebruik zijn verbonden (art. 1:253l lid 3 BW), en de kosten voor de verzorging en opvoeding van het kind. Dat vermogen zelf valt overigens niet in de boedel omdat het niet aan de gefailleerde ouder maar aan het minderjarige kind toekomt.
- In artikel 21 sub 5° wordt een uitzondering gemaakt voor de gelden die in een apart fonds zijn gesteld om de aansprakelijkheid van een scheepseigenaar te beperken (art. 642a Rv) en op grond van artikel 642c lid 2 sub a Rv in de consignatiekas zijn gestort. Door de fondsstelling is een afzonderlijke vereffeningsprocedure in

301 Parl. Gesch. Fw (*Van der Feltz*) I, p. 348.
302 Parl. Gesch. Fw (*Van der Feltz*) I, p. 349.

het leven geroepen voor schuldeisers van een scheepseigenaar. Hoewel men op grond van artikel 33 zou kunnen betogen dat deze afzonderlijke executieprocedure door de faillietverklaring wordt gestaakt, is dit onder omstandigheden wellicht niet mogelijk omdat de regeling van artikel 642a e.v. Rv gebaseerd is op internationale verdragen.

- Artikel 21 sub 6° bepaalt dat de onder bewind staande goederen van de gefailleerde buiten de boedel vallen, behoudens voor zover die goederen[303] kunnen worden uitgewonnen door schuldeisers als bedoeld in artikel 60a lid 1 en 2. De verwijzing naar artikel 60a lid 3 maakt de vermelding van deze categorie in artikel 21 overigens overbodig, omdat die bepaling al vaststelt dat de onder bewind staande goederen buiten het faillissement vallen.[304]

De uitzondering van artikel 22a heeft een iets andere achtergrond. Deze bepaling – die in 1998 als artikel 21a was opgenomen, maar bij de invoering van het nieuwe verzekeringsrecht in Titel 7.17 BW de huidige inhoud en nummering heeft gekregen – is ingevoerd om aansluiting te zoeken bij de regeling in de schuldsanering natuurlijke personen. Hierin was voorzien dat levensverzekeringen die waren gesloten met het oog op de oude dag of ter verzorging van nabestaanden niet voor uitwinning vatbaar zijn.[305]

164. Invloed van huwelijks- en partnervermogensrecht op fixatie

Als de gefailleerde schuldenaar getrouwd is (Titel 1.5 BW) of een geregistreerd partnerschap is aangegaan (Titel 1.5A BW), rijst de vraag welke invloed dat heeft op het faillissement en de afwikkeling daarvan. Hierbij valt te onderscheiden tussen de persoonlijke staat (het gehuwd zijn of het bestaan van het geregistreerd partnerschap) en de vermogensrechtelijke positie van de echtgenoten/partners.

Op het eerste aspect, de persoonlijke staat, heeft het faillissement geen invloed. Uitgangspunt van de Faillissementswet is immers dat een faillissement uitsluitend het vermogen van de schuldenaar raakt en niet diens persoon.[306] Dit betekent niet alleen dat een faillissement niet van invloed is op het bestaan van een huwelijk of geregistreerd partnerschap van de gefailleerde schuldenaar, maar ook dat hij/zij vrij blijft om dat aan te gaan of te verbreken.

Het tweede aspect, de vermogensrechtelijke positie van de partners, wordt wel beïnvloed door de faillietverklaring. Hierbij maakt het verschil in hoeverre tussen

303 Ondanks het ontbreken van een algemene regeling van bewind (Titel 3.6 BW is immers niet ingevoerd) zijn er wel specifieke regelingen: bewind door ouders (art. 1:253i e.v. BW) of voogd (art. 1:337 e.v. BW) over het vermogen van de aan hun gezag onderworpen minderjarige. Verder bij curatele (Titel 1.16 BW), afwezigheid of vermissing (Titel 1.18 BW), meerderjarigenbewind (Titel 1.19 BW), eventueel in combinatie met mentorschap (Titel 1.20 BW). Bewind als middel tot bescherming van goederen is voorts als mogelijkheid te vinden bij de ontbinding van een rechtspersoon (art. 2:22 BW), gemeenschap (Titel 3.7 BW) en vruchtgebruik (Titel 3.8 BW).

304 In het Voorontwerp Insolventiewet was daarom de categorie van art. 21 sub 6° niet overgenomen in art. 3.1.1 lid 5; zie Toelichting Voorontwerp Insolventiewet bij art. 3.1.1 (p. 53).

305 Zie toelichting bij art. 295 bij NvW, Parl. Gesch. Fw (*Kortmann/Faber*), p. 736; inmiddels verwijst art. 295 lid 6 naar art. 22 en 22a waardoor de regelingen bij faillissement en schuldsanering natuurlijke personen zijn gelijkgetrokken. Zie in dit verband voorts HR 6 oktober 2017, *NJ* 2018/42 (*Looyen q.q./X en Y*) en HR 8 januari 2021, *JOR* 2021/76 (*X/Arnoldus q.q.*).

306 Parl. Gesch. Fw (*Van der Feltz*) I, p. 7 e.v.

de beide partners enigerlei gemeenschap van goederen bestaat.[307] Als iedere vorm van gemeenschap ontbreekt doordat de echtgenoten respectievelijk geregistreerde partners huwelijkse respectievelijk partnervoorwaarden voor ieders gehele vermogen zijn overeengekomen (Titel 1.8 BW) heeft de faillietverklaring van de ene echtgenoot/partner een beperkte invloed. Het vermogen van de ander valt buiten het faillissement en dient in beginsel niet tot verhaal voor de schuldeisers van de gefailleerde echtgenoot/partner. Die ander mag zijn/haar goederen terugnemen en zo nodig van de curator opeisen (art. 61). Aangezien een risico van samenspanning tussen de partners bestaat, golden vroeger (tot 2018) wel strenge bewijsregels als de curator de aanspraak van de ander betwistte (art. 61 lid 2-4 (oud)), maar dit is nu niet meer het geval: het gewone bewijsrecht is van toepassing. Voor zover de gefailleerde echtgenoot/partner jegens de ander een schuld heeft, treedt deze laatste als schuldeiser op met alle daaraan verbonden bevoegdheden.

Zodra sprake is van enige gemeenschap van goederen merkt de niet-gefailleerde partner de gevolgen van het faillissement in verdergaande mate. Dan leidt het faillissement van een van de deelgenoten immers tot het faillissement van de gemeenschap (art. 63). De gemeenschap brengt mee dat alle zich daarin bevindende goederen onder het beheer van de curator vallen, met uitzondering van de goederen genoemd in artikel 21, ook voor zover die toevallen aan de niet-gefailleerde echtgenoot/partner (art. 22). Omgekeerd kunnen op die gemeenschapsgoederen alle schuldeisers zich verhalen, dus ook schuldeisers van de niet-gefailleerde partner voor wie de gemeenschapsgoederen tot verhaal dienen.

Als beide echtgenoten/partners in financiële problemen zijn beland kunnen zich complicaties voordoen, zowel wanneer beiden in staat van faillissement komen te verkeren als wanneer een van hen in aanmerking komt voor de schuldsaneringsregeling (zie nr. 359). Ontbreekt een gemeenschap en zijn beiden failliet verklaard, dan moet de curator bedacht zijn op tegengestelde belangen, waardoor zo nodig twee verschillende curatoren moeten worden aangesteld. Bij een algehele gemeenschap van goederen daarentegen kan worden volstaan met één curator die het faillissement van de gemeenschap afwikkelt. In geval van een gedeeltelijke gemeenschap zal het afhangen van de omvang daarvan ten opzichte van de overige goederen en de potentiële tegenstrijdige belangen of dit door één of twee curatoren moet worden afgewikkeld.

Is de ene echtgenoot/partner in staat van faillissement verklaard, dan laat dit onverlet dat de andere onder de werking van de schuldsanering natuurlijke personen komt te vallen. Bij een uitsluiting van iedere gemeenschap zullen beide vermogens conform de daarop toepasselijke insolventieprocedure afzonderlijk moeten worden afgewikkeld. Is er echter een geheel of gedeeltelijke gemeenschap tussen beiden, dan geldt nog steeds dat de rechter voor beiden afzonderlijk moet beoordelen of aan de ingangsvereisten van de toepasselijke insolventieprocedure is voldaan.[308] De enkele omstandigheid dat tussen hen een gemeenschap van goederen bestaat, betekent niet dat de afwijzing van het verzoek van de een om toepassing van de schuldsaneringsregeling automatisch tot een afwijzing van het verzoek van

307 Zie over deze rechtsfiguur Titel 1.7 jo. art. 1:80b BW en SBR deel 1, par. 8.6 e.v. (nr. 112 e.v.)
308 Art. 313 jo. 63; zie HR 4 juni 2004, *NJ* 2004/638.

de ander moet leiden.[309] Toch laat de faillietverklaring de andere echtgenoot niet volledig koud: voor de vereffening van de gemeenschappelijke boedel moet eerst het faillissement daarvan worden afgewikkeld voordat die in de schuldsaneringsregeling vereffend kan worden. De faillissementsafwikkeling heeft voorrang omdat het faillissement van de gemeenschappelijke boedel is uitgesproken voor de gezamenlijke schuldeisers van de gefailleerde, terwijl de schuldsanering vooral het belang dient van de echtgenoot/ partner.[310] In de praktijk zal dit meestal betekenen dat voor de schuldsanering geen verhaal meer zal zijn op de gemeenschappelijke boedel. Dit neemt niet weg dat de schuldsanering in de tussentijd wel kan worden uitgevoerd voor zover deze losstaat van de afwikkeling van de gemeenschappelijke boedel.[311]

165. Erfrechtelijke complicaties bij faillissement

Bij de natuurlijke persoon die in staat van faillissement is verklaard kunnen zich complicaties voordoen als hij tijdens het faillissement overlijdt. De dood van een gefailleerde schuldenaar leidt op zichzelf niet tot het einde van het faillissement. Dit raakt immers niet de persoon van de schuldenaar maar is een algeheel beslag op het vermogen van de schuldenaar.[312] Toch heeft het gevolgen voor de vermogensrechtelijke afwikkeling.

Allereerst is er de praktische afwikkeling van de begrafenis of crematie. De kosten hiervoor vallen in beginsel buiten het faillissement, omdat deze na de faillietverklaring ontstaan. Boedelschulden lijken de daarvoor te maken kosten evenmin op te leveren, omdat die niet voortvloeien uit de wet noch zijn veroorzaakt door de curator (zie par. 5.4.6). Het is echter onwaarschijnlijk dat betrokkenen bij een uitvaart hun diensten willen verrichten zonder zeker te zijn van betaling van hun diensten. Zij zullen hun vorderingen moeten veiligstellen bij de naaste familieleden. Het is hierbij niet relevant in hoeverre deze ook erfgenaam zijn.

De vraag of men erfgenaam is is wel van belang voor de kwestie hoe vervolgens het faillissement moet worden afgewikkeld. Erfgenamen volgen immers de overleden schuldenaar van rechtswege op in vermogensrechtelijke zin (art. 4:182 BW). Dit betekent dat zij opvolgen in de voor overgang vatbare activa, het bezit en houderschap van de overleden schuldenaar (art. 4:182 lid 1 BW). Hetzelfde geldt voor de passiva voor zover die niet met het overlijden zijn tenietgegaan (art. 4:182 lid 2 BW). Tenzij bij testament hiervan is afgeweken volgt bij een huwelijk of geregistreerd partnerschap uitsluitend de echtgenoot of partner de erflater op in diens vermogen en krijgen de kinderen van de erflater uitsluitend een geldvordering op de echtgenoot of partner (art. 4:13 BW). Deze vordering is in beginsel niet-opeisbaar en wordt dat pas bij faillissement of schuldsanering van de echtgenoot of partner (art. 4:13 lid 3 sub a BW) of diens overlijden (art. 4:13lid 3 sub b BW). Schuldeisers van de erflater kunnen gedurende drie maanden na het overlijden geen verhaal nemen op goederen van de nalatenschap, tenzij alle erfgenamen haar zuiver aanvaard hebben (art. 4:185 jo. 4:192 BW). In faillissement lijkt dan de rol van de curator van

309 Zoals de Hoge Raad nog had geoordeeld in zijn arrest van 12 mei 2000, *NJ* 2000/567, waarop hij is teruggekomen in HR 4 juni 2004, *NJ* 2004/638.
310 HR 4 juni 2004, *NJ* 2004/638, r.o. 3.6.
311 HR 4 juni 2004, *NJ* 2004/638; vgl. hierna nr. 359.
312 Parl. Gesch. Fw (*Van der Feltz*) I, p. 7 e.v.

de erflater te zijn uitgespeeld: de schuldeisers moeten zich dan maar richten tot de erfgenaam. Bij faillissement is een zuivere aanvaarding van de nalatenschap door alle erfgenamen echter niet waarschijnlijk. Uitgaande van de normale faillissementssituatie waarin sprake is van een negatief vermogen, kan een zuivere aanvaarding ertoe leiden dat ook de erfgenaam in staat van faillissement komt te verkeren. Dit kan de erfgenaam voorkomen door de nalatenschap niet te aanvaarden, maar te verwerpen (art. 4:190 e.v. BW). Bij een overlijden tijdens faillissement is het echter nog niet altijd duidelijk hoe de financiële positie van de schuldenaar precies is, terwijl het voor een erfgenaam soms op morele of emotionele gronden moeilijk kan zijn om met een verwerping van de nalatenschap nadrukkelijk afstand te nemen van de erflater. Dan biedt de mogelijkheid van de zogenaamde 'beneficiaire aanvaarding' van de nalatenschap een oplossing (art. 4:195 BW). Hiermee geeft de erfgenaam te kennen dat hij de nalatenschap aanneemt onder het voorrecht van boedelbeschrijving. Door het opmaken daarvan worden de risico's voor de erfgenaam duidelijk en kan hij een gefundeerde beslissing nemen of hij deze op zich wil nemen. Als dit zich voordoet moet de nalatenschap vereffend worden (art. 4:195, 4:202 e.v. BW). Hoewel hierop de bepalingen van afdeling 4.6.3 BW van toepassing zijn, is dat in feite door de faillissementsvereffening al overgenomen. Gedurende de vereffening zouden de schuldeisers immers ook alleen bevoegd zijn om zich op goederen van de nalatenschap te verhalen als zij dat ook in faillissement van de erflater zouden mogen doen (art. 4:223 BW).[313]

Een derde gevolg van het faillissement van de erflater is dat wanneer hij in zijn testament een legaat heeft opgenomen, de legataris daaraan maar beperkte rechten ontleent. De uitkering van het legaat kan pas plaatsvinden als alle andere schulden van de nalatenschap zijn voldaan, waarmee zijn vordering uit het legaat daaraan is achtergesteld (art. 4:120 lid 1 BW). Is de resterende nalatenschap dan ontoereikend om het legaat te voldoen, dan wordt het legaat in beginsel naar evenredigheid verminderd (art. 4:120 lid 2-3 BW).

Niet alleen het faillissement van een erflater heeft gevolgen voor de positie van erfgenamen, legatarissen en degenen die aanspraak maken op hun legitieme portie (legitimarissen); ook in het omgekeerde geval van een faillissement van een erfgenaam, legataris of legitimaris, kan dit van invloed zijn op de erfrechtelijke afwikkeling. Een faillissement van de echtgenoot of partner van de erflater die op basis van de wettelijke regeling bij versterf is opgevolgd in het hele vermogen van de erflater heeft tot gevolg dat de geldvordering van een kind ter grootte van de waarde van zijn erfdeel dan opeisbaar wordt (art. 4:13 lid 3 sub a BW). Telkens als bij erfopvolging bij versterf bepaalde acties moeten worden verricht door de gefailleerde echtgenoot of partner, ligt de bevoegdheid daartoe bij diens curator (art. 4:18 lid 3 BW). Hetzelfde geldt voor het geldend maken van de aanspraak op de legitieme portie door de gefailleerde legitimaris bij een gefailleerd kind of bij testamentaire erfopvolging; ook dit kan alleen de curator doen (art. 4:26 lid 2 en 4:92 BW).

313 Vgl. art. 4:185 lid 1, slot, BW.

166. *Fixatie en beperkingen van de beschikkingsbevoegdheid van de schuldenaar*

Nadat de wetgever aan het begin van de tweede afdeling van Titel I Faillissementswet (art. 20-22a) de omvang van het actief heeft bepaald, heeft hij met de daaropvolgende bepalingen het fixatiebeginsel vormgegeven om ervoor te zorgen dat de activa de boedel niet (meer) zonder medeweten en -werking van de curator kunnen verlaten. Hierbij is cruciaal dat de schuldenaar door de faillietverklaring van rechtswege de beschikking en het beheer over zijn vermogen verliest (art. 23). Dit heeft het goederenrechtelijke gevolg dat de gefailleerde geen goederen uit zijn vermogen meer kan vervreemden. Door het ontbreken van de beschikkingsbevoegdheid is een (eigendoms)overdracht immers niet mogelijk (art. 3:84 lid 1 BW). De wederpartij kan hooguit een beroep doen op derdenbeschermingsbepalingen waardoor hij toch rechthebbende wordt (art. 3:86, 88 BW; vgl. art. 3:36 BW). Een bijzonderheid hierbij is de terugwerkende kracht die aan deze beschikkingsonbevoegdheid is verbonden effect heeft tot aan het begin (00.00 uur) van de dag waarop de schuldenaar in staat van faillissement is verklaard. Dit betekent dat ook alle beschikkings- en beheersdaden van de schuldenaar voorafgaand aan de zitting waarop het verzoek tot faillietverklaring wordt behandeld, achteraf beschouwd zonder effect blijven, ook al was de schuldenaar op dat tijdstip nog niet in staat van faillissement verklaard en dus strikt genomen nog niet failliet.

Uitzondering op deze terugwerkende kracht vormt de op de dag van de faillietverklaring met de schuldenaar gesloten financiëlezekerheidsovereenkomst of een daaruit voortvloeiende overdracht, vestiging van een pandrecht of een opdracht tot verrekening op grond daarvan, mits dat op die dag is gebeurd voor het tijdstip van de faillietverklaring (art. 63e). Daarom bevat het vonnis van faillietverklaring tot op de minuut nauwkeurig het tijdstip daarvan (art. 14 lid 1, slot). Hetzelfde geldt voor bancaire betalingstransacties bij een faillissement van een daarbij betrokken financiele instelling. Dan worden overboekingsopdrachten, opdrachten tot verrekening of enige uit een dergelijke opdracht voortvloeiende betaling, levering, verrekening of andere rechtshandeling die daarvoor nodig is vanaf dat tijdstip door het faillissement getroffen. (art. 212b lid 1). Alles wat eerder op de dag van de faillietverklaring is gebeurd, wordt daardoor niet geraakt.

Bij girale betaling door de schuldenaar aan een derde rondom de faillietverklaring is het voor de curator van belang te weten wanneer hij die betaling als vaststaand moet accepteren of dat hij die mag terugdraaien. De betaling gebeurt door een overboekingsopdracht door de rekeninghouder aan zijn bank die dat vervolgens in het systeem uitvoert. Een deel hiervan gebeurt tegenwoordig zonder aparte opdracht door de rekeninghouder maar direct door de ontvanger van de betaling op basis van een eerder afgegeven – algemene of specifieke – incasso-opdracht. Waar dit vroeger geruime tijd in beslag nam door allerlei papieren transacties en verzending daarvan naar en van de bank, is dit tegenwoordig teruggebracht tot fracties van seconden. Ongeacht het tijdsverloop moet dit uiteindelijk leiden tot een creditering van de bankrekening van de begunstigde, doorgaans schuldeiser van de schuldenaar. Pas door deze bijschrijving is de betaling door de schuldenaar voltooid (art. 6:114 lid 2 BW) en is hiermee de verbintenis tot betaling voldaan. Als dit voor de dag van de faillietverklaring is gebeurd, heeft de schuldenaar dat bevoegd gedaan en kan de curator dat niet terugdraaien. Hij kan op grond van artikel 23 echter wel alle betalingen terugvorderen die op die dag nog niet bij de begunstigde waren bijgeschreven, zowel van de bank van de gefailleerde die de overboekingsopdracht heeft uitgevoerd als van de begunstigde.[314]

Behoudens de hierna in nr. 178 e.v. te behandelen mogelijkheden tot 'reconstructie' van de boedel door de curator, zijn beschikkingsdaden en rechtshandelingen, anders dan om niet, door de schuldenaar die voorafgaand aan de dag van de faillietverklaring voltooid zijn, onaantastbaar. Als die onder (een ontbindende of opschortende) voorwaarde zijn verricht, heeft de faillietverklaring geen gevolgen voor het intreden van de voorwaarde. Op grond van artikel 3:84 lid 4 BW wordt in die gevallen immers een recht verkregen dat van diezelfde voorwaarde afhankelijk is. Door deze bepaling belemmert het na de faillietverklaring in vervulling gaan van een opschortende voorwaarde – bijvoorbeeld de betaling van de koopprijs in geval van een verkoop onder eigendomsvoorbehoud (art. 3:92 BW) door de latere gefailleerde –niet dat de verkrijger daardoor onvoorwaardelijk eigenaar wordt (art. 3:84 lid 4 BW).

Dit heeft bijvoorbeeld tot gevolg dat een onvoorwaardelijk pandrecht dat door de eigenaar onder opschortende voorwaarde, zoals een koper onder eigendomsvoorbehoud, op die voorwaardelijke eigendom was gevestigd, door het intreden van de voorwaarde tijdens faillissement uitgroeit tot een volwaardig pandrecht: noch artikel 23 noch artikel 35 lid 2 staat hieraan in de weg.[315] Dit betekent dat de pandhouder van de voorwaardelijke eigendom na de faillietverklaring door betaling van het verschuldigde bedrag om de voorwaarde te doen intreden, kan bewerkstelligen dat hij als pandhouder van de onvoorwaardelijke eigendom die zaak kan uitwinnen.

Dit is echter anders bij een rechtshandeling om niet, zoals een schenking die de schuldenaar onder opschortende voorwaarde of tijdsbepaling heeft gedaan: als die voorwaarde of tijdsbepaling niet vóór de dag van de faillietverklaring is vervuld of ingetreden, kan de begiftigde daaraan jegens de boedel geen rechten ontlenen. Mocht ter uitvoering van die schenking al geleverd zijn geweest, dan hoeft de curator die overdracht niet tegen zich te laten gelden, ook al zou het desbetreffende goed op grond van artikel 3:84 lid 4 respectievelijk 3:85 lid 2 BW goederenrechtelijk niet meer tot het vermogen van de gefailleerde schuldenaar behoren (art. 35b).

In het tegenovergestelde geval van een ontbindende in plaats van opschortende voorwaarde doet de vervulling daarvan de eventueel daarmee uit het vermogen van de gefailleerde verdwenen vermogensbestanddelen automatisch terugkeren in de boedel.

Een situatie die sterk lijkt op het intreden van een ontbindende voorwaarde is de zogenaamde stornering van girale betalingstransacties bij een debetstand van de gefailleerde schuldenaar. Dit is echter niet gunstig voor de curator, want dan profiteert niet de boedel maar de bank van de gefailleerde rekeninghouder. Stornering is niet een vervulling van een ontbindende voorwaarde maar het administratief terugboeken van automatisch geïncasseerde betalingen binnen een bepaalde termijn conform de door de incassant met de bank overeengekomen incassovoorwaarden. Als dit na de faillietverklaring gebeurt, komt het teruggeboekte bedrag niet in de macht van de curator, maar heeft de bank daarvan profijt; er is slechts sprake van een administratieve ongedaanmaking

314 HR 20 maart 2015, *NJ* 2015/264 (*JPR/Gunning q.q.*), r.o. 3.10.2-3.
315 HR 3 juni 2016, *NJ* 2016/290 (*Rabobank/Reuser*), r.o. 4.2.5. Vgl. SBR deel 2, nr. 494.

van de debitering van de rekening van de gefailleerde door een louter boekhoudkundige creditering daarvan.[316]

Voor zover de schuldenaar voorafgaand aan de dag van de faillietverklaring al bezig was om bepaalde activa aan derden over te dragen of te bezwaren, beperken artikel 35 e.v. de effecten daarvan: als de levering of vestigingsformaliteit nog niet voltooid was op de datum van de faillietverklaring, dan kan dat ook niet meer geldig gebeuren.[317] Het tweede lid heeft een overeenkomstige uitwerking in geval van een levering bij voorbaat van een toekomstig goed of vestiging bij voorbaat van een beperkt recht daarop (art. 3:97 jo. 98 BW). Strikt genomen is in die gevallen de levering dan wel vestiging (in enge zin, dat wil zeggen de formaliteiten daarvoor) immers al vóór de faillietverklaring volledig verricht, maar is die nog niet voltooid.

In de praktijk heeft dit vooral discussie opgeleverd bij de zekerheid bij voorbaat op vorderingen, waarbij het onderscheid bestaande/toekomstige vordering een cruciale rol vervult. In geval van een toekomstige vordering heeft een eerdere levering of verpanding bij voorbaat dan ook geen effect.[318]

Als op de dag van de faillietverklaring een kwalitatieve verplichting als bedoeld in artikel 6:252 BW nog niet is ingeschreven in de openbare registers, heeft een latere inschrijving geen werking tegen de curator en degenen die het desbetreffende registergoed van hem verkrijgen (art. 35a).

167. Fixatie en debiteuren van de gefailleerde schuldenaar

Een gefailleerde schuldenaar heeft niet alleen schuldeisers, maar ook schuldenaren, bijvoorbeeld op grond van contract. Het schuldenaarschap kan ook gebaseerd zijn op een verbintenis uit de wet, zoals onrechtmatige daad, zaakwaarneming, onverschuldigde betaling of ongerechtvaardigde verrijking.[319] In al deze gevallen heeft het faillissement van de schuldeiser van deze schuldenaren maar beperkte invloed: de verschuldigdheid van de prestatie jegens de gefailleerde blijft op zichzelf bestaan. Direct vanaf de faillietverklaring is de gefailleerde alleen niet meer bevoegd om als schuldeiser zijn vordering te incasseren of op een andere manier de verschuldigde prestatie af te dwingen. Waar de vordering op de schuldenaar deel uitmaakt van de boedel (art. 20), is die bevoegdheid exclusief overgegaan op de curator (art. 23, 68). Schuldenaren van de failliet kunnen daarom na de faillietverklaring alleen nog maar aan hem bevrijdend betalen. Betaalt de schuldenaar toch aan de gefailleerde, dan is hij in beginsel niet bevrijd en loopt hij het risico nog een keer te moeten presteren, maar dan jegens de curator (art. 52). Hierop zijn echter bepaalde uitzonderingen.

Omdat de faillietverklaring niet direct bij derden bekend zal zijn, biedt de wet hun wel een zekere bescherming. In het gewone leven wordt een schuldenaar beschermd die betaalt aan iemand die onbevoegd is om de betaling te ontvangen,

316 HR 16 september 2011, *NJ* 2012/89 (*SNS/Pasman q.q.*) onder verwijzing naar HR 3 december 2004, *NJ* 2005/200 (*Mendel q.q./ABN Amro*).
317 HR 14 juli 2000, *NJ* 2001/685, *AA* 2000/788 (*Lagero*), r.o. 3.4.1-3.
318 HR 30 januari 1987, *NJ* 1987/530 (*WUH/Emmerig q.q.*); HR 3 december 2010, *NJ* 2011/653 (*ING/Nederend q.q.*); vgl. hierover SBR deel 2, par. 5.6.4 (nr. 420 e.v.) en nr. 545.
319 Afdeling 6.3.1 respectievelijk 6.4.1-3 BW; zie over deze onderwerpen SBR deel 5, hfdst. 11, 12 en 13.

als hij op redelijke gronden heeft aangenomen dat de ontvanger van de betaling tot het aannemen van de prestatie gerechtigd was (art. 6:34 BW). Direct na de faillietverklaring geldt een vergelijkbare bescherming en kunnen schuldenaren van de gefailleerde nog even bevrijdend aan hem betalen. Zolang de faillietverklaring niet is bekendgemaakt bevrijdt de betaling aan de gefailleerde de schuldenaar, tenzij bewezen wordt dat hij wel op de hoogte was van het faillissement (art. 52 lid 1). Na de bekendmaking van de faillietverklaring zijn de rollen omgekeerd: dan is de betaling alleen bevrijdend als de schuldenaar aantoont dat de faillietverklaring in zijn woonplaats nog niet langs de wettelijke weg bekend kon zijn (art. 52 lid 2).

Vroeger lag hier nog wel enige tijd tussen, omdat de faillietverklaring niet alleen gepubliceerd moest worden in de Staatscourant maar ook in een of meer door de rechter-commissaris aan te wijzen lokale nieuwsbladen, maar zelfs dan was het vermoeden dat hier maar een korte tijd overheen zou gaan.[320] Tegenwoordig gaat hier nauwelijks nog tijd overheen omdat een publicatie in de Staatscourant volstaat (art. 14 lid 3), die bovendien online via www.officielebekendmakingen.nl/ te raadplegen is. Weliswaar is de curator door de wetgever opgedragen om die publicatie te verrichten, maar in de praktijk vinden deze publicaties tegenwoordig door de rechtbanken plaats, die de faillietverklaring moeten doorgeven aan het Centraal Insolventieregister (art. 19 lid 4), waardoor een snelle landelijke publicatie een feit is.[321]

De bescherming van onwetende derden die aan de gefailleerde betalen na diens faillietverklaring is overigens beperkt tot betalingen op vorderingen die vóór de faillietverklaring waren ontstaan. Betaling op later ontstane vorderingen vallen hier buiten. Vooral bij girale betaling kan dit problemen opleveren, omdat de aanvaarding van een betalingsopdracht en de uitvoering die een bank daaraan geeft worden gezien als de voldoening van een verbintenis (betaling) door de bank aan de gefailleerde in de zin van artikel 52. Zodra de opdracht is gegeven na de faillietverklaring valt de uitvoering daarvan als wijze van betaling echter niet onder het toepassingsbereik van artikel 52, ook al wordt die uitgevoerd vóór de bekendmaking daarvan. Voor een extensieve interpretatie van deze bepaling ter bescherming van derden te goeder trouw ten nadele van het fixatiebeginsel is geen reden.[322]

Dit betekent dat de curator de betaling kan terugdraaien, zowel bij de ontvanger daarvan als bij de bank van de gefailleerde die de betalingsopdracht heeft uitgevoerd op de dag van de faillietverklaring. Praktisch is dit het eenvoudigst om van de eigen bank te verlangen dat zij de afschrijving ongedaan maakt en de rekening weer crediteert. Als de betalingsopdracht is gegeven door een bestuurder die ook op de hoogte is van de faillissementsaanvraag, heeft de bank vervolgens de mogelijkheid om die bestuurder op grond van bestuurdersaansprakelijkheid tot schadevergoeding aan te spreken (nr. 207). Hiertoe moet zij dan wel aantonen dat die bestuurder persoonlijk een ernstig verwijt kan worden gemaakt.[323] De bank hoeft hiervoor niet te stellen en te bewijzen dat de aangesproken partij op de hoogte is van de terugwerkende kracht tot

---

320 Parl. Gesch. Fw (*Van der Feltz*) I, p. 459-460.

321 Zie art. 1.3 Recofa-richtlijnen voor faillissementen. In het oorspronkelijk ontwerp van de Faillissementswet eind 19e eeuw was de publicatie overigens ook al aan de griffier opgedragen, maar omdat men zich afvroeg hoe het dan met de daarmee gepaard gaande kosten ging (wie betaalt het salaris van de griffier hiervoor?) is dit gewijzigd; zie Parl. Gesch. Fw (*Van der Feltz*) I, p. 325-326.

322 HR 28 april 2006, *NJ* 2006/593, *AA* 2007/53 (*Huijzer q.q./Rabo West-Kennemerland*), r.o. 3.4 en voorafgaande conclusie A-G Huydecoper, nr. 4-14. Vgl. Parl. Gesch. Fw (*Van der Feltz*) I, p. 464-465. In HR 23 maart 2012, *NJ* 2012/431 (*ING/Manning c.s.*) is deze lijn vastgehouden.

323 HR 27 februari 2015, *NJ* 2015/240 (*ING/Deuzeman Beheer*), r.o. 3.3.1. Vgl. HR 5 september 2014, *NJ* 2015/21 (*Tulip Air*) en *NJ* 2015/22 (*RCI*).

00.00 uur van de faillietverklaring (art. 23), maar kan ook geen gebruik maken van niet het adagium dat een ieder geacht wordt de wet te kennen. Volgens de Hoge Raad is het dan aan de aangesproken partij om haar onwetenschap over die 00.00-uurregel te stellen zo nodig te bewijzen.[324]

Uit opportuniteitsoverwegingen laat de wet betalingen aan de gefailleerde waardoor de boedel gebaat is, ongemoeid (art. 52 lid 3). Deze bepaling sluit aan bij artikel 24 over baat opleverende verplichtingen die door de schuldenaar zijn aangegaan. Hoewel de failliet juridisch niet handelingsonbekwaam of -onbevoegd is geworden door het faillissement, kan hij op grond van deze bepaling de boedel niet meer binden. Maar ook dit wordt anders als de boedel daardoor gebaat is.

Zodra de debiteur van de gefailleerde op zijn beurt echter ook iets van de gefailleerde te vorderen heeft – en dus tevens schuldeiser van de gefailleerde is – heeft de faillietverklaring minder ernstige gevolgen: de schuld aan de gefailleerde vormt een 'onderpand' voor de vordering op de gefailleerde.[325] Voor zover hij na de faillietverklaring door de curator tot presteren wordt aangespoord mag hij zich beroepen op de exceptio non adimpleti contractus (art. 6:262, 6:52 BW; nr. 179), de onzekerheidsexceptie (art. 6:263 BW) of verrekening (art. 53; nr. 175 e.v.); uiteraard voor zover aan de daarvoor gestelde vereisten is voldaan.

168. Feitelijke fixatie

Ondanks de verschillende zojuist aangestipte uitzonderingen heeft de curator vanaf de faillietverklaring juridisch de macht grotendeels in handen. Dit betekent echter niet dat hij zijn taak in alle rust kan vervullen. Feitelijk bezien moet een curator snel en daadkrachtig optreden, wil hij niet geconfronteerd worden met een nog even snel leeggehaalde boedel. Voor zover aanwezig zal hij registergoederen, voorraden, inventaris, machines en andere roerende zaken moeten veiligstellen en zo nodig in bewaring nemen (art. 92). In voorkomend geval moet hij het bedrijfsterrein afsluiten, laten bewaken en eventueel laten verzegelen (art. 93). Hiertoe kan hij de hulp inschakelen van een bewakingsbedrijf maar ook gebruikmaken van betrouwbare werknemers. De curator zal ook de schaderisico's moeten inschatten waarvoor hij wellicht verzekeringen moet afsluiten. Bij dit alles is de gefailleerde tot medewerking verplicht (art. 105a lid 1). Mede met het oog op zijn specifieke onderzoekstaak op grond van artikel 68 lid 2, kan de curator terbeschikkingstelling van de volledige en ongeschonden administratie en alle daartoe behorende boeken, bescheiden en andere gegevensdragers verlangen. Hiertoe moet de gefailleerde de curator zo nodig (digitale) toegang verlenen (art. 105a lid 2). De curator kan dit ook verlangen van de accountant en andere derden die de administratie beroeps- of bedrijfsmatig onder zich hebben (art. 105b).

Het veiligstellen van niet-stoffelijke objecten, zoals vorderingen, intellectuele eigendomsrechten en andere vermogensrechten, verschilt per object. Vorderingen van de schuldenaar moet hij zo snel mogelijk (laten) incasseren, want hoe langer de betalingstermijn, des te groter is de kans op wanbetaling en hoge incassokosten. Bij een openbare verpanding van vorderingen speelt de curator geen rol, omdat dan de pandhouder exclusief inningsbevoegd is (art. 3:246 lid 1 BW), maar als de vorderingen op

324 HR 27 februari 2015, *NJ* 2015/240 (*ING/Deuzeman Beheer*), r.o. 3.3.3.
325 Parl. Gesch. Fw (*Van der Feltz*) I, p. 462.

debiteuren van de schuldenaar stil zijn verpand, mag de curator echter niet direct na de faillietverklaring tot inning overgaan. Dan riskeert hij zelfs persoonlijke aansprakelijkheid.[326] Is de pandhouder een professionele partij, zoals een bank, dan moet hij haar een korte termijn van veertien dagen gunnen om tot mededeling van de verpanding aan de debiteuren over te gaan en daarmee de inningsbevoegdheid naar zich toe te halen.[327] Voor zover de pandhouder de informatie voor die mededeling ontbeert, bijvoorbeeld omdat de pandhouder werkt met de zogenaamde 'Verzamelpandakte' of andere vormen van 'bulkverpanding' waarbij hij geen informatie op het niveau van de individuele debiteuren heeft, is de curator in beginsel gehouden hem die te verschaffen.[328]

Geld dat de curator voor zijn activiteiten niet direct nodig heeft, moet hij op een veilige, rentedragende bankrekening onderbrengen (art. 102). In de praktijk hanteren de verschillende arrondissementen verschillende regels, zowel voor de – al dan niet vrije – keuze bij welke bank een dergelijke rekening moet worden aangehouden als de condities waaronder en de wijze waarop over die bedragen kan worden beschikt. De wettelijke eis dat de rechter-commissaris iedere beschikkingsdaad over de gelden op die rekening voor gezien tekent (art. 103), wordt niet overal en zeker niet voor elk bedrag gevolgd.[329]

Het wettelijk vereiste dat geld dat niet direct voor het beheer van de boedel nodig is, op een passende wijze door de curator wordt belegd op een door de rechter-commissaris goed te keuren wijze, vereist door de bankencrisis goed doordacht optreden van curator en rechter-commissaris. De zekerheid van het depositogarantiestelsel van De Nederlandsche Bank – zo al van toepassing (zie art. 9 en 29.01 e.v. Besluit bijzondere prudentiële maatregelen, beleggerscompensatie en depositogarantie Wft) – geeft immers maar een beperkte dekking.

Andere vermogenswaarden (zoals effecten, maar ook andere beleggingsobjecten) moet de curator op een in overleg met de rechter-commissaris verantwoorde wijze onderbrengen en beheren (art. 102, 103). Dit geldt eveneens voor intellectuele eigendomsrechten, zoals octrooi-, merk- en modellenrechten en het auteursrecht, maar ook de minder bekende vormen zoals kwekersrechten en zogenaamde chipsrechten. Het beheer van dergelijke rechten kan betekenen dat de curator zo nodig procedures moet beginnen tegen partijen die op deze rechten inbreuk maken. Daar waar registraties van belang kunnen zijn voor het behoud van deze rechten, is de curator gehouden om die bijtijds te verrichten of te verlengen, mits dat in het belang van de boedel is en hij daarvoor ook de financiële middelen heeft. Verder moet hij afwegen in hoeverre de boedel gebaat is bij voortzetting van vaststellings- of erkenningsprocedures bij bijvoorbeeld octrooi- en modellenrechten. Meestal zal hij deze niet willen continueren, omdat de kosten daarvan moeilijk te beteugelen zijn en het resultaat onzeker.

In zeker opzicht is de beperking die aan de gefailleerde is opgelegd om niet zonder toestemming van de rechter-commissaris zijn woonplaats te verlaten (art. 91) ook een

326 HR 30 oktober 2009, *NJ* 2010/96 (*Hamm q.q./ABN Amro*), r.o. 3.4.2-3; HR 5 februari 2016, *NJ* 2016/187 (*Rabobank/Verdonk q.q.*), r.o. 3.3.5.

327 HR 22 juni 2007, *NJ* 2007/520, *AA* 2007/972 (*ING/Verdonk q.q.*); de overwegingen van de Hoge Raad suggereren dat de curator een langere termijn moet hanteren – en wellicht zelfs een informatieplicht heeft – als de pandhouder niet als een professionele partij kan worden gekwalificeerd.

328 HR 30 oktober 2009, *NJ* 2010/96 (*Hamm q.q./ABN Amro*) en HR 3 februari 2012, *NJ* 2012/261 (*Dix q.q./ING*).

329 Vgl. art. 3.1c Recofa-richtlijnen voor faillissementen op grond waarvan de curator bij uitsluiting bevoegd is om over de rekening te beschikken, maar op dit punt overigens geen uitsluitsel geeft, omdat de rechtbank anders kan bepalen.

middel om te voorkomen dat activa, en de kennis daarover, zouden verdwijnen. In de praktijk lijkt deze bepaling overigens niet streng te worden toegepast. Wel gebeurt het een enkele keer dat het paspoort van de gefailleerde wordt ingenomen. Formeel kan de rechter-commissaris zelfs verzoeken om een paspoort van de gefailleerde of – bij rechtspersonen – diens bestuurder of commissaris te weigeren of vervallen te laten verklaren, waardoor het voor deze persoon lastiger wordt om naar het buitenland te gaan.[330]

169. Combinatie van juridische en feitelijke fixatie; bedrijfsvoortzetting

De curator wordt met een mix van juridisch en feitelijk handelen geconfronteerd als de gefailleerde – natuurlijke persoon maar meestal rechtspersoon – een bedrijf uitoefent. Hij moet dan beslissen of hij dat bedrijf wil voortzetten of – direct of op termijn – gaat staken. Het argument om het bedrijf voort te zetten is dat dan geprobeerd kan worden om enige waarde te behouden en door verkoop te gelde te maken. Een onderneming levert op continuïteitsbasis (*going concern*) meestal immers meer op dan de som van de afzonderlijke delen van die ondernemingen bij verkoop op liquidatiebasis.

Het tegenargument is dat een voortzetting niet helemaal zonder risico is; de schuldenaar is immers niet voor niets in staat van faillissement verklaard en de curator moet rekening houden met de nodige onverwachte tegenvallers. De bekendste zijn dat de kosten voor voortzetting hoger blijken dan gepland en de opbrengsten lager. Het eerste omdat er tegenvallers zijn door discussies en conflicten met toeleveranciers – die bijvoorbeeld kostbare betalingsgaranties willen, hogere prijzen berekenen of weigeren om nog te leveren waardoor alternatieven moeten worden gezocht – en werknemers die vertrekken (bijvoorbeeld naar de concurrent). Lagere opbrengsten zijn het gevolg van terugtrekkende afnemers of afnemers die prijsverlagingen afdwingen omdat de curator geen garanties wil geven.

Over de bedrijfsvoortzetting regelt de Faillissementswet nauwelijks iets. Zoals hiervoor in par. 5.3.5 behandeld is, moet de curator advies inwinnen van de schuldeiserscommissie, zo deze is benoemd (art. 78 lid 1). Is dit niet het geval dan heeft hij de machtiging nodig van de rechter-commissaris (art. 98). In het kader van de bedrijfsuitoefening is de curator bevoegd om geproduceerde goederen te vervreemden. Waar dit doorgaans onderhands gebeurt heeft hij de toestemming van de rechter-commissaris nodig, tenzij de waarde daarvan minder dan € 2.000 bedraagt (art. 101 jo. 176). Als de curator het bedrijf wil voortzetten nadat de boedel in staat van insolventie verkeert (art. 173), kan hij dat aan de schuldeisers voorleggen (art. 173a e.v.). Vervolgens kan de rechter-commissaris op verzoek van de curator of een schuldeiser besluiten om de verdere bedrijfsactiviteiten te staken (art. 174).

170. Einde aan incassomaatregelen

Zoals in het voorgaande is behandeld, fixeert de faillietverklaring het vermogen van de schuldenaar om de curator in staat te stellen bestanddelen daarvan te gelde te maken om de schuldeisers te voldoen. Tegelijkertijd zorgt diezelfde faillietverklaring ervoor dat al gestarte incassomaatregelen door individuele schuldeisers ten einde komen. Zo worden dwangsommen na de faillietverklaring niet meer verbeurd (art. 611e lid 1 Rv).

330 Art. 19 Paspoortwet; zie bijv. HR 6 juni 2008, *RvdW* 2008/62.

Zelfs al verbeurde maar nog niet geïncasseerde dwangsommen worden door het faillissement geraakt, want deze kunnen daarin niet worden geverifieerd (art. 611e lid 2 Rv).

Lopende procedures gericht op voldoening van een verbintenis uit de boedel worden van rechtswege geschorst en de schuldeiser kan zijn vordering alleen nog maar ter verificatie (zie nr. 232) indienen (art. 26, 29).

Iedere vorm van gerechtelijke tenuitvoerlegging op goederen van de schuldenaar komt door de faillietverklaring van rechtswege ten einde, terwijl ook gijzeling (lijfsdwang) niet meer mogelijk is (art. 33 lid 1). Gelegde beslagen, zowel conservatoir als executoriaal, op enig vermogensbestanddeel van de schuldenaar komen door de faillietverklaring van rechtswege te vervallen (art. 33 lid 2). Een al aangevangen gijzeling eindigt zodra het vonnis tot faillietverklaring in kracht van gewijsde is gegaan (art. 33 lid 3). Een en ander kent een uitzondering voor beslagen op zaken die zich weliswaar bij de schuldenaar bevinden, maar hem niet toebehoren.[331] Verder komt een gijzeling voor alimentatievorderingen en terugvordering van ten onrechte genoten uitkeringen niet te vervallen (art. 33 lid 4).[332] Ten slotte herleven de beslagen als het faillissement door vernietiging eindigt en – voor zover het beslag in de openbare registers was doorgehaald – bijtijds opnieuw was ingeschreven (art. 33 lid 2; zie over de vernietiging hierna par. 5.5.1).

171. ***Fixatie en uitwinning door separatisten***

Bij een bedrijfsvoortzetting heeft de curator geregeld te maken met derden die op basis van contractueel gemaakte afspraken als separatist het faillissement kunnen negeren, zoals de pand- en hypotheekhouders, en derden-eigenaren die goederen aan de schuldenaar ter beschikking hebben gesteld, zoals de leverancier onder eigendomsvoorbehoud, huurverkoper en lessor. Veelal bevatten deze contracten bepalingen op basis waarvan een faillissement de bevoegdheid tot een voortgezet gebruik of verbruik en vervreemding doet eindigen. Dit heeft tweeërlei gevolg: enerzijds kan de curator die goederen niet meer inzetten voor de bedrijfsvoortzetting en anderzijds kunnen de separatisten die goederen opeisen of zich daarop verhalen. Beide gevolgen kan de curator voorkomen door bijtijds met zijn belangrijkste partijen (kernleveranciers en -financiers) om de tafel te gaan zitten om afspraken over voortgezette bedrijfsactiviteit en daarmee het gebruik van hun goederen te maken. Als die partijen echter niet willen meewerken of hun goederen sowieso willen weghalen, kunnen zij de bedrijfsvoering ernstig bemoeilijken of zelfs onmogelijk maken. Zij mogen in het faillissement immers hun rechten blijven uitoefenen, hetzij als pand- of hypotheekhouder op grond van artikel 57, hetzij als derde met een andere goederenrechtelijke aanspraak, omdat die niet door het faillissement wordt getroffen.

---

331 Dit speelt vooral een rol bij het zogenaamde bodemrecht van de belastingdienst als deze onder de belastingplichtige bodembeslag heeft gelegd (art. 22 lid 3 IW 1990); zie bijv. HR 28 januari 1932, *NJ* 1932, p. 338; HR 20 december 1957, *NJ* 1958/81 (*Ned. Standaardbank/Ontvanger*); HR 12 mei 1989, *NJ* 1990/130, *AA* 1990/104 (*Sigmacon I*), r.o. 3.2; HR 9 november 2012, *NJ* 2013/510 (*Amstel Lease/Ontvanger*); HR 11 april 2014, *NJ* 2014/203 (*Ontvanger/Den Besten*). Voor huidig recht, zie art. 22bis IW 1990 waarmee de belastingdienst sinds 2013 doorgaans aan het langste eind trekt; vgl. HR 21 juni 2019, *NJ* 2020/16 (*Houtman q.q./Rabobank*), r.o. 3.1.3 en de noot van Verstijlen onder het arrest (nr. 10).

332 De verwijzing in artikel 33 lid 4 naar artikel 1:85 lid 2 BW is overigens onjuist, omdat die bepaling niet meer bestaat; zij is in 2001 vervallen (*Stb.* 2001, 275) maar de strekking is niettemin duidelijk.

Tegenover de separatisten staat de curator niet helemaal machteloos en staan hem twee middelen ten dienste: termijnstelling (nr. 172) en afkoelingsperiode (nr. 173). Hij mag de separatist bovendien niet altijd helemaal zijn gang laten gaan, want onder omstandigheden heeft hij jegens sommige hoger bevoorrechte schuldeisers en derden soms een bijzondere zorgplicht bij de afwikkeling van de uitwinning door de separatist (nr. 174).

172. Termijnstelling

In de eerste plaats kan hij een pand- of hypotheekhouder aansporen om tot executie over te gaan, als hij van oordeel is dat het te lang duurt. Zolang de separatist dit immers niet doet, blijft het onduidelijk of het onderpand voldoende dekking biedt. Bij een onderdekking waarbij de vordering van de separatist niet volledig uit de opbrengst van het onderpand kan worden voldaan, blijft een restvordering bestaan die als concurrente vordering in het faillissement meetelt. Een overschot bij de uitwinning daarentegen betekent weliswaar dat de vordering van de separatist is voldaan, maar geeft de curator aanspraak op uitbetaling daarvan aan de boedel. Om hierover uitsluitsel te krijgen voor een voortvarende afwikkeling van de boedel kan de curator de separatist tot actie manen door hem een redelijke termijn te stellen om zijn rechten uit te oefenen (art. 58).[333] Laat de separatist na om binnen deze termijn tot uitwinning over te gaan en vraagt hij evenmin de rechter-commissaris om verlenging van die termijn, dan kan de curator zelf tot uitwinning overgaan. Dit gebeurt op dezelfde wijze als hij andere goederen van de boedel te gelde maakt: door openbare verkoop of ondershands met toestemming van de rechter-commissaris (art. 101, 176) en bij vorderingen ook door inning daarvan, zolang de verpanding niet aan de schuldenaar van de verpande vordering is medegedeeld (art. 3:246 BW). In dat geval behoudt de separatist weliswaar zijn voorrang op de opbrengst van dat goed, maar moet hij wel meedelen in de faillissementskosten (art. 182). Gezien de vele faillissementen waarbij de boedel onvoldoende vermogen bevat om tot enigerlei uitdeling aan de faillissementsschuldeisers te komen, heeft een verkoop of inning door de curator vaak tot gevolg dat de separatist niet of nauwelijks enige uitkering ontvangt.[334]

Niet in alle gevallen staat het de curator overigens vrij om van dit middel gebruik te maken. Zoals bij iedere bevoegdheid mag hij hiervan geen misbruik maken (art. 3:13 BW). Dit kan zich bijvoorbeeld voordoen als op voorhand vaststaat dat uitwinning door de separatist geen overwaarde oplevert die in de boedel valt.[335] Hetzelfde geldt voor de curator die in de gegeven omstandigheden had moeten meewerken om de separatist in staat te stellen zijn rechten te effectueren, althans hem daarbij niet onredelijk had mogen frustreren.[336]

333 HR 11 april 2008, *NJ* 2008/222 (*Cantor/Arts q.q.*), r.o. 3.6; HR 20 december 2013, *NJ* 2014/151 (*Glencore/Curatoren Zalco*), r.o. 4.6.2.
334 Een goede illustratie vormt HR 30 juni 1995, *NJ* 1996/554 (*MeesPierson/Mentink q.q.*).
335 HR 16 januari 2015, *NJ* 2015/58 (*T/Van der Molen q.q.*) en HR 6 februari 2015, *NJ* 2015/294 (*Welage q.q./Rabobank*).
336 HR 3 juni 1994, *NJ* 1994/340 (*Nederlandse Antillen/Komdeur q.q.*); HR 20 december 2013, *NJ* 2014/151 (*Glencore/Curatoren Zalco*) en HR 13 november 2020, RvdW 2020/1200 (*Curatoren Zalco/Glencore*).

De termijnstelling door de curator zorgt soms voor onzekerheid bij betrokkenen, omdat niet altijd direct duidelijk is wat een 'redelijke' termijn is. De separatist kan zich op het standpunt stellen dat een onredelijke termijn in wezen geen termijn is, maar hij is niet degene die dit bepaalt. Dan loopt hij het risico dat bij een latere toetsing door de rechter die termijn niet onredelijk wordt geacht. Daarom doet de separatist er goed aan deze discussie te voorkomen en gebruik te maken van zijn bevoegdheid in voorkomend geval de rechter-commissaris bijtijds een verlenging te vragen als de gestelde termijn te kort wordt geacht of als de separatist zijn rechten nog niet heeft kunnen uitoefenen (art. 58). De rechter-commissaris is overigens niet verplicht om die verlenging te geven.[337]

Zo zal bij een verpande vordering die niet opeisbaar is, de inning daarvan (art. 3:246 BW) nog niet kunnen plaatsvinden. Waar de termijnstelling van artikel 58 is gekoppeld aan de uitoefening van de rechten door de separatist, rijst de vraag in hoeverre de curator hiermee de mogelijkheid heeft om de separatist diens uitzonderingspositie te ontnemen. Hoewel inning onmogelijk is, staat niets in de weg om de vordering – bij wijze van uitwinning – te verkopen. Anders zou een curator eerst de opeisbaarheid moeten afwachten (wat in theorie jaren kan duren), voordat hij het faillissement zou kunnen afwikkelen.

173. Afkoelingsperiode

In de tweede plaats biedt de wetgever sinds 1992 de curator, en ieder andere belanghebbende, de mogelijkheid om tijdens het faillissement aan de rechter-commissaris te vragen om een zogenaamde afkoelingsperiode te gelasten (art. 63a e.v.).[338] Hiermee worden de rechten van derden, zoals de separatisten, tot verhaal op of opeising van die goederen gedurende een korte periode van maximaal tweemaal twee maanden opgeschort. De curator ondervindt hierdoor tijdelijk geen last van die derden. De afkoelingsperiode ziet overigens niet alleen op fysieke zaken, maar op alle goederen, dus ook vorderingen (vgl. art. 63b), behoudens de goederen die op grond van een financiëlezekerheidsovereenkomst (art. 7:51 e.v. BW) zijn verpand (art. 63d-e). Als een afkoelingsperiode wordt gelast, staat de derde-gerechtigde overigens niet helemaal met lege handen, want hij kan in deze periode zijn rechten uitoefenen met machtiging van de rechter-commissaris. Het ligt voor de hand dat deze de curator zal horen, voordat hij uitspraak doet.

Hoewel iedere belanghebbende, dus ook een schuldeiser, om een afkoelingsperiode mag vragen, kan de Ontvanger die niet gebruiken om voor zijn vordering voorrang te creëren boven een derde-gerechtigde aan wie hij zijn bodemrecht van artikel 22 lid 3 IW 1990 zou kunnen tegenwerpen, als die derde zijn zaak al wel met een deurwaardersexploot had opgeëist (art. 63c lid 2). Tijdens een afkoelingsperiode kan deze derde de zaak immers niet van de bodem verwijderen en zou de Ontvanger dit ook na afloop van de afkoelingsperiode kunnen beletten door intussen beslag te leggen.[339] Dit risico speelt echter niet voor goederen van de gefailleerde belastingschuldige, omdat na de faillietverklaring beslag daarop niet meer mogelijk is en

337 HR 20 december 2013, *NJ* 2014/151 (*Glencore/Curatoren Zalco*).
338 Vergelijkbare bepalingen zijn ingevoerd voor de surseance van betaling (art. 241a e.v., ook in 1992), de Wsnp (art. 313, in 1998) en de WHOA (art. 376, in 2021).
339 Vgl. HR 17 oktober 2008, *NJ* 2009/92 (*Ontvanger/Singulus*) en HR 9 november 2012, *NJ* 2013/510 (*ABN Amro Lease/Ontvanger*).

al gelegde beslagen zijn komen te vervallen (art. 33). Deze door de wetgever aan de Ontvanger opgelegde beperking neemt overigens niet weg dat de Ontvanger wel bevoegd blijft om beslag te leggen op bodemzaken van een derde die de zaken nog niet met een deurwaardersexploot had opgeëist. De afkoelingsperiode betekent voor de Ontvanger dan alleen maar dat de uitwinning wordt opgeschort, tenzij de rechter-commissaris anders beslist (art. 63c lid 1).

De verwijzing in deze bepaling naar de pandhouder op de zaak van die derde is op zich juist maar in wezen overbodig, als de eigenaar die bevoegdheid al heeft. Bovendien lijkt die situatie niet vaak voor te komen, maar zou de wetgever hier vooral de positie van de pandhouder van de schuldenaar voor ogen hebben gehad. Deze heeft op grond van artikel 21 lid 2 IW 1990 de voorrang van de Ontvanger al vanaf de faillietverklaring te dulden en kan daar niet aan ontsnappen door na de faillietverklaring maar voorafgaand aan een bodembeslag een opeisingsexploot uit te brengen.

Met de invoering van artikel 22bis IW 1990 per 1 januari 2013 is de positie van de Ontvanger tegenover derden met aanspraken op bodemzaken overigens aanmerkelijk versterkt, waardoor de kans dat de Ontvanger verrast wordt door derden in de praktijk behoorlijk is afgenomen.

174. Hoger bevoorrechte schuldeisers en derden; rol curator

Los van deze twee wettelijk toegestane inbreuken op de sterke positie van de separatist in faillissement heeft de curator ten slotte in bepaalde gevallen een bijzondere zorgplicht jegens sommige hoger bevoorrechte schuldeisers en derden. Als de executie betrekking heeft op goederen waarbij rechten van bepaalde derden betrokken zijn, moet hij bij de verdeling van de opbrengst van het verhypothekeerde of verpande object de rechten uitoefenen die de wet aan beslagleggers toekent en moet hij de belangen behartigen van hoger gerangschikte schuldeisers (art. 57 lid 3). Bij het eerste denke men aan de mogelijkheid om een rangregeling te vragen als de verschillende belanghebbenden over de wijze van verdeling van de opbrengst geen overeenstemming kunnen bereiken (art. 480 e.v. Rv bij pand, art. 3:270 lid 3 jo. 3:271 BW; vgl. art. 551a e.v. Rv bij hypotheek). Bij het tweede aan bevoorrechte schuldeisers die op grond van de wet in afwijking van de hoofdregel van artikel 3:278 BW voorrang hebben boven de pand- of hypotheekhouder. Dit betreffen onder meer schuldeisers die kosten tot behoud hebben gemaakt waarvan ook de separatist profiteert (art. 3:284 lid 2 BW), schuldeisers met een vordering uit aanneming van werk als bedoeld in artikel 3:285 BW en schuldeisers die een retentierecht kunnen inroepen tegen de separatist (art. 3:291 BW). In de praktijk is de belangenbehartiging door de curator vooral van belang voor de Ontvanger. Voor bepaalde belastingvorderingen heeft deze immers op de opbrengst van bepaalde zaken die zich ten tijde van de faillietverklaring op de bodem van de belastingschuldige bevinden voorrang boven de stil pandhouder (art. 21 jo. 22 lid 3 IW 1990).

Als de separatist geen pand- of hypotheekhouder is maar een derde die zijn goederen opeist op basis van goederenrechtelijke aanspraken, zoals een eigendomsvoorbehoud, huurkoop of lease, hoeft de curator echter niet diens belangen te behartigen, aangezien die goederen niet tot de boedel behoren. De curator heeft evenmin een taak als de pand- of hypotheekhouder het onderpand uitwint en daardoor bepaalde beperkt gerechtigden hun rechten kwijtraken, waardoor deze een hoog bevoorrechte vordering tot schadevergoeding hebben (art. 3:282 BW). Bij de verdeling mogen zij zelf voor hun rechten opkomen (art. 57 lid 2).

175. Verrekening; uitgangspunt

Een combinatie van de juridische en feitelijke component van de fixatie bij het beheer van de boedel is ook te vinden bij het leerstuk van de verrekening (art. 6:127 e.v. BW, art. 53-55). Als een schuldeiser en de schuldenaar over en weer een bedrag van elkaar te vorderen hebben, kunnen die bedragen in beginsel tot het gemeenschappelijke beloop tegen elkaar worden weggestreept (art. 6:127 lid 1 BW).[340] De wet stelt hiervoor wel enkele vereisten. Zo moeten partijen over en weer schuldeiser en schuldenaar van elkaar zijn (wederkerigheid) en de vordering en de schuld mogen niet vallen in van elkaar gescheiden vermogens.

Denk aan iemand die in twee hoedanigheden aan het rechtsverkeer deelneemt, bijvoorbeeld voor zichzelf en als vertegenwoordiger van een ander. Een ander voorbeeld doet zich voor in faillissement. Dan is verrekening niet toegestaan als een partij enerzijds iets te vorderen heeft van de gefailleerde en anderzijds iets aan de curator verschuldigd is uit hoofde van pauliana of bestuurdersaansprakelijkheid.[341] Als hij dan door de curator tot betaling wordt aangesproken mag hij zijn vordering op de gefailleerde niet verrekenen, omdat de aansprakelijkheid jegens de boedel niet jegens de gefailleerde vennootschap is en dus niet wegvalt tegen de vordering op deze vennootschap. Verrekening is in deze gevallen daarnaast sowieso niet mogelijk omdat de vordering van de curator ten behoeve van de boedel niet is ontstaan vóór de faillietverklaring noch voortvloeit uit handelingen die vóór de faillietverklaring met de vennootschap waren verricht (nr. 176).

Verder moeten de prestaties aan elkaar beantwoorden, dat wil zeggen hetzelfde karakter hebben en dus eenvoudig uitwisselbaar zijn. In de praktijk doet zich dit voornamelijk voor bij geldschulden. Voorts moeten de vorderingen over en weer opeisbaar zijn en partijen bevoegd tot nakoming (art. 6:127 lid 2-3 BW). Ten slotte is verrekening uitgesloten als een van de vorderingen niet op eenvoudige wijze is vast te stellen, dat wil zeggen niet vereffenbaar of liquide is (art. 6:136 BW).

Een eenvoudig voorbeeld van verrekening is het geval waarin een schuldeiser uit bijvoorbeeld koop en verkoop van een auto een bedrag van € 10.000 van de koper te vorderen heeft, terwijl deze laatste bijvoorbeeld een lening ter grootte van datzelfde bedrag aan de verkoper had verschaft. Als beide vorderingen opeisbaar zijn, worden die tegen elkaar weggestreept. Over en weer is betaald. Dit wordt echter anders als de verkoper bijvoorbeeld curator is en uit dien hoofde de koopprijsvordering heeft op zijn privéschuldeiser vanwege de geldlening. Dan bevinden de vordering en schuld in van elkaar gescheiden vermogens: de vordering uit geldlening in het privévermogen van de curator (*pro se*) en de andere vordering uit koop in het vermogen van de verkoper in diens hoedanigheid van curator (*qualitate qua*). Verrekening is evenmin mogelijk als een van de twee vorderingen nog niet opeisbaar is, bijvoorbeeld omdat de lening van de koper pas over een jaar hoeft te worden terugbetaald. Als de verkoper zijn koopprijsvordering aan een derde heeft verpand en mededeling van deze verpanding is gedaan voordat de tegenvordering is ontstaan, behoort die vordering weliswaar nog tot het vermogen van de verkoper maar is hij niet meer inningsbevoegd (art. 3:246 BW), waardoor verrekening tussen koper en verkoper ook niet mogelijk is

340 Zie over de verrekening buiten faillissement SBR deel 4, par. 2.4 (nr. 112 e.v.).
341 HR 30 september 1994, *NJ* 1995/626 (*Kuijsters/Gaalman q.q.*) resp. HR 18 september 2009, *NJ* 2009/438 (*Bandel/Van den End q.q.*), r.o. 3.4.

(art. 6:130 BW). In de omgekeerde situatie waarin niet de koper maar de verkoper de geldlening heeft verstrekt, is evenmin verrekening mogelijk met de vordering van de koper tot levering en eigendomsoverdracht jegens de verkoper: de geldvordering en de vordering tot levering zijn van verschillende aard. Ten slotte vindt geen verrekening plaats als bijvoorbeeld de vordering uit geldlening door de andere partij betwist wordt; dan zal zo nodig geprocedeerd moeten worden (art. 6:136 BW).

Buiten faillissement heeft verrekening als wijze van betaling vooral de vereenvoudiging van het betalingsverkeer ten doel: partijen die over en weer dezelfde prestatie moeten verrichten, hoeven dan niet achtereenvolgens tweemaal dezelfde handelingen te verrichten, maar eventueel alleen degene die – per saldo – nog iets verschuldigd is.

176. Verrekening in faillissement; artikel 53

In faillissement krijgt verrekening nog een ander doel. Dan dient de schuld van de wederpartij aan de gefailleerde als het 'onderpand' voor diens eigen vordering op de gefailleerde.[342] Het zou immers onrechtvaardig zijn als de wederpartij van haar kant wel volledig moet presteren door haar schuld volledig te voldoen, terwijl zij haar vordering op die gefailleerde niet of maar ten dele betaald krijgt. Daarom blijft de bevoegdheid tot verrekening in faillissement bestaan. Verificatie van de vordering van de wederpartij op grond van artikel 110 is niet nodig.[343]

In geval van contractuele verrekening betekent dit dat de hierover gemaakte afspraken in beginsel blijven bestaan als uitvloeisel van het beginsel dat het faillissement geen invloed heeft op het bestaan van wederkerige overeenkomsten.[344]

Lange tijd was onzeker of dit ook betrekking had op een afspraak waarbij partijen het wederkerigheidsvereiste van artikel 6:127 lid 1 BW hebben losgelaten.[345] Dit ook voor artikel 53 geldende uitgangspunt is echter geen dwingend recht. Partijen mogen de bevoegdheid tot verrekening uitbreiden tot vorderingen die de wederpartij van de gefailleerde heeft op een andere partij of zelfs tot vorderingen van andere partijen op anderen dan de gefailleerde. Zij kunnen echter niet faillissementsbestendig afspreken dat verrekening ook mogelijk is als niet is voldaan aan de eis van artikel 53 dat de vorderingen over en weer moeten zijn ontstaan voor het faillissement of voortvloeien uit handelingen vóór de faillietverklaring met de gefailleerde verricht.[346]

Niet alleen blijft in faillissement de verrekeningsbevoegdheid bestaan, maar bovendien worden daaraan op twee punten lichtere eisen gesteld dan voor verrekening buiten faillissement.

Zo hoeft in de eerste plaats de vordering op de gefailleerde niet opeisbaar te zijn om door de wederpartij verrekend te kunnen worden met haar schuld. Dit geldt ook als de vordering van de schuldeiser afhankelijk is van een opschortende of ontbindende voorwaarde (art. 53 lid 2). Anders zou een curator wel de opeisbare vordering

342 Vgl. Parl. Gesch. Fw (*Van der Feltz*) I, p. 462.
343 HR 2 december 2016, *NJ* 2017/20 (*Poot c.s./Peeters q.q.*), r.o. 3.5.5.
344 Vgl. Parl. Gesch. Fw (*Van der Feltz*) I, p. 409; zie par. 5.4.3.
345 Dit was mede gebaseerd op HR 15 januari 1999, *NJ* 2000/49 (*Wilderink q.q./Ontvanger*), waarbij de wettelijke verrekeningsbevoegdheid het wederkerigheidsvereiste op zichzelf niet opzij zet, tenzij de wet dit zelf uitdrukkelijk doet, zoals art. 24 IW 1990; zie HR 13 oktober 2017, *NJ* 2017/454 (*Curatoren Eurocommerce/Ontvanger*).
346 HR 15 november 2019, *NJ* 2020/166 (*X/Y*), r.o. 3.2 en 3.3.

op die wederpartij kunnen innen, terwijl het voor deze wederpartij onzeker is of zij haar vordering na het opeisbaar worden nog uitbetaald krijgt.

Stel dat in bovenstaand voorbeeld de koopprijsvordering van de verkoper direct opeisbaar is en de geldlening van de koper aan hem pas na een jaar. Als de verkoper in de tussentijd failleert zou diens curator wel de koopprijs voor de volledige € 10.000 kunnen vorderen, maar blijft de koper met lege handen achter als de lening een jaar later opeisbaar wordt. De curator zou hem dan verwijzen naar de verificatieprocedure met doorgaans nauwelijks kans op volledige betaling (zie par. 5.4.6). In de praktijk kan de gefailleerde en diens curator een gestelde termijn ook niet meer inroepen (art. 6:40 sub a BW).

Bij voorwaardelijke vorderingen moet de waarde van de in verrekening gebrachte vordering gewaardeerd worden overeenkomstig de bepalingen voor de verificatie daarvan (art. 130, 131, zie art. 53 lid 2).

De beschermingsfunctie van de verrekening in faillissement blijkt ook langs andere weg. In faillissement is verrekening namelijk niet alleen mogelijk als de vorderingen over en weer vóór de faillietverklaring zijn ontstaan, maar ook als één of beide na de faillietverklaring zijn ontstaan. Dan moeten zij echter wel voortvloeien uit handelingen die vóór de faillietverklaring met de gefailleerde zijn verricht (art. 53 lid 1). De vraag wanneer hiervan sprake is blijkt in de praktijk niet altijd eenvoudig te beantwoorden.

Zo zijn in de rechtspraak verschillende situaties aan de orde gekomen waarin het verband tussen beide vorderingen beoordeeld is. Zo vormt het enkele bestaan van een rekening-courantverhouding, bijvoorbeeld bij een bankrekening, onvoldoende verband om schulden van de rekeninghouder aan de bank van voor de faillietverklaring te mogen verrekenen met na de faillietverklaring daarop gestorte bedragen (nr. 178). Hoewel de rekening-courantverhouding dateert van vóór de faillietverklaring is verrekening met de afdrachtsverplichting van de ontvangen gelden niet mogelijk als die pas is ontstaan ná de faillietverklaring als gevolg van handelingen van een derde, welke handelingen geen verband houden met de eerder ontstane schuld. Een *rechtstreeks* verband tussen beide vorderingen ontbreekt dan omdat de oorzaak is gelegen in die op of na de datum van faillietverklaring verrichte handelingen van die derde.[347]

Dit belemmert de verrekening evenwel niet als de tegenvordering van de bank versterkt is met een pandrecht op vorderingen van de rekeninghouder op die derden en de verrekening betrekking heeft op de afdrachtsverplichting ter zake de daarop in rekening-courant ontvangen betalingen (nr. 178).[348] In de situatie waarin de belastingdienst aan de curator verplicht is om (voorafgaand aan de faillietverklaring) afgedragen omzetbelasting (BTW) terug te betalen wegens (na de faillietverklaring) gebleken oninbaarheid van de desbetreffende facturen, is verrekening met de fiscale

347 HR 10 januari 1975, *NJ* 1976/249 (*Postgiro*); HR 27 januari 1989, *NJ* 1989/422 (*Otex/Steenbergen q.q.*); HR 15 april 1994, *NJ* 1994/607 (*Verhagen q.q./INB*) en HR 14 juni 2013, *NJ* 2013/421 (*ACF/Schreurs q.q.*), r.o. 3.6.

348 HR 17 februari 1995, *NJ* 1996/471, *AA* 1995/604 (*Mulder q.q./CLBN*). Het pandrecht op die vorderingen is cruciaal. In de hierop lijkende, maar anders beoordeelde, casus van HR 23 april 1999, *NJ* 2000/158, *AA* 2000/55 (*Van Gorp q.q./Rabo Breda*); HR 19 november 2004, *NJ* 2005/199 (*ING/Gunning q.q.*) en HR 17 februari 2012, *NJ* 2012/605 (*Rabo Maashorst/Kézér q.q.*) waren de vorderingen waarop de bank in rekening-courant betaling ontving echter niet verpand en dus verrekening niet toegestaan. Zie ook mijn terugblik in Ars Aequi "Mulder *q.q.*/CLBN (Connection) tien jaren later", *AA* 2005/744.

faillissementsschuld wel mogelijk, omdat de teruggaafverplichting voortvloeit uit een vóór de faillietverklaring bestaande rechtsverhouding.[349]

Daarnaast wordt verrekening soms ook niet toegestaan, ondanks het bestaan van een rechtstreeks verband van de vorderingen die beide zijn ontstaan of voortgevloeid uit handelingen die voor de faillietverklaring zijn verricht. Het gaat dan om de situatie waarin anders een onaanvaardbare doorbreking van de *paritas creditorum* zou ontstaan.

Een voorbeeld is het faillissement van een verhuurder, van wie de curator aanspraak maakt op huurpenningen uit een vóór de faillietverklaring gesloten huurovereenkomst, waarbij de huurder de huurtermijnen die na de faillietverklaring vervallen wil verrekenen met zijn prefaillissementsvordering op de verhuurder. In deze situatie moet de curator blijven presteren zolang de huurovereenkomst in stand blijft, terwijl hij hiervoor geen huuropbrengsten ontvangt. Als de tegenvordering geen verband houdt met de huurovereenkomst zou dat verrekeningsberoep een goed beheer van de boedel ernstig kunnen bemoeilijken, zeker als het gaat om langlopende overeenkomsten.[350]

Hiervan is dan echter weer geen sprake als de huurovereenkomst naar haar aard voor korte tijd is gesloten en bedoeld is om de huurder in staat te stellen zijn verhaalsrecht uit te oefenen.

Dit speelde[351] vooral bij het kat-en-muisspel tussen de belastingdienst en de banken met stille pandrechten op de zogenaamde bodemzaken, waarbij de bank een bodembeslag door de belastingdienst wil voorkomen door de stil verpande zaken van de bodem te halen. Als dit fysiek, praktisch of economisch niet mogelijk is, werd met een bodemverhuur door de pandgever aan de pandhouder juridisch hetzelfde bereikt.[352]

In een dergelijk geval is de verrekening door de pandhouder/huurder van zijn huurverplichting met zijn kredietvordering waarvoor dat pandrecht zekerheid beoogt te bieden geen onaanvaardbare doorbreking van de gelijkheid van schuldeisers.[353]

In de tweede plaats heeft de wetgever de curator de mogelijkheid ontnomen om een verrekeningsberoep door de wederpartij te pareren met het verweer dat diens vordering niet op eenvoudige wijze is vast te stellen (art. 53 lid 3). Buiten faillissement verijdelt een dergelijk verweer een succesvol verrekeningsberoep (art. 6:136 BW). Dat dit in faillissement niet opgaat vloeit eveneens voort uit de billijkheidsoverweging dat een schuldeiser zijn schuld aan de boedel als onderpand mag beschouwen.[354] Met de stelling dat de tegenvordering niet eenvoudig kan worden vastgesteld kan de curator de wederpartij niet tot een procedure dwingen. Hij zal dan zelf het initiatief moeten nemen.

349 Vgl. HR 13 oktober 2017, *NJ* 2017/454 (*Curatoren Eurocommerce/Ontvanger*), waarbij de verrekening op grond van art. 24 IW 1990 zelfs mogelijk was tussen verschillende partijen binnen een fiscale eenheid.
350 HR 22 december 1989, *NJ* 1990/661 (*Tiethoff q.q./NMB*), r.o. 3.2.
351 Met de invoering van art. 22bis IW 1990 in 2013 trekt de belastingdienst tegenwoordig meestal aan het langste eind; vgl. HR 21 juni 2019, *NJ* 2020/16 (*Houtman q.q./Rabobank*), r.o. 3.1.3 en de noot van Verstijlen onder het arrest (nr. 10).
352 HR 12 april 1985, *NJ* 1986/808 (*Ontvanger/NMB*).
353 HR 21 juni 2019, *NJ* 2020/16 (*Houtman q.q./Rabobank*), r.o. 3.1.4.
354 Parl. Gesch. Fw (*Van der Feltz*) I, p. 462.

177. Verrekening in faillissement; artikel 54

Aangezien verrekening een aantrekkelijk middel kan zijn om een vordering op de gefailleerde schuldenaar volledig (althans tot het gezamenlijk beloop van de wederzijdse vorderingen) voldaan te krijgen, ligt creatief gebruik en misbruik op de loer.

Stel A heeft een concurrente schuldeiser (B) met een opeisbare vordering van € 900 en een schuldenaar (C) met een schuld van € 1.000. Aannemende dat het faillissement onvoldoende baten bevat om tot enige uitkering aan B over te gaan, zal deze niets ontvangen, terwijl C wel zijn volledige schuld van € 900 aan de curator zal moeten betalen. Langs twee wegen zouden B en C zich in een betere positie kunnen manoeuvreren.

Allereerst zouden B en C kunnen afspreken dat B zijn vordering op A verkoopt voor een lager bedrag dan de nominale waarde (stel € 500). Na de cessie ontstaat dan de volgende situatie: de oorspronkelijke schuldeiser B is uit beeld en in de resterende verhouding A-C staan tegenover elkaar de vordering van A op C van € 1.000 en de door B aan C gecedeerde vordering op A van € 900. Deze gang van zaken zou zowel voor als na faillietverklaring van A kunnen gebeuren. Als verrekening mogelijk zou zijn, zouden die beide vorderingen tot hun gezamenlijk beloop tenietgaan, waarna een vordering van (de curator van) A op C van € 100 zou resteren. B tevreden, omdat hij voor zijn waardeloze vorderingen van nominaal € 900 nog € 500 heeft ontvangen; C tevreden, omdat hij door de aankoop van de vordering van B voor € 500 na verrekening slechts € 100 aan A zou moeten betalen, zodat zijn schuld van € 900 naar € 600 is gedaald. Alleen de curator van A is niet blij, want hij ziet een vordering van € 1.000 verdampen tot € 100.

Een min of meer vergelijkbare situatie zou bereikt kunnen worden als niet B zijn vordering op A aan C verkoopt en cedeert, maar B de schuld van C aan A overneemt, zij het dat in die situatie A met die schuldoverneming moet instemmen (art. 6:155 BW). Het ligt niet voor de hand dat de curator van A dit zal doen, zodat deze mogelijkheid eigenlijk alleen voor de faillietverklaring zou kunnen gebeuren.

De wetgever heeft dat mogelijke misbruik voorzien en maatregelen getroffen.[355] De overneming van de vordering op de gefailleerde of de schuld aan de gefailleerde wordt op zichzelf niet onmogelijk gemaakt, maar de bevoegdheid tot verrekening wordt aan banden gelegd.[356]

Het verrekeningsverbod voor een schuldenaar van de gefailleerde die zichzelf een verrekeningsmogelijkheid wil verschaffen door een vordering of een schuld van een derde over te nemen, heeft in de praktijk aanleiding gegeven tot verschillende uitspraken van de Hoge Raad over situaties die hier dicht tegenaan liggen. Hij beperkt het toepassingsbereik van artikel 54 echter tot gevallen die in de kern vergelijkbaar zijn met het voorbeeld hierboven.[357] Onder het toepassingsbereik heeft de Hoge Raad echter ook het giraal betalingsverkeer bij banken gebracht, ook al is de uitvoering van een betalingsopdracht met creditering van de bankrekening van de schuldenaar strikt genomen geen schuldoverneming. De Hoge Raad acht deze verruiming van het toepassingsbereik noodzakelijk in het licht van de maatschappelijke ontwikkelingen in het betalingsverkeer waarin giraal betalingsverkeer de norm is geworden. Dan is het niet aanvaardbaar dat de bank een uitzonderingspositie zou krijgen als zij zich wel op verrekening zou mogen beroepen in de situaties die voor het overige door artikel 54 worden bestreken (nr. 178).[358]

355 Parl. Gesch. Fw (*Van der Feltz*) I, p. 464-465.

356 HR 30 januari 1953, *NJ* 1953/578 (*Doyer & Kalff*); HR 7 oktober 1988, *NJ* 1989/449, *AA* 1989/217 (*AMRO/Curatoren THB*).

357 HR 7 november 2003, *NJ* 2004/61 (*Bouma q.q./Van der Heijden Projecten*), r.o. 3.3.2; HR 21 juni 2013, *NJ* 2014/272 (*Eringa q.q./ABN Amro*) en HR 10 juli 2015, *NJ* 2015/353 (*Wemaro/De Bok q.q.*), r.o. 3.3.3-4.

358 HR 7 oktober 1988, *NJ* 1989/449, *AA* 1989/217 (*AMRO/Curatoren THB*); HR 23 november 2018, *NJ* 2019/343 (*Curatoren Eurocommerce/Rabobank*).

Heeft de overneming plaatsgevonden na de faillietverklaring, dan is verrekening nooit toegestaan (art. 54 lid 2). Is het daarentegen al gebeurd vóór de faillietverklaring, dan heeft het beroep daarop geen effect als men niet te goeder trouw is (art. 54 lid 1). Hiervan is sprake als men ten tijde van de overneming wist dat de schuldenaar in een zodanige toestand verkeerde dat zijn faillissement was te verwachten.[359] Met de invoering van de WHOA kan in een opvolgend faillissement een beroep op goede trouw worden gedaan als de verrekening heeft plaatsgevonden nadat een startverklaring als bedoeld in artikel 370 lid 3 was gedeponeerd of een herstructureringsdeskundige (art. 371) was aangewezen. De verrekening mag niet strekken tot inperking van de financiering maar moet juist zijn verricht in het kader van de voortzetting van de onderneming van de schuldenaar (art. 54 lid 3).

178. Verrekening en het girale betalingsverkeer

Door de vanzelfsprekendheid waarmee betalingen tegenwoordig via overboekingen van en naar bankrekeningen plaatsvinden zijn de daarbij betrokken banken niet meer weg te denken bij de afwikkeling van faillissementen (art. 6:114 BW). Een gefailleerde zonder bankrekening is tegenwoordig nauwelijks denkbaar. Vanuit deze rol komen banken in faillissementen meestal als schuldeiser maar soms ook als schuldenaar van de gefailleerde in beeld. Dit laatste omdat de rekeninghouder aanspraak maakt op een creditsaldo op de bankrekening of dat de bank gehouden is om een overboekingsopdracht uit te voeren. Daarnaast is een bank schuldeiser van de gefailleerde bij een debetsaldo ('roodstand') op de bankrekening of uit hoofde van bijvoorbeeld een geldlening of een op een andere manier verstrekt krediet. De rekening-courantverhouding die uit de bankrekening tussen rekeninghouder en bank voortvloeit leidt telkens van rechtswege tot verrekening van de afzonderlijke posten (art. 6:140 BW). Hiermee heeft een bank een bijzondere positie waardoor zij een voordeel kan hebben bij de afwikkeling van een faillissement als bedragen op de bankrekening worden bijgeschreven en de bank daarmee een debetstand van de schuldenaar ziet verkleinen of zelfs helemaal verdwijnen.

Bij de totstandkoming van de Faillissementswet eind 19e eeuw was er nog geen girale betaling, zodat de wetgever voor deze kwestie geen regeling hoefde te treffen. Later is dit veranderd, zij het dat niet de wetgever maar de Hoge Raad heeft ingegrepen.[360] Hij heeft hiervoor aansluiting gezocht bij artikel 53 en 54 en de verrekeningsbevoegdheid kritisch tegen het licht gehouden, omdat een verrekeningsmogelijkheid louter als gevolg van de bijzondere positie van de banken in het betalingsverkeer niet met het stelsel van de Faillissementswet valt te verenigen.[361] Dit wordt echter anders als de bank zich om een andere reden op de binnengekomen betalingen wil verhalen,

359 HR 30 januari 1953, *NJ* 1953/578 (*Doyer & Kalff*) en HR 7 oktober 1988, *NJ* 1989/449, *AA* 1989/217 (*AMRO/Curatoren THB*); vgl. HR 17 februari 2012, *NJ* 2012/605 (*Rabo Maashorst/Kézér q.q.*).

360 Zie over de spiegelbeeldige situatie waarin niet zozeer geld op de bankrekening van de gefailleerde wordt bijgeschreven maar juist wordt afgeboekt rondom faillissement: HR 20 maart 2015, *NJ* 2015/264 (*JPR/Gunning q.q.*) en nr. 166.

361 Vgl. HR 8 juli 1987, *NJ* 1988/104, *AA* 1988/177 (*Loeffen q.q./BMH I*) en HR 7 oktober 1988, *NJ* 1989/449, *AA* 1989/217 (*AMRO/Curatoren THB*); vgl. HR 23 november 2018, *NJ* 2019/343 (*Curatoren Eurocommerce/Rabobank*).

bijvoorbeeld omdat zij een pandrecht heeft op de vordering van de rekeninghouder jegens degene die het geld naar de bankrekening had overgemaakt.[362]

Voor de vraag of een bank bij wie een rekeninghouder die 'rood staat' een bedrag op die rekening ontvangt nu wel of niet mag verrekenen, moet telkens worden vastgesteld of zij die bijschrijving (creditering) in rekening-courant mag boeken. Wil verrekening mogelijk zijn, dan moet duidelijk zijn over welke wederzijdse vorderingen en schulden het gaat. De vordering van de bank levert doorgaans geen probleem: bij een debetstand op de rekening is dit een gegeven, maar het kan ook zijn dat de bank uit anderen hoofde (geldlening, effectentransacties, borgstelling e.d.) geld van de rekeninghouder te vorderen heeft. Deze vordering bestaat al vóór de faillietverklaring. De hiertegenoverstaande vordering van de rekeninghouder op de bank heeft betrekking op de afdrachtsverplichting van de bank: deze is gehouden om de van derden ontvangen gelden aan de rekeninghouder dan wel diens curator af te dragen. Hierbij maakt het verschil of de bijschrijving vóór of na de faillietverklaring heeft plaatsgevonden.

Wanneer de creditering op de dag van de faillietverklaring of daarna gebeurt, is verrekening alleen mogelijk als de vordering van de gefailleerde rekeninghouder tot afdracht van het ontvangen bedrag voortvloeit uit een vóór de faillietverklaring verrichte rechtshandeling (art. 53). Het is echter niet voldoende dat die vordering enig verband met een voordien gesloten overeenkomst houdt. De rechtstreekse oorzaak van het ontstaan van de vordering moet eveneens vóór de faillietverklaring hebben plaatsgevonden, ook als deze is gelegen in een rechtshandeling van een derde (nr. 176). Bij een girale overboeking is die rechtstreekse oorzaak de opdracht tot overboeking door die derde, zodat de bank alle betalingen die op de rekening binnenkomen en voortvloeien uit dergelijke betalingsopdrachten die niet vóór de faillietverklaring zijn verricht aan de curator moet afdragen.[363]

Als de creditering plaatsvindt vóór de faillietverklaring of de betalingsopdracht voor die tijd is gegeven, is op zichzelf beschouwd voldaan aan het criterium van artikel 53. Toch kan verrekening nog steeds zijn uitgesloten op grond van artikel 54, ook al lijkt deze bepaling naar de letter beschouwd niet van toepassing. Aangezien een girale betaling wordt beschouwd als een rechtstreekse betaling door de derde aan de rekeninghouder, is van een daadwerkelijke schuldoverneming door de bank geen sprake. Op basis van een teleologische interpretatie heeft de Hoge Raad echter overwogen dat in een dergelijk geval verrekening toch niet mogelijk is, omdat de bank door haar rol in het (girale) betalingsverkeer geen uitzonderingpositie mag krijgen ten opzichte van de andere schuldeisers. Als de bank op het tijdstip van creditering van de rekening de schuldenaar niet te goeder trouw was, verzet artikel 54 zich tegen verrekening. Voor het ontbreken van goede trouw is in ieder geval voldoende dat de bank op het ogenblik van het ontstaan van de afdrachtsverplichting wist dat de rekeninghouder in een zodanige toestand verkeerde dat zijn faillissement was te verwachten.[364]

---

362 HR 17 februari 1995, *NJ* 1996/471, *AA* 1995/604 (*Mulder q.q./CLBN*).
363 Vgl. HR 10 januari 1975, *NJ* 1976/249 (*Postgiro*); HR 15 april 1994, *NJ* 1994/607 (*Verhagen q.q./INB*) en HR 14 juni 2013, *NJ* 2013/421 (*ACF/Schreurs q.q.*), r.o. 3.6.
364 Vgl. HR 7 oktober 1988, *NJ* 1989/449, *AA* 1989/217 (*AMRO/Curatoren THB*), r.o. 3.4.

Hoewel de bank zichzelf wegens haar rol in het betalingsverkeer niet in een betere positie mag plaatsen, betekent dat niet dat zij haar vordering op de (aanstaande) gefailleerde schuldenaar nooit zou mogen verrekenen. Als vlak voor of na faillissement op de bankrekening betalingen door derden binnenkomen waarop de bank om andere redenen al aanspraak zou mogen maken, staan artikel 53 en 54 niet aan verrekening in de weg. Vooral als de betalingen door derden worden verricht op vorderingen van de rekeninghouder die aan de bank stil verpand waren, is verrekening toch toegestaan. Mede als gevolg van de bancaire praktijk waarin zowel de bestaande als de toekomstige debiteurenportefeuille van een kredietnemer/pandgever met gebruikmaking van verzamelpandaktes administratief eenvoudig kunnen worden verpand, zal een bank meestal toch mogen verrekenen. Van een ontoelaatbare doorbreking van de onderlinge gelijkheid van schuldeisers is dan immers geen sprake.[365]

179. Opschortings- en retentierecht

Zoals verrekening een schuldeiser de mogelijkheid biedt om door de feitelijke positie dat hij tevens schuldenaar van de gefailleerde is, deze schuld als 'onderpand' voor zijn vordering te gebruiken, zo kan hij ook met een opschortingsrecht (art. 6:52 e.v. BW) of een retentierecht (art. 3:290 e.v. BW) gebruikmaken van een voor hem gunstige feitelijke situatie.[366] Omdat de schuldeiser zelf nog een prestatie moet verrichten jegens de gefailleerde schuldenaar, heeft hij een drukmiddel om zijn eigen vordering voldaan te krijgen. Als deze schuldeiser namelijk door de curator benaderd wordt om te presteren, kan hij hem tegenwerpen dat hij dat slechts zal doen nadat voldoening van zijn vordering heeft plaatsgevonden of daarvoor zekerheid is gesteld (art. 6:55 BW). Dit opschortingsrecht kan ook in faillissement worden ingeroepen, omdat het ook werking heeft jegens de schuldeisers van de schuldenaar (art. 6:53 BW). Het vereiste voor inroeping van het opschortingsrecht dat de vordering van de schuldeiser opeisbaar is, levert doorgaans geen probleem op. Een tijdsbepaling op grond waarvan de schuldenaar voordien een eventuele vordering tot nakoming kan afweren (art. 6:39 lid 1 BW) komt immers door de faillietverklaring te vervallen (art. 6:40 sub a BW). Net als ieder andere bevoegdheid kan ook het opschortingsrecht misbruikt worden (art. 3:13 BW), maar hiervan is niet snel sprake. Dit is wel eens betoogd tegenover dwangcrediteuren en monopolisten, zoals vroeger het energiebedrijf, maar tevergeefs.[367] Sinds 2005 heeft de wetgever hieraan echter enigszins paal en perk gesteld en is de opschortingsbevoegdheid ontnomen aan schuldeisers van vorderingen die voortvloeien uit een overeenkomst tot het geregeld afleveren van gas, water, elektriciteit of verwarming, voor zover die noodzakelijk zijn voor de eerste levensbehoeften van de schuldenaar of voor het voortzetten van de door de schuldenaar gedreven onderneming (art. 37b).

Als de bevoegdheid tot opschorting betrekking heeft op de verplichting tot afgifte van een zaak, dan heeft de schuldeiser tevens een retentierecht (art. 6:57 jo. 3:290 BW). Zolang de zaak niet in de macht van de schuldenaar belandt, blijft

365 HR 17 februari 1995, *NJ* 1996/471, *AA* 1995/604 (*Mulder q.q./CLBN*), r.o. 3.5.2.
366 Zie ook Van Zanten, 'De overeenkomst in het insolventierecht' (diss. Groningen), Deventer 2012, hfdst. 7.
367 Vgl. HR 20 maart 1981, *NJ* 1981/640 (*Veluwse Nutsbedrijven*) en HR 16 oktober 1998, *NJ* 1998/896, *AA* 1999/754 (*Van der Hel q.q./Edon Twente*).

het retentierecht voor de schuldeiser behouden (art. 3:294 BW) en kan hij zich op de zaak verhalen met voorrang boven iedereen tegen wie hij het retentierecht kan inroepen (art. 3:292 BW). Hij behoudt dit retentierecht en de voorrang in geval van faillissement van de schuldenaar (art. 60 lid 1). Als de curator de zaak echter van hem opeist om in het openbaar of met goedkeuring van de rechter-commissaris onderhands te verkopen (art. 101, 176; zie hiervoor nr. 137, 169), dan moet de schuldeiser daaraan gehoor geven. Weliswaar behoudt de schuldeiser na afgifte zijn voorrang op de opbrengst, maar hij moet dan wel bijdragen in de omslag van de faillissementskosten (art. 182). Dit betekent overigens niet dat de curator deze opeisingsbevoegdheid niet zou hebben als hij niet tot verkoop zou willen overgaan.[368] Een andere mogelijkheid is dat de curator de zaak in het belang van de boedel verwerft door voldoening van de vordering waarvoor het retentierecht kan worden uitgeoefend (art. 60 lid 2). De retentor hoeft overigens niet lijdzaam af te wachten. Zo nodig kan hij de curator een redelijke termijn stellen om hetzij de zaak op te eisen en te verkopen, hetzij de vordering te lossen (art. 60 lid 3 jo. 2). Als de curator de vordering niet binnen deze termijn heeft gelost of de zaak heeft verkocht, heeft de retentor het recht van parate executie. Dit betekent dat hij de zich onder hem bevindende zaak mag verkopen als ware hij pand- of hypotheekhouder, afhankelijk of het een roerende zaak, niet-registergoed of een registergoed betreft. In dat geval heeft hij niet te maken met de omslag van de faillissementskosten.

5.4.2 Reconstructie van de boedel

180. Plaatsbepaling

Naast het veiligstellen van het actief moet de curator ook onderzoek doen naar eventueel onoirbare handelingen in de aanloop van het faillissement waardoor activa aan het vermogen van de schuldenaar zijn onttrokken. Hierbij past ook een onderzoek naar de oorzaken van het faillissement om te bezien in hoeverre derden aansprakelijk zijn voor schade of (een deel van) het tekort (art. 68 lid 2). Eventueel strafrechtelijke aansprakelijkheid kan ook aan de orde zijn op basis van bijvoorbeeld valsheid in geschrifte (art. 225 e.v. Sr), diefstal, verduistering en oplichting (art. 310 e.v., 321 e.v., 326 e.v. Sr) en vooral benadeling van schuldeisers ('eenvoudige en bedrieglijke bankbreuk'; art. 340 e.v. Sr).

Fiscaalrechtelijk is aansprakelijkheid van derden door de wetgever opgenomen bij ketenaansprakelijkheid en bestuurdersaansprakelijkheid (art. 32 e.v. IW 1990). Deze vormen van aansprakelijkheid blijven met het oog op de civielrechtelijke opzet van deze serie verder buiten beschouwing. De civielrechtelijke aanpak van de curator om de boedel (terug) te brengen in de staat waarin deze zou verkeren als het onwenselijk geachte gedrag niet had plaatsgevonden, wordt met het verzamelbegrip 'reconstructie' aangeduid en ziet op de volgende leerstukken: de faillissementspauliana (nr. 181 e.v.), de bijzondere vordering uit onrechtmatige daad, die ook wel

---

368 Vgl. HR 15 april 1994, *NJ* 1995/640 (*Middendorf/Kouwenberg q.q.*) waarin een advocaat een retentierecht had op de zich onder hem bevindende advocatendossiers van de gefailleerde. Sinds 2017 is een retentierecht niet meer in te roepen door derden die (een deel van) de administratie van de gefailleeerde onder zich hebben (art. 105b lid 2)

Peeters/Gatzen-vordering wordt genoemd (nr. 194 e.v.) en bij rechtspersonen de bestuurdersaansprakelijkheid en daarvan afgeleide commissarissenaansprakelijkheid (nr. 198 e.v.).

5.4.2.1 *Faillissementspauliana*

181. Verschijningsvormen

Het leerstuk van de faillissementspauliana, kortweg ook wel alleen als pauliana aangeduid, beoogt onttrekking aan het vermogen van een schuldenaar ten nadele van zijn schuldeisers te bestrijden. Buiten faillissement biedt artikel 3:45 e.v. BW de mogelijkheid aan een gedupeerde schuldeiser om een bepaalde, onverplicht verrichte, hem benadelende rechtshandeling van diens schuldenaar te vernietigen. In faillissement is de regeling voor een deel nagenoeg hetzelfde en voor een deel uitgebreider, zodat hier alleen de faillissementspauliana aan de orde komt.[369] Deze regeling is van dwingend recht, zodat partijen de gevolgen van de pauliana niet kunnen wegcontracteren, bijvoorbeeld in de vorm van een ontbindende voorwaarde.[370]

Met de pauliana worden rechtshandelingen door de schuldenaar met derden vernietigd die waren verricht vóór de faillietverklaring en waardoor de gezamenlijke schuldeisers in hun verhaalsmogelijkheden waren benadeeld. Klassieke voorbeelden zijn de schenking van een waardevol voorwerp, de verkoop daarvan voor een te lage prijs of een zekerheidstelling voor een al bestaande schuld. Zouden deze gebeurtenissen niet hebben plaatsgevonden, dan zou het desbetreffende voorwerp zich nog in de boedel hebben bevonden als verhaalsobject voor de schuldeisers. Als een schuldeiser zich in een verrekeningspositie brengt waardoor zijn vordering voor 100% wordt voldaan, kan soms ook sprake zijn van paulianeus gedrag dat een curator moet bestrijden. Het instrument van de pauliana dient ertoe om inbreuken op de *paritas creditorum* vlak voor het faillissement ongedaan te maken.

In faillissement is de curator bij uitsluiting van ieder ander bevoegd om de pauliana in te stellen (art. 49). Hierbij maakt de wet onderscheid tussen twee typen faillissementspauliana: de actie waarmee de curator onverplicht verrichte rechtshandelingen kan bestrijden (nr. 182 e.v.) en die waarmee ook verplicht verrichte handelingen worden aangepakt (nr. 188 e.v.). Het verschil is vooral gelegen in de toepassingsvoorwaarden: bij de laatste categorie heeft de schuldenaar immers gedaan waartoe hij gehouden was, zodat deze handelingen slechts bij hoge uitzondering kunnen worden teruggedraaid. Er bestaat geen redelijke rechtsgrond om degene die ontving waarop hij krachtens zijn vorderingsrecht aanspraak had, tot teruggaaf daarvan te noodzaken. De behoeften van het rechtsverkeer brengen mee dat de schuldeiser erop mag vertrouwen dat de betaling door de schuldenaar onaantastbaar blijft, ook al belandt de schuldenaar later, misschien zelfs kort na de betaling, in staat van faillissement.[371]

---

369 Zie voor de behandeling van de pauliana buiten faillissement (art. 3:45-48 BW) SBR deel 3, par. 4.6.
370 HR 18 januari 2008, *NJ* 2008/335, *AA* 2008/726 (*Slijm/Brouwer; Stukro*), r.o. 3.5.2.
371 Zie Parl. Gesch. Fw (*Van der Feltz*) I, p. 436-437, 449; vgl. HR 16 juni 2000, *NJ* 2000/578, *AA* 2001/159 (*Van Dooren q.q./ABN Amro I*) en HR 28 oktober 2011, *NJ* 2012/495 (*Van Hees q.q./Cohen-Visser*).

182. Onverplicht verrichte rechtshandelingen (art. 42 e.v.)

Als de schuldenaar voorafgaand aan het faillissement iets heeft gedaan waardoor zijn schuldeisers benadeeld zijn, kan de curator deze op grond van artikel 42 vernietigen wanneer aan de volgende eisen is voldaan:

- de handeling is een rechtshandeling (nr.183);
- die onverplicht is verricht (nr. 184); en
- heeft geleid tot benadeling van de gezamenlijke schuldeisers (nr. 185); waarbij
- de schuldenaar wist of behoorde te weten dat benadeling van de schuldeisers het gevolg van zijn handeling was; en
- als de rechtshandeling niet om niet was geschied, wist (of behoorde te weten) ook de wederpartij met wie gehandeld was dat de schuldeisers daardoor benadeeld zouden worden (nr. 186).

Onder bepaalde – als 'verdacht' te karakteriseren – omstandigheden schiet de wet de curator in artikel 43 en 45 te hulp met enkele bewijsvermoedens (nr. 187).

183. Rechtshandeling

Het vereiste van een rechtshandeling heeft te maken met het rechtsgevolg van een succesvolle pauliana. Deze leidt tot vernietiging van de paulianeuze handeling. Aangezien een vernietiging in wezen niets anders is dan het achteraf ongedaan maken van iets dat eerder heeft plaatsgevonden (art. 51), kunnen feitelijke handelingen en gedragingen of het achterwege blijven van rechtshandelingen als zodanig niet worden vernietigd: gebeurd is gebeurd. Hooguit kunnen de ongewenste gevolgen ongedaan worden gemaakt, maar hiertoe dient een ander mechanisme. Dan stelt de curator een vordering uit onrechtmatige daad in en vordert hij de ongedaanmaking als schadevergoeding in natura (art. 6:162 jo. 6:103 BW).[372]

Door de vernietiging blijkt de rechtshandeling - achteraf bezien - nooit te hebben plaatsgevonden. Dit aspect is goed zichtbaar als een bepaald goed ter uitvoering van een paulianeuze rechtshandeling is overgedragen, zoals een geschonken sieraad. Door de vernietiging als gevolg van de succesvolle pauliana komt de schenkingsovereenkomst met terugwerkende kracht te vervallen. Hierdoor blijkt de voor overdracht noodzakelijke geldige titel (art. 3:84 lid 1 BW) nimmer te hebben bestaan en heeft de levering van het sieraad – achteraf bezien – dus niet tot eigendomsovergang geleid. Aangezien het gebrek is gelegen in het ontbreken van een geldige titel, is de reparatiemogelijkheid van bescherming op grond van artikel 3:86 BW niet aan de orde. Dit kan anders liggen bij een opvolgende verkrijger; vgl. artikel 51 lid 2. Het sieraad behoort dus nog steeds tot de boedel en kan door de curator worden gebruikt voor de vereffening van het vermogen van de gefailleerde. Bij andere goederen dan roerende zaken, zoals vermogensrechten, onroerende zaken of andere registergoederen is dit niet anders; op gelijke wijze kan artikel 3:88 BW hier evenmin bescherming bieden.

184. Onverplicht verricht

Als de schuldenaar doet waartoe hij verplicht is, is niet snel sprake van een paulianeuze handeling; zie hierna in nr. 188 e.v. voor de uitzonderingen. Wanneer hij daarentegen een rechtshandeling verricht waartoe hij niet gehouden was, wordt de

372 Zie ook Parl. Gesch. Fw (*Kortmann/Faber*), p. 125.

curator nieuwsgierig. De schuldenaar heeft dan iets gedaan wat niet van hem verlangd kon worden. Door dit toch te doen plaatst hij de wederpartij in een betere positie waardoor de andere schuldeisers misschien benadeeld worden. Als dit ook daadwerkelijk gebeurt, heeft de curator reden om de transactie te vernietigen. Zodoende is het onderscheid 'verplicht' tegenover 'onverplicht verricht' een belangrijk criterium. In de praktijk blijkt het doorgaans niet lastig te zijn om dit vereiste aan te tonen. Beslissend is of de prestatie in rechte van de schuldenaar kon worden afgedwongen: zou hij daartoe door de rechter kunnen worden veroordeeld? Zo niet, dan is de rechtshandeling onverplicht verricht, zelfs al zou de schuldenaar door de feitelijke situatie praktisch niet anders hebben kunnen doen.[373] Deze eis betekent overigens dat in een keten van rechtshandelingen uiteindelijk aan iedere verplicht verrichte rechtshandeling aan het begin van die keten ooit een onverplicht verrichte transactie ten grondslag heeft gelegen.

Een bekend voorbeeld is de verplichting tot het stellen van aanvullende zekerheid aan de bank voor een uitstaand krediet op grond van artikel 26 Algemene Bankvoorwaarden 2017. Als aan een verzoek daartoe van de bank vervolgens door de schuldenaar uitvoering wordt gegeven, is dat niet onverplicht: de bank had dit zo nodig in rechte kunnen afdwingen. Deze verplichting is gebaseerd op de toepasselijkverklaring van die Algemene Bankvoorwaarden 2017 in de kredietovereenkomst tussen bank en cliënt. Het aangaan van deze overeenkomst was echter onverplicht gebeurd. De bank had immers niet in rechte kunnen afdwingen dat de cliënt met haar een kredietovereenkomst zou aangaan.

De wijze van uitvoering van een verplichting kan overigens gebeuren op een wijze waartoe de schuldenaar niet verplicht was, zonder dat daarmee de handeling daartoe een onverplicht verrichte rechtshandeling wordt. Als de schuldenaar bijvoorbeeld verplicht wordt om een volmacht te verlenen aan een pandhouder van stil verpande vorderingen om namens hem als pandgever telkens toekomstige vorderingen aan zichzelf te verpanden, strekt dat niet tot iets anders dan het verrichten van de prestaties waartoe de pandgever zich al in de kredietovereenkomst had verplicht. Daarom is deze volmachtverlening niet onverplicht verricht, ook al was deze specifieke wijze van uitvoering van de verplichting tot verpanding met behulp van een volmacht niet overeengekomen.[374]

185. Benadeling

Voor een succesvolle pauliana is vervolgens vereist dat deze benadelend is geweest voor de gezamenlijke schuldeisers. Hier komt het kernelement van de pauliana in beeld: zonder benadeling is er geen reden voor de curator om op te treden. Voor een reconstructie van de boedel is dan geen plaats. Is er daarentegen wel benadeling, dan kan het nadeel op verschillende manieren zijn ontstaan.

Het meest bekende voorbeeld is het verdwijnen of verminderen van activa van de schuldenaar, bijvoorbeeld door wegschenken of voor een te lage prijs vervreemden

373 HR 10 december 1976, *NJ* 1977/617 (*Eneca/BACM*); HR 18 december 1992, *NJ* 1993/169 (*Kin/Emmerig q.q.*); HR 3 december 2010, *NJ* 2011/651 (*Curatoren Air Holland/Stichting Garantiefonds AH*); HR 16 oktober 2015, *NJ* 2016/49 (*Ingwersen q.q./ICF*), r.o. 4.2.2-5.

374 HR 1 februari 2013, *NJ* 2013/156 (*Van Leuveren q.q./ING*), r.o. 4.3.

van activa, maar ook het verwerpen van een erfenis. Paulianeus is echter ook het onverplicht laten oplopen van de passiva. Uiteindelijk leidt dit net als de vermindering van activa, dat minder te verdelen valt om de schuldeisers te kunnen voldoen. Een derde vorm van benadeling is niet gelegen in vermindering van actief of vermeerdering van passief, maar in de doorbreking van de onderlinge rangorde tussen de schuldeisers. Zelfs als per saldo geen vermindering van het actief kan worden aangewezen, bijvoorbeeld omdat de reële waarde van de verkochte goederen wordt betaald waardoor het vermogen van de schuldenaar per saldo niet is verminderd, kan die transactie toch tot benadeling van de schuldeisers leiden. Dit is het geval als de koopprijs wordt betaald op een bankrekening van de verkoper met een debetsaldo en de opbrengst daarmee wordt verrekend door de bank. Dan is deze uiteindelijk niet ten goede gekomen aan het verhaalsvermogen voor de gezamenlijke schuldeisers.[375]

Voor de vaststelling of sprake is van benadeling moet de transactie in haar geheel worden beschouwd. Het is niet geoorloofd om alleen maar een bepaald onderdeel daarvan uit te lichten.[376] De curator mag dus niet doen aan *cherry-picking*.

Aangezien een geslaagde pauliana tot vernietiging van de bestreden rechtshandeling leidt waarmee die wordt 'weggepoetst' en de oude toestand hersteld, moet de boedel door een succesvolle pauliana gebaat zijn, want anders heeft het geen zin dat de curator actie onderneemt. Om benadeling vast te stellen is het nodig de paulianeuze transactie te vergelijken met de – hypothetische – situatie waarin die niet zou hebben plaatsgevonden. Het gaat bij het vaststellen van die hypothetische situatie niet om allerlei mogelijke alternatieve transacties die partijen zouden hebben kunnen aangaan, maar wel om een inschatting wat dan feitelijk gebeurd zou zijn als de paulianeuze transactie achterwege was gebleven. Zeker als de gewraakte transactie onderdeel is van een samenstel van gebeurtenissen en rechtshandelingen, moet dit in totaliteit worden beoordeeld.

> Denk aan herstructureringsoperaties bij een onderneming in financiële moeilijkheden. Hierbij zijn financiers soms bereid om de financieringsstructuur aan te passen en extra financiering te verstrekken tegen nieuwe zekerheden, mits de schuldenaar een deel van zijn onderneming verkoopt. Hiervoor is dan vrijgave van zekerheden op dat gedeelte nodig. Als de schuldenaar desondanks failliet gaat, kan de curator de nieuwe financiering en bijbehorende zekerheidsverstrekking niet met de pauliana vernietigen zonder rekening te houden met de – hypothetische – situatie dat de financiers dan naar alle waarschijnlijkheid hun zekerheden niet zouden hebben vrijgegeven maar uitgewonnen.[377]

De vergelijking van de situatie zoals die heeft plaatsgevonden met de hypothetische situatie waarin de paulianeuze rechtshandeling achterwege zou zijn gebleven wordt gedaan naar het tijdstip waarop de curator zijn rechten doet gelden.[378] Welk tijd-

375 HR 22 mei 1992, *NJ* 1992/526 (*Bosselaar q.q./Interniber I*).
376 HR 19 december 2008, *NJ* 2009/220 (*Curatoren AHC/Air Holland c.s.*).
377 Vgl. de casus die ten grondslag ligt aan HR 5 februari 2021, ECLI:NL:HR:2021:184 (*Volkerink q.q./Rabobank*), afgedaan met art. 81 RO en hetgeen daarover is gesteld door A-G Assink in zijn conclusie van 16 oktober 2020, ECLI:NL:PHR:2020:955, nr. 3.17.
378 HR 23 december 1949, *NJ* 1950/262 (*Boendermaker/Schopman*); HR 22 september 1995, *NJ* 1996/706 (*Ravast c.s./Ontvanger*); HR 19 oktober 2001, *NJ* 2001/654 (*Diepstraten/Gilhuis q.q.*).

stip dit is, kan verschillen afhankelijk van de wijze waarop de vernietiging plaatsvindt. Als de curator de vernietiging buitengerechtelijk inroept en de wederpartij daarin berust, dan is het relevante tijdstip het ogenblik van die buitengerechtelijke inroeping (art. 3:49-50 BW). Wil dit succes hebben bij een registergoed, dan hoeven – in tegenstelling tot bij de pauliana buiten faillissement (art. 3:50 lid 2 BW) – niet alle betrokkenen in de vernietiging te hebben berust (art. 42 lid 1, slot). Wanneer de buitengerechtelijke vernietiging echter niet wordt aanvaard en een gerechtelijke procedure noodzakelijk is, is het relevante vergelijkingstijdstip het – veel latere – ogenblik waarop in deze procedure over het beroep op de pauliana wordt beslist. Voor een succesvol beroep op de pauliana is het noodzakelijk – maar ook voldoende – dat op dat latere tijdstip sprake is van benadeling.

Afhankelijk van de vraag of hoger beroep en cassatie is ingesteld kan dit tijdstip geruime tijd later zijn dan het ogenblik waarop de curator de vernietiging buitengerechtelijk had ingeroepen. Zou bijvoorbeeld in de trilogie van curator Van Dooren tegen de ABN Amro Bank in het faillissement van Hendriks Beheer B.V.[379] het tijdstip waarop de curator de vernietiging had ingeroepen tot een berusting van de bank hebben geleid, dan was de dag waarop de benadeling aanwezig moest zijn geweest te stellen op 13 februari 1995. Dit was het ogenblik waarop de curator de dagvaarding had laten uitbrengen waarin hij de nietigheid van de hypotheekverstrekking had ingeroepen.[380] Nu de bank zich lange tijd tegen deze vernietiging heeft verweerd en het beroep daarop door de curator uiteindelijk pas met het derde arrest van de Hoge Raad van 22 december 2009 definitief is gehonoreerd, is deze laatste datum – bijna vijftien jaren later – doorslaggevend voor de vraag of sprake was van benadeling. Hier speelde dat tijdsverloop geen rol omdat het ging om wel of niet terecht verleende hypotheken op registergoederen, maar het zou beslissend kunnen zijn als de curator een transactie wil vernietigen omdat de goederen voor een te lage prijs zouden zijn verkocht. Bij sterk in waarde fluctuerende goederen (grondstoffen, valuta, effecten) zou een dergelijk groot tijdsverloop de benadeling tussentijds wel eens hebben kunnen opheffen. Het effect van een succesvol beroep op de pauliana is immers dat de transactie vernietigd wordt met als gevolg dat de vervreemde goederen weer in de boedel moeten komen. Bij een waardedaling is de boedel daarmee niet gebaat.

Wanneer de schuldeisers niet met benadeling worden geconfronteerd maar hun alleen een voordeel is ontgaan, dat mogelijk als een benadeling wordt ervaren maar in het vermogen van de schuldenaar niet als zodanig is terug te vinden, kan van een paulianeuze gedraging geen sprake zijn.[381] Benadeling is immers het kernbegrip van het paulianaleerstuk.

186. Wetenschap van benadeling

Op basis van de voorgaande vereisten loopt een wederpartij een groot risico dat zijn transacties met de aanstaande gefailleerde door een curator worden vernietigd. Een dergelijk risico speelt vooral bij zekerheidstellingen, want deze zijn eigenlijk per definitie benadelend voor de gezamenlijke schuldeisers. Een pand- of hypotheekhouder kan zich immers door zijn zekerheidsrecht als separatist aan een faillissement en daarmee de samenloop (*concursus creditorum*) onttrekken (art. 57). Omdat

379 HR 16 juni 2000, *NJ* 2000/578, *AA* 2001/159; HR 8 juli 2005, *NJ* 2005 457 en HR 22 december 2009, *NJ* 2010/273.
380 HR 16 juni 2000, *NJ* 2000/578, *AA* 2001/159 (*Van Dooren q.q./ABN Amro I*), r.o. 1 en 3.2.
381 HR 22 maart 1991, *NJ* 1992/214, *AA* 1992/290 (*Loeffen q.q./BMH II*).

uiteindelijk aan elke transactie een onverplicht verrichte rechtshandeling ten grondslag ligt (nr. 184), zou dat tot grote rechtsonzekerheid en daarmee terughoudendheid van kredietverleners kunnen leiden. Daarom kent de pauliana naast het benadelingsvereiste tevens de eis dat de schuldenaar van die benadeling van de schuldeisers op de hoogte moet zijn geweest. In artikel 42 wordt de hiervoor benodigde wetenschap van de schuldenaar gelijkgesteld aan een 'behoren te weten' (een geobjectiveerde wetenschap), zodat de curator zich niet hoeft te verdiepen in de vraag of de schuldenaar die wetenschap ook daadwerkelijk heeft gehad (subjectieve wetenschap).

Bij een rechtshandeling om niet, zoals een schenking, is voor het wetenschapsvereiste voor een succesvolle pauliana alleen vereist dat de schuldenaar wist – of behoorde te weten – dat daardoor zijn schuldeisers benadeeld zouden worden (art. 42 lid 1). Is daarentegen ook de wederpartij tot een prestatie gehouden, dan moet die wetenschap ook aan zijn kant worden aangetoond.

De wetenschap moet erop gericht zijn dat de schuldenaar – en in voorkomend geval ook diens wederpartij – wist(en) of behoorde(n) te weten dat benadeling van schuldeisers het gevolg van de rechtshandeling zou zijn. Volgens de Hoge Raad is hiervan sprake als de betrokkenen ten tijde van die handeling het faillissement en een tekort daarin met een redelijke mate van waarschijnlijkheid hadden voorzien.[382] Bij zekerheidstelling, die per definitie een benadeling van de overige schuldeisers inhoudt omdat de zekerheidsgerechtigde zich bij voorrang uit de opbrengst van de zekerheidsgoederen kan voldoen, is dit niet anders. Het maakt hierbij geen verschil als de zekerheidsstelling een uitvloeisel is van een reddingsoperatie waarbij de onderneming van de schuldenaar geherstructureerd en gesaneerd wordt, hoewel hiervoor een ander criterium was bepleit en door lagere rechtspraak overgenomen.[383]

Het door de Hoge Raad in ABN Amro/Van Dooren ontwikkelde wetenschapscriterium heeft het debat hierover niet doen verstommen. De precieze contouren zijn ook niet vast te stellen: wanneer is sprake van een 'met redelijke mate van waarschijnlijkheid' hebben kunnen voorzien van het faillissement? Omdat een faillissement nooit valt uit te sluiten, is wetenschap van een kans op benadeling echter onvoldoende om tot een vernietiging op grond van artikel 42 te concluderen.[384] Aangezien een verwachting nooit 100% zeker is en kansen nooit precies zijn te berekenen, moet in ieder geval als ondergrens worden gebruikt dat de kans op een faillissement ten tijde van het verrichten van de aangevochten rechtshandeling niet minder dan 50% was: dan is geen sprake meer van een 'waarschijnlijkheid' en derhalve niet voldaan aan het wetenschapscriterium.

Aangezien de vraag of iemand in het verleden een bepaalde wetenschap al dan niet had pas aan de orde is nadat de schuldenaar in staat van faillissement is verklaard en het met hem dus niet goed is afgelopen, is het onmogelijk om deze kwestie onbevangen en onbevooroordeeld tegemoet

382 HR 22 december 2009, *NJ* 2010/273 (*ABN Amro/Van Dooren q.q. III*).

383 HR 7 april 2017, *NJ* 2017/177 (*Jongepier q.q./Drieakker c.s.*). Onder omstandigheden kunnen partijen met de invoering van de WHOA in 2021 voorafgaande bescherming krijgen op basis van art. 42a (nr. 64) dat aansluit bij art. 17 HRL (nr. 401). Zie over zekerheidsstelling in het kader van een reddingsoperatie bijv. HR 16 oktober 2015, *NJ* 2016/48 (*DLL/Van Logtesteijn q.q.*), r.o. 3.5 en HR 16 oktober 2015, *NJ* 2016/49 (*Ingwersen q.q./ICF*), r.o. 4.3.2.

384 HR 1 oktober 1993, *NJ* 1994/257 (*Ontvanger/Pellicaan*) en HR 17 november 2000, *NJ* 2001/272 (*Bakker q.q./Katko*).

te treden: alle betrokkenen, de partijen bij de aangevochten rechtshandeling, de curator en de rechter die zich hierover moet uitlaten, zijn door de faillietverklaring geneigd de toenmalige wetenschap groter te achten dan zij daadwerkelijk was. Dit fenomeen van 'wijsheid achteraf' of *hindsight bias/outcome bias/confirmation bias* is in tal van psychologische onderzoeken en experimenten, zowel bij leken als bij professionals zoals rechters, vastgesteld en blijkt zelfs onmogelijk uit te bannen.[385] Ook al lijkt een bepaalde wetenschap ten tijde van het verrichten van de bestreden rechtshandeling aannemelijk, telkens zal de curator – en de rechter als hem het geschil wordt voorgelegd – zogenoemd 'contrafeitelijk' onderzoek moeten doen of die aanname en de daarop gebaseerde conclusie klopt. Behoudens de gevallen waarin de curator gebruik kan maken van de bewijsvermoeens van artikel 43, rust de bewijslast hiervan op de curator (nr. 187).

In tegenstelling tot het tijdstip van de benadeling (het ogenblik waarop de curator zijn rechten doet gelden; zie nr. 190) moet de wetenschap van benadeling al aanwezig zijn op het ogenblik waarop de beweerdelijk paulianeuze rechtshandeling werd verricht. Het gaat bij de vraag of partijen zich die benadeling behoorden te realiseren om een – weliswaar geobjectiveerd – subjectief beoordelingsmoment. Het feit dat de benadeling zich pas vele jaren later voordoet, hoeft niet aan die wetenschap in de weg te staan.[386] In de praktijk zal dit echter meestal wel van invloed zijn: hoe langer geleden de rechtshandeling is verricht, des te kleiner de kans dat partijen toen die wetenschap hebben gehad; althans dat de curator dat kan bewijzen.

187. Stelplicht en bewijslast

Stelplicht en bewijslast van bovenstaande vereisten voor een succesvolle pauliana op grond van artikel 42 rusten op de curator. Hij moet dus stellen – en bij betwisting aantonen – dat de rechtshandeling onverplicht was, dat die tot benadeling heeft geleid en dat de schuldenaar (en bij rechtshandelingen anders dan om niet ook de wederpartij) wist of behoorde te weten dat die rechtshandeling benadeling van de schuldeisers tot gevolg zou hebben. Waar vooral het bewijs van dit laatste aspect de curator in een moeilijke positie plaatst – hij moet in het hoofd van de betrokkenen kruipen – is de wetgever hem te hulp geschoten als de rechtshandeling zich in 'verdachte' omstandigheden heeft voorgedaan. Dan kan de curator gebruikmaken van een bewijsvermoeden waartegen de aangesproken persoon vervolgens tegenbewijs kan leveren (art. 43, 45). De wetgever heeft deze versterking van de bewijspositie van de curator zinvol en nodig geacht als de bestreden rechtshandeling heeft plaatsgevonden binnen één jaar voor de faillietverklaring en zich een van de volgende situaties voordoet:

- er is een discrepantie tussen de waarde van de prestaties over en weer (art. 43 lid 1 sub 1°);
- er is een niet-opeisbare schuld voldaan of daarvoor zekerheid gesteld (art. 43 lid 1 sub 2°); of
- de bestreden rechtshandeling heeft plaatsgevonden tussen gelieerde partijen. Deze zijn in artikel 43 lid 1 sub 3-6° nader omschreven: echtgenoten, geregistreerde

385 Zie hierover bijv. de gepubliceerde weergave van mijn Leidse oratie uit juni 2016 ([**]it happens; then and now, *TvI* 2017/23) en daarin opgenomen bronnen en de bijdragen aan de najaarsbijeenkomst van de Vereniging Corporate Litigation 2017 ('Rechterlijk (voor)oordeel', Geschriften vanwege de Vereniging Corporate Litigation 2017-2018, Deventer: Wolters Kluwer 2018, p. 489-523).

386 HR 19 oktober 2001, *NJ* 2001/654 (*Diepstraten/Gilhuis q.q.*), r.o. 3.7, zie daarover conclusie A-G Bakels, nr. 2.13; vgl. HR 22 december 2009, *NJ* 2010/273 (*ABN Amro/Van Dooren q.q. III*).

partners, levensgezellen, pleegkinderen, bloed- en aanverwanten tot in de derde graad; rechtspersonen waarin men – al dan niet via de hiervoor beschreven 'familie' verwantschap – als bestuurder, commissaris, aandeelhouder deelneemt en groepsmaatschappij, zoals nader toegelicht en uitgebreid in artikel 43 lid 2-5.

Bij rechtshandelingen om niet heeft de curator een sterk bewijsvermoeden: het enkele feit dat de handeling is verricht binnen één jaar voor de faillietverklaring is zonder verdere vereisten voldoende voor dat vermoeden (art. 45).

De bewijsvermoedens helpen de curator alleen op het punt van de bewijslast dat het faillissement en het tekort daarin met een redelijke mate van waarschijnlijkheid te voorzien waren voor zowel de schuldenaar als de wederpartij. Zij nemen niet weg dat hij nog steeds wel de feiten en omstandigheden moet stellen – en zo nodig bewijzen – dat sprake is van benadeling en dat zich de situatie van het vermoeden heeft voorgedaan. Omdat de bewijsvermoedens een uitzondering op de stelplicht en bewijslast van artikel 42 vormen mogen die niet ruim worden uitgelegd.[387] Zij vinden hun rechtvaardiging in het verdachte karakter van de rechtshandeling waarbij de betrokken gedragingen doorgaans worden verricht in het volle bewustzijn dat de schuldeisers daardoor benadeeld worden. Behoudens bijzondere omstandigheden ligt dat verdachte karakter niet voor de hand als partijen een nieuwe kredietrelatie zijn aangegaan en de schuldenaar in dat kader zekerheden heeft gevestigd.[388]

Wil de aangesproken wederpartij het bewijsvermoeden succesvol weerleggen, dan moet ook deze voldoende feiten en omstandigheden stellen en zo nodig bewijzen die tot die conclusie leiden. Voldoet hij niet aan zijn stelplicht, dan is voor een eventuele bewijslevering geen plaats.[389] Voor het weerleggen van het bewijsvermoeden moet die partij aannemelijk maken dat van benadeling en wetenschap daarvan geen sprake is geweest.[390]

188. Verplicht verrichte rechtshandelingen (art. 47)

Wanneer een schuldenaar zijn verplichtingen nakomt doet hij wat van hem verwacht wordt. De schuldeiser die de prestatie ontvangt kan daar in beginsel moeilijk een verwijt van worden gemaakt, ook niet als de schuldenaar daarna failliet gaat.[391] Boekhoudkundig verandert qua solvabiliteit niets in het eigen vermogen van de schuldenaar.

De schuld aan de schuldeiser die aan de rechterzijde van de balans was opgenomen komt door de betaling te vervallen, terwijl het daarvoor benodigde bedrag aan de linkerzijde van de balans verdwijnt, met als gevolg een vermindering van het balanstotaal. Het eigen vermogen verandert evenmin als voor de voldoening van de schuldeiser gebruik wordt gemaakt van bankkrediet. Dan vindt echter geen vermindering van het balanstotaal plaats, maar is er slechts een verschuiving tussen de posten op de rechterzijde van de balans: de post handelscrediteuren neemt af, terwijl de post bankkrediet met hetzelfde bedrag toeneemt (zie nr. 29-31).

387 HR 4 februari 2000, *NJ* 2000/192 (*Scholten q.q./Van Zwol Wijntjens*), r.o. 3.3.4; HR 29 november 2013, *NJ* 2014/9 (*Roeffen q.q./Jaya*), r.o. 3.7.

388 HR 29 november 2013, *NJ* 2014/9 (*Roeffen q.q./Jaya*), r.o. 3.5-7.

389 HR 22 december 2009, *NJ* 2010/273 (*ABN Amro/Van Dooren q.q. III*), r.o. 3.12.

390 HR 20 oktober 2006, *NJ* 2007/2 (*Van Schilt/Jansen q.q.*) en HR 30 november 2007, *NJ* 2008/91 (*Blue Tomato*).

391 HR 16 juni 2000, *NJ* 2000/578, *AA* 2001/159 (*Van Dooren q.q./ABN Amro I*), r.o. 3.5.2; recent bevestigd in HR 28 oktober 2011, *NJ* 2012/495 (*Van Hees q.q./Cohen-Visser*), r.o. 3.7.4.

Bezien vanuit de liquiditeitspositie van de schuldenaar verandert er echter wel wat: het geld dat is gebruikt om de schuld aan de schuldeiser te voldoen is uit het vermogen van de schuldenaar verdwenen en niet meer inzetbaar als verhaalsobject voor de overige schuldeisers. In zoverre is sprake van benadeling van de schuldeisers. De vraag is echter of dit ook onoirbaar en paulianeus is. Dit is slechts bij hoge uitzondering het geval. Alleen een schuldeiser die op de hoogte is van het naderend faillissement, omdat hij weet van de faillissementsaanvraag (nr. 191) en de schuldeiser die met de schuldenaar onder één hoedje speelt om bevoordeeld te worden boven de andere schuldeisers (nr. 192), is in de ogen van de wetgever verdacht en moet worden aangepakt.[392] Voordat deze twee gronden worden behandeld, komt eerst aan de orde wat onder 'voldoening door de schuldenaar' moet worden verstaan (nr. 189). Daarna komt het benadelingsvereiste aan bod, ook is dit als zodanig niet in artikel 47 genoemd (nr. 190).

189. Voldoening door de schuldenaar

Bij een gewone betaling door een schuldenaar van diens schuld aan de schuldeiser leidt dit onderdeel van artikel 47 niet tot problemen. Zo kan een cliënt van een bank die een lening of rekening-courantkrediet van die bank heeft, daarop afbetalen door zelf geld naar de bank over te maken of bij die bank te storten. Lastiger wordt het echter als de cliënt dat geld niet zelf overmaakt of contant aan de bank afdraagt, maar door een derde laat overboeken op zijn bankrekening. Door de bijschrijving neemt een debetstand van de bankrekening af (en is de bank als schuldeiser daarmee dus gebaat), maar de cliënt-schuldenaar doet zelf helemaal niets: de bijschrijving of creditering van zijn bankrekening door een derde 'overkomt' hem. Toch heeft ook deze bijschrijving door de bank als een 'voldoening door de schuldenaar' te gelden. Dit komt omdat girale betaling tegenwoordig als een normale wijze van betaling te gelden heeft en banken hierdoor niet in een uitzonderingspositie zouden mogen komen voor de toepassing van artikel 47.[393]

190. Benadeling

Hoewel artikel 47 de eis van benadeling niet met zo veel woorden noemt, vormt die – als kernelement van de pauliana – ook hier een essentieel onderdeel van de bestrijding door de curator van in zijn ogen ten onrechte verplicht verrichte rechtshandelingen. Als er geen benadeling is geweest, maar slechts een voordeel aan de schuldeisers is ontgaan zonder dat hun enig nadeel wordt toegebracht, zal een vordering op grond van artikel 47 niet slagen.[394]

Net als bij de onverplicht verrichte rechtshandeling kan de benadeling zich ook bij de pauliana van artikel 47 in verschillende vormen voordoen: meest gebruikelijk is de vermindering van het voor de gezamenlijke schuldeisers beschikbare actief, doordat een opeisbare geldschuld wordt betaald of een goed van de schuldenaar wordt overgedragen. Maar ook het nakomen van een andersoortige verplichting die leidt tot vergroting van het passief, bijvoorbeeld de verplichting om zichzelf hoofdelijk te

392 Parl. Gesch. Fw (Van der Feltz) I, p. 449. Met de invoering van de WHOA is het eerste geval enigszins ingeperkt, zie nr. 191.

393 HR 8 juli 1987, *NJ* 1988/104, *AA* 1988/177 (*Loeffen q.q./BMH I*), r.o. 3.4. Zie ook de vergelijkbare jurisprudentie over art. 54 (nr. 177-178).

394 HR 22 maart 1991, *NJ* 1992/214, *AA* 1992/290 (*Loeffen q.q./BMH II*).

verbinden voor de schuld van een derde, kan binnen de strenge vereisten van artikel 47 tot een vernietiging leiden. Hetzelfde geldt ten slotte ook de doorbreking van de onderlinge rangorde (de *paritas creditorum*).[395]

Als de voldoening via een omweg geschiedt kan ook zonder tussenkomst van een bankrekening van voldoening door de schuldenaar worden gesproken, bijvoorbeeld als een derde betaalt aan een schuldeiser van de schuldenaar, waardoor het passief van de schuldenaar afneemt. Dan is er echter geen benadeling en dus geen pauliana. Wanneer de derde vervolgens wordt gesubrogeerd of een regresvordering krijgt op de schuldenaar, verandert vanuit paulianaperspectief evenmin iets: activa en passiva van de schuldenaar blijven even groot. Een dergelijke omzeiling van de aanstaande gefailleerde valt wegens het ontbreken van benadeling evenmin onder het bereik van de pauliana op de voet van artikel 47.[396]

191. Wetenschap van de faillissementsaanvraag

De schuldeiser die betaling door de schuldenaar aanneemt handelt in strijd met door hem jegens zijn medeschuldeisers in acht te nemen goede trouw, omdat hij dankzij zijn wetenschap nog even snel incasseert en zich daarmee aan de *concursus creditorum* onttrekt.[397] Hoewel de curator geen kwade trouw bij die schuldeiser hoeft aan te tonen, maar slechts de wetenschap van de faillissementsaanvraag, is daarmee die kwade trouw wel gegeven, ook al zou de ontvangende schuldeiser niet de intentie hebben gehad om zich boven andere schuldeisers te laten bevoordelen.[398]

Met de invoering van de WHOA is hierop een uitzondering gemaakt als de wetenschap betrekking heeft op een faillissementsaanvraag die ten tijde van de bestreden rechtshandeling weliswaar bekend was bij de schuldeiser, maar van rechtswege geschorst was op grond van artikel 3d lid 2 (gelijktijdig verzoek tot aanwijzing van een herstructureringsdeskundige; art. 371) of artikel 376 lid 2 sub c (afkoelingsperiode). Ondanks de wetenschap van de faillissementsaanvraag zal een vernietiging door de curator geen effect hebben.

Aangezien de hier bedoelde faillissementspauliana een uitzondering vormt op de hoofdregel dat betalingen op opeisbare schulden voorafgaand aan het faillissement ongemoeid moeten blijven, rust de bewijslast op de curator. Hij zal moeten bewijzen dat de schuldeiser wist dat het faillissement was aangevraagd. Hier kunnen (voorlopige) getuigenverhoren van (personeelsleden van) de schuldeiser soms uitkomst bieden. Hoewel artikel 47 zelf geen verwijzing geeft naar een 'behoren te weten' naast het vereiste van 'wetenschap' wordt in de literatuur wel verdedigd dat een zekere objectivering van die wetenschap op zijn plaats is.[399] Het gaat in al deze gevallen om het bewijs van het (behoren te) weten van de aanvraag die daadwerkelijk tot het faillissement heeft geleid; onvoldoende is het als de curator kan aantonen dat de

---

395 HR 18 januari 2008, *NJ* 2008/335, *AA* 2008/726 (*Slijm/Brouwer; Stukro*), r.o. 3.4.1 en 3.5.2.
396 HR 18 januari 2008, *NJ* 2008/335, *AA* 2008/726 (*Slijm/Brouwer; Stukro*), r.o. 3.4.2.
397 Parl. Gesch. Fw (Van der Feltz) I, p. 449.
398 HR 22 maart 1991, *NJ* 1992/214, *AA* 1992/290 (*Loeffen q.q./BMH II*).
399 Zie J.B. Huizink, 'Nogmaals art. 47 F.', WPNR (2001) 6429; R.D. Vriesendorp, annotatie onder HR 16 juni 2000 (Van Dooren *q.q.*/ABN Amro I), *AA* 2001, p. 163; Wessels, Insolventierecht III, nr. 3218, al zou uit de vasthoudende lijn van de Hoge Raad voor restrictieve toepassing van art. 47 kunnen worden afgeleid dat alleen daadwerkelijke – subjectieve – wetenschap bij de schuldeiser van de faillissementsaanvraag tot vernietiging leidt, vgl. HR 28 oktober 2011, *NJ* 2012/495 (*Van Hees q.q./Cohen-Visser*).

schuldeiser die betaling ontving op de hoogte was van een andere faillissementsaanvraag – bijvoorbeeld van hemzelf – die later is ingetrokken.

Een pleidooi om voor het criterium van de wetenschap van de faillissementsaanvraag aansluiting te zoeken bij dat van de goede trouw in artikel 54 en dit vereiste uit te breiden tot de wetenschap dat het faillissement weliswaar nog niet is aangevraagd maar wel onontkoombaar is, heeft de Hoge Raad expliciet afgewezen.[400] Voor hem is hierbij doorslaggevend dat artikel 47 een uitzondering bevat die volgens de wetgever restrictief moet worden toegepast.[401] Deze regel beoogt een eenvoudig toe te passen, strakke regel in het belang van de zekerheid van het rechtsverkeer.[402]

Gevolg van de restrictieve uitleg door de Hoge Raad is dat in de praktijk een schuldeiser nauwelijks bang hoeft te zijn dat een door hem ontvangen prestatie – overigens niet alleen een geldbetaling, maar bijvoorbeeld ook een levering van een goed of een zekerheidstelling – moet worden geretourneerd op grond van artikel 47. Zolang hij niet van de faillissementsaanvraag op de hoogte was, zal de curator niet in zijn bewijs kunnen slagen. Dit doet zich per definitie voor als nog geen faillissementsaanvraag is ingediend, zoals in de casus die aan de Van Dooren q.q./ABN Amro-jurisprudentie ten grondslag lag. Ook al weet de schuldeiser nog zo zeker dat de schuldenaar binnen afzienbare termijn failliet gaat en misschien al surseance van betaling heeft aangevraagd, toch loopt hij geen risico om ontvangen prestaties te moeten teruggeven op deze grond van artikel 47, zolang een faillissementsaanvraag ontbreekt.

192. Samenspanning

Anders dan bij de eerste grond voor vernietiging van artikel 47 zal de curator de kwade trouw wel moeten aantonen als hij vernietiging verlangt op de tweede grond van deze bepaling. De curator moet immers bewijzen dat beide partijen met elkaar hebben overlegd en dat dit overleg erop gericht was om de betaalde schuldeiser boven de andere schuldeisers te begunstigen. Dit vergt een samenspanning tussen schuldenaar en schuldeiser. Dit betekent dat beide partijen het oogmerk van de bevoordeling van deze schuldeiser moeten hebben gehad. Als de curator kan aantonen dat tussen partijen overleg heeft plaatsgevonden, lijkt het niet lastig om dat oogmerk bij de ontvangende schuldeiser te bewijzen. Door volledige betaling te ontvangen hoopt de schuldeiser immers buiten de samenloop met de andere schuldeisers te blijven. Het blijkt echter veel moeilijker om dat oogmerk ook bij de schuldenaar aan te tonen. Zolang deze zijn betaling aan deze specifieke schuldeiser motiveert met een andere reden dan bevoordeling van de schuldeiser, is de betaling onaantastbaar. Zo kan hij zijn betaling verklaren door de druk die de schuldeiser op hem heeft uitgeoefend, bijvoorbeeld door aan te dringen op betaling of te dreigen met incasso- en executiemaatregelen.[403] Als de betaling is verricht onder druk van dreiging met kredietopzegging of indiening van een strafklacht, kan om deze reden

400 HR 16 juni 2000, *NJ* 2000/578, *AA* 2001/159 (*Van Dooren q.q./ABN Amro I*); HR 29 juni 2001, *NJ* 2001/662, *AA* 2002/726 (*Meijs q.q./Bank of Tokyo*).
401 Parl. Gesch. Fw (Van der Feltz) I, p. 449.
402 HR 16 juni 2000, *NJ* 2000/578, *AA* 2001/159 (*Van Dooren q.q./ABN Amro I*), r.o. 3.5.2; zie ook HR 28 oktober 2011, *NJ* 2012/495 (*Van Hees q.q./Cohen-Visser*).
403 Parl. Gesch. Fw (Van der Feltz) I, p. 449.

al geen sprake van samenspanning zijn.[404] Het bewijs van samenspanning wordt gemakkelijker als sprake is van twee in een groep (art. 2:24b BW) gelieerde rechtspersonen bij wie de bedrijfsvoering in handen van een of meer dezelfde personen is. Door deze personele unie mag al snel, behoudens tegenbewijs, worden aangenomen dat bij beide partijen de bedoeling heeft voorgezeten om de ene partij ten nadele van de overige schuldeisers van de andere partij te bevoordelen.[405]

193. Gevolgen van de faillissementspauliana

Het effect van een succesvolle faillissementspauliana door de curator is dat de aangevochten rechtshandeling wordt vernietigd. Deze vernietiging heeft terugwerkende kracht, zodat de rechtshandeling – achteraf bezien – nooit heeft plaatsgevonden. Als de schuldenaar ter uitvoering daarvan gepresteerd heeft, dan blijkt dit achteraf onverschuldigd te zijn geschied. Na de vernietiging van de rechtshandeling die de rechtsgrond voor de betaling vormde, moet een ongedaanmaking plaatsvinden conform de regels van de onverschuldigde betaling (afd. 6.4.2 BW).[406] Wanneer de vernietigde rechtshandeling heeft gediend als titel voor een overdracht (art. 3:84 BW), brengt de vernietiging op grond van de pauliana met zich mee dat de overdracht geen effect heeft gehad door het ontbreken van een geldige titel. Heeft de schuldenaar bijvoorbeeld zijn huis voor een te lage prijs aan een ander verkocht en geleverd, dan leidt de vernietiging ertoe dat aan de levering een geldige titel ontbreekt, waardoor de eigendom van het huis bij de schuldenaar geacht moet te zijn gebleven. Hierdoor is het een onderdeel van de failliete boedel en kan het dienen om de schuldeisers te voldoen. De curator kan het huis als boedelbestanddeel te gelde maken en de opbrengst op de faillissementsrekening laten storten.

Het bijzondere aan de pauliana (zowel op grond van art. 3:45 BW als op grond van art. 42 e.v.) is dat de vernietiging slechts relatieve werking heeft, in die zin dat de rechtshandeling uitsluitend vernietigd wordt om de benadeling ongedaan te maken. In geval van faillissement zijn meestal onvoldoende baten om alle schuldeisers volledig te voldoen, zodat de relatieve werking nauwelijks blijkt. In al deze gevallen is er een tekort, zodat het overgedragen huis terug moet in de boedel. In het theoretische geval dat de schuldeisers ook volledig betaald zouden krijgen zonder de opbrengst van het huis, leidt de vernietiging van de koopovereenkomst door de relatieve werking uiteindelijk niet tot verlies van de eigendom van de koper.

Als de wederpartij niet meer in staat is om het verkregen goed aan de curator af te staan, bijvoorbeeld omdat het inmiddels is doorverkocht en geleverd en de verkrijger beschermd wordt (art. 3:86/88 BW), kan hij de oorspronkelijke prestatie niet meer ongedaan maken. Dan treden de regels van afdeling 6.1.9 BW over de niet-nakoming in werking, die leiden tot schadevergoeding (art. 6:74 e.v. BW). In de gevallen waarin de prestatie van de schuldenaar als zodanig niet meer is terug te draaien, moet de ongedaanmaking op een andere manier vorm krijgen (art. 6:203 lid 3 jo. 210 BW).

---

404 HR 24 maart 1995, *NJ* 1995/628, *AA* 1996/183 (*Gispen q.q./IFN*).

405 HR 7 maart 2003, *NJ* 2003/429 (*Cikam/Siemon q.q.*). Zie bijv. Rb. Rotterdam 4 april 2007, *JOR* 2007/251; Rb. Rotterdam 9 december 2009, *JOR* 2010/355; Rb. Gelderland 7 augustus 2013, ECLI:NL:RBGEL:2013:6360; Rb. Amsterdam 23 oktober 2013, ECLI:NL:RBAMS:2013:7863 en Rechtbank Den Haag 20 juli 2016, *JOR* 2017/71.

406 Zie over dit leerstuk SBR deel 5, hfdst. 12.

Tegen de derde die te goeder trouw rechten op een terug te geven goed heeft verkregen, kan de curator geen actie ondernemen (art. 51 lid 2).

De tegenprestatie van de wederpartij moet ook ongedaan worden gemaakt, maar voor de terugbetaling van die tegenprestatie heeft de wederpartij alleen een directe aanspraak op de curator voor zover de boedel gebaat was (art. 51 lid 3). Te denken valt aan verbeteringen en verfraaiingen die de wederpartij intussen aan het goed had aangebracht waardoor het meer waard is geworden. Voor het overige kan de wederpartij als concurrent schuldeiser in het faillissement opkomen. Deze vordering mag hij niet verrekenen met wat hij aan de curator moet afdragen.[407]

Als laatste gevolg van een succesvol paulianaberoep valt het bestuursverbod te noemen (art. 106a e.v.; nr. 207b). Op vordering van de curator of op verzoek van het OM kan een dergelijk verbod aan een (gewezen) bestuurder van een rechtspersoon worden opgelegd als deze gedurende drie jaren voorafgaand aan het faillissement doelbewust namens de rechtspersoon rechtshandelingen heeft verricht waardoor schuldeisers aanmerkelijk zijn benadeeld. Wel is vereist dat die rechtshandelingen bij onherroepelijk geworden uitspraak zijn vernietigd (art. 106a lid 1 sub b).

5.4.2.2 Onrechtmatige daad en Peeters/Gatzen-vordering

194. Afbakening

Als sprake is van onoirbaar gedrag in de aanloop naar het faillissement, komt naast de pauliana het leerstuk van de onrechtmatige daad in beeld. In dit verband valt te denken aan: a) de 'gewone' onrechtmatige daad door de schuldenaar gepleegd vóór het faillissement (bijvoorbeeld diefstal of oplichting); b) onrechtmatige daad gepleegd door een derde vóór het faillissement waardoor de gezamenlijke schuldeisers benadeeld zijn (de zogenaamde Peeters/Gatzen-vordering); en c) bij rechtspersonen een onrechtmatige daad gepleegd door een bestuurder vóór het faillissement waardoor een wederpartij van de rechtspersoon benadeeld is (de zogenaamde Beklamel-vordering).

De onrechtmatige-daadsvordering wegens een door de schuldenaar vóór het faillissement gepleegde onrechtmatige daad (a) is een onderdeel van het passief en heeft de status van een concurrente faillissementsvordering (zie par. 5.4.5). In het kader van de reconstructie van de boedel komen op deze plaats bij de behandeling van het actief alleen de Peeters/Gatzen-vordering (b; nr. 195 e.v.) en de Beklamel-vordering (c; nr. 207) aan bod. Hoewel deze laatste vordering juist niet de reconstructie van de boedel beoogt, wordt deze hier toch behandeld, omdat zij in de praktijk nog wel eens met de Peeters/Gatzen-vordering wordt verward.[408]

In bredere zin kent de onrechtmatige daad bij faillissement nog enkele andere verschijningsvormen – onrechtmatige daad *jegens de schuldenaar* (vóór of tijdens faillissement), de onrechtmatige daad door de schuldenaar gepleegd *tijdens* het faillissement en de onrechtmatige daad gepleegd *door de curator* (in diens hoedanigheid (*q.q.*) of privé (*pro se*) – maar deze vallen buiten het bestek van dit onderdeel. De vorderingen wegens onrechtmatige daden die jegens de schuldenaar zijn gepleegd (zowel vóór als tijdens faillissement) vormen gewoon boedelbestanddelen (art. 20).

407 HR 30 september 1994, *NJ* 1995/626 (*Kuijsters/Gaalman q.q.*).
408 Zie bijv. HR 16 september 2005, *NJ* 2006/311, *AA* 2006/732 (*De Bont/Bannenberg q.q.*).

Van een onrechtmatige daad die door de gefailleerde is gepleegd tijdens het faillissement heeft de curator verder geen last; dit is een niet-verifieerbare schuld (art. 24; zie hierna nr. 234). De onrechtmatige daad van de curator (in zijn hoedanigheid en privé) ten slotte is een afzonderlijk leerstuk dat hiervoor in nr. 130 is behandeld.

195. Peeters/Gatzen-vordering

Met de faillissementspauliana kan een curator bepaalde onoirbare rechtshandelingen die voorafgaan aan het faillissement vernietigen en daarmee terugdraaien. Om dezelfde reden kan de curator de wederpartij ook aanspreken op grond van onrechtmatige daad als dat gedrag heeft geleid tot benadeling van de schuldeisers (art. 6:162 BW).[409] Naast de pauliana die de curator in stelling kan brengen om voor de belangen van de gezamenlijke schuldeisers op te komen, kan hij op grond van artikel 68 onder omstandigheden ook een vordering tot schadevergoeding geldend maken tegen een derde die bij die benadeling betrokken was, ook al kwam een dergelijke vordering uiteraard niet aan de gefailleerde zelf toe.

Tegen partijen die niet bij die rechtshandeling betrokken waren, maar daar wel van hebben geprofiteerd, kan de curator met de pauliana niets doen. Hij kan dit evenmin tegen een derde die onoirbaar heeft gehandeld waardoor de schuldeisers benadeeld zijn in hun verhaalsmogelijkheden, los van de vraag of die derde daarvan heeft geprofiteerd. In al deze gevallen kan de curator die derde onder bepaalde omstandigheden echter wel aanspreken wegens onrechtmatige daad en tot schadevergoeding verplichten (art. 6:162 BW).[410] De mogelijkheid van deze door de curator in te stellen onrechtmatige-daadsvordering is gebaseerd op artikel 68 en voor het eerst door de Hoge Raad erkend in de zaak Peeters q.q./Gatzen uit 1983.[411] Daarom wordt deze onrechtmatigedaadsvordering ook wel aangeduid als de Peeters/Gatzen-vordering.[412]

196. Onduidelijkheid over Peeters/Gatzen-vordering

De Peeters/Gatzen-vordering is met de nodige onduidelijkheid omgeven en heeft zowel in de literatuur als de rechtspraak voor verwarring gezorgd. Zij is en wordt veelvuldig door curatoren ingesteld, soms samen met een paulianavordering, en heeft geleid tot enkele belangwekkende arresten van de Hoge Raad en daarmee samenhangende kwesties zijn verschillende keren aan de Hoge Raad voorgelegd.[413]

---

409 HR 28 juni 1957, *NJ* 1957/514 (*Erba/Amsterdamsche Bank*); HR 16 juni 2000, *NJ* 2000/578, *AA* 2001/159 (*Van Dooren q.q./ABN Amro I*).

410 Deze vordering is uitdrukkelijk niet beperkt tot de kring van personen die op basis van de faillissementspauliana aansprakelijk zouden zijn geweest; zie HR 23 december 1994, *NJ* 1996/628, *AA* 1997/809 (*Notaris M/Curatoren THB*), r.o. 4.3.2.

411 HR 14 januari 1983, *NJ* 1983/597, *AA* 1984/220.

412 Zie bijv. W.J.M. van Andel en F.M.J. Verstijlen, *Materieel faillissementsrecht: de Peeters/ Gatzen-vordering en de overeenkomst binnen faillissement, preadviezen voor de Vereniging voor Burgerlijk Recht*, Deventer: Kluwer 2006 en conclusie A-G Verkade voor HR 24 april 2009, *NJ* 2009/416 (*Dekker q.q./ Lutèce*).

413 HR 8 november 1991, *NJ* 1992/174 (*Nimox/Van den End q.q.; Auditrade*); HR 23 december 1994, *NJ* 1996/628, *AA* 1997/809 (*Notaris M/Curatoren THB*); HR 23 december 1994, *NJ* 1996/627, *AA* 1997/809 (*Curatoren THB/Notaris D*); HR 15 september 1995, *NJ* 1996/629, *AA* 1997/809 (*Notaris E/ Curatoren THB*); HR 21 december 2001, *NJ* 2005/95, *AA* 2002/276 (*Lunderstädt/ De Kok c.s.*); HR 21 december 2001, *NJ* 2005/96, *AA* 2003/105 (*SOBI/Hurks c.s.*); HR 16 september 2005, *NJ* 2006/311, *AA* 2006/732 (*De Bont/Bannenberg q.q.*); HR 24 april 2009, *NJ* 2009/416 (*Dekker q.q./Lutèce*); HR 14 januari 2011, *NJ* 2011/366 (*Butterman q.q./Rabo Eindhoven*).

In 1991 heeft de Hoge Raad de curator de Peeters/Gatzen-vordering toegestaan aan een curator die de enig aandeelhouder van een gefailleerde vennootschap aansprak tot vergoeding van de schade die schuldeisers hadden geleden door een benadeling. Deze benadeling was het gevolg van een uitkering van de reserves aan de aandeelhouder die dit bedrag weer leende aan de vennootschap tegen zekerheidsstelling waarmee hij zichzelf een voorsprong boven de andere schuldeisers verschafte. Het feit dat in het faillissement uiteindelijk alleen nog maar schuldeisers waren die deze hoedanigheid hadden gekregen nadat de gewraakte handelingen hadden plaatsgevonden, betekent niet dat de curator de bevoegdheid tot het instellen van een Peeters/Gatzen-vordering had verloren.[414]

Enkele jaren later overweegt de Hoge Raad in 1994 dat voor een succesvolle Peeters/Gatzen-vordering niet is vereist dat de aangesproken derde zelf de benadeling heeft bevorderd of daarvan heeft geprofiteerd. In procedures door de curatoren van de Tilburgse Hypotheekbank tegen enkele notarissen die betrokken waren geweest bij malafide onroerendgoedtransacties oordeelt hij dat het ook al onrechtmatig is als de aangesproken derde de benadeling had kunnen voorkomen in plaats van zijn noodzakelijke medewerking te verlenen. Door te verwijzen naar de "benadeling van de gezamenlijke crediteuren" benadrukt hij in deze arresten dat de schade die de curator op de derde tracht te verhalen door de schuldeisers gezamenlijk moet zijn geleden. Voor de vraag welke schuldeisers benadeeld moeten zijn om als curator een Peeters/Gatzen-vordering te kunnen instellen geldt dat de curator dit niet hoeft te stellen en zo nodig te bewijzen. Bovendien hoeft de curator zich ook niet te verdiepen in de individuele positie van iedere schuldeiser. Dit leidt ertoe dat de aangesproken derde geen gebruik kan maken van verweren die hij eventueel tegenover bepaalde individuele schuldeisers zou kunnen inroepen (zoals eigen schuld en onvoldoende schadebeperking; art. 6:101 BW).[415]

De parallel tussen de Peeters/Gatzen-vordering en de faillissementspauliana gaat verder: "De opbrengst van een zodanige door de curator in het belang van de gezamenlijke schuldeisers geldend gemaakte vordering valt, evenals de opbrengst van een vordering tot vernietiging op de voet van de artikelen 42 e.v. F., in de boedel en komt dan ook de gezamenlijke schuldeisers ten goede in de vorm van een toename van het overeenkomstig de uitdelingslijst te verdelen boedelactief."[416]

Dit betekent overigens niet dat voor een succesvolle Peeters/Gatzen-vordering is vereist dat die derde behoort tot de kring van personen die ook met een faillissementspauliana zou kunnen worden aangesproken.[417]

Omdat de Peeters/Gatzen-vordering net als de faillissementspauliana nadrukkelijk is gebaseerd op de beheers- en vereffeningsbevoegdheid van de curator (art. 68), kan hij deze vordering niet instellen voor een bepaalde categorie gedupeerde schuldeisers maar uitsluitend om de benadeling van de *gezamenlijke* schuldeisers op te heffen. Daarom valt de opbrengst van deze vordering, evenals de opbrengst van een succesvolle paulianavordering, in de boedel en komt die aan de gezamenlijke schuldeisers ten goede in de vorm van een toename van het overeenkomstig de uitdelingslijst te verdelen boedelactief. Artikel 68 of een andere bepaling uit de Faillissementswet biedt geen grondslag voor een belangenbehartiging door de curator van individuele schuldeisers.[418] Het maakt hierbij niet uit of de opbrengst buiten dan wel

414 HR 8 november 1991, *NJ* 1992/174 (*Nimox/Van den End q.q.; Auditrade*), r.o. 3.2.
415 HR 23 december 1994, *NJ* 1996/628, *AA* 1997/809 (*Notaris M/Curatoren THB*), r.o. 4.3.2; HR 15 september 1995, *NJ* 1996/629, *AA* 1997/809 (*Notaris E/Curatoren THB*), r.o. 4.3.
416 HR 24 april 2009, *NJ* 2009/416 (*Dekker q.q./Lutèce*), r.o. 3.4.4.1.
417 HR 23 december 1994, *NJ* 1996/628, *AA* 1997/809 (*Notaris M/Curatoren THB*), r.o. 4.3.2.
418 HR 16 september 2005, *NJ* 2006/311, *AA* 2006/732 (*De Bont/Bannenberg q.q.*), r.o. 3.5; HR 14 januari 2011, *NJ* 2011/366 (*Butterman q.q./Rabo Eindhoven*), r.o. 4.9.

in de boedel valt: ook in dit laatste geval mist de curator de bevoegdheid om op te treden ter behartiging van de belangen van een selecte groep schuldeisers.[419]

197. Hybride karakter Peeters/Gatzen-vordering

In de literatuur is een debat gevoerd hoe de Peeters/Gatzen-vordering geduid moet worden: behoort zij materieel toe aan individuele schuldeisers (die haar echter niet in rechte geldend kunnen maken)[420] of behoort zij materieel én formeel toe aan de boedel waarbij de curator die rechten geldend maakt?[421] Met deze discussie hangt samen of de Peeters/Gatzen-vordering exclusief aan de curator toekomt of ook door individuele schuldeisers kan worden ingesteld. Dit heeft de Hoge Raad in 2001 beslecht met zijn oordeel dat de vordering van de curator "niet eraan in de weg staat dat de schuldeisers de aan hen toekomende vordering zelf in rechte geldend maken".[422] Hiermee heeft de Hoge Raad die individuele bevoegdheid uitdrukkelijk toegekend, aangezien er geen wettelijke grondslag voor exclusiviteit van de curator – vergelijkbaar aan artikel 49 bij de faillissementspauliana – bestaat die zou verhinderen dat afzonderlijke schuldeisers naast de curator actie tegen de pleger van de onrechtmatige daad zouden mogen instellen.[423] Later heeft hij in dit verband uitdrukkelijk overwogen dat de vordering niet aan individuele schuldeisers toekomt maar aan de gezamenlijke schuldeisers, waarbij de vordering zelf niet, maar de opbrengst wel in de boedel valt.[424] Met het oog op het belang van een behoorlijke afwikkeling van het faillissement, dat wellicht gefrustreerd zou kunnen worden als zowel de curator als individuele schuldeisers de derde aanspreken, is wel een volgorde van actie bepaald: bij samenloop wordt eerst op de vordering van de curator beslist en pas daarna op die van een individuele schuldeiser.[425]

De Peeters/Gatzen-vordering is in de huidige opvatting van de Hoge Raad dus een hybride vordering: zij valt enerzijds niet in de boedel omdat zij toebehoort aan de gezamenlijke schuldeisers, maar anderzijds mag de curator haar wel innen. De opbrengst van een door de curator in het belang van de gezamenlijke schuldeisers geldend gemaakte vordering komt toe aan de boedel, en uiteindelijk aan de gezamenlijke schuldeisers doordat het overeenkomstig de uitdelingslijst te verdelen boedelactief hierdoor is toegenomen. Dit veronderstelt overigens wel dat enigerlei

---

419 HR 14 januari 2011, *NJ* 2011/366 (*Butterman q.q./Rabo Eindhoven*), r.o. 4.12.

420 Kortmann/Faber, *AA* 1998, p. 268-274.

421 R.D. Vriesendorp, *AA* 1997, p. 813-814 en 1998, p. 582-586, en *AA* 2002, p. 819 e.v.; G.H. Gispen, De onrechtmatigedaad-vordering als complement van de actio Pauliana, in: Vragen rond de faillissementspauliana, Insolad Jaarboek 1998, p. 31 (49-50); Verstijlen, diss., p. 120-124; F.P. van Koppen, Actio Pauliana en onrechtmatige daadvordering (diss. Tilburg), Deventer 1998, p. 138-141; W.J.M. van Andel, Materieel faillissementsrecht: de Peeters/Gatzen-vordering en de overeenkomst binnen faillissement, preadviezen voor de Vereniging voor Burgerlijk Recht, Kluwer: Deventer 2006, p. 27.

422 HR 21 december 2001, *NJ* 2005/95, *AA* 2002/276 (*Lunderstädt/De Kok c.s.*), r.o. 3.4.4; HR 21 december 2001, *NJ* 2005/96, *AA* 2003/105 (*SOBI/Hurks c.s.*), r.o. 5.1.3; vgl. HR 26 oktober 2001, *NJ* 2002/94 (*Bogaardt/Ontvanger; faillissement Juno Properties*), r.o. 5.7.

423 HR 21 december 2001, *NJ* 2005/95, *AA* 2002/276 (*Lunderstädt/De Kok c.s.*), r.o. 3.4.4; HR 21 december 2001, *NJ* 2005/96, *AA* 2003/105 (*SOBI/Hurks c.s.*), r.o. 5.1.3.

424 Zie ook HR 24 april 2009, *NJ* 2009/416 (*Dekker q.q./Lutèce*), r.o. 3.4.4.2.

425 HR 21 december 2001, *NJ* 2005/95, *AA* 2002/276 (*Lunderstädt/De Kok c.s.*), r.o. 3.4.5.

uitkering aan de concurrente schuldeisers plaatsvindt en het faillissement dus niet eindigt door een vereenvoudigde afwikkeling (art. 137a e.v.) of opheffing wegens gebrek aan baten (art. 16).[426] De curator is ondanks zijn inningsbevoegdheid niet zelfstandig bevoegd over de vordering te beschikken (bijvoorbeeld kwijtschelden). Daartoe heeft hij last, toestemming of volmacht van de gezamenlijke schuldeisers nodig, aldus de Hoge Raad.[427] In het duister blijft echter hoe een curator een dergelijke last, toestemming of volmacht kan krijgen, nu het recht geen uitsluitsel geeft hoe 'de gezamenlijke schuldeisers' dat zouden moeten doen.[428]Verder is onduidelijk in hoeverre een curator zijn op artikel 6:162 BW gebaseerde vordering kan overdragen aan een derde, bijvoorbeeld een van de schuldeisers. In beginsel is een vordering overdraagbaar, tenzij de wet of de aard van het recht zich daartegen verzet (art. 3:83 lid 1 BW). Aangezien de wet de Peeters/Gatzen-vordering niet als zodanig kent en dus ook geen wettelijke belemmering van overdracht kan worden aangewezen, kan de overdracht hooguit worden verhinderd omdat de aard van de Peeters/Gatzen-vordering dat met zich mee zou brengen. Hier ligt een parallel met de vordering op basis van artikel 2:138/248 BW voor de hand (zie nr. 201), zodat geconcludeerd zou moeten worden dat ook de Peeters/Gatzen-vordering niet overdraagbaar is.[429] Iets vergelijkbaars geldt voor de exclusieve vordering van de curator op basis van de faillissementspauliana (art. 51 jo. 49); ook deze is niet overdraagbaar. Een belangrijk verschil met de Peeters/Gatzen-vordering is echter dat deze laatste toebehoort aan de schuldeisers, terwijl de vorderingen op grond van artikel 2:138/248 BW en de faillissementspauliana tot de boedel behoren en de curator dienaangaande onder toezicht van de rechter-commissaris staat.[430] Dit laatste is overigens ook weer het geval bij de uitoefening van de Peeters/Gatzen-vordering als de curator deze in rechte moet geldend maken (art. 68 lid 3).

5.4.2.3 Bestuurdersaansprakelijkheid

198. Variëteit aan grondslagen

Een derde mogelijkheid (naast de faillissementspauliana en de Peeters/Gatzen-vordering) waarmee een curator de boedel kan reconstrueren is te vinden in het geval een rechtspersoon failleert en een bestuurder of commissaris daarvan een verwijt te maken valt.[431] Anders dan bij de voorgaande twee middelen hoeft bij deze vorm van reconstructie niet altijd een rechtstreeks verband te bestaan tussen de verweten gedraging en het bedrag dat in de boedel vloeit. De grondslag voor deze reconstructiemogelijkheid is gelegen in de kennelijk onbehoorlijke taakvervulling door bestuur(ders) of (de raad van) commissarissen. Hiertoe is in Boek 2 BW een specifieke regeling opgenomen (art. 2:138/248 voor bestuurders (nr. 199-203) en 149/259 BW voor commissarissen (nr. 204)), maar daarbij kan de curator zich ook baseren op de algemene onrechtmatige-daadsvordering (art. 6:162 BW).

426 HR 24 april 2009, *NJ* 2009/416 (*Dekker q.q./Lutèce*), r.o. 3.4.4.1.
427 HR 24 april 2009, *NJ* 2009/416 (*Dekker q.q./Lutèce*), r.o. 3.4.4.2.
428 F.J.M. Verstijlen, 'Wie weet het telefoonnummer van de gezamenlijke schuldeisers?', *TvI* 2009, 19.
429 HR 7 september 1990, *NJ* 1991/52 (*Den Toom/De Kreek q.q.*).
430 HR 24 april 2009, *NJ* 2009/416 (*Dekker q.q./Lutèce*), r.o. 3.4.4.2.
431 Het in deze subparagraaf aangestipte leerstuk van de bestuurders- en commissarissenaansprakelijkheid wordt uitgebreider behandeld in SBR deel 7, par. 5.3.

Bestuurdersaansprakelijkheid kan voorts contractueel gebaseerd worden op de arbeidsovereenkomst (art. 7:610 e.v. BW) of andersoortige (management)overeenkomst van opdracht (art. 7:400 e.v. BW) die de bestuurder met de vennootschap heeft of art. 2:9 BW (nr. 205).

Daarnaast kunnen bestuurders, aandeelhouders en andere beleidsbepalende derden ook langs verschillende andere wegen worden aangesproken om toegebracht nadeel weg te nemen en schade te vergoeden. Strikt genomen vindt dan geen reconstructie van de boedel plaats, maar wordt bij succes het faillissementspassief kleiner en krijgen de overblijvende (faillissements)schuldeisers een grotere uitkering wat voor hen hetzelfde effect heeft als een succesvolle reconstructie. Tot deze categorie aansprakelijkheidsvorderingen behoort de mogelijkheid voor de belastingdienst om niet afgedragen loonbelasting, omzetbelasting (BTW), accijnzen en nog enkele andere afdrachtsbelastingen te verhalen op de bestuurder(s) op grond van artikel 36 IW 1990 (nr. 206). Verder biedt artikel 6:162 BW gedupeerde wederpartijen en individuele schuldeisers verschillende mogelijkheden om hun nadeel als schade vergoed te krijgen (nr. 207). Een en ander veronderstelt wel dat de aangesproken partij verhaal biedt en de in deze subparagraaf behandelde veelheid aan grondslagen en belanghebbenden brengt een samenlooprisico met zich voor de curator waardoor hij uiteindelijk mogelijk geheel of gedeeltelijk achter het net vist (207a). Hoewel niet gericht op schadevergoeding, past in deze paragraaf ook een enkele opmerking over het in 2016 ingevoerde civielrechtelijk bestuursverbod (art. 106a e.v.; nr. 207b).

199. Bestuurdersaansprakelijkheid op grond van artikel 2:138/248 BW

Sinds 1987 is de wetgever de curator te hulp geschoten bij het aanpakken van bestuur en bestuurders en (raden van) commissarissen die hun taak als orgaan van de rechtspersoon niet behoorlijk hadden vervuld, waardoor de rechtspersoon in staat van faillissement is komen te verkeren. Tot die tijd had een curator – als beheerder van het vermogen van de gefailleerde rechtspersoon – slechts beperkte mogelijkheden om de bestuurder aan te spreken op zijn verplichtingen: (thans) artikel 2:9 BW, eventueel diens arbeidsovereenkomst met de rechtspersoon, of de algemene vordering uit onrechtmatige daad (art. 6:162 BW, het vroegere 1401 (oud) BW). Voor het overige moest de curator niet alleen aantonen dat die personen onrechtmatig hadden gehandeld maar ook dat schade was ontstaan als gevolg van dat handelen. In de praktijk bleek dit een lastige opgave, zeker wanneer de rechtspersoon gebruikt was als dekmantel van malafide praktijken, waarbij schuldeisers onbetaald werden gelaten en vooral belasting- en socialezekerheidspremies niet werden afgedragen. Het was dan niet ongebruikelijk om een vennootschap ('plof-BVs') achter te laten zonder vermogen, terwijl enigerlei deugdelijke vorm van administratie ontbrak.

Met een drietal maatregelen is gepoogd dergelijk gedrag te bestrijden: omdat misbruik vooral in de bouw voorkwam waar gewerkt wordt met aannemers en onderaannemers die ieder hun belastingen en premies moeten afdragen, is een ketenaansprakelijkheid ingevoerd. Hierdoor is de hoofdaannemer aansprakelijk voor de afdracht van belastingen en premies door al zijn onderaannemers (art. 35 IW 1990). Verder zijn bestuurders hoofdelijk aansprakelijk voor de afdracht van belastingen door rechtspersonen die aan de vennootschapsbelasting zijn onderworpen (art. 36 IW 1990). Ten slotte heeft de curator een eenvoudiger (bewijs)positie gekregen als hij het bestuur en zijn leden wil aanspreken op hun onrechtmatige gedrag voorafgaand aan het faillissement (art. 2:138/248 BW); iets dat niet beperkt werd tot besturen van naamloze en besloten vennootschappen maar ook geldt bij verenigingen en stichtingen die aan de heffing van vennootschapsbelasting zijn onderworpen (art. 2:50a, 2:300a BW). Iets soortgelijks is gebeurd voor de raad van commissarissen (art. 2:149/259 BW). In 2016 is aan dit arsenaal het bestuursverbod toegevoegd (art. 106a lid 1 sub a).

Eenvoudigheidshalve wordt in het vervolg de regeling van de bestuurdersaansprakelijkheid bij naamloze en besloten vennootschappen als uitgangspunt genomen, omdat die het meeste voorkomt. Alleen daar waar afwijkingen zijn voor andere rechtspersonen, komen de andere bepalingen aan bod.

200. Kennelijk onbehoorlijke taakvervulling als belangrijke oorzaak faillissement

De grondslag voor de regeling van de bestuurdersaansprakelijkheid van artikel 2:138/248 BW is dat iedere bestuurder van de vennootschap jegens de boedel hoofdelijk aansprakelijk is voor het faillissementstekort als het bestuur in de drie jaren voorafgaande aan de faillietverklaring zijn taak kennelijk onbehoorlijk heeft vervuld en dat een belangrijke oorzaak van het faillissement is (art. 2:138/248 lid 1 jo. lid 6 BW). Het bewijs hiervoor moet de curator leveren. Als de bestuurders zich tegen deze vordering verweren, zal de curator hen in rechte moeten betrekken. Hiervoor heeft hij de machtiging van de rechter-commissaris nodig (art. 68 lid 3; zie nr. 135).[432]

Van een kennelijk onbehoorlijke taakvervulling is sprake als het bestuur roekeloos, lichtzinnig, onbezonnen en onverantwoordelijk heeft gehandeld. Dit is het geval als geen redelijk denkend bestuurder – onder dezelfde omstandigheden – op dezelfde wijze gehandeld zou hebben.[433] Stelplicht en bewijslast rusten op de curator.[434] Voor het vaststellen van de mate van onbehoorlijkheid moet het betwiste gedrag in retrospectie worden bekeken. Net als hierboven is aangegeven bij de beoordeling van het al of niet aanwezig zijn geweest van wetenschap van benadeling bij de faillissementspauliana (nr. 186), geldt ook hier het fenomeen van de *hindsight bias*: met wijsheid achteraf dat het met de rechtspersoon slecht is afgelopen worden de bestuursgedragingen uit het verleden bekeken en beoordeeld. Hierbij speelt de vraag van toerekening een rol. Vooral beslissingen die het bestuur in een crisissituatie onder hoge tijdsdruk op basis van minimale, incomplete – en soms ook verkeerde – informatie heeft moeten nemen, worden in een faillissement na maanden- of jarenlang minutieus onderzoek onder een vergrootglas gelegd en dan mogelijk bestempeld als onverantwoord, onbehoorlijk of erger, omdat die onvoldoende doordacht, impulsief of anderszins verwijtbaar zouden zijn genomen,

432 HR 18 april 2008, *NJ* 2008/244 (*Benedik c.s./Udo en Van Bergen q.q.*). Zie voor de keuzevrijheid welke bestuurder aan te spreken bij art. 36 IW 1990: HR 2 november 2001, *NJ* 2002/24 (*X/ Ontvanger*), r.o. 3.5.

433 HR 7 juni 1996, *NJ* 1996/695 (*Ontvanger/Van Zoolingen*), r.o. 5.3; HR 8 juni 2001, *NJ* 2001/454 (Panmo), r.o. 3.7, waarbij aansluiting is gezocht bij de kwalificaties die tijdens de parlementaire behandeling zijn genoemd (Kamerstukken TK (1983-1984), 16631, nr. 3 (MvT), p. 1, 3-4, 14; nr. 6 (MvA), p. 4, 20, 33-34; nr. 9 (NnavEV), p. 2, 14, 20; Kamerstukken TK (1984-1985), Handelingen 6337. Vgl. HR 21 december 2018, *NJ* 2019/31 (Geocopter), r.o. 3.3.2.

434 HR 24 januari 2014, *NJ* 2014/177 (*Sansto c.s./Reiziger q.q.*), r.o. 4.7.

waardoor het bestuur fouten heeft gemaakt. Zoals de bestrijding van de coronapandemie in 2020 door de overheid heeft laten zien, ontbreken in een crisissituatie vaak de tijd, middelen en informatie om altijd weloverwogen en doordachte beslissingen te nemen. Voor bestuurders van ondernemingen is dit niet anders: ondernemen is risico nemen en dat betekent dat ook fouten worden gemaakt, soms met niet altijd voorzienbare ernstige consequenties. De vraag in hoeverre dergelijke fouten aan bestuurders in privé moeten worden toegerekend, moet worden beoordeeld naar de stand van zaken op het tijdstip waarop de verweten gedraging plaatsvond en mag niet worden ingekleurd met de kennis van daarna.

De curator moet verder aantonen dat sprake is van een causaal verband tussen de manier waarop het bestuur zijn taak kennelijk onbehoorlijk heeft vervuld en het faillissement.[435] Voor het vaststellen van dit oorzakelijk verband tussen het betwiste gedrag en de kennelijk onbehoorlijke taakvervulling geldt hetzelfde als over de onbehoorlijke taakvervulling en het fenomeen van de *hindsight bias*. Hoewel het verband met het uiteindelijke faillissement dan eveneens op het eerste gezicht aannemelijk kan lijken, is ook hier weer contrafeitelijk onderzoek nodig om vast te stellen of de verweten gedraging juist niet andere gevolgen heeft gehad dan wel of het faillissement niet door andere oorzaken onontkomelijk is gebleken.

Stel dat binnen het bestuur een praktijk van zelfverrijking was ontstaan, dat als een kennelijk onbehoorlijke taakvervulling kan worden aangemerkt, maar het faillissement is uitgesproken omdat de vennootschap geconfronteerd werd met een grote productaansprakelijkheidsclaim door productiefouten die niets met die zelfverrijking te maken hadden. In dat geval zal de curator er vermoedelijk niet in slagen om het causaal verband tussen onbehoorlijke taakvervulling en faillissement aan te tonen. Dit laat overigens onverlet dat de curator de bestuurders langs andere wegen en gronden op hun onbetamelijke en onrechtmatige gedrag kan aanspreken: de arbeidsovereenkomst of artikel 2:9 BW (zie nr. 205) dan wel artikel 6:162 BW.

201. Verlichte bewijspositie curator

Vervolgens wordt de bewijspositie van de curator verlicht als het bestuur niet heeft voldaan aan de wettelijke verplichtingen om een deugdelijke administratie te voeren (art. 2:10 BW) en de jaarstukken bijtijds te publiceren (art. 2:394 BW).

In de loop der tijd zijn deze verplichtingen nader ingekleurd. Zo moet de administratie snel en adequaat inzicht kunnen bieden in de liquiditeits- en solvabiliteitspositie van de vennootschap, waarbij de manier waarop de administratie is ingericht, gerelateerd moet worden aan de aard en omvang van de onderneming.[436] Aan de publicatievereisten bij het handelsregister is voldaan als de jaarrekening binnen de toegelaten termijn is gepubliceerd, met inbegrip van verlengingsmogelijkheden die de wet hiervoor biedt. Op grond van artikel 2:101/210 en 2:394 BW is dit uiterlijk twaalf maanden na afloop van het boekjaar.[437]

Slaagt de curator in het bewijs hiervan, dan staat daarmee onweerlegbaar vast dat het bestuur zijn taak kennelijk onbehoorlijk heeft vervuld. Bovendien geldt dan het vermoeden dat die kennelijk onbehoorlijke taakvervulling een belangrijke oorzaak

435 HR 24 januari 2014, *NJ* 2014/177 (*Sansto c.s./Reiziger q.q.*), r.o. 4.7, 4.9.
436 HR 11 juni 1993, *NJ* 1993/713 (*Brens q.q./Sarper*), r.o. 3.5.
437 Art. 2:394 lid 3 BW; vgl. HR 11 juni 1993, *NJ* 1993/713 (*Brens q.q./Sarper*), r.o. 3.3 dat nog de oude termijn van dertien maanden in art. 2:394 lid 3 BW (oud) hanteert.

van het faillissement is (art. 2:138/248 lid 2 BW).[438] Het is dan aan de aangesproken bestuurder om dat vermoeden te weerleggen. Hij kan dit op twee manieren doen.

Ten eerste door aannemelijk te maken dat er andere feiten of omstandigheden zijn geweest dan zijn onbehoorlijke taakvervulling die het faillissement hebben veroorzaakt. Deze hoeven niet uitsluitend buiten de invloedsfeer van het bestuur te zijn gelegen. Een bestuurder mag het vermoeden ook weerleggen door zich te beroepen op een handelen of nalaten van een of meer bestuurders dat op zichzelf beschouwd geen onbehoorlijke taakvervulling oplevert. Dat gedrag moet dan wel zodanig zijn dat daarvan niet gezegd kan worden dat geen redelijk denkend bestuurder onder dezelfde omstandigheden zo zou hebben gehandeld. [439] Als de bestuurder daarin slaagt, ligt het vervolgens weer op de weg van de curator om op de voet van het eerste lid van artikel 2:138/248 aannemelijk te maken dat de kennelijk onbehoorlijke taakvervulling toch (mede) een belangrijke oorzaak van het faillissement is geweest.[440]

Ten tweede door aan te tonen dat sprake is van een onbelangrijk verzuim waardoor het niet voldoen aan deze verplichtingen in de omstandigheden van het geval er niet op wijst dat het bestuur zijn taak onbehoorlijk heeft vervuld (art. 2:138/248 lid 2, slot, BW).[441] Blijkens de wetsgeschiedenis is hiervan sprake als de rechter de overtuiging heeft dat de ondernemer een bonafide instelling heeft en voor het verzuim een redelijke, aanvaardbare verklaring heeft.[442] Het feit dat de vennootschap nauwelijks activiteiten verricht of relaties heeft is op zichzelf echter geen reden om het niet voldoen aan de publicatieverplichting als een onbelangrijk verzuim te zien.[443]

Bij termijnoverschrijding van de publicatie van de jaarrekening hangt het vooral af van de redenen die tot de termijnoverschrijding hebben geleid in hoeverre het verzuim als onbelangrijk kan worden aangemerkt. Een korte overschrijding van deze termijn wordt gezien als een onbelangrijk verzuim. Hoe groter de termijnoverschrijding, des te hogere eisen worden gesteld aan de stelplicht en bewijslast daarvoor.[444] Of de overschrijding beperkt genoeg is om als onbelangrijk verzuim te kunnen worden aangemerkt, is een vraag van feitelijke aard.[445]

Als de curator slaagt in het bewijs van de omstandigheden van artikel 2:138/248 lid 1 of 2 BW en de aangesproken bestuurder zich niet kan disculperen (art. 2:138/248 lid 3 BW; nr. 202), dan is de aangesproken bestuurder hoofdelijk aansprakelijk voor het gehele faillissementstekort. Voldoet hij meer dan de schuld aan de boedel hem

438 Vgl. HR 20 mei 1988, *NJ* 1989/676 (*Koster/Kobo*), r.o. 3.4.

439 HR 23 november 2001, *NJ* 2002/95 (*Mefigro/Wind q.q.*); HR 20 oktober 2006, *NJ* 2007/2; HR 30 november 2007, *NJ* 2008/91 (*Blue Tomato*); HR 9 juli 2021, ECLI:NL:HR:2021:1099 (*Eisers/Lonis q.q.*), r.o. 3.2.

440 HR 30 november 2007, *NJ* 2008/91 (*Blue Tomato*), r.o. 3.4.

441 HR 12 juli 2013, *NJ* 2013/401 (*Bobo/König q.q.*), r.o. 3.6.2; HR 1 november 2013, *NJ* 2014/7 (*Lensink q.q./Verify*), r.o. 3.6.2.

442 Kamerstukken TK (1983-1984), 16631, nr. 9, p. 16.

443 HR 12 juli 2013, *NJ* 2013/401 (*Bobo/König q.q.*), r.o. 3.5.2.

444 HR 12 juli 2013, *NJ* 2013/401 (*Bobo/König q.q.*), r.o. 3.6.2; HR 1 november 2013, *NJ* 2014/7 (*Lensink q.q./Verify*), r.o. 3.6.4.

445 HR 11 juni 1993, *NJ* 1993/713 (*Brens q.q./Sarper*), r.o. 3.3, slot. HR 2 februari 1996, *NJ* 1996/406 (*Pfennings/Niederer q.q.*), r.o. 3.2. In het eerste geval was elf dagen een onbelangrijk verzuim, terwijl in het tweede geval zeventien dagen niet als zodanig kwalificeerde. Zie ook HR 1 november 2013, *NJ* 2014/7 (*Lensink q.q./Verify*), r.o. 3.6.4.

aangaat in de onderlinge verhouding tot eventuele andere bestuurders, dan heeft hij op hen regres en is hij in zoverre gesubrogeerd in de rechten van de curator.[446]

Het is overigens de vraag of een aangesproken bestuurder die het gehele tekort voldoet, in zijn subrogatie ook gebruik kan maken van de bijzondere bewijspositie etc. die artikel 2:138/248 BW de curator biedt. Nu bijvoorbeeld overdracht van de vordering door onder meer die positie niet mogelijk is (zie nr. 197), valt aan te nemen dat een overgang van de gunstige bewijspositie door subrogatie evenmin kan.[447] Een wettelijke grondslag om hem die te onthouden ontbreekt echter.

202. Disculpatie en matiging

Bij een kennelijk onbehoorlijke taakvervulling is iedere bestuurder aansprakelijk voor het gehele faillissementstekort. Omdat dit een vergaande en ingrijpende consequentie is, bevat de regeling enkele mogelijkheden om uitwassen te voorkomen.[448] De regeling is gebaseerd op de collectieve verantwoordelijkheid van alle bestuurders bij een meerhoofdig bestuur, maar de wet bevat een ontsnapping voor de individuele bestuurder. Hetzelfde geldt voor een opvolgend bestuurder, ook bij een eenhoofdig bestuur.[449] Dergelijke bestuurders kunnen aan aansprakelijkheid ontsnappen als zij kunnen bewijzen dat de onbehoorlijke taakvervulling niet aan hen te wijten is en zij bovendien alles in het werk hebben gesteld om de gevolgen daarvan af te wenden (art. 2:138/248 lid 3 BW).[450]

Daarnaast heeft de rechter altijd nog de mogelijkheid om het bedrag waarvoor een individuele bestuurder aansprakelijk is te verminderen als hem dat bovenmatig voorkomt (art. 2:138/248 lid 4 BW). Hierbij mag de rechter tal van factoren laten meewegen, zoals de aard en ernst van de onbehoorlijke taakvervulling, de andere oorzaken van het faillissement, de wijze waarop het faillissement is afgewikkeld en de tijd dat de bestuurder in functie is geweest gedurende de onbehoorlijke taakvervulling.

203. Feitelijk leidinggevenden en andere complicerende factoren

Niet alleen de statutair bestuurder is op grond van artikel 138/248 BW in de daar genoemde omstandigheden gehouden om het faillissementstekort te betalen; deze verplichting rust ook op diegene die het beleid van de vennootschap (mede) heeft bepaald, als ware hij bestuurder. Deze zogenaamde feitelijk leidinggever moet naast – bij meerhoofdig bestuur – of in plaats van – bij eenhoofdig bestuur – de formele bestuurder(s) de vennootschap bestuurd hebben. Voor aansprakelijkheid is het niet voldoende dat men volledige of overwegende zeggenschap als aandeelhouder heeft; men moet zich daadwerkelijk als bestuurder hebben gedragen.[451]

446 Art. 6:10 en 12 BW; zie bij art. 36 IW 1990: conclusie A-G Hartkamp voor HR 2 november 2001, *NJ* 2002/24 (*X/Ontvanger*), nr. 6-7; bij de Ontvanger spelen ook de algemene beginselen van behoorlijk bestuur nog een rol en bevat art. 55-57 IW 1990 een andere regeling voor het regres.
447 HR 7 september 1990, *NJ* 1991/52 (*Den Toom/De Kreek q.q.*).
448 Kamerstukken TK (1983-1984), 16631, nr. 9, p. 16.
449 HR 1 november 2013, *NJ* 2014/7 (*Lensink q.q./Verify*), r.o. 3.8.
450 Vgl. HR 6 maart 2015, *JOR* 2015/107 (*Curatoren ZHG/Y*), r.o. 3.3.1-3.
451 MvT (Kamerstukken TK (1980-1981), 16530, nr. 3-4), p. 18; vgl. HR 23 november 2001, *NJ* 2002/95 (*Mefigro Gendt/Wind q.q.*), r.o. 3.4; HR 17 november 2006, *JOR* 2007/7 (*Lebon/ Hellendoorn q.q.*); HR 14 maart 2008, *NJ* 2008/466 (*Lammers/Aerts q.q.*).

Cumulatie van acties door de curator is mogelijk op grond van artikel 2:138/248 lid 8 BW: naast de vordering op grond van deze bepaling staat het de curator vrij om de bestuurder aan te spreken op grond van zijn (arbeids)overeenkomst met de vennootschap of artikel 2:9 BW (zie nr. 205).

De vordering van de curator op basis van deze bepaling dient ertoe dat het volledige faillissementstekort wordt gedekt, zodat alle schuldeisers voldaan kunnen worden. Aangezien de omvang van het faillissementstekort mede wordt bepaald door de wijze waarop de curator het faillissement afwikkelt, zullen aansprakelijkgestelde bestuurders de curator kritisch volgen. Hierbij missen zij in beginsel het instrument van artikel 69 (zie nr. 140), omdat een aangesproken bestuurder uit hoofde van de bestuurdersaansprakelijkheid geen schuldeiser is van de gefailleerde vennootschap.[452] Bij de berekening van het tekort kan de aangesproken bestuurder een verwijt van onjuist boedelbeheer als eigenschuld-verweer inbrengen in de procedure (art. 6:101 BW).

Meestal zijn bestuurders en commissarissen tegen bestuurdersaansprakelijkheid verzekerd via een bestuurders- en commissarissenaansprakelijkheidsverzekering, de zogenaamde BCA-polis. Deze dekt aansprakelijkheid van de bestuurder of commissaris uit hoofde van diens functie. Voor curatoren kan de aanwezigheid van een dergelijke verzekering aantrekkelijk zijn, omdat daarmee verhaal op die persoon gewaarborgd lijkt. In de praktijk is echter dekking voor aansprakelijkheid op de gronden van het voor de curator aantrekkelijker tweede lid van artikel 2:138/248 BW meestal uitgezonderd. Dekking is dan alleen in beeld bij de – voor de curator lastiger te bewijzen – aansprakelijkstelling op grond van artikel 2:138/248 lid 1 BW.

Met een veroordeling is de curator er nog niet; hij zal de veroordeling ook nog ten uitvoer moeten kunnen leggen. Als dan blijkt dat de bestuurder geen verhaal biedt, is alle moeite voor niets gebleken. Daarom verlangt de rechter-commissaris bij het verlenen van een procesmachtiging (ex art. 68 lid 3) aan de curator dat hij de verhaalsmogelijkheden bijtijds zo veel mogelijk veiligstelt. Dit kan bijvoorbeeld door beslaglegging (al dan niet opgeheven onder afgifte van een bankgarantie of andere vorm van zekerheidstelling).

Als een bestuurder wordt aangesproken op grond van artikel 2:138/248 lid 2 BW met als argument dat de administratie niet deugde en hij dus niet heeft voldaan aan de boekhoudverplichting van artikel 2:10 BW, zal die bestuurder zich daartegen mogelijk willen verweren. Hiervoor zal hij toegang willen hebben tot de administratie, maar meestal heeft de curator deze bij het begin van het faillissement onder zich genomen of op een andere manier veiliggesteld (al dan niet met een beroep op art. 105a of 105b). In beginsel heeft de aangesproken bestuurder dan recht op inzage om zich adequaat te kunnen verweren tegen de aantijgingen door de curator.[453]

Als de boedel (nagenoeg) leeg is, heeft de curator waarschijnlijk onvoldoende mogelijkheid om te gaan procederen, tenzij hij dat voor eigen risico doet. Dit kan een stimulans voor kwaadwillende bestuurders zijn om de vennootschap vlak voor het faillissement van alle financiële middelen te ontdoen. Om dit te bestrijden biedt de wet de mogelijkheid dat de curator met een garantstellingsregeling door de overheid

452 HR 20 februari 2004, *NJ* 2004/252 (*Pannekeet/De Witt Wijnen q.q.*).
453 Kamerstukken TK (1984-1985), Handelingen 29 augustus 1985, p. 6362.

financieel wordt bijgestaan (art. 2:138/248 lid 10 BW).[454] Weliswaar verhindert dit niet het leeghalen van de vennootschap, maar wel voorziet deze regeling erin dat de curator financiële middelen krijgt om die bestuurders aan te pakken.

De procedure van artikel 2:138/248 BW staat los van de enquêteprocedure op grond van Titel 2.9 BW, maar wordt geregeld samen in stelling gebracht. Zeker in groepsverhoudingen kan de curator belang hebben bij een enquêteverzoek. Voorheen was hij alleen ontvankelijk als hij viel binnen de kring van verzoekers (art. 2:346 BW) oud)).[455] Sinds 2013 is hij met name genoemd als bevoegde verzoeker (art. 2:346 lid 3 BW). Dan fungeert de procedure bij de Ondernemingskamer waarbij wanbeleid wordt vastgesteld voor de curator als opstapje in de aansprakelijkheidsprocedure op grond van artikel 2:138/248 BW. Toch is het van belang om beide procedures scherp uit elkaar te houden. Het vastgestelde wanbeleid kan immers volledig andere oorzaken hebben dan een kennelijk onbehoorlijke taakvervulling door het bestuur of een bestuurder en de Ondernemingskamer is niet bevoegd om te oordelen over de persoonlijke aansprakelijkheid van een bestuurder.[456] Aangezien de enquêteprocedure ook niet tegen de bestuurder is gevoerd, staan hem in de aansprakelijkheidsprocedure nog alle processuele (bewijs)middelen ten dienste om zich te verweren. Dit neemt niet weg dat een veroordeling wegens wanbeleid door het bestuur de curator in een aansprakelijkheidsprocedure op zijn minst wel een psychologisch voordeel oplevert.

204. Commissarissenaansprakelijkheid op grond van artikel 2:149/259 BW

De hiervoor beschreven regeling van de bestuurdersaansprakelijkheid is op grond van artikel 2:149/259 BW van overeenkomstige toepassing verklaard op de taakvervulling door de raad van commissarissen. Dit betekent dat de curator ieder lid van de raad van commissarissen kan aanspreken wegens kennelijk onbehoorlijke taakvervulling. Als de curator erin slaagt aan te tonen dat die kennelijk onbehoorlijke taakvervulling een belangrijke oorzaak van het faillissement is, is iedere commissaris hoofdelijk aansprakelijk voor het faillissementstekort. Aangezien de raad van commissarissen een andere taak heeft dan het bestuur, zal de curator echter ook andere elementen aan zijn vordering ten grondslag moeten leggen. Hij zal de aangesproken commissaris moeten verwijten dat de raad van commissarissen onvoldoende toezicht heeft uitgeoefend en het bestuur niet met de juiste raad terzijde heeft gestaan (art. 2:140/250 BW). Vooral het ontbreken van adequaat toezicht geeft de curator aanleiding om de leden van de raad van commissarissen aan te spreken.

Toch zijn in de rechtspraak aanmerkelijk minder voorbeelden van aangesproken commissarissen te vinden dan van aangesproken bestuurders. Dit heeft vooral te maken met de eis dat de kennelijk onbehoorlijke taakvervulling een belangrijke oorzaak van het faillissement moet zijn. Bij de commissarissen is dat causale verband lastiger te leggen dan bij de bestuurders: de curator moet dan aantonen dat

454 Dit is uitgewerkt in de Garantstellingsregeling curatoren 2012, *Stcrt.* 2012, 3973 (1 maart 2012). De curator kan deze regeling ook gebruiken als hij de faillissementspauliana wil inzetten en over onvoldoende middelen beschikt (art. 43 lid 6).

455 HR 19 mei 1999, *NJ* 1999/671, *AA* 2000/102 (*De Haan Beheer c.s./Hamm q.q.*).

456 HR 4 juni 1997, *NJ* 1997/671 (*Text Lite*).

het onvoldoende uitoefenen van toezicht door de raad van commissarissen een belangrijke oorzaak van het faillissement is geweest. En hoewel de slechte financiële omstandigheden misschien langer hebben geduurd omdat adequaat toezicht ontbrak en het bestuur niet werd gewezen op de noodzaak om maatregelen te treffen, zal dat waarschijnlijk toch niet de daadwerkelijke oorzaak van het faillissement zijn geweest. In ieder geval vormt dit een lastige bewijspositie voor de curator. Om kans van slagen te hebben zal de curator zich eigenlijk alleen kunnen baseren op de analoge toepassing van artikel 2:138/248 lid 2 BW: het niet-nakomen van de administratie- en publicatieplicht van artikel 2:10 respectievelijk 2:394 BW. Weliswaar rust deze verplichting op het bestuur en niet op de raad van commissarissen, maar deze moet er wel op toezien dat het bestuur dat bijtijds doet. Bij gebreke van tijdige actie door het bestuur moet de raad van commissarissen zijn toezichthoudende rol vervullen en het bestuur tot actie manen. In het uiterste geval zal de raad van commissarissen het bestuur moeten schorsen en ervoor moeten zorgen dat de bestuurders worden ontslagen of anders zelf als commissaris moeten terugtreden. Als dit niet gebeurt en de vennootschap vervolgens failleert, kan de curator de commissarissen aanspreken en zullen zij voldoende feitelijke gegevens moeten verstrekken om de stellingen van de curator gemotiveerd te betwisten, zodat de curator daarop zijn bewijslevering kan baseren.[457]

205. Aansprakelijkheid op grond van (arbeids)overeenkomst of artikel 2:9 BW

Als de curator een vordering uit hoofde van artikel 2:138/248 BW instelt, behoudt hij daarnaast de mogelijkheid een vordering wegens bestuurdersaansprakelijkheid te starten op grond van de (arbeids)overeenkomst tussen de vennootschap en de bestuurder of op grond van artikel 2:9 BW (art. 2:138/248 lid 8 BW).[458] Bij deze vorderingen treedt de curator niet zozeer op vanuit zijn bijzondere wettelijke taak als neergelegd in artikel 2:138/248 BW, maar als beheerder van het vermogen van de gefailleerde vennootschap (art. 68). De vennootschap heeft immers uit hoofde van die overeenkomst – die ook een overeenkomst van opdracht (managementovereenkomst) kan zijn – of artikel 2:9 BW een aanspraak jegens de bestuurder als deze zijn taken niet naar behoren heeft vervuld.

Als de curator de bestuurder aanspreekt op grond van de arbeids- of managementovereenkomst, is de grondslag van zijn vordering gelegen in de wanprestatie die de bestuurder heeft laten zien. De curator moet dan bewijzen dat de bestuurder in de nakoming van zijn verplichtingen jegens de vennootschap is tekortgeschoten. De curator kan voor deze weg kiezen als hij verwacht dat hij niet zal kunnen aantonen dat sprake is geweest van kennelijk onbehoorlijke taakvervulling, of als hij het causaal verband met het faillissement niet hard kan maken. Deze optie kan ook bruikbaar zijn als de aan te spreken bestuurder langer dan drie jaar voorafgaan aan het faillissement aan de vennootschap verbonden was, of de kennelijk onbehoorlijke taakvervulling langer dan drie jaren voor het faillissement speelde (art. 2:138/248

457 HR 28 juni 1996, *NJ* 1997/58 (*Bodam Jachtservice*), r.o. 3.5.
458 Vgl. HR 10 december 1999, *NJ* 2000/6 (*Moonen/Prickartz q.q.*), r.o. 3.5.

lid 6 BW). Verder liggen de eisen voor schadevergoeding bij tekortkoming in de nakoming minder hoog dan die voor een kennelijk onbehoorlijke taakvervulling. Alleen als de tekortkoming niet aan de bestuurder kan worden toegerekend, ontspringt hij de dans (art. 6:74 BW).

Als de curator zich baseert op een tekortkoming door de bestuurder in de uitvoering van zijn arbeidsovereenkomst met de vennootschap, is de bestuurder alleen aansprakelijk als de schade is veroorzaakt door opzet of bewuste roekeloosheid van de bestuurder bij de uitvoering van zijn werkzaamheden (art. 7:661 BW). Bij een managementovereenkomst of andere vormen van opdracht zijn partijen in beginsel vrij om aansprakelijkheidsbeperkingen of -uitsluitingen overeen te komen en geldt slechts de beperking van artikel 6:248 BW.

De curator kan er ook voor kiezen om de bestuurder aan te spreken op grond van artikel 2:9 BW. Krachtens deze bepaling is de bestuurder immers gehouden tot een behoorlijke vervulling van zijn taak. Als dit achterwege blijft, is hij aansprakelijk voor de schade die daaruit is voortgevloeid. Volgens de rechtspraak is hiervan sprake als de bestuurder een 'ernstig verwijt' kan worden gemaakt waarbij alle feiten en omstandigheden van het geval van belang zijn.[459] In de praktijk komt deze norm goeddeels overeen met die van de kennelijk onbehoorlijke taakvervulling uit artikel 2:138/248 BW, ook al wordt dan de vergelijking gemaakt met 'redelijk denkende bestuurders' die onder dezelfde omstandigheden op dezelfde manier gehandeld zouden hebben.[460] Het verschil is slechts gelegen in de adressant van deze norm: bij artikel 2:9 BW is dit alleen de vennootschap en bij artikel 2:138/248 BW is dit de boedel en daarmee de gezamenlijke schuldeisers. Jegens de rechtspersoon is bijvoorbeeld sprake van onbehoorlijke taakvervulling bij overtreding van statutaire bepalingen die beogen de rechtspersoon te beschermen; dan is het aan de bestuurder om aan te tonen dat hem desondanks geen ernstig verwijt te maken valt.[461] Voor het overige rust ook hier de bewijslast van de kennelijk onbehoorlijke taakvervulling, de schade en het causaal verband op de curator.

Bij de vordering gebaseerd op artikel 2:9 BW gaat het om de verhouding tussen vennootschap en bestuurder en de schade die hij door zijn kennelijk onbehoorlijke taakvervulling aan de vennootschap heeft berokkend. Hierin ligt een belangrijk verschil met de vordering gebaseerd op artikel 2:138/248 BW, die niet gericht is op schadevergoeding maar op aanzuivering van het faillissementstekort. Een ander verschil is ook hier – net als bij een vordering op grond van een overeenkomst – dat de curator niet beperkt is tot kennelijk onbehoorlijke taakvervulling in de drie jaren voorafgaand aan het faillissement.

206. Aansprakelijkheid op grond van artikel 36 IW 1990

De vordering van de Ontvanger (belastingdienst; zie art. 2 lid 1 sub i IW 1990) op grond van artikel 36 IW 1990 vertoont nauwe verwantschap met de tot nog toe

---

459 HR 10 januari 1997, *NJ* 1997/360 (*Staleman/Van de Ven; Venlease*); HR 25 juni 2010, *NJ* 2010/373, *AA* 2011/214 (*De Rouw/Dingemans q.q.*). Zie hierover ook SBR deel 7, nr. 176.

460 HR 4 april 2003, *NJ* 2003/538 (*Skipper Club Charter/Jaarsma*); vgl. SBR deel 7, nr. 177.

461 HR 29 november 2002, *NJ* 2003/455 (*Berghuizer Papierfabriek*).

behandelde vorderingen uit hoofde van bestuurdersaansprakelijkheid die de curator tot zijn beschikking heeft bij kennelijk onbehoorlijke taakvervulling. Deze bepaling wordt door de belastingdienst gebruikt om een achterstand in doorgaans de afdracht van ingehouden belasting (waarvan de loon- en omzetbelasting de meest bekende en belangrijkste zijn) en premies volks- en werknemersverzekeringen weg te werken. Met behulp van artikel 36 IW 1990 kan de Ontvanger onder bepaalde omstandigheden de openstaande belastingschuld voor die afdrachtsbelastingen verhalen op de bestuurders van een belastingplichtige rechtspersoon. Dit is een rechtspersoonlijkheid bezittend lichaam in de zin van de Algemene wet inzake rijksbelastingen dat volledig rechtsbevoegd is die aan de heffing van vennootschapsbelasting is onderworpen (art. 36 lid 1 IW 1990). Onder deze definitie vallen verenigingen en andere rechtspersonen, maat- en vennootschappen, ondernemingen van publiekrechtelijke rechtspersonen en doelvermogens (art. 2 lid 1 sub b Awr).

Iedere bestuurder is jegens de Ontvanger hoofdelijk aansprakelijk, tenzij het belastingplichtig lichaam de Ontvanger 'onverwijld' van de betalingsonmacht op de hoogte heeft gesteld.[462] De mededeling betalingsonmacht dient om de Ontvanger in een vroeg stadium op de hoogte te brengen van de (oorzaak van de) betalingsproblemen, zodat hij zich kan beraden op het beleid dat hij wil voeren.[463] Een tijdige melding betalingsonmacht beschermt een bestuurder overigens niet als de Ontvanger aannemelijk kan maken dat het onbetaald blijven van de belasting- en premieschulden veroorzaakt is door verwijtbaar kennelijk onbehoorlijk bestuur.[464] In de rechtspraak heeft dit criterium min of meer dezelfde inhoud gekregen als het vereiste van kennelijk onbehoorlijke taakvervulling uit Boek 2 BW.[465]

Het gaat bij aansprakelijkheid op grond van artikel 36 IW 1990 om de periode van drie jaren voorafgaand aan de melding van betalingsonmacht. Als deze melding echter achterwege is gebleven, wordt de bewijslast omgekeerd: dan wordt vermoed dat het uitblijven van betaling aan de aangesproken bestuurder te wijten is en dat de driejaarsperiode is ingegaan op het tijdstip waarop de belastingschuldige in gebreke is geraakt. Dit vermoeden kan alleen ontkracht worden als de (zittende) bestuurder aannemelijk kan maken dat het achterwege blijven van de melding betalingsonmacht niet aan hem te wijten is; voormalige bestuurders hebben een ruimere mogelijkheid om het vermoeden te ontkrachten (art. 36 lid 6 IW 1990). Hoewel een belastingplichtige nalatig blijft in de afdracht van de ingehouden belasting totdat het laatste achterstallige bedrag is betaald, hoeft de bestuurder de betalingsonmacht niet telkens te herhalen. De eerste melding is afdoende zolang de betalingsonmacht voortduurt.[466] Dit wordt echter anders als nadien naheffingsaanslagen met heffings- en invorderingsrente en boete worden opgelegd.[467]

462 Zie over de wijze waarop dit moet gebeuren, art. 7-9 Uitvoeringsbesluit Invorderingswet 1990. Vgl. HR 28 september 2007, *BNB* 2007/322.
463 HR 4 februari 2011, *BNB* 2011/109, r.o. 3.2.3 en HR 4 februari 2011, *BNB* 2011/112, r.o. 3.4.4.
464 HR 23 december 2011, *JOR* 2012/68 en HR 6 april 2012, *BNB* 2012/161.
465 Zie bijv. HR 4 februari 2011, *BNB* 2011/109.
466 HR 16 maart 2007, *NJ* 2007/164 (*Ontvanger/Rijntjens*) en HR 4 februari 2011, *BNB* 2011/109.
467 HR 23 december 2011, *JOR* 2012/68 en HR 6 april 2012, *BNB* 2012/161.

207. Beklamel en andere aansprakelijkheid jegens derden ex artikel 6:162 BW

Van een enigszins andere orde dan de hiervoor behandelde vorderingen zijn vorderingen die niet door de curator worden ingesteld tegen een (feitelijk) bestuurder of aandeelhouder maar door individueel gedupeerde wederpartijen of schuldeisers van de gefailleerde schuldenaar.

De eerste variant is de zogenaamde Beklamel-vordering waarvan de naam net als bij de Peeters/Gatzen-vordering afkomstig is van het eerste arrest daarover van de Hoge Raad.[468] Net als de Peeters/Gatzen-vordering is de Beklamel-vordering gebaseerd op onrechtmatige daad (art. 6:162 BW). Deze vordering kan geldend worden gemaakt door een wederpartij van een gefailleerde rechtspersoon tegen een bestuurder - of feitelijk leidinggever - van die rechtspersoon die namens haar een overeenkomst heeft gesloten met die wederpartij. Als die bestuurder op dat ogenblik wist, althans redelijkerwijze behoorde te begrijpen, dat de rechtspersoon niet in staat zou zijn die overeenkomst na te komen en bovendien geen verhaal zou bieden voor de daardoor veroorzaakte schade, dan handelt hij onrechtmatig en is uit dien hoofde tot schadevergoeding aan de wederpartij verplicht.[469] Hierbij speelt de curator van de gefailleerde rechtspersoon in beginsel geen rol.

De Peeters/Gatzen-vordering en de Beklamel-vordering worden wel eens met elkaar verward.[470] Dit lijkt te zijn veroorzaakt omdat de gedupeerde wederpartij bij een Beklamel-vordering soms afhankelijk is van informatie die de curator heeft, waardoor de curator alsnog in beeld komt. Dit kan ook gebeuren als een veelvoud aan gedupeerde wederpartijen/schuldeisers in het faillissement opduikt. Wanneer zij allemaal hun vorderingen uit wanprestatie door de niet-nakoming van de gesloten overeenkomsten in het faillissement hebben aangemeld, maar de boedel ontoereikend is om tot enigerlei (zinvolle) uitkering te komen, is er soms een uitwijkmogelijkheid naar de bestuurder(s). Dan kan het uit een oogpunt van bundeling van krachten en proceseconomie aantrekkelijk zijn om de acties tegen de bestuurder via de curator te kanaliseren. Hierbij stuit men echter op twee hindernissen.

In de eerste plaats heeft de curator hier geen zelfstandige procesbevoegdheid; artikel 68 biedt geen basis. De vordering tot schadevergoeding komt de boedel immers niet toe, maar slechts de afzonderlijke gedupeerde wederpartijen; de aangesproken bestuurder heeft jegens de gefailleerde rechtspersoon als zodanig niet onrechtmatig gehandeld.[471] Het is zelfs goed denkbaar dat

---

468 HR 6 oktober 1989, *NJ* 1990/286 (*Beklamel*; soms ook nog wel *Stimulan/Klaas* genaamd).

469 Na Beklamel is dit vaste jurisprudentie van de Hoge Raad, zie bijv. HR 14 november 1997, *NJ* 1998/270 (*Henkel/JMG*); HR 18 februari 2000, *NJ* 2000/295 (*NHB/Oosterhof*); HR 8 december 2006, *NJ* 2006/659 (*Ontvanger/Roelofsen*) en HR 26 juni 2009, *NJ* 2009/418 (*Kloosterman/ Eurocommerce*); vgl. SBR deel 7, nr. 178.

470 Zie bijv. HR 16 september 2005, *NJ* 2006/311, *AA* 2006/732 (*De Bont/Bannenberg q.q.*).

471 Eventueel zou men kunnen betogen dat een dergelijk gedrag een kennelijk onbehoorlijke taakvervulling is en de bestuurder uit dien hoofde verplicht tot schadevergoeding (art. 2:9 BW) of betaling van het faillissementstekort (art. 2:138/248 BW); zie hiervoor nr. 198 e.v. Een poging tot afstemming van de Beklamel-norm met die op grond van art. 2:9 BW is te vinden in HR 8 december 2006, *NJ* 2006/659 (*Ontvanger/Roelofsen*); vgl. HR 20 juni 2008, *NJ* 2009/21 (*Willemsen/NOM*), r.o. 5.3. Het is echter geen automatisme, zie conclusie A-G Huydecoper voor HR 17 december 2010, *NJ* 2011/8 (*Van Nieuwburg/TMF*), nr. 12-17; zie voorts HR 26 juni 2009, *NJ* 2009/418 (*Kloosterman/ Eurocommerce*).

de boedel gebaat is. Het ontbreken van een zelfstandige procesbevoegdheid zou men kunnen ondervangen door de curator als gevolmachtigde van de gedupeerde wederpartijen aan te wijzen, maar daardoor valt de mogelijke opbrengst niet in de boedel.[472] Dit probleem zou kunnen worden opgelost als de gedupeerde wederpartijen hun vorderingen aan de curator overdragen: door deze overdracht worden zij wel boedelbestanddelen, maar dan is de vraag welke tegenprestatie zij verlangen.

In de tweede plaats valt te betwijfelen of de curator in deze situatie wel een taak heeft. Zijn actie tegen de bestuurder is niet zonder risico: niet alleen moet diens aansprakelijkheid worden vastgesteld, maar ook moet vervolgens nog wel verhaal op die bestuurder mogelijk zijn. Lukt een van beide niet, dan heeft de curator 'goed geld naar kwaad geld' gegooid. Als hem hiervan een verwijt kan worden gemaakt, loopt hij het risico van persoonlijke aansprakelijkheid (zie nr. 130).

Naast Beklamel heeft de Hoge Raad in 2000 een tweede variant voor de grondslag voor persoonlijke aansprakelijkheid van bestuurders aangenomen. Hierbij was het verwijt niet zozeer het onzorgvuldig aangaan van een overeenkomst namens de vennootschap, maar het bewerkstelligen of toelaten dat de vennootschap een door haar gesloten overeenkomst niet nakomt en daardoor de wederpartij van de vennootschap schade berokkent.[473] Dit leidt primair tot aansprakelijkheid van de vennootschap wegens wanprestatie. Als deze echter niet kan nakomen lijdt de schuldeiser nadeel. Voor persoonlijke aansprakelijkheid van de bestuurder voor het onbetaald en onverhaalbaar blijven van diens vordering jegens de vennootschap op grond van onzorgvuldig en onrechtmatig handelen of nalaten door de bestuurder moeten dan de concrete omstandigheden van het geval meebrengen dat hem daarvan ook een voldoende ernstig verwijt kan worden gemaakt, mede gelet op zijn verplichting tot een behoorlijke taakuitoefening als bedoeld in artikel 2:9 BW.[474]

Dit vereist volgens de Hoge Raad dat de bestuurder ten tijde van de door hem bewerkstelligde dan wel toegelaten handelwijze wist of redelijkerwijs had behoren te begrijpen dat de vennootschap haar verplichtingen niet zou nakomen en geen verhaal zou bieden voor de door die handelwijze veroorzaakte schade.[475] In latere jurisprudentie is dit verder uitgekristalliseerd: omdat deze aansprakelijkheid primair rust op de vennootschap, gelden voor het aannemen van aansprakelijkheid van de bestuurder bijzondere omstandigheden en een persoonlijk ernstig verwijt, hetgeen een hogere eis is dan in het algemeen bij een onrechtmatige-daadsvordering het geval is.[476] Naast de primaire aansprakelijkheid van de vennootschap die tekortschiet in de nakoming van een verbintenis of een onrechtmatige daad pleegt wordt de hoge aansprakelijkheidsdrempel ook gerechtvaardigd door het maatschappelijk belang dat bestuurders hun handelen in onwenselijke mate door defensieve overwegingen laten bepalen.[477]

472 HR 16 september 2005, *NJ* 2006/311, *AA* 2006/732 (*De Bont/Bannenberg q.q.*); HR 24 april 2009, *NJ* 2009/416 (*Dekker q.q./Lutèce*); HR 14 januari 2011, *NJ* 2011/366 (*Butterman q.q./Rabo Eindhoven*), r.o. 4.9.

473 HR 18 februari 2000, *NJ* 2000/295 (*NHB/Oosterhof*), r.o. 3.4.1.

474 HR 8 december 2006, *NJ* 2006/659 (*Ontvanger/Roelofsen*), r.o. 3.5.

475 HR 4 april 2014, *NJ* 2014/195 (*V/Curatoren Air Holland*), r.o. 3.4. Hierbij sluit de Hoge Raad aan bij zijn uitspraak in Ontvanger/Roelofsen.

476 HR 5 september 2014, *NJ* 2015/21 (*Tulip Air*) en *NJ* 2015/22 (*RCI*), r.o. 4.2; HR 27 februari 2015, *NJ* 2015/240 (*ING/Deuzeman Beheer*), r.o. 3.3.3.

477 HR 20 juni 2008, *NJ* 2009, 21 (Willemsen/NOM), r.o. 5.3-5; HR 5 september 2014, NJ 2015, 22 (RCI), r.o. 4.2.; HR 30 maart 2018, NJ 2018, 330 (TMF), r.o. 3.3.2. De verwijzing naar mogelijk defensief gedrag door bestuurders bouwt voort op de oratie van M.J. Kroeze (Bange bestuurders) uit 2005.

Een derde variant van vorderingen die gebaseerd op artikel 6:162 BW in combinatie met benadeling van een of meer schuldeisers, betreft de selectieve betaling en selectieve wanbetaling door (een bestuurder van) de vennootschap in het zicht van haar faillissement. Als sprake is van financiële moeilijkheden van een onderneming en dit zich vooral uit in liquiditeitsproblemen (nr. 30), komt een schuldenaar in de situatie dat hij niet meer direct aan al zijn opeisbare verplichtingen kan voldoen. Hij moet dan kiezen welke vordering wel (gedeeltelijk) wordt voldaan en welke niet.

In de praktijk laat men zich dan meestal leiden door enkele factoren: welke schulden kan ik nog betalen (hoeveel cash heb ik beschikbaar)?; welke schuldeiser dringt het meeste aan (wie dreigt met incassomaatregelen, zoals beslag, faillissementsaanvraag of anderszins)? welke schuldeiser(s) heb ik het meest nodig voor de continuïteit van de onderneming (wie zijn mijn essentiële leveranciers, dienstverleners, financiers)? wie van mijn schuldeisers gun ik betaling (bijvoorbeeld omdat deze anders zelf ook in de financiële problemen komt als niet betaald wordt)?

Als uitgangspunt heeft te gelden dat de schuldenaar vrij is te bepalen wie hij wel of niet geheel of gedeeltelijk betaalt, net zoals hij de keuzevrijheid heeft bij de toerekening van de betaling van een schuld aan een schuldeiser die ook nog andere vorderingen op hem heeft (art. 6:43 lid 1 BW). Schuldeisers moeten zelf het betalingsgedrag van hun schuldenaar in de gaten houden en bijtijds actie ondernemen als de schuldenaar daarin tekortschiet (het '*sibi vigilare*', zoals ook tot uiting komt in de restrictieve toepassing van art. 47; nr. 188 e.v.).[478] De vrijheid van de schuldenaar om te bepalen wie hij wel en wie niet betaalt is echter begrensd. Zodra een schuldenaar weet of redelijkerwijs moet begrijpen dat geen redding meer mogelijk is en dat hij dus op een faillissement afstevent, worden betalingen aan gelieerde partijen (groepsmaatschappijen en 'familieleden'; vgl. de partijen genoemd in art. 43) en betalingen waarbij de bestuurder een persoonlijk belang heeft (als hij daarmee bijvoorbeeld uit een borgtocht ontslagen wordt) verdacht. Dergelijke handelwijze kan worden aangemerkt als een onrechtmatige daad (art. 6:162 BW) of een onbehoorlijke taakvervulling (art. 2:138/248 BW).[479] De bestuurder moet daarvan wel persoonlijk een ernstig verwijt gemaakt kunnen worden.[480] Het zelfde geldt voor de aandeelhouder die dergelijk betalingsgedrag bewerkstelligt dan wel toestaat of zich daarmee intensief bemoeit.[481] Het geldt echter niet voor de bestuurder die het faillissement van de vennootschap heeft aangevraagd en daarna selectieve betalingen heeft verricht, tenzij zijn handelwijze onzorgvuldig is tegenover de schuldeiser die geen betaling ontvangt en hem daarvan persoonlijk een ernstig verwijt kan worden gemaakt.[482]

478 Parl. Gesch. Fw (Van der Feltz) I, p. 436; vgl. HR 16 juni 2000, *NJ* 2000/578 (*Van Dooren q.q./ABN Amro I*), r.o. 3.5.2; HR 26 maart 2010, *NJ* 2010/189 (*Zandvliet/ING*), r.o. 4.1.2; conclusie A-G Timmerman, nr. 3.3 voor HR 21 juni 2013, *NJ* 2014/272 (*Eringa q.q./ABN Amro*); HR 12 april 2019, *BNB* 2019/108, r.o. 3.5.1; HR 17 januari 2020, *NJ* 2020/51 (*Ingwersen q.q./X*), r.o. 3.2.

479 HR 30 mei 1997, *NJ* 1997/663 (*Van Essen q.q./Aalbrecht en Looman*), r.o. 3.4.

480 HR 26 maart 2010, *NJ* 2010/189 (*Zandvliet/ING*), r.o., 4.1.2; HR 17 januari 2020, *NJ* 2020/51 (*Ingwersen q.q./X*), r.o. 3.2.

481 HR 12 juni 1998, *NJ* 1998/727 (*Coral/Stalt*), r.o. 3.4.2; HR 23 mei 2014, *NJ* 2014/325 (*Kok/Maas q.q.*), r.o. 3.3.5-6. Iets vergelijkbaars geldt als de aandeelhouder (feitelijk) bestuurder is waarbij de later gefailleerde vennootschap structureel verlieslatend is en hij zich de belangen van de schuldeisers van de dochter onvoldoende aantrekt, zie HR 11 september 2009, *NJ* 2009/565 (*Comsys/Van den End q.q.*), r.o. 5.2.1-4.

482 HR 17 januari 2020, *NJ* 2020/51 (*Ingwersen q.q./X*), r.o. 3.2.

Hierbij is de Hoge Raad weggebleven van het aanbrengen van een onderscheid tussen de zogenaamde 'reddingsfase' (waarin selectieve betaling in beginsel is toegestaan, tenzij er verdachte omstandigheden zijn, met bewijslast voor aangesproken bestuurder) en de 'feitelijke liquidatiefase' waarin het faillissement onafwendbaar is (waarin de *paritas creditorum* eigenlijk al in acht moet worden genomen en selectieve betaling in beginsel niet geoorloofd is, tenzij er goede redenen zijn om dat toch te doen, bijvoorbeeld een dringend noodzakelijke dwangcrediteur).[483]

207a. Samenloop van verschillende aansprakelijkheidsgronden

Met uitzondering van de bestuurdersaansprakelijkheidsvordering van de Ontvanger op grond van artikel 36 IW 1990 (nr. 206) en de verschillende onrechtmatige-daadsvorderingen die een wederpartij (Beklamel) of schuldeiser (selectieve wanbetaling; nr. 207) kan instellen, kunnen de hiervoor genoemde reconstructiemogelijkheden ertoe leiden dat het actief van de boedel vergroot wordt. Hoewel de schuldeisers hiermee in beginsel gediend zijn, vallen daarbij wel enkele kanttekeningen te plaatsen.

In de eerste plaats moet bij alle acties van de curator gekeken worden naar het nettoresultaat. Wat is de uiteindelijke opbrengst nadat alle kosten van zijn acties daarvan afgetrokken zijn? Denk aan de kosten van de curator zelf, maar ook aan die van personen die door hem zijn ingeschakeld: deurwaarder (voor verhaalsonderzoek en beslaglegging), advocaat (voor de procedure plus griffierechten), adviseurs etc. Uiteindelijk moet het 'sop de kool wel waard zijn'. Uit onderzoek blijkt dat dit niet altijd zo is.[484] Dit is de reden dat bijvoorbeeld rechters-commissarissen gezond kritisch staan tegenover plannen van de curator om procedures te beginnen, vooral als het gaat om bestuurdersaansprakelijkheid.[485]

In de tweede plaats leidt de reconstructie tot een verplichting tot waarde- of schadevergoeding door de aangesproken persoon. Dat is alleen anders als sprake is van een vernietiging op grond van de pauliana waarbij het goed waarover gestreden wordt feitelijk en juridisch weer onderdeel van de boedel is gaan uitmaken. De geldvordering die de curator uit hoofde van die waarde- of schadevergoedingsverplichting op die derde verkrijgt, mag niet worden verrekend met een eventuele vordering van die derde op de gefailleerde schuldenaar.[486] Wel blijft van belang dat de aangesproken derde verhaal biedt. Hierbij kunnen zich gevallen van samenloop voordoen tussen de curator enerzijds en bepaalde individuele schuldeisers anderzijds. Dit kan gebeuren als de derde als bestuurder een kennelijk onbehoorlijke taakvervulling wordt verweten en zowel door de curator (ex art. 2:9, 2:138/248 BW of overeenkomst) als de Ontvanger (ex art. 36 IW 1990) wordt aangesproken. Samenloop kan daarnaast plaatsvinden als de derde door zowel de curator (op basis van een Peeters/Gatzen-vordering) als een individueel gedupeerde schuldeiser (ex art. 6:162 BW) wordt aangesproken. De Hoge Raad heeft deze mogelijkheid immers uitdrukkelijk opengelaten, zij het dat de vordering van de curator bij voorrang moet

483 Zoals bepleit door A-G Van Peursem in zijn conclusie, nr. 2.20 e.v. voor HR 17 januari 2020, *NJ* 2020/51 (*Ingwersen q.q./X*), r.o. 3.2.

484 G. van Dijck, R.D. Vriesendorp, D.C.M.H. Vielvoye, '*Lege boedels: code rood of vals alarm*?', TvI 2008, 33.

485 Zie bijv. art. 3.2d Recofa-richtlijnen voor faillissementen; vgl. Insolad Praktijkregels, hfdst. 4 en 5.

486 HR 30 september 1994, *NJ* 1995/626 (*Kuijsters/Gaalman q.q.*); HR 6 februari 2002, *NJ* 2004/266 (X/Stals q.q.); HR 18 september 2009, *NJ* 2009/ 438 (*Bandel/Van den End q.q.*); vgl. nr. 175).

worden behandeld.[487] Ten slotte is een samenloop denkbaar tussen de curator die op één van bovenstaande gronden ageert en een gedupeerde wederpartij of schuldeiser van de gefailleerde rechtspersoon die de bestuurder op grond van artikel 6:162 BW (bijv. Beklamel-vordering) heeft aangesproken.

In al deze gevallen van samenloop bestaat het risico voor de curator dat hij zijn vordering slechts ten dele voor de boedel kan innen, aangezien daaraan geen voorrang verbonden is. Sterker nog, bij een samenloop met de Ontvanger gaat deze zelfs voor op grond van het algemene fiscale voorrecht (art. 21 IW 1990).

207b. Bestuursverbod

Mede geïnspireerd door het Engelse leerstuk van de *director disqualification* kent Nederland sinds 1 juli 2016 een bestuursverbod voor bestuurders van gefailleerde rechtspersonen die zich voor of tijdens het faillissement op de een of andere manier hebben misdragen (art. 106a-106e). Net als bij artikel 2:138/248 BW lid 7 BW komt voor het bestuursverbod ook de feitelijke bestuurder in aanmerking, de persoon die het beleid van de rechtspersoon (mede) heeft bepaald als ware hij bestuurder (art. 106d). Dit bestuursverbod kan alleen door de rechter worden opgelegd op vordering van de curator of op verzoek van het OM (art. 106a lid 1). Als de uitspraak van de rechter onherroepelijk is geworden kan die bestuurder gedurende maximaal vijf jaren – of zoveel korter als de rechter heeft bepaald – niet worden benoemd tot bestuurder of commissaris van een Nederlandse rechtspersoon (art. 106b jo. 2:3 BW), een Europees Economisch Samenwerkingsverband of Europese (coöperatieve) vennootschap met statutaire zetel in Nederland (art. 106e). Als dit toch gebeurt, is het benoemingsbesluit nietig. Voor zover deze persoon ten tijde van het onherroepelijk worden van het bestuursverbod al bestuurder of commissaris bij andere rechtspersonen is, vormt het bestuursverbod ook daar een beletsel en zal hij moeten terugtreden, tenzij de rechter dit in zijn uitspraak anders had bepaald (art. 106b lid 2). Zou dit ertoe leiden dat deze rechtspersoon geen bestuurder of commissaris meer heeft, dan kan de rechtbank voorzien in een tijdelijke aanstelling ten laste van de rechtspersoon (art. 106c lid 3). De rechtbank kan haar uitspraak zo nodig versterken met een dwangsom (art. 106b lid 5).

Als de rechter een bestuursverbod oplegt en dit onherroepelijk is geworden, zorgt de griffier ervoor dat deze uitspraak bij de Kamer van Koophandel belandt die dit in het handelsregister verwerkt. Dit betekent dat de bestuurder wordt uitgeschreven als bestuurder of commissaris en dat het bestuursverbod in het handelsregister wordt ingeschreven en publiek gemaakt voor de duur van het verbod (art. 106b lid 3).

Een bestuursverbod kan maar in een beperkt aantal gevallen worden opgelegd waarbij onbehoorlijk of zelfs frauduleus gedrag wordt verondersteld:
- de rechter heeft onherroepelijk geoordeeld dat de bestuurder aansprakelijk is voor het faillissementstekort op de voet van artikel 2:138/248 BW (art. 106a lid 1 sub a);
- de rechter heeft onherroepelijk geoordeeld dat de bestuurder doelbewust namens de gefailleerde rechtspersoon paulianeuze rechtshandelingen heeft verricht, toegelaten of gefaciliteerd (art. 106a lid 1 sub b);

487 HR 21 december 2001, *NJ* 2005/ 95, AA 2002/276 (*Lunderstädt/De Kok c.s.*) en HR 21 december 2001, *NJ* 2005/96, AA 2003/105 (*SOBI/Hurks c.s.*), maar dit hoeft de individuele schuldeiser niet te weerhouden van conservatoire maatregelen.

- de bestuurder is in ernstige mate tekortgeschoten in de nakoming van zijn informatie- en medewerkingsverplichtingen jegens de curator (art. 105-105a jo. 106; par. 5.3.1), die daarom verzocht had (art. 106a lid 1 sub c);
- de bestuurder is al tweemaal eerder betrokken bij een faillissement van een rechtspersoon waarvan hem een persoonlijk verwijt treft, waarbij het geen verschil maakt of hij daarbij als bestuurder betrokken was of als natuurlijk persoon in de uitoefening van een beroep of bedrijf (art. 106a lid 1 sub d);
- de bestuurder of de rechtspersoon heeft een vergrijpboete opgelegd gekregen wegens het bij aanslagbelastingen (zoals inkomsten- of vennootschapsbelasting) opzettelijk achterwege laten van een belastingaangifte of het doen van een onjuiste of onvolledige aangifte (art. 67d Awr) dan wel het opzettelijk of door grove schuld te weinig belasting betalen (art. 67e Awr) of, bij aangiftebelastingen (zoals omzet- en loonbelasting) wegens het niet (binnen de wettelijke termijn) geheel of gedeeltelijk betalen van de verschuldigde bedragen (art. 67f Awr), mits in al deze gevallen de boetebeschikking onherroepelijk is (art. 106a lid 1 sub e).

Deze beperkte gronden voor een bestuursverbod hebben ertoe geleid dat sinds de inwerkingtreding van deze regeling slechts een beperkt aantal bestuursverboden is uitgesproken. Voor zover een verbod wordt gebaseerd op een onherroepelijke uitspraak – bij aansprakelijkheid op grond van artikel 2:138/248 BW (art. 106a lid 1 sub a) dan wel faillissementspauliana (art. 106a lid 1 sub b) – of op een onherroepelijke beschikking – bij fiscale vergrijpboetes (art. 106a lid 1 sub e) – kan het bovendien lang duren voordat het bestuursverbod effectief is. Dit kan voor een curator reden zijn om een verzoek om een bestuursverbod achterwege te laten, als hij hier geen geld of tijd aan wil verspillen om te voorkomen dat het faillissement lang moet worden aangehouden. Daarom kan de rechtbank die zich over de oplegging van een bestuursverbod moet buigen, desgevraagd door de curator of het OM de bestuurder of commissaris in elke fase van de procedure als zodanig schorsen (art. 106c lid 4-5).

5.4.3 *Bestaande overeenkomsten*

208. Uitgangspunt

Naast de schuldenaar en de verschillende schuldeisers, al dan niet separatist, ondervinden ook wederpartijen van de schuldenaar de gevolgen van diens faillietverklaring. Vanaf de faillietverklaring is de schuldenaar immers niet meer tot beschikking en beheer over zijn vermogen bevoegd. Wat zijn hiervan de gevolgen voor de wederpartij van de schuldenaar? Volgens de ontwerpers van de Faillissementswet heeft het faillissement weliswaar van alles te doen met het vermogen van de gefailleerde schuldenaar, maar geldt dat

> "(u)it haren aard (…) de faillietverklaring op bestaande wederkeerige overeenkomsten niet den minste invloed uit(oefent); de verbintenissen van den gefailleerde en diens mede-contractant worden er niet door gewijzigd."[488]

488 *Parl. Gesch. Fw* (Van der Feltz) I, p. 409. Vgl. HR 14 januari 2011, *NJ* 2011/114 (*Aukema q.q./ Uni-Invest*), r.o. 3.5.1 en HR 19 april 2013, *NJ* 2013/291 (*Koot Beheer/Tideman q.q.*), r.o. 3.6.1; HR 11 juli 2014, *NJ* 2014/407 (*ABN Amro/Berzona*), r.o. 3.6.2; HR 9 januari 2015, *NJ* 2015/43 (*Doka/Kalmijn q.q.*), r.o. 3.4.1; HR 23 maart 2018, *NJ* 2018/290 (*Credit Suisse/Jongepier q.q.*), r.o. 3.5.1.

Deze constatering wekt de suggestie dat een wederpartij geen last zou hebben van een faillissement van haar wederpartij. Toch ligt dit in werkelijkheid anders. Zo zal bijvoorbeeld een failliete verkoper niet meer aan zijn leveringsverplichting kunnen voldoen en een failliete koper niet meer aan zijn betalingsverplichting. Hoe valt dit te rijmen met de bewering in het citaat?

Als men tot uitgangspunt neemt dat het faillissement primair een procedure is om het schaarse vermogen van de gefailleerde schuldenaar optimaal onder de schuldeisers te verdelen, klopt de aangehaalde opmerking: het *bestaan* van de overeenkomst en de *inhoud* van de verbintenissen over en weer worden als zodanig niet door de faillietverklaring geraakt, maar de *uitvoering* daarvan wel. Zo neemt de curator door de faillietverklaring niet de positie van de gefailleerde schuldenaar als partij bij de overeenkomst over.[489] De curator kan besluiten om een overeenkomst niet gestand te doen en de daaruit voortvloeiende verbintenissen niet na te komen, maar als hij niet nakomt, betekent dat niet een tekortkoming aan zijn kant, maar een tekortkoming van de schuldenaar, met alle gevolgen (zoals een verplichting tot schadevergoeding; art. 6:74 BW) van dien. Die verbintenissen leveren dan in beginsel een concurrente vordering in het faillissement op. Als de verbintenis niet gericht is op betaling van een geldsom (maar bijvoorbeeld tot het leveren van een goed), moet de schuldeiser de vordering voor de geschatte waarde indienen (art. 133).[490]

Voor de invloed van de faillietverklaring op de (uitvoering van) wederkerige overeenkomsten is het nuttig om een onderscheid te maken tussen overeenkomsten die zijn gericht op een eenmalige prestatie over en weer en overeenkomsten met een duurkarakter.

Bij een overeenkomst gericht op een eenmalige prestatie, zoals de koop van een bepaald goed, is het voor de wederpartij van de schuldenaar van belang om te weten wat hem te wachten staat. Bij duurovereenkomsten die op de faillissementsdatum van kracht zijn, geldt hetzelfde voor eventuele claims voor het verleden, maar daarenboven wordt de wederpartij geconfronteerd met onduidelijkheid over de toekomst: kan hij op grond van deze doorlopende overeenkomst na de faillissementsdatum nog uitvoering verwachten van de afgesproken prestaties door de gefailleerde wederpartij? Mengvormen, zoals een verzekering tegen eenmalige premiestorting, zijn op zichzelf ook mogelijk maar die blijven hier verder buiten beschouwing.

209. Wederkerige overeenkomsten met eenmalige prestaties

Bij een wederkerige overeenkomst met een eenmalige prestatie, zoals de koop en verkoop van een bepaald goed, belandt de ene partij in geval van faillietverklaring van de ander partij wellicht in een lastig parket als de overeenkomst nog niet volledig door beide partijen is afgewikkeld. Als de gefailleerde nog moet presteren, loopt zijn wederpartij het risico dat die prestatie uitblijft: op grond van artikel 23 heeft de schuldenaar door de faillietverklaring met onmiddellijke ingang het beheer en de beschikking over zijn vermogen verloren. Dit betekent dat hij dus niet meer geldig kan presteren. In hoeverre de curator dat alsnog gaat doen is onzeker; door het faillissement kan de wederpartij hem daartoe niet verplichten. Tenzij de

489 In de praktijk blijkt dit onderscheid soms lastig consequent vol te houden, zie bijv. HR 9 november 2018, *NJ* 2018/464 (De Klerk c.s./X), r.o. 3.4.2 en 3.5.3.

490 *Parl. Gesch. Fw* (Van der Feltz) I, p. 388-389; zie HR 19 april 2013, *NJ* 2013/291 (*Koot Beheer/Tideman q.q.*), r.o. 3.6.1.

wederpartij bijzondere middelen ten dienste staan, zoals bij roerende zaken het recht van reclame (art. 7:39 e.v. BW) of bij registergoederen de zogenaamde 'Vormerkung' (art. 7:3 BW), rest de wederpartij niets anders dan een vordering tot vervangende schadevergoeding bij de curator in te dienen. In de praktijk levert een dergelijke concurrente vordering meestal niets op. Hetzelfde geldt als de wederpartij wegens die tekortkoming tot ontbinding van de koop overgaat; ook dan resteert hem slechts een concurrente vordering (art. 37a jo. 6:277 BW). Moet daarentegen alleen de wederpartij nog presteren, dan verandert het faillissement van de andere partij daar niet veel aan; de wederpartij moet dan echter wel aan de curator en niet aan de gefailleerde presteren, want een betaling aan deze laatste is in beginsel van onwaarde en bevrijdt de wederpartij niet (art. 52). In een dergelijk geval zou zij door de curator kunnen worden aangesproken om (nogmaals) te presteren.

210. Wederkerige overeenkomsten met een duurkarakter; automatische beëindiging of contractuele mogelijkheid daartoe

Ligt de situatie bij wederkerige overeenkomsten met een eenmalig karakter relatief eenvoudig, ingewikkelder kan het worden bij duurovereenkomsten. Dit heeft te maken met de omstandigheid dat partijen bij een tussentijds faillissement van een van hen hun verhouding weliswaar voor de toekomst willen aanpassen, maar doorgaans niet voor het verleden. Ongedaanmaking van al verrichte prestaties is niet altijd wenselijk en soms zelfs buitengewoon lastig of feitelijk onmogelijk. Neem bijvoorbeeld een langdurige leveranciers- of distributeursrelatie waarbij partijen op basis van een langjarige raamovereenkomst tal van afspraken hebben gemaakt over hun onderlinge rechten en verplichtingen. Vervolgens worden periodiek en onder verwijzing naar de raamovereenkomst door de distributeur orders doorgegeven aan de leverancier. Wat gebeurt er als een van beide partijen failleert? Geldt dan hetzelfde als hiervoor bij de eenmalige prestatie is opgemerkt?

Direct na de faillietverklaring van de ene partij zal de wederpartij snel willen weten waar zij aan toe is. Door het duurkarakter van de rechtsverhouding zal in beginsel geen sprake zijn van een situatie waarin slechts één van beide partijen nog niet volledig heeft gepresteerd. Zelfs al zouden partijen in geval van faillissement van een van hen voor de toekomst van elkaar af willen, dan is het onwaarschijnlijk dat zij hun overeenkomst op de voet van artikel 6:265 e.v. BW volledig willen ontbinden. Dit zou immers betekenen dat alle in het verleden verrichte prestaties ongedaan zouden moeten worden gemaakt, wat vermoedelijk nogal wat uitvoeringsproblemen teweegbrengt. Als continuering van de overeenkomst niet haalbaar is, zullen partijen van elkaar af moeten komen met instandhouding van het verleden. Dan kan de wederpartij besluiten tot partiële ontbinding voor de toekomst met instandhouding van de tot dan toe over en weer verrichte prestaties (art. 6:270 BW). Dit kan echter ook zonder ontbinding langs verschillende wegen worden bereikt.

Om te beginnen is het mogelijk dat partijen bij de totstandkoming van de overeenkomst een tussentijds faillissement als mogelijk evenement hebben voorzien en daarvoor een regeling hebben getroffen. Zij hebben dan een bepaling opgenomen waardoor de overeenkomst door de faillietverklaring van een van hen automatisch (*ipso facto*) eindigt (al dan niet met een boete- of schadevergoedingsclausule) of de niet-gefailleerde wederpartij de bevoegdheid geeft de overeenkomst met onmiddellijke ingang of op termijn te beëindigen.

Men kan zich afvragen of dergelijke bepalingen niet in strijd zijn met de *paritas creditorum*, maar in zijn algemeenheid is dit niet het geval. Het is een uitvloeisel van het beginsel van de contractsvrijheid dat een partij niet langer gebonden wil zijn als de wederpartij failleert of in een andere insolventieprocedure belandt. In tal van duurovereenkomsten (bijvoorbeeld huur-, lease-, distributie-, licentie-, krediet- en verzekeringsovereenkomsten) komen dergelijke clausules voor. Alleen in uitzonderlijke situaties kan gebruikmaking van een dergelijke beëindigingsbevoegdheid misbruik opleveren (art. 3:13 BW) of kan het beroep op een dergelijke clausule naar maatstaven van redelijkheid en billijkheid onaanvaardbaar zijn (art. 6:248 BW).[491] Als de schuldenaar een WHOA-traject is ingegaan, blijven dergelijke clausules sowieso zonder effect: het voorbereiden en aanbieden van een WHOA-akkoord en alles wat daarmee samenhangt en daarvoor nodig is, zijn geen grond voor wijziging dan wel opschorting, laat staan ontbinding (art. 373 lid 3; nr. 58).

Het ligt mogelijk anders als de overeenkomst een beding bevat waardoor de wederpartij een voordeel toekomt louter en alleen door de faillietverklaring. Door een dergelijk beding zou aan de boedel door het enkele uitspreken van het faillissement, actief onttrokken of onthouden worden dat wat de gefailleerde schuldenaar toekwam. Dit gaat ten koste van de schuldeisers, die daardoor onevenredig kunnen worden benadeeld, bijvoorbeeld als is afgesproken dat het recht van de ene partij op een prestatie van de wederpartij komt te vervallen enkel en alleen vanwege het in staat van faillissement raken van de ene partij of een daarop gebaseerde opzegging. Als het gevolg hiervan is dat de wederpartij die de tegenprestatie daarvoor al heeft ontvangen, zijn eigen prestatie niet meer behoeft te verrichten, kan een dergelijk beding een onaanvaardbare inbreuk opleveren op artikel 20.[492] Wegens strijd met deze bepaling kan het beding nietig zijn, afhankelijk van de context en de overige omstandigheden van het geval (art. 3:40 BW). Ook kan een beroep op een dergelijke bepaling naar maatstaven van redelijkheid en billijkheid onaanvaardbaar zijn (art. 6:248 BW).[493]

Dit is ook de regeling die de wetgever heeft gegeven voor overeenkomsten betreffende termijnzaken die op de beurs worden verhandeld. Dit zijn overeenkomsten waarbij partijen levering van bepaalde goederen – doorgaans bulkzaken, zoals grondstoffen (olie, koffie etc.) – hebben afgesproken op termijn en deze termijn na de faillietverklaring ligt: ook dan vindt een automatische ontbinding van de overeenkomst per datum faillietverklaring plaats (art. 38). Soms willen partijen behoudens de toepasselijkheid van artikel 38 een dergelijk automatisme niet, maar verlenen zij elkaar de bevoegdheid om tot opzegging of ontbinding over te gaan als de ander failliet wordt verklaard. Stilzitten leidt dan tot voortduring van de overeenkomst.

Als partijen geen (al dan niet automatische) beëindigingsclausule hebben opgenomen komt artikel 37 in beeld. Een wederkerige overeenkomst legt immers aan beide partijen verplichtingen op, denk bij een distributieovereenkomst bijvoorbeeld aan leverings- en garantieverplichtingen enerzijds en afname- en betalingsverplichtingen anderzijds.

491 Vgl. HR 13 mei 2005, *NJ* 2005/406, AA 2005/938 (Curatoren BabyXL/ALM), r.o. 3.4.2.
492 Van Zanten, *De overeenkomst in het insolventierecht* (diss. Groningen), Deventer 2012, par. 8.5.
493 HR 12 april 2013, *NJ* 2013/224 (*Curatoren Megapool/Laser*), r.o. 3.4.2; vgl. Van Zanten, diss., p. 343.

211. *Gestanddoening vragen (artikel 37)*

Hiervoor is gebleken dat het zowel bij eenmalige prestaties als bij overeenkomsten met een duurkarakter kan gebeuren dat beide partijen over en weer nog geheel of gedeeltelijk moeten presteren. Hoewel de wederpartij dan door de curator zou kunnen worden aangesproken om te presteren, ligt het voor de hand dat zij dan wel wil weten of de (resterende) tegenprestatie ook wordt geleverd. Met artikel 37 heeft de wetgever haar daartoe een middel gegeven om zodoende duidelijkheid over haar eigen positie te krijgen. In het geval over en weer nog niet volledig is gepresteerd kunnen partijen elkaar immers gevangen houden door zich bijvoorbeeld te beroepen op opschortings- of retentierechten (art. 6:52 resp. 3:290 BW), de exceptio non adimpleti contractus (art. 6:262 BW) of de onzekerheidsexceptie (art. 6:263 BW). Tot het ogenblik waarop een curator heeft besloten wat hij gaat doen (wel of niet presteren), moet de wederpartij er rekening mee houden dat zij in de toekomst wellicht ook nog moet presteren of anders zonder meer zou moeten ontbinden. Om aan deze onzekerheid voor de wederpartij een einde te maken, kan de wederpartij de curator een termijn stellen om zich uit te laten of hij de overeenkomst gestand doet (art. 37).[494] Dit is alleen niet mogelijk als de nakoming door de gefailleerde schuldenaar persoonlijk moet worden verricht (art. 37 lid 3).

Als de curator het zinvol vindt om de overeenkomst uit te voeren, bijvoorbeeld omdat dat voordelig voor de boedel is, moet hij dat binnen de gestelde termijn aan de wederpartij te kennen geven. Het feit dat een curator in rechte nakoming afdwingt, hoeft op zichzelf nog niet te betekenen dat hij de overeenkomst daarmee gestand doet. Dit hangt af van de omstandigheden van het geval.

> Als een curator bijvoorbeeld tijdelijke voortzetting nodig heeft van een dwangcrediteur (nr. 48), zoals de leverancier van essentiële hosting diensten, beveiliging e.d., en hij bereid is om de toekomstige verplichtingen na te komen, kan de voorzieningenrechter in bepaalde omstandigheden die wederpartij tot continuering van de dienstverlening bevelen. Dit impliceert echter niet dat de curator daarmee de overeenkomst gestand doet en dus ook alle oude openstaande schulden moet voldoen.[495]

Dat heeft dan tot gevolg dat de wederpartij normaliter verzekerd is van de nakoming door de curator, zodat zij haar eigen prestatie niet hoeft te staken of op te schorten. In dit geval wordt de vordering van de wederpartij een boedelvordering (zie nr. 236 hierna) en moet de curator voor zijn nakoming zekerheid stellen (art. 37 lid 2). Wat deze zekerheid precies inhoudt, hangt af van de omstandigheden van het geval. In ieder geval moet zij adequate dekking bieden om de vordering van de wederpartij (met rente en kosten) te kunnen voldoen (art. 6:51 BW). Het staat de wederpartij overigens vrij om met minder genoegen te nemen. Gestanddoening door de curator betekent dat ook de wederpartij zal moeten presteren, waardoor de overeenkomst alsnog volledig kan worden uitgevoerd.

---

494 Uitvoerig over art. 37, zie Van Zanten, *De overeenkomst in het insolventierecht* (diss. Groningen), Deventer 2012, hfdst. 4.

495 HR 2 december 2016, *NJ* 2017/21 (*Ctac/Curatoren Free Record Shop*), r.o. 3.3.3.

Wanneer de curator niet binnen de gestelde termijn reageert of het verzoek om gestanddoening uitdrukkelijk afwijst, leidt dat ertoe dat de wederpartij niet meer hoeft te presteren. De curator kan geen nakoming meer vorderen, zodat aan de onzekerheid voor de wederpartij een einde komt.

Lange tijd was onduidelijk of de curator in een dergelijk geval nog wel nakoming kan vorderen van verplichtingen die waren ontstaan voor het faillissement maar nog niet waren voldaan. In een tweetal arresten heeft de Hoge Raad hierover in grote mate duidelijkheid verschaft.[496] In beide zaken ging het om een aannemingsovereenkomst waarbij de aannemer halverwege de uitvoering van het werk failliet ging en een deel van zijn werkzaamheden conform de gemaakte afspraken nog niet betaald waren. Als de prestatie door de gefailleerde schuldenaar al wel voor het faillissement was verricht maar die door de wederpartij nog niet, is artikel 37 niet op die situatie van toepassing. Voor zover de over en weer verschuldigde prestaties kunnen worden beschouwd als deelbare prestaties blijft de curator bevoegd het corresponderende gedeelte van de wederpartij te vorderen, ook al heeft hij aangegeven de overeenkomst verder niet gestand te doen.[497] Als dat niet mogelijk is en de wederpartij op grond van de overeenkomst nog niet tot betaling van haar prestatie gehouden is, staat de curator eventueel een vordering uit ongerechtvaardigde verrijking ten dienste (art. 6:212 BW). Het feit dat hij de overeenkomst niet gestand doet staat hieraan niet in de weg. Weliswaar kan de wederpartij aan de overeenkomst een rechtvaardiging voor de verrijking ontlenen en om deze reden niet tot ontbinding van de overeenkomst overgaan, de enkele uitgestelde opeisbaarheid van zijn verplichtingen is dat niet.[498]

Het staat de wederpartij vrij om de overeenkomst desgewenst te ontbinden, maar strikt noodzakelijk is dit niet. De vordering tot schadevergoeding die hieruit voor haar voortvloeit (wegens ontbinding of tekortschieten in de nakoming; art. 6:277 BW) kan zij als concurrente vordering bij de curator ter verificatie indienen (art. 110 jo. 26, 37a) of verrekenen.[499]

De wet kent bij één type wederkerige overeenkomsten een uitzondering op het voorgaande waarin ontbinding van rechtswege plaatsvindt. Dit doet zich voor bij overeenkomsten gericht op de levering van termijnzaken die op de beurs worden verhandeld en waarbij het afgesproken tijdstip of de termijn van levering gelegen is na de faillietverklaring (art. 38). Omdat dergelijke transacties vaak onderdeel uitmaken van een keten van rechtshandelingen en de beursnotering frequent verandert, is het van belang snel duidelijkheid te hebben of de transactie wel/geen doorgang vindt, zodat ook direct de eventueel terug te betalen bedragen en/of schade kunnen worden vastgesteld. Dan vindt een automatische ontbinding plaats tegen de datum van die faillietverklaring en zijn partijen over en weer bevrijd. De hiermee samenhangende ongedaanmakingsverplichtingen lossen zich op in schadevergoeding: voor zover de wederpartij door die ontbinding schade lijdt,kan hij zijn vordering daartoe in het faillissement indienen (vgl. art. 37a). als de boedel daarentegen schade lijdt, dan moet de wederpartij die aan de curator betalen (art. 38, slot).

---

496 HR 2 december 2016, *NJ* 2017/19 (*De Krom c.s./Van Logtesteijn q.q.*), r.o. 3.5.3 en het vervolg HR 4 december 2020, *NJ* 2021/7; HR 2 december 2016, *NJ* 2017/20 (*Poot c.s./Peeters q.q.*), r.o. 3.4.4.

497 HR 2 december 2016, *NJ* 2017/20 (*Poot c.s./Peeters q.q.*), r.o. 3.4.4.

498 HR 2 december 2016, *NJ* 2017/19 (*De Krom c.s./Van Logtesteijn q.q.*), r.o. 3.6.3 en het vervolg HR 4 december 2020, *NJ* 2021/7.

499 Vgl. HR 19 april 2013, *NJ* 2013/291 (*Koot Beheer/Tideman q.q.*), r.o. 3.6.1, waarbij de Hoge Raad ten onrechte de eis lijkt te stellen dat voor ontbinding eerst de weg van art. 37 moet worden gevolgd. Dit is alleen nodig als er nog geen tekortkoming in de zin van art. 6:265 BW is. Zie over de verrekeningsmogelijkheid HR 2 december 2016, *NJ* 2017/20 (*Poot c.s./Peeters q.q.*), r.o. 3.5.5.

Het feit dat een faillissement geen invloed heeft op wederkerige overeenkomsten (nr. 208), betekent ten slotte dat de curator niet bevoegd is om een dergelijke overeenkomst door opzegging te beëindigen, tenzij de overeenkomst de schuldenaar daartoe – al dan niet tegen betaling van een schadevergoeding of schadeloosstelling en/of opzeggingstermijn – bevoegd maakt.[500] Als de curator hiermee in strijd handelt, dan is de verplichting tot vergoeding van de daaruit voortvloeiende schade een boedelschuld, net als die tot betaling van de overeengekomen schadevergoeding of schadeloosstelling.[501]

Ongeacht het ontbreken van een opzeggingsbevoegdheid in de overeenkomst, kan de bevoegdheid daartoe voor de curator ook voortvloeien uit de wet. Dit is het geval bij huur- en pachtovereenkomsten (bij faillissement van de huurder/pachter; nr. 212) en arbeids- en agentuurovereenkomsten (bij faillissement van de werkgever/principaal; nr. 213 e.v., 218).

212. Huur-, huurkoop- en pachtovereenkomst

De regeling voor de huurovereenkomst bij faillissement van de huurder is van overeenkomstige toepassing als de schuldenaar pachter is (art. 39 lid 2), maar deze blijft hier verder buiten beschouwing. In beginsel geldt het navolgend ook ingeval een pachter failliet is verklaard.

Bij faillissement van een huurder staan twee belangen tegenover elkaar. Aan de ene kant is er de verhuurder voor wie het onzeker is of hij de huurpenningen nog wel zal ontvangen, als er al geen betalingsachterstand is. Aan de andere kant staat de curator die door de doorlopende huurovereenkomst de schuldenlast ziet oplopen en wellicht de huurovereenkomst wil beëindigen. Als hij nog reddingspogingen wil ondernemen kan het echter zinvol zijn om de huurovereenkomst met het oog op de continuering van de activiteiten voorlopig misschien in stand te houden. Om aan de verschillende belangen van de verhuurder en de boedel enigszins tegemoet te komen heeft de wetgever voor de huurovereenkomst een belangenafweging gemaakt met tweeërlei gevolg (art. 39).[502]

Ten eerste kan zowel de verhuurder als de curator de huurovereenkomst tussentijds doen eindigen en hiermee een einde maken aan een steeds verder oplopende schuldenlast, zelfs al zou er nog geen enkele tekortkoming bij verhuurder of gefailleerde huurder zijn geweest of zou de huurovereenkomst anders bepalen.[503] Als tegenprestatie krijgt de verhuurder voor de huurschuld vanaf de aanvang van het

500 HR 11 juli 2014, *NJ* 2014/407 (*ABN Amro/Berzona*), r.o. 3.6.2, 3.6.4-5; HR 23 maart 2018, *NJ* 2018/290 (*Credit Suisse/Jongepier q.q.*), r.o. 3.5.3, waarin hij impliciet terugkwam op zijn eerdere oordeel in HR 3 november 2006, *NJ* 2007/155, AA 2007/233 (*Nebula*) dat de wederpartij van de gefailleerde niet zonder meer zijn rechten uit de overeenkomst met werking tegen de curator zou kunnen uitoefenen, ook al wordt de overeenkomst zelf niet door het faillissement geraakt; zie voorts HR 9 november 2018, *NJ* 2018/464 (*De Klerk c.s./X*), r.o. 3.4.2.

501 HR 19 april 2013, *NJ* 2013/291 (*Koot Beheer/Tideman q.q.*), r.o. 3.7.3; HR 9 november 2018, *NJ* 2018/464 (*De Klerk c.s./X*), r.o. 3.4.2.

502 *Parl. Gesch. Fw* (Van der Feltz) I, p. 419, 423 en 427. Zie HR 14 januari 2011, *NJ* 2011/114 (*Aukema q.q./Uni-Invest*), r.o. 3.5.2; HR 15 november 2013, *NJ* 2014/68 (*Nieuwburen/Romania*), r.o. 3.3.2; HR 22 november 2013, *NJ* 2014/69 (*Autodrôme/Curatoren TEP*), r.o. 3.4.

503 Vgl. de casus die ten grondslag ligt aan HR 13 mei 2005, *NJ* 2005, 406, AA 2005/938 (*Curatoren BabyXL/ALM*).

faillissement een boedelvordering (art. 39 lid 2). Hetzelfde geldt voor zijn vorderingen op de huurder die voortvloeien uit de opzegging.[504]

Op grond van artikel 39 vindt de opzegging plaats tegen een tijdstip (bijv. eerste of laatste dag van de maand) waarop een dergelijke overeenkomst naar plaatselijk gebruik eindigt. Als de huur echter voor een langere termijn is vooruitbetaald, kan pas worden opgezegd tegen de datum waarvoor die vooruitbetaling bedoeld was. Voor de opzegtermijn gelden de overeengekomen of gebruikelijke termijnen. De wetgever heeft hieraan overigens, net als bij de opzegging van een arbeidsovereenkomst (nr. 214), een maximumtermijn van drie maanden gesteld.

De regeling van artikel 39 is ten tweede een vorm van regelmatige beëindiging van de huurovereenkomst die in beginsel geen van de partijen tot schadevergoeding verplicht. Dit betekent bijvoorbeeld dat de verhuurder geen schadevergoeding voor zogenaamde 'leegstandschade' kan vorderen als de curator op deze grond opzegt.[505] Als de huurder daarvoor een (bank)garantie had laten stellen, blijft deze intact, want deze garantie wordt zelf niet door de opzegging geraakt.[506] Als dan op die garantie toch wordt uitgekeerd, kan de garant zijn regresvordering niet uitoefenen jegens de failliete boedel.[507] Dit kan echter niet altijd voorkomen dat de garantsteller zich op de boedel verhaalt, bijvoorbeeld omdat de huurder voor die garantie een contragarantie had afgegeven. Dan moet de curator hiertegen opkomen. Volgens de Hoge Raad kan de curator echter niet de verhuurder die onder de garantie heeft uitgekeerd gekregen aanspreken op grond van ongerechtvaardigde verrijking: de verrijking was door de garantie immers niet ongerechtvaardigd.[508]

Hiermee lijkt de Hoge Raad in 2017 te zijn afgeweken van zijn eerdere uitspraken in november 2013[509] waarbij de curator wel met succes de verhuurder aansprak op grond van ongerechtvaardigde verrijking om de onder de garantie ontvangen vergoeding voor leegstandschade aan de boedel te voldoen. Deze schijnbaar tegenstrijdige uitspraken vloeien voort uit een verschil in stellingen en grondslagen die in beide procedures door partijen waren ingenomen, maar lijken ook een keuze van de Hoge Raad te zijn om enerzijds de curator tot actie te dwingen tegen de (bank)garantsteller en anderzijds de verhuurder buiten schot te laten.[510] Het is aan partijen bij de garantie om de omvang en modaliteiten van de garantie vorm te geven. Zij kunnen bijvoorbeeld afspreken dat de garant slechts tot uitkering gehouden is van hetgeen hij ten laste van de boedel kan brengen.[511]

Huurkoop (art. 7:84 e.v. BW) en scheepshuurkoop (art. 8:800 e.v. BW) kennen een enigszins afwijkende regeling als de gefailleerde huurkoper is. Op grond van artikel

504 HR 18 juni 2004, *NJ* 2004/617, AA 2004/782 (*Van Galen q.q./Circle Plastics*).
505 HR 14 januari 2011, *NJ* 2011/114 (*Aukema q.q./Uni-Invest*), r.o. 3.5.3; HR 15 november 2013, *NJ* 2014/68 (*Nieuwburen/Romania*), r.o. 3.3.2-4; HR 22 november 2013, *NJ* 2014/69 (*Autodrôme/Curatoren TEP*), r.o. 3.4; HR 17 februari 2017, *NJ* 2017/142 (*Hansteen/Verwiel q.q.*), r.o. 4.1.
506 HR 15 november 2013, *NJ* 2014/68 (*Nieuwburen/Romania*), r.o. 3.3.3; HR 17 februari 2017, *NJ* 2017/142 (Hansteen/Verwiel q.q.), r.o. 4.2.
507 HR 15 november 2013, *NJ* 2014/68 (*Nieuwburen/Romania*), r.o. 3.3.4; HR 22 november 2013, *NJ* 2014/69 (*Autodrôme/Curatoren TEP*), r.o. 3.4; HR 17 februari 2017, *NJ* 2017/142 (*Hansteen/Verwiel q.q.*), r.o. 4.1.
508 HR 17 februari 2017, *NJ* 2017/142 (*Hansteen/Verwiel q.q.*), r.o. 4.2.
509 HR 22 november 2013, *NJ* 2014/69 (*Autodrôme/Curatoren TEP*).
510 Zie annotator Verstijlen onder HR 17 februari 2017, *NJ* 2017/142 (*Hansteen/Verwiel q.q.*), nr. 7.
511 HR 15 november 2013, *NJ* 2014/68 (*Nieuwburen/Romania*), r.o. 3.3.4; HR 17 februari 2017, *NJ* 2017/142 (*Hansteen/Verwiel q.q.*), r.o. 4.1.

38a lid 1 kunnen zowel de curator als de verkoper de huurkoop ontbonden verklaren waartoe zij een daartoe strekkende verklaring tot de ander moeten richten. Deze verklaring leidt ertoe dat de huurkoopovereenkomst ontbonden is en alle gevolgen heeft die het recht verbindt aan een ontbinding door de verkoper wegens het niet nakomen door de koper van zijn verplichtingen (art. 38a lid 2 jo. 6:269 en 7:90 e.v. dan wel 8:809 e.v. BW).

213. Arbeidsovereenkomst bij faillissement werkgever

Als een werkgever in staat van faillissement wordt verklaard, heeft een werknemer doorgaans twee zorgen. De eerste is de loonbetaling en alles wat daarmee samenhangt (vakantiegeld, winstdeling, tantièmes, 13e en 14e maand, pensioen- en socialezekerheidspremies, loon in natura etc.), vooral als sprake is van achterstallige betalingen.

In de praktijk is deze zorg voor een belangrijk deel weggenomen door de loongarantieregeling van het UWV (art. 61 e.v. WW). Op basis van deze regeling neemt het UWV de betalingsverplichting van de gefailleerde werkgever over. Dit betreft het loon over ten hoogste dertien weken, onmiddellijk voorafgaande aan het einde van de dienstbetrekking en het loon over grofweg ten hoogste de voor de werknemer geldende termijn van opzegging of de termijn van opzegging (art. 64 lid 1 sub a-b WW).

De tweede zorg is het voortbestaan van zijn baan. Bij een faillissement moet de werknemer vrezen voor ontslag door de curator waarmee zijn dienstverband en daarmee zijn inkomensvoorziening eindigt.

Tegenover deze zorgen van de werknemer staan die van de curator die doorgaans geen of nauwelijks geld heeft om de werknemers te betalen en daarom een einde zal willen maken aan lopende verplichtingen; zeker als hij geen gebruik kan of wil maken van de diensten van de werknemer. Met de algemene regeling van artikel 37 wordt hij niet geholpen. Op basis hiervan zou een werknemer aan de curator een termijn kunnen stellen om aan te geven dat hij het dienstverband wil voortzetten en deze moet daarvoor dan zekerheid stellen. De curator zou van zijn kant echter moeten dulden dat de arbeidsovereenkomst voortduurt, zolang de werknemer zich voor arbeid beschikbaar houdt, met alle financiële gevolgen van dien.

Tegen de achtergrond van deze twee tegengestelde posities heeft de wetgever met artikel 40 (net als in art. 39 bij de huurovereenkomst) een bijzondere – in zijn ogen billijke en praktische[512] – regeling gemaakt die rekening houdt met de belangen van beide partijen. Enerzijds kan de werknemer gedurende een korte tijd zijn baan behouden en heeft hij een grotere kans dat hij zijn loon daadwerkelijk ontvangt, omdat de preferente loonbetalingsvordering en alles wat daarmee samenhangt een preferente boedelvordering is (art. 3:288 BW). Anderzijds kan de curator de arbeidsovereenkomst weliswaar op korte termijn beëindigen, maar kan hij voor de boedel gedurende de opzegtermijn nog even gebruikmaken van de diensten van de werknemers. Als de curator verwacht dat hij de werknemers nog langere tijd nodig heeft, hoeft hij hun dienstverband overigens niet te beëindigen.

512 Zie *Parl. Gesch. Fw* (Van der Feltz) I, p. 429.

214. Beëindiging van de arbeidsovereenkomst

In faillissement kan niet alleen de werknemer maar ook de curator de arbeidsovereenkomst opzeggen. Faillissementsrechtelijk lijkt het niet veel uit te maken wie het initiatief neemt, maar in de praktijk kan dit een groot verschil maken. Opzegging door de curator bracht vroeger met zich mee dat alle verplichtingen die op grond van de arbeidsovereenkomst bij beëindiging op de werkgever rusten als een boedelschuld werden aangemerkt, omdat dit door zijn 'toedoen' was veroorzaakt (zie nr. 236 e.v.).[513] In 2013 is de Hoge Raad op dit punt omgegaan en heeft hij het 'toedoencriterium' verlaten.[514] Er is alleen nog sprake van een boedelschuld, als die door de curator in zijn hoedanigheid is aangegaan (in de zin dat de curator deze schuld op zich neemt bij rechtshandeling waarbij zijn wil daarop is gericht) of een gevolg is van zijn handelen in strijd met een door hem in zijn hoedanigheid na te leven verbintenis of verplichting.[515] Als de curator besluit tot opzegging van de arbeidsovereenkomst is zijn wil daarop gericht en niet op het in het leven roepen van niet beoogde verplichtingen (zoals een affinancieringsverplichting[516]) die automatisch het gevolg zijn van die opzegging. Zegt de werknemer daarentegen op, dan leveren die verplichtingen sowieso geen boedelschuld op maar slechts een concurrente faillissementsschuld. Dit is alleen anders voor de preferente vordering voor loon- en premiebetalingen over de periode na de faillietverklaring die op grond van de wet tot boedelschulden leiden (art. 40 lid 2 jo. 3:288 BW). Hieronder wordt onder meer begrepen de uitkering voor niet-genoten vakantiedagen, ook al gaat het om vakantie die voor de faillietverklaring was opgebouwd, omdat deze aanspraak pas ontstaat door de beëindiging van de arbeidsovereenkomst.[517] Als de werknemer opzegt, loopt hij overigens wel het risico dat het UWV zich op het standpunt stelt dat hij niet onvrijwillig werkloos is geworden in de zin van artikel 24 WW en daarmee zijn recht op WW-uitkering op grond van artikel 61 e.v. WW heeft verspeeld. Toch zal een werknemer niet altijd willen wachten tot de curator actie onderneemt, want zolang de arbeidsovereenkomst doorloopt kan hij geen nieuwe baan aannemen.

Op grond van artikel 40 vindt de opzegging plaats met inachtneming van de overeengekomen of wettelijke opzegtermijnen. De wetgever heeft hieraan overigens, net als bij de opzegging van een huurovereenkomst, wel een maximum gesteld. Voor de opzegging van de arbeidsovereenkomst is dit zes weken, ongeacht of sprake is van een overeenkomst voor bepaalde of onbepaalde tijd. De ontslagverboden genoemd in artikel 7:670 e.v. BW gelden in faillissement niet.[518]

Voor het ontslag door de curator is, in tegenstelling tot een reguliere opzegging[519], geen toestemming nodig van het UWV.

Tot 1 juli 2015 was dit uitdrukkelijk bepaald in artikel 6 lid 2 sub c BBA, maar dit besluit werd met de invoering van de Wet werk en zekerheid per die datum afgeschaft. Daarom was toen aan artikel 40 een vierde lid toegevoegd ("De artikelen 669 en 671a van Boek 7 van het Burgerlijk Wetboek

---

513 HR 12 november 1993, *NJ* 1994/229 (*Frima q.q./Blankers-Van Gennip*).
514 HR 19 april 2013, *NJ* 2013/291 (Koot Beheer/Tideman q.q.), r.o. 3.6.3 en 3.8; zie nr. 236 e.v. hierna.
515 HR 19 april 2013, *NJ* 2013/291 (*Koot Beheer/Tideman q.q.*), r.o. 3.7.1.
516 HR 12 november 1993, *NJ* 1994/229 (*Frima q.q./Blankers-Van Gennip*).
517 HR 3 december 1999, *NJ* 2000/53 (*Lisv/Wilderink q.q.*).
518 *Parl. Gesch. Fw* (Kortmann/Faber), p. 106-107, 112.
519 Zie art. 7:671a BW.

zijn niet van toepassing."). Vlak voor invoering kwam de regering erachter dat de toestemming van het UWV voor de opzegging van de arbeidsovereenkomst door de curator eigenlijk al vanaf de invoering van artikel 13a in 2002 ook los van artikel 6 lid 2 sub c BBA niet nodig was. Artikel 13a verklaart met terugwerkende kracht de normale regels van het ontslagrecht buiten faillissement van toepassing als het faillissement wordt vernietigd (nr. 114). A contrario kan hieruit worden afgeleid dat als het faillissement niet vernietigd wordt, de werknemer geen mogelijkheid heeft om het ontslag door de curator op grond van artikel 7:681 BW met succes bij de rechter aan te vechten. Dan heeft de curator krachtens artikel 40 een zelfstandige bevoegdheid om de arbeidsovereenkomst op te zeggen op grond van het faillissementsrecht waardoor de normale regels van het ontslagrecht niet van toepassing zijn, zodat artikel 40 lid 4 kon worden geschrapt en meteen bij inwerkingtreding op 1 juli 2015 weer kwam te vervallen.[520] Materieel is echter niets veranderd: hij heeft nog steeds geen toestemming van het UWV nodig.

Wel heeft de curator voor het ontslag de machtiging nodig van de rechter-commissaris (art. 68 lid 3). In de praktijk lijkt deze meestal zonder wezenlijke toetsing te worden afgegeven.[521] Als de curator als werkgever de arbeidsovereenkomsten met twintig of meer werknemers wil beëindigen, komt de Wet melding collectief ontslag in beeld (art. 3 Wmco). Hierbij maakt de wijze waarop dat gebeurt (opzegging, ontbinding door de kantonrechter of met wederzijds goedvinden in een beëindigingsovereenkomst) niet uit. De curator is verplicht de beëindiging te melden aan de belanghebbende verenigingen, dat wil zeggen vakbonden en dergelijke. Laat hij dit na, dan mag hij weliswaar direct opzeggen, maar zijn de opzegging en de beëindigingsovereenkomst gedurende zes maanden vernietigbaar (art. 7 Wmco). Hij hoeft echter geen wachttermijn van één maand in acht te nemen (art. 5a lid 2 Wmco).

Naast de opzegging door een van beide partijen op grond van artikel 40 staat voor hen de ontbindingsmogelijkheid van artikel 7:671b-c bij de kantonrechter open. Daarnaast kan de werknemer bij een gefailleerde werkgever die nalatig is in de loonbetalingen kiezen voor een ontbinding van de arbeidsovereenkomst op grond van artikel 6:265 e.v. BW.[522] Ook hierbij is een gang naar de rechter noodzakelijk (art. 7:686 BW). Ten slotte kunnen curator en werknemer in gezamenlijk overleg tot een beëindigingsovereenkomst komen. In de praktijk komen deze alternatieve beëindigingsvormen echter zelden voor, juist omdat artikel 40 beide partijen een eenvoudige wijze biedt om die overeenkomst op te zeggen.

Met de invoering van de Wet werk en zekerheid per 1 juli 2015 heeft een werknemer bij het einde van zijn dienstverband in beginsel recht op een transitievergoeding (art. 7:673 BW). Wanneer de werkgever in financiële problemen verkeert en de betaling van de transitievergoeding tot onaanvaardbare gevolgen voor de bedrijfsvoering leidt, kan hij onder bepaalde voorwaarden de vergoeding in termijnen voldoen (art. 673c lid 2 BW). Dit kan worden uitgesmeerd over een periode van ten hoogste zes maanden na de dag waarop de wettelijke rente verschuldigd is over het bedrag van de transitievergoeding.[523] Dit is één maand na het einde van de arbeidsovereenkomst (art. 7:686a lid 1 BW). Als de werkgever gedurende de looptijd van deze vergoeding in staat van faillissement wordt verklaard, is de transitievergoeding niet langer

520 Zie 5e NvW Verzamelwet SZW 2015 (Kamerstukken TK (2014-2015), 33988, nr. 21, p. 2-3.
521 Art. 3.2 Recofa-richtlijnen voor faillissementen bepaalt hier niets over, maar een illustratie is te vinden in CRvB 5 oktober 2011, ECLI:NL:CRVB:2011:7092/7093, RSV 2012, 30.
522 Vgl. *Parl. Gesch. Fw* (Kortmann/Faber), p. 104 e.v., p. 107 e.v.
523 Art. 25 Ontslagregeling (*Stcrt.* 2015, 12685 (23 april 2015).

verschuldigd (art. 7:673c lid 1 BW). Hoewel het niet met zoveel woorden in de wet is bepaald, vloeit hieruit voort dat het ontslag door de curator geen transitievergoeding oplevert.

215. Faillissement en overgang van ondernemingen

Als een onderneming in financiële moeilijkheden verkeert, is kostenreductie een hulpmiddel om haar weer gezond te krijgen. In arbeidsintensieve ondernemingen betekent dit vaak vermindering van het personeelsbestand. Buiten faillissement is dit met de nodige waarborgen omgeven om werknemers te beschermen tegen te gemakkelijk ontslag. Naast de wettelijke ontslagbescherming zijn in veel collectieve arbeidsovereenkomsten of sociaal akkoorden tussen werkgevers- en werknemersorganisaties afspraken gemaakt om de pijn van het ontslag enigszins te verlichten. Op grond van Europese regelgeving is het sinds 1977 niet meer mogelijk om dat te omzeilen door de onderneming geheel of gedeeltelijk over te dragen aan een andere entiteit en de verliesgevende onderdelen, inclusief personeel, achter te laten in de oorspronkelijke vennootschap, die vervolgens failleerde. In een dergelijke situatie neemt de verkrijger van de onderneming de rechten en verplichtingen van de oorspronkelijke werkgever over (zie art. 7:662 e.v. BW).[524] De richtlijn maakt het echter mogelijk om deze automatische overgang bij faillissement (of een soortgelijke procedure met het oog op de liquidatie van het vermogen onder toezicht van een bevoegde overheidsinstantie) uit te sluiten (art. 5 Richtlijn 2001/23/EG). Deze afwijking is in Nederland gecodificeerd in artikel 7:666 BW en is vooral bedoeld om een 'doorstart' van een geheel of gedeeltelijk levensvatbaar geachte onderneming mogelijk te maken zonder deze met al te zware personeelskosten te belasten. Deze praktijk leek lange tijd ongehinderd zijn gang te kunnen gaan.[525] In 2017 gooide het Hof van Justitie van de Europese Unie echter roet in het eten door de uitzondering van artikel 5 lid 1 Richtlijn 2001/23/EG strikt uit te leggen.[526]

Wil men de bescherming van deze uitzondering kunnen inroepen, dan moet de overgang van de onderneming aan de volgende drie cumulatieve eisen voldoen: ten eerste moet de vervreemder zijn verwikkeld in een faillissementsprocedure of in een soortgelijke procedure; ten tweede moet deze procedure zijn ingeleid met het oog op de liquidatie van het vermogen van de vervreemder en ten derde moet deze onder toezicht van een bevoegde overheidsinstantie staan.[527] Hoewel aan de eerste voorwaarde was voldaan omdat de verkoop van de onderneming bij een doorstart uit faillissement gebeurt door de curator met machtiging van de rechter-commissaris, was volgens het Hof van Justitie van de Europese Unie niet voldaan aan de tweede en derde voorwaarde. Ook al is sprake van een liquidatie van het vermogen van de gefailleerde schuldenaar, door het oogmerk om de economische en sociale activiteit (deels) te behouden, geldt dit als hoofddoel van de transactie en daarmee buiten de uitzondering van artikel 5 lid 1 Richtlijn 2001/23/EG. Omdat een doorstart per definitie kort na de faillietverklaring moet gebeuren en het toezicht door een

---

524 Richtlijn 77/187/EEG van de Raad van 14 februari 1977 inzake de onderlinge aanpassing van de wetgevingen der Lid-Staten betreffende het behoud van de rechten van de werknemers bij overgang van ondernemingen, vestigingen of onderdelen daarvan (PbEG L 61 van 5 maart 1977), zoals gewijzigd bij Richtlijn 98/50/EG van de Raad van 29 juni 1998 (PbEG L 201 van 17 juli 1998) en Richtlijn 2001/23/EG van de Raad van 12 maart 2001 (PbEG L 82 van 22 maart 2001).

525 Zie over de toelaatbaarheid hiervan HR 30 oktober 1987, *NJ* 1988/191 (*Happé/Scheepstra*), mede in vervolg op HvJ-EU EG 7 februari 1985, *NJ* 1985, 900 (Abels/MEI).

526 HvJ-EU 22 juni 2017, C-126/16, *NJ* 2017/369 (*FNV/Smallsteps*).

527 HvJ-EU 22 juni 2017, C-126/16, *NJ* 2017/369 (*FNV/Smallsteps*), r.o. 44 e.v.

overheidsinstantie (rechter-commissaris) daardoor kan worden uitgehold, achtte het Hof van Justitie van de Europese Unie evenmin voldaan aan de derde voorwaarde.

Deze uitspraak zorgde voor de nodige onduidelijkheid voor de Nederlandse doorstart en prepack-praktijk (par. 5.2.7; nr. 115 e.v.). Hoewel de lagere rechtspraak die grotendeels ongemoeid liet, heeft de Hoge Raad met specifiek op deze praktijk toegesneden prejudiciële vragen in de Heiploeg-zaak het finale oordeel van het Hof van Justitie van de Europese Unie gevraagd.[528] Hier is nu het wachten op.

Los van de vraag in hoeverre de Nederlandse doorstart (al dan niet in de vorm van een prepack) onder de uitzondering van artikel 5 lid 1 Richtlijn 2001/23/EG valt, kan de situatie waarin de werkgever het eigen faillissement aanvraagt en de uiteindelijke belanghebbende daarbij (bestuurder/(groot)aandeelhouder) de activiteiten vervolgens (nagenoeg) ongewijzigd voortzet in een andere entiteit, onder omstandigheden worden gezien als een onrechtmatige daad van die belanghebbende. Dit is bijvoorbeeld het geval als inbreuk wordt gemaakt op de arbeidsrechtelijke bescherming van een werknemer die niet bij de nieuwe entiteit in dienst wordt genomen en die genoegen moet nemen met een faillissementsrechtelijk ontslag.[529]

Ten slotte verhindert de overgang van de onderneming na faillissement en een opzegging van de arbeidsovereenkomst door een curator op grond van artikel 40 niet dat de gewezen werknemer die bij de overnemer een nieuw dienstverband krijgt aangeboden de bescherming van artikel 7:668a BW geniet. Ook al zou de werknemer bij de nieuwe werkgever een arbeidsovereenkomst voor bepaalde tijd hebben gekregen, dan kan dit niet verhinderen dat dit als een overeenkomst voor onbepaalde tijd heeft te gelden op grond van die regeling: artikel 7:666 BW dat de automatische overgang van de arbeidsovereenkomst opzij zet in geval van faillissement sluit de toepassing van artikel 7:668a lid 2 BW niet uit.[530]

216. Gevolgen van beëindiging van de arbeidsovereenkomst

Opzegging, ontbinding door de rechter of een beëindigingsovereenkomst leiden alle tot het einde van de tussen partijen geldende arbeidsovereenkomst. Eventueel voortdurende verplichtingen, zoals geheimhouding of een concurrentie- of relatiebeding (art. 7:653 BW) blijven van kracht, tenzij daarover specifieke afspraken zijn gemaakt of de werknemer de curator eerder op grond van artikel 37 tevergeefs gestanddoening van de overeenkomst heeft verzocht. Een overeengekomen concurrentie- of relatiebeding (art. 7:653 BW) blijft ook in faillissement na afloop van de overeenkomst gelden, omdat de faillietverklaring zelf niet de minste invloed uitoefent op de overeenkomst. Hoewel er plannen waren om deze doorwerking af te schaffen of althans sterk in werking te beperken, kan een werknemer vooralsnog

528 Zaak C-237/20 naar aanleiding van HR 17 april 2020, *NJ* 2020/234 (*FNV/Heiploeg I*) en HR 29 mei 2020, *NJ* 2020/235 (*FNV/Heiploeg II*).
529 HR 28 mei 2004, *NJ* 2006/4 (*Digicolor*).
530 HR 14 juli 2006, *NJ* 2007/101 (*Boekenvoordeel/Isik*), r.o. 3.4.2.

alleen aan de werking van dergelijke bedingen ontkomen langs de weg van artikel 7:653 lid 3-5 BW.[531]

De regeling van artikel 40 is net als die van artikel 39 bij huur, het resultaat van een weloverwogen afweging door de wetgever, waarbij de beëindiging van de arbeidsovereenkomst geen van partijen tot schadevergoeding verplicht. Dit betekent dat de werknemer bij een opzegging door de curator op deze grond in beginsel geen aanspraak heeft op een vergoeding wegens kennelijk onredelijk ontslag (art. 7:681 BW). Dit is alleen mogelijk in uitzonderlijke omstandigheden.[532]

217. Arbeidsovereenkomst bij faillissement werknemer

Als niet de werkgever maar de werknemer in staat van faillissement is verklaard geldt artikel 40 niet. Door het faillissement eindigt de arbeidsovereenkomst niet automatisch, tenzij partijen anders zijn overeengekomen. De werkgever moet dan terugvallen op de algemene regeling van artikel 37 of het gewone arbeidsrecht om zijn belangen veilig te stellen en de werknemer zijn werk te laten doen.

218. Agentuurovereenkomst

De regeling van de agentuurovereenkomst (art. 7:428-445 BW) volgt in grote lijnen de regels van het arbeidsovereenkomstenrecht. Door opname van het derde lid is artikel 40 in 1977 ook van toepassing verklaard op de verhouding tussen de gefailleerde principaal en de handelsagent. Ook in deze rechtsverhouding kunnen zowel curator als de handelsagent de overeenkomst met een maximumtermijn van zes weken rechtmatig beëindigen.

5.4.4 Lopende procedures

219. Inleiding

Procedures kunnen op verschillende manieren van invloed zijn op de afwikkeling van het faillissement. Daarom vormen zij een afzonderlijk onderwerp bij het verloop daarvan. De wettelijke regeling op dit punt (art. 25-32) is niet eenvoudig te doorgronden, ook al heeft de wetgever indertijd ermee beoogd om een van de lastigste vraagstukken op het gebied van het faillissementsrecht op te lossen.[533] Tegen deze achtergrond is het zinvol om deze problematiek vanuit verschillende invalshoeken te benaderen. Ten eerste valt een onderscheid te maken tussen procedures die al ten tijde van de faillietverklaring aanhangig zijn en procedures die pas gedurende het faillissement worden ingesteld. Bij civielrechtelijke procedures maakt het ten tweede verschil of deze zijn gericht op voldoening van een verbintenis uit de boedel (nr. 220) of op andere vermogensrechtelijke kwesties (nr. 221). In het laatste geval is het bij al aanhangige procedures ten derde van belang om vast te stellen wie die

---

531 Zie het – overigens om andere redenen door de Eerste Kamer – verworpen wetsvoorstel 28167 waarin dit al was opgenomen; vgl. art. 3.4.4 Vlw dat dezelfde strekking heeft.

532 HR 12 januari 1990, *NJ* 1990/662 (*Van der Kooi/Curatoren Van Gelder Papier*), r.o. 3.2 onder verwijzing naar Kamerstukken TK (1951-1952), 881, nr. 5, p. 19 en Kamerstukken TK (1987-1988), 19810, nr. 8, p. 3.

533 *Parl. Gesch. Fw* (Van der Feltz) I, p. 365; zie daarover o.m. toelichting bij afdeling 3.5 Vlw, Voorontwerp-Toelichting, p. 73.

procedure had aangespannen: de wederpartij (nr. 222) of de schuldenaar (nr. 223). Dit systeem kent overigens enkele specifieke uitzonderingen (nr. 224). Ten vierde vallen procedures waarbij geen vermogensrechtelijke belangen in het geding zijn en de boedel niet rechtstreeks betrokken is, zoals de persoonlijke staat of familiebelangen (bij natuurlijke personen) of rechtspersoonlijke verhoudingen (bij rechtspersonen), buiten het bereik van het faillissement en de curator (nr. 225).[534]

Civiele procedures worden overigens niet alleen bij de Nederlandse overheidsrechter gevoerd. De schuldenaar kan ook betrokken zijn in arbitrageprocedures (nr. 226) of in buitenlandse procedures (nr. 227). Naast de civielrechtelijke geschillen kunnen ten tijde van de faillietverklaring ten slotte ook andersoortige procedures aanhangig zijn, zoals administratiefrechtelijke geschillen, fiscale procedures of strafrechtelijke procedures (nr. 228).

220. Procedures gericht op voldoening van een verbintenis uit de boedel

Als een schuldenaar in financiële moeilijkheden verkeert, bestaat een grote kans dat schuldeisers tegen hem al gerechtelijke (incasso)procedures zijn begonnen om hun vordering voldaan te krijgen, eventueel in combinatie met beslaglegging. Wat is nu de invloed van het faillissement op deze lopende procedures, in de wetenschap dat de faillietverklaring tot onmiddellijke beëindiging van nagenoeg alle vormen van gerechtelijke tenuitvoerlegging leidt (art. 33; zie hiervoor nr. 170)? Het faillissement geldt immers als een algeheel beslag op het vermogen van de schuldenaar dat door de curator wordt vereffend met het oog op uitdeling van de opbrengst onder de schuldeisers. Daarom verliest een procedure door een schuldeiser, die erop is gericht dat de schuldenaar zijn verbintenis uit zijn vermogen voldoet, in faillissement haar betekenis.

Dit is zelfs het geval als de schuldenaar de vordering van de schuldeiser inhoudelijk betwist, bijvoorbeeld omdat hij van mening is dat hij niets verschuldigd is, al betaald heeft of niet wil betalen omdat hij vindt dat de schuldeiser van zijn kant niet of slecht gepresteerd heeft. Vanaf de faillietverklaring is het immers niet meer aan de schuldenaar om zich daarover uit te laten, omdat een toewijzing van de vordering leidt tot een aanspraak op uitkering uit de boedel die de curator onder zijn beheer heeft.

De schuldeiser concurreert in al deze gevallen met de andere schuldeisers. Voor een ordentelijke afwikkeling leidt de faillietverklaring van rechtswege tot schorsing van de procedure (art. 29). In het geval het faillissement wordt uitgesproken nadat uitspraak is gedaan en een rechtsmiddel is ingesteld, maar voordat de zaak bij die rechter die daarover moet oordelen aanhangig is, zou deze bepaling strikt genomen toepassing missen; er is dan geen geding aanhangig. Vanwege de achterliggende gedachte bij artikel 29 en ter bescherming van de schuldeisers die pas op de verificatievergadering kunnen betwisten, is er reden om deze bepaling echter ook in de situatie tussen de beide instanties toe te passen. Dit betekent dat zodra het geding aanhangig is bij de rechter die kennisneemt van het rechtsmiddel, dit geding

534 Vgl. *Parl. Gesch. Fw* (Van der Feltz) I, p. 365 e.v.

van rechtswege geschorst is.[535] Als de faillietverklaring tijdens een vorige instantie heeft plaatsgevonden en vervolgens de curator aan het geding deelneemt kan van schorsing in de nieuwe instantie geen sprake zijn.[536]

Artikel 29 is een bepaling van openbare orde, zodat de rechter zo nodig ambtshalve moet vaststellen dat het geding op de voet van die bepaling is geschorst. Alle proceshandelingen, verricht nadat de schorsing is ingetreden, zijn nietig.[537]

Als partijen de rechter echter niet over het faillissement informeren kunnen zij ondanks de schorsing in de praktijk feitelijk voortprocederen; een daaruit voortvloeiende uitspraak is niet nietig maar vernietigbaar.[538] Een hiertegen ingesteld rechtsmiddel, niet zijnde de klacht dat de eerdere rechter het geding ambtshalve had moeten schorsen wegens het faillissement, blijft echter buiten behandeling zodra de rechter die zich over het rechtsmiddel moet buigen geïnformeerd wordt over het faillissement. Partijen kunnen hiertoe een incident opwerpen dat het geding in de eerdere instantie ten onrechte niet op de voet van artikel 29 als van rechtswege geschorst is aangemerkt, waarna de rechter de andere partij(en) in de gelegenheid stelt zich daarover uit te laten. Na vernietiging van de bestreden uitspraak wegens het uitblijven van de automatische schorsing op grond van artikel 29 moet hieraan alsnog toepassing worden gegeven door de rechter die na terugwijzing of verwijzing met de verdere behandeling van de zaak is belast.[539]

In de samenloop met de andere schuldeisers (*concursus creditorum*) kan de schuldeiser zijn vordering tot voldoening van een verbintenis uit de boedel alleen nog maar bij de curator indienen om deze via het verificatieproces te laten vaststellen (zie par. 5.4.5). Het gaat hierbij overigens niet alleen om geldvorderingen. De term 'voldoening' omvat iedere manier van betaling in ruime zin ten laste van het vermogen van de schuldenaar, gericht op het tenietgaan van de verbintenis, ook al worden vorderingen van schuldeisers voor de faillissementsafwikkeling uiteindelijk allemaal op geld gewaardeerd (art. 133).[540]

Voor zover ten tijde van de faillietverklaring nog geen procedure aanhangig was, maar een schuldeiser zijn vordering tot voldoening van een verbintenis tijdens het faillissement alsnog in rechte zou willen instellen, dan kan dat alleen nog maar door die ter verificatie bij de curator in te dienen (art. 26). Doet hij dit niet en zou hij een procedure tegen de gefailleerde schuldenaar beginnen, dan is een eventuele veroordeling niet alleen zonder gevolg jegens de curator en de boedel, maar ook tegen de gefailleerde. Voor de verificatie van (de hoogte van) de vordering van de schuldeiser is immers in beginsel geen gerechtelijke procedure nodig, tenzij de curator of een of meer andere schuldeisers haar betwisten. Pas dan vindt een rechterlijke toetsing van de vordering plaats in de renvooiprocedure (art. 122; nr. 233). Degene die de vordering heeft betwist (de curator of een schuldeiser) treedt dan in de plaats van de schuldenaar en de procedure wordt voortgezet in de Staat waarin zij zich bevond ten tijde van de automatische schorsing door de faillietverklaring (art. 29 jo. 122 lid

535 HR 21 maart 2014, *NJ* 2015/305 (*X/SRC-Cultuurvakanties*), r.o.. 3.5.2; HR 18 december 2020, *JOR* 2021/75 (*Van der Schee q.q./X*), r.o. 3.3.3.
536 HR 24 juni 2016, *NJ* 2018/70 (*X/S*), r.o. 3.5.
537 HR 18 december 2020, *JOR* 2021/75 (*Van der Schee q.q./X*), r.o. 3.2.2.
538 HR 9 september 1994, *NJ* 1995/5 (*Latham-Amparo/Schaufele q.q. c.s.*), r.o. 3.2.
539 HR 18 december 2020, *JOR* 2021/75 (*Van der Schee q.q./X*), r.o. 3.4.2-3.
540 Zie over deze reikwijdte *Parl. Gesch. Fw* (Van der Feltz) I, p. 365 e.v., 387-389. HR 23 maart 2018, *NJ* 2018/290 (*Credit Suisse/Jongepier q.q.*), r.o. 3.5.2.

1). Een betwisting door de schuldenaar heeft voor de afwikkeling in het faillissement geen effect, zodat daarover niet geprocedeerd hoeft te worden (art. 126). Het leidt er slechts toe dat de schuldeiser na afloop van het faillissement nog geen executoriale titel heeft (art. 196 jo. 121 lid 4).

221. Andere vermogensrechtelijke procedures

De verificatieprocedure biedt geen oplossing als de schuldenaar verwikkeld was in een andersoortige vermogensrechtelijke procedure waarbij het niet gaat om voldoening van een verbintenis uit de boedel. Hierbij kan men denken aan goederenrechtelijke kwesties (wie is eigenaar; is sprake van een erfdienstbaarheid; wat is de reikwijdte van een pand- of hypotheekrecht; is een verkrijgende verjaring voltooid; etc.?) of ontbindings- of vernietigingsacties. In dergelijke gevallen zou het faillissement geen invloed op de afwikkeling van dergelijke procedures moeten hebben, want er is geen samenloop met andere schuldeisers om zich op het beperkte vermogen van de schuldenaar te kunnen verhalen. Eventueel daaruit voortvloeiende of daarmee samenhangende schadevergoedingsvorderingen moeten wel via de verificatieprocedure worden afgewikkeld.[541]

Aangezien de curator het beheer en de beschikking over het vermogen van de schuldenaar heeft overgenomen tijdens het faillissement, is een regeling nodig voor het verdere verloop van al aanhangige procedures waarbij de schuldenaar betrokken is. Deze kan de boedel immers niet meer binden. Hiertoe maakt de wet een onderscheid of de schuldenaar in die procedure als gedaagde/verwerende partij is betrokken (nr. 222) of de procedure als eisende/verzoekende partij is begonnen (nr. 223).

222. Procedures ingesteld door de wederpartij

Als de schuldenaar voor het faillissement als gedaagde/verwerende partij in een civielrechtelijke procedure is betrokken, bijvoorbeeld gedagvaard om een bepaalde zaak af te geven, heeft de eiser vanaf de faillietverklaring er belang bij dat de curator aan het geding deelneemt. Dan pas immers kan hij een eventuele veroordeling tegen de curator/boedel effectueren en ten uitvoer leggen. Hij kan dit bereiken door de rechter te vragen om schorsing van de procedure. Binnen een door de rechter te bepalen termijn kan hij dan de curator in het geding roepen om de procedure van de gefailleerde over te nemen (art. 28 lid 1 en 2). De curator is echter niet verplicht om dit te doen, bijvoorbeeld als het hem onmiddellijk duidelijk is dat de vordering van de wederpartij terecht is. Hij zal het geding alleen overnemen als dat in het belang van de boedel is. Door dan meteen met de eis in te stemmen krijgt de wederpartij een toewijzend vonnis dat de curator tegen zich moet laten gelden, maar zijn de proceskosten geen boedelschuld (art. 28 lid 3). Hiervoor moet de wederpartij als schuldeiser in het faillissement opkomen en die vordering ter verificatie indienen. De curator kan er ook voor kiezen om in het geheel niet in de procedure te verschijnen. Ook dan ligt een toewijzend vonnis voor de hand, maar zou de curator kunnen betogen daaraan niet gebonden te zijn. Om nu te voorkomen dat een nieuwe procedure, maar dan tegen de curator, moet worden ingesteld, heeft het vonnis wel

541 Vgl. *Parl. Gesch. Fw* (Van der Feltz) I, p. 370, 386-387.

rechtskracht tegen de boedel behoudens de proceskostenveroordeling (art. 28 lid 4 jo. 25 lid 2).

De invloed van het faillissement raakt niet alleen vermogensrechtelijke procedures die ten tijde van de faillietverklaring al aanhangig zijn, maar strekt zich ook uit over het vervolg. Als derden een dergelijke procedure willen beginnen nadat het faillissement is uitgesproken, speelt de gefailleerde schuldenaar geen rol meer, maar moet de derde de procedure tegen de curator instellen (art. 25). Dit sluit aan bij het beginsel dat vanaf dat tijdstip de curator het beheer en de beschikking over het vermogen van de schuldenaar heeft overgenomen (art. 68).[542] Voor zover de derde toch de gefailleerde in het geding zou betrekken, heeft een eventuele veroordeling van hem geen effect jegens de curator en de boedel (art. 25 lid 2). Aangezien de proceskosten in dit geval ná de faillietverklaring zijn gemaakt, kan de derde die zelfs niet ter verificatie indienen (zie nr. 234). Omgekeerd kan de door de gefailleerde aangesproken derde een beroep doen op niet-ontvankelijkheid van de gefailleerde om te voorkomen dat hij een proceskostenveroordeling niet kan effectueren.[543] Dit beroep op niet-ontvankelijkheid komt echter te vervallen zodra het faillissement ten einde is.[544]

223. *Procedures ingesteld door de schuldenaar*

Anders dan bij de vordering tot voldoening van een verbintenis uit de boedel, die per definitie door een wederpartij wordt ingesteld, kunnen de andere vermogensrechtelijke procedures ook door de schuldenaar zijn begonnen. Dat kan zowel voor als tijdens het faillissement zijn gebeurd. Dit laatste is in theorie mogelijk omdat de schuldenaar door de faillietverklaring niet handelingsonbekwaam of -onbevoegd is geworden. Is de schuldenaar succesvol, dan vallen eventueel door de veroordeling te ontvangen baten in de boedel (art. 20), zodat hij daar weinig belang bij heeft. Omgekeerd loopt de wederpartij die door de schuldenaar wordt aangesproken het risico dat hij een eventueel voor hem gunstige proceskostenveroordeling niet op de boedel kan verhalen (art. 25 lid 1). Als de schuldenaar doorgaat met de procedure na de faillietverklaring, zal de aangesproken partij dus altijd de curator in het geding roepen. Hoewel dit niet met zo veel woorden in de Faillissementswet is bepaald, kan dit worden verdedigd op basis van artikel 25 naar analogie met artikel 27 lid 1.

Niet alleen tijdens, maar ook voorafgaand aan de faillietverklaring kan het ernstige gevolgen voor de wederpartij hebben als zij door de schuldenaar in een vermogensrechtelijke procedure is betrokken en die vordering later ongegrond blijkt te zijn. Dan blijft de wederpartij met haar proceskosten zitten en rijst de vraag of en hoe zij deze vergoed kan krijgen. Dit hangt af van de actie van de wederpartij als deze over de faillietverklaring wordt geïnformeerd. Zij is dan namelijk bevoegd om aan de rechter schorsing van de procedure te verzoeken. In deze periode kan zij de curator oproepen om de procedure over te nemen (art. 27 lid 1). Dan zijn er verschillende mogelijkheden.

---

542 Vgl. *Parl. Gesch. Fw* (Van der Feltz) I, p. 371 e.v., 376, 378-379; zie ook nr. 128 en nr. 162 e.v.
543 Vgl. *Parl. Gesch. Fw* (Van der Feltz) I, p. 376. Zie HR 10 juli 2020, *NJ* 2020/325 (*X/Y*), r.o. 3.2.2.
544 HR 10 juli 2020, *NJ* 2020/325 (*X/Y*), r.o. 3.2.2.

Als de curator het in het belang van de boedel acht om de procedure voort te zetten, zal hij naar aanleiding van de oproep verschijnen en doorgaan met het proces. Hij mag dit proces zelfs in een later stadium ('te allen tijde'), hangende de procedure, op eigen gelegenheid overnemen en daarmee de schuldenaar buiten het geding stellen (art. 27 lid 3). Dit betekent dat de schuldenaar vanaf dat ogenblik geen procespartij meer is.

De vaststelling door de rechter dat de curator het geding op grond van artikel 27 lid 3 heeft overgenomen betekent voor de schuldenaar het einde van de procedure en heeft jegens hem te gelden als een einduitspraak. Hiertegen kan de schuldenaar in beginsel met een rechtsmiddel opkomen, omdat die beslissing ingrijpt in diens rechten en belangen.[545] Ook al is de schuldenaar inmiddels failliet verklaard, toch kan hij dit rechtsmiddel zelfstandig instellen, zij het buiten bezwaar van de boedel.[546]

Als de procedure voor de curator uiteindelijk niet succesvol blijkt, zijn de proceskosten van de wederpartij boedelschuld.[547]

De andere mogelijkheid is dat de curator weinig heil ziet in de procedure. Dat kan op inhoudelijke gronden, omdat hij de eis van de gefailleerde schuldenaar onjuist of ongegrond vindt, of om pragmatische redenen, omdat hij het niet in het belang van de boedel acht om te procederen. In dit geval zal de curator niet verschijnen. Om te voorkomen dat de wederpartij nog nodeloze kosten moet maken en in onzekerheid blijft of de curator de procedure wellicht in een later stadium alsnog gaat overnemen, kan zij de rechter om ontslag van instantie vragen (art. 27 lid 2). Dan komen partijen te verkeren in de situatie zoals die was voordat de procedure aanhangig was gemaakt.[548]

Als dit in de eerste instantie gebeurt heeft de wederpartij daar weinig last van; voor de tot dan toe gemaakte proceskosten zal zij een vordering ter verificatie kunnen indienen. Het ontslag van instantie kan echter averechts werken als de wederpartij in hoger beroep of cassatie als appellerende, eisende of verzoekende partij is opgekomen tegen een haar onwelgevallige beslissing in de eerdere instantie. Door in dat geval ontslag van instantie te vragen wordt de eerdere veroordeling onherroepelijk en dat is nu juist niet wat die wederpartij wil. In dat geval zal zij de procedure daarom – ondanks het niet-verschijnen door de curator – voortzetten. Een wellicht gunstige uitspraak waarmee de in eerste instantie onwelgevallige beslissing wordt vernietigd, kan hij ondanks artikel 25 aan de curator tegenwerpen.[549] Oorspronkelijk gold dit echter niet voor de proceskosten vanaf de faillietverklaring: deze behoorden niet voor rekening van de boedel te komen.[550] Eind vorige eeuw heeft de Hoge Raad echter anders geoordeeld op grond van een afwijkende interpretatie van de grondslag aan het stelsel van artikel 25 e.v. Overwogen werd dat de wederpartij een zekere bescherming behoeft tegen onverhaalbare proceskosten als de curator niet verschijnt: de Hoge Raad oordeelde toen dat in een dergelijk geval de niet-verschenen curator toch in de proceskosten veroordeeld kan worden, voor zover deze gedurende het faillissement zijn gemaakt.[551]

545 Vgl. HR 10 februari 2006, *NJ* 2006, 405 en HR 6 oktober 2017, *NJ* 2017/396.
546 HR 6 juli 2018, *JOR* 2018/262 (*X/Dekker q.q. c.s.*).
547 Vgl. *Parl. Gesch. Fw* (Van der Feltz) I, p. 379.
548 Vgl. art. 253 Rv bij verval van instantie.
549 Zie het voorbeeld bij de parlementaire behandeling, *Parl. Gesch. Fw* (Van der Feltz) I, p. 381.
550 *Parl. Gesch. Fw* (Van der Feltz) I, p. 381.
551 HR 26 april 1996, *NJ* 1996/609 (*Bol/Kuiper q.q.*), r.o. 3.7.

224. *Uitzondering en bijzondere gevolgen*

Voor de beoordeling of sprake is van een aanhangige procedure als bedoeld in artikel 27-29 is relevant in hoeverre een van de procespartijen nog een proceshandeling moet verrichten. Als namelijk vóór de faillietverklaring de processtukken aan de rechter waren overgelegd om zijn beslissing te geven, zijn die bepalingen niet van toepassing (art. 30 lid 1). Dan hoeven partijen immers geen proceshandelingen meer te verrichten, maar hoeven zij alleen maar de beslissing van de rechter af te wachten. De bepaling van artikel 30 vindt haar grondslag in het feit dat civiele proceshandelingen die de schuldenaar vóór zijn faillissement verricht, na de faillietverklaring de boedel binden.

Normaal gesproken is het partijdebat met het overleggen van de stukken aan de rechter (het zogenaamde 'fourneren') ten einde. Hierop ziet artikel 30 lid 1, maar in cassatie hoeft dit niet zo te zijn. Dan is het de beurt aan het Openbaar Ministerie voor zijn conclusie waarop partijen gedurende 14 dagen kort mogen reageren (art. 44 lid 3 Rv). Ook al is dit niet bedoeld om het partijdebat te heropenen, toch kan dit invloed hebben op het latere oordeel van de Hoge Raad. Daarom is in deze situatie artikel 30 lid 1 niet van toepassing en is het geding op grond van artikel 29 van rechtswege geschorst.[552]

Als de schuldenaar eenmaal failliet is kan hij in de procedure de boedel echter niet meer binden; vandaar de vooral pragmatische oplossing om de rechter de desbetreffende instantie met een uitspraak af te laten ronden als er geen proceshandeling meer verricht hoeft te worden. Dan heeft de daaropvolgende uitspraak in afwijking van artikel 25 lid 2 wel rechtskracht tegenover de boedel in de zin dat de curator daaraan gebonden is, ook al heeft hij zelf, noch als eisende noch als verwerende partij, aan die procedure meegedaan.[553] Pas wanneer een volgende processtap vereist is, bijvoorbeeld na een tussenvonnis of als een rechtsmiddel is ingesteld en de volgende instantie aanhangig is gemaakt, komt de invloed van het faillissement in beeld (art. 30 lid 2).

Als een procedure door of tegen de curator wordt voortgezet, moet deze in beginsel de voorafgaande proceshandelingen respecteren. Dit geldt ook voor de schuldeiser die na betwisting tijdens de verificatie in de renvooiprocedure wordt betrokken in de plaats van de gefailleerde (zie nr. 233). Alleen als de schuldenaar voorafgaand aan zijn faillietverklaring in die procedure handelingen had verricht waarmee hij de schuldeisers bewust had benadeeld, kan de curator of de schuldeiser de nietigheid daarvan inroepen. Wel is vereist dat de tegenpartij daarmee bekend was (art. 31).

De regeling van artikel 27-31 geldt niet alleen in een Nederlands faillissement, maar ook in een buitenlandse insolventieprocedure die in Nederland erkend moet worden op grond van artikel 19 InsVo (art. 32 jo. 5 lid 3; zie hierna par. 8.2.1).

225. *Procedures over de persoonlijke staat*

Het faillissement is te beschouwen als een gerechtelijk beslag op het vermogen van de schuldenaar, gericht op vereffening daarvan voor de gezamenlijke schuldeisers (nr. 13, 77). Het raakt niet de persoon van de schuldenaar en diens persoonlijke

552 HR 21 maart 2014, *NJ* 2015/305 (*X/SRC-Cultuurvakanties*), r.o. 3.2-3.4.
553 *Parl. Gesch. Fw* (Van der Feltz) I, p. 389.

staat.[554] Dit betekent dat procedures die daarop betrekking hebben, zoals Boek 1 BW-procedures over naamgeving, adoptie, huwelijkse staat, curatele, bewind, mentorschap, vermissing etc., door de faillietverklaring niet worden geraakt. Deze procedures lopen door en de gefailleerde blijft de procespartij; de curator heeft hierbij geen rol. Voor zover deze procedures vermogensrechtelijke gevolgen hebben, komt de curator echter wel in beeld. Denk aan echtscheidingsprocedures waarin alimentatie- en boedelscheidingskwesties aan de orde kunnen komen. In deze gevallen werkt de uitspraak niet tegen de boedel als de curator niet in de procedure wordt betrokken (art. 25). Dit geldt ook voor procedures tegen de schuldenaar, als deze zijn gericht op prestaties waarvoor de persoon van de schuldenaar of diens expertise essentieel is, zoals kunstuitingen of gespecialiseerde werkzaamheden, maar de schuldenaar die prestaties niet verricht. Dan lost de vordering van de wederpartij zich op in een tot schadevergoeding, maar hiervoor is weer wel de betrokkenheid van de curator nodig om werking tegen de boedel te krijgen.

226. Arbitrage

Als partijen een geldig arbitraal beding zijn overeengekomen, is de gewone rechter niet meer bevoegd (art. 1022 Rv). Voor de gevolgen van een faillissement maakt dat echter niet uit. De ratio van de regeling van artikel 25 e.v. brengt met zich mee dat ook een arbitrage door de faillietverklaring kan worden geraakt, als die procedure gericht is op voldoening van een verbintenis uit de boedel. De faillietverklaring leidt van rechtswege tot schorsing van de arbitrale procedure (art. 29). Als de arbitrageprocedure geen betrekking heeft op een verbintenis tot voldoening uit de boedel, blijft schorsing achterwege. De voortzetting en de gevolgen daarvan worden dan beheerst door artikel 27 en 28 (zie nr. 221 e.v.). Net als procedures bij de gewone rechter worden ook arbitrale procedures die geen vermogensrechtelijke consequenties hebben niet door de faillietverklaring getroffen (nr. 225).

Omdat het arbitraal beding deel uitmaakt van de overeenkomst met de schuldenaar, moet de vraag hoe daarmee om te gaan tijdens faillissement worden beantwoord aan de hand van de regeling voor wederkerige overeenkomsten (zie par. 5.4.3). Als de curator de overeenkomst na de faillietverklaring op grond van artikel 37 gestand heeft gedaan, zal een geschil tussen partijen zowel door als tegen de curator uitsluitend via arbitrage moeten worden beslecht.

227. Buitenlandse procedures

Als de schuldenaar voor de faillietverklaring betrokken is in een buitenlandse procedure, zorgt deze internationale component voor een complicatie. Een betrokkenheid die het gevolg is van een exclusieve forumkeuze voor de buitenlandse rechter, leidt ertoe dat de curator daaraan gebonden is. Dit vloeit voort uit het beginsel dat het faillissement niet van invloed is op het bestaan van overeenkomsten (nr. 208). De Nederlandse rechter moet zich dan onbevoegd verklaren. Dit geldt overigens ook als de curator, al dan niet na gestanddoening van de overeenkomst door hem (art. 37), de wederpartij in rechte wil betrekken. Net als bij een geldig overeengekomen

554 *Parl. Gesch. Fw* (Van der Feltz) I, p. 7; *Parl. Gesch. Fw* (Van der Feltz) II, p. 328.

arbitraal beding ook de curator daaraan is gebonden kan dit bij een exclusieve buitenlandse forumkeuze slechts via die door partijen aangewezen instantie.[555]

De vraag naar de erkenning en tenuitvoerlegging van buitenlandse uitspraken wordt mogelijk wel beïnvloed door het uitgesproken faillissement. Deze internationaalprivaatrechtelijke vraag, die moet worden beantwoord aan de hand van het daarop toepasselijke recht, blijft hier verder buiten beschouwing.[556]

228. Andere procedures

De regeling van artikel 25 e.v. is geschreven voor civielrechtelijke procedures. De wetgever heeft hiermee willen voorkomen dat in een *concursus creditorum* de werkzaamheden van de curator gedwarsboomd zouden kunnen worden door individuele vervolgingen waar het gaat om vereffening en verdeling van de boedel.[557] Het faillissement van een schuldenaar en het aantreden van de curator kunnen echter ook gevolgen hebben voor procedures op andere rechtsgebieden. In het bijzonder valt hier te denken aan administratiefrechtelijke procedures, met inbegrip van fiscale procedures, en strafrechtelijke procedures.

De administratiefrechtelijke procedure wordt in beginsel niet automatisch geraakt door het faillissement. Artikel 8:22 Awb verklaart alleen de artikelen 25, 27 en 31 van overeenkomstige toepassing (lid 1), waarbij artikel 25 lid 2 en 27 buiten toepassing blijven als partijen (burger en overheidsorgaan) vóór de faillietverklaring waren uitgenodigd om op de zitting van de bestuursrechter te verschijnen (lid 2). Gegeven de aard van de administratiefrechtelijke procedures, waarbij de burger – en niet het bestuursorgaan – degene is die een procedure instelt, zijn artikel 26 en 28 niet van overeenkomstige toepassing verklaard. Dit betekent dat de procedure gewoon kan worden afgerond en – afhankelijk van het tijdstip waarop partijen voor de zitting waren uitgenodigd – wel of geen rechtskracht heeft tegenover de boedel als de curator al dan niet is verschenen of de procedure heeft overgenomen. Voor zover de procedure gericht is op vaststelling van een verbintenis tot betaling uit de boedel, moet nog een tweede stap gezet worden. Als de uitkomst van de procedure leidt tot een verbintenis van de schuldenaar tot betaling van een geldsom aan het bestuursorgaan, bijvoorbeeld omdat de betwisting van de terugvordering van een verleende subsidie ongegrond is verklaard waardoor een vordering uit onverschuldigde betaling is ontstaan, moet deze vervolgens ter verificatie worden ingediend. Dan kan de curator die vordering zo nodig betwisten, zonder dat hem de formele rechtskracht van de administratiefrechtelijke procedure kan worden tegengeworpen. Mede omdat artikel 8:22 Awb de bepaling van artikel 29 niet van overeenkomstige toepassing verklaart, vindt door de administratiefrechtelijke procedure geen doorkruising van de faillissementsrechtelijke procedure plaats.[558]

Strafprocesrechtelijk is een faillissement in beginsel zonder betekenis. De strafvervolging wordt bijvoorbeeld niet gestaakt door het faillissement. De schuldenaar (natuurlijke persoon of rechtspersoon) die in een strafzaak is betrokken, krijgt door

---

555 Vgl. HR 16 april 1999, *NJ* 2001/1 (*Brown q.q./Ultrafin c.s.*).
556 Zie voor de relevante i.p.r. vragen over de reikwijdte van het faillissement hierna par. 8.1 en 8.2).
557 *Parl. Gesch. Fw* (Van der Feltz) I, p. 365 e.v.
558 ABRvS 7 december 2011, AB 2012, 126 (*Curatoren Meavita*), r.o. 2.4.1.

het faillissement geen andere status. Als de schuldenaar voor de faillietverklaring strafrechtelijk veroordeeld is tot betaling van een geldsom, hangen de gevolgen af van de aard van de maatregel. Bij een veroordeling tot betaling van een geldboete zal het faillissement er doorgaans toe leiden dat betaling daarvan achterwege blijft. Dan moet de schuldenaar vervangende hechtenis ondergaan, tenzij de curator het in het belang van de boedel vindt dat de schuldenaar niet wordt opgesloten, bijvoorbeeld als de schuldenaar essentieel is bij de voortzetting van zijn bedrijf (art. 98). Andere maatregelen gericht op betaling van een geldsom, zoals de ontnemingsmaatregel (art. 36e Sr) en de schadevergoedingsmaatregel (art. 36 Sr), die vóór de faillietverklaring aan een veroordeelde schuldenaar waren opgelegd, delen echter het lot van civiele geldvorderingen. Het Openbaar Ministerie als schuldeiser moet maar afwachten of er tot enige uitkering wordt overgegaan. Voor zover het Openbaar Ministerie zijn positie had veiliggesteld door een conservatoir beslag op grond van artikel 94a Sv, is dat beslag net als de civielrechtelijke beslagen door de faillietverklaring komen te vervallen (art. 33).[559] Een op de voet van artikel 94 Sv gelegd beslag gericht op waarheidsvinding of veiligstelling van voorwerpen wordt daarentegen niet door het faillissement getroffen.[560] Dit beslag is ook nog mogelijk tijdens het faillissement, omdat dit beslag de waarheidsvinding in strafzaken dient of de veiligstelling van voorwerpen waarvan de verbeurdverklaring of onttrekking aan het verkeer door de strafrechter kan worden bevolen. Een dergelijk beslag houdt derhalve geen verband met de positie van de overheid als schuldeiser.

5.4.5 *Vaststelling van de faillissementsschulden (passiva)*

229. Positiebepaling

Zoals hiervoor in par. 5.4.1 bleek heeft de curator – zeker in de beginfase van het faillissement – alle aandacht nodig om het actief veilig te stellen en zo mogelijk door reconstructie te vergroten. Dit neemt niet weg dat hij zich ook moet gaan bezighouden met het passief: wie zijn de faillissementsschuldeisers, wat is de grondslag van hun vorderingen, hoe groot zijn die en is daaraan voorrang verbonden? Het faillissement is van oorsprong immers een stroomlijning van de verhaalsmogelijkheden van de verschillende schuldeisers.[561] De curator moet vaststellen wie allemaal gerechtigd is tot de opbrengst van het vereffende actief. Hier spelen enkele aspecten een rol.

In de eerste plaats moet duidelijk zijn welke schuld wel en welke schuld niet van belang is bij de afwikkeling van het faillissement. Dit gebeurt door fixatie van de schulden per faillissementsdatum (nr. 230-231). In de tweede plaats moet worden vastgesteld dat degenen die een vordering op de gefailleerde schuldenaar pretenderen te hebben, die ook daadwerkelijk hebben: hun posities moeten geverifieerd worden (nr. 232). Als blijkt dat de (hoogte van de) vordering of de daaraan toegekende voorrang betwist wordt, zal dat zo nodig in een renvooiprocedure moeten worden

559 MvT (Kamerstukken TK (1989-19/90), 21504, nr. 3), p. 27-28; HR 5 februari 2021, *JOR* 2021/161 (cassatie i.h.b.d. wet), r.o. 5.2, 6.2.2 e.v.

560 HR 13 juli 2010, *NJ* 2013/322, r.o. 3.6.

561 Het faillissement als een 'gerechtelijk beslag op het geheele vermogen des schuldenaars ten behoeve van zijn gezamenlijke schuldeischers', zoals in de inleiding van de MvT is vermeld, *Parl. Gesch. Fw* (Van der Feltz) I, p. 7.

vastgesteld (nr. 233). Sommige schuldeisers blijven met lege handen achter omdat hun vorderingen niet geverifieerd kunnen worden (nr. 234).

Aparte vermelding verdienen de schulden die door de curator worden gemaakt voor de afwikkeling van het faillissement. Deze moeten – samen met de andere als zodanig door de wet genoemde boedelschulden – bij wijze van algemene faillissementskosten (zijnde executiekosten) eerst worden voldaan uit het beschikbare actief (par. 5.4.6). Pas daarna kan tot uitkering aan de faillissementsschuldeisers worden overgegaan.

230. Fixatie omvang passief

Net als aan de actiefzijde vindt ook bij het passief met de faillietverklaring een fixatie plaats. In beginsel doen alleen die schuldeisers mee die op het tijdstip van de faillietverklaring iets van de schuldenaar te vorderen hebben. Daarom heeft de curator tot taak om direct na de boedelbeschrijving (art. 94) een balans op te stellen met daarbij een lijst met namen van de schuldeisers en het bedrag van hun vorderingen (art. 96). Anders dan bij de actiefzijde groeit het passief niet of nauwelijks door gebeurtenissen na de faillietverklaring. Schulden die de schuldenaar na de faillietverklaring aangaat, zijn voor de boedel niet relevant, tenzij de boedel gebaat is (art. 24). De – contractuele of wettelijke – rente die gedurende het faillissement over de uitstaande schulden wordt opgebouwd speelt in beginsel evenmin een rol in de afwikkeling daarvan; dit deel van de vordering kan niet geverifieerd worden (art. 128; nr. 234). Voor zover de zekerheid van separatisten zich ook uitstrekt over de tijdens het faillissement ontstane rente kunnen zij dit buiten het faillissement om afwikkelen (art. 57).

Geruime tijd was er onzekerheid in hoeverre een separatist zich ook op het onderpand mocht verhalen voor vorderingen die pas ontstaan na de faillietverklaring. In het bijzonder betreft dit de vraag naar het ontstaansmoment van een regresvordering van een borg of hoofdelijk schuldenaar die de schuldeiser tijdens het faillissement heeft voldaan, al dan niet uit hoofde van een zogenaamd overwaardearrangement. Bij een dergelijk arrangement spreken twee of meer schuldeisers van de schuldenaar over en weer af dat zij een eventuele overwaarde na uitwinning van de zekerheden ten behoeve van een van hen mogen gebruiken om de andere schuldeiser(s) te voldoen als daarvoor onvoldoende dekking is. Dit bewerkstelligen zij door zich jegens elkaar borg te stellen voor de schulden van de schuldenaar tot ten hoogste het bedrag van de overwaarde en als zij daarop worden aangesproken hun daaruit voortvloeiende regresvordering op de schuldenaar te verhalen op het onderpand. In de praktijk betekent dit dat de overwaarde gebruikt wordt om die regresvordering te voldoen.[562] Deze regresvordering ontstaat echter pas op het tijdstip waarop de schuldeiser uit de overwaarde wordt voldaan, dus na faillissement.[563] Als sprake is van een voorafgaand aan het faillissement overeengekomen verplichting om als borg of hoofdelijk medeschuldenaar de overwaarde uit te keren aan de andere schuldeiser(s), is er op dat ogenblik al wel een voorwaardelijke (contractuele) regresvordering en deze kan dan worden verhaald op die overwaarde.[564]

Als de regresvordering niet contractueel was overeengekomen maar een wettelijke grondslag heeft, bijvoorbeeld bij borgtocht op grond van artikel 7:866 BW of bij hoofdelijkheid op grond van artikel 6:10 BW, is verhaal op de opbrengst van de uitwinning van voorafgaand aan het

---

562 Deze constructie is door de Hoge Raad toelaatbaar geoordeeld in zijn arrest van 2 juli 2004, *NJ* 2004, 618 (*Bannenberg q.q./NMB Heller*).

563 HR 6 april 2012, *NJ* 2016/196 (*ASR/Achmea*).

564 HR 16 oktober 2015, *NJ* 2016, 48 (*DLL/Van Logtesteijn q.q.*), r.o. 3.3.2 en HR 16 oktober 2015, *NJ* 2016/49 (Ingwersen q.q./ICF), r.o. 4.1.

faillissement gevestigde pandrechten eveneens mogelijk.[565] Hiervoor is wel nodig dat de (wettelijke) regresvordering voortvloeit uit een voor het faillissement voortvloeiende rechtsverhouding met de (hoofd)schuldenaar. Deze moet partij zijn bij – dan wel voor de faillietverklaring zijn toegetreden tot – het overwaardearrangement.[566]

De door de curator gemaakte of aan hem toe te rekenen schulden vallen niet onder het passief, maar wellicht onder de boedelschulden (zie nr. 236 e.v.).

De schulden van de gefailleerde schuldenaar die ten tijde van de faillietverklaring opeisbaar zijn, vormen de grootste categorie faillissementsschulden. Voor de vaststelling van het passief zijn echter ook de nog niet-opeisbare schulden van belang. Op grond van artikel 6:39 BW kunnen partijen een termijn voor nakoming afspreken. Deze vervalt echter door de faillietverklaring (art. 6:40 sub a BW). Dit is weer anders bij vorderingen onder opschortende voorwaarde waarvan de voorwaarde ten tijde van de faillietverklaring nog niet is vervuld. Een dergelijke vordering kan immers niet worden afgedwongen, zelfs niet vervroegd, omdat een voorwaarde – in tegenstelling tot een tijdsbepaling – een onzekere gebeurtenis is (art. 6:21 BW). Het is dus onzeker of die schuldeiser ooit echt een aanspraak op een deel van het vermogen van de schuldenaar zal krijgen. Toch doet een vordering onder opschortende voorwaarde wel mee in de faillissementsprocedure (art. 130).

231. Uitzonderingen; na faillietverklaring ontstane vorderingen

Op het genoemde uitgangspunt dat schulden die na de faillietverklaring ontstaan niet meedoen bij de vaststelling van het passief, worden enkele belangrijke uitzonderingen gemaakt.

Het gaat hierbij allereerst om schulden die veroorzaakt worden door ontbinding of vernietiging van overeenkomsten die door de wederpartij met de schuldenaar zijn gesloten vóór het faillissement of betrekking hebben op schadevergoeding door een tekortschieten in de nakoming van een vóór de faillietverklaring ontstane verbintenis (art. 37a). Bij schulden die voortvloeien uit een vernietiging zou men kunnen betogen dat die schuld door de terugwerkende kracht van de vernietiging – achteraf bezien – geacht moet worden te zijn ontstaan vóór de faillietverklaring (art. 3:53 BW).[567] Voor schulden die zijn ontstaan door ontbinding of die zijn gericht op schadevergoeding door niet-nakoming is terugwerkende kracht echter niet aan de orde (art. 6:269 BW), waardoor die schuld pas na faillissement ontstaat. Wegens hun nauwe band met de overeenkomst die al vóór de faillietverklaring tussen partijen bestond, heeft de wetgever om ieder misverstand te voorkomen deze schulden gelijkgetrokken met de gevolgen van vernietiging. Het resultaat is dus dat schulden voortvloeiend uit vernietiging, ontbinding en uit hoofde van niet-nakoming worden toegerekend aan het gefixeerde passief, ook al hebben die gebeurtenissen plaatsgevonden na de faillietverklaring.

---

565 HR 16 oktober 2015, *NJ* 2016/48 (*DLL/Van Logtesteijn q.q.*), r.o. 4 sub 1 (antwoord eerste prejudiciële vraag).

566 HR 16 oktober 2015, *NJ* 2016/48 (*DLL/Van Logtesteijn q.q.*), r.o. 4 sub 2 (antwoord tweede prejudiciële vraag).

567 *Parl. Gesch. Fw* (Kortmann/Faber), p. 99-100.

De tweede uitzondering op het genoemde uitgangspunt betreft schulden die weliswaar pas na de faillietverklaring ontstaan, maar die voortvloeien uit een reeds ten tijde van de faillietverklaring bestaande rechtsverhouding tussen de schuldenaar en de schuldeiser, mits de vereffening in faillissement op de voldoening van die schuld is gericht, zoals de Hoge Raad in 2013 oordeelde.[568]

Denk hierbij aan een schadevergoedingsvordering die het gevolg is van een beëindiging van een bestaande overeenkomst door of na faillissement. Het maakt dan geen verschil wie hiertoe het initiatief neemt: de curator of de wederpartij. In beide gevallen levert die schuld een faillissementsschuld op. Alleen als de schadevergoedingsverplichting het gevolg is van een schending door de curator van een door hem in zijn hoedanigheid na te leven verbintenis of verplichting, levert dat een boedelschuld op.[569]

Deze formulering leek aanleiding te geven tot het misverstand dat iedere vordering die pas tijdens faillissement ontstaat maar voor de curator geen boedelschuld zou opleveren, dan geverifieerd zou moeten kunnen worden. Daarom heeft de Hoge Raad in 2018 ter verduidelijking een nadere toelichting gegeven en deze categorie verder afgebakend: verificatie is volgens hem niet mogelijk als de vordering pas tijdens faillissement ontstaat maar toelating daarvan in het faillissement in strijd zou komen met het fixatiebeginsel.[570]

De eerder door de Hoge Raad overwogen uitbreiding van de verifieerbare vorderingen met vorderingen die pas na faillietverklaring ontstaan, vindt volgens hem haar grondslag in het uitgangspunt dat wederkerige overeenkomsten niet door het faillissement worden geraakt. Vervolgens breidt de Hoge Raad deze categorie uit tot alle bij de faillietverklaring bestaande rechtsverhoudingen en beperkt hij zich niet tot vorderingen uit wederkerige overeenkomsten. Het fixatiebeginsel staat aan deze uitbreiding niet in de weg, omdat dit beginsel slechts beoogt te voorkomen dat een schuldeiser na het intreden van het faillissement in een betere positie belandt. Het fixatiebeginsel behoudt evenwel zijn betekenis omdat verificatie van dergelijke nieuwe vorderingen alleen is toegestaan als deze besloten lagen in de bestaande rechtspositie van de schuldeiser ten tijde van de faillietverklaring. Hiervan is volgens de Hoge Raad sprake als de schuldeiser daardoor niet meer aanspraken krijgt dan hij op grond van die rechtspositie al voor faillissement had. Zou dat wel het geval zijn, dan is verificatie uitgesloten, tenzij de boedel gebaat is bij het ontstaan van die vordering van de schuldeiser (art. 24).[571]

In een stapsgewijs betoog past de Hoge Raad zijn nadere toelichting toe op een viertal soorten van verbintenissen uit duurovereenkomsten en de vordering tot betaling van schadevergoeding. Bij de duurovereenkomsten onderscheidt hij de volgende situaties:

(a) een duurverplichting van de schuldenaar (bijvoorbeeld het verschaffen van huurgenot of de verplichting die voortvloeit uit een door hem verleende licentie);

---

568 HR 19 april 2013, *NJ* 2013/291 (*Koot Beheer/Tideman q.q.*), r.o. 3.7.2. In dit arrest is de Hoge Raad teruggekomen van zijn ruime uitleg van het 'toedoencriterium' als maatstaf voor een boedelschuld, zoals te vinden in HR 28 september 1990, *NJ* 1991/305 (*De Ranitz q.q./Ontvanger*); HR 12 november 1993, *NJ* 1994/229 (*Frima q.q./Blankers-Van Gennip*) en HR 18 juni 2004, *NJ* 2004/617, AA 2004/782 (*Van Galen q.q./Circle Plastics*).

569 HR 19 april 2013, *NJ* 2013/291 (*Koot Beheer/Tideman q.q.*), r.o. 3.7.1.

570 HR 23 maart 2018, *NJ* 2018/290 (*Credit Suisse/Jongepier q.q.*), r.o. 3.5.6.

571 HR 23 maart 2018, *NJ* 2018/290 (*Credit Suisse/Jongepier q.q.*), r.o. 3.5.4.

(b) een periodieke verplichting van de schuldenaar waarvoor de wederpartij geen tegenprestatie (meer) is verschuldigd (bijvoorbeeld een maandelijks door de schuldenaar te leveren dienst waarvoor de wederpartij bij jaarabonnement heeft vooruitbetaald);
(c) een periodieke verplichting van de schuldenaar die de tegenprestatie vormt van de uitvoering van een duurverplichting door de wederpartij (bijvoorbeeld betaling van huur of een licentievergoeding);
(d) een (al dan niet periodieke) verplichting van de schuldenaar die de tegenprestatie vormt van en telkens eerst verschuldigd wordt na en door een (al dan niet periodiek) door de wederpartij te verrichten prestatie (bijvoorbeeld de verplichting te betalen voor periodiek uit te voeren onderhoudswerkzaamheden die de wederpartij in het kader van een raamovereenkomst verricht).[572]

Verificatie is uiteindelijk alleen in het vierde voorbeeld uitgesloten als de door de wederpartij te verrichten prestatie niet al voor de faillietverklaring verplicht was, maar aan het vrije oordeel van de wederpartij overgelaten. Hierdoor heeft de wederpartij het in haar macht om haar aanspraken in het faillissement ondanks het fixatiebeginsel al dan niet uit te breiden. Hiervan is echter geen sprake als de wederpartij al vóór het faillissement tot die prestatie verplicht was.[573]

De vordering tot schadevergoeding die pas tijdens het faillissement ontstaat of waarvan dan pas de omvang duidelijk wordt, kan geverifieerd worden als die voortvloeit uit een reeds bestaande rechtsverhouding en verificatie niet in strijd komt met het fixatiebeginsel.

Dit doet zich voor in de gevallen die worden bestreken door artikel 37a als schadevergoeding verschuldigd is wegens ontbinding, vernietiging of tekortschieten in de nakoming van wederkerige overeenkomsten die voor het faillissement waren gesloten. De verplichting kan ook voortvloeien uit een specifiek daarop betrekking hebbende afspraak of uit de wet.[574]

Bij wijze van veiligheidsklep heeft de curator in al deze gevallen nog steeds de mogelijkheid om verificatie van een vordering tot schadevergoeding of een boete tegen te houden omdat verificatie daarvan een onaanvaardbare inbreuk zou maken op het stelsel van de Faillissementswet[575] of in strijd komt met de redelijkheid en billijkheid (art. 6:248 BW), terwijl een boete zo nodig gematigd kan worden (art. 6:94 BW).

232. Verificatie

Het gaat in de samenloop (*concursus*) van schuldeisers in het faillissement niet meer alleen om de verhouding tussen de schuldenaar en iedere schuldeiser afzonderlijk, maar ook om de verhouding tussen de schuldeisers onderling: wat de ene schuldeiser meer krijgt, gaat ten koste van de andere schuldeisers. Aangezien iedereen kan beweren dat hij schuldeiser is en de curator niet bij het ontstaan van de schulden betrokken is geweest, is het van belang dat de gepretendeerde vorderingen op hun

572 HR 23 maart 2018, *NJ* 2018/290 (*Credit Suisse/Jongepier q.q.*), r.o. 3.6 e.v.
573 HR 23 maart 2018, *NJ* 2018/290 (*Credit Suisse/Jongepier q.q.*), r.o. 3.7.5.
574 HR 23 maart 2018, *NJ* 2018/290 (*Credit Suisse/Jongepier q.q.*), r.o. 3.8.2-3, met verwijzing naar HR 13 mei 2005, *NJ* 2005/406 (*Curatoren BabyXL/ALM*) en HR 19 april 2013, *NJ* 2013, 291 (*Koot Beheer/Tideman q.q.*).
575 HR 23 maart 2018, *NJ* 2018/290 (*Credit Suisse/Jongepier q.q.*), r.o. 3.8.4 met verwijzing naar HR 12 januari 1990, *NJ* 1990/662 (*Van der Kooi/Curatoren Van Gelder Papier*); HR 12 april 2013, *NJ* 2013, 224 (*Curatoren Megapool/Laser*) en HR 15 november 2013, *NJ* 2014/68 (*Nieuwburen/Romania*).

juistheid worden getoetst. Deze toetsing wordt de verificatie genoemd en is geregeld in de vijfde afdeling van Titel I Faillissementswet (art. 108-137). De verificatie is in de kern een procedure om de juistheid, omvang en rang van ieders vordering vast te stellen.

Om te weten wie allemaal als schuldeiser wil meedoen in de faillissementsprocedure is eerst een inventarisatie nodig. Dit gebeurt door de schuldeisers te verzoeken hun vorderingen bijtijds in te dienen. Hiertoe bevat de Faillissementswet een aantal bepalingen.

Nadat de faillietverklaring in kracht van gewijsde is gegaan, bepaalt de rechter-commissaris de dag waarop de schuldeisers hun vorderingen bij de curator moeten hebben ingediend, en de dag, uur en plaats waarop een of meer verificatievergaderingen gehouden worden (art. 108). Hierbij bepaalt hij ook de wijze waarop de vergadering wordt gehouden: fysiek dan wel schriftelijk of digitaal (art. 80a). Voor zover nog geen verificatievergadering gepland staat en een uitdeling aan de concurrente schuldeisers kan plaatsvinden, verzoekt de curator aan de rechter-commissaris dag- en tijdbepaling voor de verificatievergadering.[576]

Schuldeisers die bij de curator bekend zijn omdat hij de administratie van de schuldenaar onder zich heeft genomen (art. 92) en op basis daarvan een boedelbeschrijving met een staat van baten en schulden (met de namen van schuldeisers) heeft moeten opmaken (art. 96), schrijft hij onmiddellijk aan (art. 109). Hij brengt hen schriftelijk op de hoogte van de beschikking van de rechter-commissaris waarin deze dag, tijd en plaats van de verificatievergadering en wijze van vergaderen heeft bepaald (art. 108). Verder informeert hij hen over de uiterste datum *(bar date)* waarop de vorderingen moeten zijn ingediend (in beginsel veertien dagen voor de eerste verificatievergadering; art. 109 lid 2 jo. 127 lid 1, met eventuele door de rechter-commissaris te bepalen uitloop; art. 127 lid 2) en over de sanctie daarop: als een schuldeiser te laat is, komt zijn vordering niet meer in aanmerking voor verificatie (art. 109 lid 2, 127 lid 3). De curator moet verder ook de hem bekende schuldeisers die hun gewone verblijfplaats, woonplaats of zetel in een andere lidstaat van de Europese Unie hebben dan in Nederland, 'onverwijld' in kennis stellen van het faillissement (art. 54 InsVo). Hij mag dit doen in het Nederlands, mits hij gebruik maakt van het officiële formulier dat in alle talen van de Europese Unie het opschrift draagt: "Kennisgeving van insolventieprocedure" (art. 54 lid 3 InsVo). Ook deze schuldeisers hebben immers recht om hun vordering in het faillissement in te dienen (art. 53 InsVo).

De schuldeisers dienen hun vorderingen in bij de curator, zo nodig met bewijsstukken. Zij kunnen hierbij van de curator een ontvangstbevestiging verlangen (art. 110 lid 2). Bij zijn ingediende vordering geeft een schuldeiser tevens aan of hij aanspraak maakt op voorrang (op basis van voorrecht, pand- of hypotheekrecht), retentierecht of eigendomsrechten (bij eigendomsvoorbehoud, huurkoop, lease etc.). Dit geldt ook voor buitenlandse schuldeisers uit de Europese Unie, zij het dat de indiening van hun vorderingen beperkt kan blijven tot toezending van bewijsstukken daarvan (voor zover aanwezig) en vermelding van de aard en datum van ontstaan van de vordering en het bedrag en eventuele voorrang of separatistpositie (art. 55 lid 2 InsVo). Omdat artikel 55 InsVo de uitoefening van rechten door de communautaire

576 Zie art. 4.1 Recofa-richtlijnen voor faillissementen.

schuldeisers beoogt te vergemakkelijken, stelt artikel 111 terecht geen verdergaande eisen.[577] Een buitenlandse schuldeiser uit de Europese Unie kan zijn vordering indienen in de eigen officiële taal, mits zijn bericht het opschrift draagt: 'Indiening van schuldvorderingen' (art. 55 lid 1 InsVo). Ongeacht de herkomst van de schuldeiser gebeurt de verificatie in een in Nederland uitgesproken faillissement aan de hand van de Nederlandse faillissementsregels (art. 7 lid 2 sub h InsVo).

Als aannemelijk is dat onvoldoende baten in de boedel beschikbaar zijn om tot een uitdeling aan de concurrente schuldeisers te komen, ligt de weg van de vereenvoudigde afwikkeling van het faillissement in de rede (art. 137a-g; nr. 254). Als ook een dergelijke uitkering niet mogelijk blijkt, dan moet de curator aansturen op een opheffing van het faillissement wegens gebrek aan baten (art. 16; nr. 255). Dan hoeft immers geen tijd en energie (en kosten) te worden gestoken in het verificatieproces van de concurrente schuldeisers en kan de curator zich concentreren op de preferente schuldeisers en de separatisten. Hoewel de curator voor zijn eigen administratie lijsten zal aanleggen van de verschillende vorderingen, worden deze in dit geval niet gedeponeerd. Alleen als de curator een vordering of de daaraan verbonden voorrang betwist, treedt iets van een verificatieprocedure in werking (art. 137b). Een verificatievergadering blijft evenwel achterwege. Bezwaren tegen de gekozen procedure kunnen alleen geldend worden gemaakt door in cassatie te komen van de beschikking van de rechter-commissaris om tot vereenvoudigde afwikkeling over te gaan (art. 137a jo. 67 lid 2) of door in verzet te komen tegen de slotuitdelingslijst (art. 137e).

De curator die vermoedt dat ook aan concurrente schuldeisers een gehele of gedeeltelijke uitkering mogelijk zal blijken, kan het verificatieproces verder doorlopen. Na de inhoudelijke toetsing van de ingediende vorderingen (art. 111), plaatst hij die op een van de twee daartoe door hem opgestelde lijsten: die van de voorlopig erkende vorderingen of die van de betwiste vorderingen. In het laatste geval vermeldt hij hierbij de gronden voor de betwisting (art. 112, 113). Als de curator de vordering als zodanig niet betwist, maar wel de gestelde voorrang, dan plaatst de curator de vordering op de lijst van voorlopig erkende vorderingen met de aantekening dat sprake is van betwisting van de voorrang, wederom met de gronden daarvoor (art. 113).

Nadat de lijsten zijn opgemaakt, deponeert de curator deze bij de griffie. Hij kan tot op de verificatievergadering de rechter-commissaris vragen om wijzigingen in die lijsten aan te brengen, bijvoorbeeld omdat hij met een betwiste schuldeiser tot overeenstemming is gekomen of omdat zich nog schuldeisers na het verstrijken van de termijn van artikel 108 lid 1 hebben aangemeld. Bij de griffie kan iedereen die lijsten gedurende de periode van zeven dagen voor de verificatievergadering kosteloos inzien (art. 114). De aan de curator bekende schuldeisers worden persoonlijk ingelicht over de deponering van die lijsten, waarbij zij nogmaals voor de verificatievergadering worden opgeroepen (art. 115).

577 Vgl. Rapport Virgós/Schmit, nr. 273.

De verificatievergadering wordt in beginsel gehouden in het gebouw van de rechtbank,[578] maar als niet de verwachting bestaat dat iemand van de schuldeisers de vergadering wil bijwonen, kan de rechter-commissaris – na een melding door de curator dat hij gegronde redenen heeft om aan te nemen dat geen van de schuldeisers zal verschijnen – bepalen dat die vergadering buiten aanwezigheid van belanghebbenden (curator, (bestuurder(s) van de) gefailleerde en schuldeisers) zal worden gehouden. Dit betekent dat de vergadering op papier wordt afgedaan zonder fysieke bijeenkomst. In de praktijk wordt voor deze praktische en tijd- (en daarmee kosten)besparende aanpak gekozen als alle tot dan toe ingediende vorderingen door de curator geplaatst zijn op de lijst van voorlopig erkende vorderingen, omdat de ervaring leert dat in een dergelijk geval de schuldeisers niet of nauwelijks belangstelling tonen voor de verificatievergadering.[579]

De rechter-commissaris zit de verificatievergadering voor en de curator en de schuldenaar zijn daarbij aanwezig. Bij een rechtspersoon, vennootschap onder firma en commanditaire vennootschap zijn ook bestuurders, commissarissen, feitelijke beleidsbepalers of vennoten verplicht de vergadering bij te wonen voor zover zij door de curator daartoe worden opgeroepen.[580] De rechter-commissaris informeert de schuldeisers over de lijsten van voorlopig erkende en betwiste vorderingen, waarna alle aanwezige schuldeisers die op één van de lijsten voorkomen aan de curator om inlichtingen kunnen vragen (art. 119 lid 1). Dit kan betrekking hebben op iedere daarop voorkomende vordering. Omdat de schuldeisers tijdens de verificatievergadering zich pas voor het eerst over de vorderingen van andere schuldeisers kunnen uitlaten, kunnen zij door de curator voorlopig erkende vorderingen van andere schuldeisers betwisten (of de daaraan geclaimde voorrang) of zich aansluiten bij de betwisting van andere vorderingen door de curator. De curator kan ter vergadering op eerder ingenomen standpunten terugkomen, zowel ten voor- als ten nadele van de schuldeiser (art. 119 lid 2). Dit onderstreept het belang voor schuldeisers om de verificatievergadering bij te wonen om later niet onaangenaam verrast te worden.[581] Mocht het echt nodig zijn, dan kan de rechter-commissaris besluiten dat een nadere – door hem vast te stellen – verificatievergadering wordt gehouden om eventueel bepaalde kwesties uit te zoeken (art. 119 lid 3). In de tussentijd hebben de curator en schuldeisers van wie de vordering wordt betwist tevens de gelegenheid om alsnog tot overeenstemming te komen.

Aan het einde van de verificatievergadering worden de niet-betwiste vorderingen geplaatst op de lijst van erkende vorderingen. Deze lijst wordt in het proces-verbaal van de vergadering opgenomen, waarmee de erkenning van de vordering in het faillissement kracht van gewijsde heeft, behoudens vernietiging door de curator wegens bedrog (art. 121). De vorderingen die wel betwist worden, verwijst de rechter-commissaris naar de renvooiprocedure (nr. 233) die door die schuldeiser gevoerd

578 In een enkel geval waarbij de verwachting is dat een groot aantal schuldeisers komt opdagen wordt uitgeweken naar een andere plaats, zoals in het Fokker-faillissement waarbij voor twee dagen een ruimte in de Amsterdams RAI was afgehuurd.

579 Art. 4.2 Recofa-richtlijnen voor faillissementen.

580 Art. 80, 116-117 jo. 106.

581 Zie hierover ook *Parl. Gesch. Fw* (Van der Feltz) II, p. 94-95.

moet gaan worden tegen degene die betwist (de curator dan wel een of meer medeschuldeisers).

Het komt wel voor dat een schuldeiser vergeten is zijn vordering in te dienen of dat hij pas na de verificatievergadering van het faillissement op de hoogte is gekomen. Hoewel na sluiting van de verificatievergadering geen vorderingen meer geverifieerd kunnen worden (behoudens toelating door de renvooiprocedure (nr. 233)), stond deze schuldeiser tot 2019 toch niet noodzakelijkerwijze met lege handen. Sindsdien zijn de termijnen van indiening van de vordering op grond van artikel 109 of 127 fatale termijnen (art. 109 lid 2/127 lid 3).

Naast het procedurele aspect van de verificatie is het van belang te constateren dat de materiële positie van een schuldeiser niet verandert doordat hij te maken heeft met de curator in plaats van met de schuldenaar. De schuldeiser is tot geen andere bewijsvoering gehouden dan hij tegenover de schuldenaar zou hebben moeten doen. Als hij bijvoorbeeld een onbetaalde rekening heeft, kan hij volstaan met het melden van zijn vordering, zo nodig vergezeld van een kopie van de factuur (art. 110). De curator moet buitenlandse schuldeisers die hun vordering op basis van de Europese Insolventieverordening hebben ingediend met behulp van het formulier 'Indiening van schuldvorderingen' (art. 55 InsVo) in staat stellen deze aan te vullen als die onvolledig was (art. 110a).

De curator toetst de bij hem ingediende vorderingen aan de administratie van de gefailleerde, voor zover aanwezig (art. 111). Hierbij overlegt hij zo nodig ook met de gefailleerde. Bij een failliete onderneming van enige omvang wordt dit afgestemd met de boekhoudafdeling. Dan zijn er twee mogelijkheden: de curator erkent de vordering (en plaatst deze dan op de lijst van voorlopig erkende vorderingen) of hij is nog niet overtuigd dat het klopt. In dit geval treedt hij met de schuldeiser in overleg en mag hij nadere informatie en stukken verlangen, evenals inzage in diens administratie en de originele documenten (art. 111). Omgekeerd mag de schuldeiser ook van de curator inzage in de administratie van de gefailleerde vorderen (art. 3:15j sub d BW).[582]

233. *Renvooiprocedure*

Als de curator de vordering van de schuldeiser of de door deze gepretendeerde voorrang betwist, vindt een hernieuwde toetsing en overleg plaats tijdens de verificatievergadering. Hier neemt de rechter-commissaris het voortouw en probeert hij tot een schikking te komen, maar als dat niet lukt zullen partijen hun geschil door de gewone rechter moeten laten beslechten (art. 122). Als er al een procedure aanhangig was tussen de schuldeiser en de schuldenaar, die op grond van artikel 29 geschorst is, wordt deze hervat; in de andere gevallen verwijst de rechter-commissaris naar een door hem te bepalen zitting van de rechtbank voor de renvooiprocedure. Een dagvaarding is dan niet nodig omdat de datum van de zitting al bepaald is en de schuldeiser hoeft die dag alleen een conclusie van eis tot verificatie in te dienen. Ongeacht de hoogte van de betwiste vordering wordt het griffierecht vastgesteld als een vordering met een onbepaalde waarde.[583] Een complicatie doet zich voor als

582 HR 8 april 2016, *NJ* 2016/221 (*Schmitz q.q./Aerts Europa*), r.o. 3.4.3.
583 HR 21 november 2003, *NJ* 2004/72.

partijen een alternatieve wijze van geschiloplossing (bindend advies, arbitrage) zijn overeengekomen of de beslechting van hun geschil bij uitsluiting aan een buitenlandse rechter hebben opgedragen (nr. 227, 228). Sinds 1999 wordt voor buitenlandse procedures aangenomen dat de curator daaraan gebonden is en de renvooiprocedure dus op basis van die bevoegdheidsbepaling moet worden gevoerd.[584] In deze procedure is de materiële positie van de schuldeiser niet anders dan wanneer hij tegen de schuldenaar zou hebben geprocedeerd (art. 123). In deze procedure kunnen anderen zich alleen voegen of tussenkomen (art. 217 e.v. Rv), als zij ook al ter verificatievergadering betwist hebben (art. 122 lid 4).

Het kan ook gebeuren dat niet de curator maar een medeschuldeiser de vordering betwist. Deze kan hierbij belang hebben omdat hij daardoor een grotere uitkering kan verwachten. Die betwisting door een medeschuldeiser komt doorgaans pas op de verificatievergadering tot uiting. Net als bij een betwisting door de curator zal de rechter-commissaris dan tot een schikking proberen te komen en verwijst hij partijen op dezelfde manier naar de renvooiprocedure als dat niet lukt (art. 122). De schuldeiser van wie de vordering wordt betwist, heeft hier dezelfde bewijspositie als die welke hij zou hebben gehad in een procedure tegen de schuldenaar.

Voor beide vormen van betwisting geldt dat een niet verschijnen ter zitting of het niet tijdig betalen van het verschuldigde griffierecht (behoudens hardheidsclausule conform art. 127a lid 3 Rv) voor deze partij vergaande consequenties heeft. Als de schuldeiser die verificatie wenst, niet verschijnt, dan wordt hij geacht zijn aanvraag te hebben ingetrokken en wordt zijn vordering (of voorrang) dus niet erkend. Verschijnt degene die de betwisting heeft gedaan (curator en/of medeschuldeiser) niet, dan vervalt de betwisting en wordt de vordering (of voorrang) alsnog erkend (art. 122 lid 3).

Niet alleen de curator of een medeschuldeiser, maar ook de schuldenaar zelf kan een reden hebben om de vordering van een schuldeiser te betwisten. Bijvoorbeeld omdat hij de vordering al voldaan heeft of anderszins ongegrond vindt. Meestal zal de curator deze vordering dan ook betwisten, maar dit hoeft niet het geval te zijn. Als alleen de schuldenaar de vordering betwist, heeft dat geen invloed op de voortgang van het faillissement (art. 126). Wanneer de curator de vordering heeft erkend, staat deze op de lijst van voorlopig erkende vorderingen. Als vervolgens op de verificatievergadering niemand anders dan de schuldenaar de vordering betwist, geldt zij als een erkende vordering en vindt bij voldoende actief in de boedel daarop een evenredige uitkering plaats. De betwisting door de schuldenaar krijgt pas betekenis na afloop van het faillissement. Als de vordering van een schuldeiser op de verificatievergadering is erkend en in het proces-verbaal van die vergadering is vermeld, heeft die vordering in het faillissement kracht van gewijsde (art. 121 lid 4). Na afloop van het faillissement heeft die erkenning ook kracht van gewijsde tegen de schuldenaar en levert het proces-verbaal van de verificatievergadering deze schuldeiser een

584 HR 16 april 1999, *NJ* 2001/1 (*Brown q.q./Ultrafin c.s.*). Aangezien dit voor de boedel hoge kosten met zich mee kan brengen, bijvoorbeeld bij een in het buitenland te voeren internationale procedure of arbitrage, is – uitsluitend voor de afwikkeling van de insolventieprocedure – voorgesteld om het renvooigeschil te laten beslissen door de rechtbank die het faillissement heeft uitgesproken; zie art. 5.3.13 VIw en de toelichting daarbij.

executoriale titel op (art. 196). Dit kan de schuldenaar alleen voorkomen door de vordering op de verificatievergadering te betwisten. Dan heeft de erkenning door de curator nog steeds kracht van gewijsde in faillissement, maar heeft dat daarna geen effect meer (art. 197). Zonder betwisting door de schuldenaar verjaart de bevoegdheid tot tenuitvoerlegging van deze executoriale titel op de wijze zoals in artikel 3:324 BW bepaald, dat wil zeggen in beginsel door verloop van twintig jaren na de aanvang van de dag, volgende op die waarop dat proces-verbaal op de voet van artikel 121 lid 3 door de rechter-commissaris en de griffier is ondertekend.[585]

Het effect van een betwisting door de curator of een medeschuldeiser ter verificatievergadering is dat de afwikkeling van het faillissement aanmerkelijk kan worden vertraagd. Een renvooiprocedure kan geruime tijd in beslag nemen, zeker als ook nog hoger beroep en cassatie volgen. Om te voorkomen dat de afwikkeling van het faillissement tot stilstand komt, kan de rechter-commissaris de betwiste vordering voorwaardelijk toelaten of – als het om een betwiste voorrang gaat – de voorrang voorwaardelijk erkennen (art. 125). Dit is van belang omdat de curator dan kan overgaan tot een tussentijdse uitdeling (art. 179). Hij moet in dat geval wel het geplande uitkeringspercentage over het volle bedrag van de voorwaardelijk toegelaten vorderingen reserveren (art. 181). Zo worden de belangen van beide partijen gediend: de betwiste schuldeiser houdt zicht op een uitkering over zijn volledig ingediende vordering, terwijl de overige schuldeisers niet eerst de afloop van de renvooiprocedure (met eventueel hoger beroep en cassatie) hoeven af te wachten.[586]

234. Niet-verifieerbare vorderingen

Na de fixatie per faillissementsdatum en de vaststelling van de vorderingen van de schuldeisers op basis van de verificatie en eventueel renvooiprocedures, staat het faillissementspassief vast. Als het tot een uitdeling aan de schuldeisers komt of tot een akkoord (par. 5.5.2), dan is de grondslag daarvoor duidelijk. Bepaalde categorieën schuldeisers staan hier echter buiten: voor sommigen tot hun genoegen en voor anderen tot hun ongenoegen.

Tot de eerste categorie (schuldeisers die het verificatieproces niet hoeven te doorlopen) behoren de separatisten. Zij kunnen het faillissement – en daarmee ook het verificatieproces – immers negeren (art. 57). Voor zover hun vorderingen gedekt zijn door de zekerheden, hoeven zij zich niets aan te trekken van de curator (behoudens zijn rol op grond van artikel 57 lid 3) en de overige schuldeisers. Hetzelfde geldt voor schuldeisers die aanspraak kunnen maken op goederen die niet tot de boedel behoren, zoals leveranciers onder eigendomsvoorbehoud en lessors.

Verder blijven buiten het verificatieproces schuldeisers met een feitelijke voorrang, waarbij de curator uit eigenbelang bereid is om de schulden te voldoen of dat althans niet kan verhinderen. Denk aan de dwangcrediteuren/monopolisten en degenen met een retentierecht om wie de curator niet heen kan. Als hij hen nodig heeft voor de afwikkeling van het faillissement, bijvoorbeeld omdat hij met het oog op de voltooiing van het onderhanden werk het bedrijf nog een tijdje wil voortzetten,

585 HR 29 april 2016, *NJ* 2016/278 (*X/ABN Amro*), r.o. 3.4.7.
586 Zie over deze belangenafweging waarbij niet ieder risico voor de betwiste schuldeiser wordt weggenomen, Rb. Amsterdam 5 november 2010, *JOR* 2011/200 (*Indover*).

zal hij hun vorderingen voldoen of daarvoor een regeling treffen. Voorts aan schuldeisers die hun vordering kunnen verrekenen met een tegenvordering waarvan de curator betaling verlangt.
Verder neemt de Ontvanger een bijzondere plaats in: voor belasting- en premieschulden waarvan de heffing en invordering in zijn handen zijn gelegd[587] hoeft hij niet het verificatieproces van de Faillissementswet te volgen. De curator is namelijk verplicht om op vordering van de Ontvanger de gelden die hij voor de belastingschuldige onder zich heeft aan te wenden om diens belastingaanslagen te betalen (art. 19 lid 3 IW 1990). Overigens mag de curator dat ook uit eigen beweging doen. Een aan de belastingschuldige betekend dwangbevel met bevel tot betaling is voor deze vordering door de Ontvanger voldoende; verificatie van deze vordering of rechterlijke uitspraak is niet nodig (art. 19 lid 7 IW 1990). In de praktijk maakt de Ontvanger van deze bevoegdheid alleen in uiterste nood gebruik; hij zal eerst in overleg met de curator – al dan niet met tussenkomst van de rechter-commissaris – tot een regeling proberen te komen.[588]

Ten slotte blijven de boedelschulden buiten de verificatie (zie nr. 236). Deze categorie wordt geplaatst tegenover de faillissementsschulden die wel geverifieerd moeten worden. Het gaat bij de boedelschulden om "die schulden, welke eene onmiddellijke aanspraak op den boedel geven, welke, als komende ten laste van den curator in zijne qualiteit, door deze onmiddellijk uit den boedel moeten worden voldaan, zonder dat daarvoor verificatie noodig is (...)".[589] Onder omstandigheden kunnen echter ook boedelschuldeisers verplicht worden om de inning van hun vordering enige tijd aan te houden, als de boedel onvoldoende omvat (zie nr. 238).

De tot nog toe genoemde schuldeisers die hun vordering niet hoeven te verifiëren, beschouwen dat als een voordeel: zij hoeven in beginsel niet te wachten tot het faillissement zal zijn afgewikkeld en zij hoeven evenmin bij te dragen in de omslag van de faillissementskosten (zie nr. 235, 236, 251, 254). Zij krijgen waar zij aanspraak op maken en hebben er dus baat bij dat zij het verificatieproces niet hoeven te doorlopen. Dit is echter anders voor twee groepen schuldeisers die tot de tweede categorie schuldeisers behoren.

De eerste groep omvat de schuldeisers die geen aanspraak in het faillissement beogen, omdat zij recht hebben op een persoonlijke prestatie van de schuldenaar. Denk hierbij aan alle verhoudingen waarbij de persoon van de schuldenaar van cruciaal belang is om de prestatie te verrichten en hij de enige is die dat kan doen, zoals een uitvoerend kunstenaar (vgl. art. 37 lid 3). De schuldeiser is dan niet zozeer gericht op een voldoening van een geldelijke verbintenis uit de boedel (art. 26, 29). Daarom heeft hij geen belang bij verificatie en zal hij de schuldenaar voor zover mogelijk tot het verrichten van die prestatie aanspreken. Een eventueel hierop gebaseerde procedure tegen de schuldenaar mist effect in het faillissement (art. 25 lid 2). Voor de schuldeiser is dat eigenlijk ook de bedoeling: hij wil iets van de schuldenaar persoonlijk en niet van de curator. Pas als duidelijk wordt dat de schuldenaar de

587 Zie Invorderingswet 1990, via art. 57-60 Wfsv ook van toepassing op premies voor de volks- en werknemersverzekeringen.
588 Zie art. 19.2.3 Leidraad Invordering 2008.
589 *Parl. Gesch. Fw* (Van der Feltz) I, p. 384. Vgl. HR 19 april 2013, *NJ* 2013, 291 (*Koot Beheer/Tideman q.q.*), r.o. 3.7.1.

prestatie niet gaat verrichten en nakoming niet valt af te dwingen, komt mogelijk een schadevergoedingsvordering in beeld. Deze – op geld gerichte – vordering deelt wel het lot van alle andere faillissementsvorderingen, zodat daarop artikel 26 en 29 van toepassing zijn.

De tweede groep is minder fortuinlijk: deze schuldeisers staan met lege handen tegenover de curator omdat zij hun vordering niet (meer) kunnen verifiëren. Dit zijn allereerst schuldeisers die hun vordering niet binnen de daarvoor opgegeven termijn *(bar date)* hebben ingediend. Behoudens verlenging van deze termijn door de rechter-commissaris kunnen zij hun vordering niet meer geverifieerd laten krijgen (art. 127 lid 3).

In de derde groep zitten de meest onfortuinlijke schuldeisers die hun vordering niet kunnen verifiëren omdat deze niet is ontstaan, terwijl zij in beginsel wel een aanspraak hadden maar deze zich door toedoen van de curator niet verwezenlijkt. Dit doet zich voor als de curator huur- en arbeidsovereenkomsten opzegt (art. 39, 40). In dat geval is sprake van een 'regelmatige beëindiging', die niet tot schadevergoeding verplicht (zie nr. 212, 216). Zelfs als in de betreffende huur- of arbeidsovereenkomsten schadevergoedingen of schadeloosstellingen waren opgenomen voor situaties waarin voortijdige beëindiging zou plaatsvinden, is in dit geval een schadevergoeding niet verplicht en verliest de schuldeiser dus zijn aanspraak daarop.[590] Dit wordt niet anders als bijvoorbeeld andere werknemers die vlak voor faillissement waren ontslagen, of verhuurders die vlak voor faillissement de huurovereenkomst hadden beëindigd, op basis van die contractuele bepalingen wel een schadevergoeding of schadeloosstelling als faillissementsvordering ter verificatie kunnen indienen waarop zij wellicht nog een (gedeeltelijke) uitkering krijgen.

Dit kan tot wrange verschillen leiden, al naargelang die beëindiging vlak vóór of na de faillietverklaring gebeurt. Zo stond de ontslagvergoeding die werknemer Van der Kooi ontving van de curatoren in het faillissement van Papierfabrieken Van Gelder op basis van de minimale opzegtermijn van artikel 40, in schril contrast met de uitkering die zijn collega's die daags voor de faillietverklaring met een gouden handdruk op basis van het sociaal plan naar huis waren gestuurd. Naar verluidt hebben alle schuldeisers in dat faillissement 100% uitkering ontvangen en zelfs de aandeelhouders zouden bij de vereffening nog een uitkering hebben gekregen omdat er na de uitdeling aan de schuldeisers nog steeds een surplus was.[591]

Ten slotte gelden als niet-verifieerbare vorderingen de vorderingen van schuldeisers die op grond van de wet niet mogen worden geverifieerd, zoals lopende rente (art. 128)[592], of die na de faillietverklaring zijn ontstaan. Voor zover deze vorderingen voortvloeien uit een voorafgaand aan het faillissement reeds bestaande overeenkomst

590 HR 12 januari 1990, *NJ* 1990/662 (*Van der Kooi/Curatoren Van Gelder Papier*) en HR 14 januari 2011, *NJ* 2011/114 (*Aukema q.q./Uni-Invest*), r.o. 3.5.3; HR 15 november 2013, *NJ* 2014/68 (*Nieuwburen/Romania*), r.o. 3.3.2-4; HR 22 november 2013, *NJ* 2014/69 (*Autodrôme/Curatoren TEP*), r.o. 3.4; HR 17 februari 2017, *NJ* 2017/142 (*Hansteen/Verwiel q.q.*), r.o. 4.1.

591 HR 12 januari 1990, *NJ* 1990/662 (*Van der Kooi/Curatoren Van Gelder Papier*).

592 Voor zover het gaat om rente tijdens een surseance van betaling voorafgaand aan het faillissement blijft die wel verifieerbaar: HR 24 november 2017, *NJ* 2018/289 (*Credit Suisse/curator OSX*).

is verificatie soms nog mogelijk[593], maar niet als deze in strijd komt met het fixatiebeginsel (nr. 13).[594] Dit is bijvoorbeeld het geval als de nieuwe vordering niet reeds besloten lag in de rechtspositie van de schuldeiser ten tijde van de faillietverklaring, omdat die positie na het intreden van het faillissement niet meer ten nadele van de boedel gewijzigd mag worden. Als de vordering voortvloeit uit een prestatie die de schuldeiser tijdens faillissement wel mocht – maar niet moest – verrichten, derhalve onverplicht, lag die daarin niet besloten.[595]

5.4.6 Kosten van het faillissement

Met alleen de vaststelling van het faillissementsactief (par. 5.4.1 en 5.4.2) en het faillissementspassief (par. 5.4.5) kan een faillissement nog niet worden afgerond. De afwikkeling van een faillissement kost geld, zoals het salaris en de onkosten van de curator en de vergoeding van door hem ingeschakelde personen (bewaking, verzekering, administratie, taxatie en verkoop goederen, voortzetting bedrijf etc.). Voorafgaand aan een uitdeling aan de schuldeisers moeten eerst deze kosten, de zogenaamde faillissementskosten, worden voldaan. Het faillissement als collectieve verhaalsprocedure brengt immers met zich mee dat voor de schuldeisers slechts de netto-opbrengst van het vereffende actief beschikbaar is (art. 3:277 BW). Naast het begrip faillissementskosten wordt ook gesproken over boedelschulden. Hoewel deze begrippen soms in één adem worden genoemd en grotendeels samenvallen,[596] is het verschil van belang in verband met de invalshoek die men kiest. Waar daarnaast het begrip boedel*schuld* de passiefzijde van een boedelverbintenis vormt met daartegenover de boedel*vordering* als de actiefzijde daarvan wordt dit laatste begrip in het spraakgebruik veel minder gebruikt. Vanuit de curator geredeneerd is het woord boedelschuld de gangbare uitdrukking die ook in dit boek bij voorkeur wordt gebruikt.

235. Faillissementskosten

De faillissementskosten zien vooral op de exploitatierekening van de curator in het faillissement. Zij worden in mindering gebracht op de bruto-opbrengst van het boedelactief om tot de netto-opbrengst te komen die beschikbaar is voor verdeling onder de schuldeisers. Hiermee vormen de faillissementskosten een kostenpost die terugkomt in de winst- en verliesrekening van het faillissement en als zodanig te vinden is in de financiële verslagen van de curator die hij periodiek moet publiceren (art. 73a).[597]

---

593 Als de vordering echter het gevolg is van een ontbinding of vernietiging dan wel strekt tot schadevergoeding wegens tekortschieten in de nakoming van overeenkomsten voor faillissement, is die weer wel verifieerbaar als concurrente vordering (art. 37a); vgl HR 23 maart 2018, *NJ* 2018/290 (*Credit Suisse/Jongepier q.q.*), r.o. 3.5.2.

594 HR 18 december 1987, *NJ* 1988/340 (*OAR/ABN*), r.o. 3.3; HR 23 maart 2018, *NJ* 2018/290 (Credit Suisse/Jongepier q.q.), r.o. 3.5.1.

595 HR 23 maart 2018, *NJ* 2018/290 (*Credit Suisse/Jongepier q.q.*), r.o. 3.5.4, 3.7.5

596 HR 30 juni 1995, *NJ* 1996/554 (*MeesPierson/Mentink q.q.*), r.o. 3.9.

597 Zie art. 2.4 Recofa-richtlijnen voor faillissementen en https://www.rechtspraak.nl/Voor-advocaten-en-juristen/Reglementen-procedures-en-formulieren/Civiel/Insolventierecht/Paginas/Recofa-richtlijnen.aspx.

Er bestaan algemene en bijzondere faillissementskosten. De eerste groep zijn de kosten die in algemene zin aan de afwikkeling van het faillissement zijn verbonden. Alle schuldeisers moeten aan deze kosten bijdragen voordat zij een eventuele uitdeling door de curator ontvangen en daarom vindt voor deze kosten een omslag over de boedel plaats (art. 182). In de eerste plaats zijn dit de kosten van de curator (salaris en verschotten), en de kosten die hij in algemene zin heeft gemaakt voor de afwikkeling van het faillissement. Tot de bijzondere faillissementskosten behoren de kosten die zijn gemaakt om een bepaalde bate voor de boedel te realiseren. Zo moet de curator voor het voltooien van onderhanden werk nog bepaalde onderdelen aanschaffen en werknemers inschakelen en betalen. Deze uitgaven moeten dan in mindering worden gebracht op de opbrengst van het onderhanden werk die de curator op de boedelrekening ontvangt. Omdat de bijzondere faillissementskosten op deze manier al zijn betaald en in de opbrengst verdisconteerd, hoeven zij niet nogmaals te worden meegenomen in de omslag van de algemene faillissementskosten als bedoeld in artikel 182.[598]

236. Boedelschulden

Boedelschulden staan als zodanig niet in de winst- en verliesrekening maar vormen uiteindelijk een post op de passiefzijde van de balans van de faillissementsafwikkeling. Zij hebben betrekking op gemaakte of nog te maken kosten die nog door de curator moeten worden voldaan, met inbegrip van zijn eigen salaris en onkosten. Als de schulden zijn betaald, zijn het daarmee faillissementskosten geworden die in de financiële verslaglegging door de curator worden verantwoord. Voor zover die kosten dan als algemene faillissementskosten kunnen worden gekwalificeerd, moeten zij door hem worden omgeslagen over het vereffende actief (art. 182).

Boedelschulden zijn niet als zodanig in de Faillissementswet gedefinieerd. Zij hebben verschillende grondslagen die de Hoge Raad in 2013 heeft verduidelijkt naar aanleiding van kritiek uit de praktijk en de literatuur. Boedelschulden zijn slechts die schulden die een onmiddellijke aanspraak geven jegens de faillissementsboedel hetzij ingevolge de wet, hetzij omdat zij door de curator in zijn hoedanigheid zijn aangegaan, hetzij omdat zij een gevolg zijn van een handelen van de curator in strijd met een door hem in zijn hoedanigheid na te leven verbintenis of verplichting.[599] Het aangaan van een schuld door de curator betekent in dit verband dat de curator deze schuld op zich neemt bij een rechtshandeling, doordat zijn wil daarop is gericht (art. 3:33, 35 BW).[600]

Een directe wettelijke grondslag is te vinden in artikel 28, 39 en 40. Als de curator een lopende procedure overneemt, kan a contrario uit artikel 28 worden afgeleid dat zijn eventuele proceskostenveroordeling als boedelschuld kwalificeert.[601] Op grond

598 HR 30 juni 1995, *NJ* 1996/554 (*MeesPierson/Mentink q.q.*), r.o. 3.9, en de *NJ*-noot van S.C.J.J. Kortmann, nr. 2.

599 HR 19 april 2013, *NJ* 2013/291 (*Koot Beheer/Tideman q.q.*), r.o. 3.7.1; zie ook HR 15 december 2017, *NJ* 2018/194 (*Roeffen q.q./Ontvanger*), r.o. 3.3.5 en HR 4 juni 2021, *NJ* 2021/233 (*Gem. Ridderkerk/Heijnen q.q.*), r.o. 2.6.5.

600 HR 19 april 2013, *NJ* 2013/291 (*Koot Beheer/Tideman q.q.*), r.o. 3.7.1.

601 Zie voor een uitbreiding van het toepassingsbereik van art. 28 HR 26 april 1996, *NJ* 1996/609 (*Bol/Kuiper q.q.*), r.o. 3.7.

van artikel 39 lid 1, slot, is de huurschuld vanaf de dag van de faillietverklaring boedelschuld. Zoals hiervoor is uiteengezet, is dit een uitvloeisel van de belangenafweging door de wetgever (zie nr. 212). Hetzelfde is het geval bij de loon- en de met de arbeidsovereenkomst samenhangende premieschulden van een gefailleerde werkgever: ook deze zijn vanaf de dag van de faillietverklaring boedelschuld (art. 40). Het loonbegrip moet hier ruim worden geïnterpreteerd en omvat mede de aanspraak in geld wegens niet-genoten vakantiedagen bij beëindiging van de arbeidsovereenkomst (art. 7:641 e.v. BW) en sluit aan bij de betekenis daarvan in het Burgerlijk Wetboek (art. 7:616 BW).[602]

Enigszins indirect op de wet gebaseerd zijn de boedelschulden die kunnen voortvloeien uit gedragingen van de schuldenaar na de faillietverklaring zonder instemming van de curator. Hoewel de verplichtingen die hieruit voortvloeien in beginsel de boedel niet raken, wordt dit anders als de boedel daardoor gebaat blijkt te zijn (art. 24). Dan is het in het belang van de boedel om die verplichting na te komen, omdat het per saldo meer oplevert. De daarmee corresponderende schuld vormt dan wel een boedelschuld.

Soms wordt een schuld ten onrechte als boedelschuld gekwalificeerd op grond van een wettelijke bepaling. Zo had de Ondernemingskamer van het gerechtshof Amsterdam geoordeeld dat de onderzoekskosten bij een enquête die status hebben, omdat die verplichting het rechtstreeks uit de wet voortvloeiende gevolg zou zijn van de rechterlijke beslissing tot het houden van een enquête en van de rechterlijke vaststelling van het bedrag dat het onderzoek ten hoogste mag kosten.[603] De Hoge Raad vernietigde dit oordeel omdat deze argumenten die verplichting niet tot een rechtstreeks uit de wet voortvloeiende boedelschuld maken en noch de tekst van artikel 2:350 lid 3 BW noch de geschiedenis van de totstandkoming van die bepaling daarvoor enig aanknopingspunt biedt.[604]

Wanneer het gedrag van de curator door wetsduiding verplichtingen laat ontstaan, zijn de uit een schending daarvan voortvloeiende verbintenissen eveneens boedelschulden.[605]

Denk aan belastingschulden als gevolg van het handelen door de curator op het terrein van bijvoorbeeld loon- en omzetbelasting, (milieu)heffingen en premies die hij verschuldigd wordt door het voortzetten van de bedrijfsactiviteiten.[606] Voor de naleving van milieuwetgeving en milieurechtelijke verplichtingen in meer algemene zin is de curator verantwoordelijk vanaf het moment

602 HR 3 december 1999, *NJ* 2000/53 (*LISV/Wilderink q.q.*) met verwijzing naar HR 6 maart 1998, *NJ* 1998/527. In HR 17 november 2017 *NJ* 2017/439 (*UWV/Aukema q.q.*) heeft de Hoge Raad in r.o. 3.3.2-3 uitdrukkelijk bepaald op de overwegingen uit dat arrest niet terug te willen komen.

603 Hof Amsterdam (OK) 30 juni 2004, *JOR* 2004/231 (*Decidewise*), r.o. 3.7 e.v.

604 HR 24 juni 2005, *NJ* 2005/382 (*Decidewise*), r.o. 3.4 en HR 9 december 2005, *NJ* 2006/174 (Landis), r.o. 3.2.

605 HR 19 april 2013, *NJ* 2013/291 (*Koot Beheer/Tideman q.q.*), r.o. 3.8; vgl. HR 18 juni 2004, *NJ* 2004/617 (*Van Galen q.q./Circle Plastics*); HR 9 juni 2006, *NJ* 2007, 21 (*Smit/Van Hees q.q.*), r.o. 3.5.2; HR 31 maart 2017, *NJ* 2018/142 (*VKP/Curatoren Aldel*), r.o. 3.4.2.

606 Beantwoording eerste prejudiciële vraag in HR 4 juni 2021, *NJ* 2021/233 (Gem. Ridderkerk/Heijnen q.q.), r.o. 2.6.1-5, voortbouwend op o.a. ABRvS 11 juli 1997, AB 1998, 268 (*Oude Grote Bevelsborg q.q./Dordrecht*); ABRvS 13 februari 2013, AB 2013, 95 (*Dutch Infra Tech/GS Zuid-Holland*), r.o. 4.2; ABRvS 23 juli 2014, AB 2014, 370 *(De Groot q.q./DB Waterschap Hunze en Aa's; Bavin*); CBB 7 augustus 2018, AB 2019, 150 (*Curator/Minister LNV*); ABRvS 26 februari 2020, *JOR* 2020/159 (*Curator/GS Groningen*); ABRvS 15 april 2020, ECLI:NL:RVS:2020:1063 (*Curator/B&W Oldambt*).

van failIietverklaring en kunnen hem als overtreder in hoedanigheid dienaangaande ge- en verboden worden opgelegd, eventueel versterkt met dwangsommen of lasten onder bestuursdwang en daaruit voortvloeiende kostenbeschikkingen.[607] Dit feit betekent overigens op zichzelf nog niet dat de civiele rechter aan de kwalificatie boedelschuld door de bestuursrechter is gebonden.[608]

237. *Inperking toedoencriterium*

In aanvulling op het voorgaande is het overgrote deel van de boedelschulden een uitvloeisel van gedragingen van de curator, hetzij omdat die schulden door hem in zijn hoedanigheid zijn aangegaan, hetzij veroorzaakt zijn door zijn handelen (of nalaten) in strijd met een door hem in zijn hoedanigheid na te leven verbintenis of verplichting (ook wel aangeduid als het 'toedoencriterium').[609] Derden die de curator inschakelt zijn voor hun aanspraken boedelschuldeiser. Als de curator gaat procederen, zijn niet alleen zijn eigen proceskosten (inschakeling deurwaarder, advocaat, griffierecht etc.) faillissementskosten en – voor zover deze nog moet worden voldaan – een boedelschuld, maar als hij de procedure verliest en in de proceskosten van de wederpartij wordt veroordeeld, is dat eveneens een boedelschuld.

Dit roept bijvoorbeeld de vraag op of een curator wel mag procederen als hij onvoldoende middelen in de boedel heeft om een eventuele proceskostenveroordeling te voldoen. Naar analogie met de Beklamel-norm, weet hij dat hij verplichtingen aangaat die niet uit de boedel betaald kunnen worden en waarvoor de wederpartij geen verhaal zal vinden.[610] Dit vormt op zichzelf echter nog geen reden om de curator in dit geval persoonlijk aansprakelijk te achten voor de onverhaalbare proceskostenveroordeling, als hij de procedure verliest. Naast het eigen professionele oordeel van de curator over de kans van slagen, is er bovendien de toets van de rechter-commissaris die immers toestemming moet geven voor de procedure (art. 68 lid 3). Zolang gesteld kan worden dat een redelijk handelend curator, die zijn taak met nauwgezetheid en inzet verricht, een vergelijkbare afweging zou hebben gemaakt, is er echter geen reden om de curator voor het onbetaald laten van de proceskosten persoonlijk aansprakelijk te achten (zie nr. 130).

Als de curator in de afwikkeling van het faillissement onrechtmatige daden pleegt leveren deze – los van eventuele privéaansprakelijkheid van de curator (zie nr. 130) – boedelschulden op.

Een bijzondere vorm van een dergelijke boedelschuld is de vroegtijdige actieve inning van stil verpande vorderingen waartoe de pandgever – en in diens faillissement de curator – in beginsel

607 CBB 7 augustus 2018, AB 2019, 150 (*Curator/Minister LNV*), r.o. 3.6 onder verwijzing naar eerdere rechtspraak van de Afdeling Bestuursrechtspraak Raad van State: ABRvS 11 juli 1997, AB 1998, 268 (*Oude Grote Bevelsborg q.q./Dordrecht*); ABRvS 9 mei 2007, AB 2008, 268 (*Curator/B&W Maasdriel*), r.o. 2.1.3; ABRvS 13 februari 2013, AB 2013, 95 (*Dutch Infra Tech/GS Zuid-Holland*), r.o. 4.2; ABRvS 23 juli 2014, AB 2014, 370 (*De Groot q.q./DB Waterschap Hunze en Aa's; Bavin*), r.o. 5.1; ABRvS 23 juli 2014, AB 2014, 371 (*Thermphos*), r.o. 3.1. Zie recent ABRvS 26 februari 2020, *JOR* 2020/159 (*Curator/GS Groningen*), r.o. 9; ABRvS 15 april 2020, ECLI:NL:RVS:2020:1063 (*Curator/B&W Oldambt*), r.o. 3.

608 Beantwoording tweede prejudiciële vraag in HR 4 juni 2021, *NJ* 2021/233 (*Gem. Ridderkerk/Heijnen q.q.*), r.o. 2.5.4, voortbouwend op o.a. ABRvS 11 juli 1997, AB 1998, 268 (*Oude Grote Bevelsborg q.q./Dordrecht*); ABRvS 13 februari 2013, AB 2013, 95 (*Dutch Infra Tech/GS Zuid-Holland*), r.o. 4.2; ABRvS 23 juli 2014, AB 2014, 370 (*De Groot q.q./DB Waterschap Hunze en Aa's; Bavin*); CBB 7 augustus 2018, AB 2019, 150 (*Curator/Minister LNV*); ABRvS 26 februari 2020, *JOR* 2020/159 (*Curator/GS Groningen*); ABRvS 15 april 2020, ECLI:NL:RVS:2020:1063 (*Curator/B&W Oldambt*).

609 Vgl. HR 19 april 2013, *NJ* 2013/291 (*Koot Beheer/Tideman q.q.*), r.o. 3.7.1.

610 Zie ook art. 7 lid 2 Garantstellingsregeling curatoren 2012, *Stcrt.* 2012, 3973 (1 maart 2012), waarin hiervoor een voorziening is getroffen. Vgl. voorts art. 4.1 Insolad Praktijkregels.

bevoegd is op grond van artikel 2:246 lid 1 BW.[611] De Hoge Raad heeft geoordeeld dat een dergelijke handeling van de curator onrechtmatig kan zijn tegenover de pandhouder.[612]

Dit geldt ook voor rechtmatige daden, waarbij de vordering uit onverschuldigde betaling bijzondere aandacht behoeft.

Als een derde per ongeluk een bedrag naar de faillissementsrekening overboekt, ontstaat een directe terugbetalingsverplichting van de curator als tussen de gefailleerde en degene die aan hem betaalde geen rechtsverhouding bestaat of heeft bestaan die tot de betaling aanleiding gaf, en waarin de betaling slechts het gevolg is van een onmiskenbare vergissing. In dit geval moet de curator, in overeenstemming met wat in het maatschappelijk verkeer als betamelijk wordt beschouwd, meewerken aan het ongedaan maken van die vergissing.[613]

De consequenties van het 'toedoencriterium' kunnen soms verreikend zijn, zoals blijkt uit een aantal uitspraken door de Hoge Raad.[614]

Bijvoorbeeld bij opzegging van overeenkomsten door de curator leidde dat criterium ertoe dat vorderingen van de wederpartij die door de opzegging waren ontstaan, als boedelvordering moesten worden aangemerkt, ook als de grondslag voor die vordering gelegen was in een gebeurtenis vóór de faillietverklaring. Zo betekende de opzegging van de arbeidsovereenkomst op grond van artikel 40 niet alleen dat al wat als loon na de faillietverklaring verschuldigd was geworden (dus inclusief de vergoeding voor niet-genoten vakantiedagen)[615] een boedelschuld vormde, maar bijvoorbeeld ook de verplichting tot affinanciering van de pensioenverplichting die door die opzegging was ontstaan; het feit dat die verplichting lag besloten in de voor faillietverklaring reeds bestaande rechtsverhouding tussen partijen maakte dit niet anders.[616] De reden was dat die verplichting uiteindelijk pas ontstond als gevolg van een rechtshandeling die de curator voor de boedel had verricht. Een vergelijkbare situatie was de opzegging van de huurovereenkomst door de curator op de voet van artikel 39. Ook hier waren niet alleen de huurtermijnen die waren verschenen na de faillietverklaring boedelschuld, maar ook weer de verplichtingen die door die opzegging na de faillietverklaring waren ontstaan als gevolg van een rechtshandeling door de curator.[617]

Het leek er kortom op dat alle schulden die op de een of andere manier een rechtstreeks gevolg waren van een handelen of nalaten van de curator, boedelschulden opleverden. In 2013 heeft de Hoge Raad de reikwijdte van het toedoencriterium echter ingeperkt, mede door aanzwellende kritiek vanuit de praktijk dat het ruime toepassingsbereik van het toedoencriterium had geleid tot uitholling van faillissementsboedels.[618]

---

611 HR 17 februari 1995, *NJ* 1996/471, AA 1995/604 (*Mulder q.q./CLBN*).

612 HR 30 oktober 2009, *NJ* 2010/96 (*Hamm q.q./ABN Amro*), r.o. 4.3.3 in vervolg op HR 22 juni 2007, *NJ* 2007/520, AA 2007/972 (*ING/Verdonk q.q.*). Vgl. HR 5 februari 2016, *NJ* 2016/187 (*Rabobank/Verdonk q.q.*), r.o. 3.3.5.

613 HR 5 september 1997, *NJ* 1998/437, AA 1999/564 (*Ontvanger/Hamm q.q.*) en laatstelijk in HR 8 juni 2007, *NJ* 2007/419, AA 2008/128 (*Van der Werff/BLG*), r.o. 3.3.3; zie ook SBR deel 5, nr. 305a.

614 Te beginnen met HR 28 september 1990, *NJ* 1991/305 (*De Ranitz & De Leeuw q.q./Ontvanger*), r.o. 3.3.

615 HR 3 december 1999, *NJ* 2000/53 (*LISV/Wilderink q.q.*) met verwijzing naar HR 6 maart 1998, *NJ* 1998/527; herhaald in HR 17 november 2017 *NJ* 2017/439 (*UWV/Aukema q.q.*), niettegenstaande HR 19 april 2013, *NJ* 2013/291 (*Koot Beheer/Tideman q.q.*).

616 HR 12 november 1993, *NJ* 1994/229 (*Frima q.q./Blankers-Van Gennip*), r.o. 3.3.

617 HR 18 juni 2004, *NJ* 2004/617, AA 2004/782 (*Van Galen q.q./Circle Plastics*), r.o. 4.2.

618 HR 19 april 2013, *NJ* 2013/291 (*Koot Beheer/Tideman q.q.*), r.o. 3.8; ook al bleek de Hoge Raad eerder nog niet gevoelig voor dit argument, zie HR 18 juni 2004, *NJ* 2004/617, AA 2004/ 782 (*Van Galen q.q./Circle Plastics*), r.o. 4.3.

In deze zaak heeft de curator van de huurder van een bedrijfsruimte de lopende huurovereenkomst door opzegging beëindigd. Op dat ogenblik bleek die ruimte door het gebruik van de huurder beschadigd te zijn op basis waarvan de verhuurder schadevergoeding vordert. De verplichting daartoe was volgens de verhuurder een boedelschuld, omdat die is ontstaan door toedoen van de curator, bestaande uit de opzegging van de huurovereenkomst. Op basis van de jurisprudentie van de Hoge Raad was voor deze redenering ook wel iets te zeggen. Voor de A-G was dit ook reden om tot vernietiging te concluderen, maar de Hoge Raad is hem niet gevolgd. Hij verwerpt het casssatieberoep op twee gronden: de stelling dat de schadevergoedingsvordering een boedelschuld oplevert, is in strijd met in de eerste plaats de regels van artikel 37 e.v. over de wederkerige overeenkomsten (r.o. 3.6.1-3) en in de tweede plaats het systeem van de Faillissementswet voor het ontstaan van boedelschulden (r.o. 3.7.1-4). Het leidt tot de uitdrukkelijke erkenning door de Hoge Raad dat hij terugkomt op zijn eerdere, hiervoor genoemde, jurisprudentie (r.o. 3.8).

De koerswijziging door de Hoge Raad in 2013 betekent dat een schuld van de gefailleerde schuldenaar die niet kwalificeert als boedelschuld op basis van het criterium in nr. 236 hiervoor, in beginsel een faillissementsschuld is, mits deze voortvloeit uit een reeds ten tijde van de faillietverklaring bestaande rechtsverhouding met de schuldenaar. Ook al ontstaat deze schuld pas tijdens het faillissement door de curator, dan kan die slechts worden voldaan uit de vereffening van de boedel (art. 37, 37a), tenzij sprake is van een niet-verifieerbare vordering van de schuldeiser (nr. 234).[619] Als de schuld echter voortvloeit uit een verplichting die op de curator in zijn hoedanigheid rust, zoals de ontruimingsvordering bij opzegging van een huurovereenkomst, vormt die wel een boedelschuld.[620] Het recht van de verhuurder om het gehuurde leeg opgeleverd te krijgen bij het einde van de huur geldt overigens onafhankelijk van wie de huurovereenkomst opzegt: de curator of de verhuurder.

238. Rangorde boedelschulden en lege boedels

De curator heeft het ontstaan en de omvang van boedelschulden maar in beperkte mate in zijn macht. Een deel is door wetsduiding als zodanig aangemerkt (huur en loon vanaf de dag van de faillietverklaring; art. 39, 40). Voor een ander deel kan de curator nauwelijks een afweging maken of die schulden niet beperken (zoals ontruimingskosten bij huuropzegging respectievelijk affinancieringsverplichting bij beëindiging arbeidsovereenkomst).[621] Dit zijn immers verplichtingen die voortvloeien uit door de curator voor de boedel verrichte rechtshandelingen. Het feit dat deze verplichtingen doorgaans een basis vinden in al voor de faillietverklaring bestaande rechtsverhoudingen maakt dit niet anders.[622] Interessant is overigens dat het omgekeerde ook geldt: het feit dat een vordering mede haar grondslag vindt in een voor de faillietverklaring bestaande rechtsverhouding, maakt haar nog niet tot een bestaande vordering (in plaats van toekomstige).[623]

619 HR 19 april 2013, *NJ* 2013/291 (*Koot Beheer/Tideman q.q.*), r.o. 3.7.2.

620 HR 19 april 2013, *NJ* 2013/291 (*Koot Beheer/Tideman q.q.*), r.o. 3.8; HR 31 maart 2017, *NJ* 2018/142 (*VKP/Curatoren Aldel*), r.o. 3.4.2.

621 HR 18 juni 2004, *NJ* 2004/617, AA 2004/782 (*Van Galen q.q./Circle Plastics*), r.o. 4.2-3 en HR 19 april 2013, *NJ* 2013/291 (*Koot Beheer/Tideman q.q.*), r.o. 3.8. respectievelijk HR 12 november 1993, *NJ* 1994/229 (*Frima q.q./Blankers-Van Gennip*), r.o. 3.3.

622 HR 18 juni 2004, *NJ* 2004/617, AA 2004/782 (*Van Galen q.q./Circle Plastics*), r.o. 4.3; ABRvS 9 mei 2007, AB 2008, 268 (*Curator/B&W Maasdriel*), r.o. 2.1.3. Vgl. HR 4 juni 2021, *NJ* 2021/233 (*Gem. Ridderker/Heijnen q.q.*), 2.7.

623 HR 3 december 2010, *NJ* 2011/653 (*ING/Nederend q.q.*), r.o. 3.5.

Een en ander kan ertoe leiden dat de curator onvoldoende middelen heeft om alle boedelschuldeisers te voldoen. In beginsel kunnen deze schuldeisers hun vordering zonder verificatie bij de curator incasseren.[624] Een boedelschuldeiser kan beslag leggen en alle incassomaatregelen nemen die een gewone schuldeiser buiten faillissement ook kan treffen. Anders dan de faillissementsschuldeisers kunnen de boedelschuldeisers echter niet het faillissement van de curator in diens hoedanigheid verzoeken.

Als er te weinig is om alle boedelschuldeisers te voldoen, dreigt een nieuwe samenloop (*concursus*) maar nu tussen de boedelschuldeisers. Als de curator niet in staat is om uit de opbrengst van de boedelactiva alle boedelschulden te voldoen, is sprake van een zogenaamde 'negatieve' of 'lege' boedel.[625] In dit geval verricht de curator zijn werkzaamheden voor de boedelschuldeisers (onder wie hijzelf). Zo wordt een procedure afgewikkeld, terwijl degenen voor wie de procedure is bedoeld daar op geen enkele wijze profijt van hebben. Het faillissement leidt er dan immers niet toe dat de opbrengst van het vermogen van de gefailleerde schuldenaar overeenkomstig ieders rang wordt toegedeeld aan diens faillissementsschuldeisers.

Wanneer dan een boedelschuldeiser executiemaatregelen neemt, moet zo nodig een rangregeling worden getroffen (art. 480 e.v., 551a Rv). Hierbij geldt hetzelfde uitgangspunt als bij de faillissementsschuldeisers: ook de boedelschuldeisers hebben recht op een uitkering naar rato van hun rangorde.[626] Dit betekent dat de concurrente boedelschuldeisers als eerste een deel van hun vordering verliezen. Het verschil met de samenloop tussen de faillissementsschuldeisers is dat bij boedelschuldeisers geen fixatie optreedt. Er is niet een gegeven omvang van de schulden en de schuldeisers waarop een verdelingsprocedure kan worden losgelaten. Omdat geen fixatie van de boedelschuldeisers mogelijk is, kunnen latere schuldeisers hierdoor achter het net vissen, zelfs al zouden zij een hogere rang hebben, zoals de Ontvanger (art. 21 IW 1990) of werknemers (art. 3:288 sub e BW). Er komen telkens nieuwe boedelschuldeisers bij die op hun beurt ook weer aanspraak kunnen maken op een deel van de opbrengst. Bovendien is er jegens de boedelschuldeisers geen moratorium dat hen weerhoudt om hun vordering te incasseren of beslag te laten leggen, al wordt soms in kort geding een verbod tot (verdere) executie opgelegd.[627]

Als vaststaat dat de boedel onvoldoende actief bevat om een (concurrente) boedelschuld te voldoen, dan levert dat volgens de Hoge Raad een grond op om die af te wijzen. Bij de verdeling van het actief kunnen geen boedelschulden worden voldaan als de boedel daartoe geen middelen heeft. De beoordeling hiervan moet gebeuren op het tijdstip van de slotuitdeling; dan pas blijkt of er wel of niet voldoende middelen zijn om alle boedelschulden te voldoen.[628]

---

624 *Parl. Gesch. Fw* (Van der Feltz) I, p. 384; vgl. HR 19 april 2013, *NJ* 2013/291 (*Koot Beheer/Tideman q.q.*), r.o. 3.7.1; HR 31 oktober 2014, *NJ* 2014/484 (*CZ Zorgkantoor/Scholtes q.q.*), r.o. 3.4.2.

625 In de praktijk komen negatieve boedels veel voor; zie A.P.K. Luttikhuis, Corporate recovery: de weg naar effectief insolventierecht (diss. Tilburg) 2007, p. 42 en G. van Dijck, R.D. Vriesendorp, D.C.M.H. Vielvoye, *'Lege boedels: code rood of vals alarm?'*, TvI 2008, 33.

626 HR 28 september 1990, *NJ* 1991/305 (*De Ranitz & De Leeuw q.q./Ontvanger*), r.o. 3.5; HR 5 februari 2016, *NJ* 2016/187 (*Rabobank/Verdonk q.q.*), r.o. 3.3.3-4.

627 Zie bijv. Vzrtr. Rb. Breda 21 maart 2008, *JOR* 2008/178; vgl. HR 31 oktober 2014, *NJ* 2014, 484 (*CZ Zorgkantoor/Scholtes q.q.*), r.o. 3.4.2.

628 HR 31 oktober 2014, *NJ* 2014/484 (*CZ Zorgkantoor/Scholtes q.q.*), r.o. 3.4.2.

Een complicatie hierbij is dat de vordering van de curator voor zijn salaris en onkosten pas aan het einde van het faillissement kan worden vastgesteld, terwijl deze een superpreferentie heeft, omdat het hier gaat om kosten van uitwinning en boedelredding. Dit zijn de kosten van executie die als eerste moeten worden voldaan voordat tot uitdeling kan worden overgegaan (art. 3:277 lid 1 BW).[629] In de praktijk wordt dit dilemma voor een deel opgelost door de curator tussentijds voorschotten uit te betalen.[630]

5.5 Afwikkeling faillissement en einde

239. Inleiding

De faillissementsprocedure is geen permanente situatie; zij is erop gericht om ooit tot een einde te komen. Zo streeft de Raad voor de rechtspraak ernaar om 90% van de uitgesproken faillissementen in drie jaren af te ronden, maar in de praktijk is het nog niet zover. Zo was dit percentage in 2016 72% om in 2019 gezakt te zijn tot 63% en in 2020 weer enigszins gestegen tot 68%.[631]

In de ogen van de wetgever kan het beëindigen van een faillissementsprocedure langs verschillende wegen. Idealiter betaalt de schuldenaar al zijn schuldeisers volledig, al kan men zich afvragen of een faillissement dan wel nodig was geweest. Als de schuldenaar dit vlak na het uitspreken van het faillissement doet, zou dat ertoe kunnen leiden dat de faillietverklaring na verzet, hoger beroep of cassatie wordt vernietigd (art. 8 e.v.; zie par. 5.5.1). In de buurt van deze tamelijk ideale uitkomst ligt de situatie waarin de schuldenaar met zijn schuldeisers tot een akkoord komt (art. 138 e.v.; zie par. 5.5.2). Als dit echter niet lukt, zal de curator tot vereffening van het vermogen van de schuldenaar overgaan (art. 173 e.v.; zie par. 5.5.3). Vervolgens wordt de opbrengst hiervan verdeeld onder de schuldeisers. Als aannemelijk is dat wel kan worden uitgekeerd aan preferente schuldeisers, maar er onvoldoende opbrengst is om onder de concurrente schuldeisers te verdelen, kan de rechter-commissaris bepalen dat een vereenvoudigde afwikkeling plaatsvindt (art. 137a e.v.; zie nr. 254).

Deze wijzen van beëindiging van het faillissement kunnen de faillissementsschuldeisers nog enigerlei voldoening geven. In de praktijk blijkt beëindiging door opheffing wegens gebrek aan baten echter het meest voor te komen (art. 16; zie nr. 255). Dit kan in elk stadium van het faillissement gebeuren, maar levert voor de faillissementsschuldeisers uiteindelijk niets op. Een bijzondere wijze van beëindiging vormt ten slotte de omzetting van het faillissement in een schuldsanering natuurlijke personen (art. 15b e.v.; zie nr. 256).

In deze paragraaf worden per beëindigingswijze achtereenvolgens besproken de daarvoor noodzakelijke procedure, vereisten en gevolgen.

---

629 HR 28 september 1990, *NJ* 1991/305 (*De Ranitz & De Leeuw q.q./Ontvanger*), r.o. 3.5; HR 5 februari 2016, *NJ* 2016/187 (*Rabobank/Verdonk q.q.*), r.o. 3.3.3-4.

630 Art. 6.2 Recofa-richtlijnen voor faillissementen.

631 Zie Rvdr, De Rechtspraak, jaarverslag 2020, tabel 12.

5.5.1 *Vernietiging*

De vernietiging van de faillietverklaring leidt ertoe dat de faillissementstoestand van de schuldenaar wordt beëindigd. Het faillissement blijkt ten onrechte te zijn uitgesproken. In de praktijk komt de vernietiging maar weinig voor: begin deze eeuw varieerde het percentage vernietigingen tussen twee tot vier procent, maar vanaf 2012 wordt deze statistiek niet meer bijgehouden.[632]

Vernietiging is het gevolg van het instellen van een rechtsmiddel (verzet, hoger beroep en cassatie; par. 5.2.5). Dit kan door de schuldenaar of een belanghebbende worden gedaan, zoals werknemers(vertegenwoordigers) die in het geweer zijn gekomen tegen een eigen aangifte door de schuldenaar, omdat dit misbruik van faillissement zou zijn als daarmee bijvoorbeeld door een prepack met een beroep op artikel 7:666 BW werknemersbescherming wordt ontlopen.[633] Voor de procedure tot vernietiging en de daarvoor gestelde eisen zie hiervoor nr. 114.

Als de faillietverklaring met succes is vernietigd, is de schuldenaar – achteraf bezien – nooit failliet geweest. Hierdoor vervalt ook de grondslag voor de aanstelling van de curator. Feitelijk heeft hij die rol wel vervuld maar is hij door de vernietiging gedefungeerd: vanaf dan blijkt hij niet (meer) nodig. De uren en kosten die hij inmiddels in het faillissement heeft gemaakt, moeten echter wel betaald worden. Daarom moet de rechter die de faillietverklaring vernietigt, zich ook uitlaten over het bedrag van de faillissementskosten en het salaris van de curator (art. 15 lid 3 jo. 71). De rechter is in grote mate vrij te beslissen aan wie hij die kosten toedeelt: de aanvrager van het – achteraf ten onrechte uitgesproken – faillissement, de schuldenaar, of beiden, afhankelijk van wat hij juist acht en wat de reden voor de vernietiging is.[634] Voor zover de schuldenaar ooit weer vermogen zal hebben om deze kosten te voldoen kan de curator gebruikmaken van het bevelschrift dat de rechtbank hem uitgeeft, waarmee hij een executoriale titel heeft (art. 15 lid 3).

Anders dan bij de opheffing van het faillissement wegens gebrek aan baten is aan deze vordering van de curator geen voorrang verbonden (art. 16 lid 2). Door de vernietiging van het faillissement is er ook geen samenloop met andere schuldeisers, zodat een voorrangspositie niet nodig is. In een eventueel later faillissement is de curator voor deze vordering slechts concurrent schuldeiser.

De vernietiging van de faillietverklaring moet zo snel mogelijk wereldkundig worden gemaakt. Op de griffier van het gerecht dat de vernietiging uitspreekt rust daarom de verplichting om de curator daarover onmiddellijk in te lichten en ervoor te zorgen

632 CBS Statline (juni 2021) kent nog wel de tabel 'Faillissementen; stroomcijfers, 1981-2011' waarin het aantal vernietigde en anderszins beëindigde faillissementen is geregistreerd, maar actuele cijfers na maart 2012 ontbreken.

633 Zie HR 29 juni 2001, *JOR* 2001/169, AA 2002/260 (*MTW/FNV & Vermaat*); HR 28 mei 2004, *NJ* 2006/4 (*De Boek/Van Gorp; Digicolor*) over mogelijk misbruik om werknemersbescherming te ontwijken. Andere vormen van mogelijk misbruik hebben zich voorgedaan in HR 20 september 1996, *NJ* 1997/640 (*Verhees/Octrooibureau Zuid*); HR 10 november 2000, *NJ* 2001/249 (*Gem. Dantumadeel*); HR 3 september 2010, RvdW 2010/982 (*X/RWE*); HR 18 december 2015, *NJ* 2016/172 (*Hoeksma q.q./RM Trade*) en HR 22 december 2017, *NJ* 2018/154 (Boersen pro se en q.q./Pensioenfonds Levensmiddelenbedrijf).

634 Zie MvT Kamerstukken TK (1924-1925), 306 en Kamerstukken TK (1924-1925), Handelingen 306, *Parl. Gesch. Fw* (Kortmann/Faber), p. 30, 31-36.

dat de postblokkade wordt opgeheven (art. 15 lid 1). Is het vonnis tot faillietverklaring in hoger beroep of cassatie vernietigd, dan moet die griffier dat bericht ook doorgeven aan de griffier van de rechtbank die de faillietverklaring had uitgesproken (art. 15 lid 2). De beslissing moet ook worden aangetekend in het centraal openbaar register (art. 19 lid 1 sub 1[635]), het Centraal Insolventieregister (art. 19a).

Omdat tussen de faillietverklaring en de vernietiging enig tijdsverloop is en de curator in die periode doorgaans de nodige rechtshandelingen zal hebben verricht, blijven deze hun gelding behouden (art. 13). Hiermee wordt voorkomen dat zolang het faillissement niet onherroepelijk is omdat nog rechtsmiddelen kunnen worden ingesteld, derden met wie de curator handelt in het onzekere blijven of die rechtshandelingen geldig en onaantastbaar zijn. Een uitzondering wordt alleen gemaakt voor eventuele opzeggingen van arbeidsovereenkomsten die de curator op grond van artikel 40 heeft gedaan. Deze worden met terugwerkende kracht beheerst door de gewone – wettelijke en overeengekomen – regels van opzegging die gelden buiten faillissement (art. 13a).

De vernietiging leidt ertoe dat de executierechten van de schuldeisers geacht moeten worden nooit te zijn geëindigd. Dit betekent onder meer dat beslagen die vóór de faillietverklaring waren gelegd en die op grond van artikel 33 waren komen te vervallen, weer herleven (art. 33 lid 2). Als het beslag in een openbaar register was aangetekend en na de faillietverklaring op grond van de verklaring van de rechter-commissaris is doorgehaald, vervalt de herleving van het beslag als niet binnen veertien dagen een exploot is ingeschreven dat van de herleving mededeling is gedaan aan de schuldenaar.

5.5.2 Akkoord

240. Motieven en drijfveren

Als volledige betaling van alle schuldeisers niet mogelijk blijkt en het faillissement dus terecht is uitgesproken, is het voor de schuldenaar (en meestal ook de schuldeisers) een van de aantrekkelijkste opties om gezamenlijk tot een akkoord te komen.[636] Wanneer de rechtbank een akkoord tussen de schuldenaar en zijn concurrente schuldeisers bekrachtigt (homologeert), eindigt het faillissement van rechtswege zodra het homologatievonnis in kracht van gewijsde is gegaan (art. 161).

Voor de schuldenaar heeft een akkoord met zijn schuldeisers de volgende voordelen: het faillissement eindigt en omdat het akkoord verbindend is voor alle schuldeisers (art. 157) heeft de schuldenaar in beginsel geen restschuld meer aan zijn schuldeisers. Artikel 195 dat schuldeisers weer in staat stelt hun executierechten uit te oefenen voor zover hun vorderingen onvoldaan zijn gebleven speelt alleen als het faillissement is geëindigd door het verbindend worden van de slotuitdelingslijst

---

635 Art. 19 lid 1 sub 1 gaat over opheffing van de faillietverklaring ten gevolge van vernietiging op verzet, hoger beroep of cassatie en art. 19 lid 1 sub 5 over de opheffing van het faillissement op grond van art. 15b of 16; vgl. *Parl. Gesch. Fw* (Van der Feltz) I, p. 338.

636 In de periode 1981-2011 (het laatste jaar dat het CBS heeft bijgehouden in de tabel 'Faillissementen; stroomcijfers, 1981-2011') lag het aantal door een akkoord beëindigde faillissementen ruimschoots onder 5%, op een korte periode (1997-2000) na, waarin het varieerde tussen 5 en 7%; CBS Statline (juni 2021). Latere publieke cijfers ontbreken.

(par. 5.5.3), maar is niet van toepassing bij een akkoord. Bij een akkoord kan het zijn dat het onbetaald gebleven gedeelte als natuurlijke verbintenis achterblijft, maar uiteindelijk hangt het af van de interpretatie van het akkoord.[637] Een ander voordeel voor de schuldenaar die een rechtspersoon is, is dat deze blijft bestaan en niet ontbonden wordt als gevolg van de insolventie (art. 2:19 lid 1 sub c BW jo. 173 lid 1).

Voor de schuldeisers kan het aantrekkelijk zijn om met een akkoord in te stemmen (en een deel van hun vordering prijs te geven), als zij daardoor meer ontvangen dan bij een vereffening. Dit kan het gevolg zijn als een derde (familielid, zakenpartner) bereid is het akkoord mede te financieren, waardoor meer te verdelen valt. Voorts kan de schuldeiser eerder over de opbrengst van zijn vordering beschikken dan wanneer hij een volledige vereffening moet afwachten, waardoor de faillissementskosten ook niet verder zullen stijgen. Ten slotte kan een schuldeiser er voor zijn eigen bedrijfsvoering belang bij hebben dat de schuldenaar zijn activiteiten voortzet.

Het gerechtelijk akkoord heeft het karakter van een overeenkomst van alle schuldeisers met de schuldenaar waarin zij hun rechtsverhouding nader regelen. Het akkoord komt in de praktijk in verschillende varianten voor (nr. 241) en moet worden aangenomen met een gewone meerderheid van stemmen (nr. 242-243). Om echter bindend te zijn voor alle schuldeisers, dus ook voor degenen die zich daarover niet hebben uitgelaten of zelfs hebben tegengestemd, is rechterlijke tussenkomst vereist. Dit heet homologatie van het akkoord en gebeurt met een bijzondere procedure (nr. 244). In deze procedure toetst de rechter het voorgelegde akkoord aan verschillende vereisten (nr. 245). Ten slotte worden in deze subparagraaf de gevolgen van de verschillende varianten van een akkoord besproken (nr. 246-247) en de ontbinding daarvan (nr. 248).

241. Inhoud van het akkoord

Een akkoord is een overeenkomst tussen enerzijds de schuldenaar en anderzijds de schuldeisers. Partijen hebben een grote mate van vrijheid bij de invulling van het akkoord. De schuldenaar kan hierbij maatwerk leveren, want het is aan hem overgelaten hoe hij het (ontwerp)akkoord vormgeeft. Wel zal hij zich doorgaans mede laten leiden door de signalen die hij van zijn belangrijkste schuldeisers zal hebben ontvangen, wil hij voldoende steun voor zijn plannen ontvangen. Hij heeft hiertoe maar één mogelijkheid omdat bij weigering van de homologatie geen nieuw akkoord meer kan worden aangenomen (art. 157).

Het akkoord kan zijn neergelegd in een uitgebreid document, maar kan ook summier zijn omschreven. Voor de uitleg gelden de gewone civielrechtelijke uitlegregels.[638] In de praktijk wordt meestal gewerkt met een zogenaamd percentageakkoord. Bij een percentageakkoord biedt de schuldenaar zijn schuldeisers aan om een bepaald percentage van de vorderingen te voldoen. Dit kan in geld gebeuren, maar ook in waardepapieren, zoals effecten of schuldbekentenissen.

---

637 Zie Wessels, *Insolventierecht VI*, nr. 6021-23.

638 Zie bijv. Hof Amsterdam 21 mei 2019, *JOR* 2019/234 (*Garda & Julias Bär/Lehman Brothers Treasury*), r.o. 3.6-8; vgl. hierover ook SBR deel 3, par. 7.2.

Soms wordt hierbij – met het oog op de stemverhoudingen (zie nr. 243) – een getrapt systeem voorgesteld, waarbij de kleine schuldeisers tot een bepaald bedrag (bijvoorbeeld € 1.000) volledig voldaan worden en over het meerdere een bepaald percentage krijgen. Hierbij kan ook weer een staffel worden gebruikt waarbij het percentage dat wordt uitgekeerd afneemt naarmate de openstaande vordering groter is. Hoewel dit lijkt op het krachtens artikel 153 lid 2 sub 3 verboden sluipakkoord (vgl. art. 346 Sr), verschilt het daarvan, omdat hier geen sprake is van verzwegen begunstiging of iets dergelijks, maar van een transparant proces, waarbij het voor iedereen duidelijk is dat anders het akkoord niet doorgaat en alle schuldeisers uiteindelijk minder op hun vordering ontvangen.[639]

Daarnaast komt soms het liquidatie- of boedelafstandsakkoord voor en bij natuurlijke personen het spaar- of inverdienakkoord.

Als de schuldenaar zijn schuldeisers een liquidatieakkoord aanbiedt, doet hij in feite afstand van zijn vermogen ten gunste van zijn schuldeisers. In plaats van de curator gaat dan een door die schuldeisers aangewezen persoon tot vereffening over. In geval van een spaar- of inverdienakkoord blijft de schuldenaar gedurende enige tijd in de insolventieprocedure, terwijl intussen periodiek een bedrag opzij wordt gezet dat aan het einde wordt uitgedeeld aan de schuldeisers.[640]

242. *Aannemen van het akkoord; procedure*

Nadat het ontwerp van een akkoord is opgetuigd kan dit aan de schuldeisers worden voorgelegd om over te stemmen. De wet biedt de schuldenaar hiertoe twee mogelijkheden om deze eerste fase succesvol te doorlopen. Het akkoord wordt aangenomen door de wettelijk vereiste meerderheid van concurrente schuldeisers (art. 145) of het wordt vastgesteld door de rechter-commissaris 'als ware het aangenomen' (art. 146).

Voordat tot stemming kan worden overgegaan moeten de schuldeisers beschikken over een voorstel van een akkoord. Een akkoord is niet aan enige vorm gebonden behalve dat het op schrift gesteld moet zijn. Het moet immers te raadplegen zijn door de schuldeisers. Het voorstel wordt in de praktijk vaak met hulp van, of soms zelfs op initiatief van, de curator ontworpen, hoewel de wetgever ervan uitgaat dat het akkoord door de schuldenaar wordt aangeboden.[641] Omdat hij door de faillietverklaring de beschikking en het beheer over zijn vermogen is verloren, heeft de wet de schuldenaar in artikel 138 uitdrukkelijk de bevoegdheid verleend om het akkoord aan te bieden, waarbij het van belang werd geacht dat hij dit persoonlijk doet. Sinds 2019 geldt niet meer de eis dat de schuldenaar ook bij de behandeling van het akkoord in persoon aanwezig moet zijn om zo nodig inlichtingen te verstrekken en het voorstel te verdedigen, maar bepaalt de rechter-commissaris of zijn aanwezigheid is vereist (art. 116, 144). Door de coronapandemie is de wijze van bijeenkomen en vergaderen sowieso aanmerkelijk veranderd en vervangen door digitale bijeenkomsten. De schuldenaar mag zich weliswaar laten bijstaan door een gemachtigde,

---

639 Zie in de context van een akkoord in surseance van betaling – waar dezelfde bepaling geldt (art. 272 lid 2 sub 3; nr. 296) – als eerste: Rb. Utrecht 9 augustus 1989, *NJ* 1990, 399 (*Breevast*); daarna is deze gang van zaken door verschillende rechters al dan niet impliciet goedgekeurd, zie bijv. HR 24 juni 1994, *NJ* 1995/368 (*ING/Klützow*), r.o. 3.3; Hof 's-Hertogenbosch 29 oktober 1997, *NJ* 1998/635 (*Combifleur*); Hof Amsterdam 5 november 2005, *JOR* 2007/51 (*Carrier 1*); Hof Arnhem-Leeuwarden 21 juli 2015, *JOR* 2015/317 (*Spyker*); Rb Rotterdam 18 december 2018, *JOR* 2019/112 (*H&D Industrial*).

640 P. Huver, '*Inverdienakkoord*', TvI 1996, p. 86-87.

641 Zie ook art. 5.1a Recofa-richtlijnen voor faillissementen.

maar mocht zich vroeger niet laten vervangen door een zaakwaarnemer of zijn echtgenoot.[642] Voor het vertrouwen dat schuldeisers moeten krijgen bij het voorgelegde akkoord lijkt vervanging niet raadzaam, tenzij het uiteraard niet anders kan door bijvoorbeeld ziekte.

Sinds het in werking treden van de Europese Insolventieverordening per 31 mei 2002, valt de bevoegdheid om een akkoord voor te stellen in een zogenaamde secundaire procedure (zie nr. 83) in Nederland ook toe aan de insolventiefunctionaris van de buitenlandse hoofdprocedure (art. 47 lid 1 InsVo). Deze heeft dan op grond van artikel 7 lid 2 sub j InsVo de Nederlandse regels te volgen (vgl. art. 172a).

Het ontwerp van het akkoord moet bijtijds (ten minste acht dagen) voor de verificatievergadering ter griffie worden gedeponeerd (art. 139). Anders is een uitstel van de verificatievergadering mogelijk (art. 141 lid 2), want na de verificatievergadering kan de schuldenaar geen akkoord meer voorleggen (art. 173). Tevens moet het ontwerp aan de curator en – voor zover aanwezig – de leden van de schuldeiserscommissie worden aangeboden (art. 139 lid 2). Zij moeten namelijk schriftelijk advies over het akkoord uitbrengen op de verificatievergadering (art. 140), zodat de schuldeisers een weloverwogen standpunt kunnen innemen.

Tijdens de verificatievergadering wordt over het voorstel beraadslaagd. De schuldenaar mag het voorstel toelichten en verdedigen en zo nodig wijzigingen aanbrengen (art. 144). Hoewel de wet zwijgt over de rol van de curator anders dan als schriftelijk adviseur (art. 140), wordt in de praktijk ook aan hem de mogelijkheid geboden om het voorstel toe te lichten.[643]

Eventueel wordt de verificatievergadering op een van de twee specifieke gronden van artikel 141 uitgesteld en anders kan de rechter-commissaris een of meer nadere verificatievergaderingen bepalen (art. 119 lid 3). Tenzij het voorstel wordt ingetrokken wordt daarover uiteindelijk gestemd door de stemgerechtigde schuldeisers (zie nr. 243).

In het proces-verbaal van de vergadering wordt de uitslag van de stemming opgenomen samen met de inhoud van het akkoord, de namen van de verschenen stemgerechtigde schuldeisers, hun stemgedrag en eventuele andere relevante gebeurtenissen ter vergadering (art. 148). Dit proces-verbaal ligt gedurende acht dagen na de verificatievergadering voor een ieder ter kosteloze inzage bij de griffie van de rechtbank. Blijkt het proces-verbaal te vermelden dat de rechter-commissaris het akkoord ten onrechte als verworpen beschouwt, dan kunnen de schuldenaar en de voorstemmers gedurende die inzagetermijn verbetering van het proces-verbaal verlangen (art. 149).

Als het akkoord is aangenomen of vastgesteld op de voet van artikel 145 of 146, dan bepaalt de rechter-commissaris de zitting waarop de rechtbank de homologatie van het akkoord zal behandelen (art. 150). Deze zitting moet snel na de verificatievergadering plaatsvinden: niet eerder dan na acht dagen (in verband met de inzage en herstelmogelijkheid van art. 148 en 149) maar niet later dan veertien dagen na afloop van de verificatievergadering (art. 150). Als gebruik wordt gemaakt van de

642 *Parl. Gesch. Fw* (Van der Feltz) II, p. 152.
643 Art. 5.1f Recofa-richtlijnen voor faillissementen.

herstelmogelijkheid van artikel 149 begint de termijn te lopen vanaf de dag van de daarop gegeven beschikking (art. 149 lid 3).

Als het voorstel is verworpen, is homologatie uiteraard niet meer aan de orde. In dat geval treedt van rechtswege de staat van insolventie in (art. 173). Om te voorkomen dat een schuldenaar laag inzet en met een mager voorstel wil onderzoeken hoe de stemverhoudingen bij zijn schuldeisers liggen, wordt hem slechts eenmaal de gelegenheid geboden om een akkoord aan te bieden: na verwerping kan hij niet nog een keer een akkoord voorstellen (art. 158).[644]

243. Vereisten voor het aannemen van het akkoord

Het akkoord biedt de schuldenaar en de schuldeisers de kans om tot een minnelijke schuldsanering te komen. Deze mogelijkheid hadden zij overigens ook al voor de faillietverklaring; niets verhinderde dat zij toen al tot overeenstemming kwamen. Bij het onderhands akkoord buiten een insolventieprocedure is echter de instemming van alle schuldeisers vereist, want zonder die instemming bindt het akkoord hen niet (zie par. 3.2 e.v.), maar met de invoering van de WHOA zijn ook de mogelijkheden als niet alle schuldeisers instemmen aanmerkelijk verbeterd (par. 4.2.2). In faillissement geldt evenmin de strenge eis dat iedereen moet instemmen, al lag tot begin 2005 de lat nog wel behoorlijk hoog: toen kon een akkoord pas worden aangenomen met twee derde van het totaal aan erkende en voorwaardelijk toegelaten concurrente schuldeisers, die tezamen drie vierde van het uitstaande bedrag aan concurrente vorderingen vertegenwoordigden. Sindsdien kan een akkoord echter al worden aangenomen, als de meerderheid (50% + 1) van alleen maar de ter verificatievergadering verschenen erkende en voorwaardelijk toegelaten concurrente schuldeisers hiermee instemt. Daarnaast moeten zij gezamenlijk meer dan de helft van het bedrag aan uitstaande erkende en voorwaardelijk toegelaten concurrente vorderingen vertegenwoordigen (art. 145).

Alleen erkende en voorwaardelijk toegelaten concurrente schuldeisers zijn stemgerechtigd. Voor de preferente schuldeisers is geen plaats, tenzij zij op voorhand – definitief, dus ook als het akkoord niet wordt aangenomen (art. 143 lid 2) – afstand doen van hun voorrang (art. 143). De reden is dat preferente schuldeisers in tegenstelling tot concurrente schuldeisers, niet zijn gebonden aan een gehomologeerd akkoord (art. 157). In het preferentiesysteem zouden zij ook volledig voldaan moeten zijn voordat ook maar enige uitkering aan concurrente schuldeisers zou zijn toegestaan. In de praktijk werkt het vaak niet zo. Akkoorden met concurrente schuldeisers worden ook opgesteld en aangenomen als de preferente schuldeisers niet helemaal voldaan worden. Wel is dan vereist dat deze allemaal met het akkoord instemmen en soms stellen de preferente schuldeisers daaraan bepaalde voorwaarden, zoals de belastingdienst (nr. 247).[645]

Het lijkt misschien niet voor de hand te liggen dat een preferente schuldeiser afstand zou doen van zijn bevoorrechte positie, maar soms kan zijn deelname aan de stemming belangrijk zijn om het akkoord aangenomen te krijgen. Hiertoe zal die schuldeiser bereid kunnen zijn als hij belang heeft bij het voortbestaan van de

644 *Parl. Gesch. Fw* (Van der Feltz) II, p. 186.
645 Art. 26.3.5 Leidraad Invordering 2008 en art. 22 Uitvoeringsregeling Invordering (*Stcrt.* 2002, 216).

schuldenaar, bijvoorbeeld omdat de schuldenaar een belangrijke handelspartner is die op deze manier kan worden gered of op gronden aan het algemeen belang ontleend, zoals de belastingdienst.

Schuldeisers van wie de vordering wordt betwist en waarover ondanks bemiddeling door de rechter-commissaris ter verificatievergadering geen schikking wordt bereikt (art. 122), mogen niet deelnemen aan de stemming, tenzij de rechter-commissaris hun vordering voorwaardelijk heeft toegelaten (art. 125).

Hoewel de versoepeling door de wetgever in 2005 de tegenstanders van een akkoord nu dwingt om de verificatievergadering bij te wonen, omdat het quorum sindsdien wordt bepaald door het aantal verschenen schuldeisers, behouden de grote schuldeisers nog steeds veel invloed. De voorstemmers moeten immers wel de helft van het aanwezige uitstaande passief aan concurrente schulden vertegenwoordigen. Hier is de wetgever de schuldenaar in 2005 ook te hulp geschoten. Toen is immers de mogelijkheid opgenomen dat de schuldenaar of de curator aan de rechter-commissaris verzoekt om het akkoord – ondanks de verwerping op basis van de stemming van artikel 145 – toch 'als ware het aangenomen' vast te stellen (art. 146). Desondanks heeft de versoepeling van de vereisten om een akkoord aan te nemen niet geleid tot een significant hoger percentage gehomologeerde akkoorden.[646]

Wil de rechter-commissaris het akkoord vaststellen als ware het aangenomen, dan is hiervoor vereist dat ten minste drie vierde van de ter verificatievergadering aanwezige erkende en voorwaardelijk toegelaten concurrente schuldeisers hebben voorgestemd, maar er is geen quorumeis meer over het door hen vertegenwoordigde bedrag aan uitstaande vorderingen gesteld (art. 146 sub a). Zo kan een schuldeiser met een grote vordering worden overstemd door vele schuldeisers met kleine vorderingen. Als aan deze aangepaste quorumeis is voldaan, moet de rechter-commissaris afwegen of het akkoord is afgewezen doordat een of meer schuldeisers hebben tegengestemd die bij een eventuele vereffening van het vermogen niet of nauwelijks meer zullen ontvangen. Hierbij heeft de rechter-commissaris de nodige discretionaire bevoegdheid, waarbij hij overigens ook alle andere omstandigheden moet laten meewegen (art. 146 sub b).

Deze situatie kan zich bijvoorbeeld voordoen als een bevriende partij (familie, zakenpartner) bereid is om financieel bij te springen als het akkoord wordt aangenomen. Deze bijdrage ontbreekt als het akkoord niet wordt aangenomen en het tot een vereffening komt, zodat dan minder onder de schuldeisers te verdelen valt, waardoor een aantal schuldeisers kan worden verleid om toch in te stemmen.

Om te voorkomen dat onduidelijk blijft of het akkoord nu wel of niet is aangenomen, of eventueel is vastgesteld als ware het aangenomen, heeft de wetgever bepaald dat latere veranderingen in het getal van de schuldeisers of het bedrag van de vorderingen geen invloed op die uitkomst hebben (art. 147). De enige uitzondering is gelegen in de mogelijkheid het proces-verbaal van de verificatievergadering gedurende

646 In de periode 2001-2005 daalde het percentage akkoorden op het totaal aantal beëindigde faillissementen van 4,5% naar 1,6% om van 2006 tot 2012 te fluctueren tussen 1,7% (2006) naar 2,8% (2008) tot 1,9% (2011; het laatste jaar dat het CBS heeft bijgehouden in de tabel 'Faillissementen; stroomcijfers, 1981-2011'); CBS Statline (juni 2021).

korte tijd te rectificeren als zou blijken dat de rechter-commissaris het akkoord ten onrechte als verworpen zou hebben beschouwd (art. 149).

Interessant is de vraag wat de gevolgen zijn als de rechter-commissaris ten onrechte heeft geconstateerd dat het akkoord is aangenomen of de vaststelling ex artikel 146 heeft gedaan. In dat geval ligt het akkoord ter homologatie bij de rechtbank voor. Dan is er geen ruimte om het akkoord alsnog als verworpen te beschouwen, maar zal de rechtbank zo nodig – maar niet per definitie – de homologatie moeten weigeren.[647]

244. Homologatie van het akkoord; procedure

Als het akkoord is aangenomen (art. 145) of de rechter-commissaris het aangeboden akkoord heeft vastgesteld als ware het aangenomen (art. 146), dan moet de rechtbank dit bekrachtigen in een zogenaamde homologatieprocedure. Deze rechterlijke tussenkomst is vooral bedoeld om de belangen van de concurrente schuldeisers te waarborgen. Door het akkoord verliezen zij immers een deel van hun aanspraak op de schuldenaar, zelfs als zij tegen het akkoord hadden gestemd of niet wisten dat een akkoord was aangenomen (art. 157).

De homologatieprocedure is geen procedure op tegenspraak tussen twee of meer partijen, waarop de bepalingen uit het Wetboek van Burgerlijke Rechtsvordering van toepassing zijn, maar een door de Faillissementswet geregelde procedure, gericht op een snelle beslissing over het akkoord. In deze procedure verleent de rechter naar eigen inzicht zijn goedkeuring aan het akkoord of weigert hij die, waarbij hij een grote mate van vrijheid heeft.[648] Hierbij is hij op geen enkele wijze gebonden aan wat een schuldeiser, schuldenaar, curator of rechter-commissaris in deze procedure opwerpt.[649] Ook de gewone regels van stelplicht en bewijslast zijn niet van toepassing. De rechter moet echter wel voldoende inzicht geven in zijn gedachtegang om zijn beslissing voor de belanghebbenden én derden (onder wie de hogere rechter) controleerbaar en aanvaardbaar te maken.[650] Voor belanghebbenden zijn immers meestal ingrijpende gevolgen verbonden aan de homologatiebeslissing.

Bij de homologatieprocedure is de gang van zaken als volgt. De rechter-commissaris bepaalt de dag waarop de rechtbank de homologatie van het akkoord behandelt, tenzij de rechtbank dit doet in geval van een verbetering van het proces-verbaal van de verificatievergadering (art. 149). De curator brengt vervolgens de schuldeisers daarvan op de hoogte. Daarna kunnen de schuldeisers de rechter-commissaris schriftelijk redenen opgeven waarom de rechtbank de homologatie moet weigeren (art. 151). De rechter-commissaris verwerkt deze in zijn schriftelijk rapport dat hij ter zitting uitbrengt. Daarnaast kan iedere schuldeiser op deze zitting (al dan niet

647 Dit is omstreden: volgens Wessels zou de rechtbank in dat geval de homologatie zonder meer moeten weigeren (Insolventierecht VI, nr. 6115); Rb. Rotterdam 2 december 2008, ECLI:NL:RBROT:2008:BG7204 hanteert haar discretionaire bevoegdheid om desondanks het akkoord te homologeren.

648 Zie bijv. Hof Arnhem-Leeuwarden 27 november 2014, ECLI:NL:GHARL:2014:9173; Hof Arnhem-Leeuwarden 20 januari 2020, *JOR* 2020/237. Zie voor de gelijkluidende bepaling in surseance van betaling HR 26 augustus 2003, *NJ* 2004/549 (*Intercomm/UPC*), r.o. 3.9.3.

649 HR 15 december 2000, *NJ* 2001/262 (Radius); zie voor de gelijkluidende bepaling in surseance van betaling HR 26 augustus 2003, *NJ* 2004/549 (*Intercomm/ UPC*), r.o. 3.3.2.

650 Zie voor de gelijkluidende bepaling in surseance van betaling HR 26 augustus 2003, *NJ* 2004/549 (*Intercomm/UPC*), r.o. 3.3.2.

vertegenwoordigd door een schriftelijk gemachtigde of een advocaat) aan de rechtbank de gronden kenbaar maken waarom zij volgens hem de homologatie moet uitspreken of juist weigeren. Ook de schuldenaar is bevoegd voor zijn eigen belangen op te komen (art. 152).

245. Vereisten voor homologatie; imperatieve en facultatieve weigeringsgronden

Het wettelijk systeem gaat ervan uit dat de homologatie wordt uitgesproken, tenzij er gronden zijn om die te weigeren. Er zijn verschillende situaties waarin de rechtbank verplicht is om de homologatie te weigeren (de zogenaamde 'imperatieve weigeringsgronden'). Dit is het geval als de boedel aanmerkelijk groter is dan het bedrag dat de schuldenaar moet betalen aan zijn schuldeisers op basis van het akkoord (art. 153 lid 2 sub 1), de nakoming van het akkoord onzeker is en onvoldoende gewaarborgd (art. 153 lid 2 sub 2) of het akkoord tot stand is gekomen door bedrog, begunstiging van een of meer schuldeisers of andere oneerlijke middelen om hen gunstig te stemmen (art. 153 lid 2 sub 3).

Deze weigeringsgronden moeten bescherming bieden tegen een te lichtvaardig aangenomen of misleidend akkoord. Door de homologatie eindigt immers het faillissement (art. 161) en als de schuldenaar dan nog aanmerkelijk actief uit de boedel overhoudt, zouden de schuldeisers er te bekaaid vanaf komen.[651] Het tegenovergestelde doet zich voor als de nakoming van het akkoord onvoldoende gewaarborgd is. Dan is de kans groot dat het akkoord moet worden ontbonden (zie nr. 248), waardoor het faillissement weer heropend wordt (art. 167), met alle complicaties en extra kosten van dien. Ingeval er gemanipuleerd is om tot een gunstige stemverhouding te komen door bepaalde schuldeisers in het geheim te begunstigen of op een andere manier over de streep te trekken, spreekt men wel over een sluipakkoord.[652] Hiermee zouden vooral kleine schuldeisers tot instemming met het akkoord kunnen worden verleid met de belofte van een volledige betaling, althans een groter gedeelte van hun vordering. Deze situatie heeft men met de imperatieve weigeringsgronden van artikel 153 lid 2 willen voorkomen. Dit is echter iets anders dan de – wel toelaatbare – transparante variant van een gestaffeld akkoord waardoor kleine schuldeisers een groter deel van hun vordering voldaan krijgen (zie nr.241).

Los van deze imperatieve weigeringsgronden, waarbij de rechter weinig speelruimte heeft om het akkoord te homologeren, heeft hij voor het overige wel een grote mate van vrijheid bij zijn beoordeling of hij het akkoord homologeert of dat weigert. Voor dit laatste biedt de wetgever de rechter de mogelijkheid om de homologatie ook ambtshalve en op andere gronden te weigeren (de zogenaamde 'facultatieve weigeringsgrond'; art. 153 lid 3). Blijft staan dat de beschikking van de rechtbank waarin hij tot homologatie of weigering daarvan oordeelt, voldoende inzicht moet geven in zijn gedachtegang.[653]

De rechtbank doet haar uitspraak bij beschikking. Als de rechtbank homologatie weigert, kunnen de schuldenaar en de schuldeisers die hebben voorgestemd binnen acht dagen na de beschikking in hoger beroep komen door een daarop gericht

651 Zie bijv. Hof Arnhem-Leeuwarden 27 november 2014, ECLI:NL:GHARL:2014:9173, r.o. 4.5-8; Hof Arnhem-Leeuwarden 20 januari 2020, *JOR* 2020/237, r.o. 3.6-8.
652 *Parl. Gesch. Fw* (Van der Feltz) II, p. 177.
653 Zie voor de gelijkluidende bepaling in surseance van betaling HR 26 augustus 2003, *NJ* 2004/549 (*Intercomm/UPC*), r.o. 3.3.2.

verzoekschrift bij het bevoegde gerechtshof in te dienen. Hetzelfde recht hebben de schuldeisers die hebben tegengestemd of afwezig waren (art. 154). Dit hoger beroep moet binnen twintig dagen worden behandeld, waarna het gerechtshof zo spoedig mogelijk zijn met redenen omklede beschikking geeft (art. 155). Cassatie wordt op dezelfde wijze en met dezelfde termijn van acht dagen ingesteld (art. 156).

De gevolgen van een gehomologeerd akkoord voor de schuldenaar en de schuldeisers hangen af van de inhoud daarvan, maar procedureel zijn enkele vaste elementen te zien.

246. Gevolgen van homologatie voor de schuldenaar

Een direct gevolg voor de schuldenaar is dat het faillissement van rechtswege eindigt als de homologatie van het akkoord in kracht van gewijsde gaat (art. 161). Hier komt verder geen rechter meer aan te pas. Daarom ook moet de curator ter voorbereiding op de verificatievergadering waar het akkoord wordt behandeld zijn (financieel) eindverslag inleveren met een verzoek tot salarisvaststelling door de rechtbank.[654] Verder is als uitvloeisel hiervan de schuldenaar weer volledig beschikkingsbevoegd over zijn vermogen. Eventuele door de curator ingestelde paulianavorderingen komen door de homologatie van rechtswege te vervallen (art. 50); er is ook geen curator meer. Diens rol kan echter worden overgenomen door vereffenaars als de schuldenaar in het akkoord afstand heeft gedaan van zijn gehele vermogen ten behoeve van zijn schuldeisers (boedelafstand).

De curator legt ten overstaan van de rechter-commissaris rekening en verantwoording af aan de schuldenaar en retourneert hem alle goederen, gelden, boeken en papieren die hij onder zich had (art. 162). Zolang hij echter niet de benodigde gelden heeft ontvangen om alle erkende preferente schuldeisers en de faillissementskosten (waaronder zijn salaris en verschotten) te voldoen of daarvoor zekerheid is gesteld, mag de curator deze nog onder zich houden (art. 163). Voor zover de voorrang betwist is en dit door de rechter-commissaris voorwaardelijk is erkend (art. 125), hoeft de schuldenaar daarvoor slechts zekerheid te stellen (art. 164).

247. Gevolgen van homologatie voor de schuldeisers

Voor de schuldeisers is de homologatie van het akkoord op een andere manier ingrijpend, althans voor zover hun vordering door het akkoord wordt beïnvloed. Het akkoord is namelijk verbindend voor alle concurrente schuldeisers, zelfs als zij hadden tegengestemd of in het geheel niet waren opgekomen in het faillissement (art. 157). De preferente schuldeisers zijn niet aan het akkoord gebonden, omdat de wetgever ervan uitging dat zij volledig worden voldaan voordat het tot enigerlei uitkering aan de concurrente schuldeisers komt. Toch wordt tegenwoordig in de praktijk ook vaak een bijdrage verwacht van de preferente schuldeisers, omdat zij ook bij een uitdeling op basis van een (slot)uitdelingslijst niet meer hun volledige vordering ontvangen. Een belangrijke preferente schuldeiser, de Ontvanger (belastingdienst), werkt echter alleen maar mee aan een saneringsakkoord als ook aan de preferente schuldeisers tenminste het dubbele percentage wordt uitgekeerd van dat wat aan de

654 Zie art. 5.1c, 6.3b en d Recofa-richtlijnen voor faillissementen.

concurrente schuldeisers toekomt (nr. 243).[655] In de schuldsanering natuurlijke personen is dit inmiddels gecodificeerd in artikel 349 lid 2 (zie nr. 363).

Het gedeelte van de vorderingen van de concurrente schuldeisers dat onbetaald is gebleven, kan niet meer worden afgedwongen. De schuldenaar is daarvan bevrijd. Dit geldt ook voor op zichzelf verifieerbare vorderingen die na de daarvoor gestelde termijn *(bar date)* van artikel 127 ter verificatie zijn ingediend en derhalve niet meedoen in de uitkering op basis van het akkoord, behoudens verschoonbare vertraging aan de kant van de schuldeiser (art. 161a). In beginsel leidt de kwijtschelding door die schuldeisers tot een natuurlijke verbintenis voor dat gedeelte (art. 6:3 BW), zodat de schuldenaar nog steeds bevoegd blijft om dat deel aan de schuldeiser te voldoen wanneer hij dat in zijn belang acht.[656] Als de schuldenaar zelfs geen natuurlijke verbintenis wil overhouden, zal dat in het akkoord uitdrukkelijk moeten worden afgesproken. Het blijft immers een overeenkomst tussen partijen die onderworpen is aan de normale uitlegregels.[657]

Homologatie van het akkoord biedt de schuldeisers overigens ook een belangrijk hulpmiddel als de schuldenaar het akkoord niet (tijdig) nakomt. Het vonnis levert hun namelijk een executoriale titel op, zodat zij onmiddellijk tot uitwinning kunnen overgaan. Een gang naar de rechter is niet meer nodig, mits hun vordering maar blijkt uit het proces-verbaal van de verificatie (art. 159). De schuldenaar kan die executoriale kracht alleen voorkomen door de vordering van die schuldeiser bij de verificatie te betwisten onder summiere opgaaf van redenen (art. 159 jo. 126; zie nr. 233).

Het vonnis levert bovendien een executoriale titel op tegen degenen die als borg tot het akkoord zijn toegetreden en zich daarmee voor de nakoming van het akkoord garant hebben gesteld (art. 159).

Deze borgen moeten worden onderscheiden van degenen die voor de oorspronkelijke schuld van de schuldenaar borg staan. Deze laatsten blijven voor de volledige schuld aansprakelijk en profiteren om die reden niet van het akkoord, net als hoofdelijk aansprakelijke medeschuldenaren of garantstellers. Iets vergelijkbaars geldt als goederen van derden als verhaalsobject dienen voor de nakoming van de door het akkoord gereduceerde schuld. Ook deze goederen kunnen worden uitgewonnen voor de volledige nakoming van de schuld, als ware er geen akkoord (art. 160).

Omdat het akkoord als meerpartijenovereenkomst ook schuldeisers bindt die tegen het akkoord hebben gestemd of zelfs op geen enkele wijze in het faillissement zijn opgekomen, heeft de wetgever niet gewild dat dit later weer op losse schroeven zou komen te staan als gevolg van mogelijke onregelmatigheden bij de totstandkoming.[658] Dit doel wordt bereikt door het akkoord met de homologatieprocedure aan een rechterlijke toetsing te onderwerpen, en daarmee eventuele onregelmatigheden aan te pakken. Als dat op de juiste manier is gebeurd, is er geen behoefte en ruimte

655 Art. 26.3.5 Leidraad Invordering 2008 en art. 22 Uitvoeringsregeling Invordering (*Stcrt.* 2002, 216).
656 Vgl. HR 31 januari 1992, *NJ* 1992/686 (*Van der Hoeven/Comtu*), r.o. 3.2.
657 Zoals bijv. HR 13 maart 1981, *NJ* 1981/635, AA 1981, 355 (*Haviltex*); zie ook SBR deel 3, par. 7.2.
658 Zie de schrapping van het oorspronkelijke daarop gerichte art. 164 Ontwerp met bijbehorende toelichting; *Parl. Gesch. Fw* (Van der Feltz) II, p. 195-199.

meer om het akkoord nadien nog eens te (laten) vernietigen, bijvoorbeeld op grond van wilsgebreken.[659]

248. *Ontbinding van het akkoord en heropening van het faillissement*

Als de schuldenaar het akkoord niet nakomt, leidt dat op grond van de gewone regels van contractenrecht tot een tekortkoming die verplicht tot schadevergoeding (art. 6:74 e.v. BW). De schuldeiser jegens wie sprake is van een tekortkoming kan nakoming vorderen. Omdat het akkoord is te beschouwen als een wederkerige meerpartijenovereenkomst, kan degene jegens wie tekortgeschoten wordt ook tot ontbinding overgaan (art. 6:265 e.v. jo. 279 BW). Aangezien nakoming van het akkoord doorgaans bestaat uit betaling van een geldsom en niet een verplichting van de schuldenaar die blijvend of tijdelijk onmogelijk is, moet de schuldenaar in verzuim zijn (art. 6:265 lid 2 jo. 6:81 e.v. BW). Dan is voor ontbinding een ingebrekestelling vereist, tenzij de schuldenaar ook zonder ingebrekestelling in verzuim is (art. 6:83 BW). Anders dan bij de gewone civielrechtelijke ontbinding buiten faillissement, kan bij een akkoord zelfs een geringe tekortkoming tot ontbinding leiden door de bijzondere regeling (*'lex specialis'*) in de Faillissementswet (art. 165). Hiertegenover staat dat de ontbinding van het faillissementsakkoord anders dan de ontbinding van een wederkerige overeenkomst (art. 6:267 BW) niet buitengerechtelijk kan plaatsvinden, maar bij de rechter gevorderd moet worden.

Deze procedure volgt die van de faillietverklaring, zodat de ontbinding bij verzoekschrift wordt 'gevorderd'; artikel 4, 6-9 en 12 zijn van overeenkomstige toepassing (art. 166). Dit geldt ook de rechtsmiddelen.[660]

Bij de gewone ontbinding van een overeenkomst is degene die stelt dat niet is nagekomen belast met het bewijs daarvan. Voor ontbinding van het gehomologeerde akkoord rust de bewijslast echter op de schuldenaar: hij moet bewijzen dat hij het akkoord wel is nagekomen (art. 165 lid 2). Het argument hiervoor is dat de schuldenaar het recht heeft om bewijs van kwijting te verlangen als hij zijn schuld voldoet (art. 6:48 BW) en hij dus eenvoudig in staat moet zijn de voldoening aan te tonen.[661]

De rechter die zich moet buigen over het ontbindingsverzoek heeft de bevoegdheid, zo nodig ambtshalve, de schuldenaar een *terme de grace* te verlenen van maximaal één maand (art. 165 lid 3). Dit is vooral bedoeld om een ontsnapping te bieden voor de ernstige gevolgen van ontbinding van het akkoord als de niet-nakoming door een slordigheid veroorzaakt was die eenvoudig is te herstellen. Niemand heeft immers belang bij ontbinding van een akkoord als dat niet echt nodig is.[662]

Als de ontbinding van het akkoord in kracht van gewijsde is gegaan, is daarmee tevens het faillissement heropend en moet de rechtbank in het vonnis een rechter-commissaris benoemen en een curator aanstellen, bij voorkeur degenen die die rol vervuld hebben in het eerdere faillissement (art. 167). Dit faillissement volgt de regels van het eerdere faillissement met een enkele uitzondering voor de verificatie:

659 *Parl. Gesch. Fw* (Van der Feltz) II, p. 198.
660 Zie bijv. HR 16 oktober 2009, RvdW 2009/215.
661 *Parl. Gesch. Fw* (Van der Feltz) II, p. 197.
662 *Parl. Gesch. Fw* (Van der Feltz) II, p. 197.

vorderingen die al waren geverifieerd hoeven dat niet nogmaals en voor zover vorderingen te laat (na de *bar date*) waren ingediend en om deze reden niet langer afdwingbaar waren (art. 127 en 161a) herleeft die afdwingbaarheid en is verificatie weer mogelijk (art. 168). Nu de schuldenaar het akkoord niet is nagekomen, is er geen ruimte meer om nogmaals een akkoord aan te bieden; hij heeft zijn kansen gehad en de curator moet onmiddellijk tot vereffening van de boedel overgaan (art. 170).

Net zomin als de ontbinding heeft de heropening van het faillissement terugwerkende kracht. Zo zijn alle handelingen die de schuldenaar in de tussentijd heeft verricht geldig en bindend voor de nieuwe boedel (art. 169). Dit betekent onder meer dat de schuldeisers die een deel of het geheel dat hun bij het akkoord is toegekend hebben ontvangen, dat niet hoeven terug te geven.[663] Voor het overige is in het heropende faillissement een nieuwe samenloop van schuldeisers – oude én nieuwe – waarbij ieder zijn volledige vordering kan inbrengen (art. 171).[664]

5.5.3 *Vereffening en uitdeling*

249. *Staat van insolventie*

Als het niet tot een akkoord is gekomen of het akkoord niet is gehomologeerd, treedt de staat van insolventie in en gaat de curator over tot vereffening van de boedel (art. 173).[665] Is de gefailleerde een rechtspersoon, dan wordt zij door deze insolventie ontbonden (art. 2:19 lid 1 sub c BW). Nadat de boedel aldus insolvent is geworden, kan de rechter-commissaris een vergadering van schuldeisers beleggen om hen te raadplegen over de wijze van vereffening.

In de praktijk wordt van deze mogelijkheid echter zelden gebruikgemaakt. Een uitzondering vormde het faillissement van Fokker, waar een dergelijke vergadering wel werd gehouden.[666]

De vereffening gebeurt door vermogensbestanddelen van de boedel te gelde te maken. Hiermee genereert de curator liquide middelen om die vervolgens – na betaling van de nog resterende boedelschuldeisers en omslag van de faillissementskosten – onder de faillissementsschuldeisers te verdelen conform ieders rang (nr. 250). Wanneer er tijdens de afwikkeling van het faillissement voldoende geld is om een uitkering aan de schuldeisers te doen, gelast de rechter-commissaris de curator om daartoe een uitdelingslijst op te maken (art. 179) met aan het einde de slotuitdelingslijst (nr. 251). Schuldeisers kunnen tegen iedere uitdelingslijst eventueel verzet

663 *Parl. Gesch. Fw* (Van der Feltz) II, p. 205.
664 *Parl. Gesch. Fw* (Van der Feltz) II, p. 204-207.
665 In de periode 1981-2011 (het laatste jaar dat het CBS heeft bijgehouden in de tabel 'Faillissementen; stroomcijfers, 1981-2011') lag het aantal door het verbindend worden van de slotuitdelingslijst beëindigde faillissementen lange tijd (tot 2002) tussen 3-6% om daarna te stijgen tot bijna 30% in 2008 en 2009 en te dalen rond 25% in 2010 en 2011. Latere publieke cijfers ontbreken CBS Statline (juni 2021).
666 M.P.P.M. van Vonderen, '*De crediteurenvergadering ex artikel 178 Faillissementswet; een aanbeveling*', TvI 1999, 7, p. 147-148 en J.J. Knol, '*De verificatie van vorderingen in het faillissement Fokker*', TvI 2000, p. 34 e.v.; vgl. HR 19 november 2010, *NJ* 2011/403 waarin de Hoge Raad een praktische koers inslaat om deze vergadering te gebruiken voor herstel van eerdere verzuimen.

aantekenen (nr. 252), maar uiteindelijk wordt die uitdelingslijst verbindend (nr. 253). Als blijkt dat er geen uitkering gaat komen aan de concurrente schuldeisers, maar alleen aan de preferente schuldeisers, volstaat de vereenvoudigde afwikkeling (nr. 254).

250. Omslag faillissementskosten en rangorde

Het uit te keren percentage op de vorderingen van de schuldeisers wordt berekend door de boedelschuldeisers te voldoen en de algemene faillissementskosten (nr. 235) om te slaan over de voor uitdeling beschikbare opbrengst (art. 182). Dan zijn allereerst de preferente schuldeisers aan de beurt met inachtneming van de rangorde in het wettelijk systeem (Titel 3.10 BW; art. 3:277 e.v. BW).

Ervan uitgaande dat de separatisten (al dan niet onder dreiging van de termijnstelling (art. 58) door de curator) hun onderpand hebben uitgewonnen en uit de opbrengst daarvan zijn voldaan, hoeft de curator met hun voorrang (art. 3:279 BW) geen rekening meer te houden. De belangrijkste[667] uitzondering hierop betreft het zogenaamde 'bodemvoorrecht' van de Ontvanger op grond van artikel 21 lid 2 IW 1990 waardoor deze voorrang heeft boven de stil pandhouder op de opbrengst van de zogenaamde 'bodemzaken' (art. 22 lid 3 IW 1990). Weliswaar mag de pandhouder voor uitwinning van een bodemzaak deze – behoudens afkoelingsperiode (art. 63a) – van de curator opeisen (art. 3:250-251 BW), maar de curator is verplicht om tegenover de pandhouder de belangen van de belastingdienst te behartigen (art. 57 lid 3). Praktisch betekent dit dat als er onvoldoende vrij actief is om de vorderingen van de belastingdienst te voldoen, de Ontvanger van de curator mag verlangen dat deze bij de pandhouder het voor de betaling van de belastingschuld benodigde gedeelte van de door de pandhouder verkregen executieopbrengst opeist.[668] Onder 'vrij actief' wordt het bedrag verstaan dat de Ontvanger als netto-opbrengst bij de uitdeling tegemoet kan zien. Voor het restant van zijn vordering mag hij aanspraak maken op de verkoopopbrengst minus (executie)kosten die de pandhouder heeft ontvangen.[669] Dit bedrag gaat overigens niet rechtstreeks van de pandhouder naar de Ontvanger maar loopt via de curator (ex art. 57 lid 3), die het toevoegt aan de boedel. Schuldeisers die bevoorrecht zijn boven een separatist, en voor wie de curator op grond van artikel 57 lid 3 de belangen heeft behartigd en de opbrengst aan de boedel heeft laten uitkeren, delen namelijk ook mee in die omslag. Als de boedel onvoldoende bevat om de boedelschuldeisers volledig te betalen, zal het daarvoor worden gebruikt en blijft de Ontvanger uiteindelijk toch met lege handen achter.

Als de boedel voldoende heeft opgeleverd om alle preferente schuldeisers te voldoen, zijn de concurrente schuldeisers aan de beurt om een uitkering op de slotuitdelingslijst tegemoet te zien. In nagenoeg[670] alle faillissementen is de boedel niet groot genoeg om alle concurrente schuldeisers te voldoen, zodat zij genoegen moeten nemen met een gedeeltelijke uitkering op hun vordering. Voor zover derden zich

667 Een andere uitzondering doet zich voor ten gunste van de bevoorrechte schuldeiser die kosten gemaakt heeft waardoor het zekerheidsobject geheel of gedeeltelijk behouden is gebleven (art. 3:284 lid 2 BW) of die persoonlijk betrokken is bij een aangenomen werk (art. 3:285 lid 2 BW).

668 Zie over de verhouding fiscaal bodemvoorrecht (art. 21 lid 2 IW 1990) en stil pandrecht met het oog op deze omslag: HR 26 juni 1998, *NJ* 1998/745 (*Aerts q.q./ABN Amro*), HR 12 juli 2002, *NJ* 2002/437 (*Verdonk q.q./Ontvanger*) en HR 28 november 2003, *NJ* 2004/81 (*ABN Amro/Curatoren Koverto*), met herstelarrest HR 13 februari 2004, *NJ* 2004/459.

669 HR 12 juli 2002, *NJ* 2002/437 (*Verdonk q.q./Ontvanger*), r.o. 3.2.2.

670 Uitzonderingen zijn bijv. het faillissement Van Gelder Papier uit 1981 dat vooral bekend is van HR 12 januari 1990, *NJ* 1990/662 (*Van der Kooi/Curatoren Van Gelder Papier*) en het faillissement DSB Bank uit 2009 waarin concurrente schuldeisers naar alle waarschijnlijkheid 100% uitkering tegemoet kunnen zien (mede omdat de rente vanaf 2009 niet geverifieerd kon worden (art. 128)).

voor de schuld van de gefailleerde – via borgtocht, hoofdelijkheid of (bank)garantie – sterk hebben gemaakt, zal de schuldeiser moeten proberen het restant bij hen te incasseren. Als deze ook in staat van faillissement verkeren, is het aan de schuldeiser om te bepalen wat hij doet. Hij kan zijn vordering in elk betrokken faillissement indienen voor het volledige bedrag dat de schuldenaar hem verschuldigd is. Uiteindelijk kan hij in al deze faillissementen tezamen echter niet meer uitgekeerd krijgen dan tot het beloop van dat volledige bedrag (art. 136).

251. Uitdelingslijst

Als er tijdens de afwikkeling van het faillissement voldoende geld is om een – tussentijdse – uitkering aan de schuldeisers te doen, gelast de rechter-commissaris de curator om daartoe een uitdelingslijst op te maken (art. 179). Aan het einde van het faillissement stelt hij de slotuitdelingslijst op. Deze uitdelingslijsten worden opgesteld aan de hand van de lijst van erkende vorderingen waarop alle geverifieerde schuldeisers met het bedrag van hun vordering en eventuele voorrang zijn vermeld. Op iedere uitdelingslijst vermeldt de curator telkens van iedere schuldeiser die gegevens en het uit te betalen bedrag. Hij legt deze lijst vervolgens ter goedkeuring voor aan de rechter-commissaris (art. 180). Nadat de rechter-commissaris de uitdelingslijst heeft goedgekeurd, wordt deze ter kosteloze inzage van de schuldeisers gelegd. Hiervan geeft de curator aan alle erkende en voorwaardelijk toegelaten schuldeisers schriftelijk bericht (art. 183 lid 2).

Deze bepaling toont een enigszins slordige wetgever, omdat artikel 183 lid 2 en 3 in de huidige wettekst nagenoeg dezelfde tekst bevatten. Dit komt omdat per 1 januari 2002 het toenmalige (ongenummerde) tweede lid verviel, waardoor het derde lid opschoof naar het tweede lid.[671] Per 15 januari 2005 is dit tweede lid van artikel 183 gewijzigd op grond waarvan de curator de deponering van de uitdelingslijst niet meer hoeft te publiceren.[672] Gelijktijdig met deze wetswijziging zijn alle ongenummerde leden van de artikelen van de Faillissementswet genummerd en is de tekst omgezet in de geldende spelling.[673] Blijkbaar was de wetgever toen vergeten dat het inmiddels door de wetswijziging van 1 januari 2002 overbodig geworden derde lid al geschrapt was.

252. Verzet tegen de uitdelingslijst

Als een schuldeiser binnen de inzagetermijn van tien dagen met een gemotiveerd bezwaarschrift verzet heeft aangetekend bij de rechtbank, bepaalt de rechter-commissaris bij beschikking de dag voor de openbare zitting waarop het verzet behandeld wordt; ook hier geldt weer een korte termijn van maximaal veertien dagen (art. 184, 185). Tegen die beschikking is hoger beroep niet mogelijk, wel cassatie (art. 187; vgl. art. 85 jo. 398 sub 1 Rv).

De inzagetermijn biedt iedere faillissementsschuldeiser de mogelijkheid om in verzet te komen tegen de uitdelingslijst, behalve als zijn vordering bij de verificatie betwist is. Dan kunnen zij niet in verzet komen, maar moeten zij de renvooiprocedure (nr. 233) doorlopen. Boedelschuldeisers kunnen evenmin in verzet komen, maar dit is voor hen geen bezwaar. Zij kunnen hun aanspraak jegens de boedel

---

671 *Stb.* 2001, 584, Kamerstukken TK 27878.
672 *Stb.* 2004, 615; vgl. 3e NvW (Kamerstukken TK (2003-2004), 27244, nr. 8) en GVvW (Kamerstukken EK (2003-2004), 27244, A).
673 *Stb.* 2005, 600 ter uitvoering van art. VI Wet van 24 november 2004, *Stb.* 2004, 615.

immers geldend maken zonder verificatie en zijn niet afhankelijk van de uitdelingslijst.

Voor een schuldeiser kunnen er verschillende redenen zijn om in verzet te komen.[674] Zo kan hij rekenfouten hebben geconstateerd of menen dat zijn eigen vordering of die van een andere schuldeiser voor een verkeerd bedrag in de lijst is opgenomen of ten onrechte als wel of niet bevoorrecht is opgenomen. Verder kan hij aanmerkingen hebben op de juistheid of de kwalificatie van de ontvangsten en uitgaven die de curator heeft opgevoerd. Of hij is het niet eens met de kwalificatie van bepaalde kosten als bijzondere of algemene faillissementskosten.[675] Hij kan echter niet klagen over de doelmatigheid van die uitgaven; dit had hij in een procedure krachtens artikel 69 of in een hoger beroep ex artikel 67 lid 1 aanhangig moeten maken.[676] Evenmin kan geklaagd worden over het salaris van de curator.[677]

Op de zitting van de rechtbank waarop het verzet wordt behandeld brengt de rechter-commissaris een schriftelijk rapport uit; hij heeft de uitdelingslijst immers goedgekeurd. Op de zitting kunnen ook de curator en iedere schuldeiser (in persoon of door tussenkomst van een advocaat of schriftelijk gemachtigde) de uitdelingslijst verdedigen of bestrijden (art. 185 lid 2). De rechtbank neemt dan zo spoedig mogelijk haar beslissing in een met redenen omklede beschikking (art. 185 lid 3). Aangezien het een beslissing is over het beheer en de vereffening van de boedel staat hiertegen geen hoger beroep open (art. 85), maar wel cassatie, waarbij wederom een snelle en weinig formele procedure volgt (art. 187).

253. Verbindend worden van de uitdelingslijst

Als geen verzet tegen de uitdelingslijst is gedaan of de beschikking op het verzet is gegeven (door de rechtbank of in voorkomend geval de Hoge Raad), dan wordt de uitdelingslijst verbindend voor een ieder (art. 187 lid 4). Dit heeft een aantal belangrijke gevolgen.

In de eerste plaats is de curator dan gehouden om onmiddellijk over te gaan tot uitbetaling van de bedragen zoals opgenomen in de uitdelingslijst of – in geval van voorwaardelijk toegelaten vorderingen – die bedragen te reserveren (art. 192). Is de uitdelingslijst een slotuitdelingslijst dan heeft dat in de tweede plaats tot gevolg dat het faillissement van rechtswege is geëindigd (art. 193). Dit betekent dat de schuldenaar vanaf die dag weer de volledige beschikking en het beheer over zijn vermogen krijgt. Door het einde van het faillissement krijgen de schuldeisers voor het onvoldaan gebleven gedeelte van hun vorderingen hun recht van executie op de goederen van de schuldenaar terug (art. 195). Geverifieerde schuldeisers van wie de vordering erkend is ontlenen aan het proces-verbaal van de verificatievergadering een executoriale titel, zodat zij tegen hun schuldenaar geen procedure meer hoeven te voeren (art. 196). De bevoegdheid tot tenuitvoerlegging van deze executoriale titel verjaart

674 Zie voor een uitgebreid overzicht Wessels, *Insolventierecht VII*, nr. 7211.
675 HR 7 december 1934, *NJ* 1935/411.
676 Vgl. HR 8 juni 1962, *NJ* 1963/525 (*De Kok/Edelbeton CV*).
677 Vgl. Wessels, *Insolventierecht VII*, nr. 7211, sub d.

op de wijze zoals in artikel 3:324 BW bepaald.[678] Dit is alleen anders wanneer de schuldenaar de vordering heeft betwist op grond van artikel 126 (art. 197).

Het einde van het faillissement betekent overigens niet dat de curator en de rechter-commissaris klaar zijn: de curator moet immers nog rekening en verantwoording aan de rechter-commissaris afleggen en de door hem onder zich genomen boeken en papieren van de schuldenaar weer aan deze retourneren (art. 193 lid 2, 3). Verder moet de curator de uitkeringen aan de schuldeisers doen en voor zover dit niet mogelijk is in de consignatiekas storten (art. 192). Hieronder vallen onder meer de bedragen die de curator gereserveerd heeft voor schuldeisers van wie de vorderingen voorwaardelijk zijn toegelaten of de daaraan geclaimde voorrang voorwaardelijk is erkend (art. 189 jo. 125). Ten slotte moet de curator in een later stadium wellicht nog in actie komen als deze gereserveerde bedragen uiteindelijk niet hoeven te worden uitgekeerd. Hetzelfde geldt als er nagekomen baten zijn die ten tijde van de vereffening niet bekend waren (art. 194).[679] In deze gevallen beveelt de rechtbank op verzoek van een belanghebbende, bijvoorbeeld de curator, zo nodig vereffening en daarna uitbetaling op basis van de uitdelingslijst.

254. Vereenvoudigde afwikkeling

De hiervoor beschreven wijze van beëindiging is gebaseerd op de verificatie van alle concurrente en preferente vorderingen. Dit veronderstelt een verificatievergadering waarbij niet alleen de curator (en eventueel de schuldenaar) maar ook de medeschuldeisers een vordering of de geclaimde voorrang kunnen betwisten. Als echter aannemelijk is dat er onvoldoende baten in de boedel zijn om tot een uitkering aan de concurrente schuldeisers over te gaan, is het niet erg zinvol om deze schuldeisers te verifiëren en zo nodig vorderingen te (laten) betwisten. Dan kan de rechter-commissaris bepalen dat geen verificatievergadering wordt gehouden (art. 137a). In de praktijk zal de curator hier doorgaans om verzoeken.[680] Er is dan sprake van een vereenvoudigde afwikkeling waarop de vijfde afdeling A van Titel I Faillissementswet van toepassing is in plaats van de vijfde afdeling (art. 137a lid 3), zij het dat een aantal bepalingen wel van (overeenkomstige) toepassing is: artikel 108, 122 lid 1-3, 126, 128-136. De zesde en zevende afdeling over het akkoord en de vereffening zijn evenmin van toepassing, behoudens artikel 175 lid 2, 176, 177, 182, 185, 187-194.

Bij een vereenvoudigde afwikkeling houdt de curator zich alleen bezig met de preferente schuldeisers. Bij betwisting van de vordering of de voorrang vindt overleg plaats en als dat niet tot overeenstemming leidt, worden partijen naar de renvooiprocedure verwezen (art. 137b jo. 122). Omdat geen verificatievergadering plaatsvindt, kan een schuldeiser zich bij die gelegenheid niet op zijn recht van voorrang beroepen. Als de curator dat betwist mag de schuldeiser daarover een beslissing van de rechter verlangen door in verzet te komen tegen de uitdelingslijst (art. 137e).[681] Op

678 HR 29 april 2016, *NJ* 2016/278 (*X/ABN Amro*), r.o. 3.4.7: door verloop van twintig jaren na de aanvang van de dag, volgende op die waarop dat proces-verbaal op de voet van artikel 121 lid 3 door de rechter-commissaris en de griffier is ondertekend.

679 Zie bijvoorbeeld HR 4 februari 2011, RvdW 2011/222.

680 Vgl. art. 5.2 Recofa-richtlijnen voor faillissementen.

681 HR 13 juni 2014, *NJ* 2014/416 (*X/Eijking q.q.*), r.o. 3.3.2-3 waarin de Hoge Raad zijn beschikking van 9 oktober 1998, *NJ* 1999/467 niet van toepassing acht bij de vereenvoudigde afwikkeling.

dezelfde wijze als bij de gewone afwikkeling (zie nr. 256, 267) heeft een betwisting door de schuldenaar geen effect op de verdere gang van zaken, maar zorgt ervoor dat de erkenning door de curator geen rechtskracht heeft tegenover de schuldenaar (art. 137b lid 4 jo. 126, 197). Door het ontbreken van een verificatievergadering hebben medeschuldeisers echter niet de mogelijkheid om de vordering of de voorrang te betwisten.

Nadat de curator tot vereffening van de boedel is overgegaan maakt hij een slotuitdelingslijst op; voor zover een vordering of de voorrang wordt betwist moet hij daarvoor op vergelijkbare wijze als bepaald in artikel 181 op de lijst de uitkering reserveren (art. 137c). De uitdelingslijst, met daarin verwerkt de omslag van de faillissementskosten van artikel 182, moet net als bij de gewone afwikkeling door de rechter-commissaris worden goedgekeurd en ter inzage gelegd (art. 137d).

Hoewel de uitdelingslijst alleen preferente schuldeisers vermeldt, kan iedere schuldeiser – dus ook een concurrente – met een bezwaarschrift tegen de gedeponeerde uitdelingslijst in verzet komen. De procedure en rechtsmiddelen daartegen zijn hetzelfde als bij de gewone afwikkeling (art. 137e). Een belangrijk verschil is echter dat een concurrente schuldeiser zijn verzet niet kan baseren op het enkele feit dat zijn vordering niet op de uitdelingslijst voorkomt (art. 137e lid 3). Dit vloeit logischerwijze voort uit de omstandigheid dat de vereenvoudigde afwikkeling alleen kan plaatsvinden als de uitdeling beperkt blijft tot de preferente schuldeisers.

Als geen verzet is ingesteld of de beschikking op het verzet in kracht van gewijsde is gegaan, is de uitdelingslijst verbindend (art. 137e lid 4 jo. 187 lid 4). Omdat er door het ontbreken van een verificatievergadering geen duidelijk aanwijsbaar ogenblik is waarop de insolventie van de schuldenaar vaststaat, is deze bij de vereenvoudigde afwikkeling gekoppeld aan het verbindend worden van de uitdelingslijst (art. 137f). Nu de curator de boedel op grond van artikel 137c al heeft vereffend, kan hij overgaan tot de uitkering van de bedragen conform de uitdelingslijst, waarbij verder dezelfde systematiek wordt gevolgd als bij de gewone afwikkeling (nr. 253) door de artikelen 188-193 van overeenkomstige toepassing te verklaren (art. 137f lid 2).

Door het ontbreken van een verificatievergadering kunnen nagekomen baten voor complicaties zorgen als daardoor alle preferente schuldeisers volledig zijn voldaan. Dan komen immers de concurrente schuldeisers aan de beurt en biedt artikel 194 geen houvast. Hetzelfde geldt als een erkende preferente schuldeiser een lagere vordering blijkt te hebben (of niet meer), waardoor het beschikbare actief in de boedel toch kan worden gebruikt voor gedeeltelijke voldoening van concurrente schuldeisers.[682] Dan zal alsnog een verificatievergadering moeten worden gehouden om de aanspraken van alle concurrente schuldeisers te verifiëren. De rechter-commissaris stelt hiervoor dag, uur en plaats vast (art. 137g). Hiermee zet hij de toepasselijkheid van de vijfde, zesde en zevende afdeling van Titel I Faillissementswet in werking (zie nr. 232).

5.5.4 *Overige wijzen van beëindiging*

Bij de beëindiging van het faillissement door een akkoord of het verbindend worden van de slotuitdelingslijst krijgen de schuldeisers althans nog iets van hun vordering

682 Rb. Utrecht 7 juni 2011, *JOR* 2011/277.

betaald. Zij lopen echter ook het risico helemaal niets te ontvangen (bij opheffing wegens gebrek aan baten; nr. 255) of nog geruime tijd op een – eventuele – gedeeltelijke uitkering te moeten wachten (bij omzetting in de schuldsaneringsregeling; nr. 256).

255. Opheffing bij gebrek aan baten

Als een curator voorziet dat er niet genoeg in de boedel is om tot uitkering aan de faillissementsschuldeisers over te gaan, kan hij de rechter-commissaris vragen om het faillissement voor opheffing aan de rechtbank voor te dragen (art. 16).[683] Hierbij zijn onvoldoende baten aanwezig om alleen al de faillissementskosten te voldoen, zodat van een netto-opbrengst ter verdeling onder de schuldeisers geen sprake kan zijn. Men spreekt dan ook wel van een 'lege' of 'negatieve' boedel (zie nr. 238), die leidt tot een opheffing van het faillissement bij gebrek aan baten.[684]

Het enkele ontbreken van voldoende baten is op zichzelf overigens niet maatgevend voor opheffing. In de eerste plaats zou het betekenen dat in alle gevallen waarin ten tijde van de opening van het faillissement geen activa worden aangetroffen, het faillissement direct zou moeten worden opgeheven zonder onderzoek naar mogelijk verborgen activa. Dit lijkt niet de bedoeling van het faillissement te zijn. In een enkel geval kan dit wel aanleiding zijn om het faillissement te vernietigen.[685] Verder kan juist door reconstructie (180 par. 5.4.2) geprobeerd worden om activa in de boedel te krijgen, maar vaak gaat hier de kost voor de baat uit; dit zou niet mogelijk zijn als direct opheffing van het faillissement zou moeten worden gevraagd.

De opheffing wegens gebrek aan baten is de wijze waarop verreweg de grootste groep faillissementen ten einde komt (art. 16).[686] Paradoxaal genoeg is de wettelijke regeling hiervan summier. Zij bevat alleen de bepaling dat de rechtbank tot opheffing van het faillissement kan bevelen op voordracht van de rechter-commissaris en na het horen van de schuldeiserscommissie, voor zover aanwezig, en de schuldenaar. Een behoorlijke oproeping van de gefailleerde schuldenaar volstaat, maar in de praktijk wordt hem nadrukkelijk onder de aandacht gebracht dat zijn aanwezigheid op de zitting niet noodzakelijk is.[687] De rechter-commissaris doet een dergelijke voordracht doorgaans nadat de curator hem daartoe heeft verzocht.[688] De rechtbank onderzoekt op basis van de aangedragen gegevens of zicht bestaat op baten zodat er nog enige kans is om tot een uitkering aan faillissementsschuldeisers te komen. Het is immers niet de bedoeling dat de faillissementsprocedure meer kosten met zich meebrengt dan dat zij oplevert.

683 Art. 5.3 Recofa-richtlijnen voor faillissementen.
684 Het fenomeen van de negatieve boedel is overigens niet van recente tijd; zie al de discussie in de jaren '70 over art. 16 (Kamerstukken 11085, resulterend in *Stb.* 1976, 280; *Parl. Gesch. Fw* (Kortmann/Faber), p. 38-46, i.h.b. p. 41).
685 HR 18 december 2015, *NJ* 2016/172 (*Hoeksma q.q./R.M. Trade*).
686 In de periode 1981-2011 (het laatste jaar dat het CBS heeft bijgehouden in de tabel 'Faillissementen; stroomcijfers, 1981-2011') lag het aantal door opheffing wegens gebrek aan baten beëindigde faillissementen lange tijd (tot 1999) boven of rond 90% om daarna te dalen tot ongeveer twee derde (ong. 65%) in 2011. Latere publieke cijfers ontbreken CBS Statline (juni 2021).
687 Art. 5.3c Recofa-richtlijnen voor faillissementen.
688 Art. 5.3a Recofa-richtlijnen voor faillissementen.

Als de rechtbank de voordracht van de rechter-commissaris volgt, beveelt zij bij beschikking de opheffing van het faillissement. Hierbij stelt zij de faillissementskosten vast en bepaalt zij het salaris van de curator (art. 16 lid 2), waarmee invulling wordt gegeven aan haar daartoe strekkende wettelijke bevoegdheid in artikel 71. De faillissementskosten, met inbegrip van het salaris van de curator, worden ten laste gebracht van de schuldenaar en zijn hoogpreferent. Hoewel de wet aan deze vordering op de schuldenaar de hoogste voorrang toekent, staat zij achter bij de vordering van degene die door een kennelijke vergissing onverschuldigd aan de curator heeft betaald (zie nr. 163).[689] Voor zover de schuldenaar ooit weer vermogen zal hebben om deze kosten te voldoen kan de curator voor de inning daarvan gebruikmaken van het bevelschrift dat de rechtbank hem uitgeeft. Dit bevelschrift levert hem een executoriale titel op (art. 16 lid 3).

Als de rechtbank de opheffing beveelt, moet dat op dezelfde wijze worden gepubliceerd als de faillietverklaring. Dit betekent de plaatsing van een uittreksel uit de opheffingsbeschikking in de Staatscourant en in het Centraal Insolventieregister (art. 18 jo. 14 lid 3, 19-19a). Voor zover de hiermee verband houdende kosten niet uit de boedel kunnen worden voldaan komen zij voor rekening van de Staat (art. 16 lid 4).

Tegen de beschikking met het bevel om het faillissement op te heffen kunnen schuldenaar en schuldeisers in beroep komen op dezelfde wijze als tegen een weigering om de faillietverklaring uit te spreken (art. 18). Wordt het bevel daarentegen niet gegeven, dan staat daartegen geen rechtsmiddel open en zal de curator het faillissement langs andere wegen moeten afwikkelen.

Net als bij een beëindiging van het faillissement door het verbindend worden van de slotuitdelingslijst (zie nr. 253) zorgt ook de opheffing van een faillissement ervoor dat de schuldenaar vanaf die dag weer de volledige beschikking en het beheer over zijn vermogen krijgt. Ook nu weer krijgen de schuldeisers hun executierechten terug voor het gedeelte van hun vorderingen dat onbetaald is gebleven (art. 195). Als een verificatievergadering heeft plaatsgevonden voordat tot opheffing is bevolen, ontlenen de geverifieerde schuldeisers van wie de vordering is erkend, aan het proces-verbaal van de verificatievergadering een executoriale titel. Als zij later alsnog tot uitwinning willen overgaan, hoeven zij geen procedure meer tegen hun schuldenaar te voeren, tenzij deze hun vordering had betwist (art. 196, 197 jo. 126). Zonder betwisting door de schuldenaar verjaart de bevoegdheid tot tenuitvoerlegging van deze executoriale titel in beginsel door verloop van twintig jaren na de aanvang van de dag, volgende op die waarop dat proces-verbaal op de voet van artikel 121 lid 3 door de rechter-commissaris en de griffier is ondertekend.[690]

256. Omzetting in schuldsanering

De laatste manier waarop een faillissement eindigt, doet zich alleen voor bij natuurlijke personen die in staat van faillissement zijn verklaard. Het gaat hier om omzetting van het faillissement in een schuldsanering natuurlijke personen (art. 3, 15b;

689 HR 5 september 1997, *NJ* 1998/437, AA 1999/564 (*Ontvanger/Hamm q.q.*) en HR 8 juni 2007, *NJ* 2007/419, AA 2008/128 (*Van der Werff q.q./BLG*).
690 Vgl. art. 3:324 BW; zie HR 29 april 2016, *NJ* 2016/278 (*X/ABN Amro*), r.o. 3.4.7.

hfdst. 6). In de praktijk blijkt deze beëindigingswijze met een zekere regelmaat voor te komen, zij het in afnemende mate.[691]

Bij de invoering van de schuldsanering natuurlijke personen heeft de wetgever beoogd om natuurlijke personen die failliet verklaard dreigen te worden of inmiddels failliet verklaard zijn, te attenderen op de mogelijkheid van de schuldsanering natuurlijke personen. Ten eerste krijgt de schuldenaar (natuurlijke persoon) het bericht via een brief van de griffier als tegen hem een verzoek tot faillietverklaring bij de rechtbank aanhangig is gemaakt en hij zelf nog geen verzoek tot toepassing van de schuldsanering natuurlijke personen had ingediend (art. 3). Hij moet dan binnen veertien dagen een verzoek tot schuldsanering natuurlijke personen indienen (zie nr. 95). Dit is overigens geen fatale termijn: zolang de behandeling van het faillissementsverzoek nog niet is gesloten kan het verzoek tot toepassing van de schuldsanering natuurlijke personen worden ingediend.[692] Mocht de schuldenaar deze termijn voorbij hebben laten gaan, dan biedt de wetgever hem nog een tweede mogelijkheid: als hij het verzoekschrift niet heeft ingediend door omstandigheden die redelijkerwijze niet aan hem zijn toe te rekenen, kan hij opheffing van het faillissement verzoeken onder gelijktijdig uitspreken van de toepassing van de schuldsanering natuurlijke personen (art. 15b). Deze mogelijkheid is ook toegekend aan de schuldenaar die zijn eigen faillissement heeft aangevraagd. Hierbij wordt niet de eis van de verschoonbaarheid gesteld omdat de schuldenaar voor deze omzettingsmogelijkheid immers nooit een termijn is gegeven. In beide gevallen geldt echter wel de eis dat nog geen verificatievergadering is gehouden (art. 108 e.v.) of een vereenvoudigde afwikkeling door de rechter-commissaris is gelast (art. 137a).

Als de schuldenaar van de omzettingsmogelijkheid gebruik wil maken, moet hij een verzoekschrift indienen bij de rechtbank waar het verzoek of de aangifte tot faillietverklaring is behandeld. Dit verzoek moet zijn gericht op toepassing van de schuldsanering natuurlijke personen (art. 15b lid 2 jo. 284; zie par. 7.2.2). Het verzoek moet voldoen aan de eisen die daarvoor worden gesteld in artikel 285 lid 1 sub f en h. Omdat de schuldenaar door zijn faillissement niet meer bevoegd is met zijn schuldeisers tot een buitengerechtelijke schuldregeling te komen (art. 23), brengt volgens de Hoge Raad een redelijke wetstoepassing mee dat wordt aanvaard dat bij een omzettingsverzoek een schriftelijke verklaring van de curator kan worden gevoegd, waarin is vermeld dat de curator heeft onderzocht of de gefailleerde aan zijn gezamenlijke schuldeisers een akkoord in de zin van artikel 138 kan aanbieden maar dat daar onvoldoende zicht op bestond.[693] Als deze verklaring ontbreekt krijgt de schuldenaar op straffe van niet-ontvankelijkheid van zijn verzoek nog maximaal

---

691 In de periode 2015-2020 liep dit aantal terug van 493 in 2016 tot 170 in 2020, maar zowel het aantal faillissementen als schuldsaneringen liep in deze periode fors terug. Van het totaal aantal schuldsaneringen vormt deze categorie ongeveer 5%.

692 HR 29 januari 2010, *NJ* 2010/69, r.o. 3.4; HR 9 juni 2017, *NJ* 2017/257, r.o. 3.4.1; HR 26 maart 2021, *NJ* 2021/128 (*D/C*), r.o. 3.2.2.

693 HR 14 april 2017, *NJ* 2017/385 (*T*), r.o. 3.3.3-4. In dit arrest is de Hoge Raad gedeeltelijk teruggekomen op zijn uitspraak van 13 maart 2015, *NJ* 2015/157 (*X; prejudiciële vraag*), waarin de curator ook moest verklaren dat er geen reële mogelijkheden zijn om tot een buitengerechtelijke schuldregeling te komen (r.o. 3.4.5). Dit laatste berust volgens de Hoge Raad in zijn uitspraak uit 2017 echter op een misverstand omdat de schuldenaar tijdens faillissement niet in staat is een buitengerechtelijke schuldregeling te treffen.

een maand om die alsnog aan te leveren.[694] Voor een succesvol omzettingsverzoek is het echter niet nodig dat de schuldenaar een concreet aanbod aan alle schuldeisers had moeten doen. De rechtbank kan zich bij de behandeling van dat verzoek laten voorlichten door de rechter-commissaris en de curator, die evenals de schuldenaar, en – voor zover er enige gemeenschap is – diens echtgenoot of geregistreerd partner, worden opgeroepen om te worden gehoord (art. 15b lid 4).

Niet iedere gefailleerde schuldenaar die op grond van deze regeling een verzoek tot omzetting heeft ingediend, wordt daadwerkelijk toegelaten. Dit is los van de vraag of zijn verzuim om bijtijds een verzoek tot toepassing van de schuldsanering natuurlijke personen in te dienen verschoonbaar is. Zo is op grond van artikel 15b lid 3 geen omzetting mogelijk voor een schuldenaar die voorafgaand aan de faillietverklaring al in de schuldsanering natuurlijke personen zat of die in staat van faillissement is gesteld door beëindiging van die regeling (art. 350 lid 5). Dit geldt ook als een gehomologeerd akkoord in een schuldsanering natuurlijke personen wordt ontbonden en er voldoende baten waren om het faillissement te rechtvaardigen (art. 340 lid 4).

De rechtbank toetst het verzoek aan de criteria die voor toepassing van de schuldsanering natuurlijke personen gelden (art. 284 e.v.). Als de rechtbank het verzoek toewijst en de schuldsanering natuurlijke personen op de schuldenaar van toepassing verklaart, betekent dat een opheffing van het faillissement.

Dit moet althans worden afgeleid uit de bewoordingen van artikel 15b lid 5 in combinatie met lid 1; zie ook artikel 15c lid 1 waarin deze beide onderdelen naast elkaar zijn geplaatst. Artikel 15b lid 5 heeft het (net als artikel 3a overigens) nog over de 'definitieve' toepassing van de schuldsanering natuurlijke personen. De wetgever is blijkbaar vergeten die bepalingen aan te passen aan de wetswijziging per 1 januari 2008 (*Stb*. 2007, 192 en 222) waarbij de mogelijkheid van een voorlopige schuldsanering natuurlijke personen is afgeschaft.

Tegen deze uitspraak in de vorm van een vonnis staan geen rechtsmiddelen open (art. 15c lid 1). De omzetting wordt op dezelfde manier gepubliceerd als een reguliere toepassing van de schuldsanering natuurlijke personen (art. 15b lid 6 jo. 293).

Als de rechtbank het verzoek afwijst, blijft het faillissement in stand en zal de curator de verdere afwikkeling ter hand nemen. De schuldenaar kan tegen die afwijzing in hoger beroep komen en vervolgens cassatie instellen. Hierbij gelden korte termijnen, zowel voor het instellen van het hoger beroep en cassatie (acht dagen) als voor de behandeling en de uitspraak (twintig respectievelijk acht dagen), zodat voortvarend geprocedeerd moet worden (art. 15c lid 2-4).

Wanneer de omzetting van het faillissement in de schuldsanering natuurlijke personen heeft plaatsgevonden, is het faillissement ten einde. Anders dan bij de hiervoor behandelde wijzen van beëindiging van het faillissement, herleven de executierechten van de schuldeisers niet door de omzetting. Aangezien er geen sprake kan zijn van erkende vorderingen omdat de verificatievergadering nog niet mag hebben plaatsgevonden, hebben de schuldeisers daarnaast ook niet de beschikking over een executoriale titel.

694 HR 13 maart 2015, *NJ* 2015/157 (*X; prejudiciële vraag*), r.o. 3.5.3.

5.5.5 *Afronding na afloop*

257. *Eindpunt en verdere afwikkeling*

In de vorige subparagrafen zijn de verschillende beëindigingswijzen van het faillissement behandeld. Iedere vorm kent zijn eigen formele eindpunt.

- Een vernietiging die in kracht van gewijsde is gegaan, werkt in beginsel terug tot de faillietverklaring.
- Bij een akkoord eindigt het faillissement zodra het gehomologeerde akkoord in kracht van gewijsde is gegaan (art. 161).
- Als een uitdeling aan de schuldeisers plaatsvindt, eindigt het faillissement zodra zij allen hun volledige vordering voldaan hebben gekregen of wanneer de slotuitdelingslijst verbindend is geworden (art. 193).
- Bij een opheffing wegens gebrek aan baten eindigt het faillissement als de uitspraak in kracht van gewijsde is gegaan.
- De omzetting in een schuldsanering natuurlijke personen leidt tot de beëindiging van het faillissement door de uitspraak (art. 15c lid 1).

Zodra het faillissement formeel tot een einde is gekomen, is echter in de meeste gevallen nog niet alles afgewikkeld. Daarnaast kunnen zich soms ook bepaalde feiten voordoen waardoor nadere actie vereist of mogelijk is. Een aantal van deze gevolgen is hiervoor al kort ter sprake gekomen, maar hieronder worden deze acties nog eens bij elkaar gezet. Het gaat om de publiciteit die aan de beëindiging moet worden gegeven (nr. 258), de verdere afhandeling door de curator (nr. 259), eventuele complicaties die zich nog kunnen voordoen (nr. 260) en ten slotte de wettelijke mogelijkheid van rehabilitatie (nr. 261).

258. *Publiciteit over de beëindiging van het faillissement*

Allereerst moet aan de beëindiging de nodige bekendheid worden gegeven omdat de schuldenaar daardoor weer de volledige beschikkings- en beheersbevoegdheid over zijn vermogen heeft teruggekregen en tegelijkertijd de curator die bevoegdheid heeft verloren. Dit geldt alleen niet bij de omzetting in een schuldsanering natuurlijke personen. Voor de schuldeisers ontstaat na de beëindiging ook een andere situatie omdat zij hun executierechten terugkrijgen (art. 195). Zo kunnen zij ook weer beslag leggen en verbeurt een schuldenaar weer zijn dwangsom, maar lijfsdwang kan in beginsel niet meer, tenzij de lijfsdwang geldt voor – kort gezegd – alimentatieverplichtingen en daarmee samenhangende bijstandsterugvordering (vgl. art. 33 lid 4).[695]

Verder kan een schuldeiser – al dan niet met gebruikmaking van zijn executoriale titel op grond van artikel 196 – opnieuw het faillissement van de schuldenaar aanvragen. Anders dan gedurende drie jaren na een opheffing van het faillissement wegens gebrek aan baten (art. 16), hoeft de aanvrager bij artikel 195 door het verbindend worden van de slotuitdelingslijst niet aan te tonen dat er voldoende baten zullen zijn om de faillissementskosten te voldoen (art. 18).

---

695 Zie *Parl. Gesch. Fw* (Van der Feltz) II, p. 261.

259. *Afhandeling door de curator*

Na afloop moet de curator voorts nog een aantal acties verrichten. De boedelschulden moeten worden betaald (incl. zijn eigen salaris en kosten) en voor zover bepaald moeten uitkeringen worden gedaan aan de schuldeisers conform de verbindend geworden slotuitdelingslijst met zo nodig storting in de consignatiekas (art. 192). Bij een akkoord worden eventueel aanwezige preferente schuldeisers voldaan (art. 163 lid 2). Voorts doet de curator rekening en verantwoording ten overstaan van de rechter-commissaris en geeft hij de bezittingen van de schuldenaar terug die onder zijn beheer waren (art. 162, 193). Verder moet de postblokkade ex artikel 14 worden opgeheven door de curator of de rechter-commissaris (art. 99). In het geval van vernietiging van het faillissement wordt deze mededeling gedaan door de griffier van het rechtscollege dat de vernietiging heeft uitgesproken zodra die vernietiging onherroepelijk is geworden (art. 15 lid 1).

260. *Complicaties na afloop*

Daarnaast kunnen zich na het einde van het faillissement nog complicaties voordoen. Zo kan het akkoord worden ontbonden omdat de schuldenaar zijn verplichtingen niet nakomt (art. 165), waardoor het faillissement van rechtswege heropend wordt met bij voorkeur dezelfde curator en rechter-commissaris (art. 167; zie hiervoor nr. 248).

Niet zozeer een heropening van het faillissement, maar een heropening van de vereffening doet zich voor bij de gevallen genoemd in artikel 194.[696] Deze bepaling geeft de rechtbank de mogelijkheid om zonder faillissement de voormalige curator te bevelen tot vereffening over te gaan van nagekomen baten. Dit zijn allereerst baten die na de slotuitdeling zijn vrijgevallen omdat er minder of zelfs niets hoeft te worden uitgedeeld aan voorwaardelijk toegelaten schuldeisers en die voor hen gereserveerd waren (art. 189). Voorts gaat het om baten van de boedel die op het tijdstip van de vereffening niet bekend waren. Hierbij valt te denken aan verzekeringsuitkeringen voor schades waartegen de schuldenaar verzekerd was, een nalatenschap die bleek te zijn vrijgevallen maar bij de curator niet bekend was of een vordering uit onverschuldigde betaling wegens een onherroepelijk geworden vernietiging door de appelrechter van een rechterlijke uitspraak in eerste aanleg die terugwerkende kracht heeft tot het moment waarop ter uitvoering van die uitspraak was gepresteerd.[697] Het bevel kan worden uitgelokt door iedere belanghebbende bij die uitkering, bijvoorbeeld een slachtoffer waarvoor de verzekering dekking bood.

Bij opheffing van het faillissement wegens gebrek aan baten (art. 16) of door het intreden van de staat van insolventie (art. 173) van een rechtspersoon is deze van rechtswege ontbonden (art. 2:19 lid 1 sub c BW). Na de vereffening door de curator houdt zij op te bestaan (art. 2:19 lid 6 BW). Schuldeisers kunnen dan geen verhaal meer nemen, tenzij de schuldenaar weer herleeft omdat de vereffening heropend wordt (art. 2:23c BW) of de curator overgaat tot vereffening van de nadere baten en verdeling van de opbrengst daarvan op basis van de eerdere uitdelingslijst (art. 194). Zolang dit niet gebeurt, is er een verlengingsgrond voor de verjaring als bedoeld in

696 Vgl. Wessels, *Insolventierecht VII*, nr. 7263.
697 HR 19 december 2014, *NJ* 2015/168 (*X/Benedictus q.q.*), r.o. 3.5.1-9.

artikel 3:320 BW (art. 2:23c lid 2 BW). Hoewel deze bepaling is uitgesloten voor de faillissementsvereffening (art. 2:23a lid 5 BW), past het volgens de Hoge Raad in het stelsel van de wet en sluit het aan bij de in de wet geregelde gevallen om ook hier een verlengingsgrond als bedoeld in artikel 3:320 BW aan te nemen gedurende het tijdvak waarin de rechtspersoon is opgehouden te bestaan.[698]

Nadat de nagekomen bate is vereffend, gaat de curator over tot uitdeling daarvan op basis van de vroegere uitdelingslijsten.

Een bijzonderheid doet zich voor als de schuldeiser niet voorkomt op de uitdelingslijst. Als dit door zijn eigen nalatigheid komt, heeft hij geen baat bij een heropening van de vereffening in de zin van artikel 194. Soms kan het gebeuren dat de schuldeiser pas na afloop van het faillissement bekend wordt met het feit dat hij een vordering op de schuldenaar bezit, zoals een asbestslachtoffer bij wie de ziekte zich pas na het faillissement openbaart. Als de ziekte veroorzaakt is door een gebeurtenis voor de faillietverklaring, zou een dergelijke schuldeiser achter het net vissen. Hij komt immers niet voor op de uitdelingslijst, terwijl de verzekeringsuitkering die als nagekomen bate moet worden uitgekeerd, door zijn ziekte is binnengekomen. Bij een faillissement van een natuurlijke persoon kan het slachtoffer zijn vordering gewoon weer claimen bij die persoon. Bij een rechtspersoon kan dit echter niet meer omdat die na het einde van de faillissementsvereffening is opgehouden te bestaan (art. 2:19 lid 6 BW). Met een beroep op een 'redelijke wetstoepassing' is de Hoge Raad de schuldeiser in een dergelijk geval te hulp geschoten door diens verzoek om heropening van de vereffening van de door het faillissement ontbonden rechtspersoon op grond van artikel 2:23c BW toe te wijzen.[699] Dan moet de vereffenaar het faillissement aanvragen als de schulden vermoedelijk groter zijn dan de baten (art. 2:23a lid 4 BW). In faillissement zijn de vereffeningsbepalingen van Boek 2 BW niet van toepassing (art. 2:23a lid 5 BW).

261. Rehabilitatie

Net zoals de schuldeisers weer opnieuw aan de slag kunnen, kan ten slotte ook de schuldenaar proberen om het faillissement geheel achter zich te laten. Voor de natuurlijke persoon gaat het leven immers gewoon door; eventuele nog openstaande schulden moet hij gewoon voldoen (art. 195-197). Hij kan er echter belang bij hebben om gezuiverd te worden van de 'blaam' en het stigma die een faillissement teweegbrengt. Daarom biedt de wet hem (of diens erfgenamen na zijn dood) in de elfde afdeling van Titel I (art. 206-212) de mogelijkheid van rehabilitatie. Zelfs als het faillissement is geëindigd door een akkoord dat hem van verdere acties van zijn schuldeisers vrijwaart, omdat het kwijtgescholden gedeelte van hun vorderingen niet meer bestaat, althans als natuurlijke verbintenis in ieder geval niet meer afdwingbaar is, kan de schuldenaar (of zijn nabestaanden) behoefte hebben aan rehabilitatie. Hiermee wordt bereikt dat aan de buitenwereld kenbaar wordt dat de schuldenaar al zijn erkende schuldeisers volledig heeft voldaan. Het verzoek tot rehabilitatie moet bij dezelfde rechtbank worden behandeld als die welke het faillissement heeft afgewikkeld (art. 206). Deze rechtbank zal het verzoek slechts behandelen als het verzoek gepaard gaat met bewijs dat alle erkende schuldeisers volledig zijn voldaan (art. 207).[700]

---

698 HR 17 juli 2020, *NJ* 2020/417 (*Eisers/Rabobank*), r.o. 3.5.3.
699 HR 31 oktober 1997, *NJ* 1998/258 (*Andeweg/RDM*).
700 Aangezien dit ontbrak werd een verre nazaat van Rembrandt niet-ontvankelijk verklaard in zijn poging om de beroemde schilder te rehabiliteren, Rb. Amsterdam 9 januari 1931, *NJ* 1932/47.

De betekenis van de rehabilitatie is in de praktijk echter beperkt. Allereerst is onduidelijk in hoeverre de voormalige gefailleerde of diens erfgenamen met een rehabilitatie echt geholpen is. Zoals uit de uitvoerige en scherpe debatten ten tijde van de totstandkoming van de Faillissementswet blijkt, is het fenomeen van de rehabilitatie eigenlijk een vreemde eend in het systeem van deze wet.[701] De Faillissementswet beschouwt het faillissement immers als een gerechtelijk beslag op het vermogen van de schuldenaar en het raakt niet diens persoon.[702] Daarom is er geen wettelijke reden om door de rechter te laten vaststellen dat alle erkende schuldeisers zijn voldaan. Het faillissement is daarvoor immers al op andere gronden geëindigd: door een akkoord, door gedeeltelijke uitdeling of door opheffing wegens gebrek aan baten.[703] Juridisch voegt het niets toe, terwijl de Faillissementswet nu juist heeft getracht om het morele element weg te nemen. Vermoedelijk hiermee samenhangend komt de rehabilitatie in de praktijk zelden voor.[704]

701 *Parl. Gesch. Fw* (Van der Feltz) II, p. 315-335. Zie ook conclusie A-G Hartlief (ECLI:NL:PHR:2020:357) voor HR 10 juli 2020, ECLI:NL:HR:2020:1264 (*Eisers/DNB; art. 81 RO*), die hier uitgebreid op ingaat bij door het faillissement ontbonden rechtspersonen.

702 *Parl. Gesch. Fw* (Van der Feltz) I, p. 7; *Parl. Gesch. Fw* (Van der Feltz) II, p. 328.

703 De beëindigingen door vernietiging of omzetting in de schuldsanering natuurlijke personen zijn in dit verband minder relevant.

704 Op Rechtspraak.nl zijn per juni 2021 slechts vier uitspraken gepubliceerd: Rb. Almelo 15 december 1999, ECLI:NL:RBALM:1999:AA3942; Rb. Leeuwarden 29 januari 2004, ECLI:NL:RBLEE:2004:AO2866; Rb. Alkmaar 12 juli 2011, ECLI:NL:RBALK:2011:BR4546; Rb. Rotterdam 21 februari 2020, ECLI:NL:RBROT:2020:1792.

HOOFDSTUK 6

Surseance van betaling

6.1 Inleiding

Na de behandeling van de homologatie onderhands akkoord en het faillissement komt in dit hoofdstuk de surseance van betaling aan bod.[1] Deze procedure is minder vergaand en ingrijpend dan het faillissement en zou in de opbouw van dit boek dat uitgaat van een schuldenaar die steeds dieper in de financiële problemen raakt, eigenlijk voor het faillissement aan de orde moeten komen, zoals in de vorige druk ook was gebeurd. Omdat zij echter op een groot aantal terreinen is afgeleid van de regeling van het faillissement in Titel I en dit boek anders vaak vooruit zou moeten verwijzen of herhalen, is in de huidige druk gekozen aansluiting te zoeken bij de wettelijke volgorde waar de surseance van betaling is geregeld in Titel II. Zolang er (nog) geen faillissement is, biedt de surseance van betaling de onfortuinlijke schuldenaar met financiële problemen een wettelijk instrument bij voornamelijk de reorganisatie van ondernemingen. Het maakt geen verschil of die onderneming door een rechtspersoon of een natuurlijke persoon wordt gedreven. De surseance van betaling staat alleen niet open voor natuurlijke personen die geen beroep of bedrijf uitoefenen, kort gezegd de particulier (art. 214 lid 4).

Dit hoofdstuk begint met enkele opmerkingen over de historische ontwikkeling en de plaats van de surseance van betaling in het systeem van de Faillissementswet (nr. 262). Dan volgt een uiteenzetting over de procedure (par. 6.2) en de gevolgen van de surseance van betaling voor de verschillende betrokkenen (par. 6.3). Omdat de surseance van betaling erop gericht is dat de schuldenaar met zijn schuldeisers door een akkoord tot een oplossing van zijn financiële problemen komt, is hieraan een afzonderlijke paragraaf gewijd (par. 6.4). Als er geen surseanceakkoord komt is de kans groot dat de surseance van betaling is mislukt. Dan komen de intrekking van de procedure en de omzetting in een van de andere insolventieprocedures in beeld (par. 6.5), gevolgd door een behandeling van enkele bijzondere surseancevormen (par. 6.6) en een afbakening tot de andere insolventieprocedures met een

1 Literatuur over de surseance van betaling is te vinden in de algemene literatuur over insolventierecht (zie nr. 19) want de belangrijkste monografieën zijn gedateerd: L.G. van Dam, *De surséance van betaling en het akkoord buiten faillissement* (Haarlem 1935), J.A. Vreeswijk, *De surséance van betaling en het akkoord* (Deventer 1973) en A.L. Leuftink, *Surséance van betaling* (Deventer 1995). Deze laatste is overigens nog steeds nuttig waar de schrijver de nadruk heeft gelegd op de praktische mogelijkheden van de surseance van betaling.

slotbeschouwing over de waarde en betekenis van de surseance van betaling als insolventieprocedure en herstructureringsinstrument (par. 6.7).

262. Ontwikkeling van de surseance van betaling en plaats in de Faillissementswet

Oorspronkelijk was de surseance van betaling een gunst aan de schuldenaar die alleen werd toegestaan in buitengewone omstandigheden van oorlog en onvoorziene rampen.[2] Ondanks verzet bij de invoering van de Faillissementswet is deze rechtsfiguur altijd blijven bestaan. Wel is zij in de loop van de tijd van karakter veranderd, vooral op het gebied van de ingangsvoorwaarden en de mogelijkheid en vereisten voor een akkoord. Hieronder volgt in vogelvlucht de historische ontwikkeling van deze procedure.

Voor de inwerkingtreding van onze huidige Faillissementswet was het algemene oordeel dat de toenmalige surseance van betaling in het Wetboek van Koophandel niet aan haar doel beantwoordde en moest worden afgeschaft. Dit oordeel was niet alleen gebaseerd op empirisch onderzoek, maar ook op het feit dat in die tijd in het buitenland geen vergelijkbare regelingen bestonden.[3] Niettemin besloot de regering de surseance van betaling in de Faillissementswet te behouden; het belangrijkste argument was opportunistisch: het instituut was al in onze wetgeving opgenomen en 'baat het niet, het schaadt ook niet'.[4] In het licht van de kritiek werden overigens wel enkele belangrijke wijzigingen ten opzichte van het voordien bestaande recht doorgevoerd. Zo wilde de wetgever eind 19e eeuw de surseance van betaling niet meer zien als een gunst die door de soevereine vorst – via de Hoge Raad – aan een koopman werd verleend, als diens betalingsonmacht was veroorzaakt door buitengewone omstandigheden, maar beschikbaar stellen aan iedere schuldenaar (koopman of niet), ongeacht de oorzaak van de financiële problemen. In die tijd werd het vertrouwen van de schuldeisers dat de schuldenaar op een gegeven ogenblik weer volledig aan zijn verplichtingen zou kunnen voldoen, gezien als basis voor een succesvolle sanering. Zonder dat vertrouwen zouden volgens de regering de schuldenaren die door eigen toedoen in betalingsproblemen waren geraakt vanzelf niet in aanmerking komen voor surseance van betaling.[5] Vooral het feit dat de overgrote meerderheid van de schuldeisers met de surseanceverlening moest instemmen zou aan de surseance van betaling het willekeurige karakter van een gunst ontnemen.[6] In deze opvatting was surseance van betaling niet alleen in het belang van de schuldenaar maar ook in dat van het merendeel van de schuldeisers.

Het voorstel van de toenmalige regering werd kritisch ontvangen in het parlement met als argument dat surseance van betaling vooral vertraging zou opleveren en daarmee de boedel ten nadele van de schuldeisers zou verkleinen. Verder zou ook uit het feit dat dat instituut in vele andere landen was afgeschaft, blijken dat de surseance van betaling niet hielp.[7] De regering hield echter vast aan haar voorstel en

2 *Parl. Gesch. Fw* (Van der Feltz) II, p. 338; vgl. Parl. Gesch. Fw (Kortmann/Faber), p. 328.
3 *Parl. Gesch. Fw* (Van der Feltz) II, p. 336.
4 *Parl. Gesch. Fw* (Van der Feltz) II, p. 337.
5 *Parl. Gesch. Fw* (Van der Feltz) II, p. 336.
6 *Parl. Gesch. Fw* (Van der Feltz) II, p. 338.
7 *Parl. Gesch. Fw* (Van der Feltz) II, p. 338-342.

benadrukte dat de surseance van betaling nooit zou kunnen worden verleend tegen de zin van de schuldeisers: niet alleen moest een grote meerderheid de surseanceaanvraag steunen, maar er moest ook het vooruitzicht bestaan dat de surseance van betaling ertoe zou leiden dat de schuldenaar na enige tijd zijn schuldeisers volledig zou kunnen voldoen.[8] Daarom was voor de surseance van betaling ook geen dwangakkoord nodig, zoals dat toen wel was voorgesteld bij faillissement.[9] De surseance van betaling moest dus leiden tot een succesvol overleg tussen de schuldenaar en diens schuldeisers.[10]

In 1902 vond een kleine, maar niet onbelangrijke wijziging plaats: de bestaande beperking die inhield dat na een geëindigde surseance van betaling gedurende één jaar geen hernieuwd verzoek tot surseance kon worden gedaan, werd na uitvoerige parlementaire debatten opgeheven.[11] Hoewel een verlenging van de termijn niet werd toegestaan werd het hierdoor wel het mogelijk om direct na afloop aansluitend een nieuwe surseance van betaling te vragen. Vervolgens kwamen doel en nut van de surseance van betaling weer volop in beeld bij de belangrijke wijziging van de surseanceregeling in 1925.[12] De surseance bleek namelijk zelden voor te komen als gevolg van de zware eis dat het vooruitzicht moest bestaan dat de surseance van betaling ertoe zou leiden dat de schuldenaar na enige tijd zijn schuldeisers volledig kon voldoen. Vanuit de praktijk werd daarom gevraagd de mogelijkheid te verruimen om surseance van betaling te verlenen.[13] Dit leidde ertoe dat de mogelijkheid van de surseance van betaling geopend werd in die gevallen dat deze maatregel met het oog op de belangen van de gezamenlijke schuldeisers het meest gewenst was. Een meerderheid van de schuldeisers moest de surseanceverlening aan een schuldenaar te goeder trouw kunnen bewerkstelligen, zelfs als er geen vooruitzicht op volledige maar slechts gedeeltelijke betaling bestond.[14] Om dit te bereiken werd de surseance van betaling aanmerkelijk vereenvoudigd: na ontvangst van het verzoekschrift zou 'dadelijk' – dus zonder inhoudelijke toetsing door de rechtbank – de voorlopige surseanceverlening plaatsvinden met benoeming van een bewindvoerder, waarbij de rechtbank zo nodig die maatregelen kon treffen om de belangen van de schuldeisers te beveiligen en de surseance van betaling zo nodig kon worden ingetrokken (art. 215 lid 2, 217, 225, 242).[15] De mogelijkheid van een dwangakkoord werd uitdrukkelijk afgewezen, omdat dit inbreuk zou maken op het bijzondere karakter van de surseanceverlening en omdat dan verificatie van vorderingen nodig zou zijn met alle complicaties van dien.[16] Wel werd de mogelijkheid geopend van een eenmalige verlenging van de surseance van betaling met een termijn van maximaal anderhalf jaar.[17]

8 *Parl. Gesch. Fw* (Van der Feltz) II, p. 342, 344 e.v.
9 *Parl. Gesch. Fw* (Van der Feltz) II, p. 336.
10 *Parl. Gesch. Fw* (Van der Feltz) II, p. 342.
11 *Parl. Gesch. Fw* (Kortmann/Faber), p. 424-452.
12 *Stb.* 1925, 191.
13 *Parl. Gesch. Fw* (Kortmann/Faber), p. 327.
14 *Parl. Gesch. Fw* (Kortmann/Faber), p. 328.
15 *Parl. Gesch. Fw* (Kortmann/Faber), p. 327-329, 398.
16 *Parl. Gesch. Fw* (Kortmann/Faber), p. 328-329.
17 *Parl. Gesch. Fw* (Kortmann/Faber), p. 452.

Kennelijk waren in de praktijk misverstanden gerezen, want in 1935 werd verhelderd dat de surseance van betaling direct van kracht werd op het ogenblik van haar voorlopige verlening, waardoor alle bepalingen van de surseance van betaling van toepassing waren.[18] De belangrijkste wijziging vormde toen evenwel de invoering van het dwangakkoord – vergelijkbaar aan dat in faillissement – om tot een ruimer toepassingsbereik van de surseance van betaling te komen.[19] Het eerder opgeworpen probleem van het ontbreken van de verificatie werd niet meer als belemmering gezien. Met deze wijzigingen werd de surseance van betaling niet een 'verzachte vorm van faillissement', maar kreeg de regeling meer een sanerend karakter waarbij een minderheid van schuldeisers niet meer een meerderheid kan gijzelen door een akkoord tegen te houden.[20] Zoals bij de parlementaire behandeling werd uitgesproken, verlangde het rechtssysteem dat men in de uitoefening van zijn rechten rekening houdt met de gerechtvaardigde belangen van anderen.[21]

Als een rode draad door de ontwikkeling van de surseance van betaling loopt de vereenvoudiging van de procedurele gang van zaken. Zo werd het in 1976 mogelijk een rechter-commissaris te benoemen, waarmee de rechtbank werd ontlast.[22] Hoewel de rechter-commissaris de bewindvoerder uitsluitend kan adviseren (waarmee zijn taak een volledig andere is dan bij faillissement), kan veel slagvaardiger worden opgetreden in alle gevallen waarin hij werk van de rechtbank uit handen neemt. Tegenwoordig wordt bij iedere surseance van betaling een rechter-commissaris benoemd. Verder werd bij die wijziging de beperking geschrapt dat een surseance van betaling ten hoogste eenmaal verlengd zou kunnen worden.[23]

Toch bleek daarna de surseance van betaling nog steeds niet aan de verwachtingen te voldoen. Ondanks de grote aanpassingen in de crisisjaren in de eerste helft van de 20e eeuw, was de surseance van betaling gedurende de economische tegenwind in de jaren '70 en '80 van die eeuw nog steeds een gebrekkig instrument. Het bleek dat de surseance van betaling door allerlei oorzaken niet meer voldeed aan de doelstellingen van de wetgever.[24] Dit leidde echter pas geruime tijd later (in 2005) tot een beperkte, maar tamelijk vergaande wetswijziging.[25] Hierbij werden de stemvereisten voor aanneming van het akkoord zowel in faillissement als in surseance van betaling drastisch teruggebracht. Vanaf dat moment volstaat nog slechts een gewone (in plaats van gekwalificeerde) meerderheid van zowel het aantal schuldeisers als het door hen te vorderen bedrag. Bovendien tellen sindsdien de wegblijvers niet meer mee voor de berekening van de stemverhouding waardoor het eerder is aangenomen (art. 268). Ten slotte is bij deze wetswijziging voor zowel faillissement als

---

18 *Stb.* 1935, 41; zie Parl. Gesch. Fw (Kortmann/Faber), p. 399.

19 *Parl. Gesch. Fw* (Kortmann/Faber), p. 333 e.v.

20 *Parl. Gesch. Fw* (Kortmann/Faber), p. 336, 339, 342.

21 *Parl. Gesch. Fw* (Kortmann/Faber), p. 341 e.v.; vgl. het hedendaagse art. 3:13 BW, waarmee misbruik van bevoegdheid wordt teruggedrongen.

22 *Stb.* 1976, 280.

23 *Parl. Gesch. Fw* (Kortmann/Faber), p. 453.

24 Zie de discussies binnen de Vereeniging 'Handelsrecht' naar aanleiding van de preadviezen over 'De in haar continuïteit bedreigde onderneming' uit 1983 en het rapport van de Commissie-Maas met bijgevoegd een ontwerp voor een Herstelwet ondernemingen uit 1985; vgl. voorts Rapport Commissie-Mijnssen, p. 21 e.v. en Eindrapport MDW-werkgroep, p. 7 (Knelpunten nr. 8-11).

25 *Stb.* 2004, 615; vervolgens is de gehele wet opnieuw vastgesteld (met genummerde artikelleden) en bekendgemaakt in *Stb.* 2005, 600.

surseance van betaling het 'verlichte' dwangakkoord in de wet opgenomen. Volgens deze regeling kan de rechter-commissaris het akkoord ondanks verwerping vaststellen 'als ware het aangenomen', mits ten minste drie vierde van de aanwezige schuldeisers hebben voorgestemd, ongeacht het bedrag van hun schuldvorderingen, en er voor de tegenstemmende schuldeiser(s) met substantiële vordering(en) geen redelijk belang is gezien het te verwachten uitkeringspercentage na vereffening (art. 146/268a).

Deze wijzigingen leiden overigens tot het opmerkelijke gevolg dat iets meer dan de helft van de aanwezige schuldeisers met iets meer dan de helft van het ter vergadering aanwezige bedrag aan vorderingen al voor een aangenomen akkoord kunnen zorgen, terwijl een definitieve surseanceverlening met deze stemverhouding nog steeds is uitgesloten (art. 218 lid 2). Misschien dat dit aspect een rol kan spelen bij de homologatiebeslissing van de rechtbank over het akkoord, maar het vormt geen imperatieve weigeringsgrond.

Al met al zien wij de afgelopen anderhalve eeuw een neiging om de toegang tot en het gebruik van de surseance van betaling telkens verder te versoepelen, waarna even vaak weer geconstateerd werd dat het instrument maar een beperkte rol speelde in ons (insolventie)recht. De surseance van betaling heeft dus altijd een zekere ambivalentie gekend. Enerzijds dient het instituut om een faillissement te voorkomen en de schuldenaar in staat te stellen om te reorganiseren en zijn financiële huishouding weer op orde te krijgen; anderzijds wordt het vaak gezien als het 'voorportaal' van het faillissement, omdat de surseance van betaling in het merendeel van de gevallen vroeger of later tot faillissement leidt (zie nr. 307).

6.2 Procedure

Deze paragraaf behandelt de procedure waarmee een schuldenaar surseance van betaling kan bewerkstelligen. De schuldenaar die voorziet dat hij zijn opeisbare schulden niet kan voldoen en surseance van betaling wil aanvragen moet weten bij welke rechter hij hiervoor terechtkan. Hij moet dus weten welke rechter bevoegd is en hoe dit moet worden vastgesteld. Het gaat dan om vragen van rechtsmacht, zowel internationaal (de rechter in welk land is bevoegd?) als nationaal (welke rechter in Nederland is bevoegd?). Dit komt aan de orde in nr. 263. In nr. 264-265 wordt uiteengezet hoe de procedure bij een Nederlandse rechter aanhangig wordt gemaakt, waarbij een onderscheid wordt gemaakt tussen de voorlopige verlening van de surseance van betaling zonder inhoudelijke rechterlijke toetsing en de definitieve verlening. Daarna komen de verschillende uitkomsten van de procedure aan bod (nr. 266-269) met aansluitend de gewone rechtsmiddelen van hoger beroep en cassatie voor het geval een van de betrokkenen zich niet met de uitspraak kan verenigen (nr. 270). Aan het slot van deze paragraaf volgen de mogelijkheid om de termijn van de surseance van betaling te verlengen (nr. 271) en het uiteindelijk verstrijken daarvan (nr. 272).

263. Rechtsmacht

De vraag welke rechter internationaal gezien bevoegd is in insolventieprocedures, is in het vorige hoofdstuk uitgebreid aan bod gekomen bij de faillietverklaring (zie par. 5.2.1). Op deze plaats volstaat een tweetal aspecten van internationale rechtsmacht.

Uitgaande van toepasselijkheid van de Europese Insolventieverordening, bepaalt artikel 3 InsVo dat voor de opening van een insolventieprocedure zoals de surseance van betaling[26] de rechter in de lidstaat waar het centrum van de voornaamste belangen van de schuldenaar is gelegen, bevoegd is om de zogenaamde hoofdprocedure te openen (art. 3 lid 1 InsVo). Die regel van artikel 3 InsVo geldt voor alle surseanceprocedures in Nederland. Zelfs zonder enige internationale connectie van de schuldenaar ontleent de Nederlandse rechter zijn rechtsmacht voor de beoordeling van een verzoek tot surseanceverlening aan de Europese Insolventieverordening (art. 214 lid 2).[27] Als immers op basis hiervan het centrum van de voornaamste belangen van de schuldenaar in Nederland is gelokaliseerd, betekent dit dat daarop vervolgens in beginsel de Nederlandse insolventierechtelijke regels van toepassing zijn (art. 7 InsVo) behoudens specifieke uitzonderingen (art. 8-18 InsVo).

Is dat centrum echter in een andere lidstaat gelegen, dan is de rechter in de overige lidstaten (waaronder in dit geval Nederland) slechts bevoegd tot het openen van een zogenaamde 'territoriale' of 'secundaire' procedure (zie par. 83). De gevolgen hiervan zijn beperkt tot de goederen van de schuldenaar die zich op dat ogenblik op het grondgebied van deze lidstaat bevinden (art. 3 lid 2 InsVo). Om de Nederlandse rechter rechtsmacht toe te kennen om een surseance van betaling bij wijze van secundaire of territoriale procedure uit te spreken, is vereist dat de schuldenaar een vestiging in Nederland heeft, dat wil zeggen een plaats van handeling waar hij met behulp van mensen en goederen een economische activiteit uitoefent die niet van tijdelijke aard is (art. 2 punt 10 InsVo). Als sprake is van een secundaire procedure omdat elders in de Europese Unie een hoofdprocedure is geopend, dan informeert de griffier de buitenlandse insolventiefunctionaris over de Nederlandse procedure (art. 215 lid 2 jo. 6 lid 1).

Ongeacht of sprake is van een hoofdprocedure dan wel een secundaire of territoriale procedure op basis van de Europese Insolventieverordening, in beide gevallen vermeldt de rechtbank in haar vonnis welk type procedure het betreft (art. 215 lid 2 jo. 6 lid 4). Een schuldeiser die van mening is dat een rechter in een ander land bevoegd is, moet tegen de Nederlandse uitspraak in het geweer komen en snel actie ondernemen (art. 5 InsVo jo. 215a). Hij heeft hier acht dagen voor.

Na de vaststelling van de internationale rechtsmacht zijn vervolgens de Nederlandse bevoegdheidsregels te vinden in de Faillissementswet (art. 214 lid 2 jo. 2). Op grond hiervan moet de schuldenaar het verzoekschrift tot surseanceverlening indienen bij de rechtbank van zijn woonplaats. Bij vennootschappen onder firma kan gekozen worden: niet alleen de rechtbank waar een van de vennoten zijn woonplaats heeft is bevoegd, maar ook die waar het kantoor van de vennootschap zich bevindt (art. 214 lid 2 jo. 2 lid 3).[28]

De procedure tot surseanceverlening bestaat uit twee delen: de voorlopige verlening van de surseance van betaling en eventueel een definitieve surseanceverlening. Hoewel deze procedures in elkaars verlengde liggen, zijn er verschillen aan te wijzen.

---

26 Zie art. 2 punt 4 jo. Bijlage A InsVo, waarop de surseance van betaling staat vermeld.
27 Vgl. in dit verband ook art. 2.2.5 Procesreglement insolventiezaken rechtbanken.
28 Vgl. HR 10 november 2006, *NJ* 2006/610 (*Hesco/Freudenberg*) en HR 22 december 2009, *NJ* 2010/15.

264. *Voorlopige surseance van betaling; automatische verlening en bekendmaking*

De schuldenaar die surseance van betaling wil aanvragen moet hiertoe door tussenkomst van een advocaat een door hen beiden ondertekend verzoekschrift bij de rechtbank indienen. Dit verzoekschrift bevat de informatie die de rechtbank nodig heeft om tot haar oordeel te komen en haar rechtsmacht vast te stellen: naast de gebruikelijke gegevens over de verzoeker moet het tevens een staat van baten en schulden van de schuldenaar bevatten (art. 214 lid 2).[29] Deze staat bevat een balans (het bedrag van de bezittingen en schulden (zie voor voorbeelden hiervoor nr. 28 e.v.), de naam- en adresgegevens van de schuldeisers en het bedrag van hun vorderingen).[30] Zodra het verzoekschrift met bijlagen bij de rechtbank is ingediend wordt het ter kosteloze inzage van iedereen bij de griffie neergelegd (art. 215 lid 1). Als de schuldenaar tot een akkoord met zijn schuldeisers wil komen, kan hij bij het verzoekschrift eventueel al een ontwerp van akkoord bijvoegen (art. 214 lid 3).

Nadat de rechtbank het verzoekschrift heeft ontvangen en de benodigde informatie en stukken formeel in orde heeft bevonden, verleent zij dadelijk de voorlopige surseance, zonder dat een zitting wordt gehouden of de schuldenaar wordt gehoord en zonder dat een inhoudelijke toetsing van het verzoek plaatsvindt (art. 215 lid 2).[31]

> Dit gebeurt alleen niet als bij de rechtbank gelijktijdig een verzoek tot aanwijzing van een herstructureringsdeskundige aanhangig is (art. 371). Dan wordt de behandeling van het verzoek tot verlening van surseance van betaling geschorst totdat de rechtbank heeft beslist op het verzoek om een herstructureringsdeskundige (art. 215 lid 4). Omdat de voorlopige surseance van betaling 'dadelijk' wordt verleend is voorstelbaar dat de samenloop van die twee verzoeken onopgemerkt blijft of dat het verzoek tot aanwijzing van een herstructureringsdeskundige pas na de voorlopige surseanceverlening wordt ingediend. In beide gevallen echter wordt op grond van diezelfde bepaling (art. 215 lid 4) de voorlopige surseance van betaling onmiddellijk geschorst.

Daarnaast benoemt de rechtbank een of meer bewindvoerders. Verder kan zij een rechter-commissaris benoemen (art. 223a), wat in de praktijk tegenwoordig altijd gebeurt. Voorts geeft de rechtbank de griffier opdracht om de bekende schuldeisers en de schuldenaar op te roepen om over het verzoekschrift te worden gehoord voordat zij tot een definitieve surseanceverlening overgaat. In de praktijk wordt deze vergadering vastgesteld tussen twee tot vier maanden na de voorlopige surseanceverlening.[32] Als een ontwerp van akkoord bij het verzoekschrift is gevoegd, wordt daarvan bij die oproeping melding gemaakt (art. 215 lid 2).

De voorlopige verlening van de surseance van betaling heeft haar werking vanaf het begin van de dag waarop zij door de rechtbank is uitgesproken (art. 217). Hiertegen staat geen rechtsmiddel open behoudens de mogelijkheid van verzet door een schuldeiser wegens het ontbreken van rechtsmacht van de Nederlandse rechter op

---

29 Vgl. art. 2.2.5-6 Procesreglement insolventiezaken rechtbanken.
30 *Parl. Gesch. Fw* (Van der Feltz) II, p. 55-56.
31 Oorspronkelijk werd de surseance pas voorlopig verleend nadat de rechtbank de schuldeisers en de schuldenaar had gehoord en het merendeel van de schuldeisers tegen de voorlopige surseanceverlening geen bezwaar had (art. 217 (oud)); in 1925 is dit systeem verlaten en de voorlopige surseanceverlening een automatisme geworden (nr. 262); zie *Parl. Gesch. Fw* (Kortmann/Faber), p. 395-401.
32 Zie art. 2.3.1 Procesreglement insolventiezaken rechtbanken.

de voet van artikel 5 InsVo (art. 215a). Aangezien de voorlopige surseance van betaling ingrijpende gevolgen heeft voor de schuldenaar en een deel van de schuldeisers, is het van belang dat daaraan voldoende publiciteit wordt gegeven. Dit gebeurt langs twee wegen. In de eerste plaats zorgt de griffier ervoor dat de relevante informatie onmiddellijk in de Staatscourant wordt aangekondigd (art. 216). Het gaat hierbij om de indiening van het verzoek, de voorlopige surseanceverlening, naam en adres van de bewindvoerder(s) en de naam van de rechter-commissaris als deze is benoemd, de dag waarop over de definitieve surseanceverlening wordt beraadslaagd en of een ontwerp van akkoord is voorgelegd. In de tweede plaats schrijft de griffier die gegevens in het openbare surseanceregister bij de rechtbank en het Centraal Insolventieregister (art. 222a-222b). Zodra de surseance van betaling voorlopig is verleend, is deze geopend en is de bewindvoerder als insolventiefunctionaris onder de Europese Insolventieverordening verplicht om de buitenlandse schuldeisers daarvan 'onverwijld' in kennis te stellen (art. 54 InsVo jo. 2 punt 5 InsVo).

265. Behandeling definitieve surseanceverlening

Doordat vanaf 1925 de schuldeisers niet meer worden geraadpleegd voor de voorlopige surseanceverlening en deze zonder inhoudelijke rechterlijke toetsing automatisch wordt verleend, is de surseance van betaling sindsdien een instrument waarmee de schuldenaar snel en relatief eenvoudig zijn concurrente schuldeisers tijdelijk op afstand kan plaatsen, terwijl faillissement even niet aan de orde is.

> Vanaf de indiening van het verzoekschrift waarmee de surseance van betaling wordt aangevraagd moet de rechtbank een op dat ogenblik eveneens aanhangige faillissementsaanvraag door een schuldeiser of het OM laten rusten totdat de surseanceaanvraag volledig is afgewikkeld (art. 218 lid 6). Bovendien kan een faillissement ook niet 'rauwelijks' worden verzocht tijdens de surseance van betaling (art. 248). Faillietverklaring kan alleen in het kader van een actie waarmee de surseance eindigt, dus wanneer de definitieve surseanceverlening niet wordt uitgesproken (art. 218 lid 5), bij intrekking van de surseance van betaling (art. 242 lid 4), verwerping van het aangeboden akkoord (art. 277), weigering van de homologatie (art. 272 lid 4) of ontbinding van het akkoord (art. 280).

Binnen twee tot vier maanden[33] moet daarom een raadpleging van de schuldeisers plaatsvinden ter bescherming van hun belangen, tenzij bij het verzoekschrift een ontwerp van akkoord is voorgelegd (art. 218). In dit geval kan de beraadslaging en stemming over een definitieve surseanceverlening worden afgeblazen en vervangen door een beraadslaging over het akkoord (art. 255 lid 1; nr. 297 e.v.). Als geen ontwerp van akkoord is gedeponeerd heeft de zitting tot doel om te onderzoeken of een definitieve surseanceverlening kans van slagen heeft. De rechtbank hoort bij deze raadpleging de bewindvoerder, de rechter-commissaris en de schuldeisers, ongeacht of zij waren opgeroepen omdat zij voorkwamen op de lijst van schuldeisers die

---

33 Zie art. 2.3.1 Procesreglement insolventiezaken rechtbanken. In internationale verhoudingen waarin de Nederlandse surseance van betaling een onderdeel is van grensoverschrijdende herstructureringen kan deze termijn langer zijn; vgl. de negen maanden in de surseances van betaling van Oi Coöp en PTIF, de Nederlandse financieringsvennootschappen van het Braziliaanse telecombedrijf Oi S.A., waarover tot aan de Hoge Raad en in de Verenigde Staten van Amerika uitvoerig is geprocedeerd: HR 7 juli 2017, *NJ* 2018/363 (*Oi Coöp/Citadel*) en HR 7 juli 2017, *NJ* 2018/364 (*PTIF/Citicorp*) en voorts US Bankruptcy Court SDNY 4 december 2017 (*Oi Coöp*), *JOR* 2018/57.

de schuldenaar bij zijn verzoekschrift had gevoegd (art. 215 lid 2 en 218 lid 1). De schuldeisers kunnen zich hierbij ook laten vertegenwoordigen door een advocaat of schriftelijk gemachtigde. Als de rechtbank bij de voorlopige surseanceverlening tevens een deskundigenonderzoek had gelast (art. 226), ligt het voor de hand dat ook deze deskundigen gehoord worden over hun onderzoeksverslag.

De raadpleging over de definitieve surseanceverlening vindt achter gesloten deuren in de raadkamer plaats. De wetgever wilde de schuldenaar en de schuldeisers de vertrouwelijkheid van een besloten zitting bieden om openheid van zaken te kunnen geven.[34] Na iedereen te hebben aangehoord neemt de rechtbank zo spoedig mogelijk een beslissing en doet zij (bij voorkeur op de zitting en anders zo snel mogelijk daarna) in het openbaar uitspraak bij een met redenen omklede beschikking (art. 218 lid 7).[35]

266. Uitspraak

Strikt genomen kent het wettelijk systeem van de surseance van betaling twee momenten waarop de rechtbank beslist of zij wordt verleend, eerst voorlopig en dan definitief. Zoals hiervoor uiteengezet is de voorlopige surseanceverlening een automatisme waarvoor de rechtbank geen beoordelingsruimte heeft, behalve of aan alle formaliteiten is voldaan (art. 215 lid 2). Deze uitspraak vergt dan ook nauwelijks rechterlijke activiteit. Dit is anders bij de beoordeling over het al of niet definitief verlenen van de surseance van betaling. Hierbij heeft de rechtbank wel een zekere mate van beoordelingsvrijheid.[36] Sinds 1925 is het niet meer nodig dat een vooruitzicht op volledige betaling van de schuldeisers bestaat. Voldoende is dat er een gerede verwachting is dat de schuldenaar zijn schuldeisers na verloop van tijd zal kunnen bevredigen (art. 218 lid 4); ‘bevrediging’ biedt een groter scala aan mogelijkheden waarbij de schuldeisers op een andere wijze dan door volledige betaling akkoord kunnen gaan met de afwikkeling.[37] Zo dit niet al ter gelegenheid van de voorlopige surseanceverlening is gebeurd, kan de rechtbank zich zo nodig laten voorlichten door deskundigen die een onderzoek verrichten naar de betrouwbaarheid van de gegevens die de schuldenaar bij het verzoekschrift heeft overgelegd en het realiteitsgehalte van de vooruitzichten (art. 226).

Afgezien van de mogelijkheid de zitting aan te houden, kan de rechtbank de surseance van betaling definitief verlenen (nr. 267) of afwijzen (nr. 268). Tot dit laatste is de rechtbank in sommige gevallen overigens verplicht (art. 218 lid 2, 4). In dit geval heeft zij de keuze om tegelijkertijd met deze afwijzing de schuldenaar failliet te verklaren (art. 218 lid 5).

267. Definitieve verlening surseance van betaling; bekendmaking

Omdat veel voorlopige surseances van betaling al snel worden omgezet in faillissement is het aantal toewijzingen van het verzoek om definitieve surseanceverlening

---

34 *Parl. Gesch. Fw* (Van der Feltz) II, p. 354; vgl. art. 2.3.2 Procesreglement insolventiezaken rechtbanken.

35 Art. 218 lid 7; vgl. art. 2.4.1 Procesreglement insolventiezaken rechtbanken. Zie over het spanningsveld tussen de zitting achter gesloten deuren en de openbare uitspraak als de rechtbank deze ter zitting doet, de vergelijkbare gang van zaken bij faillissement (par. 5.2.4).

36 *Parl. Gesch. Fw* (Kortmann/Faber), p. 405.

37 *Parl. Gesch. Fw* (Kortmann/Faber), p. 327-328 en 332.

beperkt. Voor een toewijzing van het verzoek is nodig dat zich niet een of meer van de imperatieve afwijzingsgronden voordoet, die hierna worden besproken.

Als de rechtbank besluit tot een definitieve surseanceverlening is deze onmiddellijk van toepassing (art. 222). In haar uitspraak bepaalt zij de duur van de surseance van betaling die maximaal anderhalf jaar kan zijn vanaf de dag van de voorlopige surseanceverlening (art. 223 lid 1 jo. 217). De surseanceverlening kan overigens een of meermalen verlengd worden (art. 223 lid 2; zie nr. 271). Verder kan de rechtbank in haar beschikking een rechter-commissaris benoemen, zij het dat dit tegenwoordig al bij de voorlopige surseanceverlening gebeurt. Overigens is dit ook daarna nog mogelijk (art. 223a). Na de definitieve surseanceverlening blijven de bij de voorlopige surseanceverlening uitgesproken voorzieningen van kracht. Aangezien de bewindvoerder al bij de voorlopige surseanceverlening was benoemd, hoeft de rechtbank zich hierover niet meer uit te laten.

Dit maakt de bepaling van artikel 222 lid 1 dat de beschikking bij voorraad uitvoerbaar verklaart voor dit geval betekenisloos, maar het bestaan van deze bepaling kan worden verklaard vanuit het oorspronkelijke systeem van de Faillissementswet. Tot 1925 had deze bepaling betrekking op de beschikking van de rechtbank tot verlening van de voorlopige surseance van betaling waaraan een raadkamerzitting met alle betrokkenen en een inhoudelijke beoordeling voorafging, en waarbij de rechtbank een bewindvoerder benoemde en hoger beroep mogelijk was. In 1925 is de huidige regeling ingevoerd, maar is de bepaling van artikel 222 lid 1 blijven staan. Bij afwijzing van het verzoek geldt artikel 222 lid 1 niet. Dit is ook niet nodig voor het geval de rechtbank gelijktijdig het faillissement heeft uitgesproken; net als bij de gewone faillietverklaring wordt deze niet geschorst door het instellen van een rechtsmiddel (zie par. 5.2.5).

De verlening van de definitieve surseance van betaling wordt net als de voorlopige surseanceverlening door de griffier ingeschreven in het surseanceregister (art. 222a lid 1 sub 1) en doorgegeven aan het Centraal Insolventieregister (art. 222a lid 4).

268. *Afwijzing van het verzoek tot definitieve surseanceverlening*

De rechtbank kan bij de behandeling van de definitieve surseanceverlening ook besluiten om het verzoek van de schuldenaar af te wijzen. In drie gevallen is zij hiertoe zelfs verplicht.

In de eerste plaats moet afwijzing volgen als er onvoldoende steun onder de schuldeisers is om het verzoek toe te wijzen. Dit is het geval als meer dan een derde van de in de raadkamer ter vergadering aanwezige schuldeisers tegenstemmen, of die tegenstem afkomstig is van schuldeisers die samen meer dan een vierde van het door hen vertegenwoordigde bedrag aan vorderingen bezitten (art. 218 lid 2). Er is dan blijkbaar onvoldoende draagvlak en vertrouwen dat de adempauze voor de schuldenaar voldoende zal zijn om uit de financiële problemen te raken.

Aangezien iedereen zich als schuldeiser zou kunnen melden en geen verificatie van de vorderingen aan deze zitting voorafgaat, valt niet uit te sluiten dat er debat is over wie een geldige stem kan uitbrengen. Ter voorkoming van allerlei complicaties en (renvooi)procedures (zie nr. 233) beslist de rechtbank over de toelating tot de stemming als daarover verschil van mening is (art. 218 lid 3).[38]

38 Zie bijv. Rb. Arnhem 6 november 2006, ECLI:NL:RBARN:2006:AZ4424.

De tweede reden dat de rechtbank een definitieve surseanceverlening moet weigeren is als er gegronde vrees bestaat dat de schuldenaar zijn schuldeisers tijdens de surseance zal proberen te benadelen. In een dergelijke situatie verdient de schuldenaar niet de bescherming van de surseance van betaling (art. 218 lid 4).

De derde verplichte afwijzingsgrond doet zich voor als geen vooruitzicht bestaat dat de schuldenaar na verloop van tijd zijn schuldeisers zal kunnen bevredigen (art. 218 lid 4). Dan is immers duidelijk dat het doel van de surseance van betaling niet kan worden bereikt.

Aangezien de afwijzende beschikking niet bij voorraad uitvoerbaar is, blijft de voorlopige surseanceverlening voortduren totdat de afwijzing van de definitieve surseance van betaling in kracht van gewijsde is gegaan; artikel 222 lid 1 is niet van toepassing. Dit betekent dat tot die tijd ook een inmiddels aanhangige faillissementsaanvraag nog niet behandeld kan worden (art. 218 lid 6). Het is in lijn met de gedachte dat de surseance van betaling de schuldenaar een laatste uitweg biedt om een faillissement te voorkomen, dat een verzoek om een surseance van betaling niet doorkruist wordt door een tussentijdse faillietverklaring. Dan zou de hogere rechter die zich over de surseance van betaling moet buigen immers voor een voldongen feit worden geplaatst.

269. Einde voorlopige surseance van betaling

Wanneer de afwijzing van de definitieve surseanceverlening onherroepelijk is geworden, eindigt de voorlopige surseanceverlening. Dan zijn de schuldeisers voor wie de surseance van betaling werkt weer vrij om de incasso- en executiemaatregelen te treffen die zij wensen en gelden de beperkingen van artikel 233 niet meer. De bewindvoerder legt rekening en verantwoording af van zijn handelen en brengt zijn eindverslag uit (art. 227).[39]

Als de voorlopige surseanceverlening niet wordt omgezet in een definitieve, ligt het voor de hand dat een (bijna) faillissementstoestand onvermijdelijk wordt. Door een surseance van betaling aan te vragen voorzag de schuldenaar immers dat hij zijn opeisbare schulden op korte termijn niet meer zou kunnen betalen (art. 214). Daarom kan de rechtbank in een dergelijk geval gelijktijdig met haar beschikking tot afwijzing van het surseanceverzoek besluiten om de schuldenaar in staat van faillissement te verklaren (art. 218 lid 5). De rechtbank is hiertoe echter niet verplicht (zie nr. 307).[40] Zij zal alleen tot faillietverklaring overgaan als summierlijk is gebleken dat de schuldenaar verkeert in de toestand dat hij heeft opgehouden te betalen.[41] In dit geval heeft de uitspraak van de rechtbank een gemengd karakter: een beschikking voor zover het de surseance van betaling afwijst en een vonnis waar het de schuldenaar in staat van faillissement verklaart (art. 248 lid 2).[42] In dit geval verkeert de schuldenaar in staat van faillissement en treden direct de bepalingen van Titel I

39 Vgl. art. 1.4 jo. 3.5 Recofa-richtlijnen voor faillissementen.

40 In art. 221 Ontwerp-staatscommissie was dit een imperatief voorgeschreven verplichting van de rechtbank (*Parl. Gesch. Fw* (Van der Feltz) II, p. 469), maar in de parlementaire behandeling is deze consequentie geschrapt; zie *Parl. Gesch. Fw* (Van der Feltz) II, p. 351-356.

41 Art. 1, 6 lid 3; vgl. *Parl. Gesch. Fw* (Van der Feltz) II, p. 355-356; *Parl. Gesch. Fw* (Kortmann/ Faber), p. 411.

42 *Parl. Gesch. Fw* (Kortmann/Faber), p. 350-351.

Faillissementswet in werking, aangevuld met de bijzondere bepalingen van artikel 248 lid 2 en 249.

Als geen gelijktijdige faillietverklaring wordt uitgesproken, eindigt de (voorlopig verleende) surseance van betaling op het ogenblik waarop de afwijzing van het verzoek tot definitieve surseanceverlening in kracht van gewijsde is gegaan (art. 218 lid 5).

270. Rechtsmiddelen; hoger beroep en cassatie

Nadat de rechtbank uitspraak heeft gedaan op het verzoek om de surseance van betaling definitief te verlenen, staan daartegen de gewone rechtsmiddelen van hoger beroep en daarna cassatie open.

Als de rechtbank het verzoek om definitief surseance van betaling te verlenen afwijst, kan alleen de schuldenaar gedurende acht dagen na de uitspraak in hoger beroep komen. In geval van toewijzing komt deze bevoegdheid toe aan iedere schuldeiser die zich niet uitdrukkelijk vóór de surseanceverlening had verklaard; dus niet alleen een schuldeiser die had tegengestemd, maar ook een schuldeiser die niet bij de stemming aanwezig is geweest of zich daarvan onthouden had (art. 219 lid 1).[43]

Het verzoekschrift waarmee de appellant het hoger beroep instelt bevat de redenen ('gronden') waarom hij van oordeel is dat de rechtbank een verkeerde beslissing heeft gegeven. De zittingsdag wordt zo spoedig mogelijk vastgesteld (art. 219 lid 2). De griffier van de rechtbank zendt het oorspronkelijke verzoekschrift waarmee de schuldenaar zich tot de rechtbank had gewend toe aan het gerechtshof dat dit weer voor iedereen ter kosteloze inzage legt (art. 219 lid 4).

De zitting bij het gerechtshof is net als bij de rechtbank niet openbaar en vindt weer achter gesloten deuren plaats in de raadkamer (art. 220 lid 2). Hoewel op deze zitting alle betrokkenen (schuldenaar, schuldeisers, al dan niet vertegenwoordigd door een advocaat of schriftelijk gemachtigde, bewindvoerder en eventueel de rechter-commissaris) opnieuw gehoord worden en zij aan de beraadslaging kunnen deelnemen door argumenten voor of tegen het verzoek om een definitieve surseanceverlening naar voren te brengen, is het geen herhaling van de zitting van de rechtbank (art. 220 lid 1). De surseance van betaling wordt namelijk niet opnieuw in stemming gebracht, omdat de wetgever wilde voorkomen dat bij het gerechtshof door andere schuldeisers in andere zin zou worden gestemd.[44] Het gerechtshof beoordeelt daarom alleen of de rechtbank (*ex tunc*) op juiste wijze heeft vastgesteld hoe de schuldeisers over de verlening van de surseance van betaling hebben gestemd. Daarnaast betrekt het gerechtshof (*ex nunc*) ook de andere afwijzingsgronden in zijn oordeel: vrees voor benadeling van de schuldeisers tijdens de surseance van betaling of onvoldoende vooruitzicht op bevrediging van de schuldeisers (art. 218 lid 4) of dat er andere redenen zijn om het verzoek af te wijzen (nr. 268).

Het gerechtshof doet zijn uitspraak bij arrest dat in het openbaar wordt uitgesproken (art. 220 lid 2). Hierbij zijn verschillende beslissingen denkbaar, afhankelijk

43 Oorspronkelijk was dit anders en stond hoger beroep alleen open voor degenen die bij de rechtbank hadden tegengestemd (zie *Parl. Gesch. Fw* (Van der Feltz) II, p. 358-361), maar bij de wijziging in 1925 is dit verruimd en wordt het hoger beroep (en cassatie) alleen onthouden aan de voorstemmers (*Parl. Gesch. Fw* (Kortmann/Faber), p. 415).

44 Vgl. *Parl. Gesch. Fw* (Van der Feltz) II, p. 359.

van of het hoger beroep zich richt tegen verlening van de surseance van betaling of tegen de afwijzing van het daartoe strekkende verzoek van de schuldenaar.

Wanneer het hoger beroep zich richt tegen de beschikking van de rechtbank waarbij de definitieve surseance van betaling is verleend, kan het gerechtshof die bekrachtigen of vernietigen. In het eerste geval verandert er niets. De definitief verleende surseance van betaling wordt gewoon voortgezet. Als het gerechtshof de surseanceverlening echter vernietigt en deze uitspraak in kracht van gewijsde gaat, betekent die uitspraak het einde van de surseance van betaling met ingang van die dag. Hoewel niet met zo veel woorden in de wet opgenomen, volgt uit het systeem van de wet dat het gerechtshof – net als de rechtbank in eerste instantie – kan besluiten om de schuldenaar in staat van faillissement te verklaren.[45]

In de omgekeerde situatie, waarin het gerechtshof zich moet buigen over de afwijzing van de definitieve surseanceverlening door de rechtbank, kan het die beschikking eveneens bekrachtigen of vernietigen. In het laatste geval verleent het gerechtshof alsnog de definitieve surseance van betaling en bepaalt het de duur daarvan. Aangezien de voorlopige surseanceverlening ondanks de afwijzing van de definitieve surseanceverlening door de rechtbank hangende het hoger beroep nog van kracht was, leidt de beslissing van het gerechtshof overigens niet tot grote veranderingen. Dit kan anders liggen bij een bekrachtiging door het gerechtshof van de afwijzingsbeschikking van de rechtbank. Dan moet het gerechtshof zelfstandig beslissen of het de schuldenaar al dan niet in staat van faillissement verklaart, ongeacht wat de rechtbank daarover besloten had.[46]

In de oorspronkelijke regeling van de surseance van betaling was tegen het arrest van het gerechtshof cassatie niet mogelijk. Men beschouwde de surseanceverlening als een feitelijke kwestie, zodat cassatie kon worden uitgesloten, mede om onnodig tijdverlies te voorkomen, voordat de bewindvoerder aan de slag zou kunnen.[47] Toen in 1925 de voorlopige surseanceverlening het huidige automatisme was geworden, waardoor de bewindvoerder vanaf de eerste dag in functie is, achtte de wetgever echter geen redenen meer aanwezig om cassatie uit te sluiten.[48]

Bij afwijzing van het surseanceverzoek door het gerechtshof kan alleen de schuldenaar in cassatie gaan, maar bij een toewijzing weer iedere schuldeiser die zich niet vóór de surseanceverlening had verklaard. Dit kan dus zelfs een schuldeiser zijn die tot dat ogenblik nog helemaal niet in beeld was geweest. Net als bij het hoger beroep bedraagt de termijn acht dagen (art. 221 lid 1) en ook overigens volgt de cassatieprocedure grotendeels de voorschriften van het hoger beroep, met een behandeling in de raadkamer en een in het openbaar uitgesproken arrest (art. 221 lid 4).[49] Inhoudelijk is er echter wel een verschil, omdat de toetsingsgronden in cassatie beperkt zijn tot schending van het recht en – kort gezegd – motiveringsgebreken (art. 79 Wet RO).

---

45 Vgl. *Parl. Gesch. Fw* (Van der Feltz) II, p. 360.
46 Zie Wessels, *Insolventierecht VIII*, nr. 8082.
47 Zie *Parl. Gesch. Fw* (Van der Feltz) II, p. 362, 374.
48 Zie *Parl. Gesch. Fw* (Kortmann/Faber), p. 415.
49 Hoewel art. 220 lid 2 i.t.t. art. 219 lid 7 voor de rechtbank niet spreekt over een met redenen omklede beslissing, geldt deze eis ook voor het arrest van het gerechtshof en de Hoge Raad (art. 230 lid 1 jo. 353 respectievelijk 418a Rv; vgl. *Parl. Gesch. Fw* (Kortmann/Faber), p. 411).

271. Termijnverlenging

Oorspronkelijk was het de bedoeling dat snel duidelijk zou zijn of de schuldenaar zijn schuldeisers volledig zou kunnen voldoen; zo niet, dan zou hij geen aanspraak mogen maken op de bescherming van de surseance van betaling.[50]

Door de eis dat surseanceverlening alleen zou kunnen worden toegestaan als de meerderheid van de schuldeisers daartoe mogelijkheden zag, was de verwachting dat de bijzondere toestand van de surseance van betaling maar kort hoefde te duren. Bij de totstandkoming van de Faillissementswet is nog wel gedebatteerd of een termijn van maximaal één jaar zou volstaan, maar uiteindelijk is die op ten hoogste anderhalf jaar gesteld. Tevens werd het de schuldenaar verhinderd om gedurende een jaar na afloop van de surseance van betaling hiertoe opnieuw een verzoek te doen.[51] Dit alles in de gedachte dat de surseance van betaling een uitzonderlijk middel is dat de rechten van schuldeisers maar een korte termijn zou mogen inperken.[52]

Al snel echter bleken de beperkingen aan de surseance van betaling in de praktijk tot problemen te leiden, zodat in 1902 de hernieuwde surseanceaanvraag direct aansluitend op de beëindiging van de vorige werd toegestaan.[53] Toen in 1925 een ruimer toepassingsbereik voor de surseance van betaling werd geopend omdat niet meer de volledige betaling van alle schuldeisers als eis werd gesteld, is de mogelijkheid van een eenmalige verlenging in de wet opgenomen, wederom met een maximum van anderhalf jaar.[54]

Aangezien de praktijk blijkbaar toch weerbarstiger is, heeft de wetgever in 1976 de huidige mogelijkheid geopend om de verlenging meermalen te verzoeken (art. 223 lid 2).[55] In theorie kan zodoende een surseance van betaling tegenwoordig onbeperkt doorlopen, maar in de praktijk is er wel enige afremming. Enerzijds omdat er elke keer weer een toets aan de hand van artikel 218 moet plaatsvinden met daarbij enkele verplichte afwijzingsgronden; anderzijds kunnen – en in sommige gevallen moeten – belanghebbenden tussentijds intrekking van de surseance van betaling vragen (art. 242; zie nr. 305). In de praktijk komt de verlenging van de surseance van betaling overigens geregeld voor.

Het verzoek om de surseance van betaling te verlengen moet telkens vóór het einde van de door de rechtbank bepaalde termijn worden ingediend. Het wordt behandeld zoals het eerste verzoek tot surseanceverlening. Zolang de rechtbank daarover niet heeft beslist – als ware het opnieuw definitief[56] te verlenen –, blijft de verleende surseance van betaling doorlopen (art. 223 lid 2). Hiermee wordt voorkomen dat er een onderbreking in de surseance van betaling zou ontstaan, omdat de surseance van betaling normaliter van rechtswege eindigt anderhalf jaar nadat zij voorlopig is verleend (art. 223 lid 1 jo. 217). In de praktijk kan door een verlengingsverzoek de werkelijke termijn van de surseance van betaling dus langer dan

50 Parl. Gesch. Fw (Van der Feltz) II, p. 372.
51 Art. 226 (oud); zie *Parl. Gesch. Fw* (Van der Feltz) II, p. 372; het debat is enigszins uitvoerig overgedaan in 1902, *Parl. Gesch. Fw* (Kortmann/Faber), p. 424-450.
52 *Parl. Gesch. Fw* (Kortmann/Faber), p. 430.
53 Door schrapping van het toenmalige art. 226 lid 3 (oud) waarin die beperking was opgenomen; *Parl. Gesch. Fw* (Kortmann/Faber), p. 424 e.v.
54 *Parl. Gesch. Fw* (Kortmann/Faber), p. 452.
55 *Parl. Gesch. Fw* (Kortmann/Faber), p. 453.
56 De voorlopige surseanceverlening vindt immers automatisch ('dadelijk') plaats (art. 215 lid 2).

anderhalf jaar worden. Als de rechtbank de verlenging verleent, begint de verlengde termijn echter te lopen vanaf de datum waarop de vorige surseance van betaling zou zijn geëindigd. Hiermee loopt de termijn weer in de pas, zodat de verlengde surseance van betaling van rechtswege eindigt drie jaren na de voorlopige surseanceverlening, behoudens verdere verlenging.

De rechtbank kan net als op het verzoek om de surseance van betaling definitief te verlenen (zie nr. 265-268) weer verschillende beslissingen geven op het verlengingsverzoek: toewijzen of afwijzen en in het laatste geval wel of geen faillissement uitspreken (art. 223 lid 2 jo. 218). De rechtsmiddelen zijn dezelfde, ook al werd dit vroeger ten onrechte wel eens betwijfeld met een beroep op artikel 282.[57]

272. Termijnverstrijking

Als de termijn van de definitief verleende surseance van betaling niet wordt verlengd, eindigt zij van rechtswege door het verstrijken daarvan. Een rechterlijke tussenkomst is hiervoor niet nodig. De gedachte achter deze automatische beëindiging van de surseance van betaling is dat het een tijdelijke maatregel is die de schuldenaar in staat moet stellen om zijn financiën binnen afzienbare tijd weer op orde te krijgen.[58] Ofschoon de rechter bij deze beëindigingswijze van de surseance van betaling geen rol vervult, is het voor de schuldeisers en het maatschappelijk verkeer wel van belang dat de buitenwereld van die beëindiging op de hoogte is. Daarom rust op de – gewezen – bewindvoerder de verplichting om van de beëindiging aankondiging te doen in de Staatscourant (art. 223 lid 1), terwijl de griffier daarvan aantekening maakt in het surseanceregister.[59]

6.3 Gevolgen surseance van betaling voor betrokkenen

273. Inleiding

De kern van de surseance van betaling is het uitstel van betaling dat daardoor aan de schuldenaar is verleend. Dit uitstel is beperkt tot de vorderingen van schuldeisers die niet onder de uitzonderingen van artikel 232 vallen, kortweg het merendeel van de concurrente vorderingen die voorafgaand aan de surseanceverlening zijn ontstaan. De surseance van betaling heeft vanaf het ogenblik dat zij door de rechtbank voorlopig is verleend gevolgen voor de verschillende betrokkenen: de schuldenaar, bepaalde schuldeisers en sommige wederpartijen van de schuldenaar. Met de definitieve surseanceverlening verandert hierin niet veel, behoudens dat dan aan de surseance een termijn is verbonden, die echter verlengd kan worden (art. 223; zie nr. 271).

De surseance van betaling raakt enerzijds de voldoening door de schuldenaar aan de vorderingen van de schuldeisers jegens wie de surseance van betaling werkt, en anderzijds de incasso- en executiemaatregelen door die schuldeisers. Voor een belangrijk deel zijn deze gevolgen (nagenoeg) gelijk aan die van de faillietverklaring

57 In gelijke zin Leuftink, p. 37 en Wessels, *Insolventierecht VIII*, nr. 8099.
58 *Parl. Gesch. Fw* (Van der Feltz) II, p. 372, later afgezwakt, zie *Parl. Gesch. Fw* (Kortmann/Faber), p. 425 e.v.
59 Art. 222a lid 2 jo. Besluit register surséance van betaling (*Stb.* 1997, 129), ook al noemt art. 222a lid deze gebeurtenis niet.

die hiervoor in hoofdstuk 5 uitvoerig behandeld zijn. In dit hoofdstuk over de surseance van betaling komen alleen de specifieke en afwijkende gevolgen per betrokken partij (schuldenaar, schuldeisers en wederpartijen van de schuldenaar) in beeld. Aangezien deze gevolgen nauw samenhangen met de taken en bevoegdheden van de verschillende betrokkenen bij de surseance van betaling, worden die in deze paragraaf eerst besproken: voor zover deze onderling met elkaar verband houden komen die aan bod bij degene die daarbij de meest actieve rol vervult. Na de schuldenaar, verschillende schuldeisers, wederpartijen en andere betrokken derden volgen de partijen die specifiek aan de surseance van betaling verbonden zijn (par. 6.3.1). Anders dan bij de vorige fasen in het reorganisatieproces waarbij een derde, bemiddelaar of kortgedingrechter, incidenteel of tijdelijk werd betrokken, komt een dergelijke derde structureel in beeld door de rechterlijke inmenging bij de surseance van betaling (par. 6.3.2). Dit is allereerst de persoon van de bewindvoerder met daarnaast de rechtbank en de rechter-commissaris.

6.3.1 Bestaande partijen

274. Schuldenaar

De schuldenaar, soms ook wel als 'sursiet' aangeduid, neemt bij de surseance van betaling een enigszins merkwaardige positie in. Uitgangspunt voor de Faillissementswet is dat hij aan het roer blijft staan: hij blijft handelingsbekwaam en -bevoegd, zij het onder toezicht van de bewindvoerder. Anders dan bij faillissement verliest de schuldenaar niet het beheer en de beschikking over zijn vermogen.[60] Wel heeft hij voortaan daarvoor de medewerking, machtiging of bijstand[61] van die bewindvoerder nodig (art. 228). Hetzelfde geldt voor het voeren van procedures (art. 231 en 231a). Betrekt hij de bewindvoerder hierbij niet, dan zijn de door hem verrichte handelingen in beginsel wel geldig en binden zij hem en zijn wederpartij, maar kan de bewindvoerder die voor de boedel vernietigen, althans negeren, tenzij de boedel daardoor gebaat is (art. 228 lid 2).

Niet alleen door die noodzakelijke medewerking van de bewindvoerder is de schuldenaar in zijn doen en laten beperkt. Indirect is hij nog veel meer afhankelijk van de bewindvoerder, omdat deze te allen tijde de mogelijkheid heeft om de rechtbank te verzoeken om de surseance in te trekken op een of meer van de in artikel 242 lid 1 genoemde gronden. In de praktijk blijkt frictie tussen de schuldenaar en de bewindvoerder voor de laatste vaak reden te zijn om intrekking te verzoeken. Een gebrek aan samenwerking – of zelfs ronduit tegenwerking – tussen hen beiden betekent immers dat het doel van de surseance van betaling moeilijk realiseerbaar zal zijn: het vooruitzicht dat de schuldenaar zijn schuldeisers na verloop van tijd zal kunnen bevredigen blijkt dan niet te bestaan (art. 218, 242 lid 1 sub 5).[62]

---

60 Zie over de begrippen handelingsbekwaam, handelingsbevoegd en beschikkingsbevoegd en het onderscheid daartussen SBR deel 2, nr. 360 e.v. en deel 3, nr. 127.

61 Deze drie begrippen zijn uitwisselbaar; *Parl. Gesch. Fw* (Van der Feltz) II, p. 376.

62 Zie bijv. HR 7 juli 2017, *NJ* 2018/363 (*Oi Coöp/Citadel*) en HR 7 juli 2017, *NJ* 2018/364 (*PTIF/Citicorp*).

275. Natuurlijke persoon of rechtspersoon

Voor bepaalde gevolgen van de surseanceverlening voor de schuldenaar maakt het verschil of hij een natuurlijke persoon is of een rechtspersoon.

Aan een natuurlijke persoon kan alleen surseance van betaling worden verleend als die zelfstandig een beroep of bedrijf uitoefent (art. 214 lid 4). Anders kan hij slechts gebruikmaken van het faillissement of de schuldsanering natuurlijke personen. Als de surseance van betaling wordt verleend aan een natuurlijke persoon die gehuwd is of een geregistreerd partnerschap is aangegaan, kan de afwikkeling enigszins complex worden. Is namelijk sprake van enige gemeenschap van goederen, dan leidt de surseanceverlening ertoe dat deze mede de baten en lasten van de gemeenschap omvat (art. 229). De surseance van betaling van een natuurlijke persoon heeft echter ook gevolgen voor de echtgenoot of geregistreerde partner zonder een dergelijke gemeenschap (art. 229 lid 2 jo. 61; zie nr. 164).

Is de schuldenaar een rechtspersoon, dan heeft surseanceverlening ook consequenties voor bepaalde natuurlijke personen die bij de rechtspersoon betrokken zijn; een rechtspersoon kan aan het maatschappelijk-economisch verkeer immers alleen deelnemen door tussenkomst van natuurlijke personen die direct of indirect het bestuur en de andere organen vormen. Bij dergelijk optreden waarin zij de rechtspersoon vertegenwoordigen hebben ook zij daarbij de medewerking van de bewindvoerder nodig als zij activa van de schuldenaar willen bezwaren of vervreemden. Zonder de medewerking van de bewindvoerder is de boedel ook niet aansprakelijk voor verbintenissen die zij namens de rechtspersoon zijn aangegaan, althans niet voor zover die ten nadele van de boedel zijn (art. 228 lid 2).

De surseance van betaling brengt overigens geen verandering in de rechtspersoonlijke verhoudingen. Zo wordt de bewindvoerder geen bestuurder of ander orgaan van de rechtspersoon. Het bestuur, de raad van commissarissen en de algemene vergadering van aandeelhouders of leden houden hun rechtspersoonlijke bevoegdheden, maar kunnen de rechtspersoon zonder medewerking van de bewindvoerder niet onaantastbaar laten deelnemen aan het rechtsverkeer. Hetzelfde geldt voor de ondernemingsraad. Hoewel deze geen adviesrecht ex artikel 25 WOR heeft over de aanvraag tot surseance van betaling, omdat dat enkele feit nog niet hoeft te leiden tot een belangrijke wijziging in de organisatie van de onderneming of in de verdeling van de bevoegdheden binnen de onderneming, behoudt de OR wel zijn adviesrecht in de surseance van betaling.[63] Naar aan te nemen valt geldt hetzelfde voor zijn instemmingsrecht ex artikel 27 WOR.

Aangezien een surseance van betaling een uiting is van betalingsonmacht, doet het bestuur van een belastingplichtige rechtspersoon er wel goed aan om een betalingsachterstand aan de belastingdienst bijtijds te melden aan de Ontvanger. Laat hij dit achterwege, dan loopt hij het risico van hoofdelijke aansprakelijkheid jegens de Ontvanger voor de fiscale en sociaalverzekeringsrechtelijke premieschulden (art. 36 e.v. IW 1990).

Zoals in paragraaf 6.2 hiervoor is behandeld, kan de surseance van betaling alleen door de schuldenaar worden verzocht, zodat deze in staat is zijn financiën in relatieve rust op orde te krijgen. Dit brengt met zich mee dat hem geen beperkingen hoeven

63 HR 6 juni 2001, *NJ* 2001/477 (*YVC IJsselwerf*).

te worden opgelegd door onwilligheid of ongewenst gedrag, zoals in faillissement. Er rust op de schuldenaar ook geen inlichtingen- of medewerkingsplicht, zoals bij faillissement of schuldsanering natuurlijke personen (art. 105 jo. 327). Anders dan bij faillissement heeft de bewindvoerder geen bevoegdheden om het bestuur of de raad van commissarissen aan de tand te voelen of te vervolgen voor eventuele onbehoorlijke taakvervulling (zie par. 5.4.2.3). Evenmin bestaat een noodzaak om de medewerking van de schuldenaar af te dwingen met inbewaringstelling (art. 87-90 jo. 106). Voor de schuldenaar natuurlijke persoon geldt bovendien niet de beperking van de bewegingsvrijheid zoals formeel in faillissement geldt, namelijk dat hij niet zonder toestemming van de rechter-commissaris zijn woonplaats mag verlaten (art. 91). Als de bewindvoerder onvoldoende medewerking van de schuldenaar – of zelfs tegenwerking – ervaart, biedt dat voor hem de mogelijkheid om intrekking van de surseance van betaling te verzoeken (art. 242 lid 1 sub 4).

276. Concurrente schuldeisers

Vanaf de surseanceverlening hebben sommige schuldeisers niet meer alleen te maken met hun schuldenaar maar ook met de door de rechtbank benoemde bewindvoerder. Anders dan bij faillissement, waar in beginsel alle schuldeisers met de curator worden geconfronteerd (zie par. 5.3.2), gaat het bij de surseance van betaling alleen om schuldeisers van concurrente vorderingen die op het ogenblik van de voorlopige surseanceverlening bestaan (art. 233 jo. 232) of schuldeisers van concurrente vorderingen die rechtstreeks voortvloeien uit een reeds voor de surseanceverlening bestaande rechtsverhouding, bijvoorbeeld door ontbinding of vernietiging van een voor de surseance gesloten overeenkomst (art. 236a). Binnen deze groep van concurrente schuldeisers bestaan echter enkele categorieën die niet of nauwelijks door de surseanceverlening geraakt worden. In de eerste plaats heeft de wetgever een tweetal uitzonderingen opgenomen (art. 233 jo. 232 sub 2 en 3). In de tweede plaats vloeien bepaalde uitzonderingen voort uit de bijzondere aard van de vordering en de voorzieningen die deze schuldeiser heeft getroffen.

De eerste wettelijke uitzondering ziet op de zogenaamde alimentatievorderingen, dat wil zeggen vorderingen van – concurrente – schuldeisers uit hoofde van kosten van levensonderhoud of van verzorging en opvoeding waartoe de schuldenaar krachtens de wet gehouden is (art. 232 sub 2). Het maakt hierbij geen verschil of deze gebaseerd zijn op een rechterlijke uitspraak of op een overeenkomst (convenant). Door hun 'dringende aard' is de betaling van deze vorderingen na datum van de surseanceverlening buiten de surseance gelaten.[64] Voor de achterstallige, al vóór de surseanceverlening vervallen termijnen moet de rechtbank het bedrag vaststellen waarvoor de surseance werkt, waarmee dit gedeelte buiten de reikwijdte van artikel 232 sub 2 valt.

De tweede wettelijke uitzondering heeft betrekking op de – eveneens concurrente – (scheeps) huurkooptermijnen, zowel die welke al opeisbaar waren vóór de surseanceverlening als die welke daarna vervallen (art. 232 sub 3). De reden om deze termijnen buiten de surseance te plaatsen is dat de huurverkoper de verkochte zaak op grond van zijn eigendomsrecht wel zou mogen revindiceren als de

64 *Parl. Gesch. Fw* (Kortmann/Faber), p. 478.

huurkooptermijnen niet worden voldaan (art. 7:90 e.v. BW). Aangezien de huurkoper op grond van artikel 233 na de surseanceverlening niet meer bevoegd zou zijn om zijn schuld aan de huurverkoper volledig te voldoen, zou een surseance van betaling de huurkoper juist in een nadeliger positie brengen.[65]

Als een koper van een registergoed zich op grond van artikel 7:3 BW heeft laten beschermen tegen onder meer de surseance van betaling van de verkoper door inschrijving van de koop in de openbare registers, zal hij geen last hebben van een nadien aan de verkoper verleende surseance van betaling, ook al is zijn vordering tot levering van het registergoed slechts een concurrente vordering (art. 7:3 lid 3 sub g BW). Aangezien de schuldenaar tijdens de surseance van betaling niet bevoegd is om zonder medewerking van de bewindvoerder 'enige daad van beschikking' te verrichten, zal deze laatste die medewerking aan de levering van het registergoed niet mogen weigeren. Zo nodig zal de bewindvoerder tot medewerking aan de levering door de schuldenaar kunnen worden gedwongen.[66] Na inschrijving van de leveringsakte in de openbare registers heeft de koper de eigendom daarvan verworven. In dit opzicht heeft hij een positie die vergelijkbaar is met die van de separatist of preferente schuldeiser, omdat zij de surseance van betaling kunnen negeren.

Voor zover een schuldeiser uit hoofde van een kwalitatieve verplichting ex artikel 6:252 BW als concurrente schuldeiser kan worden aangemerkt in de zin van artikel 233, geldt voor hem een bijzonder regime. Dergelijke verplichtingen kunnen uitsluitend gericht zijn op een dulden of een niet-doen over een registergoed en hebben derdenwerking als de overeenkomst in notariële vorm is opgemaakt en ingeschreven in de openbare registers. Voor de wederpartij heeft een surseance van betaling van de rechthebbende op het registergoed van degene die moet dulden of niet-doen geen bijzondere gevolgen.

Behoudens bovenstaande uitzonderingen moeten alle andere concurrente schuldeisers de surseanceverlening tegen zich laten werken, zodat zij alleen maar naar evenredigheid van hun vordering voldaan kunnen worden (art. 233). Bovendien moeten de betalingen daarvan door de schuldenaar worden verricht met medewerking van de bewindvoerder (art. 228). Concurrente schuldeisers die hun vordering na de surseanceverlening hebben verworven terwijl zij uitsluitend met de schuldenaar – zonder medewerking van de bewindvoerder – hebben gehandeld, blijven volledig buiten de surseance maar ook buiten de boedel (art. 228 lid 2).

De surseance van betaling heeft tot gevolg dat executiemaatregelen voor de concurrente vorderingen, zoals beslaglegging en lijfsdwang, worden geschorst (art. 230). Anders dan bij faillissement (art. 33) leidt dit door de voorlopige surseanceverlening echter niet tot automatisch verval van het beslag of het ontslag uit de gijzeling. Dit gebeurt pas als de uitspraak in kracht van gewijsde is gegaan, waarbij de surseance van betaling definitief is verleend of een akkoord is gehomologeerd, tenzij de bewindvoerder de rechtbank om een vroeger tijdstip daarvoor heeft verzocht (art. 230 lid 2). Opmerkelijk is dat de verbeurte van een dwangsom niet wordt

65 *Parl. Gesch. Fw* (Kortmann/Faber), p. 481-482.

66 De wijze waarop dit moet gebeuren is onduidelijk; zie vraagpunten 9.4.3 respectievelijk aanbevelingen 9.8.3 'Rapport Wet koop onroerende zaken; de evaluatie' (Molengraaff Instituut 2009), p. 223 respectievelijk 228.

geschorst door de surseanceverlening. Artikel 611e lid 1 Rv is op grond van de Benelux-regeling van de dwangsom beperkt tot faillissement en schuldsanering natuurlijke personen. Procedures die tegen de schuldenaar zijn aangespannen, worden niet gestuit of van rechtswege geschorst en schuldeisers kunnen ondanks de surseance van betaling zelfs nieuwe procedures beginnen (art. 231 lid 1). Voor procedures over rechten en verplichtingen van de boedel is echter wel weer de medewerking van de bewindvoerder nodig (art. 231 lid 3). Als een schuldeiser tevens schuldenaar van de sursiet is, dan kan hij in surseance een beroep doen op verrekening (art. 234). Net als de faillissementsverrekening van artikel 53 (zie nr. 175 e.v.) worden voor een geslaagd beroep op verrekening minder zware eisen gesteld dan voor de reguliere verrekening op grond van artikel 6:127 e.v. BW.

277. Preferente schuldeisers, separatisten en boedelschuldeisers

Aangezien de surseanceverlening niet werkt voor vorderingen waaraan voorrang verbonden is, hebben de preferente schuldeisers en de separatisten in beginsel geen last van de surseanceverlening (art. 232 sub 1). Deze schuldeisers doen daarom niet mee aan de beraadslaging over een akkoord, net zomin als zij zich mogen uitlaten of de surseance van betaling definitief moet worden verleend. Zij hebben daarbij immers geen belang. Aangezien zij ook niet geraakt worden door de gevolgen van het surseanceakkoord, mogen zij dus niet meestemmen. Het probleem hierbij is echter dat het niet altijd direct duidelijk hoeft te zijn of een schuldeiser buiten de surseance valt (bijvoorbeeld omdat nog niet zeker is of hij batig gerangschikt zal worden op de opbrengst van een goed waarop hij een zekerheidsrecht of voorrecht heeft, dat wil zeggen dat hij volledig uit de opbrengst van dat zekerheidsobject zal kunnen worden voldaan). Daarom heeft de wetgever dergelijke schuldeisers alleen toegelaten tot de beraadslaging en stemming over het akkoord als zij afstand doen van hun voorrang ongeacht de uitkomst van de stemming (art. 257 lid 2). Deze consequentie is dermate vergaand dat de bewindvoerder de schuldeisers daarop moet attenderen wanneer hij hen aanschrijft hun vorderingen in te dienen (art. 256 lid 2).[67]

Het feit dat preferente schuldeisers en separatisten geen hinder ondervinden van de surseanceverlening lijdt slechts uitzondering als de rechtbank een afkoelingsperiode heeft afgekondigd voor goederen die tot de boedel behoren of zich in de macht van de schuldenaar bevinden (art. 241a e.v.). In deze periode mag de preferente schuldeiser of separatist niet uitwinnen of opeisen, behalve als de rechtbank of rechter-commissaris hiervoor een machtiging verleent.[68]

De surseance van betaling heeft ten slotte ook geen gevolgen voor de boedelschuldeisers, zelfs als hun vordering concurrent zou zijn. Boedelschuldeisers zijn schuldeisers die na de surseanceverlening met de schuldenaar hebben gehandeld waarbij de bewindvoerder zijn medewerking heeft verleend. Een boedelschuld ontstaat ook als deze door de schuldenaar met medewerking, machtiging of bijstand van de bewindvoerder in hoedanigheid is aangegaan of een gevolg is van het handelen

67 Zie hierover o.a. HR 16 februari 1996, *NJ* 1997/607 (*Pluijm/Van der Schreurs*). Deze vergaande consequentie wordt overigens in beginsel niet verbonden aan een eventuele deelname van de schuldeiser aan de stemming over de definitieve surseanceverlening, juist door het ontbreken van een waarschuwing als bedoeld in art. 256 lid 2; zie Leuftink, p. 29.

68 Zie over de separatisten ook par. 5.3.2 en nr. 171 bij faillissement.

van de bewindvoerder in strijd met een door hem in hoedanigheid na te leven verbintenis of verplichting of wanneer de boedel is gebaat (art. 228 lid 2).[69] Verder is men boedelschuldeiser als de wetgever die status daaraan verleent, bij huurvorderingen (art. 238) en loon- en premievorderingen (art. 239). Hoewel het salaris en de kosten van de bewindvoerder en de door hem ingeschakelde partijen niet als zodanig zijn aangeduid vormen ook die een boedelschuld (art. 250). Hetzelfde geldt voor vorderingen die na de surseanceverlening rechtstreeks uit de wet voortvloeien, zoals belastingvorderingen en andere publiekrechtelijke aanspraken. Deze zijn overigens meestal ook het gevolg van handelingen van de schuldenaar waaraan de bewindvoerder zijn zegen heeft gegeven, zoals de na de surseanceverlening verschuldigde motorrijtuigen- en loonbelasting.

278. Wederpartijen van de schuldenaar

Niet alleen de schuldenaar en bepaalde schuldeisers ondervinden de gevolgen van de surseance van betaling, maar ook andere partijen. Wat betekent de surseance van betaling bijvoorbeeld voor partijen bij wederkerige overeenkomsten met de schuldenaar die nog niet volledig zijn afgewikkeld op het tijdstip van de (voorlopige) surseanceverlening? Bij een overeenkomst gericht op een eenmalige prestatie, zoals de koop van een bepaalde zaak, is het voor de wederpartij van de schuldenaar van belang om te weten wat hem te wachten staat. Bij duurovereenkomsten die doorlopen na de datum van de surseanceverlening geldt hetzelfde; naast eventuele claims vanuit het verleden wordt de wederpartij geconfronteerd met onduidelijkheid over de toekomst: wat kan hij nog wel en wat niet meer van de in surseance verkerende wederpartij verwachten? En wat is de positie van derden tegenover de schuldenaar en de bewindvoerder, die bijvoorbeeld goederen aan de schuldenaar ter beschikking hebben gesteld op basis van bruikleen, lease, huurkoop of eigendomsvoorbehoud en daarom goederenrechtelijke aanspraken geldend kunnen maken?

In de oorspronkelijke regeling van de surseance van betaling was over de positie van wederpartijen van de schuldenaar niets geregeld. Pas bij de wijziging van 1935 is hierover iets in de wet opgenomen. Het bleek namelijk dat het ontbreken van een regeling op dit terrein aanleiding had gegeven tot moeilijkheden en onbillijkheden die de wetgever toen zo snel mogelijk wilde wegnemen door eenvoudigweg de bepalingen bij faillissement (art. 37-40; zie par. 5.4.3) bijna volledig over te nemen in artikel 236-239.[70] Dit betekent dat behoudens overeenkomsten over termijnzaken die op de beurs worden verhandeld, die van rechtswege ontbonden zijn door de voorlopige verlening van de surseance van betaling (art. 237; nr. 210 en 211), ook bij surseance van betaling het uitgangspunt is dat het *bestaan* van de overeenkomst en de *inhoud* van de verbintenissen over en weer als zodanig niet door de surseanceverlening worden geraakt, maar de *uitvoering* daarvan wel. Op basis van artikel 236 kan de wederpartij van de schuldenaar net als bij faillissement (nr. 208 e.v.) duidelijkheid krijgen. De bewindvoerder neemt door de surseanceverlening – net als overigens de curator bij faillissement – niet de positie van de schuldenaar als partij bij de overeenkomst over; als de bewindvoerder

69 Vgl. HR 19 april 2013, *NJ* 2013/291 (*Koot Beheer/Tideman q.q.*), r.o. 3.7.1.
70 *Parl. Gesch. Fw* (Kortmann/Faber), p. 487-488.

zijn medewerking aan de nakoming van een overeenkomst verhindert, betekent dat ook niet een tekortkoming aan zijn kant, maar aan die van de schuldenaar.[71] Een verschil met de regeling in faillissement is gelegen in enkele afwijkende regels voor huur en pacht als de surseance van betaling is verleend aan de huurder of pachter (art. 238) en voor arbeid en agentuur als surseance van betaling is verleend aan de werkgever of principaal (art. 239).[72] Bij (scheeps)huurkoop (art. 237a) is er overigens geen wezenlijk verschil met de faillissementsregeling (art. 38a).

279. Huur-, huurkoop- en pachtovereenkomst

De regeling voor de huurovereenkomst bij surseance van betaling van de huurder is van overeenkomstige toepassing als de schuldenaar pachter is (art. 238 lid 3).[73] Bij surseance van betaling van een huurder staan twee belangen tegenover elkaar. Aan de ene kant is er de verhuurder voor wie het onzeker is of hij de huurpenningen nog wel zal ontvangen, als er al geen betalingsachterstand is. Aan de andere kant is er de huurder en diens bewindvoerder die door de doorlopende huurovereenkomst de schuldenlast zien oplopen. Wellicht willen zij daarom de huurovereenkomst snel beëindigen. Met het oog op de continuering van de activiteiten van de schuldenaar willen zij de overeenkomst daarentegen misschien juist ook in stand houden. Om aan de wederzijdse belangen van verhuurder en huurder tegemoet te komen en snel duidelijkheid te creëren, heeft de wetgever voor de huurovereenkomst een belangenafweging gemaakt (art. 238). De schuldenaar kan de huurovereenkomst met medewerking van de bewindvoerder tussentijds doen eindigen en hiermee een einde maken aan een steeds verder oplopende schuldenlast, ook al is van de zijde van de verhuurder geen tekortkoming. De verhuurder kan de overeenkomst – in tegenstelling tot bij faillissement (zie nr. 212) – echter niet opzeggen louter wegens de surseanceverlening; hij blijft gebonden aan de reguliere opzeggingsmogelijkheden, omdat een eenzijdige huurbeëindiging door de verhuurder de boedel ernstig zou kunnen benadelen in de pogingen van de huurder en de bewindvoerder om de zaken weer financieel gezond te krijgen.[74] Als tegenprestatie krijgt de verhuurder vanaf de aanvang van de surseance een boedelvordering voor de huurschuld (art. 238 lid 2). Hetzelfde geldt voor zijn vorderingen op de huurder die voortvloeien uit de opzegging.[75]

De regeling van artikel 238 is net als artikel 39 bij faillissement (nr. 212) een vorm van regelmatige beëindiging van de huurovereenkomst die in beginsel geen van de partijen tot schadevergoeding verplicht. Dit betekent enerzijds dat de verhuurder bij een opzegging door de huurder op deze grond geen schadevergoeding kan vorderen, afgezien van achterstallige betalingen die echter worden getroffen door artikel 233.

71 Vgl. toelichting bij afdeling 3.4 Vlw, Voorontwerp-Toelichting, p. 61.

72 Parl. Gesch. Fw (*Kortmann/Faber*), p. 487-488.

73 Met het oog op de leesbaarheid wordt in het vervolg alleen over huur gesproken, maar geldt het gestelde ook ingeval aan een pachter surseance van betaling is verleend.

74 *Parl. Gesch. Fw* (Kortmann/Faber), p. 488. Zie in dit verband HR 13 mei 2005, *NJ* 2005/406, *AA* 2005/938 (*Curatoren BabyXL/ALM*).

75 Naar analogie met de regeling in faillissement; vgl. HR 18 juni 2004, *NJ* 2004/617, *AA* 2004/782 (*Van Galen q.q./Circle Plastics*).

Anderzijds kan de verhuurder een eventuele op zijn verzoek gestelde bankgarantie niet ten nadele van de boedel voor een hoger bedrag inroepen.[76]

Is daarentegen aan de verhuurder of verpachter surseance van betaling verleend, dan geldt artikel 238 niet, zodat de huurder of pachter moet terugvallen op de algemene regeling van artikel 236 of het reguliere huur- of pachtrecht om zijn belangen veilig te stellen.

280. Arbeidsovereenkomst

Als aan de werkgever van een werknemer surseance van betaling wordt verleend, heeft de werknemer net als bij faillissement (nr. 213 e.v.) doorgaans twee zorgen: loonbetaling en alles wat daarmee samenhangt en het voortbestaan van de baan. Voor (eventueel achterstallige) betalingen wordt hij als preferente schuldeiser niet geraakt door de surseance van betaling (art. 3:288 sub e BW), maar als de schuldenaar onvoldoende liquiditeiten bezit, leidt dit wel tot onrust. Als er geen akkoord komt of de schuldenaar op een andere manier niet in staat zal zijn om zijn schuldeisers te bevredigen, is de kans groot dat de werkgever failleert en het dienstverband voor de werknemer dan eindigt.

Tegenover deze zorgen van de werknemer staan die van de werkgever, die zijn financiën weer op orde moet zien te krijgen. Het terugdringen van de personeelslasten is hiervoor een van de opties. Met de algemene regeling van artikel 236 wordt de werkgever niet geholpen. Daarom heeft de wetgever met artikel 239 net als in artikel 238 bij de huurovereenkomst een bijzondere – billijke en praktische[77] – regeling gemaakt waarmee rekening wordt gehouden met de belangen van beide partijen. De werknemer kan op basis van deze bepaling gedurende een korte tijd zijn baan behouden, en zijn aanspraak op loon heeft de status van hoger gerangschikte boedelvordering waardoor hij verzekerd moet zijn van daadwerkelijke ontvangst daarvan. De werkgever kan met medewerking van de bewindvoerder weliswaar op korte termijn de arbeidsovereenkomst beëindigen, maar tegelijkertijd gedurende die korte periode nog even gebruikmaken van de diensten van de werknemers.

Vanaf de surseanceverlening kunnen de werknemers met een arbeidsovereenkomst voor onbepaalde tijd deze zonder opzegtermijn opzeggen; de maximum opzegtermijn voor een werknemer van één maand (art. 7:672 lid 4 BW) geldt niet in surseance van betaling (art. 239 lid 2). Anders dan bij faillissement (art. 40; zie nr. 249) kunnen werknemers met een arbeidsovereenkomst voor bepaalde tijd echter niet versneld opzeggen. Net als bij de huuropzegging in surseance was dit verschil met de regeling in faillissement oorspronkelijk opgenomen om te voorkomen dat de boedel ernstig zou worden benadeeld door een voortijdig vertrek van de werknemer.[78] In de praktijk is de waarde hiervan overigens beperkt, omdat een werknemer die echt wil vertrekken eerder een last dan een zegen voor de in surseance van betaling verkerende werkgever zal zijn. Bovendien kan de werknemer – net

76 Naar analogie HR 14 januari 2011, *NJ* 2011/114 (*Aukema q.q./Uni-Invest*); HR 15 november 2013, *NJ* 2014/68 (*Nieuwburen/Romania*), r.o. 3.3.4; HR 22 november 2013, *NJ* 2014/69 (*Autodrôme/Curatoren TEP*), r.o. 3.4; HR 17 februari 2017, *NJ* 2017/142 (*Hansteen/Verwiel q.q.*), r.o. 4.1.

77 Zie Parl. Gesch. Fw (*Van der Feltz*) I, p. 429 in samenhang met Parl. Gesch. Fw (*Kortmann/Faber*), p. 487-88.

78 *Parl. Gesch. Fw* (Kortmann/Faber), p. 488, zie echter p. 105-106.

als de werkgever overigens – gebruikmaken van de ontbindingsmogelijkheid van artikel 7:671b-c BW bij de kantonrechter.[79] Daarnaast kan de werknemer bij een in surseance van betaling verkerende werkgever die nalatig is in de loonbetalingen ook kiezen voor een ontbinding van de arbeidsovereenkomst op grond van artikel 6:265 e.v. BW. Ook hierbij is een gang naar de rechter noodzakelijk (art. 7:686 BW), waaraan een kosten- en tijdsaspect kleeft.

Als de schuldenaar wil overgaan tot beëindiging van de arbeidsovereenkomst met één of meer van zijn werknemers, dan heeft hij in een surseance van betaling in beginsel geen last van de ontslagverboden genoemd in artikel 7:670 e.v. BW.[80] Als hij twintig of meer werknemers wil ontslaan, moet hij echter wel rekening houden met de bepalingen van de Wet melding collectief ontslag, die onder meer een wachttermijn van één maand inhoudt (art. 5a Wmco). Voor het ontslag is voorts de reguliere toestemming nodig van het UWV (art. 7:671a BW). Bij dit alles heeft de schuldenaar/werkgever de medewerking van de bewindvoerder nodig (art. 228).

De opzegging op grond van artikel 239 moet gebeuren met inachtneming van de overeengekomen of wettelijke opzeggingstermijnen. Hoewel de opzegtermijn aan een maximum is gebonden, is deze bij de arbeidsovereenkomst in een surseance van betaling soms langer dan de zes weken bij faillissement (art. 40; zie nr. 214). In surseance van betaling blijft de opzegging namelijk gebonden aan de termijn op grond van het reguliere ontslagrecht. In de loop der tijd zijn deze termijnen nogal eens gewijzigd,[81] maar momenteel betekent deze bepaling dat bijvoorbeeld voor werknemers met wie het dienstverband vijftien jaren of langer heeft geduurd een opzegtermijn van vier maanden in acht moet worden genomen (art. 7:672 lid 2 BW).

Alle verplichtingen die op grond van de arbeidsovereenkomst bij beëindiging op de werkgever rusten, worden als een boedelschuld aangemerkt.[82] De regeling van artikel 239 bij surseance van betaling is net als artikel 40 bij faillissement een vorm van regelmatige beëindiging van de arbeidsovereenkomst die geen van de partijen tot schadevergoeding verplicht.[83] Dit betekent dat de werknemer als de werkgever op deze grond opzegt in beginsel geen aanspraak heeft op een vergoeding wegens kennelijk onredelijk ontslag (art. 7:681 BW).[84] Als het dienstverband met de werknemer op grond van artikel 239 eindigt, blijven voortdurende verplichtingen, zoals een geheimhoudingsbeding of een overeengekomen concurrentie- of relatiebeding (art. 7:653 BW) na afloop van de overeenkomst in beginsel gelden: de surseance van betaling oefent op de overeenkomst immers niet de minste invloed uit. Hoewel er plannen waren om deze doorwerking van het concurrentie- of relatiebeding af te schaffen of althans sterk in werking te beperken, kan een werknemer vooralsnog alleen aan de werking van dergelijke bedingen ontkomen langs de weg van artikel 7:653 lid 3-5 BW.[85]

79 Vgl. *Parl. Gesch. Fw* (Kortmann/Faber), p. 104 e.v., p. 107 e.v.
80 *Parl. Gesch. Fw* (Kortmann/Faber), p. 107, 112.
81 In 1909 (*Stb.* 1907, 193), 1954 (*Stb.* 1953, 619) en 1968 (*Stb.* 1968, 270); zie *Parl. Gesch. Fw* (Kortmann/Faber), p. 104-122.
82 Vgl. HR 12 november 1993, *NJ* 1994/229 (*Frima q.q./Blankers-Van Gennip*) voor faillissement.
83 Vgl. HR 12 januari 1990, *NJ* 1990662 (*Van der Kooi/Curatoren Van Gelder Papier*) voor faillissement.
84 HR 12 januari 1990, *NJ* 1990/662 (*Van der Kooi/Curatoren Van Gelder Papier*), r.o. 3.3.
85 Zie het – overigens om andere redenen door de Eerste Kamer – verworpen wetsvoorstel 28167 (Kamerstukken EK (2005-2006), Handelingen 1399) waarin dit al was opgenomen; vgl. art. 3.4.4

In surseance van betaling zijn verder de beperkingen van ontslag bij overgang van ondernemingen onverkort van toepassing (art. 7:662 e.v. BW). Dit betekent dat een partij die de activiteiten van de schuldenaar vanuit de surseance van betaling overneemt van rechtswege de rechten en verplichtingen jegens alle werknemers verkrijgt (art. 7:663 BW). De uitzondering die artikel 7:666 BW toelaat, geldt immers alleen in faillissement en niet in surseance van betaling.[86] Dat de regels voor overgang van ondernemingen van toepassing blijven, is een van de belangrijkste redenen waarom de surseance van betaling minder geschikt is om te gebruiken bij een doorstart van de onderneming in een andere, meestal nieuw opgerichte, rechtspersoon. Los van de uitkomst van de door de Hoge Raad in de Heiploegzaak aan het Hof van Justitie van de Europese Unie gestelde vervolgvragen naar aanleiding van het Smallsteps-arrest moet de nieuwe rechtspersoon bij surseance van betaling immers al het personeel met de bestaande arbeidsvoorwaarden overnemen.[87] Wanneer de surseance van betaling (grotendeels) veroorzaakt is door te hoge personeelslasten, is deze rechtsfiguur dus minder geschikt om de financiële problemen het hoofd te bieden.

Met de invoering van de Wet werk en zekerheid per 1 juli 2015 heeft een werknemer bij het einde van zijn dienstverband in beginsel recht op een transitievergoeding (art. 7:673 BW). Als aan de werkgever gedurende de looptijd van deze vergoeding surseance van betaling wordt verleend, is de transitievergoeding net als bij faillissement (nr. 214) niet langer verschuldigd (art. 7:673c lid 1 BW). Aan te nemen is dat dit ook geldt bij een ontslag tijdens de surseance van betaling met medewerking van de bewindvoerder.

281. Agentuurovereenkomst

De regeling van de agentuurovereenkomst (art. 7:428-445 BW) volgt in grote lijnen de regels van het arbeidsovereenkomstenrecht. Door artikel 239 lid 4 is deze bepaling (net als in faillissement op grond van artikel 40 lid 3; nr. 218) ook van toepassing verklaard op de verhouding tussen de in surseance van betaling verkerende principaal en de handelsagent. In deze rechtsverhouding kan de principaal aan wie surseance van betaling is verleend met medewerking van de bewindvoerder de overeenkomst met de handelsagent beëindigen. Hierbij geldt de overeengekomen opzegtermijn, met een maximum van zes weken, tenzij artikel 7:437 lid 2 BW een langere termijn vereist.

282. Andere derden

Aangezien de surseance van betaling zich richt op de bescherming van het vermogen van de schuldenaar, worden andere derden die niet zozeer diens schuldeiser zijn daardoor in beginsel niet getroffen. Als het gaat om derden van wie de contractuele positie is versterkt met goederenrechtelijke bescherming, bijvoorbeeld uit hoofde van bruiklening, consignatie, lease, huurkoop of eigendomsvoorbehoud, dan kunnen

---

Vlw dat dezelfde strekking heeft.

86 Vgl. HvJ-EU 7 februari 1985, *NJ* 1985/900 (*Abels/MEI*) en HR 30 oktober 1987, *NJ* 1988/191 (*Happé/Scheepstra*).

87 HvJ-EU 22 juni 2017, C-126/16, *NJ* 2017/369 (*FNV/Smallsteps*), r.o. 44 e.v.; Zaak C-237/20 naar aanleiding van HR 17 april 2020, *NJ* 2020/234 (*FNV/Heiploeg I*) en HR 29 mei 2020, *NJ* 2020/235 (*FNV/Heiploeg II*).

zij deze aanspraken net als de pand- en hypotheekhouder (nr. 277) ook in surseance van betaling geldend maken tegen de schuldenaar en diens bewindvoerder. Met behulp van een afkoelingsperiode (art. 241a e.v.) kunnen deze slechts tijdelijk een opvordering van die goederen voorkomen.

6.3.2 *Specifieke betrokkenen bij de surseance van betaling*

De hiervoor genoemde partijen (schuldenaar, schuldeisers, wederpartijen en andere derden) waren al in beeld voorafgaand aan de surseance van betaling. Zodra de voorlopige surseance van betaling wordt verleend komt een drietal nieuw betrokkenen in beeld: de bewindvoerder (nr. 284-293), de rechtbank (nr. 294) en de rechter-commissaris (nr. 295).

283. Bewindvoerder

De bewindvoerder heeft van dit drietal de meest omvangrijke rol, ook al is hij niet verantwoordelijk voor de behandeling en afwikkeling van de surseance van betaling. Hij verleent slechts medewerking aan het welslagen van de afwikkeling; de schuldenaar blijft primair verantwoordelijk. De bewindvoerder heeft maar enkele zelfstandige – overigens niet onbelangrijke – taken in de surseance van betaling.

Titel II Faillissementswet bevat op verspreide plaatsen regels voor de bewindvoerder. Zo bepaalt artikel 224 in lid 1 de onderlinge verhoudingen, als meer dan één bewindvoerder is benoemd, en regelt lid 2 het ontslag van de bewindvoerder. Artikel 227 legt de bewindvoerder de verplichting tot periodieke verslaglegging op. Kern van de rol van de bewindvoerder ligt in de artikelen 228 en 231 op grond waarvan de schuldenaar voor alle daden van beheer en beschikking en voor het voeren van procedures, de medewerking, machtiging of bijstand van de bewindvoerder nodig heeft. Naast de verspreide bepalingen in Titel II is er – van het faillissement afgeleide – informele regelgeving voor de rol van de bewindvoerder te vinden in het Procesreglement insolventiezaken rechtbanken (2021), de Recofa-richtlijnen voor faillissementen (2021) en de Insolad Praktijkregels (2019).

Voordat deze taken met de bijbehorende bevoegdheden aan bod komen, wordt eerst aandacht besteed aan de benoeming van de bewindvoerder en diens rechtsverhouding tot de verschillende betrokkenen bij de surseance van betaling. Aan het einde komen het ontslag van de bewindvoerder en mogelijke aansprakelijkheidskwesties aan de orde.

284. Benoeming van de bewindvoerder

De bewindvoerder heeft zijn wettelijke grondslag in artikel 215 lid 2 dat zijn benoeming regelt, tegelijk met de voorlopige surseanceverlening. Hier doet zich wel de complicatie voor dat de rechtbank de voorlopige surseance 'dadelijk' verleent, zonder zich inhoudelijk met het verzoek te bemoeien (art. 215 lid 2). De rechtbank is in beginsel volledig vrij wie zij als bewindvoerder benoemt, al zal een goed voorbereide schuldenaar die surseance van betaling aanvraagt soms een suggestie hebben. Aan de hand van de informatie in het verzoekschrift zal de rechtbank zich een oordeel moeten vormen over de aard van de onderneming van de schuldenaar en de branche waarin deze opereert om een geschikte bewindvoerder aan te wijzen.

Bewindvoerders zijn net als faillissementscuratoren in de praktijk bijna altijd advocaat die voorkomt op de lijst van curatoren en bewindvoerders die iedere rechtbank hanteert. Slechts in uitzonderlijke gevallen zal de rechtbank een bewindvoerder buiten de lijst om benoemen, bijvoorbeeld als de reddingsoperatie bijzonder gespecialiseerde kennis en ervaring vereist.[88] In het licht van de wordingsgeschiedenis van de surseance van betaling is dit overigens merkwaardig. Oorspronkelijk werd de bewindvoerder – als ter zake kundige in de branche waarin de schuldenaar opereert ("met het vak, waarin de schuldenaar werkzaam is, ten volle bekend"[89]), eventueel bijgestaan door een advocaat voor de beoordeling van de rechtsverhoudingen – vooral gezien als degene die met de schuldenaar het medebeheer over diens zaken moet voeren. Omdat dit al moeilijk en omvangrijk genoeg werd geacht, zou hij niet zozeer als de deskundige (ex art. 226) met boekhoud- en taxatiewerkzaamheden de betrouwbaarheid van de financiële gegevens controleren.[90]

Wanneer de rechtbank een bewindvoerder op het oog heeft, neemt de griffie dezelfde dag contact met hem op. Naast kennisgeving van de aanstelling is dit bedoeld om na te gaan of er mogelijk een conflicterend belang is, bijvoorbeeld omdat hij al op de een of andere manier bij de schuldenaar betrokken is of voor een van de schuldeisers optreedt. Is hiervan geen sprake, 'dan wordt hij aangesteld c.q. benoemd'.[91] In de praktijk kan een bewindvoerder overigens toch van een benoeming afzien, bijvoorbeeld als hij op dat ogenblik geen ruimte heeft.

285. Rechtsverhouding bewindvoerder jegens betrokkenen

Zodra de bewindvoerder door de rechtbank is benoemd en deze de benoeming – al dan niet stilzwijgend en op voorhand – heeft aanvaard, ontstaat een rechtsverhouding tussen de bewindvoerder enerzijds en diverse andere bij de surseance van betaling betrokkenen anderzijds. Welke positie neemt de bewindvoerder hierbij in? Deze vraag verlangt net als bij faillissement (nr. 122) inzicht in de rechtsverhouding tussen de verschillende betrokkenen.

De bewindvoerder in de surseance van betaling neemt – anders dan bijvoorbeeld de curator in faillissement (zie par. 5.3.3 hiervoor) – niet de positie van de schuldenaar over. Voorts heeft het deel van de schuldeisers jegens wie de surseance van betaling niet werkt (art. 232) in beginsel niets met de bewindvoerder te maken. Van enigerlei vertegenwoordiging van hetzij de schuldenaar, hetzij dit deel van de schuldeisers kan dan ook geen sprake zijn.

Dit blijkt bijvoorbeeld uit de mogelijkheid van reconstructie van de boedel die bij faillissement een belangrijke rol speelt (zie par. 5.4.2) maar in de surseance van betaling voor de bewindvoerder geen betekenis heeft. Zo kent artikel 2:138/248 BW geen equivalent in de surseance van betaling en omdat de bewindvoerder de gesurseëerde rechtspersoon niet vertegenwoordigt, kan hij ook geen schadevergoedingsvordering op grond van artikel 2:9 BW instellen. Iets vergelijkbaars geldt voor de faillissementspauliana en de zogenaamde Peeters/Gatzen-vordering: de bewindvoerder kan deze vorderingen niet instellen. In tegenstelling tot faillissement rust op de bewindvoerder ook geen taak om onderzoek te doen naar mogelijke onregelmatigheden (art. 68 lid 2; nr. 127).

88 Voor dit laatste zie de surseance van betaling van bijv. bedrijven als HCS en Bredero (jaren '80 en '90) met een accountant.
89 *Parl. Gesch. Fw* (Van der Feltz) II, p. 366.
90 *Parl. Gesch. Fw* (Van der Feltz) II, p. 365-366.
91 Aldus het – dwingend geformuleerde – slot van art. 1.2a Recofa -richtlijnen voor faillissementen.

Hoewel de bewindvoerder ook niet in een rechtsverhouding tot de schuldeisers staat, bijvoorbeeld als opdrachtnemer, betalen zij in de meeste gevallen overigens indirect wel mee aan het salaris van de bewindvoerder. Weliswaar is het uitgangspunt dat zijn loon uit de boedel wordt voldaan ten laste van de schuldenaar, maar bij een tekort wordt dit in feite gedragen door de schuldeisers.[92] Toch stellen niet zij, maar de rechtbank (de hoogte van) het salaris van de bewindvoerder vast (art. 250). Dientengevolge komt de bewindvoerder door zijn benoeming en aanvaarding als privépersoon in een rechtsbetrekking te staan met de rechtbank (en via haar met de Staat). Van een overeenkomst van opdracht waardoor de regeling van Titel 7.7 BW die rechtsverhouding nader zou kunnen inkleuren (art. 7:400 e.v. BW) lijkt echter geen sprake. De bewindvoerder hoeft immers van geen enkele partij instructies op te volgen: niet van de schuldenaar, niet van de schuldeisers, maar ook niet van de rechtbank of de rechter-commissaris. Deze laatste heeft in de surseance van betaling uitsluitend een adviserende taak (art. 223a). Anders dan bij faillissement staat de bewindvoerder niet onder toezicht van een rechter-commissaris of de rechtbank; hij legt geen rekening en verantwoording af over het gevoerde beheer.[93]

Dit hoeft ook niet, omdat de bewindvoerder geen zelfstandige acties voor de boedel kan verrichten. Het is telkens de schuldenaar die handelt, maar daarvoor wel de medewerking van de bewindvoerder nodig heeft (art. 228, 231). Als de bewindvoerder bijvoorbeeld een bankrekening voor de schuldenaar wenst, staat deze ten name van de schuldenaar en blijft hij ook degene die daarover beschikt, zij het met medewerking (medeondertekening) door de bewindvoerder.

Het enige dat de rechtbank van de bewindvoerder kan verlangen is dat hij bijtijds aan zijn verslagleggingsverplichtingen voldoet (art. 227). Verder kan zij hem ontslaan (art. 224 lid 2), maar dit lijkt alleen gerechtvaardigd als de bewindvoerder dat zelf wil of niet voldoet (zie nr. 291). Dit laatste vergt de vaststelling van zijn taken en bevoegdheden, en van eventuele aansprakelijkheden die daaruit voor hem kunnen voortvloeien (nr. 286-292).

Door dit alles kan de rechtspositie van de bewindvoerder het beste worden getypeerd als *sui generis* op basis van de Faillissementswet. De typische rechtsfiguur van de surseance van betaling is zo uniek, dat aansluiting bij andere rechtsfiguren en leerstukken onmogelijk lijkt. In deze benadering moet de verhouding van de bewindvoerder jegens de andere betrokkenen vooral worden verklaard vanuit het systeem van de Faillissementswet en eventuele andere relevante regelgeving.[94] Voor het overige kan het gedrag van de bewindvoerder in deze benadering getoetst worden aan wat zich in de 'beroepsgroep' van bewindvoerders als gangbare praktijk heeft ontwikkeld.

---

92 In de oorspronkelijke regeling van de surseance van betaling was dit onmogelijk, omdat zij erop was gericht dat de schuldenaar al zijn schuldeisers volledig zou gaan voldoen; *Parl. Gesch. Fw* (Van der Feltz) II, p. 335 e.v.

93 Art. 3.5 Recofa -richtlijnen voor faillissementen ziet op dit punt niet op surseance van betaling.

94 Te vinden op www.rechtspraak.nl onder de rubriek 'regels en procedures' bij sommige van de afzonderlijke rechtbanken. Deze regels bevatten overigens nauwelijks verwijzingen naar de surseance van betaling. De Insolad Praktijkregels bevatten zelfs geen enkele specifieke bepaling over de surseance van betaling en kunnen hooguit als afgeleide regelgeving gebruikt worden.

286. Taken van de bewindvoerder

De hoofdtaak van de bewindvoerder is het verlenen van medewerking, machtiging en bijstand aan de schuldenaar bij het verrichten van daden van beheer en beschikking over diens vermogen (art. 228 en 231). De bewindvoerder verricht die daden niet zelf: het is telkens de schuldenaar die rechtens handelt. Dit wekt de indruk dat de bewindvoerder louter adviseur van de schuldenaar is en hem moet bijstaan. Deze rol lijkt ook te volgen uit de opdracht van de rechtbank bij de voorlopige surseanceverlening als zij een of meer bewindvoerders benoemt om 'met de schuldenaar het beheer over diens zaken te voeren' (art. 215 lid 2). Oorspronkelijk was dit zeker ook de bedoeling: de bewindvoerder verleende de schuldenaar alleen maar bijstand. Daarnaast onderzocht een – tevens verplicht naast de bewindvoerder aan te stellen – deskundige de juistheid van de door de schuldenaar overgelegde financiële stukken (en zat er dus vooral voor de schuldeisers).[95] Bij de ingrijpende wetswijziging van de surseance van betaling in 1925 is dit echter anders geworden. De onmiddellijke benoeming van de bewindvoerder bij de voorlopige surseanceverlening is sindsdien gebaseerd op de gedachte dat de belangen van de schuldeisers moeten worden veiliggesteld: de bewindvoerder moet hiervoor toezicht op de boedel uitoefenen.[96] Dit lijkt dus meer te wijzen in de richting dat de bewindvoerder is benoemd voor de gezamenlijke schuldeisers, in het bijzonder voor hen die door de surseance van betaling worden geraakt (blijkend uit art. 232 en 233).

In de praktijk heeft de bewindvoerder taken voor zowel de schuldenaar als de schuldeisers en zal hij daartussen een middenpositie moeten innemen.[97] Alle in de Faillissementswet genoemde bijzondere taken van de bewindvoerder moeten daarom in dit licht worden bezien. Het gaat dan vooral om de volgende taken:

- gezamenlijk beheer over de zaken van de schuldenaar (art. 215 lid 2);[98]
- aankondiging van het einde van de surseanceverlening door verloop van de termijn (art. 223 lid 1);
- verslaglegging over de toestand van de boedel (art. 227);
- verlening van medewerking, machtiging of bijstand aan daden van beheer of beschikking (art. 228, 231 en 231a);
- ongedaanmaking van transacties die door de schuldenaar zonder zijn medewerking verricht worden (art. 228 lid 1);
- bewaking van de *paritas creditorum* (art. 233);
- stellen van zekerheid met de schuldenaar bij gestanddoening van een wederkerige overeenkomst (art. 236 lid 2);
- verplichte intrekking van de surseance van betaling bij kwade trouw van de schuldenaar of het onwenselijk zijn van continueren surseance van betaling of het ontbreken vooruitzicht op bevrediging van de schuldeisers (art. 242 lid 1 sub 1 en 5 en lid 2);

95 *Parl. Gesch. Fw* (Van der Feltz) II, p. 365-366.
96 *Parl. Gesch. Fw* (Kortmann/Faber), p. 398, p. 527.
97 *Parl. Gesch. Fw* (Kortmann/Faber), p. 352; vgl. Leuftink, p. 87.
98 Hiermee wordt gedoeld op het uitoefenen van toezicht op de boedel; zie *Parl. Gesch. Fw* (Kortmann/Faber), p. 398.

- aankondiging van de beschikking van de rechtbank ex artikel 255 en deponering van het ontwerp van akkoord (art. 256 lid 1) met informering van schuldeisers daarover (art. 256 lid 2), en eventueel uitstel (art. 264 lid 2);
- afgifte van ontvangstbewijs na indiening schuldvorderingen met bewijsstukken (art. 257 lid 3);
- toetsing van opgegeven vorderingen en overleg bij bezwaren tegen toelating (art. 258);
- vervaardiging van de lijst van erkende en betwiste vorderingen (art. 259) en deponering van die lijst (art. 263);
- schriftelijke verslaglegging over het akkoord (art. 265 lid 1);
- berichtgeving aan de schuldeisers over verbetering p-v door rechtbank (art. 269a) en gerechtshof (art. 270) (art. 269b lid 2 respectievelijk 270 lid 2);
- aankondiging van de beëindiging van de surseance van betaling na de homologatie van het akkoord (art. 276 jo. 216) of de verwerping van het akkoord (art. 277 jo. 216) of de weigering van de homologatie (art. 272 lid 4 jo. 216).

287. Bevoegdheden van de *bewindvoerder*

Ter uitvoering van bovengenoemde taken heeft de wetgever de bewindvoerder in de Faillissementswet een aantal bevoegdheden toegekend die hem daarbij van dienst moeten zijn. Hoewel iedere surseance van betaling haar eigenaardigheden heeft en haar eigen dynamiek kent, is voor de uitoefening van die bevoegdheden wel een grote lijn te schetsen. Deze hangt samen met de dubbele pet van de bewindvoerder: min of meer gelijktijdig moet hij enerzijds de belangen van de schuldeisers veiligstellen en anderzijds de schuldenaar bijstaan en samen met hem een nood- en reddingsplan opzetten en uitvoeren om de onderneming te laten overleven. Hierbij komt nadrukkelijk in beeld dat de schulden gesaneerd moeten worden en er dus moet worden aangestuurd op een akkoord met de schuldeisers.

*288. Beveiliging van de belang*en van de schuldeisers

Het bewaken van de belangen van de schuldeisers vormt de achtergrond van de meeste hiervoor genoemde taken van de bewindvoerder. Het systeem van de Faillissementswet is erop gericht dat hij toezicht houdt op de schuldenaar. Het duidelijkst komt dit tot uitdrukking in de verplichting voor de schuldenaar om bij iedere daad van beheer of beschikking (met inbegrip van het voeren van procedures) de medewerking, machtiging of bijstand van de bewindvoerder te hebben (art. 228 en 231). Als de schuldenaar vanaf 00.00 uur van de dag waarop de voorlopige surseance van betaling is verleend vermogensbestanddelen heeft vervreemd of bezwaard, kan dat door de bewindvoerder worden genegeerd, terwijl de boedel niet aansprakelijk is voor de verplichtingen die de schuldenaar vanaf dat ogenblik zonder zijn hulp is aangegaan (art. 228 lid 2 jo. 217). Een uitzondering hierop vormen transacties verband houdende met financiëlezekerheidsovereenkomsten (art. 241e) en bancaire geldtransacties bij deconfitures van kredietinstellingen etc. die op de dag van de surseanceverlening zijn verricht voordat de rechtbank haar verleende (art. 281g jo. 212b).

Hoewel Titel II Faillissementswet geen equivalent heeft van artikel 35-35b bij faillissement, zal een levering of bezwaring (al dan niet bij voorbaat) niet aan de boedel kunnen worden tegengeworpen, als die op 00.00 uur nog niet voltooid was.

Als de leveringsakte van een registergoed wel al was opgemaakt, maar nog niet in het register was ingeschreven of een cessie- of pandakte bij vorderingen nog niet was medegedeeld (voor openbare cessie/verpanding) of geregistreerd (bij stille cessie/verpanding), kan de vervreemding of bezwaring dus niet meer plaatsvinden. Hetzelfde geldt bij een stille verpanding van roerende zaken, niet-registergoederen, waar de pandakte wel al was opgemaakt, maar de registratie pas op de datum van de surseanceverlening is gebeurd.

Verder kunnen schuldenaren van de sursiet na de surseanceverlening op vergelijkbare wijze als in faillissement (art. 52; nr. 167) in beginsel niet meer bevrijdend aan hem betalen. Hiermee beoogt de wetgever dat dergelijke betalingen in handen van de bewindvoerder komen en niet door de schuldenaar kunnen worden achtergehouden. Als de bewindvoerder erachter komt dat een schuldenaar van de sursiet niet aan hem, maar aan de sursiet heeft betaald rust op de bewindvoerder de bewijslast om aan te tonen dat die schuldenaar van de surseanceverlening op de hoogte was, zolang deze nog niet gepubliceerd was (art. 240 lid 1). Na publicatie zijn de rollen omgekeerd: dan moet degene die aan de sursiet betaald heeft bewijzen dat de wettelijke vereiste aankondiging nog niet bekend kon zijn in zijn woonplaats (art. 240 lid 2). Met de hedendaagse landelijke bekendmaking via de Staatscourant en het Centraal Insolventieregister via internet, zal deze uitzondering zich in de praktijk niet vaak meer voordoen.

Meer in het algemeen kan de bewindvoerder voor het veiligstellen van de belangen van de schuldeisers te allen tijde aan de rechtbank vragen om die maatregelen te treffen die hij of de rechtbank daartoe nodig acht (art. 225). In theorie kan de rechtbank dit al doen ter gelegenheid van het verlenen van de voorlopige surseance van betaling (art. 225 lid 1); aangezien die echter zonder enigerlei inhoudelijke toetsing gebeurt, ligt een dergelijke maatregel dan niet voor de hand. De meest vergaande maatregel gericht op het veiligstellen van de belangen van de schuldeisers is uiteindelijk een verzoek van de bewindvoerder om de surseance van betaling in te trekken en de schuldenaar zo nodig failliet te verklaren (art. 242; zie nr. 305).

289. Bijstand aan de schuldenaar

De bevoegdheden van de bewindvoerder waarvan de schuldenaar profijt kan hebben, zien vooral op het creëren van rust om tot het noodzakelijke reddingsplan te komen. Door de voorlopige surseanceverlening hoeft de schuldenaar vanaf dat ogenblik geen schulden meer te betalen waarvoor de surseance van betaling werkt, kort gezegd de concurrente schuldeisers (art. 230 lid 1).

Gelegde beslagen en eventueel een gijzeling voor die schulden verdwijnen echter niet vanzelf: dit gebeurt pas als de definitieve surseanceverlening of de homologatie van een eventueel akkoord in kracht van gewijsde is gegaan. Aangezien dit geruime tijd later zal zijn dan de voorlopige surseanceverlening, kan de bewindvoerder de rechtbank vragen om dat verval van de beslagen of het ontslag uit een gijzeling op een eerder tijdstip te bepalen (art. 230 lid 2; nr. 276).

De schuldeiser die van die executie- en dwangmiddelen gebruik had gemaakt, hoeft overigens niet bang te zijn dat zijn vordering verjaart of vervalt: de termijnen hiervoor lopen door tot zes maanden na het einde van de surseance van betaling (art. 230 lid 4 jo. 36).

Verder kan de bewindvoerder samen met de schuldenaar de continuering van wederkerige overeenkomsten veiligstellen door zich desgevraagd bereid te verklaren dat zij die gestand doen, en daarvoor zekerheid te stellen (art. 236).[99] De schuldenaar en de bewindvoerder kunnen zonder meer voortzetting van de leveranties van gas, water, elektriciteit of verwarming verlangen als die nodig zijn voor ofwel de primaire levensbehoeften van de schuldenaar ofwel het voortzetten van de door hem gedreven onderneming (art. 237b).[100] Vooral deze laatste categorie is in beeld als de bewindvoerder en de schuldenaar tot een succesvolle herstructurering willen overgaan. Een dergelijke taak kan gedwarsboomd worden als schuldeisers voor wie de surseance van betaling niet werkt (preferente schuldeisers en separatisten) hun rechten blijven uitoefenen alsof er geen surseance van betaling is. Om die reden heeft de wetgever iedere belanghebbende, onder wie de schuldenaar of bewindvoerder, de mogelijkheid geboden om een afkoelingsperiode te vragen (art. 241a).[101]

Ten slotte kan de bewindvoerder de schuldenaar bijstaan bij zijn poging om tot een (dwang)akkoord te komen. Voor zover redelijkerwijze van hem verlangd kan worden qua tijd en kosten helpt hij de schuldenaar bij het opstellen daarvan.[102] Mocht bij de stemming over het akkoord blijken dat er net onvoldoende steun is om het aan te nemen, dat wil zeggen een minderheid die groter is dan een kwart van de ter vergadering verschenen erkende en toegelaten schuldeisers, dan kan de bewindvoerder – net als de schuldenaar overigens – de rechtbank of rechter-commissaris vragen om het akkoord vast te stellen als ware het aangenomen, indien wel is voldaan aan de hiervoor gestelde vereisten (art. 268a; zie nr. 299).

290. Bevoegdheden voor beide doelen

Een aantal bevoegdheden van de bewindvoerder dient zowel het belang van de schuldeisers als dat van de schuldenaar. Zo biedt het feit dat de bewindvoerder moet worden gehoord als een beslissing wordt genomen over het definitief verlenen van de surseance van betaling, hem de mogelijkheid om de kansen op succes voor de schuldenaar te onderstrepen. Hij kan hiermee echter ook de risico's voor de schuldeisers bij een definitieve surseanceverlening voor de rechtbank inzichtelijk maken (art. 218). Het feit dat de schuldenaar voor zijn daden van beheer of beschikking en het voeren van procedures de medewerking van de bewindvoerder nodig heeft, valt eigenlijk ook in deze categorie, omdat de schuldenaar van die medewerking profijt kan hebben, ofschoon die primair bedoeld is om de schuldeisers te beschermen.

De andere bevoegdheden van de bewindvoerder die zowel de schuldeisers als de schuldenaar kunnen dienen, liggen vooral bij de totstandkoming van het akkoord. Denk hierbij aan het vragen van uitstel voor de raadpleging en stemming over het akkoord (art. 264), het opwerpen van bezwaar tegen een te late indiening van een vordering om te worden toegelaten tot de stemming over het akkoord (art. 265 lid 2), het terugkomen op een eerdere erkenning of betwisting van een vordering (art. 266) en het bepleiten of bestrijden van de homologatie (art. 271 lid 1).

99 Vgl. art. 37 in faillissement; nr. 211.
100 Vgl. art. 37b in faillissement; nr. 179.
101 Vgl. art. 63a e.v. in faillissement; nr. 173.
102 Art. 5.1a Recofa-richtlijnen voor faillissementen (van overeenkomstige toepassing op surseance van betaling).

Om samen met de schuldenaar een succesvol reddingsplan op te kunnen stellen, moet de bewindvoerder zich een beeld vormen waarom het tot een surseance van betaling is gekomen. Daarom zal de bewindvoerder niet helemaal voorbij kunnen gaan aan een onderzoek naar de oorzaken van de surseance van betaling. Ook zal hij moeten nagaan of zich in de voorfase onoirbare gebeurtenissen hebben voorgedaan, waardoor aan de goede trouw van de schuldenaar en diens moraliteit kan worden getwijfeld. Als de bewindvoerder erachter komt dat daarvan sprake is en daardoor de belangen van de schuldeisers in gevaar zijn gebracht of op een andere manier geschonden, kan – en in sommige gevallen moet – hij de rechtbank verzoeken de surseance in te trekken (art. 242; zie nr. 305).

Bij het onderzoek staan de bewindvoerder verschillende middelen ten dienste. Voor zijn informatievergaring kan hij de schuldenaar vragen om hem alle inlichtingen te verschaffen die hij nodig acht voordat hij aan handelingen van de schuldenaar meewerkt. Bij rechtspersonen heeft dit primair betrekking op het bestuur, maar kan zich dat ook uitstrekken tot andere organen. Om alle omstandigheden die de surseance betreffen op te helderen, kan de bewindvoerder de rechter-commissaris op tweeërlei wijze om bijstand vragen. Allereerst kan hij de rechter-commissaris verzoeken om getuigen onder ede te horen (art. 223b). Artikel 223b lid 3 regelt in dit verband het verschoningsrecht van de naaste verwanten van de schuldenaar.

Onduidelijk is in hoeverre de schuldenaar als getuige zou kunnen worden gehoord, al lijkt dit niet bezwaarlijk. Er is immers geen sprake van een contentieuze procedure, terwijl ook daar tegenwoordig een 'partijgetuige' gehoord kan worden. Een mogelijk bezwaar tegen het horen van de schuldenaar als getuige is dat artikel 223b identiek is aan artikel 66 in faillissement waar de schuldenaar niet onder die bepaling valt omdat op hem een zelfstandige inlichtingenplicht rust (art. 105).

In de tweede plaats kan hij hem op basis van dezelfde bepaling (art. 223b) vragen om een deskundigenonderzoek te bevelen dat erop gericht kan zijn om alle omstandigheden betreffende de surseance van betaling op te helderen.

Dit is overigens een ander deskundigenonderzoek dan de rechtbank bij de voorlopige surseanceverlening of later in gang kan zetten. Dit laatste richt zich alleen op de staat van de boedel en de betrouwbaarheid van de door de schuldenaar opgestelde en overgelegde financiële stukken (art. 226).

Een volledig eigen bevoegdheid heeft de bewindvoerder ten slotte jegens de schuldenaar tot vergoeding van de kosten van kennisgeving en aankondiging van het akkoord aan de schuldeisers (art. 256 lid 4).

291. Ontslag bewindvoerder

De rechtbank benoemt de bewindvoerder en kan hem ook ontslaan (art. 224 lid 2). Hoewel de Faillissementswet hiervoor zelf geen gronden noemt, lijkt een ontslag alleen gerechtvaardigd als de bewindvoerder dit zelf wil of zijn taak niet naar behoren vervult. In het laatste geval kan het ontslag worden gevraagd door de rechter-commissaris, een eventuele medebewindvoerder of door een of meer schuldeisers. De schuldenaar kan dat echter niet verlangen, al zal hij daar wel indirect op kunnen aansturen door zijn klachten aan de rechter-commissaris of de rechtbank kenbaar te maken. Het enkele feit dat de bewindvoerder geen medewerking wil verlenen aan voorgenomen handelingen van de schuldenaar zal overigens meestal geen reden zijn om hem te ontslaan.

Als iemand verzoekt om het ontslag van de bewindvoerder zal de rechtbank bekijken hoe deze uitvoering heeft gegeven aan zijn taken en hoe die daarbij gebruik heeft gemaakt van zijn bevoegdheden. Ontslag is alleen op zijn plaats als de bewindvoerder zijn verplichtingen niet adequaat is nagekomen en dienaangaande onvoldoende activiteit aan de dag heeft gelegd.

Bij dit alles moet overigens wel in het oog worden gehouden dat de rechter-commissaris bij de surseance van betaling geen toezicht op de bewindvoerder uitoefent. Deze handelt immers niet zelf met het vermogen van de schuldenaar maar verleent louter medewerking aan handelingen van de schuldenaar en handelt niet zelf, zodat toezicht door de rechter-commissaris en de rechtbank op het beheer over de boedel niet aan de orde is.[103] Daarom is de rechter-commissaris ook slechts adviseur maar is de bewindvoerder niet zoals bij faillissement verplicht om zijn adviezen op te volgen (art. 223a).

Het verzoek om ontslag van de bewindvoerder moet dan ook gebaseerd worden op de stelling dat hij ondeugdelijke bijstand aan de schuldenaar verleent of op hem onvoldoende toezicht houdt waardoor de rechten van de schuldeisers in gevaar komen. In dit verband valt te denken aan het niet (bijtijds) optreden tegen en ongedaan maken van handelingen door de schuldenaar zonder medewerking van de bewindvoerder (art. 228 lid 1) of het handelen in strijd met het beginsel van de gelijkheid van schuldeisers (*paritas creditorum*; art. 233). Daarnaast kan het niet-nakomen van specifieke wettelijke verplichtingen de bewindvoerder op ontslag komen te staan, bijvoorbeeld als hij structureel nalaat verslag uit te brengen over de toestand van de boedel (art. 227) of over een aangeboden akkoord (art. 265 lid 1), de deponering van de lijst van erkende en betwiste vorderingen (art. 263) of de verschillende aankondigingen (art. 223 lid 1, 256, 264 lid 2, 269b, 270 lid 2, 272 lid 4, 276, 277) achterwege laat en het verkeerd beoordelen en administreren van de door de schuldeisers ingediende vorderingen (art. 257 lid 3, 258 en 259). Ontslag lijkt echter niet gerechtvaardigd als de bewindvoerder de surseance van betaling te lang laat doorgaan waardoor de schuldeisers mogelijk benadeeld worden en hij geen gebruik maakt van zijn bevoegdheid om de surseance voor intrekking voor te dragen aan de rechtbank (art. 242). Iedere schuldeiser kan immers zelf een dergelijke intrekking verzoeken (zie nr. 305).

292. Aansprakelijkheid bewindvoerder (q.q. en pro se)

Hoewel de bewindvoerder in surseance van betaling opereert in een crisissituatie met tal van (potentiële) conflicterende belangen, belandt een bewindvoerder niet snel zelf in een conflict dat leidt tot aansprakelijkheid. De schuldenaar zelf blijft immers de handelende persoon en de bewindvoerder hoeft alleen te beslissen of hij zijn medewerking wel of niet verleent. Voor het reilen en zeilen van de onderneming van de schuldenaar – en daarmee de boedel – handelt de bewindvoerder in beginsel niet zelfstandig. In dit opzicht kan hij voor de boedel dus niet exclusief in

103 *Parl. Gesch. Fw* (Kortmann/Faber), p. 338-339. In de praktijk doet de bewindvoerder dit overigens meestal wel vanuit de – tot op zekere hoogte afhankelijke – relatie die hij met de rechtbank heeft.

hoedanigheid (*qualitate qua*; q.q.) aansprakelijk zijn. Vaststelling dat de boedel aansprakelijk is – zoals bij faillissement waardoor een schuld het karakter van boedelschuld aanneemt (zie nr. 130, 236) – is in de surseance van betaling bovendien niet nodig. De surseance van betaling werkt immers alleen voor de schulden, anders dan die genoemd artikel 232, die vóór de surseanceverlening bestaan (art. 233); voor de incasso van alle andere vorderingen op de schuldenaar, inclusief de vorderingen die na de surseanceverlening met medewerking van de bewindvoerder zijn ontstaan, kan een schuldeiser gewoon maatregelen treffen en verhaal nemen op de activa van de schuldenaar. Degene die schade heeft geleden zal in dit geval de schuldenaar moeten aanspreken, maar moet dan, om effect aan een veroordeling te kunnen verbinden jegens de boedel, tevens de bewindvoerder in diens hoedanigheid (q.q.) als gedaagde in de procedure betrekken (art. 231 lid 3). De schadevergoeding wordt dan uit de boedel vergoed.

Wellicht is er een uitzondering daar waar de bewindvoerder in hoedanigheid – naast de schuldenaar – aan het rechtsverkeer deelneemt, zoals bij procedures (art. 231) en dit bijvoorbeeld tot een kostenveroordeling van de bewindvoerder q.q. leidt; maar dan is nog steeds alleen het vermogen van de schuldenaar daarvoor aansprakelijk.

De privérol van de bewindvoerder (*pro se*) komt pas in beeld als hij zich niet heeft gedragen zoals een bekwaam en nauwlettend optredend bewindvoerder betaamt. Als hij zijn eigen taak niet goed uitoefent en dit gedrag schade ten gevolge heeft, valt niet zozeer de schuldenaar iets te verwijten, waarvoor diens vermogen aansprakelijk is, maar de persoon van de bewindvoerder in privé. Hoewel voor deze situatie geen specifieke rechtsregel is te vinden, kan naar analogie worden teruggegrepen op de zorgvuldigheidsnorm die de Hoge Raad in 1996 voor de privéaansprakelijkheid van de curator heeft geformuleerd. Voor de privéaansprakelijkheid van de bewindvoerder komt die als volgt te luiden: "een [bewindvoerder] behoort te handelen zoals in redelijkheid mag worden verlangd van een over voldoende inzicht en ervaring beschikkende [bewindvoerder] die zijn taak met nauwgezetheid en inzet verricht".[104] Als hij daarbij toerekenbaar schade toebrengt aan derden en deze schade valt de bewindvoerder persoonlijk te verwijten en toe te rekenen, dan pas is hij daarvoor met zijn privévermogen aansprakelijk.[105] Deze aansprakelijkheid rust op de bewindvoerder in zijn verhouding tot alle betrokkenen bij de surseance van betaling: schuldenaar, schuldeisers en andere derden die door het handelen van de bewindvoerder geraakt kunnen worden.

Denk bijvoorbeeld aan de situatie waarin de bewindvoerder zijn medewerking heeft verleend aan de schuldenaar bij het aangaan van transacties en de boedel niet in staat blijkt om de daaruit voortvloeiende verplichtingen te voldoen. Voorts aan derden die zich op de bewindvoerder hebben verlaten bij hun handelen en dat ook mochten doen maar uiteindelijk met lege handen achtergebleven zijn. Een ander voorbeeld is de situatie waarin de bewindvoerder te lang heeft gewacht met het intrekken van de surseance van betaling, terwijl de gedupeerde derde (anders dan bijvoorbeeld een schuldeiser) daartegen niet bijtijds heeft kunnen opkomen etc. Als de bewindvoerder garanties aan

---

104 HR 19 april 1996, *NJ* 1996/727 (*Maclou/Curatoren Van Schuppen*), r.o. 3.6, waarbij curator in de plaats van bewindvoerder moet worden gelezen.

105 Vgl. HR 16 december 2011, *NJ* 2012/515 (*Prakke/Gips*), r.o. 3.2, voor de persoonlijke aansprakelijkheid van de curator (nr. 130).

derden verleent, verbindt hij zichzelf en is voor een afzonderlijke functionele aansprakelijkheid van de bewindvoerder *pro se* geen noodzaak. Soms kan persoonlijke aansprakelijkheid voortvloeien uit onvoldoende adequaat handelen van de bewindvoerder, bijvoorbeeld als hij nalaat goede afspraken te maken over verrekenings(on)mogelijkheden van de bank met gelden op de boedelrekening.[106]

In de lagere rechtspraak is een enkele keer een bewindvoerder *pro se* aansprakelijk gesteld, maar voor zover bekend heeft dit niet tot een veroordeling tot schadevergoeding geleid.[107] Overigens is een bewindvoerder verplicht zich beroepsmatig tegen dit soort risico's te verzekeren.[108]

293. *Rechtbank*

Een volgende belangrijke partij bij de surseance van betaling is de rechtbank. Allereerst verleent zij de voorlopige surseance van betaling (art. 215) en oordeelt zij over de definitieve verlening waarbij zij partijen hoort (art. 218). Als de rechtbank de definitieve surseance van betaling afwijst, kan zij de schuldenaar in staat van faillissement verklaren (art. 218 lid 5). Bij definitieve verlening van de surseance van betaling bepaalt de rechtbank de duur daarvan (art. 223) en benoemt zij eventueel een rechter-commissaris (art. 223a). Net zoals de rechtbank de bewindvoerder benoemt (art. 215) kan zij deze ook ontslaan (art. 224) en bepaalt zij zijn salaris (art. 250) evenals het loon van de deskundigen die de rechtbank kan inschakelen om een goed beeld te krijgen van de staat van de boedel (art. 226).

Ter beveiliging van de belangen van de schuldeisers kan zij verder alle maatregelen treffen die zij daarvoor nodig acht (art. 225). In dit verband moet ook haar bevoegdheid gezien worden om de surseance van betaling in te trekken, zo nodig uitmondend in de faillietverklaring van de schuldenaar (art. 242). Met het oog op de bescherming van de belangen van de schuldenaar en om te voorkomen dat een reddingsplan onmogelijk of zinloos wordt, kan de rechtbank op verzoek van de bewindvoerder eventuele gelegde beslagen al eerder laten vervallen dan bij de definitieve surseanceverlening of de homologatie van een akkoord; hetzelfde geldt voor een eventuele gijzeling van de schuldenaar (art. 230 lid 2).

Ter ondersteuning van de surseance van betaling kan de rechtbank voorts op verzoek van iedere belanghebbende een afkoelingsperiode afkondigen waardoor preferente schuldeisers en separatisten gedurende een korte tijd geen verhaal kunnen nemen op goederen die zich bij de schuldenaar bevinden (art. 241a). Vanuit de bescherming van de schuldenaar bezien heeft de rechtbank ten slotte nog de taak om een oordeel te vellen over een verzoek tot omzetting in de schuldsaneringsregeling in de gevallen waarin de schuldenaar een natuurlijke persoon is (art. 247a e.v.).

Zodra de schuldenaar een akkoord wil voorleggen aan zijn schuldeisers krijgt de rechtbank er een aantal taken bij, die voor een deel betrekking hebben op de procedurele gang van zaken rond de definitieve surseanceverlening en de homologatie van het akkoord. Zo kan zij verordonneren dat de zitting waarop over de definitieve

---

106 Zie noot van Van der Grinten onder HR 27 mei 1988, *NJ* 1988/964 (*Amro/NAPM*).

107 Zie bijv. Rb. Maastricht 22 oktober 2003, ECLI:NL:RBMAA:2003:AN8833 en Rb. Maastricht 27 oktober 2003, ECLI:NL:RBMAA:2003:AN9013.

108 Vgl. par. 7 Recofa-richtlijnen voor faillissementen (van overeenkomstige toepassing op surseance van betaling).

surseance van betaling zou worden beslist bij een voorgesteld akkoord wordt opgeschort (art. 255).

Vervolgens kent de Faillissementswet de rechtbank een aantal bijzondere taken toe die echter door de rechter-commissaris worden uitgevoerd, wanneer deze is benoemd (art. 241a, 241c, 264, 265 lid 5, 267, 268a, 269, 269a, 269b), wat tegenwoordig altijd het geval is. Een enkele keer neemt dan overigens niet de rechtbank die beslissing in plaats van de rechter-commissaris, maar de voorzieningenrechter (art. 224 lid 1, 230 lid 2, 269 lid 1). Deze taken hebben betrekking op beslissingen die tijdens de akkoordprocedure moeten worden genomen en komen hierna bij de behandeling van de taken van de rechter-commissaris aan bod. Zodra het echter gaat om de homologatie van het akkoord, heeft de wetgever de rechtbank weer als beslissende instantie aangewezen. Dit zijn dan beslissingen over het uitstel van de zitting (art. 271 lid 2), de beoordeling van het akkoord (art. 272) en de eventuele faillietverklaring bij afwijzing daarvan (art. 272 lid 4), net als overigens wanneer het akkoord niet is aangenomen (art. 277).

Hoewel de griffier deel uitmaakt van de rechtbank, heeft de wetgever hem bij de surseance van betaling in de Faillissementswet een aantal specifieke taken opgedragen. Deze liggen vooral op het terrein van het ter inzage bieden van de verschillende documenten, zoals het verzoekschrift met bijlagen (art. 215 lid 1), het ontwerp van akkoord (art. 253 lid 1) en het proces-verbaal van de stemming over het akkoord (art. 269). Verder rust op hem de taak om de betrokkenen voor de zitting op te roepen (art. 215 lid 2, 246 lid 2 en 247 lid 2, 247a lid 6) en de publicatie en registratie van informatie over de surseance van betaling te verzorgen (art. 216, 222, 222a, 245).

294. Rechter-commissaris

De laatste betrokkene die door de surseanceverlening in beeld komt, is de rechter-commissaris. Oorspronkelijk was voor hem geen rol weggelegd bij de surseance van betaling.[109] Pas bij de wetswijziging in 1976 is hij hierbij opgenomen omdat daaraan in de praktijk behoefte bleek te bestaan.[110] Hoewel vanaf het begin door het parlement is aangedrongen op een verplichte benoeming van de rechter-commissaris, heeft de minister dit aan de rechter willen overlaten.[111] De praktijk laat evenwel zien dat tegenwoordig altijd een rechter-commissaris wordt benoemd. Zijn rol is tweeledig: in de eerste plaats kan hij de bewindvoerder desgevraagd van advies dienen (art. 223a) om hem te helpen bij moeilijke surseances en zodoende langdurige en ingewikkelde procedures te voorkomen. In de tweede plaats kan de rechter-commissaris zowel getuigen horen als een deskundigenonderzoek laten verrichten (art. 223b).

De rechter-commissaris komt in aanvulling hierop nog op een aantal andere plaatsen in beeld bij de surseance van betaling. Enigszins in het verlengde van de adviestaak ligt zijn rol om de knoop door te hakken als er meer dan één bewindvoerder benoemd is en de stemmen staken (art. 224 lid 1). Voorts kan hij de bewindvoerder voordragen voor ontslag door de rechtbank (art. 224 lid 2). Hij is ook bevoegd

109 Zie de wetsgeschiedenis bij *Parl. Gesch. Fw* (Kortmann/Faber), p. 336, 338.
110 *Parl. Gesch. Fw* (Kortmann/Faber), p. 352.
111 Zie *Parl. Gesch. Fw* (Kortmann/Faber), p. 353 e.v.

om de bewindvoerder uitstel te verlenen voor het indienen van zijn verslag over de toestand van de boedel (art. 227).

Moeilijk verenigbaar met zijn louter adviserende taak, maar verklaarbaar vanuit de vergelijkbare regeling bij faillissement, is de rol die de rechter-commissaris is toebedeeld als een derde een machtiging vraagt om zich tijdens een afkoelingsperiode te verhalen (art. 241a). Een vrijgave van bepaalde goederen is dan geen advies aan de bewindvoerder, maar een toestemming aan deze derde. Zo kan de rechter-commissaris bijvoorbeeld de Ontvanger tijdens deze periode zo nodig toestaan om toch tot uitwinning over te gaan van zaken waarop hij bodembeslag in de zin van artikel 22 IW 1990 heeft gelegd (art. 241c lid 1). Bij de uitvoering van deze laatste taken is de rechter-commissaris eigenlijk het verlengstuk van de rechtbank, die deze taak op zich zou moeten nemen als geen rechter-commissaris zou zijn benoemd.

Deze – plaatsvervangende – functie heeft de rechter-commissaris niet alleen in de eerste afdeling, maar ook op een aantal plaatsen in de tweede afdeling van Titel II over het surseanceakkoord. Bijvoorbeeld als de rechter-commissaris de rechtbank vervangt als er uitstel moet worden verleend voor de raadpleging en stemming over het akkoord (art. 264). Ook kan de rechter-commissaris in plaats van de rechtbank een beslissing nemen over te laat ingediende vorderingen wanneer daartegen bezwaar is gemaakt (art. 265 lid 5), en over de vraag of en tot welk bedrag een betwiste vordering tot de stemming wordt toegelaten (art. 267). Na de stemming kan de rechter-commissaris een akkoord vaststellen als ware het aangenomen, mits voldaan is aan de vereisten van artikel 268a. Verder heeft hij een rol bij het waarmerken van de lijst van schuldeisers die door de bewindvoerder is opgemaakt en eventueel aangepast, die hij vervolgens aan het proces-verbaal van de vergadering hecht (art. 269). Ten slotte zet de rechter-commissaris de verdere gang van zaken in werking zowel bij verwerping als aanvaarding van het akkoord (art. 269a en 269b) en brengt hij in het laatste geval schriftelijk verslag uit op de homologatiezitting (art. 271).

6.4 Surseanceakkoord

Hoewel de termijn waarvoor de surseance van betaling is verleend meermalen verlengd kan worden (art. 223), is het de bedoeling van dit instrument dat de schuldenaar op korte termijn duidelijkheid krijgt over zijn mogelijkheden om zijn financiële problemen te boven te komen. Hiertoe zijn in het systeem van de wet verschillende routes denkbaar om aan de surseance van betaling een einde te maken. Naast de algehele betaling van de schuldeisers voor wie de surseance geldt, speelt in het stelsel van de Faillissementswet de aanvaarding en homologatie van een surseanceakkoord een belangrijke rol. Dan is sprake van een succesvol doorlopen surseance van betaling.

In deze paragraaf worden eerst doel en inhoud van het surseanceakkoord besproken (par. 6.4.1), gevolgd door vorm en totstandkoming (par. 6.4.2). Hierbij komen de procedure voor het aannemen of verwerpen van het akkoord, de in acht te nemen formaliteiten en de stemming aan bod (nr. 298-299), en tevens de toetsingscriteria voor homologatie van het akkoord (nr. 300). Ook wordt aandacht besteed aan eventueel tegen de beslissing van de rechtbank in te stellen rechtsmiddelen (nr. 301). Daarna worden de gevolgen van het akkoord uitgewerkt voor de verschillende partijen (nr. 302). Ten slotte komt de ontbinding van het surseanceakkoord aan de orde en de mogelijkheid dat dit leidt tot faillietverklaring van de schuldenaar (nr. 303).

6.4.1 Doel en inhoud van het surseanceakkoord

Het doel van de surseance van betaling is om de schuldenaar weer in een financiële positie te krijgen dat hij zijn schuldeisers kan voldoen. De surseance van betaling is er immers op gericht dat de schuldenaar na verloop van tijd weer normaal aan het maatschappelijk-economisch verkeer deelneemt. Idealiter wordt hiertoe overeenstemming bereikt met de schuldeisers. Voorafgaand aan een surseance van betaling vergt dit echter de medewerking van alle schuldeisers en dat blijkt in de praktijk niet altijd even eenvoudig, zoals in hoofdstuk 3 gebleken is. Niet alleen omdat sommige schuldeisers niet altijd even eenvoudig bereikbaar zijn, maar ook omdat bepaalde schuldeisers – om hen moverende redenen (nu eens valabel en dan weer niet of minder) – niet akkoord gaan met een regeling waarbij zij niet volledig voldaan worden. In dit geval kan de schuldenaar ervoor kiezen om een gedifferentieerd aanbod aan zijn schuldeisers voor te leggen, waarbij sommige schuldeisers een ander aanbod krijgen dan andere, maar dan is de kans groot dat ook andere schuldeisers een groter deel van hun vordering willen krijgen. Als de schuldenaar om deze reden een en ander zou verzwijgen, hopende zo tot een akkoord te komen, loopt hij het risico dat die verschillende benaderingen bekend raken en schuldeisers dan helemaal niet meer willen meewerken. Kortom, een lastig vooruitzicht voor de schuldenaar.

Met de invoering van de WHOA in 2021 is voor dit dilemma in bepaalde omstandigheden een oplossing te bereiken zonder hulp van de surseance van betaling (par. 4.2.2). De WHOA heeft een ruimer toepassingsgebied qua vorderingen die in de herstructurering kunnen worden betrokken en tevens de mogelijkheid om schuldeisers met een verschillende positie bij de vereffening van het vermogen in faillissement in verschillende klassen in te delen en anders te behandelen (art. 374). Vooral echter bij grote aantallen schuldeisers, die mogelijk ook niet allemaal tijdig bereikt kunnen worden, zoals bij (internationale) financiële herstructureringen van bijvoorbeeld obligatieleningen, kan een surseanceakkoord een nuttig instrument zijn (nr. 312, 316).

295. Historische ontwikkeling

Toen in 1925 de toelatingseisen voor de surseance van betaling versoepeld werden en deze ook verleend kon worden aan een schuldenaar die niet het vooruitzicht had zijn schuldeisers op afzienbare termijn voor 100% te voldoen, hield de wetgever vast aan het vereiste dat alle schuldeisers met de regeling zouden moeten instemmen. De tijdelijke rust die de schuldenaar door de surseance van betaling wordt gegund, mocht uiteindelijk niet ten koste van de schuldeisers gaan. Een dwangakkoord zoals dat in faillissement voorkomt, werd ongewenst geacht, niet alleen omdat dan niet meer iedere schuldeiser bevredigd zou worden, maar ook omdat daarvoor een verificatieprocedure nodig zou zijn.[112] Met de wijziging in 1935 bleek dit laatste bezwaar echter niet onoverkomelijk en werd de mogelijkheid van een dwangakkoord ook in de surseance van betaling mogelijk gemaakt. Belangrijk argument was dat voorkomen moest worden dat de schuldenaar bij tegenstand van een enkele schuldeiser

112 *Parl. Gesch. Fw* (Kortmann/Faber), p. 328-329.

verplicht wordt om zich failliet te laten verklaren – met alle negatieve gevolgen van dien – uitsluitend om van het daar wel bestaande dwangakkoord te kunnen profiteren.[113] Het probleem van de verificatie is toen ondervangen door invoering van de tweede afdeling van Titel II Faillissementswet waarbij een enigszins gewijzigde en vereenvoudigde regeling is opgenomen om vast te stellen welke schuldeiser zich over het akkoord mag uitlaten en voor welk bedrag (art. 252-281).[114]

Met de mogelijkheid van een dwangakkoord in de surseance van betaling is een principiële inbreuk gemaakt op de belangen van de schuldeisers: hun vordering wordt niet meer ten koste van alles volledig voldaan, terwijl zij ook niet altijd helemaal bevredigd worden. Dit past in de lijn die in het begin van de vorige eeuw werd ingezet: toen begon men van de burgers te verlangen dat zij ook in hun persoonlijke onderlinge verhoudingen meer rekening moeten houden met de belangen van de maatschappij en van anderen in plaats van uitsluitend het eigen belang.[115] Het begrip 'dwangakkoord' werd om deze reden als een lelijk woord beschouwd: naast het tegemoetkomen aan de schuldenaar beoogt het dwangelement in deze rechtsfiguur vooral om bepaalde schuldeisers die de schuldenaar, andere schuldeisers en uiteindelijk ook zichzelf zouden kunnen schaden, tegen zichzelf – en anderen tegen hen – te beschermen.[116] De beoordeling van de weigering om aan een onderhands akkoord mee te werken krijgt bij de surseance van betaling een ander karakter dan bij de discussies rond het onderhands akkoord in de in hoofdstuk 3 behandelde gevallen. Bij het surseanceakkoord gaat het niet om een procedure op tegenspraak waarbij de schuldenaar tegenover de onwillige schuldeiser(s) staat, waarbij diens individuele belang wordt getoetst.[117] Bij het dwangakkoord in surseance van betaling vindt door de rechtbank bij de homologatie vooral een brede toetsing plaats, nadat de schuldeisers in de vereiste meerderheid voor de aanvaarding van het akkoord hebben gestemd. Bij deze toetsing moet de rechtbank zich laten leiden door de vraag of op eerlijke wijze recht is gedaan aan de belangen van de minderheid.

296. Varianten van het surseanceakkoord

Schuldeisers kiezen voor instemming met het voorgestelde akkoord, omdat zij dan verwachten daarmee een groter gedeelte van hun vordering betaald te krijgen dan bij liquidatie. Om dit te bereiken, wordt hun doorgaans een bepaald percentage van hun vordering aangeboden, waarbij financiering van een derde (familie, vrienden of professionele financier) de schuldeisers net iets meer kan bieden dan wanneer de schuldenaar in staat van faillissement zou worden verklaard (het percentageakkoord).[118] Hierbij speelt mee dat de opbrengst van de bezittingen van de schuldenaar bij een faillissementsvereffening doorgaans aanmerkelijk lager ligt dan bij een *going concern* verkoop van (delen van) de onderneming. Om de benodigde meerderheid te behalen, wordt in dit verband wel eens een gestaffeld percentage gehanteerd

113 *Parl. Gesch. Fw* (Kortmann/Faber), p. 334.
114 *Parl. Gesch. Fw* (Kortmann/Faber), p. 335.
115 *Parl. Gesch. Fw* (Kortmann/Faber), p. 342; dit past in de lijn waarbij het leerstuk van misbruik van bevoegdheid (art. 3:13 BW) tot ontwikkeling is gekomen.
116 *Parl. Gesch. Fw* (Kortmann/Faber), p. 342.
117 HR 26 augustus 2003, *NJ* 2004/549 (*Intercomm/UPC*), r.o. 3.3.2.
118 Vgl. Leuftink, par. 18.6.

waarbij het eerste deel van de vordering tot een bepaald – voor iedere schuldeiser – gelijk bedrag volledig wordt voldaan en vervolgens hoe hoger de vordering des te lager het percentage.

Zo wordt bijvoorbeeld in het akkoord voorgesteld om van alle vorderingen de eerste € 1.000 volledig te voldoen; van het gedeelte daarboven tot bijvoorbeeld € 10.000 bijvoorbeeld 75%; van € 10.000 tot € 50.000 10% en daarboven 2%. Hiermee bereikt de schuldenaar dat alle kleine schuldeisers volledig voldaan gaan worden en normaal gesproken dus voor het akkoord zullen stemmen.

Zolang hierbij objectieve criteria worden gebruikt die voor alle schuldeisers op dezelfde manier uitpakken, is hiertegen geen bezwaar en is van een zogenaamd sluipakkoord (art. 272 lid 2 sub 3) geen sprake.[119] Andere soorten akkoorden zijn ook denkbaar. Bijvoorbeeld een waarbij de uitkering aan de schuldeisers niet in contanten plaatsvindt, maar bestaat uit een omzetting van hun vordering in een converteerbare of achtergestelde lening of omzetting in risicodragend kapitaal.[120] In internationale herstructureringen waarbij Nederlandse financieringsentiteiten (zoals Oi Coöp en PTIF bij het Braziliaanse Oi) of holdingvennootschappen (zoals bij UPC en Steinhoff) waarbij parallelle herstructureringsprocedures in het buitenland aanhangig zijn, wordt om praktische redenen soms ook volstaan met een verwijzing naar het buitenlandse akkoord. De schuldenaar kan ook afstand doen van zijn vermogen met het oog op liquidatie daarvan door een vereffenaar die de opbrengst verdeelt onder de schuldeisers (liquidatieakkoord).[121] Ten slotte is soms ook gebruikgemaakt van een spaar- of inverdienakkoord, waarbij de schuldenaar zich verplicht om gedurende een bepaalde periode zijn inkomsten voor een deel af te staan aan de schuldeisers.

6.4.2 Totstandkoming en vorm van het surseanceakkoord

297. Surseanceakkoord als meerpartijenverhouding

Het surseanceakkoord is civielrechtelijk een meerpartijenovereenkomst, meestal in de vorm van een vaststellingsovereenkomst (Titel 7.15 BW), waarvan de gevolgen voor de daaraan na homologatie gebonden schuldeisers afhangen van de inhoud daarvan conform de normale civielrechtelijke uitlegregels[122], zoals die door partijen uiteindelijk is uitonderhandeld en tot stand gebracht. Bij de totstandkoming van deze meerpartijenovereenkomst zijn verschillende stadia te onderscheiden. Om te beginnen moet een ontwerp van akkoord worden opgetuigd. Vervolgens vindt de beraadslaging over het akkoord plaats en brengen de daar aanwezige of vertegenwoordigde schuldeisers hun stem uit. Als het akkoord is aangenomen moet het door de rechtbank bekrachtigd (gehomologeerd) worden. Nadat het homologatievonnis in kracht van gewijsde is gegaan, is het akkoord verbindend voor alle schuldeisers jegens wie de surseance van betaling werkt. In deze subparagraaf worden de verschillende

---

119 Vgl. Leuftink, par. 18.12. Als de uitwerking tot volledig willekeurige uitkomsten leidt waarbij bepaalde schuldeisers worden begunstigd, ligt dit anders; zie *Parl. Gesch. Fw* (Van der Feltz) II, p. 177 m.b.t. de gelijkluidende bepaling in faillissement.

120 Vgl. Leuftink, par. 18.7-9.

121 Vgl. Leuftink, par. 18.10.

122 Uitgangspunt vormt HR 13 maart 1981, *NJ* 1981/635, AA 1981/355 (*Haviltex*); zie hierover onder meer SBR deel 3, par. 7.2.

stappen uitgewerkt, aangevuld met de rechtsmiddelen die kunnen worden aangewend en de gevolgen van niet-nakoming en ontbinding van het akkoord.

298. Raadpleging en beraadslaging over het surseanceakkoord

Om een surseanceakkoord tot stand te brengen, moeten verschillende stappen worden doorlopen. Deze volgen in grote lijnen die van het faillissementsakkoord, waardoor tussen de surseance van betaling en het faillissement op dit punt nauwelijks verschil bestaat (zie par. 5.5.2).[123]

Allereerst moet een ontwerp van akkoord aan de schuldeisers worden voorgelegd. Dit kan al gebeuren bij het verzoekschrift waarin de schuldenaar surseanceverlening verlangt (art. 214 lid 3, 252, 255). Het initiatief hiervoor ligt dan bij de schuldenaar voordat hij het surseanceverzoek indient. Daarnaast kan het akkoord pas tijdens de surseance van betaling voorgelegd worden (art. 252). Dan wordt de schuldenaar soms bijgestaan door de bewindvoerder die hem hierbij binnen redelijke grenzen behulpzaam moet zijn.[124] In dit laatste geval wordt het ontwerp van akkoord ter griffie gedeponeerd waar iedereen het kosteloos kan inzien, en aan de bewindvoerder en eventuele deskundigen toegezonden (art. 253). Meestal worden de grote lijnen van het akkoord afgestemd met de belangrijkste schuldeisers, zodat zij hun stem alvast kunnen laten gelden. Bij grote financiële herstructureringen vormen zij zogenaamde 'ad-hoc groepen' die met de schuldenaar en de betrokken financiële en juridische adviseurs overleggen. Dit kan leiden tot onderhandelingen en aanpassingen, waarna de schuldenaar zijn aanbod doet door een ontwerp van akkoord bij de griffie te deponeren (art. 6:217 e.v. BW, art. 253).

Als het ontwerp van akkoord al samen met het verzoekschrift was ingediend, is het te raadplegen bij de griffie (art. 215 lid 1 jo. 214 lid 2). In dit geval kan de rechtbank besluiten om de zitting over de definitieve surseanceverlening af te blazen (art. 255 lid 1), want homologatie na aanneming van het akkoord leidt tot beëindiging van de surseance van betaling (art. 276).

Aangezien een gehomologeerd akkoord verbindend is voor alle schuldeisers jegens wie de surseance van betaling werkt (art. 232-233), veronderstelt beraadslaging over het akkoord dat al deze schuldeisers daarover adequaat worden ingelicht. Als het ontwerp van akkoord bij het verzoekschrift tot surseanceverlening was ingediend, is deze aankondiging al door de griffier gedaan (art. 216). In de andere gevallen is publicatie noodzakelijk van de vergadering waarop de beraadslaging en stemming over het akkoord plaatsvindt. Hierbij worden de schuldeisers tevens geattendeerd op de uiterste dag van indiening van hun vorderingen (art. 256 jo 255). Voor zover de schuldeisers al bij de bewindvoerder bekend zijn, worden zij bij brief opgeroepen.[125] De bewindvoerder wijst hen uitdrukkelijk op de hiervoor (nr. 277)

123 Oorspronkelijk werd het verschil gezien in het feit dat de behandeling van het akkoord in de surseance in de raadkamer moest gebeuren omdat er geen rechter-commissaris was (*Parl. Gesch. Fw* (Kortmann/Faber), p. 334-335). Sinds 1976 toen de benoeming van een rechter-commissaris in de surseanceregeling werd opgenomen speelt dit aspect echter geen rol meer.

124 Art. 5.1a Recofa-richtlijnen voor faillissementen (van overeenkomstige toepassing op surseance van betaling).

125 Zie voor buitenlandse schuldeisers binnen de EU: art. 53-55 InsVo.

genoemde vergaande consequentie van artikel 257 lid 2 als een schuldeiser met voorrang aan de stemming meedoet (art. 256 lid 2).

De volgende stap is dat de schuldeisers die aan de beraadslaging willen meedoen bijtijds hun vordering bij de bewindvoerder indienen. Hiertoe moeten zij de bewindvoerder – zo nodig tegen afgifte van een ontvangstbewijs door deze (art. 257 lid 3) – voorzien van onderliggende stukken en bewijzen (art. 257 lid 1). Zij moeten zich houden aan de uiterste datum die daarvoor door de rechtbank is gesteld, al kunnen zij tot twee dagen vóór de vergadering nog met hun vordering bij de bewindvoerder terecht. Wel loopt een schuldeiser dan het gevaar dat de bewindvoerder of een andere schuldeiser daartegen bezwaar maakt, met als gevolg dat de rechter-commissaris of de rechtbank hem niet tot de stemming toelaat (art. 265 lid 2 en 5). Nog later ingediende vorderingen worden niet meer op de lijst geplaatst en doen dus niet mee aan de stemming over het akkoord (art. 265 lid 3).

Anders dan bij faillissement (nr. 232, 295) vindt bij de surseance van betaling geen verificatie van de ingediende vorderingen plaats. Er wordt immers niet vereffend waarna een uitdeling moet volgen. Na de surseance van betaling herneemt de schuldenaar zijn autonome positie. Eventuele geschillen over (pretense) vorderingen moeten langs de gewone weg – zo nodig via de rechter – worden opgelost. De vraag of een schuldeiser tot de stemming moet worden toegelaten en zo ja, voor welk bedrag, is aan de rechter-commissaris/rechtbank overgelaten (art. 267).[126] Daarom kent de surseance van betaling ook geen renvooiprocedure (nr. 233).

De derde stap is dat de bewindvoerder de ingediende vordering aan de administratie van de schuldenaar toetst en zo nodig met de schuldeiser in overleg treedt als hij bezwaar heeft tegen de vordering (art. 258), waarna hij de vordering op de lijst van erkende of betwiste vorderingen plaatst (art. 259). Omdat het voor de stemming van belang kan zijn om de totale omvang van de vorderingen te weten, bevat de wet een aantal bepalingen waarmee complicaties voor de waardering van vorderingen kunnen worden opgelost (art. 260-262). Deze bepalingen verwijzen grotendeels naar de regels in faillissement (art. 128-136; zie nr. 230). De bewindvoerder zorgt er vervolgens voor dat de door hem opgestelde lijst een week voorafgaande aan de vergadering ter kosteloze inzage van iedereen bij de griffie wordt gedeponeerd (art. 263).

Dan komt het tot de vergadering waarop over het akkoord wordt beraadslaagd en gestemd. De rechtbank heeft hiervoor een datum en tijdstip bepaald (art. 255). Op deze vergadering – die, al dan niet op verzoek van de bewindvoerder, kan zijn uitgesteld door de rechter-commissaris of de rechtbank (art. 264) – brengt de bewindvoerder schriftelijk verslag uit over het ontwerp van akkoord (art. 265). Als ook deskundigen waren benoemd om onderzoek te verrichten (art. 223b of 226), moeten deze hetzelfde doen. Het is voor de schuldeisers raadzaam om de vergadering bij te wonen. Niet alleen mag de schuldenaar het akkoord daar toelichten en verdedigen en zo nodig ter vergadering zelfs nog wijzigen (art. 265 lid 1 jo. 144), maar ook de bewindvoerder kan dan en daar terugkomen op eerdere erkenningen en betwistingen van vorderingen (art. 266 lid 1). Verder mogen op die vergadering de schuldenaar en de schuldeisers (gedeeltelijke) erkenningen

126 Zie voor een vergelijkbare aanpak in de WHOA, art. 378 lid 1 sub c (nr. 64).

door de bewindvoerder betwisten, welke betwistingen op de lijst van schuldeisers worden aangetekend (art. 266 lid 2 en 3). Zeker voor de schuldeiser van wie de vordering wordt betwist is het daarom van belang aanwezig te zijn om eventueel op die betwisting te reageren, want uiteindelijk hakt de rechter-commissaris de knoop door en beslist hij over toelating tot de stemming van betwiste vorderingen en stelt hij het bedrag daarvan vast (art. 267).

299. Stemming over het surseanceakkoord

Na al deze voorbereiding komt het tot het – eerste – uur van de waarheid voor de schuldenaar en wordt overgegaan tot de stemming. Het akkoord is aangenomen als de meerderheid van de aanwezige erkende en toegelaten schuldeisers hebben voorgestemd en deze schuldeisers samen ten minste de helft van het totale bedrag aan erkende en toegelaten vorderingen van de schuldenaar tegoed hebben (art. 268 lid 1).

Door de wetswijzigingen die in de loop der tijd aan deze eis hebben plaatsgevonden is het voor een schuldenaar steeds eenvoudiger geworden om het akkoord aangenomen te krijgen. Aanvankelijk had een akkoord volledige instemming van alle schuldeisers nodig, maar door de invoering van het dwangakkoord in 1935 werden daaraan al minder strenge eisen gesteld. Toch was toen nog steeds een twee derde meerderheid van alle – dus ook niet-verschenen – schuldeisers nodig, die samen ten minste drie vierde van het uitstaande bedrag aan erkende vorderingen bezat. Sinds 2005 is het bereiken van een akkoord aanmerkelijk gemakkelijker geworden: net als bij faillissement (art. 145; nr. 243) zijn niet alleen de quorumvereisten verlaagd – de gewone meerderheid van de schuldeisers (dus 50+%) die de tezamen ten minste de helft (50%) van het uitstaande bedrag aan vorderingen te vorderen heeft – maar ook wordt nu – voor de bepaling van het aantal schuldeisers – alleen nog maar gekeken naar de schuldeisers die ter vergadering zijn verschenen en daarop tot de stemming zijn toegelaten. Dit betekent dat wegblijven van de vergadering, en daarmee van de stemming, in tegenstelling tot vroeger, het aannemen van het akkoord niet meer kan dwarsbomen.

Zelfs als de voorstemmers samen minder dan 50% te vorderen hebben, kan het akkoord nog steeds worden aangenomen. Sinds 2005 heeft de rechter-commissaris[127] namelijk de mogelijkheid om het akkoord alsnog vast te stellen 'als ware het aangenomen'. Dan moet wel ten minste drie vierde van de verschenen erkende en toegelaten schuldeisers hebben voorgestemd. Bovendien moet de rechter een redelijkheidstoets aanleggen: de tegenstemmer(s) moet(en) onredelijk hebben gehandeld in het licht van alle omstandigheden van het geval, in het bijzonder het te verwachten uitkeringspercentage bij een vereffening van de boedel, dat wil zeggen een faillissement (art. 268a).

Van het verhandelde ter vergadering en de stemming wordt een proces-verbaal opgemaakt, dat met de aangehechte lijst van schuldeisers door de rechter-commissaris aan de rechtbank wordt gezonden. Vervolgens wordt het bij de griffie voor iedereen ter inzage gelegd. Dit kan zo nodig worden gecorrigeerd als de rechter ten onrechte tot verwerping van het akkoord had geconcludeerd (art. 269 en 269a/270).

Als op basis van het – eventueel gecorrigeerde – proces-verbaal geconcludeerd moet worden dat het surseanceakkoord niet is aangenomen, gebeurt er verder niets

127 Art. 268a verwijst ook naar de rechtbank voor het geval er geen rechter-commissaris zou zijn benoemd, maar in de praktijk komt dit niet voor.

meer. Homologatie door de rechtbank is dan niet meer aan de orde. De surseance van betaling eindigt in dat geval van rechtswege als de termijn om verbetering van het proces-verbaal te verzoeken op grond van artikel 269a of 270 is verstreken ofwel de correctie is geweigerd (art. 277). Omdat hier verder geen rechter meer aan te pas komt, moet de bewindvoerder zorgen dat deze beëindiging op de juiste wijze wordt aangekondigd (art. 277 jo. 216) en moet de griffier dit inschrijven in het surseanceregister.[128]

Na verwerping van het akkoord kan de rechtbank overigens ook ambtshalve de schuldenaar in staat van faillissement verklaren (art. 277). Dan eindigt de surseance van betaling eveneens, waarbij in het aansluitende faillissement artikel 248 lid 2 en 249 van toepassing zijn. Hierin kan niet opnieuw een akkoord worden aangeboden (art. 281). De schuldenaar kan tegen de faillietverklaring in hoger beroep gaan op de voet van artikel 278. Als het gerechtshof de faillietverklaring in stand houdt, kan de schuldenaar ten slotte in cassatie (art. 279). Heeft het gerechtshof de faillietverklaring daarentegen vernietigd, dan is de surseance van betaling wel ten einde (art. 277), maar kan alleen nog maar een schuldeiser die in hoger beroep is opgekomen in cassatie gaan (art. 279 lid 1). Zolang de vernietiging niet in kracht van gewijsde is gegaan, blijft het faillissement voortduren.

300. Homologatie van het surseanceakkoord

Als het surseanceakkoord met de vereiste meerderheid is aangenomen of is vastgesteld als ware het aangenomen, moet daarvan nog homologatie door de rechtbank plaatsvinden. Homologatie betekent dat de rechtbank het aangenomen akkoord bekrachtigt en daarmee goedkeurt, waardoor het verbindend wordt voor alle schuldeisers die door de surseance van betaling zijn geraakt. Na de stemming over het voorgelegde akkoord vormt de behandeling van de homologatie door de rechtbank voor de schuldenaar het – tweede – uur van de waarheid (art. 271 e.v.). Deze vindt plaats ter zitting van de rechtbank die tussen acht en veertien dagen na de stemming of – bij toepassing van art. 269a – de dag waarop de rechtbank haar beschikking heeft gegeven, moet worden gehouden (art. 269b).[129]

De homologatieprocedure is geen procedure op tegenspraak tussen partijen, maar beoogt snel uitsluitsel te geven over het akkoord. De rechter die daarover beslist, is niet gebonden aan wat de verschillende partijen (schuldeisers, bewindvoerder en schuldenaar) naar voren brengen, maar oordeelt naar eigen inzicht.[130] Bij de homologatie vindt door de rechtbank een brede toetsing plaats. Aan haar wordt een beoordeling gevraagd of met het aannemen van het akkoord de belangen van de minderheid afdoende worden gerespecteerd. Deze abstracte toetsing heeft te maken met het feit dat uiteindelijk ook schuldeisers aan het dwangakkoord gebonden zullen worden die om wat voor reden dan ook misschien niet hun bezwaar bij de rechter kenbaar hebben gemaakt.

---

128 Zie het model dat is bijgevoegd bij het Besluit register surséance van betaling (*Stb.* 1977, 129).

129 Tussen acht en veertien dagen na de stemming of bij toepassing van art. 269a de dag waarop de rechtbank haar beschikking heeft gegeven (art. 269b lid 2).

130 HR 15 december 2000, *NJ* 2001/262 (*Radius*) en HR 26 augustus 2003, *NJ* 2004/549 (*Intercomm/UPC*), r.o. 3.3.2.

Dit is overigens een andere toetsing dan die wanneer de rechtbank (in de praktijk altijd de rechter-commissaris) het akkoord vaststelt 'als ware het aangenomen'. Dit vergt een meer specifieke belangenafweging waarbij de rechter tot een antwoord moet komen op de vraag of de tegenstem van de schuldeiser(s) ter vergadering mag worden genegeerd omdat die in redelijkheid niet had mogen worden uitgebracht. Hierbij toetst hij aan alle omstandigheden van het geval maar moet dan vooral een vergelijking maken tussen de uitkering op basis van het akkoord en het bedrag dat de schuldeiser naar verwachting op zijn vordering zal ontvangen bij vereffening van de boedel (art. 268a).

De wettelijke criteria voor homologatie van het surseanceakkoord zijn negatief geformuleerd, waarbij de rechtbank naast enkele verplichte weigeringsgronden een grote mate van beoordelingsvrijheid heeft (art. 272 lid 3). Deze heeft zij echter niet bij de verplichte weigeringsgronden die zijn opgenomen in artikel 272 lid 2. Van een verplichte weigering is sprake als de baten van de boedel groter zijn dan het bedrag dat de schuldenaar op basis van het akkoord moet uitkeren (art. 272 lid 2 sub 1). Het akkoord is dan te goedkoop en daarmee te profijtelijk voor de schuldenaar. Evenmin kan het akkoord gehomologeerd worden als er onvoldoende waarborg is dat het wordt uitgevoerd (art. 272 lid 2 sub 2). De enkele belofte van de schuldenaar om te gaan betalen is onvoldoende.[131] De derde afwijzingsgrond is als het surseanceakkoord tot stand is gekomen door bedrog, begunstiging van een of meer schuldeisers of op een andere manier op oneerlijke wijze is tot stand gekomen (art. 272 lid 2 sub 3). Een vierde en laatste weigeringsgrond doet zich voor als de vergoeding voor de kosten van de deskundigen en de bewindvoerder niet in handen van deze laatste is gesteld en hem daarvoor evenmin zekerheid is geboden (art. 272 lid 2 sub 4).

Als de rechtbank het surseanceakkoord homologeert, heeft de schuldenaar bereikt wat met de surseance van betaling beoogd werd, namelijk een regeling met de schuldeisers waardoor deze afdoende bevredigd worden. Als het vonnis van homologatie in kracht van gewijsde gaat, eindigt de surseance van betaling van rechtswege (art. 276). De bewindvoerder doet hiervan op de gebruikelijke wijze aankondiging (art. 276 jo. 216) en de griffier maakt een aantekening van deze beëindiging in het surseanceregister (art. 222a lid 1 sub 3° en lid 2 jo. Besluit register surséance van betaling).

Als de rechtbank de homologatie weigert, kan zij bij dezelfde beschikking[132] besluiten om de schuldenaar in staat van faillissement te verklaren (art. 272 lid 4). Hiervoor gelden dezelfde vereisten als bij de gelijktijdige faillietverklaring bij afwijzing van de definitieve surseanceverlening (art. 218 lid 5; zie nr. 269). In beide gevallen verkeert de schuldenaar in staat van faillissement en treden direct de bepalingen van Titel I in werking, aangevuld met de bijzondere bepalingen van artikel 248 lid 2 en 249.

Laat de rechtbank ondanks de weigering van de homologatie de faillietverklaring achterwege, dan eindigt de surseance van betaling van rechtswege zodra de beschikking van de rechtbank in kracht van gewijsde is gegaan (art. 272 lid 4). Net als bij de homologatie moeten hierop de bewindvoerder en de griffier weer actie

131 Zie *Parl. Gesch. Fw* (Van der Feltz) II, p. 180 voor de gelijkluidende bepaling bij faillissement.
132 Zie over de vraag of dit niet een vonnis zou moeten zijn (vgl. art. 1, 4 en 14) het debat in de Eerste Kamer in 1935, *Parl. Gesch. Fw* (Kortmann/Faber), p. 350-351.

ondernemen door van de beëindiging aankondiging te doen en aantekening in het surseanceregister te maken.

Mede met het oog op de ingrijpende gevolgen van de homologatiebeslissing, zowel de goedkeuring als de weigering, behoort de rechter daarbij voldoende inzicht te geven in zijn gedachtegang om zowel belanghebbenden als derden (onder wie de hogere rechter) in staat te stellen die beslissing te controleren en te aanvaarden.[133]

301. Rechtsmiddelen tegen homologatiebeslissing

Afhankelijk van de beslissing van de rechtbank over de homologatie van het akkoord staan daartegen rechtsmiddelen open voor verschillende betrokkenen. Hoewel er wel een verschil is met de gehele procedure bij het faillissementsakkoord, heeft de wetgever voor het onderdeel van de rechtsmiddelen gemakshalve rechtstreeks aansluiting gezocht bij de regeling van het faillissementsakkoord, als de schuldenaar na weigering van de homologatie tevens in staat van faillissement is verklaard (art. 272 lid 5 jo. 154-156; par. 5.5.2).[134] Dit is echter niet helemaal zonder complicaties.

Na een weigering van de homologatie kunnen zowel de schuldenaar als de schuldeisers die voor het akkoord hadden gestemd in hoger beroep gaan bij het gerechtshof (art. 272 lid 5 jo. 154). Hierbij biedt de verwijzing naar de overeenkomstige toepassing van de regeling van het faillissementsakkoord echter geen uitkomst (art. 272 lid 5 jo. 154-156). Bij weigering van de homologatie van een faillissementsakkoord kan immers geen faillietverklaring meer plaatsvinden, want de schuldenaar is daar al failliet.

Als de schuldenaar tegen de faillietverklaring wil opkomen, lijkt artikel 278 voor deze situatie bij de surseance van betaling uitkomst te bieden.[135] De wetgever heeft hier echter over het hoofd gezien dat deze bepaling de appeltermijn van acht dagen laat beginnen nadat de achtdagentermijn om rectificatie van het proces-verbaal van de stemuitslag te vragen verstreken is of nadat die rectificatie geweigerd is (art. 278 lid 1 jo. 269a of 270). In de situatie waarin de schuldenaar wil opkomen tegen de weigering van de homologatie met gelijktijdige faillietverklaring door de rechtbank zijn die termijnen echter allang verstreken. In dat geval lijkt de weg van hoger beroep en cassatie tegen een faillietverklaring te moeten worden gevolgd (art. 8 en 12).[136]

Als de rechtbank het aangenomen akkoord heeft gehomologeerd, staat daartegen alleen hoger beroep open voor de schuldeisers die hadden tegengestemd of niet bij de vergadering aanwezig waren (art. 272 lid 5 jo. 154).[137] De schuldeiser die wel aanwezig was maar niet (tegen)gestemd heeft, kan geen hoger beroep instellen. Bij bedrog mogen ook voorstemmers onder de schuldeisers in hoger beroep gaan (art. 272 lid 5 jo. 154 jo. 153 lid 2 sub 3).

---

133 HR 26 augustus 2003, *NJ* 2004/549 (*Intercomm/UPC*), r.o. 3.3.2.

134 *Parl. Gesch. Fw* (Kortmann/Faber), p. 335.

135 Aldus Leuftink, p. 280.

136 Bij de behandeling van de invoering van de tweede afdeling van Titel II over het surseanceakkoord is in de Eerste Kamer uitvoerig gedebatteerd over de toepasselijkheid van Titel I ingeval de schuldenaar tijdens de surseance van betaling in staat van faillissement wordt verklaard; zie *Parl. Gesch. Fw* (Kortmann/Faber), p. 343-352, p. 350-351 in het bijzonder.

137 De schuldeiser moet wel stemgerechtigd zijn geweest; vgl. HR 24 september 1993, *NJ* 1993/759 en WesselsWessels, *Insolventierecht VI*, nr. 6130 en *Insolventierecht VIII*, nr. 8405.

De mogelijkheid van cassatie volgt de regeling van het hoger beroep: tegen afwijzing kunnen de schuldenaar en de voorstemmers onder de schuldeisers in cassatie gaan en tegen toewijzing wederom alleen de schuldeisers die ook in hoger beroep konden gaan. Dit verschilt echter met de cassatiemogelijkheid tegen een definitieve surseanceverlening, waarbij iedere schuldeiser die niet vóór de surseanceverlening had gestemd in cassatie mag opkomen, ongeacht of hij ter zitting in de raadkamer van rechtbank of gerechtshof was verschenen (art. 221 lid 1). Omdat bij de weigering van de homologatie geen daartoe strekkende bepaling in de wet is opgenomen, moeten deze schuldeisers wel in de procedure bij de rechtbank of in hoger beroep zijn verschenen (art. 426 lid 1 Rv).

302. Gevolgen van de aanvaarding en homologatie van het surseanceakkoord

De homologatie van het akkoord heeft verschillende gevolgen voor zowel de schuldenaar als de daardoor getroffen schuldeisers.

Het belangrijkste gevolg voor de schuldenaar is dat de surseance van betaling eindigt door het in kracht van gewijsde gaan van de homologatie van het surseanceakkoord (art. 276). Deze beëindiging gebeurt van rechtswege zonder dat er verder nog een rechter aan te pas komt. De bewindvoerder moet daarom, ter voorbereiding op de vergadering waar het akkoord wordt behandeld, zijn (financieel) eindverslag inleveren met een verzoek tot salarisvaststelling door de rechtbank.[138] Om de buitenwereld over de beëindiging van de surseance van betaling te informeren, moet de bewindvoerder voor publicatie daarvan zorgen (art. 276) en de griffier van de rechtbank zorgt voor aantekening in de registers (art. 222a lid 1 sub 3).

De schuldenaar kan vanaf dat ogenblik weer volledig zelfstandig zonder medewerking, machtiging of bijstand van de bewindvoerder over zijn vermogen beschikken. Hij zal zelf moeten zorgen dat het surseanceakkoord stipt wordt uitgevoerd. Anders dreigt ontbinding van het akkoord met alle vervelende gevolgen van dien (zie nr. 303).

Voor de schuldeisers is de homologatie van het akkoord eveneens ingrijpend, althans voor zover het akkoord hun vordering treft. Het akkoord is namelijk alleen verbindend voor de schuldeisers jegens wie de surseance van betaling werkt, ruwweg de concurrente schuldeisers (art. 273). Het is hierbij irrelevant of en hoe zij hebben gestemd. Preferente schuldeisers ondervinden geen gevolgen van het akkoord: zij behouden recht op volledige betaling, tenzij zij vrijwillig een deel van hun vordering hebben prijsgegeven.[139] Als zij hebben meegedaan aan de stemming over het akkoord hebben zij hun status van preferente schuldeiser definitief verloren (art. 257 lid 2).

Het gedeelte van de vorderingen van de concurrente schuldeisers dat in het akkoord is kwijtgescholden, kan niet meer worden afgedwongen: de schuldenaar is daarvan bevrijd. De kwijtschelding voor dit gedeelte door die schuldeisers leidt in beginsel tot een natuurlijke verbintenis voor dat gedeelte (art. 6:3 BW). Dit betekent

---

138 Zie art. 5.1c en 6.3b, d Recofa-richtlijnen voor faillissementen (van overeenkomstige toepassing op surseance van betaling).

139 Zo is de Ontvanger bij een saneringsakkoord soms bereid een deel van de fiscale vordering prijs te geven als aan de belastingdienst het dubbele percentage dat aan de concurrente schuldeisers is toegekend; vgl. art. 26.3.5 Leidraad Invordering 2008.

dat de schuldenaar nog steeds bevoegd blijft om dat deel aan de schuldeiser te voldoen wanneer hij dat in zijn belang acht.[140] Als de schuldenaar zelfs geen natuurlijke verbintenis wil overhouden, zal dat in het akkoord uitdrukkelijk moeten worden afgesproken.

Nadat het vonnis van homologatie in kracht van gewijsde is gegaan, ontlenen de schuldeisers daaraan, in combinatie met het proces-verbaal van de raadpleging en stemming over het akkoord, een executoriale titel jegens de schuldenaar (art. 274). Een en ander verschaft hen ook een executoriale titel jegens derden die zich door toetreding tot het akkoord voor de nakoming daarvan hebben borg gesteld. De schuldenaar kan dit slechts voorkomen door de vordering van de schuldeiser ten tijde van de raadpleging over het akkoord te betwisten.[141] De schuldeisers die aan het akkoord zijn gebonden behouden echter wel hun aanspraken voor hun volledige vordering jegens de oorspronkelijke borgen en andere medeschuldenaren, omdat deze sowieso geen voordeel kunnen ontlenen aan de surseance van betaling (art. 241). Zij kunnen zich zo nodig op (verbonden) goederen van derden verhalen (art. 272 lid 5 jo. 160). Om dezelfde redenen als bij het faillissementsakkoord valt aan te nemen dat vernietiging van het surseanceakkoord wegens wilsgebreken niet mogelijk is.[142]

Aangezien de surseance van betaling voor een beperkte duur is verleend (maximaal anderhalf jaar vanaf de voorlopige surseanceverlening (art. 223 jo. 217), eventueel eenmaal of meermalen verlengd), zou deze termijn kunnen verstrijken tijdens de behandeling van het akkoord. Dit heeft dan echter geen automatisch einde van de surseance van betaling tot gevolg; zolang de beslissing over het akkoord, welke dat ook moge zijn, niet onherroepelijk is, blijft de surseance van betaling in stand (art. 275). De schuldenaar blijft gedurende die tijd de medewerking van de bewindvoerder nodig hebben (art. 228).

303. Ontbinding van het surseanceakkoord en faillietverklaring

Het surseanceakkoord is civielrechtelijk een (meerpartijen)overeenkomst. Daarom is de schuldenaar op grond van de gewone regels van contractenrecht in beginsel verplicht tot schadevergoeding, als hij de verplichtingen die daaruit voor hem voortvloeien niet nakomt (art. 6:74 e.v. BW). De schuldeiser jegens wie sprake is van een tekortkoming kan verder nakoming vorderen. Omdat het akkoord een wederkerige overeenkomst is, kan degene jegens wie tekortgeschoten wordt, ook tot ontbinding overgaan (art. 6:213 lid 2 jo. 265 e.v. jo. 279 BW).

Omdat het meestal om een betaling van een geldsom gaat, zal de nakoming van de verplichtingen van de schuldenaar niet blijvend of tijdelijk onmogelijk zijn. Dan moet de schuldenaar in verzuim zijn (art. 6:265 lid 2 jo. 6:81 e.v. BW) en is een ingebrekestelling vereist, tenzij de schuldenaar ook zonder ingebrekestelling in verzuim is (art. 6:83 BW). Anders dan bij de ontbinding van artikel 6:265 BW kan door de bijzondere regeling in de Faillissementswet zelfs een geringe tekortkoming tot ontbinding van het surseanceakkoord leiden (art. 280 lid 1 jo. 165). Hiertegenover

140 Vgl. HR 31 januari 1992, *NJ* 1992/686 (*Van der Hoeven/Comtu*), r.o. 3.2.
141 Vgl. de regeling bij faillissement in art. 126, 159 (zie nr. 233, 247).
142 Zie over de schrapping van het oorspronkelijke art. 164 en de toelichting daarop: *Parl. Gesch. Fw* (Van der Feltz) II, p. 196-198 (nr. 247).

staat dat de ontbinding van het surseanceakkoord in afwijking van artikel 6:267 BW niet buitengerechtelijk kan plaatsvinden, maar altijd bij de rechter gevorderd moet worden.

Deze procedure volgt de regeling zoals die voor de faillietverklaring is opgenomen (nr. 248), zodat de ontbinding bij verzoekschrift wordt 'gevorderd'; artikel 4, 6-9 en 12 zijn van overeenkomstige toepassing (art. 280 lid 1 jo. 166). De aansluiting bij de faillietverklaringsprocedure uit Titel I geldt ook voor de aanwending van rechtsmiddelen (zie par. 5.2.5).

Een ander verschil met de gewone ontbinding van een overeenkomst – waar degene die stelt dat niet is nagekomen wordt belast met het bewijs daarvan – is dat de bewijslast hier bij de schuldenaar ligt: hij moet bewijzen dat hij het akkoord wel is nagekomen (art. 280 lid 1 jo. 165 lid 2). Het argument hiervoor is, dat de schuldenaar het recht heeft om bewijs van kwijting te verlangen als hij zijn schuld voldoet (art. 6:48 BW) en hij dus vervolgens eenvoudig in staat moet zijn de voldoening aan te tonen.[143]

De rechter die zich moet buigen over het ontbindingsverzoek heeft de bevoegdheid, zo nodig ambtshalve, de schuldenaar een *terme de grace* te verlenen van maximaal één maand (art. 280 lid 1 jo. 165 lid 3). Dit is vooral bedoeld om een ontsnapping te bieden aan de ernstige gevolgen van ontbinding van het akkoord als de niet-nakoming door een slordigheid veroorzaakt is die eenvoudig is te herstellen.[144]

Als de ontbinding van het akkoord in kracht van gewijsde is gegaan, vindt geen heropening plaats van de surseance van betaling, maar wordt de schuldenaar in staat van faillissement verklaard (art. 280 lid 2). Dit doet de vraag rijzen naar de gevolgen van de handelingen die de schuldenaar tussen het einde van de surseance van betaling en de ontbinding van het akkoord heeft verricht; er kan immers een geruime tijd liggen tussen beide tijdstippen.[145] Net zomin als de ontbinding van het surseanceakkoord heeft de daaruit voortvloeiende faillietverklaring terugwerkende kracht. Dit betekent dan ook dat alle handelingen die de schuldenaar in de tussentijd heeft verricht, geldig zijn verricht. Ze kunnen ook worden tegengeworpen aan de latere curator, behoudens eventueel een beroep op de faillissementspauliana (art. 42 e.v.; zie par. 5.4.2.1). Dit betekent ook dat schuldeisers die een deel of alles hebben ontvangen dat hun bij het akkoord is toegekend, dit niet hoeven terug te geven.[146]

Na een faillietverklaring door de ontbinding van het surseanceakkoord rijst de vraag naar de onderlinge verhouding tussen de 'oude' schuldeisers die aan het surseanceakkoord gebonden waren en de 'nieuwe' schuldeisers die daarna een vordering op de schuldenaar hebben verkregen. Bij het faillissement (nr. 248) heeft de wetgever een regeling voorgeschreven die erop neerkomt dat aan beide categorieën hetzelfde uitkeringspercentage moet toekomen, voordat een eventueel surplus onder hen kan worden verdeeld (art. 171). Voor zover oude schuldeisers bij de uitvoering van het akkoord een ongelijk deel hadden gekregen, moet dat eerst

143 *Parl. Gesch. Fw* (Van der Feltz) II, p. 197.
144 *Parl. Gesch. Fw* (Van der Feltz) II, p. 197.
145 Zie bijv. de surseance van betaling van FC Den Bosch uit 2000 die begin 2001 door een akkoord was beëindigd, maar waarvan – weliswaar tevergeefs – in 2009 ontbinding was gevorderd; zie HR 16 oktober 2009, RvdW 2009/1215.
146 *Parl. Gesch. Fw* (Van der Feltz) II, p. 205.

worden rechtgetrokken, net als voor de nieuwe schuldeisers. Die regeling kan echter niet onverkort van toepassing zijn op de faillietverklaring door ontbinding van een surseanceakkoord, want hier is van een *her*opening van het faillissement geen sprake. Artikel 171 is daarom terecht niet van overeenkomstige toepassing verklaard. Hetzelfde geldt voor artikel 172, want ook daarbij volgt het nieuwe faillissement een eerder uitgesproken faillissement waarbij een fixatie van het passief heeft plaatsgevonden. Door de ontbinding van het surseanceakkoord herleven de rechten van alle daaraan gebonden schuldeisers om op te komen voor het gehele bedrag van hun oorspronkelijke vordering, verminderd met eventueel al ontvangen betalingen. Dit is dan het bedrag dat door de faillietverklaring in het passief van de schuldenaar wordt gefixeerd (zie nr. 230). Al deze 'oude' schuldeisers staan op gelijke hoogte met de 'nieuwe' schuldeisers die na de beëindiging van de surseance van betaling een vordering op de schuldenaar hebben gekregen. Anders dan bij een heropening van het faillissement bij ontbinding van het faillissementsakkoord, is er geen reden om bij de faillietverklaring na ontbinding van het surseanceakkoord de aan het akkoord gebonden schuldeisers anders te behandelen. Het passief is pas voor het eerst gefixeerd bij deze faillietverklaring, want bij de heropening na ontbinding van het surseanceakkoord is er nog geen eerdere faillietverklaring geweest.

Na ontbinding van het akkoord kan de schuldenaar in het faillissement niet nogmaals een akkoord aanbieden (art. 281 lid 1). Dit geldt overigens ook in de gevallen waarin het faillissement is uitgesproken na weigering van de homologatie (art. 272 lid 4) of de verwerping van het akkoord (art. 277). In al deze gevallen heeft de schuldenaar zijn kansen gehad en zou een tweede kans vooral ongewenst strategisch gedrag van schuldenaar en sommige schuldeisers uitlokken.[147]

6.5 Intrekking van de surseance van betaling en omzetting

304. Inleiding

Hoewel de termijn waarvoor de surseance van betaling is verleend meermalen verlengd kan worden (art. 223), is het niet de bedoeling van dit instrument dat dit onnodig lang voortduurt. Als verder niets gebeurt, eindigt de surseance van betaling door het enkele verstrijken van de termijn (zie nr. 272). De surseance van betaling is er immers op gericht dat de schuldenaar op korte termijn duidelijkheid krijgt over zijn mogelijkheden om zijn financiële problemen te boven te komen. Naast de volledige betaling van de schuldeisers voor wie de surseance geldt en de aanvaarding en homologatie van een surseanceakkoord die tot een succesvolle afronding van de surseance van betaling leiden, wordt die duidelijkheid ook verkregen bij de andere wijzen van beëindiging, ook al zijn die niet altijd positief voor de schuldenaar. Zo leidt de intrekking van de surseance van betaling (par. 6.5.1), eventueel gevolgd door faillietverklaring (par. 6.5.2, nr. 307-309) niet tot succes. Bij een andere categorie zegt het einde van de surseance van betaling op zichzelf niets over het al dan niet succesvol zijn daarvan. Dan gaat het om de omzetting in een schuldsanering natuurlijke personen (par.6.5.2, nr. 310) of een procedure op grond van artikel 51 InsVo (par. 6.5.2, nr. 311).

147 Zie *Parl. Gesch. Fw* (Kortmann/Faber), p. 335, 337 en 339.

6.5.1 *Intrekking van de surseance van betaling*

Voordat de surseance van betaling door tijdsverloop eindigt of omdat de homologatie van het surseanceakkoord in kracht van gewijsde is gegaan, kan zij ook eindigen doordat de rechtbank haar intrekt. De rechtbank gaat ambtshalve of op voordracht van de rechter-commissaris over tot intrekking of op verzoek van de bewindvoerder of van een of meer schuldeisers (art. 242). Hoewel de surseance niet werkt voor preferente schuldeisers (art. 232 lid sub 1), kunnen zij wel de intrekking van de surseance van betaling verzoeken.[148] Ten slotte kan ook de schuldenaar intrekking verzoeken (art. 247).

305. *Intrekking op grond van artikel 242*
De intrekking op basis van artikel 242 vormt de tegenkracht van de schuldeisers als de schuldenaar de surseance van betaling louter zou gebruiken om voorlopig niet aan zijn verplichtingen te hoeven voldoen, terwijl hij er tegelijkertijd niet serieus werk van maakt om zijn financiële positie weer op orde te krijgen. Vooral in de eerste fase van de voorlopige surseanceverlening hebben de schuldeisers immers nauwelijks mogelijkheden om op te komen tegen een te lichtvaardige surseance van betaling of een situatie waarin de schuldenaar blijft voortmodderen, waarbij de waarde van de boedel alleen maar achteruitgaat.[149] Door de vergaande gevolgen die aan intrekking van de surseance van betaling verbonden zijn, heeft de wetgever niet alleen de gronden voor intrekking tamelijk nauwkeurig willen omschrijven, maar ook de bewindvoerder in een aantal gevallen de opdracht gegeven om intrekking te vragen. Het ingrijpende karakter van de intrekking vereist dat naast de verzoeker in ieder geval de schuldenaar en de bewindvoerder worden gehoord of althans behoorlijk worden opgeroepen voor de zitting waarop de rechtbank het verzoek behandelt (art. 242 lid 3). Vervolgens doet zij uitspraak bij een met redenen omklede beschikking.

De intrekkingsgronden zien in de kern op het bestraffen van ongewenst gedrag van de schuldenaar, waardoor de weegschaal in de belangenafweging tussen de schuldenaar en de schuldeisers ten gunste van de laatsten moet doorslaan. Dit speelt in ieder geval als de schuldenaar moedwillig de rechten van de schuldeisers frustreert. Als de bewindvoerder erachter komt dat daarvan sprake is en daardoor de belangen van de schuldeisers in gevaar zijn gebracht of op een andere manier geschonden, kan – en in sommige gevallen moet – hij de rechtbank verzoeken de surseance in te trekken. Zo is de bewindvoerder verplicht om intrekking van de surseance van betaling te verzoeken als de schuldenaar tijdens de surseance te kwader trouw opereert (art. 242 lid 1 sub 1 jo. lid 2). Hoewel artikel 242 lid 1 sub 1 als intrekkingsgrond voor de surseance van betaling slechts ziet op kwade trouw *gedurende* de surseance, kan voorafgaande kwade trouw langs de weg van artikel 242 lid 1 sub 2 worden afgestraft. Op grond van deze bepaling is de bewindvoerder niet verplicht, maar wel bevoegd om de rechtbank intrekking te verzoeken als de schuldenaar zijn schuldeisers tracht te benadelen.

148 HR 7 september 1984, *NJ* 1985/51 (*Amstel Transport*).
149 *Parl. Gesch. Fw* (Van der Feltz) II, p. 387 e.v.; *Parl. Gesch. Fw* (Kortmann/Faber), p. 400, 505 e.v.

Volgens de Hoge Raad ziet deze bepaling mede op het geval dat de gegronde vrees dat de schuldenaar de schuldeisers zal trachten te benadelen daarop is gebaseerd dat de schuldenaar *voorafgaande* aan de (voorlopige) surseance de schuldeisers reeds heeft benadeeld of heeft gepoogd te benadelen. Dit strookt met het karakter van de surseance van betaling als middel om te komen tot (financieel) herstel en afwending van een faillissement, mede in het belang van de schuldeisers. Onder verwijzing naar artikel 218 lid 4 (waarin gegronde vrees voor benadeling *tijdens* de surseance van betaling als weigeringsgrond voor een definitieve surseanceverlening is bepaald) is hiermee niet te verenigen dat de schuldenaar de schuldeisers heeft benadeeld, benadeelt of mogelijk zal benadelen.[150] Daarnaast kan aan de (voorlopige) surseanceverlening voorafgaande kwade trouw ook via artikel 242 lid 1 sub 5 worden bestreden, omdat dan de 'staat des boedels' dusdanig blijkt te zijn dat handhaving van de surseance niet langer wenselijk is. Zonder dat gedrag immers zou de boedel voor de schuldeisers waarschijnlijk groter zijn geweest.

Maar ook als de schuldenaar niet bewust de rechten van zijn schuldeisers wil aantasten, kan zijn gedrag aanleiding geven tot intrekking van de surseance van betaling. Dit kan bijvoorbeeld als hij nalaat de vereiste medewerking, machtiging of bijstand van de bewindvoerder in te roepen bij het beheer of de beschikking over zijn goederen (art. 228 jo. 242 lid 1 sub 3) en meer in het algemeen als hij zich niet gedraagt conform de aanwijzingen van de rechtbank of de bewindvoerder (art. 242 lid 1 sub 4).[151] In deze gevallen geeft de schuldenaar er blijk van onvoldoende te beseffen dat hij niet meer volledig zelfstandig kan beslissen wat hij met zijn goederen doet en hoe hij uit de financiële malaise kan raken. Ten slotte is er reden om de surseance van betaling te staken als haar doel niet meer kan worden bereikt. Dit is het geval als voortzetting, gezien de staat van de boedel, niet meer wenselijk is (in de ogen van degene die intrekking verzoekt) of er geen vooruitzicht meer is dat de schuldenaar in staat zal zijn om zijn schuldeisers na verloop van tijd te bevredigen. Dan hoort intrekking te volgen, waarbij ook nu weer de bewindvoerder verplicht is hierom te verzoeken (art. 242 lid 1 sub 5 jo. lid 2).[152] Vroeger kon ook de schuldenaar op deze grond intrekking van de surseance verzoeken, maar dat is geschrapt, zodat hem nu alleen nog maar de mogelijkheid van artikel 247 openstaat.[153]

Net als bij de afwijzing van het verzoek om definitieve surseanceverlening, de verwerping van het surseanceakkoord of de weigering van de homologatie daarvan, kan de rechtbank ook bij intrekking besluiten om de schuldenaar tevens in staat van faillissement te verklaren (art. 242 lid 4; zie nr. 268, 299 en 300). Zij is hiertoe echter wederom niet verplicht. Laat zij faillietverklaring achterwege, dan is de surseance van betaling geëindigd als de beschikking van de rechtbank in kracht van gewijsde is gegaan (art. 242 lid 4), waarna de griffier verplicht is om de benodigde aankondiging en registratie van die beëindiging te doen (art. 245 jo. 216 en Besluit register surséance van betaling).

Tegen de beschikking tot intrekking van de surseance van betaling kan de schuldenaar gedurende acht dagen in hoger beroep gaan bij het gerechtshof (art. 243 lid 1). Hetzelfde geldt als de rechtbank hem tevens in staat van faillissement heeft verklaard (art. 248 jo. 14 jo. 8). Dan verkeert de schuldenaar vanaf dat tijdstip niet

150 HR 7 juli 2017, *NJ* 2018/363 (*Oi Coöp/Citadel*), r.o. 3.5.2.
151 Zie bijv. HR 7 juli 2017, *NJ* 2018/363 (*Oi Coöp/Citadel*) en HR 7 juli 2017, *NJ* 2018/364 (*PTIF/Citicorp*), r.o. 3.9.2 en 3.10.2.
152 Zie *Parl. Gesch. Fw* (Van der Feltz) II, p. 388-389.
153 Zie *Parl. Gesch. Fw* (Kortmann/Faber), p. 507.

meer in surseance van betaling, maar in staat van faillissement. Zolang de uitspraak niet in kracht van gewijsde is, bestaat er evenwel een kans op vernietiging van de beschikking tot intrekking. Dit heeft tot gevolg dat de surseance van betaling achteraf bezien nooit is geëindigd en de faillietverklaring nimmer heeft plaatsgevonden. De in de tussentijd door de curator verrichte handelingen zijn niettemin geldig (art. 248 lid 2 jo. 13).

Als het intrekkingsverzoek door de rechtbank is afgewezen kan degene die het verzoek had gedaan gedurende acht dagen in hoger beroep (art. 243 lid 1). Voor het overige is de appelprocedure dezelfde als wanneer de schuldenaar hoger beroep heeft ingesteld (art. 243 lid 2-4). Na het hoger beroep staat voor de dan in het ongelijk gestelde partij beroep in cassatie open (art. 244). Hieraan zijn vergelijkbare gevolgen verbonden als bij het hoger beroep.

306. Intrekking op grond van artikel 247

De surseance van betaling biedt de schuldenaar relatieve rust tegen al te opdringerige schuldeisers, maar kan wel tot nadelige publiciteit leiden en legt hem in ieder geval beperkingen op. Het meest in het oog springt uiteraard het feit dat de schuldenaar bij al zijn daden van beheer en beschikking de medewerking van de bewindvoerder nodig heeft (art. 228). Het is denkbaar dat de schuldenaar bij nader inzien van de surseance van betaling af wil. Net zoals hij degene is die bepaalt of hij een verzoek tot surseanceverlening wil indienen, kan hij dat ook weer intrekken. Toch heeft de schuldenaar hierbij niet meer de volledige vrijheid van handelen, want de rechtbank kan het verzoek tot intrekking alleen honoreren als de schuldenaar weer in staat is om zijn betalingen te hervatten (art. 247 lid 1). Het verzoek wordt behandeld in een zitting waarbij ook de bewindvoerder wordt opgeroepen. Als inmiddels een definitieve surseance van betaling is verleend, worden ook de bekende schuldeisers opgeroepen om hun zienswijze over het intrekkingsverzoek te geven.

Als de rechtbank het verzoek tot intrekking van de surseance van betaling afwijst, gebeurt er in beginsel niets: de surseance van betaling – voorlopig of definitief verleend – blijft voortduren totdat zij om een andere reden eindigt. De vraag is of de schuldenaar tegen die afwijzing een rechtsmiddel kan instellen.

Als de Faillissementswet in Titel II geen hogere voorziening bepaalt, staat die mogelijkheid niet open (art. 282). De hogere voorziening in artikel 243-244 tegen de intrekkingsbeschikking lijkt zich te richten op hoger beroep en cassatie tegen de intrekkingsbeschikking op grond van artikel 242. Misschien is hier echter sprake van een omissie van de wetgever. Oorspronkelijk stonden de bepalingen van artikel 242 en 247 direct achter elkaar: artikel 236 en 237 Faillissementswet 1893. De regeling van hoger beroep en cassatie tegen de intrekking is bij de wetswijziging in 1935 terloops toegevoegd om buiten twijfel te stellen dat hoger beroep en cassatie tegen de beschikking van de rechtbank tot intrekking of afwijzing van dat verzoek moet openstaan.[154] Er is geen enkel argument waarom dit voor de beslissing van de rechtbank op het verzoek van de schuldenaar anders zou moeten zijn. Het lijkt er daarom op dat de wetgever dit over het hoofd heeft gezien voor de beschikking van artikel 247, want van een bewuste keuze om het daar uit te sluiten blijkt nergens. Artikel 282 lijkt dan ook niet van toepassing.

154 *Parl. Gesch. Fw* (Kortmann/Faber), p. 509.

Wanneer de rechtbank het verzoek van de schuldenaar toewijst, eindigt de surseance van betaling zodra de uitspraak in kracht van gewijsde is gegaan. Daarom is ook hier van belang te weten of tegen de uitspraak van de rechtbank een hogere voorziening openstaat, want dat bepaalt uiteindelijk de datum van de beëindiging.

Omdat bij artikel 247 het voorschrift van artikel 245 ontbreekt, is hier bij de toewijzing hetzelfde aan de orde als in de hiervoor beschreven kwestie van wel of geen hogere voorziening tegen de afwijzing van het verzoek. Anders is ook hier onduidelijk of en door wie de aankondiging van de intrekking – en daarmee de beëindiging van de surseance van betaling – verzorgd moet worden, terwijl de behoefte daaraan buiten kijf staat.[155] Dit probleem wordt eenvoudig opgelost door artikel 245 – net als artikel 243 en 244 – ook van toepassing te laten zijn op een intrekking van de surseance van betaling door de schuldenaar op de voet van artikel 247. Dit betekent dat ook hier de griffier de beëindiging van de surseance van betaling als gevolg van de intrekkingsbeschikking moet aantekenen in het surseanceregister en hiervan tevens aankondiging moet doen op de voet van artikel 216.

6.5.2 Omzetting in andere insolventieprocedures

307. Omzetting in faillissement

Surseance van betaling en faillissement zijn twee elkaar uitsluitende procedures die dus niet samen kunnen bestaan, zoals ook blijkt uit artikel 248.[156] Faillissement is gericht op vereffening van het vermogen van de schuldenaar en verdeling van de opbrengst onder de schuldeisers overeenkomstig ieders aanspraak en rang. Surseance van betaling beoogt juist liquidatie van het vermogen te voorkomen en de schuldenaar een adempauze te bieden om zijn passief te saneren en met zijn schuldeisers tot een oplossing te komen.

Ondanks een hoopvolle start van de schuldenaar in de surseance van betaling kunnen zich tijdens de surseanceverlening situaties voordoen, waardoor voortzetting daarvan of omzetting in een definitieve surseance van betaling niet (meer) gerechtvaardigd is. Zoals hiervoor is behandeld, is dit ruwweg het geval als het doel van de surseance van betaling niet (meer) bereikbaar lijkt, want dan ontbreekt het vooruitzicht dat de schuldeisers uiteindelijk bevredigd gaan worden, of als de schuldenaar de adempauze eigenlijk niet verdient. Dit laatste kan worden veroorzaakt omdat de schuldenaar te kwader trouw is en tijdens de surseanceverlening zijn schuldeisers tracht te benadelen of onvoldoende meewerkt. In al deze gevallen heeft de wetgever telkens de mogelijkheid geopend dat niet alleen de surseance van betaling beëindigd kan worden – of in geval van de voorlopige surseanceverlening niet definitief kan worden verleend – maar ook dat een faillietverklaring kan volgen. Faillietverklaring van de schuldenaar na ontbinding van het akkoord (art. 280 lid 2) valt buiten dit bestek, omdat in die situatie de surseance van betaling al

155 Vgl. Besluit register surséance van betaling (*Stb.* 1977, 129), waarin een kolom is opgenomen voor de vermelding van de intrekkingsbeschikking op verzoek van de schuldenaar.

156 De uitzondering hierop dat De Nederlandsche bank N.V. desondanks rauwelijks het faillissement van een Nederlandse moedermaatschappij van een verzekeraar mag verzoeken (art. 213ar) is een uitvloeisel van de bijzondere financieelrechtelijke positie die hier verder buiten beschouwing blijft.

door de homologatie geëindigd was (art. 276), waardoor een omzetting niet meer mogelijk is.

Beëindiging van de surseance van betaling doordat het vooruitzicht ontbreekt dat de schuldenaar na verloop van tijd zijn schuldeisers zal kunnen bevredigen ligt ten grondslag aan de eventuele faillietverklaring wegens:

- het niet definitief verlenen van de surseance van betaling (art. 218 lid 4 (tweede grond) jo. 5);
- intrekking van de surseance van betaling (art. 242 lid 1 sub 5 jo. lid 4);
- omzetting van secundaire liquidatieprocedure in een ander type (art. 51 InsVo jo. 247d);
- verwerping van een aangeboden akkoord (art. 269a jo. 277);
- weigering van de homologatie (art. 272 lid 2 sub 2 en 4, 3 jo. 4).

Faillietverklaring omdat de schuldenaar te kwader trouw is, kan gebeuren door:

- het niet definitief verlenen van de surseance van betaling (art. 218 lid 4 (eerste grond) jo. 5);
- intrekking van de surseance van betaling (art. 242 lid 1 sub 1 en 2 jo. lid 4);
- weigering van de homologatie (art. 272 lid 2 sub 1 en 3, 3 jo. 4);
- onvoldoende medewerking (art. 242 lid 1 sub 3 en 4 jo. lid 4).

Als de rechter de surseance van betaling wil omzetten in faillissement, is het allereerst van belang dat voor alle betrokkenen duidelijk is wanneer de schuldenaar in welke situatie verkeert (nr. 308), en daarna welke gevolgen van de surseance van betaling in faillissement voortduren en welke consequenties moeten worden verbonden aan bepaalde gebeurtenissen die zich tijdens de surseance van betaling hebben voorgedaan (nr. 309).

308. Tijdstip van omzetting

In de gevallen waarin de rechtbank het einde van de surseance van betaling vaststelt of uitspreekt (art. 218 lid 5, 242 lid 4, 51 InsVo), staat die daarmee weliswaar vast, maar is dat niet definitief zolang die uitspraak niet in kracht van gewijsde is. In hoger beroep of cassatie kan de beslissing van de rechter nog altijd worden teruggedraaid. Als daarbij gelijktijdig een faillietverklaring was uitgesproken, komt ook dit faillissement achteraf te vervallen. Een en ander betekent dat de tussenliggende periode van onzekerheid verschillend gewaardeerd moet worden: enerzijds tijdens het hoger beroep of cassatie en anderzijds – achteraf bezien – als de beslissing van de rechter tot beëindiging van de surseance van betaling met eventuele faillietverklaring is teruggedraaid. Hoewel de beroeps- en cassatietermijnen kort zijn (acht dagen), kan die periode van onzekerheid lang duren als een van de partijen alle rechtsmiddelen gebruikt en de hele procedure doorloopt.

Stel bij wijze van voorbeeld dat de rechtbank op 1 februari de intrekking van de surseance van betaling en de faillietverklaring uitspreekt en de schuldenaar daartegen tot en met 8 februari in hoger beroep kan gaan. Dit hoger beroep wordt na enkele weken (begin maart) door het gerechtshof behandeld, waarop het bijvoorbeeld 15 maart uitspraak doet. Dan zijn verschillende uitkomsten denkbaar.

Als het gerechtshof het oordeel van de rechtbank bekrachtigt, kan de schuldenaar tot en met 22 maart in cassatie gaan die op haar beurt medio april wordt behandeld. De uitspraak van de Hoge Raad volgt op 4 mei. Als de Hoge Raad het cassatieberoep verwerpt is de beschikking van de rechtbank tot beëindiging van de surseance van betaling – tevens faillietverklaring[157] – in kracht van gewijsde gegaan. Dan blijkt de surseance van betaling op 8 februari te zijn geëindigd en is de schuldenaar vanaf die datum failliet. Zou de rechtbank de schuldenaar echter niet tevens failliet hebben verklaard, dan was de surseance van betaling pas geëindigd op 4 mei, de datum van de uitspraak van de Hoge Raad.

Vernietigt het gerechtshof daarentegen de beschikking van de rechtbank en laat de Hoge Raad deze vernietiging in stand, dan is het zo mogelijk nog complexer: van 8 februari tot 15 maart was er een faillietverklaring die misschien vernietigd kon worden; van 15 maart tot 4 mei was deze faillietverklaring vernietigd, maar dat stond nog niet onherroepelijk vast en na 4 mei kan worden geconstateerd dat de surseance van betaling – achteraf bezien – nooit was ingetrokken en beëindigd en dat er ook nooit een faillissement van de schuldenaar is geweest.

Toch moeten in de periode van 8 februari tot 4 mei met het vermogen van de schuldenaar rechtshandelingen worden verricht en dan moet wel duidelijk zijn wie na de uitspraak van de rechtbank bevoegd is om over de goederen van de schuldenaren te beschikken: de schuldenaar (met medewerking van de bewindvoerder) of is er dan al een curator?

Hoewel de wetsgeschiedenis niet erg uitblinkt in helderheid, lijkt een onmiddellijk faillissement (met aanvang 00.00 uur op de dag van de uitspraak) het meest in overeenstemming met het wettelijk systeem. Artikel 248 en 249 geven uiting aan enkele bijzondere regelingen voor de omzetting, maar overigens gelden voor het faillissement de gewone regels van Titel I Faillissementswet.[158]

Dit sluit aan bij de uitvoerbaarheid bij voorbaat van een faillietverklaring (art. 4 lid 5).[159] Voor de surseance van betaling was dit oorspronkelijk ook bepaald voor de omzetting in een faillissement na afwijzing.[160] Bij de wetswijziging van 1925 is dit echter per ongeluk vervangen door de – overbodige[161] – bepaling dat de definitieve surseanceverlening bij voorraad uitvoerbaar is (art. 222).[162]

Dit betekent dat de schuldenaar in de tussenliggende periode failliet verklaard is en de aangestelde curator bij uitsluiting bevoegd is tot het beheer over de boedel (art. 248 lid 2 jo. 14 en 68). Overigens doet deze curator – doorgaans dezelfde persoon als de eerdere (voorlopige) bewindvoerder – er goed aan om zo min mogelijk onomkeerbare beslissingen te nemen (art. 248 lid 2 jo. 13).[163]

Wanneer de procedure geen betrekking had op een intrekking van de surseance van betaling, maar op een weigering van de homologatie met daaraan gepaard een faillietverklaring van de schuldenaar (art. 272 lid 4), komt bij het voorgaande nog een complicatie als gedurende het hoger beroep of de cassatie de oorspronkelijke eindtermijn van de surseance van betaling verstrijkt, bijvoorbeeld 15 april. Als het akkoord uiteindelijk toch gehomologeerd wordt, is een eerder verstrijken van die termijn niet van invloed op het voortduren van de surseance van betaling (art. 275). Blijkt de weigering van de homologatie en de daarbij uitgesproken faillietverklaring uiteindelijk terecht te zijn gegeven, dan doet de tussentijdse termijnverstrijking er niet meer toe: de surseance

---

157 Al dan niet aan te duiden als vonnis, zie *Parl. Gesch. Fw* (Kortmann/Faber), p. 351, 409-411, 513.
158 Parl. Gesch. Fw (*Kortmann/Faber*), p. 513, vgl. p. 348-351.
159 Vgl. Parl. Gesch. Fw (*Kortmann/Faber*), p. 5.
160 Art. 220 Faillissementswet 1893; zie *Parl. Gesch. Fw* (Van der Feltz) II, p. 363.
161 Bij de wijziging in 1925 is de uitvoerbaarheid bij voorraad toegespitst op de definitieve surseanceverlening, maar daar voegt art. 222 naast art. 217 in wezen niets toe en lijkt de wetgever uit het oog te hebben verloren dat deze bepaling oorspronkelijk op de faillietverklaring zag (art. 4 lid 5); zie ook Wessels, VIII, nr. 8087.
162 *Parl. Gesch. Fw* (Kortmann/Faber), p. 419.
163 Vgl. *Parl. Gesch. Fw* (Van der Feltz) I, p. 322.

van betaling was voordien al geëindigd door de uitspraak van de rechter. Zou deze echter niet gelijktijdig het faillissement hebben uitgesproken, dan is de termijnverlenging van artikel 275 wel weer van belang, omdat in dat geval de surseance van betaling pas eindigt door het in kracht van gewijsde gaan van de beslissing tot weigering van de homologatie (art. 272 lid 4), in het voorbeeld 4 mei, de dag waarop de Hoge Raad definitief heeft beslist.

309. Gevolgen van omzetting

De faillietverklaring na beëindiging van de surseance van betaling is geen bijzondere vorm van faillissement: de regels van Titel I Faillissementswet zijn daarop gewoon van toepassing.[164] Omdat aan het faillissement al een collectieve procedure in de vorm van de surseance van betaling is voorafgegaan, heeft de wetgever het zinvol geacht om enkele aspecten van de surseance van betaling te laten doorlopen in het opvolgend faillissement.

Hiertoe rekent hij overigens ook een faillissement dat niet ter gelegenheid van het beëindigen van de surseance van betaling is uitgesproken, maar dat kort – uiterlijk één maand – na het einde daarvan is gevolgd (art. 249 lid 1, aanhef). Hetzelfde geldt als de schuldenaar binnen een maand opnieuw surseance van betaling verzoekt (art. 249 lid 2); deze wordt immers dadelijk voorlopig verleend (art. 215 lid 2).

Om te voorkomen dat een surseance van betaling gebruikt zou worden om termijnen te laten verstrijken waarbinnen een curator in faillissement tegen onoirbare handelingen moet optreden, is het aanvangstijdstip daarvan gefixeerd op het begin van de surseance van betaling: dit is zowel het geval bij de faillissementspauliana van artikel 42 e.v. als bij de bestuurdersaansprakelijkheid van artikel 2:138/248 BW (art. 249 lid 1 sub 1).

De continuïteit van de collectieve procedure – eerst surseance van betaling, dan faillissement – blijkt verder uit de toerekening van bevoegdheden van de bewindvoerder aan de curator. Zo is de curator bevoegd alles te doen wat vereist wordt om de boedel schadeloos te stellen als de schuldenaar tijdens de surseance van betaling daden van beheer of beschikking heeft verricht zonder medewerking, machtiging of bijstand van de bewindvoerder (art. 249 lid 1 sub 2 jo. 228). Als de bewindvoerder de schuldenaar wel heeft bijgestaan, gelden de aldus door de schuldenaar verrichte handelingen in het faillissement als handelingen van de curator, zodat daaruit voortvloeiende schulden zijn te kwalificeren als boedelschulden net als de tijdens de surseance van betaling ontstane boedelschulden (art. 249 lid 1 sub 3). Deze gedachtegang resulteert noodzakelijkerwijs in de uitsluiting van schulden die de schuldenaar zonder medewerking van de bewindvoerder is aangegaan. Tenzij de boedel ten gevolge daarvan is gebaat en de schuldeisers daardoor voordeel hebben, kunnen dergelijke schulden niet verhaald worden op de boedel (art. 249 lid 1 sub 4). Hiermee zijn het niet-verifieerbare vorderingen in het faillissement geworden (vgl. art. 24; zie nr. 234).

Voor het overige heeft de wetgever voor deze opeenvolgende procedures geen regeling getroffen, zodat van geval tot geval moet worden beoordeeld of de

164 *Parl. Gesch. Fw* (Kortmann/Faber), p. 513.

surseanceperiode als onderdeel van het faillissement moet worden beschouwd of niet. Bij aspecten die gekoppeld zijn aan betrokkenheid van de bewindvoerder mag de surseanceperiode daarbij worden meegenomen; bijvoorbeeld bij verrekening van enerzijds een schuld van een schuldeiser aan de curator met anderzijds een vordering op de schuldenaar die deze met medewerking van de bewindvoerder is aangegaan tijdens de surseance van betaling.[165] Gaat het daarentegen om de vaststelling van de waarde van een vordering (art. 130-133) of de renteopbouw (art. 128), dan is de faillissementsdatum beslissend.[166] Artikel 249 bevat overigens geen limitatieve opsomming.[167]

310. Omzetting in schuldsanering natuurlijke personen

Sinds 1 december 1998 kan de surseance van betaling van een natuurlijke persoon ook worden omgezet in een schuldsaneringsregeling (art. 247a-c). Dit is per definitie beperkt tot natuurlijke personen die een beroep of bedrijf uitoefenen, omdat zij anders geen verzoek tot surseanceverlening hadden kunnen indienen (art. 214 lid 4). Aangezien de surseance van betaling en de schuldsanering natuurlijke personen allebei als toelatingscriterium verlangen dat redelijkerwijs te voorzien is dat de schuldenaar niet zal kunnen voortgaan met het betalen van zijn opeisbare schulden, hoeft de rechter op dat punt geen al te lastige toetsing meer te verrichten. In theorie is overigens denkbaar dat de schuldenaar in de periode dat hem voorlopige surseance van betaling is verleend onverwacht vermogen heeft ontvangen, zodat de rechter het verzoek tot omzetting alsnog moet afwijzen met vermoedelijk gelijktijdige intrekking van de surseance van betaling (art. 242 lid 1 sub 5). De andere toelatingsvereisten voor de schuldsanering natuurlijke personen, zoals bepaald in artikel 284-288, kunnen echter wel voor complicaties zorgen. Bovendien heeft de wetgever de optie van omzetting maar een beperkte periode beschikbaar gemaakt. Nadat de voorlopige surseance van betaling is verleend, zal de schuldenaar met de bewindvoerder moeten onderzoeken of een verzoek om een schuldsaneringsregeling zinvol is. Tot uiterlijk acht dagen voor de schuldeisersvergadering over de beraadslaging voor de definitieve surseanceverlening, maar in ieder geval niet later dan twee maanden na de voorlopige surseanceverlening, kan het verzoek op de voet van artikel 284 worden ingediend (art. 247a lid 1). Voor het overige volgt de aanvraag de procedure die daarvoor in Titel III Faillissementswet is opgezet, aangevuld met enkele bijzondere bepalingen (art. 247a lid 2-6; zie par. 7.2.2).

Net als bij de toewijzing van het verzoek tot toepassing van de schuldsaneringsregeling (art. 292 lid 2; zie nr. 335) staat ook tegen toewijzing van het verzoek tot omzetting geen hoger beroep of cassatie open (art. 247b lid 1). Voor het geval het verzoek is afgewezen heeft de wetgever een regeling voor hoger beroep en cassatie opgenomen (art. 247b lid 2-5), aangezien Titel II Faillissementswet een hogere

165 Vgl. HR 27 mei 1988, *NJ* 1988/964 (*Amro/NAPM*). Zonder voorafgaande surseance van betaling zou dit niet zijn toegestaan; zie hieronder nr. 175 e.v.

166 Vgl. HR 10 januari 1975, *NJ* 1976/249 (*Postgiro-arrest*) en HR 4 februari 1977, *NJ* 1978/66 (*Dreyfus/Olie- en Lijnkoekenfabriek*), Leuftink, p. 338 e.v. Zie ook HR 24 november 2017, *NJ* 2018/289 (*Credit Suisse/Curator OSX*), r.o. 3.4.3-4.

167 HR 10 januari 1975, *NJ* 1976/249 (*Postgiro*).

voorziening uitsluit als die niet uitdrukkelijk is opgenomen (art. 282).[168] Dit was noodzakelijk omdat hangende een definitieve uitspraak over het omzettingsverzoek aan de schuldenaar geen definitieve surseance van betaling kan worden verleend of over een akkoord beraadslaagd kan worden. Als het verzoek alsnog wordt toegewezen, is de surseance van betaling immers ten einde, zodat die vergadering en beraadslaging niet meer kunnen (en hoeven) plaatsvinden. Hiervan wordt door de griffier ook melding gemaakt bij zijn aankondiging van de uitspraak tot toepassing van de schuldsaneringsregeling (art. 293 jo. 247a lid 6).

Net als bij een omzetting van de surseance van betaling in een faillissement heeft de omzetting daarvan in een schuldsaneringsregeling bepaalde gevolgen die verband houden met de voorafgaande surseance van betaling. Zo blijft het startpunt van de termijnen bij de faillissementspauliana net als bij de omzetting in een faillissement gefixeerd op het begin van de surseance van betaling (art. 247c lid 2 jo. 249 lid 1 sub 1). Daarnaast blijkt ook hier de continuïteit van de collectieve procedure (eerst surseance van betaling en dan schuldsanering natuurlijke personen) uit een toerekening van handelingen en bevoegdheden van de bewindvoerder in surseance van betaling aan zijn opvolger in de schuldsanering natuurlijke personen. Deze heeft weliswaar dezelfde naam (bewindvoerder), maar niet dezelfde taken (zie par. 7.3.1). Deze opvolger heeft eveneens de bevoegdheid alles te doen wat vereist wordt om de boedel schadeloos te stellen als de schuldenaar tijdens de surseance van betaling daden van beheer of beschikking heeft verricht zonder medewerking, machtiging of bijstand van de bewindvoerder (art. 247c lid 1 sub a jo. 228). Hetzelfde geldt voor de boedelschulden die tijdens de surseance van betaling zijn ontstaan (art. 247c lid 1 sub b, 247c lid 2 jo. 249 lid 1 sub 3). Dit leidt ook hier noodzakelijkerwijs tot de uitsluiting van schulden die de schuldenaar zonder medewerking van de bewindvoerder is aangegaan; dergelijke schulden kunnen niet verhaald worden op de boedel, tenzij deze is gebaat (art. 247c lid 2 jo. 249 lid 1 sub 4). Anders dan bij de omzetting van surseance van betaling in faillissement geldt bij de schuldsanering natuurlijke personen dat al door schuldeisers ingediende vorderingen niet nog eens hoeven te worden ingediend (art. 247c lid 1 sub c). Dit verschil lijkt overigens geen bewuste keuze van de wetgever, zodat ook voor de omzetting van de surseance van betaling in faillissement zou kunnen worden betoogd dat de schuldeisers hun al ingediende vorderingen niet nogmaals hoeven aan te melden.

311. Omzetting op basis van artikel 51 InsVo

Sinds de herschikking van de Europese Insolventieverordening (EU/2015/848) is de surseance van betaling een insolventieprocedure in de zin van artikel 1 InsVo en opgenomen in Bijlage A Europese Insolventieverordening (art. 2 punt 4; zie par.8.2.1). Zij kan sinds 2017 niet alleen als hoofdprocedure (art. 3 lid 1 InsVo) of als territoriale procedure (art. 3 lid 4 InsVo) worden uitgesproken maar ook als een secundaire procedure (art. 3 lid 3 InsVo). In het geval van een territoriale procedure is denkbaar dat de schuldenaar op een later tijdstip elders in de Europese Unie alsnog in een hoofdprocedure belandt, maar dit kan ook al gebeurd zijn voor de surseanceverlening die daarmee automatisch een secundaire procedure is. In beide gevallen kan het voor de

168 *Parl. Gesch. Fw* (Kortmann/Faber), p. 611-612.

insolventiefunctionaris in de buitenlandse hoofdprocedure van belang zijn dat de activa van de schuldenaar in Nederland worden vereffend. Hiertoe kan hij de Nederlandse rechter verzoeken om de surseance van betaling van de schuldenaar om te zetten in een faillissement of schuldsanering natuurlijke personen, mits overigens aan de daarvoor gestelde ingangsvoorwaarden is voldaan (art. 51 InsVo).

De omgezette surseance van betaling volgt daarna de regels die gelden volgens Titel I of III Faillissementswet, afhankelijk of de omzetting heeft plaatsgevonden in een faillissement of een schuldsanering natuurlijke personen. Voor de vraag of de surseance van betaling terecht in een van deze procedures is omgezet, kunnen die regels echter nog niet worden gebruikt. Daarom heeft de wetgever voor de procedure en de rechtsmiddelen tegen het oordeel van de rechtbank in artikel 247d de bepalingen die gelden bij de omzetting van surseance van betaling in faillissement van overeenkomstige toepassing verklaard (art. 243-246); hetzelfde geldt voor de bepalingen die van toepassing zijn op de schuldsanering natuurlijke personen (art. 247a lid 3-5, 247b lid 1, 247c). Een uitdrukkelijke regeling van hoger beroep – ook al is dat louter door verwijzing – is immers ook hier weer nodig met het oog op de uitsluiting van hogere voorzieningen als daarvoor niets is geregeld (art. 282).

6.6 Bijzondere surseancevormen

Na de behandeling van de surseance van betaling in het algemeen wordt in deze paragraaf kort aandacht besteed aan enkele bijzondere vormen waarin een schuldenaar uitstel van betaling heeft. Twee hiervan zijn opgenomen in Titel II Faillissementswet en een in de Wet op het financieel toezicht (Wft).

312. Grote aantallen schuldeisers (art. 281a-f)

In 1962 zijn de artikelen 281a-f aan de regeling van de surseance van betaling in de Faillissementswet toegevoegd naar aanleiding van de surseance die in die periode verleend was aan N.V. Assurantie Maatschappij Brandaris. Daarom wordt deze regeling ook wel als de 'Brandarisregeling' geduid. In die casus konden ten minste 200.000 verzekeringsnemers een restitutievordering indienen. Aangezien de administratie daarvan volgens de wettelijke voorschriften van de surseance van betaling onevenredige tijdbelasting en kosten met zich mee zou brengen die in het belang van de schuldenaar noch de schuldeisers zouden zijn, is bij wijze van algemene wettelijke regeling een praktische oplossing tot stand gebracht voor de surseance van betaling; een vergelijkbare regeling voor faillissement van dergelijke schuldenaren is door het spoedkarakter van de wet toen niet opgesteld.[169]

De regeling is van toepassing als de schuldenaar bij zijn verzoekschrift ex artikel 214 verklaart dat er meer dan 10.000 schuldeisers zijn (art. 281a). Ligt dit aantal tussen 5.000 en 10.000 schuldeisers, dan kan de rechtbank toepassing van de regeling toestaan (art. 281a lid 2). De regeling voorziet in een vereenvoudiging van de op te stellen lijst van schuldeisers (art. 281a, 281d), van de wijze van oproeping van schuldeisers en andere aankondigingen (art. 281c), van de stemprocedure met het oog op de definitieve surseanceverlening en de aanvaarding van een akkoord (art. 281e) en

169 *Parl. Gesch. Fw* (Kortmann/Faber), p. 553.

van de wijze waarop uitkeringen aan de schuldeisers gedaan kunnen worden als te voorzien valt dat er verscheidene uitkeringen gaan plaatsvinden (art. 281f).

Hoewel de – vooral praktische – argumenten voor de vereenvoudigde regeling in de jaren '60 van de vorige eeuw valide waren, kan men zich afvragen in hoeverre die vandaag de dag nog steeds opgaan. Hedendaagse schuldenaren met een groot schuldeisersbestand die serieus gebruik willen maken van de surseance van betaling moeten hun administratie goed geautomatiseerd en op orde hebben, zodat daaruit snel een crediteurenoverzicht moet zijn te halen. Anders kan serieus betwijfeld worden of redding van een dergelijke schuldenaar door een surseance van betaling realistisch is. Dit neemt niet weg dat de vereenvoudigde oproeping via de Staatscourant of door de rechtbank aan te wijzen nieuwsbladen in plaats van individuele brieven nog steeds een aanmerkelijke kostenbesparing oplevert.

In 2021 bleek de Brandarisregeling om een ander aspect toch een noodzakelijk instrument in de surseance van betaling van Steinhoff International Holding N.V. Deze moedermaatschappij van een van oorsprong Zuid-Afrikaanse onderneming met beursnotering in Zuid-Afrika en Duitsland, is al sinds enkele jaren bezig met een wereldwijde herstructurering van haar miljardenschuld. Deze was ontstaan nadat eind 2017 financiële onregelmatigheden waren geconstateerd, wat aanleiding gaf tot massale claims van duizenden bedrogen beleggers, contractuele schuldeisers en financiers. Nadat achter de schermen een akkoord in hoofdlijnen was uitonderhandeld, zijn in Zuid-Afrika, Engeland en vervolgens ook in Nederland procedures gestart om tot een alomvattende mondiale schikking te komen, zodat de onderneming haar – operationeel winstgevende – activiteiten kan voortzetten. Hierbij is in Nederland gekozen voor de surseance van betaling omdat deze na homologatie voor alle concurrente schuldeisers bindend is en in de Europese Unie (behalve Denemarken) wordt erkend (art. 19 InsVo) en vermoedelijk ook in de Verenigde Staten van Amerika op grond van Chapter 15 US Bankruptcy Code. Gezien de grote aantallen buitenlandse en deels onbekende schuldeisers, zou een schuldeisersvergadering en een stemming over een akkoord buitengewoon complex zijn. Dit was reden voor Steinhoff de Amsterdamse rechtbank te verzoeken de artikelen 281e en 281f te mogen toepassen waarbij een commissie van vertegenwoordiging wordt ingesteld, hetgeen de rechtbank heeft goedgekeurd.[170]

De commissie van vertegenwoordiging in de Brandarisregeling is samengesteld uit personen die geacht worden de belangrijkste groepen van schuldeisers te vertegenwoordigen, zodat zij exclusief bevoegd zijn het stemrecht voor alle schuldeisers uit te oefenen (art. 281e lid 2) en ook overigens een aantal bevoegdheden van individuele schuldeisers vervangen (art. 281e lid 5). Ter bescherming van de schuldeisers die immers niet zelf vergaderen en stemmen heeft de wetgever een verzwaarde toegangseis voor de homologatie opgenomen: ten minste 75% van de verschenen commissieleden waarbij in eerste instantie ten minste twee derde van de leden is verschenen, moet voor het akkoord hebben gestemd, wil het aan de rechtbank ter homologatie kunnen worden voorgelegd (art. 281e lid 4). Als onvoldoende quorum aanwezig is om geldig te stemmen, wordt een tweede vergadering gehouden waarbij deze eis niet meer geldt.

170 Rb. Amsterdam 28 mei 2021, ECLI:NL:RBAMS:2021:3197.

313. Surseance van betaling beleggingsondernemingen en buitenlandse financiële instellingen (art. 281g-h)

De financiële instellingen nemen in het insolventierecht een bijzondere plaats in, vooral als zij zelf in financiële problemen zitten. Hoewel dit sinds de jaren '70 van de vorige eeuw nauwelijks meer denkbaar werd geacht, hebben de gevolgen van de krediet- en bankencrisis begin deze eeuw laten zien dat een (dreigende) insolventie van een financiële instelling niet meer een theoretische mogelijkheid is. Denk aan de staatssteun die Nederland in 2008 heeft gegeven aan ABN Amro, Aegon, ING, ASR en SNS en de nationalisatie van deze laatste begin 2013. Aangezien de regelgeving op het terrein van – vooral voorkoming van – insolventies van financiële instellingen nogal specifiek is, wordt hieraan in dit boek slechts beperkt aandacht besteed.[171]

In 2007 is een volgende loot aan de stam van de surseance van betaling gegroeid met de tweede afdeling B aan Titel II. Deze afdeling heeft de enigszins cryptische aanduiding "Van de verlening van surseance van betaling aan een beleggingsonderneming en een financiële instellingen die een verklaring van ondertoezichtstelling heeft of een andere instelling". De afdeling bestaat slechts uit twee artikelen (art. 281g, 281h), maar heeft betrekking op een variëteit aan bijzondere schuldenaren. Deels gaat het hier om financiële partijen, zoals beleggingsondernemingen (als bedoeld in art. 1:1 Wft), buitenlandse financiële instellingen die een verklaring van ondertoezichtstelling als bedoeld in art. 3:110 lid 1 Wft hebben, een centrale tegenpartij als deze in het kader van deelname aan het systeem op grond van een overboekingsopdracht effectentegoeden verkrijgt en beleggingsondernemingen met zetel buiten de Europese Unie die hun bedrijf uitoefenen vanuit een Nederlands bijkantoor. Deels heeft deze afdeling een veel ruimer bereik waar zij betrekking heeft op overheidsinstanties en ondernemingen met overheidsgarantie (art. 281g). Voor zover de Wft van toepassing is, zal surseance van betaling niet plaatsvinden omdat deze wet in hoofdstuk 3.5 een eigen instrumentarium kent voor dergelijke instellingen onder toezicht van De Nederlandsche Bank die een groot scala van maatregelen kan treffen.

De strekking van artikel 281g-h is tweeledig. In de eerste plaats beoogt zij de uitwerking van de zogenaamde Finaliteitsrichtlijn te regelen op de uitvoering van overboekingsopdrachten of opdrachten tot verrekening in girale systemen voor de daaronder vallende partijen als aan een van hen surseance van betaling is verleend.[172] Net als bij faillissement heeft de surseance van betaling bij deze schuldenaren geen terugwerkende kracht tot 00.00 uur waar het gaat om de afwikkeling van die financiële transacties: de regeling van afdeling 11A (art. 212a-e) is waar mogelijk van overeenkomstige toepassing verklaard (art. 281g). In de tweede plaats verklaart deze afdeling verschillende bepalingen van de Wet op het financieel toezicht (afd. 3.5.6 Wft) van overeenkomstige toepassing op de surseance van betaling van een beleggingsonderneming of een buitenlandse financiële instelling die onder toezicht van De Nederlandsche Bank staat (art. 281h).

171 Voor het faillissement van een financiële instelling, zie hiervoor nr. 120. Voor meer uitgebreide beschouwingen, zie Wessels, *Insolventierecht I*, hfdst. VII.

172 Richtlijn 2009/44/EG van 6 mei 2009.

314. Bijzondere maatregelen voor financiële ondernemingen werkzaam op de financiële markten

De Nederlandsche Bank houdt prudentieel toezicht op financiële ondernemingen die op de financiële markten in Nederland actief zijn. Ondertoezichtstaande banken en beleggingsondernemingen met een zetel in Nederland, die beleggingsdiensten verlenen of beleggingsactiviteiten verrichten in Nederland, kunnen bij een verslechterende financiële positie niet zelf surseance van betaling verzoeken (art. 214 lid 4), maar wel onder verscherpt toezicht worden geplaatst (art. 3:111a Wft). Aan ondertoezichtstaande verzekeraars met een zetel in Nederland kan de verplichting worden opgelegd om een herstelplan of een financieel kortetermijnplan in te dienen bij De Nederlandsche Bank (art. 3:135 respectievelijk 3:136 Wft). Ook kan De Nederlandsche Bank een dergelijke verzekeraar beperken of hem verbieden om anders dan met machtiging van De Nederlandsche Bank te beschikken over het vermogen van de verzekeraar (art. 3:137 Wft).

Als de verschillende maatregelen niet helpen, restte De Nederlandsche Bank tot 1 januari 2019 niets anders dan de rechtbank te verzoeken om de zogenaamde noodregeling uit te spreken. Tussen 2012 en 2019 was ook de Interventiewet van kracht.[173] Deze wet was een uitvloeisel van de bankencrisis van 2008 en gaf zowel De Nederlandsche Bank als de minister van Financiën specifieke en vergaande bevoegdheden. Op 1 februari 2013 heeft de minister van Financiën van deze bevoegdheid gebruikgemaakt met de onteigening van effecten en vermogensbestanddelen van SNS Reaal N.V. en SNS Bank N.V.[174]

Per 1 januari 2019 zijn de noodregeling en de Interventiewet komen te vervallen. In plaats daarvan is afdeling 3a Wft in werking getreden. Deze afdeling bevat bijzondere maatregelen en voorzieningen die De Nederlandsche Bank kan treffen met betrekking tot onder andere banken, bepaalde beleggingsondernemingen en verzekeraars (art. 3a:1 en 3a:77 Wft):

- overgang van onderneming (art. 3a:28 en 3a:104 Wft),
- overdracht aan een overbruggingsinstelling (art. 3a:37 en 3a:112 Wft),
- afsplitsing van activa en passiva (art. 3a:41 en 3a:117 Wft) en
- bail-in (art. 3a:44 en. 3a:117 Wft).

Een overgang van onderneming houdt in dat de financiële instelling eigendomsinstrumenten (zoals bijvoorbeeld aandelen), activa of passiva moet overdragen aan een derde. De overgang van activa en passiva moet in principe worden opgevolgd met een faillissementsverzoek, exclusief in te dienen door De Nederlandsche Bank (art. 3a:30 Wft en 212ha lid 2 Fw).

De overdracht aan een overbruggingsinstelling is vergelijkbaar met de overgang van onderneming, met dien verstande dat de overdracht plaatsvindt aan een bij of krachtens een algemene maatregel van bestuur ingestelde overbruggingsinstelling (art. 3a:37 Wft).

Een afsplitsing van activa en passiva betekent de overdracht van activa en passiva van een entiteit in afwikkeling of van een overbruggingsinstelling. Overdracht vindt

173 Wet van 24 mei 2012, Stb. 2012, 241, in werking getreden met terugwerkende kracht vanaf 20 januari 2012.

174 Besluit van 1 februari 2013, Stcrt. 2013, 3018 (1 februari 2013).

plaats aan een bij of krachtens algemene maatregel van bestuur opgerichte entiteit voor activa- en passivabeheer of aan een rechtspersoon die een entiteit voor activa- en passivabeheer houdt (art. 3a:41 Wft e.v.).

In geval van een bail-in kan De Nederlandsche Bank het bedrag van daarvoor in aanmerking komende activa en passiva van de entiteit in afwikkeling verminderen of geheel of gedeeltelijk omzetten in rechten op een nieuw uit te geven kernkapitaalinstrument of eigendomsinstrument. Een bail-in kan worden toegepast als de activa en passiva worden gehouden door de entiteit in afwikkeling of al zijn overgedragen op grond van één van de andere afwikkelingsinstrumenten (art. 3a:44 Wft).

Naast bovenstaande afwikkelingsinstrumenten heeft De Nederlandsche Bank een aantal bijzondere bevoegdheden, zoals de mogelijkheid om een bijzondere bestuurder aan te stellen (art. 3a:49 en 3a:120 Wft), een overeenkomst waarbij de entiteit in afwikkeling partij is te beëindigen of wijzigen (art. 3a:51 en 3a:122 Wft) en om, onder bepaalde voorwaarden, de bevoegdheid op te schorten die een derde heeft om een overeenkomst met de entiteit in afwikkeling te beëindigen (art. 3a:54 en 3a:125 Wft).

6.7 Surseance van betaling: afbakening tot andere procedures in de Faillissementswet

De surseance van betaling beoogt de schuldenaar die voorziet dat hij zijn opeisbare schulden niet meer kan betalen een adempauze te geven. Zij is in beginsel bedoeld voor een beperkte tijd om de schuldenaar de gelegenheid te geven in die periode zijn financiën weer op orde te krijgen en met zijn schuldeisers een akkoord te sluiten. Zo nodig kan dit akkoord jegens alle concurrente schuldeisers worden afgedwongen. Hoe verhoudt de surseance van betaling zich dan tot de andere procedures in de Faillissementswet: faillissement (hoofdstuk 5) en schuldsanering natuurlijke personen (hoofdstuk 7; nr. 315) en de WHOA (par. 4.2.2; nr. 316).

315. Afbakening tot faillissement en schuldsanering natuurlijke personen

De surseance van betaling kent een aantal overeenkomsten en verschillen met de beide andere insolventieprocedures in de Faillissementswet waarbij de schuldenaar in verdergaande mate het beheer en de beschikking over zijn vermogen verliest: faillissement (hoofdstuk 5) en schuldsanering natuurlijke personen (hoofdstuk 7). Samen met de surseance van betaling hebben die procedures met elkaar gemeen dat de rechtbank de aanvraag daartoe moet beoordelen en het startmoment bepaalt. Vanaf dat ogenblik wordt de schuldenaar in elk van deze procedures voor het beheer over zijn vermogen geconfronteerd met een door de rechtbank aangestelde of benoemde functionaris die in meer of mindere mate invloed heeft op het beheer over het vermogen van de schuldenaar. Verder bevat elke procedure bepalingen op grond waarvan een deel van de schuldeisers in hun verhaalsmogelijkheden beperkt wordt. Deze drie procedures kennen – net als de WHOA overigens (par. 4.2.2; nr. 316) – de mogelijkheid om tot een dwangakkoord te komen met een deel van de schuldeisers, waardoor een einde aan die procedure komt en ook eventuele tegenstemmers aan het akkoord gebonden worden.

Op de punten waar de surseance van betaling en het faillissement met elkaar overeenkomen zijn de nodige bepalingen uit Titel I Faillissementswet, die betrekking hebben op het faillissement, overgenomen in Titel II over de surseance van betaling. Soms is dit gebeurd door de faillissementsbepalingen eenvoudigweg van overeenkomstige toepassing te verklaren op de surseance van betaling. Andere keren kent de regeling van de surseance van betaling een bepaling die weliswaar iets afwijkt van die in faillissement maar in de kern wel sterk daarop lijkt. Het ontbreken van een parallelle bepaling betekent overigens niet zonder meer dat die regeling dan niet in surseance van betaling zou gelden. Telkens moet worden gekeken naar de bedoeling van een bepaalde regeling in het licht van de surseance van betaling.

De verschillen komen onder meer tot uiting bij de vraag wie de procedure kan aanvragen en op basis van welke criteria. Zo staat de surseance van betaling open voor een schuldenaar die voorziet dat hij zijn opeisbare schulden niet kan betalen, tenzij de schuldenaar een natuurlijke persoon is die geen zelfstandig beroep of bedrijf uitoefent (art. 214).[175] Een dergelijke schuldenaar zal zijn toevlucht moeten nemen tot de schuldsanering natuurlijke personen (art. 284), zij het dat daarvoor aanvullende eisen gelden (hoofdstuk 7). De schuldsanering natuurlijke personen staat weer niet open voor rechtspersonen, maar wel voor een natuurlijke persoon die een onderneming drijft. Het faillissement kan betrekking hebben op alle typen schuldenaar – natuurlijke persoon of rechtspersoon – maar kan pas worden uitgesproken als de schuldenaar verkeert in de toestand dat hij heeft opgehouden te betalen (art. 1, 6 lid 3).

De overeenkomst tussen de surseance van betaling en de schuldsanering natuurlijke personen is dat beide procedures alleen door de schuldenaar kunnen worden gestart. Het faillissement kan echter ook door een schuldeiser worden aangevraagd (en in theorie ook door het Openbaar Ministerie).

Faillissement en surseance van betaling kunnen allebei betrekking hebben op rechtspersonen; dit geldt niet voor de schuldsanering natuurlijke personen. Surseance van betaling en schuldsanering natuurlijke personen kennen allebei een bewindvoerder die bij aanvang door de rechtbank wordt benoemd, maar deze bewindvoerders hebben verschillende taken en bevoegdheden. Dit is ten dele ook het geval bij de bewindvoerder in de schuldsanering natuurlijke personen en de curator in faillissement: weliswaar staan beide functionarissen onder vergelijkbaar toezicht van de rechter-commissaris, maar ook hier zijn hun taken en bevoegdheden niet gelijk. Hoewel het wettelijk niet verplicht is in de surseance van betaling een rechter-commissaris te benoemen (art. 223a), gebeurt dit in de praktijk wel altijd. Anders dan bij het faillissement en de schuldsanering natuurlijke personen kent de surseance van betaling de rechter-commissaris niet als toezichthouder, maar is zijn rol formeel beperkt tot adviseur van de bewindvoerder. In de praktijk blijkt dit verschil nauwelijks.

316. *Afbakening tot de WHOA*

Een verschil met de procedures die in hoofdstuk 4 zijn behandeld, is dat de schuldenaar bij de surseance van betaling een deel van de controle kwijtraakt en een

175 De surseance van betaling staat evenmin open voor een kredietinstelling als bedoeld in art. 212g lid 1 sub a of een verzekeraar als bedoeld in art. 213 (art. 214 lid 4).

stapje terug moet doen. Hij heeft niet meer de volledig zelfstandige zeggenschap en beschikkingsmacht over zijn vermogen en voor een aantal (rechts)handelingen heeft hij de medewerking van een bewindvoerder nodig (art. 228, 231). Dit is overigens minder vergaand dan in faillissement waar de schuldenaar vermogensrechtelijk de volledige controle moet overlaten aan de curator, zoals in het vorige hoofdstuk is behandeld.

Sinds de invoering van de WHOA in 2021 ligt de vraag op tafel hoe die zich tot de surseance van betaling verhoudt. Een overeenkomst tussen beide procedures is dat deze erop zijn gericht om de schuldenlast van de schuldenaar via een akkoord te verminderen. Dankzij de interventie van de rechter via een homologatie kunnen in beide gevallen schuldeisers die zich niet aan het akkoord willen committeren daaraan toch gebonden worden; vandaar ook wel de naam 'dwangakkoord'.

Aangezien beide procedures door de schuldenaar in financiële moeilijkheden kunnen worden gevoerd, heeft hij in beginsel de keuze als hij voorziet dat hij met het betalen van zijn opeisbare schulden niet zal kunnen voortgaan (art. 214). Als dit alleen nog maar aannemelijk is, staat alleen de WHOA open (art. 370 lid 1). Een schuldeiser kan geen surseance van betaling starten, maar wel door tussenkomst van een herstructureringsdeskundige een WHOA in gang laten zetten (art. 371).

De reikwijdte van het akkoord verschilt ook. In de surseance van betaling raakt de schuldenaar een deel van de regie kwijt en moet daarin een stapje terug doen. Hij heeft niet meer de volledig zelfstandige zeggenschap en beschikkingsmacht over zijn vermogen en voor een aantal (rechts)handelingen heeft hij de medewerking van een bewindvoerder nodig (art. 228, 231). In de WHOA blijft de schuldenaar (als *debtor-in-possession*; DIP) volledig beschikkingsbevoegd en als zodanig degene die de regie voert. Verder is het akkoord in surseance van betaling beperkt tot de concurrente schuldeisers en veronderstelt een gehomologeerd akkoord dat alle hoger gerangschikte schuldeisers volledig worden voldaan (al is dat in de praktijk nog wel eens anders). De reikwijdte van een WHOA-akkoord kan ruimer of beperkter zijn want die wordt door de schuldenaar bepaald en kan variëren van een beperkt aantal schuldeisers die in één klasse zijn ondergebracht tot alle schuldeisers (concurrent, preferent en separatist, maar ook achtergesteld) en zelfs aandeelhouders, die dan in verschillende klassen worden geplaatst. Stemgerechtigd zijn in de surseance van betaling alle erkende en toegelaten concurrente schuldeisers (art. 268 jo. 267). Bij de WHOA is slechts die schuldeiser en/of aandeelhouder stemgerechtigd, van wie de rechten op basis van het akkoord worden gewijzigd (art.381 lid 3). Door de rechten van bepaalde partijen intact te laten stelt de schuldenaar zelf zijn stempopulatie vast, zolang hij zich bij de klassenindeling houdt aan het wettelijke criterium daarvoor. Dit vereist dat de rechten die de schuldeisers en aandeelhouders bij een vereffening van het vermogen in faillissement hebben of de rechten die zij op basis van het aangeboden akkoord krijgen, zodanig verschillend zijn dat zij niet in een onderling vergelijkbare positie verkeren (art. 374 lid 1).

Hiermee nauw samenhangend is het verschil tussen beide procedures in de benodigde stemmen voor het aannemen van een akkoord. Bij de surseance van betaling ligt dat percentage lager dan bij de WHOA: 50%+1 van de ter vergadering verschenen erkende en toegelaten schuldeisers die tezamen ten minste 50% van het bedrag van de erkende en toegelaten schuldvorderingen vertegenwoordigen (art.

268) bij de surseance van betaling tegen ten minste 66 2/3% van het totale bedrag aan vorderingen behorend tot de schuldeisers die binnen de desbetreffende klasse hebben gestemd, zonder minimumaantal schuldeisers (art. 381 lid 7) en een vergelijkbaar quorum voor de betrokken aandeelhouders (art. 381 lid 8).

Daarnaast kent de surseance van betaling een automatische schorsing van incasso- en (in)directe executiemaatregelen vanaf het begin van de procedure (art. 230 jo. 217), terwijl dit bij de WHOA afzonderlijk met een afkoelingsperiode verzocht moet worden waarmee enige tijd gemoeid is voordat de rechter die afkondigt (art. 376).

Op grond van het voorgaande is een voorkeur voor de surseance van betaling denkbaar voor situaties waarin de WHOA geen regeling kent, zoals voor de rechten van werknemers (art. 369 lid 4 tegenover art. 239) of vooralsnog onduidelijkheid bestaat over buitenlandse erkenning van de homologatie en andere uitspraken in het kader van de besloten akkoordprocedure (art. 369 lid 6). Ten slotte kan bij omvangrijke surseances van betaling gebruik worden gemaakt van de pragmatische oplossing van de Brandarisregeling (art. 281a e.v.; nr. 312) waarmee tijd en kosten bespaard kunnen worden. Dit veronderstelt wel dat de schuldenaar vooral te maken heeft met concurrente schuldeisers.

Als deze bijzondere elementen niet aan de orde zijn, verschilt de surseance van betaling nog maar nauwelijks van de – deels ruimere – mogelijkheden die een schuldenaar via de WHOA kan bewerkstelligen. Dan rijst de vraag of de surseance van betaling buiten de zojuist genoemde bijzondere omstandigheden bestaansrecht heeft in herstructureringsland. Welke rol vervult zij nu?

317. *De hedendaagse surseance van betaling: nuttig voorportaal van het faillissement?*

In alle jaren van haar bestaan is de surseance van betaling niet zozeer een omstreden als wel een ongemakkelijke regeling geweest.[176] Aan haar bestaansrecht is wel eens getwijfeld, maar dat betrof dan meestal de wijze waarop de surseance van betaling vorm had gekregen. Er lijkt een permanent spanningsveld te bestaan tussen enerzijds de maatschappelijke wenselijkheid dat vorderingen van schuldeisers volledig voldaan worden en anderzijds de maatschappelijke realiteit dat er nu eenmaal schuldenaren zijn die daartoe niet meer in staat zijn. Voor deze situatie is het insolventierecht bedoeld, dat per definitie opereert in dat spanningsveld. Hieraan wordt vervolgens de complicatie toegevoegd dat de betalingsonmacht soms het directe gevolg is van het (niet) handelen van de schuldenaar, dan weer daarvan het indirecte gevolg is en ten slotte bij overmacht niet aan hem is toe te rekenen. En dan komt ook nog eens de moraliteit in beeld. In het eerste geval zijn wij terughoudend om de schuldenaar een hand toe te steken, maar bij de laatste situatie hebben we daar minder moeite mee: pech kan ons allemaal overkomen.

De surseance van betaling blijkt in het merendeel van de gevallen na korte of langere tijd te leiden tot een faillissement, meestal door omzetting nadat de surseance van betaling is ingetrokken (art. 242; nr. 307 e.v.). In de meeste gevallen was er blijkbaar onvoldoende vooruitzicht dat de schuldeisers op termijn bevredigd zouden

176 Zie al de openingszin van de algemene beschouwingen in de MvT bij Titel II Faillissementswet, *Parl. Gesch. Fw* (Van der Feltz) II, p. 335.

worden, of was er onvoldoende samenwerking tussen de schuldenaar en de bewindvoerder. Niet voor niets heeft de surseance van betaling de bijnaam van 'voorportaal van het faillissement'.[177]

De vraag rijst waardoor deze massale omzetting in faillissement wordt veroorzaakt. Hieraan liggen uiteenlopende redenen ten grondslag.

- De surseance van betaling werkt maar voor een beperkt aantal vorderingen; belangrijke schuldeisers, zoals separatisten, belastingdienst, werknemers en dwangcrediteuren worden niet door de surseance van betaling geraakt en kunnen hun maatregelen blijven treffen en continueren.
- Ontslag van werknemers blijft in surseance van betaling grotendeels onderworpen aan de 'normale' ontslagregels, zowel qua termijnen als qua bemoeienis van het UWV.
- Bij een doorstart van (een deel van) de levensvatbare ondernemingsactiviteiten waarbij de daarvoor benodigde productiemiddelen worden ondergebracht in een andere juridische entiteit door een activa-transactie, verkrijgt deze entiteit al het bijbehorende personeel, omdat de arbeidsverhouding met alle werknemers wordt gecontinueerd (art. 7:663 BW). Alleen in faillissement is dit vooralsnog anders (art. 7:666 BW), al is hier het wachten op nadere duiding door het Hof van Justitie van de Europese Unie.[178]
- De publiciteit bij een surseance van betaling leidt enerzijds tot een grotere liquiditeitsbehoefte bij de schuldenaar omdat leveranciers en dienstverleners niet meer op krediet willen presteren en anderzijds tot vertraging in de betalingen door afnemers, waardoor van twee kanten liquiditeitsdruk ontstaat.
- Omdat de surseance van betaling alleen door de schuldenaar kan worden verzocht, gebeurt dit nogal eens te laat door te rooskleurige verwachtingen bij die schuldenaar.

318. Toekomst voor de surseance van betaling?

Al met al kan worden vastgesteld dat de regeling van de surseance van betaling in de Faillissementswet steeds meer versoepeld is, maar dat dit blijkbaar een zeer beperkt succes heeft gehad. Dit doet de vraag rijzen of de surseance van betaling dan nog wel een toekomst heeft. Als men bovenstaande bezwaren tegen de surseance van betaling beschouwt, doemt immers een beeld op van een nauwelijks nuttig instrument. De frustratie over het feit dat de surseance niet voldoet aan doel en verwachtingen heeft echter voor een belangrijk deel te maken met de onverenigbaarheid van de doelen die men met de surseance van betaling nastreeft, en met het feit dat die doelen in de loop der tijd veranderd zijn. Het is immers niet realistisch te verwachten dat op grote schaal faillissementen kunnen worden voorkomen door de schuldenaar een tijdelijke opschorting van zijn betalingsverplichtingen te gunnen.[179] Schuldenaren met een verslechterende financiële positie hebben het moeilijk, lopen vaak achter de feiten aan en belanden door verschillende omstandigheden in een neerwaartse spiraal waaraan

177 Zie Eindrapport MDW-werkgroep, p. 43.

178 Zaak C-237/20 naar aanleiding van HR 17 april 2020, *NJ* 2020/234 (*FNV/Heiploeg I*) en HR 29 mei 2020, *NJ* 2020/235 (FNV/Heiploeg II); nr. 116, 215.

179 Voorontwerp-Toelichting, Algemeen, nr. 8.

het lastig ontsnappen is. Faillissementen worden uiteindelijk alleen voorkomen doordat de schuldenaar zijn betalingen kan hervatten of een regeling met zijn schuldeisers kan treffen. De wetgever kan niet te allen tijde een faillissement van schuldenaren tegenhouden, zoals de minister terecht constateerde bij de vereenvoudiging van de surseance van betaling in 1925.[180] Bijna een eeuw en nog een aantal vereenvoudigingen verder blijkt deze constatering niets aan actualiteit en juistheid te hebben ingeboet. Een wetgever kan nooit door middel van regelgeving de werkelijkheid voorkomen dat schuldenaren hun verplichtingen niet meer kunnen nakomen. De maatschappij en de regelgever moeten accepteren dat in de economische levenscyclus van ondernemingen een opkomst en ondergang plaatsvindt, waarbij de laatste alleen kan worden afgewend door bijtijds de bakens te verzetten naar nieuwe producten, diensten en markten. Dit vereist een tijdige strategiewijziging.

Bij natuurlijke personen zonder ondernemingen spelen deze aspecten geen rol en daarom is de surseance van betaling daar ook uitgesloten. Zij hebben andere problemen waarbij de schuldsanering natuurlijke personen een oplossing kan bieden (hoofdstuk 7).

Men kan hier twee stellingen betrekken: schaf de surseance van betaling af en laat partijen informeel tot een schuldenregeling komen (zie hoofdstuk 3), zo nodig met gebruikmaking van de WHOA of andere rechterlijke interventie (hoofdstuk 4), waarbij het faillissement – net als de wettelijke schuldsaneringsregeling bij natuurlijke personen – als stok achter de deur dient. Of handhaaf (of zelfs verbeter[181]) de surseance van betaling onder het motto 'baat het niet, het schaadt ook niet', tel je zegeningen en accepteer dat die maar in een beperkt aantal gevallen soelaas biedt. Dit laatste was bij de totstandkoming van de Faillissementswet aan het einde van de 19e eeuw het standpunt van de regering.[182] Bij alle gesignaleerde kommer en kwel wordt namelijk vergeten dat de surseance van betaling wel degelijk voordelen heeft boven blijven 'doormodderen' door de schuldenaar totdat een schuldeiser het faillissement aanvraagt en hem daarmee wellicht uit zijn lijden verlost. Dit heeft te maken met de volgende aspecten die aan de surseanceverlening verbonden zijn.

- Voor de vorderingen waarvoor de surseance werkt (art. 232-233) kunnen geen incasso- en executiemaatregelen meer worden genomen, waardoor op dit front een zekere rust wordt gecreëerd.
- Schuldeisers jegens wie de surseance van betaling niet werkt kunnen gedurende een afkoelingsperiode zich niet verhalen op boedelbestanddelen noch goederen opeisen die zich in de macht van de schuldenaar bevinden (art. 241a).
- Een faillissementsaanvraag door andere schuldeisers – ook degenen jegens wie de surseance van betaling niet werkt[183] – is niet mogelijk (art. 248 lid 1).

180 *Parl. Gesch.* Fw (Kortmann/Faber), p. 332.
181 Zie het concept wetsontwerp Titel II Van surseance van betaling van Insolad uit 2015 voor een aanpassing van Titel II Faillissementswet (2015_01_30-Titel-II-Van-surseance-van-betaling.pdf (basenet.nl)).
182 *Parl. Gesch. Fw* (Van der Feltz) II, p. 337.
183 *Parl. Gesch. Fw* (Kortmann/Faber), p. 513.

- Schuldeisers die ondanks de instemming van de meerderheid van de totale groep schuldeisers niet willen meewerken aan een onderhands akkoord, kunnen met een dwangakkoord over de streep getrokken worden (art. 273).
- Omdat voor de stemming over een akkoord geen verificatie van de vorderingen vereist is zoals bij faillissement, worden complicaties en renvooiprocedures (zie nr. 233) voorkomen, wat de snelheid van afwikkeling ten goede komt. Dit is zeker het geval als de reorganisatie goed is voorbereid en de bewindvoerder zijn medewerking daaraan verleent.[184]
- De betrokkenheid van een onafhankelijke bewindvoerder kan helpen om vastgelopen overleg met de direct betrokkenen weer op gang te brengen (art. 228).
- De schuldenaar behoudt enige regie, die hij bij faillissement aan de curator volledig moet afstaan.
- Zelfs als een faillissement uiteindelijk onontkoombaar blijkt, kan de adempauze van een surseance van betaling voor een meer gecontroleerde liquidatie zorgen dan bij een direct faillissement.

Veel van deze voordelen kunnen sinds 2021 ook bereikt worden met de WHOA, zodat de vraag naar het bestaansrecht van de surseance van betaling weer actueel is. Naast de eerdergenoemde twee posities – de surseance van betaling afschaffen of handhaven in de huidige vorm – is in theorie nog een derde stelling mogelijk waarbij bepaalde aspecten van de eerste twee worden betrokken: handhaaf de surseance van betaling als saneringsinstrument, maar breidt haar werking uit tot alle schuldeisers en los tevens de andere hiervoor in nr. 317 gesignaleerde problemen op. Dit zou er uiteindelijk op neerkomen dat de surseance van betaling onder handhaving van haar naam grotendeels de gevolgen van een faillietverklaring gaat krijgen, maar dan gericht op een afwikkeling met een akkoord (art. 138 e.v.) en niet zozeer op vereffening. Dan verschilt de surseance van betaling nog maar weinig van de – deels ruimere – mogelijkheden die een schuldenaar via de WHOA kan bewerkstelligen. Tegen de achtergrond van enkele beperkende factoren bij de huidige wettelijke vormgeving van de WHOA zal dan nog slechts in enkele (hierboven in nr. 316 genoemde) situaties de voorkeur uitgaan voor de surseance van betaling.

184 Zie bijv. de reorganisaties van de kabelbedrijven UPC en Versatel aan het begin van deze eeuw; vgl. HR 26 augustus 2003, *NJ* 2004/549 (*Intercomm/UPC*) en HR 4 februari 2005, *NJ* 2005/362 (*UPC/Movieco*).

HOOFDSTUK 7

Schuldsanering natuurlijke personen

7.1 Inleiding

319. Achtergronden, historie

Sinds 1 december 1998 bevat de Faillissementswet een regeling voor de schuldsanering van natuurlijke personen, kortweg aangeduid als de Wsnp, de afkorting voor Wet schuldsanering natuurlijke personen.[1] Deze regeling is ingevoerd om tegemoet te komen aan de maatschappelijke wens dat gefailleerde natuurlijke personen die te goeder trouw zijn niet levenslang de gevolgen van het faillissement zouden moeten ervaren. Na een faillissement van een natuurlijke persoon blijven de onbetaald gebleven schulden immers bestaan en de schuldeisers kunnen weer overgaan tot incasso- en executiemaatregelen. In het bijzonder geldt dit voor de erkende schuldeisers na een verificatievergadering die met het proces-verbaal daarvan een executoriale titel in handen hebben (art. 196). Dit vooruitzicht werkt demotiverend en neemt de prikkel weg voor dergelijke personen om zich na het faillissement in te zetten voor een zinvolle bijdrage aan het maatschappelijk en sociaal-economisch verkeer. De positie van de ex-gefailleerde natuurlijke persoon wijkt ook af van die van een rechtspersoon. De last van het afgesloten faillissement duurt voor de natuurlijke persoon immers voort, terwijl dat bij een gefailleerde rechtspersoon niet het geval is. Hoewel deze meestal door het faillissement ontbonden wordt (art. 2:19 lid 1 sub c BW jo. 16 en 173), kan de achterliggende natuurlijke persoon een nieuwe rechtspersoon oprichten en daarmee zonder last van de oude schulden opnieuw beginnen. In de vergelijking tussen de ondernemer die voor zijn activiteiten gebruikmaakt van een BV en degene die een eenmanszaak voert, leidt dat tot een ongewenst verschil in uitkomst.

De totstandkoming van de Wsnp is mede ingegeven door buitenlandse ontwikkelingen, vooral in de Verenigde Staten van Amerika, waarbij aan bepaalde schuldenaren de mogelijkheid van een 'schone lei' (*fresh start*) wordt geboden. Deze mogelijkheid is gebaseerd op de gedachte dat mensen in hun leven fouten mogen maken en daarvan leren. Een persoonlijk faillissement is dan niet zozeer een *threat* als wel een *opportunity*. Door een keer gefailleerd te zijn geweest, zo is de gedachte, heeft iemand geleerd en zal hij zijn zaken beter op orde hebben. De introductie van de Wsnp is in Nederland

1 Wet van 25 juni 1998, *Stb.* 1998, 445 (zie ook *Stb.* 1998, 622).

vooral te danken aan de rapporten van de Commissie-Mijnssen en van Nick Huls en de parlementaire inbreng van toenmalig Tweede Kamerlid Saskia Noorman-den Uyl.[2]

In grote lijnen beoogt de Wsnp een schuldenaar die te goeder trouw is geweest voor het ontstaan of onbetaald laten van zijn schulden, maar die voorziet dat hij zijn schulden niet meer kan voldoen of al in een faillissementstoestand is beland, een uitweg te bieden die recht doet aan de belangen van zowel de schuldeisers als de schuldenaar. Als de schuldenaar voldoet aan de daartoe gestelde vereisten die in dit hoofdstuk aan de orde komen, krijgt hij de schone lei (par. 7.5.2). Dit betekent dat de vorderingen van zijn schuldeisers waarvoor de schuldsanering natuurlijke personen werkt niet langer meer opeisbaar zijn (nr. 373). Hiertoe is in een derde titel van de Faillissementswet een procedure opgenomen in aanvulling op het faillissement (Titel I) en de surseance van betaling (Titel II). In deze procedure staat de schuldenaar onder bewind van een door de rechtbank benoemde bewindvoerder en moet hij in een aantal jaren (meestal drie) zijn financiële leven weer op orde zien te krijgen met zo veel mogelijk betaling van zijn schulden.

320. Doelen, oogmerk procedure

De wettelijke regeling van de schuldsanering natuurlijke personen is onderdeel van een meeromvattende bestuurlijke aanpak in de samenleving van mensen met problematische schulden. In zekere zin is de Wsnp hierbij het laatste redmiddel; meestal is daaraan al een (lang) traject van schuldbemiddeling en -sanering door sociaal-maatschappelijke instanties voorafgegaan. De invoering van de Wsnp diende drie doelen. In de eerste plaats wordt hiermee voorkomen dat een natuurlijke persoon tot in lengte van jaren achtervolgd wordt door zijn schulden en schuldeisers. In de tweede plaats moest het aantal faillissementen van natuurlijke personen worden teruggedrongen. Ten derde zou de Wsnp moeten dienen als stok achter de deur om de minnelijke schuldhulpverlening en -sanering meer kans op succes te laten hebben.[3] Het wettelijk traject was vooral bedoeld als laatste redmiddel, als de schuldeisers niet bereid zouden zijn om buitengerechtelijk tot een akkoord met de schuldenaar te komen.

Deze doelstelling is in het oorspronkelijke stelsel niet gehaald. Schuldeisers zochten juist naar wegen om de precieze vermogenspositie van de schuldenaar goed in kaart te laten brengen door een onafhankelijke derde, de bewindvoerder. Bovendien zou de schuldsanering natuurlijke personen ertoe leiden dat de schuldenaar in ieder geval drie jaren lang onder een streng en zwaar regime zou komen te zitten. Zij bleken dus niet altijd bereid om tot een minnelijk of onderhands akkoord te komen. Dientengevolge stegen de aantallen bij de rechter aanhangig gemaakte schuldsaneringsverzoeken in tien jaren tijd snel en ontstonden capaciteitsproblemen bij de rechterlijke macht. Het aantal uitgesproken schuldsaneringen was in 2007 gestegen naar ruim 15000.[4] Dit heeft geleid tot een ingrijpende wijziging van de Wsnp per 1 januari 2008. Enerzijds door het aantal contactogenblikken tussen de schuldenaar en de rechter te verminderen en anderzijds door ook voorafgaand aan een wettelijke procedure de mogelijkheid van een dwangakkoord te bieden (art. 287a; zie nr. 52 en par. 7.2.1). Dit leidde tot een scherpe daling tot

2 Rapport Commissie-Mijnssen, hfdst. 7, N.J.H. Huls, *Van liquidatie tot rehabilitatie* (EZ, Den Haag 1988); later uitgewerkt in N.J.H. Huls, *Een nieuwe kans voor particulieren en voor (her)starters*, (EZ, Den Haag 1999); vgl. voorts in algemene zin: N. Jungmann, *De Wsnp: bedoelde en onbedoelde effecten op het minnelijk traject* (diss. Leiden), Amsterdam 2006 en Noordam, WSNP en goede trouw (diss. VU), Deventer 2008.

3 MvT (Kamerstukken TK (1992-1993), 22969, nr. 3), p. 6; *Parl. Gesch. Fw* (Kortmann/Faber), p. 620 e.v.

4 Monitor Wsnp 4, p. 10.

rond 9000 in 2008 en 2009 om daarna als gevolg van de kredietcrisis weer op te lopen tot ruim 14000 in 2011 om vanaf dat jaar gestaag te dalen tot minder dan 3000 in 2020.[5]

321. Bronnen en cijfers

De schuldsanering natuurlijke personen heeft haar wettelijke grondslag in Titel III Faillissementswet, artikel 284-361 met de toelichting in de bijbehorende wetsgeschiedenis.[6] Verder is de schuldsanering natuurlijke personen net als faillissement en surseance van betaling een collectieve procedure als bedoeld in de Europese Insolventieverordening en daardoor aan deze regelgeving onderworpen.[7] Naast de wettelijke regelgeving in de Faillissementswet kent de schuldsanering natuurlijke personen tal van uitvoeringsbesluiten.[8] Voorts is er informele regelgeving over de schuldsanering natuurlijke personen opgenomen in het Procesreglement insolventiezaken rechtbanken en de Recofa-richtlijnen voor schuldsaneringsregelingen.

Jurisprudentie over de Wsnp is te vinden via www.rechtspraak.nl, maar een belangrijke bron vormt ook de website van Bureau Wsnp.[9] Dit is een onderdeel van de Raad voor Rechtsbijstand en is door de Minister van Justitie en Veiligheid belast met de uitvoering van een deel van de Wsnp (www.bureauwsnp.nl).

Over de Wsnp is inmiddels het nodige geschreven. Zonder volledigheid te pretenderen bieden de volgende bronnen in ieder geval de nodige informatie: N.J.H. Huls, Van liquidatie tot rehabilitatie, (EZ, Den Haag 1988); later uitgewerkt in N.J.H. Huls, Een nieuwe kans voor particulieren en voor (her)starters (EZ, Den Haag 1999); N.J.H. Huls, Make my Day, Een rechtssociologische herwaardering van faillissementswaarden, oratie Leiden (Deventer 1999); R.J. Verschoof, Schuldsanering voor natuurlijke personen (NIBE 1998); H.H. Dethmers, Van schuldsanering tot schone lei (Nijmegen 2005); N. Jungmann, De Wsnp: bedoelde en onbedoelde effecten op het minnelijk traject (Amsterdam 2006); A.R. van der Winkel, J.M. Marsman, Schuldsanering natuurlijke personen (Deventer 2006); A.J. Noordam, WSNP en goede trouw (Deventer 2008); F.R. Salomons, Schuldsanering voor natuurlijke personen in Nederland (Den Haag 2008); Wessels, Insolventierecht IX. De schuldsanering natuurlijke personen kent voorts een specifiek tijdschrift: Schuldsanering, Tijdschrift voor schuldhulpverlening en wettelijke schuldsanering (TvS). Zie voorts de website van belangenbehartigers zoals de Vereniging voor schuldhulpverlening en sociaal bankieren (NVVK) en de Beroepsvereniging Bewindvoerders Wsnp (BBW).

Empirische gegevens over de schuldsanering natuurlijke personen zijn in grote mate voorhanden. Direct vanaf het begin heeft het Bureau Wsnp een grote hoeveelheid data verzameld. Voor een deel zijn en worden deze gebruikt voor de jaarlijkse Monitor Wsnp die vanaf 2005 door de Raad voor Rechtsbijstand wordt opgesteld.[10] Daarnaast is het nodige te vinden in de statistieken van het CBS (CBS Statline) en het Centraal Insolventieregister.

---

5 CBS Statline, "Personen met uitgesproken schuldsanering; jaar uitspraak, regio" (juni 2021) en Monitor Wsnp 17, p. 23, "Tabel B1.5 Aantal uitgesproken schuldsaneringen naar jaar van uitspraak, 1998 tot en met 2020".

6 Kamerstukken 22969, 27244 en 29942.

7 Zie Bijlagen A en B InsVo (ter uitwerking van art. 2 punt 4 en 5 InsVo waarin de schuldsanering natuurlijke personen als insolventieprocedure en de bewindvoerder in de schuldsanering natuurlijke personen als insolventiefunctionaris zijn opgenomen.

8 Deze zijn o.a. te vinden op de website van Bureau Wsnp onder 'Bibliotheek/wetten, besluiten, mandaten en regelingen' (https://www.bureauwsnp.nl/bibliotheek/wetten-regelingen-en-besluiten/overzicht).

9 https://www.bureauwsnp.nl.

10 Zie Monitor Wsnp 1-17 (2005-2020).

Uitgesproken schuldsaneringen 1999-2020[11]					
Jaar	Uitgesproken schuldsaneringen[12]			Totaal[13]	Totaal[14]
	Natuurlijke personen zonder bedrijf	Natuurlijke personen met bedrijf	Totaal		
1999	1347	5036	6383	6310	6465
2000	1134	7534	8668	8660	8748
2001	1564	7106	8670	8640	8796
2002	1546	7932	9478	9500	9614
2003	1774	8831	10605	10615	10758
2004	2366	11656	14022	14030	14172
2005	2195	12461	14656	14645	14795
2006	2234	12696	14930	14940	15115
2007	2097	12849	14946	14955	15138
2008	1472	7735	9207	9205	9207
2009	1741	7226	8967	8960	8967
2010	2258	9127	11385	11355	11385
2011	2668	12059	14727	14695	14727
2012	2612	11151	13763	13745	13763
2013	2611	9750	12361	12335	12361
2014	2534	9730	12264	12250	12264
2015	2346	9357	11703	11685	11703
2016	1843	7957	9800	9780	9802
2017	1402	6955	8357	8355	8363
2018	Niet meer afzonderlijk geregistreerd door CBS			5895	5897
2019				4640	4637
2020				2995	2997

11 Omdat deze verschillende cijferstaten (ook binnen CBS Statline) kleine afwijkingen ten opzichte van elkaar vertonen, worden deze getallen naast elkaar weergegeven.
12 CBS Statline, "Uitgesproken schuldsaneringen; beëindigingswijze, regio 1999-2017" (juni 2021).
13 CBS Statline, "Personen met uitgesproken schuldsanering; jaar uitspraak, regio" (juni 2021).
14 Monitor Wsnp 17, p. 23, "Tabel B1.5 Aantal uitgesproken schuldsaneringen naar jaar van uitspraak, 1998 tot en met 2020".

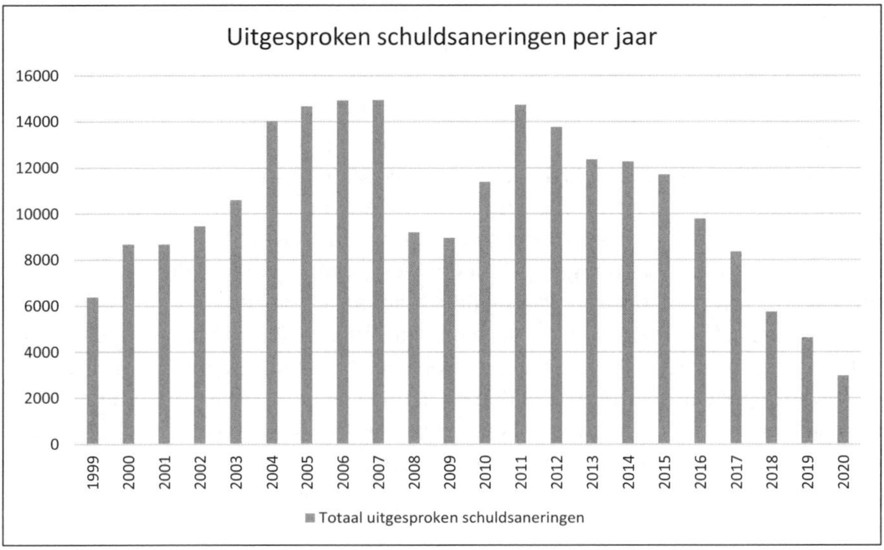

322. Plan van behandeling

In dit hoofdstuk wordt de schuldsanering natuurlijke personen vanuit juridisch perspectief behandeld. Eerst komt in paragraaf 7.2 de procedure aan bod waarmee een schuldenaar toepassing van de schuldsanering natuurlijke personen verzoekt. Om te beginnen wordt de wettelijke procedure in de Wsnp afgebakend ten opzichte van andere procedures waarmee een natuurlijke persoon kan proberen zijn schuldensituatie weer in het gareel te krijgen. Het gaat daarbij om procedures die moeten zijn doorlopen voordat de schuldenaar in het wettelijk traject kan belanden. Vervolgens komt de vraag aan de orde aan welke rechter de schuldsanering natuurlijke personen moet worden voorgelegd (met bijbehorende rechtsmachtkwesties), hoe de procedure in gang wordt gezet, wat ter zitting gebeurt en tot welke uitspraak de rechter kan komen. Ten slotte komen in deze paragraaf de rechtsmiddelen aan de orde.

Het bestuur en toezicht bij de schuldsanering natuurlijke personen en de wijze waarop de bewindvoerder het vermogen van de schuldenaar beheert, komen in paragraaf 7.3 ter sprake. Door de toepassing van de schuldsanering natuurlijke personen komt de bewindvoerder aan het roer te staan: net als de curator bij faillissement beheert en beschikt hij over het vermogen van de schuldenaar. Dit gebeurt onder toezicht van de rechter-commissaris en de rechtbank. In zijn bestuur over de boedel heeft de bewindvoerder net als de curator bij faillissement te maken met zowel de activa als de passiva van het vermogen van de schuldenaar. Beide worden door het uitspreken van de schuldsanering natuurlijke personen gefixeerd. Net als bij faillissement moet de bewindvoerder de activa bijtijds veiligstellen en soms zelfs terughalen. Met het oog op de verdeling van het actief moet ook over de passiva duidelijkheid komen. Dit gebeurt door de verificatie van de passiva.

In paragraaf 7.4 komen de gevolgen van de schuldsanering natuurlijke personen voor de verschillende betrokkenen aan bod. De schuldsanering natuurlijke personen raakt in de eerste plaats de schuldenaar: hij verliest het beheer en de beschikking over zijn eigen vermogen en moet zich inspannen voor de schone lei aan het einde van de procedure. Het relatievermogensrecht speelt een rol als de schuldenaar gehuwd is – of een geregistreerd partnerschap is aangegaan – met al of niet een geheel of gedeeltelijke gemeenschap van goederen. Vraag is dan in hoeverre de schuldsaneringsregeling mede betrekking heeft op het vermogen van de echtgenoot/partner en in hoeverre het gedrag van de partner op de afwikkeling daarvan van invloed is. Daarnaast treft de schuldsanering natuurlijke personen ook de schuldeisers: zij raken in beginsel hun verhaalsrechten kwijt (met uitzondering van de separatisten en enkele bijzondere schuldeisers) en moeten maar afwachten of en wat zij uitgedeeld krijgen, overeenkomstig hun rang. Net als bij het faillissement is de schuldsanering natuurlijke personen voorts van invloed op de uitvoering van wederkerige overeenkomsten waarbij de schuldenaar partij is.

In paragraaf 7.5 passeren de verschillende wijzen waarop de schuldsanering natuurlijke personen eindigt de revue. Hoewel de schuldsanering natuurlijke personen erop gericht is om de schuldenaar aan het einde daarvan een schone lei te bezorgen, lukt dat niet in alle gevallen. Soms wordt de schuldsanering al tussentijds beëindigd en soms wordt bij het reguliere einde duidelijk dat een schone lei niet op zijn plaats is. In deze gevallen vindt af en toe omzetting in een faillissement plaats. Net als bij het faillissement kan ook de schuldsanering natuurlijke personen eindigen door een (dwang)akkoord of een vereffening van het vermogen en uitdeling van de opbrengst daarvan onder de schuldeisers, zodat deze (gedeeltelijk) worden voldaan.

Sommige natuurlijke personen blijken eenvoudigweg niet in staat om hun financiën te beheren als gevolg van lichamelijke of psychosociale beperkingen. De kans is groot dat de toepassing van de schuldsaneringsregeling niet wordt uitgesproken omdat men verwacht dat zij de verplichtingen die uit de schuldsaneringsregeling voortvloeien niet naar behoren zullen nakomen (art. 288 lid 1 sub c). Dan moet worden teruggevallen op rechtsfiguren als de familierechtelijke curatele (Titel 1.16 BW) of het meerderjarigenbewind (Titel 1.19 BW). Zelfs als zij wel worden toegelaten, is de kans op een tussentijdse beëindiging om die redenen groot; ook dan vormen die leerstukken, het meerderjarigenbewind in het bijzonder, een alternatief. Deze leerstukken vallen echter buiten het bestek van dit boek en worden elders behandeld.[15]

7.2 Procedure tot toepassing van de schuldsaneringsregeling

323. Inleiding

Deze paragraaf behandelt de procedure waardoor toepassing van de schuldsanering natuurlijke personen op de schuldenaar kan worden uitgesproken. Aangezien de schuldsanering natuurlijke personen een aantrekkelijke procedure lijkt om van schulden af te komen, heeft de wetgever een mechanisme ingebouwd waardoor alleen schuldenaren die 'er klaar voor zijn' worden toegelaten. Hier is een belangrijke rol weggelegd voor de schuldhulpverleningsinstanties waarbij een bijzondere verantwoordelijkheid is opgedragen aan de gemeenten. Het college van burgemeester en wethouders heeft op grond van de Wet gemeentelijke schuldhulpverlening (Wgs) de taak om uitvoering te geven aan de door de gemeenteraad verplicht op te stellen plannen voor de gemeentelijke schuldhulpverlening (art. 3 jo. 2 Wgs). Deze schuldhulpverlening betekent "het ondersteunen bij het vinden van een adequate oplossing gericht

15 Zie bijv. SBR deel 1, hfdst. 16.

op de aflossing van schulden indien redelijkerwijs is te voorzien dat een natuurlijke persoon niet zal kunnen voortgaan met het betalen van zijn schulden of indien hij in de toestand verkeert dat hij heeft opgehouden te betalen, alsmede de nazorg" (art. 1 Wgs).

In het systeem van de Faillissementswet, waarin de wettelijke schuldsanering vooral bedoeld is als stok achter de deur, zal de schuldhulpverlener eerst proberen om de schuldenaar met zijn schuldeisers tot een schuldregeling te laten komen. Voor toelating tot de wettelijke schuldsanering moet een schuldenaar immers aangeven dat er geen reële mogelijkheden zijn geweest om tot een buitengerechtelijke schuldregeling te komen (art. 285 lid 1 sub f). Daarom begint deze paragraaf met het minnelijk traject (par. 7.2.1). Als dit niet lukt, maar de schuldenaar wel klaar is voor het wettelijk traject moet net als bij het faillissement worden vastgesteld voor welke rechter die procedure gevoerd wordt en hoe dat moet worden vastgesteld (nr. 326). Voor zover de Nederlandse rechter bevoegd is komen in deze subparagraaf de verschillende procedures binnen de schuldsanering natuurlijke personen aan bod (par. 7.2.1): de gedwongen schuldregeling (art. 287a; nr. 324, 325) en het moratorium (art. 287b; nr. 329). Daarna behandelt sub paragraaf 7.2.2 de reguliere procedure tot toepassing van de schuldsaneringsregeling (art. 284 e.v.; nr. 330 e.v.) met de voorlopige voorziening (art. 287 lid 4; nr. 331). Hierbij komen telkens de ingangs-/ontvankelijkheidsvereisten voor de procedure aan de orde en de beoordelingsgronden voor de rechter (nr. 332-335). Daarna komen de gevolgen en de rechtsmiddelen aan bod (nr. 336).

7.2.1 Minnelijk traject en voorprocedures: de gedwongen schuldregeling (art. 287a) en het moratorium (art. 287b)

324. Minnelijk traject en schuldbemiddeling

Voordat een schuldenaar wordt toegelaten tot de schuldsanering natuurlijke personen heeft hij doorgaans al een heel traject doorlopen. Als hij geconfronteerd wordt met aanmaningen, ingebrekestellingen, deurwaarders en beslagleggingen, probeert de schuldenaar op allerlei manieren aan die druk te ontkomen. Idealiter gebeurt dit doordat de schuldenaar zijn schulden voldoet, maar als hij daarvoor de middelen en het geld niet heeft, moeten, bij voorkeur in der minne, alternatieve oplossingen worden gezocht. Hij kan proberen om met zijn schuldeisers tot afbetalingsregelingen te komen waarbij hij de schuld in termijnen moet voldoen of een liquiditeitsprobleem met hulp van derden (banken of andere financiers) proberen op te lossen. Verder moet de schuldenaar zijn financiële leefpatroon aanpassen ('de tering naar de nering zetten') door zijn uitgaven te beperken en te proberen de inkomsten vergroten. Ook hierbij kan hij derden betrekken, die afkomstig kunnen zijn uit de familie- en vriendensfeer of het professionele circuit van schuldhulpverleners en schuldbemiddelaars. Op dit terrein opereren tal van instellingen en organisaties, zowel publiek als privaat, waarbij sommige handig gebruik weten te maken van de (financiële) noodsituatie waarin de schuldenaar verkeert.

Juist vanwege de kwetsbaarheid van de schuldenaren die in liquiditeitsproblemen zijn beland, heeft de wetgever dit gebied niet volledig willen overlaten aan de krachten van de vrije markt. Misbruik van omstandigheden (art. 3:44 lid 4 BW) ligt immers op de loer bij schuldbemiddeling. Hieronder wordt verstaan "het in de uitoefening van een bedrijf of beroep, anders dan door het aangaan van een kredietransactie, verrichten van diensten, gericht op de totstandkoming van een regeling met betrekking tot de bestaande schuldenlast van een natuurlijke persoon, geheel of gedeeltelijk voortvloeiend uit een of meer kredietransacties" (art. 47 lid 2 Wck). Het uitgangspunt van de wetgever is dat schuldbemiddeling aan natuurlijke personen verboden is (art. 47 lid 1 Wck). Bij wijze van uitzondering is het echter toegestaan, als de schuldbemiddeling gratis is (art. 48 lid 1 sub a Wck) of – tegen betaling – gebeurt door bepaalde categorieën personen of instanties (art. 48 lid 1 sub b-d Wck). Dit zijn gemeenten, gemeentelijke kredietbanken of andere gemeentelijke schuldbemiddelingsinstanties; bepaalde beroepsgroepen, zoals advocaten, faillissementscuratoren en -bewindvoerders, notarissen, deurwaarders, registeraccountants (RA) en accountants-administratieconsulenten (AA).[16] In artikel 48 lid 1 sub d en lid 2 Wck wordt nog melding gemaakt van andere, bij amvb aan te wijzen personen of instellingen die tot de bevoegde schuldbemiddelaars kunnen worden aangewezen, maar hiervan is nog geen sprake.

Wil de schuldenaar later ontvankelijk zijn in een verzoek tot toepassing van de schuldsaneringsregeling, dan moet hij met hulp van een schuldbemiddelaar geprobeerd hebben tot een minnelijke ('buitengerechtelijke') schuldregeling te komen. De schuldbemiddelaar moet namelijk gemotiveerd verklaren dat daarvoor ondanks zijn bemiddelingspoging geen reële mogelijkheid was (art. 285 lid 1 sub f). Dit geldt echter niet bij gratis schuldbemiddeling door een ander dan de in artikel 48 lid 1 sub b-d Wck genoemde personen of instellingen: op grond van artikel 288 lid 2 sub b leidt hun bemoeienis tot een – imperatieve – afwijzing van het verzoek.[17] In de huidige tekst van artikel 285 lid 1 sub f is de verwijzing naar de in artikel 48 lid 1 sub c Wck genoemde personen toegevoegd, nadat dit zonder die verwijzing in de oude tekst al wel in de jurisprudentie was toegestaan.[18]

Het minnelijk traject kent vele vormen, die er alle op gericht zijn de schuldenaar uiteindelijk zelfstandig zijn financiën te laten verzorgen. De schuldbemiddelaar kan proberen met de schuldeisers tot regelingen te komen om de schulden volledig af te lossen. Dit gaat doorgaans gepaard met schuldhulpverlening om te voorkomen dat de schuldenaar binnen de kortste tijd weer in dezelfde situatie belandt. Daarnaast kan ook een minnelijk schuldsaneringstraject worden afgesproken waarbij de schuldbemiddelaar of -hulpverlener met de schuldeisers om tafel gaat en onderzoekt of zij bereid zijn meer of minder water bij de wijn doen. Soms wordt hierbij gebruikgemaakt van een saneringskrediet waaruit de schuldeisers onmiddellijk voor hun verlaagde vordering worden voldaan en de schuldenaar een afbetalingsregeling treft met degene die dat krediet ter beschikking heeft gesteld. Andere keren worden de schuldeisers niet direct voldaan uit een saneringskrediet, maar heeft de schuldenaar zich met een afbetalingsregeling gecommitteerd.

Als het schuldsaneringstraject ertoe leidt dat de schuldeisers een deel van hun vordering moeten prijsgeven, is dat niet altijd een eenvoudig begaanbaar traject. Dit veronderstelt immers dat iedere schuldeiser voor wie de regeling moet gelden, tot (gedeeltelijke) kwijtschelding bereid is en daarmee instemt. Zonder die instemming is een schuldeiser niet aan een dergelijk akkoord gebonden (nr. 48). Tot 2008 kon iedere schuldeiser om hem moverende redenen weigeren mee te werken aan de totstandkoming van een informeel of onderhands akkoord, waarbij de grens werd gevormd door het leerstuk van misbruik van omstandigheden (art. 3:13 BW) of strijd met redelijkheid en billijkheid (zie nr. 51).[19]

16 Vgl. HR 5 november 2010, *NJ* 2011/32 en HR 6 januari 2012, *NJ* 2012/156.
17 Vgl. HR 5 november 2010, *NJ* 2011/32.
18 HR 5 november 2010, *NJ* 2011/31.
19 Vgl. HR 12 augustus 2005, *NJ* 2006/230 (*Payroll*).

325. Gedwongen schuldregeling; inleiding

Sinds 1 januari 2008 heeft de schuldenaar – met zijn schuldhulpverleners en -bemiddelaars – in het minnelijk traject een extra stok achter de deur om schuldeisers tot medewerking daaraan te verleiden of zelfs te dwingen. Met de inwerkingtreding van de aangescherpte wetgeving voor de schuldsanering natuurlijke personen is de mogelijkheid van een onderhands dwangakkoord opgenomen. Dit kan worden bereikt door in het verzoekschrift tot toepassing van de schuldsaneringsregeling ex artikel 284 de rechter tevens te verzoeken om een dwarsliggende schuldeiser te bevelen in te stemmen met een vóór indiening van dat verzoekschrift aangeboden schuldregeling (art. 287a; zie nr. 52 en par. 7.2.1). Bij de totstandkoming van deze regeling heeft de wetgever onder ogen gezien dat artikel 1 Eerste Protocol EVRM grenzen stelt aan het gedwongen ontnemen van (een deel van) het vorderingsrecht aan de schuldeiser, maar dat de in artikel 287a gekozen route voldoet aan de door het EHRM toegestane beoordelingsvrijheid van de lidstaten om daarop beperkingen aan te brengen.[20]

326. Rechtsmacht en ontvankelijkheid van het verzoek tot instemming

Aangezien de procedure tot gedwongen schuldregeling gekoppeld is aan het verzoek tot toepassing van de schuldsaneringsregeling ex artikel 284 en deze procedure onder de reikwijdte van de Europese Insolventieverordening valt (art. 1 lid 1 jo. 2 punt 4 en Bijlage A InsVo), moet de rechtsmacht worden vastgesteld aan de hand van het criterium van artikel 3 InsVo. De Nederlandse rechter is slechts bevoegd als de schuldenaar in Nederland zijn 'centrum van de voornaamste belangen' (*centre of main interest*; COMI) heeft op het ogenblik dat hij het verzoek indient om een procedure te openen. Zoals aangegeven (par. 5.2.1; zie ook nr. 263 en 393), gaat het hier om een Europeesrechtelijk begrip waarvan de uitleg uiteindelijk aan het Hof van Justitie van de Europese Unie is voorbehouden. Zo blijken latere verhuizingen niet van invloed te zijn.[21] Voor natuurlijke personen is het centrum van voornaamste belangen hun gebruikelijke verblijfplaats. Als een natuurlijke persoon een beroepsactiviteit uitoefent, zal zijn COMI doorgaans de plaats zijn waar hij zijn beroep uitoefent.[22] Nederland hanteert hiervoor het woonplaatsbegrip. Dit is de plek waar de persoon zijn 'woonstede' heeft, dat wil zeggen zijn domicilie of adres waar hij staat ingeschreven in de registers van de Burgerlijke Stand. Ontbreekt dit, dan geldt zijn werkelijke verblijfplaats als woonplaats (art. 1:10 BW).

Als de Nederlandse rechter op grond van artikel 3 InsVo bevoegd is om van het verzoek kennis te nemen, wordt de Nederlandse absolute en relatieve bevoegdheid bepaald op grond van de Faillissementswet, zodat het verzoekschrift moet worden ingediend bij de rechtbank van de woonplaats van de schuldenaar (art. 284 lid 2 jo. art. 2). Hoewel het verzoek om een gedwongen schuldregeling ex artikel 287a alleen kan worden ingediend als onderdeel van het verzoekschrift tot toepassing van de schuldsaneringsregeling, moeten die beide procedures wel uit elkaar worden gehouden. Dit geldt voor de ontvankelijkheid van het verzoek, de behandeling ter zitting, de uitspraak en de rechtsmiddelen.[23] In noodsituaties kan het nodig zijn om tevens een moratorium te verzoeken (art. 287b).

---

20 Zie MvT bij art. 287a, Kamerstukken TK (2004-2005), 29942, nr. 3.
21 HvJ-EU 17 januari 2006, C-1/04, *NJ* 2006/307 (*Staubitz-Schreiber*).
22 Rapport Virgós/Schmit, nr. 75.
23 Zie voor dit laatste HR 14 december 2012, *NJ* 2013/43 (*X/DWS c.s.*), r.o. 3.6.1-5; HR 11 juni 2021, *NJ* 2021/225.

Door de wettelijke koppeling aan elkaar kan de rechter een verzoek om een gedwongen schuldregeling ex artikel 287a alleen behandelen als het gepaard gaat met het 'gewone' verzoek tot toepassing van de schuldsaneringsregeling op grond van artikel 284. Omdat een succesvol verzoek meestal zal leiden tot een oplossing – in ieder geval voorlopig – van de liquiditeitsproblemen van de schuldenaar waardoor een toepassing van de schuldsaneringsregeling niet nodig is, heeft de wetgever hiermee willen bereiken dat het verzoek terdege is voorbereid. Beide verzoeken kunnen alleen door de schuldenaar zelf worden geëntameerd en niet door zijn schuldeisers of het Openbaar Ministerie. Zoals hierna blijkt, moet een verzoek tot toepassing van de schuldsaneringsregeling gepaard gaan met de nodige bijlagen (art. 285; zie nr. 330).[24] Daarenboven worden ook aan het specifieke verzoek om toepassing van artikel 287a afzonderlijke eisen gesteld, zoals de naam van de weigerachtige schuldeiser en de aangevoerde reden etc.[25] Als aan deze vereisten is voldaan, zal de rechter de schuldenaar en de weigerachtige schuldeiser(s) oproepen om gehoord te worden.

327. Behandeling ter zitting; beoordelingscriteria gedwongen schuldregeling

Bij een verzoek om toepassing van de gedwongen schuldregeling moet de rechtbank 'terstond' dag, uur en plaats vaststellen waarop dat verzoek wordt behandeld. Hoewel de wet hiervoor geen termijn stelt, ligt het voor de hand aan te nemen dat die zitting op korte termijn wordt bepaald. Aan de hand van het verzoek en de informatie ter zitting toetst de rechter of er redenen zijn om de schuldeiser te dwingen tot instemming met het aangeboden onderhands akkoord. Richtsnoer voor de beoordeling van het verzoek vormt een afweging van het belang van de weigerachtige schuldeiser enerzijds tegen dat van de schuldenaar en de andere schuldeisers die door die weigering worden geschaad anderzijds. Op basis van deze belangenafweging moet de rechter de (on)redelijkheid van de weigering met de schuldregeling in te stemmen beoordelen. Voor zijn oordeelsvorming moet de rechter alle concrete omstandigheden van het geval laten meespelen (zie nr. 51). Het staat de rechter niet vrij om de aangeboden schuldregeling te wijzigen zonder instemming van de schuldenaar: hij kan het slechts toe- of afwijzen.[26] Als het verzoek tot medewerking aan een minnelijke schuldregeling vooraf wordt gegaan door een verzoek om een voorlopige voorziening ex artikel 287b (nr. 329 hierna), heeft de rechter nog een handvat voor zijn beoordeling. Een dergelijk verzoek heeft de wetgever immers gekoppeld aan het verzoek om een gedwongen schuldregeling (art. 287b lid 1) en beoogt de totstandkoming van een minnelijke regeling. Daarom zal de rechter bovenstaande belangenafweging ook in die context moeten verrichten: leidt bijvoorbeeld de gedwongen ontruiming of het stopzetten van energie- en waterleveranties of zorgverzekering tot een kleinere kans op succes in het minnelijke traject? Zoals hierna (zie nr. 329) blijkt is dit een andere belangenafweging dan bij de voorlopige voorziening van artikel 287 lid 4 die vooral ziet op het welslagen van het wettelijke schuldsaneringstraject.[27]

---

24 Vgl. art. 3.1.2 Procesreglement insolventiezaken rechtbanken.
25 Zie voor de formaliteiten art. 3.2.3 in combinatie met art. 3.1.2 Procesreglement insolventiezaken rechtbanken.
26 HR 4 december 2020, *NJ* 2021/125, r.o. 3.3.3.
27 Hof Arnhem 7 oktober 2010, ECLI:NL:GHARN:2010:BO1463.

In grote lijnen komt het erop neer dat de schuldeisers met een door de rechter gedwongen schuldregeling ex artikel 287a met een redelijke mate van zekerheid een hogere of snellere aflossing krijgen dan te verwachten is bij toepassing van de schuldsaneringsregeling.[28]

De rechter doet zo mogelijk op de dag van de zitting uitspraak, maar als dat niet lukt uiterlijk na acht dagen (art. 287a lid 4).

328. Uitspraak; gevolgen en rechtsmiddelen

Als de rechter besluit het verzoek toe te wijzen, heeft dit drie gevolgen. Allereerst geldt de uitspraak van de rechter als de instemming van de weigerachtige schuldeiser, zodat een nadere actie van die kant niet meer nodig is (art. 287a lid 5 jo. 3:300 lid 1 BW). Verder gaat de gedwongen schuldregeling gepaard met een kostenveroordeling van de schuldeiser die ten onrechte zijn instemming aan het akkoord heeft onthouden (art. 287a lid 6). Ten slotte betekent toewijzing van het verzoek dat de rechter zich blijkens artikel 287a lid 8 niet meer hoeft te buigen over het – subsidiaire – verzoek tot toepassing van de schuldsaneringsregeling. Hij moet het verzoek overigens afwijzen als de schuldbemiddeling niet was uitgevoerd door een daartoe bevoegde persoon of instelling als bedoeld in artikel 48 lid 1 Wck (art. 287a lid 7).

Hoewel artikel 292 een afzonderlijke regeling geeft van het hoger beroep en cassatie in procedures over de gedwongen schuldregeling, stemt deze regeling voor de feitelijke gang van zaken overeen met die in geval van faillietverklaring (art. 8-12; zie par. 5.2.5).

De schuldeiser die door de rechterlijke uitspraak moet instemmen met de aangeboden schuldregeling heeft de mogelijkheid van hoger beroep en cassatie, telkens gedurende acht dagen na de dag van de uitspraak door de rechtbank respectievelijk het gerechtshof (art. 292 lid 1 en 6). Dit kan ook als de rechtbank het verzoek om een gedwongen schuldregeling in eerste instantie heeft afgewezen, maar het gerechtshof dat in appel alsnog toewijst. Hoewel de wet dit niet met zo veel woorden bepaalt, kan de schuldeiser ook in deze situatie in cassatie opkomen.[29]

Als de rechter het verzoek tot instemming met de aangeboden schuldregeling afwijst, kan de schuldenaar zijn verzoek tot toepassing van de schuldsaneringsregeling handhaven en de rechter vragen om daarover uitsluitsel te geven (art. 287a lid 8). De schuldenaar die dan wordt toegelaten tot de schuldsaneringsregeling kan echter geen rechtsmiddel instellen tegen de afwijzing van de gedwongen schuldregeling. Dit zou de voortgang van de schuldsanering immers te veel vertragen.[30] Als de schuldenaar echter niet tot de schuldsaneringsregeling wordt toegelaten, kan hij de afwijzing van zijn verzoek om een gedwongen schuldregeling alleen gelijktijdig met een hoger beroep respectievelijk cassatie tegen de afwijzing van het verzoek om toepassing van de schuldsaneringsregeling aan een hogere rechter voorleggen (art. 292 lid 3 en 5).[31] Dan hangt het van de beslissing van de appelrechter op dit laatste verzoek af of de schuldenaar tegen de afwijzing van de gedwongen schuldregeling

---

28 MvT bij art. 287a, Kamerstukken TK (2004-2005), 29942, nr. 3; vgl. HR 9 juli 2010, *NJ* 2010/648, r.o. 3.5.2.

29 HR 14 december 2012, *NJ* 2013/43 (*X/DWS c.s.*), r.o. 3.6.5 jo. 3.6.3-4.

30 HR 14 december 2012, *NJ* 2013/43 (*X/DWS c.s.*), r.o. 3.6.2. Vgl. HR 11 juni 2021, *NJ* 2021/225, r.o. 3.2.

31 Vgl. deel 3 Procesreglement handels- en insolventiezaken gerechtshoven.

in cassatie kan. Als het gerechtshof deze afwijzing door de rechtbank bekrachtigt, maar de schuldenaar wel tot de schuldsaneringsregeling heeft toegelaten, kan de schuldenaar daartegen wederom geen rechtsmiddel instellen.[32]

De schuldenaar is echter niet verplicht om bij afwijzing van zijn verzoek om een gedwongen schuldregeling zijn verzoek tot toepassing van de schuldsaneringsregeling te handhaven (art. 287a lid 8). Daarom is de vraag gerezen of de schuldenaar in zijn hoger beroep tegen die afwijzing ontvankelijk is, als hij dat verzoek niet handhaaft of de kans op succes op voorhand gering wordt geacht.[33] Met een beroep op de wetsgeschiedenis van de gedwongen schuldregeling heeft de Hoge Raad geoordeeld dat een redelijke en met de behoeften van de praktijk strokende uitleg van artikel 292 meebrengt dat de schuldenaar dan tegen die afwijzing een rechtsmiddel moet kunnen instellen.[34]

Behoudens de uitdrukkelijk in Titel III over de schuldsaneringsregeling opgenomen rechtsmiddelen en cassatie in belang der wet, is tegen andere rechterlijke uitspraken geen hogere voorziening mogelijk (art. 360).

329. *Voorlopige voorziening (moratorium) vóór behandeling van het verzoek (art. 287b)*

Als de schuldenaar aanstuurt op een verzoek tot een gedwongen schuldregeling ex artikel 287a kan het gebeuren dat hij de behandeling van het verzoek en de uitspraak door de rechter niet kan afwachten omdat een situatie dreigt die onevenredige of onoverkomelijke schade kan veroorzaken. Toewijzing van het verzoek zou dan wel eens te laat kunnen zijn. Voor dit geval is de wetgever de schuldenaar te hulp gekomen; deze kan de rechter vragen om een voorlopige voorziening en de gelasting van een zogenaamd 'moratorium' (art. 287b). Daarmee bereikt de schuldenaar dat de onwillige schuldeiser in een aantal specifiek genoemde gevallen gedurende zes maanden geen gebruik kan maken van de hem toekomende wettelijke middelen (art. 287b lid 5). De wet geeft een limitatieve opsomming van drie bedreigende situaties: gedwongen woningontruiming, beëindiging van de levering van gas, elektra of water en opzegging of ontbinding van de zorgverzekering (art. 287b lid 2).

> In het oorspronkelijke amendement vanuit de Tweede Kamer over het moratorium was hierbij ook nog beslag op loon en vermogen als een bedreigende situatie opgenomen.[35] Aangezien dit een vergaande inbreuk zou maken op de verhaals- en executierechten van schuldeisers is dit onderdeel op sterk afraden van de minister geschrapt.[36]

Het is overigens de vraag of deze drie situaties onderling even bedreigend zijn en of vandaag de dag bijvoorbeeld afsluiting van het internet of de kabel niet ook zeer bedreigend kan zijn gezien de afhankelijkheid van internet.

---

32 HR 14 december 2012, *NJ* 2013/43 (*X/DWS c.s.*), r.o. 3.6.2 jo. 3.6.3; vgl. Kamerstukken TK (2004-2005), 29942, nr. 3, p. 23, Kamerstukken TK (2004-2005), 29942, nr. 4, p. 3 en Kamerstukken TK (2005-2006), 29942, nr. 7, p. 87.

33 HR 14 december 2012, *NJ* 2013/43 (*X/DWS c.s.*), r.o. 3.5.1-4, 3.6.4.

34 HR 14 december 2012, *NJ* 2013/43 (*X/DWS c.s.*), r.o. 3.6.4.

35 Kamerstukken TK (2006-2007), 29942, nr. 26.

36 Kamerstukken TK (2006-2007), 29942, nr. 33.

Het verzoek om een moratorium wordt op dezelfde wijze behandeld als de gedwongen schuldregeling (art. 287b lid 3). Aangezien een verzoek om een voorlopige voorziening naar zijn aard om een belangenafweging vraagt, zal de rechter het belang van de schuldenaar (gericht op continuering van de huurrelatie, water- en energieleveranties respectievelijk de zorgverzekering) moeten plaatsen tegenover het belang van de schuldeiser om zijn rechten af te dwingen. Het verzoek van artikel 287b is gerelateerd aan het verzoek om een gedwongen schuldregeling en beoogt de totstandkoming van een minnelijke regeling. Daarom zal de rechter de belangen in deze context moeten afwegen. Zoals hiervoor (nr. 327) al is aangestipt, zal hij zich moeten afvragen in hoeverre de gedwongen ontruiming of het stopzetten van energie- en waterleveranties of zorgverzekering gaat leiden tot een kleinere kans op succes in het minnelijke traject. Hieronder (zie nr. 331) blijkt dat dit een andere belangenafweging is dan bij de voorlopige voorziening van artikel 287 lid 4. Deze ziet vooral op het welslagen van het wettelijke schuldsaneringstraject.[37]

Aangezien de wetgever in artikel 292 geen mogelijkheid van hoger beroep of cassatie tegen de uitspraak van de rechter op een verzoek ex artikel 287b heeft opgenomen, kunnen partijen – de schuldenaar bij afwijzing en de schuldeiser bij toewijzing van het verzoek – daartegen niet met een gewoon rechtsmiddel opkomen (art. 360).

7.2.2 Verzoek om toepassing van de schuldsaneringsregeling (art. 284 e.v.)

Als geen onderhands akkoord tot stand komt – al dan niet via de gedwongen schuldregeling van artikel 287a – en het minnelijk traject tot mislukken lijkt gedoemd, resteert de schuldenaar niet veel anders meer dan de formele insolventieprocedure: faillissement, surseance van betaling (mits hij zelfstandig een beroep of bedrijf uitoefent; art. 214 lid 4), of schuldsanering natuurlijke personen. Op deze plaats komt alleen deze laatste procedure aan bod. Zie voor de surseance van betaling hoofdstuk 6 en voor het faillissement hoofdstuk 5 hiervoor.

330. Aanhangig maken van de procedure

De schuldenaar die de schuldsanering natuurlijke personen op zich van toepassing wil verklaren, kan zich daartoe tot de bevoegde rechtbank wenden (art. 284 lid 2). Dit verzoek kan ook worden gedaan door het college van burgemeester en wethouders van de woon- of verblijfplaats van de schuldenaar (art. 284 lid 4). De schuldenaar dient daartoe een verzoekschrift in dat is ondertekend door hemzelf, door een advocaat of andere schriftelijk gevolmachtigde (art. 284 lid 2). Zijn echtgenoot of geregistreerd partner (tenzij tussen hen iedere gemeenschap van goederen is uitgesloten; art. 284 lid 3) moet het verzoekschrift ook ondertekenen, tenzij de schuldenaar op grond van artikel 15b vanuit faillissement omzetting in een schuldsanering natuurlijke personen verzoekt (art. 15b lid 2). In het verzoekschrift moeten de nodige bijlagen worden opgenomen die de rechter moeten helpen om vast te stellen dat de schuldenaar enerzijds aan de criteria voor de schuldsanering natuurlijke personen voldoet en anderzijds een reële kans maakt om de schuldsanering succesvol te voltooien (art. 285). De benodigde gegevens staan opgesomd

37 Vgl. Hof Arnhem 7 oktober 2010, ECLI:NL:GHARN:2010:BO1463.

in artikel 285 lid 1 sub a-i; de rechtbanken hebben dit verder uitgewerkt in artikel 3.1.2.6 van het landelijk Procesreglement insolventiezaken rechtbanken waarin is bepaald dat de verzoeker de volgende stukken en uittreksels (niet ouder dan één maand) bijvoegt:

a) een kopie van een geldig legitimatiebewijs (paspoort/rijbewijs/identiteitskaart): van de verzoeker, en van de (huwelijks)partner, als de verzoeker in enige gemeenschap van goederen is gehuwd of in enige gemeenschap van goederen een geregistreerd partnerschap is aangegaan;
b) als het verzoekschrift is ondertekend door een gevolmachtigde die niet als advocaat is ingeschreven, een geschrift waaruit de volmacht blijkt;
c) een origineel uittreksel uit de gemeentelijke basisadministratie van de verzoeker met vermelding van zijn burgerlijke staat;
d) een gemotiveerde verklaring met bijlagen dat er geen reële mogelijkheden zijn om tot een buitengerechtelijke schuldregeling te komen, en over welke aflossingsmogelijkheden de verzoeker beschikt (als bedoeld in art. 285 lid 1 aanhef en onder f), afgegeven door of namens het college van burgemeester en wethouders van de gemeente van de woon- of verblijfplaats van de verzoeker. Dit is een standaardformulier dat in overleg tussen de Raad voor Rechtsbijstand (RvR), de Vereniging voor schuldhulpverlening en sociaal bankieren (NVVK) en de Vereniging van Nederlandse Gemeenten (VNG) is opgesteld en van tijd tot tijd wordt aangepast;
e) een recente loonstrook of uitkeringsspecificatie;
f) als de verzoeker is gehuwd of een geregistreerd partnerschap is aangegaan en huwelijkse voorwaarden zijn opgemaakt, een kopie van de akte huwelijkse voorwaarden;
g) als sprake is van schulden aan (een) uitkeringsinstantie(s) of aan de belastingdienst, (telkens) een specificatie en in voorkomend geval, een terug- of invorderingsbesluit daarvan;
h) als de verzoeker een bedrijf heeft of heeft gehad, een origineel uittreksel uit het handelsregister en voor zover aanwezig, de opgemaakte jaarstukken van de laatste drie jaar;
i) als sprake is van schulden bij het CJIB, een opgave van het CJIB waarin deze schulden worden gespecificeerd;
j) als sprake is van schulden die samenhangen met een strafrechtelijke veroordeling en tot schadevergoeding aan een benadeelde wegens het plegen van een misdrijf, een specificatie van deze schulden en een kopie van het strafvonnis;
k) als de schulden zijn veroorzaakt door verslaving of psychische problemen, een recente verklaring van de daarop betrekking hebbende hulpverlening over het verloop van de behandeling.

In dit overzicht lijken de bijlagen die zijn genoemd in artikel 285 lid 1 sub a-d en g-i te ontbreken, maar de informatie die daarin is opgenomen, is terug te vinden in de zogenaamde 'artikel 285 f-verklaring' die door of namens het college van burgemeester en wethouders van de gemeente is afgegeven. Na een vingerwijzing door de Hoge Raad op basis van een 'redelijke wetstoepassing' bepaalt artikel 285 lid 1 sub f nu met zo veel woorden dat ook de andere in artikel 48 lid 1 sub c Wck aangewezen personen (faillissementscuratoren en bewindvoerders in surseance van betaling, notarissen, deurwaarders, registeraccountants en accountants-administratieconsulenten) deze verklaring zouden moeten kunnen afgeven.[38] De rechtbank kan om toezending van aanvullende stukken verzoeken. Laat de schuldenaar dit na, dan leidt dat tot niet-ontvankelijkheid van het verzoek (art. 287 lid 2).[39]

Het verzoekschrift, eventueel aangevuld met nader opgevraagde stukken, wordt zo snel mogelijk door de rechtbank behandeld (art. 287 lid 1). Een zitting is niet verplicht.[40] Als de rechtbank wel tot een zitting besluit, bepaalt zij dag, uur en plaats voor de behandeling en roept de schuldenaar op om dan in persoon te verschijnen. Ook dan wordt met de meeste spoed uitspraak gedaan, veelal aan het slot van de zitting. In het vonnis worden tevens de rechter-commissaris en de bewindvoerder benoemd (art. 287 lid 3), net als bij de surseance van betaling (art. 215), in afwijking van de 'aanstelling' van de curator in het faillissementsvonnis (art. 14).

331. Voorlopige voorziening (art. 287 lid 4)

De schuldenaar die een verzoek tot toepassing van de schuldsaneringsregeling indient, wordt als gevolg van zijn financieel penibele situatie meestal door schuldeisers belaagd om toch echt zijn schulden te betalen. Dit kan leiden tot ontbinding of beëindiging van overeenkomsten en bij huur bijvoorbeeld tot (aanzegging van) ontruiming. Net als bij het moratorium in de aanloop naar een gedwongen schuldregeling (art. 287a, 287b), kan er dan reden zijn om een voorlopige voorziening te treffen. De rechter die het verzoek tot toepassing van de schuldsaneringsregeling behandelt, heeft hiertoe de mogelijkheid op grond van artikel 287 lid 4. Hoewel deze mogelijkheid lijkt op het moratorium van artikel 287b zijn er enkele verschillen.

Zoals hiervoor in nr. 329 aan de orde is gesteld, is het moratorium bedoeld om te voorkomen dat de mogelijkheid van een gedwongen schuldregeling wordt gefrustreerd door bepaalde acties van specifieke schuldeisers voordat het verzoek is behandeld. Het moratorium is beperkt tot drie met name genoemde bedreigende situaties (art. 287b lid 2) en kent hiervoor enkele specifieke voorzieningen (van toepassing verklaren van art. 304 en 305 en verbod tot opzeggen of ontbinden zorgverzekering; art. 287b lid 4) voor een periode van maximaal zes maanden (art. 287b lid 5).

De voorlopige voorziening van artikel 287 lid 4 heeft daarentegen een breder toepassingsbereik. Zij is in de wet opgenomen om de schuldenaar te beschermen tegen acties van schuldeisers tijdens de procedure tot toepassing van de schuldsaneringsregeling, die de kans op succes daarvan verkleinen. De rechter aan wie het verzoek om een voorlopige voorziening is voorgelegd komt tot zijn oordeel op basis van een belangenafweging. Het belang van de schuldenaar is meestal gelegen in handhaving van de status quo, terwijl de schuldeiser zijn recht wil doen gelden. De wetgever heeft de rechter hierbij een grote mate van vrijheid gelaten om tot een passende voorziening te komen: noch vorm en inhoud, noch duur van de voorlopige voorziening zijn in de wet bepaald en er zijn ook geen andere beperkingen zijn gesteld. De rechter mag dus de maatregelen treffen die hij nodig vindt, voor zolang als hij nuttig

---

38 HR 5 november 2010, *NJ* 2011/31. Op grond van artikel 288 lid 2 sub b kon (*a contrario*) al worden afgeleid dat zij bevoegd zijn om tot een buitengerechtelijke schuldregeling te komen.

39 Vgl. art. 3.1.2.7 Procesreglement insolventiezaken rechtbanken.

40 Vgl. art. 3.1.3.1 Procesreglement insolventiezaken rechtbanken.

acht.[41] In de praktijk speelt vooral een dreigende ontruiming of executoriale verkoop van goederen. Bij toewijzing van het verzoek zal de rechter dat verbieden.[42] De uitspraak op het verzoek tot voorlopige voorziening komt van rechtswege te vervallen met de einduitspraak. Zoals de naam al aangeeft, heeft de verzochte maatregel een voorlopig karakter.

De procedure kent weinig formele vereisten. Mede omdat enkele bepalingen van het kort geding in het Wetboek van Burgerlijke Rechtsvordering van overeenkomstige toepassing zijn verklaard (art. 287 lid 4 jo. 256-258 Rv), vertoont zij gelijkenissen met andere procedures die zijn gericht op een voorlopige voorziening. Wel moet een verzoek tot toepassing van de schuldsaneringsregeling ex artikel 284 bij de rechter zijn ingediend. De behandeling van het verzoek om een voorlopige voorziening moet bovendien met spoed behandeld worden. Gegeven de aard van de procedure hoeven belanghebbenden – en vooral de schuldeiser tegen wie de voorziening wordt gevraagd – niet te worden opgeroepen, al wordt hierover soms anders gedacht.[43] Als de rechter het verzoek toewijst, kunnen degenen die door de voorziening worden getroffen, als belanghebbenden hoger beroep aantekenen. Hierop is de regeling uit het Wetboek van Burgerlijke Rechtsvordering van toepassing (art. 287 lid 4 jo. 358-362 Rv). Hoewel de wet het niet met zo veel woorden bepaalt, lijkt hetzelfde te gelden voor beroep in cassatie (art. 426-429 Rv). In beide gevallen bedraagt de beroeps- respectievelijk cassatietermijn de normale drie maanden, wat opmerkelijk is voor een spoedeisende procedure.[44]

332. *Subjectieve beoordelingscriteria; gedragsmaatstaf goede trouw*

Ongeacht of een voorlopige voorziening op grond van artikel 287 lid 4 is gevraagd, moet de rechter uiteindelijk een oordeel vellen over een verzoek tot toepassing van de schuldsaneringsregeling. De Faillissementswet bevat hiertoe op verschillende plaatsen criteria die hierna aan bod komen. Daarnaast bevat het Procesreglement insolventiezaken rechtbanken een bijlage met landelijk uniforme beoordelingscriteria ter uitwerking van de wettelijke criteria.[45]

Zo moet worden vastgesteld dat redelijkerwijs te voorzien is dat de schuldenaar niet zal kunnen voortgaan met het betalen van zijn schulden of dat hij verkeert in de toestand dat hij heeft opgehouden te betalen (art. 284 lid 1). Het ontbreken van het woord 'opeisbaar' bij de schuldsanering natuurlijke personen heeft geen bijzondere betekenis; de wetgever heeft aansluiting gezocht bij de criteria voor faillietverklaring en surseanceverlening.[46] Het wettelijk toelatingscriterium is in feite een combinatie van de criteria voor faillietverklaring (art. 1 en 6 lid 3) en de verlening van de voorlopige surseance van betaling (art. 214 lid 1). Is aan deze criteria niet voldaan, dan kan het verzoek niet worden toegewezen (art. 288 lid 1 sub a). Wel is in die

---

41 MvA Kamerstukken EK (2006-2007), 29942, C.

42 Zie bijv. Rb. Maastricht 6 mei 2008, ECLI:NL:RBMAA:2008:BD1261, Rb. Haarlem 27 januari 2010, ECLI:NL:RBHAA:2010:BL0813 en Rb. Breda 4 april 2011, ECLI:NL:RBBRE:2011:BQ1672.

43 Voorstander van oproeping zijn B.J. Engberts, TvS 2007/2 en Wessels, *Insolventierecht IX*, nr. 9058c; op grond van de spoedeisendheid achtte Hof Amsterdam 11 juli 2008, ECLI:NL:GHAMS:2008:BD7041 dit niet nodig.

44 Vgl. art. 339 lid 2 dat de termijn stelt op vier weken voor het hoger beroep tegen een kort gedingvonnis.

45 Art. 3.1.3.5 jo. 5.4 (bijlage III) Procesreglement insolventiezaken rechtbanken.

46 *Parl. Gesch. Fw* (Kortmann/Faber), p. 714.

zin verschil gemaakt met de surseance van betaling dat de vereiste voorzienbaarheid bij de schuldsanering natuurlijke personen is geobjectiveerd om te voorkomen dat een schuldenaar anders de schuldsaneringsregeling in een te vroeg stadium op zich van toepassing zou laten verklaren.

De schuldsanering natuurlijke personen is bedoeld voor schuldenaren die het niet valt te verwijten dat zij in financiële problemen zijn geraakt. De rechter moet dus ook beoordelen in hoeverre dat het geval is, waarbij het van belang is dat de rechter in zijn afwijzing voldoende motiveert dat hij met alle omstandigheden van het geval rekening gehouden had.[47] Hiermee wordt invulling gegeven aan de gedragsmaatstaf die met het oog op de moraliteit van de schuldenaar in de schuldsanering natuurlijke personen ligt besloten. Deze komt op verschillende manieren in de beoordeling door de rechter tot uiting.

Zo moet de schuldenaar te goeder trouw zijn geweest bij het ontstaan van de schulden en het onbetaald laten daarvan. Hierbij wordt als uitgangspunt een referentieperiode gehanteerd van vijf jaren voordat het verzoek tot toepassing van de schuldsaneringsregeling werd ingediend (art. 288 lid 1 sub b).

Van goede trouw is bijvoorbeeld[48] geen sprake als de schuldenaar:
- schulden is aangegaan terwijl hij, gelet op zijn inkomen en/of vermogen, redelijkerwijs geen uitzicht had op aflossing daarvan;
- recent nieuwe schulden van substantiële omvang of substantiële aard heeft aangegaan;
- schulden is aangegaan die voortvloeien uit een verslaving aan bijvoorbeeld gokken, alcohol en/ of drugs;
- een eigen onderneming (eenmanszaak) heeft gevoerd en (nagenoeg) geen boekhouding heeft bijgehouden of niet beschikbaar heeft;
- schulden heeft aan het UWV of de belastingdienst die betrekking hebben op een opgelegde boete, het niet-nakomen van aangifteverplichtingen of het niet-nakomen van verplichtingen tot afdracht van (omzet)belasting;
- uitkeringen heeft genoten die wegens fraude zijn teruggevorderd;
- schulden heeft die zijn ontstaan uit misdrijf of overtreding;
- (substantiële) geldboetes opgelegd heeft gekregen vanwege verkeersovertredingen (zogenaamde Wet Mulder-feiten).

Daarnaast ontbreekt de goede trouw ook als ernstig laakbare gedragingen buiten de financiële sfeer ertoe geleid hebben dat de schuldenaar zijn schulden niet meer kon voldoen of nieuwe schulden heeft doen ontstaan.[49]

Tot 1 januari 2008 was het ontbreken van die goede trouw een afwijzingsgrond voor het verzoek en mocht de rechter dat alleen doen als de kwade trouw van de schuldenaar aannemelijk was. Sindsdien echter zijn de vereisten aangescherpt en omgekeerd, zodat nu de schuldenaar die goede trouw moet aantonen. Het ontbreken van de goede trouw in deze periode hoeft echter niet aan toewijzing van het verzoek in de weg te staan, als de schuldenaar voldoende aannemelijk kan maken dat hij – kort gezegd – zijn leven gebeterd heeft; bijvoorbeeld niet meer (geestelijk of lichamelijk)

47 Vgl. HR 26 januari 2001, *NJ* 2001/178.
48 Zie de landelijk uniforme beoordelingscriteria opgenomen in bijlage IV bij het Procesreglement insolventiezaken rechtbanken (art. 3.1.3.5 jo. 5.3.4).
49 HR 10 januari 2003, *NJ* 2003/195.

ongezond leeft (verslaafd aan drank, drugs of gokken) en anderszins in een stabiele situatie is beland (art. 288 lid 3).[50]

In geval van verslavingsproblematiek wordt de schuldenaar in beginsel alleen toegelaten tot de schuldsaneringsregeling, als het aannemelijk is dat de verslaving in beginsel ten minste één jaar onder controle is; deze periode kan korter of langer zijn afhankelijk van, onder meer, de ernst en de duur van de verslaving. Dit veronderstelt dat de schuldenaar gedurende deze tijd geen drugs of alcohol meer heeft gebruikt of niet meer gokt. Bij psychosociale problematiek wordt de schuldenaar alleen toegelaten als aannemelijk is dat deze problemen al enige tijd beheersbaar zijn, in die zin dat de schuldenaar zich in maatschappelijk opzicht staande weet te houden en er voldoende hulp of een voldoende sociaal vangnet aanwezig is. Dat de verslaving onder controle is of de psychosociale problemen beheersbaar zijn, moet worden bevestigd door een hulpverlener of door een hulpverlenende instantie.[51]

Verder moet de rechter het vertrouwen hebben dat de schuldenaar de verplichtingen die voortvloeien uit de schuldsaneringsregeling naar behoren zal nakomen en zich bovendien zal inspannen om zo veel mogelijk inkomsten voor de boedel te verwerven (art. 288 lid 1 sub c).[52] Als de schuldenaar geen verblijfsvergunning of geen bron van inkomsten heeft, zal de rechter dat vertrouwen niet hebben en het verzoek dus afwijzen.[53] Als de schuldenaar zelf de Nederlandse taal niet of onvoldoende beheerst om de verplichtingen van de schuldsaneringsregeling te kunnen naleven, wordt het verzoek tot toepassing van de schuldsaneringsregeling alleen gehonoreerd als hij zich heeft voorzien van adequate hulp bij vertaling van bijvoorbeeld correspondentie.[54]

333. *Verplichte subjectieve afwijzingsgronden*

Naast deze positief geformuleerde vereisten voor toewijzing van het verzoek kent de Faillissementswet ook enkele imperatieve afwijzingsgronden. Dat betekent dat de rechter op basis daarvan het verzoek wegens de slechte moraliteit van de schuldenaar *moet* afwijzen. Dit is op grond van artikel 288 lid 2 sub c het geval als de schuldenaar in de vijf jaren voorafgaand aan het verzoek onherroepelijk is veroordeeld tot betaling van een geldboete (art. 9 lid 1 sub 4 Sr), tot een ontnemingsmaatregel (art. 36e Sr) of tot een schadevergoedingsmaatregel (aan de staat of rechtstreeks aan het slachtoffer; art. 36f Sr, 51a Sv). De rechter mag hiervoor een langere termijn in aanmerking nemen als daartoe in de gegeven omstandigheden aanleiding is, bijvoorbeeld bij zeer ernstige delicten en de schuldenaar zich daarvan weinig had aangetrokken in de richting van het slachtoffer. Die schuld kan ook voortvloeien uit een in kracht van gewijsde gegane veroordeling tot schadevergoeding door de burgerlijke rechter als bedoeld in artikel 358 lid 4, slot.

50 Afwijzing door de rechter van een beroep op deze hardheidsclausule behoeft een deugdelijke onderbouwing; zie bijv. HR 20 november 2015, *NJ* 2015/483, r.o. 3.4.3.

51 Art. 5.3.2-3 (bijlage III) Procesreglement insolventiezaken rechtbanken.

52 Het bestaan van een alimentatieverplichting en daaruit voortvloeiende schulden vormen hiervoor geen belemmering, aldus HR 18 december 2015, *NJ* 2016/161, r.o. 3.3.2 onder verwijzing naar HR 14 november 2008, *NJ* 2009/52, r.o. 3.3.2. zie voorts HR 8 januari 2021, *NJ* 2021/27, r.o. 3.2.

53 Art. 5.3.5 (bijlage III) Procesreglement insolventiezaken rechtbanken.

54 Art. 5.3.1 (bijlage III) Procesreglement insolventiezaken rechtbanken. Hier rust wel een motiveringsplicht voor de rechter; zie HR 14 februari 2014, *NJ* 2014/117, r.o. 3.5.

334. Verplichte objectieve afwijzingsgronden

Naast deze subjectieve criteria die betrekking hebben op het gedrag van de schuldenaar bevat de Faillissementswet enkele meer objectieve criteria die aan toewijzing van de schuldsanering natuurlijke personen in de weg kunnen staan. Artikel 284 opent de schuldsanering natuurlijke personen voor een schuldenaar van wie redelijkerwijs te voorzien is dat hij niet zal kunnen voortgaan met het betalen van zijn schulden. Zij hoort dan ook niet te worden toegewezen als voldoende aannemelijk is dat die schulden wel betaald kunnen worden (art. 288 lid 1 sub a). Evenmin is er plaats voor een schuldsanering natuurlijke personen als al een schuldsaneringsregeling op de schuldenaar van toepassing is (art. 288 lid 2 sub a). Deze situatie is in de praktijk mogelijk omdat de schuldenaar op wie een schuldsaneringsregeling van toepassing is nieuwe schulden kan aangaan. Tijdens de eerdere schuldsaneringsregeling blijft hij immers handelingsbekwaam en -bevoegd (art. 297).

Het verzoek moet tevens worden afgewezen als in de tien jaren voordat het verzoekschrift is ingediend een eerdere schuldsaneringsregeling op de schuldenaar van toepassing was geweest (art. 288 lid 2 sub d). Dan heeft de schuldenaar zijn financiële gedrag blijkbaar onvoldoende verbeterd.

In twee gevallen geldt deze regel echter niet: ten eerste niet als de toepassing van de schuldsaneringsregeling eerder was uitgesproken omdat de schuldenaar verkeerde in een toestand dat hij had opgehouden te betalen (art. 284 lid 1, tweede grond) en die schuldsanering was beëindigd omdat alle schulden integraal waren voldaan (art. 350 lid 3 sub a). Ten tweede niet als de toepassing van de schuldsaneringsregeling eerder was uitgesproken omdat redelijkerwijs te voorzien was dat de schuldenaar niet zou kunnen voortgaan met het betalen van zijn schulden (art. 284 lid 1, eerste grond) en de schuldenaar in staat was om zijn betalingen te hervatten (art. 350 lid 3 sub b). Ook als de beëindiging van de eerdere schuldsaneringsregeling het gevolg was van het doen of laten ontstaan van bovenmatige schulden in die periode (art. 350 lid 3 sub d), terwijl de redenen daarvoor de schuldenaar niet waren aan te rekenen (art. 288 lid 2 sub d), volgt niet de imperatieve afwijzing van artikel 288 lid 2 sub d.

Bij een beëindiging op de voet van artikel 354 begint deze 10-jaarstermijn te lopen vanaf het 'materiële' einde van de schuldsaneringsregeling (art. 349a). Dit tijdstip bepaalt immers of de schuldenaar in aanmerking komt voor de schone lei.[55] Als de termijn verlengd is (art. 349a; nr. 365) begint de termijn te lopen als de verlengde termijn is verstreken, terwijl in de gevallen waarin de toepassing van de schuldsaneringsregeling wordt beëindigd op grond van artikel 350 of 354a, begint de termijn te lopen als die uitspraak in kracht van gewijsde is gegaan.[56]

Een ander objectief criterium is de eis dat het minnelijke traject is begeleid door een schuldbemiddelaar die daartoe bevoegd is op grond van artikel 48 Wck (art. 288 lid 2 sub b). Dit zijn gemeenten, gemeentelijke kredietbanken of andere door gemeenten gehouden instellingen die zich krachtens hun doelstelling met schuldbemiddeling bezighouden, en verder advocaten, faillissementscuratoren en bewindvoerders in surseance van betaling, notarissen, deurwaarders, registeraccountants en accountants-administratieconsulenten (art. 48 lid 1 sub b-c Wck). In zijn verzoekschrift moet de schuldenaar een verklaring van die schuldbemiddelaar bijvoegen

55 HR 31 maart 2017, *NJ* 2017/324, r.o. 3.3.4 en 3.3.6.
56 HR 31 maart 2017, *NJ* 2017/324, r.o. 3.3.7.

waarin deze motiveert waarom er geen reële mogelijkheden waren om tot een buitengerechtelijke schuldregeling te komen, en aangeeft over welke aflossingsmogelijkheden de schuldenaar beschikt (art. 285 lid 1 sub f). De gedachte achter dit vereiste is dat de rechter goed voorgelicht wordt en dat een *bona fide* schuldbemiddelaar al het nodige heeft geprobeerd om tot een minnelijke oplossing te komen. Door te eisen dat de schuldbemiddelaar bevoegd is op grond van artikel 48 Wck mag de rechter uitgaan van de kwaliteit van de geboden schuldhulp en hoeft hij zich daar niet meer over te buigen, zoals de wetgever had beoogd bij zijn versterking van het minnelijk traject.[57]

335. *Uitspraak; toewijzing van het verzoek*

Nadat de rechter zich over het verzoek tot toepassing van de schuldsaneringsregeling heeft gebogen – al dan niet na de schuldenaar ter zitting te hebben gehoord – moet hij 'met de meeste spoed' bij vonnis uitspraak doen (art. 287 lid 1). Als een mondelinge behandeling heeft plaatsgevonden, wordt bij voorkeur direct na de sluiting van de zitting uitspraak gedaan.[58] Hierbij heeft de rechter de keuze tussen toewijzing van het verzoek of afwijzing.

Bij toewijzing van het verzoek door de rechtbank treedt de schuldsaneringsregeling net als bij het faillissement (art. 23) in werking vanaf het begin van de dag van de uitspraak (art. 287 lid 1). Met de benoeming van de rechter-commissaris en de bewindvoerder zijn vanaf die dag ook de belangrijkste actoren in functie (art. 287 lid 3). De schuldsaneringsregeling wordt aan de postbedrijven bekendgemaakt (art. 293 lid 2), en in samenhang daarmee krijgt de bewindvoerder met het vonnis de last om de post van de schuldenaar te openen. Anders dan bij faillissement is de postblokkade bij de schuldsanering natuurlijke personen in beginsel beperkt tot dertien maanden (art. 287 lid 5). Hoewel deze termijn gewijzigd kan worden, is de gedachte dat de bewindvoerder door inzage in de post van de schuldenaar in die periode, voldoende inzicht in het financiële reilen en zeilen van de schuldenaar moet kunnen hebben.[59]

Het vonnis waarin de toepassing van de schuldsaneringsregeling wordt uitgesproken kan daarnaast een aantal extra elementen bevatten. Zo kan in het vonnis een dagbepaling voor de verificatievergadering en de uiterste termijn voor indiening van vorderingen worden opgenomen (art. 289). Ter bescherming van de belangen van de schuldeisers kan de rechter in zijn uitspraak tevens voorzieningen opnemen die daarvoor noodzakelijk zijn (art. 290). De rechter is hierin vrij om de vorm en inhoud van een dergelijke voorziening te treffen, zodat maatwerk kan worden geleverd. Verder kan de rechter deskundigen benoemen om zich te buigen over de staat van de boedel en zich een oordeel aan te meten over de betrouwbaarheid van de door de schuldenaar aangeleverde (financiële) stukken (art. 291).

Nadat het verzoek tot toepassing van de schuldsaneringsregeling is ingediend, wordt dit bij de griffie van de rechtbank gedeponeerd. Het ligt dan echter nog niet ter

---

57 Kamerstukken TK (2006-2007), 29942, nr. 20H, welk argument ook speelde in HR 5 november 2011, *NJ* 2011/32, r.o. 3.3.1 e.v en de bijbehorende conclusie A-G Wuisman, nr. 2.2-2.8.
58 Art. 3.1.4.1 Procesreglement insolventiezaken rechtbanken.
59 Vgl. art. 1.2b en 3.4 Recofa-richtlijnen voor schuldsaneringsregelingen.

inzage. Pas als de schuldsaneringsregeling daadwerkelijk wordt uitgesproken liggen deze stukken voor een ieder kosteloos ter inzage (art. 286). De griffier zorgt voorts voor de nodige publicaties van het vonnis: in de Staatscourant (art. 293 lid 1), het bij de rechtbank aangehouden insolventieregister (art. 294) en het Centraal Insolventieregister (art. 294b).[60]

Een toewijzing van het verzoek tot toepassing van de schuldsaneringsregeling heeft onmiddellijk kracht van gewijsde. De schuldenaar krijgt immers wat hij verzocht heeft, terwijl schuldeisers noch enig andere belanghebbende (bijvoorbeeld echtgenoot/geregistreerd partner of een werknemer) de gewone rechtsmiddelen van verzet, hoger beroep of cassatie kunnen instellen (art. 292 lid 2).[61]

336. Afwijzing van het verzoek; rechtsmiddelen

Als de rechter het verzoek tot toepassing van de schuldsaneringsregeling afwijst, verandert in beginsel niets in de rechtspositie van de schuldenaar jegens zijn schuldeisers. Deze kunnen doorgaan met hun verhaals- en executieacties. Als een moratorium op grond van artikel 287b was gelast, eindigt dit niet automatisch door de afwijzing maar pas door het verstrijken van de opgelegde termijn (art. 287b lid 5). De schuldenaar kan immers nog in hoger beroep gaan, waardoor hij belang kan houden bij het moratorium. Hetzelfde geldt voor de voorlopige voorzieningen die zijn getroffen op basis van artikel 287 lid 4. Deze vervallen pas als de afwijzing van het verzoek onherroepelijk is geworden.

Wanneer de rechter het verzoek heeft afgewezen, komt daardoor de penibele financiële situatie van de situatie niet te vervallen. Dit hoeft echter niet noodzakelijkerwijze tot zijn faillissement te leiden. Een schuldenaar kan immers al een verzoek tot toepassing van de schuldsaneringsregeling doen als redelijkerwijs te voorzien is dat hij niet zal kunnen voortgaan met betalen. Er hoeft dus nog geen sprake te zijn van een daadwerkelijke faillissementstoestand. Iets vergelijkbaars geldt als het verzoek is afgewezen omdat het onvoldoende aannemelijk is dat de schuldenaar niet zal kunnen voortgaan met betalen (art. 288 lid 1 sub a). Daarom verbiedt de wet dat de rechter de schuldenaar ambtshalve failliet verklaart (art. 288 lid 5 en 292 lid 8). Dit hoeft de schuldenaar er overigens niet van te weerhouden om zijn eigen faillissement aan te vragen (art. 1).

De schuldenaar van wie het verzoek om toepassing van de schuldsaneringsregeling is afgewezen kan daartegen gedurende acht dagen na de uitspraak in hoger beroep gaan bij het gerechtshof (art. 292 lid 3). Als de rechter de schuldenaar de afwijzing mondeling ter zitting meedeelt, moet hij hem tevens op deze mogelijkheid wijzen. Het hoger beroep kan zich eveneens uitstrekken tot de afwijzing van het verzoek om een gedwongen schuldregeling ex artikel 287a. Dit moet tegelijkertijd en gezamenlijk worden ingesteld om onnodige vertraging te voorkomen (art. 292 lid 3, slot).[62] Daarom mag de schuldenaar niet in beroep komen tegen de afwijzing van de gedwongen schuldregeling en tegelijkertijd de behandeling van zijn verzoek

---

60 Art. 3.1.4 Procesreglement insolventiezaken rechtbanken .
61 HR 14 december 2012, *NJ* 2013/43 (*X/DWS c.s.*), r.o. 3.6.2.
62 HR 14 december 2012, *NJ* 2013/43 (*X/DWS c.s.*), r.o. 3.6.3; vgl. Kamerstukken TK (2004-2005), 29942, nr. 3, p. 23.

om toegelaten te worden tot de schuldsaneringsregeling door de rechter laten aanhouden omdat hij dat verzoek handhaaft (art. 287a lid 8).[63] Het hoger beroep wordt op korte termijn behandeld en afgedaan: maximaal twintig dagen na ontvangst van het hoger beroep moet de zitting plaatsvinden waarna in beginsel na uiterlijk acht dagen de uitspraak volgt (art. 292 lid 4).[64]

Als het gerechtshof de afwijzing van het verzoek tot toepassing van de schuldsaneringsregeling bekrachtigt, kan de schuldenaar gedurende acht dagen na het arrest van het gerechtshof daarvan in cassatie komen (art. 292 lid 5). De cassatie kan zich net als het hoger beroep uitstrekken tot de afwijzing van het verzoek om een gedwongen schuldregeling ex artikel 287a, mits weer tegelijkertijd en gezamenlijk ingesteld (art. 292 lid 5). Ook in deze instantie moet met voortvarendheid geprocedeerd worden, al bevat de wet hiervoor geen specifieke termijnen.

Tegen een vernietiging door het gerechtshof of de Hoge Raad van een eerdere afwijzing kunnen de schuldeisers niets beginnen (art. 292 lid 2). Zodra het verzoek om toepassing van de schuldsaneringsregeling in hoger beroep of cassatie is gehonoreerd, wordt daarvan zo snel mogelijk mededeling gedaan aan de griffier van de rechtbank waar het oorspronkelijke verzoek was ingediend. Deze rechtbank moet dan overgaan tot benoeming van de rechter-commissaris en de bewindvoerder (art. 292 lid 9). De schuldsaneringsregeling is echter al van toepassing vanaf de dag waarop het gerechtshof of de Hoge Raad die heeft uitgesproken (art. 287 lid 1).

7.3 Betrokkenen bij de schuldsaneringsregeling

337. Inleiding

Het bestuur over de boedel is geregeld in de derde afdeling van Titel III (art. 314-321). De schuldsanering natuurlijke personen kent net als het faillissement twee nieuwe functionarissen die met het uitspreken daarvan aantreden: de bewindvoerder en de rechter-commissaris. Verder heeft ook de rechtbank een bepaalde, deels met die in faillissement vergelijkbare, rol. Ten slotte is een rol weggelegd voor de Raad voor Rechtsbijstand en zijn Bureau Wsnp, een instelling die bij het faillissement en de surseance van betaling niet voorkomt. Gezien de aard van de problematiek van natuurlijke personen en het feit dat bedrijfsactiviteiten in de schuldsaneringsregeling in beginsel gestaakt moeten worden,[65] kent de Wsnp geen schuldeiserscommissie. Deze heeft in faillissement immers vooral een functie om de curator vanuit technisch en commercieel opzicht bij te staan bij de voortzetting van bedrijfsactiviteiten.[66]

De rol van de bewindvoerder lijkt deels op die van de curator, maar is deels anders dan in faillissement. Omdat de bewindvoerder enkele taken heeft die anders zijn dan die van de curator in faillissement, heeft hij een andere benaming. De bepalingen voor het faillissement zijn ook niet onverkort van overeenkomstige toepassing

---

63 HR 11 juni 2021, *NJ* 2021/225, r.o. 3.2 met verwijzing naar HR 14 december 2012, *NJ* 2013/43 (X/DWS c.s.).

64 Zie over de behandeling in hoger beroep voorts hfdst. 3 Procesreglement handels- en insolventiezaken gerechtshoven.

65 Vgl. art. 3.6 Recofa-richtlijnen voor schuldsaneringsregelingen.

66 *Parl. Gesch. Fw* (Van der Feltz) II, p. 23-24; zie hiervoor par. 5.3.5.

verklaard, al zijn de parallellen groot. De taken en bevoegdheden van de rechter-commissaris zijn in belangrijke mate gelijk aan die in faillissement.

Zo komt artikel 314 sterk overeen met artikel 64-66 (over de taken en bevoegdheden van de rechter-commissaris), artikel 315 met artikel 67 (rechtsmiddelen tegen beschikkingen van de rechter-commissaris), artikel 317 met artikel 69 (bevel door de rechter-commissaris), artikel 319 met artikel 73 (ontslag), artikel 320 in essentie met artikel 71 (salarisvaststelling), terwijl artikel 321 de artikelen 85 en 86 (rechterlijke beschikkingen) van overeenkomstige toepassing verklaart. Weliswaar wijken artikel 316 (taken bewindvoerder) en 318 (periodieke verslaglegging bewindvoerder) af van de corresponderende bepalingen bij faillissement (art. 68, 72, 73a), maar behandelen die wel dezelfde materie. Een pendant van artikel 70 over meerhoofdig curatorschap ontbreekt. Dit verbaast niet, omdat bij invoering van de Wsnp de verwachting werd geuit dat in veel gevallen geen ingewikkelde juridische problemen werden verwacht.[67]

In deze paragraaf komen vooral de afwijkingen ten opzichte van het faillissement aan bod (zie daarover par. 5.3.3 en 5.3.4). Deze zien voornamelijk op artikel 316 – en in iets mindere mate artikel 318 en 320 – voor de bewindvoerder (par. 7.3.1) en de daarmee samenhangende rol van de rechter-commissaris (art. 314; par. 7.3.2). Ten slotte wordt de rol van de rechtbank besproken, vooral waar deze anders is dan in faillissement (par. 7.3.3) en het Bureau Wsnp van de Raad voor Rechtsbijstand (par. 7.3.4).

7.3.1 Bewindvoerder

Hoewel de wetgever in artikel 287 lid 3 spreekt over de 'benoeming' van de bewindvoerder en niet over 'aanstelling' zoals bij de curator (art. 14 lid 1), is hiermee niet een wezenlijk andere methodiek beoogd. De bewindvoerder bij de schuldsanering natuurlijke personen heeft wel een uitgebreidere taak dan de curator in faillissement. Naast het beheer en de vereffening van het vermogen van de schuldenaar houdt de bewindvoerder toezicht op de naleving van de verplichtingen die voor de schuldenaar voortvloeien uit de schuldsaneringsregeling (art. 316 lid 1 sub a, b). Dit betekent dat ook bij de schuldsanering natuurlijke personen de bewindvoerder primair tot taak heeft de belangen van de schuldeisers te behartigen.[68] Hij is geen maatschappelijk werker en ook niet verantwoordelijk voor de manier waarop de schuldenaar weer vat krijgt op zijn financiële omstandigheden. De bewindvoerder heeft geen taak bij het budgetbeheer, zelfs niet als bepaalde geldstromen voor de schuldenaar via de boedelrekening lopen (art. 310).

338. Benoeming

De wetgever achtte het van belang dat de rechter volledig vrij is in zijn keuze voor de benoeming van een bewindvoerder, die ook een rechtspersoon zou mogen zijn.[69] Net als in Titel I voor het faillissement bevat de wet geen criteria waaraan een bewindvoerder moet voldoen om voor benoeming in aanmerking te komen. In verband met de benoeming van een bewindvoerder zijn twee aspecten relevant: de aanmelding

67 MvT (Kamerstukken TK (1992-1993), 22969, nr. 3), nr. 35.
68 Vgl. HR 21 november 2008, RvdW 2008/1059.
69 MvT (Kamerstukken TK (1992-1993), 22969, nr. 3), nr. 35.

als geïnteresseerde voor benoemingen bij de Raad voor Rechtsbijstand – of als men geïnteresseerd advocaat is aanmelding daarvan bij de rechtbank – en de benoeming in een specifieke schuldsaneringsregeling door de rechtbank.

De eis dat men een door de Raad voor Rechtsbijstand erkende bewindvoerder is, wordt niet door de wet gesteld, maar vloeit voort uit de benoemingsvereisten die de rechtbanken hebben opgenomen in de Recofa-richtlijnen voor schuldsaneringsregelingen.[70] De Raad voor Rechtsbijstand is via zijn Bureau Wsnp belast met de monitoring van de Wsnp en de uitvoering van de schuldsaneringsregelingen.[71] Dit omvat mede de toekenning van de bewindvoerdersvergoeding om de kosten van de bewindvoerder te dekken voor zijn activiteiten die niet uit de boedel kunnen worden voldaan.[72] Aangezien zich dit in bijna alle gevallen voordoet, zal een bewindvoerder vooral om deze reden erkenning door de Raad voor Rechtsbijstand verzoeken. In de praktijk zijn inmiddels de nodige criteria ontwikkeld om in het register van de Raad voor Rechtsbijstand te worden opgenomen en voor benoeming in aanmerking te komen. De Raad voor Rechtsbijstand heeft bij het formuleren van deze criteria een voortrekkersrol gespeeld.[73]

Een advocaat hoeft zich niet te melden bij de Raad voor Rechtsbijstand om voor benoeming door de rechtbank in aanmerking te komen, maar zal dit wel moeten doen als hij aanspraak wil maken op de bewindvoerdersvergoeding. De beoordeling van het verzoek tot plaatsing op de bewindvoerderslijst van de rechtbank gebeurt op vergelijkbare wijze als bij een curator (zie nr. 121). Aangezien er voor de schuldsanering natuurlijke personen geen al te ingewikkelde juridische problemen werden verwacht, werd gesteld dat een bewindvoerder niet per se een advocaat hoeft te zijn; veel vaker zijn het medewerkers van gemeentelijke kredietbanken of maatschappelijke instellingen die zich met schuldhulpverlening bezighouden.[74] Daarnaast hebben verschillende private organisaties, ten dele aangesloten bij de Beroepsvereniging Bewindvoerders Wsnp (BBW), zich toegelegd op de vervulling van bewindvoerderstaken onder de Wsnp. Bij de mogelijkheid om ook niet-advocaten tot bewindvoerder te benoemen speelde overigens ook het kostenaspect mee, omdat voorkomen moet worden dat de – meestal geringe – boedel (nagenoeg) uitsluitend zou dienen om de kosten van de bewindvoerder te voldoen.[75] De wetgever achtte het niettemin van belang dat de rechter vrij is in zijn keuze voor de benoeming van een bewindvoerder en daarbij alle omstandigheden van het geval kan laten meespelen.

Anders dan bij faillissement kan de bewindvoerder bij de schuldsanering natuurlijke personen ook een rechtspersoon zijn en is niet noodzakelijkerwijze een

---

70 Art. 1.1 Recofa-richtlijnen voor schuldsaneringsregelingen.

71 Zie www.bureauwsnp.nl/over-bureau-wsnp.

72 Zie Besluit vergoeding bewindvoerder schuldsanering (*Stb.* 2013, 308).

73 Art. 1.1 Recofa-richtlijnen voor schuldsaneringsregelingen. Deze criteria zijn te vinden op de Wsnp-website (www.bureauwsnp.nl) en in het Reglement register bewindvoerder Wsnp II, *Stcrt.* 2014, 3254 (7 februari 2014); vgl. Beleidsregels voor inschrijving bewindvoerders Wsnp en bewindvoerderorganisaties Wsnp in het register (*Stcrt.* 2015, 44924).

74 Zie voor de verdeling advocaat/niet-advocaat onder de benoemde bewindvoerders de verschillende Monitor Wsnp-edities (1-8; 2005-2012), waarin dat is gekwantificeerd.

75 MvT (Kamerstukken TK (1992-1993), 22969, nr. 3), nr. 35, *Parl. Gesch. Fw* (Kortmann/Faber), p. 642.

natuurlijke persoon.[76] Dit gebeurt in de praktijk als bewindvoerdersorganisaties door de rechtbank tot bewindvoerder worden benoemd met vermelding van een van de daar werkzame bewindvoerders als aanspreekpunt.

Met plaatsing in het register van erkende bewindvoerders van de Raad voor Rechtsbijstand of op de bewindvoerderslijst van de rechtbank is er nog geen benoeming in een concrete schuldsaneringsregeling. Wie vervolgens in een concreet geval tot bewindvoerder wordt benoemd, is in beginsel een volledig discretionaire bevoegdheid van de rechtbank. Zij zal hiertoe een inschatting maken van de schuldenaar en de te verwachten werkzaamheden, zowel naar aard als omvang, en een hierbij passende persoon of organisatie uitzoeken. Naast de omvang van de schuldsaneringsregeling spelen hierbij net als bij de aanstelling van curatoren in een faillissement verschillende andere aspecten een rol: de eerdere ervaringen met potentiële bewindvoerders, zowel in de procedurele afwikkeling als in de inhoudelijke behandeling daarvan, en de waardering of klachten over eerder optreden. Daarnaast laten rechters soms ook meespelen of iemand de afgelopen periode al vaker is benoemd of iemand van zijn kantoor, en soms komen ook persoonlijke voorkeuren om de hoek kijken. Het richtsnoer is hetzelfde als bij faillissementen, namelijk dat van een adequate, voortvarende en zo probleemloos mogelijke afwikkeling van de toe te bedelen schuldsanering.

339. Rechtsverhouding jegens de betrokkenen

Nadat hij zijn benoeming heeft aanvaard, is de positie van de bewindvoerder jegens de verschillende betrokkenen bij de schuldsaneringsregeling te vergelijken met die van de curator bij faillissementen (zie nr. 122 e.v.). Zo kan hij zijn bevoegdheden jegens de schuldenaar en de schuldeisers het beste uitoefenen op basis van zijn eigen recht, dat hem door artikel 316 is toegekend. Ook jegens de rechter-commissaris en de rechtbank lijkt de positie van de bewindvoerder het best benaderd te kunnen worden als een rechtsverhouding *sui generis*. Deze rechtsverhouding wordt ingevuld door de Faillissementswet en eventuele andere relevante regelgeving, zoals de Recofa-richtlijnen voor schuldsaneringsregelingen. Ten slotte wordt het gedrag van de bewindvoerder net als dat van de curator beïnvloed door de opvattingen over de invulling van het toezicht door de – regelmatig elkaar opvolgende – individuele rechters-commissarissen.

Als de bewindvoerder in zijn hoedanigheid aan het rechtsverkeer deelneemt, bindt hij materieel de boedel, dat wil zeggen het vermogen van de schuldenaar, maar treedt hij in conflicten met derden formeel op als de procespartij jegens wie of door wie geprocedeerd wordt. De privérol van de bewindvoerder als privépersoon komt in beeld als hij zich niet heeft gedragen zoals een bekwaam en nauwlettend optredend bewindvoerder betaamt. Aan te nemen valt dat de zogenaamde Maclou-norm die voor de privéaansprakelijkheid van curatoren is ontwikkeld ook voor de bewindvoerder geldt.[77] Wanneer dit gedrag schade ten gevolge heeft, is de bewindvoerder

76 Zie MvT (Kamerstukken TK (1992-1993), 22969, nr. 3), nr. 35 (*Parl. Gesch. Fw* (Kortmann/Faber), p. 642), ook al verbiedt de Faillissementswet de aanstelling van een rechtspersoon tot curator evenmin (zie nr. 121).

77 HR 19 april 1996, *NJ* 1996/727 (*Maclou/Curatoren Van Schuppen*). Zie hierover nr. 130.

in privé aansprakelijk en zal hij die schade uit zijn eigen portemonnee moeten vergoeden. Deze aansprakelijkheid is overigens niet beperkt tot willekeurige derden, maar strekt zich ook uit tot de schuldenaar of de schuldeisers ingeval hij zijn taken niet naar behoren uitvoert.

340. Taken en bevoegdheden

Sinds 1 januari 2008 heeft de bewindvoerder twee hoofdtaken: ten eerste moet hij erop toezien dat de schuldenaar zijn verplichtingen die uit de schuldsaneringsregeling voortvloeien nakomt, en ten tweede beheert en vereffent hij de boedel (art. 316 lid 1).

De eerste taak van de bewindvoerder kent geen evenknie in faillissement. De schuldsanering natuurlijke personen is immers alleen mogelijk als de schuldenaar dat zelf wil, omdat hij aan het einde van de schuldsaneringsregeling een schone lei wenst. Met de schone lei raakt de schuldenaar zijn schuldenlast kwijt en dit vereist dat hij al het mogelijke verricht om zijn schuldeisers zo veel mogelijk tegemoet te komen. In dit verband rust op hem een vergaande inspanningsverplichting inkomsten te verwerven, niet alleen door vereffening van zijn vermogen maar ook door betaald werk te verrichten (zie nr. 358). De Faillissementswet bevat echter alleen een aantal verwijzingen naar de "uit de schuldsaneringsregeling voortvloeiende verplichtingen" zonder deze verder uit te werken.[78] In de praktijk zijn deze verplichtingen niettemin enigszins geconcretiseerd (zie nr. 358). Aangezien het in het eigenbelang van de schuldenaar is om die verplichtingen na te komen, bestaat er niet echt behoefte aan specifieke bevoegdheden voor de bewindvoerder om die af te dwingen; als de schuldenaar die verplichtingen niet nakomt, loopt hij immers het risico geen schone lei te krijgen. De bewindvoerder heeft van zijn kant daarentegen wel enkele verplichtingen jegens de schuldenaar, die voornamelijk zien op de communicatie tussen hen: zo moet hij de schuldenaar duidelijk uitleggen waarover contact (zo nodig schriftelijk) met hem kan worden gezocht, wekelijks een aantal uren telefonisch bereikbaar zijn en daarvan notities bijhouden en toezeggingen om terug te bellen nakomen.[79]

De tweede in artikel 316 lid 1 genoemde taak (beheer en vereffening van de boedel) komt overeen met die van de curator in faillissement (art. 68), zodat het daarover gestelde van overeenkomstige toepassing is op de bewindvoerder. Net als bij het faillissement gaat het dan om het veiligstellen, bewaren, beheren van de activa (art. 323; vgl. art. 92, zie nr. 127); het eventueel reconstrueren van de boedel (par. 5.4.1 en 5.4.2); de vereffening en tegeldemaking van de activa met het oog op een uitdeling aan de schuldeisers na verificatie van de ingediende vorderingen (par. 5.4); het afronden van de schuldsaneringsregeling en daarover verantwoording afleggen (zie par. 5.5). Verder moet de bewindvoerder een boedelrekening openen.[80] Ten slotte moet worden vastgesteld wat het zogenaamde 'vrij te laten bedrag' (vtlb) is (art. 295 lid 2-3).[81]

78 Zie art. 288 lid 1 sub c, 350 lid 3 sub c en g, 351a, 353, 354, 354a.
79 Art. 3.1 Recofa-richtlijnen voor schuldsaneringsregelingen.
80 Art. 3.2 Recofa-richtlijnen voor schuldsaneringsregelingen.
81 Zie over het vtlb en de berekening daarvan, art. 3.7 Recofa-richtlijnen voor schuldsaneringsregelingen.

341. Reconstructietaak

Hoewel de bewindvoerder in tegenstelling tot de curator niet gehouden is om onderzoek te doen naar eventuele 'onregelmatigheden' (art. 68 lid 2), heeft hij in het kader van zijn beheer wel mede tot taak om onderzoek te doen naar mogelijkheden om de boedel te 'reconstrueren' (nr. 180 e.v.). Hiertoe staan de bewindvoerder verschillende middelen ten dienste. Zo moet hij binnen veertien dagen een huisbezoek aan de schuldenaar brengen en krijgt hij vanaf de toepassing van de schuldsaneringsregeling alle post die aan de schuldenaar is geadresseerd rechtstreeks van de postbedrijven doorgestuurd (art. 294, 327 jo. 99).[82] Om informatie te verzamelen kan de bewindvoerder de schuldenaar oproepen om hem alle inlichtingen te verschaffen die hij dienstig acht (art. 327 jo. 105). Anders dan bij faillissement is deze verplichting niet versterkt met de mogelijkheid van faillissementsgijzeling. Bij de schuldsanering natuurlijke personen is dit niet nodig geacht, omdat de schuldenaar uit eigenbelang zal meewerken, omdat hij anders geen schone lei krijgt (art. 350 lid 3 sub c). Andere personen kan de bewindvoerder via de rechter-commissaris laten oproepen om als getuige of deskundige te laten horen (art. 314 lid 2 jo. 66).

Als de bewindvoerder erachter komt dat in de fase voorafgaand aan de toepassing van de schuldsaneringsregeling onoirbare handelingen hebben plaatsgevonden waardoor activa aan de boedel zijn onttrokken, dan kan hij verschillende bevoegdheden inzetten om dat ongedaan te maken. Voor de reconstructie van de boedel kan hij de faillissementspauliana (art. 313 jo. 42-51; par. 5.4.2.1) inzetten of de Peeters/Gatzen-vordering (par. 5.4.2.2). Als de aangesproken persoon niet vrijwillig wil voldoen moet de bewindvoerder zijn doel proberen te bereiken door te procederen. Hiertoe heeft hij de machtiging nodig van de rechter-commissaris (art. 316 lid 2) net als voor het aangaan van schikkingen in dat verband (art. 327 jo. 104). Als onoirbare handelingen de schuldenaar te verwijten vallen, zal dat meestal tot beëindiging van de schuldsaneringsregeling leiden zonder schone lei (art. 350 lid 3 sub c).

342. Vereffeningstaak

Voor de vereffeningstaak van de bewindvoerder is van belang dat de boedel bij de schuldsanering natuurlijke personen – anders dan bij faillissement – onmiddellijk in staat van insolventie verkeert vanaf het tijdstip waarop de toepassing van de schuldsaneringsregeling is uitgesproken (art. 347); bij faillissement is dat pas vanaf de verificatievergadering als er dan geen akkoord is aangenomen of het akkoord later niet gehomologeerd wordt (art. 173; zie nr. 129, 169 en par. 5.5.3). De bewindvoerder kan daarom in tegenstelling tot de curator direct overgaan tot vereffening. Bij de meeste schuldsaneringsregelingen is de omvang van de boedel beperkt, waardoor ook de vereffeningsactiviteit beperkt van omvang is. Als de schuldenaar een eigen onderneming heeft, moet deze in beginsel worden gestaakt (art. 311).[83] Bij een eigen woning met een hypothecaire zekerheid hangt het van de overwaarde af of het zinvol is om die te verkopen, omdat de schuldenaar dan extra kosten moet maken in verband met verhuizing etc. (art. 303 lid en 358 lid 5).

---

82 Art. 3.3, 3.4 Recofa-richtlijnen voor schuldsaneringsregelingen. Vgl. nr. 107 bij faillissement.
83 Art. 3.6 Recofa-richtlijnen voor schuldsaneringsregelingen.

De activa worden te gelde gemaakt op een manier die voor de boedel zo voordelig mogelijk is. In afwijking van het faillissement is de verkoop in beginsel ondershands, tenzij de rechter-commissaris anders bepaalt (art. 347 lid 2). Vergeleken met faillissement is dit dus net omgekeerd, omdat in de praktijk een onderhandse verkoop van goederen van een particulier doorgaans meer oplevert. De bruto-opbrengst wordt verminderd met de executiekosten. Vervolgens worden op de gerealiseerde netto-opbrengst van alle activa de kosten van de schuldsanering in mindering gebracht (349 lid 5 jo. 182). Hieronder vallen ook de boedelschulden die de bewindvoerder moet betalen (inclusief zijn eigen salaris). Blijkt dit onvoldoende en resteert dus niets voor een uitdeling onder de schuldeisers, dan leidt dit op zichzelf nog niet tot een beëindiging van de schuldsanering, zoals bij faillissement. Op grond van artikel 288 lid 4 is dat immers geen reden om iemand de toegang tot de schuldsaneringsregeling te weigeren.

343. *Verificatie- en uitdelingstaak*

In de uitoefening van zijn taak om de boedel te vereffenen heeft de bewindvoerder bij de verificatie dezelfde rol als de curator (art. 328; zie nr. 232). De vorderingen van de schuldeisers worden op vergelijkbare wijze geverifieerd als in faillissement. Als de aanspraken van alle schuldeisers zijn vastgesteld, zo nodig na afronding van eventuele renvooiprocedures (door een uitspraak of een schikking), gaat de bewindvoerder over tot uitdeling. Afhankelijk van de beschikbaarheid van gelden moet de bewindvoerder tussentijds al uitdelingen doen aan de geverifieerde schuldeisers (art. 349). Hoewel artikel 180 niet van overeenkomstige toepassing is verklaard in artikel 349 en de bewindvoerder dus geen goedkeuring van de rechter-commissaris lijkt nodig te hebben voor de uitdelingslijst, is dit vermoedelijk een vergissing van de wetgever. In het wel van overeenkomstige toepassing verklaarde artikel 183 (zie art. 349 lid 5) wordt immers gesproken van de door de rechter-commissaris goedgekeurde uitdelingslijst. Daarom heeft de bewindvoerder wel de machtiging van de rechter-commissaris nodig om tot uitdeling over te gaan (art. 316 lid 2 jo. 349 lid 1). Na deponering van de uitdelingslijst kan iedere schuldeiser hiertegen in verzet komen, wat tot een procedure kan leiden. Hierin treedt de bewindvoerder als procespartij op met alle rechten en verplichtingen van dien (art. 349 lid 5 jo. 184-187; nr. 252).

Nadat alle aanspraken zijn vastgesteld en eventueel verzet is afgewikkeld gaat de bewindvoerder over tot onmiddellijke uitkering van de vastgestelde bedragen aan de schuldeisers. Voor zover dit niet lukt, omdat de schuldeiser niet meer vindbaar is of verkeerde gegevens heeft achtergelaten, is de bewindvoerder verplicht om de vastgestelde bedragen in de consignatiekas te storten (art. 349 lid 5 jo. 192). Met het verbindend worden van de slotuitdelingslijst komt de schuldsaneringsregeling tot een einde, waarna de bewindvoerder rekening en verantwoording af moet leggen ten overstaan van de rechter-commissaris (art. 356). Mocht later blijken dat voor uitdeling gereserveerde gelden niet hoeven te worden uitgekeerd of op een andere manier terugvallen, of onbekende baten aanwezig blijken te zijn, dan herleeft de schuldsaneringsregeling en krijgt de bewindvoerder de taak om op bevel van de rechtbank op verzoek van een belanghebbende over te gaan tot vereffening en verdeling daarvan op grond van de bestaande uitdelingslijst (art. 356 lid 4 jo. 194; nr. 260).

344. Ontslag en aansprakelijkheid bewindvoerder (q.q. en pro se)

De bewindvoerder wordt door de rechtbank benoemd en kan ook door diezelfde rechtbank worden ontslagen (art. 319). Dit gebeurt allereerst als een bewindvoerder niet goed functioneert. Het initiatief tot ontslag kan liggen bij de rechter-commissaris, de schuldeisers of de schuldenaar, maar het kan ook dat de bewindvoerder om hem moverende redenen ontslag verzoekt. Vreemd genoeg komt deze laatste bevoegdheid om zijn eigen ontslag te verzoeken overigens niet voor in de overeenkomstige bepaling bij faillissement voor de curator (art. 73), hoewel het de bedoeling van de wetgever was om deze bepalingen in grote lijnen met elkaar te laten overeenstemmen.[84] Voor de behandeling van het ontslag wordt de bewindvoerder op straffe van vernietiging van het ontslag opgeroepen om te worden gehoord.[85] Het disfunctioneren kan op tal van manieren blijken, maar uit zich meestal in gebrekkige communicatie met de direct betrokkenen (rechter-commissaris, rechtbank, schuldeisers en schuldenaar) of in het niet adequaat en bijtijds afwikkelen van de schuldsaneringsregeling.[86]

Net als de curator in faillissement heeft de bewindvoerder in de uitoefening van zijn taken in een schuldsaneringsregeling een betrekkelijk grote mate van vrijheid. Ieder heeft daarin zijn eigen stijl, al vindt door een toenemende mate van specialisatie wel enige uniformering en protocollering plaats: via Bureau Wsnp speelt de Raad voor Rechtsbijstand hierbij een belangrijke rol. Door binnen de beroepsgroep ervaringen uit te wisselen ontstaan bovendien bepaalde *best practices*. Deze vormen een richtsnoer voor de beoordeling van gedrag van bewindvoerders, al blijven zij in een individueel geval de mogelijkheid houden om daarvan af te wijken als zij dat verantwoord vinden.

De bewindvoerder belandt evenals de curator door zijn rol en positie te midden van tal van tegenstrijdige belangen tussen de verschillende schuldeisers gemakkelijk in conflictueuze situaties. De kans dat een partij hierbij schade oploopt, is geenszins denkbeeldig. Dit betekent echter nog niet dat de bewindvoerder voor die schade aansprakelijk is. Als beheerder van de boedel neemt hij deel aan het maatschappelijk verkeer en is als zodanig – net als ieder ander – aansprakelijk voor gepleegde onrechtmatige daden. Voor schade die hij in dit verband aanricht is hij aansprakelijk met het vermogen van de saniet dat hij beheert. Het gaat dan om schade die de bewindvoerder in het kader van zijn functie als bewindvoerder aan derden toebrengt. Degene die schade heeft geleden zal in dit geval de bewindvoerder in diens hoedanigheid moeten aanspreken. De schadevergoeding wordt dan uit de boedel vergoed.

Als de bewindvoerder zijn taak als zodanig niet naar behoren vervult en een derde daardoor schade leidt, ontstaat een andere situatie. Dan valt niet zozeer de boedel iets te verwijten, maar de persoon van de bewindvoerder in privé. Denk bijvoorbeeld aan de situatie dat de bewindvoerder andermans goederen (die dus niet

---

84 *Parl. Gesch. Fw* (Kortmann/Faber), p. 762.
85 HR 27 november 2009, RvdW 2009/1415.
86 Vgl. conclusie A-G Verkade voor HR 27 juni 2003, ECLI:NL:HR:2003:AF7683.

tot de boedel behoren) vervreemdt. Als hij daarbij toerekenbaar inbreuk maakt op hun rechten waardoor zij schade lijden, dan is dat de bewindvoerder persoonlijk te verwijten en is hij daarvoor met zijn privévermogen aansprakelijk. Hierbij kan aansluiting worden gezocht bij de privéaansprakelijkheid van de curator in faillissement zoals de Hoge Raad die in 1996 heeft geformuleerd.[87] Tegen dit soort aansprakelijkheidsrisico's kunnen – en moeten[88] – bewindvoerders zich overigens verzekeren.

Bij de schuldsanering natuurlijke personen komt het daarnaast geregeld voor dat de schuldenaar meent schade te hebben geleden door toedoen van de bewindvoerder.[89] Hier wreekt zich dat schuldenaren de bewindvoerder vaak als hun belangenbehartiger zien; de bewindvoerder moet overigens snel duidelijk maken dat hij dat niet is.[90] Dit neemt niet weg dat schuldenaren terecht klachten kunnen hebben over het functioneren van hun bewindvoerder. Denk aan slechte bereikbaarheid (fysiek en telefonisch), niet-nakomen van afspraken, niet of te laat doorzenden van post die bestemd is voor de schuldenaar (vanwege de postblokkade) en dergelijke. Hierover zal de schuldenaar contact met de rechter-commissaris moeten opnemen, want die is met het toezicht op de bewindvoerder belast (art. 314). Daarbuiten heeft de schuldenaar niet veel mogelijkheden. Net als bij faillissementscuratoren kent de beroepsgroep van bewindvoerders geen officieel tuchtrecht. Als de klacht evenwel gegrond is en de schuldenaar door het toerekenbaar gedrag van de bewindvoerder schade heeft geleden, dan is de bewindvoerder daarvoor persoonlijk aansprakelijk en kan het aanleiding vormen om de bewindvoerder te ontslaan.

7.3.2 Rechter-commissaris

Net als bij faillissement behandelt de wetgever ook bij de schuldsanering natuurlijke personen de rechter-commissaris als eerste in de Faillissementswet (art. 314-315). Hoewel de bewindvoerder de schuldsaneringsregeling begeleidt en afwikkelt, houdt de rechter-commissaris – met op de achtergrond de rechtbank – het toezicht op de uitvoering van de taken door de bewindvoerder. Aangezien de taken van de bewindvoerder enigszins afwijken van die van de curator, kan de behandeling van de rechter-commissaris op deze plaats daartoe beperkt blijven. De andere aspecten van de rechter-commissaris die hiervoor bij subparagraaf 5.3.4 bij het faillissement aan de orde zijn geweest, zoals zijn benoeming (nr. 133), het ontbreken van aansprakelijkheidsrisico's (nr. 146) en de organisatie van de rechter-commissaris binnen de insolventieafdeling van de rechtbank (nr. 147), zijn bij de schuldsanering niet anders, zodat daarnaar verwezen kan worden.

345. Toezicht op bewindvoerder als kerntaak

De rechter-commissaris moet erop toezien dat de bewindvoerder zijn taken op grond van de Faillissementswet op juist wijze verricht (art. 314). Wat een 'juiste wijze' is, maakt de wetgever niet duidelijk, maar is wel ruimer dan bij

87 HR 19 april 1996, *NJ* 1996/727 (*Maclou/Curatoren Van Schuppen*), r.o. 3.6; vgl. nr. 130.
88 Zie art. 6 Recofa-richtlijnen voor schuldsaneringsregelingen.
89 Vgl. HR 21 november 2008, RvdW 2008/1059.
90 Vgl. art. 3.1 Recofa-richtlijnen voor schuldsaneringsregelingen.

faillissement waar zijn toezicht beperkt is tot de wijze waarop de curator de boedel beheert en vereffent, slechts een van de twee taken van de bewindvoerder bij de schuldsanering natuurlijke personen (art. 316 lid 1 sub b). Bij de schuldsanering natuurlijke personen moet de rechter-commissaris daarnaast toezicht houden op het toezicht door de bewindvoerder op de schuldenaar, de andere taak van de bewindvoerder (art. 316 lid 1 sub a). De rechter-commissaris moet ingrijpen als de bewindvoerder niet goed functioneert. Om dit adequaat te kunnen doen heeft hij een aantal instrumenten en bevoegdheden tot zijn beschikking. Zo moet hij voor verscheidene beslissingen van de bewindvoerder zijn machtiging verlenen, waarmee hij voorafgaand toezicht uitoefent. De rechter-commissaris kan voorts initiatieven nemen in de richting van zowel de schuldenaar als de bewindvoerder. In de rol van toezichthouder vraagt hij de bewindvoerder zijn eindverslag in te dienen en rekening en verantwoording af te leggen (art. 356 lid 3).[91] Verder treedt hij bij de uitoefening van zijn toezicht soms op in zijn eigenlijke rol van rechter. Dan is hij een geschilbeslechter in conflicten tussen de bewindvoerder enerzijds en een schuldeiser die door de schuldsaneringsregeling wordt geraakt of de schuldenaar anderzijds (art. 317; vgl. art. 69). Als de omvang van de boedel het toelaat, is de rechter-commissaris daarnaast organisator en voorzitter van de verificatievergadering (art. 328).

346. Verantwoording door bewindvoerder

Tijdens de schuldsaneringsregeling staan de rechter-commissaris verschillende communicatiemiddelen ten dienste waarmee hij zijn toezichtfunctie uitoefent. Aangezien beslissingen van de rechter-commissaris ook in de toekomst controleerbaar moeten zijn, heeft schriftelijke communicatie de voorkeur (brief, e-mail, fax), maar als er spoedeisende kwesties zijn vindt het contact mondeling, telefonisch of per whatsapp plaats.[92] Soms is de regelgeving tamelijk gedetailleerd. Zo moet de bewindvoerder de lijsten van voorlopig erkende en betwiste vorderingen via de rechter-commissaris aan de griffie ter beschikking stellen.[93] Hetzelfde geldt als een ontwerp van akkoord is opgesteld om ter verificatievergadering te worden behandeld.[94]

Het belangrijkste middel waarmee de bewindvoerder publiekelijk verantwoording aflegt voor zijn handelen vormen de periodieke verslagen (art. 318).[95] In beginsel moet deze verslaglegging elke zes maanden bij de griffie gedeponeerd worden, zij het dat de rechter-commissaris een termijnverlenging kan toestaan (art. 318 lid 2).[96] Verder moet de bewindvoerder uiterlijk drie maanden voor het verstrijken van de termijn van de schuldsaneringsregeling (zie par. 7.4.4) aan de rechter-commissaris verslag uitbrengen hoe de schuldenaar tijdens deze regeling aan zijn verplichtingen heeft voldaan (art. 351a).

91 Vgl. art. 3.11 Recofa-richtlijnen voor schuldsaneringsregelingen.
92 Art. 2.1 Recofa-richtlijnen voor schuldsaneringsregelingen.
93 Art. 328 lid 1 jo. 114 jo. 112; zie art. 2.3 sub e Recofa-richtlijnen voor schuldsaneringsregelingen.
94 Art. 4.1f-g Recofa-richtlijnen voor schuldsaneringsregelingen.
95 Zie par. 2 Recofa-richtlijnen voor schuldsaneringsregelingen en de verschillende bijlagen daarbij.
96 Zie over de verslagen ook art. 2.4 Recofa-richtlijnen voor schuldsaneringen.

347. *Machtiging van bewindvoerder door rechter-commissaris*

Anders dan bij faillissement heeft de rechter-commissaris bij de schuldsanering natuurlijke personen maar één enkele wettelijke grondslag voor zijn bevoegdheid om de bewindvoerder te machtigen bepaalde rechtshandelingen te verrichten. In algemene zin is dit vereiste opgenomen in het op artikel 68 lid 3 gebaseerde tweede lid van artikel 316 waarin de hoofdtaken van de bewindvoerder zijn neergelegd (zie nr. 340). Het vereiste van een machtiging geldt voor rechtshandelingen die de bewindvoerder verricht met betrekking tot vermogensbestanddelen van de schuldenaar, waardoor sprake is van een afgeleide bevoegdheid. Door tussenkomst van de rechter-commissaris krijgt de bewindvoerder de specifieke bevoegdheid om deze handelingen te verrichten. De wetgever heeft het oog gehad op de volgende rechtshandelingen:

- voortzetting executieverkoop (art. 313 lid 1 jo. 34);
- verwerping nalatenschap (art. 313 lid 1 jo. 41);
- procederen (art. 316 lid 2);
- gestanddoening wederkerige overeenkomsten (art. 316 lid 2 jo. 37);
- opzegging huurovereenkomst (art. 316 lid 2 jo. 305);
- opzegging arbeidsovereenkomst (art. 316 lid 2 jo. 40);
- lossing pand/hypotheek (art. 316 lid 2 jo. 58 lid 2, 59a lid 6[97]);
- uitdeling aan geverifieerde schuldeisers (art. 316 lid 2 jo. 349 lid 1).[98]

Als de rechter-commissaris aan de bewindvoerder een machtiging heeft verleend om te procederen (art. 316 lid 2), moet de bewindvoerder hem een kopie sturen van ieder naar aanleiding daarvan verschenen vonnis.[99]

Door het vereiste van de machtiging heeft de wetgever de rechter-commissaris een beoordelingsmogelijkheid geboden waarmee hij invulling kan geven aan zijn toezichtstaak. Als hij van oordeel is dat die handeling niet in het belang is van een goede uitvoering van de schuldsaneringsregeling, zal hij zijn machtiging niet geven. Het effect van een dergelijke weigering heeft enerzijds een beperkt gevolg, omdat deze in beginsel niet leidt tot ongeldigheid van de rechtshandeling die de bewindvoerder zonder die machtiging heeft verricht (art. 316 lid 2 jo. 72 lid 1). Het kan anderzijds echter wel leiden tot persoonlijke aansprakelijkheid van de bewindvoerder als door zijn optreden schade is toegebracht aan de schuldenaar of de schuldeisers. Daarnaast loopt de bewindvoerder het risico dat de rechter-commissaris hem voor ontslag voordraagt omdat hij geen gehoor geeft aan zijn (impliciete) boodschap, en dat de rechtbank hem niet meer zal benoemen bij nieuwe schuldsaneringen.

348. *Goedkeuring gedrag/handelwijze bewindvoerder*

Naast de machtiging heeft de rechter-commissaris bij de schuldsanering natuurlijke personen ook een goedkeuringsbevoegdheid voor een aantal handelingen van de

97 Merkwaardigerwijs komt de verwijzing naar art. 59a lid 6 niet voor in art. 68 lid 3, terwijl de kans dat een natuurlijke persoon een verhypothekeerd luchtvaartuig bezit niet erg groot lijkt.

98 Anders dan bij faillissement hoeft de bewindvoerder geen machtiging van de rechter-commissaris bij lossing en executie van een retentiezaak (art. 68 lid 3 jo. 60 lid 2, 3) en bij opeising van goederen die onder bewind staan (art. 68 lid 3 jo. 60a lid 1).

99 Art. 3.9d Recofa-richtlijnen voor schuldsaneringen.

bewindvoerder die aan hem in die hoedanigheid zijn opgedragen en waarbij deze *qualitate qua* aan het (rechts)verkeer deelneemt. Hier is dus niet zozeer sprake van een van de schuldenaar afgeleide bevoegdheid, waarvoor de bewindvoerder een machtiging nodig heeft.

De wetgever heeft het goedkeuringsinstrument gekozen bij de volgende voorstellen van de bewindvoerder:

- beschrijving van de boedel (art. 324 jo. 94);
- over aangaan en inhoud van vaststellingsovereenkomsten of schikkingen in geschillen waarin de bewindvoerder in die hoedanigheid partij is (art. 327 jo. 104);
- wijze van beschikking over niet voor vereffening vatbare goederen (art. 347 lid 3 jo. 176 lid 2).

349. Toestemming daden bewindvoerder

Een volgend toezichtinstrument van de rechter-commissaris is diens noodzakelijke toestemming voor bepaalde gedragingen van de bewindvoerder. Het gaat hierbij over gedragingen waarmee de bewindvoerder kan beschikken over de boedel of deze kan beheren, iets dat de schuldenaar zelf niet meer zou hebben gekund, zoals de afkoop van een levensverzekering (art. 295 lid 5-6 jo. 22a). Anders dan de curator bij faillissement heeft de bewindvoerder geen toestemming van de rechter-commissaris nodig, als hij overgaat tot vereffening van het vermogen van de schuldenaar. Onderhandse verkoop is hier het uitgangspunt, tenzij de rechter-commissaris anders bepaalt (art. 347 lid 2).[100]

Net als bij faillissement heeft de bewindvoerder de medewerking van de rechter-commissaris nodig bij de beschikking over belegde gelden en waardevolle roerende zaken ('gelden, kleinodiën, effecten en andere papieren van waarde') die op zijn instigatie door een ander dan de bewindvoerder worden bewaard. Hierover kan de bewindvoerder slechts beschikken nadat de rechter-commissaris dat 'voor gezien' heeft getekend (art. 327 jo. 103), wat impliciet de toestemming van de rechter-commissaris betekent.

Ten slotte heeft de bewindvoerder de instemming van de rechter-commissaris nodig als na aftrek van de boedelkosten (daaronder begrepen zijn salaris) nauwelijks een tegoed resteert om te worden uitgedeeld. In dat geval kunnen de rechter-commissaris en de rechtbank akkoord gaan met het achterwege laten van een verificatievergadering en uitkering van het actief onder de schuldeisers overeenkomstig hun opgave.[101]

350. Reactief toezicht door rechter-commissaris als geschilbeslechter (art. 317)

Met de hiervoor beschreven instrumenten houdt de rechter-commissaris toezicht in antwoord op verzoeken van de bewindvoerder. De keuze hoe de schuldsaneringsregeling verloopt, ligt echter geheel in handen van de bewindvoerder, aangezien de

---

100 Sinds 1 januari 2008 is art. 326 geschrapt en geldt alleen art. 347; hierdoor is art. 3.9b Recofa-richtlijnen voor schuldsaneringen strikt genomen onjuist, maar kan het als een uitingsvorm van het algemene toezicht ex art. 314 worden gezien.

101 Zie art. 4.3 sub a Recofa-richtlijnen voor schuldsaneringsregelingen.

Faillissementswet geen algemene aanwijzingsbevoegdheid toekent aan de rechter-commissaris. De schuldenaar en de schuldeisers hebben door het uitspreken van de schuldsaneringsregeling geen bevoegdheden voor het beheer en de vereffening van de boedel. In de praktijk wil dit nog wel eens tot conflicten met de bewindvoerder leiden.

Zo kan de bewindvoerder over het vermogen van de schuldenaar beschikken op een wijze waarmee deze het niet altijd eens zal zijn en bovendien moet de bewindvoerder erop toezien dat de schuldenaar zijn verplichtingen uit de schuldsaneringsregeling nakomt. De bewindvoerder zal soms ook kritisch kijken naar al wat voorafgaand aan de schuldsaneringsregeling is gebeurd en naar de rol die de schuldenaar daarbij heeft gespeeld, wat kan leiden tot voortijdige beëindiging van de schuldsaneringsregeling (art. 350 lid 3 sub f). Niet alleen de schuldenaar maar ook de schuldeisers kunnen met de bewindvoerder in aanvaring komen over de wijze waarop deze de schuldsaneringsregeling afwikkelt, bijvoorbeeld omdat zij vinden dat vermogensbestanddelen voor een te lage prijs verkocht worden of dat de schuldenaar zich niet aan zijn verplichtingen houdt.

In zijn toezichtsrol kan de rechter-commissaris daarom door de schuldenaar of een schuldeiser benaderd worden met vragen, opmerkingen en verzoeken. Deze verzoeken zijn meestal vormvrij en kunnen mondeling, telefonisch, per brief of e-mail worden gedaan. Als het hierbij niet tot een oplossing komt bevat de Faillissementswet een enigszins formele maar niettemin eenvoudige procedure voor een aantal betrokkenen om hun punt bij de rechter-commissaris te maken (art. 317). De voorziening in deze bepaling biedt de schuldenaar en de schuldeisers de mogelijkheid om de rechter-commissaris tot actie te bewegen en in het doen en (na)laten van de bewindvoerder in te grijpen: zij kunnen tegen elke handeling van de bewindvoerder opkomen en de rechter-commissaris kan op hun verzoek bevelen dat de bewindvoerder een bepaalde handeling zal verrichten of juist zal nalaten.

De procedure van artikel 317 is net als die op grond van artikel 69 (nr. 140) in faillissement een snelle en eenvoudige verzoekschriftprocedure waarop de derde titel van Boek I Rv niet van toepassing is (art. 362 lid 2 jo 261 Rv). De rechter-commissaris hoort de verzoeker en de bewindvoerder en zo nodig andere relevante partijen en moet binnen drie dagen een beslissing nemen (art. 317 lid 2). Gedurende vijf dagen staat hiertegen hoger beroep open bij de rechtbank (art. 315 lid 1). Daarna staat cassatieberoep open dat binnen tien dagen moet worden ingesteld (art. 426 lid 2 Rv jo. art. 315 lid 1).

Naast de procedure van artikel 317 bevat de Faillissementswet een aantal bepalingen waarbij de schuldenaar zich tot de rechter-commissaris kan wenden om bepaalde resultaten te bereiken. In de kern zien deze bepalingen op de mate van autonomie van de schuldenaar jegens de bewindvoerder. De wetgever wilde deze autonomie om de schuldenaar vanaf het begin verantwoordelijkheid te laten dragen voor zijn financiële gedrag.[102] Zo kan de schuldenaar de rechter-commissaris vragen om te bepalen welk deel van de inkomsten die hij gedurende de schuldsaneringsregeling verkrijgt door hem mogen worden behouden omdat dat in weerwil van artikel 295 buiten de boedel valt (art. 295 lid 3). Een ouder die gezag uitoefent over zijn kind heeft het vruchtgenot van diens vermogen krachtens artikel 1:253l BW. De rechter-commissaris kan

102 Kamerstukken TK (1992-1993), 22969, nr. 3.

dan vaststellen welk bedrag de ouder/schuldenaar uit dat wettelijk vruchtgenot ontvangt ter bestrijding van de daaraan verbonden lasten en van de kosten van verzorging en opvoeding van het kind (art. 295 lid 4 sub d jo. 21 onder 4). Ten slotte oefent de rechter-commissaris toezicht op de bewindvoerder uit door een bedrag vast te stellen voor het levensonderhoud van de schuldenaar en zijn gezin (art. 327 jo. 100).

De rechter-commissaris kan ook door de schuldeisers worden benaderd. Los van hun algemene bevoegdheid hiertoe op grond van artikel 317, kunnen zij daarnaast de rechter-commissaris vragen hun vorderingen voorwaardelijk (tot een bepaald bedrag) toe te laten of hun voorrang voorwaardelijk te erkennen, als de bewindvoerder hun vordering of hun aan een vordering verbonden voorrang betwist (art. 328 lid 1 jo. 125). Nadat een akkoord is aangenomen en aan de rechtbank ter homologatie is voorgelegd, kunnen zij voorts de rechter-commissaris schriftelijk informeren waarom de rechtbank die homologatie zou moeten weigeren (art. 335 lid 2 jo. 151).

Een bijzondere categorie schuldeisers vormen de separatisten (pand- en hypotheekhouders) die op grond van artikel 299 lid 3 jo. 57 de schuldsaneringsregeling mogen negeren. De bewindvoerder heeft net als de curator bij faillissement (nr. 139) echter twee bevoegdheden waarmee hij hen toch bepaalde gevolgen van de toepassing van de schuldsaneringsregeling kan laten ondervinden.

Allereerst als de bewindvoerder vindt dat de separatist te lang draalt met de uitwinning van de verpande of verhypothekeerde goederen, kan hij hem een redelijke termijn stellen om zijn rechten uit te oefenen (art. 299 lid 3 jo. 58). Doet hij dat niet binnen die termijn, dan is de bewindvoerder tot uitwinning bevoegd. Weliswaar behoudt de separatist dan wel zijn voorrang op de opbrengst, maar hij moet meedelen in de kosten van de schuldsaneringsregeling en wachten tot de afronding van de schuldsanering om zijn deel in de opbrengst te ontvangen. Om dit te voorkomen kan de separatist de rechter-commissaris verzoeken om de termijn een of meer malen te verlengen (art. 299 lid 3 jo. 58 lid 1, 59a lid 3).

Een tweede situatie waarin de bewindvoerder een inbreuk kan maken op de bijzondere positie van de separatist vormt de afkoelingsperiode (art. 313 jo. 63a e.v.; nr. 173). Gedurende deze periode kunnen zij hun tot zekerheid verstrekte goederen niet wegnemen of uitwinnen. Willen zij dat toch, dan kunnen zij ook hierover de rechter-commissaris benaderen met het verzoek de afkoelingsperiode niet jegens hen te laten gelden door hen een machtiging te verlenen tot weghalen of uitwinnen of daaraan voorwaarden te stellen (art. 313 jo. 63a).

Vreemd genoeg is de vergelijkbare regeling die geldt ten opzichte van de Ontvanger die tijdens het faillissement beslag legt op zaken van derden die zich onder de curator bevinden (art. 63c) niet overgenomen in de schuldsanering natuurlijke personen, omdat artikel 313 niet naar die bepaling verwijst.

Tot slot kan de rechter-commissaris benaderd worden door iemand die van de bewindvoerder een tot de boedel behorend registergoed heeft gekocht en geleverd gekregen en die doorhaling wenst van daarop rustende hypotheekrechten en andere beperkte rechten die niet tegen de schuldeisers kunnen worden ingeroepen. Door die verkoop en levering gaan die rechten immers teniet; de koper kan dan aan de rechter-commissaris een daartoe strekkende verklaring vragen die hij aan de bewaarder van de registers kan afgeven om tot die doorhaling over te gaan (art. 349 lid 5 jo. 188).

351. Zelfstandig toezicht rechter-commissaris

In de uitvoering van zijn toezichtstaak heeft de rechter-commissaris ook een aantal bevoegdheden die hij – ambtshalve of op verzoek van een van de andere bij de schuldsaneringsregeling betrokkenen – in grote mate naar eigen inzicht kan uitoefenen. Deze zijn vergelijkbaar met die welke hij in faillissement bezit.

Zoals het gelasten van een afkoelingsperiode (art. 313 jo. 63a), het verplicht gehoord worden door de rechtbank of zelf getuigen te horen of een deskundigenonderzoek te bevelen (art. 314 lid 2 jo. 65-66), het voordragen voor ontslag van de bewindvoerder (art. 319), het opheffen van de postblokkade (art. 327 jo. 99) of het vaststellen van een akkoord als ware het aangenomen (art. 332 lid 4).[103] Ook de rol van de rechter-commissaris in het verificatieproces vertoont overeenkomsten met die in het faillissement: de rechter-commissaris heeft daar vooral de functie van organisator en procesbegeleider.[104] Ten slotte gaat de parallel met de regeling bij faillissement ook op voor de procedurele aspecten van zijn toezichtsrol. Het gehele proces van machtigingen, toestemming en goedkeuring aan de bewindvoerder en verzoeken van bewindvoerder, schuldenaar of schuldeisers volgt de lijnen zoals hiervoor in subparagraaf 5.3.4 beschreven voor faillissement.

Er zijn echter ook verschillen; deze hebben te maken met de taken die de rechter-commissaris wel in faillissement heeft en niet in de schuldsanering en omgekeerd. Zo mist de rechter-commissaris bij een schuldsaneringsregeling de mogelijkheid de schuldenaar te gijzelen (art. 87 e.v.) en ook ontbreekt daar het fenomeen van het horen van bestuurders en commissarissen (art. 106). De schuldsanering natuurlijke personen is immers per definitie beperkt tot natuurlijke personen. Door het ontbreken van een schuldeiserscommissie bij de schuldsanering natuurlijke personen is evenmin een taak voor de rechter-commissaris in dat verband weggelegd, zoals bij faillissement (art. 74 e.v.). De opheffing wegens gebrek aan baten (art. 16) is als zodanig niet mogelijk in de schuldsaneringsregeling, hoewel de rechter-commissaris hier wel de mogelijkheid heeft om op een voortijdige beëindiging aan te dringen als aan de daarvoor gestelde vereisten is voldaan (art. 350 lid 3 en 354a). Verder kan de rechter-commissaris anders dan in faillissement aansturen op een wijziging van de looptijd van de schuldsaneringsregeling (art. 349a). Ten slotte heeft de rechter-commissaris de bevoegdheid om de beëindigingszitting aan de rechtbank voor te dragen (art. 352), iets dat ontbreekt in faillissement.

7.3.3 Rechtbank

In deze subparagraaf komen de verschillende taken van de rechtbank bij de schuldsaneringsregeling achtereenvolgens aan de orde. Net als bij faillissement speelt naast de rechter-commissaris ook de rechtbank op de achtergrond een rol bij het bestuur over de boedel. Maar ook hier wijkt de rol van de rechtbank in belangrijke mate af van die van de rechter-commissaris. De rechtbank treedt voornamelijk op in de rol van beslisser met gevolgen voor de schuldenaar en diens vermogen. Zij beslist zowel om de schuldsaneringsregeling toe te passen op de schuldenaar (nr. 352) als om de schuldsaneringsregeling te beëindigen (nr. 354). Bij de schuldsaneringsregeling

103 Zie hiervoor nr. 243.
104 Zie hiervoor par. 5.3.4 en nr. 142 over deze positie van de rechter-commissaris in faillissement.

komt zij bovendien tussentijds (nr. 353) en na afloop (nr. 355) in beeld met een aantal typische rechterstaken.

352. Uitspraak schuldsaneringsregeling; nevenbeslissingen; rol griffie

Het startpunt is de beslissing van de rechtbank waarbij zij de toepassing van de schuldsaneringsregeling uitspreekt (nr. 335). Hierbij neemt zij ook enkele nevenbeslissingen. Zo bevat ieder vonnis tot toepassing van de schuldsaneringsregeling de benoeming van de rechter-commissaris en de bewindvoerder (art. 287 lid 3). Met het oog op de postblokkade en het grondwettelijk beschermd recht op briefgeheim (art. 13 Gw/8 EVRM) neemt de rechtbank in dit vonnis de last aan de bewindvoerder op om brieven en telegrammen te openen (art. 287 lid 5; zie nr. 107). De griffier stelt alle postvervoerbedrijven die zijn aangewezen als verlener van de universele postdienst en andere geregistreerde postvervoerbedrijven in kennis van deze postblokkade (art. 293 lid 2).

Het vonnis waarin de toepassing van de schuldsaneringsregeling wordt uitgesproken kan daarnaast nog andere beslissingen van de rechtbank bevatten. Zo kan al een dag en tijd worden opgenomen waarop de verificatievergadering plaatsvindt (art. 289 lid 1). Verder kan de rechtbank in dit vonnis op verzoek van de schuldenaar een afkoelingsperiode gelasten bij aanvang van de schuldsaneringsregeling (art. 313 lid 2 jo. 63a).

Met het uitspreken van de toepassing van de schuldsaneringsregeling neemt de rechtbank de taak op zich om de schuldsaneringsregeling administratief door haar insolventiegriffie te begeleiden. Dit omvat mede de externe verschaffing van de gegevens over de schuldsaneringsregeling die openbaar en dus voor een ieder toegankelijk zijn (art. 294). Hierbij spelen naast de griffie het Centraal Insolventieregister en de Raad voor Rechtsbijstand een belangrijke rol (art. 294a en b).

Verder vormt de griffie het verzamelpunt van allerlei informatie die door de verschillende betrokkenen moet worden aangeleverd: door de bewindvoerder het periodieke verslag (art. 318) en de lijsten met voorlopig erkende en betwiste vorderingen voor de verificatievergadering (art. 328a); door de schuldenaar een eventueel ontwerpakkoord dat hij wil aanbieden aan zijn schuldeisers (art. 329); door de rechter-commissaris de goedgekeurde uitdelingslijst (art. 349 lid 5 jo. 183).

353. Tussentijdse beslissingen rechtbank

Niet alleen aan het begin van de schuldsaneringsregeling, maar ook gedurende die procedure zijn verschillende taken voor de rechtbank weggelegd. De belangrijkste hiervan betreffen de beoordeling van verzoeken om de termijnverlenging (art. 349a; nr. 365), termijnverkorting (art, 354a; nr. 366, 372) of een tussentijdse beëindiging van de schuldsaneringsregeling (art. 350; nr. 375).

Daarnaast zijn er nog enkele specifieke interventies aan de rechtbank opgedragen: zij kan in het vonnis waarbij de schuldsaneringsregeling is uitgesproken (of in een latere beschikking) bepalen dat de rente voor de hypotheekschuld voor het registergoed waarin de schuldenaar woont, blijft doorlopen en verschuldigd is (art. 303 lid 3). Door op deze manier de rechtbank de bevoegdheid te geven om artikel 303 lid 1 buiten toepassing te verklaren, heeft de wetgever beoogd hypotheekhouders tegen ongewenste gevolgen van de schuldsaneringsregeling te beschermen, maar dit was volgens de Hoge Raad onjuist en niet nodig.[105]

Een andere interventiemogelijkheid van de rechtbank is haar bevoegdheid tot rectificatie van het proces-verbaal van de verificatievergadering (art. 328 lid 1 jo. 137 lid 2) of haar ingrijpen als de rechter-commissaris een akkoord ten onrechte als verworpen heeft beschouwd (art. 332 lid 6 jo. 149 lid 2).

Verder kan de rechtbank tussentijds in de schuldsaneringsregeling worden betrokken als een aanvraag tot ontslag van de bewindvoerder voorligt. De voordracht of het verzoek hiertoe kan worden ingediend door de rechter-commissaris, bewindvoerder, een of meer schuldeisers of de schuldenaar (art. 319). De rechtbank roept de bewindvoerder op om te verschijnen, voordat zij besluit tot ontslag over te gaan. Besluit de rechtbank hiertoe over te gaan, dan moet zij haar beschikking afdoende motiveren. Als zij het verzoek afwijst, kan de rechtbank daarentegen volstaan met een sobere motivering, tenzij het verzoek afkomstig is van de bewindvoerder. Hoger beroep is niet mogelijk, maar cassatie wel.[106]

Telkens als de rechtbank een beslissing moet nemen die betrekking heeft op het beheer of de vereffening van de boedel moet de rechtbank de rechter-commissaris op straffe van nietigheid horen (art. 314 lid 2 jo. 65). De verplichting geldt slechts bij een door de rechtbank in eerste aanleg te geven beslissing, en niet bij de behandeling van het hoger beroep tegen een beschikking van de rechter-commissaris.[107]

Ten slotte is een belangrijke taak voor de rechtbank dat zij net als bij faillissement fungeert als beroepsinstantie voor een groot aantal beschikkingen van de rechter-commissaris (art. 315). De verplichting van artikel 65 in verbinding met artikel 314 lid 2 om de rechter-commissaris te horen geldt dus niet in dit geval.

354. Beslissingen in verband met beëindiging van de schuldsaneringsregeling

De rechtbank markeert het begin van de schuldsaneringsregeling en is ook betrokken bij het einde. Haar rol hierbij verschilt afhankelijk van de beëindigingswijze (zie par. 7.5): door een gehomologeerd akkoord (art. 340), tussentijdse faillietverklaring (art. 312), voortijdige beëindiging wegens een van de in artikel 350 genoemde gronden of anders door een uitspraak op de zitting na het verstrijken van de termijn (art. 352).

In de enkele gevallen waarin de schuldeisers instemmen met een door de schuldenaar voorgelegd akkoord, komt de rechtbank weer op een andere manier in beeld (zie par. 7.5.1). Dan moet zij net als bij faillissement en surseance van betaling het akkoord homologeren (art. 335 e.v.). Schuldeisers kunnen bezwaar maken tegen de homologatie, waarna de rechter-commissaris ter zitting schriftelijk rapport uitbrengt. Als de bewindvoerder en de rechter-commissaris niettemin aangeven met

105 HR 13 maart 2009, *NJ* 2009/203, AA 2009/396 (*Van Wijk/ING*), r.o. 3.7.2.

106 Art. 321 jo. 85 jo. 319. Vgl. conclusie A-G Verkade voor HR 27 juni 2003, ECLI:NL:HR:2003:AF7683.

107 HR 23 januari 1933, *NJ* 1933/p. 660 (*Rademaker q.q.*); HR 16 oktober 1942, *NJ* 1942/817 (*Weijgers/Bakker q.q.*); HR 13 december 2019, *NJ* 2020/108, r.o. 3.4.2; HR 17 april 2020, *NJ* 2020/171, r.o. 3.7.2 en HR 17 april 2020, *NJ* 2020/172, r.o. 3.2.1.

de homologatie van het akkoord in te stemmen vindt alleen een pro forma-zitting plaats.[108] De rechtbank heeft een grote mate van beleidsvrijheid om de homologatie al dan niet te weigeren (art. 338 lid 2 jo. 153 lid 2-3). Als de homologatie in kracht van gewijsde is gegaan eindigt de schuldsaneringsregeling (art. 340).

Aangezien de schuldenaar door de toepassing van de schuldsaneringsregeling niet handelingsonbevoegd is, kan hij veel rechtshandelingen verrichten waarmee hij zich jegens anderen verbindt. Deze schulden komen in beginsel niet ten laste van de boedel (art. 313 jo. 24; vgl. art. 299). Hij zal deze moeten voldoen uit zijn vermogen dat buiten de boedel valt, in het bijzonder uit het hem toegekende vrij te laten bedrag (art. 295 lid 2-3). Als hij zijn bestedingspatroon hierop niet heeft aangepast, kunnen de schuldeisers verhaal nemen op de buiten de boedel vallende goederen. Dit kan zelfs leiden tot faillissementsaanvragen op grond waarvan de rechtbank dan tot faillietverklaring kan besluiten (art. 312). Strikt genomen hoeft de rechtbank dan geen beslissing tot beëindiging van de schuldsaneringsregeling meer te nemen omdat de schuldsaneringsregeling hierdoor van rechtswege eindigt.

Voor de beëindiging van de schuldsaneringsregeling biedt artikel 350 de rechtbank een belangrijk handvat (zie par. 7.5.2 en 7.5.3). De rechtbank kan hiertoe ambtshalve overgaan, maar zal dat meestal doen op voordracht van de rechter-commissaris, op verzoek van de bewindvoerder of van een of meer schuldeisers. Ten slotte kan ook de schuldenaar zelf aandringen op een beëindiging. Artikel 350 lid 3 noemt hiervoor een zevental gronden waarbij de wijze van behandeling niet verschilt – de rechtbank moet de schuldenaar verplicht horen en kan de schuldeisers en de bewindvoerder daartoe oproepen (art. 350 lid 2) – maar de gevolgen wel. Het vonnis waarin de beëindiging wordt uitgesproken leidt door het in kracht van gewijsde gaan direct tot een einde van de schuldsaneringsregeling als alle vorderingen zijn voldaan, de schuldenaar weer in staat is om zijn betalingen te hervatten of als er in de andere gevallen geen baten zijn om uit te delen (art. 350 lid 4 jo. lid 3 sub a, b). In het laatste geval heeft faillietverklaring geen zin, want dit brengt alleen maar extra kosten met zich mee zonder vooruitzicht op enigerlei voldoening. Zijn die baten geheel of ten dele wel aanwezig, dan leidt de beëindiging automatisch tot het faillissement van de schuldenaar (art. 350 lid 5). Met het oog op de ingrijpende rechtsgevolgen van een faillissement en de daarmee gemoeide rechtszekerheid kan dit niet van rechtswege gebeuren maar is hiervoor een uitdrukkelijke rechterlijke uitspraak vereist.[109]

Een voortijdige beëindiging is ook mogelijk zonder nadelige gevolgen voor de schuldenaar. Deze mogelijkheid doet zich voor als de schuldenaar minstens één jaar in de schuldsaneringsregeling zit en er nog geen verificatievergadering is bepaald. Als dan redelijkerwijs niet de verwachting bestaat dat de schuldenaar op zodanige wijze aan zijn verplichtingen kan voldoen dat voortzetting van de schuldsaneringsregeling gerechtvaardigd is, terwijl van een tussentijdse beëindigingsgrond van artikel 350 lid 3 sub c-g niet mag zijn gebleken (art. 354a), dan kan de rechtbank de schuldsaneringsregeling voortijdig beëindigen. De rechtbank gaat pas over tot

108 Zie art. 4.1j Recofa-richtlijnen voor schuldsaneringsregelingen, welke bepaling net als bij faillissement op gespannen voet staat met art. 337, als een schuldeiser bezwaren heeft aangevoerd of wil aanvoeren.

109 HR 5 maart 2021, *JOR* 2021/162, r.o. 3.1.3.

bepaling van een beëindigingszitting als zij een daartoe strekkende en met redenen omklede verklaring van de bewindvoerder in die richting heeft gekregen. Zij kan de zitting meermaals verdagen als dat nodig mocht zijn voor nader onderzoek om tot haar beslissing te komen (art. 354a lid 3).

Het door de schuldenaar beoogde einde van de schuldsaneringsregeling met een schone lei vindt in de meeste gevallen plaats na de beëindigingszitting, die uiterlijk één maand voor het einde van de op grond van artikel 349a vastgestelde termijn door de rechtbank moet worden bepaald (art. 352 lid 1). Deze zitting moet plaatshebben op een dag tussen de twee en drie weken na de beschikking waarin die is vastgesteld (art. 352 lid 2). Op deze zitting of binnen acht dagen daarna doet de rechtbank bij vonnis uitspraak. Hierin stelt zij vast of de schuldenaar in de nakoming van een of meer uit de schuldsaneringsregeling voortvloeiende verplichtingen toerekenbaar en niet verschoonbaar (art. 354 lid 2) is tekortgeschoten en zo ja of er reden is om deze tekortkoming gezien haar bijzondere aard of geringe betekenis buiten beschouwing te laten (art. 352 lid 2). Dit biedt de rechter een handvat om schrijnende situaties buiten beschouwing te laten. De rechtbank kan dan ook besluiten tot termijnverlenging over te gaan (art. 349a lid 2 jo. 352) of de schone lei niet te verlenen(art. 358 lid 2).

In alle gevallen waarin het tot een einde van de schuldsaneringsregeling komt moet de rechtbank een oordeel vellen over de beloning van de bewindvoerder. In het wettelijk systeem is het de rechtbank die het salaris van de bewindvoerder vaststelt (art. 320 lid 1). Dit gebeurt op basis van het voorstel van de bewindvoerder en het advies daarover van de rechter-commissaris, waarbij aansluiting wordt gezocht bij het Besluit vergoeding bewindvoerder schuldsanering (art. 320 lid 6).[110] De rechter-commissaris kan op verzoek van de bewindvoerder ook tussentijdse voorschotten op het salaris toekennen (art. 320 lid 2). Anders dan de curator bij faillissement loopt een bewindvoerder niet het risico geen enkele uitkering te krijgen als het actief volledig ontbreekt; hij kan namelijk aanspraak maken op een vergoeding van overheidswege.[111] Publicatiekosten en kosten van deskundigen komen zo nodig ten laste van de Staat (art. 320 lid 8).

355. Beslissingen na afloop van de schuldsaneringsregeling

Net als na afloop van een faillissement kan de rechtbank ook na het einde van de schuldsaneringsregeling gevraagd worden om zich daarmee nogmaals te bemoeien. Een belangrijke rol is hier voor de rechtbank weggelegd als naderhand blijkt dat de schone lei achteraf gezien ten onrechte is verleend, omdat feiten of omstandigheden bekend zijn geworden op grond waarvan de schuldsaneringsregeling tussentijds had kunnen worden beëindigd omdat de schuldenaar getracht heeft zijn schuldeisers te benadelen (art. 358a jo. 350 lid 3 sub e; zie nr. 374).

Verder komt de rechtbank in beeld als na de slotuitdeling nagekomen baten opduiken of gereserveerde gelden voor uitdelingen niet blijken te hoeven worden uitgekeerd (art. 356 lid 4 jo. 194).

110 *Stb.* 2013, 308; zie ook art. 4.1j en par. 5 Recofa-richtlijnen voor schuldsaneringsregelingen.
111 Zie Besluit vergoeding bewindvoerder schuldsanering (*Stb.* 2013, 308).

Ten slotte kan de rechtbank nogmaals aan het werk gezet worden, als de schuldenaar na de homologatie van een akkoord in gebreke blijft zijn verplichtingen uit dat akkoord na te komen. Iedere schuldeiser die dit overkomt, kan dan ontbinding van het akkoord vorderen bij de rechtbank (art. 340 lid 3-4 jo. 165-166). In een dergelijk geval kan de rechtbank de schuldenaar nog een termijn van maximaal één maand geven om alsnog na te komen, maar anders moet zij de ontbinding van het akkoord uitspreken. Anders dan bij de ontbinding van het faillissementsakkoord vindt in de schuldsaneringsregeling dan niet automatisch een faillietverklaring plaats; dit gebeurt alleen als er voldoende baten zijn om de faillissementsvorderingen geheel of gedeeltelijk te voldoen (art. 340 lid 4; zie par. 7.5.1).

7.3.4 Raad voor Rechtsbijstand (Bureau Wsnp)

Aan het slot van deze paragraaf komt de Raad voor Rechtsbijstand aan de orde. Deze instelling is een zelfstandig bestuursorgaan dat door de overheid is opgezet en verantwoordelijk is voor de organisatie van gesubsidieerde mediation en rechtsbijstand.[112] Deze instantie wordt als zodanig niet genoemd in de Faillissementswet, maar speelt bij de schuldsanering natuurlijke personen een belangrijke rol via zijn Bureau Wsnp. Dit is een onderdeel van de Raad voor Rechtsbijstand en is door de Minister van Justitie en Veiligheid belast met de uitvoering van een deel van de Wsnp.[113] De Raad voor Rechtsbijstand en zijn Bureau Wsnp komen op vier plaatsen in beeld bij de schuldsanering natuurlijke personen.

In de eerste plaats is de Raad voor Rechtsbijstand aangewezen als het orgaan dat het Centraal Insolventieregister moet bijhouden voor zaken waarin een schuldsaneringsregeling is uitgesproken.[114] Sinds het begin van de Wsnp per 1 december 1998 houdt de Raad voor Rechtsbijstand deze gegevens bij en is zodoende in staat om een volledig beeld van dit fenomeen te geven.[115]

In de tweede plaats speelt de Raad voor Rechtsbijstand via Bureau Wsnp een centrale rol in het erkennen en registreren van bewindvoerders, waardoor deze in aanmerking komen voor benoeming door de rechtbank.[116]

Ten derde is de Raad voor Rechtsbijstand via Bureau Wsnp belast met de uitvoering van de financiële afwikkeling van de vergoedingen en reiskostenvergoeding voor bewindvoerders.[117]

Ten slotte is de Raad voor Rechtsbijstand met het Bureau Wsnp een belangrijke informatiebron en vraagbaak voor iedereen die op de een of andere manier met de Wsnp te maken heeft: schuldenaren, schuldeisers, bewindvoerders, anderen

---

112 https://www.rvr.org/.

113 https://www.bureauwsnp.nl.

114 Art. 294-294b jo. art. 1 Aanwijzingsbesluit raad voor rechtsbijstand als bestuursorgaan bedoeld in artikel 294, vierde lid, Faillissementswet, *Stb.* 2005, 162 en *Stb.* 2010, 234.

115 Zie onder meer de website (www.bureauwsnp.nl) en de verschillende edities van de Monitor Wsnp 1-17 (2005-2020).

116 Zie Beleidsregels voor inschrijving bewindvoerders Wsnp en bewindvoerderorganisaties Wsnp in het register (*Stcrt.* 11 december 2015, 44294) en ook te vinden via https://www.bureauwsnp.nl/voor-bewindvoerders .

117 Zie de vergoedingensystematiek van de Raad voor Rechtsbijstand, opgenomen op de website (https://www.bureauwsnp.nl/voor-bewindvoerders/vergoedingen).

die beroepsmatig betrokken zijn bij personen met problematische schulden (zoals werkgevers onder wie loonbeslag is gelegd) en de overheid.[118]

7.4 Gevolgen en verloop van de schuldsaneringsregeling

356. Inleiding

Door de schuldsaneringsregeling treedt niet alleen voor de schuldenaar maar ook voor de schuldeisers een nieuwe rechtstoestand in, waardoor zij in hun belangen worden getroffen en kunnen worden geschaad. De gevolgen van het van toepassing verklaren van de schuldsaneringsregeling zijn voor een belangrijk deel gelijk aan die in een faillissement, zodat de wetgever een groot aantal bepalingen uit de tweede afdeling van Titel I van overeenkomstige toepassing heeft verklaard (art. 295 lid 6, 299 lid 3, 313; zie par. 5.4). Alleen voor enkele specifieke onderdelen is in de schuldsanering natuurlijke personen een eigen regeling getroffen.

Het gaat hier om de omvang van de boedel en de beschikkingsbevoegdheid van de schuldenaar (art. 20, 21 en 23), het gevolg van de uitspraak voor lopende executiemaatregelen en gelegde beslagen (art. 33), de huurovereenkomst (art. 39), de verrekening (art. 53) en om de positie van de retentor (art. 60). Er lijkt ook een verschil bij de afkoelingsperiode, omdat alleen artikel 63a van overeenkomstige toepassing is verklaard, maar dit berust – net als artikel 309a dat na de wetswijziging per 1 januari 2008 zinloos is geworden en derhalve geschrapt had moeten worden – op een omissie van de wetgever.[119]

Net als bij faillissement maakt het ook voor de gevolgen van de schuldsaneringsregeling verschil vanuit welk perspectief dit wordt bekeken: de schuldenaar (par. 7.4.1) of de schuldeisers (par. 7.4.2). Als er voldoende actief is om tot geheel of gedeeltelijke uitdeling aan de schuldeisers over te gaan is een verificatie van de vorderingen nodig (par. 7.4.3). Ten slotte wordt de duur en daarmee het verloop van de schuldsaneringsregeling bepaald door de termijn die daarvoor geldt (par. 7.4.4).

7.4.1 Gevolgen voor de schuldenaar

Nadat de rechtbank bij vonnis de schuldsaneringsregeling heeft uitgesproken en een bewindvoerder en een rechter-commissaris benoemd heeft, gaat de bewindvoerder aan de slag. Hoewel hij niet primair is aangesteld om de belangen van de schuldenaar te behartigen, maar juist toezicht op hem moet uitoefenen, veronderstelt de regeling wel dat zij met elkaar contact hebben en in zekere opzichten ook moeten samenwerken. De bewindvoerder heeft in dit verband zelfs een aantal verplichtingen jegens de schuldenaar; zo gaat hij kort na zijn benoeming bij de schuldenaar op huisbezoek en maakt hij met hem een aantal werkafspraken, onder meer over de wijze waarop zij met elkaar contact hebben.[120] Toch heeft het uitspreken van de schuldsanerings-

118 https://www.bureauwsnp.nl.
119 Vgl. NvW (Kamerstukken TK (2007-2008), 31065, nr. 9), p. 2, 7-8.
120 Vgl. art. 3.1, 3.3 Recofa-richtlijnen voor schuldsaneringsregelingen. Zie ook HR 27 januari 2017, *NJ* 2017/76, r.o. 3.3.2 en het vervolg daarop in HR 2 februari 2018, *NJ* 2018/90, r.o. 3.5.1-5, waarin de bewindvoerder door de rechter was opgedragen om 'nauwgezet te monitoren' dat de schuldenaar beschermingsbewind (titel 1.19 BW) zou aanvragen.

regeling vooral voor de schuldenaar verstrekkende gevolgen. Het meest in het oog springt de vaststelling en fixatie van het actief voor de boedel waarover de schuldenaar de beschikking en het beheer verliest (nr. 357) en de uiteenlopende verplichtingen die vanaf dat ogenblik op hem rusten (nr. 358). Een complicatie hierbij kan zijn als de schuldenaar gehuwd is of een geregistreerd partnerschap is aangegaan en die partner mogelijk ook in de schuldsanering of een faillissement belandt (nr. 359).

357. Omvang boedel; fixatie actief

De schuldsaneringsregeling strekt zich uit over alle goederen van de schuldenaar ten tijde van de uitspraak, en over alles wat hij verkrijgt gedurende de periode dat de schuldsaneringsregeling van toepassing is (art. 295 lid 1). Deze fixatie van het actief en het binnen de boedel trekken van later verkregen vermogen is vergelijkbaar met de faillissementsregeling in artikel 20. De uitzonderingen van artikel 21-22a voor het faillissement gelden grotendeels ook voor de schuldsaneringsregeling (art. 295 lid 4 sub c, d, lid 6). In afwijking van het faillissement blijft de inboedel bij de schuldsaneringsregeling echter buiten beschouwing (mits niet te riant ('bovenmatig')), waarbij aansluiting is gezocht bij de omschrijving van artikel 3:5 BW (art. 295 lid 4 sub b). Overigens valt sinds oktober 2020 een deel hiervan al onder de werking van artikel 21 onder 1 ('de niet-bovenmatige roerende zaken en gezelschapsdieren') door de herziening van het beslag- en executierecht om het bestaansminimum van schuldenaren beter te borgen, beslaglegging en executie effectiever en efficiënter te maken en te voorkomen dat beslaglegging uitsluitend wordt ingezet als pressiemiddel.[121] Verder houdt de schuldenaar de vrije beschikking over een deel van zijn inkomen of uitkering; concreet staat dat gelijk aan de beslagvrije voet van artikel 475d Rv bij derdenbeslag, het zogenaamde 'vrij te laten bedrag' (art. 295 lid 2-3).[122] Ten slotte vallen die goederen buiten de boedel die de schuldenaar verkrijgt op basis van een overeenkomst die, anders dan om niet, tot stand is gekomen tijdens de schuldsaneringsregeling, waarbij de tegenprestatie van de schuldenaar niet ten laste van de boedel komt (art. 295 lid 4 sub a). Dit is bijvoorbeeld het geval als de schuldenaar zaken heeft gekocht nadat de schuldsaneringsregeling van toepassing is verklaard en de koopprijs is betaald uit het vrij te laten bedrag of door een derde. Net als bij de inboedel mag ook geen sprake zijn van een te grote discrepantie tussen de waarde van de prestaties over en weer (art. 295 lid 5). Met deze uitzondering kan overigens niet bereikt worden dat bijvoorbeeld bovenmatige inkomsten uit een arbeidsovereenkomst buiten de boedel blijven, omdat artikel 295 lid 2 dit slechts toestaat tot een bedrag ter grootte van het vrij te laten bedrag.[123]

Als gevolg van de uitspraak waarbij de schuldenaar wordt toegelaten tot de schuldsaneringsregeling verliest hij net als in faillissement het beheer en de beschikking over zijn eigen vermogen. Het verlies aan beschikkingsbevoegdheid is voor de schuldsaneringsregeling in artikel 296 en 297 nader uitgewerkt vergeleken met artikel 23 voor het faillissement, maar komt in grote lijnen op hetzelfde neer.

121 Wet van 3 juni 2020 tot wijziging van het Wetboek van Burgerlijke Rechtsvordering en de Faillissementswet in verband met de herziening van het beslag- en executierecht, *Stb.* 2020, 177.

122 Zie over het vtlb en de berekening daarvan, art. 3.7 Recofa-richtlijnen voor schuldsaneringsregelingen.

123 Vgl. Wessels, *Insolventierecht IX*, nr. 9092.

Artikel 23 spreekt eenvoudigweg over verlies van de beschikking en het beheer over het tot het faillissement behorend vermogen, maar artikel 296 lid 1 splitst dit uit in enerzijds de bevoegdheid om over de tot de boedel behorende goederen te beschikken (sub a) en anderzijds de bevoegdheid om met deze goederen feitelijke handelingen te verrichten en toe te laten (sub b). Een materieel verschil lijkt hier echter niet te zijn beoogd. Een en ander is nog aangevuld met een verplichting voor de schuldenaar om die goederen op verzoek van de bewindvoerder aan hem af te leveren (art. 296 lid 2). De schuldenaar kan echter het beheer houden over goederen als hijzelf of de bewindvoerder dat nuttig acht en de rechter-commissaris daarin toestemt bij schriftelijke beschikking (art. 296 lid 3).

Hiermee samenhangend moet iedere schuldenaar op wie de schuldsaneringsregeling van toepassing is dulden dat de door de rechtbank aangestelde bewindvoerder die bevoegdheden heeft overgenomen (art. 316; zie nr. 358).

Artikel 297 lid 1 verklaart de schuldenaar bevoegd tot het verrichten van rechtshandelingen – die op grond van artikel 313 jo. 24 de boedel alleen binden voor zover deze daardoor gebaat is – maar voor bepaalde rechtshandelingen heeft hij toch de toestemming van de bewindvoerder nodig. Concreet is dat het geval als de schuldenaar kredietovereenkomsten aangaat, zichzelf sterk maakt voor een ander (al dan niet als borg) en ongebruikelijke of bovenmatige schenkingen doet (art. 297 lid 2).

Als de schuldenaar in enige gemeenschap van goederen is gehuwd of een geregistreerd partnerschap is aangegaan, leidt de schuldsaneringsregeling ertoe dat de echtgenoot of partner moet dulden dat alle goederen van de gemeenschap onder de werking daarvan vallen (art. 313 jo. 63). Ontbreekt daarentegen enige gemeenschap of vallen bepaalde goederen buiten de gemeenschap, dan is de toepassing van de schuldsaneringsregeling op de ene persoon net als bij de faillietverklaring overigens ook niet helemaal zonder gevolgen voor de andere echtgenoot of geregistreerde partner, maar kan de andere partner alle hem of haar toebehorende goederen terugnemen (art. 313 jo. 61; zie nr. 164).

358. Verplichtingen van de schuldenaar

De schuldsaneringsregeling beoogt de schuldenaar te bevrijden van zijn problematische financiële situatie. Dit betekent dat de schuldenaar na afloop bevrijd is van de schulden waarvoor de schuldsaneringsregeling werkt, maar dit verlangt van hem wel een serieuze inspanning om die schone lei te 'verdienen'. Dit betekent dat hij een maximale bijdrage en inspanning moet leveren om zo veel mogelijk activa in de boedel te brengen in het belang van de schuldeisers.[124] Hiertoe worden hem in de wet de nodige verplichtingen opgelegd die hij moet nakomen. Doet hij dat niet, dan is dat reden om de schuldsaneringsregeling voortijdig te beëindigen, met alle nadelige gevolgen van dien (art. 350 lid 3 sub c; zie nr. 375-376).

De wettelijke verplichtingen van de schuldenaar zien vooral op het genereren en afstaan van inkomsten aan de boedel boven het eerdergenoemde 'vrij te laten bedrag' (art. 295 lid 2), het afgeven van de goederen die tot de boedel behoren als

124 Zie MvT (Kamerstukken TK (1992-1993), 22969, nr. 3), p. 6; *Parl. Gesch. Fw* (Kortmann/Faber), p. 620 e.v.; vgl. conclusie A-G Strikwerda voor HR 15 februari 2002, *NJ* 2002/259, nr. 8.

de bewindvoerder daar om vraagt (art. 296 lid 2) en de inlichtingen- en informatieplicht jegens de bewindvoerder en de rechter-commissaris (art. 327 jo. 105).

Deze inlichtingenplicht bouwt in wezen voort op de informatieverplichting die de schuldenaar heeft als hij om toepassing van de schuldsaneringsregeling verzoekt (art. 285). De schuldenaar moet niet alleen die inlichtingen geven waarom de bewindvoerder of de rechter-commissaris uitdrukkelijk vraagt, maar ook inlichtingen waarvan hij op basis van de door de bewindvoerder gestelde vragen of de door de rechter-commissaris gegeven aanwijzingen wist of behoorde te weten dat zij die nodig hebben. Tegen de achtergrond van de strekking van de schuldsaneringsregeling[125] is volgens de Hoge Raad zelfs sprake van een meer algemene verplichting tot het verschaffen van die inlichtingen waarvan de schuldenaar weet of behoort te begrijpen dat zij van belang zijn voor een doeltreffende uitvoering van de schuldsaneringsregeling.[126] Als de schuldenaar deze verplichting verzaakt, heeft dat voor hem overigens alleen nadelige gevolgen als hem daarvan een verwijt kan worden gemaakt.[127]

Voorts is de schuldenaar verplicht om uit eigen beweging toestemming van de bewindvoerder te vragen voor het aangaan van kredietovereenkomsten, zekerheidstellingen en borgtochten, en ongebruikelijke of bovenmatige schenkingen (art. 297 lid 2).

Uit de aard van de schuldsanering natuurlijke personen en de doeleinden die daarmee worden nagestreefd, volgen nog enkele andere verplichtingen.

Zo is de schuldenaar verplicht is om geen bovenmatige schulden aan te gaan. Zou hij dit wel doen, dan loopt hij het risico dat hij voor die schulden in staat van faillissement wordt verklaard met beëindiging van de schuldsaneringsregeling als gevolg (art. 312) of omgekeerd dat de schuldsaneringsregeling tussentijds beëindigd wordt met wellicht faillietverklaring als gevolg (art. 350 lid 3 sub d jo. lid 5). Dit laatste kan ook gebeuren als de schuldenaar tijdens de schuldsaneringsregeling probeert zijn schuldeisers te benadelen (art. 350 lid 3 sub e jo. lid 5).

Aangezien de schuldsanering natuurlijke personen een schuldenaar de mogelijkheid biedt om met een schone lei uit zijn uitzichtloze financiële situatie te komen, mag voorts van hem verlangd worden dat hij alles in het werk stelt om inkomsten voor de boedel te genereren, waarmee zijn schuldeisers toch nog enigszins tegemoet kan worden gekomen. Dit laatste betekent dat de schuldenaar zich actief moet inspannen om betaald werk te behouden of vinden. In de praktijk betekent dit dat hij verplicht is te solliciteren. Overigens reikt deze verder dan de sollicitatieverplichting op grond van de Participatiewet, de Werkloosheidswet en vergelijkbare wet- en regelgeving met het oog op het toe- of herintreden in het arbeidsproces.[128]

Net zomin als de sollicitatieverplichting uitdrukkelijk in de wet is opgenomen, maar daar wel impliciet uit voortvloeiend, is de verplichting om de huur te betalen als de huurovereenkomst tijdens de schuldsaneringsregeling doorloopt, omdat bij gebreke daarvan de verhuurder bevoegd is die overeenkomst zo nodig tussentijds

125 Zie MvT (Kamerstukken TK (1992-1993), 22969, nr. 3), p. 6, *Parl. Gesch. Fw* (Kortmann/Faber), p. 620 e.v.
126 HR 15 februari 2002, *NJ* 2002/259, r.o. 3.2.1-2. Vgl. HR 4 november 2005, *NJ* 2006/135, HR 23 februari 2007, RvdW 2007/234 en HR 14 september 2007 RvdW 2007/766.
127 HR 12 juni 2009, *NJ* 2009/270.
128 Art. 3.5 Recofa-richtlijnen voor schuldsaneringsregelingen. Vgl. HR 19 januari 2007, *NJ* 2007/61.

te beëindigen (art. 305 lid 3). Meer in het algemeen zal de schuldenaar zijn schulden waarvoor de schuldsaneringsregeling niet werkt moeten nakomen, omdat hij anders het risico van incassomaatregelen en faillissement loopt waardoor de schuldsaneringsregeling van rechtswege eindigt (art. 312). De mogelijkheid van incasso- en executiemaatregelen voor deze vorderingen is niet met zo veel woorden in de wet opgenomen, maar vloeit voort uit het systeem van schuldsaneringsregeling.[129]

De schuldenaar moet verder dulden dat zijn post in beginsel de eerste dertien maanden via de bewindvoerder gaat en dat deze de aan hem gerichte post opent (art. 287 lid 5, 293 lid 2, 327 jo. 99). Ook moet hij de bewindvoerder desgevraagd alle inlichtingen verschaffen die deze nodig acht (art. 327 jo. 105). Niet-nakoming hiervan is bovendien strafrechtelijk gesanctioneerd in artikel 194 lid 3 Sr.

De aard van de schuldsanering natuurlijke personen, die uitsluitend op verzoek van de schuldenaar kan worden uitgesproken, brengt met zich mee dat hem gedurende de looptijd geen beperkingen worden opgelegd, zoals in faillissement voor het geval de schuldenaar onwillig of ongewenst gedrag jegens de bewindvoerder vertoont. Zo is er geen noodzaak om de nakoming van de uit de schuldsaneringsregeling voortvloeiende verplichtingen af te dwingen met inbewaringstelling (art. 87-90). Dergelijk onwillig of ongewenst gedrag leidt er immers meestal toe dat de schuldsaneringsregeling tussentijds beëindigd kan worden (art. 350 lid 3 sub c). Anders dan bij faillissement (art. 91) mag de schuldenaar in de schuldsaneringsregeling zonder toestemming van de rechter-commissaris zijn woonplaats verlaten.

Uiterlijk drie maanden voor het einde van de schuldsaneringsregeling moet de bewindvoerder aan de rechter-commissaris verslag uitbrengen hoe de schuldenaar zich aan al zijn verplichtingen heeft voldaan (art. 351a).

359. Gevolgen voor gehuwde schuldenaren of schuldenaren die een geregistreerd partnerschap zijn aangegaan

Als een natuurlijke persoon samenleeft met een partner en sprake is van een problematische schuldensituatie, kan dat samenleven tot enkele bijzondere complicaties leiden. Het maakt in beginsel geen verschil of de natuurlijke persoon die toepassing van de schuldsaneringsregeling wenst getrouwd is of een geregistreerd partnerschap is aangegaan (vgl. art. 1:80b BW): voor de schuldsanering natuurlijke personen leiden beide tot dezelfde gevolgen.[130] Wel verschil maakt het goederenrechtelijk regime tussen de beide partners: is wel of geen sprake van enigerlei gemeenschap van goederen?[131]

Als geen sprake is van enigerlei gemeenschap tussen de beide partners, dan kunnen beide vermogens volledig gescheiden worden afgewikkeld in een schuldsanering van ieder van de partners. Hoewel in theorie dan ook twee verschillende bewindvoerders benoemd kunnen worden, gebeurt dit in de praktijk zelden. De

129 MvT (Kamerstukken TK (1992-1993), 22969, nr. 3), p. 45.

130 Zie art. 284 lid 3, 285 lid 1, alsmede art. 43, 61, resp. 105, die op grond van art. 313 lid 1, resp. 327 van overeenkomstige toepassing zijn verklaard.

131 Zie art. 284 lid 3, alsmede art. 22, resp. 63, die op grond van art. 296, resp. 313 lid 1 van overeenkomstige toepassing zijn verklaard.

bewindvoerder wikkelt beide schuldsaneringen gescheiden af met twee boedelrekeningen.[132] Mocht een van de twee partners niet worden toegelaten of wordt de schuldsaneringsregeling van een van hen tussentijds beëindigd, dan heeft dit in beginsel geen gevolgen voor de schuldsaneringsregeling van de andere partner.

Is wel sprake van enigerlei gemeenschap of zelfs van een algehele gemeenschap van goederen tussen beide partners, dan kunnen zich complicaties voordoen bij de vereffening van het gemeenschappelijke deel van het vermogen.[133] Die komen vooral tot uiting als het verzoek tot toepassing van de schuldsaneringsregeling van een van beide partners wordt afgewezen – al dan niet leidend tot diens faillissement – en bij de beëindiging van de schuldsaneringsregeling van een van de partners, met als gevolg diens faillissement (art. 350 lid 5).

Als de rechter de schuldsaneringsregeling slechts op een van beide partners wil toepassen, betekent dat de schuldsaneringsregeling van die partner de gehele gemeenschap omvat (art. 313 jo. 63). Als de andere partner die niet in de schuldsaneringsregeling zit, vervolgens in staat van faillissement wordt verklaard, valt de gehele gemeenschap ook in de faillissementsboedel. In de begintijd van de Wsnp heeft dit tot de nodige verwarring geleid, maar uiteindelijk heeft de Hoge Raad een salomonsoordeel geveld.[134] Hij overwoog dat bij het verzoek tot toepassing van de schuldsaneringsregeling de individuele beoordeling van iedere partner afzonderlijk vooropstaat, zodat het lot van de ene partner niet dat van de andere bepaalt. Zo is de vraag of de ene partner een schone lei kan krijgen niet afhankelijk van het gedrag van de andere partner. Als echter een van de twee partners in staat van faillissement wordt verklaard moet de gemeenschap eerst worden vereffend voor de gezamenlijke faillissementsschuldeisers (art. 63). Voor de schuldsaneringsregeling kan de gemeenschappelijke boedel pas worden vereffend nadat het faillissement van de andere partner is afgewikkeld. In de praktijk zal dit meestal betekenen dat niets meer te vereffenen valt.

Een vergelijkbaar probleem doet zich voor als de schuldsaneringsregeling op beide partners van toepassing is en die van een van hen tussentijds wordt beëindigd, terwijl die van de andere doorloopt. Dit is zeker het geval als de tussentijdse beëindiging tot diens faillissement heeft geleid (art. 350 lid 5). Ook hier staat de individuele benadering voorop, zodat tussentijdse beëindiging van de schuldsaneringsregeling van de ene partner niet automatisch tot het einde van de schuldsaneringsregeling van de ander leidt.[135] Als daaruit het faillissement van de ene partner voortvloeit, zal diens curator de gemeenschap op grond van artikel 63 kunnen vereffenen voor de faillissementsschuldeisers. Pas als na afwikkeling van het faillissement nog iets resteert in de gemeenschap, kan dat in de schuldsaneringsregeling van de andere partner worden betrokken. Wanneer hierdoor de termijn van de schuldsaneringsregeling dreigt te worden overschreden, moet de termijn worden gewijzigd (art. 349a). Aangezien deze termijn ten hoogste vijf jaar bedraagt, blijft daarna vereffening voor

---

132 Art. 3.2c Recofa-richtlijnen voor schuldsaneringsregelingen.

133 Vgl. art. 2 lid 2 en 4 Besluit vergoeding bewindvoerder schuldsanering (*Stb.* 2013, 308) dat in een dergelijk geval een toeslag op de bewindvoerdersvergoeding toekent.

134 HR 4 juni 2004, *NJ* 2004/638.

135 HR 13 juli 2001, *NJ* 2001/525; HR 15 februari 2002, *NJ* 2002/259; HR 4 juni 2004, *NJ* 2004/638; HR 2 december 2016, *NJ* 2016/502, r.o. 3.4.4.

de schuldsaneringsregeling achterwege in het onwaarschijnlijke geval dat nog iets in de gemeenschap is overgebleven.

Als beide partners tot de schuldsaneringsregeling zijn toegelaten en geen tussentijdse beëindiging heeft plaatsgevonden, komt het tot een reguliere beëindigingszitting waarop de rechter moet vaststellen of de schone lei kan worden verleend (zie nr. 371). Als dit wel voor de ene maar niet voor de andere partner gebeurt, heeft de schone lei voor de ene partner maar een beperkte betekenis. Weliswaar zijn dan de vorderingen op hem niet langer afdwingbaar, maar hij moet toch dulden dat het gemeenschapsvermogen kan worden uitgewonnen voor vorderingen op de andere partner die geen schone lei heeft gekregen.

7.4.2 Gevolgen voor de schuldeisers

Niet alleen de schuldenaar merkt de gevolgen als de schuldsaneringsregeling van toepassing wordt verklaard, maar ook zijn schuldeisers. Het meest in het oog springen de vaststelling en fixatie van het passief waarmee de omvang van de vorderingen waarvoor de schuldsaneringsregeling geldt, duidelijk wordt (nr. 360) en enkele bijzondere gevolgen voor bepaalde schuldeisers en wederpartijen (nr. 361). Voor het overige geldt dat net als bij faillissement gerechtelijke procedures die tegen de schuldenaar zijn aangespannen, van rechtswege worden geschorst (art. 313 jo. 29). Hetzelfde geldt voor lopende executiemaatregelen, zoals verbeurte van dwangsommen (art. 611e lid 3 Rv) en lijfsdwang (art. 302). Dit geldt overigens niet voor een dwangsom respectievelijk lijfsdwang die verbeurd respectievelijk bevolen is op grond van het niet-nakomen van vorderingen waarvoor de schuldsaneringsregeling niet geldt. Ook de gelegde beslagen (met inbegrip van het vereenvoudigd derdenbeslag door de Ontvanger ex artikel 19 IW 1990) komen door de toepassing van de schuldsaneringsregeling te vervallen (art. 301 lid 1, 2). Mocht de schuldsaneringsregeling worden beëindigd omdat de schuldenaar zijn schulden weer kan betalen (art. 350 lid 3 sub b), dan kan het beslag herleven (art. 301 lid 4). Het is ook mogelijk dat de bewindvoerder de executieverkoop overneemt (art. 313 jo. 34). De positie van de separatisten is vergelijkbaar met die van separatisten in het faillissement (art. 299 lid 5 jo. 57 e.v.) net als de invloed van de afkoelingsperiode daarop (art. 313 jo. 63a).

Het feit dat artikel 63b e.v. niet van overeenkomstige toepassing is verklaard lijkt te berusten op een omissie van de wetgever, want artikel 309a met zijn verwijzing naar artikel 309 is na de wetswijziging per 1 januari 2008 waarin deze bepaling is geschrapt, zinloos geworden.

Net als bij de surseance van betaling (art. 241) werkt ook de schuldsaneringsregeling niet ten voordele van borgen en andere medeschuldenaren (art. 300). Dit betekent dat de schuldeisers deze partijen gewoon kunnen blijven aanspreken tot betaling op hun vorderingen.

360. Fixatie passief; omvang vorderingen waarvoor de schuldsaneringsregeling geldt

Net als bij faillissement vindt bij toepassing van de schuldsaneringsregeling een fixatie van het passief plaats om te kunnen vaststellen welke schuldeisers, met welke rang en voor welk bedrag deelnemen aan de uitdeling van de opbrengst van de vereffende boedel. Hiervoor is dan ook een verificatie nodig (art. 328-328a). Er zijn echter ook verschillen met faillissement.

Anders dan bij het faillissement heeft de wetgever voor de schuldsanering natuurlijke personen een opsomming gegeven van de vorderingen waarvoor de schuldsaneringsregeling werkt (art. 299).

Dit zijn allereerst de vorderingen die bestaan op het ogenblik dat de toepassing van de schuldsaneringsregeling wordt uitgesproken (art. 299 lid 1 sub a); toekomstige vorderingen blijven erbuiten (zie over het verschil nr. 166). Ook de vorderingen die pas na de uitspraak tot toepassing van de schuldsaneringsregeling ontstaan, maar die het gevolg zijn van een ontbinding of vernietiging van een overeenkomst die voor die uitspraak is gesloten, vallen onder de schuldsaneringsregeling (art. 299 lid 1 sub b; vgl. art. 37a). Hieronder vallen ook terugbetalingsvorderingen van publiekrechtelijke lichamen wegens ten onrechte uitgekeerde gelden waarbij het intrekkingsbesluit genomen is na het van toepassing worden van de schuldsaneringsregeling, omdat dit op één lijn moet worden gesteld met de vernietiging van een overeenkomst met terugwerkende kracht (art. 299 lid 1 sub b).[136] Ten derde gaat het om vorderingen die zijn ontstaan doordat de schuldenaar tekort is geschoten in de nakoming van een verbintenis van vóór de schuldsaneringsregeling, nadat op hem de schuldsaneringsregeling van toepassing is verklaard (art. 299 lid 1 sub c; vgl. art. 37a). Een volgende categorie vormen de vorderingen die een schuldeiser na de uitspraak verkrijgt omdat een ontbindende voorwaarde in vervulling treedt (art. 299 lid 1 sub d). De laatste groep ziet op regresvorderingen van medeschuldenaren die na de uitspraak tot toepassing van de schuldsaneringsregeling zijn aangesproken uit hoofde van een ten tijde van die uitspraak reeds bestaande rechtsverhouding. Hoewel het enige tijd onduidelijk was of deze categorie een equivalent bij faillissement kent, omdat een dergelijke vordering toekomstig is,[137] heeft de Hoge Raad deze categorie inmiddels als verifieerbare vordering aangemerkt (nr. 230).[138]

Verder is ook de omvang van het passief in de schuldsaneringsregeling anders dan in het faillissement. Twee groepen vorderingen die wel tot het faillissementspassief behoren, vallen buiten de schuldsaneringsregeling.

Allereerst zijn bepaalde schulden buiten de schuldsaneringsregeling gehouden, omdat de wetgever het onwenselijk vindt dat de schuldenaar daarvan bevrijd wordt als hij aan het einde de schone lei krijgt. Deze groep is deels te verklaren vanuit het systeem van de wet en deels vanuit opportunisme van de overheid.

Vanuit de systematiek van de Faillissementswet blijven hypothecair gedekte vorderingen in faillissement rentedragend (art. 128); dit ligt ook in lijn met het uitgangspunt van artikel 57 dat pand- en hypotheekhouders geen last hebben van het faillissement. Merkwaardigerwijs is artikel 57 wel van overeenkomstige toepassing verklaard in de schuldsanering natuurlijke personen (art. 299 lid 3), maar artikel 128 niet, terwijl de meeste andere bepalingen uit de vijfde afdeling van Titel I (art. 108-137) dat weer wel zijn (art. 328 lid 1).[139] Ondanks het ontbreken van een schakelbepaling mogen pand- en hypotheekhouders ook rente vorderen voor hun vorderingen

136 HR 19 juni 2015, *NJ* 2015/413, r.o. 3.4.2.
137 HR 6 april 2012, *NJ* 2016/196, AA 2013/36 (*ASR/Achmea*).
138 HR 16 oktober 2015, *NJ* 2016/48 (*DLL/Van Logtesteijn q.q.*); zie voorts HR 23 maart 2018, *NJ* 2018/290 (*Credit Suisse/Jongepier q.q.*).
139 Zie MvT (Kamerstukken TK (1992-1993), 22969, nr. 3), Parl. Gesch. Fw (Kortmann/Faber), p. 750, waar deze afwijking wel wordt genoemd maar niet toegelicht.

en het onderpand daarvoor zo nodig uitwinnen, nadat de toepassing van de schuldsaneringsregeling is uitgesproken.[140]

Dit lijkt strijdig met de regeling in artikel 303 lid 1 voor de lopende rente, waarbij geen uitzondering is gemaakt voor rente verschuldigd op door pand- of hypotheek gedekte vorderingen. Daarom heeft de wetgever in 2008 met de regeling in artikel 303 lid 3 alsnog een grondslag willen bieden voor hypotheekrente die na de uitspraak tot toepassing van de schuldsaneringsregeling verschuldigd is geworden. Volgens de Hoge Raad is de aan deze nieuwe bepaling ten grondslag liggende opvatting echter strijdig met het indertijd door de wetgever bij de invoering van de wettelijke regeling van de schuldsanering in 1998 gehanteerde uitgangspunt over de positie van de separatist. Daarom acht de Hoge Raad de nieuwe regeling niet juist en kan volgens hem de latere – onjuiste – opvatting van de wetgever op zichzelf genomen niet afdoen aan, noch wijziging brengen in, de inhoud van de wettelijke regeling zoals deze sedert haar inwerkingtreding geldt. Er bestaat dus geen noodzaak voor een rechterlijke uitspraak daartoe, zoals artikel 303 lid 3 voorschrijft.[141]

Als het onderpand van een hypothecaire schuld tijdens de schuldsaneringsregeling verkocht wordt en door een onderwaarde niet leidt tot volledige aflossing, valt de restschuld onder de schone lei (art. 358). Gebeurt dit echter na het einde van de schuldsaneringsregeling, dan blijft een restschuld bestaan.[142] Verder heeft de wetgever enigszins opportunistisch bepaald dat ook de studieschulden uit hoofde van de Wet studiefinanciering 2000 buiten de schuldsaneringsregeling blijven (art. 299a). Hoewel deze uitzondering wordt verdedigd met een beroep op de eigen regeling van die wet, waardoor met (het ontbreken van) de afloscapaciteit rekening kan worden gehouden,[143] kan men zich niet helemaal aan de indruk onttrekken dat de overheid hierbij haar eigen belang goed in de gaten heeft gehouden.

In de tweede plaats is het de bedoeling van de schuldsanering natuurlijke personen dat de schuldenaar na afloop weer volledig zelfstandig op gezonde eigen financiële benen komt te staan. Daarom blijft hij bevoegd om rechtshandelingen te verrichten waarmee hij nieuwe schulden kan aangaan. De tweede groep vorderingen waarop de schuldsaneringsregeling geen effect heeft zijn daarom de vorderingen die ontstaan nadat de toepassing van de schuldsaneringsregeling is uitgesproken. De schuldeisers van deze vorderingen hebben in beginsel geen last van de schuldsaneringsregeling, al zullen zij bij eventuele incassoactiviteiten merken dat de schuldenaar vermoedelijk nauwelijks eigen vermogen heeft waarop zij zich kunnen verhalen.

361. Bijzondere gevolgen voor bepaalde schuldeisers en wederpartijen

In de schuldsanering natuurlijke personen wijken de gevolgen daarvan voor bepaalde schuldeisers in meer of mindere mate af van de gevolgen bij faillissement. Dit betreft onder meer de verplichte doorlevering (art. 37b/304), opzegging van huurovereenkomsten (art. 39/305), verrekening (art. 53/307) en de uitoefening van het retentierecht (art. 60/299b).

140 HR 16 oktober 2015, *NJ* 2016/48 (*DLL/Van Logtesteijn q.q.*), r.o. 4 sub 1 (antwoord eerste prejudiciële vraag).
141 HR 13 maart 2009, *NJ* 2009/203, AA 2009/396 (*Van Wijk/ING*), r.o. 3.7.2.
142 HR 10 juni 2016, *NJ* 2016/279 (Y/X), r.o. 3.3.2-3.
143 Zie NvW (Kamerstukken (1994-1995), 22969, nr. 14), p. 1 e.v.

Hoewel artikel 37b (nr. 179) door de schakelbepaling van artikel 313 van overeenkomstige toepassing is verklaard, kent de schuldsanering natuurlijke personen een eigen regeling voor de continuering van nutsvoorzieningen (gas, water, elektriciteit en verwarming) voor de primaire levensbehoeften (art. 304). De regeling in de Wsnp was een codificatie van jurisprudentie van de Hoge Raad en heeft als voorbeeld van de huidige regeling in faillissement gediend.[144] Artikel 304 verschilt slechts op een ondergeschikt punt van artikel 37b, waar deze laatste bepaling ook de opschorting verbiedt als de voortzetting van de dienstverlening nodig is voor de voortzetting van de onderneming van de schuldenaar. Omdat de schuldsanering natuurlijke personen uitgaat van een staking van eventuele bedrijfsactiviteiten, speelt dit aspect geen rol.

Bij huurovereenkomsten (nr. 212) heeft de schuldsanering natuurlijke personen andere gevolgen dan faillissement; de regeling sluit hier meer aan bij de regeling van de surseance van betaling in artikel 238 (nr. 279). Zo kan alleen de bewindvoerder, of de schuldenaar met zijn machtiging, een einde maken aan de huurovereenkomst (art. 305). De verhuurder kan dit in beginsel niet. Voor de opzegging geldt net als bij faillissement en surseance van betaling een maximum opzegtermijn van drie maanden. Voor het overige moet hierbij rekening worden gehouden met de overeengekomen of wettelijke opzegtermijnen (art. 305 lid 1).[145] Een belangrijk verschil met de huuropzegging bij faillissement is dat een schuldenaar in de schuldsaneringsregeling niet snel ontruimd kan worden, zelfs als hij bijvoorbeeld achterstallig was met de huurbetaling of een andere financiële verplichting voorafgaand aan de toepassing van de schuldsaneringsregeling. Dit levert weliswaar een tekortkoming op, maar het kan geen opzegging of ontbinding van de huurovereenkomst rechtvaardigen (art. 305 lid 2). Zelfs als al een ontruimingsvonnis op die grond was uitgesproken voordat de schuldsaneringsregeling werd toegepast, dan mag dit tijdens de schuldsaneringsregeling niet ten uitvoer worden gelegd mits de lopende verplichtingen wel bijtijds worden voldaan. Een huurovereenkomst die al door opzegging of ontbinding was beëindigd, wordt voor de duur van de schuldsaneringsregeling verlengd (art. 305 lid 2).

Bij een schuldsaneringsregeling is verrekening (nr. 176) in beperktere mate mogelijk dan bij faillissement. Artikel 307 lid 1 komt in de plaats van artikel 53 lid 1, maar wijkt daar deels van af. In faillissement kunnen immers schulden en vorderingen worden verrekend die 'voortvloeien uit handelingen, vóór de faillietverklaring met de gefailleerde verricht'. Bij de totstandkoming van artikel 307 is deze categorie echter weggelaten. Een schuld die ten tijde van de toepassing van de schuldsaneringsregeling al bestond kan dus niet worden verrekend met een vordering die daarna is ontstaan uit een overeenkomst die vóór die uitspraak is gesloten; dit zou zich niet verdragen met het uitgangspunt dat die uitspraak zo veel mogelijk de rechten en verplichtingen van de schuldenaar moet fixeren.[146]

144 HR 20 maart 1981, *NJ* 1981/640 (*Veluwse Nutsbedrijven*) en HR 16 oktober 1998, *NJ* 1998/896, AA 1999/754 (*Van der Hel q.q./Edon Twente*).

145 Art. 7:228 lid 2, 7:271 lid 2, 7:293 lid 2 BW in het bijzonder (art. 305 lid 1).

146 MvT, Kamerstukken TK (1992-1993), 22969, nr. 3, p. 49, *Parl. Gesch. Fw* (Kortmann/Faber), p. 755.

Dit argument miskent echter dat het hier onwenselijk geachte gevolg ook intreedt bij de verrekening van ten tijde van de uitspraak over en weer bestaande schulden en vorderingen en dus niet maatgevend kan zijn voor het onderscheid tussen het faillissement en de schuldsanering natuurlijke personen.[147]

Voor het overige is artikel 53 van overeenkomstige toepassing verklaard (art. 307 lid 2). Dit geldt ook de toepasselijkheid van artikel 54 en 55 (art. 313).

Na afloop van de schuldsaneringsregeling waarbij de schuldenaar een schone lei krijgt toegekend resteert een natuurlijke verbintenis waarvan de schuldeiser betaling niet meer kan afdwingen (art. 358). Dat betekent dat een schuldeiser die tevens schuldenaar van de voormalige saniet is, zijn vordering niet meer kan verrekenen als hij door die voormalige saniet tot betaling wordt aangesproken. Er is immers niet meer voldaan aan het vereiste van over en weer afdwingbaarheid om te mogen verrekenen (art. 6:127 lid 2 BW). Omdat dit vooruitzicht voor een schuldenaar in de schuldsaneringsregeling mogelijk tot berekenend gedrag aanleiding zou kunnen geven, is gepoogd de verrekening toch toe te laten met een beroep op analoge toepassing van artikel 6:131 lid 1 BW. Verjaring waardoor een natuurlijke verbintenis resteert, verhindert niet een geslaagd beroep op verrekening. De Hoge Raad heeft deze oplossing echter afgewezen op basis van de ratio die aan de schuldsaneringsregeling ten grondslag ligt.[148]

De retentor heeft bij een schuldsanering natuurlijke personen een iets andere positie dan in faillissement (nr. 179); de bewindvoerder is – anders dan de curator (art. 60 lid 2) – niet bevoegd om de zaak van de retentor op te eisen om die te verkopen. Hij mag slechts de zaak in de boedel terugbrengen door de vordering waarvoor het retentierecht door de retentor kan worden ingeroepen te voldoen, ervan uitgaande dat dit in het belang van die boedel is (art. 299b lid 2). De retentor kan de bewindvoerder hiertoe een termijn stellen, bij gebreke waarvan de retentor bevoegd is de zaak te executeren (art. 2899b lid 3). De bewindvoerder mag vervolgens de zaak pas opeisen en uitwinnen, nadat de retentor een door de bewindvoerder gestelde termijn om over te gaan tot parate executie op grond van artikel 299b lid 3, ongebruikt voorbij heeft laten gaan (art. 299b lid 5).

7.4.3 Verificatie en vereffening

362. Verificatie

Als er voldoende actief in de boedel is en het dus tot een uitdeling aan de schuldeisers kan komen, is het van belang om de aanspraken vast te stellen van zowel preferente als concurrente schuldeisers. Dit verificatieproces is nagenoeg gelijk aan dat bij faillissement (nr. 232). De vijfde afdeling van Titel III verklaart niet voor niets een groot aantal bepalingen uit dezelfde afdeling van Titel I van overeenkomstige toepassing (art. 328 lid 1). Sommige bepalingen zijn niet van overeenkomstige toepassing verklaard en worden in de Wsnp anders geformuleerd, maar zijn inhoudelijk niet

147 Vgl. A-G Timmerman in zijn conclusie (nr. 3.26-29) voor HR 4 juni 2004, *NJ* 2004/412 (*Loyalis/Missler q.q.*).
148 HR 15 maart 2019, *NJ* 2019/365 (*X/Entzinger c.s.*), r.o. 3.4.4.

wezenlijk verschillend.[149] Dit betekent dat de bewindvoerder op dezelfde manier te werk gaat als de curator in faillissement.

Artikel 108-109 corresponderen in grote lijnen met artikel 289, 322, 328a lid 1, zij het dat in de schuldsaneringsregeling in beginsel slechts één verificatievergadering wordt gehouden (art. 108 dat de mogelijkheid biedt aan de rechter-commissaris nadere verificatievergaderingen te bepalen is immers niet van overeenkomstige toepassing verklaard, maar art. 119 lid 3 waarin deze bevoegdheid van de rechter-commissaris is herhaald weer wel; art. 328 lid 1). Een ander verschil is dat de bewindvoerder in tegenstelling tot de curator geen rol heeft in het bepalen en informeren van de schuldeisers van de uiterste dag waarop vorderingen ter verificatie kunnen worden ingediend (reden waarom art. 109 niet van overeenkomstige toepassing is verklaard). Met de invoering van de fatale indieningstermijn (*bar date*) in 2019 in artikel 109 en 127 blijven daarna ingediende vorderingen buiten het faillissement. In de schuldsaneringsregeling is hiervoor een iets afwijkende regeling opgenomen in artikel 328b: na afloop van de termijn die de rechter-commissaris op grond van artikel 289 lid 3 voor indiening heeft bepaald, kunnen vorderingen tot twee dagen voor de verificatievergadering nog ter verificatie worden voorgelegd. Vereist is dat noch de bewindvoerder noch een van de ter vergadering aanwezige schuldeisers daartegen bezwaar maakt (art. 328b lid 1). Op grond van het in 2019 gelijktijdig ingevoerde artikel 349aa geldt in de schuldsaneringsregeling geen fatale termijn. Net zoals voorheen in faillissement kan een schuldeiser die te laat was voor de verificatie, zijn vordering alsnog geverifieerd krijgen door verzet tegen de slotuitdelingslijst aan te tekenen (art. 184).[150]

Hetzelfde geldt voor de overige betrokkenen in het verificatieproces: rechter-commissaris, schuldenaar en schuldeisers, zodat verwezen kan worden naar subparagraaf 5.4.5 hiervoor.

Faillissement kent de vereenvoudigde afwikkeling (art. 137a-g) en dit is ook bij de schuldsanering natuurlijke personen mogelijk (art. 328a). De aanleiding verschilt echter. Bij faillissement vindt vereenvoudigde afwikkeling plaats als het aannemelijk is dat de beschikbare baten niet voldoende zullen zijn om daaruit tot uitkering aan de concurrente schuldeisers over te gaan (art. 137a lid 1). Bij de schuldsanering natuurlijke personen is de vereenvoudigde regeling echter een gevolg van de praktijk waarbij zelden een schuldeiser op een verificatievergadering verschijnt. In dat geval is de keuze voor deze pro forma verificatie volledig aan de bewindvoerder overgelaten, zij het dat de rechter-commissaris hem wel kan aansporen tot een beslissing (art. 328a lid 1-2).

De pro forma verificatie is met minder openbaarheid omgeven dan de vereenvoudigde afwikkeling van faillissement, omdat de bewindvoerder daarvan alleen kennis hoeft te geven door een schriftelijke oproeping aan de bekende schuldeisers en de schuldenaar. Andere publicaties, zoals bij de vereenvoudigde afwikkeling van faillissement zijn vereist, zijn hierbij niet noodzakelijk (art. 137a). Als niemand van de schuldeisers bezwaar maakt tegen deze wijze van verificatie, dan gelden de vorderingen met ingang van de dag van de pro forma zitting als geverifieerd (art. 328a lid 5).

De pro forma verificatie verschilt verder van de vereenvoudigde afwikkeling van faillissement doordat bij de schuldsaneringsregeling nog een beëindigingszitting

149 Art. 117 is niet overgenomen omdat het betrekking heeft op rechtspersonen en art. 128 is geregeld in art. 328 lid 2.

150 Art. 349aa is inhoudelijk gelijk aan art. 186 (oud) dat in 2019 is vervallen door de invoering van de fatale indieningstermijn; hierbij is vergeten het woord 'curator' aan het slot van lid 1 te veranderen in 'bewindvoerder'.

moet plaatsvinden, terwijl het faillissement van rechtswege eindigt door het verbindend worden van de slotuitdelingslijst (art. 137f jo. 193).

Behalve een pro forma verificatie op grond van artikel 328a heeft zich in de praktijk een nog verder uitgeklede procedure ontwikkeld. Deze wordt ingezet als het uit te delen actief in de boedel na aftrek van alle boedelkosten minder dan € 2000 bedraagt. In dit geval wordt met instemming van de rechter-commissaris en de rechtbank afgezien van een verificatievergadering en wordt voor de beëindigingszitting een informele uitdelingslijst opgemaakt en aan de schuldeisers toegezonden (zie par. 7.5.2-7.5.3).[151] Hoewel deze wijze van afwikkeling geen wettelijke grondslag heeft, werkt zij in de praktijk zolang schuldeisers daartegen geen bezwaar maken. Gezien het geringe financiële belang ligt dit niet voor de hand, maar als een schuldeiser bij de rechtbank bezwaar maakt, moet naar analogie met artikel 328a lid 3 alsnog een gewone verificatievergadering volgen.

363. Vereffening en (tussentijdse) uitdeling

Anders dan bij faillissement verkeert de boedel bij de schuldsanering natuurlijke personen niet pas vanaf de verificatievergadering in staat van insolventie (art. 173). Deze staat is immers al onmiddellijk na de uitspraak tot toepassing van de schuldsaneringsregeling aanwezig, zodat de bewindvoerder meteen kan overgaan tot vereffening en tegeldemaking van de boedel (art. 347). De rechter-commissaris kan ambtshalve of op verzoek van een van de betrokkenen (schuldenaar, bewindvoerder of een of meer schuldeisers) een vergadering van schuldeisers beleggen om hen zo nodig te raadplegen over de wijze van vereffening en eventuele andere onderwerpen die betrekking hebben op de schuldsaneringsregeling. Ook kan hij hen dan nog een mogelijkheid bieden voor een verificatie van te laat ingediende vorderingen (art. 348). Dit is overigens alleen mogelijk tot twee dagen voor de verificatievergadering, daarna valt het doek (art. 328b lid 2).

Door vermogensbestanddelen van de boedel te gelde te maken genereert de bewindvoerder liquide middelen om die vervolgens – na aftrek van de schuldsaneringskosten – onder de schuldeisers te verdelen. Als tijdens de afwikkeling van de schuldsaneringsregeling voldoende geld is om een tussentijdse uitkering aan de geverifieerde schuldeisers te doen, gelast de rechter-commissaris de bewindvoerder om daartoe een uitdelingslijst op te maken (art. 349). Als de vereffening voltooid is, maakt de bewindvoerder de laatste uitdelingslijst, de slotuitdelingslijst, op.

De bewindvoerder stelt de uitdelingslijst op dezelfde wijze op als in faillissement: bijna alle bepalingen die daarop betrekking hebben, zijn voor de schuldsaneringsregeling van overeenkomstige toepassing verklaard (art. 349 lid 5).

De artikelen 181-189 en 192 (art. 349 lid 5) en artikel 194 (art. 356 lid 4) zijn van overeenkomstige toepassing verklaard.[152] Artikel 191 is vervallen; artikel 190 kent een iets gewijzigde versie in artikel 349 lid 1 en artikel 193 in artikel 356 lid 2 en 3. Ook artikel 180 is niet van overeenkomstige toepassing verklaard, waarbij artikel 180 lid 1 is vervangen door artikel 349 lid 4 en artikel 180 lid 2 door artikel 349 lid 2. Hierdoor lijkt in de schuldsanering natuurlijke personen de eis te ontbreken dat de uitdelingslijst door de rechter-commissaris moet worden goedgekeurd.

---

151 Art. 4.3 Recofa-richtlijnen voor schuldsaneringsregelingen.

152 Zie bijv. HR 19 december 2014, *NJ* 2015/168 (*X/Benedictus q.q.*), r.o. 3.5.1-9.

Aangezien artikel 183 wel van overeenkomstige toepassing is verklaard (art. 349 lid 5) en daarin is bepaald dat de door de rechter-commissaris goedgekeurde uitdelingslijst ter kosteloze inzage van de schuldeisers moet worden gelegd, valt niet aan te nemen dat hier sprake is van een bewuste keuze van de wetgever.

Een belangrijk verschil met faillissement is de behandeling van de preferente schuldeisers bij een uitdeling in de schuldsanering natuurlijke personen. Hier worden de preferente schuldeisers niet bij voorrang boven de concurrente schuldeisers volledig voldaan, maar moeten ook zij een deel van hun vordering inleveren ten koste van de concurrente schuldeisers. De preferente schuldeisers krijgen slechts een twee keer zo groot percentage uitgekeerd als de concurrente schuldeisers (art. 349 lid 2). Bovendien hoeft zo de bewindvoerder bij het opstellen van de uitdelingslijst geen rekening te houden met de onderlinge rangorde tussen de preferente schuldeisers.

Nadat de rechter-commissaris de uitdelingslijst heeft goedgekeurd, wordt deze ter kosteloze inzage van de schuldeisers gelegd. Hiervan geeft de bewindvoerder aan alle erkende en voorwaardelijk toegelaten schuldeisers schriftelijk bericht (art. 349 lid 5 jo. 183 lid 2).

Gedurende de inzagetermijn kunnen belanghebbende schuldeisers op dezelfde manier als bij faillissement (nr. 252) verzet aantekenen tegen de uitdelingslijst (art. 349 lid 5 jo. 184). Dan komt de rechtbank in beeld. Zij moet op korte termijn het verzet behandelen en diezelfde dag, althans zo spoedig mogelijk bij beschikking uitspraak doen (art. 349 lid 5 jo. 185). Hiertegen staat geen hoger beroep maar alleen cassatie open (art. 349 lid 5 jo. 187).

Anders dan sinds 2019 het geval is bij faillissement kan in de schuldsaneringsregeling met het verzet ook een vergeten verificatie worden hersteld, bijvoorbeeld omdat de schuldeiser pas na de verificatievergadering van de schuldsaneringsregeling op de hoogte is gekomen. Hoewel na sluiting van de verificatievergadering in beginsel geen vorderingen meer geverifieerd kunnen worden (behoudens toelating door de renvooiprocedure, zie nr. 233), staat deze schuldeiser niet noodzakelijkerwijze met lege handen. De termijn van indiening van de vordering op grond van artikel 289 is langs de weg van artikel 349aa in tegenstelling tot bij faillissement niet altijd fataal (*bar date;* art. 109 lid 2/127 lid 3). Hij moet dan met overeenkomstige toepassing van artikel 184 in verzet komen en de gewone weg van de verificatie te bewandelen (art. 119 e.v.), eventueel met renvooiprocedure als de vordering wordt betwist. De kosten van dit verzet komen wel voor rekening van de schuldeiser die langs deze weg nog verificatie wenst, tenzij ook anderen verzet hebben aangetekend (art. 349aa lid 3).

7.4.4 Termijn van de schuldsaneringsregeling

Van de schuldenaar wordt niet alleen een zekere inspanning gevraagd om inkomsten voor de boedel te genereren en overigens met een minimuminkomen te moeten zien rond komen, maar ook dat hij dat gedurende een langere tijd volhoudt. Hij moet er niet alleen klaar voor zijn om de schuldsaneringsregeling in te komen, maar hij moet ook laten zien dat hij een sober financieel regime aankan. Dit rechtvaardigt dat de schuldeisers uiteindelijk een deel – en in de praktijk vaak een groot deel – van hun vordering op de schuldenaar kwijtraken, althans als natuurlijke verbintenis overhouden.

364. Hoofdregel: driejaarstermijn

In de uitvoerige discussies tussen regering en parlement die voorafgingen aan de invoering van de Wsnp, zijn de contouren voor de duur van de schuldsaneringsregeling geschetst.[153] Als basisprincipe is gekozen voor een periode van drie jaren vanaf de dag van de uitspraak tot toepassing van de schuldsaneringsregeling (art. 349a). Enerzijds is dit voor de schuldenaar een aanvaardbare termijn om onder een straf financieel regime te zitten, en anderzijds is die periode lang genoeg om mogelijk voldoende inkomsten te verwerven voor de boedel om de schuldeisers enigszins tegemoet te komen.[154] Maar hoewel deze periode van drie jaar het wettelijk uitgangspunt vormt, kunnen zich situaties voordoen waarin verlenging of verkorting van die termijn gerechtvaardigd is.

365. Eerste uitzondering: verlenging van de termijn

Een verlenging kan bij de toepassing van de schuldsaneringsregeling ambtshalve worden bepaald door de rechter die haar uitspreekt (art. 349a lid 1). In een later stadium kan ook de rechter-commissaris ambtshalve of op verzoek van de bewindvoerder, de schuldenaar of een of meer schuldeisers die termijn wijzigen (art. 349a lid 2). De termijn kan tot ten hoogste vijf jaren worden verlengd, maar korter kan ook.

De rechter of rechter-commissaris die een verlenging bepaalt, heeft daartoe een grote mate van vrijheid. Als de termijn inmiddels verstreken is, kan de rechter nog steeds een termijnverlenging bepalen. Hierbij moet hij niet alleen meewegen wat zich heeft voorgedaan gedurende de oorspronkelijke termijn van artikel 349a lid 1, maar hij moet acht slaan op alle relevante feiten en omstandigheden, dus ook op de gedragingen van de schuldenaar in de tijd tussen het aflopen van de termijn en het tijdstip waarop wordt beslist over de verlenging.[155]

Gezien de onduidelijke situatie die ontstaat na het einde van de termijn van artikel 349a lid 1 en het ogenblik waarop de beslissing over de verlenging van die termijn in kracht van gewijsde gaat, heeft de Hoge Raad partijen aanbevolen om de verlengingsprocedure dusdanig bijtijds te beginnen dat een 'gat' in de schuldsaneringsregeling – waarbinnen de tweede afdeling van titel III niet van toepassing is – zoveel mogelijk wordt voorkomen.[156]

Aangezien de werkgever voor drie jaren gekozen heeft, moet de rechter of de rechter-commissaris een verlenging wel in zijn vonnis of beschikking motiveren. Soms wordt de termijn al direct bij het uitspreken van de schuldsaneringsregeling verlengd op

153 Zie o.a. MvT (Kamerstukken TK (1992-1993), 22969, nr. 3; Algemeen, nr. 9, 13, 25; *Parl. Gesch. Fw* (Kortmann/Faber), p. 619, 624, 635), VV (Kamerstukken TK (1992-1993), 22969, nr. 4; *Parl. Gesch. Fw* (Kortmann/Faber), p. 657), MvA (Kamerstukken TK (1993-1994), 22969, nr. 5; *Parl. Gesch. Fw* (Kortmann/Faber), p. 685); bij de wijziging per 1 januari 2008 is de driejaarstermijn uitdrukkelijk in de wet opgenomen (art. 349a).

154 Zie MvT (Kamerstukken TK (2004-2005), 29942, nr. 3), p. 33; NnavV (Kamerstukken TK (2004-2005), nr. 7), p. 53, 89.

155 HR 24 februari 2012, *NJ* 2012/636 en HR 10 oktober 2014, *NJ* 2014/470 (*L*), r.o. 3.6.3.

156 HR 24 februari 2012, *NJ* 2012/636 en HR 10 oktober 2014, *NJ* 2014/470 (*L*), r.o. 3.5.3.

grond van artikel 349a lid 1. Dit doet de rechter bijvoorbeeld als hij van oordeel is dat weliswaar iets valt aan te merken op het ontstaan of onbetaald laten van de schulden door de schuldenaar, maar dat dat onvoldoende is om het verzoek tot toepassing van de schuldsaneringsregeling af te wijzen (art. 288 lid 1 sub b). De verlenging dient dan om een extra inspanning van de schuldenaar te verlangen.[157] Voorts is denkbaar dat de rechter de schuldsaneringsregeling toch uitspreekt ondanks het ontbreken van goede trouw bij het ontstaan of onbetaald laten van die schulden, omdat de schuldenaar de omstandigheden die daarvoor bepalend waren inmiddels onder controle heeft gekregen (art. 288 lid 5), maar de rechter bij wijze van compensatie toch een langere inspanning wenst te zien. Een andere reden kan zijn dat die rechter de schuldenaar in staat acht om met een langere termijn een groter deel van de vorderingen van de schuldeisers te kunnen terugbetalen.[158] Bij dit laatste valt te denken aan schuldenaren die door hun onderneming in de financiële problemen zijn geraakt. Als de rechtbank besluit tot een langere termijn dan drie jaren, dan moet aan de schuldenaar wel voor de gehele termijn een hoger vrij te laten bedrag worden vastgesteld (art. 349a lid 1, slot, jo. 295 lid 3).

Verlenging van de termijn in een latere fase van de schuldsaneringsregeling op grond van artikel 349a lid 2 is aan de orde als de schuldenaar met zijn gedrag daartoe aanleiding geeft tijdens de schuldsaneringsregeling, bijvoorbeeld onvoldoende inspanning toont om inkomen te verwerven.[159] De rechter-commissaris kan hiertoe ambtshalve besluiten, maar zal hierop meestal geattendeerd worden door de bewindvoerder of een schuldeiser. Hoewel in dergelijke situaties de kans bestaat dat ook wordt aangestuurd op een tussentijdse beëindiging van de schuldsaneringsregeling omdat de schuldenaar bijvoorbeeld zijn verplichtingen die uit de schuldsaneringsregeling voortvloeien niet of onvoldoende nakomt (art. 350 lid 3 sub c), is de bevoegdheid tot termijnverlenging daarvan niet afhankelijk.

Als de rechtbank is benaderd voor een tussentijdse beëindiging op grond van artikel 350, maar zij daartoe niet besluit, dan kan zij eventueel wel de termijn verlengen tot maximaal vijf jaren (art. 349a lid 3 jo. 350). Dit geldt eveneens als de rechtbank bij de behandeling op de reguliere beëindigingszitting een termijnverlenging gewenst acht (art. 349a lid 3 jo. 352). Dit kan zich bijvoorbeeld voordoen als de schuldenaar enigszins (maar nauwelijks toerekenbaar) tekortgeschoten is in de nakoming van de verplichtingen die voortvloeien uit de schuldsaneringsregeling en de rechtbank dit op zichzelf onvoldoende vindt om de schone lei te weigeren, maar toch niet onopgemerkt wil laten blijven (art. 352 jo. 354). In dergelijke gevallen is de beoordelingsvrijheid van de rechter wel begrensd. Door de koppeling van de verlenging aan het feit dat de schuldenaar anders geen schone lei zou ontvangen, mag de rechter ook alleen de daarvoor relevante factoren meewegen, dat wil zeggen dat de schuldenaar toerekenbaar is tekortgeschoten in de nakoming van een of meer uit de schuldsaneringsregeling voortvloeiende verplichtingen en dat geen toepassing

157 HR 24 februari 2012, *NJ* 2012/636 en HR 10 oktober 2014, *NJ* 2014/470 (*L*), r.o. 3.4.3.
158 Kamerstukken TK (1994-1995), 22969, Hand. 26 september 1995), p. 4-203.
159 HR 10 oktober 2014, *NJ* 2014/470 (*L*), r.o. 3.4.3.

is gegeven aan artikel 354 lid 2.[160] Andere gronden, zoals het belang van de schuldeisers bij verlenging, mogen niet worden meegenomen. [161]

366. *Tweede uitzondering: verkorting van de termijn*

Naast verlenging van de termijn is ook verkorting mogelijk. Op grond van het wettelijk systeem kan de verkorting langs twee wegen worden bereikt. In de eerste plaats door een beschikking van de rechter-commissaris op de voet van artikel 349a lid 2, ambtshalve of op verzoek van de schuldenaar of de bewindvoerder. In theorie zou ook een schuldeiser een termijnverkorting kunnen aankaarten, maar dit ligt niet voor de hand. In de tweede plaats door tussenkomst van de rechtbank op basis van artikel 354a. Aan beide mogelijkheden ligt dezelfde gedachte ten grondslag: de schuldsaneringsregeling is geen strafmaatregel en moet dus alleen gecontinueerd worden als dat gerechtvaardigd is jegens zowel de schuldenaar als de schuldeisers. Als een schuldenaar zich houdt aan de verplichtingen die uit de schuldsaneringsregeling voortvloeien en desondanks geen enkel reëel perspectief bestaat op inkomsten waaruit de schuldeisers kunnen worden voldaan, dan is voortzetting weinig zinvol.[162]

Hoewel de grondslag voor de termijnverkorting in beide gevallen dezelfde is, verschilt de procedure. Als de rechter-commissaris besluit tot een verkorting op grond van artikel 349a lid 2 moet nog een reguliere beëindigingszitting volgen (art. 352). Wordt daarentegen de weg van artikel 354a gevolgd, dan komt er een – vervroegde – beëindigingszitting. Als hier het verzoek om voortijdige beëindiging wordt gehonoreerd, is geen verdere actie vereist: de schuldsaneringsregeling eindigt dan door de uitspraak van de rechtbank (art. 354a lid 2). Een vervroegde beëindigingszitting kan alleen worden gehouden als aan enkele ingangsvoorwaarden is voldaan. Zo moet de schuldsaneringsregeling minstens een jaar van toepassing zijn en mag nog geen dag voor de verificatievergadering zijn bepaald; bovendien plant de rechtbank pas een zittingsdatum als zij van de bewindvoerder een beredeneerde verklaring heeft ontvangen dat hij redelijkerwijs niet verwacht dat de schuldenaar zijn verplichtingen jegens de schuldeisers zal kunnen voldoen en om deze reden voortzetting van de schuldsaneringsregeling niet meer gerechtvaardigd is (art. 354a lid 1).

7.5 Einde schuldsaneringsregeling

De schuldsaneringsregeling kan op verschillende manieren worden beëindigd. Voor de schuldenaar wordt het doel van de schuldsanering natuurlijke personen bereikt als hij tot een akkoord komt met zijn schuldeisers (par. 7.5.1) of als de termijn – al dan niet verkort of verlengd – eindigt met een schone lei, waarbij al dan niet een uitdeling aan de schuldeisers plaatsvindt (par. 7.5.2). Er kunnen zich echter ook omstandigheden voordoen waardoor de schuldsaneringsregeling tussentijds eindigt of na het verstrijken van de daarvoor gestelde termijn, maar dan zonder schone lei (par. 7.5.3). In deze categorie valt ook het geval dat de schuldenaar gedurende de

160 NnavV (Kamerstukken TK (2005-2006), 29942, nr. 7), p. 84 en MvA (Kamerstukken EK (2006-2007), 29942, nr. C), p. 11; vgl. HR 10 oktober 2014, *NJ* 2014/470 (*L*), r.o. 3.4.3.
161 HR 30 juni 2017, *NJ* 2017/288, r.o. 3.4.4.
162 NnavV (Kamerstukken TK (2005-2006), 29942, nr. 7), p. 88-89.

looptijd van de schuldsaneringsregeling in staat van faillissement wordt verklaard omdat deze wordt beëindigd door de rechtbank op een van de gronden genoemd in artikel 350 lid 3 sub c-g en er baten zijn om vorderingen geheel of gedeeltelijk te voldoen. De afgelopen jaren (2016-2020) geeft een tamelijk constante verdeling over de verschillende vormen van beëindiging, gemeten naar het jaar van beëindiging:

Wijze van zaakbeëindigingen per eindjaar in percentages (2016 tot en met 2020*)[163]					
	2016	2017	2018	2019	2020
Akkoord	1,2	1,3	1	0,9	1
100% voldaan	1	1,3	1,1	1,7	1,3
Faillissement	1,9	1,7	1,4	1,1	1,2
Geen schone lei	9,6	8,2	7	5,8	5,2
Wel schone lei	85,9	87,2	88,8	89,5	87,9
Overig**) en onbekend	0,5	0,4	0,7	1	3,4
Totaal (aantallen)	12606	12040	11001	9450	7987

* Door afronding van de deeltotalen telt het totaal niet altijd op tot 100%.
** Dit betreft vooral de gevallen waarin de schuldenaar zijn betalingen weer heeft hervat (art. 350 lid 3 sub b)
Bron: Raad voor Rechtsbijstand

7.5.1 Akkoord

367. Vergelijking met het faillissementsakkoord

Zoals een faillissement eindigt door het in kracht van gewijsde gaan van de homologatie van het akkoord, zo kan dat ook bij de schuldsaneringsregeling. Waar sinds 2021 een faillissement kan worden voorkomen door homologatie van een onderhands akkoord, tenzij de schuldenaar een natuurlijke persoon is die geen zelfstandig beroep of bedrijf uitoefent (art. 369 lid 1), kent de schuldsanering natuurlijke personen al sinds 2008 de mogelijkheid om met een gedwongen schuldregeling een (dwang) akkoord tot stand te laten komen voorafgaand aan de insolventieprocedure (art. 287a; zie nr. 52 en par. 7.2.1). Als dat station in beide insolventieprocedures gepasseerd is, verloopt de totstandkoming van het akkoord en de homologatie daarvan in de schuldsaneringsregeling grotendeels langs dezelfde lijnen als bij het faillissement.

Zo is menige bepaling uit de zesde afdeling van Titel I over het akkoord in faillissement van overeenkomstige toepassing verklaard: artikel 149 (in art. 332 lid 6), artikel 153 lid 2 en 3 (in art. 338 lid 2), artikel 154, 155 lid 1 en 156 (in art. 339 lid 1), artikel 159, 160 en 162-166 (in art. 340 lid 3) of met een kleine wijziging overgenomen: artikel 138, 139 en 141 (in art. 329), artikel 143-146 en 148 (in art. 332 lid 1-5), artikel 150 (in art. 335 lid 1), artikel 151 (in art. 335 lid 2), artikel 152 (in art. 337), artikel 153 lid 1 (in art. 338 lid 1), artikel 155 lid 2 (in art. 339 lid 2), artikel 157 (in art. 340 lid 2) en artikel 161 (in art. 340 lid 1).

163 Monitor Wsnp 17 (2020), p. 10, tabel 2.4.

De verschillen zitten allereerst in enkele bepalingen die verband houden met de procesvoering in faillissement.

Zo hoeft de bewindvoerder anders dan de curator en een eventuele schuldeiserscommissie geen schriftelijk advies over het akkoord uit te brengen (art. 140). Dit wordt deels ondervangen, omdat de bewindvoerder de schuldenaar tot op zekere hoogte behulpzaam is bij het opstellen van het akkoord en hij informeert de schuldeisers daarover.[164] Verder zijn de oproepingsvereisten voor een uitgestelde vergadering (art. 142) niet overgenomen. Ook de bepaling dat latere veranderingen in het aantal schuldeisers of het bedrag van de vorderingen niet van invloed zijn op de stemuitslag is niet overgenomen (art. 147), al lijkt hier geen bewuste verandering door de wetgever aan ten grondslag te liggen. Ten slotte kent de schuldsanering natuurlijke personen één herkansingsmogelijkheid als het akkoord niet wordt aangenomen of gehomologeerd (art. 329 lid 3), waar dit in faillissement onmogelijk is (art. 158).[165]

368. Reikwijdte en stemming

Voorts – en inhoudelijk belangrijker – zijn er verschillen tussen faillissement en schuldsanering natuurlijke personen bij de reikwijdte van het akkoord en daarmee samenhangend de stemverhoudingen. Bij faillissement bindt het gehomologeerde akkoord alle concurrente schuldeisers (zie nr. 247). Bij de schuldsaneringsregeling is de reikwijdte enerzijds kleiner, omdat het akkoord alleen ziet op de schuldeisers van vorderingen waarvoor de schuldsaneringsregeling werkt (art. 340 lid 2; vgl. art. 329). Anderzijds is het bereik bij de schuldsaneringsregeling ook weer groter, omdat het akkoord niet alleen concurrente maar ook preferente schuldeisers bindt en beide groepen schuldeisers zich over het akkoord mogen uitlaten (art. 332 lid 3). Dit gebeurt in gescheiden groepen van ter vergadering verschenen schuldeisers van erkende of voorwaardelijk toegelaten concurrente respectievelijk preferente vorderingen. In elk van deze groepen moet een meerderheid voor het akkoord stemmen en de voorstemmers tevens meer dan de helft van het totale bedrag van hun – preferente of concurrente – vorderingen vertegenwoordigen (art. 332 lid 3 sub a-b). Tot 15 januari 2005 was het aannemen van een akkoord in de schuldsanering natuurlijke personen aanmerkelijk eenvoudiger dan bij faillissement en surseance van betaling, omdat daarvoor zwaardere quorumeisen golden, maar die zijn sindsdien als gevolg van de wetswijziging per die datum gelijkgetrokken. Binnen de groep van preferente schuldeisers is geen onderscheid in de onderlinge rangorde: iedere preferente vordering telt binnen deze groep naar evenredigheid mee en heeft voor de stemverhouding hetzelfde gewicht.

369. Aanneming en verwerping

Bij de totstandkoming zijn er ook overeenkomsten met het faillissementsakkoord. Net als bij faillissement kunnen de separatisten (pand- en hypotheekhouders en de schuldeisers met een retentierecht) meestemmen, maar dan moeten zij op voorhand – en definitief – afstand doen van hun recht van parate executie, ongeacht of

---

164 Art. 4.1a Recofa-richtlijnen voor schuldsaneringsregelingen.

165 Vgl. art. 369 lid 5 waar de toepasselijkheid van de WHOA-bepalingen is uitgesloten als in de drie voorafgaande jaren een eerder akkoord door alle klassen is verworpen of niet gehomologeerd (nr. 57, 72).

het akkoord wordt aangenomen (art. 332 lid 2). Bij faillissement doen zij overigens niet zozeer afstand van hun recht van parate executie maar van hun recht van voorrang (art. 143). Als het akkoord niet wordt aangenomen, kan (net als in faillissement) de rechter-commissaris op verzoek van de schuldenaar of de bewindvoerder het akkoord alsnog vaststellen als ware het aangenomen, mits drie vierde van beide groepen schuldeisers het akkoord hebben aangenomen, ongeacht de totale omvang van het bedrag van hun vorderingen (art. 332 lid 4 sub a). De rechter-commissaris kan dit echter alleen doen als het akkoord is verworpen door het tegenstemmen van een of meer schuldeisers die in redelijkheid niet tot dit stemgedrag hadden kunnen komen. De beoordeling van die (on)redelijkheid vindt plaats door alle omstandigheden in aanmerking te nemen en vooral te onderzoeken welk percentage de tegenstemmers naar verwachting aan betaling op hun vorderingen zullen ontvangen, als de schuldsaneringsregeling wordt voortgezet (art. 332 lid 4 sub b).

Weer een verschil tussen het akkoord in faillissement en dat in de schuldsanering natuurlijke personen is te zien bij de verwerping van het akkoord. In faillissement kan de schuldenaar na verwerping van het akkoord geen nieuw akkoord meer aanbieden (art. 158); de schuldenaar in de schuldsaneringsregeling heeft die mogelijkheid echter wel. Hij mag het nog één keer proberen, omdat de omstandigheden zich tussentijds kunnen hebben gewijzigd en een akkoord als een kans voor alle betrokkenen wordt beschouwd (art. 329 lid 3).[166]

370. Ontbinding

Het laatste grote verschil heeft ten slotte te maken met de gevolgen van de ontbinding van het akkoord wegens niet-nakoming door de schuldenaar (art. 340 lid 3 jo. 166). Net als bij faillissement is tegen het ontbindingsvonnis van het akkoord in de schuldsaneringsregeling hoger beroep en cassatie mogelijk (art. 340 lid 3 jo. 166 jo. 9 en 12). Verder leidt de ontbinding van een faillissementsakkoord van rechtswege tot heropening van het faillissement (art. 167). Bij de schuldsanering natuurlijke personen zou een heropening van de schuldsaneringsregeling denkbaar zijn, maar de wetgever heeft daar niet voor gekozen.

Hoewel de wetgever zijn keuze niet heeft toegelicht, kan die langs twee wegen worden verklaard. Als de niet-nakoming aan het akkoord aan de schuldenaar valt toe te rekenen, is sprake van een niet te goeder trouw onbetaald laten van bestaande schulden, zodat een hernieuwde toepassing van de schuldsaneringsregeling om deze reden al zou zijn uitgesloten (art. 288 lid 1 sub b). Als de niet-nakoming daarentegen niet toerekenbaar zou zijn, kan een nieuwe schuldsaneringsregeling niet worden uitgesproken op grond van artikel 288 lid 2 sub d, tenzij inmiddels tien jaren is verstreken na het einde van de schuldsaneringsregeling waarin het akkoord tot stand was gekomen.

De ontbinding van het akkoord kan bij de schuldsaneringsregeling tot een faillietverklaring van de schuldenaar leiden, mits voldoende baten in de boedel beschikbaar zijn om daaruit de faillissementsvorderingen geheel of gedeeltelijk te voldoen (art. 340 lid 4). Is dit namelijk niet het geval, dan leidt een faillietverklaring alleen maar tot nodeloze extra kosten en een spoedige opheffing wegens gebrek aan baten (art. 16). Om deze reden is het tot 1 januari 2008 geldende automatisme om de

166 MvT (Kamerstukken TK (1992-1993), 22969, nr. 3), *Parl. Gesch. Fw* (Kortmann/Faber), p. 772-773.

schuldenaar bij ontbinding van het akkoord failliet te verklaren geschrapt. Hier ligt dezelfde afweging aan ten grondslag als aan artikel 350 lid 5 om niet automatisch tot faillietverklaring over te gaan (nr. 376).

Het faillissement van de schuldenaar van wie het akkoord is ontbonden wordt afgewikkeld volgens de regels van Titel I Faillissementswet, met twee uitzonderingen. Ten eerste kan de schuldenaar nu geen omzetting in een schuldsaneringsregeling meer verzoeken (art. 15b lid 3 sub c) en ten tweede kan hij evenmin weer een akkoord voorstellen (art. 340 lid 5). Het argument om de schuldenaar een tweede kans te bieden (art. 329 lid 3) gaat nu niet meer op.

7.5.2 Beëindiging met schone lei

De schuldsaneringsregeling kan naast een akkoord ook met een gunstig gevolg voor de schuldenaar eindigen als de rechtbank hem aan het einde van de termijn een schone lei toekent. Deze beëindigingswijze kent geen parallel bij het faillissement en vormt in wezen de kern van de schuldsaneringsregeling. De schuldenaar kan langs twee wegen een schone lei krijgen: door een reguliere beëindiging nadat hij de volledige – al dan niet (tussentijds) verlengde – termijn heeft doorlopen die voor de schuldsaneringsregeling was vastgesteld (art. 349a; zie nr. 371) of door een vereenvoudigde procedure met een verkorte termijn (art. 354a; zie nr. 372). Door de schone lei wordt de schuldenaar van zijn restschuld bevrijd en kan hij zonder ballast van oude schulden weer aan het maatschappelijk verkeer deelnemen (nr. 373). Onder bepaalde omstandigheden kan de schuldenaar die schone lei echter toch weer kwijtraken (nr. 374).

371. Beëindiging na verstrijken reguliere termijn; slotuitdelingslijst

Als de schuldsaneringsregeling na afloop van de termijn bedoeld in artikel 349a nog niet is beëindigd, bepaalt de rechtbank uiterlijk een maand voor het verstrijken van die termijn dag, uur en plaats voor de slotzitting (art. 352). De bewindvoerder laat dit publiceren in de Staatscourant (art. 352 lid 3), zodat schuldeisers die zitting eventueel kunnen bijwonen en daar het woord (laten) voeren (art. 353 lid 2). Deze zitting is bedoeld om vast te stellen of de schuldenaar de schone lei toegekend kan krijgen. Dit is het geval als de rechtbank vaststelt dat de schuldenaar niet toerekenbaar is tekortgeschoten in de nakoming van een of meer verplichtingen die uit de schuldsaneringsregeling voortvloeien, of dat deze tekortkoming gezien haar bijzondere aard of geringe omvang buiten beschouwing blijft (art. 354 jo. 358 lid 1, 2). Dit vormt de ultieme test of de schuldenaar zich voldoende heeft ingespannen om te worden 'beloond' met de schone lei. Daarom blijven tekortkomingen die de schuldenaar niet kunnen worden toegerekend buiten beschouwing. Dan hoeft de rechter ook niet te onderzoeken of een dergelijke tekortkoming van bijzondere aard of geringe omvang is.

Als twijfel bestaat of de schuldenaar zijn verplichtingen wel is nagekomen, worden de bewindvoerder en hij schriftelijk opgeroepen voor die slotzitting (art. 353 lid 1). Deze situatie komt in beeld als daarvoor aanknopingspunten te vinden zijn in het verslag dat de bewindvoerder uiterlijk drie maanden voor het verstrijken van die termijn aan de rechter-commissaris moet hebben uitgebracht. In dit verslag beschrijft hij de wijze waarop de schuldenaar tijdens de schuldsaneringsregeling aan zijn verplichtingen heeft voldaan (art. 351a). Ook als het verslag geen aanleiding tot twijfel geeft, kan de rechtbank de bewindvoerder en de schuldenaar oproepen, maar als er geen redenen lijken te zijn om de schone lei te weigeren, kan de rechtbank besluiten dit achterwege te laten.

Tegen de uitspraak van de rechtbank kunnen zowel de schuldenaar als de schuldeisers in hoger beroep komen, afhankelijk in wiens nadeel de uitspraak is uitgevallen. Cassatie staat echter alleen open voor de partij die in hoger beroep is verschenen en door het gerechtshof in het ongelijk is gesteld (art. 355 jo. 351 lid 2-5).

Nadat de uitspraak als bedoeld in artikel 354 – eventueel na hoger beroep of cassatie – in kracht van gewijsde is gegaan, staat vast of de schuldenaar wel of geen schone lei zal hebben. Voordat het zover is moet de bewindvoerder eerst nog wel overgaan tot uitdeling van het beschikbare actief aan de schuldeisers. Dit vereist dat de bewindvoerder de slotuitdelingslijst opmaakt (art. 356 lid 1 jo. 349). Dit gebeurt op dezelfde wijze als bij tussentijdse uitdelingen (zie nr. 363). Pas als deze verbindend is geworden, eindigt de schuldsaneringsregeling (art. 356 lid 2). Dit neemt echter niet weg dat goederen die de schuldenaar voor die tijd maar na afloop van de in artikel 349a bedoelde termijn verwerft, niet meer in de boedel vallen. In dit opzicht eindigt de schuldsanering voor de toepassing van de tweede afdeling van titel III (art. 295-313) door het einde van die termijn.[167] De bewindvoerder blijft echter wel bevoegd om in die periode schikkingen aan te gaan (art. 327 jo. 104) over een vordering die tijdens de schuldsaneringsregeling al bestond doch nog niet was vereffend.[168] De volledige beëindiging van rechtswege van de schuldsaneringsregeling in artikel 356 lid 2 betekent dat de schuldsaneringsregeling ook voor het overige is afgewikkeld. Dit betreft dan in het bijzonder de vereffening van de boedel en de inwerkingtreding van de schone lei als die is verleend (art. 358).

De cassatie in het belang der wet door de Hoge Raad in 2012 had echter niet alle onduidelijkheden weggenomen, zodat hij in 2014 hierover nadere prejudiciële vragen heeft moeten beantwoorden. Als de rechter de termijn van de schuldsaneringsregeling op grond van artikel 349a verlengt is de tweede afdeling van titel III (art. 295-313) weliswaar niet meer van toepassing zolang deze uitspraak niet in kracht van gewijsde is, maar voor het overige is de schuldsaneringsregeling nog niet beëindigd.[169] Hoewel strikt genomen deze tweeledige benadering van het einde van de schuldsaneringsregeling ertoe kan leiden dat na afloop van de termijn van artikel 349a verworven goederen buiten de boedel vallen, kan verdedigd worden dat de schuldenaar deze toch ten behoeve van de boedel te gelde moet maken. Als de verlenging van de termijn definitief is, herleeft daardoor de inspanningsverplichting voor de schuldenaar om er alles aan te doen dat de schuldeisers zoveel mogelijk bevredigd worden.[170]

372. *Beëindiging met termijnverkorting*

De schuldenaar kan onder omstandigheden ook zonder uitdelingslijst en op verkorte termijn uit de schuldsaneringsregeling worden ontslagen met een schone lei (art. 354a). Deze verkorte procedure is in 2008 ingevoerd voor de gevallen waarin

167 HR 24 februari 2012, *NJ* 2012/636, r.o. 3.4.2.
168 HR 29 maart 2013, *NJ* 2013/305 (*X/Grollé q.q.*), r.o. 3.4-5.
169 HR 24 februari 2012, *NJ* 2012/636; HR 10 oktober 2014, *NJ* 2014/470 (*L*), r.o. 3.5.4; HR 9 maart 2018, *NJ* 2018/130, r.o. 3.3.2-3.
170 Aldus Verstijlen in zijn noot onder HR 10 oktober 2014, *NJ* 2014/470 (*L*), nr. 9.

voortzetting van de schuldsaneringsregeling in wezen geen toegevoegde waarde heeft omdat de schuldenaar naar redelijkerwijs te verwachten valt niet op zodanige wijze aan zijn verplichtingen kan voldoen dat voortzetting van de schuldsaneringsregeling gerechtvaardigd is. Bovendien moet hij minstens één jaar in de schuldsaneringsregeling hebben doorgebracht en mag nog geen verificatievergadering bepaald zijn. De bewindvoerder moet de rechtbank voorlichten over de vooruitzichten in een met redenen omklede verklaring dat voortzetting van de schuldsaneringsregeling niet gerechtvaardigd is. Als de bewindvoerder het verzoek doet, ligt het voor de hand dat hij een dergelijke verklaring zal bijvoegen. Is het verzoek daarentegen afkomstig van de schuldenaar, dan kan de rechter-commissaris van de bewindvoerder verlangen dat deze de verklaring opstelt en aan de rechtbank verstrekt. Hetzelfde geldt als de rechter-commissaris de voordracht tot voortijdige beëindiging doet. De verklaring van de bewindvoerder kan dan negatief zijn, maar toch moet de rechtbank een zitting bepalen om het verzoek van de schuldenaar te behandelen (art. 354a lid 1). In alle gevallen zorgt de bewindvoerder voor onmiddellijke publicatie van de zitting in de Staatscourant (art. 354a lid 4). De plaatsing van deze opdracht aan de bewindvoerder in het vierde lid na de direct daaraan voorafgaande zin in het derde lid dat de rechtbank de dag bepaalt waarop de schuldsaneringsregeling eindigt is enigszins ongelukkig, omdat daarmee de suggestie wordt gewekt dat de bewindvoerder deze dag in de Staatscourant moet publiceren, maar dan is echter niet duidelijk waarom de bewindvoerder ook het uur en de plaats daarvan zou moeten aankondigen.

Voor toewijzing van het verzoek is naast een positieve verklaring van de bewindvoerder nodig dat zich verder geen omstandigheden hebben voorgedaan waarop een tussentijdse beëindiging zou kunnen worden gebaseerd (art. 354a lid 2 jo. 350 lid 3 sub c-g; nr. 375). De rechtbank heeft de mogelijkheid om haar beslissing een of meer keren aan te houden voor nader onderzoek (art. 354a lid 3).

Artikel 350 lid 3 sub g en artikel 354a verwijzen beide naar de situatie waarin de schuldenaar niet kan voldoen aan de verplichtingen die uit de schuldsaneringsregeling voortvloeien en lijken dus dubbel. Er is echter wel een verschil. Bij de beëindigingsgrond van artikel 350 lid 3 sub g wil de schuldenaar niet langer meer aan de verplichtingen van de schuldsaneringsregeling voldoen. Bij artikel 354a wil hij dat wel, maar leidt dat niet tot een vergroting van het actief waardoor het dus niet zinvol is om de schuldsaneringsregeling te continueren.[171]

Als de rechtbank het oordeel van de bewindvoerder volgt, bepaalt zij de dag waarop schuldsaneringsregeling eindigt (art. 354a lid 3). Dit staat op enigszins gespannen voet met de bepaling dat de schuldsaneringsregeling van rechtswege pas is beëindigd zodra de uitspraak in kracht van gewijsde is gegaan (art. 356 lid 2). Tegen de uitspraak van de rechtbank is immers nog hoger beroep en eventueel cassatie mogelijk (art. 355), zodat die beëindiging aanmerkelijk later kan zijn dan in het vonnis staat opgenomen. Bij verschil tussen de beide data lijkt deze laatste bepalend, omdat deze dag in het schuldsaneringsregister moet worden opgenomen (art. 294 lid 1 sub g).

171 NnavV (Kamerstukken (2005-2006, 29942, nr. 7), p. 90); *Wessels Insolventierecht IX*, nr. 9388k.

373. Gevolgen van de beëindiging met schone lei

Het effect van de beëindiging van de schuldsaneringsregeling is dat de vorderingen van de schuldeisers waarvoor de schuldsaneringsregeling werkt niet langer meer afdwingbaar zijn voor het gedeelte waarop geen uitdeling heeft plaatsgevonden (art. 358). Dit geldt ook voor de onbetaald gebleven faillissementsboedelschulden ex artikel 15d lid 1 sub b na omzetting van een faillissement in een schuldsaneringsregeling op voet van artikel 15b (art. 358 lid 3; zie nr. 256). Het zijn natuurlijke verbintenissen geworden (art. 6:3 BW) die de schuldenaar weliswaar nog steeds mag nakomen, maar waarvoor de schuldeisers hem niet meer kunnen aanspreken of executiemaatregelen treffen. Een beroep op verrekening door een schuldeiser die na het einde van de schuldsaneringsregeling door de schuldenaar wordt aangesproken is door het vereiste van afdwingbaarheid (art. 6:127 lid 2 BW) evenmin mogelijk.[172] Dit is alleen anders als de schuldenaar tijdens de schuldsaneringsregeling is overleden (358 lid 6). Door de nalatenschap onder voorrecht van boedelbeschrijving (beneficiair) te aanvaarden hoeven de erfgenamen geen last te hebben van de restschuld (art. 4:190, 195 e.v.).[173]

In de praktijk blijkt de afgelopen jaren in ongeveer 90% van de beëindigingen van schuldsaneringsregelingen een schone lei te worden verstrekt.[174] Hiermee lijkt de schuldsanering natuurlijke personen haar bestaansrecht wel te hebben bewezen. Ondanks dit hoge percentage zijn die schuldenaren niet altijd van alle financiële problemen verlost. Er zijn namelijk verschillende categorieën van vorderingen waarvan de afdwingbaarheid niet komt te vervallen.

In de eerste plaats geldt de schone lei niet voor vorderingen waarvoor de schuldsaneringsregeling niet geldt en die buiten het bereik van artikel 299 vallen (zie nr. 357). Verder geldt de schone lei niet voor schulden die de schuldenaar tijdens de schuldsaneringsregeling heeft gemaakt. Ten derde heeft de wetgever de schone lei uitgesloten voor een aantal vorderingen die voortvloeien uit een strafrechtelijke veroordeling die in kracht van gewijsde is gegaan (art. 358 lid 4). Het gaat hierbij om geldboetes (art. 9 lid 1 sub 4 Sr), ontnemingsvorderingen (art. 36e Sr), schadevergoedingsmaatregelen (art. 36f Sr) en strafrechtelijk of civielrechtelijk toegekende schadevergoedingen aan benadeelde partijen (art. 51a Sv). Hoewel artikel 288 lid 1 sub b een bijna onoverkomelijke hindernis lijkt op te werpen dat op een schuldenaar met deze schulden de schuldsaneringsregeling van toepassing wordt verklaard, kan dat niettemin langs twee wegen worden bereikt: ofwel de strafrechtelijk gekleurde schulden zijn ouder dan vijf jaren voorafgaand aan het verzoek ofwel er zijn redenen om het verzoek met toepassing van artikel 288 lid 3 toe te wijzen omdat de schuldenaar zijn leven weer op de rails heeft gekregen. Ten slotte heeft de wetgever de schone lei ook uitgesloten voor hypothecaire vorderingen voor registergoederen die niet zijn uitgewonnen tijdens de schuldsaneringsregeling (art. 358 lid 5). De Hoge

172 HR 15 maart 2019, *NJ* 2019/365 (*X/Entzinger c.s.*), r.o. 3.4.4.
173 Zie over de beneficiaire aanvaarding SBR deel 1, nr. 337-338.
174 Zie Monitor Wsnp 17, p. 10.

Raad heeft deze bepaling echter buiten toepassing verklaard, omdat deze is gebaseerd op onjuiste veronderstellingen.[175]

Wanneer een schuldenaar met de beëindiging van de schuldsaneringsregeling een schone lei heeft gekregen, is het de bedoeling dat hij zijn financiële huishouden op orde heeft én houdt. Een tweede kans op een schone lei heeft hij pas weer na tien jaar, omdat een eerder verzoek in beginsel moet worden afgewezen (art. 288 lid 2 sub d). Dit is alleen anders als de schuldsaneringsregeling was beëindigd omdat de schuldenaar alle schulden had voldaan (art. 350 lid 3 sub a), zijn betalingen had hervat (art. 350 lid 3 sub b) of bovenmatige schulden had laten ontstaan om redenen die hem niet waren toe te rekenen.

374. ***Ongedaanmaking schone lei***

Om te voorkomen dat de schuldsanering natuurlijke personen misbruikt zou worden door schuldenaren, bevat de Wsnp een aantal veiligheidskleppen. Deze worden elders in dit hoofdstuk behandeld en zien op drempels voor de toegang (art. 285, 288; zie nr. 332 e.v.), het verloop (art. 350; zie par. 7.4) en de beëindiging (art. 354; zie par. 7.5.3) waarmee een schone lei kan worden voorkomen voor degenen die daarop geen recht behoren te hebben.[176] De laatste veiligheidsklep bevindt zich zelfs na de toekenning van de schone lei en de beëindiging van de schuldsaneringsregeling. Wanneer dan alsnog blijkt dat de schuldenaar zijn schuldeisers had geprobeerd te benadelen en de schone lei ten onrechte is verleend, omdat de schuldsaneringsregeling eigenlijk tussentijds beëindigd had moeten worden, kan de schuldenaar zelfs een al verleende schone lei kwijtraken (art. 358a lid 1 jo. 350 lid 3 sub e).

Het ontnemen van de schone lei kan alleen door de rechter gebeuren op verzoek van iedere belanghebbende (art. 358a). Niet alleen schuldeisers zijn belanghebbenden, maar ook de (voormalig) rechter-commissaris is dat gezien de aan hem opgedragen taken en bevoegdheden, zodat hij, zo nodig ambtshalve, op grond van artikel 358a bevoegd is de rechtbank een voordracht te doen om aan de schuldenaar de schone lei te ontnemen.[177] De rechtbank moet dan nagaan of sprake is van nieuwe feiten of omstandigheden die bij de beoordeling over het wel of niet toekennen van een schone lei niet bekend waren.[178] Bovendien moeten die feiten of omstandigheden een tussentijdse beëindiging van de schuldsaneringsregeling op grond van artikel 350 lid 3 sub e tot gevolg hebben gehad (zie nr. 375). De rechtbank moet dan ook vaststellen dat die feiten of omstandigheden uitwijzen dat de schuldenaar heeft getracht zijn schuldeisers te benadelen. Dit is niet beperkt tot de schuldeisers van vorderingen waarvoor de schuldsaneringsregeling werkt, maar kunnen ook andere schuldeisers zijn (zie nr. 375). Als de rechtbank dit vaststelt, leidt dat overigens niet zonder meer tot de faillietverklaring van de schuldenaar zoals gebeurt bij de beëindiging van de schuldsaneringsregeling op deze grond (art. 350 lid 5). Omdat

---

175 HR 13 maart 2009, *NJ* 2009/203, AA 2009/396 (*Van Wijk/ING*), r.o. 3.7.2.

176 Zie Wessels, *Insolventierecht IX*, nr. 9421; vgl. de parlementaire geschiedenis van zowel de totstandkoming (Kamerstukken 22969) als de wijziging (Kamerstukken 29942) van de Wsnp waarin deze gedachte op tal van plaatsen te vinden is.

177 HR 24 april 2015, *NJ* 2015/220, r.o. 3.4.2-4.

178 Vgl. conclusie A-G Timmerman voorafgaand aan HR 10 juli 2009, RvdW 2009/865.

de schuldsanering al is beëindigd, bestaat voor een omzetting geen noodzaak. Het is aan de schuldeisers om zo nodig een faillissementsverzoek te doen.

Als de rechtbank het verzoek toewijst, heeft dat tot gevolg dat de schone lei verder geen toepassing vindt. Dit is voor de schuldenaar een verstrekkende consequentie. Daarom moet de schuldenaar door de rechtbank worden opgeroepen om te worden gehoord, zodat hij zich over de aantijging kan uitlaten (art. 358a lid 2). Zowel de schuldenaar als de verzoeker kunnen tegen een hun onwelgevallig vonnis in hoger beroep en cassatie komen (art. 358a lid 3 en 4). Als uiteindelijk de toewijzing van het verzoek tot ongedaanmaking van de schone lei in kracht van gewijsde is gegaan, kan iedere schuldeiser van een vordering waarvoor de schuldsaneringsregeling werkte, zijn onvoldaan gebleven gedeelte van die vordering weer bij de schuldenaar opeisen. Daarom is het van belang dat aan de uitspraak van de rechter publiciteit wordt gegeven als die in kracht van gewijsde is gegaan (art. 358a lid 5). Hoewel deze uitspraak als zodanig niet voorkomt in de opsomming van relevante informatie die op grond van artikel 294 moet worden opgenomen in het schuldsaneringsregister, lijkt dat wel mogelijk, omdat toewijzing van het verzoek de inhoud van de uitspraak bedoeld in artikel 354 achteraf wijzigt (art. 294 lid 1 sub f).

7.5.3 Beëindiging zonder schone lei

Het is ook mogelijk dat de schuldenaar bij de beëindiging van de schuldsaneringsregeling geen schone lei krijgt toegekend. Verschillende redenen kunnen hieraan ten grondslag liggen, waarbij het verschil maakt of de beëindiging tussentijds plaatsvindt (nr. 375-376) of aan het einde van de voor de schuldsaneringsregeling gestelde termijn (nr. 377).

375. Tussentijdse beëindiging

De schuldsaneringsregeling kan tussentijds worden beëindigd als daartoe aanleiding is. Hierboven kwam al aan bod de voortijdige beëindiging op grond van artikel 354a waarbij de schuldenaar desondanks een schone lei verkrijgt (nr. 372). Hier gaat het echter om een tussentijdse beëindiging waarbij de schone lei achterwege blijft. De wetgever heeft hiervoor verschillende situaties voor ogen gehad.

Een tussentijdse beëindiging is in de eerste plaats gerechtvaardigd wanneer de oorspronkelijke aanleiding voor de schuldsaneringsregeling is komen te vervallen. Soms is er dan geen noodzaak voor een schone lei. Dit doet zich allereerst voor als de schuldenaar in staat is gebleken – al dan niet met hulp van derden – al zijn schulden te voldoen (art. 350 lid 3 sub a). Een enigszins vergelijkbare situatie is die waarin nog niet alle schulden zijn voldaan, maar de schuldenaar wel in staat is gebleken om zijn betalingen te hervatten (art. 350 lid 3 sub b). Een schuldsanering is in deze gevallen niet nodig.

Het kan in de tweede plaats ook zijn dat het gedrag van de schuldenaar rechtvaardigt dat hij niet met een schone lei wordt beloond, zelfs al was ten tijde van het verzoek om toepassing van de schuldsaneringsregeling geen belemmering op dit vlak. De wetgever heeft dan de situatie op het oog waarin de schuldenaar een of meer van zijn verplichtingen die uit de schuldsaneringsregeling voortvloeien verwijtbaar[179] niet naar behoren nakomt, of door zijn doen of nalaten de uitvoering van de schuldsaneringsregeling op een andere manier belemmert of frustreert (art. 350 lid 3 sub c).

Het gaat hier om alle verplichtingen van de schuldenaar, zoals die tot het verschaffen van de informatie die de bewindvoerder of de rechter-commissaris heeft gevraagd, maar ook andere inlichtingen waarvan de schuldenaar behoort te begrijpen dat die voor een goede afwikkeling van de schuldsaneringsregeling van belang zijn.[180] Verder valt te denken aan de verplichtingen om zo veel mogelijk inkomsten voor de boedel te genereren en betaald werk te behouden of daarnaar te solliciteren. In deze rij passen voorts de verplichting van de schuldenaar om aan de boedel inkomsten af te staan boven het eerdergenoemde 'vrij te laten bedrag' (art. 295 lid 2) en zijn verplichting om tot de boedel behorende goederen af te staan als de bewindvoerder daar om vraagt (art. 296 lid 2). Het betreft verder ook de verplichting van de schuldenaar om uit eigen beweging toestemming van de bewindvoerder te vragen voor het aangaan van kredietovereenkomsten, zekerheidstellingen en borgtochten, en ongebruikelijke of bovenmatige schenkingen (art. 297 lid 2).

Meer in het algemeen zal de schuldenaar zijn schulden waarvoor de schuldsaneringsregeling niet werkt moeten nakomen, omdat hij daarmee laat zien dat hij meewerkt aan een doeltreffende uitvoering van de schuldsaneringsregeling. Anders zal snel sprake zijn van een frustreren of belemmeren van de uitvoering van de schuldsaneringsregeling. Dit aspect komt ook terug bij twee meer specifieke beëindigingsgronden: het doen of laten ontstaan van bovenmatige schulden (art. 350 lid 3 sub d) en de benadeling van schuldeisers (art. 350 lid 3 sub e). In deze situaties is de schuldenaar blijkbaar de schone lei niet waard. Bij de eerste is de kans op recidive groot en belandt de schuldenaar weer in de oude situatie van problematische schulden, die zelfs los van een beëindiging op deze grond tot faillissement kan leiden (art. 312).

Als het doen of laten ontstaan van de bovenmatige schulden niet aan de schuldenaar kan worden toegerekend, hoeft de schuldenaar geen tien jaren te wachten om opnieuw te worden toegelaten tot de schuldsaneringsregeling, omdat die belemmering dan niet geldt (art. 288 lid 2 sub d), net zomin als bij de tussentijdse beëindiging op grond van artikel 350 lid 3 sub a of b (zie nr. 372).

De benadeling van schuldeisers is zo verwerpelijk dat deze grond tot beëindiging zelfs tot verval van de schone lei kan leiden die bij de reguliere beëindiging al was toegekend (art. 358a; zie nr. 374).

De derde reden voor een tussentijdse beëindiging is – bewuste of onbewuste – misleiding van de rechter ten tijde van de behandeling van het verzoek tot toepassing van de schuldsaneringsregeling. Als namelijk later feiten of omstandigheden bekend worden die op grond van artikel 288 tot afwijzing van dat verzoek hadden moeten leiden, dan hoort de schuldenaar niet in de schuldsaneringsregeling te zitten (art. 350 lid 3 sub f). Het is hierbij niet van belang of de schuldenaar dergelijke informatie bewust niet had gemeld, of dat hij dat ook niet wist en dus van een bewuste

---

179 Zie bijv. HR 14 oktober 2016, *NJ* 2016/453, r.o. 3.4; HR 27 januari 2017, *NJ* 2017/76, r.o. 3.3.2: HR 2 februari 2018, *NJ* 2018/90, r.o. 3.5.1-5. Het is aan de schuldenaar om aan te tonen dat hem geen verwijt kan worden gemaakt, zie HR 2 december 2016, *NJ* 2016/430, r.o. 3.4.2.

180 Vgl. HR 15 februari 2002, *NJ* 2002/259; HR 10 januari 2003, *NJ* 2003/195; HR 20 oktober 2006, *NJ* 2006/572; HR 13 juli 2007, RvdW 2007/702; HR 5 oktober 2007, RvdW 2007/839; HR 24 april 2008, RvdW 2008/486; HR 13 juni 2008, RvdW 2008/625; HR 11 juli 2008, RvdW 2008/747; HR 12 juni 2009, *NJ* 2009/270; vgl. Wessels, *Insolventierecht IX*, nr. 9371 e.v.

misleiding geen sprake is geweest. Dankzij deze beëindigingsgrond kunnen schuldeisers bereiken dat een schuldenaar die niet te goeder trouw is, maar dat bij zijn verzoek om toepassing van de schuldsaneringsregeling verzwijgt, voortijdig uit de schuldsaneringsregeling kan worden gezet zonder toekenning van een schone lei.[181]

Ten slotte kan de schuldsaneringsregeling tussentijds worden beëindigd als de schuldenaar zichzelf niet (meer) in staat acht om aan de verplichtingen uit de schuldsaneringsregeling te voldoen (art. 350 lid 3 sub g). Dit kan komen doordat hij de schuldsaneringsregeling heeft onderschat of doordat de omstandigheden zijn gewijzigd waardoor hij een succesvolle afronding van de schuldsaneringsregeling niet meer haalbaar acht. Deze situatie is niet dezelfde als die bedoeld in artikel 354a. De schuldenaar voldoet in dit laatste geval immers wel aan zijn verplichtingen en hij kan en wil die ook wel blijven voldoen, maar redelijkerwijs bestaat niet de verwachting dat daarmee een zinvolle voortzetting van de schuldsaneringsregeling gerechtvaardigd is. Het verschil tussen beide beëindigingsgronden blijkt ook uit artikel 354a lid 2. Hierin is de mogelijkheid van artikel 354a expliciet uitgesloten als de schuldenaar aannemelijk maakt niet in staat te zijn om te voldoen aan zijn verplichtingen die uit de schuldsaneringsregeling voortvloeien, zoals bedoeld in artikel 350 lid 3 sub g.

De mogelijkheid van een tussentijdse beëindiging van de schuldsaneringsregeling is een brede en algemene mogelijkheid voor de rechter om een einde te maken aan een situatie waarvoor de schuldsanering natuurlijke personen eigenlijk niet bedoeld is. Daarom kan deze procedure door veel partijen aanhangig worden gemaakt: niet alleen op verzoek van de bewindvoerder, de schuldenaar of een of meer schuldeisers of op voordracht van de rechter-commissaris, maar ook ambtshalve door de rechtbank (art. 350 lid 1).

376. Gevolgen van de tussentijdse beëindiging; soms automatische faillietverklaring

Als de rechtbank van oordeel is dat een van de situaties bedoeld in artikel 350 lid 3 zich voordoet, wijst zij vonnis en spreekt zij de beëindiging van de schuldsaneringsregeling uit. De gevolgen hiervan verschillen, afhankelijk van de grondslag waarop de beëindiging wordt uitgesproken.

Als er geen aanleiding voor een schuldsaneringsregeling meer bestaat (art. 350 lid 3 sub a en b), is het de bedoeling dat zo snel mogelijk wordt overgegaan tot de gewone gang van zaken en de schuldenaar zijn normale (financiële) leven weer oppakt. Dit betekent dat de verificatie van de vorderingen en het opmaken van een uitdelingslijst achterwege kunnen blijven en dat de schuldsaneringsregeling daadwerkelijk eindigt door het in kracht van gewijsde gaan van het vonnis (art. 350 lid 4). Daarna kan de schuldenaar zijn vermogen weer gewoon beheren en daarover beschikken en op deze manier aan het maatschappelijk verkeer deelnemen. Aan een schone lei bestaat geen behoefte.

In de andere situaties (art. 350 lid 3 sub c-g) blijft de reden van de schuldsanering eigenlijk wel bestaan, zodat verificatie van de vorderingen en het opmaken van een

181 Vgl. HR 5 september 2008, *NJ* 2008/479; conclusie A-G Timmerman voor HR 26 juni 2009, RvdW 2009/803; HR 27 januari 2017, *NJ* 2017/77, r.o. 3.5-6.

uitdelingslijst gewenst blijven. In deze gevallen hoort echter geen schone lei te worden toegekend. Toch heeft het voortzetten van een insolventieprocedure alleen maar zin als dat iets oplevert voor de schuldeisers. Is dat het geval, dan leidt de beëindiging van de schuldsaneringsregeling in beginsel tot faillissement van de schuldenaar zodra de uitspraak tot beëindiging met bijbehorende faillietverklaring in kracht van gewijsde is gegaan (art. 350 lid 5). Met het oog op de ingrijpende rechtsgevolgen van een faillissement en de daarmee gemoeide rechtszekerheid is hiervoor een uitdrukkelijke rechterlijke uitspraak vereist.[182] De rechtbank moet daarom tegelijk een rechter-commissaris en een curator benoemen. In dit faillissement kan de curator de verificatie van de vorderingen en het opmaken van de uitdelingslijst vervolgen.

Het aldus uitgesproken faillissement bouwt voort op de schuldsanering in de zin dat verschillende gebeurtenissen en rechtshandelingen uit die periode grotendeels hun effect in het faillissement behouden. Zo is de curator in de ogen van de wetgever de opvolger van de bewindvoerder en blijven de door deze verrichte handelingen geldend en verbindend (art. 359 lid 1 sub a). Voorts behouden de boedelschulden die tijdens de schuldsaneringsregeling zijn ontstaan, dit karakter in het opvolgende faillissement (art. 359 lid 1 sub b). De schuldeisers die hun vordering al bij de bewindvoerder hadden ingediend hoeven dat niet nogmaals bij de curator te doen (art. 359 lid 1 sub d). Als al een verificatie had plaatsgevonden, is de curator daaraan gebonden (art. 359 lid 1 sub a). Voor een door de bewindvoerder opgestelde uitdelingslijst geldt dit echter niet, omdat in faillissement een andere verdeling geldt (art. 182 in plaats van art. 349 lid 2) en van een verbindende slotuitdelingslijst nog geen sprake kan zijn. In dit geval zou de schuldsaneringsregeling immers al beëindigd zijn geweest (art. 356 lid 2), zodat een beëindiging op grond van artikel 350 dan niet meer mogelijk is. Zijn eerdere tussentijdse uitdelingen geweest op basis van verbindende uitdelingslijsten, dan zal de curator die niet kunnen terugvorderen, maar moet hij de onderlinge verhoudingen bij de volgende uitdeling(en) zo veel mogelijk rechttrekken (art 328c).

In al deze gevallen vormt de omzetting van de schuldsaneringsregeling in het faillissement een continuïteit. Van een – hernieuwde – fixatie met daaruit voortvloeiende gevolgen is geen sprake. Op twee terreinen ligt dit echter iets anders. In de eerste plaats mogen de schuldeisers in dit aansluitende faillissement ook vorderingen ter verificatie indienen die buiten de schuldsaneringsregeling waren gebleven omdat die tijdens de schuldsaneringsregeling waren ontstaan maar voor de schuldenaar en de bewindvoerder geen boedelschuld opleverden (art. 359 lid 1 sub c). In de tweede plaats mogen zij in dit aansluitende faillissement hun renteaanspraak indienen voor zover die gedurende de schuldsaneringsregeling op grond van artikel 303 niet verschuldigd was (art. 359 lid 1 sub e), zij het alleen voor de verschuldigde rente tot aan de omzetting in faillissement, omdat de rente vanaf dat tijdstip niet geverifieerd kan worden (art. 128).

Zijn daarentegen niet voldoende baten beschikbaar om daaruit de vorderingen van de schuldeisers geheel of gedeeltelijk te voldoen, dan blijft automatische faillietverklaring achterwege; het heeft immers geen zin om allerlei kosten te maken

182 HR 5 maart 2021, *JOR* 2021/162, r.o. 3.1.3.

voor een faillissement dat binnen de kortste keren moet worden voorgedragen voor opheffing wegens gebrek aan baten (art. 16).

In theorie is het denkbaar dat de schuldenaar of een van de schuldeisers alsnog het faillissement aanvraagt. Hoewel de wet dit niet met zo veel woorden bepaalt, is verdedigbaar dat de schuldenaar of de aanvrager naar analogie met artikel 18 verplicht is aan te tonen dat desondanks voldoende baten aanwezig zijn om de kosten van het faillissement te bestrijden.

Omdat vergaande gevolgen kleven aan een tussentijdse beëindiging – geen schone lei en wellicht een automatische omzetting in faillissement – is het van groot belang dat de schuldenaar zich daartegen kan verweren. De rechtbank moet hem daarom oproepen om gehoord te worden (art. 350 lid 2). Tevens kan de rechtbank de bewindvoerder en schuldeisers oproepen om ter zitting te verschijnen; maar verplicht is dit niet.

Voor de in het ongelijk gestelde partij – de schuldenaar bij beëindiging en bij afwijzing degene die om beëindiging had gevraagd – staat hoger beroep tegen de uitspraak van de rechtbank open en cassatie tegen de uitspraak van het gerechtshof (art. 351).

377. Beëindiging aan het einde van de termijn zonder schone lei

Aan het einde van de volledige termijn van de schuldsaneringsregeling is de schuldenaar nog niet verzekerd van een schone lei. Naar aanleiding van de beëindigingszitting moet de rechter bij vonnis immers uitspreken of de schuldenaar toerekenbaar tekortgeschoten is in de nakoming van een of meer verplichtingen die uit de schuldsanering voortvloeien (art. 354 lid 1; zie nr. 371). Als van een dergelijk toerekenbaar tekortschieten sprake is en de rechter niet bepaalt dat deze tekortkoming gezien haar bijzondere aard of geringe omvang buiten beschouwing blijft (art. 354lid 2), eindigt de schuldsanering zonder schone lei voor de schuldenaar (art. 358 lid 2 jo. 354).[183] Dit heeft dezelfde gevolgen als een tussentijdse beëindiging zonder schone lei (nr. 376).

183 Zie HR 14 juni 2013, *NJ* 2013/339, r.o. 3.3, waarin het hof ten onrechte de schone lei had geweigerd wegens een tekortschieten in de nakoming van een of meer uit de schuldsaneringsregeling voortvloeiende verplichtingen, terwijl het had vastgesteld dat die tekortkoming de schuldenaar niet kon worden toegerekend.

HOOFDSTUK 8

Insolventierecht in een internationale context

378. Inleiding

Nederland bevindt zich niet op een eiland in de wereld. De Nederlandse economie wordt grotendeels beïnvloed door onze handel van en naar het buitenland, zowel binnen als buiten de Europese Unie. Ons recht is voor een belangrijk deel direct of indirect gebaseerd op regels die ook elders gelden. Het insolventierecht is hierop geen uitzondering; het wordt beïnvloed door universele financieel-economische wetmatigheden. Voor onze wetgeving, rechtspraak en wetenschap vormen buitenlandse ontwikkelingen daarom een nuttige en soms noodzakelijke inspiratiebron.

Om te beginnen behoeft de internationale context van het insolventierecht een theoretisch kader met de beginselen van het internationaal insolventierecht (par. 8.1). In de uitwerking hiervan blijken regels van de drie pijlers van het algemene internationaal privaatrecht – te weten i) rechtsmacht, ii) toepasselijk recht en iii) erkenning en tenuitvoerlegging – een belangrijke rol te spelen (par. 8.2).

Voor Nederland zijn deze regels, op een zeer beperkte regeling in de Faillissementswet na (art. 203-205[1]), vooral neergelegd in Europese regelgeving. Binnen de Europese Unie wordt het Nederlandse internationale insolventierecht zowel procedureel als materieel grotendeels bepaald door de (herschikte) Europese Insolventieverordening uit 2015 (InsVo; par. 8.2.1) en – meer recent (2019) – de Herstructureringsrichtlijn (HRL; par. 8.2.2). Daarnaast is in Europees verband na de wereldwijde financiële crisis aan het begin van deze eeuw specifieke regelgeving voor insolventies van financiële instellingen en verzekeraars tot stand gekomen (par. 8.2.3). Daarbuiten bepaalt het commune internationaal privaatrecht en daarbij van belang zijnde regelgeving het grensoverschrijdende insolventierecht (par. 8.2.4).

Naast de bovenstaande vormen van zogenaamde *hard law* in het internationale insolventierecht ondervindt Nederland tevens de nodige invloed van ontwikkelingen in multinationale gouvernementele en non-gouvernementele organisaties, zoals

1 De bijzondere internationaal privaatrechtelijke regels in de Faillissementswet aangaande failliete banken (afdeling 11AA § 2: art. 212g-212nna) en verzekeraars (afdeling 11B § 3: art. 213n-213ee) blijven verder buiten beschouwing. Deze volgen overigens in belangrijke mate de regeling zoals neergelegd in de Europese Insolventieverordening. Hoewel art. 203-205 in titel I over faillissement staan, zijn deze bepalingen van overeenkomstige toepassing bij de schuldsanering natuurlijke personen in titel III (art. 359a).

de United Nations Commission on International Trade Law (UNCITRAL) en INSOL International. Deze organisaties worden gevoed door de rechtspraktijk (curatoren, advocaten, accountants, financiers, rechters e.d.), beleidsbepalers (wetgevingsambtenaren, lobbygroepen) en wetenschappers. De thema's die binnen deze organisaties worden behandeld en de wijze waarop daaraan inhoud wordt gegeven, bieden als *soft law* eveneens inspiratie voor de ontwikkeling van het nationale insolventierecht (par. 8.3). Die inspiratie kan ten slotte ook langs een andere weg worden bereikt, namelijk door een bestudering van andere rechtsstelsels op het terrein van het insolventierecht. Dit boek pretendeert geen rechtsvergelijkende studie, zodat aan het slot van dit hoofdstuk volstaan wordt met een enkele opmerking daarover.

8.1 Theoretisch kader

Het theoretisch kader voor het internationaal insolventierecht vindt zijn grondslag in een drietal soorten beginselen: rechtsmachtbeginselen (par. 8.1.1), procedurele beginselen (par. 8.1.2) en materiële beginselen (par. 8.1.3).[2]

8.1.1 Internationaal insolventierechtelijke beginselen: rechtsmacht

De beginselen die betrekking hebben op rechtsmacht en daarmee samenhangende regels zien allereerst op de reikwijdte, invloeden en gevolgen van en de onderlinge verhouding tussen het binnenlandse insolventierecht en het buitenlandse insolventierecht; hoe verhoudt een en ander zich tot elkaar (nr. 379-382)? Andere zogenaamde rechtsmachtbeginselen zijn het gelijkheidsbeginsel en het daarmee samenhangende uitgangspunt van het noodzakelijke wederzijdse vertrouwen dat men in elkaars rechterlijke uitspraken moet hebben waarvoor onderlinge grensoverschrijdende samenwerking geboden is. Binnen de Europese Unie gelden in dit verband tevens de beginselen van proportionaliteit en subsidiariteit (nr. 383).

379. Eenheid of verscheidenheid van procedures

Zoals in ieder conflict dat aan een rechtsprekende instantie ter beslechting wordt voorgelegd, is ook in een internationale context de eerste vraag een vraag naar rechtsmacht: welke rechter in welk land is bevoegd om over het geschil te oordelen? Hierbij komen twee invalshoeken in beeld waarlangs deze vraag kan worden opgelost, elk gebaseerd op een eigen beginsel. De eerste vloeit voort uit de gedachte dat een insolventieprocedure holistisch moet worden benaderd en als een eenheid moet worden beschouwd met wereldwijd effect: het universaliteitsbeginsel. De ander vindt haar grondslag in de praktische begrenzing van rechtsmacht binnen het territoir van de rechter die de procedure heeft uitgesproken en is gekoppeld aan de begrenzing van de soevereiniteit van zijn land: het territorialiteitsbeginsel.

2 Deze beginselen en indeling zijn ontleend aan R. Bork, Principles of Cross-Border Insolvency Law, Intersentia: Cambridge 2017.

380. *Universaliteitsbeginsel*

Het universaliteitsbeginsel gaat uit van de gedachte dat er één alomvattende procedure is die effect heeft in ieder land waar de schuldenaar en zijn schuldeisers raakvlakken hebben. Denk aan hun woonplaats, de locaties van goederen van de schuldenaar, diens activiteiten of het toepasselijke recht op hun rechtsverhoudingen. Binnen die ene procedure is één alomvattende boedel met in beginsel één curator of andere insolventiefunctionaris en één rechterlijke instantie.[3] Hun bevoegdheden zijn niet beperkt tot hun eigen jurisdictie maar kunnen zij ook buiten hun grenzen uitoefenen. Alle aspecten van deze procedure worden beheerst door één toepasselijk insolventierecht. De aanname is dat dit overzichtelijker is dan allemaal afzonderlijke procedures in ieder land met verschillende insolventiefunctionarissen, rechters en toepasselijk recht. De procedure kan hierdoor kostenefficiënt en daarmee goedkoper worden afgewikkeld waardoor de herstructurering van levensvatbare ondernemingen sneller en succesvoller kan worden bereikt. Daarbij beoogt dit voorspelbaarheid en daarmee rechtszekerheid voor alle betrokkenen omtrent het verloop en de uitkomsten van een insolventieprocedure. Het zou tevens *forum shopping* beperken waarbij schuldenaren het voor hen meest aantrekkelijke rechtstelsel voor het uitkiezen hebben ten nadele van de schuldeisers. De keerzijde is echter dat men buiten die ene jurisdictie onbekend is met dat rechtsstelsel en omgekeerd dat de insolventiefunctionaris buiten zijn eigen rechtsstelsel geconfronteerd kan worden met processuele en materiële eigenaardigheden in andere landen. Het Nederlandse internationale insolventierecht gaat uit van het universaliteitsbeginsel waar het ziet op de effecten van een Nederlands faillissement in de rest van de wereld (nr. 405).

381. *Territorialiteitsbeginsel*

Het territorialiteitsbeginsel neemt het tegenovergestelde standpunt in en gaat uit van de realiteit dat een insolventieprocedure en de gevolgen daarvan in het ene land niet automatisch erkend wordt in een ander land. Behoudens daarop betrekking hebbende verdragen of Europese verordeningen, is de boedel beperkt tot de vermogensbestanddelen in het land waar de procedure is uitgesproken. Hetzelfde geldt voor de bevoegdheden van de insolventiefunctionaris en de rechter: deze gaan niet verder dan de grenzen van hun eigen rechtsgebied. Dit betekent dat voor iedere plaats buiten dat rechtsgebied afzonderlijke procedures moeten worden gestart met andere insolventiefunctionarissen en rechters op basis van het rechtsstelsel van het desbetreffende rechtsgebied. Hierdoor ontstaat in een enigszins complex grensoverschrijdende insolventie al snel een wirwar aan op zichzelf staande procedures. Uitspraken in de verschillende rechtsstelsels worden in beginsel niet erkend in de andere landen. Bovendien bestaat de kans op – elkaar tegensprekende – uitspraken en procedures waardoor een efficiënte en effectieve afwikkeling niet altijd mogelijk blijkt. Waardeverlies ligt op de loer zodat de schuldeisers een minder optimaal resultaat bereiken. Daarentegen biedt het territorialiteitsbeginsel sterkere bescherming aan lokale en kleine schuldeisers. Zij zijn beperkt in de mogelijkheden om te anticiperen op insolventieprocedures, vooral bij internationaal opererende schuldenaren. Toepassing van het lokale, nationale recht op

3 Vgl. considerans nr. 23 InsVo.

de insolventieprocedure doet recht aan de verwachtingen van die schuldeisers. De toepasselijkheid van lokale procedures en lokaal recht bewerkstelligt dat men in beginsel met het eigen rechtsstelsel en de eigen rechters te maken heeft waardoor men beter weet waar men aan toe is. Nederland hanteert het territorialiteitsbeginsel als uitgangspunt voor de werking van buitenlandse insolventieprocedures in Nederland, al is in de jurisprudentie een verschuiving te zien naar het aangepast universaliteitsbeginsel (nr. 406).

382. Aangepast universaliteitsbeginsel

Hoewel beide beginselen in Nederland worden gehanteerd als uitgangspunt, heeft de internationale praktijk een tussenvariant ontwikkeld waarbij de scherpe kantjes van beide uitersten enigszins zijn afgeslepen. Aangezien men hierbij het universaliteitsbeginsel als vertrekpunt kiest, wordt deze variant het 'aangepast' universaliteitsbeginsel genoemd of ook wel 'gecoördineerd' universaliteitsbeginsel. Uitgaande van het streven naar een universeel toepasbaar insolventieregime wordt hierbij gebruik gemaakt van een – universele – hoofdprocedure waarbij de belangen van lokale schuldeisers en andere derden in een bepaald land kunnen worden gerespecteerd via – territoriale – secundaire procedures. Een dergelijke tussenvariant is te vinden in de Europese Insolventieverordening (par. 8.2.1) en de UNCITRAL Model Law on Cross-Border Insolvency (Model Law; nr. 408). De enkele aanwezigheid van goederen van de schuldenaar in een land is niet genoeg om een secundaire procedure te openen. Hiervoor moet sprake zijn van een bepaalde duurzame lokale economische activiteit in de vorm van een vestiging. Dit is een plaats van handeling waar een schuldenaar met behulp van mensen en goederen een economische activiteit die niet van tijdelijke aard is, uitoefent of kort geleden heeft uitgeoefend.[4] In deze situatie worden de territoriale/secundaire procedure en de gevolgen daarvan beperkt tot het land waar zich die vestiging bevindt. Daarbuiten worden de gevolgen bepaald door de regels van het land waar de hoofdprocedure is uitgesproken. Dit is het land waar de schuldenaar zijn centrum van voornaamste belangen heeft (COMI; nr. 393).[5]

383. Andere beginselen: gelijkheidsbeginsel en wederzijds vertrouwen; samenwerking; proportionaliteit en subsidiariteit

Andere beginselen die zien op vragen van rechtsmacht betreffen het gelijkheidsbeginsel en het beginsel van wederzijds vertrouwen. Grensoverschrijdende effecten van insolventieprocedures en daarmee verband houdende uitspraken vereisen dat curatoren en andere insolventiefunctionarissen elkaar als gelijken beschouwen voor zover hun recht dat toestaat en men elkaar kan vertrouwen. Hetzelfde geldt voor rechters in verschillende jurisdicties; uitgaande van het beginsel van wederzijds vertrouwen in elkaar worden bijvoorbeeld rechterlijke uitspraken op het gebied van het insolventierecht in de Europese Unie onmiddellijk en automatisch erkend in de andere lidstaten (behalve Denemarken).[6] Binnen de Europese Unie betekent dit onder meer dat als er sprake is van een uniebrede hoofdprocedure en een of

4 Vgl. art. 2 sub 10 InsVo en art. 2 sub f Model Law.
5 Vgl. art. 3 lid 1 InsVo en art. 2 sub b Model Law.
6 Art. 19 en 32 InsVo; vgl. considerans nr. 65 InsVo.

meer secundaire procedures, de insolventiefunctionarissen in die verschillende procedures met elkaar moeten samenwerken, waartoe zij zo nodig overeenkomsten of protocollen sluiten (art. 41 lid 1 InsVo). Deze samenwerking vergt de nodige communicatie en moet zijn gericht op een effectieve coördinatie. Deze samenwerkingsplicht geldt ook voor de bij de verschillende procedures betrokken rechters (art. 42 InsVo) en tussen rechters en de verschillende insolventiefunctionarissen (art. 43 InsVo). Deze samenwerkingsplicht is ook terug te vinden in hoofdstuk IV van de Model Law (art. 25 en 26 Model Law).

Ten slotte gelden in het internationale insolventierecht de beginselen van proportionaliteit en subsidiariteit. Proportionaliteit wil zeggen dat de wettelijke regelingen beperkt moeten worden tot hetgeen nodig is om het beoogde doel daarvan te bereiken en ook niet meer dan dat regelen. Met het subsidiariteitsbeginsel wordt in de Europese context gedoeld op het beginsel dat alleen die kwesties internationaal geregeld moeten worden die niet al op het niveau van de nationale staten kunnen worden bereikt.[7] Voor de Europese Unie betekent dit bijvoorbeeld dat de rechtsmacht binnen de Europese Unie op Europees niveau wordt geregeld. Op dit niveau wordt vastgesteld welke lidstaat de bevoegde rechter moet aanwijzen (art. 3 InsVo; nr. 393). De vaststelling welke rechter moet oordelen over de insolventierechtelijke kwestie is vervolgens voor Nederland geregeld in de absolute en relatieve bevoegdheidstoedeling in artikel 2.

8.1.2 Internationaal insolventierechtelijke beginselen: procedureel

De procedurele beginselen beogen een zorgvuldige en betrouwbare procedure te waarborgen, ook waar internationale aspecten van het insolventieprocesrecht aan de orde zijn. Tot de procedurele beginselen horen efficiëntie, transparantie (publiciteit) (nr. 384), voorspelbaarheid (nr. 385) en de goede procesorde (nr. 386).

384. Efficiëntie en transparantie (publiciteit)

In het insolventierecht draait veel om geld; meestal omdat hieraan een tekort is. Dit betekent dat de behandeling van insolventierechtelijke kwesties, de herstructurering of de vereffening van het vermogen van de schuldenaar in het bijzonder, zo (kosten)efficiënt mogelijk moet plaatsvinden. Dit geldt al voor nationale insolventieprocedures maar nog sterker in een grensoverschrijdende context. Verschillende talen, culturen en rechtsstelsels kunnen voor evenzovele complicaties zorgen waardoor procedures vertraging oplopen en – mede daardoor – extra kosten met zich brengen. Het risico van 'goed geld naar kwaad geld gooien' is volop aanwezig (vgl. par. 5.1.3). Door uniformering en harmonisatie met internationale instrumenten, zoals de Model Law, kan de efficiëntie en doeltreffendheid van grensoverschrijdende insolventieprocedures worden versterkt (nr. 409).[8] Voor de goede werking van de interne markt binnen de Europese Unie zijn

7 Voor de Europese Unie zijn deze beginselen neergelegd in art. 5 VEU.
8 Hiertoe heeft UNCITRAL negen universele kerndoelen voor het insolventierecht geformuleerd, Legislative Guide, part one, I, B, p. 9-14.

dergelijke instrumenten ook nodig, zoals de Europese Insolventieverordening.[9] Zo zijn in dit verband in deze verordening bijzondere bevoegdheden toegekend aan de insolventiefunctionaris, bijvoorbeeld om in een andere lidstaat een secundaire insolventieprocedure te openen (art. 37 InsVo) en zijn bij een veelvoud aan procedures de insolventiefunctionarissen en rechters verplicht tot samenwerking (art. 41-43 InsVo). Verder is efficiëntie te bereiken door transparantie over de gang van zaken. Een voorbeeld hiervan vormt de invoering van gekoppelde en via internet toegankelijke nationale insolventieregisters (art. 24-27 InsVo). Door toegankelijke publiciteit (vgl. nr. 14) kunnen alle bij de insolventie betrokkenen geïnformeerd zijn over de voortgang en is het voor schuldeisers en andere belanghebbenden eenvoudiger om snel kennis te nemen te nemen van de actuele toestand en eventuele acties die van hen worden verlangd. Efficiëntie is ook een van de doeleinden van de Model Law om afstand te kunnen nemen van inadequate regelgeving en praktijken in sommige landen waardoor redding van ondernemingen in financiële moeilijkheden daar belemmerd kan worden.[10] Die praktijken verhinderen ook de bescherming van het vermogen van dergelijke schuldenaren tegen beperking van de waardemaximalisatie daarvan en de ongewenste verspreiding en uitwinning van de goederen van de schuldenaar in verschillende jurisdicties waardoor de verhaalsmogelijkheden van schuldeisers afnemen.

385. Voorspelbaarheid en rechtszekerheid

Efficiëntie en transparantie zorgen bovendien voor voorspelbaarheid en rechtszekerheid, terwijl het ontbreken hiervan het grensoverschrijdende kapitaalverkeer juist belemmert. Men heeft hierdoor minder vertrouwen in een soepel verlopende afwikkeling bij grensoverschrijdende investeringen, wat bijvoorbeeld tot hogere financieringskosten kan leiden.

Een voorbeeld waar de Europese wetgever zich in recente jaren heeft ingezet voor versterking van de voorspelbaarheid van Europese preventieve herstructureringsprocedures is de Herstructureringsrichtlijn. Hiermee streeft de Europese wetgever naar grotere coherentie van procedures in de lidstaten om daarmee de kosten voor herstructurering te verminderen.[11] Een ander voorbeeld waar deze voorspelbaarheid nog verbeterd kan worden betreft de afbakening van de insolventieverordening met de EEX-Verordening vooral waar het de zogenaamde 'annex' acties betreft. Dit zijn vorderingen die rechtstreeks uit de insolventieprocedure voortvloeien en er nauw verband mee houden, zoals paulianavorderingen (art. 6 InsVo; nr. 393).[12]

Vanuit voorspelbaarheidsperspectief is het van belang dat partijen zo veel mogelijk weten bij welke rechter men terecht komt. Dit vermindert de transactiekosten in het internationale handelsverkeer. In Europa speelt hierbij de Europese Insolventieverordening een belangrijke rol. Hierin wordt het zogenaamde *forum shopping* beperkt, waardoor het voor partijen tevoren duidelijk is in welk land (rechtsmacht; nr. 393) en onder welk rechtsregime (toepasselijk recht; nr. 394) de procedure zich zal afspelen.

9 Vgl. considerans nr. 3 en 8 InsVo.
10 Zie preambule sub c (Part One) en nr. 5 (Part Two) UNCITRAL Model Law.
11 Vgl. considerans nr. 15 HRL.
12 Zie bijv. CERIL Report 2021-1 on identifying annex actions under Article 6(1) of the European Insolvency Regulation 2015.

Een verplaatsing van de woonplaats, vestigingsplaats of statutaire zetel in het licht van een naderende insolventie is ingekaderd en heeft niet altijd effect: pas na drie dan wel zes maanden, afhankelijk of het om een rechtspersoon of een natuurlijke persoon met onderneming gaat dan wel een particulier (art. 3 lid 1 InsVo). Dit beoogt te voorkomen dat een schuldenaar het voor hem meest gunstige insolventieregime opzoekt, terwijl schuldeisers, andere wederpartijen en aandeelhouders daar niet op bedacht (hoeven te) zijn. Hetzelfde geldt voor het overbrengen van geschillen of goederen van de ene lidstaat naar de andere om de rechtspositie ten nadele van de gezamenlijke schuldeisers te verbeteren.[13] Een en ander mag echter niet zo ver gaan dat het vrije verkeer van goederen, personen, diensten en kapitaal wordt belemmerd (art. 26 VEU).[14]

386. Goede procesorde

In een internationale context geldt misschien nog wel sterker dan in een nationale context (nr. 16) het beginsel van de goede procesorde, ook wel aangeduid als procedurele rechtvaardigheid. Zo is het ook internationaal van groot belang dat partijen gehoord kunnen worden voordat een rechter hun rechten beperkt of hen die ontzegt. De deelnemers aan het rechtsverkeer moeten ervan overtuigd zijn dat zij ook overigens van een adequate rechtsbedeling verzekerd kunnen zijn en willekeur moet zijn uitgesloten. Zij mogen verlangen dat de verschillende rechtssystemen op een eerlijke en juiste manier op elkaar aansluiten en dat het geen verschil mag maken of men een lokale dan wel een buitenlandse partij (schuldeiser (financier, leverancier etc.), aandeelhouder of andere derde) in het proces is. Iedere betrokkene heeft aanspraak op gelijke behandeling. Omdat bij grensoverschrijdende insolventies de verschillen tussen de rechtsstelsels aan het licht komen, waardoor de ene jurisdictie aantrekkelijker kan zijn dan een andere, kan dit uitnodigen tot *forum shopping* (nr. 385), maar vormt de aanwezigheid daarvan ook een stimulans om de eigen procedure tegen het daglicht te houden qua tijdsbeslag en kosten. Dit is immers niet alleen een kwestie van efficiëntie maar fundamenteler een vraag van adequate rechtsbedeling. Als in een land de insolventieprocedure traag verloopt, veel administratieve en formele beslommeringen verlangt en ongewisse en willekeurige uitkomsten kent, is de procedurele rechtvaardigheid in de beleving van de direct betrokkenen, en daarmee de goede procesorde in het gedrang.

8.1.3 Internationaal insolventierechtelijke beginselen: materieel

Bij de inhoudelijke internationaal insolventierechtelijke beginselen staat de materieel gelijke behandeling van de schuldeisers voorop (nr. 387). Het is hiermee het overkoepelende beginsel omdat het hiervoor ook al een rol blijkt te spelen bij de rechtsmacht (nr. 383) en de goede procesorde (nr. 386). Een ander inhoudelijk uitgangspunt is door de grensoverschrijdende gevolgen in de internationale context – nog meer dan in een nationale insolventieprocedure – het streven naar de best

13 Vgl. considerans nr. 5, 29 en 31 InsVo; zie ook art. 90 lid 4 InsVo.
14 Vgl. HvJ-EU 9 maart 1999, C-212/97 (*Centros*), HvJ-EU 5 november 2002, C-208/00 (*Überseerung*) en HvJ-EU 30 september 2003, C-167/01 (*Inspire Art*).

mogelijke realisatie van het vermogen van de schuldenaar ten behoeve van de schuldeisers (nr. 388). Ten slotte is hier een plek weggelegd voor de bescherming van de rechten van de verschillende partijen (schuldenaar, (zekerheidsgerechtigde) schuldeisers en andere derden, zoals werknemers) in hun legitieme verwachtingen waarmee weer de voorspelbaarheid[15] als beginsel (maar nu inhoudelijk) heeft te gelden (nr. 389).

387. Gelijkheid (pari passu)

Het materiële gelijkheidsbeginsel voor de schuldeisers waarvoor in Nederland ook wel de Latijnse aanduiding *paritas creditorum* (nr. 12) wordt gebruikt, wordt in een internationale context meestal het *pari passu*-beginsel genoemd. Dit ziet erop toe dat schuldeisers in een insolventieprocedure in beginsel een gelijke, dat wil zeggen evenredige, aanspraak hebben op het vermogen van de schuldenaar, tenzij het recht hen een hogere of lagere rang toekent.

Denk hierbij aan de mogelijkheid om met een zekerheidsrecht (pand en hypotheek) voorrang te krijgen of door achterstelling aan een of meer anderen voorrang te verlenen. Voor Nederland is dit bijvoorbeeld geregeld in Titel 3.10 BW (art. 3:277 e.v. BW). Uitzonderingen zijn mogelijk maar vergen een deugdelijke grondslag die moet gelden voor iedereen die in dezelfde positie verkeert. Dit geldt overigens niet alleen bij liquidatie van het vermogen van de schuldenaar, maar ook bij een herstructurering daarvan. Hierbij mogen schuldeisers in verschillende klassen worden ingedeeld, mits zij maar voldoende gedeelde belangen op basis van verifieerbare criteria hebben (art. 9 lid 4 HRL).[16]

Een bijzonder aspect van het materiële gelijkheidsbeginsel in het internationale insolventierecht, dat overigens nauw samenhangt met het procedurele gelijkheidsbeginsel in het kader van de goede procesorde (nr. 386), is dat er geen onderscheid mag worden gemaakt tussen binnen- en buitenlandse schuldeisers. De genoemde gelijke aanspraak op de verdeling van de boedel mag niet doorbroken worden ten gunste van de 'eigen' schuldeisers.

Een andere uitwerking van het materiële gelijkheidsbeginsel is in Europa terug te vinden in artikel 23 InsVo.[17] Op grond van art. 23 lid 1 InsVo moet een schuldeiser die na de opening van een insolventieprocedure (art. 3 lid 1 InsVo) geheel of gedeeltelijk is voldaan uit goederen van de schuldenaar in een andere lidstaat die opbrengst afstaan aan de insolventiefunctionaris in de hoofdprocedure. Hiervan is uitgezonderd hetgeen hij heeft ontvangen uit hoofde van een zekerheidsrecht (art. 8 en 10 InsVo). Voor buiten Europa geldt in Nederland iets vergelijkbaars op grond van artikel 203. De gelijkheid van schuldeisers van dezelfde rang of categorie wordt verder bewaakt door art. 23 lid 2 InsVo als er naast een hoofdprocedure een of meer secundaire procedures zijn: hij krijgt pas een uitdeling in een andere insolventieprocedure als de andere schuldeisers met die rang of categorie een gelijkwaardige uitkering hebben ontvangen.

15 Zie nr. 385.
16 Vgl. considerans nr. 44 HRL.
17 Vgl. considerans nr. 63 InsVo.

388. Waardemaximalisatie

Waar een insolventieprocedure gericht is op liquidatie, is het van belang dat een zo hoog mogelijke opbrengst wordt gerealiseerd bij de verkoop van de goederen van de schuldenaar. Dit wordt bereikt door enerzijds een daartoe voor het concrete geval zo geschikt mogelijk verkoopproces op te tuigen met anderzijds zo min mogelijk kosten. Dit betekent dat bij een grensoverschrijdende insolventie de betrokken partijen zich moeten inspannen om door samenwerking de meest efficiënte wijze van verkoop te laten plaatsvinden. Onnodige dubbel werk moeten zij zien te voorkomen.

Waardemaximalisatie wordt ook bereikt door een goed boedelbeheer waarmee voorkomen wordt dat de goederen onnodig in waarde dalen. Denk aan een goede beveiliging (zowel feitelijk als juridisch; vgl. art. 92 e.v.), het bijtijds verkopen van bederfelijke goederen[18] en het incasseren van vorderingen van de schuldenaar op derden. Voorts kunnen doorlopende overeenkomsten voor een goed boedelbeheer zo bezwaarlijk en ongunstig zijn dat voortzetting van de bedrijfsvoering daardoor juist in gevaar komt. Dan moeten die beëindigd kunnen worden, zoals huur- en arbeidsovereenkomsten (art. 39 en 40; zie nr. 212 en 213). Het omgekeerde kan zich ook voordoen als cruciale overeenkomsten bepalingen bevatten waardoor deze automatisch door de insolventieprocedure beëindigd worden (zogenaamde *ipso facto*-clausules; zie nr. 58 en 210). Als dit de bedrijfsvoering ernstig verstoort, kan daartegen actie gewenst of zelfs noodzakelijk zijn.

Voor zover nodig moet de boedel tevens 'gereconstrueerd' worden (zie par. 5.4.2). De insolventiefunctionaris moet de nodige maatregelen kunnen treffen om goederen van de schuldenaar terug te halen die ten onrechte voorafgaand aan de insolventieprocedure uit de boedel zijn verdwenen (pauliana). Hij moet ook vergoeding kunnen vorderen van door derden veroorzaakte schade of soms zelfs het gehele faillissementstekort (onrechtmatige daad, bestuurdersaansprakelijkheid).

389. Bescherming van legitieme verwachtingen; voorspelbaarheid

Een van de hoofddoelen van het recht is om de justitiabele houvast te geven voor het functioneren in de samenleving door het stellen van normen en regels. Het als maatschappij met elkaar afspreken (*contrat social*) en vastleggen van gevolgen aan bepaald gedrag zorgt voor voorspelbaarheid. Dit beoogt het maatschappelijk en economisch verkeer soepel te laten verlopen en conflicten te voorkomen. Het leidt ertoe dat de deelnemers hieraan weten waar zij aan toe zijn en dat hun verwachtingen worden beschermd. Net als bij de procedurele beginselen (nr. 385) gaat het hierbij om voorspelbaarheid. In het insolventierecht gaat het dan vooral om de schuldeisers (die aanspraak maken op voldoening van hun vorderingen), de schuldenaar (die bij de uitoefening van dwangmiddelen om de schuldeisers zoveel mogelijk te bevredigen recht heeft op een proportionele benadering en bescherming tegen uitwassen) en andere derden. Tot deze laatste categorie behoren partijen die in een sterke afhankelijkheidsrelatie tot de schuldenaar staan, zoals werknemers. Omdat de hier bedoelde bescherming een uitvloeisel is van voorspelbaarheid, is het van belang

18 Vgl. art. 101 lid 1, zoals dat tot 1 januari 2019 gold voor de Nederlandse curator om voortijdig goederen van de failliete schuldenaar te mogen verkopen; sindsdien heeft de curator deze bevoegdheid zonder meer.

dat die betrokkenen adequaat geïnformeerd zijn over de toepasselijke normen en regels. Dit is in een nationale omgeving soms al lastig genoeg, maar in een internationale context komen daar nog eens de maatschappelijke en culturele verschillen tussen landen en volken bij waardoor een op het oog duidelijke regel in het ene land anders wordt gelezen en toegepast dan in het andere land. Het internationale insolventierecht probeert de onduidelijkheden en verstoringen in de verwachtingen die de justitiabelen hebben te voorkomen. Waar die verwachtingen inhoudelijk van aard en legitiem zijn, moet het internationale insolventierecht die zo veel mogelijk honoreren.

Concreet betekent het voorgaande voor de schuldeisers dat zij tevoren duidelijkheid krijgen welke rang zij gaan innemen bij verhaalsuitoefening. Worden hun zekerheidsrechten gerespecteerd? Mogen zij een schuld aan de schuldenaar verrekenen met hun tegenvordering? Wanneer hebben zij terugvorderingsacties door een insolventiefunctionaris te vrezen op grond van de pauliana? In hoeverre zijn er andere middelen waardoor zij beperkt worden in hun verhaalsuitoefening: mogen zij zelf de uitwinning ter hand nemen, zoals in Nederland (art. 57), of moet dat via een insolventiefunctionaris of rechtbank gebeuren?

Voor de schuldenaar is het van belang te weten wat er bij insolventie in de verschillende jurisdicties met zijn eigendommen gebeurt. Mag hij aanspraak maken op een proportionele inbreuk op zijn rechten of staat hij letterlijk volledig onder curatele? In hoeverre wordt een schuldenaar bijvoorbeeld in Europa materieel beschermd door artikel 5 EVRM (recht op vrijheid en veiligheid), artikel 6 EVRM (recht op eerlijk proces), artikel 8 EVRM (respect voor privéleven) en artikel 1 Eerste Protocol (bescherming van eigendom)?[19]

Bij betrokken derden valt te denken aan werknemers die door een insolventie geraakt kunnen worden in hun bestaan. De meeste landen kennen wel enigerlei vorm van werknemersbescherming, maar in een grensoverschrijdende situatie kunnen de verwachtingen wel eens tegenvallen. Andere derden zijn bestuurders en commissarissen van rechtspersonen: wanneer lopen zij het risico van bestuurders- of commissarissenaansprakelijkheid en hoe kunnen zij dat voorkomen?

Een voorbeeld waarin de Europese Insolventieverordening de legitieme verwachtingen van schuldeisers beschermt is de mogelijkheid om een secundaire procedure te openen in de jurisdicties waar de schuldenaar een vestiging heeft. De secundaire procedure omvat slechts de vermogensbestanddelen die zich in die jurisdictie bevinden waarop in principe bij uitsluiting het (insolventie)recht van die jurisdictie van toepassing is.[20]

8.2 Internationaal privaatrecht en internationaal insolventierecht

In de voortschrijdende internationalisering van het handelsverkeer is het fenomeen van een schuldenaar in financiële problemen niet altijd meer beperkt tot het Nederlandse rechtsgebied. Buitenlandse invloeden spelen op verschillende manieren een rol. Zo kan de schuldenaar of (een deel van) de schuldeisers een buitenlandse

19 Zie ook par. 5.2.6.
20 Art. 3 lid 2 en 7 InsVo.

identiteit of in het buitenland hun woon- of vestigingsplaats hebben. Verder is mogelijk dat de Nederlandse schuldenaar in het buitenland haar activiteiten heeft (al dan niet in concernverband) of juist bepaalde activa. Zodra de grens wordt overgestoken en een andere jurisdictie in beeld komt, belandt men op het terrein van het internationaal privaatrecht (i.p.r.). Dit komt in deze paragraaf langs verschillende wegen aan bod waarbij de meeste aandacht uitgaat naar twee Europese instrumenten: de Europese Insolventieverordening (par. 8.2.1) en de Herstructureringsrichtlijn (par. 8.2.2). Vervolgens komen kort nog enkele andere Europese ontwikkelingen (par. 8.2.3) en het commune i.p.r. bij grensoverschrijdende insolventies aan de orde (par. 8.2.4). Allereerst is het van belang de hoofdvragen van het i.p.r. op het insolventierecht te benoemen.

390. Hoofdvragen van internationaal insolventierecht

Als bij het insolventierecht het internationaal privaatrecht om de hoek komt kijken, speelt de nationaliteit van de schuldeiser in beginsel geen rol. Men kan hooguit denken aan de vertrouwdheid met een bepaald rechtssysteem, waarbij een schuldeiser met zijn eigen stelsel doorgaans een voorsprong heeft. De nationaliteit van de schuldenaar is op zichzelf evenmin maatgevend. Bij rechtspersonen zal de nationaliteit via de statutaire zetel veelal wel van invloed zijn op het toepasselijke insolventierecht (zie nr. 393). Voor zover op deze plaats van belang, gaat het bij de internationale dimensie van het insolventierecht vooral om de beoordeling van de drie hoofdvragen van internationaal privaatrecht: rechtsmacht (nr. 393), toepasselijk recht (nr. 394) en erkenning (nr. 395, 405 en 406). Toegespitst op insolventieprocedures betekent dit dat in een Nederlandse context op basis van het Nederlandse internationaal privaatrecht bepaald moet worden:

a. welke rechter bevoegd is om over de aanvang van de insolventieprocedure en andere daarmee samenhangende kwesties te oordelen (rechtsmacht);
b. welk recht van toepassing is op kwesties die met de insolventieprocedure samenhangen, zowel materieel als procedureel (toepasselijk recht); en
c. wat de gevolgen van de insolventieprocedure in een ander rechtsstelsel zijn (werkingssfeer: erkenning en tenuitvoerlegging).

Ieder land past het internationaal privaatrecht op zijn eigen wijze toe en zo geldt in Nederland het Nederlandse internationaal privaatrecht. Hoewel dit rechtsgebied sinds 2012 grotendeels gecodificeerd is in Boek 10 BW, wordt het internationaal privaatrechtelijk insolventierecht vooral beheerst door enkele internationale regelingen en instrumenten. De belangrijkste hiervan is de Europese Insolventieverordening (par. 8.2.1) en de Herstructureringsrichtlijn (HRL; par. 8.2.2). De specifieke Europese regelgeving op het terrein van de financiële instellingen (banken, verzekeraars etc.) kent een eigen insolventierechtelijk regime, zoals hiervoor kort is aangestipt (nr. 87). Deze regelgeving in de vorm van richtlijnen bevat ook regels van internationaal privaatrecht, die de Nederlandse wetgever heeft geïmplementeerd in de Faillissementswet (par. 8.2.3).

Waar de Herstructureringsrichtlijn en de Europese financiële regelgeving door een afzonderlijke implementatie in Nederland effect hebben gekregen en op onderdelen nog moeten krijgen,[21] is de Europese Insolventieverordening rechtstreeks van toepassing op alle insolventieprocedures die in Nederland worden uitgesproken. Zij is dat echter niet bij de vraag naar eventuele erkenning van Nederlandse insolventieprocedures in Denemarken of buiten de Europese Unie of andersom de erkenning van Deense insolventieprocedures of van buiten de Europese Unie in Nederland.[22] In deze gevallen komt men terecht bij het zogenaamde 'commune' internationaal privaatrecht als restcategorie. Dit is het samenstel van regels die naast de zeer summiere regeling in de Faillissementswet (art. 203-205) door de Nederlandse rechter worden gehanteerd bij gebreke aan wettelijke of verdragsrechtelijke verwijzingsregels (par. 8.2.4).

8.2.1 Europese Insolventieverordening (InsVo) en herschikking

Voor de beantwoording van de in nr. 390 genoemde hoofdvragen is sinds 31 mei 2002 een belangrijke plaats ingeruimd voor de Europese Insolventieverordening die toen binnen de Europese Unie – met uitzondering van Denemarken (art. 47 en considerans nr. 33 InsVo (oud)[23]) – het gewone of commune internationaal privaatrecht grotendeels opzij heeft gezet.

Dit instrument heeft een lange voorgeschiedenis gehad (vanaf eind jaren '60), waarbij oorspronkelijk zelfs nog gedacht werd om het materiële insolventierecht binnen de gemeenschap te harmoniseren en uniformeren via een Europees Faillissementsverdrag als complementair instrument naast het EEX-Verdrag.[24] In het uiteindelijke resultaat heeft men deze ambitie laten varen en bestrijkt de verordening grotendeels het terrein van het internationaal privaatrecht. Deze plannen zijn overigens nieuw leven ingeblazen met de Herstructureringsrichtlijn en het daaropvolgende initiatief om op onderdelen het Europese insolventierecht ook inhoudelijk verder te harmoniseren (nr. 404).[25]

In 2015 is de oorspronkelijke Europese Insolventieverordening vervangen door een herschikking hiervan, ook wel met de Engelse benaming aangeduid als de *recast*.[26] Deze is op 26 juni 2017 in werking getreden (art. 92 InsVo) met gelijktijdige intrekking van de oude Europese Insolventieverordening (art. 91 InsVo). Verwijzingen naar de Europese Insolventieverordening zien op de huidige versie, tenzij anders vermeld door de toevoeging '(oud)'.

21 Zie ontwerp Implementatiewet richtlijn herstructurering en insolventie (internetconsultatie.nl/herstructurering), waarvan in voorjaar 2021 een internetconsultatie is gehouden, welke wet uiterlijk 17 juli 2022 van kracht moet zijn (vgl. art. 34 lid 1 en 2 HRL).
22 Zie considerans nr. 88 InsVo.
23 Nu alleen nog considerans nr. 88 InsVo.
24 Zie Report on the Brussels Convention van mr. P. Jenard (PbEG 1979 C 59), p. 11; Report on the Association of the Kingdom of Denmark, Ireland and the United Kingdom of Great Britain and Northern Ireland to the Brussels Convention and to the Protocol on its interpretation by the Court of Justice van professor dr. P. Schlosser (PbEG 1979 C 59), nr. 53 en Report on the Convention relating to Bankruptcies, Compositions and Analogous Procedures van J. Noël en J. Lemontey (EC 16.775/XIV/70-E), p. 1.
25 Zie Initiative of the European Commission to increase the convergence of substantive corporate (non-bank) insolvency laws (EU Document Ares(2020)6591479).
26 Verordening (EU) 2015/848 van het Europees Parlement en de Raad van 20 mei 2015 betreffende insolventieprocedures (herschikking), PbEU L141 van 5 juni 2015.

Aangezien dit instrument de vorm van een Europese verordening heeft, is het rechtstreeks van toepassing zonder dat implementatie in de afzonderlijke lidstaten nodig is. Verder wordt de eenvormige uitleg van de verordening gewaarborgd door het Hof van Justitie van de Europese Unie als de ultieme instantie die zich daarover moet uitlaten.[27] Als Europees instrument kent de verordening ook een eigen begrippenapparaat met eigen definities (art. 2 InsVo). Voor uniformering van de meer dan 100 verschillende insolventieprocedures in de Europese Unie en ter afbakening van de reikwijdte ten opzichte van sommige herstructureringsprocedures is in een bijlage bij de Europese Insolventieverordening een – limitatief – overzicht opgenomen van alle insolventieprocedures waarop zij van toepassing is (art. 1 lid 1 en art. 2 punt 4 jo. Bijlage A InsVo). Voor de grote verscheidenheid aan aanduidingen van de persoon die in de insolventieprocedure de hoofdrol speelt – zoals in Nederland de curator en de bewindvoerder – gebruikt de Europese Insolventieverordening het overkoepelend begrip 'insolventiefunctionaris' om de meer dan 100 verschillende functionarissen uniform te benoemen (art. 2 punt 5 jo. Bijlage B InsVo).

391. Reikwijdte en toepassingsgebied

Aan de behandeling van de eerdergenoemde drie hoofdvragen naar rechtsmacht, toepasselijk recht en erkenning en tenuitvoerlegging gaat vooraf de afbakening die de Europese regelgever aan de Europese Insolventieverordening heeft gegeven. Die afbakening ziet op tijd, gebied, type schuldenaar en type procedure.

Over de chronologische afbakening is hiervoor al aangestipt dat de oude verordening van 29 mei 2000 van toepassing is op insolventieprocedures vanaf 31 mei 2002 (art. 47 (oud) InsVo). Dit betekent dat zij niet van toepassing is op eerder geopende insolventieprocedures (art. 43 (oud) InsVo). De huidige verordening is van kracht vanaf 20 mei 2015 en van toepassing op insolventieprocedures die vanaf 26 juni 2017 zijn geopend (art. 84 InsVo). Verder is het territoriale toepassingsgebied beperkt tot de Europese Unie, na Brexit bestaande uit 27 lidstaten, met uitzondering van Denemarken dat zich bij de toetreding tot de Europese Gemeenschap en Europese Unie die uitzonderingspositie heeft voorbehouden.[28]

---

27 Belangwekkende uitspraken zijn: HvJ-EU 17 januari 2006, C-1/04, *NJ* 2006/307 (*Staubitz-Schreiber*); HvJ-EU 2 mei 2006, C-341/04, *NJ* 2010/93, AA 2006/907 (*Eurofood*); HvJ-EU 12 februari 2009, C-339/07, *NJ* 2013/38 (*Seagon q.q./Deko Marty*); HvJ-EU 10 september 2009, C-292/08, *NJ* 2010/541 (*German Graphics/Van der Schee q.q.*); HvJ-EU 21 januari 2010, C-444/07, ECLI:EU:C:2010:24 (*MG Probud*); HvJ-EU 20 oktober 2011, C-396/09, *NJ* 2012/256, (*Interedil*); HvJ-EU 15 december 2011, C-191/10, ECLI:EU:C:2011:838 (*Rastelli Davide e C.*); HvJ-EU 19 april 2012, C-213/10, ECLI:EU:C:2012:215 (*F-Tex SIA/Jadecloud-Vilma*); HvJ-EU 5 juli 2012, C-527/10, ECLI:EU:C:2012:417 (*Erste Bank Hungary-Nyrt*); HvJ-EU 8 november 2012, C-461/11, ECLI:EU:C:2012:704 (*Radziejewski*); HvJ-EU 22 november 2012, C-116/11, ECLI:EU:C:2012:739 (*Bank Handlowy/Christianapol*); HvJ-EU 18 april 2013, C-247/12, ECLI:EU:C:2013:256 (*Mustafa*); HvJ-EU 16 januari 2014, C-328/12, ECLI:EU:C:2014:6 (*Schmid q.q./Hertel*); HvJ-EU 4 september 2014, C-157/13, *NJ* 2015/89 (*Nickel & Goeldner/Kintra*); HvJ-EU 11 juni 2015, C-649/13, NJ 2017/280 (*Nortel Networks*); HvJ-EU 10 december 2015, C-597/14, ECLI:EU:C:2015:806 (*Kornhaas/Dithmar q.q.*); HvJ-EU 22 juni 2017, C-126/16, *NJ* 2017/369, *AA* 2017/996 (*FNV c.s./Smallsteps*); HvJ-EU 9 november 2017, C-641/16, ECLI:EU:C:2017:847 (*Tünkers*); HvJ-EU 6 februari 2019, C-535/17, *NJ* 202/388 (*NK q.q./BNP Paribas Fortis*); HvJ-EU 21 november 2019, C-198/19, *NJ* 2020/405 (CeDe *Group/KAN*); HvJ-EU 4 december 2019, C-493/18, ECLI:EU:C:2019:1046 (*UB/Tiger*); HvJ-EU 16 juli 2020, C-253/19, *JOR* 2020/268 (*Novo Banco*).

28 Zie considerans nr. 33 (oud) en 88 InsVo.

Hoewel de insolventieverordening betrekking heeft op openbare collectieve procedures berustend op het recht inzake insolventie van de schuldenaar (art. 1 lid 1 InsVo), zijn dergelijke procedures uitgesloten wanneer die betrekking hebben op verzekeringsondernemingen, kredietinstellingen, beleggingsondernemingen en collectieve beleggingsinstellingen (art. 1 lid 2 InsVo). Hiervoor zijn immers afzonderlijke Europese regels opgesteld (zie par. 8.2.3).

Gezien de veelheid en variëteit van insolventieprocedures in de lidstaten heeft de Europese wetgever ervoor gekozen om de verordening alleen van toepassing te laten zijn op specifieke, met name genoemde procedures (art. 1 lid 1, slot, en art. 2 punt 4 InsVo). Deze zijn opgenomen in Bijlage A bij de verordening, welke bijlage geregeld wordt aangepast.[29] Voor Nederland zijn dit het faillissement, de surseance van betaling en de schuldsanering natuurlijke personen. Het is de bedoeling dat de openbare akkoordprocedure onder de WHOA ook op Bijlage A wordt geplaatst. Als een procedure niet op Bijlage A voorkomt, valt die niet onder het toepassingsgebied van de Europese Insolventieverordening.[30]

392. Groepsinsolventie

Een beperking in het toepassingsgebied die niet zozeer in de verordening is opgenomen, maar een uitvloeisel is van de gehanteerde structuur, heeft te maken met het uitgangspunt van de enkelvoudige schuldenaar als juridische entiteit die het voorwerp van de insolventieprocedure is. Dit sluit niet altijd aan bij de economische werkelijkheid van een conglomeraat (concern) van economisch aan elkaar verbonden entiteiten. Bij grensoverschrijdende ondernemingsactiviteiten maakt de praktijk vaak gebruik van dergelijke concernverhoudingen verspreid over verschillende landen. Op basis van de Europese Insolventieverordening moet bij een concern in financiële moeilijkheden dan toch voor iedere groepsmaatschappij afzonderlijk worden onderzocht of en hoe die verordening daarop van toepassing is. Het afgelopen decennium heeft dit geleid tot de nodige debatten (van partijen, commentatoren en ook gerechten) in hoeverre niet gestreefd moet worden naar een concentratie van de afwikkeling van de insolventie van verschillende groepsmaatschappijen van een concern in één lidstaat.[31]

In het kader van de verplichte evaluatie van de verordening (art. 46 InsVo) is door de Europese Commissie eind 2012 een voorstel gepresenteerd voor een regeling voor concerninsolventie.[32] Zie ook het daaraan ten grondslag liggende rapport van de Europese Commissie van diezelfde datum (COM (2012) 743). Dit viel samen met de discussie die plaatsvond binnen UNCITRAL (zie nr.407) die heeft geleid tot de vaststelling van de Model Law on Enterprise Group Insolvency with Guide to Enactment in 2019 (VN resolutie Algemene Vergadering 74/184 van 18 december 2019).

Dit heeft ertoe geleid dat in de huidige insolventieverordening een apart hoofdstuk V is gewijd aan insolventieprocedures met betrekking tot leden van een groep

29 Laatstelijk gewijzigd 4 juli 2018 (Verordening (EU) nr. 2018/946), PbEU L 171 van 6 juli 2018.
30 Zie considerans nr. 9.
31 Zie in het bijzonder (naar aanleiding van) HvJ-EU 2 mei 2006, C-341/04, *NJ* 2010/93, AA 2006/907 (*Eurofood*) en HvJ-EU 20 oktober 2011, C-396/09, *NJ* 2012/256, (*Interedil*).
32 Voorstel voor wijziging van de insolventieverordening, 12 december 2012, COM (2012) 744.

ondernemingen.[33] Deze bepalingen regelen overigens niet een geconsolideerde afwikkeling van grensoverschrijdende insolventies binnen een groep van ondernemingen. Er vindt dus geen samenvoeging van vermogens (substantiële consolidatie) van de verschillende concernentiteiten plaats. Evenmin worden deze gezamenlijk afgewikkeld met één insolventiefunctionaris en één rechter (procedurele consolidatie). De nieuwe regeling biedt alleen de mogelijkheid om de samenwerking en communicatie tussen de insolventiefunctionarissen en rechters (over en weer en onderling) van de afzonderlijke insolventieprocedures te versterken. Hiertoe kan een insolventiefunctionaris van een lid van de groep onder meer een zogenaamde groepscoördinatieprocedure aanvragen (art. 61 InsVo), waarbij een van de betrokken rechters een groepscoördinator kan aanwijzen, die zelf niet bij een van de procedures betrokken is (art. 71 InsVo; zie art. 5a). In de praktijk blijkt deze structuur nog niet van de grond te komen. Dit lijkt te worden veroorzaakt door de extra kosten en overleggen die hiermee gemoeid zijn en de inherente beperkingen die het gevolg zijn van de verschillen tussen de lidstaten. De gewenste samenwerking is alleen mogelijk als die geschikt is om de doeltreffende uitvoering van de afzonderlijke procedures te vergemakkelijken, niet onverenigbaar is met de op iedere afzonderlijke procedure toepasselijke regels en geen belangenconflict veroorzaakt (art. 56 lid 1 InsVo). In dit boek blijft deze procedure verder buiten beschouwing.

393. Rechtsmacht

Voor de Nederlandse insolventieprocedures (faillietverklaring, surseanceverlening en schuldsanering natuurlijke personen) bepaalt de woonplaats van de schuldenaar de bevoegde rechtbank, met vervolgens een aantal verfijningen (art. 2; vgl. art. 214/284 lid 2; zie nr. 263, par. 5.2.1 en nr. 326). In de Europese context gelden andere regels die met voorrang boven de Nederlandse regels de rechtsmacht bepalen.

Zo bepaalt artikel 3 lid 1 InsVo namelijk dat de rechter van de lidstaat waarin het centrum van de voornaamste belangen (ook wel met de afkorting van het Engelse begrip *centre of main interest* aangeduid als COMI) van de schuldenaar is gelegen, bevoegd is om de insolventieprocedure te openen. De COMI is de plaats waar de schuldenaar gewoonlijk het beheer over zijn belangen voert en die als zodanig voor derden herkenbaar is. Bij rechtspersonen wordt de COMI vermoed de plaats van de statutaire zetel te zijn. Voor natuurlijke personen die als zelfstandigen een bedrijfs- of beroepsactiviteit uitoefenen geldt de plaats van de hoofdvestiging als vermoeden van de COMI en bij alle andere natuurlijke personen hun werkelijke verblijfplaats.

De beoordeling van de plaats van de COMI gebeurt op het tijdstip waarop het verzoek tot opening van de insolventieprocedure is ingediend. Een latere verplaatsing van bijvoorbeeld de woonplaats van de schuldenaar of de statutaire zetel is niet van invloed.[34] Als de verplaatsing echter vóór de indiening van dat verzoek is gebeurd, bepaalt de nieuwe jurisdictie de COMI.[35] Hier zijn wel bepaalde grenzen gesteld. Bij vennootschappen en andere rechtspersonen mag die verplaatsing van de statutaire zetel niet korter zijn dan drie maanden voor de indiening van het verzoek. Dezelfde termijn geldt voor natuurlijke personen die als zelfstandigen een bedrijfs- of

---

33 Art. 56-77 InsVo; zie ook considerans nr. 51-62 InsVo.
34 HvJ-EU 17 januari 2006, C-1/04, *NJ* 2006/307 (*Staubitz-Schreiber*).
35 HvJ-EU 20 oktober 2011, C-396/09, *NJ* 2012/256 (*Interedil*).

beroepsactiviteit uitoefenen, die voorafgaand aan de indiening hun hoofdvestiging hebben verplaatst. Bij alle andere natuurlijke personen is deze termijn verdubbeld. Dan blijft een verplaatsing van de gebruikelijke verblijfplaats binnen zes maanden voor de indiening zonder betekenis voor het vermoeden waar de COMI gelegen is.

De kwestie bij welke rechter een insolventieprocedure kan worden aangevraagd, moet de rechter ambtshalve onderzoeken (art. 4 InsVo). Die rechter beslist uitdrukkelijk op welke gronden hij zich bevoegd acht en welk type procedure wordt uitgesproken: een hoofdprocedure op grond van artikel 3 lid 1 InsVo of een territoriale/secundaire procedure op grond van artikel 3 lid 2 InsVo. Overigens moet voor een opening van een secundaire procedure waarop de Europese Insolventieverordening van toepassing moet zijn, de COMI van de schuldenaar in een andere lidstaat (niet zijnde Denemarken) gelegen zijn.[36] Als de rechter besluit tot opening van een insolventieprocedure, kan de schuldenaar of een schuldeiser (en onder omstandigheden ook anderen) daartegen opkomen als zij vinden dat die rechter daartoe internationaal niet bevoegd was (art. 5 InsVo).

Aangezien een uitspraak van de bevoegde rechter op grond van artikel 19 InsVo tot automatische erkenning van de procedure binnen de gehele Europese Unie (met uitzondering van Denemarken[37]) leidt, heeft zich over deze kwestie de nodige (inter)nationale jurisprudentie ontwikkeld in de verschillende EU-landen. Het Hof van Justitie van de Europese Unie heeft inmiddels enige richting gegeven aan de uitleg van het COMI-begrip in zijn uitspraken in de Eurofood en Interedil zaken.[38] In de laatste zaak heeft het hof nog eens uitdrukkelijk bepaald dat het begrip 'centrum van de voornaamste belangen' van de schuldenaar in artikel 3 lid 1 InsVo moet worden uitgelegd aan de hand van het Europese Unierecht. In dit verband moet de COMI worden vastgesteld:

> "door voorrang te geven aan de plaats van het hoofdbestuur van deze vennootschap zoals die aan de hand van objectieve en voor derden verifieerbare gegevens kan worden bepaald. Als de bestuurs- en toezichtorganen van een vennootschap zich op de plaats van haar statutaire zetel bevinden en de bestuursbesluiten van deze vennootschap op voor derden verifieerbare wijze op die plaats worden genomen, kan het vermoeden van die bepaling niet worden weerlegd. Indien de plaats van het hoofdbestuur van een vennootschap zich niet op de plaats van haar statutaire zetel bevindt, kunnen de aanwezigheid van vermogensbestanddelen van de vennootschap in een andere lidstaat dan die van de statutaire zetel van deze vennootschap en het aldaar bestaan van overeenkomsten met betrekking tot de financiële exploitatie van die vermogensbestanddelen slechts volstaan voor de weerlegging van dat vermoeden, wanneer uit een integrale beoordeling van alle relevante factoren op een voor derden verifieerbare wijze blijkt dat het werkelijke centrum van bestuur en toezicht van deze vennootschap en van het beheer over haar belangen zich in die andere lidstaat bevindt".[39]

Naast de hoofdinsolventieprocedure (kortweg 'hoofdprocedure') van artikel 3 lid 1 InsVo regelt het tweede lid van deze bepaling de mogelijkheid om in de andere lidstaten zogenaamde territoriale insolventieprocedures te openen, als zich aldaar een

---

36 Zie considerans nr. 25 InsVo.
37 Zie considerans nr. 88 InsVo.
38 HvJ-EU 2 mei 2006, C-341/04, *NJ* 2010/93, AA 2006/907 (*Eurofood*); HvJ-EU 20 oktober 2011, C-396/09, *NJ* 2012/256, (*Interedil*).
39 HvJ-EU 20 oktober 2011, C-396/09, *NJ* 2012/256 (*Interedil*), r.o. 47 e.v.

vestiging van de schuldenaar bevindt. Na opening van een hoofdprocedure op grond van artikel 3 lid 1 InsVo is een territoriale procedure een secundaire insolventieprocedure, kortweg 'secundaire procedure' (art. 3 lid 3 InsVo). Onder een 'vestiging' wordt verstaan iedere plaats van handeling waar de schuldenaar een economische activiteit die niet van tijdelijke aard is uitoefent met gebruikmaking van mensen en goederen (art. 2 punt 10 InsVo). Hiervoor moet sprake zijn van een structuur met een minimum aan organisatie en een zekere stabiliteit voor de uitoefening van een economische activiteit gedurende drie maanden voorafgaand aan het aanvragen van de hoofdprocedure. De enkele aanwezigheid van individuele vermogensbestanddelen of bankrekeningen beantwoordt in beginsel niet aan die definitie.[40] De gevolgen van een secundaire procedure betreffen uitsluitend de zich in dat land bevindende goederen (art. 34 InsVo).

Hoewel rechtsmachtkwesties in een Europese context in het algemeen worden opgelost aan de hand van de EEX-Verordening, speelt deze bij insolventierechtelijke aangelegenheden een beperkte rol van betekenis. Beide verordeningen zijn complementair aan elkaar en sluiten elkaar nagenoeg uit.[41] De EEX-Verordening is voor rechtsmacht immers uitdrukkelijk niet van toepassing op "het faillissement, akkoorden en soortgelijke procedures" (art. 1 sub 2 EEX-Vo). Deze bepaling moet autonoom worden uitgelegd, waarbij kan worden teruggevallen op de uitleg die het Hof van Justitie van de Europese Unie heeft gegeven onder de voorganger van de verordening, het EEX-Verdrag. Hierbij heeft het hof overwogen dat beslissingen die verband houden met een insolventieprocedure slechts dan van het toepassingsgebied van het EEX-Verdrag (thans EEX-Vo) zijn uitgesloten, als zij rechtstreeks uit de insolventieprocedure voortvloeien en er nauw verband mee hebben (art. 6 InsVo), dat wil zeggen binnen het kader van een insolventieprocedure passen.[42]

De afbakening tussen de Europese Insolventieverordening en de EEX-Verordening is in een aantal arresten van het Hof van Justitie van de Europese Unie in die zin uitgelegd dat de eerste als een uitzondering op de laatste moet worden gezien. Daarom moet de vraag of een procedure valt onder de reikwijdte van de Europese Insolventieverordening beperkt worden uitgelegd en de toepasselijkheid van de EEX-Verordening bijgevolg ruim.[43] Welke procedure wel en welke niet onder de werking van artikel 6 InsVo vallen is hiermee overigens nog steeds niet altijd eenvoudig vast te stellen, waardoor de voorspelbaarheid in het gedrang komt.

---

40 HvJ-EU 20 oktober 2011, C-396/09, *NJ* 2012/256 (*Interedil*), r.o. 60-64.

41 HvJ-EU 18 september 2019, C-47/18, ECLI:EU:C:2019:754 (*Skarb/Riel q.q.*), r.o. 33-34.

42 HvJ-EG 22 februari 1979, C-133/78, *NJ* 1979/564 (*Gourdain/Nadler*); HvJ-EU 19 april 2012, C-213/10, ECLI:EU:C:2012:215 (*F-Tex SIA/Jadecloud-Vilma*), r.o. 48; HvJ-EU 4 september 2014, C-157/13, *NJ* 2015/89 (*Nickel & Goeldner/Kintra*), r.o. 31.

43 HvJ-EG 22 februari 1979, C-133/78, *NJ* 1979/564 (*Gourdain/Nadler*); vgl. HR 20 juni 2008, *NJ* 2008/354 en HvJ-EU 10 september 2009, C-292/08, *NJ* 2010/541 (*German Graphics/Van der Schee q.q.*), r.o. 22 e.v.; HvJ-EU 19 april 2012, C-213/10, ECLI:EU:C:2012:215 (*F-Tex SIA/Jadecloud-Vilma*), r.o. 21, 29 en 48; HvJ-EU 4 september 2014, C-157/13, *NJ* 2015/89 (*Nickel & Goeldner/Kintra*), r.o. 21; HvJ-EU 9 november 2017, C-641/16, ECLI:EU:C:2017:847 (*Tünkers*), r.o. 17; HvJ-EU 6 februari 2019, C-535/17, *NJ* 2020/388 (*NK v BNP Paribas Fortis*), r.o. 24 en HvJ-EU 19 november 2019, C-198/18, *NJ* 2020/405 (*CeDe Group/KAN*), r.o. 31-35. Zie ook considerans nr. 7 en 35 InsVo.

Voor sommige procedures heeft het Hof van Justitie van de Europese Unie deze vraag inmiddels positief beantwoord: paulianaprocedures[44], renvooiprocedures[45], aansprakelijkheidsprocedures tegen schuldeiserscommissies en insolventiefunctionarissen[46], bestuurdersaansprakelijkheidsprocedures[47] en in dit licht zouden ook procedures over faillissementskosten onder artikel 6 InsVo vallen.[48] Omgekeerd is inmiddels ook uitgemaakt welke procedures niet onder artikel 6 InsVo vallen: procedures over vorderingen die de schuldenaar al toekwamen[49], die uitsluitend in het belang van een bepaalde schuldeiser zijn[50], die proberen het bereik van de insolventieprocedure uit te breiden naar andere rechtspersonen[51], procedures door degenen die rechten van de insolventiefunctionaris hebben verworven[52] e.d. Er blijven echter nog genoeg procedures over waarvan het op voorhand niet vaststaat of de rechtsmacht moet worden vastgesteld op basis van de Europese Insolventieverordening dan wel de EEX-Verordening.[53]

394. *Toepasselijk recht*

Wanneer een rechter zich moet buigen over insolventieaangelegenheden met een internationaal karakter wordt hij geconfronteerd met de vraag naar welk recht hij zijn oordeel moet vormen en welk insolventierecht op de afwikkeling van toepassing is. In situaties waarin de Europese Insolventieverordening een rol speelt, bepaalt artikel 7 InsVo het toepasselijke insolventierecht op basis van de *lex fori concursus*, dat wil zeggen het recht van het land waarin de insolventieprocedure is uitgesproken (met uitzonderingen, zie art. 8-18). Artikel 7 lid 2 InsVo geeft een niet-uitputtende opsomming van kwesties die onder dit toepasselijk recht vallen. Kwesties die niet in deze opsomming voorkomen, vallen er niet zonder meer buiten; dit hangt af van het onderwerp van geschil.

Gaat het bijvoorbeeld om de vraag naar de (on)geldigheid en reikwijdte van goederenrechtelijke (zekerheids)rechten, dan is het toepasselijke recht van het land waar de insolventieprocedure is geopend niet altijd beslissend. Personen met dergelijke aanspraken, zoals de (zekerheids)eigenaar van roerende zaken, (zekerheids)cessionaris van vorderingen en de pandhouder daarvan, van wie het goederenrechtelijk object zich in een andere lidstaat bevindt dan waar de insolventieprocedure is geopend, ondervinden bescherming van de *lex rei sitae*, dat wil zeggen het recht van

44 Zie bijv. HvJ-EU 12 februari 2009, C-339/07, *NJ* 2013/38 (*Seagon q.q./Deko Marty*); HvJ-EU 16 januari 2014, C-328/12, ECLI:EU:C:2014:6 (*Schmid q.q./Hertel*); HvJ-EU 4 december 2019, C-493/18, ECLI:EU:C:2019:1046 (*UB/Tiger*).

45 HvJ-EU 18 september 2019, C-47/18, ECLI:EU:C:2019:754 (*Skarb/Riel q.q.*).

46 Zie bijv. HvJ-EU 11 juni 2015, C-649/13, *NJ* 2017/280 (*Nortel Networks*).

47 Zie bijv. HvJ-EG 22 februari 1979, C-133/78, *NJ* 1979/564 (*Gourdain/Nadler*); HvJ-EU 10 december 2015, C-597/14, ECLI:EU:C:2015:806 (*Kornhaas/Dithmar q.q.*).

48 CERIL Report 2021-1 on identifying annex actions under Article 6(1) of the European Insolvency Regulation 2015, par. 4.1.5.

49 Zie bijv. HvJ-EU 4 september 2014, C-157/13, *NJ* 2015/89 (*Nickel & Goeldner/Kintra*); HvJ-EU 6 februari 2019, C-535/17, *NJ* 2020/388 (*NK q.q./BNP Paribas Fortis*).

50 HvJ-EU 4 oktober 2018, C-337/17, ECLI:EU:C:2018:805 (*Feniks*).

51 HvJ-EU 15 december 2011, C-191/10, ECLI:EU:C:2011:838 (*Rastelli Davide*).

52 Zie bijv. HvJ-EU 19 april 2012, C-213/10, ECLI:EU:C:2012:215 (*F-Tex SIA/Jadecloud-Vilma*); vgl. HvJ-EU 9 november 2017, C-641/16, ECLI:EU:C:2017:847 (*Tünkers*).

53 CERIL Report 2021-1 on identifying annex actions under Article 6(1) of the European Insolvency Regulation 2015, par. 4.3. Voor de besloten procedure in de WHOA (nr. 59) staat vast dat deze niet onder de Europese Insolventieverordening valt, maar kan bepleit worden dat zij wel onder de reikwijdte van de EEX-Verordening kan worden gebracht, zie R.D. Vriesendorp, W. van Kesteren, E. Vilarin-Seivane and S. Hinse, *Automatic recognition of the Dutch undisclosed WHOA procedure in the European Union*, NIPR 2021/1, p. 3-17.

het land waar het zekerheidsobject zich ten tijde van de opening van de insolventieprocedure bevindt (art. 8 en 10 InsVo). Waar een bepaald goed zich bevindt, wordt bepaald aan de hand van de criteria die zijn opgenomen in artikel 2 punt 9 InsVo.

Als een Nederlandse eigenaar zijn auto bijvoorbeeld heeft verkocht onder eigendomsvoorbehoud aan een nadien gefailleerde Fransman, zal op grond van deze bepalingen niet alleen het relevante Franse insolventierecht van toepassing zijn, maar ook het Nederlandse recht, als de auto zich nog in Nederland bevindt ten tijde van de opening van de Franse insolventieprocedure (art. 10 jo. 2 punt 9 sub vii InsVo). Bij tot zekerheid overgedragen of verpande vorderingen, waar de locatie (*situs*) niet eenvoudig valt aan te wijzen, is een autonoom locatiebegrip gekozen: de lidstaat op het grondgebied waarvan de COMI van de derde-schuldenaar zich bevindt (art. 2 punt 9 sub viii InsVo). Hiermee wijkt de verordening af van de oplossing die de Hoge Raad in 1997 voor Nederland had geboden om de mogelijkheid van rechtskeuze in het goederenrecht te introduceren ter zake van de zekerheidsoverdracht van vorderingen.[54] Ook voor andere goederen, zoals aandelen op naam, tegoeden bij financiële instellingen, Europese octrooien, kent de Europese Insolventieverordening autonome locatiebegrippen.[55]

Voor de beoordeling van overeenkomsten gericht op de verkrijging van onroerend goed ligt de kwestie nog iets eenvoudiger. Dan is uitsluitend het recht van toepassing van de lidstaat waar het desbetreffende goed zich bevindt (art. 11 InsVo). Ter bescherming van derde-verkrijgers beheerst dit recht ook de gevolgen van een beschikking onder bezwarende titel over dat goed door de schuldenaar na de opening van de insolventieprocedure (art. 17 sub a InsVo).

Iets vergelijkbaars geldt voor de beoordeling van de gevolgen van de insolventieprocedure voor in openbare registers inschrijfbare rechten van de schuldenaar op onroerende goederen, en schepen en luchtvaartuigen. Ook deze worden losgekoppeld van het recht van de lidstaat waar de insolventieprocedure is geopend: zij worden uitsluitend beheerst door het recht van de lidstaat onder het gezag waarvan het register wordt gehouden (art. 14 InsVo). Voor schepen en luchtvaartuigen beheerst dit recht ook de gevolgen van een beschikking onder bezwarende titel over dat goed voor de schuldenaar na de opening van de insolventieprocedure met het oog op de bescherming van de derde-verkrijger (art. 17 sub b InsVo). Dit stelsel van derdenbescherming geldt ook voor effecten waarvan het bestaan de inschrijving in een wettelijk voorgeschreven register veronderstelt (art. 17 sub c InsVo). Aangezien in samenhang met artikel 2 punt 9 sub ii InsVo is aan te nemen dat het hier om een openbaar register gaat, valt het aandeelhoudersregister bij Nederlandse vennootschappen buiten de reikwijdte van deze bepaling.[56]

Bij de pauliana ligt de vraag naar het toepasselijke recht daarentegen ingewikkelder: de beoordeling daarvan gebeurt door de rechter van de lidstaat waarin de insolventieprocedure is geopend (art. 3 lid 1 jo. 7 lid 2 sub m InsVo). Deze kan zich hierbij echter niet volledig laten leiden door zijn eigen recht (de *lex fori concursus*), maar moet zich tevens verdiepen in de *lex causae*, dat wil zeggen het op de onderliggende rechtsverhouding toepasselijke recht. Er is dan sprake van een dubbele toets (art. 7 lid 2 sub m jo. 16 InsVo).

54 HR 16 mei 1997, *NJ* 1998/585 (*Brandsma q.q./Hansa Chemie*); zie ook art. 14 Rome I-Verordening.
55 Zie de verschillende categorieën die zijn opgesomd onder i-viii in art. 2 punt 9 InsVo.
56 Vgl. Rapport Virgós/Schmit, nr. 140 jo. 69.

Zo zal een Nederlandse rechter die een oordeel moet geven over een door bijvoorbeeld een Duitse insolventiefunctionaris ingestelde vordering tot vernietiging van een rechtshandeling wegens benadeling van schuldeisers, dat beroep niet alleen moeten toetsen aan het op de afwikkeling daarvan toepasselijke Duitse recht (*lex fori concursus*). Ter voorkoming van verrassingen voor de wederpartij moet de eventuele ongeldigheid van die rechtshandeling ook worden vastgesteld aan de hand van het op die rechtshandeling toepasselijke recht (*lex causae*).[57]

Iets vergelijkbaars doet zich voor bij de verrekening door een schuldeiser van diens vordering op de schuldenaar met een schuld aan hem (art. 9 InsVo). De (on)geldigheid hiervan in een insolventieprocedure wordt allereerst beoordeeld aan de hand van het hierop toepasselijke insolventierecht (art. 7 lid 2 sub d InsVo). Als dit een verrekening zou verbieden, moet de rechter vervolgens op grond van artikel 9 InsVo beoordelen of die verrekening wellicht niet toch mogelijk is op grond van het recht dat toepasselijk is op de vorderingen van de schuldenaar op de schuldeiser.[58] Dit sluit overigens niet uit dat de insolventiefunctionaris die onderliggende vordering bestrijdt op basis van de pauliana of op een andere manier probeert aan te tasten (art. 9 jo. 7 lid 2 sub m jo. 16 InsVo).

Zo zal een Nederlandse rechter die zich over de vraag naar de geldigheid van een verrekeningsberoep door een Duitse schuldeiser in een Nederlands faillissement moet buigen, dit toetsen aan artikel 53 en 54. Als de rechter het beroep op verrekening zou willen afwijzen bijvoorbeeld op grond van artikel 54, moet hij tevens vaststellen of de verrekening misschien toch is toegestaan volgens het door partijen op de vordering van de Nederlandse gefailleerde op die Duitse schuldeiser overeengekomen Duitse recht. Alleen als dit recht de verrekeningsmogelijkheid ook heeft uitgesloten, komt de Duitse schuldeiser met lege handen te staan.

Ter bescherming van werknemers is het op grond van artikel 7 InsVo aangewezen recht niet van toepassing op de gevolgen daarvan voor de voortzetting of beëindiging van arbeidsovereenkomsten en de daarmee verband houdende rechten en verplichtingen.[59] Dit wordt beheerst door het recht van de lidstaat dat op de arbeidsovereenkomst van toepassing is (art. 13 lid 1 InsVo). Ter bescherming van werknemers in een andere lidstaat dan die waar de hoofdprocedure aanhangig is maar waarin zich een vestiging van de schuldenaar bevindt, blijft goedkeuring voor beëindiging of wijziging van de arbeidsovereenkomst door een rechter of andere bevoegde autoriteit in die lidstaat vereist, zelfs als daar geen secundaire procedure is (art. 13 lid 2 InsVo). Andere kwesties, zoals de voorrang van een loonvordering en de vergoeding van onbetaalde loonaanspraken door socialezekerheidsinstanties worden bepaald door de *lex fori concursus*.[60]

Ten slotte doen zich op enkele specifieke gebieden nog enige uitzonderingen voor op het beginsel van artikel 7 InsVo dat het recht van de lidstaat waarin de insolventieprocedure geopend is, die procedure beheerst. Het gaat dan om de gevolgen van de insolventieprocedure voor de rechten en verplichtingen van deelnemers aan betalings- en clearingsystemen (in het (inter)nationale betalings- en effectenverkeer) of aan financiële markten. Deze worden bij uitsluiting beheerst door het recht dat van toepassing is op dat systeem of die markt (art. 12 InsVo). Intellectuele

57 Voor de inwerkingtreding van de InsVo gold deze regel in Nederland al op grond van HR 24 oktober 1997, *NJ* 1999/316 (*Gustafsen q.q./Mosk*).
58 Zie considerans nr. 70 InsVo.
59 Zie considerans nr. 72 InsVo.
60 Zie considerans nr. 72 InsVo; vgl. HvJ-EU 10 maart 2011, C-477/09 (*Defossez*).

eigendomsrechten met een communautaire oorsprong, zoals het Gemeenschapsoctrooi en het Gemeenschapsmerk, kunnen in een insolventieprocedure alleen geldend worden gemaakt in een procedure in de lidstaat waar de hoofdprocedure is uitgesproken en de schuldenaar zijn COMI heeft (art. 15 InsVo).[61] Ten slotte worden lopende gerechtelijke en arbitrale procedures uitgezonderd van de toepasselijkheid van de *lex fori concursus* (art. 7 lid 2 sub f InsVo). De gerechtelijke procedures worden uitsluitend beheerst door het recht van de lidstaat waar die procedure gevoerd wordt (art. 18 InsVo). Bij arbitrages geldt hetzelfde, waarbij het recht van de lidstaat waar het scheidsgerecht zijn zetel heeft, het daarop toepasselijke recht bepaalt.

395. Werkingssfeer insolventieprocedures onder de insolventieverordening; erkenning en tenuitvoerlegging

De derde en laatste internationaal insolventierechtelijke vraag betreft de werkingssfeer van de insolventieprocedures onder de Europese Insolventieverordening. In hoeverre wordt een uitgesproken faillissement in een andere lidstaat erkend? Als de Europese Insolventieverordening van toepassing is, vindt die erkenning in zowel een hoofdprocedure als secundaire procedure van rechtswege plaats, zonder verdere formaliteiten (art. 19 en 32 InsVo). De gevolgen en tenuitvoerlegging van de beslissing tot opening van een insolventieprocedure heeft derhalve automatisch effect in alle lidstaten (behoudens Denemarken[62]), tenzij het gaat om een territoriale of secundaire procedure of de lidstaat waar deze procedure is geopend (art. 20 InsVo). De verordening regelt hoe de insolventiefunctionarissen en rechters in de verschillende lidstaten onderling en met elkaar moeten omgaan (art. 41-44 InsVo) en hoe de belangen van de verschillende lokale schuldeisers gewaarborgd moeten worden.

Als een insolventieprocedure onder de werking van de insolventieverordening valt, heeft dat tot gevolg dat de rechterlijke beslissing tot opening van die procedure onmiddellijk en zonder enige nadere formaliteit effect heeft in de andere lidstaten van de Europese Unie (art. 19 InsVo). Behalve als in een andere lidstaat een secundaire procedure aanhangig is, heeft de uitspraak in de hoofdprocedure overal in de Europese Unie dezelfde gevolgen als in het land waar die hoofdprocedure is uitgesproken. Hiervoor is geen rechterlijke tussenkomst in die andere lidstaten vereist en de insolventiefunctionaris hoeft ook geen gerechtelijke of administratieve procedure te doorlopen (art. 20 InsVo). Voldoende is dat hij een gewaarmerkt afschrift overlegt van de beslissing of het besluit waarbij hij is aangesteld, zo nodig vertaald in de taal van de lidstaat waarin de insolventiefunctionaris zijn gezag wil laten gelden (art. 21 InsVo). Erkenning van een beslissing in een andere lidstaat kan alleen worden geweigerd als de beslissing in strijd wordt geacht met de openbare orde van de andere lidstaat (art. 33 InsVo), maar een beroep hierop moet met de grootst mogelijke terughoudendheid worden toegekend.[63]

61 Vgl. Rapport Virgós/Schmit, nr. 133 e.v.
62 Zie considerans nr. 88 InsVo.
63 HvJ-EU 2 mei 2006, C-341/04, *NJ* 2010/93, AA 2006/907 (*Eurofood*), r.o. 60 e.v. Zie ook considerans nr. 65 InsVo.

De insolventiefunctionaris moet zich bij de uitoefening van zijn bevoegdheden wel houden aan bijzondere voorschriften van de lidstaat op het grondgebied waarvan hij wil optreden, zoals de voorschriften voor vereffening van vermogensbestanddelen, en hij mag geen dwangmiddelen inzetten of als een geschilbeslechter uitspraak doen in procedures (art. 21 lid 3 InsVo).

Hoewel de automatische erkenning betrekking heeft op iedere beslissing in een insolventieprocedure en die dus niet kan worden betwist in een andere lidstaat, is de reikwijdte van beslissingen in een secundaire procedure op grond van artikel 3 lid 2 InsVo beperkt tot de lidstaat waar die procedure is uitgesproken (art. 20 lid 2 InsVo). Hij mag echter wel roerende zaken terugvorderen in een andere lidstaat als die zaken na het begin van de insolventieprocedure naar die andere lidstaat waren overgebracht en verder mag hij handelingen ongedaan maken als dat in het belang van de schuldeisers is (art. 21 lid 2 InsVo).

De automatische erkenning heeft niet alleen betrekking op de uitspraak waarbij de insolventieprocedure begint, maar geldt ook voor iedere andere rechterlijke beslissing gedurende het verloop van de procedure of de beëindiging daarvan, met inbegrip van de homologatie van een akkoord en conserverende maatregelen ter bescherming van de rechten van de boedel; dergelijke rechterlijke beslissingen worden erkend en tenuitvoergelegd overeenkomstig de daarvoor geldende bepalingen van de EEX-Verordening (art. 32 lid 1, 1e en 3e alinea InsVo jo. 39-44 en 47-57 EEX-Vo). Hetzelfde geldt voor rechterlijke uitspraken, ook al zijn die van een andere rechter, die rechtstreeks voortvloeien uit de insolventieprocedure en daarmee nauw verbonden zijn, zoals een faillissementspauliana (art. 32 lid, 2e alinea InsVo).[64] Hiermee beoogt de Europese wetgever alle rechterlijke uitspraken rondom de insolventieprocedure in samenhang te behandelen. Voor de erkenning en tenuitvoerlegging van alle overige uitspraken geldt in beginsel de EEX-Vo (art. 25 lid 2 InsVo). Op grond van de uitzondering voor geschillen met betrekking tot faillissement, als bedoeld in artikel 1, lid 2, aanhef en sub b EEX-Vo, gaat het dan om uitspraken die niet rechtstreeks voortvloeien uit het faillissement of daarmee geen nauw verband houden. Het feit dat een dergelijke uitspraak wellicht om andere redenen niet onder de werkingssfeer van de EEX-Vo valt, leidt echter niet tot alsnog van toepassing zijn van de insolventieverordening, maar betekent slechts dat in die situatie beide verordeningen niet van toepassing zijn.[65]

Als insolventieprocedures in verschillende lidstaten aanhangig of geopend zijn, rijst de vraag hoe de insolventiefunctionarissen en rechters met elkaar en onderling moeten samenwerken en communiceren. Voor een goede afwikkeling is

64 HvJ-EU 12 februari 2009, C-339/07, *NJ* 2013/38 (*Seagon q.q./Deko Marty*); vgl. HvJ-EU 19 april 2012, C-213/10, ECLI:EU:C:2012:215 (*F-Tex SIA/Jadecloud-Vilma*)HvJ-EU; HvJ-EU 4 september 2014, C-157/13, *NJ* 2015/89 (*Nickel & Goeldner/Kintra*), r.o. 21; HvJ-EU 9 november 2017, C-641/16, ECLI:EU:C:2017:847 (*Tünkers*), r.o. 17; HvJ-EU 6 februari 2019, C-535/17, *NJ* 2020/388 (*NK v BNP Paribas Fortis*), r.o. 24 en HvJ-EU 19 november 2019, C-198/18, *NJ* 2020/405 (*CeDe Group/KAN*), r.o. 31-35. Het gaat hier om de zogenaamde 'annex' acties, vgl. art. 6 InsVo en considerans nr. 7 en 35 InsVo.

65 HvJ-EG 22 februari 1979, C-133/78, *NJ* 1979/564 (*Gourdain/Nadler*); vgl. HR 20 juni 2008, *NJ* 2008/354 en HvJ-EU 10 september 2009, C-292/08, *NJ* 2010/541 (*German Graphics/Van der Schee q.q.*).

coördinatie tussen de verschillende insolventiefunctionarissen en rechters onderling en met elkaar geboden.[66] Met inachtneming van ieders eigen verantwoordelijkheden en bevoegdheden zijn insolventiefunctionarissen in de verschillende (hoofd-, territoriale en secundaire) procedures verplicht om met elkaar samen te werken (art. 41 InsVo). Voor de rechters die bij (een aanvraag van) een insolventieprocedure in verschillende lidstaten betrokken zijn geldt die samenwerkingsplicht alleen om de coördinatie van die procedures te vergemakkelijken (art. 42 InsVo). Samenwerking en communicatie tussen de insolventiefunctionarissen en rechters is erop gericht om de coördinatie van de verschillende procedures te bevorderen (art. 43 InsVo). De begrenzing van deze samenwerkings- en communicatieplichten is gelegen in de nationale regels die op die procedures van toepassing zijn. Zodra een dergelijke samenwerking of communicatie daarmee onverenigbaar is – denk aan het 'geheim van de raadkamer' bij rechters – kan van een verplichting daartoe geen sprake zijn.

8.2.2 Voortschrijdende harmonisatie van insolventierecht in Europa; Herstructureringsrichtlijn

396. Harmonisatie van materieel insolventierecht

De Europese Insolventieverordening richt zich vooral op de internationaal privaatrechtelijke en procedurele aspecten van het grensoverschrijdend insolventierecht. Het materiële insolventierecht blijkt internationaal aanmerkelijk weerbarstiger te harmoniseren, laat staan te uniformeren. Dit deel van het insolventierecht kent in de afzonderlijke lidstaten allerlei verschillende regelingen die niet eenvoudig op elkaar af te stemmen zijn (vgl. nr. 404). Waar het afgelopen decennium inmiddels wel belangrijke voortgang in Europa is geboekt, betreft de herstructurering van ondernemingen in financiële moeilijkheden. Op dit terrein is op 17 juli 2019 de Herstructureringsrichtlijn (HRL) in werking getreden.[67] Deze zou grotendeels in juli 2021 door de lidstaten in hun nationale wetgevingen moeten zijn geïmplementeerd, maar het merendeel heeft gebruik gemaakt van de in de richtlijn voorziene uitstelmogelijkheid tot 17 juli 2022 (art. 34 lid 3 HRL).

De richtlijn behandelt verschillende insolventierechtelijk interessante onderwerpen zoals i) de bevrijding van schulden en bedrijfs- en bestuursverboden[68], ii) het efficiënter maken van herstructurerings-, insolventie- en schuldsaneringsprocedures en iii) datacollectie voor het monitoren van die procedures. Het belangrijkste onderdeel is evenwel het raamwerk voor preventieve herstructureringsactiviteiten in titel II van de Herstructureringsrichtlijn (art. 4-19 HRL) dat hier aan de orde komt. De bepalingen in deze titel zijn vooral gericht op het totstandbrengen van buitengerechtelijke (dwang)akkoorden indien er kans op insolventie bestaat, zoals nu in

66 Zie considerans nr. 48-50 InsVo.

67 Richtlijn (EU) 2019/1023 van 20 juni 2019 betreffende preventieve herstructureringsstelsels, betreffende kwijtschelding van schuld en beroepsverboden, en betreffende maatregelen ter verhoging van de efficiëntie van procedures inzake herstructurering, insolventie en kwijtschelding van schuld, en tot wijziging van Richtlijn (EU) 2017/1132 (PbEU L172 van 26 juni 2019).

68 Vgl. voor Nederland het civielrechtelijk bestuursverbod van art. 106a e.v.

Nederland mogelijk is door de WHOA. Hoewel de Nederlandse wetgever in het begin bij de WHOA niet tot doel had de Herstructureringsrichtlijn te implementeren, is deze wet grotendeels in overeenstemming daarmee.[69] Doordat de WHOA nagenoeg in lijn is met de Herstructureringsrichtlijn kan bespreking van dit Europese instrument op deze plaats beperkt blijven. Waar mogelijk wordt verwezen naar de corresponderende bepalingen van de WHOA en de bespreking daarvan in par. 4.2.2.

397. Reikwijdte en toepassingsgebied

Voor zover hier van belang is de Herstructureringsrichtlijn bedoeld voor schuldenaren in financiële moeilijkheden waarbij een kans op insolventie bestaat, teneinde die insolventie te voorkomen en de levensvatbaarheid van de schuldenaar te verzekeren (art. 1 lid 1 sub a HRL). De richtlijn is niet van toepassing op herstructureringsprocedures voor schuldenaren die kwalificeren als verzekeringsondernemingen, kredietinstellingen, beleggingsondernemingen, collectieve beleggingsinstellingen en andere specifieke financiële partijen (art. 1 lid 2 sub a-f HRL). Hiervoor zijn immers afzonderlijke Europese regels opgesteld (zie par. 8.2.3). Evenmin is de richtlijn bedoeld voor publiekrechtelijke rechtspersonen (art. 1 lid 2 sub g HRL) en natuurlijke personen die geen ondernemer zijn (art. 1 lid 2 sub h HRL). Zoals in de WHOA uitdrukkelijk is bepaald, biedt de Herstructureringsrichtlijn de lidstaten de mogelijkheid om bestaande en toekomstige vorderingen van bestaande en voormalige werknemers buiten de herstructureringsmogelijkheden te laten (art. 1 lid 5 sub a en 13 HRL; vgl. art. 369 lid 4). Daarnaast mogen de lidstaten ook alimentatievorderingen en onrechtmatige daadvorderingen op de schuldenaar buiten de reikwijdte van de herstructurering laten (art. 1 lid 5 sub b en c HRL).

Het toepassingsgebied van de Herstructureringsrichtlijn omvat de hele Europese Unie, inclusief Denemarken, en is hierdoor ruimer dan die van de Europese Insolventieverordening.

398. Herstructureringskader[70]

Titel II HRL geeft allereerst de lidstaten de opdracht om een preventief herstructureringskader op te zetten. Een dergelijk stelsel moet ervoor zorgen dat schuldenaren bij dreigende insolventie in staat zijn om te herstructureren om daarmee insolventie te voorkomen en hun levensvatbaarheid te verzekeren. Dit moet insolventie voorkomen en zodoende bedrijfsactiviteiten in stand houden en werkgelegenheid beschermen (art. 4 lid 1 HRL). Het uitgangspunt hierbij is dat de schuldenaar met zijn schuldeisers tot een herstructurering van de schulden komt. De bedoeling is om rechterlijke bemoeienis zoveel mogelijk te beperken en partijen er samen te laten uitkomen (art. 4 lid 6 HRL). Het preventieve herstructureringskader dient in zoverre als 'stok achter de deur', zoals bijvoorbeeld ook de wettelijke regeling van de schuldsanering natuurlijke personen in titel III bedoeld is (nr. 320, 323 en 325).

---

69 Kamerstukken TK (2019-2020), 35249, nr. 6, p. 2; zie ook nr. 55.

70 Hoewel de officiële Nederlandse versie van de Herstructureringsrichtlijn de term 'herstructureringsstelsel' gebruikt, wordt in dit boek de term 'herstucturerinsgskader' gehanteerd omdat dit meer in lijn is met het spraakgebruik en de praktijk.

Het herstructureringskader is in beginsel alleen in werking te zetten door de schuldenaar (art. 4 lid 7 jo. 9 lid 1 HRL), maar de lidstaten mogen ook een ingang bieden aan schuldeisers en vertegenwoordigers van de werknemers om een herstructurering in gang te zetten (art. 4 lid 8 jo. 9 lid 1 HRL). Dan is echter wel de instemming van de schuldenaar vereist, zij het dat de lidstaten dit vereiste mogen beperken tot MKB-schuldenaren. Nederland heeft dit in de WHOA gedaan maar hierbij de schuldeisers, ondernemingsraad en personeelsvertegenwoordiging (en de aandeelhouders) slechts indirect het initiatief voor de herstructurering geboden; zij kunnen niet zelf een akkoord aanbieden maar alleen via de rechtbank om een aanwijzing van een herstructureringsdeskundige vragen die vervolgens onderzoekt of een plan kan worden aangeboden (art. 371). Deze treedt dan niet op namens die schuldeisers, personeelsvertegenwoordiging of aandeelhouders, maar doeltreffend en onpartijdig als onafhankelijke partij (art. 371 lid 6).

Een wezenlijk uitgangspunt van het op te zetten herstructureringskader volgens de richtlijn is dat de schuldenaar volledige zeggenschap en controle behoudt over zijn vermogen en bedrijfsvoering; hij blijft beheers- en beschikkingsbevoegd. In de richtlijn wordt dit aangeduid als de 'schuldenaar-in-bezit' (art. 5 HRL). Dit is de letterlijke vertaling van het Anglo-Amerikaanse begrip *debtor-in-possession*, vaak afgekort tot 'DIP', waarmee wordt aangegeven dat er in beginsel geen insolventiefunctionaris is die de bevoegdheden gedeeltelijk of geheel overneemt en het bestuur terzijde schuift. Dit is in lijn met het doel van een herstructurering. Als deze succesvol is, continueert het bestuur immers de onderneming en dan past het niet dat het zijn bevoegdheden tijdelijk ontnomen is.

Ter bescherming van de belangen van de gezamenlijke schuldeisers kunnen de lidstaten bepalen dat de rechter afhankelijk van de omstandigheden van het geval een herstructureringsdeskundige benoemt (art. 5 lid 3 HRL).

Deze benaming in de Nederlandse vertaling van de Herstructureringsrichtlijn is enigszins verwarrend, omdat deze term naast de Nederlandse herstructureringsdeskundige (art. 371) ook de observator in de WHOA omvat (art. 380) die tot taak heeft toezicht te houden op de totstandkoming van een akkoord en daarbij oog moet houden voor de belangen van de gezamenlijke schuldeisers. Beide functionarissen kunnen overigens niet tegelijkertijd in functie kunnen zijn; art. 380 lid 3; nr. 66). Waar de Nederlandse herstructureringsdeskundige tot taak heeft om een WHOA-akkoord aan de betrokken partijen aan te bieden, hetgeen mede de stemming en de homologatie omvat (art. 371 lid 1 jo. 381 lid 1 en 383 lid 1), is de herstructureringsdeskundige blijkens de definitie in artikel 2 lid 1 sub 12(a) HRL slechts door de rechter aangewezen om de partijen bij te staan in het ontwerpen van het akkoord en de onderhandelingen daarover. Daarentegen heeft de herstructureringsdeskundige op grond van de richtlijn een ruimere taak, omdat hij net als de Nederlandse observator ook kan worden ingezet om toezicht te houden op de activiteiten van de schuldenaar tijdens de onderhandelingen over een herstructureringsplan en daarover verslag uit te brengen aan een rechterlijke of administratieve instantie (art. 2 lid sub 12(b) HRL). Hij kan zelfs gedeeltelijk het beheer over de activa en de bedrijfsvoering door de schuldenaar overnemen (art. 2 lid 1 sub 12(c) HRL). In de Engelse tekst wordt deze brede taakomschrijving op een minder verwarrende wijze toebedeeld aan een *practitioner in the field of restructuring* (ook wel kortaf 'PIFOR').

399. Verloop van een herstructurering; goedkeuring (stemming) en bevestiging (homologatie)

Aangezien de WHOA aansluiting heeft gezocht bij de Herstructureringsrichtlijn[71], verrast het niet dat het verloop van de herstructurering met het oog op de totstandkoming van een (dwang)akkoord volgens de richtlijn grotendeels langs dezelfde lijnen loopt zoals hierboven in subparagraaf 4.2.2 is uiteengezet.

De inhoud van een herstructureringsplan wordt in beginsel door de schuldenaar bepaald, maar moet voldoen aan een aantal formele criteria die zijn opgenomen in artikel 8 HRL. Deze hebben vooral ten doel om de door het akkoord getroffen partijen zoveel mogelijk informatie te verschaffen zodat zij goed geïnformeerd hun stem kunnen uitbrengen over het aangeboden akkoord. In grote lijnen komt deze opsomming overeen met de vereisten genoemd in artikel 375 (nr. 60).[72] Artikel 8 lid 1 HRL noemt de volgende elementen:

a) de identiteit van de schuldenaar (vgl. art. 375 lid 1 sub a);
b) een lijst van de activa en passiva van de schuldenaar op het ogenblik dat het herstructureringsplan met een waardering voor de activa wordt voorgelegd (vgl. art. 375 lid 2 sub a), een beschrijving van de economische situatie van de schuldenaar, de positie van de werknemers, en een beschrijving van de oorzaken en de omvang van de moeilijkheden van de schuldenaar (vgl. art. 375 lid 2 sub d en e);
c) de betrokken partijen, hetzij door individuele namen te geven, hetzij door een beschrijving van categorieën schulden overeenkomstig nationaal recht, alsmede hun vorderingen of belangen die door het herstructureringsplan worden gedekt (vgl. art. 375 lid 2 sub b ten 1° en 2°);
d) waar van toepassing, de categorieën waarin de betrokken partijen zijn gegroepeerd met het oog op de goedkeuring van het herstructureringsplan, en de respectieve waarden van de vorderingen en belangen van elke categorie (vgl. art. 375 lid 1 sub c en lid 2 sub b ten 3°);
e) waar van toepassing, de partijen, hetzij aangeduid met hun individuele namen, hetzij beschreven door categorieën schulden overeenkomstig nationaal recht, waarop het herstructureringsplan geen betrekking heeft, samen met de redenen waarom wordt voorgesteld hen er niet bij te betrekken (vgl. art. 375 lid 2 sub c);
f) indien van toepassing, de identiteit van de herstructureringsdeskundige (vgl. art. 375 lid 1 sub b);
g) de voorwaarden van het herstructureringsplan, waaronder met name:
   i) alle voorgestelde herstructureringsmaatregelen als bedoeld in artikel 2, lid 1, onder 1 (vgl. art. 375 lid 2 sub e ten 3°);
   ii) indien van toepassing, de voorgestelde duur van alle voorgestelde herstructureringsmaatregelen (vgl. art. 375 lid 2 sub e ten 5°);
   iii) de regelingen inzake informatieverstrekking aan en raadpleging van de werknemersvertegenwoordigers overeenkomstig het recht van de Unie en het nationaal recht (vgl. art. 375 lid 1 sub l);
   iv) indien toepasselijk, de algemene werkgelegenheidsgevolgen, zoals ontslagen, werktijdverkortingsregelingen of andere soortgelijke gevolgen;
   v) de geraamde financiële stromen van de schuldenaar, indien het nationaal recht hierin voorziet (vgl. art. 375 lid 1 sub e); en
   vi) alle nieuwe financiering die wordt verwacht als onderdeel van het herstructureringsplan en de redenen waarom de nieuwe financiering nodig is voor de uitvoering van dat plan (vgl. art. 375 lid 1 sub i);

71 Kamerstukken TK (2019-2020), 35249, nr. 6, p. 2; zie nr. 55-56.
72 Kamerstukken TK (2018-2019), 35249, nr. 3, p. 50.

h) een motivering die verklaart waarom redelijkerwijs mag worden verwacht dat het herstructureringsplan de insolventie van de schuldenaar zal voorkomen en de levensvatbaarheid van de onderneming zal verzekeren, en die de noodzakelijke voorwaarden voor het welslagen van het plan ervan vermeldt (vgl. art. 375 lid 2 sub e ten 4°). De lidstaten kunnen bepalen dat de motivering wordt opgesteld of gevalideerd door hetzij een externe deskundige, hetzij de herstructureringsdeskundige, indien die is aangesteld.

Voorts moeten de lidstaten online een uitgebreide checklist voor herstructureringsplannen beschikbaar stellen met praktische richtsnoeren afgestemd op herstructureringsplannen voor het MKB (art. 8 lid 2 HRL).

Gedurende de onderhandelingen over het herstructureringsplan kan de schuldenaar geconfronteerd worden met incasso- en executiemaatregelen door individuele schuldeisers die dat proces en de voortzetting van de onderneming in gevaar kunnen brengen. De richtlijn schiet hem hierbij te hulp met de mogelijkheid van een afkoelingsperiode waarin tenuitvoerleggingsmaatregelen worden geschorst (art. 6 en 7 HRL). Lidstaten zijn voor een deel vrij om de reikwijdte van deze afkoelingsperiode zelf in te vullen, zoals Nederland voor de WHOA in artikel 376 en 377 (nr. 63) heeft gedaan.

De noodzakelijke meerderheid voor goedkeuring van een voorgelegd herstructureringsplan wordt vastgesteld in een stemming waaraan uitsluitend de partijen die door het plan worden geraakt mogen deelnemen (art. 9 lid 2 HRL). Lidstaten mogen bepaalde categorieën uitsluiten van de stemming: kapitaalhouders, achtergestelde schuldeisers en aan de schuldenaar of diens onderneming gelieerde schuldeisers met een conflicterend belang. (art. 9 lid 3 HRL).[73] Voor de stemming over die goedkeuring kunnen de verschillende betrokken partijen in klassen worden verdeeld al naargelang de daarin samengebrachte partijen dezelfde belangen (*commonality of interest*) hebben zoals moet blijken aan de hand van verifieerbare criteria (art. 9 lid 4 HRL). De richtlijn bevat in dit verband enkele specifieke indelingscriteria voor schuldeisers met en zonder zekerheidsrechten die om deze reden in verschillende klassen moeten worden ingedeeld, terwijl de lidstaten vrij zijn om werknemersvorderingen in een afzonderlijke klasse op te nemen. Dit laatste speelt niet in Nederland omdat de WHOA voor deze categorie vorderingen uitdrukkelijk is uitgesloten (art. 369 lid 4). Ten behoeve van kwetsbare schuldeisers zoals kleine leveranciers zijn de lidstaten gehouden om maatregelen te treffen bij de klassenindeling waardoor zij beschermd worden; in Nederland is dit gebeurd door deze groep – zowel voor hun vordering uit hoofde van geleverde goederen of diensten als voor hun vordering uit onrechtmatige daad – tezamen in een afzonderlijke klasse in te delen als het akkoord hen minder dan 20% van hun vordering in waarde of in geld aanbiedt (art. 374 lid 2).

Uitgaande van een beperkte rechterlijke bemoeienis (art. 4 lid 6 HRL), moet de herstructurering gericht zijn op het bewerkstelligen van een akkoord met een door de lidstaten te bepalen ondergrens die niet lager mag zijn dan 50% en niet hoger mag

73 Nederland heeft in de WHOA van deze optie geen gebruik gemaakt.

zijn dan 75% van het bedrag aan te herstructureren vorderingen of belangen[74] in een bepaalde klasse (art. 9 lid 6 HRL).

Voor Nederland is in de WHOA gekozen voor een twee derde meerderheid van het totale bedrag aan vorderingen/geplaatst kapitaal behorend tot de schuldeisers/aandeelhouders die binnen die klasse hun stem hebben uitgebracht (art. 381 lid 7 en 8; zie nr. 67). De lidstaten mogen daarnaast per klasse een bepaalde meerderheid aan voorstemmers van de door het akkoord geraakte partijen verlangen. Dit stelsel kent Nederland wel in faillissement (art. 145), surseance van betaling (art. 268) en schuldsanering natuurlijke personen (art. 332), maar bewust niet in de WHOA.[75]

Als de stemming is geweest en geheel of gedeeltelijke goedkeuring door de betrokken partijen is verleend, is nog een bevestiging (homologatie) door een rechterlijke of administratieve instantie nodig om de uitkomst ook bindend te laten zijn voor degenen die daarmee niet hebben ingestemd (art. 10 lid 1 sub a jo. 15 lid 1 HRL). Een dergelijke bemoeienis is ook vereist als het herstructureringsplan voorziet in nieuwe financiering (art. 10 lid 1 sub b HRL) of daarbij meer dan 25% van de banen verloren gaat, indien een dergelijk banenverlies krachtens nationaal recht is toegestaan (art. 10 lid 1 sub c HRL). De lidstaten moeten ervoor zorgen dat de bevestiging gebeurt in een efficiënte procedure waarin snel een beslissing wordt genomen (art. 10 lid 4 HRL). Het moet voor betrokkenen duidelijk zijn wanneer die bevestiging wordt gegeven, waarbij op grond van artikel 10 lid 2 HRL in ieder geval op de volgende onderdelen getoetst wordt:

a) de goedkeuringsprocedure is conform de daarvoor opgestelde regels van artikel 9 HRL verlopen;
b) schuldeisers met voldoende gedeelde belangen in dezelfde klasse worden naar evenredigheid van hun vordering gelijk behandeld;
c) het herstructureringsplan is in overeenstemming met de daarvoor geldende eisen aan alle betrokken partijen voorgelegd (vgl. art. 384 lid 2 sub b-c);
d) als er niet-instemmende schuldeisers zijn, voldoet hun positie aan de *best interest of creditors test*, dat wil zeggen krijgen zij ten minste hetgeen zij bij faillissement of het beste alternatief (*next best alternative scenario*; zie art. 2 lid 1 sub 6 HRL) zouden ontvangen, maar alleen als een dergelijke schuldeiser het oordeel van de rechter verlangt (vgl. art. 384 lid 3);
e) als het herstructureringsplan nieuwe financiering omvat, moet deze daarvoor noodzakelijk zijn en de belangen van de schuldeisers niet onredelijk benadelen (vgl. art. 384 lid 2 sub f).

Verder moet de daarover oordelende instantie de mogelijkheid hebben om een herstructureringsplan niet te bevestigen als dat plan geen redelijk vooruitzicht biedt op het afwenden van de insolventie van de schuldenaar of op het waarborgen van de levensvatbaarheid van het bedrijf (art. 10 lid 3 HRL; vgl. art. 384 lid 2 sub e en l).

Wanneer niet alle klassen het herstructureringsplan hebben goedgekeurd, voorziet de richtlijn in de mogelijkheid van een zogenaamde *cross-class cram-down* (art. 11 HRL). Zoals hierboven bij de WHOA is beschreven (nr. 69), kunnen ook

74 De richtlijn gebruikt in de Nederlandse vertaling het woord 'belangen', waar in het Engels het begrip *interests* wordt gebruikt. Hiermee wordt vooral gedoeld op de eigenaarsbelangen van kapitaalhouders, niet zijnde schuldeisers, in de (onderneming van de) schuldenaar maar is niet beperkt tot aandeelhouders (art. 2 lid 1 sub 3 HRL).
75 Kamerstukken TK (2018-2019), 35249, nr. 3, p. 14, 63.

niet-instemmende schuldeisers die deel uitmaken van een niet-instemmende klasse aan een herstructureringsplan worden gebonden. Naast de in artikel 383 lid 1 genoemde mogelijkheid dat ten minste één klasse schuldeisers die in faillissement naar verwachting geheel of gedeeltelijk kan worden voldaan (*in-the-money*) heeft voorgestemd, bevat de richtlijn ook de mogelijkheid dat een lidstaat voor een dergelijke gebondenheid aan het plan de eis stelt dat ten minste de meerderheid van alle klassen met het plan heeft ingestemd, waaronder ten minste de door zekerheid gedekte schuldeisers of preferente schuldeisers (art. 11 lid 1 sub a HRL). Bovendien mag een tegenstemmende klasse niet slechter worden behandeld dan andere klassen van gelijke rang, moet een tegenstemmende klasse zeker beter worden behandeld dan een lager gerangschikte klasse en verder mag niemand onder het plan meer krijgen dan het volledige bedrag van zijn vordering of waarde van zijn belang (art. 11 lid 1 sub c-d HRL). De ook in Nederland gevoerde discussie over de *absolute priority rule* (APR) en *relative priority rule* (RPR) in de context van de *cross-class cram-down* (nr. 69) vormt een uitvloeisel van de regeling in de Herstructureringsrichtlijn. Op grond van de slotzin van artikel 11 lid 2 HRL heeft Nederland in artikel 384 lid 4 sub b mogen bepalen dat een afwijking van de APR mogelijk is als dat nodig is om de doelstellingen van het akkoord te halen en daarmee de rechten of belangen van betrokken partijen niet op onbillijke wijze in het gedrang komen.

Aandeelhouders mogen de uitvoering van een goedgekeurd en bevestigd herstructureringsplan niet op onredelijke wijze dwarsbomen (art. 12 HRL). In Nederland is dit geregeld door het gehomologeerde akkoord in de plaats te laten treden van besluiten van de algemene vergadering van aandeelhouders die noodzakelijk zijn voor de uitvoering van het akkoord (art. 370 lid 5; nr. 60, 71). Zie voorts de bepalingen waarbij de aandeelhouders het bestuur niet op onredelijke wijze mogen belemmeren instemming te verlenen aan de herstructureringsdeskundige die het plan ter stemming wil voorleggen (art. 381 lid 2) en daarvan homologatie wil verzoeken (art. 383 lid 2).

400. Gevolgen van de bevestiging en rechtsmiddelen

De Herstructureringsrichtlijn verbindt aan de bevestiging van een herstructureringsplan dezelfde gevolgen als in Nederland het geval is bij homologatie van een WHOA-akkoord: het is bindend voor alle stemgerechtigde partijen. Degenen die niet als stemgerechtigde bij het plan betrokken zijn geweest worden er niet door geraakt (art. 15 HRL; vgl. art. 385). De richtlijn biedt de lidstaten de mogelijkheid om in hun nationale regelgeving een mogelijkheid op te nemen om in beroep te gaan tegen het oordeel waarbij de goedkeuring van het herstructureringsplan wordt bevestigd dan wel verworpen (art. 16 lid 1 HRL). Omdat Nederland deze mogelijkheid niet heeft en rechtsmiddelen uitdrukkelijk heeft uitgesloten (art. 369 lid 10), is deze bepaling hier niet relevant.

401. Bescherming van met de herstructurering samenhangende (financiële) rechtshandelingen

Een herstructurering kost geld, dat niet altijd nog in voldoende mate aanwezig is. De schuldenaar moet dan op zoek naar financiering van het plan en soms ook naar interimfinanciering om gedurende de onderhandelingen de ondernemingsactiviteiten voort te kunnen zetten. Deze financiering kan worden verstrekt in de vorm van eigen vermogen of vreemd vermogen. Eigen vermogen kan worden ingebracht door de zittende aandeelhouders of door nieuwe partijen, zoals bijvoorbeeld *private equity* of hedge fondsen. Als dit niet mogelijk is, zijn er wellicht partijen bereid om vreemd vermogen in de vorm van leningen te verschaffen. Gezien de penibele situatie waarin de schuldenaar verkeert, verlangen zij doorgaans hoge rente en zekerheden om het verhoogde terugbetalingsrisico af te dekken. Dergelijke financiers willen immers niet op de blaren zitten als de herstructurering onverhoopt mislukt en de schuldenaar failliet raakt. Zij willen dan evenmin geconfronteerd worden met een insolventiefunctionaris die op basis van de faillissementspauliana of onrechtmatige daad (zie par. 5.4.2.1 en 5.4.2.2) die financiering en bijbehorende rechtshandelingen gaat vernietigen en betalingen gaat terugvorderen of hen anderszins met schadeclaims gaat belagen. Een dergelijke dreiging is contraproductief voor het verkrijgen van de voor de herstructurering benodigde financiering en daarom kent de richtlijn verschillende beschermingsmiddelen.

Allereerst moeten de lidstaten ervoor zorgen dat zowel nieuwe financiering voor de geherstructureerde onderneming als interimfinanciering voor de duur van het herstructureringstraject deugdelijk en adequaat zijn beschermd en niet nietig, vernietigbaar of niet-tegenwerpbaar kunnen worden verklaard (art. 17 lid 1 sub a HRL).

Dit stelsel is in Nederland in de WHOA opgenomen in artikel 42a waar het beperkt is tot interimfinanciering. Vereist is dat deze noodzakelijk is om de onderneming tijdens de voorbereiding van het akkoord te kunnen blijven voortzetten en dat daarmee de belangen van de gezamenlijke schuldeisers gediend zijn. Bovendien is voorafgaande rechterlijke machtiging nodig en mag geen enkele individuele schuldeiser wezenlijk in zijn belangen geschaad worden (art. 42a; nr. 64). Voor nieuwe financiering is in de WHOA geen afzonderlijke regeling opgenomen, maar deze kan onderdeel uitmaken van het akkoord dat na een positieve stemming ter homologatie aan de rechter wordt voorgelegd.

Daarnaast mogen die handelingen in beginsel ook niet leiden tot civiel-, administratief- of strafrechtelijke aansprakelijkheid (art. 17 lid 1 sub b HRL). De lidstaten mogen hieraan wel de voorwaarde verbinden dat die financiering is onderworpen aan voorafgaande rechterlijke controle (art. 17 lid 2 HRL).

De bescherming van de nieuwe of interimfinancier kan door een lidstaat worden beperkt als de financiering is verschaft nadat de schuldenaar zijn opeisbare schulden tijdens de herstructurering niet meer kan voldoen (art. 17 lid 3 HRL). Verruiming is daarentegen mogelijk in de vorm van een toekenning van superpreferentie aan verstrekkers van nieuwe financiering boven schuldeisers die in een onverhoopt opvolgend faillissement anders een hogere of gelijke rang zouden hebben (art. 17 lid 4 HRL).

Een min of meer gelijkwaardige bescherming wordt geboden aan wederpartijen van de schuldenaar die tijdens het herstructureringstraject goederen of diensten hebben aangeboden of werkzaamheden hebben verricht ten behoeve van de voortzetting van de ondernemingsactiviteiten of de onderhandelingen en totstandbrenging van het akkoord (art. 18 HRL). Het moet dan wel gaan om kosten in verband met transacties die redelijk en direct noodzakelijk waren in verband met de onderhandelingen over het herstructureringsplan, ook al zouden die benadelend zijn geweest voor de gezamenlijke schuldeisers (art. 18 lid 1 HRL).

Dit betreft in ieder geval betalingen voor a) het onderhandelen over, of het goedkeuren of bevestigen van een herstructureringsplan; b) professioneel advies dat nauw verband houdt met de herstructurering; c) loon voor reeds verricht werk en d) andere tijdens de normale bedrijfsuitoefening verrichte betalingen en uitgaven (art. 18 lid 4 HRL). Hetzelfde geldt voor kosten verband houdende met de uitvoering van het goedgekeurde en bevestigde herstructureringsplan (art. 18 lid 5 HRL).

Net als bij de interimfinanciering mogen de lidstaten ook hier de voorwaarde stellen dat die transacties zijn onderworpen aan voorafgaande rechterlijke controle (art. 18 lid 2 HRL) en kan de bescherming worden beperkt als de transactie is verricht nadat de schuldenaar zijn opeisbare schulden tijdens de herstructurering niet meer kan voldoen (art. 18 lid 3 HRL).

402. Verplichtingen van bestuurders bij dreigende insolventie

Aan het slot van titel II over de preventieve herstructureringskaders is in hoofdstuk 5 in één bepaling (art. 19 HRL) een aantal verplichtingen voor bestuurders bij dreigende insolventie opgenomen. Als insolventie dreigt moeten bestuurders allereerst in hun handelen voldoende rekening houden met de belangen van de schuldeisers, kapitaalhouders en andere belanghebbenden (art. 19 sub a HRL). Daarnaast wordt van bestuurders in deze fase verwacht dat zij de nodige acties ondernemen om daadwerkelijke insolventie te voorkomen (art. 19 sub b HRL) en gedragingen achterwege laten die de levensvatbaarheid van de onderneming bedreigen (art. 19 sub c HRL). Tijdens de ontstaansgeschiedenis van de Herstructureringsrichtlijn heeft dit onderwerp eerst wel, toen niet en ten slotte weer wel onderdeel hiervan uitgemaakt.

In het eerste conceptvoorstel was de eerste verplichting in (toen art. 18 HRL) onderverdeeld in een specifieke opdracht om onmiddellijk maatregelen te nemen om het verlies voor schuldeisers, werknemers, aandeelhouders en andere belanghebbenden te beperken en daarnaast terdege rekening te houden met de belangen van schuldeisers en andere belanghebbenden.[76] In het latere voorstel van de Europese Raad[77] was deze bepaling volledig geschrapt om ten slotte enigszins aangepast terug te keren in het huidige artikel 19 HRL.

Artikel 19 HRL is een typisch compromis van de uiteenlopende opvattingen in Europa over de reikwijdte van verplichtingen en aansprakelijkheden van bestuurders bij een dreigende insolventie. Deze bepaling biedt de lidstaten veel ruimte om bij de implementatie daarvan in hun eigen recht de gewenste flexibiliteit te betrachten. Keerzijde hiervan is de vaagheid van de opgelegde verplichtingen: wie hebben bijvoorbeeld als 'bestuurders' te gelden? Alleen statutair bestuurders of ook feitelijk bestuurders (vgl. art. 2:138/248 lid 7 BW) of ook commissarissen wanneer zij zich intensief met het crisisbeleid bemoeien? Hoe verhouden de verschillende groepen belanghebbenden (schuldeisers, kapitaalhouders, anderen (wie zijn dit allemaal: werknemers, lokale

76 Voorstel Europese Commissie van 22 november 2016, COM(2016) 723 final 2016/0359(COD).
77 Voorstel Europese Raad van 1 oktober 2018, 2016/0359(COD).

gemeenschappen, de schuldenaar zelf?)) zich tot elkaar? De richtlijn zelf wil hier geen rangschikking aanbrengen maar laat dit aan de lidstaten.[78]
Een andere vraag is wanneer een bestuurder aansprakelijk moet zijn als hij bepaalde verplichtingen van artikel 19 HRL niet nakomt; wat kan met andere woorden van een bestuurder verlangd worden om insolventie te voorkomen? Welke gedragingen moet een bestuurder juist wel en juist niet verrichten? De richtlijn geeft hiertoe slechts zeer beperkt houvast.[79] Enerzijds moet voorkomen worden dat bestuurders bijvoorbeeld geen acties meer durven te ondernemen omdat niet op voorhand vaststaat dat die succesvol zullen zijn om de onderneming te redden en zij aansprakelijkheid voor dergelijke handelingen vrezen. Bestuurders mogen anderzijds niet de belangen van schuldeisers schaden door paulianeuze handelingen, waardoor de boedel benadeeld wordt als het uiteindelijk toch op een faillissement uitdraait. De verwachting is dat artikel 19 HRL tot de nodige jurisprudentie zal leiden, ook al lijkt de Nederlandse wetgever niet van plan een nieuwe bepaling te introduceren om deze bepaling verder te implementeren. Volgens de wetgever liggen de verplichtingen uit artikel 19 HRL al besloten in artikel 2:129/239 lid 5 en 6 en 2:138/248 BW, artikel 2:9 en 6:162 BW en artikel 342, 343 en 347 Sr.[80]

8.2.3 Andere Europese instrumenten, projecten en verdere ontwikkelingen

403. Financieelrechtelijke instrumenten

Het afgelopen decennium heeft de Europese Unie zich nadrukkelijker beziggehouden met regelgeving op het terrein van het financieel recht, het meeste in de vorm van Europese richtlijnen. [81] Niet alleen heeft Nederland hieraan de financiëlezekerheidsovereenkomst te danken (Titel 7.2 BW) maar ook regels in de Faillissementswet opgenomen over het definitieve karakter van de afwikkeling van betalingen en effectentransacties in betalings- en afwikkelingssystemen (Titel I, afd. 11A; art. 212a-e), het faillissement van een kredietinstelling (Titel I, afd. 11AA; art. 212g-oo) en een verzekeraar (Titel I, afd. 11B; art. 213-213kk) en de surseance van betaling aan een beleggingsonderneming en een financiële instelling die een verklaring van ondertoezichtstelling heeft of een andere instelling (Titel II, afd. 2B; art. 281g-h).

De internationaal insolventierechtelijke bepalingen bij liquidatie van banken en verzekeraars zijn als afzonderlijke paragrafen in bovenstaande regelingen opgenomen, waarbij de automatische erkenning van beslissingen in andere lidstaten als uitgangspunt is genomen (art. 212s resp. 213n voor een bank resp. verzekeraar). Vooral waar het gaat om het toepasselijke recht en de uitoefening van bevoegdheden door insolventiefunctionarissen uit andere lidstaten in Nederland, is het niet verrassend dat deze paragrafen

78 Zie considerans nr. 71 HRL.
79 Zie considerans nr. 70-71 HRL.
80 Ontwerp memorie van toelichting bij ontwerp Implementatiewet richtlijn herstructurering en insolventie, p. 74 (internetconsultatie.nl/herstructurering).
81 Finaliteitsrichtlijn (98/26/EG en 2009/44/EG) voor afdeling 11A; Liquiditeitsrichtlijn (EG/2001/17) voor afdelingen 11AA en 11B en Richtlijn financiëlezekerheidsovereenkomsten (2002/47/EG en 2009/44/EG) voor Titel 7.2 BW, alsmede de BRRD Richtlijn (2014/59/EU), zoals aangepast in Richtlijn (EU) 2017/2399.

een grote gelijkenis vertonen met de structuur en bepalingen van de Europese Insolventieverordening. Deze heeft immers als voorbeeld gediend voor de Europese financiële richtlijnen die aan die paragrafen ten grondslag liggen. Een afzonderlijke bespreking van die bepalingen valt buiten het bestek van dit boek en blijft derhalve achterwege. De liefhebber verdiepe zich in de specifieke financieelrechtelijke literatuur.

404. Principles of European Insolvency Law/ ELI Business Rescue Project/ EU Convergence project

Aparte vermelding verdienen enkele grote Europese projecten waarin geprobeerd wordt om tot inhoudelijke harmonisatie van het insolventierecht te komen.

Rond de millenniumwisseling heeft de International Working Group on European Insolvency Law zich gebogen over Principles of European Insolvency Law.[82] In dit project hebben insolventierechtelijke experts uit tien West-Europese landen voor hun eigen jurisdictie nationale rapporten opgesteld over uiteenlopende onderwerpen uit hun eigen insolventierechtstelsel. Op basis hiervan hebben zij gezamenlijk getracht een aantal *principles* te formuleren en uit te werken en van een algemeen commentaar te voorzien. Dit heeft geleid tot veertien beginselen die elk een bepaald aspect van het insolventierecht bestrijken:

1. opening van de insolventieprocedure;
2. betrokken instituties en personen;
3. gevolgen van de opening van de procedure;
4. beheer van de boedel;
5. verplichtingen aangegaan door de bewindvoerder en diens beloning;
6. behandeling van lopende overeenkomsten;
7. positie van werknemers;
8. ongedaanmaking van rechtshandelingen;
9. zekerheidsrechten en verrekening;
10. indiening en toelating van vorderingen;
11. reorganisatie;
12. liquidatie;
13. einde van de procedure; en
14. schuldenaar als (mede)beheerder.

In het tweede decennium is vanuit het European Law Institute naar aanleiding van de wereldwijde financiële crisis vanaf 2008 een breed opgezet onderzoek verricht naar de bestaande praktijk van *business rescue* in Europa.[83] Met hulp van bijdragen vanuit de insolventierechtwetenschap en -praktijk uit een groot aantal EU-lidstaten bevat deze studie 115 aanbevelingen voor harmonisatie van

---

82 W.W. McBryde, A. Flessner en S.C.J.J. Kortmann (red.), *Principles of European Insolvency Law*, Series Law of Business and Finance 4, Deventer 2003.

83 Bob Wessels, Stephan Madaus, and Gert-Jan Boon, *Rescue of Business in Europe*, OUP: Oxford 2020. Andere vaak aangehaalde studies over onderdelen van het Europese insolventierecht zijn: B. Hess, P. Oberhammer, Th. Pfeiffer, *European Insolvency Law* (Heidelberg-Luxembourg-Vienna Report; Hart Publishing 2014) en G. McCormack, A. Keay, S. Brown, J. Dahlgreen, *Study on a new approach to business failure and insolvency Comparative legal analysis of the Member States' relevant provisions and practices* (Leeds Report; EU Commission 2016).

herstructureringsregelgeving binnen en buiten de EU. Deze zijn gegroepeerd rond tien thema's:
- actoren in het proces en opzet van de procedure;
- financiering van een reddingspoging;
- wederkerige overeenkomsten;
- rangorde van vorderingen van schuldeisers en governance door schuldeisers;
- arbeids-, uitkerings- en pensioenkwesties;
- pauliana-acties in buitengerechtelijke herstructureringen en pre-insolventieprocedures en mogelijke *safe harbours*;
- doorstart;
- reddingsplannen en akkoorden;
- groepen van ondernemingen; en
- bijzondere regelingen voor kleine en middelgrote ondernemingen (kmo's), met inbegrip van natuurlijke personen (niet zijnde consumenten).

Na de herziening van de Europese Insolventieverordening die geleid heeft tot de herschikking in 2015 en de totstandkoming van de Herstructureringsrichtlijn in 2019 heeft de Europese Commissie in het kader van de totstandkoming van de gemeenschappelijke kapitaalmarktunie in 2020 een eerste aanzet gegeven voor Europese harmonisatie op enkele inhoudelijke gebieden.

Hiervoor hanteert de Commissie een zogenaamde *inception impact assessment*[84] om de Europese burgers en stakeholders over haar plannen te informeren en daarover feedback te vragen. Het doel van deze werkwijze is een instrument te ontwikkelen om grensoverschrijdende investeringen te bevorderen. De voorstellen moeten daarom bestaande barrières slechten en zijn vooral gericht op waardebehoud van ondernemingen in financiële moeilijkheden, zodat de *recovery rates* (de percentages van de onbetaald gebleven schulden die uiteindelijk worden voldaan) gaan stijgen.

In dit verband is het wetgevingsinitiatief vooralsnog gericht op een harmonisatie van onder meer de volgende onderwerpen om daarmee grensoverschrijdende investeringen te stimuleren en de waarde van insolvente ondernemingen te maximaliseren:

- voorwaarden voor de opening van insolventieprocedures (met inbegrip van een definitie van insolventie en aanwijzing van degenen die de procedure kunnen starten);
- criteria voor en gevolgen van pauliana-acties;
- taken en verantwoordelijkheden van bestuurders bij dreigende en daadwerkelijke insolventie;
- positie van zekerheidsgerechtigden bij insolventie, vooral met het oog op de bescherming van andere schuldeisers zoals werknemers en leveranciers;
- capaciteiten van de rechterlijke autoriteiten qua bijzondere expertise en training van rechters; en
- opsporing van activa voor verhaalsdoeleinden, vooral bij de faillissementspauliana.

Het is de bedoeling dat de uitkomsten van deze *assessment* gebruikt gaan worden om te beoordelen of een behoefte bestaat aan een implementatie daarvan door de lidstaten via een Europeesrechtelijke aanbeveling of – sterker – een richtlijn. De

84 EC Inception impact assessment on Enhancing the convergence of insolvency laws (Ref. Ares(2020)6591479 - 11/11/2020.

verwachting is dat dit nog wel enige tijd gaat duren, zoals ook valt af te leiden uit de tamelijk terughoudende Nederlandse reactie in deze consultatie.[85]

Hoewel de toelichtende commentaren bij deze projecten en al deze onderwerpen op zichzelf niet beogen om tot uitputtende rechtsvergelijkende reflecties te komen, bieden zij de nodige inzichten voor verder rechtsvergelijkende studie en onderzoek, al dan niet in het kader van scripties of dissertaties.

8.2.4 Commuun internationaal privaatrecht en grensoverschrijdend insolventierecht

Zoals in subparagraaf 8.2.1 is beschreven, is de insolventieverordening van toepassing op iedere in Nederland uitgesproken insolventieprocedure, ongeacht of het om een surseance van betaling, een faillissement of een schuldsanering natuurlijke personen gaat. Na plaatsing op Bijlage A van de insolventieverordening geldt hetzelfde voor het openbare WHOA-traject. De verordening speelt echter geen rol voor de vraag naar de effecten van een Nederlandse insolventieprocedure buiten de Europese Unie. Dit is evenmin het geval bij de omgekeerde situatie van een insolventieprocedure die buiten de Europese Unie is gestart, maar waarbij de gevolgen ook in Nederland merkbaar zijn. Wegens het ontbreken van een gemeenschappelijk instrument moet de werkingssfeer van dergelijke insolventieprocedures voor beide situaties afzonderlijk worden vastgesteld. Hierbij spelen de in het internationale insolventierecht gehanteerde beginselen een rol (par. 8.1.1). Waar voor de Europese Insolventieverordening het 'aangepast universaliteitsbeginsel' het uitgangspunt is, geldt voor de werkingssfeer buiten de Europese Unie het universaliteitsbeginsel (nr. 405) dan wel het territorialiteitsbeginsel (nr. 406) als leidraad.

405. Werkingssfeer van Nederlands faillissement buiten toepassingsbereik Europese Insolventieverordening (universaliteitsbeginsel)

Wanneer de bevoegde rechter in Nederland het faillissement heeft uitgesproken, zal een curator soms in het buitenland actie moeten ondernemen om eventuele activa naar Nederland te halen. De Nederlandse wetgever en rechter nemen het standpunt in dat een Nederlands faillissement in beginsel universele werking heeft (art. 203-205).[86] Het feit dat de Nederlandse overheid wellicht niet bij machte is om aan het Nederlandse faillissement in het buitenland werking te verlenen door de begrenzing van haar soevereiniteit, doet aan dat beginsel niet af. Praktisch gezien beperkt dit natuurlijk wel de reikwijdte van Nederlandse faillissementen. Voor de surseance van betaling en de schuldsanering natuurlijke personen geldt hetzelfde (art. 251, 359a). Aangezien Nederland sinds de inwerkingtreding van de Europese Insolventieverordening geen verdragen meer heeft op het terrein van het faillissementsrecht,[87] betekent dit dat buiten de landen van de Europese Unie (met uitzondering van Denemarken) een uitgewerkt juridisch kader voor een Nederlandse

85 Kamerstukken TK (2020-2021), 22112, nr. 3066.
86 HR 15 april 1955, *NJ* 1955/542 (*Kallir/Comfin*).
87 Het Verdrag van Brussel van 28 maart 1925 tussen het Koninkrijk der Nederlanden en het Koninkrijk België betreffende de territoriale rechterlijke bevoegdheid, betreffende het faillissement en betreffende het gezag en de tenuitvoerlegging van rechterlijke beslissingen, van

curator of bewindvoerder ontbreekt. Het hangt geheel af van de houding van de lokale autoriteiten of en in hoeverre deze functionaris enig gezag of zelfs maar bevoegdheden wordt toegekend.

Een voorbeeld is het faillissement dat in 2019 in Nederland werd uitgesproken over Jet Airways (India) Ltd, toentertijd de tweede luchtvaartmaatschappij van India.[88] Ondanks het feit dat deze Indiase rechtspersoon haar statutaire zetel in Mumbai (India) had, achtte de Nederlandse rechter zich bevoegd, omdat de schuldenaar wel een beroep of bedrijf uitoefende in Nederland en kantoor hield op Schiphol (art. 2 lid 4). Er bevonden zich in Nederland enkele vermogensbestanddelen (waaronder op een gegeven ogenblik een Boeing 777) waarover de Nederlandse curator de exclusieve beheers- en beschikkingsbevoegdheid kon uitoefenen. Hoewel de faillissementsboedel vanuit Nederlands perspectief ook alle vermogensbestanddelen in India en elders in de wereld zou omvatten, was dit buiten Nederland zonder betekenis, omdat het Nederlandse faillissement in India niet werd erkend. Dit gold ook voor de bevoegdheden van de Nederlandse curator. Een erkenning van het Nederlandse faillissement in de andere lidstaten van de Europese Unie waarin Jet Airways ook vermogensbestanddelen had, was eveneens uitgesloten omdat er geen COMI in de Europese Unie was.[89] Toen kort na het Nederlandse faillissement ook een Indiase herstructureringsprocedure was gestart, kon de Nederlandse curator daar toch nog een bepaalde rol vervullen. Dit werd echter gebaseerd op een afspraak (protocol) met de Indiase insolventiefunctionaris die door de Indiase en Nederlandse rechter was goedgekeurd.[90]

Een ander voorbeeld is de herstructurering van het Braziliaanse telecombedrijf Oi S.A. in de periode 2016-2018. Samen met een aantal dochtervennootschappen – onder wie een tweetal Nederlandse financieringsmaatschappijen – werd Oi betrokken in een Braziliaanse herstructureringsprocedure (*recuperação judicial*); enigszins vergelijkbaar met de Nederlandse surseance van betaling en de WHOA. Die procedure werd niet erkend in Nederland (nr. 406), maar wel in de Verenigde Staten van Amerika (zowel voor de Braziliaanse als de Nederlandse entiteiten). Op een gegeven ogenblik werd aan de Nederlandse entiteiten voorlopig surseance van betaling verleend die later weer werd ingetrokken en omgezet in faillissement.[91] De Nederlandse procedures en hun curatoren werden op hun beurt weer niet erkend in Brazilië (en evenmin in de Verenigde Staten van Amerika[92]). Waar zij aanspraak maakten op een deel van de activa in Brazilië, was van een samenwerking tussen de beide jurisdicties geen sprake, zodat de Nederlandse curatoren daar machteloos waren. [93]

406. Werkingssfeer van insolventieprocedure buiten toepassingsbereik Europese Insolventieverordening in Nederland (territorialiteitsbeginsel)

Voor in het buitenland uitgesproken insolventieprocedures hanteert het Nederlandse recht het zogenaamde territorialiteitsbeginsel. In navolging van de Hoge Raad in 2013[94] in een van de vele Yukos-uitspraken is dit beginsel in een drietal regels

---

scheidsrechterlijke uitspraken en van authentieke akten (*Stb.* 1929, 405 en Trb. 1961, 163) is op grond van art. 44 lid 1 sub c InsVo (oud); vgl. art. 85 lid 1 sub c InsVo.

88 Rb. Noord-Holland, 21 mei 2019, ECLI:NL:RBNHO:2019:5425.

89 Zie considerans nr. 25 InsVo.

90 De tekst van dit protocol is te vinden in de beslissing van de Indiase appelrechter (NCLAT) in New Delhi (AT (Insolvency) No. 707/2019 (www.ibbi.gov.in/uploads/order/b7bbd5ba93be73bb4602dfe25f25cdd4.pdf).

91 HR 7 juli 2017, *NJ* 2018/363 en 364.

92 US Bankruptcy Court SDNY 4 december 2017, *JOR* 2018/57 (Oi Coöp).

93 J.H. Overduin & J.M.W. Pool, '*De curator in de spagaat: tussen Nederlandse taakuitoefening en het belang van een internationale herstructurering.* Interview met curatoren Marcel Groenewegen (PTIF) en Jasper Berkenbosch (Oi Coop) over de voorlopige surseances en faillissementen van de financieringsmaatschappijen van Oi Telecom', TvI 2020/9).

94 HR 13 september 2013, *NJ* 2014/454 (*Yukos II*), r.o. 3.2.1.

(a-c) gegoten voor zover er niet bij een Nederland bindende internationale regeling anders is bepaald:

a) een in een ander land uitgesproken faillissement heeft niet alleen territoriale werking in die zin dat het daar op het vermogen van de gefailleerde rustende faillissementsbeslag niet mede omvat zijn in Nederland aanwezige baten,[95]
b) maar ook in dier voege dat de rechtsgevolgen die door het faillissementsrecht van dat andere land aan een faillissement worden verbonden in Nederland niet kunnen worden ingeroepen voor zover zij ertoe zouden leiden dat onvoldane schuldeisers zich niet meer kunnen verhalen op - tijdens of na afloop van het faillissement - in Nederland aanwezige vermogensbestanddelen van de (voormalige) gefailleerde.[96]
c) Het territorialiteitsbeginsel beoogt echter niet de gefailleerde te beschermen tegen de gevolgen van een buitenlandse faillissementsprocedure die geopend is in een land waarmee Nederland geen verdrag tot erkenning van zodanig faillissement heeft gesloten; aan de werking in Nederland van andere gevolgen van een in het buitenland uitgesproken faillissement staat dit territorialiteitsbeginsel immers niet in de weg.[97]

Hoewel de vraag naar het bestaan en de inhoud van de bevoegdheden van een faillissementscurator (of diens equivalent) een vraag van faillissementsrecht is, die aan de hand van het territorialiteitsbeginsel moet worden beantwoord, belemmert dit beginsel niet dat een buitenlandse curator bijvoorbeeld de stemrechten op de aandelen in een Nederlandse vennootschap uitoefent. Hij kan op basis van een buitenlandse insolventieuitspraak zijn bevoegdheden uitoefenen en in beginsel in Nederland optreden voor zover hij daartoe binnen dat kader bevoegd is.[98] Dit betekent overigens wel dat hij deze bevoegdheden verliest zodra dat buitenlandse faillissement ten einde is.[99]

De reikwijdte van het territorialiteitsbeginsel is in de Nederlandse rechtspraak uitvoerig aan de orde geweest in de Yukos-saga als uitvloeisel van het Russische faillissement in 2006 van wat eens een van de grootste oliemaatschappijen ter wereld was. Door de aanwezigheid van Nederlandse financieringsmaatschappijen in dit concern werd een belangrijk deel van het geschil tussen de diverse betrokken partijen voor de Nederlandse rechter gevoerd met enkele tientallen Nederlandse uitspraken tot gevolg, waaronder meer dan tien uitspraken van de Hoge Raad op zowel procesrechtelijk gebied als i.p.r. terrein.[100] Een van de eerste arresten betrof de vraag in hoeverre de Russische insolventiefunctionaris in het faillissement van het Russische Yukos Oil

95 HR 2 juni 1967, *NJ* 1968/16 (*Me. Hiret/Chiotakis*); vgl. HR 19 december 2008, *NJ* 2009/456 (Yukos), r.o. 3.4.3.
96 HR 31 mei 1996, *NJ* 1998/108, AA 1997/233 (*Coppoolse/De Vleeschmeesters*); vgl. HR 19 december 2008, *NJ* 2009/456 (Yukos), r.o. 3.4.3.
97 Vgl. HR 24 oktober 1997, *NJ* 1999/316 (*Gustafsen q.q./Mosk*); vgl. HR 19 december 2008, *NJ* 2009/456 (*Yukos I*), r.o. 3.4.3.
98 HR 19 december 2008, *NJ* 2009/456 (*Yukos I*), r.o. 3.4.2.
99 HR 29 juni 2012, *NJ* 2012/424.
100 Voor het hier behandelde onderwerp zijn vooral de uitspraken van HR 19 december 2008, *NJ* 2009/456 (*Yukos*), HR 29 juni 2012, *NJ* 2012/424, HR 13 september 2013, *NJ* 2014/454 (*Yukos II*), HR 13 november 2015, *NJ* 2016/425 (*Yukos III*) en HR 18 januari 2019, *NJ* 2019/364 (*Yukos IV*) van belang.

bevoegd was om over de aandelen in haar Nederlandse dochtervennootschap Yukos Finance B.V. te beschikken.[101]

De werkingssfeer van een buitenlandse insolventie als zodanig is weliswaar niet vanzelfsprekend, maar het territorialiteitsbeginsel is blijkens bovenstaande regels sterk beperkt. Hoewel de buitenlandse insolventiefunctionaris bijvoorbeeld geen beroep kan doen op een fixatiebeginsel of moratorium van de buitenlandse procedure waardoor schuldeisers zich niet meer op die goederen zouden kunnen verhalen, is hij dus wel bevoegd om over de zich - tijdens of na afloop van het faillissement - in Nederland bevindende goederen te beschikken, zij het wel met inachtneming van tot aan de levering gelegde beslagen.[102]

Uiteindelijk heeft het Russische faillissementsvonnis ondanks de beperkte reikwijdte van het territorialiteitsbeginsel toch geen effect gehad in Nederland, omdat erkenning daarvan achterwege bleef, waardoor ook de daarop gebaseerde rechtshandelingen (zoals de overdracht van de aandelen in Yukos Finance B.V.) zonder gevolg zijn gebleven.[103] Weliswaar moet een buitenlands vonnis, zoals het Russische faillissementsvonnis, bij gebrek aan een daartoe verplichtende internationale regeling in beginsel in Nederland erkend worden, maar dan moet wel voldaan zijn aan enkele vereisten. In deze procedure ging het om de vraag of de Russische beslissing tot stand was gekomen in een gerechtelijke procedure die voldoet aan de eisen van behoorlijke en met voldoende waarborgen omklede rechtspleging en waarvan de erkenning niet in strijd is met de Nederlandse openbare orde.[104] In dit verband handhaaft de Hoge Raad het oordeel van het hof dat de aan het Russische faillissementsvonnis voorafgaande gebeurtenissen tot gevolg hebben dat niet aan die vereisten is voldaan.[105] Wegens strijd met de Nederlandse openbare orde zijn ook alle rechtshandelingen die in Nederland ter uitvoering van het Russische faillissementsvonnis zijn verricht ongeldig, omdat anders aan het Russische faillissement toch rechtsgevolg zou worden toegekend.[106]

8.3 Insolventierecht en mondiale ontwikkelingen

De Nederlandse situatie met schuldenaren in financiële problemen is geenszins uniek. Het oplossen van financiële moeilijkheden met een informele reorganisatie is een wereldwijd fenomeen. Het insolventierecht ondervindt een internationale beïnvloeding van Europese regelgeving en de toepassing van het commune internationaal privaatrecht. In de mondialisering van het insolventierecht nemen internationale publieke organisaties, zoals het Internationaal Monetair Fonds (IMF) en de Wereldbank, maar vooral de United Nations Commission on International Trade

101 HR 19 december 2008, *NJ* 2009/456 (*Yukos*).
102 HR 13 september 2013, *NJ* 2014/454 (*Yukos II*), r.o. 3.2.1-2.
103 HR 18 januari 2019, *NJ* 2019/364 (*Yukos IV*), r.o. 4.1.1.
104 HR 26 september 2014, *NJ* 2015/478 (*Gazprombank*), r.o. 3.6.4; vgl. HR 18 januari 2019, *NJ* 2019/364 (*Yukos IV*), r.o. 4.1.2.
105 HR 18 januari 2019, *NJ* 2019/364 (*Yukos IV*), r.o. 4.4.4, mede (in r.o. 3.2.5) verwijzend naar EHRM 20 september 2011, nr. 14902/04 (ECLI:CE:ECHR:2011:0920JUD001490204).
106 HR 18 januari 2019, *NJ* 2019/364 (*Yukos IV*), r.o. 4.5.3.

Law (UNCITRAL, onderdeel van de Verenigde Naties), steeds vaker en nadrukkelijker een rol in en soms nemen zij ook het voortouw voor nieuwe ontwikkelingen (nr. 407-411).[107] Deze organisaties ontwikkelen instrumenten om partijen te helpen bij consensuele oplossingen, gericht op het voorkomen van een formele insolventieprocedure, of hulpmiddelen die kunnen bijdragen aan een betere afwikkeling daarvan. Naast dergelijke gouvernementele organisaties wordt de inhoud van het internationale insolventierecht mede gevormd door non-gouvernementele organisaties waarin beoefenaren van het (internationale) insolventierecht (curatoren, advocaten, accountants, financiers, rechters, beleidsbepalers, wetenschappers en andere belanghebbenden) bijeenkomen (nr. 412).

407. Initiatieven vanuit UNCITRAL

UNCITRAL is in 1966 door de Verenigde Naties opgezet om het handelsrecht te stroomlijnen ter bevordering van de wereldhandel.[108] Samen met andere belanghebbenden heeft UNCITRAL zich de afgelopen decennia in werkgroep V (*Insolvency*) ook beziggehouden met het insolventierecht, zowel grensoverschrijdend als nationaal. In dit verband heeft zij verschillende instrumenten ontwikkeld: zogenaamde modelwetten (*Model Laws*), wetgevingsgidsen (*Legislative Guides*) en verklarende teksten (*Explanatory Texts*). Tot de eerste categorie behoort om te beginnen de UNCITRAL Model Law on Cross-Border Insolvency (1997) with Guide to Enactment and Interpretation (2013), afgekort Model Law (nr. 409), de UNCITRAL Model Law on Recognition and Enforcement of Insolvency-Related Judgments with Guide to Enactment (2018), afgekort Model Law on Related Judgments en de UNCITRAL Model Law on Enterprise Group Insolvency with Guide to Enactment (2019), afgekort Model Law on Group Insolvency (nr. 409). Modelwetten hebben uit zichzelf geen juridische betekenis maar zijn bedoeld als startpunt voor een land om eigen wetgeving op te stellen. Van de wetgevingsgidsen zijn inmiddels vier delen verschenen (nr. 410): de Legislative Guide on Insolvency Law Parts one and two (2004) Part three (2010) en Part four (2013 en 2019). Aan verklarende teksten zijn – naast de *guides to enactment (and interpretation)* bij de Model laws – momenteel drie documenten gepubliceerd (nr. 411): de Practice Guide on Cross-Border Insolvency Cooperation (2009), de Model Law on Cross-Border Insolvency: The Judicial Perspective (2011) en een Digest of Case Law on the UNCITRAL Model Law on Cross-Border Insolvency (2020).[109]

408. Model Law on Cross-Border Insolvency with Guide to Enactment (Model Law)

De Model Law is in 1997 tot stand gekomen en bedoeld als hulpmiddel voor VN-lidstaten die hun insolventiewetgeving willen aanpassen aan het moderne geld- en handelsverkeer. Hoewel van oorsprong opgezet voor lidstaten met plannen voor

107 Voor informatie over deze organisaties zie hun website (www.uncitral.org, www.imf.org, www.worldbank.org).
108 Zie www.uncitral.org.
109 Zie https://uncitral.un.org/en/texts/insolvency. Enigszins gerelateerd heeft UNCITRAL zich in werkgroep VI (*Security Interests*) gebogen over de harmonisatie van zekerheidsrechten (vorderingen en IE-rechten; https://uncitral.un.org/en/texts/securityinterests).

modernisering van hun insolventiewetgeving, zoals de Centraal- en Oost-Europese landen na de val van de Berlijnse Muur en bepaalde ontwikkelingslanden, heeft de Model Law inmiddels ook als voorbeeld gediend voor soms ingrijpende wijzigingen in de insolventiewetgeving van een tiental ontwikkelde markteconomieën, zoals het Verenigd Koninkrijk, de Verenigde Staten van Amerika, Canada, Australië, Japan en Nieuw-Zeeland. Opvallend is dat het merendeels landen zijn met een Anglo-Amerikaans *common law* systeem die de Model Law in hun eigen wetgeving hebben opgenomen.

In 2021 hebben 49 staten (53 jurisdicties) de Model Law in hun nationale wetgeving op de een of andere manier geïncorporeerd.[110] Ondanks verschillende oproepen daartoe vanuit wetenschap en praktijk, heeft Nederland tot op heden echter nog niets gedaan met de Model Law, al schijnt hierin beweging te komen. Weliswaar zijn met de komst van de Europese Insolventieverordening grensoverschrijdende insolventies in de Europese Unie grotendeels geregeld, maar dit geldt niet in verhouding tot belangrijke handelspartners zoals het Verenigd Koninkrijk en de Verenigde Staten van Amerika.[111]

Iedere lidstaat kan naar eigen believen gebruikmaken van onderdelen en bepalingen van de Model Law. Omdat de Model Law is opgezet als een samenhangend geheel van bepalingen, is het de intentie van de opstellers om het model zo volledig mogelijk in de nationale wetgeving te incorporeren.[112] Desondanks, of wellicht juist hierom, heeft de Model Law (nog?) niet het succes behaald dat de opstellers voor ogen stond.[113] De Model Law bestaat uit 32 artikelen en is opgebouwd in vijf hoofdstukken: (i) algemene bepalingen, (ii) toegang tot gerechten, (iii) erkenning van buitenlandse insolventieprocedures en de gevolgen daarvan, (iv) samenwerking en communicatie met actoren in buitenlandse insolventieprocedures en (v) samenloop van procedures.

Hoofdstuk I (art. 1-8) omvat acht artikelen en regelt het toepassingsbereik van de Model Law, definities, relevante bevoegde autoriteiten en gerechten, enkele bepalingen van internationaal privaatrecht (openbare orde, statelijke verplichtingen), uitlegregels. De daaropvolgende hoofdstukken betreffen de vier bouwblokken van de Model Law: Hoofdstuk II (art. 9-14) gaat over de toegang van buitenlandse insolventiefunctionarissen en schuldeisers tot de eigen gerechten. In zes artikelen regelt het de wijze waarop buitenlandse insolventiefunctionarissen en schuldeisers toegang hebben tot het nationale systeem, hoe zij daaraan kunnen deelnemen en hoe zij geïnformeerd worden. Hoofdstuk III (art. 15-24) gaat over de effecten van een buitenlandse insolventieprocedure in het eigen land. In tien artikelen wordt de erkenning van buitenlandse procedures geregeld, de gevolgen daarvan, voorlopige voorzieningen die getroffen kunnen worden, bescherming van schuldeisers en andere belanghebbenden, mogelijkheden van pauliana-acties en de mogelijkheden voor de buitenlandse insolventiefunctionaris om te interveniëren. Hoofdstuk IV (art. 25-27) behandelt in een drietal artikelen de samenwerking tussen de eigen gerechten en buitenlandse rechters en insolventiefunctionarissen. Ten slotte regelt hoofdstuk V (art. 28-32) in vijf artikelen de situatie waarin concurrerende procedures in verschillende jurisdicties tegelijkertijd aanhangig zijn.

110 Zie https://uncitral.un.org/en/texts/insolvency/modellaw/cross-border_insolvency/status.
111 Zie voor het Verenigd Koninkrijk de Cross-Border Insolvency Regulations 2006 (CBIR) en voor de Verenigde Staten van Amerika Chapter 15 van de US Bankruptcy Code.
112 Guide to Enactment (Deel 2 van de Model Law), nr. 20 e.v.
113 Zie bijv. S. Chandra Mohan, *Cross-border Insolvency Problems: Is the UNCITRAL Model Law the Answer?*, IIR Vol. 21/3 (2012), p. 199-223.

Naast de bepalingen van de Model Law in deel 1 was in 1997 in deel 2 de *Guide to Enactment* opgenomen die in 2013 is vervangen door een meer uitgebreide *Guide to Enactment and Interpretation*. Deze *Guide* bevat niet alleen een uitvoerige toelichting bij de 32 bepalingen van de Model Law, maar biedt ook een inzicht in de keuzes die zijn gemaakt en de argumenten die daaraan ten grondslag liggen en welke alternatieven mogelijk zijn.[114]

409. Model Law on Related Judgments en Model Law on Group Insolvency

In 2018 heeft UNCITRAL de Model Law on Recognition and Enforcement of Insolvency-Related Judgments with Guide to Enactment (Model Law on Related Judgments) als modelwet opgesteld in aanvulling op de Model Law. Mede omdat er enige onduidelijkheid bestaat over de interpretatie van artikel 7 en 21 Model Law of deze afdoende grondslag bieden voor de bevoegdheid tot erkenning en tenuitvoerlegging van buitenlandse uitspraken, biedt de Model Law on Related Judgments de lidstaten hiervoor met zestien artikelen een eenvoudige, ongecompliceerde procedure voor insolventiegerelateerde uitspraken. Dit zijn uitspraken die zijn gegeven bij of na de opening van de insolventieprocedure en daarvan het gevolg zijn of daarmee inhoudelijk zijn verbonden (zoals pauliana en sommige vormen van bestuurdersaansprakelijkheid).[115] De Model Law on Related Judgments beoogt een simpel systeem om waarde te behouden of te herstellen voor ondernemingen in financiële moeilijkheden om zodoende de kans op succesvolle herstructureringen of vereffeningen te vergroten. Dit is immers in het belang van alle betrokken partijen, zoals schuldeisers, werknemers en andere stakeholders.

De Model Law on Enterprise Group Insolvency with Guide to Enactment (Model Law on Group Insolvency) is een jaar later tot stand gekomen en is ook bedoeld als aanvulling op zowel de Model Law als de Legislative Guide deel 3 over groepen van ondernemingen. In de Model Law on Group Insolvency, onderverdeeld in zes hoofdstukken, wordt in 29 artikelen geprobeerd een structuur op te zetten voor de efficiënte en effectieve afwikkeling van insolvente grensoverschrijdende groepen van ondernemingen.

Die hoofdstukken behandelen achtereenvolgens algemene bepalingen (hoofdstuk 1: art. 1-8), samenwerking en coördinatie tussen de verschillende actoren en procedures (hoofdstuk 2: art. 9-18), de aanstelling van een groepsvertegenwoordiger in een zogenaamde *planning proceeding*[116] en de beschikbaarheid van lokale bescherming (hoofdstuk 3: art. 19-20). Verder gaat de Model Law on Group Insolvency in op erkenning en tenuitvoerlegging van een buitenlandse *planning proceeding* (hoofdstuk 4: art. 21-26), de bescherming van schuldeisers en andere belanghebbenden (hoofdstuk 5: art. 27) en de afhandeling van buitenlandse vorderingen (hoofdstuk 6: art. 28-29). Aansluitend bevat de Model Law on Group Insolvency nog een tweede deel met enkele aanvullende bepalingen (art. 30-32). Deze bepalingen zijn vooral gericht op het voorkomen van parallelle insolventieprocedures voor de

---

114 Deze gids is in 2013 herzien. Gemakshalve is een concordantietabel opgenomen waarmee de oude en nieuwe bepalingen snel kunnen worden vergeleken: https://uncitral.un.org/sites/uncitral.un.org/files/media-documents/uncitral/en/table_of_concordance-1997-2013-guide-enactment.pdf.

115 Art. 2 sub d Model Law on Related Judgments. Vgl. art. 6 InsVo over de zogenaamde 'annex-actions'; zie hierover ook CERIL Statement en Report 2021-1.

116 Art. 2 sub g Model Law on Group Insolvency.

verschillende groepsmaatschappijen door het afgeven van bepaalde toezeggingen door de insolventiefunctionaris in de hoofdprocedure, waardoor onnodige tijd en kosten kunnen worden bespaard.

410. Legislative Guide on Insolvency Law

Met het opstellen van de Model Law en de Guide to Enactment in 1997 kreeg UNCITRAL de smaak te pakken. De betrokken personen en instanties zijn verder aan de slag gegaan en hebben in 2004 de eerste twee delen van de *Legislative Guide on Insolvency Law* uitgebracht. In deze uitgebreide 'wetgevingsgids' heeft UNCITRAL de VN-lidstaten ook een deels materieelrechtelijk hulpmiddel geboden om nationaal een efficiënt en effectief stelsel van rechtsregels op te stellen voor de regulering van de aanpak van schuldenaren die in financiële moeilijkheden zijn geraakt. Het document dat is samengesteld op basis van bijeenkomsten met afgevaardigden van de VN-lidstaten is intensief besproken met organisaties werkzaam in de internationale gemeenschap van insolventiespecialisten, zoals INSOL International en de International Bar Association (IBA). Hiermee is het geen theoretisch document maar sluit het goed aan bij de insolventiepraktijk zoals die wereldwijd beoefend wordt. Met de Legislative Guide is beoogd een referentiekader te bieden aan overheden die hun insolventierecht opzetten of herzien, waarbij geprobeerd is om de belangen van zowel de schuldenaar als de schuldeisers en andere betrokkenen op evenwichtige wijze tegen elkaar af te wegen.

In het eerste deel van de Legislative Guide worden de hoofddoelen van het insolventierecht en de structuur voor een efficiënte en effectieve insolventiewetgeving behandeld, vergezeld van een aantal aanbevelingen.[117] Voor de structuur van regelgeving op het terrein van het insolventierecht besteedt de Legislative Guide aandacht aan zowel informele reorganisatieprocedures als formele procedures, waarbij daarnaast wordt onderscheiden tussen procedures gericht op reorganisatie enerzijds en liquidatie anderzijds.[118] De Legislative Guide benoemt in dit verband negen kerndoelen die een land met zijn insolventiewetgeving in ogenschouw behoort te nemen. Een dergelijke wetgeving moet:

- zekerheid bieden aan de markt om te komen tot economische stabiliteit en groei;
- waardemaximalisatie van de activa creëren;
- evenwicht brengen tussen liquidatie en reorganisatie;
- gelijkwaardige schuldeisers gelijk behandelen;
- voorzien in een tijdige, efficiënte en onpartijdige oplossing van insolventies;
- gericht zijn op behoud van de boedel met het oog op een billijke uitkering aan schuldeisers;
- zorgen voor transparant en voorspelbaar insolventierecht dat aanspoort tot informatievergaring en -verspreiding;
- bestaande rechten van de schuldeisers erkennen en heldere regels over voorrang bevatten; en
- grensoverschrijdende insolventies regelen.

Naast deze kerndoelen geeft de Legislative Guide een opsomming van inhoudelijke kwesties die met insolventieregelgeving aangepakt moet worden. Deze zijn in het

117 Legislative Guide, part one, I, B, p. 9-14.
118 Legislative Guide, part one, II, p. 21-32.

tweede deel van de Legislative Guide uitgebreid behandeld.[119] Met behulp van 198 concrete aanbevelingen moet uit de insolventiewetgeving blijken:

a) welke schuldenaren in aanmerking komen voor welk type insolventieprocedure;[120]
b) wanneer, door wie en welk type insolventieprocedure gestart kan worden en aan welke criteria moet worden getoetst;[121]
c) in hoeverre de schuldenaar het beheer en de beschikking (*control*) over zijn activa behoudt of dit moet overlaten aan een onafhankelijke bewindvoerder (*insolvency representative*) met daarbij een onderscheid tussen liquidatie en reorganisatie;[122]
d) welke goederen onderdeel van de boedel (*insolvency estate*) uitmaken;[123]
e) hoe de boedel beschermd wordt tegen acties door de schuldeisers, de schuldenaar en de bewindvoerder en hoe het economisch belang van de separatisten in hun onderpand wordt veiliggesteld;[124]
f) hoe moet worden omgegaan met nog niet volledig uitgevoerde overeenkomsten;[125]
g) in hoeverre verrekening tijdens de insolventieprocedure blijft toegestaan;[126]
h) in hoeverre de bewindvoerder de activa mag gebruiken en vervreemden;[127]
i) in hoeverre de bewindvoerder rechtshandelingen waardoor de schuldeisers zijn benadeeld mag vernietigen;[128] en
j) wat de vereisten en beperkingen zijn voor het opstellen en aannemen van een reorganisatieplan.[129]

Verder moet de insolventiewetgeving aandacht besteden aan de:

k) rechten en verplichtingen van de schuldenaar;[130]
l) taak en rol van de bewindvoerder;[131]
m) rol van de schuldeisers en een schuldeiserscommissie;[132]
n) kosten verbonden met de procedure;[133]
o) behandeling van de vordering en hun rangorde met het oog op de uitkering uit de opbrengst van de vereffening van de boedel;[134]
p) uitkering uit de opbrengst van de vereffening van de boedel;[135]
q) kwijtschelding van schulden van de schuldenaar of diens ontbinding;[136] en

---

119 Legislative Guide, part one, I, D, p. 16-17, part two, p. 38-286.
120 Vgl. art. 1, 214, 284 (nr. 5, 86, 87 en par. 5.3.1, par. 6.1, nr. 274, 275).
121 Vgl. art. 1, 214, 284 (par. 5.2.2, 5.2.3, 6.2 en 7.2.2).
122 Vgl. art. 23, 68, 228-233, 296, 297-299a, 316 (par. 5.3.1, nr. 128, 166 en 357).
123 Vgl. art. 20, 295 (nr. 13, 163, par. 7.4 en nr. 357).
124 Vgl. art. 23, 33, 35, 57, 232, 313 (nr. 6, 13, 70, 78, par. 5.3.2, nr. 128, 170-174 en par. 7.4.2).
125 Vgl. art. 37-40, 236-239, 304, 305, 313 (par. 5.4.3, nr. 278, 281 en 361).
126 Vgl. art. 53-55, 234, 235, 307, 313 (nr. 175, 177, 277, 356 en 361).
127 Vgl. art. 68, 228, 316 (par. 5.3.3, nr. 126, 128 en 166).
128 Vgl. art. 42-51, 313 (nr. 181-197 en 340).
129 Vgl. art. 138-172a, 252-281, 329-342 (par. 5.5.2, 6.4 en 7.5.1).
130 Vgl. art. 87-91, 99, 105, 106, 138, 144, 247, 252, 329, 350 (nr. 67, 68, 103, 86, 92, par. 5.3.1, nr. 127, 139, 141, 168 en 358).
131 Vgl. art. 68, 215, 227, 228, 231, 316 (par. 5.3.3, nr. 283-290 en par. 7.3.1).
132 Vgl. art. 33, 69, 74-84, 218, 230, 233, 317 (nr. 6, 7, par. 5.3.2, nr. 140, par. 5.3.5, nr. 350).
133 Vgl. art. 16, 71, 182, 250, 320, 349 (nr. 7, 159, 160, par. 5.4.6, 5.5.1, nr. 246, 255, 259, 340 en 354).
134 Vgl. art. 108-137, 328; Titel 3.10 BW (nr. 7, par. 5.4.5, nr. 342, 343 en par. 7.4.3).
135 Vgl. art. 179-192, 349 (par. 5.5.3 en 7.4.4).
136 Vgl. art. 195, 358-359; art. 2:19 lid 1 sub c BW (nr. 253, 255, 258, par. 6.5.2 en 7.5.3).

r) beëindiging van de insolventieprocedure.[137]

De aanpak en inhoud van de Legislative Guide hebben ertoe geleid dat in het internationale debat bepaalde *best practices* zijn ontwikkeld die regelgevers en beleidsmakers over de hele wereld kunnen gebruiken in hun nationale omgeving. Ook voor de verdere ontwikkeling van het Nederlandse insolventierecht is het zinvol om de Legislative Guide daarbij te betrekken.

Het succes van de Legislative Guide heeft er inmiddels toe geleid dat in het kader van UNCITRAL een derde en een vierde deel van de Legislative Guide zijn uitgebracht. Het derde deel dat voortbouwt op de eerste twee delen ziet op de concerninsolventie (*Treatment of enterprise groups in insolvency*) en bevat 56 aanbevelingen (nr. 199-254).[138] De concerninsolventie wordt hierin van twee kanten benaderd: nationaal en internationaal. Het eerste perspectief is erop gericht om tot een stroomlijning te komen van de insolventieprocedures waarbij twee of meer juridische entiteiten uit dezelfde jurisdictie betrokken zijn die tot één groep behoren (zie ook nr. 119). Hierbij gaat het vooral om procedurele coördinatie, bijvoorbeeld door de aanstelling van een en dezelfde insolventiefunctionaris, de allocatie van boedelfinanciering van de verschillende entiteiten, reconstructiemogelijkheden, materiële consolidatie waarbij de vermogens volledig vermengd worden en groepsakkoorden. In de internationale context gaat het vooral om de coöperatie en coördinatie tussen insolventiefunctionarissen van de groepsmaatschappijen onderling, van de rechters onderling en om het gebruik van samenwerkingsovereenkomsten. De nationale wetgeving moet het gebruik van dergelijke overeenkomsten toestaan en zo nodig rechters de bevoegdheid geven om die overeenkomsten goed te keuren.[139]

In 2013 is het vierde deel van de Legislative Guide verschenen over de verplichtingen van bestuurders bij een naderende insolventie (*Directors' obligations in the period approaching insolvency*) met twaalf aanbevelingen (nr. 255-266). In 2019 is hiervan een tweede uitgave uitgebracht met een tweede onderdeel, specifiek gericht op bestuurders bij een naderende groepsinsolventie (*Obligations of directors of enterprise group companies in the period approaching insolvency*) met daarin vier aanbevelingen (nr. 267-270).[140]

411. Verklarende teksten ontwikkeld door UNCITRAL

Naast de modelwetten en wetgevingsgidsen draagt UNCITRAL ook met haar verklarende teksten bij aan de verdere ontwikkeling van internationale *best practices* op het terrein van het insolventierecht. Een voorbeeld van de vruchtbare internationale samenwerking binnen UNCITRAL vormt de aanzet om te komen tot een protocol voor insolventiefunctionarissen en gerechtelijke autoriteiten in

137 Vgl. art. 16, 137a-g, 161, 193, 223, 242, 247, 276, 340, 349a-358 (par. 5.5, nr. 269, 302, par. 6.5 en 7.5).

138 UNCITRAL Legislative Guide on Insolvency Law – part three (https://uncitral.un.org/sites/uncitral.un.org/files/media-documents/uncitral/en/leg-guide-insol-part3-ebook-e.pdf).

139 UNCITRAL Legislative Guide on Insolvency Law – part three, Recommendations 253-254; vgl. Art. 41 lid 1 InsVo.

140 UNCITRAL Legislative Guide on Insolvency Law – part four (https://uncitral.un.org/sites/uncitral.un.org/files/media-documents/uncitral/en/19-11273_part_4_ebook.pdf).

grensoverschrijdende situaties via de 'Practice Guide on Cross-Border Insolvency Cooperation' uit 2009.[141] Dit instrument heeft tot doel om het onderling overleg te bevorderen en te structureren als bij een grensoverschrijdende insolventie insolventiefunctionarissen en gerechten uit verschillende jurisdicties zijn betrokken. Hoewel ieder hierbij zijn eigen rol en verantwoordelijkheid heeft, kan het voor een efficiënte en effectieve afwikkeling van de procedure van belang zijn om een goede en snelle communicatie tussen de verschillende betrokkenen tot stand te brengen. Als dan voor de vormgeving van de daarvoor noodzakelijke of gewenste afspraken niet telkens het wiel opnieuw hoeft te worden uitgevonden, dan scheelt dat alle betrokkenen veel tijd en geld.

Een ander voorbeeld is de 'UNCITRAL Model Law on Cross-Border Insolvency: The Judicial Perspective' uit 2011.[142] Dit is vooral bedoeld om rechters bij te staan in grensoverschrijdende kwesties waarbij zij worden benaderd om buitenlandse uitspraken te erkennen of waarbij vragen van samenwerking opdoemen. Overigens is dit document gebaseerd op het rechterlijk perspectief ook nuttig voor rechters in landen die de Model Law (nog) niet hebben geïmplementeerd, omdat ook in deze landen dergelijke kwesties kunnen voorkomen.

412. INSOL/III/ CERIL

Naast UNCITRAL is de laatste decennia steeds meer een rol weggelegd voor non-gouvernementele internationale organisaties van beroepsbeoefenaren van het insolventierecht die op mondiaal, regionaal en nationaal niveau actief zijn. Sinds 1982 hebben de insolventiespecialisten in de praktijk zich verenigd in INSOL International en haar regionale partners (voor Europa is dat INSOL Europe[143]) met tweeërlei doel: vergroting en verspreiding van kennis en praktijkervaringen op het gebied van het insolventierecht en uitwisseling van contacten.

Hiertoe organiseren de verschillende INSOL organisaties jaarlijks de nodige bijeenkomsten met vierjaarlijks het wereldcongres. Uit de aard van de vereniging richt zij zich primair op grote grensoverschrijdende insolventies, maar in de loop der tijd hebben zich niet alleen insolventiepractici bij INSOL aangesloten, maar ook wetenschappers (*Academics' Group*), rechters (*Judiciary*) en financiers (*Lenders*). Hierdoor zijn de onderwerpen van uiteenlopende aard geworden en komen meer in het algemeen universele thema's op het terrein van het insolventierecht zoals behandeld in de Legislative Guide aan de orde.

Andere internationale samenwerkingsverbanden zijn het International Insolvency Institute (III)[144] en de Conference on European Restructuring and Insolvency Law (CERIL)[145] en specifiek voor Nederland de Nederlandse Vereniging voor Rechtsvergelijkend en Internationaal Insolventierecht (NVRII).[146] Hier komen op regelmatige

141 Zie https://uncitral.un.org/sites/uncitral.un.org/files/media-documents/uncitral/en/practice_guide_ebook_eng.pdf.
142 Een update verscheen in 2013: https://uncitral.un.org/sites/uncitral.un.org/files/media-documents/uncitral/en/judicial-perspective-2013-e.pdf.
143 Voor informatie over deze organisaties zie hun website (www.insol.org en www.insol-europe.org).
144 www.iiiglobal.org.
145 www.ceril.eu.
146 www.nvrii.nl.

basis actuele thema's en onderwerpen op het gebied van het internationale en grensoverschrijdende insolventierecht aan de orde in bijeenkomsten en werkgroepen. Voor geïnteresseerden bieden zij genoeg stof voor verder onderzoek.

413. Insolventierechtsvergelijking

In de hedendaagse bestudering van het recht in het algemeen, maar ook het privaatrecht in het bijzonder, kan men zich niet beperken tot het eigen rechtsstelsel. Dit geldt ook – en door zijn financieel-economische context die zich niet aan landsgrenzen houdt, misschien wel juist – voor het insolventierecht. Kennis van de ontwikkelingen elders op dit terrein is voor de hedendaagse jurist die zich op het terrein van het insolventierecht begeeft van wezenlijk belang. Dit verklaart ook in belangrijke mate de groei die organisaties als INSOL International en haar regionale partners de afgelopen decennia hebben doorgemaakt. Toch is rechtsvergelijking niet iets van de laatste tijd. De ontwerpers van onze Faillissementswet hebben goed over de grenzen gekeken naar de ontwikkelingen elders. Niet helemaal onverklaarbaar was dit vooral gericht op het insolventierecht binnen Europa.[147] Het betrof dan overigens meestal slechts 'wets'-vergelijking, maar in het licht van de opkomende nationale staten met hun behoefte aan codificaties van het eigen recht was dat in de 19e eeuw ook niet zo vreemd.[148]

Rechtsvergelijking dient vooral ter inspiratie; dwingende kracht vormt het rechtsvergelijkende argument zelden. Treffend wordt dit geïllustreerd in het gebruik van het buitenlandse recht als onderbouwing van bepaalde keuzes bij de totstandkoming van de Faillissementswet: nu eens werd een buitenlandse oplossing aangehaald als lichtend voorbeeld en dan weer als afschrikwekkend doel dat wij in Nederland absoluut niet zouden moeten nastreven.

Over de waarde en de rol van rechtsvergelijking is veel geschreven. Op deze plaats wordt aan het belang ervan niet getwijfeld, het nut van bestudering van het insolventierecht elders staat buiten kijf, maar gezien de opzet van dit boek dat zich primair richt op de bestudering van het Nederlandse insolventierecht (met inbegrip van de grensoverschrijdende aspecten) kan hieraan maar beperkt aandacht worden besteed. De geïnteresseerde lezer doet er goed aan zich te verdiepen in de verschillende studies die hiervoor (nr. 404) aan de orde zijn gekomen en waarbij de rechtsvergelijking vooral gekoppeld is aan het maatschappelijk-economisch fenomeen van insolventie.

147 Zie bijv. *Parl. Gesch. Fw* (Van der Feltz), I, p. 6 e.v., 59, 97, 100, 104, 113, 150 e.v., 181, 197 e.v., 249, 359, 361, 372, 428, 436, 443, 450, 453, 468; *Parl. Gesch. Fw* (Van der Feltz), II, p. 9 e.v., 17 e.v., 25 e.v., 46, 51, 54 e.v., 73-74, 79, 92, 97, 100, 117, 127-128, 133, 145, 155, 189, 196, 204, 208, 225 e.v., 250, 257, 271 e.v., 302 e.v., 323-324, 329, 338, 342 e.v., 366, 380, 404 e.v., 412 e.v., 439.

148 Vgl. J.H.A. Lokin, W.J. Zwalve, *Hoofdstukken uit de Europese Codificatiegeschiedenis*, Den Haag 2006, p. 9.

TREFWOORDENREGISTER

(verwezen wordt naar de nummers, tenzij anders aangegeven voor de inleiding van een (sub)paragraaf par. of hoofdstuk: hfdst.)

JURISPRUDENTIEREGISTER

(verwezen wordt naar de nummers, tenzij anders aangegeven voor de inleiding van een (sub)paragraaf: par.)

Hof van Justitie EG/EU

Europees Hof voor de Rechten van de Mens

Afdeling Bestuursrechtspraak van de Raad van State

Hoge Raad

Hof van Discipline

Rechtbanken

US Bankruptcy Court for the Southern District of New York

ARTIKELENREGISTER

(verwezen wordt naar paragraafnummers, tenzij anders aangegeven voor de inleiding van een (sub)paragraaf: par.)

Faillissementswet

Garantstellingsregeling curatoren 2012

Gemeentewet

Gerechtsdeurwaarderswet (Gdw)

Grondwet (Gw)

Haags Trustverdrag (HTV)

Herstructureringsrichtlijn (HRL)

Wet op het notarisambt (Wna)

Wet rechtspositie rechterlijke ambtenaren (Wrra)

Wetboek van Burgerlijke Rechtsvordering (Rv)

Wetboek van Koophandel (WvK)

Wetboek van Strafrecht (Sr)

Wetboek van Strafvordering (Sv)